새로운 도서, 다양한 이벤트 동양북스 홈페이지에서 만나보세요!

홈페이지 활용하여 외국어 실력 두 배 늘리기!

홈페이지 이렇게 활용해보세요!

1 도서 자료실에서 학습자료 및 MP3 무료 다운로드!

≡   도서목록   도서 자료실   고객센터

❶ 도서 자료실 클릭
❷ 검색어 입력
❸ MP3, 정답과 해설, 부가자료 등
   첨부파일 다운로드

* 원하는 자료가 없는 경우 '요청하기' 클릭!

2 동영상 강의를 어디서나 쉽게! 외국어부터 바둑까지!

≡   📺 동영상

500만 독자가 선택한

가장 쉬운
독학 일본어 첫걸음
14,000원

가장 쉬운
독학 중국어 첫걸음
14,000원

가장 쉬운
프랑스어 첫걸음의 모든 것
17,000원

가장 쉬운
독일어 첫걸음의 모든 것
18,000원

가장 쉬운
스페인어 첫걸음의 모든 것
14,500원

버전업! 가장 쉬운
베트남어 첫걸음
16,000원

버전업! 가장 쉬운
태국어 첫걸음
16,800원

가장 쉬운
러시아어 첫걸음의 모든 것
16,000원

가장 쉬운
이탈리아어 첫걸음의 모든 것
17,500원

첫걸음 베스트 1위!

가장 쉬운
포르투갈어 첫걸음의 모든 것
18,000원

가장 쉬운
터키어 첫걸음의 모든 것
16,500원

버전업! 가장 쉬운
아랍어 첫걸음
18,500원

가장 쉬운
인도네시아어 첫걸음의 모든 것
18,500원

가장 쉬운
영어 첫걸음의 모든 것
16,500원

버전업! 굿모닝
독학 일본어 첫걸음
14,500원

가장 쉬운
중국어 첫걸음의 모든 것
14,500원

오늘부터는
팟캐스트로 공부하자!

팟캐스트 무료 음성 강의

▶▶1
iOS 사용자
Podcast 앱에서
'동양북스' 검색

▶▶2
안드로이드 사용자
플레이스토어에서 '팟빵' 등
팟캐스트 앱 다운로드,
다운받은 앱에서
'동양북스' 검색

▶▶3
PC에서
팟빵(www.podbbang.com)에서
'동양북스' 검색
애플 iTunes 프로그램에서
'동양북스' 검색

** 신규 팟캐스트 강의가 계속 추가될 예정입니다.

매일 매일 업데이트 되는 동양북스 SNS!
동양북스의 새로운 소식과 다양한 정보를 만나보세요.

blog.naver.com/dymg98   facebook.com/dybooks
instagram.com/dybooks   twitter.com/dy_books

정 말
반 드시
합 격한다

정반합

新HSK

6급

전략서

동양북스

정반합 新HSK 6급 전략서

초판 1쇄 인쇄 | 2017년 6월 10일
초판 1쇄 발행 | 2017년 6월 20일

지은이 | 刘岩
해 설 | 김은정
발행인 | 김태웅
편집장 | 강석기
책임편집 | 김다정, 정지선
디자인 | 방혜자, 성지현, 이미영, 김효정
마케팅 총괄 | 나재승
마케팅 | 서재욱, 김귀찬, 이종민, 오승수, 조경현
온라인 마케팅 | 김철영, 양윤모
제 작 | 현대순
총 무 | 한경숙, 안서현, 최여진, 강아담
관 리 | 김훈희, 이국희, 김승훈, 이규재

발행처 | (주)동양북스
등 록 | 제 2014-000055호(2014년 2월 7일)
주 소 | 서울시 마포구 동교로22길 12(04030)
전 화 | (02)337-1737
팩 스 | (02)334-6624

http://www.dongyangbooks.com

ISBN 979-11-5768-263-8 14720
ISBN 979-11-5768-233-1 (세트)

刘岩 主编 2015年
本作品是浙江教育出版社出版的《新汉语水平考试教程》。韩文版经由中国·浙江教育出版社授权
DongYang Books于全球独家出版发行, 保留一切权利。未经书面许可, 任何人不得复制、发行。

이 도서의 국립중앙도서관 출판예정도서목록(CIP)은 서지정보유통지원시스템 홈페이지(http://seoji.nl.go.kr)와
국가자료공동목록시스템(http://www.nl.go.kr/kolisnet)에서 이용하실 수 있습니다.
(CIP제어번호:CIP2017013029)

머리말

新HSK 시험은 국제한어능력 표준화 시험으로 제 1언어가 중국어가 아닌 수험생이 생활과 학습, 업무상에서 중국어를 사용하여 교제하는 능력을 중점적으로 평가합니다.

이에 수험생들이 시험을 보기 전, 짧은 시간 내에 新HSK 각 급수의 시험 구성과 문제 유형에 익숙해지고, 신속하게 응시 능력과 성적을 향상할 수 있도록 《新汉语水平考试大纲》에 의거하여 문제집을 만들게 되었습니다.

정말 **반**드시 **합**격한다
본 교재는 新HSK 1~6급까지 총 6권으로 구성된 시리즈이며, 新HSK 시험을 처음 접하는 학습자일지라도 누구나 쉽게 도전할 수 있도록 구성하였습니다. 또한, 기초를 학습한 후 고득점으로 합격할 수 있게 많은 문제를 다루었습니다.

〈정.반.합. 新HSK〉 시리즈는

1. 시험의 중점 내용 및 문제 풀이 방법 강화

본 책의 집필진은 《新汉语水平考试大纲》, 《国际汉语能力标准》과 《国际汉语教学通用课程大纲》을 참고하여 新HSK의 예제와 기출 문제의 유형적 특징을 심도 있게 연구하였습니다. 이를 통해 수험생은 시험의 출제 의도 및 시험에서 중점적으로 다루는 내용을 파악할 수 있고, 더불어 시험 문제의 풀이 방법까지 제시하여 수험생으로 하여금 더욱 빠르고 정확하게 문제를 풀 수 있도록 하였습니다.

2. 문제 유형 분석 및 높은 적중률

본 책은 수년간의 기출 문제를 바탕으로 시험에 자주 나오는 문제 유형을 꼼꼼히 분석, 실제 시험과 유사한 문제를 집필하였습니다. 이에 수험생은 실제 시험에서도 당황하거나 어려움 없이 시험에 응시할 수 있으며, 이 책의 문제와 실제 시험이 유사하다는 것을 느낄 수 있을 것입니다.

3. 강의용 교재로, 독학용으로도 모두 적합

본 책은 영역별 예제 및 해설, 실전 연습 문제, 영역별 실전 테스트 외 3세트의 모의고사로 구성되어 있어 교사가 학생과 수업하기에도, 학생이 독학으로 시험을 준비하기에도 모두 적합합니다.

新HSK 도전에 두려움을 겪거나 점수가 오르지 않아 어려움을 겪고 있는 모든 분들이 이 책을 통해 고득점으로 합격하기를 희망합니다!

저자 刘岩

新HSK 소개

新HSK는 국제 중국어능력 표준화 시험으로, 중국어가 모국어가 아닌 수험생의 생활, 학습과 업무 중 중국어를 이용하여 교제를 진행하는 능력을 중점적으로 측정한다.

1. 구성 및 용도

新HSK는 필기시험과 구술시험으로 나누어지며, 각 시험은 서로 독립되어 있다. 또한 新HSK는 ① 대학의 신입생 모집 · 분반 · 수업 면제 · 학점 수여, ② 기업의 인재채용 및 양성 · 진급, ③ 중국어 학습자의 중국어 응용능력 이해 및 향상, ④ 중국어 교육 기관의 교육 성과 파악 등의 참고 기준으로 사용할 수 있다.

필기시험	구술시험
新HSK 6급 (구 고등 HSK에 해당)	HSKK 고급
新HSK 5급 (구 초중등 HSK에 해당)	
新HSK 4급 (구 초중등 HSK에 해당)	HSKK 중급
新HSK 3급 (구 기초 HSK에 해당)	
新HSK 2급 (신설)	HSKK 초급
新HSK 1급 (신설)	

※ 구술시험은 녹음 형식으로 이루어진다.

2. 등급

新HSK 각 등급과 〈국제 중국어 능력 기준〉, 〈유럽 언어 공통 참고규격(CEF)〉의 대응 관계는 아래와 같다.

新HSK	어휘량	국제 중국어 능력 기준	유럽 언어 공통 참고 규격(CEF)
6급	5,000 이상	5급	C2
5급	2,500		C1
4급	1,200	4급	B2
3급	600	3급	B1
2급	300	2급	A2
1급	150	1급	A1

新HSK 1급 매우 간단한 중국어 단어와 문장을 이해하고 사용할 수 있으며, 구체적인 의사소통 요구를 만족시키고 진일보한 중국어 능력을 구비한다.

新HSK 2급 익숙한 일상 화제에 대해 중국어로 간단하고 직접적인 교류를 할 수 있으며, 초급 중국어의 우수 수준이라 할 수 있다.

新HSK 3급 중국어로 일상생활·학습·업무 등 방면에서 기본 의사소통이 가능하며, 중국에서 여행할 때 대부분의 의사소통이 가능하다.

新HSK 4급 비교적 넓은 영역의 화제에 대해 중국어로 토론할 수 있으며, 원어민과 비교적 유창하게 대화할 수 있다.

新HSK 5급 중국어로 신문과 잡지를 읽고 영화와 TV 프로그램을 감상할 수 있으며, 중국어로 비교적 완전한 연설을 할 수 있다.

新HSK 6급 중국어로 된 정보를 가볍게 듣고 이해할 수 있으며, 구어체 또는 서면어의 형식으로 자신의 견해를 유창하게 표현할 수 있다.

3. 접수

① **인터넷 접수**: HSK 홈페이지(www.hsk.or.kr)에서 접수
② **우편 접수**: 구비서류(응시원서(사진 1장 부착) + 반명함판 사진 1장 + 응시비 입금 영수증)를 동봉하여 HSK한국사무국으로 등기 발송
③ **방문 접수**: 서울공자아카데미에서 접수
  [접수 시간] 평 일 - 오전 9시 30분~12시, 오후 1시~5시 30분 / 토요일 - 오전 9시 30분~12시
  [준비물] 응시원서, 사진 3장(3×4cm 반명함판 컬러 사진, 최근 6개월 이내 촬영)

4. 시험 당일 준비물

수험표, 2B 연필, 지우개, 신분증
※유효한 신분증:
  18세 이상- 주민등록증, 운전면허증, 기간만료 전의 여권, 주민등록증 발급신청 확인서
  18세 미만- 기간만료 전의 여권, 청소년증, HSK 신분확인서
  주의! 학생증, 사원증, 국민건강보험증, 주민등록등본, 공무원증은 인정되지 않음

5. 성적 조회, 성적표 수령

시험일로부터 1개월 후 중국고시센터 홈페이지(www.hanban.org)에서 개별 성적 조회가 가능하며, 성적표는 시험일로부터 45일 이후 발송됩니다.

新HSK 6급

1. 新HSK 6급 소개

- **어휘 수**: 5,000개 이상
- **수준**: 중국어로 된 정보를 가볍게 듣고 이해할 수 있으며, 구어 또는 서면어의 형식으로 자신의 견해를 유창하게 표현할 수 있다.
- **대상**: 5,000개 또는 그 이상의 상용어휘 및 관련 어법지식을 가지고 있는 학습자를 대상으로 한다.

2. 시험 구성

시험 과목	문제 형식	문항 수		시간
듣기	제1부분	15		약 35분
	제2부분	15	50	
	제3부분	20		
듣기 답안지 작성 시간				5분
독해	제1부분	10		50분
	제2부분	10		
	제3부분	10	50	
	제4부분	20		
쓰기	작문	1		45분
합계		101		약 135분

※총 시험 시간은 140분이다.(개인정보 작성 시간 5분 포함)

3. 영역별 문제 유형

듣기	제1부분 (15문제)	**단문 듣고 일치하는 내용 고르기** 단문을 듣고 들려준 내용과 일치하는 답안을 시험지에 제시된 4개의 보기 중에서 고른다. (녹음은 1번 들려준다.)
	제2부분 (15문제)	**인터뷰 듣고 질문에 답하기** 3개의 인터뷰(취재 내용)와 인터뷰당 5개의 문제로 구성된다. 인터뷰를 듣고 들려주는 질문에 알맞은 답안을 시험지에 제시된 4개의 보기 중에서 고른다. (녹음은 1번 들려준다.)
	제3부분 (20문제)	**장문 듣고 질문에 답하기** 장문과 지문당 3~4개의 문제로 구성된다. 장문을 듣고 들려주는 질문에 알맞은 답안을 시험지에 제시된 4개의 보기 중에서 고른다. (녹음은 1번 들려준다.)

독해	제1부분 (10문제)	**보기 중 틀린 문장 고르기** 한 문제당 4개의 문장이 주어진다. 4개의 문장 중 어법 또는 논리적으로 잘못된 문장을 고른다.
	제2부분 (10문제)	**단문 속 빈칸에 들어갈 단어 고르기** 지문마다 몇 개의 빈칸이 있다(한 지문당 3~5개). 문맥을 파악하여 빈칸에 알맞은 단어의 조합을 보기에서 고른다.
	제3부분 (10문제)	**장문 속 빈칸에 들어갈 문장 고르기** 2개의 지문과 지문당 5개의 빈칸이 있다. 문맥을 파악하여 빈칸에 알맞은 문장을 보기에서 고른다.
	제4부분 (20문제)	**장문 읽고 질문에 알맞은 답 고르기** 한 지문당 몇 개의 문제가 나온다. 지문을 읽고 제시된 질문에 알맞은 답을 보기에서 고른다.
쓰기	1문제	**지문 읽고 요약하여 쓰기** 약 1,000자 분량의 지문 한 편을 읽고(제한시간 10분), 400자 내외로 요약한다(제한시간 35분). 지문을 읽는 동안 메모를 할 수 없으며, 요약문을 쓸 때에도 지문을 다시 볼 수 없다. 요약문의 제목은 스스로 정하고, 원문의 내용을 서술할 뿐 자기의 관점이 들어가서는 안 된다.

4. 성적

성적표는 듣기, 독해, 쓰기 세 영역의 점수 및 총점이 기재되며, 총점이 180점을 넘어야 합격이다.

	만점	점수
듣기	100	
독해	100	
쓰기	100	
총점	300	

※HSK성적은 시험일로부터 2년간 유효하다.

이 책의 구성 및 특징

新HSK 시험 형식에 맞춰 듣기, 독해, 쓰기 3개의 영역으로 나뉘어 있으며, '유형 익히기 → 유형 확인 문제 → 실전 연습 → 영역별 실전 테스트'의 순으로 학습할 수 있도록 구성하였습니다.

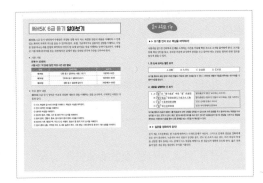

알아보기

영역별로 알아보기를 제시해 HSK의 시험 시간,
문제 수 및 구성을 파악하고 나서, 고득점 Tip으로
문제 푸는 방법을 익힐 수 있습니다.

미리보기

미리보기를 통해 앞으로 학습할 문제 유형에 대해
미리 확인할 수 있습니다.

특별 부록

실전 모의고사 1, 2, 3회

실전 모의고사 3회분 제공

단어장·문장 쓰기 노트

6급 단어 2500개 + 문장 쓰기 노트 제공

해설서

다양한 Tip과 자세한 해설 제공

고득점을 향한 3단계

step 1

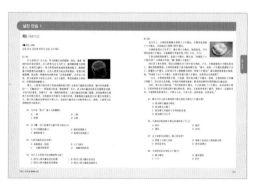

유형 익히기 & 유형 확인 문제

먼저 유형 익히기를 통해 HSK의 초보자도 문제 유형을 파악할
수 있으며, 이를 적용하여 바로 유형 확인 문제를 풀어 보면
실력을 높일 수 있습니다.

* 문제에 표시된 별(★☆☆)은 난이도를 나타냅니다.

① 유형 익히기로 워밍업 하고
⇩
② 유형 확인 문제로 연습하자!

step 2

실전 연습

유형 익히기 & 유형 확인 문제를 통해 연습한 내용을 각 부분이
끝나면 실전 연습을 통해 복습할 수 있습니다.

step 3

영역별 실전 테스트

듣기, 독해, 쓰기 각 영역의 학습이 끝나면 영역별 실전 테스트
를 통해 실력을 점검할 수 있습니다.

차례

新HSK 듣기

6

听力

新HSK 6급 듣기 알아보기

新HSK 6급 듣기 영역에서 수험생은 다양한 상황 속의 다소 복잡한 단문의 내용을 이해하여 그 안에 있는 화자의 목적과 의도를 읽을 수 있어야 한다. 또한, 기술적이거나 실용적인 설명을 이해하고, 다양한 관점이나 논거를 분명히 파악하여 타인의 말 속에 숨어있는 뜻을 이해하는 능력이 필요하다. 수험생은 이를 위해 중국어를 듣는 과정에서 큰 문제가 없는 숙련된 중국어 수준을 갖추어야 한다.

● **기본 사항**

문제 수: 50문제

시험 시간 : 약 35분 (답안 작성 시간 5분 별도)

부분	문제 유형	문제 수
제1부분	단문 듣고 일치하는 내용 고르기	15문제(1-15번)
제2부분	인터뷰 듣고 질문에 답하기	15문제(16-30번)
제3부분	장문 듣고 질문에 답하기	20문제(31-50번)

● **주요 평가 내용**

新HSK 6급 듣기 영역은 비교적 복잡한 내용의 글을 이해하는 것을 요구하며, 구체적인 사항은 다음과 같다.

① 다소 복잡한 글 속의 의미를 이해하고, 핵심과 사실을 파악한다.
② 언어 외적인 의미를 이해한다.
③ 성어와 속담을 이해한다.
④ 중국의 왕조, 인물, 사건 등 중국 역사 상식을 이해한다.
⑤ 중국 문학, 전통극, 풍속, 음식 등의 중국 문화 사실을 이해한다.
⑥ 중국의 기후, 행정구역, 주요 도시, 여행지, 명승지 등 중국 지리 상식을 이해한다.
⑦ 중국 경제 상황, 지역별 차이, 도시와 농촌의 차이, 사회 현상, 사회 문제 등 중국의 기본 상황을 이해한다.

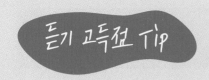

▶▷ 보기를 먼저 보고 핵심을 파악하자!

시험지를 받으면 간략하게 문제를 소개하는 시간을 이용해 빠른 속도로 보기를 훑어봐야 한다. 보기를 통해 핵심 단어를 찾고, 중요한 부분에 표시하며 중점을 두고 들어야 하는 부분을 정하면 관련 정보를 놓치지 않을 수 있다.

1. 한 눈에 보이는 짧은 보기

A 老师	B 大学生	C 企业家	D 艺术家

보기를 통해서 해당 문제가 특정 인물의 직업에 관한 것임을 알 수 있다. 그러므로 인물의 직업을 파악하는 데 주의를 기울여 녹음을 듣는다.

2. 내용을 설명하는 긴 보기

1. A "望" 在 "望子成龙" 中是 "看" 的意思	'望子成龙'의 '望'은 '보다'라는 의미이다
B "望子成龙" 是指希望儿子成为大人物	'望子成龙'은 아들이 큰 인물이 되기 바라는 것을 가리킨다
C "龙" 不是神异的动物	'龙'은 신비한 동물이 아니다
D "龙" 是女皇的象征	'龙'은 여자 황제의 상징이다

보기를 통해서 녹음의 내용이 '望子成龙'에 관한 것임을 짐작할 수 있으므로 더욱 중점을 두고 들어야 하는 부분을 미리 생각할 수 있다. 만약 이 성어, 혹은 '龙'의 내포된 의미를 미리 알고 있다면 녹음을 듣지 않고도 정답을 고르거나, 정답을 확인하는 차원으로 녹음을 들어 다른 문제를 보는 시간을 더 확보할 수 있다.

▶▷ 질문을 정확하게 듣자!

듣기 제2, 3부분에서는 한 녹음에 대하여 3~5개의 문제가 나온다. 그러므로 문제의 질문을 정확하게 듣는 것이 중요하다. 녹음에서 여러 인물이 등장한 경우, 연도 및 숫자가 나온 경우, 여러 대상의 특징을 설명한 경우 등에는 어느 문제가 어느 대상을 바탕으로 한 질문인지 정확히 듣도록 한다. 옳은 것과 옳지 않은 것을 찾는 질문에도 주의를 기울인다.

🔍 전략 01   한마디의 간단한 말이 정답이다!

많은 수험생이 녹음 내용의 대부분을 놓치고 단어 또는 짧은 한마디 정도만 알아듣는다. 하지만 화자가 말하는 내용과 부합하는 한 가지 간단한 사항만 들어도 풀 수 있는 문제들이 많이 출제된다.

문제 🎧 MP3-01

1.　A　麻绳很脆弱　　　　　　　　　　　A　노끈은 아주 약하다
　　　B　麻很脆弱　　　　　　　　　　　B　마는 아주 약하다
　　　C　麻是种在平地上的　　　　　　　C　마는 평지에 심는다
　　　D　麻是种在山坡上的　　　　　　　D　마는 산 비탈에 심는다

녹음

　　麻绳是将一种叫作麻的植物的皮处理成纤维，再经搓编而成的绳子。其实，麻是很脆弱的，一般都种植在沟渠里，不能种植在平地上。因为，麻杆遇到风会折断，种植在沟渠里能避风。

　　노끈은 마라고 불리는 식물의 껍질에 섬유 처리를 하고 다시 꼬아서 만든 줄이다. 사실 마는 아주 약한 것이므로 일반적으로 도랑 안에 심고, 평지에는 심지 못한다. 왜냐하면 마가 바람을 맞으면 구부러져서 도랑 안에 심어야 바람을 피할 수 있기 때문이다.

📢 녹음의 전체 내용을 완전히 이해하지 못하더라도 '麻是很脆弱的(마는 아주 약한 것이다)'만 듣는다면 바로 정답을 고를 수 있다. 따라서 정답은 B이다.

🔍 전략 02   중복되는 정보를 놓치지 말자!

녹음 내용 중에는 중복되는 단어 및 내용들이 있다. 이들은 종종 글 전체를 이해하는 데 중요한 핵심이기 때문에 각별한 주의를 기울여 파악해야 한다.

문제 🎧 MP3-02

1.　A　人生不能走弯路　　　　　　　　　A　인생은 길을 돌아가서는 안 된다
　　　B　人生的大方向是否正确是关键　　　B　인생의 큰 방향이 옳은지 아닌지가 중요하다
　　　C　只要有坚强和毅力，人生就会成功　C　강인함과 굳센 의지가 있기만 하면 인생은 성공한다
　　　D　分辨方向需要毅力　　　　　　　D　방향을 분별하는 것에는 굳센 의지가 필요하다

人生就是一场严肃的竞技，走弯路没有关系，关键在于大方向是否正确。坚强和毅力固然可敬，但是只有在正确的方向下才会发挥作用，否则就会变成一种盲动，很多时候，人更需要的是分辨方向的智慧。

인생은 하나의 엄숙한 경기라서 길을 돌아가는 것은 아무 상관 없으며, 중요한 것은 큰 방향이 정확한지 아닌지에 있다. 강인함과 굳센 의지는 물론 존경할 만하지만, 정확한 방향에서만 작용을 일으키고 그렇지 않으면 무모함으로 변한다. 많은 상황에서 사람에게 필요한 것은 방향을 분별하는 지혜이다.

'方向(방향)'이라는 단어가 반복된다. 그중에서도 '大方向是否正确(큰 방향이 정확한지 아닌지)', '正确的方向(정확한 방향)', '分辨方向(방향을 분별하다)' 등의 정보가 중복되는 것으로 보아, 올바른 방향을 정하여 가는 것이 중요하다는 것을 강조하는 내용임을 알 수 있다. 따라서 정답은 B이다.

전략 **03** 중요한 정보는 강조된다!

新HSK 시험은 모국어가 중국어가 아닌 외국인들을 대상으로 하는 시험이므로 시험 문제를 녹음하는 과정에서 중요한 정보가 있다면 그것을 충분히 강조한다. 만약 녹음 내용 중에 강조하는 정보가 있다면 그것은 정답과 관련이 있을 것이다. 강조의 방식에는 여러 가지가 있으며 그중 대표적인 것은 다음과 같다.

1. 음성의 강조

의도적으로 부정부사, 시간, 숫자 등 짧은 어구나 단어에 강세를 주거나 잠시 멈춘다.

2. 자세한 해설

명확한 전달이나 반복적인 설명, 혹은 자세한 풀이를 통하여 주요 내용을 강조한다.

☐ 也就是 / 也就是说 다시 말해서	☐ 换句话说 바꿔 말하면
☐ 即 즉	☐ 尤其 / 特别是 특히

3. 사례 제시

내용을 좀 더 분명하게 전달하기 위해서 사례를 들어 주요 내용을 뒷받침한다.

☐ 例如 예를 들어	☐ 比如说 예를 들면
☐ 像 마치 ~와 같다	☐ 拿…为例 ~을 예로 들면

4. 비교 및 대조

두 가지 대상을 비교 및 대조하여 각각의 특징을 더욱 부각한다.

☐ 比较 / 较 비교적 ~하다	☐ 比A更B A보다 더 B하다
☐ …的优点(缺点)是 ~의 장점(단점)은 ~이다	☐ 相反 반대로

5. 결론 강조

결론에는 전체 내용에서 말하고자 하는 주제와 함께 종종 문제의 답이 나온다.

☐ 因此 / 所以 그래서	☐ 可见 ~라고 볼 수 있다
☐ 毫无疑问 의심의 여지없이	☐ 不难看出 쉽게 알 수 있다
☐ 总之 / 综上所述 결론적으로 말해서	

문제 🎧 MP3-03

22. 该文学网站的特色主要表现在哪些方面?	이 문학 웹 사이트의 특색은 주로 어느 방면에서 표현되는가?
A 以原创为基准	A 독창성을 기본으로 한다
B 文学专业的基地	B 문학의 전문적인 거점이다
C 转载为上	C 옮겨 싣는 것을 위주로 한다
D 内容多为虚幻类	D 내용이 대부분 비현실적이다

부분 녹음

女: 您觉得我们网站的特色主要都表现在哪些方面呢?

男: 特色还是实际的内容结构, 也就是说是以原创为基准的。(중략)

여: 당신은 우리 웹 사이트의 특색이 주로 어느 방면에서 표현된다고 생각하시나요?

남: 특색이라면 역시 실제적인 내용 구성이죠. 다시 말해서 독창성을 기본으로 하고 있어요.(중략)

📢 '也就是说'는 '다시 말해서'라는 의미로, 앞의 문장을 다른 말로 좀 더 자세히 풀어주거나 부연 설명하여 강조하는 역할을 한다. 문장을 한 번 더 강조한 내용에 해당하는 A가 정답이다.

🔍 전략 04 '제안' 뒤에는 핵심이 나온다!

듣기 영역, 특히 제1부분에서는 일반 상식 내용이나 새로운 방법 및 새로운 관념과 관련한 내용이 출제된다. 다음과 같은 제안성 표현 뒤에 비로소 주요 내용이 나온다.

• 제안을 나타내는 표현

☐ 认为 / 觉得 여기다, 생각하다	☐ 建议 / 提议 제안하다
☐ 表示 의미하다, 나타내다	☐ 不妨 ~해도 무방하다
☐ 为什么不 왜 ~하지 않는가(당연히 해야 한다)	☐ 应该 마땅히 ~해야 한다
☐ 必须 반드시	☐ 最好 가장 좋기로는
☐ 不要 ~하지 마라	☐ 要 ~해야 한다

14. A 交友要广泛
   B 朋友决定了我们的理想
   C 交朋友要慎重
   D 交朋友是儿戏

A 친구는 넓게 사귀어야 한다
B 친구는 우리의 이상을 결정했다
C 친구를 사귀는 것은 신중히 해야 한다
D 친구를 사귀는 것은 어린아이 장난이다

녹음

　　交友要慎重，朋友是一辈子的事情，不能当作儿戏。选择好的朋友，对自己的志向和理想、生活方式和生活境遇都有不可低估的正面影响。有一句话说得很好，选择好的朋友就是选择了好的生活。

　　친구를 사귀는 것은 신중히 해야 한다. 친구는 평생의 일이지 어린아이 장난처럼 생각해서는 안 된다. 좋은 친구를 고르는 것은 자신의 뜻, 이상, 생활 방식과 처해 있는 생활 환경에 무시할 수 없는 긍정적인 영향을 미친다. 좋은 친구를 고르는 것은 바로 좋은 생활을 고르는 것이라는 말은 참 좋은 말이다.

'~해야 한다'는 뜻의 '要'가 나왔으므로 그 뒤에 핵심이 되는 내용이 나올 가능성이 크다. '交友要慎重(친구를 사귀는 것은 신중히 해야 한다)'이라고 했으므로 그대로 나타낸 C가 정답이다.

전략 **05** 인과관계를 파악하자!

인과관계는 언어 표현에서 가장 자주 사용되는 논리관계이다. 관련된 표현에 주목하여 인과관계를 정확하게 파악해야 한다.

• 인과관계를 나타내는 표현

☐ 由于A，所以B A 때문에 그래서 B하다	☐ 因为A，所以B A 때문에 그래서 B하다
☐ 因此 그래서	☐ 所以A，是因为B A한 것은 B 때문이다
☐ 之所以A，是因为B A한 것은 B 때문이다	☐ 正因为A才B 바로 A 때문에 비로소 B이다
☐ 由于 왜냐하면	☐ 因而 그러므로
☐ 从而 그러므로	☐ 以致 ~에 이르다
☐ 致使 ~을 초래하다	☐ 可见 ~라 볼 수 있다
☐ 既然 기왕~된 바에야	

40. 有宗教信仰的人为什么感受到的幸福更多?
   A 因为他们有感激之心
   B 因为他们很快乐
   C 因为生活带给他们很多满足感
   D 因为事业很顺利

왜 종교가 있는 사람이 느끼는 행복이 더 큰가?
A 감사의 마음을 가지고 있기 때문이다
B 그들은 매우 즐겁기 때문이다
C 생활이 그들에게 만족감을 가져다주기 때문이다
D 일이 순조롭게 진행되기 때문이다

…宗教信仰要求信徒们感激生活中的一切：他们感激空气、水、食物、亲人、朋友，甚至一天的平安。人心中经常有感激之情流过，感受到的生活就是充满温情的生活。很多有宗教信仰的人都有怀有持久的感激心态的习惯，所以他们更容易感到快乐和满足。(中略)

…종교는 신도들에게 생활 속의 모든 것에 감사하게 한다. 공기, 물, 음식, 가족, 친구, 심지어 하루가 평안한 것도 다 감사히 여긴다. 사람의 마음 속에 항상 감사의 마음이 흐르고, 생활 속에서 온정이 넘친다. 종교를 가진 많은 사람들은 감사의 마음 상태를 오래 유지하는 습관을 가지고 있어서 즐거움과 만족을 쉽게 느낀다. (중략)

📢 '因为(왜냐하면)'가 생략되었지만 '所以(그래서)'가 있으므로 이는 인과관계를 나타내는 문장임을 알 수 있다. 그러므로 종교가 있는 사람이 행복한 이유를 찾기 위해서는 '所以(그래서)'의 앞을 보아야 한다. 따라서 정답은 B이다.

🔍 전략 06 전환관계에 주목하자!

전환관계를 나타내는 접속사 뒤에는 내용의 핵심이 나오므로 관련 접속사는 반드시 숙지해야 한다.

• 전환관계를 나타내는 표현

☐ 不是A，而是B A가 아니라 B이다	☐ 只是 다만
☐ 其实 사실은	☐ 相反 반대로, 오히려
☐ 可是 / 但是 / 但 / 不过 / 然而 / 而 그러나, 하지만	
☐ 尽管/虽然/虽是/虽说/尽管/固然A，还/但/却/但是/可是/然而B 비록 A이지만, 그러나 B하다	

문제 🎧 MP3-06

13. A 国家公务员面向当地
    B 地方公务员要求严格
    C 大部分省份对户口不做限制
    D 公务员非常难考

    A 국가 공무원은 지역적으로 모집한다
    B 지방 공무원은 요구 사항이 엄격하다
    C 대부분의 성은 호적에 대해 제한하지 않는다
    D 공무원 시험은 아주 어렵다

녹음

　　国家公务员考试是面向全国进行招考的，而地方公务员考试是主要面向当地的居民和在当地就读的大学生以及本省生源的大学生进行招考的，但现在大部分省份已经不再要求考生拥有当地户口，尤其是像江苏、广东、浙江这样的沿海发达地区，对户口不做限制，是面向全国进行招考的。

　　국가 공무원 시험은 전국적으로 응시자를 모집하는데, 지방 공무원 시험은 주로 지역 거주자와 그 지역에서 공부하는 대학생 및 그곳 출신의 대학생을 대상으로 모집한다. 그러나 현재 대부분의 성은 이미 응시자에게 그 지역의 호적을 보유하는 것을 요구하지 않는다. 특히 장쑤(江苏), 광둥(广东), 저장(浙江)과 같은 연해 발달 지역은 호적에 대해 제한하지 않고 전국적으로 응시자를 모집한다.

📢 전환을 나타내는 '但(그러나)' 뒤에 앞의 내용과 상반되는 핵심 내용이 나온다. 따라서 대부분의 성은 호적에 대해 제한하지 않는다는 C가 정답이다.

질문과 대답은 대화의 가장 기본적인 말하기 방식이며, 대답 속에 새롭고 중요한 정보가 있다. 그러므로 질문을 제시한 후 대답하는 과정에서 나오는 핵심을 놓치지 않도록 한다.

문제   MP3-07

5. A 钱能给我们带来快乐
    B 好日子、坏日子没有界限
    C 身体健康能给我们带来快乐
    D 爱能给我们带来快乐

A 돈은 우리에게 즐거움을 가져다준다
B 좋은 날과 나쁜 날은 경계가 없다
C 신체 건강은 우리에게 즐거움을 가져다준다
D 사랑은 우리에게 즐거움을 가져다준다

녹음

什么是好日子和坏日子的界限呢？我猜，是爱吧。有爱的日子中，也许我们很穷，但每一分钱都能带给我们双倍的快乐。也许我们的身体不好，每况愈下，但我们牵着相爱的人的手，慢慢老去，人生旅途就不会孤独。

좋은 날과 나쁜 날의 경계는 무엇인가? 내가 추측하기로는 사랑이다. 사랑하는 동안 어쩌면 우리는 아주 가난할 수도 있지만, 작은 돈 한 푼 한 푼이 우리에게는 두 배의 즐거움을 준다. 어쩌면 우리의 건강이 좋지 않고 나날이 더 악화하더라도 사랑하는 사람의 손을 잡고 천천히 늙어간다면 인생의 여정은 절대 외롭지 않을 것이다.

첫 문장에서 질문하고 이에 대한 대답으로 '我猜，是爱吧(내가 추측하기로는 사랑이다)'가 명확하게 나온다. 이처럼 질문이 나온 후에 바로 이어지는 대답에 정답이 있으므로 놓치지 않아야 한다. 따라서 정답은 D이다.

녹음의 시작과 끝은 주요 내용이 직접 제시되므로 아주 중요하다.

문제 MP3-08

1. A 美国总统常站着接受采访
    B 舆论认为美国总统健康有问题
    C 美国总统坐在沙发上接受采访
    D 美国总统常坐在高背椅上接受采访

A 미국 대통령은 항상 서서 인터뷰한다
B 여론은 미국 대통령이 건강에 문제가 있다고 생각한다
C 미국 대통령은 소파에 앉아서 인터뷰한다
D 미국 대통령은 항상 등받이가 높은 의자에 앉아 인터뷰한다

众所周知，美国总统发表电视讲话或是接受记者采访时一般都是站着的；即使坐着，也很少坐在沙发或是高背椅上，因为那样舆论会认为他的健康有问题。

모두 알다시피 미국 대통령은 TV 담화문을 발표하거나 기자와 인터뷰할 때, 일반적으로 항상 서 있는다. 설령 앉아있더라도 소파나 등받이가 높은 의자에 앉는 경우는 극히 드문데, 이렇게 하면 여론은 대통령의 건강에 문제가 있다고 생각하기 때문이다.

📢 첫 문장에서 핵심이 되는 주제문이 나오고 나머지 문장들이 첫 문장을 뒷받침하고 있다. 따라서 정답은 A이다.

🔍 전략 09 숫자를 주목하자!

듣기 영역의 지문 속에 숫자가 등장하는 경우가 있는데, 이때 특별히 유의해야 한다. 특히 숫자 속에는 함정이 있을 수 있으므로 메모하며 듣는 것이 좋다. '大约(대략)', '(将)近(거의 ~에 달하다)', '超过(초과하다)', '左右(정도)', '是…的○倍(~의 ○배이다)', '百分数(백분율)' 등의 숫자와 관련된 어휘들을 익혀 두어야 한다.

문제   🎧 MP3-09

10. A 中国的近视眼人数居世界第二
    B 世界平均近视发生率为33%
    C 中国近视发生率是世界平均水平22%的1.5倍
    D 中国近视眼人数已超过4亿

A 중국의 근시 인구수는 세계 2위이다
B 세계 평균 근시 발생률은 33%이다
C 중국 근시 발생률은 세계 평균 수치인 22%의 1.5배이다
D 중국의 근시 인구수는 이미 4억 명을 넘어섰다

中国是世界上近视发生率最高的国家之一，近视眼人数世界第一。调查显示，中国人口近视发生率为33%，全国近视人数已近4亿，达到世界平均水平22%的1.5倍。

중국은 세계에서 근시 발생률이 가장 높은 국가 중 하나이며, 근시 인구수는 세계 1위이다. 조사에 따르면, 중국 인구 근시 발생률은 33%이고, 전국 근시 인구는 이미 4억 명에 달하여 세계 평균 수치인 22%의 1.5배이다.

📢 들리는 숫자에 관한 내용을 보기의 숫자 옆에 메모하면 메모 시간을 절약할 수 있고, 내용 대조도 더욱 쉽다. '近(~에 달하다)'과 '达到(~에 달하다)' 등의 단어에 주의해야 하는데, 전국 근시 인구가 세계평균 수치인 22%의 1.5배라고 했으므로 정답은 C이다.

유머는 듣기 영역의 주요 소재가 된다. 유머 속에서 그 핵심 의미를 파악해야 한다.

문제 🎧 MP3-10

3.　A　男人已经离婚
　　B　他每晚去舞厅
　　C　男人把老婆从舞厅带回来
　　D　老婆很漂亮

A　남자는 이미 이혼했다
B　그는 매일 밤 클럽에 간다
C　남자는 아내를 클럽에서 데리고 돌아왔다
D　아내는 아주 예쁘다

녹음

　　一个家伙对律师说:"我要离婚，我受不了我老婆晚上12点还往舞厅里跑。"律师说:"是吗? 那真是不可原谅，她去干什么?"那个家伙哭丧着脸说:"去把我拎回来!"

　　한 젊은이가 변호사에게 말했다. "나는 이혼할 거예요. 더 이상 내 아내가 밤 12시에 클럽에 가는 걸 참을 수가 없어요." 변호사가 말했다. "정말이요? 그건 용서할 수 없지요. 아내는 클럽에 가서 무엇을 하나요?" 그 젊은이가 울상을 지으며 말했다. "저를 잡아 와요!"

📢 남자는 마치 아내가 클럽을 많이 다녀 이혼하고 싶은 것처럼 말했다. 그러나 아내가 매일 클럽에 가는 이유는 매일 클럽에 가는 남편을 잡아 오기 위한 것임을 알 수 있다. 따라서 정답은 B이다.

제1부분

단문 듣고 일치하는 내용 고르기

 **미리보기**

듣기 제1부분은 총 15문제(1–15번)로 각 문제마다 한 사람이 단문을 낭독한다. 지문은 단 한 번만 들을 수 있으며, 녹음이 끝난 후 보기의 A, B, C, D 중에서 지문과 일치하는 답을 고른다.

제1부분 – 단문 듣고 일치하는 내용 고르기

문제 🎧 MP3-11 　　　　　　　　　　　　　　　　　　　　　　　　　》 해설서 6p

第一部分

第1–15题：请选出与所听内容一致的一项。

1. ⒶⒶ 读书有许多好处
　　B　老师是最好的朋友
　　C　父母是最好的老师
　　D　现代人不喜欢读书

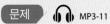 **녹음**

"开卷有益"这个成语的意思是读书就会有所收获。毫无疑问，书是人类最好的朋友、最好的老师，是人类获得知识的重要途径之一。博览群书能使人拥有高深的学问，能言善辩，受人尊重。

01. 성어와 속담

성어와 속담은 듣기 영역에서 자주 나오는 중요한 내용이다. 제시되는 성어의 뜻을 모르더라도 전체적인 녹음 내용을 바탕으로 풀 수 있게 문제가 출제되지만, 아는 성어나 속담이라면 정답을 고르기에 용이할 뿐 아니라, 다음 문제를 미리 보는 등 시간 분배도 할 수 있으므로 평소 성어와 속담을 공부해 두면 좋다.

🎧 **유형 익히기 1** 🎧 MP3-12 ★★☆

A "己所不欲，勿施于人"是孟子说的	A '己所不欲，勿施于人'는 맹자가 말한 것이다
B 自己不愿意做的让别人去做	B 자신이 하고 싶지 않은 일을 타인에게 하게 한다
C 自己不要的东西，也不要施加到别人身上	C 자신이 원하지 않는 것은 타인에게도 행하면 안 된다
D 自己的事自己做	D 자기 일은 스스로 한다

단어 施加 shījiā 통 (압력이나 영향 등을) 가하다

"己所不欲，勿施于人"是中国古代大思想家、大教育家孔子提出的。它告诉我们自己不要的，不要施加到别人身上，自己不愿意做的事情，不要勉强别人去做，要尊重别人。	'己所不欲，勿施于人'은 중국 고대 사상가이자, 교육가인 공자의 말이다. 이는 우리에게 자신이 원하지 않는 것을 타인에게 행하면 안 되며, 자신이 하고 싶지 않은 일을 타인이 하도록 강요하지 말며 타인을 존중해야 한다고 한다.

단어 思想家 sīxiǎngjiā 명 사상가 | 教育家 jiàoyùjiā 명 교육가 | 勉强 miǎnqiǎng 형 억지로 ~하다

해설 성어 '己所不欲，勿施于人'에 관한 내용이다. 이는 '자기가 하기 싫은 것은 남에게 강요하지 마라'라는 뜻의 성어로, 뜻을 알면 문제를 금방 풀 수 있다. 하지만 뜻을 모르더라도 바로 뜻을 설명해 주므로 뒤 내용을 잘 듣도록 한다. 따라서 뜻을 그대로 풀이한 C가 정답이다.

정답 C

🎧 **유형 확인 문제** 🎧 MP3-13 〉〉 해설서 6p

녹음을 듣고 녹음 내용과 일치하는 보기를 고르세요.

1. A "牵肠挂肚"是指肚子不舒服
   B 一个人出门会过得不好
   C 子女出门，父母会牵肠挂肚
   D 子女最好不要出门

02. 유머

유머는 전반적인 내용을 이해해야 풀 수 있는 문제이다. 유머 문제는 일상적인 이야기를 다루며 일반적으로 흘러가지만, 마지막에서 반전이나 예상치 못한 결과를 주어 웃음을 자아낸다. 시험에 자주 출제되는 유형으로, 유머 속의 진짜 의미를 정확하게 파악해야 한다.

유형 익히기 1 🎧 MP3-14 ★★☆

A 老师在找最勤奋的学生	A 선생님은 가장 부지런한 학생을 찾고 있다
B 张华很懒	B 장화는 매우 게으르다
C 工作很难	C 일이 매우 어렵다
D 只有张华不懒	D 장화만 게으르지 않다

단어 勤奋 qínfèn 혱 부지런하다

老师对站在他面前的学生说道："现在有一件轻而易举的工作要派你们当中最懒的人去做，最懒的请举手。"老师面前"刷"地举起了一片手，只有张华没有举手。老师问他："你为什么不举手？""太麻烦了。"张华懒洋洋地答道。	선생님이 앞에 서 있는 학생에게 말했다. "지금 너희 중 가장 게으른 학생에게 시킬 아주 쉬운 일이 있는데, 가장 게으른 사람은 손을 들어라." 선생님 앞에서 일제히 '쏙' 하고 손이 올라오는데, 단지 장화(张华)만 손을 들지 않았다. 선생님이 그에게 물었다. "너는 왜 손을 들지 않니?" "너무 귀찮아서요." 장화가 축 처진 모습으로 대답했다.

단어 轻而易举 qīng'ér yìjǔ 셍 매우 수월하다 | 派 pài 동 파견하다 | 刷 shuā 의성 획 | 懒洋洋 lǎnyángyáng 혱 축 늘어진, 나른한

해설 유머 요소를 담은 내용이다. 선생님은 가장 게으른 사람을 찾고 있다. 그러나 장화는 귀찮아서 손 조차 들지 않았다. 이를 통해 게으르다고 손을 든 다른 학생들보다 오히려 손을 들지 않은 장화가 더욱 게으른 것을 알 수 있다. 따라서 정답은 B이다.

정답 B

유형 확인 문제 🎧 MP3-15 ≫ 해설서 7p

녹음을 듣고 녹음 내용과 일치하는 보기를 고르세요.

1. A 丈夫很聪明
   B 妻子丢了东西
   C 夫妻俩最后离婚了
   D 丈夫喜欢收拾房间

03. 인물

중국의 역사 인물, 현대 유명인, 스타는 듣기 문제의 소재로 자주 등장하므로 평소에 관련 상식을 익혀두는 것이 좋다. 특정 인물에 대한 설명이므로 술어를 중심으로 듣고, 보기의 정보와 대조하는 훈련이 필요하다.

 유형 익히기 I 🎧 MP3-16 ★☆☆

A 他非常幽默	A 그는 매우 유머 감각이 있다
B 他父亲非常有名	B 그의 아버지는 매우 유명하다
C 他的一生很短暂	C 그의 일생은 아주 짧았다
D 他拍了许多电影	D 그는 많은 영화를 찍었다

단어 短暂 duǎnzàn 톙 짧다

他是一个银幕传奇，他是一代武打巨星，他创立了截拳道，他将中华武术传播海外。他的一生很短暂，只留下四部半影片，但这却足以让全世界热爱武术的影迷回味一生。他就是功夫之王李小龙!	그는 영화계의 전설이자, 무술 스타이다. 그는 절권도를 창시하였으며, 중화 무술을 해외에 전파했다. 그의 일생은 짧아서 단지 네 편 반만의 영화만을 남겼지만, 이는 전 세계의 무술을 사랑하는 영화팬들이 그의 일생을 돌이켜 보는 데 충분하다. 그는 바로 무술의 제왕 이소룡이다!

단어 银幕 yínmù 명 영화계, 은막 | 传奇 chuánqí 톙 전설적이다 | 武打 wǔdǎ 명 무술 | 巨星 jùxīng 명 거성, 뛰어난 인물 | 创立 chuànglì 동 창립하다 | 截拳道 jiéquándào 명 절권도 | 武术 wǔshù 명 무술 | 传播 chuánbō 동 전파하다 | 足以 zúyǐ 동 ~하기에 족하다 | 影迷 yǐngmí 명 영화팬 | 回味 huíwèi 동 돌이켜 보다

해설 중국의 전설적인 영화배우 이소룡에 관한 내용이다. 그의 일생이 짧았다고 직접 언급했으므로 정답은 C이다.

정답 C

 유형 확인 문제 🎧 MP3-17 >> 해설서 7p

녹음을 듣고 녹음 내용과 일치하는 보기를 고르세요.

1. A 叶问是平民子弟
   B 叶问是陈华顺最后一个弟子
   C 叶问在佛山传授咏春拳
   D 李小龙不是叶问的徒弟

04. 특산물

중국에는 수많은 명승지가 있고, 그에 따른 유명한 특산물도 많다. 평소에 중국의 유명한 명승지에 대해 이해하는 것 외에도, 중국에서 유명한 차, 술, 약 등의 이름에 익숙해지고 유래나 특색을 알아 두면 낯선 느낌 없이 문제를 풀 수 있다.

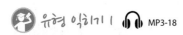 유형 익히기 1 🎧 MP3-18 ★★☆

A 龙井茶产于苏州	A 룽징차는 쑤저우(苏州)에서 생산된다
B 味浓是龙井茶的特点之一	B 맛이 진한 것은 룽징차의 특징 중 하나이다
C 龙井茶得名于龙井	C 룽징차는 룽징에서 이름을 얻었다
D 龙井位于南湖的龙井茶村	D 룽징은 남호의 룽징차 마을에 위치한다

단어 龙井茶 lóngjǐngchá 몡 룽징차 | 浓 nóng 혱 진하다 | 得名 démíng 이름을 얻다 | 位于 wèiyú 통 ~에 위치하다

龙井茶是中国著名的绿茶，产于浙江杭州西湖一带，已有1200余年历史。龙井茶有"色绿、香郁、味甘、形美"四绝的特点。龙井茶得名于龙井。龙井位于西湖之西翁家山西北麓的龙井茶村。	룽징(龙井)차는 중국의 유명한 녹차로 저장(浙江) 항저우(杭州) 서호 일대에서 생산되며, 이미 1,200여 년의 역사를 가진다. 룽징차는 '녹색을 띠며, 향이 짙고, 맛이 달며, 모양이 아름답다'는 네 가지 특색을 지닌다. 룽징차는 룽징에서 이름을 얻었고, 룽징은 서호의 서쪽에 있는 웡지아(翁家)산 서북쪽 산자락의 룽징차 마을에 위치한다.

단어 一带 yídài 몡 일대 | 余 yú ㊄ ~여[정수의 나머지를 가리킴] | 郁 yù 혱 향기가 짙다 | 甘 gān 혱 달다 | 麓 lù 몡 산자락

해설 중국 항저우의 유명한 룽징차에 관한 내용이다. 룽징차는 룽징에서 이름을 얻었다고 했으므로 정답은 C이다.

정답 C

 유형 확인 문제 🎧 MP3-19 ≫ 해설서 8p

녹음을 듣고 녹음 내용과 일치하는 보기를 고르세요.

1. A 红叶文化节举办一天
   B 香山一年四季都有红叶
   C 红叶文化节每年11月举行
   D 人们喜欢秋天去香山看红叶

05. 예절과 풍습

중국은 예로부터 예절을 중시했으며 이와 관련된 중국 고유의 풍습이 형성되어 있다. 듣기 영역에서 예의와 풍습을 주제로 하는 지문이 많이 출제된다.

유형 익히기 1 🎧 MP3-20   ★★☆

A 敲门声音要大	A 노크 소리는 커야 한다
B 敲门也有讲究	B 노크하는 것에도 주의할 사항이 있다
C 敲门应该敲四下	C 노크는 반드시 네 번 해야 한다
D 老年人不喜欢别人敲门	D 노인은 다른 사람이 노크하는 것을 싫어한다

단어 敲门 qiāomén 노크하다 | 讲究 jiǎngjiu 동 중요시하다

| 敲门也是一种礼仪。最有绅士派头的做法是敲三下，隔一小会儿，再敲几下。敲门的声音要适中，太轻了别人听不见，太响了别人会反感。敲门时不要"嘭嘭"地乱敲一气，如果房间里面有老年人，会惊吓到他们。 | 노크는 일종의 예절이다. 가장 신사적인 태도의 방법은 노크를 세 번 하고 잠시 기다렸다가 다시 몇 차례 노크하는 것이다. 노크 소리는 적당해야 하며, 너무 작으면 사람이 들을 수 없고 너무 시끄러우면 반감을 살 수 있다. 노크할 때는 '쾅쾅' 요란스럽게 하지 말아야 한다. 만약 방 안에 노인이 있으면 놀라게 할 수 있다. |

단어 礼仪 lǐyí 명 예의 | 绅士 shēnshì 명 신사 | 派头 pàitóu 명 태도 | 隔 gé 동 간격을 두다 | 适中 shìzhōng 형 정도가 알맞다 | 响 xiǎng 형 소리가 크다 | 反感 fǎngǎn 동 반감을 가지다 | 嘭嘭 pēngpēng 의성 쾅쾅 | 惊吓 jīngxià 동 깜짝 놀라다

해설 노크 예절에 관한 내용이다. '노크는 일종의 예절이다'라고 시작하여 노크 방법을 설명하고 있다. B의 '讲究'는 어떤 일을 할 때 일정한 절차와 방법을 준수해야 함을 의미하며 녹음 내용의 '礼仪(예절)'와 호응한다. 따라서 정답은 B이다.

정답 B

유형 확인 문제 🎧 MP3-21   ≫ 해설서 8p

녹음을 듣고 녹음 내용과 일치하는 보기를 고르세요.

1. A 握手不必很讲究
   B 多人相见可交叉握手
   C 可以拒绝对方的握手
   D 谢绝握手时应致歉

06. 중국의 상황

중국어에는 중국이 발전하는 과정에서 생겨난 특별한 현상이나 신조어가 많다. '春运(연휴 운송 업무)', '农民工(농촌을 떠나 도시로 진출하여 종사하는 노동자)', '计划生育(산아 제한 정책)' 등이 바로 그 예이다. 중국의 발전 과정과 현재의 상황을 이해한다면 문제를 푸는 데 용이하다.

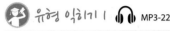 유형 익히기 1 🎧 MP3-22 ★☆☆

A "春运"指火车运输	A '春运'은 기차 운수를 가리킨다
B "春运"和汽车无关	B '春运'은 자동차와 관련이 없다
C "春运"指春节期间的运输	C '春运'은 춘절 기간의 운송을 가리킨다
D "春运"的"春"指的是春天	D '春运'의 '春'은 봄을 가리킨다

단어 运输 yùnshū 图 운송하다

快到春节时，我们常常听到"春运"这个词，"春运"是什么意思呢？"春"是指中国最传统的节日——春节；"运"是指运输。"春运"是指春节期间的运输，主要包括火车、飞机、汽车等交通工具的运输情况。	춘절이 다가오면 우리는 자주 '春运'이라는 단어를 듣게 되는데, '春运'은 무슨 뜻일까? '春'은 중국 최대 전통 명절인 춘절을 의미하고, '运'은 '운송하다'라는 뜻이다. '春运'은 춘절 기간의 운송을 가리키며, 주로 기차, 비행기, 자동차 등을 포함한 교통 수단의 운송 상황을 말한다.

단어 节日 jiérì 图 명절 | 包括 bāokuò 图 포함하다 | 工具 gōngjù 图 공구, 도구

해설 중국의 가장 큰 명절인 춘절의 상황에 관한 내용이다. '春运'이 춘절 기간의 운송이라고 의미를 명확하게 설명했으므로 정답은 C이다.

정답 C

 유형 확인 문제 🎧 MP3-23 》 해설서 9p

녹음을 듣고 녹음 내용과 일치하는 보기를 고르세요.

1. A 国家公务员面向当地
   B 地方公务员要求严格
   C 大部分省份对户口不做限制
   D 公务员非常难考

07. 지리와 기후

중국의 면적은 매우 넓어 동서남북의 지리적인 특성과 기후의 차이, 그에 따른 문화 및 생활 습관의 차이도 아주 크다. 예를 들어 중국 남쪽의 하이난다오(海南岛)는 사계절이 여름 휴양지인 것으로 유명하고, 북쪽의 하얼빈(哈尔滨)은 영하 30도가 넘는 추운 기후로 유명하다. 동쪽은 연안을 따라 도시가 발달했고, 서쪽에는 고원과 사막이 있다. 이러한 중국의 지리적인 특징을 대략적으로라도 이해하면 문제를 푸는 데 도움이 된다.

 유형 익히기 1 MP3-24 ★☆☆

A 雪停了	A 눈이 그쳤다
B 天阴了	B 하늘이 흐려졌다
C 明天还会有雪	C 내일도 눈이 내릴 것이다
D 交通受到很大影响	D 교통은 큰 영향을 받았다

| 沈阳持续一夜的皑皑大雪已于今天上午9点左右停止。目前沈阳天气晴朗，到处是一片银白的景象，孩子们欢快地在雪中嬉戏玩耍，人们在路边驻足欣赏雪景。 | 선양(沈阳)에 한밤중에도 계속된 새하얀 폭설이 오늘 오전 9시 무렵에 그쳤다. 현재 선양의 날씨는 맑으며 곳곳에서 순백의 설경을 볼 수 있다. 아이들은 즐겁게 눈 밭에서 장난치며 놀고, 사람들은 길에서 발걸음을 멈추고 설경을 감상한다. |

단어 皑皑 ái'ái 혱 새하얗다 | 停止 tíngzhǐ 동 그치다, 멈추다 | 晴朗 qínglǎng 혱 쾌청하다 | 景象 jǐngxiàng 몡 정경 | 欢快 huānkuài 혱 즐겁고 경쾌하다 | 嬉戏 xīxì 동 장난치다 | 玩耍 wánshuǎ 동 놀다 | 驻足 zhùzú 걸음을 멈추다 | 欣赏 xīnshǎng 동 감상하다

해설 추운 것으로 유명한 중국 동북 지역의 한 도시인 선양에 관한 내용이다. 선양에 한밤중에도 계속된 폭설이 오늘 오전 9시 무렵에 그쳤다고 했으므로 정답은 A이다.

정답 A

 유형 확인 문제 MP3-25 　　》 해설서 10p

녹음을 듣고 녹음 내용과 일치하는 보기를 고르세요.

1. A 暴雨带来了高温天气
   B 海南发布暴雨橙色预警
   C 8小时内降雨达到了200毫米
   D 我们暂时不需要应对频发天气

08. 생활 및 과학 상식

일상생활과 밀접한 주제로 생활 상식에 관한 문제가 출제된다. 과학 기술이 발전함에 따라 과학 기술은 사람들의 생활과 점점 밀접한 관계를 갖게 되었으며 사람들의 생활을 변화시켰다. 과학이 일상생활에 미치는 영향이 광범위해졌으므로 관련된 내용에 익숙해져야 한다.

 유형 익히기 1 🎧 MP3-26   ★★☆

A 婴儿应该少吃	A 영아는 적게 먹어야 한다
B 婴儿应多喝牛奶	B 영아는 우유를 많이 마셔야 한다
C 婴儿食物应该多样化	C 영아의 음식은 다양화해야 한다
D 许多婴儿爱吃一种食物	D 많은 영아는 한 종류의 음식을 먹는 것을 좋아한다

단어 **婴儿** yīng'ér 명 영아, 갓난아기 | **多样化** duōyànghuà 통 다양화하다

| 很多父母习惯只给婴儿吃少数几种食物，但专家表示，大多数婴儿6个月大时就可以安全进食多种食物。他们认为给孩子提供多样化食物有好处，可以帮助孩子长大后适应不同种类的食品。 | 많은 부모가 영아에게 적은 몇 가지 종류의 음식만을 먹이곤 하는데, 전문가들은 영아 대부분이 6개월이 되면 많은 종류의 음식을 안전하게 먹을 수 있다고 밝혔다. 전문가들은 아이에게 다양한 음식을 제공하는 것은 장점이 있는데, 아이가 성장한 후에도 다양한 종류의 식품에 적응하는 데 도움이 될 수 있다고 생각한다. |

단어 **食物** shíwù 명 음식물 | **专家** zhuānjiā 명 전문가 | **进食** jìnshí 식사하다 | **适应** shìyìng 통 적응하다 | **种类** zhǒnglèi 명 종류

해설 영아의 다양한 음식 섭취의 중요성에 관한 내용이다. 아이에게 다양한 음식을 제공하는 것은 장점이 있다고 했으므로 정답은 C이다.

정답 C

🏃 유형 확인 문제 🎧 MP3-27   〉〉 해설서 10p

녹음을 듣고 녹음 내용과 일치하는 보기를 고르세요.

1. A 雷雨时可以在户外戴耳机听歌
   B 电子设备可导电
   C 雷电可能会烧伤皮肤
   D 雷电时赶紧躲到建筑里

09. 경제 생활

중국의 경제가 최근 10년간 급속도로 발전함에 따라 중국인의 생활 방식과 삶의 질 또한 현저히 달라지고 있다. 이는 듣기 영역에서도 많이 다뤄지고 있다. 일반적인 생활이나 상식적인 측면에서 보기와 녹음 내용을 이해하는 것이 필요하다.

유형 익히기 1 MP3-28 ★★☆

A 参团游行程紧	A 단체 관광은 일정이 빡빡하다
B 自助游最省钱	B 자유 여행이 가장 경제적이다
C 自助游容易疲劳	C 자유 여행은 쉽게 피곤하다
D 自助游的人越来越多	D 자유 여행을 하는 사람들이 점점 증가하고 있다

단어 参团游 cāntuányóu 명 단체 관광 | 行程 xíngchéng 명 일정 | 自助游 zìzhùyóu 명 자유 여행 | 省钱 shěngqián 동 돈을 아끼다 | 疲劳 píláo 형 피곤하다

参团旅游具有省钱、方便的优点，但是行程往往安排得较为密集，旅客容易出现疲劳现象。自助旅游的优点是自由自在、随心所欲，但在旅游旺季，旅客在解决交通、住宿等问题时往往会遇到麻烦。	단체 관광은 비용을 절약하고 편리하다는 장점이 있지만, 종종 여행 일정이 비교적 빡빡하게 짜여 있어 관광객이 피곤해 하는 것을 쉽게 볼 수 있다. 자유 여행의 장점은 자유롭고, 하고 싶은 대로 할 수 있지만, 성수기에는 교통이나 숙박 문제를 해결할 때 종종 어려움을 겪는다.

단어 参团旅游 cāntuán lǚyóu 명 단체 관광 | 较为 jiàowéi 부 비교적 | 密集 mìjí 형 빡빡한 | 游客 yóukè 명 관광객 | 自助旅游 zìzhù lǚyóu 명 자유 여행 | 自由自在 zìyóu zìzài 성 자유자재 | 随心所欲 suíxīn suǒyù 성 하고 싶은 대로 하다 | 旺季 wàngjì 명 성수기 | 住宿 zhùsù 동 숙박하다

해설 단체 관광과 자유 여행의 차이점에 관한 내용이다. 단체 관광은 여행 일정이 빡빡하다고 했으며, 녹음 내용의 '密集(빡빡하다)'가 보기에서 '紧(빡빡하다)'으로 쓰였다. 따라서 정답은 A이다.

정답 A

유형 확인 문제 MP3-29

>> 해설서 11p

녹음을 듣고 녹음 내용과 일치하는 보기를 고르세요.

1. A 商业化社会离不开材料
   B 新产品的开发依赖技术的改进
   C 材料专业很受重视
   D 材料专业的毕业生很难就业

10. 사회 현상

시대마다 다양한 사회 현상들이 나타나는데, 듣기 영역에서는 주로 사회 현상으로 생긴 신조어의 정의 및 그 현상이 나타나게 된 원인이 함께 설명되어 문제로 제시된다. 예를 들어 인터넷 관련 단어나, '山寨(모조품)', '炒作(노이즈 마케팅)', '蜗居(누추한 집)' 등의 신조어는 시험에 자주 등장하는 주제이다.

 유형 익히기 I MP3-30 ★★☆

A 半糖夫妻是异城分居	A 주말부부는 다른 도시에서 따로 생활한다
B 五个工作日一起生活	B 평일 5일 동안 함께 생활한다
C 半糖夫妻流行于农村夫妻中	C 주말부부는 농촌 부부 사이에서 유행한다
D 半糖夫妻有利于维持婚姻	D 주말부부는 결혼을 유지하는 데 도움이 된다

단어 半糖夫妻 bàntáng fūqī 몡 주말부부 | 分居 fēnjū 동 따로 떨어져 살다

半糖夫妻是指同城分居的婚姻方式，即夫妻二人过着"5+2"的生活——五个工作日各自单过，周末两天才与自己的另一半聚首。半糖夫妻是流行于高学历、高收入的年轻都市夫妻中的一种全新的婚姻模式。他们认为，这种模式将有助于维护个人空间，保持婚姻的新鲜感。	주말부부는 한 도시에서 따로 생활하는 결혼 방식을 말한다. 즉, 부부는 평일 5일 동안은 각자 생활하고, 주말 2일 동안만 자신의 배우자와 함께 지내는 '5+2'의 생활을 한다. 주말부부는 고학력, 고소득의 젊은 도시 부부들 사이에서 유행하는 새로운 결혼 스타일이다. 그들은 이런 방식이 개인 공간을 지키고 결혼의 신선함을 유지하는 데 도움이 된다고 생각한다.

단어 婚姻 hūnyīn 몡 결혼 | 即 jí 뷔 즉 | 单过 dānguò 따로 혼자 지내다 | 聚首 jùshǒu 동 서로 만나다 | 模式 móshì 몡 패턴 | 有助于 yǒuzhùyú ~에 도움이 되다 | 维护 wéihù 동 유지하고 보호하다 | 新鲜感 xīnxiāngǎn 몡 신선함

해설 현대 사회의 대표적인 현상 중 하나인 주말부부에 관한 내용이다. 주말부부는 개인 공간을 지키고 결혼의 신선함을 유지하는 데 도움이 된다고 생각한다고 했으므로 정답은 D이다.

정답 D

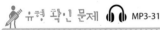 유형 확인 문제 🎧 MP3-31 〉〉 해설서 11p

녹음을 듣고 녹음 내용과 일치하는 보기를 고르세요.

1. A "油米"即油和米粒
   B "油米"的年龄有点大
   C 加油站获得了大幅的利润
   D 加油站对油客网不感兴趣

실전 연습 1

📖 제1부분 🎧 MP3-32

🔘 1–15.

녹음을 듣고 녹음 내용과 일치하는 보기를 고르세요.

1. A 今天是父亲节
    B 每天不是妈妈做早餐
    C 今天是妈妈做早餐
    D 爸爸从来不做早餐

2. A 播客属于社会类流行语
    B 要想成为播客很容易
    C 听众会受时空的限制
    D 我们不能自主选择播客内容

3. A 完美是不存在的
    B 完美给人带来希望
    C 要用极度挑剔的眼光看世界
    D 失败者就是完美主义者

4. A 喜鹊的叫声不好听
    B 喜鹊叫就一定有喜事
    C 民间有喜鹊报喜的说法
    D 人们不喜欢喜鹊

5. A 时间不等人
    B 我们要做时间的主人
    C 要让时间做我们的主人
    D 时间可以掌控我们

6. A 这是战国时代的故事
    B 反映的是吴王勾践的故事
    C 胆很苦，但必须学会坚持
    D 胜不骄，败不馁，才能取得胜利

7. A 抱怨之后心情会轻松
    B 抱怨后会快乐
    C 抱怨后心情会更糟
    D 抱怨是有价值的

8. A 头皮皮脂分泌增多，头发易脏
    B 空气悬浮物不会附在发丝上
    C 风力会保持头发的湿度
    D 发质变干会滋生细菌

9. A 性格是成年后才定型的
    B 性格形成后不会改变
    C 性格是在幼年时定型的
    D 父母的教育方式决定孩子性格

10. A 生活很容易
    B 我们常常没有信心
    C 我们要对生活尽全力
    D 我们要对别人有信心

11. A 法国人很友好
    B 在法国，陌生人间不说话
    C 法国司机不会停车让路
    D 法国人不喜欢异乡人

12. A 黑鱼食肉
    B 黑鱼不喜袭击
    C 黑鱼肉细腻可口
    D 黑鱼会使伤口发炎

13. A 考试很难
    B 李明考试考得很认真
    C 李明在考试时睡觉
    D 后面的同学也在睡觉

14. A 丈夫买了洗衣机
    B 妻子很高兴
    C 今天停电了
    D 丈夫很听妻子的话

15. A 天变阴了
    B 有些人在屋里看雪
    C 雪停了
    D 大雪引发交通事故

》 해설서 12p

듣기 听力

제2부분

인터뷰 듣고 질문에 답하기

 미리보기

듣기 제2부분은 총 15문제(16-30번)로 두 사람이 인터뷰를 진행한다. 인터뷰는 1문1답으로 이루어지며 각 인터뷰에는 5개의 문제가 있다. 녹음이 끝난 후 질문을 듣고 보기 A, B, C, D 중에서 가장 적절한 답을 고른다.

제2부분 – 인터뷰 듣고 질문에 답하기

문제　🎧 MP3-33　　　　　　　　　　　　　　　　　　　》 해설서 19p

第二部分

第16-30题：请选出正确答案。

16. A 老师
　　Ⓑ 大学生
　　C 企业家
　　D 艺术家

17. A 理发
　　Ⓑ 足疗
　　C 美容
　　D 健身

18. A 没什么抱负
　　B 有时会很尴尬
　　C 接受了身份转变
　　Ⓓ 是一个企业管理者

19. Ⓐ 壁画
　　B 植物
　　C 动物
　　D 小说

20. A 还没有连锁店
　　Ⓑ 服务人员都有证书
　　C 顾客对店名不满意
　　D 顾客都是商务人士

녹음

第16到20题是根据下面一段采访：

女：朋友们好。现在人们对自己的健康可是越来越关注了，连洗脚都越来越讲究。洗脚是已经"老土"的说法了。时髦的叫法是"足浴"或者"足疗"。专门通过足浴来为顾客提供保健服务的足浴店也像雨后春笋一样，出现在城市的大街小巷。"千子莲"足浴就是这"洗脚大军"中很抢眼的一员，它颇有传奇色彩，因为它的创始者是几个复旦大学毕业的高才生。今天我们就请到了创始人之一徐先生。徐先生您好！从名牌大学的高才生到"洗脚工"您能接受这种身份的转变吗？

男：我从来也没有觉得自己是个"洗脚工"。我给自己的定位是一个现代企业的管理者，和那些大企业的管理者是一样的，只不过我们经营的是足浴服务。再说了，"洗脚工"也没有什么丢人的，谈不上能不能接受的问题。

女：您认为"千子莲"吸引大量顾客的关键是什么呢？

男：放松的感觉。我们的顾客中大部分都是商务人士，平时职场上太累，到了"千子莲"，他们可以放松下来，这种放松是身体和心理上双重的放松。

女：我觉得"千子莲"这个名字很特别，它是怎么来的呢？

男：这个名字的灵感来源于敦煌壁画。我曾经到过敦煌，受到了很深的震撼。在敦煌莫高窟第五窟的壁画上，有"鹿女生下莲花，变成一千子孙"的典故，我把"莲花"和"千子"结合在一起，就得到了"千子莲"这个名字。我对这个名字很满意，中国国内大部分连锁品牌的名字取得都很西化，我们的名字比较中国化。

女：我觉得"千子莲"明亮的店堂和我们传统理解中的足浴店的店堂有点不一样。

男：是的。在中国人看来，让别人给自己洗脚是一件有些尴尬的事情。我就是想把这种尴尬的事儿变成时尚。其实洗脚和理发没有什么本质的区别，没有什么难为情的。我们的店都有统一的装修风格和管理模式，迎接顾客该说什么话、多长时间端上热水都是有统一标准的。而且，我们这里的每一位服务人员都有国家颁发的"足部按摩师"证书。

16. 徐先生开"千子莲"足浴店以前做什么？

17. "千子莲"足浴店主要从事什么服务？

18. 徐先生怎么看待自己？

19. "千子莲"这个名字来自什么？

20. 关于"千子莲"足浴店，下列说法哪项正确？

듣기 제2부분의 특징은 다음과 같다.

✔ **사실을 묻는다.**

듣기 제2부분의 문제는 대다수가 대화 속에서 나타나는 사실을 묻는다. 내용을 추측하거나 함축적인 의미를 파악하는 문제가 없으므로 진행자가 하는 질문, 인터뷰 대상자가 하는 대답이 바로 정답이다.

✔ **인터뷰 대상자의 신분이 중요하다.**

일반적으로 녹음 내용의 처음 부분에서 진행자가 인터뷰 대상자를 소개하는데, 이때 인터뷰 대상자에 대한 정보를 얻을 수 있다. 마지막 문제는 종종 인터뷰 대상자에 신분에 관하여 출제된다.

✔ **정답이 녹음 전체에 분산되어 있다.**

자주 출제되는 유형의 문제가 바로 녹음 내용과 일치 혹은 불일치하는 내용 찾기이다. 이러한 질문에 대한 대답은 녹음 전체에 분산되어 있는 경우가 많다. 녹음이 비교적 길어서 내용을 놓치지 않으려면 메모하며 듣도록 한다.

01. 인물 인터뷰

영화계 인사, 소설가, 미술가, 스포츠 스타, 전문직 종사자 등을 비롯한 인물들의 인터뷰가 자주 출제된다. 녹음을 듣기 전에 보기를 먼저 보고 어느 분야의 인물인지를 예측해야 한다. 인물에 관한 구체적인 사항이 많이 나오므로 인물, 사건, 시간, 지점, 원인, 방식, 정도, 숫자, 선택 등의 정보는 메모하며 듣는다. 메모할 때는 핵심만을 간결하게 기록해야 하며, 간단한 부호나 약자 등을 사용하는 것이 좋다.

유형 익히기 1 🎧 MP3-34

1   ★☆☆

A 修改自己的作品	A 자신의 작품을 수정했다
B 完成第15部小说	B 15번째 소설을 완성했다
C 把小说改编成电影	C 소설을 영화로 각색했다
D 成为《新晚报》编辑	D 「신만보」의 편집자가 되었다

단어 修改 xiūgǎi 툉 수정하다 | 改编 gǎibiān 툉 각색하다 | 编辑 biānjí 몡 편집자

해설 남자의 첫 번째 말에서 지금까지 이미 7년 동안 수정했다고 하며 이전의 작품들 모두 수정이 완료되었다고 했다. 따라서 정답은 A이다.

정답 A

2   ★☆☆

A 兴趣爱好	A 흥미와 취미
B 工作需要	B 업무상의 필요
C 为了赚钱	C 돈을 벌기 위해서이다
D 为了证明自己	D 자신을 증명하기 위해서이다

단어 赚钱 zhuàn qián 돈을 벌다

해설 여자의 두 번째 말에서 가장 처음 소설을 쓴 이유에 대해 묻자 남자가 처음에는 업무상 필요했다고 대답했다. 따라서 정답은 B이다.

정답 B

3 ★★☆

A 能让人感到安慰	A 사람을 위로해 준다
B 体现中国武术精神	B 중국 무술 정신을 구현한다
C 体现中国价值观念	C 중국의 가치관을 구현한다
D 反映中国传统生活方式	D 중국의 전통 생활 방식을 반영한다

단어 体现 tǐxiàn 통 구현하다 | 武术 wǔshù 명 무술 | 反映 fǎnyìng 통 반영하다

해설 남자의 세 번째 말에서 그의 작품들이 중국 전통 사상의 핵심 가치를 대표하기 때문인 것 같다고 했으므로 정답은 C이다.

정답 C

4 ★★☆

A 情节曲折奇特	A 줄거리가 우여곡절이 많고 독특하다
B 表现传统美德	B 전통의 미덕을 표현한다
C 具有中国风格	C 중국적 스타일을 지닌다
D 反映现代生活	D 현대 생활을 반영한다

단어 情节 qíngjié 명 줄거리 | 曲折 qūzhé 형 곡절이 많다 | 奇特 qítè 형 독특하다

해설 남자의 여섯 번째 말에서 앞으로의 무협 소설은 옛날이야기를 쓰는 것이 아니라 현대 이야기를 쓰는 것이 될 것 같다고 했으므로 정답은 D이다.

정답 D

5 ★★☆

A 朴素和传统	A 소박하고 전통적이다
B 忙碌和充实	B 바쁘고 풍족하다
C 平淡和悠闲	C 평범하고 여유롭다
D 时尚和现代	D 유행에 맞고 현대적이다

단어 朴素 pǔsù 형 소박하다 | 忙碌 mánglù 형 바쁘다 | 充实 chōngshí 형 충분하다 | 悠闲 yōuxián 형 여유롭다 | 时尚 shíshàng 형 유행에 맞다

해설 남자의 마지막 말에서 그는 이미 나이가 들어서 평범한 삶을 살기 바라고, 기회가 되면 여기저기 여행도 다니고 싶다고 했다. 따라서 정답은 C이다.

정답 C

女：欢迎一代武侠小说大师金庸先生。您好，最近很多人都在讨论，说您正在修改自己的武侠小说？

男：是这样的，¹到现在已经改了7年，我把自己以前的作品全部改完了。从《书剑恩仇录》开始改，有15部小说，每一部小说差不多都要改，现在已经全部改完了，新的修改本也已经全部出版了。

女：最初开始写武侠小说，是为了乐趣，是不是？

男：²最初是工作上的需要。主要是我在《新晚报》做编辑，《新晚报》需要这样一篇稿子，人家知道我喜欢谈论武侠小说，对武侠小说算是比较了解的，所以我就被抓来写了。

女：您的读者遍布全球华人世界，无论什么职业、什么性别。您有没有考虑过，为什么您的作品大家都能接受？

男：想过，³我认为是它们代表了中国的传统思想的核心价值。

女：您觉得这个核心的价值是什么？

男：我觉得是忠、孝、仁、爱这种道德观念，对待朋友应该真诚，对待父母应该孝敬，这种价值观念是中国人所共有的。

女：您曾经说过，武侠小说是没有前途的，因为这些古代的事情离现在的生活越来越远了。但是在现实中我们恰恰看到您的小说被无数遍地拍成电视剧、电影，然后又编成电脑游戏，这些是每一代年轻人都喜爱的文化产品，这和您的话之间有矛盾吗？

男：我没有说武侠小说没有前途，我的意思是说要发掘武侠小说越来越困难了。

女：要再写下去越来越困难？

男：对，⁴我想将来这个武侠小说的前途不是写古代了，可能是写现代了。

女：对于人生的境界来说，您现在最希望自己能够达到的一种境界是什么？

여: 1세대 무협 소설 대가 진용(金庸) 선생님을 환영합니다. 안녕하세요. 최근 사람들이 말하기를 선생님께서는 지금 무협 소설을 수정하고 계시다던데요?

남: 네. ¹지금까지 이미 7년 동안 수정했어요. 이전의 작품들은 모두 수정이 완료되었죠.『서검은구록』부터 수정하기 시작해서 15편의 소설은 거의 모든 편을 수정해야 했어요. 현재는 이미 수정을 다 마쳤고, 개정판이 이미 모두 출판되었습니다.

여: 처음에 무협 소설을 쓰실 때는 재미를 위해서이지 않았나요?

남: ²처음에는 업무상 필요했어요. 주로「신만보」에서 편집 일을 할 때 관련된 원고가 필요했어요. 사람들은 제가 무협 소설 이야기하는 것을 좋아하고, 무협 소설에 대해 비교적 잘 이해하고 있다는 것을 알고 있어서 제가 잡혀서 쓰게 됐죠.

여: 선생님 독자들은 직업이나 성별에 구별이 없이 전 세계 화교 세계에 널리 분포되어 있죠. 선생님 작품을 모두가 받아들이는 이유가 무엇인지 생각해 보신 적 있으신가요?

남: 생각해 본 적 있죠. ³제 생각에는 제 작품들이 중국 전통 사상의 핵심 가치를 대표하기 때문인 것 같아요.

여: 선생님이 생각하시기에 그 핵심 가치는 무엇인가요?

남: 충, 효, 인, 애와 같은 도덕관념이라고 생각해요. 친구를 대할 때는 진실해야 하며, 부모를 대할 때는 효와 공경으로 해야 하는 등 이런 가치관은 중국인이라면 모두 가지고 있는 것으로 생각해요.

여: 선생님께서 무협 소설은 미래가 없다고 말씀하신 적이 있는데요, 옛날 이야기는 현대 생활과 점점 동떨어지기 때문이라고 말이죠. 그러나 현실 속에서 우리는 선생님의 소설이 무수히 드라마, 영화로 나중에는 컴퓨터 게임으로도 만들어져서 모든 젊은이가 좋아하는 문화 상품이 되었어요. 이것은 선생님께서 하신 말씀과는 모순이 되지 않나요?

남: 저는 무협 소설이 미래가 없다고 말하지 않았어요. 무협 소설을 발굴하기가 점점 어려워진다는 말이었죠.

여: 계속 쓰기가 점점 어려워진다는 말씀이신 거죠?

男：⁵我现在年纪大了，我希望可以平平淡淡生活，有机会能够去游山玩水。	남: 네, ⁴제 생각에는 앞으로의 무협 소설은 옛날이야기를 쓰는 것이 아니라 현대 이야기를 쓰는 것이 될 것 같아요. 여: 인생의 경계에서 볼 때 선생님께서 현재 가장 도달하기 원하는 경지는 무엇인가요? 남: ⁵저는 이미 나이가 들어서 평범한 삶을 살기 바라요. 기회가 되면 여기저기 여행도 다니고 싶어요.
1. 金庸先生刚刚完成了一项什么工作？ 2. 金庸先生最初写小说的原因是什么？ 3. 金庸先生的作品为什么很受欢迎？ 4. 金庸先生认为武侠小说的前途是什么？ 5. 金庸先生希望以后过什么样的生活？	1. 진용 선생은 방금 어떤 일을 마쳤는가? 2. 진용 선생이 처음에 소설을 쓰기 시작한 이유는 무엇인가? 3. 진용 선생의 작품은 왜 인기가 있는가? 4. 진용 선생은 무협 소설의 미래가 어떻다고 생각하는가? 5. 진용 선생은 앞으로 어떤 삶을 살기를 바라는가?

단어　武侠小说 wǔxiá xiǎoshuō 몡 무협 소설 ┃ 大师 dàshī 몡 대가 ┃ 出版 chūbǎn 동 출판하다 ┃ 乐趣 lèqù 몡 즐거움 ┃ 稿子 gǎozi 몡 원고 ┃ 遍布 biànbù 동 널리 분포하다 ┃ 华人 huárén 몡 중국인 ┃ 职业 zhíyè 몡 직업 ┃ 性别 xìngbié 몡 성별 ┃ 代表 dàibiǎo 동 대표하다 ┃ 核心 héxīn 몡 핵심 ┃ 道德观念 dàodé guānniàn 도덕관념 ┃ 对待 duìdài 동 대하다 ┃ 真诚 zhēnchéng 진실하다 ┃ 孝敬 xiàojìng 동 효도하고 공경하다 ┃ 前途 qiántú 몡 미래, 전망 ┃ 恰恰 qiàqià 부 바로, 꼭 ┃ 无数 wúshù 형 무수하다 ┃ 遍 biàn 양 번, 차례 ┃ 矛盾 máodùn 몡 모순 ┃ 发掘 fājué 동 발굴하다 ┃ 境界 jìngjiè 몡 경지 ┃ 平平淡淡 píngpíng dàndàn 형 평범하다 ┃ 游山玩水 yóushān wánshuǐ 셩 자연에 노닐다

 유형 익히기 2　🎧 MP3-35

1　★★☆

A 发现他喜欢电影	A 그가 영화를 좋아한다는 것을 알아차렸다
B 发现可以做明星	B 스타가 될 수 있다는 것을 알아차렸다
C 发现武术可以通过电影传播	C 무술이 영화를 통해 전파될 수 있다는 것을 알아차렸다
D 发现自己喜欢武术	D 자신이 무술을 좋아한다는 것을 알아차렸다

단어　武术 wǔshù 몡 무술 ┃ 传播 chuánbō 동 전파하다

해설　남자의 첫 번째 말에서 나중에는 영화를 찍음으로써 무술이 전파되고 중국 문화가 세계로 전파한다는 것을 알아차렸다고 했으므로 정답은 C이다.

정답 C

★★☆

A 工作的压力	A 업무의 압박
B 拍电影的压力	B 영화 촬영의 압박
C 练武术的压力	C 무술 연마의 압박
D 传播中国文化的压力	D 중국 문화 전파의 압박

해설 보기에 '压力(압박)'가 공통적으로 들어가므로 이에 유의하여 듣는다. 남자의 첫 번째 말에서 중국 문화를 전파해야 한다는 압박을 스스로 주었다고 했다. 따라서 정답은 D이다.

정답 D

3

★★☆

A 要成家立业	A 결혼해서 자립해야 한다
B 要有一个转折，放下之前的包袱	B 전환점이 있어야 하고, 과거의 짐을 내려놓아야 한다
C 要拍更多的电影	C 더 많은 영화를 찍어야 한다
D 要继续练武术	D 계속해서 무술을 연마해야 한다

단어 成家立业 chéngjiā lìyè ⑧ 결혼하여 자립하다

해설 남자의 첫 번째 말에서 40세가 되면 전환점이 필요하고, 과거의 짐을 내려놔야 한다고 생각한다고 했다. 따라서 정답은 B이다.

정답 B

4

★★☆

A 拍更多更好的武术电影	A 더 많고 더 좋은 무술 영화를 찍는다
B 继续练武术	B 계속해서 무술을 연마한다
C 把武术发扬光大	C 무술을 더욱 발전시킨다
D 从精神世界上去推广一个能使人快乐的方法	D 정신 세계에서 사람을 즐겁게 하는 방법을 퍼트린다

단어 发扬光大 fāyáng guāngdà ⑧ 더욱 발전시키다

해설 남자는 두 번째 말에서 인생 후반부의 목표에 대해서 말한다. 남자는 어떻게 해야 정신적으로 사람을 즐겁게 할 방법을 퍼트릴 수 있을지 생각 중이라고 했으므로 정답은 D이다.

정답 D

5

★★★

A 还能从中学到做人的道理	A 그 안에서 사람의 도리 또한 배울 수 있다
B 能防病健身	B 병을 예방하고 몸을 건강하게 할 수 있다
C 没有别的作用	C 다른 효과가 없다
D 作用不明	D 효과가 명확하지 않다

단어 防 fáng 동 막다 | 健身 jiànshēn 동 신체를 건강하게 하다

해설 4번 문제보다 먼저 답이 나오므로 주의해야 한다. 남자의 두 번째 말에서 무술이 신체를 단련하게 하고, 무술을 통해 사람의 도리를 배울 수 있다고 했으므로 정답은 A이다.

정답 A

1-5

女: 非常感谢你接受我们的彩访, 拍《霍元甲》的时候, 人们就说那是你的收山之作, 后来又有了《恶人》《投名状》。你现在到底是在收拾自己的局面啊, 还是在继续推进呢?

男: 其实是我自己说的, 这是我最后一部武术电影, 每个人听到同样的话理解会不一样。我从小喜爱武术, [1]后来因为拍电影, 发现武术可以通过电影去传播, 把中国的文化传播到世界去。[2]这就无形中给自己压力, 我要推广中国文化, 无形中有义务, 推广中国武术。到了《霍元甲》, 我就想画一个句号。因为[3]我觉得人生到了40岁需要一个转折了, 要放下之前的包袱了。我要选择一部电影, 把对武术从肢体上、身体上的武功方面的定义与"为什么练武术""人是什么""道德是什么""真正的武术的最高境界是什么"这些东西结合起来, 都通过一部电影去描述出来。描述了之后呢, 我对武术的个人情结就算放下了。那个时候, 我已经给自己订了生命下半部分的新的目标。

女: 什么目标呢?

男: [5]我觉得武术可以强身健体, 可以从武术中学到做人的道理。接下来呢, 我是想做心灵方面的推广。因为人包括肢体和内心。[4]我想怎样才能从精神世界上去推广一个能使人快乐的方法。

女: 40岁对你来说是一个很重要的点, 现在你虽仍然在做电影, 但是就不像过去那样有一种包袱和使命感在做电影了。

여: 저희 인터뷰에 응해 주셔서 정말 감사드립니다. 「관원갑」을 찍을 때 사람들은 그 작품이 선생님의 마지막 작품이라고 했는데, 그 후에도 「악인」과 「투명복」을 찍으셨죠. 지금 일을 마무리하고 계시는 건가요, 아니면 계속 추진하고 계시는 건가요?

남: 사실 제가 직접 말했어요. 이번이 나의 마지막 무술 영화라고 말이죠. 사람마다 같은 말을 듣고 이해하는 것이 다른 것 같아요. 저는 어릴 때부터 무술을 좋아했고, [1]나중에는 영화를 찍음으로써 영화를 통해 무술이 전파되고 중국 문화가 세계로 전파한다는 것을 알아차렸죠. [2]이것은 은연중에 중국 문화를 전파해야 한다는 압박을 스스로 주었고, 중국 무술을 전파해야 한다는 의무감이 되었습니다. 「관원갑」을 할 때 저는 마침표를 찍고 싶었어요. [3]인생은 40세가 되면 전환점이 필요하고, 과거의 짐을 내려놔야 한다고 생각하기 때문입니다. 저는 영화 한 편을 선택하여, 사지와 신체에서 나오는 무공에 대한 정의와, '왜 무술을 연마해야 하는가', '사람은 무엇인가', '도덕은 무엇인가', '진정한 무술의 최고 경지는 무엇인가'라는 문제들을 결합하여, 모두 한 편의 영화를 통해 묘사하고 싶었습니다. 묘사한 후에는 무술에 대한 개인적인 감정들은 내려놓았죠. 그때 이미 저 자신에게 인생 후반부의 새로운 목표를 정해 주었습니다.

여: 어떤 목표를 말씀하시는 건가요?

남: [5]저는 무술이 신체를 단련하게 하고, 무술을 통해 사람의 도리를 배울 수 있다고 봅니다. 그 다음에 마음과 영혼의 측면에서 널리 보급하고 싶습니다. 사람은 신체와 내면을 다 가지고 있으니까요. [4]어떻게 해야 정신적으로 사람을 즐겁게 할 방법을 퍼트릴 수 있을지 생각 중입니다.

<table>
<tr>
<td>

男: 对。其实很多人都一样。有些东西是你的工作，是你必须要做的事情。而有些是你心爱的事情，是你挤出睡觉的时间都要做的。这是两种不同的心态，我还会很职业地做一个演员，但我内心更多的是做我未来的计划。

</td>
<td>

여: 40세는 당신에게 아주 중요한 지점이군요. 현재 당신은 아직 영화를 찍고 계시지만 예전처럼 그렇게 부담과 사명감을 가지고 찍고 계시지는 않는 거죠.

남: 맞아요. 사실 모든 사람이 다 같아요. 어떤 것들은 당신의 일이고, 당신이 반드시 해야 할 일이죠. 근데 어떤 것들은 당신이 마음으로 좋아하는 일이에요. 잠자는 시간을 짜내서라도 해야 하는 일인 거죠. 이 두 가지는 다른 마음가짐이에요. 저는 직업적으로 배우를 할 수도 있지만, 그러나 내면으로는 미래에 대한 계획을 더 많이 하고 있습니다.

</td>
</tr>
<tr>
<td>

1. 男的因为拍电影发现了什么？
2. 男的有什么压力？
3. 男的认为他的40岁要怎样？
4. 男的的生命下半部分的目标是什么？
5. 武术除了强身健体还能怎样？

</td>
<td>

1. 남자는 영화를 찍으면서 무엇을 알아차렸나?
2. 남자는 어떤 압박이 있는가?
3. 남자는 그의 40세가 어때야 한다고 생각하는가?
4. 남자의 인생 후반부의 목표는 무엇인가?
5. 무술은 신체를 단련하는 것 외에 무엇을 할 수 있는가?

</td>
</tr>
</table>

단어 收山之作 shōushān zhīzuò 마지막 작품 | 收拾 shōushi 통 거두다 | 局面 júmiàn 명 형세 | 推进 tuījìn 통 추진하다 | 无形 wúxíng 형 무형의, 보이지 않는 | 推广 tuīguǎng 통 널리 보급하다 | 义务 yìwù 명 의무 | 句号 jùhào 명 마침표 | 转折 zhuǎnzhé 통 전환하다 | 包袱 bāofu 명 부담 | 肢体 zhītǐ 명 사지 | 境界 jìngjiè 명 경지 | 描述 miáoshù 통 묘사하다 | 情结 qíngjié 명 감정 | 心灵 xīnlíng 명 영혼, 정신 | 使命感 shǐmìnggǎn 명 사명감 | 挤出 jǐchū 짜내다

 유형 확인 문제 🎧 MP3-36

녹음을 듣고 질문에 알맞은 보기를 고르세요.

[1-5]

1. A 觉得有意思
   B 社会地位高
   C 擅长教育孩子
   D 曾从中得到过鼓励

2. A 有责任心
   B 和孩子交流
   C 对孩子有爱心
   D 平等对待孩子

3. A 培养孩子的特长
   B 帮孩子建立自信
   C 对孩子要严格要求
   D 及时发现孩子的问题

4. A 表示谦虚
   B 激励孩子
   C 孩子表现太差
   D 对孩子期望值太高

5. A 是一名作家
   B 初中时开始学画画
   C 在《中国少年报》工作
   D 家里有"问题孩子"

50 | 정.반.합. 新HSK 6급

02. 시사 인터뷰

현재 혹은 과거에 이슈가 되었던 사회 현상을 주제로 한 문제가 출제된다. 최근 중국 혹은 세계적으로 주목을 받는 주제에 관심을 가지고 관련 정보를 익히고 있으면 도움이 된다. 하지만 녹음에서 언급한 사실을 바탕으로 정답을 골라야 하며, 개인의 상식과 견해를 바탕으로 풀지 않도록 주의한다.

👩‍🎓 유형 익히기 1 🎧 MP3-37 ★☆☆

A 1946年	A 1946년
B 1956年	B 1956년
C 1966年	C 1966년
D 1976年	D 1976년

해설 남자의 첫 번째 말에서 홍콩침례대학은 1956년에 미국 침례교 기독교의 후원과 도움으로 창립되었다고 했으므로 정답은 B이다.

정답 B

2 ★☆☆

A 1991年	A 1991년
B 1993年	B 1993년
C 1994年	C 1994년
D 1997年	D 1997년

해설 남자의 첫 번째 말에서 1994년에 정식으로 홍콩침례대학이라고 명칭을 바꿨다고 했으므로 정답은 C이다.

정답 C

3 ★★☆

A 优秀的师资	A 우수한 교수
B 充足的生源	B 충분한 학생 자원
C 足够的办学资金	C 충분한 학교 경영 자금
D 与宗教没有任何关系	D 종교와 아무 상관이 없다

단어 师资 shīzī 명 교수, 선생 | 充足 chōngzú 형 충분하다 | 生源 shēngyuán 명 학생 자원 | 办学 bànxué 학교를 경영하다 | 资金 zījīn 명 자금 | 宗教 zōngjiào 명 종교

해설 남자의 첫 번째 말에서 공립 대학의 우선 조건은 종교와 아무 상관이 없는 것이라고 했으므로 정답은 D이다.

정답 D

A 中医学	A 중의학
B 工程学	B 공학
C 西医学	C 의학
D 法学	D 법학

해설　부정부사에 유의하여 듣는다. 남자의 첫 번째 말에서 홍콩침례대학은 공학, 의학, 법학은 없고, 거의 모든 문과와 중의학과는 있다고 했으므로 정답은 A이다.

정답 A

A 很强的师资队伍	A 강력한 교수진
B 注重国语教学	B 국어 교육을 중시한다
C 注重资金投入	C 자금 투입을 중시한다
D 完善的助学政策	D 완벽한 학자금 정책

단어　**注重** zhùzhòng 图 중시하다 ｜ **投入** tóurù 图 투입하다 ｜ **完善** wánshàn 图 완벽하다 ｜ **助学** zhùxué 图 공부하는 사람을 도와주다 ｜ **政策** zhèngcè 图 정책

해설　남자의 마지막 말에서 홍콩 고등 교육의 장점을 나열하면서 강력한 교수진들이 있다고 했으므로 정답은 A이다.

정답 A

1-5

女：各位网友，大家好，欢迎大家收看《人民网教育频道视频访谈》。今天我们很荣幸地邀请到了香港浸会大学研究院副院长黄煜教授做客人民网教育频道，和大家谈谈香港浸会大学2010年的招生情况。我们先请黄院长做自我介绍。

男：各位网友好，我是香港浸会大学研究生院副院长，今天很荣幸能够在人民网做客，对香港浸会大学在内地的招生做介绍。首先我想介绍一下香港浸会大学的校名和它的特色。很多人问香港浸会大学是不是一所宗教色彩的基督教大学。[1]香港浸会大学是1956年在美国的浸信会基督教资助和帮助下创办的，[2]但是到1994年正式更名为香港浸会大学的时候，[3]香港浸会大学就和基督

여: 네티즌 여러분, 안녕하세요. 「인민왕 교육 채널 화상 인터뷰」를 시청해주셔서 감사합니다. 오늘 아주 영광스럽게도 홍콩침례대학 대학원 부원장 황위(黄煜) 교수님을 인민왕 교육 채널에 초대하여 여러분과 홍콩침례대학 2010년 신입생 모집 상황을 알아보겠습니다. 황 원장님, 먼저 소개 부탁드리겠습니다.

남: 네티즌 여러분 안녕하세요, 저는 홍콩침례대학 대학원 부원장입니다. 오늘 인민왕에 손님으로 초대되어 매우 영광입니다. 홍콩침례대학의 학생 모집에 대해 소개해 드리겠습니다. 우선 저는 홍콩침례대학의 학교 이름과 그 특징을 소개하려 합니다. 많은 사람이 홍콩침례대학이 종교적 색채를 가진 기독교 대학인지 물어봅니다. [1]홍콩침례대학은 1956년에 미국 침례교 기독교의 후원과 도움으로 창립되었습니다. [2]그러나 1994년에 정식으로 홍콩침례대학이라고 명칭

教或者其他宗教没有任何的关系了，因为这是公立大学的一个首要条件。但是为什么保留这个名字呢？因为1994年的时候校友强烈反对，说任何的改名他们都不愿意，种种原因下，这个名字还是保留了下来，它是一种传统的延续。第二，香港浸会大学在香港属于一所中型大学，本科生差不多有4000多人，研究生约3000人，[4]它没有工程学，没有西医学、没有法学，没有传统意义上的那些综合性大学的一些学科。它有文科，所有的文科几乎都有，还有一个中医学院。所以我们一般称香港浸会大学是一个文理型大学、中等型的大学。它有一些什么优势呢？它有很多文科和理科互补产生的优势。比如它的商学、中医学，它的传播学里面的新闻、广告、电影、电视，还有人文学科里面的很多学科，像音乐、哲学、历史，还有社会学等等，当然我们的理科，包括生物、化学、数学等等，在香港都是非常强势的学科。

女：听了黄老师的介绍，我们对香港浸会大学有了初步的了解。有很多考生也会注意到，香港不是在中国大陆，可能更具有一些城市的优势。在这一点上黄老师有没有一些大概情况的介绍？

男：提起香港，很多人认为它是一个金融中心，它很发达。最近5年到6年，香港教育的优势越来越被咱们内地的同行、学子认识到。香港高等教育的优势，我认为有这样几个方面：第一，它的体制完全是和国际接轨的。[5]第二，它有很强的师资队伍。香港的老师是全球招聘的，而且几乎都是用英语教学，和国际上接轨没有障碍。

1. 香港浸会大学是什么时候创办的？
2. 该学校是什么时候正式更名为香港浸会大学的？
3. 公立大学的一个首要条件是什么？

을 바꿨을 때 [3]홍콩침례대학은 기독교나 다른 종교와 아무 상관이 없게 되었습니다. 왜냐하면 이것이 공립대학의 가장 중요한 조건이기 때문입니다. 그런데 왜 이 이름을 계속 가지고 있냐고요? 1994년에 학생들이 어떤 다른 이름으로 바꾸는 것을 원하지 않는다고 강력하게 반대하는 등 다양한 원인으로 이 이름을 계속 유지하게 되었습니다. 이는 전통의 지속인 거죠. 두 번째로 홍콩침례대학은 홍콩에서 중형대학에 속하며, 학부생이 거의 4,000여 명, 대학원생은 대략 3,000명입니다. [4]공학, 의학, 법학은 없고, 전통적인 의미에서의 종합대학의 학과들도 없습니다. 문과, 거의 모든 문과는 다 있으며 중의학과도 있습니다. 그래서 우리는 일반적으로 홍콩침례대학은 문·이과형 대학, 중등형 대학이라고 부릅니다. 어떤 장점이 있냐고요? 많은 문과와 이과의 상호 보완적인 장점이 있어요. 예를 들어 경영학, 중의학, 미디어학 속의 신문, 광고, 영화, 텔레비전, 그리고 음악, 철학, 역사, 사회학 등 인문학과 안의 많은 학과와 생물, 화학, 수학 등 이과도 홍콩에서 모두 강세를 보이는 학과입니다.

여: 황 선생님의 소개를 듣고 홍콩 침례대학에 대한 기본적인 이해를 하게 되었습니다. 많은 수험생이 관심을 가질만한 것이 홍콩은 중국 대륙에 있지 않아서 도시의 장점을 더욱 가질 것 같은데요. 이것에 대해 황 선생님께서 대략적인 상황을 소개해 주실 수 있나요?

남: 홍콩에 대해 말하자면, 많은 사람은 금융 중심이고 매우 발달한 것으로 알고 있습니다. 최근 5, 6년에 홍콩의 교육적인 장점이 동종 업계와 학생들에게 점점 인식되고 있습니다. 저는 홍콩 고등 교육의 장점은 다음 몇 가지와 같다고 생각합니다. 첫 번째, 시스템이 국제적으로 연계되어 있습니다. [5]두 번째, 강력한 교수진이 있습니다. 홍콩의 선생님들은 세계적으로 모집하고 있으며 대부분 영어로 강의하여 국제적으로 연계하는 데 문제가 없습니다.

1. 홍콩침례대학은 언제 창립되었는가?
2. 이 학교는 언제 정식적으로 홍콩침례대학이라고 명칭을 바꿨는가?
3. 공립대학의 가장 중요한 조건은 무엇인가?

| 4. 香港浸会大学有什么学科? | 4. 홍콩침례대학은 어떤 학과가 있는가? |
| 5. 关于香港高等教育的优势，正确的是哪项? | 5. 홍콩 고등 교육의 장점에 대하여 다음 중 옳은 것은? |

단어 收看 shōukàn 통 시청하다 | 频道 píndào 명 채널 | 视频 shìpín 명 동영상 | 荣幸 róngxìng 형 매우 영광스럽다 | 招生 zhāoshēng 통 신입생을 모집하다 | 基督教 Jīdūjiào 명 기독교 | 资助 zīzhù 통 후원하다 | 创办 chuàngbàn 통 창립하다 | 更名 gēngmíng 통 명칭을 바꾸다 | 保留 bǎoliú 통 보존하다 | 校友 xiàoyǒu 명 교우, 학생 | 延续 yánxù 통 지속하다 | 属于 shǔyú 통 ~에 속하다 | 工程学 gōngchéngxué 명 공학, 엔지니어링 | 优势 yōushì 명 장점 | 传播学 chuánbōxué 명 미디어학 | 金融 jīnróng 명 금융 | 接轨 jiēguǐ 통 연결시키다 | 招聘 zhāopìn 통 모집하다 | 障碍 zhàng'ài 명 장애물

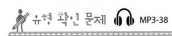 유형 확인 문제 🎧 MP3-38

》 해설서 23p

녹음을 듣고 질문에 알맞은 보기를 고르세요.

[1-5]

1. A 完善网站内容
   B 聘请相关律师
   C 遵守已经明确的政策、法规
   D 忽视网站注册

2. A 国外引进的新潮产品
   B 假冒伪劣商品
   C 免税产品
   D 本地特产

3. A 缺乏权威
   B 缺乏中立
   C 缺乏公正
   D 信息不通畅

4. A 表现传统美德
   B 特色鲜明，一招鲜吃遍天
   C 学会自信，越小越开放
   D 非常现实和理性

5. A 美国中小企业成功的几率低
   B 中国在互联网技术上非常领先
   C 草根站长是高成本做网站
   D 一定有快速致富的站长

실전 연습 1

📖 제2부분 🎧 MP3-39

⚫⚫ 16–30.
녹음을 듣고 질문에 알맞은 보기를 고르세요.

16. A 3 年
    B 4 年
    C 2 年
    D 5 年

17. A 郭德纲很认真
    B 郭德纲的相声很新
    C 郭德纲的相声很活
    D 郭德纲很执着

18. A 全部理解
    B 理解了一半
    C 理解了大部分
    D 理解了40%

19. A 他很聪明
    B 他很认真
    C 他有幽默感而且用功
    D 他有很好的机遇

20. A 看很多书
    B 看光盘，琢磨段子
    C 向老师学习
    D 向很多同行学习

21. A 玄幻
    B 魔幻
    C 穿越
    D 纯文学

22. A 以原创为基准
    B 文学专业的基地
    C 转载为上
    D 内容多为虚幻类

23. A 沟通写作心得
    B 是网站的通信平台
    C 修改文章的平台
    D 是网站的后方力量

24. A 个人的性格
    B 大家给予的帮助
    C 用真心支持着的每个朋友
    D 来自父母的支持

25. A 感情细腻
    B 做事执着
    C 做事果断
    D 喜欢交朋友

26. A 劳动节假期
    B 端午节假期
    C 国庆节长假
    D 春节期间

27. A 组织重庆溜社区活动
    B 重庆溜社区线上活动的倡导人
    C 重庆溜社区幕后策划
    D 从事重庆溜社区的线下活动

28. A 决定活动地点
    B 召开会员大会
    C 打电话通知会员活动时间
    D 在社区里做实地调查

29. A 开展活动心得讨论会
    B 电话联系回馈信息
    C 以征文的形式到社区发稿
    D 开展访谈记录

30. A 重庆溜在五一期间有活动
    B 重庆溜是重庆生活社区的标杆
    C 组织活动非常容易
    D 会员的帖子可能会有零回复

》》해설서 26p

듣기 听力

제3부분

장문 듣고 질문에 답하기

미리보기

듣기 제3부분은 총 20문제(31~50번)로 5~6줄의 짧은 지문을 한 사람이 낭독한다. 각 지문에는 3~4개의 문제가 있으며 녹음이 끝난 후 질문을 듣고, 보기 A, B, C, D 중에서 가장 적절한 답을 고른다.

제3부분 – 장문 듣고 질문에 답하기

문제　🎧 MP3-40　　　　　　　　　　　　　　　　　　　　≫ 해설서 34p

第三部分

第31–50题: 请选出正确答案。

31. A 有趣
    B 感激
    C 难以忍受
    D 感到年轻了

32. A 越来越少
    B 越来越多
    C 每次都一样
    D 有时多有时少

33. A 逗孩子开心
    B 给孩子零花钱
    C 让孩子陪他玩儿
    D 让孩子不再吵闹

녹음

第31到33题是根据下面一段话:

一群孩子在一位老人家门前玩儿,他们玩儿得很开心,叫喊声很大。一连几天,孩子们都来这儿玩儿,老人难以忍受。于是,他出来给了每个孩子五块钱,然后对他们说:"你们让这儿变得很热闹,我觉得自己年轻了不少,这点儿钱表示我对你们的谢意。"

孩子们很高兴,第二天又来了,一如既往地大喊大叫,玩儿得非常高兴。老人又出来,给了每个孩子两块钱。他解释说,自己现在没有收入了,只能少给一些。两块钱也还可以吧,孩子们仍然兴高采烈地走了。

第三天,老人只给了每个孩子五毛钱。

"一天才五毛钱,知不知道我们有多么辛苦!"孩子们生气地对老人说,"我们再也不会为你玩儿了!"

31. 孩子们在门外玩儿，老人是什么感觉?

32. 关于老人给孩子们的钱，下列哪项正确?

33. 老人这样做的目的最可能是什么?

듣기 제3부분의 문제를 푸는 핵심 방법은 다음과 같다.

✓ **지문의 사실과 이유를 종합적으로 기억한다.**

✓ **지문의 주제와 핵심 사상을 파악한다.**

✓ **주어진 정보를 통해 인물의 신분과 관계를 판단한다.**

✓ **사건의 발생 시간과 지점을 기억한다.**

✓ **언어상의 의미를 통해 그 속에 함축되어 있는 정보를 파악한다.**

✓ **화자의 관점과 태도를 파악한다.**

듣기 제3부분은 지문이 다소 길어 정보가 많고, 낭독 속도가 빠르므로 풀이 전략에 주의해야 한다.

✓ **보기를 먼저 본다.**
녹음을 듣기 전에 보기를 살펴보며 문제 유형을 유추한 후, 녹음을 들을 때 보기와 관련된 내용에 주의하면서 들어야 한다.

✓ **녹음의 처음과 끝에 주목한다.**
듣기 제3부분에는 글의 주제나 시사하는 바를 묻는 문제가 자주 나온다. 이는 대체로 전체의 내용을 바탕으로 추론해야 한다. 어떤 지문은 도입부에서 핵심 내용이 나오기도 하고, 어떤 지문은 말하고자 하는 내용을 개괄하고 후반부에서 핵심을 다시 한번 정리해 주기도 하므로 녹음의 처음과 끝은 놓치지 않도록 한다.

✓ **들으면서 메모한다.**
보기를 먼저 보고 문제가 요구하는 것을 예측한 후, 녹음을 들으면서 시간, 지점 및 인물들의 정보를 메모한다.

✓ **내용과 내용을 잇는 연결어에 주목한다.**
연결어는 지문의 흐름을 파악할 수 있는 중요한 열쇠이다. 연결어를 파악하면 뒤에 이어지는 내용을 예상할 수 있으며, 논리 관계를 더 분명히 할 수 있다. 예를 들어, '然而(오히려)', '另外(그 밖에도)', '例如(예를 들어)', '但是(그러나)', '相反(반대로)', '因为(때문에)', '所以(그래서)' 등의 연결어와, 순서를 표시하는 '第一(첫 번째)', '第二(두 번째)', '先(우선)', '再(다시)', '然后(그리고 난 후)', '最后(마지막으로)' 등의 어휘는 문장의 논리 관계를 이해하는 데 유용하다.

✓ **질문을 정확하게 듣는다.**
녹음을 듣는 것도 결국 문제를 풀기 위함이다. 만약 질문을 정확하게 듣지 못하면 오답을 고를 위험이 있으므로 질문을 정확히 듣고 묻는 것이 무엇인지 파악해야 한다.

01. 이야기

이야기 형식은 옛날이야기와 현대 이야기로 나뉘며, 옛날이야기는 역사와 관련된 문제가 많다. 일반적으로 이야기 형식의 글은 사건과 그 사건이 주는 교훈으로 구성된다. 사건은 인물과 행동 중심으로 이해해야 하며, 주제는 후반부에 언급하는 경우가 많으므로 이에 유의하여 들어야 한다.

유형 익히기 I 🎧 MP3-41

1 ★☆☆

A 国王	A 국왕
B 商人	B 상인
C 大臣	C 대신
D 珠宝匠	D 보석 장인

단어 大臣 dàchén 몡 대신, 신하 | 珠宝匠 zhūbǎojiàng 보석 장인

해설 마지막으로 한 늙은 대신이 방법이 있다고 하여 볏집을 이용하여 문제를 해결했다. 따라서 정답은 C이다.

정답 C

2 ★☆☆

A 称重量	A 무게를 측정한다
B 用稻草	B 볏짚을 사용한다
C 检查质量	C 품질을 검사한다
D 凭经验判断	D 경험에 근거하여 판단한다

단어 称 chēng 됭 측정하다 | 重量 zhòngliàng 몡 무게 | 稻草 dàocǎo 몡 볏집 | 检查 jiǎnchá 됭 검사하다 | 凭 píng 깨 ~에 근거하여 | 判断 pànduàn 됭 판단하다

해설 늙은 신하가 '볏짚 세 단'을 사용해서 금 동상의 차이점을 발견했으므로 정답은 B이다.

정답 B

3 ★★☆

A 要有眼光	A 안목이 있어야 한다
B 要多听少说	B 많이 듣고 적게 말해야 한다
C 不可轻信别人	C 다른 사람을 쉽게 믿으면 안 된다
D 不可盲目乐观	D 무턱대고 낙관적이면 안 된다

단어 眼光 yǎnguāng 몡 안목 | 轻信 qīngxìn 쉽게 믿다 | 盲目 mángmù 혱 맹목적인 | 乐观 lèguān 혱 낙관적이다

해설 주제를 묻는 문제는 주로 녹음의 앞이나 뒷부분에 나온다. 녹음의 마지막에서 많이 듣고 적게 말해야 한다고 명확히 언급하며 경청의 중요성을 말하고 있다. 따라서 정답은 B이다.

정답 B

1-3

古时候，有个商人献给国王三个外表一模一样的金人，同时出了一道题目：这三个金人哪个最有价值？

国王想了许多办法，请来珠宝匠检查，称重量，看做工，这三个金人都是一模一样的。怎么办？[1]最后，有一位老大臣说，他有办法。

[2]他拿了三根稻草，把第一根插入第一个金人的一只耳朵里，稻草从另一只耳朵出来了。第二个金人的稻草从嘴巴里掉了出来。而第三个金人，稻草进去后掉进了肚子里，什么响动也没有。老臣说："第三个金人最有价值。"商人说答案正确。

这个故事告诉我们，最有价值的人，不一定是最能说的人。老天给我们两只耳朵一个嘴巴，[3]本来就是让我们多听少说的。善于倾听，才是成熟的人最基本的素质。

옛날에 한 상인이 국왕에게 똑같은 모양의 금 동상 세 개를 바치며 문제를 하나 냈다. "이 세 개의 금 동상 중 어느 것이 가장 가치 있는 것일까요?"

국왕은 여러 가지 방법을 생각하였다. 보석 장인을 불러 검사하고, 무게도 측정하고, 가공 기술도 살펴보았으나, 세 개의 금 동상은 모두 똑같았다. 어찌해야 할까? [1]마지막으로 한 늙은 대신이 그에게 방법이 있다고 했다.

[2]그는 볏짚 세 단을 가져와 첫 번째 볏짚을 첫 번째 금 동상의 한쪽 귀에 넣었다. 그러자 다른 한쪽 귀로 나왔다. 두 번째 금 동상의 볏짚은 입으로 나왔다. 그러나 세 번째 금 동상은 볏짚이 배 속으로 들어가서 아무런 기척도 없었다. 늙은 대신이 말했다. "세 번째 금 동상이 가장 가치가 있는 것입니다." 상인은 그의 말이 옳다고 했다.

이 이야기가 우리에게 알려 주는 것은 가장 가치 있는 사람은 반드시 말을 가장 잘하는 사람은 아니라는 것이다. 신이 우리에게 두 개의 귀와 한 개의 입을 준 것은 [3]많이 듣고 적게 말하라는 것이다. 경청을 잘하는 것이야말로 성숙한 사람의 가장 기본적인 자질이다.

1. "金人"问题是谁解决的?	1. '금 동상' 문제는 누가 풀었는가?
2. 问题是怎么解决的?	2. 문제는 어떻게 풀었는가?
3. 这段话主要想告诉我们什么?	3. 이 글이 주로 이야기하고자 하는 것은 무엇인가?

단어 献 xiàn 툉 바치다 | 外表 wàibiǎo 몡 겉모습 | 一模一样 yìmú yíyàng 셍 모양이 완전히 같다 | 金人 jīnrén 몡 금 동상 | 题目 tímù 몡 문제 | 做工 zuògōng 몡 가공 기술 | 插入 chārù 꽂다 | 嘴巴 zuǐba 몡 입 | 掉 diào 툉 떨어뜨리다 | 响动 xiǎngdong 몡 기척, 소리 | 善于 shànyú 툉 ~를 잘하다 | 倾听 qīngtīng 툉 경청하다 | 素质 sùzhì 몡 자질

>> 해설서 35p

 유형 확인 문제 🎧 MP3-42

녹음을 듣고 질문에 알맞은 보기를 고르세요.

[1-3]

1. A 餐厅的东西经常被偷
   B 餐厅的门经常被踢破
   C 大家不相信他
   D 餐厅的治安不好

2. A 新门是铁门
   B 大家照样踢新门
   C 新门是玻璃门
   D 新门经常挨踢

3. A 孩子们被信任感动
   B 人之间的感情是很奇怪的
   C 玻璃门比铁门牢固
   D 信任的力量是巨大的

02. 논설문

한 주제에 대한 화자의 의견을 이야기하는 논설문은 시험에 빠지지 않고 출제된다. 특히 삶에 대한 태도나 인생의 교훈에 관한 주제인 경우가 많다. 글 전체가 통일성을 가지고 서술되므로 전체적인 핵심 내용이 무엇인지를 파악하는 것이 중요하다.

유형 익히기 | 🎧 MP3-43

1 ★☆☆

A 反感	A 반감을 갖는다
B 奇怪	B 이상하게 여긴다
C 紧张	C 긴장한다
D 愉快	D 기뻐한다

단어 反感 fǎngǎn 통 반감을 가지다

해설 상대방의 작은 변화를 발견하고 말해주면, 그는 분명히 기쁘게 당신의 관심을 받아들이며 당신에게 호감을 느끼게 될 것이라고 했다. 따라서 정답은 D이다.

정답 D

2 ★☆☆

A 大方	A 대범하다
B 很细心	B 세심하다
C 非常帅	C 매우 잘생겼다
D 心地善良	D 마음씨가 착하다

단어 大方 dàfāng 형 대범하다 | 细心 xìxīn 형 세심하다

해설 화자는 남자 친구가 아주 작은 것에 신경을 쓸 줄 아는 눈썰미를 가져서 만족한다고 했으므로 정답은 B이다.

정답 B

3 ★★☆

A 如何称赞别人	A 어떻게 다른 사람을 칭찬하는가
B 怎么表达自己的想法	B 어떻게 자신의 생각을 표현하는가
C 选择什么样的男朋友	C 어떤 남자 친구를 선택 하는가
D 怎样获得别人的好感	D 어떻게 다른 사람의 호감을 얻는가

단어 称赞 chēngzàn 통 칭찬하다

1-3

没有人不愿意接受别人的关心，也没有人会对关心自己的人产生不满。所以，[3]要想赢得好评，就需要将你对别人的关心适当地表达出来。如果你发现对方的细微变化，最好能立刻指出。比如说对方换了新领带，你就说："这条领带你第一次戴，在哪儿买的？"[1]他一定会愉快地接受你的关心，对你产生好感。特别是女性，尤其重视自己的穿戴，一旦有人注意到了她的服饰的变化，她一定会感到由衷的欣喜，这时你们之间的距离也便随之缩短了。

[2]我对我的男朋友非常满意，就是因为他有注意微小事物的眼光。比如，我从美发厅出来，换了一个新发型，他就会兴致勃勃地欣赏一番；我晚上没睡好，第二天显得很累，他看到我的样子就会细心地关照一番。男友所做的一切听起来虽然都微不足道，但却让我感到十分满足。

다른 사람의 관심을 받고 싶어 하지 않는 사람은 없으며, 자신에게 관심을 가지는 사람에게 불만을 가지는 사람도 없다. 그래서 [3]좋은 평가를 받고 싶다면 당신은 다른 사람에 대한 관심을 적당하게 드러내야 한다. 만약 당신이 상대방의 작은 변화를 발견하면 즉시 말하는 것이 가장 좋다. 예를 들어 상대방이 새 넥타이로 바꿨다면, "이 넥타이 처음 하셨죠, 어디서 사신 거예요?"라고 말하면 된다. [1]그는 분명히 기쁘게 당신의 관심을 받아들이며 당신에게 호감을 느끼게 될 것이다. 특히 여성은 자신의 옷차림을 유난히 중시하기 때문에 사람들이 자신의 차림새 변화에 관심을 가지기만 한다면 틀림없이 진심으로 기뻐할 것이다. 이때 당신들 사이의 거리 또한 좁혀진다.

[2]나는 내 남자 친구에게 아주 만족한다. 왜냐하면 아주 작은 것에 신경을 쓸 줄 아는 눈썰미를 가졌기 때문이다. 예를 들어 내가 새로운 헤어스타일을 하고 미용실에서 나오면 흥미진진하게 감상한다. 저녁에 잠을 잘 자지 못해서 다음날 피곤해 보이면 그는 나를 세심하게 돌봐 준다. 남자 친구가 하는 모든 것이 하찮게 들릴지는 모르지만 나는 아주 만족한다.

1. 如果你注意到了别人细微的变化，别人会怎么样？
2. 说话人为什么对男友非常满意？
3. 这段话主要讲了什么？

1. 만약 당신이 다른 사람의 작은 변화를 발견했다면 다른 사람은 어떠할 것인가?
2. 화자는 왜 남자 친구에게 매우 만족하는가?
3. 이 글이 주로 이야기하는 것은 무엇인가?

단어 赢得 yíngdé 图 얻다 | 好评 hǎopíng 图 호평 | 需要 xūyào 图 필요하다 | 适当 shìdàng 图 적당하다 | 表达 biǎodá 图 표현하다 | 细微 xìwēi 图 미세하다 | 立刻 lìkè 图 즉시 | 领带 lǐngdài 图 넥타이 | 尤其 yóuqí 图 특히, 더욱이 | 穿戴 chuāndài 图 옷차림 | 服饰 fúshì 图 차림새 | 由衷 yóuzhōng 图 마음에서 우러나오는 | 欣喜 xīnxǐ 图 기쁘다 | 距离 jùlí 图 거리 | 缩短 suōduǎn 图 줄이다 | 眼光 yǎnguāng 图 안목 | 美发厅 měifàtīng 图 미용실 | 发型 fàxíng 图 헤어스타일 | 兴致勃勃 xìngzhì bóbó 图 흥미진진하다 | 欣赏 xīnshǎng 图 감상하다 | 一番 yìfān 图 한차례 | 显得 xiǎnde 图 ~인 것처럼 보이다 | 关照 guānzhào 图 돌보다 | 微不足道 wēibù zúdào 图 하찮아서 언급할 가치도 없다

유형 확인 문제 🎧 MP3-44

〉〉해설서 36p

녹음을 듣고 질문에 알맞은 보기를 고르세요.

[1-4]

1. A 制订计划
   B 放松心情
   C 充分利用时间
   D 选择好的学习方法

2. A 1个月
   B 1-3个月
   C 3个月
   D 半年到一年

3. A 要概括
   B 要简单
   C 要具体
   D 要有个性

4. A 追求完美
   B 重视短期计划
   C 准备多个计划
   D 计划要有灵活性

03. 설명문

정보와 지식을 전달하는 설명문은 항상 출제되지만, 일상생활 속에서 쉽게 접할 수 있는 것들에 대한 단순한 정보 전달 위주이므로 보기를 미리 본 후 관련 정보를 파악하고 들으면 어렵지 않게 풀 수 있는 유형이다.

 유형 익히기 1 🎧 MP3-45

1
★☆☆

A 体谅	A 이해하다
B 怀疑	B 의심하다
C 信任	C 신임하다
D 委屈	D 억울하다

단어 体谅 tǐliàng 图 이해하다, 알아주다 | 委屈 wěiqu 혱 억울하다

해설 얼굴이 빨개지는 것은 상대의 분노를 가라앉힐 수 있고, 적대적인 행동을 없애며, 사람들이 더 빠르게 당신을 용서하게 만든다고 했으므로 정답은 A이다.

정답 A

2
★☆☆

A 脸红没什么好处	A 얼굴이 빨개지는 것은 장점이 없다
B 其他动物也会脸红	B 다른 동물들도 얼굴이 빨개진다
C 脸红会暴露人的情绪	C 얼굴이 빨개지는 것은 사람의 감정을 드러낸다
D 脸红会让别人更加愤怒	D 얼굴이 빨개지는 것은 다른 사람을 더 분노하게 한다

단어 脸红 liǎnhóng 图 얼굴이 빨개지다 | 暴露 bàolù 图 폭로하다, 드러내다 | 愤怒 fènnù 혱 분노하다 | 情绪 qíngxù 몡 감정

해설 얼굴이 빨개지는 것은 사람 내면의 심정을 드러내는 분명한 신호임을 계속해서 언급했다. 따라서 정답은 C이다.

정답 C

3 ★★☆

A 人为什么会脸红	A 사람은 왜 얼굴이 빨개지는가
B 人和动物有何不同	B 사람과 동물은 어떻게 다른가
C 人怎样才能不脸红	C 사람은 어떻게 해야 얼굴이 빨개지지 않는가
D 脸红能促进血液循环	D 얼굴이 빨개지는 것은 혈액 순환을 촉진한다

단어 血液循环 xuèyè xúnhuán 명 혈액 순환

해설 주제를 묻는 문제로 전반적인 내용을 파악해서 풀어야 한다. 사람의 얼굴이 빨개지는 이유에 관해 이야기하고 있으므로 정답은 A이다.

정답 A

1-3

²脸红，是泄露人内心情感的一个明显信号，人们在感到尴尬、羞耻或害羞时脸会变红。但是这其中的奥秘却让科学家琢磨不透。最近有科学家将这归为"历史进化的一个结果"。

研究人员指出，人是唯一在害羞时脸会变红的动物，²这个信号让人们的内心情感完全表露出来。研究发现，人在脸红时，脸颊、颈部和胸部皮肤表层的血管会扩张，更多的血液会汇集在这些地方。心理学家则分析认为：¹脸红能平息对方的怒火，消除敌对行为，让人们更快地原谅你。所以，脸红并不完全是一件坏事。

²얼굴이 빨개지는 것은 사람 내면의 심정을 드러내는 분명한 신호이다. 사람들은 난처하거나 수치스럽거나 혹은 부끄러울 때 얼굴을 붉힌다. 그러나 이 비밀은 과학자들도 풀어내지 못했다. 최근 어떤 과학자가 이것을 '역사 진화의 한 결과'라고 결론지었다.

연구원에 의하면 사람은 부끄러울 때 얼굴을 붉히는 유일한 동물이며, ²사람은 이 신호로 내면의 감정을 안전하게 드러낸다. 연구에 따르면 사람이 얼굴을 붉힐 때 뺨, 목과 가슴 피부 표면의 혈관이 확장되고, 더 많은 혈액이 이곳으로 모인다. 그러나 심리학들의 분석에 따르면 ¹얼굴이 빨개지는 것은 상대의 분노를 가라앉힐 수 있고, 적대적인 행동을 없애며, 사람들이 더 빠르게 당신을 용서하게 만든다. 그래서 얼굴이 빨개지는 것이 완전히 나쁜 일인 것만은 아니다.

1. "脸红"可以引来别人什么样的态度？	1. '얼굴이 빨개지는 것'은 다른 사람의 어떠한 태도를 이끌어 내는가?
2. 关于"脸红"，下列哪项正确？	2. '얼굴이 빨개지는 것'에 관하여 다음 중 옳은 것은?
3. 这段话主要谈的是什么？	3. 이 글은 주로 무엇을 이야기하는가?

단어 泄露 xièlòu 동 (기밀, 비밀 등을) 누설하다 | 情感 qínggǎn 명 감정 | 明显 míngxiǎn 형 분명하다 | 信号 xìnhào 명 신호 | 尴尬 gāngà 형 난처하다 | 羞耻 xiūchǐ 형 수줍다 | 害羞 hàixiū 동 부끄러워하다 | 奥秘 àomì 명 비밀 | 琢磨 zuómo 동 깊이 생각하다 | 归为 guīwéi ~로 결론지어지다 | 表露 biǎolù 동 드러내다 | 脸颊 liǎnjiá 명 뺨 | 颈部 jǐngbù 명 목 부분 | 胸部 xiōngbù 명 가슴 | 表层 biǎocéng 명 표면 | 血管 xuèguǎn 명 혈관 | 扩张 kuòzhāng 동 확장하다 | 血液 xuèyè 명 혈액 | 汇集 huìjí 동 모으다 | 分析 fēnxī 동 분석하다 | 平息 píngxī 동 가라앉히다 | 怒火 nùhuǒ 명 분노 | 消除 xiāochú 동 없애다 | 敌对 díduì 형 적대적인 | 原谅 yuánliàng 동 용서하다

녹음을 듣고 질문에 알맞은 보기를 고르세요.

[1-4]

1. A 生下来就学会了奔跑
   B 只要跳几下就能从敌人面前逃开
   C 平均寿命非常长
   D 靠隐藏躲避天敌

2. A 缺少食物
   B 缺少天敌
   C 缺乏水源
   D 欧洲人的到来

3. A 大规模捕杀
   B 引进毒药
   C 修建长城
   D 建立拦网

4. A 兔子在大洋洲能迅速成长
   B 大洋洲的兔子已经基本灭绝
   C 袋鼠的生活受到严重干扰
   D 大洋洲的动物寿命很短

실전 연습 1

📖 제3부분 🎧 MP3-47

⚫ 31–50.

녹음을 듣고 질문에 알맞은 보기를 고르세요.

31. A 要一个美丽的女子
    B 要三箱雪茄
    C 要一部电话
    D 什么都不要

32. A 为了与外界沟通
    B 为了打发时间
    C 为了抽雪茄
    D 为了与美丽女子对话

33. A 雪茄是没什么用的
    B 犹太人最聪明
    C 什么样的选择决定了什么样的生活
    D 电话很重要

34. A 把洞口弄大
    B 把自己饿瘦
    C 把自己吃胖
    D 把洞口弄小

35. A 因为人们觉得葡萄并不好吃
    B 因为人们觉得狐狸的方法很笨
    C 因为人们觉得狐狸什么都没得到
    D 因为人们觉得狐狸得不偿失

36. A 什么都没得到
    B 很多葡萄
    C 吃葡萄的经历和体验
    D 挖洞的经历和体验

37. A 女儿
    B 表妹
    C 妻子
    D 侄女

38. A 提出要帮助小李
    B 不同情他的遭遇
    C 不感谢他的招待
    D 同情他，但没提出要帮助他

39. A 失败了是不可能重新站起来的
    B 放低姿态、重新做起才能站起来
    C 失败以后不能依靠朋友的帮助
    D 完全靠自己的努力才能重新站起来

40. A 因为他不想带麻雀回家
    B 因为他急着进屋去求妈妈同意他养
       麻雀
    C 因为妈妈不同意他养麻雀
    D 因为忘了带麻雀进去

41. A 它飞走了
    B 它飞进家里去了
    C 它被黑猫吃了
    D 它被放在鸟巢里了

42. A 不要轻易改变主意
    B 自己认定的事，不要优柔寡断
    C 不要听妈妈的话
    D 凡事都要自己做决定

43. A 第一次
    B 第二次
    C 第三次
    D 第四次

44. A 多此一举
    B 高中
    C 白费劲儿
    D 有备无患

45. A 高中
    B 有备无患
    C 多此一举
    D 白费劲儿

46. A 要相信自己
    B 要从积极的方面看事情
    C 不要听信别人的意见
    D 要从消极的方面看事情

47. A 工作不认真
    B 对人生很悲观
    C 工作不负责
    D 与同事关系不好

48. A 因为过了下班时间
    B 因为他们要为尼克过生日
    C 因为他们要为老板过生日
    D 因为他们自己要过生日

49. A 冰柜箱里的温度在零下20度以下
    B 冰柜箱里没有氧气
    C 冰柜箱里没有水
    D 冰柜箱里未启动制冷系统，有足够
      的氧气

50. A 因为冰柜箱里没有氧气
    B 因为冰柜箱里温度太低
    C 因为他太悲观，认为自己一定会冻死
    D 因为他很乐观

》》 해설서 39p

听力

듣기

실전 테스트

>> 해설서 49p

第 一 部 分

第1-15题：请选出与所听内容一致的一项。

1. A 小杨上班迟到
   B 小杨最后一个下班
   C 路况畅通无阻
   D 小杨老婆很漂亮

2. A 营销创新有多种途径
   B 可在特定市场内部做调整、创新
   C 发挥产品已有的功效
   D 重组市场并不可行

3. A 富者的财富被均等平分
   B 中产阶级沦落为中下层阶级
   C 财富分配在中间凸起
   D 中间这一块儿最后占主导

4. A 文明首发于西安
   B 道学在山东兴盛
   C 佛学首传于洛阳
   D 姓氏主根在安阳

5. A 含羞草原产北美洲
   B 含羞草不可药用
   C 含羞草的叶子能榨油
   D 含羞草碱是一种有毒物质

6. A 伟大的劳动产生伟大的精神
   B 体力劳动无益于人
   C 体力劳动是高贵的
   D 作家应轻视体力劳动

7. A 该站天气预报可预测全球天气
   B 未来的天气预测并不准确
   C 最高气温也属于指标之一
   D 饮食情况也可查询

8. A 吃的第一境界是填饱肚子
   B 形式非常有新潮感
   C 非常讲究吃的地方
   D 不应该怕麻烦

9. A 小王没有推倒简易厕所
   B 小王说了假话
   C 小王的爸爸很高兴
   D 小王的爸爸很生气

10. A 许多新兴语言正蓬勃发展
    B 英国语言学家发出了警告
    C 3/4的语言正在濒临消亡
    D 几乎每两个星期就会有一种语言消失

11. A 长江中上游雨水会增多
    B 大部分地区降雨量偏少
    C 新疆西北部将持续干旱
    D 东北地区降水量比以往同期多

12. A 小吃大概有1500种
    B 亚洲小吃品种不多
    C 欧洲小吃品种比亚洲少一些
    D 南美洲的小吃品种最多

13. A 面对劳动所得，大家并不开心
    B 劳动可获得成就感
    C 成就感的来源很大
    D 成就感缺乏精神意义

14. A 乘车过久腿部易形成血栓
    B 拒绝长途旅行
    C 长途旅行不需要活动脚关节
    D 喜欢旅行的人很多

15. A 做直销不利于个人成长
    B 生意人只讲利益
    C 生意人都缺乏感动
    D 直销讲人性很重要

第 二 部 分

第 16-30 题：请选出正确答案。

16. A 创办于2005年3月
    B 所有行业的人才招聘网
    C 已有六年的历史
    D 公司现在大概70人以上

17. A 大学专业是音乐
    B 曾替人写歌、谱曲
    C 自学软件开发
    D 自主开发中国美容人才网

18. A 无从解决
    B 创办初期只有一个人
    C 找人来帮助解决问题
    D 请教专业人员

19. A 2005年
    B 2006年
    C 2007年
    D 2008年

20. A 这位首席执行官是专业设计师出身
    B 这位首席执行官从事过互联网工作
    C 网站2009年开始有团队规模
    D 网站目前陷入经济危机

21. A 网站的长远发展
    B 与专业的人士学习网站知识
    C 文章的数量和质量
    D 如何在短时间里审核文章

22. A 晚上12点左右
    B 凌晨1点左右
    C 晚上10点左右
    D 晚上11点左右

23. A 对于文字的爱好
    B 为文学爱好者提供交流平台
    C 挖掘好的作品
    D 反映中国当代生活现状

24. A 多转载文章
    B 加强互动交流
    C 在技术上加强
    D 加强群外管理

25. A 多组织群内活动
    B 提供互利互惠的奖励措施
    C 开发群内交流平台
    D 得靠大家出谋划策

26. A 听力正常
    B 有身高要求
    C 无色盲
    D 无色弱、夜盲

27. A 男生身高158厘米以上
    B 男生身高178厘米以上
    C 女生身高158厘米以上
    D 女生身高168厘米以上

28. A 新生奖学金
    B 校友奖学金
    C 企业奖学金
    D 国家励志奖学金

29. A 优秀学生奖学金
    B 动感地带奖学金
    C 科技创新奖学金
    D 文体艺术奖学金

30. A 15%
    B 30%
    C 45%
    D 50%

第 三 部 分

第31-50题: 请选出正确答案。

31. A 对当事人双方都很公平
    B 是特定人士使用的方法
    C 哪面朝上的概率相同
    D 看似公平的方法并不公平

32. A 50%
    B 51%
    C 55%
    D 60%

33. A 用大拇指轻弹
    B 直接扔硬币
    C 观察硬币哪一面朝上
    D 抛硬币之前做出选择

34. A 周口店遗址
    B 元谋人遗址
    C 半坡遗址
    D 南召杏花山猿人遗址

35. A 燕国
    B 申国
    C 谢国
    D 晋国

36. A 地名已被更改
    B 唐代始用"南阳"
    C 伟大人物很少
    D 是享有盛誉的名地

37. A 时尚新潮的
    B 黄金含量高的
    C 罕见的、不可再生的
    D 价格昂贵且可再生的

38. A 宝石、玉石
    B 奇石、化石
    C 古瓷
    D 标本

39. A 富有价值性
    B 具有吸引力
    C 满足个人欲望
    D 丰富生活

40. A 公平
    B 竞争
    C 和平
    D 规则

41. A 爱好和平
    B 尊重规则
    C 公平竞争
    D 尊重对手

42. A 专业精神
    B 比赛第二
    C 更高、更快、更强
    D 尊重失败

43. A 无比柔软
   B 无比坚硬
   C 变成黑色
   D 变成彩色

44. A 生活在密林深处
   B 身手矫健
   C 是名贵的药材
   D 来去如风

45. A 要毫不犹豫，先下手为强
   B 要提醒雄麝自己的存在
   C 保持香囊的形状不被破坏
   D 靠近雄麝时应屏息凝神

46. A 完美自己
   B 改变自己
   C 放弃自己
   D 选择死亡

47. A 养活家人
   B 过着幸福的生活
   C 生产出更多的产品
   D 让机器帮忙

48. A 25%
   B 30%
   C 35%
   D 45%

49. A 做耗费时间的事
   B 做没有难度的事
   C 做突破自身极限的事
   D 做跟时间没有关系的事

50. A 要把自己的身体当作机器
   B 必须学会做超越自我的工作
   C 未来的工作与时间有关
   D 要跟时间较劲

新HSK

독해

6

阅读

新HSK 6급 독해 알아보기

新HSK 6급 독해 영역에서 수험생은 중국어 지식을 토대로 한 문법의 오류 발견, 단어의 적절한 사용, 긴 글에 대한 정확한 이해 능력 등이 요구된다. 길이가 비교적 긴 문장의 문장 성분을 나눌 수 있어야 하며, 완성되지 않은 글의 맥락을 파악하여 전체를 이해할 수 있어야 하므로 평소에 중국의 책, 신문 등을 접하며 종합적인 독해 능력을 키우는 연습이 필요하다.

● 기본 사항

문제 수: 50문제

시험 시간 : 약 50분 (별도 답안 작성 시간 없음)

부분	문제 유형	문제 수
제1부분	보기 중 틀린 문장 고르기	10문제(51~60번)
제2부분	단문 속 빈칸에 들어갈 단어 고르기	10문제(61~70번)
제3부분	장문 속 빈칸에 들어갈 문장 고르기	10문제(71~80번)
제4부분	장문 읽고 질문에 알맞은 답 고르기	20문제(81~100번)

독해 고득점 Tip

▶▷ 자신 있는 부분부터 풀자!

新HSK 6급 독해 영역은 50분 동안 50문제를 풀어야 하는데, 답안 작성 시간 약 5분을 제외하면 한 문제를 풀 시간이 1분이 채 되지 않는다. 따라서 전략적으로 시간 분배를 해야 하며, 이때는 평소 자신이 있는 부분을 먼저 푸는 것도 한 방법이다. 문법에 취약하면 제1부분을 가장 마지막에 풀거나 제4부분을 가장 먼저 풀 수도 있다. 모의고사를 여러 차례 풀어 보며 본인의 스타일에 따라 문제 푸는 순서를 정하도록 한다.

▶▷ 확실히 옳은 것부터 제외하자!

네 개의 보기 중에서 정답이 무엇인지 확실히 알지 못할 수 있다. 이때는 우선 다른 보기를 먼저 보고 확실히 답이 아닌 보기부터 하나씩 지우며 선택의 범위를 좁히는 것이 좋다.

▶▷ 빈칸이 있는 문제는 빈칸의 앞뒤를 주목하자!

모든 독해 문제는 지문 전체를 다 읽는 것이 가장 정확하지만, 어떤 문제들은 빈칸의 앞이나 뒤 한 문장씩만 읽어도 풀 수 있다. 빈칸을 기준으로 앞뒤 문장을 읽고, 보기를 몇 가지로 추린 후 빈칸으로부터 점점 먼 곳으로 읽어 나가면 시간을 더욱 절약할 수 있다.

제1부분

보기 중 틀린 문장 고르기

독해 제1부분

미리보기

독해 제1부분은 총 10문제(51-60번)로 주어진 4개의 보기 중 틀린 문장을 고른다. 수험생의 중국어 문법 파악 정도를 평가하는 것으로, 수험생은 평소에 중국어 문장을 문장 성분에 맞추어 나누어 읽는 연습을 해야 한다.

제1부분 – 보기 중 틀린 문장 고르기

문제

》 해설서 72p

第一部分

第51-60题：请选出有语病的一项。

51. A 空中飞鸟对飞机是个很大的威胁，因为飞鸟虽小，却能像子弹一样击穿飞机。

  B 不要在打电话的时候查收邮件或者打字，这样做，很容易让对方感觉出你不专心。

  Ⓒ 现代社会要求人们思想敏锐，具有探索精神和创新能力，对自然、社会和人生具有更深刻的思考和认识。

  D 长江三峡西起重庆奉节的白帝城，东到湖北宜昌的南津关，是瞿塘峡、巫峡和西陵峡三段峡谷的总称。

---

01. 문장 성분의 위치 오류 파악하기

문장이 길어지고 단어가 어려워지더라도 중국어의 어순은 변함이 없다. 따라서 주어, 술어, 목적어, 보어, 부사어, 관형어의 위치와 역할을 알아 두며, 보기를 읽을 때 문장 성분 나누는 연습을 한다. 특히 이들의 예외적인 위치에 유의해야 한다.

유형 01 부사어의 위치 오류

기본적으로 부사어는 동사 앞에 위치한다. 다만, 把자문에서 부정부사는 '把' 앞에 위치한다.

예 他喜欢一向足球。(✕) → 他一向喜欢足球。(○) 그는 줄곧 축구를 좋아했다.

他们听取群众真心诚意的意见。(✕) → 他们真心诚意地听取群众的意见。(○) 그는 진심을 다해 군중의 의견을 들었다.

他把学习不放在心上。(✕) → 他不把学习放在心上。(○) 그는 공부를 마음에 두지 않는다.

유형 02 개사구의 위치 오류

개사구는 부사어나 보어로 사용된다. 개사구가 부사어로 쓰일 때는 술어 앞에, 보어로 쓰일 때는 술어 뒤에 위치한다.

예 浙江对我很熟悉。(✕) → 我对浙江很熟悉。(○) 나는 저장(浙江)성에 익숙하다.

这次列车往开上海。(✕) → 这次列车开往上海。(○) 이 열차는 상하이(上海)로 간다.

유형 03 시간사의 위치 오류

시간사는 시간부사와 시간명사로 나뉜다. 시간부사는 동사 앞에 위치하며, 시간명사는 주어 앞뒤에 모두 위치할 수 있다.

예 已经今天的活动结束了。(✕) → 今天的活动已经结束了。(○) 오늘 행사는 이미 끝났다.

我买了很多东西昨天。(✕) → 昨天我买了很多东西。(○) 어제 나는 많은 물건을 샀다.

→ 我昨天买了很多东西。(○) 나는 어제 많은 물건을 샀다.

유형 04 이합사의 위치 오류

이합사는 그 자체로 '동사+목적어'의 형태를 이루고 있으므로 뒤에 또다시 목적어를 가질 수 없다. 이 경우 목적어를 개사구로 구성하여 부사어 자리에 위치시킨다.

예 昨天我见面了我的老师。(✕) → 昨天我和我的老师见面了。(○) 어제 나는 선생님과 만났다.

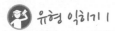

A 新的工作给了小月更大的空间，同时也让她肩负起更大的责任。	A 새로운 일은 샤오웨(小月)에게 더 큰 공간을 주었고 동시에 더 큰 책임을 짊어지게 했다.
B 不少中国的大学生也对国外毕业生的职业选择和职业期望非常好奇。	B 많은 중국 대학생 역시 외국 졸업생의 직업 선택과 직업 기대에 호기심을 갖는다.
C 很多时候事情不会总是随你的便，所以要学会坚强。	C 많은 경우 일은 항상 당신 마음대로 할 수 있는 것이 아니므로 강해지는 법을 배워야 한다.
D 即使一生平平常常，如果行事光明磊落，就算是一个君子。	D 설령 일생이 평범하더라도, 만약 행실이 떳떳하다면 군자라고 할 수 있다.

단어 肩负 jiānfù 图 짊어지다 | 责任 zérèn 图 책임 | 期望 qīwàng 图 기대 | 好奇 hàoqí 图 호기심을 갖다 | 平平常常 píngpíng chángcháng 图 평범하다 | 行事 xíngshì 图 행실 | 光明磊落 guāngmíng lěiluò 图 정정당당하다

해설 很多时候事情不会总是随你的便，所以要学会坚强。→ 很多时候事情总是不会随你的便，所以要学会坚强。

C에서 일반부사는 부정부사 앞에 위치해야 하므로 '不会总是'를 '总是不会'로 수정해야 한다.

정답 C

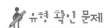 유형 확인 문제　　　　　　　　　　　　　　　　　　　　　》 해설서 72p

틀린 곳이 있는 보기를 고르세요.

1. A 附近河流的水源主要来自雨水、冰雪融水和地下水，流量丰富，含沙量小，水质好。
　 B 他的作品始终如一地关注社会最底层的小人物的命运，文字富有浓郁的理想主义色彩。
　 C 取得成绩不盲目乐观，遇到困难不失望悲观，这是许多成功人士成就事业后的经验总结。
　 D 岳飞是中国南宋时期的英雄，他率领岳家军打败敌人屡次。后人为了纪念他，在杭州建了一座岳王庙。

02. 문장 성분 및 품사의 호응 오류 파악하기

新HSK 6급에서는 호응 관계에 주로 쓰이는 유의어를 구별하는 고급 문제가 자주 출제된다. 어떤 문장은 오류가 있음에도 불구하고 우리말로 해석했을 때 전혀 어색하지 않아 찾기가 쉽지 않다. 그러므로 평소 옳은 예문을 많이 익혀 두는 것이 좋다.

🔍 유형 01 문장 성분의 호응 오류

1. 주어와 술어

예 他的汉语水平现在很好。(X) → 他的汉语水平现在很高。(O) 그의 중국어 수준은 현재 아주 높다.

2. 술어와 목적어

예 我们不能放松严格要求自己。(X) → 我们不能放松对自己的严格要求。(O)
우리는 자신에 대한 엄격한 요구를 느슨히 할 수 없다.

这些答案只供大家做题时的参考。(X) → 这些答案只供大家做题时参考。(O)
이 답안은 여러분이 문제를 풀 때 참고용으로만 제공됩니다.

这道菜吃起来很漂亮。(X) → 这道菜看起来很漂亮。(O) 이 요리는 보기에 아주 예쁘다.

3. 주어와 목적어

예 所有留学生住一个房间。(X) → 所有留学生每人住一个房间。(O) 모든 유학생은 각자 하나의 방에 거주한다.

4. 술어와 보어

예 留学生们把房间打扫得整整齐齐。(X) → 留学生们把房间打扫得干干净净。(O) 유학생들은 방을 깨끗하게 청소했다.

5. 관형어구/부사어구

예 他流利的发音，清楚的表达，我们很喜欢。(X) → 他准确的发音，清楚的表达，我们很喜欢。(O)
그의 정확한 발음과 뚜렷한 표현을 나는 좋아한다.

6. 수식어와 중심어

예 春天的西湖是美丽的季节。(X) → 西湖的春天是美丽的季节。(O) 서호의 봄은 아름다운 계절이다.

※是자문이나 有자문에서 수식어가 길 경우에는 중심어가 목적어로 위치하는 경우가 많다.
这首诗是广大青年非常喜欢的。(X) → 这是广大青年非常喜欢的一首诗。(O)
이것은 많은 청년들이 아주 좋아하는 시이다.

91

1. 양사와 명사

예 一件裤子(X) → 一条裤子(O) 청바지 한 벌

一次饭(X) → 一顿饭(O) 밥 한 끼

2. 접속사

예 他不但喜欢听中国歌，又喜欢唱中国歌。(X) → 他不但喜欢听中国歌，而且喜欢唱中国歌。(O)
그는 중국 노래 듣는 것을 좋아할 뿐 아니라, 게다가 중국 노래 부르는 것도 좋아한다.

유형 익히기 1   ★★☆

A 他轻易地答应朋友的要求，却不时失信于朋友，这常使他非常尴尬。 B 那个杀人犯在机场登机时使用假身份证，于是他露马脚。 C 虚伪的人常对人当面恭维。 D 他离开家到中国后，好像长大了许多，且学习非常用功。	A 그는 친구의 요구에 쉽게 응하지만, 오히려 자주 친구의 신용을 잃고 이것은 항상 그를 매우 난처하게 만든다. B 그 살인범은 공항에서 탑승할 때 위조 신분증을 사용하여 정체가 탄로났다. C 거짓된 사람은 항상 사람 면전에서 아첨한다. D 그는 집을 떠나 중국에 간 후 꽤 많이 자란 것 같고, 게다가 공부도 아주 열심히 한다.

단어 **轻易** qīngyì 형 쉽다 | **答应** dāying 동 승낙하다 | **失信于** shīxìnyú 동 ~에게 신용을 잃다 | **尴尬** gāngà 형 난처하다 | **杀人犯** shārénfàn 명 살인범 | **登机** dēngjī 동 탑승하다 | **假身份证** jiǎ shēnfènzhèng 명 위조 신분증 | **露马脚** lòumǎjiǎo 동 정체가 탄로나다 | **虚伪** xūwěi 형 허위의 | **当面** dāngmiàn 부 직접 마주하여 | **恭维** gōngwei 동 아첨하다 | **用功** yònggōng 동 노력하다

해설 那个杀人犯在机场登机时使用假身份证，于是他露马脚。→ 那个杀人犯在机场登机时使用假身份证，让他露马脚。
B에서 '于是'은 객관적인 사실에 근거한 결과를 말할 때 사용하고, '让'은 목적어의 행동을 중심으로 결과를 보여주는 역할을 한다. 이 문장에서는 '살인자가 위조 신분증을 사용한 것'이 '그의 정체를 탄로나게 만들었다'라는 의미이므로 '让'으로 수정해야 한다.

정답 B

유형 확인 문제   >> 해설서 73p

틀린 곳이 있는 보기를 고르세요.

1. A 别说下毛毛雨，即使下再大的雨，也改变不了我去听音乐会的决心。

B 为了捍卫好我们的皮肤，夏天去游泳时最好涂上防晒油。

C 公共部门是以公共权力为基础，依法管理社会公共事务、谋求公共利益最大化的社会组织。

D 尊老爱幼这种传统的美德保证了家庭的和睦和社会的稳定。

03. 문장 성분의 부족·잉여 파악하기

중국어 문장을 구성하는 여섯 가지 성분을 토대로 파악하되, 한가지 성분을 정하여 그에 호응하는 성분이 부족하거나 남지 않는지 확인해야 한다. 특히 문장 성분이 부족한 것 보다 더 많은 경우, 한국어 해석으로는 어색한 것을 찾지 못할 때도 있으므로 꼼꼼하게 확인해야 한다.

유형 01 목적어의 부족

문장 전체의 술어를 확인한 뒤, 이와 호응하는 목적어가 있는지 확인한다.

예 学校宣布了小翰同学为浙江师范大学"汉语之星"。(X) → 学校宣布了小翰同学为浙江师范大学"汉语之星"的消息。(O) 학교는 샤오한(小翰)이 저장(浙江) 사범대학의 '중국어 스타'라는 소식을 발표했다.

유형 02 주어의 부족

문장 전체의 술어를 확인한 뒤, 이와 호응하는 주어가 있는지 확인한다.

예 他每天练习汉语发音，说起来很好听。(X) → 他每天练习汉语发音，他的汉语说起来很好听。(O)
그는 매일 중국어 발음을 연습해서 그의 중국어는 말할 때 듣기가 좋다.

通过在中国的学习，使我的汉语提高了很多。(X) → 通过在中国的学习，我的汉语提高了很多。(O)
중국에서의 공부를 통해 나의 중국어 실력은 크게 향상했다.

유형 03 부사의 잉여

문장 전체의 술어를 확인한 뒤, 이를 수식하는 부사어를 확인한다. 그러나 부사어의 의미를 함축하고 있는 술어는 부사어를 덧붙이면 안 된다.

예 他目不转睛地凝视着天空。(X) → 他凝视着天空。(O) 그는 하늘을 뚫어지게 응시했다.

유형 04 양사의 잉여

'年', '天' 등과 같은 명사는 양사를 쓰지 않고도 수사와 함께 바로 수량사구를 구성하기도 한다.

예 我在中国已经学习了一个年。(X) → 我在中国已经学习了一年。(O) 나는 중국에서 이미 일 년간 공부했다.

A 在老师的教育下，使我提高了认识。	A 선생님의 교육으로 나는 인식이 높아졌다.
B 你来得正好，我有个事情正想问问你。	B 너 마침 잘 왔다. 너에게 물어보고 싶은 일이 있어.
C 当时天已经黑了，我不太确定那个人是不是小刘。	C 당시에 날은 이미 어두워져서 그 사람이 샤오리우(小刘)인지 확신할 수 없다.
D 据介绍，该书已经再版25次，并被翻译成8种文字。	D 소개에 따르면 이 책은 이미 25차례 재판되었고, 아울러 8종류의 언어로 번역되었다.

단어 确定 quèdìng 동 확정하다 | 再版 zàibǎn 동 (서적과 간행물을) 재판하다 | 翻译 fānyì 동 번역하다 | 文字 wénzì 명 언어, 문자

해설 在老师的教育下，使我提高了认识。→ 老师的教育使我提高了认识。

在老师的教育下，使我提高了认识。→ 在老师的教育下，我提高了认识。

A에는 인식을 높이게 한 주체, 즉 주어가 없다. 따라서 '在…下'를 삭제하여 '老师的教育(선생님의 교육)'를 주어로 두거나, 뒤 절의 '使(~하게 하다)'를 삭제하여 앞 절 '在老师的教育下(선생님의 교육 하에)' 전체를 부사절로 두고 '我(나)'를 주어로 두는 방식으로 수정해야 한다.

정답 A

A 由于参加活动的小朋友们格外踊跃，定于10点结束的活动直到12点才结束。	A 행사에 참여한 어린이들이 유난히 적극적이어서, 10시에 끝나기로 한 행사가 12시가 되어서야 끝났다.
B 骆驼喝了含盐的海水也能解渴，而如果人和其他动物喝了海水，则会渴得更厉害。	B 낙타는 소금이 함유된 바닷물을 마시면 갈증을 해소할 수 있으나, 만약 사람이나 다른 동물이 바닷물을 마시면 갈증이 더 심해진다.
C 不知不觉中，她已经长成了一个十分亭亭玉立的姑娘，粗劣的饮食和严酷的生活并没有影响她。	C 깨닫지 못한 사이에 그녀는 이미 늘씬하고 아름다운 아가씨로 성장했다. 열악한 음식과 가혹한 생활도 그녀에게 영향을 끼치지는 못했다.
D 教育的目的是争取让所有的孩子都有同样的发展机会，尽可能地减少他们智能方面的缺欠，尽可能让孩子多方面发展。	D 교육의 목적은 모든 아이가 똑같은 발전 기회를 가지고, 되도록 지능 방면의 결함을 줄이고, 가능한 한 다방면에서 발전하게 하는 것이다.

단어 由于 yóuyú 접 ~때문에 | 格外 géwài 부 유난히 | 踊跃 yǒngyuè 형 적극적이다 | 定于 dìngyú ~에 의하여 정하다 | 直到 zhídào 동 줄곧 ~까지 | 骆驼 luòtuo 명 낙타 | 解渴 jiěkě 갈증을 해소하다 | 不知不觉 bùzhī bùjué 성 자기도 모르는 사이에 | 亭亭玉立 tíngtíng yùlì 성 몸매가 늘씬하고 자태가 아름답다 | 姑娘 gūniang 명 아가씨 | 粗劣 cūliè 형 거칠다 | 严酷 yánkù 형 가혹하다 | 争取 zhēngqǔ 동 쟁취하다 | 尽可能 jǐnkěnéng 부 가능한 한 | 缺欠 quēqiàn 동 모자라다

해설 她已经长成了一个十分亭亭玉立的姑娘 → 她已经长成了一个亭亭玉立的姑娘

C에서 '亭亭玉立(몸매가 늘씬하고 자태가 아름답다)'는 이미 강조된 표현으로, 정도부사와 함께 올 수 없다. 따라서 '十分(매우)'을 삭제해야 한다.

정답 C

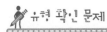 유형 확인 문제

>> 해설서 73p

틀린 곳이 있는 보기를 고르세요.

1. A 他不单自己致力于环保事业，还劝说身边的朋友也来关注环保。

   B 纵然领导三番五次来劝我，我仍然不愿意接受这份工作。

   C 这位睿智的老人，宁肯过简朴的生活。

   D 石林世界地质公园以其无与伦比的天造奇观吸引了海内外无数游客。

04. 기타 문장 구조의 오류 파악하기

문장 구조의 오류 문제에는 대표적으로 여러 어법이 혼재되어있는 문장이 등장한다. 앞서 나온 어순이나 호응 관계, 성분 부족·잉여 등의 문제가 복합된 형식의 문제로 출제된다. 이때는 여러 방법으로 수정할 수 있지만, 기본 어순이나 호응 관계를 파악하지 않고 문장을 읽으면 자칫 놓칠 수 있으므로 주의한다.

유형 익히기 1 ★★☆

A 终于看到了大熊猫，儿子显得特别兴奋极了。	A 마침내 판다를 보아 아들은 매우 흥분해 보였다.
B 考场上一片寂静，过了一个多小时，才陆续有人交卷。	B 고사장은 조용했고, 한 시간 남짓 지나고 나서야 사람들이 연이어 답안지를 제출했다.
C 他创造的这套客户服务系统，被世界500强中许多公司采用。	C 그가 만든 이 고객 서비스 시스템은 세계 500대 기업 중 여러 회사에 채택되었다.
D 在国际贸易中，贸易双方在具体问题上有分歧，这是正常现象。	D 국제 무역에서 양측이 구체적인 문제에 대한 의견 차이를 보이는 것은 정상적인 현상이다.

단어 显得 xiǎnde 图 ~인 것 같다 | 兴奋 xīngfèn 圈 흥분하다 | 考场 kǎochǎng 圈 고사장 | 寂静 jìjìng 圈 조용하다 | 陆续 lùxù 图 연이어 | 交卷 jiāojuàn 답안지를 제출하다 | 创造 chuàngzào 图 창조하다 | 系统 xìtǒng 圈 시스템 | 采用 cǎiyòng 图 채택하다 | 国际 guójì 圈 국제 | 贸易 màoyì 圈 무역 | 双方 shuāngfāng 圈 양측, 쌍방 | 分歧 fēnqí 圈 의견 차이

해설 终于看到了大熊猫，儿子显得特别兴奋极了。→ 终于看到了大熊猫，儿子显得特别兴奋。

终于看到了大熊猫，儿子显得特别兴奋极了。→ 终于看到了大熊猫，儿子显得兴奋极了。

A에서 정도부사와 정도보어는 함께 쓰일 수 없다. 둘 중 하나만 사용해 '特别兴奋'이나, '兴奋极了'로 수정해야 한다.

정답 A

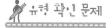 유형 확인 문제 　　　　　　　　　　　　　　　　　　　　　　》 해설서 74p

틀린 곳이 있는 보기를 고르세요.

1. A 他第一时间就告诉了我这个好消息。
   B 我们应该尽量避免不犯错误。
   C 未来两天冷空气活动频繁，气温会明显下降。
   D 这幅画出自中国现代著名画家徐悲鸿之手，有着很高的收藏价值。

05. 전체적인 맥락 파악하기

문장을 읽을 때는 전체의 맥락을 살펴야 하며, 일부 구절 때문에 혼돈해서는 안 된다. 그 구절 하나만 볼 때는 틀린 것처럼 보여도, 전체 맥락상 맞을 수도 있고, 그 구절 자체는 맞는 것처럼 보여도 전체 맥락상 틀릴 수 있다.

유형 익히기 1 ★★☆

A 他突然提出辞职，让我们感到很意外。	A 그가 갑자기 사직서를 제출한 것은 우리에게 아주 의외였다.
B 茅盾的童年生活，是他创作《春蚕》的源泉。	B 마오둔(茅盾)의 어린 시절은 그가 『춘잠』을 창작한 원천이다.
C 劳动时间缩短，是大众旅游得以发展的基本条件。	C 노동 시간이 단축되는 것은 관광 산업이 발전할 수 있는 기본 조건이다.
D 他除了班里和学生会的工作外，还承担了广播站的主持人。	D 그는 반과 학생회 일 외에도 방송실 진행자 일을 맡았다.

단어 辞职 cízhí 통 사직하다 | 创作 chuàngzuò 통 창작하다 | 源泉 yuánquán 명 원천 | 劳动 láodòng 통 육체 노동을 하다 | 缩短 suōduǎn 통 단축하다 | 承担 chéngdān 통 담당하다 | 主持人 zhǔchírén 명 진행자

해설 还承担了广播站的主持人。→ 还承担了广播站的主持人的工作。

D의 앞 절에서 '班里和学生会的工作(반과 학생회 일)'라고 했으므로 뒤에 이어지는 문장에서도 단순히 '主持人(진행자)'를 맡는 것이 아닌 '主持人的工作(진행자 일)'를 맡았다고 해야 한다. 단문으로써의 '还承担了广播站的主持人'는 문제가 없으나, 복문으로 연결될 경우에는 앞뒤 문장이 호응해야 하므로 '主持人的工作'로 수정해야 한다.

정답 D

유형 익히기 2 ★★☆

A 即使明天有大风，比赛也会照常进行的。	A 설령 내일 바람이 심하게 불더라도 경기는 평소대로 진행될 것이다.
B 昨天下雨很大，赶走了连续几天来的高温。	B 어제 비가 많이 내려서 며칠 동안 계속되었던 무더위를 몰아냈다.
C 与其说这是一个奇迹，不如说是历史发展的必然。	C 이것은 기적이라기보다는 역사 발전에서의 필연이라고 말할 수 있다.
D 虽然我看过这部影片，但是有时间的话，我还想再看一遍。	D 비록 나는 이 영화를 본 적이 있지만, 시간이 있으면 다시 한번 더 보고 싶다.

단어　即使 jíshǐ 웹 설령 ~일지라도 ┃ 照常 zhàocháng 동 평소대로 하다 ┃ 赶走 gǎnzǒu 내쫓다 ┃ 连续 liánxù 동 연속하다, 계속하다 ┃ 与其 yǔqí 웹 ~하기 보다는 ┃ 不如 bùrú 웹 ~하는 편이 낫다 ┃ 奇迹 qíjì 명 기적 ┃ 必然 bìrán 형 필연적이다

해설　昨天下雨很大，赶走了连续几天来的高温。→ 昨天雨很大，赶走了连续几天来的高温。

　　　　　　　　　　　　　　　　　　　→ 昨天雨下得很大，赶走了连续几天来的高温。

B는 앞 절의 주어와 술어, 술어와 보어의 호응이 맞지 않는다. '下雨(비가 내리다)'는 '동사+목적어'로 이루어진 동사이다. 이 절에서는 주어가 없으므로 주어를 '雨(비)'로 두어, '雨很大'의 형태로 수정하거나, 혹은 정도보어의 형태인 '雨下得很大'로 수정해야 한다.

정답 B

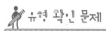 유형 확인 문제　　　　　　　　　　　　　　　　　　　　　　　　　　》 해설서 74p

틀린 곳이 있는 보기를 고르세요.

1. A 武汉的夏天特别热，所以武汉又有"火炉"之称。
　 B 可以预见，在不久的将来我们定会看到他不凡的成就。
　 C 老人告诉我长寿要两"不可"：不可追名逐利，不可气量狭小。
　 D 中国古代地域辽阔，民族众多，历史上形成的传统节日多达到数百个。

실전 연습 1

📖 제1부분

🔵 51–60.

틀린 곳이 있는 보기를 고르세요.

51. A 产品一上市，就受到了众多女性顾客的青睐。
    B 互联网并不像此前的研究说得那样加深了人们彼此间的隔阂。
    C 我们学校有优秀的有30年教龄的两位老教师。
    D 父亲是个琴棋书画样样精通的教师，却英年早逝。

52. A 心理社会因素对青少年的心理健康正产生越来越多的影响。
    B 阵风掠过稻田时，恰似滚滚的黄河水，上下起伏。
    C 8月底是我的生日，我们决定好好庆祝一下。
    D 夏天早就结束了，到处都变得寒冷和单调。

53. A 我的父亲有15年没有和我说过一句话了。
    B 我收到过一封来自遥远地方的信。
    C 7月的内蒙古草原，是一个美丽的季节。
    D 学好英语的唯一途径是不要害羞，脸皮足够厚。

54. A 许多人都喜欢饭后吃点水果爽口，其实这是一种错误的生活习惯。
    B 看着女儿一副雄心勃勃的模样，他难得地投了个赞成票。
    C 世界各国各地区的礼仪和习俗之间存在着很大的差异。
    D 通过这次活动，使我们开阔了眼界，增长了见识。

55. A 孩子是不太注意春天的，但每一个快乐的孩子都是春天的使者。
    B 既然天已经晚了，外面又下着大雨，我们干脆吃了饭再去吧。
    C 昨天晚上一家博物馆价值数千万美元的收藏品被人盗走了。
    D 原先在这栋大厦里的公司都已经搬迁了，整栋大厦显得非常空荡荡的。

56. A 对于全球华人来说，农历新年无疑是全年中最重要的喜庆节日。
    B 简单地说，我们很有可能赢得培训项目的投标。
    C 你应该询问旅行社是否经为你办理了旅游意外保险。
    D 该地区推广用棉籽饼和菜籽饼喂猪。

57. A 每一年，精英运动员都会被挑选出来组成全明星队。
   B 这所学校里大部分是中青年教师，老教师和女教师只占少数。
   C 旅游人数不断增加，旅游产业规模也在持续扩大。
   D 加强卫生常识教育和规范日常行为是防止艾滋病感染的主要途径。

58. A 改革开放以来，大约每三天就新建或重建一处宗教活动场所。
   B 中国政府和民间对灾区的援助超过了12亿人民币。
   C 紧张是由于缺乏自信或是太在意自己的表现而造成的。
   D 不仅中草药能与一般抗菌素媲美，而且副作用小，成本也较低。

59. A 他迈着强壮有力的步伐正向我们走来。
   B 纳米技术已经成为很多人日常生活中的一部分。
   C 对中国人来说，红色意味着吉祥、喜庆、温暖和热情等。
   D 他想起捉弄他们的事就忍俊不禁。

60. A 2004年底发生的印度洋海啸，使全球陷入了震惊和悲痛。
   B 在离中南海最近的地方，有历史较长的西什库教堂。
   C 听说学校要成立文学社，他首先第一个报了名。
   D 通过这次活动，他学会了怎么理解和帮助别人。

》 해설서 75p

실전 연습 2

📖 제1부분

● 51–60.

틀린 곳이 있는 보기를 고르세요.

51. A 学习汉语要先掌握普通话的正确发音。
    B 老师诚心诚意地对待学生的无理取闹，叫那位顽皮的学生羞愧得无话可说。
    C 看问题要看本质，不要为表面的现象所迷惑。
    D 要分辨出哪些是虚伪的奉承，哪些是真心的夸奖确实不容易。

52. A 我梦寐以求的计划将要付诸实施。
    B 这次大地震造成无数房屋倒塌，甚至引起了海啸。
    C 由于做工精细，价廉物美，这种产品被卖得很好。
    D 大家就机器故障的解决方法进行了激烈的讨论。

53. A 丈夫在外面打天下，妻子在家里照顾老人、小孩。
    B 你非亲自去一趟才可。
    C 这次治疗成效显著，病情很快得到了控制。
    D 只要是比赛，只要有竞争，就会有失败，此所谓胜败乃兵家常事！

54. A 陈老师别说平时，就即使双休日都闲不住。
    B 这匹野狼在乡里祸害了很久，最后终于被村民给赶跑了。
    C 两家企业互相暗中较劲，互不服气。
    D 在追求经济效益的同时，我们还必须照看到弱者的需要。

55. A 大家要住方便且干净的旅馆。
    B 假设消防队马上出发，到那里也已经烧得差不多了。
    C 梁祝的故事诠释了古代男女青年追求真爱的勇气。
    D 他大致是上海人。

56. A 忽略或是忘记了别人的情谊，就可以叫作忘恩负义。
    B 他不能去，你取代他去一趟吧。
    C 任何一种改革都是牵一发而动全身，权责发生制改革也不例外。
    D 绑架者打电话恐吓客商不要报警。

57. A 王老师一再向学生强调到海岸边去捉螃蟹要注意的几件事。
    B 整天面对被汽车撞得缺胳膊少腿的受害者，司机就会顿生恻隐之心，痛悔自己的违章行为。
    C 老师问的问题小明都知道，可是他举了很多次手老师都没叫他的名字，最后他实在忍不住，不妨自己站了起来。
    D 世界排名第二的餐饮连锁企业汉堡王日前在上海开出了第一家餐厅，企图在快速增长的中国快餐市场分一杯羹。

58. A 与中国文化若即若离的文化背景，使得韩国现代在把控消费环境方面游刃有余。
    B 不同类型项目的财务分析内容可以不同，这也继续表明了经济评价应按需而取。
    C 产业链金融是传统商业银行资产业务的新模式，在这种融资模式下，银行和企业可以双赢。
    D 今日又逢腊八，感受着异国的冬日，没有家乡的刺骨北风和皑皑白雪，只是空气一些干燥。

59. A 坐车的时候抱孩子在怀里，在许多人心目中，这是最安全的方式。
    B 幸好他去疗养院看望父亲，没有吃到这种有毒的蘑菇，不然他也要被送进医院抢救了。
    C 这一观点只是涉及月球形成的现有四种理论假设中的一种。
    D 参观各式建筑往往是旅游中的重头戏，从帝王宫殿到普通民居，从万里长城到亭台楼阁，每一处建筑都有它看不够、道不完的精致与美妙。

60. A 自从火车站一带治安混乱的报道见诸报端后，公安机关加大警力维持社会秩序。
    B 一家人之间尚且会产生矛盾，更何况刚刚认识不久的朋友呢？
    C 中国经济的发展越来越很迅速，因此学习汉语的人越来越多，到中国留学的人成倍增长，更促进了中国经济的发展。
    D 在所有的旅行经验当中，让我无法忘记的是早些年的北戴河之旅，虽然那次的物质条件与以后的旅行无法相比。

》 해설서 79p

제2부분

단문 속 빈칸에 들어갈 단어 고르기

독해 제2부분

》 해설서 84p

미리보기

독해 제2부분은 총 10문제(61-70번)로 문제마다 3~5개의 빈칸이 있으며, 빈칸에 들어갈 가장 적절한 단어를 고른다. 수험생의 중국어 단어량 및 유의어 구분 능력을 평가한다. 고급 문법을 학습한 후 봉착하는 어려움 중 하나가 바로 유의어 구분이므로 평소에 유의어 간 미세한 차이를 구분하는 연습을 많이 해야 한다.

제2부분 – 단문 속 빈칸에 들어갈 단어 고르기

문제

第二部分

第61-70题：选词填空。

61. 难道_____一朝当了父母，就会_____地终生沦为"担心"的阶下囚吗？难道这种_____的"担心"，就像代代相传的火炬，_____出的是人性的脆弱和畏惧吗？

    A 只有   无可救药   永无止息   表现
    B 只有   无法避免   生生不息   展示
    C 只要   不可救药   无休无止   折射
    D 只要   不可避免   永无止境   反映

01. 뜻으로 유의어 구분하기

비슷한 동작을 나타내는 단어를 뜻으로 구분하는 것은 가장 쉬운 방법이다. 예를 들어 '说话', '谈话', '聊天'은 모두 '이야기하다'는 동작을 하지만, '说话'는 가장 일반적인 '말하다'는 뜻이고, '谈话'는 정식적인 느낌을 가져 '담화하다'는 뜻이며, '聊天'은 편한 느낌으로 '이야기하다'라는 뜻이다.

유형 익히기 1 ★☆☆

车在桥上_____行驶时，使桥梁整体发生震动。_____，桥还受气候变化的侵袭。在狂风暴雨中，桥是要摆动或扭动的；就是在冷暖不均、温度有升降时，桥也要伸缩，_____蠕动。

A 高速	此外	形成
B 飞速	而且	导致
C 迅速	不过	成就
D 快速	可是	造成

자동차가 다리 위에서 <u>고속운전</u>을 할 때 다리 전체가 진동한다. <u>그 밖에도</u> 다리는 날씨 변화의 습격을 받는다. 세찬 폭풍우가 칠 때 다리는 흔들리거나 휘청거릴 것이다. 추위와 더위가 일정치 않고, 온도가 오르내릴 때 다리도 늘었다가 줄었다 하여 연동을 <u>형성한</u>다.

A 고속의	그 밖에도	형성하다
B 급속하다	게다가	야기하다
C 신속하다	그러나	성취하다
D 빠르다	그러나	조성하다

단어 行驶 xíngshǐ 통 운행하다 | 桥梁 qiáoliáng 명 다리, 교량 | 整体 zhěngtǐ 명 전체 | 震动 zhèndòng 통 진동하다 | 侵袭 qīnxí 통 침입하여 습격하다 | 摆动 bǎidòng 통 흔들다 | 扭动 niǔdòng 통 흔들다 | 均 jūn 휑 일정하다 | 升降 shēngjiàng 통 오르내리다 | 伸缩 shēnsuō 늘었다 줄었다 하다 | 蠕动 rúdòng 통 연동운동을 하다 | 迅速 xùnsù 휑 신속하다 | 此外 cǐwài 명 그 밖에도 | 形成 xíngchéng 통 형성하다 | 导致 dǎozhì 통 야기하다 | 成就 chéngjiù 통 성취하다 | 造成 zàochéng 통 조성하다

해설 **빈칸1** 자동차가 다리 위에서 빠르게 움직일 때를 의미하는 것이므로 네 가지 모두 적절하다.

빈칸2 빈칸 앞에서는 자동차가 고속 운전을 할 때 진동한다고 했고, 빈칸 뒤에서는 날씨 변화의 습격을 받는다고 하며 다리가 흔들리는 두 가지 이유를 말하고 있으므로 '此外(그 밖에도)'와 '而且(게다가)'가 적절하다.

빈칸3 네 가지 모두 만들어 낸다는 의미가 있지만, '导致'와 '造成'는 부정적인 결과를 야기한다는 뜻이고 '成就'은 사업이나 일에서의 성취를 뜻한다. 빈칸의 문장은 단순히 연동을 만든다는 뜻이므로 '形成(형성하다)'이 적절하다.

정답 A

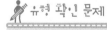 유형 확인 문제

>> 해설서 84p

지문을 읽고 빈칸에 알맞은 보기를 고르세요.

1. 我_____的社会领袖力，是一种务虚的能力。拥有这种能力的人_____看到他人看不到的方向，_____提出别人提不出的_____。

A 认为	可以	可能	意见	B 理解	能够	可以	方案
C 知道	能够	可以	想法	D 了解	可以	可能	提议

02. 의미 표현으로 유의어 구분하기

뜻이나 의미가 같더라도, 그 의미가 표현하는 것에 따라 함께 호응하는 단어 또한 다르다. 예를 들어 '达到'와 '到达'는 모두 '도달하다'라는 뜻이 있지만 '达到'는 '목적'이나 '목표'와 같은 추상적인 대상에 도달하는 것을 의미하고, '到达'는 구체적인 장소에 도착하거나 도달한다는 뜻이다. 이처럼 한국어 뜻은 비슷하지만 중국어에서는 분명한 차이가 있는 유의어를 숙지해야 한다.

유형 익히기 1 ★★☆

难道_____一朝当了父母，就会_____地终生沦为"担心"的阶下囚吗? 难道这种_____的"担心"，就像代代相传的火炬，_____出的是人性的脆弱和畏惧吗?

하루아침에 아버지가 되기만 하면 피할 수 없이 '근심'의 포로로 전락하는 것일까? 이러한 끝도 없는 '근심'은 대대손손 전해지는 햇불과도 같아서, 인성의 나약함과 공포를 반영하는 것일까?

A 只有	无可救药	永无止息	表现
B 只有	无法避免	生生不息	展示
C 只要	不可救药	无休无止	折射
D 只要	不可避免	永无止境	反映

A ~해야만이 　　　　　방법이 없다
　영원히 멈추지 않는다　표현하다
B ~해야만이 　　　　　피할 수 없다
　끊임없이 번성한다　나타내다
C ~하기만 하면 　　　　방법이 없다
　끝이 없다 　　　　굴절하다
D ~하기만 하면 　　　　피할 수 없다
　끝이 없다 　　　　반영하다

단어 难道 nándào 團 설마 ~란 말인가? | 一朝 yìzhāo 團 어느 날 | 终生 zhōngshēng 명 평생 | 沦为 lúnwéi ~으로 전락하다 | 阶下囚 jiēxiàqiú 명 포로, 죄수 | 代代相传 dàidài xiāngchuán 성 대대로 전해지다 | 火炬 huǒjù 명 햇불 | 脆弱 cuìruò 형 연약하다 | 畏惧 wèijù 통 무서워하다 | 只有 zhǐyǒu 접 ~해야만이 | 只要 zhǐyào 접 ~하기만 하면 | 无可救药 wúkě jiùyào 성 방법이 없다 | 避免 bìmiǎn 통 피하다 | 永无止息 yǒngwú zhíxī 영원히 멈추지 않는다 | 生生不息 shēngshēng bùxī 성 사물이 끊임없이 생장하고 번성하다 | 无休无止 wúxiū wúzhǐ 끝이 없다 | 永无止境 yǒngwú zhǐjìng 끝이 없다 | 表现 biǎoxiàn 통 표현하다 | 展示 zhǎnshì 통 나타내다 | 折射 zhéshè 통 굴절하다 | 反映 fǎnyìng 통 반영하다

해설 빈칸1　빈칸 뒤에 이어지는 절의 부사 '就'와 호응하는 접속사를 골라야 한다. '只有'는 '才'와 호응하여 'A해야 비로소 B하다'의 뜻이므로 적절하지 않다. '只要A就B'는 'A하기만 하면 B하다'라는 구문이므로 '只要'가 적절하다.

　　　빈칸2　빈칸 뒤의 조사 '地'는 형용사 혹은 성어와 결합하여 술어 앞에 놓일 수 있는 성분으로 부사화되어 동사를 수식한다. 빈칸 뒤에서 이어지는 '근심의 포로로 전락하다'를 수식해야 하므로 문맥상 '피할 수 없다'의 '无法避免'과 '不可避免'이 적절하다.

　　　빈칸3　빈칸 뒤의 '근심'을 수식하는 단어를 골라야 한다. '영원하다', '끝이 없다'라는 의미로 네 가지 모두 적절하다.

　　　빈칸4　빈칸이 있는 문장의 주어는 '这种担心(이러한 근심)'이고, 목적어는 '人性的脆弱和畏惧(인성의 나약함과 공포)'이다. 문맥상 근심이 인성의 나약함과 공포를 반영한다는 의미이므로 '反映(반영하다)'이 적절하다.

정답 D

》 해설서 85p

유형 확인 문제

지문을 읽고 빈칸에 알맞은 보기를 고르세요.

1. 中国人十分＿＿＿＿＿一些神像，但愿望未能实现时，他们会毫不留情地＿＿＿＿＿这些神像。可很快又会
＿＿＿＿＿下来，再拜其他神像。

A	崇尚	毁坏	安静	B	看重	砸掉	平定
C	崇拜	砸毁	平息	D	支持	破坏	冷静

03. 문법 기능으로 유의어 구분하기

유의어는 의미상으로는 비슷하지만, 품사가 다르고 그에 따른 용법이 다른 경우가 많다. '突然'과 '忽然'을 예로 들어 보면, '突然'은 형용사이고 관형어로 사용할 수 있으나 '忽然'은 부사이며 관형어로 사용할 수 없다. '对于'와 '关于'는 둘 다 문장 앞에 놓일 수 있으나, '对于'는 문장 중간에도 놓일 수 있다. '朝'와 '向'을 예로 들어 보면, '朝'는 동사 앞에만 놓이는데, '向'은 동사 앞뒤에 모두 놓일 수 있다.

유형 익히기 1 ★★☆

《西游记》是一本单身男人的经典＿＿＿＿名著。它＿＿＿＿了古今中外单身汉的四大性格类型，比起《水浒传》或《三国演义》里的那些仇恨女性、血腥暴力、＿＿＿＿的单身汉们来，性格更加鲜明、做人更加直观、也更＿＿＿＿我们的现实生活。

A 指示	涵盖	自以为是	附近
B 引导	包括	变幻多端	靠近
C 手册	总结	变化多端	贴近
D 指南	囊括	诡计多端	接近

『서유기』는 독신 남자의 전형적인 지침 명작이다. 그것은 동서고금의 독신남들의 4대 성격 유형을 망라하는데, 『수호전』이나 『삼국연의』 속의 여성을 혐오하고, 피비린내 나게 폭력적이며, 속임수나 꾀가 많은 독신남들보다, 성격이 더욱 뚜렷하고, 행동이 더 직관적이며 우리의 현실 생활에 더 근접해 있다.

A	지시하다	포괄하다
	자신만이 옳다고 여기다	근처
B	인도하다	포함하다
	변화무쌍하다	가까이 가다
C	안내서	총정리하다
	변화무쌍하다	접근하다
D	지침서	망라하다
	속임수나 꾀가 많다	근접하다

단어 单身 dānshēn 몡 독신 | 经典 jīngdiǎn 톙 전형적이고 권위가 있는 | 名著 míngzhù 몡 명작 | 古今中外 gǔjīn zhōngwài 솅 동서고금 | 单身汉 dānshēnhàn 몡 독신남 | 仇恨 chóuhèn 동 혐오하다 | 血腥 xuèxīng 톙 피비린내 나는 | 暴力 bàolì 몡 폭력 | 鲜明 xiānmíng 톙 뚜렷하다 | 直观 zhíguān 톙 직관적이다 | 指示 zhǐshì 동 지시하다 | 引导 yǐndǎo 동 인도하다 | 手册 shǒucè 몡 안내서 | 指南 zhǐnán 몡 지침, 지침서 | 涵盖 hángài 동 포괄하다 | 包括 bāokuò 동 포함하다 | 总结 zǒngjié 동 총정리하다 | 囊括 nángkuò 동 망라하다 | 自以为是 zì yǐwéishì 솅 자신만이 옳다고 여기다 | 变幻 biànhuàn 동 변환하다 | 多端 duōduān 톙 다양하다 | 诡计多端 guǐjì duōduān 솅 속임수나 나쁜 꾀가 많다 | 靠近 kàojìn 동 가까이 가다 | 贴近 tiējìn 동 접근하다 | 接近 jiējìn 동 근접하다

해설 **빈칸1** 빈칸 앞의 '经典(전형적인)'과 빈칸 뒤의 '名著(명작)'와 호응하는 명사나 형용사가 필요하다. 주어 『서유기』는 책이므로 '전형적인 지침 명작'으로 호응하는 것이 가장 자연스럽다. 따라서 '指南(지침서)'이 가장 적절하다.

빈칸2 빈칸은 문장의 목적어인 '四大性格类型(4대 성격 유형)'과 호응하는 동사가 와야 한다. '涵盖'와 '囊括'는 여러 가지의 대상을 총 망라하는 의미이므로 적절하다.

빈칸3 빈칸 앞의 '**仇恨女性**(여성을 혐오하다)', '**血腥暴力**(피비린내 나게 폭력적이다)'와 호응하는 단어를 골라야 한다. 이는
　　　　모두 부정적인 의미를 가지고 있으므로 '**诡计多端**(속임수나 나쁜 꾀가 많다)'이 가장 적절하다.

빈칸4 빈칸이 있는 문장의 목적어인 '**现实生活**(현실 생활)'와 호응하는 동사를 골라야 한다. '**贴近**'은 구체적 대상과 함께 쓰
　　　　여 물리적 거리가 가까움을 뜻한다. 반면에 '**接近**'은 현실 생활처럼 추상적인 대상에도 쓸 수 있으므로 가장 적절하다.

정답 D

〉〉 해설서 85p

지문을 읽고 빈칸에 알맞은 보기를 고르세요.

1. 爱情是一种稀缺资源，并不是每个人都能 _____ 它。爱情很美好，但 _____ 你生命里没有爱情的
　 定数，你怎么努力它都不会 _____ ，你 _____ 只是别人爱情里的观光客。

A	见到	假如	开花	生来	B	偶遇	万一	发芽	天生
C	遇见	如果	萌芽	注定	D	见面	假设	结果	永远

04. 호응 관계로 유의어 구분하기

의미, 성격, 문법적 기능은 비슷한데 습관적으로 사용하는 상황이나 호응관계가 다른 유의어
가 있다. 예를 들어 '喜欢旅游'과 '喜欢旅行'은 둘다 올바른 표현이고, '旅行社'와 '旅游局' 역
시 올바른 표현이지만, '旅游社'와 '旅行局'은 틀린 표현이다.

유형 익히기 1 ★★☆

人们都很尊敬发现真理的人。其实，真理常常就在你的身边，能不能发现它就看你有没有一双_____的眼睛，有没有一个善于_____的头脑，有没有敢于_____真理的勇气。	사람들은 진리를 발견하는 사람을 존경한다. 사실 진리는 항상 바로 당신 곁에 있으며, 그것을 발견하는지의 여부는 당신이 <u>예리한</u> 눈을 가졌는지, <u>사고</u>를 잘하는 두뇌를 가졌는지, 대범하게 진리를 <u>추구할</u> 용기를 가졌는지를 봐야 한다.

A	锐利	沉思	理解	A	예리하다	깊이 생각하다	이해하다
B	灵敏	考虑	坚持	B	영민하다	고려하다	견지하다
C	敏锐	思考	追求	C	예리하다	사고하다	추구하다
D	明亮	联想	把握	D	밝다	연상하다	파악하다

단어 尊敬 zūnjìng 圄 존경하다 | 真理 zhēnlǐ 圕 진리 | 善于 shànyú 圄 ~를 잘하다 | 勇气 yǒngqì 圕 용기 | 锐利 ruìlì 圈 예리하다 | 灵敏 língmǐn 圈 영민하다 | 敏锐 mǐnruì 圈 예리하다 | 明亮 míngliàng 圈 밝다 | 沉思 chénsī 圄 깊이 생각하다 | 思考 sīkǎo 圄 사고하다 | 联想 liánxiǎng 圄 연상하다 | 坚持 jiānchí 圄 견지하다 | 追求 zhuīqiú 圄 추구하다 | 把握 bǎwò 圄 파악하다

해설 빈칸1 빈칸 뒤의 '眼睛(눈)'을 수식하는 형용사를 골라야 한다. '锐利'는 칼날이 예리한 것을 의미하고, '敏锐'는 사물을 보는 안목이 예리한 것을 의미하므로, '敏锐(예리하다)'가 적절하다.

빈칸2 빈칸 앞의 '善于(~를 잘한다)'와 호응하면서 빈칸 뒤의 '头脑(두뇌)'를 수식할 수 있는 동사를 골라야 한다. '沉思'는 깊은 생각에 빠지는 것이므로 진리를 탐구하고 생각하는 것과는 거리가 있다. 문맥상 사고를 잘하는 두뇌가 어울리므로 '思考(사고하다)'가 적절하다.

빈칸3 빈칸 뒤의 목적어인 '真理(진리)'와 호응하는 동사를 골라야 한다. '追求(추구하다)'는 이상이나 꿈, 목표 등의 추상 명사와 호응하므로 가장 적절하다.

정답 C

유형 확인 문제

» 해설서 86p

지문을 읽고 빈칸에 알맞은 보기를 고르세요.

1. 司马迁的父亲司马谈临死前_____他，希望他能写出一部无愧祖辈的优秀_____来。司马迁_____了父亲的遗志，终于完成了一部_____的历史巨著《史记》。

A	说服	作品	实现	成功	B	告诫	文章	接受	大型
C	叮嘱	书籍	担负	伟大	D	嘱咐	著作	继承	空前

05. 논리 관계로 맥락 파악하기

독해 제2부분은 유의어 관련 문제를 제외하고도 독해 영역에 걸맞게 언어상에서의 이해 능력과 앞뒤 문장의 논리관계를 파악해야 하는 문제도 출제된다. 그러므로 평소에 종합적인 독해 능력과 이해 능력을 키워야만 좋은 성적을 거둘 수 있다.

유형 익히기 1   ★★☆

中国人到底有没有幽默感? 可以说是＿＿＿＿。对这个问题达成＿＿＿＿不大容易, 因为权威人士的意见都＿＿＿＿。幽默领域的大师级人物鲁迅和林语堂的意见就是针尖对麦芒般的对立。鲁迅说, 皇帝不肯笑, 奴隶不准笑＿＿＿＿幽默在中国是不会有的。林语堂则说, 幽默本是人生的一部分, "中国人人都有自己的幽默"。

중국인은 도대체 유머 감각이 있을까 없을까? <u>의견이 분분하다</u>고 말할 수 있다. 이 문제에 대해서 <u>공통된 인식을</u> 갖게 되는 것은 쉽지 않다. 권위자들의 의견은 모두 <u>현저한 차이가 있기</u> 때문이다. 유머 분야의 대가인 루쉰(鲁迅)과 린위탕(林语堂)의 의견이 바로 바늘 끝과 맥망이 맞서는 듯한 대립이다. 루쉰이 말하길, 황제는 웃으려 하지 않고, 노예는 웃어서는 안 되므로 중국에서 유머는 있을 수 없다<u>는 것을 알 수 있다</u>고 했다. 린위탕은 오히려 유머 자체는 인생의 일부분이며, '중국인은 누구나 자신만의 유머가 있다'고 했다.

	A		
A	众所周知	统一	实事求是	因此
B	众说纷纭	共识	大相径庭	可见
C	五花八门	结论	自相矛盾	所以
D	七嘴八舌	一致	不相上下	由此

A	모두 알고 있다	통일하다
	진리를 탐구하다	이 때문에
B	의견이 분분하다	공통된 인식
	현저한 차이가 있다	~라는 것을 알 수 있다
C	각양각색이다	결론
	서로 모순이다	그래서
D	수다스럽다	일치하다
	막상막하이다	이에 따라

단어 **达成** dáchéng 동 달성하다 | **权威** quánwēi 형 권위있는 | **针尖对麦芒** zhēnjiān duìmàimáng 쌍방 모두의 실력이 상당하면서 정면으로 충돌함을 비유한 표현 | **对立** duìlì 동 대립하다 | **皇帝** huángdì 명 황제 | **不肯** bùkěn 원하지 않다 | **奴隶** núlì 명 노예 | **不准** bùzhǔn ~해서는 안 된다 | **众所周知** zhòngsuǒ zhōuzhī 성 모든 사람이 다 알고 있다 | **众说纷纭** zhòngshuō fēnyún 성 의견이 분분하다 | **五花八门** wǔhuā bāmén 성 각양각색 | **七嘴八舌** qīzuǐ bāshé 성 수다스럽다 | **统一** tǒngyī 동 통일하다 | **共识** gòngshí 명 공통된 인식 | **结论** jiélùn 명 결론 | **一致** yīzhì 형 일치하다 | **实事求是** shíshì qiúshì 성 사실을 토대로 진리를 탐구하다 | **大相径庭** dàxiāng jìngtíng 성 현저한 차이가 있다 | **自相矛盾** zìxiāng máodùn 성 서로 모순이다 | **不相上下** bùxiāng shàngxià 성 막상막하 | **可见** kějiàn 동 ~라는 것을 알 수 있다 | **由此** yóucǐ 부 이에 따라

해설 **빈칸1** 글 전체의 내용으로 판단해야 한다. 지문 내용이 중국인이 유머 감각이 있는지에 대한 의견 차이를 주로 이야기하고 있으므로 '众说纷纭(의견이 분분하다)'가 가장 적절하다.

빈칸2 빈칸 앞의 동사 '达成(도달하다)'과 호응하는 명사가 와야 한다. '共识(공통된 인식)'와 '结论(결론)' 둘 다 올 수 있지만, 주로 '의견의 일치를 본다'는 의미의 '共识'와 자주 호응한다.

빈칸3 글 전체가 중국인의 유머 감각에 대한 사람들의 의견 차이를 말하고 있으므로 문맥상 이에 대한 권위자들의 의견은 '大相径庭(현저한 차이가 있다)'이 가장 적절하다.

빈칸4 빈칸 앞에서 황제는 웃으려 하지 않고, 노비는 웃으면 안 된다고 했다. 또한 빈칸 뒤에서는 중국인들에게는 유머가 없다고 했으므로 문맥상 두 문장은 인과관계인 것을 알 수 있다. 따라서 네 가지 모두 적절하다.

정답 B

유형 확인 문제

〉〉 해설서 87p

지문을 읽고 빈칸에 알맞은 보기를 고르세요.

1. 有_____和步骤的目标就像地图，让你明白_____到达自己想去的地方。你必须定期_____地图以确保路径正确。这张地图还能让你知道有哪些别的路同样可以到达目的地，_____你在此路不通时，能有另外的选择。

A	计划	如何	参考	以便	B	计算	怎样	回忆	从而
C	设计	怎么	研究	此外	D	体会	多少	了解	否则

06. 보기의 교집합 사용하기

독해 제2부분의 문제를 풀 때는 모든 빈칸을 종합적으로 파악해야 한다. 어떤 빈칸은 정답이 여러 개일 수 있으므로 빈칸 하나에 너무 많은 시간을 할애하지 말고 소거법을 사용하는 것이 좋다. 반드시 빈칸의 순서대로 정답을 고를 수 있는 것은 아니므로 확실한 오답을 제거하면서 가장 어려운 빈칸을 가장 마지막에 푸는 것이 좋다.

유형 익히기 1 ★☆☆

对爱书者来说，旧书摊无疑是块宝地，他们_____自己的兴趣爱好、所学_____或是所研究的课题，在旧书摊上_____自己认为有价值的参考书。

책을 사랑하는 사람에게 헌책방은 틀림없이 아주 좋은 곳이다. 그들은 자신의 흥미, 공부하는 <u>전공</u> 혹은 연구하는 과제에 <u>따라</u> 헌책방에서 자신에게 가치 있는 참고서를 <u>선택한다</u>.

A	根据	专业	选取	A 근거하여	전공	선택하다
B	依靠	课程	挑选	B 의지하다	교육 과정	선발하다
C	依据	专题	钻研	C 근거하다	테마	몰두하다
D	按照	教材	认识	D ~에 따라	교재	인식하다

단어 旧书摊 jiùshūtān 몡 헌책방 | 无疑 wúyí 혱 틀림없이 | 宝地 bǎodì 몡 좋은 곳, 지세가 빼어난 곳 | 兴趣爱好 xìngqù àihào 몡 취미와 애호 | 根据 gēnjù 개 ~에 근거하여 | 依靠 yīkào 동 의지하다 | 依据 yījù 동 근거하다 | 按照 ànzhào 개 ~에 따라 | 专业 zhuānyè 몡 전문 분야, 전공 | 课程 kèchéng 몡 교육 과정 | 专题 zhuāntí 몡 테마 | 选取 xuǎnqǔ 동 선택하다 | 挑选 tiāoxuǎn 동 선발하다 | 钻研 zuānyán 동 몰두하다

해설 빈칸1 빈칸 뒤의 '兴趣爱好(흥미)', '课题(과제)'와 호응하는 단어를 골라야 한다. '依靠'는 '의지하다'는 뜻으로 적절하지 않으며, '~에 따라', '~에 근거하여'라는 뜻의 '根据', '依据', '按照'는 모두 적절하다.

빈칸2 빈칸 앞의 '所学(공부하는)'와 호응하는 단어를 골라야 한다. 네 가지 모두 고를 수 있지만, 공부하는 전공에 따라 책을 고른다는 내용으로 미루어 문맥상 '专业(전공)'가 가장 적절하다.

빈칸3 빈칸이 문장의 술어이므로 목적어와의 호응관계를 확인해야 한다. 목적어는 '参考书(참고서)'이므로 '选取(선택하다)'가 적절하다.

정답 A

✛ 플러스 해설

확실히 아닌 답부터 소거해 가는 방식으로 문제를 풀어보자. 우선 첫 번째 빈칸에서 '依靠'는 적절하지 않으므로 B를 소거할 수 있다. 두 번째 빈칸은 A, B, C, D 모두 가능하다. 세 번째 빈칸은 A만이 가능하므로 A를 정답으로 고를 수 있다.

>> 해설서 87p

유형 확인 문제

지문을 읽고 빈칸에 알맞은 보기를 고르세요.

1. 古时候，"城"和"市"是两个不同的_____。"城"往往是统治者及其军队居住和驻扎的地方，_____筑有城墙。"市"是做_____的地方，这个地方最早是在井边，人们来取水，便带来东西_____，所以有"市井"一词。

A 概念	四周	买卖	交易
B 定义	附近	商业	交换
C 名称	周围	生意	交流
D 内容	当地	贸易	交通

📖 제2부분

● 61–70.

지문을 읽고 빈칸에 알맞은 보기를 고르세요.

61. 对发展中国家的科学家来说，_____他们献身于科学的_____是强国的愿望，因为他们都尝过落后挨打的_____。但到今天，在世俗化和消费欲望的共同_____下，这种追求在弱化。

A 促进　　首要　　味道　　驱动　　　　B 推动　　首选　　结果　　促动

C 促使　　首先　　滋味　　驱使　　　　D 鼓动　　首次　　下场　　催促

62. 中国足协与福拉多的谈判进展顺利，很有可能_____这位前南斯拉夫国际足球运动员为国家足球队主教练。中国足协的发言人_____谈判正在进行，但是还没有做最后_____。

A 使用　　确定　　结果　　　　　　　　B 聘用　　确认　　决定

C 雇用　　确凿　　讨论　　　　　　　　D 聘请　　确定　　定论

63. 在现代社会，竞争力归根到底_____于人口素质。谁的人口素质高、人力资本_____，谁就占据先机，谁就会走在发展的_____。

A 决定　　丰富　　前面　　　　　　　　B 取决　　充足　　前锋

C 抉择　　强大　　前方　　　　　　　　D 选择　　雄厚　　前列

64. 水资源_____不是能够无限_____的，可持续发展的_____应当是建立污水回收系统，循环利用。多数城市的污水处理率还较低，污水处理费仅是自来水水费的一半左右，而仅凭_____我们就能判断，使污水重新进入城市水源循环的费用一定比采集清洁水的费用高得多。

A 自然　　供用　　目标　　想象　　　　B 既然　　使用　　途径　　观察

C 显然　　供给　　思路　　直觉　　　　D 当然　　利用　　基础　　常识

65. 中华民族一直以其强烈的责任意识享誉世界，在建立市场经济的新的历史时期，尤其需要_____人们的责任意识，这既是_____社会主义和谐社会的必然_____，也是时代的呼唤。

A 增强　　建设　　要求　　　　　　　　B 提高　　发展　　结果

C 加强　　调节　　需要　　　　　　　　D 提升　　建造　　途径

66. _____真正有成就的科学家而言，太多的财富对他们并没有什么意义。放眼古今中外，_____放弃追求财富的人才能_____追求学问，才可能成为大家。

A 关于	只有	心心念念		B 对于	唯有	全心全意
C 针对	只是	一心一意		D 至于	只能	全力以赴

67. 一个在本国文化的熏陶下长大的人，_____来到异国他乡，往往会遭遇"文化冲击"，有人更_____地称这种现象为"文化休克"。这种不适应所在地文化、怀念故国文化的现象，就是乡愁。为了排遣深深的乡思、尽快适应和融入新的环境，大多数人都采取了_____的态度。

A 每次	巧妙	事在为人		B 只要	形象	兼容并蓄
C 一旦	生动	入乡随俗		D 每当	夸张	顺其自然

68. 他们的努力既_____了人类理性的伟大和人类认识能力的无限性，同时也证明了上帝的伟大，这与文艺复兴以来_____赞美人的能力与人的求知精神是_____的。

A 证明	高度	一致		B 印证	高尚	相同
C 说明	高尚	相反		D 反映	极度	相对

69. 疯狂扩散的蓝藻起初并没有使人们感到_____。往年正常情况下，它顶多影响太湖的一些景观，不会带来什么骚乱。雨季一来，这些小生物便会被大量的雨水冲刷稀释，人们会渐渐_____它，直到第二年的来临。还有一些农民把它们捞起来当肥料，_____地称之为"海油"。

A 焦虑	淡忘	亲切		B 伤心	漠视	形象
C 淡漠	适应	生动		D 高兴	习惯	幽默

70. 在为学的道路上，_____来说，并不存在可以_____的"捷径"；但是，我们却_____避免或少走弯路。这就需要有人给初学者_____迷津，告诉他们正确的学习方法和步骤。

A 一般	一蹴而就	应该	指点
B 目前	一帆风顺	能够	指出
C 主观	平步青云	尽量	画出
D 客观	唾手可得	必须	指明

》》해설서 88p

📖 제2부분

🔘 61–70.

지문을 읽고 빈칸에 알맞은 보기를 고르세요.

61. 自信、努力而且_____的人，无论在哪里，_____环境怎样恶劣，最终都可以抵达他们的_____。

A 专心　无论　梦想　　　　　　B 专注　因为　愿望
C 认真　尽管　理想　　　　　　D 专心　尽管　期望

62. 语言_____性格。西班牙语使人更自信、更有主见；英语_____比中文直接，让人更外向；法语表达较随意，多用双关语，让人更幽默；日语的动词往往在句末，让人_____有耐心。

A 暗示　说法　亲近　　　　　　B 决定　表达　亲和
C 影响　表达　温和　　　　　　D 表明　说法　温柔

63. _____旅游对自然生态环境和人类生态环境会有影响，要付出_____的代价，但是做任何事情都要付出代价，如果什么都不开发，_____还是客观存在的。

A 发展　一定　毁坏　　　　　　B 开发　相应　破坏
C 开放　一定　损坏　　　　　　D 开拓　相应　伤害

64. 一定要给挫败事件_____积极意义，_____发挥一下'阿Q精神'也无所谓。在本子上写下这次失败能够带给你的好处，_____会慢慢收获_____的财富。

A 找寻　哪怕　所以　失败　　　B 发现　尽管　或许　失败
C 寻找　即便　也许　挫折　　　D 找到　即使　因为　挫折

65. 重视教育，尊敬师长，在中国有_____的传统。_____，中华民族都把教育放在十分重要的地位。早在2600多年前，管子就说过，考虑一年的事情，要种好庄稼；筹划十年的_____，要种好树木；_____百年大事，就要培养人才。

A 悠久　自古以来　目标　规划
B 古老　有史以来　目的　计划
C 悠久　从古至今　理想　策划
D 悠长　一直以来　愿望　打算

66. 思茅地区已被辟为国家森林保护区，一条美丽的莱阳河，由东向西＿＿＿＿保护区全境，
＿＿＿＿出了一片原始神秘的大森林，它与西双版纳的普文镇＿＿＿＿，冬无严寒，夏无
酷暑，气候宜人，亦属＿＿＿＿的热带雨林景观。

A 贯穿　培育　靠近　典范　　　　B 横穿　养育　邻近　特殊
C 纵贯　哺育　临近　特别　　　　D 横贯　孕育　毗邻　典型

67. 曼德拉深知自己是其他人的＿＿＿＿，他的恐惧会很容易影响到身边人。他的无畏会大大
＿＿＿＿他人。他说："我不能装作自己勇敢非凡、好像能＿＿＿＿全世界的样子。但作
为一个领导人，至少，我不能让人们知道我的＿＿＿＿。"

A 表率　鼓动　打击　担心　　　　B 楷模　鼓励　打倒　恐惧
C 榜样　鼓舞　打败　恐惧　　　　D 典范　勉励　战胜　担心

68. 绿色是宫崎骏映画馆的基调和＿＿＿＿——关注生命、关注自然、关注人和环境、关注
未来和成长。宫崎骏＿＿＿＿笔下的绿色，几乎每一部电影都是用绿色来铺设全篇，用绿
色来＿＿＿＿生命。《幽灵公主》更是将宫崎骏对人与自然的关系的深沉＿＿＿＿融入其
中。

A 主旨　毫不犹豫　反映　沉思　　　B 主题　毫不吝啬　彰显　思考
C 主体　毫不在乎　显示　考虑　　　D 宗旨　毫不吝惜　体现　思索

69. 出生顺序影响个性＿＿＿＿。长子多稳重老实，甚至有时承担父母的角色；小儿子
＿＿＿＿小受家人宠爱，依赖性强；中间的孩子需付出多倍努力才能得到关注，＿＿＿＿
爱好竞争挑战。老大对恋爱的＿＿＿＿最实际，排行居中者表现出更多的嫉妒＿＿＿＿，
而老小最浪漫。独生子女有最高的依附之爱。

A 发展　自　因此　态度　情绪
B 成长　从　然后　看法　感受
C 进步　打　从而　观点　感觉
D 成熟　在　反而　想法　情感

70. 有了积极的思维＿＿＿＿不能保证事事成功，积极思维肯定会＿＿＿＿一个人的日常生
活，但并不能保证他凡事心想事成；＿＿＿＿，相反的态度则必败无疑，拥有＿＿＿＿思
维的人并不能成功。

A 并　改善　可是　消极　　　　B 也　改变　但是　积极
C 还　提高　相反　保守　　　　D 都　提升　只是　惰性

120 정.반.합. 新HSK 6급

제3부분

장문 속 빈칸에 들어갈 문장 고르기

독해 제3부분

미리보기

독해 제3부분은 총 10문제(71-80번)로 글 두 편이 출제되며 각 지문에는 5개의 빈칸이 있다. 앞뒤 맥락을 통해 빈칸에 들어갈 알맞은 문장을 고른다. 독해 능력뿐 아니라 표현 능력까지 평가하므로 종합적인 독해 능력을 기르는 것이 중요하다. 독해 문제 중 비교적 난이도가 낮으므로 독해 제3부분에서 실수를 하지 않게 주의한다.

🔔 제3부분 – 장문 속 빈칸에 들어갈 문장 고르기

문제

第三部分

第71-75题：选词填空。

71-75.

中华鲟是一种在长江中出生，在大海里成长的神奇鱼类。它们的体型硕大威猛，(71)___C___，体重达几百公斤，最长能活上百年，是淡水鱼类中体型最大、寿命最长的。每年七八月份，(72)___E___。在历经了三千多公里的溯流搏击后，它们最终回到自己的"故乡"——金沙江一带产卵繁殖。待幼鱼长到15厘米左右，这些"游子"们又带着儿女们，顺流而下旅居"海外"。它们就这样世世代代在长江上游出生、在大海里生长。(73)___A___，人们把它们称为"中华鲟"。

中华鲟在地球上生存了将近1.4亿年，是地球上现存最古老的脊椎动物之一。(74)___D___，堪称"水中活化石"。中华鲟是研究鱼类演化的重要参照物，在生物进化、地质、地貌、海侵、海退等方面也具有重要的科学研究价值以及难以估量的生态、社会和经济价值。但由于种种原因，这一珍稀物种已濒临灭绝。

(75)___B___，对合理开发利用野生动物资源、维护生态平衡，都具有深远的意义。

A 正是由于这种执着的寻根习性
B 保护和拯救这一珍稀濒危物种
C 成年中华鲟体长一般在两米以上
D 他们曾和恐龙生活在同一时期
E 成群结队的中华鲟会从长江口的浅海海域洄游到长江

01. 문장의 구성 성분과 논리 관계 파악하기

문장 안에서 빈칸의 위치를 분석하여 부족한 문장 성분이 무엇인지 파악한다. 보기의 문장에서 시작하는 단어의 문장 성분 및 품사를 표시한 후 지문을 읽으며, 빈칸 앞뒤에 필요한 성분이 무엇인지 파악하여 연관 지을 수 있다. 또한 지문의 논리성, 언어의 의미상의 연결성, 표현의 정확성, 구조의 완전성을 파악해야 한다.

유형 익히기 1

1-5

曹操得到一只大象，很想知道这只大象到底有多重。官员们都议论纷纷，发表自己的意见。有人说，(1)＿＿＿＿＿＿＿。可是怎样才能造出比大象还大的秤呢？有人说，把它砍成小块，然后再称。可是把大象杀了，知道重量又有什么意义呢？大家想了很多办法，可是都行不通。

就在这时，曹操的小儿子曹冲对父亲说："爸爸，我有个办法可以称大象！"(2)＿＿＿＿＿＿＿，曹操一听，连连叫好，立刻安排人准备称象，并且让大家都过去观看。

大家来到河边，看见河里停着一只大船。曹冲叫人把象牵到船上，等船身稳定时，他就在船舷与水面齐平的地方，画了一条线。然后，曹冲再叫人把象牵到岸上来。之后，他让人把大大小小的石头，(3)＿＿＿＿＿＿＿，船身就一点儿一点儿往下沉。等船上的那条线和水面再次齐平的时候，曹冲就叫人停止装石头。官员们都睁大了眼睛，(4)＿＿＿＿＿＿＿。他们连声称赞："好办法! 好办法!"这时候，谁都明白，(5)＿＿＿＿＿＿＿，把重量加起来，就知道这只大象有多重了。曹操得意地望着众人，心里想：你们还不如我的这个小儿子聪明呢!

조조(曹操)는 코끼리 한 마리를 얻었고 그 무게가 얼마나 되는지 알고 싶었다. 관원들은 의견이 분분했고, 모두 자신들의 의견을 발표했다. 어떤 이는 (1) B 거대한 저울을 만들어서 무게를 재자고 했다. 그러나 어떻게 코끼리보다 큰 저울을 만든단 말인가? 어떤 이는 작게 토막을 낸 후 재자고 했다. 그러나 코끼리를 죽여서 그 무게를 아는 것이 무슨 의미가 있겠는가? 모두 여러 방법을 내놓았으나 실현할 수 없었다.

바로 이때 조조의 어린 아들 조충(曹冲)이 아버지에게 말했다. "아버지 저에게 코끼리의 무게를 잴 방법이 있어요!" (2) D 그리고 나서 방법을 조조에게 알렸다. 조조가 듣고 연신 좋다고 하며 즉시 사람을 시켜 코끼리 무게를 잴 준비를 했고, 모두 와서 보게 했다.

사람들이 강가에 와서 큰 배가 정박해 있는 것을 보았다. 조충은 코끼리를 끌어당겨 배에 태우게 하고 배가 안정될 때까지 기다렸다가 뱃전과 수면이 수평을 이루는 부분에 선을 그었다. 그리고 조충은 다시 코끼리를 강가에 데려오게 했다. 그 후, 그가 크고 작은 돌을 (3) A 한 나씩 배에 싣자, 선체는 조금씩 가라앉았다. 배 위의 그은 선이 수면과 다시 수평을 이룰 때 조충은 더 이상 돌을 싣지 못하게 했다. 관원들의 눈이 모두 커졌고, (4) E 이제야 마침내 어찌 된 일인지 분명히 알게 됐다. 그들은 잇따라 칭찬했다. "좋은 방법입니다! 좋은 방법이에요!" 이제 모두 알게 된 것이다. (5) C 배 안에 있는 돌의 무게를 재서 모두 더하기만 하면 코끼리의 무게를 알 수 있

	다. 조조는 만족스럽게 사람들을 바라보며 마음속으로 생각했다. '너희들은 내 아들보다 총명하지 못하구나!'
A 一块一块地往船上装	A 하나씩 배에 실었다
B 制造一杆巨大的秤来称	B 거대한 저울을 만들어서 무게를 잰다
C 只要把船里的石头都称一下	C 배 안에 있는 돌의 무게를 재기만 하면
D 然后他就把办法告诉了曹操	D 그리고 나서 방법을 조조에게 알렸다
E 这才终于弄清了是怎么回事	E 이제야 마침내 어찌 된 일인지 분명히 알게 됐다

단어 **大象** dàxiàng 몡 코끼리 | **议论纷纷** yìlùn fēnfēn 셩 의견이 분분하다 | **发表** fābiǎo 동 발표하다 | **秤** chèng 몡 저울 | **砍** kǎn 동 (도끼로) 찍다 | **称** chēng 동 측정하다 | **连连** liánlián 뷔 줄곧, 계속해서 | **立刻** lìkè 뷔 즉시 | **牵** qiān 동 끌다, 잡아 당기다 | **稳定** wěndìng 혱 안정되다 | **船舷** chuánxián 몡 뱃전 | **齐** qí 혱 같다 | **平** píng 혱 평평하다 | **岸** àn 몡 물가 | **沉** chén 동 가라앉다 | **停止** tíngzhǐ 동 멈추다 | **装** zhuāng 동 싣다 | **睁大** zhēngdà (눈을) 크게 뜨다 | **连声** liánshēng 뷔 계속해서 | **称赞** chēngzàn 동 칭찬하다 | **得意** déyì 혱 만족하다, 마음에 들다 | **望** wàng 동 바라보다 | **众人** zhòngrén 몡 여러 사람 | **不如** bùrú 동 ~만 못 하다

---

1 ★★☆

B 制造一杆巨大的秤来称	B 거대한 저울을 만들어서 무게를 잰다

단어 **制造** zhìzào 동 제조하다

해설 빈칸 앞에서 관원들이 자신들의 의견을 발표했다고 했으므로 코끼리의 무게를 재기 위한 아이디어나 방법이 나와야 한다. 빈칸 뒤에서는 어떻게 코끼리보다 큰 저울을 만드냐고 했으므로 지금까지 나오지 않은 '저울'과 관련 있는 내용이 와야 한다.

정답 B

---

2 ★★☆

D 然后他就把办法告诉了曹操	D 그리고 나서 방법을 조조에게 알렸다

해설 빈칸 앞에서 조충이 아버지에게 방법이 있다고 말했고, 빈칸 뒤에서는 조조가 듣고 기뻐했으므로 조충이 조조에게 방법을 알 렸다는 내용이 와야 한다.

정답 D

---

3 ★★☆

A 一块一块地往船上装	A 하나씩 배에 실었다

해설 보기 문장에 주어가 없으므로 지문에서 어울리는 주어를 찾아 그 뒤에 놓는다. 보기의 문장에 따라 '块'를 양사로 쓰는 명사가 주어가 되어야 한다는 것을 알 수 있다. 따라서 문장 앞에 '石头(돌)'가 주어로 필요하며, 문맥상으로도 빈칸 뒤에서 배가 점점 가라앉았다는 '결과'가 나왔으므로 빈칸에는 반드시 '원인'이 와야 한다. 그러므로 돌을 배에 채웠다는 내용이 와야 한다.

정답 A

4

★★☆

E 这才终于弄清了是怎么回事	E 이제야 마침내 어찌 된 일인지 분명히 알게 됐다

해설 빈칸 앞에서 코끼리의 무게를 재는 과정이 나왔고 관원들은 그것을 보고 눈이 커졌다. 눈이 커진 것은 그들이 놀란 것을 나타내고, 이어서 빈칸 뒤에서 관원들이 잇따라 칭찬했으므로 조충의 코끼리 무게 측정 방법의 원리를 이해했다는 내용이 와야 한다.

정답 E

5

★☆☆

C 只要把船里的石头都称一下	C 배 안에 있는 돌의 무게를 재기만 하면

해설 '只要A就B'는 'A하기만 하면 B하다'의 뜻으로, 지문을 읽기 전 보기를 먼저 눈으로 읽을 때 '只要'가 보였다면, 5번 빈칸 뒤의 '就'와 호응한다는 것을 알고 쉽게 답을 찾을 수 있다.

정답 C

빈칸을 채우기 위해서는 반드시 문장 전체의 의미를 파악해야 한다. 처음에는 지문 전체를 빠르게 읽으며 대략적인 의미를 파악하여 빈칸에 들어갈 보기를 임시로 고르고, 문장을 넣어 다시 한 번 읽는다. 두 번째 읽을 때는 처음에 미처 파악하지 못했던 것을 다시 확인하며 정답을 확정할 수 있다.

유형 익히기 1

1-5

一股红潮从东方卷起，黎明的东方即刻染成了半天血色。这可不是旭日东升时烧红的彩云，这是一场人类与动植物的大劫难……

"森林起火啦！起火啦……"听到这样的呼喊，我用心惊肉跳来形容一点儿也不过分。(1)＿＿＿＿＿＿＿＿＿，惊慌失措。大火发起狂来，一夜之间就可使千万棵大树化成灰烬，谁说不怕那才是说瞎话。"水火无情"，谁敢说个"不"字！

我刚到林场两天，在睡梦中听到有人喊："森林起火啦！"我如被烫了一样跳起，听到森林武警和护林民兵的紧急集合哨在黎明的山林里"嘟嘟"吹响！远处的浓烟笼罩了森林，近处的大火吞噬着森林。山火奔跑的脚步声，(2)＿＿＿＿＿＿＿＿＿！

在森林大火迅速燃烧中，几乎所有的野兽和家畜家禽，(3)＿＿＿＿＿＿＿＿＿，在火中丧生。可是，有一桩奇事让人们吃惊不小。人们看到狼在嚎叫中集结。集结成群后，一只大红公狼带领大伙儿，(4)＿＿＿＿＿＿＿＿＿！当时人们误以为，它们有可能是感到末日来临，用集体自杀的壮举到火神安排的天国里去。然而，大火过后人们看到，(5)＿＿＿＿＿＿＿＿＿，都在大火中变成了焦尸，唯有狼群在烈火中逃生。它们只是毛被烧短了，蹄蹄爪爪烧伤了一些。这时

한 줄기의 붉은 물결이 동쪽부터 휘감아 일며 동이 틀 무렵인 동쪽이 곧바로 붉은색으로 물들었다. 이것은 아침 해가 떠오를 때의 꽃구름이 아니라 사람과 동식물의 큰 재앙이다…….

"숲에서 불이 났다! 불이야…" 이 외침을 듣고 나는 혼비백산했다고 해도 과언이 아니다. (1) B 화재로 모두의 어안이 벙벙해졌고, 당황하여 어찌할 바를 몰랐다. 큰 불길이 미친 듯이 일어나 하루 밤새 천만 그루의 나무를 잿더미로 만들었으니, 무섭지 않다면 그것은 거짓말이다. '재난은 인정사정없다'라는 말에 누가 감히 '아니다'라고 할 수 있겠는가!

숲에 온 지 이틀이 됐는데, 잠결에 누가 "숲에 불이 났다!"라고 외치는 소리에 나는 불에 덴 것처럼 펄쩍 뛰었고, 숲의 무장 경찰과 삼림 보호 민병의 긴급 집합 호루라기가 동틀 무렵 산림에서 '삑삑' 울려 퍼지는 것을 들었다. 먼 곳에서 짙은 연기가 숲을 덮었고, 가까운 곳에서는 큰 불길이 숲을 삼켰다. 산불이 퍼지는 소리가 (2) D 마치 사나운 바람에 깃발이 말리는 것처럼 우르르 울렸다!

숲이 큰불에 빠르게 타들어 가는 중에 거의 모든 야생 동물과 가축들은 (3) A 불길의 추격 속에 바람이 부는 방향을 따라 도망쳤고, 불 속에서 목숨을 잃었다. 그러나 사람들을 놀라게 한 신기한 일이 있었다. 사람들은 늑대가 포효 속에 한데 모이는 것을 보았다. 다 모이자, 진홍색의 수컷 늑대 한 마리가 무리를 이끌고 (4) C 바람을

人们才顿悟到狼的智慧。

맞으며 불길이 타오르는 화염 속으로 질주했다! 당시에 사람들은 그들이 세상의 종말을 예감하여 집단 자살을 통해 불의 신이 준비한 천국으로 간다고 생각했다. 하지만, 불길이 지난 후 (5) E 많은 동물과 가축, 그리고 놀라서 뛰쳐나온 사람들 모두 화재 속에 타버린 시체가 돼 버렸지만, 오직 늑대 무리만이 불길 속에서 살아나온 것을 보았다. 그들은 단지 털만 조금 타서 짧아지고 발과 발톱에만 약간의 화상을 입었다. 그제야 사람들은 늑대의 지혜를 깨닫게 되었다.

A 都是在大火追逐下顺风而逃	A 불길의 추격 속에 바람이 부는 방향을 따라 도망쳤고
B 火警会使所有的人目瞪口呆	B 화재로 모두의 어안이 벙벙해졌고
C 顶风逆火奔向大火燃烧的火场	C 바람을 맞으며 불길이 타오르는 화염 속으로 질주했다
D 如同狂风卷大旗呼啦啦地作响	D 마치 사나운 바람에 깃발이 말리는 것처럼 우르르 울렸다
E 许多野兽家畜和因惊慌而乱跑的人们	E 많은 동물과 가축, 그리고 놀라서 뛰쳐나온 사람들

단어 股 gǔ 양 줄기 [맛·기체·냄새를 세는 단위] | 红潮 hóngcháo 명 붉은 물결 | 卷 juǎn 동 휘말다, 일으키다 | 黎明 límíng 명 동틀 무렵 | 即可 jíkě 곧바로 | 染 rǎn 동 물들이다 | 旭日东升 xùrì dōngshēng 성 아침 해가 동쪽에서 떠오르다 | 彩云 cǎiyún 명 꽃구름 | 劫难 jiénàn 명 재난 | 森林 sēnlín 명 숲 | 起火 qǐhuǒ 불이 나다 | 呼喊 hūhǎn 명 외치다 | 心惊肉跳 xīnjīng ròutiào 성 혼비백산하다 | 形容 xíngróng 동 묘사하다 | 惊慌失措 jīnghuāng shīcuò 성 놀라고 당황하여 어찌할 바를 모르다 | 灰烬 huījìn 명 잿더미 | 瞎话 xiāhuà 명 거짓말 | 水火无情 shuǐhuǒ wúqíng 성 재난은 인정사정없다 | 烫 tàng 동 데다 | 武警 wǔjǐng 명 무장 경찰 | 护林民兵 hùlínmínbīng 명 삼림 보호 민병 | 紧急 jǐnjí 형 긴급하다 | 哨 shào 명 호루라기 | 嘟嘟 dūdū 의성 삑삑 | 吹响 chuīxiǎng 불다 | 浓烟 nóngyān 명 짙은 연기 | 笼罩 lǒngzhào 동 뒤덮다 | 吞噬 tūnshì 동 삼키다 | 奔跑 bēnpǎo 동 질주하다 | 燃烧 ránshāo 동 연소하다 | 野兽 yěshòu 명 야수 | 家畜家禽 jiāqín jiāchù 명 가축 | 丧生 sàngshēng 동 목숨을 잃다 | 狼 láng 명 늑대 | 嚎叫 háojiào 큰 소리로 울부짖다 | 大红 dàhóng 형 진홍색의 | 公狼 gōngláng 명 수컷 늑대 | 带领 dàilǐng 동 이끌다 | 误以为 wùyǐwéi 잘못 생각하다, 오해하다 | 壮举 zhuàngjǔ 명 거사, 큰 일 | 火神 huǒshén 명 불의 신 | 焦尸 jiāoshī 명 불에 탄 시체 | 唯有 wéiyǒu 부 오직 | 蹄 tí 명 발 | 爪 zhǎo 명 발톱 | 烧伤 shāoshāng 화상을 입다 | 顿悟 dùnwù 동 문득 깨닫다

---

1 ★★☆

B 火警会使所有的人目瞪口呆	B 화재로 모두의 어안이 벙벙해졌고

단어 火警 huǒjǐng 명 화재 | 目瞪口呆 mùdèng kǒudāi 성 눈을 크게 뜨고 입을 벌리다, 어안이 벙벙하다

해설 빈칸 뒤의 '惊慌失措'는 '놀라고 당황하여 어찌할 바를 모르다'라는 성어이다. 화재가 발생하여 놀란 사람들의 모습을 묘사한 것으로, 빈칸에도 비슷한 내용이 와야 한다.

정답 B

---

2 ★★★

D 如同狂风卷大旗呼啦啦地作响	D 마치 사나운 바람에 깃발이 말리는 것처럼 우르르 울렸다

如同 rútóng 图 마치 ~와 같다 | 狂风 kuángfēng 명 광풍 | 卷 juǎn 图 말다 | 大旗 dàqí 명 큰 깃발 | 呼啦啦 hūlālā 의성 우르르 | 作响 zuòxiǎng 图 소리를 내다

지문을 읽기 전 보기를 먼저 눈으로 읽을 때 '如同(마치 ~와 같다)'을 보았다면, 묘사의 표현이라는 것을 유추할 수 있다. 빈칸 앞의 주어 '山火奔跑的脚步声(산불이 퍼지는 소리)'와 호응하는 술어로 소리를 묘사한 내용이 와야 한다.

정답 D

3　★★☆

| A 都是在大火追逐下顺风而逃 | A 불길의 추격 속에 바람이 부는 방향을 따라 도망쳤고 |

顶风 dǐngfēng 바람을 무릅쓰다

빈칸 앞의 주어는 '几乎所有的野兽和家畜家禽(거의 모든 야생동물과 가축)'이며 이에 호응하는 술어를 찾아야 한다. 주어가 단수가 아니라 복수이므로 보기의 '都'와 호응한다.

정답 A

4　★★★

| C 顶风逆火奔向大火燃烧的火场 | C 바람을 맞으며 불길이 타오르는 화염 속으로 질주했다 |

빈칸 뒤에서 사람들은 늑대 무리가 자살을 통해 천국으로 간다고 생각했다고 했으므로 사람들이 자살로 오해할만한 늑대의 행동이 와야 한다.

정답 C

5　★★☆

| E 许多野兽家畜和因惊慌而乱跑的人们 | E 많은 동물과 가축, 그리고 놀라서 뛰쳐나온 사람들 |

빈칸 뒤의 '都'를 통해 빈칸이 문장의 주어임을 알 수 있고, 주어가 단수가 아닌 복수인 것도 알 수 있다.

정답 E

실전 연습 1

📖 제3부분

● 71–80.
빈칸에 알맞은 문장을 고르세요.

71–75.

爷爷对孙子们说："(71)＿＿＿＿＿＿＿。"他用一块黄金做
奖品，测验两个孙儿的"知人之明"。他说："你们去调查一下邻村
的胡麻子是一个好人，还是一个坏人，谁能得出正确的答案，这块
黄金就是谁的。"

两个年轻人心里想：这还不容易？他们轻轻松松地出去，高
高兴兴地回来。两人望着爷爷放在桌上的金块，都是一副志在必得的样子。

爷爷闭目静听长孙给出的答案。长孙很有把握地说："胡麻子是坏人，(72)＿＿＿＿
＿＿＿，而地住对本村每个人的行为了如指掌。"

"不对，"爷爷摇头，"那地住是个坏人，坏人口中的坏人，说不定是个好人，因为坏人总
是党同伐异，排斥君子。"

次孙听了，信心倍增，立刻接过来说："爷爷，(73)＿＿＿＿＿＿。我专程去拜访过
他们的村长，村长连声说，这个人很好，好人一个。"

爷爷又轻轻摇摇头："也许，可是未必。那村长一向老实怕事，(74)＿＿＿＿＿＿。他
口中的好人，说不定是个坏人。"

两个孙子急了："到底胡麻子是好人还是坏人呢？"爷爷睁开眼睛，微微一笑，伸手抓
起金块，放回箱中。"这要靠你们自己去找答案。(75)＿＿＿＿＿＿，黄金就会在你们手
中。"

A 因为邻村的地住说这人很坏很坏

B 没有褒贬善恶的勇气

C 我看胡麻子是个好人

D 你们什么时候有了这种能力

E 做人最要紧的学问是分辨好人与坏人

131

76–80.

从前有位善良的富翁，他要盖一栋大房子，他特别要求建造房子的师傅，(76)_____，使贫苦无家的人，能在下面暂时躲避风雪。房子建成了，果然有许多穷人聚集在房檐下，他们甚至摆摊子做起买卖，并生火煮饭。嘈杂的人声与油烟，使富翁不堪其扰。不悦的家人，也常与在房檐下的人争吵。

冬天，有个老人在房檐下冻死了，大家都骂富翁不仁。

夏天，一场飓风，别人的房子都没事，富翁的房子因为房檐太长，居然被掀了顶。(77)_____。

重修屋顶时，(78)_____，因为他明白：施人余荫总让受施者有仰人鼻息的自卑感，(79)_____。

富翁把钱捐给慈善机构，并盖了一间小房子，所能荫庇的范围远比以前的房檐小，但是四面有墙，是栋正式的房子。许多无家可归的人，(80)_____。

A 结果自卑变成了敌对
B 人们都说这是恶有恶报
C 把房子四周的房檐建得加倍的长
D 都在其中获得暂时的庇护
E 富翁要求只建小小的房檐

》 해설서 102p

실전 연습 2

📖 제3부분

🔴 **71–80.**
빈칸에 알맞은 문장을 고르세요.

71–75.

我曾仔细观察过蚂蚁这种神奇的小生物，发现它有一套简单、实用的生存哲学。正是这一套哲学让蚂蚁家族永远繁荣昌盛、生生不息。(71)_____。

第一重：永不放弃。如果我们试图挡住一只蚂蚁的去路，它会立刻寻找另一条路：要么翻过或钻过障碍物，要么绕道而行。总之，不达目的不罢休。

第二重：未雨绸缪。(72)_____。刚一入夏，蚂蚁就开始储备冬天的食物。这样在万物凋敝的冬季，蚂蚁同样可以丰衣足食。

第三重：满怀期待。整个冬天蚂蚁都憧憬着夏天。在严冬中，蚂蚁们时刻提醒自己严寒就要过去了，(73)_____。即便是少有的冬日暖阳也会吸引蚂蚁们倾巢而出，在阳光下活动活动筋骨。一旦寒流袭来，它们立刻躲回温暖的巢穴，(74)_____。

第四重：竭尽所能。一只蚂蚁能在夏天为冬天做多少准备？答案是全力以赴地工作。

(75)_____：永不放弃、未雨绸缪、满怀期待、竭尽所能才是成功的关键。

A 整个夏天蚂蚁都在为遥远的冬天做准备

B 等待下一个艳阳天的召唤

C 温暖舒适的日子很快就会到来

D 小小的蚂蚁用实际行动告诉我们

E 我管这套哲学叫作蚂蚁四重奏

76–80.

　　我经常埋怨风，埋怨雨，而且理由充分。虽然这不过是很平常的风，很平常的雨，但因为它们给自己的出行带来了不便，甚至在我眼前制造出某种可怕氛围，(76)_____。

　　但有一个雨天，我见到一位气象学家，他对我只因为雨天给我带来小小的不便就如此愤懑很不理解。

　　他问我：“你有没有见过台风？”我摇头。(77)_____，我并没有亲历过。“每个人都在诅咒台风给人类带来的破坏。可是，如果没有台风，你知道这个世界会怎样吗？”我还是摇头。“那好，我告诉你。”气象学家说，“如果没有台风，全世界的水荒会更严重。(78)_____。如果没有台风，地球上的冷热会更不均衡。日照最多的赤道地区全靠台风来驱散热量，否则，热带会更热，寒带会更冷，而温带将不存在……”

　　因为无知，因为短视，我只知道风会吹乱我的头发，(79)_____，却没想到比这暴虐一千倍的台风却是人类生存的必须！

　　如同世上没有一条路总是一马平川，(80)_____。尽管台风让人防不胜防，但是，在埋怨之前，一个人只要能够想想“如果没有台风，世界将会怎样？”那么，想过之后，他一定会更心平气和，更接近真理，也更懂得他生活的世界。

　　A　只知道雨天出门要多带一把雨伞

　　B　我责怨起来总是底气十足、振振有词

　　C　世上也没有一个人可以随心所欲

　　D　摧枯拉朽的台风

　　E　台风可以为人类提供大量的淡水资源

〉〉해설서 105p

Memo

독해 阅读

제4부분

장문 읽고 질문에 알맞은 답 고르기

미리보기

독해 제4부분은 총 20문제(81-100번)로 제시되는 여러 개의 비교적 긴 지문을 읽고, 지문마다 관련된 몇 개의 질문의 알맞은 답을 고른다. 독해 능력을 비롯하여 속도와 정확도를 평가하는 것으로 평소 중국어 글을 많이 읽으며 핵심을 찾는 연습을 많이 해야 한다.

🔔 제4부분 - 장문 읽고 질문에 알맞은 답 고르기

문제 　　　　　　　　　　　　　　　　　　　　　　　　　　　　 >> 해설서 109p

第四部分

第81-100题：请选出正确答案。

81-84.

　　圆是人类用以表示吉祥好运的最古老的象征符号之一。圆没有起点也没有终点，所以象征着永恒。它是完整、完美和完全的标志。圆的象征意义很可能起源于"天圆地方"的理论，古时候，人们认为太阳围绕地球运转并且按照自东向西的方向运转，因此，我们的祖先很注意顺时针方向移动。至今，很多人相信按顺时针方向转三圈可以摆脱坏运气。

　　后来，人们开始相信邪恶的幽灵无法穿越一个圆圈，因为圆代表着一种比它们更强大的力量——太阳的力量。这一信念给人们带来了许许多多的吉祥象征物，包括各式各样的环形物和圆形图案，更不用说我们圣诞节期间挂在门上的花环。诸如马蹄铁状的吉祥护身符等也同样源自要把邪恶的幽灵诱捕其中的想法。开口处用作其入口有其重要意义，因为巫婆和其他邪恶的幽灵不能从圆圈中逃脱，自然也不能进入圆圈。

　　圆圈能抵挡邪恶幽灵的本领也导致产生了涂口红的习俗。古人认为邪恶幽灵会经过嘴进入人体内部，在嘴唇周围画一个红色圆圈就有可能挡住邪恶幽灵侵入人体。环状的耳饰也渐渐成为同样的吉祥护身符，因为它们的圆形能够保护耳朵眼。

　　81. 圆象征着什么?

　　　　A 起点和终点　　　　　　　Ⓑ 永恒
　　　　C 事物的终结　　　　　　　D 完美和完全

82. 关于圆的象征意义的起源，正确的是：

Ⓐ 起源于"天圆地方"的理论，古人认为太阳围绕地球运转

B 来自月球围绕地球运转的轨道

C 来自人们对顺时针的关注

D 来自古代人们对圆的奇特偏好

83. 哪些不属于吉祥的象征物？

A 各种环形物 　　　　　　　B 圣诞节的花环

Ⓒ 各式方形物 　　　　　　　D 马蹄铁状的护身符

84. 根据上文，不正确的是：

A 涂口红的习俗与圆的吉祥象征意义有关

B 环状的耳环也是吉祥身符

Ⓒ 巫婆和恶魔能够逃脱圆圈的制约

D 顺时针方向转三圈有好运

독해 제4부분을 풀 때는 다음과 같은 전략을 이용한다.

지문을 먼저 보는 방법과 문제를 먼저 보는 방법이 있다. 지문의 난이도가 높고 길이가 비교적 짧은 경우에는 지문을 먼저 보는 것이 좋다. 지문의 난이도가 낮고 길이가 비교적 긴 경우에는 문제를 먼저 보면 시간을 절약할 수 있다. 문제와 보기를 먼저 보면, 세부 사항이나 단어의 뜻을 묻는 문제를 더 효과적으로 풀 수 있다. 많은 문제를 풀면서 자신에게 효과적인 방법을 찾아야 한다.

독해 속도는 독해 능력을 판단하는 중요한 기준이므로 평소에 적절하게 시간을 분배하여 문제를 푸는 연습을 해야 한다. 한 문제에 너무 많은 시간을 들여서는 안 되고, 모르는 문제는 일단 넘어간 후 지문을 다 읽고 파악한 후 다시 풀어야 한다.

글의 주제를 정확하게 전달하기 위해서 글쓴이는 기본 작문 원칙에 따라 글을 쓴다. 따라서 글의 구조를 파악하면 독해 속도가 빨라지고, 내용을 더 깊이 이해할 수 있다. 첫째, 지문 앞과 뒷부분에서 주제 문장을 찾는다. 둘째, 예, 정의, 유추, 비교, 비유 등의 방식으로 제시된 세부 사항을 찾는다. 셋째, '然后', '另外', '先', '再', '最后', '然而', '但是', '相反' 등의 연결어를 중심으로 내용의 흐름을 파악한다.

같은 주어의 중복을 피하기 위해서 대명사를 자주 사용하므로 주어가 여러 개일 때, 대명사를 정확하게 이해해야 내용을 올바르게 파악할 수 있다. '他', '她', '它', '这个', '那个', '之', '此' 혹은 '刚才提到的', '如上所述' 등의 표현에 익숙해져야 한다.

길고 어려운 문장을 볼 때 문법적으로 분석하지 말고, 앞뒤 맥락에 따라 빠르게 독해하고, 전체적인 내용을 파악해야 한다. 어려운 문장에 현혹되어 시간을 낭비해서는 안 된다.

01. 세부 사항을 묻는 문제

이 유형은 독해 제4부분에서 큰 비중을 차지하지만, 비교적 간단하여 점수를 얻기 쉬운 문제이다. 일반적으로 인물, 장소, 원인, 숫자 등 구체적인 사항을 묻는다. 문제와 보기 속에서 주요 실마리를 찾은 후에 그것을 지문과 대조하여 풀어야 한다.

유형 익히기 1

1-4

对于普通双排5座轿车而言，应该把哪个座位留给客人才是最有礼貌的做法呢? 专家表示，[1]在社交应酬中，如果是主人自驾车陪客人出去游玩，那么副驾驶座就是最有礼貌的座位。而在公务接待中，副驾驶座后面的座位是最礼貌的座位。公务接待时，副驾驶座被称为"随员座"，一般是翻译、秘书的位置，让客人坐在这里是不礼貌的。

除了礼仪上的考虑，[2]多数人更关心的是，车里哪个座位最安全。其实，坐在哪个位置，安全都是相对的。[2]交通管理部门曾经资助一个专家小组专门研究这个问题。研究通过事故调查分析和实车检测后得出结论: 坐在后排座正中间的乘客相对最安全。

分析结果显示，出车祸时，[3]车内后排乘客的安全指数比前排乘客高出至少59%; 如果后排正中间的位置上有乘客，那么车祸时他的安全指数比后排其他座位的乘客高25%。这是因为与其他座位相比，后排正中间的位置与车头和左右两侧的距离最大，撞车时这个位置受到的挤压相对较轻。

如果不喜欢坐在中间位置，那么坐在司机后方也是不错的选择。但是研究人员强调说，[4]保障安全的前提是车上所有人员都要系上安全带，否则再安全的汽车也无济于事。

일반 5인승 승용차에서 손님을 어느 자리에 앉게 하는 것이 가장 예의가 있는 것일까? 전문가에 따르면 [1]사교나 접대 과정 중에 자신이 차를 운전하여 손님을 모실 경우에는 조수석이 가장 예의가 있는 자리이다. 그러나 공적인 접대를 할 경우에는 조수석 뒷자리가 가장 예의 있는 자리이다. 공적인 접대 시에 조수석은 '수행원 좌석'이라고 불려 일반적으로 통역사나 비서의 자리이며 손님을 이곳에 앉게 하는 것은 예의에 어긋난다.

예의적인 관점 외에도, [2]많은 사람들이 더욱 관심을 갖는 것은 차의 어느 자리가 가장 안전한가이다. 사실 어느 자리에 앉든지 안전은 상대적인 것이다. [2]교통 관리부는 일찍이 한 연구팀을 도와 이 문제를 연구했다. 사고 조사 분석과 실제 실험을 통해서 결론을 도출한 바로는, 뒷좌석 가운데 앉은 탑승자가 상대적으로 가장 안전하다.

분석 결과에 따르면, 교통사고가 발생했을 때 [3]차량 안의 뒷좌석 탑승자의 안전 지수는 앞좌석 탑승자보다 최소 59% 높은 것으로 나타났다. 뒷좌석 가운데 자리 탑승자의 경우 사고 발생 시 안전 지수가 뒷좌석의 다른 좌석보다도 25% 높았다. 이는 다른 좌석과 비교했을 때 뒷좌석 가운데 자리는 차 앞부분과 양 측면과의 거리가 가장 멀어서 충돌 시에 이 자리가 받는 충격이 상대적으로 적기 때문이다.

만약 가운데 자리에 앉고 싶지 않다면 운전자의 뒤쪽에 앉는 것도 좋은 선택이다. 그러나 연구원이 강조하는 것은 [4]안전을 보장하는 전제 조건은 차 안의 모든 사람이 안전띠를 매는 것이며, 그렇지 않으면 아무리 안전한 차량이라도 소용이 없다는 것이다.

단어 社交 shèjiāo 명 사교 | 应酬 yìngchou 통 접대하다 | 自驾车 zìjiàchē 명 자가용 | 副驾驶座 fù jiàshǐzuò 명 조수석 | 公务 gōngwù 명 공무 | 接待 jiēdài 통 접대하다 | 随员 suíyuán 명 수행원 | 翻译 fānyì 명 통역사 | 秘书 mìshū 명 비서 | 礼仪 lǐyí 명 예의 | 相对 xiāngduì 형 상대적이다 | 资助 zīzhù 통 돕다 | 小组 xiǎozǔ 명 팀 | 调查 diàochá 통 조사하다 | 分析 fēnxī 통 분석하다 | 检测 jiǎncè 통 측정하다 | 结论 jiélùn 명 결론 | 乘客 chéngkè 명 탑승자 | 车祸 chēhuò 명 교통사고 | 位置 wèizhi 명 자리, 좌석 | 车头 chētóu 명 차의 앞부분 | 两侧 liǎngcè 명 양쪽, 양측 | 撞车 zhuàngchē 차량이 충돌하다 | 挤压 jǐyā 내리 누르다 | 保障 bǎozhàng 통 보장하다 | 系 jì 통 매다 | 安全带 ānquándài 명 안전띠 | 否则 fǒuzé 접 그렇지 않으면 | 无济于事 wújì yúshì 성 아무 쓸모 없다

---

1 ★★☆

自己驾车时，把哪个座位留给客人是最礼貌的? A 副驾驶座　　　　B 驾驶座后座 C 后排正中间　　　D 副驾驶座后座	자신이 차를 운전할 때 손님을 어느 자리에 앉게 하는 것이 가장 예의가 있는가? A 조수석　　　　　　B 운전자 뒷자리 C 뒷좌석 가운데　　　D 조수석 뒷자리

해설 보기를 먼저 보면 좌석 위치에 관한 문제임을 알 수 있으므로 좌석에 대한 내용에 주의하여 지문을 읽는다. 첫 번째 단락에서 자신이 차를 운전하여 손님을 모실 경우에는 조수석이 가장 예의가 있는 자리라고 했으므로 정답은 A이다.

정답 A

---

2 ★☆☆

交通管理部门资助的项目，研究: A 怎样降低交通事故发生率 B 应该把哪个座位留给客人 C 小汽车里哪个位置更安全 D 小汽车里哪个位置最舒适	교통 관리부가 도와 연구한 것은: A 어떻게 교통 사고 발생률을 낮출 수 있는가 B 어느 좌석에 손님을 앉게 해야 하는가 C 승용차에서 어느 좌석이 더 안전한가 D 승용차에서 어느 좌석이 가장 편안한가

단어 舒适 shūshì 형 편안하다

해설 두 번째 단락에서 차의 어느 자리가 가장 안전한가에 대해 많은 사람들이 관심을 갖고, 교통 관리부는 한 연구팀을 도와 이 문제를 연구했다고 했으므로 정답은 C이다.

정답 C

---

3 ★☆☆

后排座乘客比前排座乘客的安全指数高: A 9%　　　　　　　B 25% C 将近40%　　　　D 超过50%	뒷좌석 탑승자의 안전 지수는 앞좌석 탑승자보다 얼마나 높은가: A 9%　　　　　　　B 25% C 거의 40%에 달한다　D 50%를 넘는다

단어 将近 jiāngjìn 통 거의 ~에 근접하다 | 超过 chāoguò 초과하다

해설 보기를 먼저 보면 수치에 관한 문제임을 알 수 있다. 세 번째 단락에서 뒷좌석 탑승자의 안전지수가 앞좌석 탑승자보다 최소 59% 높다고 했으므로 정답은 D이다.

정답 D

根据上文，保障乘车安全最重要的是：	이 글에 근거하여 승차 안전을 보장하는 가장 중요한 것은:
A 不疲劳驾驶	A 피로 운전을 하지 않는다
B 系好安全带	B 안전띠를 맨다
C 规定乘车人数	C 승차 인원을 규정한다
D 选择安全座位	D 안전한 좌석을 선택한다

해설　네 번째 단락에서 안전을 보장하는 전제 조건은 차 안의 모든 사람이 안전띠를 매는 것이라고 했으므로 정답은 B이다.

정답　B

02. 단어의 뜻을 묻는 문제

지문 속의 핵심 키워드를 이해해야 한다. 해당 단어 앞뒤 문장의 맥락 속에서 동의어와 반의어 관계를 파악한 후 실마리를 찾는다. 또한 파생적 의미에 유의한다. 이미 알고 있는 단어일지라도 새로운 배경이나 앞뒤 문장의 맥락에 따라 원래의 의미와 다른 뜻을 가진다.

유형 익히기 I

1-4

许多人都有过无法集中注意力的苦恼，一件两三个钟头就能搞定的工作偏偏耗费了一整天时间。那么，[4]怎样才能保持较高的注意力水平呢？[1]科学研究发现，当大脑的前额叶皮层被合适的化学物质刺激时，注意力就会集中。尤其是多巴胺这类"愉悦性化学物质"的水平升高，更能促使注意力集中。当多巴胺水平升高时，你的潜意识就会希望获得更多的它带来的美妙感觉，这促使你更专注于正在做的事情。

所有人都会在某些因素影响下出现注意力减退的情况，这包括疲劳、压力、生气等内部因素和电视、电脑等外界诱惑。其中，睡眠不足是最为普遍的因素之一。因为睡眠不足时，人体内的供氧会受到影响，而氧气是制造那些化学物质的必需品。

为了赢回你的注意力，[2]除了关掉闹钟，睡到自然醒以外，科学家们还发现了另外一招儿——吃零食。

如果你正在赶着去参加一个长时间的会议，那么，吃一点苹果、蛋糕之类的食物吧。这些食物会帮助你集中注意力，喝两口浓缩咖啡也是不错的选择。但是当心，过量的咖啡会过度刺激神经，从而分散你的注意力。

然而当注意力减退是由压力或生气引起时，吃零食可能就没那么有效果了。[3]要应对这

많은 사람이 주의력을 집중할 수 없는 고통을 겪어 봤을 것이다. 두세 시간이면 마칠 수 있는 일을 하루 꼬박 걸려 하는 것 말이다. 그러면 [4]어떻게 해야 비교적 높은 집중력을 유지할 수 있을까? [1]과학 연구에 따르면 대뇌의 전두엽 피질이 적절한 화학 물질의 자극을 받을 때 주의력이 집중된다. 특히 도파민같이 '기분을 좋게 만드는 화학 물질'의 수치가 높아지면 더욱 주의력을 집중되게 한다. 도파민 수치가 높아질 때 당신의 잠재의식은 그것이 가져다주는 좋은 감정을 더 원하게 되고, 이는 지금 하고 있는 일에 더 집중하게 한다.

모든 사람은 특정한 요인들의 영향으로 주의력 감퇴를 겪는데, 이는 피로, 스트레스, 분노 등의 내부 요소와 TV, 컴퓨터 등의 외부 유혹이 포함된다. 그중 수면 부족이 가장 일반적인 요인중 하나이다. 수면이 부족하면 체내의 산소 공급이 영향을 받는데, 산소는 이러한 화학 물질을 생성하는 필수 요소이기 때문이다.

주의력을 높이기 위해서는 [2]알람을 끄고 스스로 깰 때까지 잠자는 것 외에도, 과학자들은 또 다른 비법을 발견했다. 바로 간식을 먹는 것이다.

만약에 당신이 지금 서둘러 장시간의 회의에 참석한다면 사과, 케이크 등의 음식을 먹어라. 이러한 식품은 당신의 집중력을 높이는 데 도움이 된다. 에스프레소를 두어 모금 마시는 것도 좋은 선택이다. 그러나 과다한 카페인은 신경을 지나치게 자극해서 주의력을 분산시킨다는 것을 명심해야 한다.

143

类注意力分散，最好的办法也许是马上开始有氧运动，滑冰或仅仅轻快地走上两圈都行。任何运动都比坐在办公桌前拼命想着集中注意力效果更好，如果不具备运动的条件，那么就推开椅子站起来——这个简单的动作也会告诉你的大脑是时候清醒并警觉一下了。

그러나 주의력 감퇴가 스트레스나 분노로 인한 것일 때는 간식을 먹는 것도 별다른 효과가 없을 것이다. [3]이러한 주의력 분산에 대응하려면 유산소 운동을 시작하는 것이 가장 좋은 방법일 것이다. 스케이트를 타거나 가볍게 한 두 바퀴 걷는 것도 좋다. 어떤 운동이든 사무실 책상에 앉아서 사력을 다해 주의력을 집중시키는 것보다 효과가 좋다. 만약에 운동할 여건이 갖춰져 있지 않다면 의자를 밀고 일어나자. 이런 간단한 동작도 대뇌에 뇌를 깨울 시간이 되었다는 것을 알려 줄 것이다.

단어 注意力 zhùyìlì 명 주의력 | 苦恼 kǔnǎo 형 괴롭다 | 钟头 zhōngtóu 명 시간 | 搞定 gǎodìng 동 처리하다 | 偏偏 piānpiān 부 하필 | 耗费 hàofèi 동 소모하다 | 前额叶 qián'éyè 명 전두엽 | 皮层 pícéng 명 피층, 대뇌피질 | 刺激 cìjī 동 자극하다 | 多巴胺 duōbā'àn 명 도파민 | 愉悦 yúyuè 형 기쁘다 | 潜意 qiányì 명 잠재의식 | 美妙 měimiào 형 아름답다 | 促使 cùshǐ 동 ~하도록 재촉하다 | 专注 zhuānzhù 동 집중하다 | 减退 jiǎntui 동 감퇴하다 | 因素 yīnsù 명 요인 | 诱惑 yòuhuò 동 유혹하다 | 供氧 gōngyǎng 명 산소 공급 | 必需品 bìxūpǐn 명 필수품 | 关掉 guāndiào 동 꺼버리다 | 闹钟 nàozhōng 명 알람 시계 | 招儿 zhāor 명 방법 | 浓缩咖啡 nóngsuō kāfēi 명 에스프레소 | 神经 shénjīng 명 신경 | 分散 fēnsàn 동 분산하다 | 引起 yǐnqǐ 동 야기하다 | 有氧运动 yǒuyǎng yùndòng 명 유산소 운동 | 滑冰 huábīng 동 스케이트를 타다 | 轻快 qīngkuài 형 가뿐하다 | 圈 quān 명 주위 | 任何 rènhé 대 어떤 | 拼命 pīnmìng 동 필사적으로 하다 | 具备 jùbèi 동 구비하다 | 清醒 qīngxǐng 동 정신을 차리다 | 警觉 jǐngjué 동 각성하다

---

1 ★★☆

根据上文，注意力集中的原因是：

A 产生饥饿感

B 受到外界诱惑

C 多巴胺水平降低

D 大脑被某些化学物质刺激

이 글에 근거하여 주의력이 집중되는 원인은：

A 배고픔을 느낀다

B 외부 유혹을 받는다

C 도파민의 수치가 떨어진다

D 대뇌가 특정한 화학 물질에 자극을 받는다

단어 饥饿 jī'è 형 배고프다

해설 첫 번째 단락에서 대뇌의 전두엽 피질이 적절한 화학 물질의 자극을 받을 때 주의력이 집중된다고 했으므로 정답은 D이다.

정답 D

---

2 ★★★

第3段中"睡到自然醒"的意思主要是指：

A 早睡早起

B 睡眠充足

C 按时起床

D 睡前少吃东西

세 번째 단락의 '睡到自然醒'의 의미가 주로 가리키는 것은：

A 일찍 자고 일찍 일어난다

B 잠을 충분히 잔다

C 시간에 맞춰 일어난다

D 자기 전에는 적게 먹는다

단어 充足 chōngzú 형 충분하다

해설 세 번째 단락에서 '睡到自然醒'이 있는 문장이 '除了…以外(~외에도)'로 묶여 있다. 이는 '알람 시계를 끄고 ~하는 것 외에도' 라고 해석되므로 알람 시계를 끈다는 것과 호응하는 뜻일 것임을 알 수 있다. 알람 시계를 끈다는 것은 잠을 충분히 잔다는 의미이므로 정답은 B이다.

정답 B

3 ★★☆

根据上文，对付因压力引起的注意力减退的办法是：	이 글에 근거하여 스트레스로 인한 주의력 감퇴에 대응하는 방법은：
A 有氧运动	A 유산소 운동을 한다
B 保证睡眠	B 수면을 보장한다
C 安静地思考	C 조용히 사색한다
D 吃苹果等零食	D 사과 등의 간식을 먹는다

단어 安静 ānjìng 형 조용하다

해설 다섯 번째 단락에서 스트레스나 분노로 인한 주의력 감퇴에 대응하려면 유산소 운동을 시작하는 것이 가장 좋은 방법일 것이라고 했으므로 정답은 A이다.

정답 A

4 ★★☆

最适合做上文标题的是：	이 글의 제목으로 가장 적절한 것은：
A 消除你的苦恼	A 당신의 고민 해소하기
B 赢回你的注意力	B 당신의 주의력 되찾기
C 培养你的好习惯	C 당신의 좋은 습관 기르기
D 提高你的工作效率	D 당신의 업무 효율 높이기

해설 이 지문은 어떻게 해야 높은 집중력을 유지할 수 있는지 주제를 제시하고 그 방법을 서술했다. 따라서 정답은 B이다.

정답 B

03. 제시되지 않은 것을 묻는 문제

앞뒤 문장이 암시하는 것이나 실마리를 통해 종합적으로 분석한 후 추리해야 한다. 이때 는 반드시 지문의 내용을 기반으로 답을 골라야 하며 추측해서 자신의 관점으로 골라서는 안 된다.

유형 익히기 !

1-4

　　1864年，杨全仁从山东到北京做鸡鸭生意，由于他聪明勤快，加之平时省吃俭用，在生意红火的同时，原始积累也越来越多。一天，杨全仁在前门外看到一家叫"德聚全"的干果铺要转让，便毅然将其买了下来。有了自己的铺子，起个什么字号好呢？于是，杨全仁请来一位风水先生商议。那位风水先生看了店铺之后，对杨全仁说："鉴于以前这间店铺甚为倒运，晦气难除。¹现在你除非将'德聚全'的旧字号颠倒过来，即改称'全聚德'，方可冲其霉运，踏上坦途。"

　　²风水先生一席话，说得杨全仁眉开眼笑，因为"全聚德"这个字号正中他的下怀。一来他的名字中有一个"全"字，二来"聚德"就是聚拢德行，可以向世人表明自己做生意讲德行。于是，他果断将店铺的字号定为"全聚德"。

　　杨全仁改"德聚全"为"全聚德"，变干果铺为饭庄，主营北京烤鸭，兼营酱卤菜和炒菜。精明的他深知要想生意兴隆，就得有好厨师。当得知专为宫廷做御膳挂炉烤鸭的金华馆内有一位姓孙的老师傅，烤鸭技术十分了得时，他就千方百计与其套近乎、交朋友，经常一起饮酒下棋，相互间的关系越来越密切。后来孙师傅终于被杨全仁说动，在重金礼聘下来到了"全聚德"。

　　1864년 양쳰런(杨全仁)은 산둥(山东)에서 베이징(北京)으로 와 닭과 오리를 팔았다. 그는 총명하고 성실한데다 평소에 근검 절약해서 사업이 번창하는 동시에 경영 자금도 점점 늘었다. 어느날, 양쳰런은 쳰먼(前门) 앞에서 '덕취전'이라는 건조 과일 가게를 양도 중인 것을 보고 그것을 사들였다. 자신의 가게가 생겼는데 어떤 상호로 짓는 것이 좋을까? 그리하여 양쳰런은 풍수지리가를 불러 상의했다. 그 풍수지리가가 가게를 보더니 양쳰런에게 말했다. "이전 가게의 운수가 아주 나빴기 때문에 액운을 없애기가 쉽지 않습니다. ¹이제부터 '덕취전'이라는 옛 이름을 거꾸로 하여, '전취덕'이라고 부르면 액운을 몰아내고 탄탄대로를 밟게 될 겁니다."

　　²풍수지리가의 말에 양쳰런은 활짝 웃었다. 왜냐하면 '전취덕'이라는 이름이 그의 마음에 쏙 들었기 때문이다. 그의 이름 중 '전' 자가 있고, 둘째는 '취덕'은 덕을 모은다는 의미이기 때문에 세상에 자신이 장사하는 것은 덕을 베풀기 위함이라는 것을 알릴 수 있기 때문이다. 그래서 그는 과감하게 상호를 '전취덕'이라고 정했다.

　　양쳰런은 '덕취전'을 '전취덕'이라고 바꾸고 건조 과일 가게를 음식점으로 바꿔 주로 북경 오리를 판매했고 부수적으로 수육과 볶음 요리를 팔았다. 현명한 그는 사업을 번창시키려면 좋은 요리사가 있어야 한다는 사실을 알았다. 궁정의 임금님 수라상을 전문적으로 만들던 금화관에 손씨 성을 가진 명인이 오리 요리를 아주 잘 만든다는 소식을 듣고 온갖 방법을 동원해 그에게 친근하게 다가가 친구로 사귀며, 항상 같이 술을 마시고 장기를 두어

³孙师傅来到"全聚德"之后，便把原来的烤炉改为炉身高大、炉膛肚大、一炉可烤十多只鸭子的烤炉，这样还可以一面烤，一面往里面续鸭。经他烤出的鸭子，外形美观，丰盈饱满，鲜美酥香，肥而不腻，瘦而不柴，为"全聚德"烤鸭赢得了"京师美馔，莫妙于鸭"的美誉。

中华人民共和国成立后，"全聚德"成为国家外事活动宴请外宾的重要饭店。一次，周恩来总理在"全聚德"宴请外宾时，一位外宾好奇地问起"全聚德"三个字的涵义，周总理解释说："全而无缺，聚而不散，仁德至上。"这一解释，精辟地概括了百年"全聚德"一贯的经营思想。"⁴全而无缺"意味着"全聚德"在经营烤鸭以外，还广纳鲁、川、淮、粤等菜系，菜品丰富，质量上乘无缺憾；"聚而不散"意味着天下宾客在此聚餐聚情，情意深厚；"仁德至上"则集中体现了"全聚德"人以仁德之心真诚为宾客服务、为社会服务的企业理念，这也正是"全聚德"的商魂所在，也是它被誉为"中华第一吃"的根本原因。

관계를 돈독하게 했다. 나중에 손 사부가 마침내 양쵄런에게 설득 당해 아주 좋은 대우를 받고 '전취덕'에 오게 됐다.

³손 사부가 '전취덕'에 온 후, 원래의 화덕을 더 크고 높게 하고, 중앙 부분은 넓게 하여 한 번에 십여 마리의 오리를 구울 수 있는 화덕으로 바꿨다. 이렇게 해서 한 쪽으로 오리를 굽는 동시에 다른 한쪽에는 안으로 오리를 계속 넣을 수 있었다. 그가 구운 오리는 모양이 예쁘고, 풍성하며, 향이 좋고 바삭하며, 기름이 많아도 느끼하지 않고, 비계가 적어도 초라하지 않았다. '전취덕' 오리 요리는 '수도의 요리는 오리보다 묘한 것은 없다'라고 칭송받았다.

중화인민공화국이 성립된 후, '전취덕'은 국가 외교 행사 시, 외국 손님을 모시는 연회장이 되었다. 한번은 저우언라이(周恩来) 총리가 '전취덕'에서 귀빈을 모실 때 귀빈 한 명이 호기심에 '전취덕' 세 글자의 의미를 물었다. 주은래 총리는 '전이무결, 취이불산, 인덕지상'이라고 했다. 이것은 백 년 전통의 '전취덕'의 일관된 경영 관념을 명쾌하게 설명한 것이다. ⁴'전이무결'은 '전취덕'이 오리 요리를 하는 것 외에도 '산둥(鲁)', '쓰촨(川)', '장쑤(淮)', '광둥(粤)'요리 모두를 포괄하며, 요리가 풍부하고 질적인 면에서도 부족함이 없음을 말한다. '취이불산'은 천하 귀빈이 이곳에서 음식과 정을 나누고 우정을 돈독히 함을 뜻한다. '인덕지상'은 '전취덕'사람들이 자애로운 심성과 덕으로 정성을 다해 손님을 모시는 것과, 사회를 위해 봉사하는 기업 이념을 집중적으로 보여 준다. 이것이 바로 전취덕의 정신이며, '중화 제1의 먹거리'로 불리는 근본 원인이다.

단어 **生意** shēngyi 명 장사 | **勤快** qínkuai 형 부지런하다 | **加之** jiāzhī 접 게다가 | **省吃俭用** shěngchī jiǎnyòng 아껴쓰고 아껴먹다 | **红火** hónghuo 형 번창하다 | **原始积累** yuánshǐ jīlěi 경영자의 자금 | **干果** gānguǒ 명 건조 과일 | **转让** zhuǎnràng 동 양도하다 | **毅然** yìrán 부 의연히 | **铺子** pùzi 명 점포, 가게 | **字号** zìhao 명 상호 | **商议** shāngyì 동 상의하다 | **鉴于** jiànyú 동 ～를 고려하면 | **甚为** shènwéi 부 매우 | **倒运** dǎoyùn 동 재수없는 일을 당하다 | **晦气** huìqi 명 액운, 불길한 기운 | **除非** chúfēi 접 오직 ～하여야 | **颠倒** diāndǎo 동 뒤바뀌다, 전도되다 | **改成** gǎichéng ～로 고치다 | **方可** fāngkě 비로소 ～할 수 있다 | **冲** chōng 동 씻어내다 | **霉运** méiyùn 명 액운, 불길한 기운 | **踏上** tàshàng ～에 들어서다 | **坦途** tǎntú 탄탄대로 | **眉开眼笑** méikāi yǎnxiào 형 싱글벙글하다 | **正中下怀** zhèngzhòng xiàhuái 형 자기가 생각하는 바와 꼭 들어맞다 | **聚拢** jùlǒng 모으다 | **德行** déxíng 명 덕행 | **表明** biǎomíng 동 밝히다 | **主营** zhǔyíng 주로 경영하다 | **兼营** jiānyíng 겸업하다 | **酱卤菜** jiànglǔcài 명 수육요리 | **炒菜** chǎocài 명 볶음 요리 | **精明** jīngmíng 형 영리하다 | **兴隆** xīnglóng 형 번창하다 | **厨师** chúshī 명 요리사 | **得知** dézhī 동 알게 되다 | **宫廷** gōngtíng 명 궁전 | **御膳** yùshàn 명 수라 | **炉** lú 명 아궁이, 화덕 | **师傅** shīfu 명 사부[전문 기능을 가진 사람에 대한 존칭] | **了得** liǎode 형 대단하다, 훌륭하다 | **千方百计** qiānfāng bǎijì 형 온갖 방법을 다 쓰다 | **套近乎** tàojìnhu 동 모르는 사람에게 친한 척 한다 | **饮酒** yǐnjiǔ 술을 마시다 | **下棋** xiàqí 동 장기를 두다 | **密切** mìqiè 형 밀접하다, 친근하다 | **说动** shuōdòng 다른 사람의 말을 듣고 마음이 동하다 | **重金** zhòngjīn 명 거금 | **礼聘** lǐpìn 예를 갖추어 모시다 | **烤炉** kǎolú 명 화

147

덕 | **续** xù 통 더하다 | **丰盈** fēngyíng 형 풍만하다 | **饱满** bǎomǎn 형 가득 차다 | **鲜美** xiānměi 형 맛이 좋다 | **酥香** sūxiāng 형 바삭바삭하다 | **肥而不腻** féi'ér búnì 기름기가 많아도 느끼하지 않다 | **美誉** měiyù 명 명성, 명예 | **宴请** yànqǐng 통 연회를 베풀어 대접하다 | **外宾** wàibīn 명 외국손님, 외빈 | **涵义** hányì 명 내포된 의미 | **精辟** jīngpì 형 통찰력 있다 | **概括** gàikuò 통 개괄하다, 요약하다 | **一贯** yíguàn 형 일관되다 | **意味着** yìwèizhe 의미하다 | **广纳** guǎngnà 널리 받아들이다 | **菜系** càixì 명 요리 체계 | **缺憾** quēhàn 명 부족함 | **聚餐** jùcān 통 회식하다 | **情谊深厚** qíngyì shēnhòu 우정이 돈독하다 | **体现** tǐxiàn 통 구현하다 | **仁德** réndé 명 인덕 | **真诚** zhēnchéng 형 진실하다, 성실하다 | **所在** suǒzài 명 존재하는 곳

1　　　　　　　　　　　　　　　　　　　　　　　　　　★☆☆

风水先生的建议是：	풍수지리가의 제안은:
A 经营烤鸭	A 오리 구이를 판다
B 转让店铺	B 가게를 양도 받는다
C 改变字号	C 상호를 바꾼다
D 请好的厨师	D 좋은 주방장을 모신다

해설 첫 번째 단락에서 풍수지리가가 '덕취전'이라는 옛 이름을 거꾸로 하여 '전취덕'이라고 바꾸라고 했으므로 정답은 C이다.

정답 C

2　　　　　　　　　　　　　　　　　　　　　　　　　　★★☆

第2段中"正中他的下怀"的意思是：	두 번째 단락에서 '正中他的下怀'의 뜻:
A 令他很有信心	A 그에게 믿음을 갖게 한다
B 让他十分犹豫	B 그를 매우 망설이게 한다
C 非常合他的心意	C 그의 마음에 쏙 들다
D 和他起的名字一样	D 그가 지은 이름과 같다

단어 **犹豫** yóuyù 형 망설이다 | **心意** xīnyì 명 성의, 마음

해설 앞뒤 문맥을 바탕으로 유추하여 풀 수 있는 문제이다. '正中下怀'의 의미를 몰라도 '眉开眼笑(활짝 웃는다)'를 통해서 그가 풍수지리가의 의견에 긍정적인 것을 알 수 있다. 그러므로 그의 마음에 들었다고 유추할 수 있다. 정답은 C이다.

정답 C

3　　　　　　　　　　　　　　　　　　　　　　　　　　★★★

孙师傅对北京烤鸭做了哪方面的改进？	손 사부는 북경 오리를 어떤 영역에서 개선했나?
A 工具	A 도구
B 材料	B 재료
C 种类	C 종류
D 经营方式	D 경영 방식

단어 **改进** gǎijìn 통 개선하다

해설 네 번째 단락에서 손 사부가 화덕을 크고 높게 바꿨다고 했으므로 정답은 A이다.

정답 A

周恩来总理对"全"的解释是：	저우언라이 총리의 '全'에 대한 해석은:
A 服务全面	A 서비스가 종합적이다
B 菜系齐全	B 요리가 완전하다
C 最受欢迎	C 가장 사랑을 받는다
D 全心全意	D 정성을 다한다

단어 齐全 qíquán 혱 완전히 갖추다 | 全心全意 quánxīn quányì 셩 성심성의

해설 다섯 번째 단락에서 '全而无缺'의 의미를 풀이하면서 전취덕'이 오리 요리를 하는 것 외에도 '산둥(鲁)' '스촨(川)' '장쑤(淮)' '광둥(粤)' 요리 모두를 포괄하며, 요리가 풍부하고 질적인 면해서도 부족함이 없음을 말한다고 했으므로 정답은 B이다.

정답 B

글쓴이 또는 지문 속 특정 인물의 관점, 태도, 감정 등을 묻는 문제는 먼저 지문의 문체를 이해해야 한다. 논설문은 글쓴이의 태도가 글의 주제를 암시하기도 하며, 설명문은 객관성을 띠므로 일반적으로 글쓴이의 태도가 중립적이다. 묘사성 글은 관점이 직접 드러나지 않으므로 태도나 감정을 암시하는 어휘에 주의해야 한다.

유형 익히기 1

1-4

一个年轻人获得了一份销售工作，勤勤恳恳干了大半年，却接连失败。而他的同事，个个都干出了成绩。他实在忍受不了这种痛苦。在总经理办公室，他惭愧地说，可能自己不适合这份工作。"安心工作吧，我会给你足够的时间，直到你成功为止。到那时，你还要走，我不留你。"老总的宽容让年轻人很感动。他想，总该做出一两件像样的事之后再走。

过了一年，年轻人又走进了老总的办公室。这一次他是轻松的，[1]他已经连续7个月在公司销售排行榜中高居榜首。[3]原来，这份工作是那么适合他！他想知道，当初老总为什么会继续留用自己呢。

"因为，我比你更不甘心。"老总的回答出乎年轻人的预料。老总解释道："当初招聘时，公司收到100多份应聘材料，我面试了20多个人，最后却只录用了你。如果接受你的辞职申请，我无疑非常失败。我深信，既然你能在应聘时得到我的认可，也一定有能力在工作中得到客户的认可，你缺少的只是机会和时间。[2]与其说我对你仍有信心，不如说我对自己仍有信心。"

我就是那个年轻人。从老总那里，我懂得了：[4]给别人以宽容，给自己以信心，就能成就一个全新的局面。

한 젊은이가 판매일을 맡아 열심히 반 년간 일했는데 번번이 실패했다. 반면에 그의 동료는 하는 일마다 성과를 냈다. 그는 이러한 고통을 견딜 수 없었다. 회장실에서 그는 자신이 이 일에 맞지 않는 것 같다고 창피해하며 말했다. "안심하고 일하게. 자네가 성공할 때까지 충분한 시간을 주겠네. 그때도 자네가 떠나려 하면 잡지 않겠네." 회장의 배려는 젊은이를 감동하게 했다. 그는 그럴듯한 일 한두 건은 성사시키고 떠나기로 했다.

1년이 지나고 젊은이는 또다시 회장실에 들어갔다. 이번에는 마음이 가벼웠다. [1]그의 이름이 연속 7개월 회사 판매왕 명단 1위 자리에 놓였기 때문이다. [3]알고 보니 이 일은 그에게 이렇게나 적합했다! 그는 애초 회장이 왜 자신을 붙잡았는지 알고 싶었다.

"내가 자네보다 더 마음이 좋지 않기 때문이라네." 회장의 대답은 젊은이의 예상을 빗나갔다. 회장은 설명했다. "애초 채용을 할 때 회사는 100여 개의 이력서를 받았고, 내가 20여 명의 면접을 본 후 자네를 뽑았지. 만약 자네의 사직을 받아들였다면, 나는 의심의 여지 없이 실패한 것이지. 자세가 우리 회사에 지원할 때 나의 인정을 받았으니 업무 중에도 고객들의 인정을 받을 능력이 있을 것이라고 굳게 믿었다네. 자네에게 부족한 것은 기회와 시간뿐이었어. [2]자네에게 믿음이 있어서라기보다는 나 자신에게 믿음이 있던거지."

내가 바로 그 젊은이이다. 회장님으로부터 나는 알게 되었다. [4]다른 사람에게 관용을 베풀고 나 자신에게 믿

음을 주는 것이 새로운 상황을 만들 수 있다는 것을 말이
다.

단어 销售 xiāoshòu 통 판매하다 | 勤勤恳恳 qínqín kěnkěn 형 근면 성실하다 | 接连 jiēlián 부 잇달아 | 实在 shízài 부 확실히 | 忍受 rěnshòu 통 참다 | 痛苦 tòngkǔ 명 고통 | 惭愧 cánkuì 형 부끄럽다 | 直到…为止 zhídào…wéizhǐ 줄곧 ～까지 | 宽容 kuānróng 형 너그럽다 | 像样 xiàngyàng 형 그럴듯하다 | 排行榜 páihángbǎng 명 순위 | 高居榜首 gāojū bǎngshǒu 일등을 차지하다 | 留用 liúyòng 남겨두다 | 甘心 gānxīn 통 달가워하다 | 出乎预料 chūhū yùliào 예상을 벗어나다 | 招聘 zhāopìn 통 모집하다 | 录用 lùyòng 통 채용하다 | 辞职 cízhí 통 사직하다 | 申请 shēnqǐng 통 신청하다 | 无疑 wúyí 부 의심의 여지 없이 | 深信 shēnxìn 통 굳게 믿다 | 既然 jìrán 접 ～된 바에야 | 认可 rènkě 통 허가하다 | 客户 kèhù 명 고객 | 与其 yǔqí 접 ～하기 보다는 | 不如 bùrú 접 ～만 못하다 | 局面 júmiàn 명 국면, 양상

1   ★★☆

一年之后，年轻人：	1년 후 젊은이는：
A 当上了总经理	A 회장이 되었다
B 成为公司的销售骨干	B 회사의 판매 핵심이 되었다
C 被调到另一个部门工作	C 다른 부서로 발령 받았다
D 对自己的工作仍然没有信心	D 자신의 일에 대해 여전히 믿음이 없었다

단어 骨干 gǔgàn 명 핵심

해설 두 번째 단락에서 1년 후 젊은이의 이름이 연속 7개월 판매왕 명단 1위 자리에 놓였다고 했으므로 정답은 B이다.

정답 B

2   ★★☆

老总当初为什么要留这个年轻人？	회장은 애초에 왜 이 젊은이를 남겼나？
A 公司急需人员	A 회사에 직원이 급히 필요했다
B 客户欣赏年轻人	B 고객이 젊은이를 좋아했다
C 相信自己没有看错人	C 자신이 사람을 잘못 보지 않았다고 믿었다
D 年轻人有丰富的工作经验	D 젊은이가 풍부한 경력이 있었다

단어 急需 jíxū 급히 필요로 하다 | 欣赏 xīnshǎng 통 감상하다

해설 세 번째 단락에서 회장은 자신이 선택한 사람이었으므로 자신의 선택에 믿음이 있었다고 했다. 따라서 정답은 C이다.

정답 C

3   ★★☆

关于年轻人，可以知道：	젊은이에 관하여 알 수 있는 것은：
A 是作者的朋友	A 글쓴이의 친구이다
B 适合销售工作	B 판매 일에 적합하다
C 应聘了20多家公司	C 20여 개의 회사에 지원했다
D 在这个公司工作了3年	D 이 회사에서 3년간 일했다

두 번째 단락에서 1년 후에 젊은이는 판매왕 명단 1위 자리에 이름을 올리며 판매일에 적합함을 알게 되었다고 했으므로 정답은 B이다.

B

4

★★☆

上文主要想告诉我们：	이 글이 우리에게 알려 주는 것은:
A 好领导能决定公司成败	A 좋은 지도자는 회사의 성패를 결정할 수 있다
B 成功离不开集体的支持	B 성공은 단체의 지지와 뗄 수 없다
C 工作中要学会为人处事	C 업무 중 처신을 잘해야 한다
D 自信和宽容成就新天地	D 자신감과 관용은 새로운 세상을 만든다

集体 jítǐ 몡 단체, 집단 | **为人处事** wéirén chǔshì 처세하다, 처신하다 | **成就** chéngjiù 동 성취하다

이 글은 인생에 관한 철학을 담은 글로 해당 문제에 관한 구체적인 사실을 찾는 동시에 이야기의 중심 사상을 이해해야 한다. 네 번째 단락에서 다른 사람에게 관용을 베풀고 나 자신에게 믿음을 주는 것이 새로운 상황을 만들수 있다고 했으므로 정답은 D이다.

D

05. 주제를 묻는 문제

단락별 혹은 지문 전체의 중심 내용을 묻거나 글을 쓴 목적을 묻는 문제 등이 출제된다. 일반적으로 주제는 첫 단락이나 마지막 단락에서 찾을 수 있고, 명확하게 주제를 찾을 수 없는 경우에는 각 단락의 중심 내용을 종합하여 찾아야 한다.

유형 익히기 1

1-4

海葵勇于充当弱小动物的保护神，它柔弱的身躯里包裹着一颗火热的心。

生活在海洋中的海葵属于无脊椎动物大家族，它利用水流的循环来支持柔软的囊状身体。海葵身躯的上端是圆盘状的口，周围长满柔软的触手。触手有奇异的色彩，犹如海底绽放的菊花。

[1]海葵的体壁和触手上长满了有毒的倒刺，暗藏杀机的倒刺一旦受到刺激，便迅速刺中对方并分泌毒液，致其麻痹。海葵就是以这种办法自卫或摄食。

然而，海葵却以少有的宽容大度，收留和保护双锯鱼。双锯鱼因形态酷似马戏团中的小丑，又名小丑鱼。小丑鱼体态娇小、柔弱温顺，缺乏有力的御敌本领，是大海社会中的弱势群体。于是，海葵就利用自身的毒刺充当保护伞，为小丑鱼提供安全保障。

小丑鱼之所以不怕海葵触手的毒，是因为海葵的无私帮助。海葵成百上千的触手一起随波逐流，难免彼此触碰。为避免毒刺误伤友军，海葵的身体表面便分泌一种黏液给刺细胞传达指令：凡遇有这种黏液的都是自己人，不要"开火"。当小丑鱼还是幼鱼时，就凭借嗅觉和视觉找到海葵，海葵则任由小丑鱼吸收自己触手分泌的黏液。小丑鱼等到自己全身都涂满了黏液后，就可以在海葵的保护下自由自在、无

말미잘은 작고 약한 동물의 수호신을 용감하게 자처한다. 그 연약한 몸 안에 뜨거운 마음을 품고 있다.

바다에서 생활하는 말미잘은 무척추동물에 속하며, 물의 흐름과 순환을 이용해 부드러운 주머니 모양의 몸을 지탱한다. 말미잘의 몸체 상단에는 원형의 입이 있고, 주위에는 부드러운 촉수가 가득하다. 촉수는 기이한 색을 띠며 마치 바닷속에서 피어나는 국화 같다.

[1]말미잘의 체벽과 촉수에는 독을 품은 손 거스러미가 가득하며, 살기를 숨기고 있는 손 거스러미가 자극을 받으면, 빠른 속도로 상대를 쏘고 독을 분비하여 마비시킨다. 말미잘은 이러한 방법으로 자신을 보호하고 먹잇감을 먹는다.

그러나 말미잘은 크라운 피시를 보호하고 남겨 두는데 작은 관용을 베푼다. 크라운 피시는 곡예단의 어릿광대와 상당히 비슷하게 생겨서 광대 물고기라고도 불린다. 광대 물고기는 몸이 작고, 연약하고 온순하고 적을 방어할 능력이 부족하여, 바다 세계의 소외 계층이다. 그래서 말미잘은 자신의 독침을 이용해 수호신을 자처하고 광대 물고기의 안전을 보장한다.

광대 물고기가 말미잘의 촉수를 두려워하지 않는 것은 말미잘의 사심없는 도움 때문이다. 말미잘의 수많은 촉수가 물결에 휩쓸리면 서로 접촉이 생길 수 밖에 없다. 독침이 친구를 다치게 하는 것을 막기 위해 말미잘은 몸의 표면에서 점액을 분비하여 자세포에 지령을 내린다. 일반적으로 이러한 점액은 자신에게 분비하는 것이지 절대 '전쟁을 일으키려는 것'이 아니다. 광대 물고기가 어린

153

忧无虑地生活了。

　　春潮水暖，暗礁上迎来了小丑鱼生育的季节。海葵和小丑鱼父母一起迎来了新一批宝宝，²海葵保护着小丑鱼妈妈产下的成千上万的卵，这样无欲无求，一代又一代地辛勤工作着，承担保护刚孵化出来的小丑鱼的责任。

　　当然，小丑鱼也是知恩图报的客人。³当海葵依附在岩礁上时，小丑鱼会在海葵漂亮的触手丛中游动，这自然会引诱其他海洋小生物上钩，为"房东"带来食物。平时，小丑鱼会捡食海葵吃剩的食物，担负起清洁打扫的工作，为海葵除去泥土、杂物和寄生虫。当海葵遭遇克星蝶鱼侵犯时，小丑鱼就会挺身而出，对蝶鱼展开猛烈地攻击。虽然二者个头悬殊，但凭着勇敢顽强，小丑鱼往往会将蝶鱼打得落荒而逃。

물고기일 때는 후각과 시각에 근거하여 말미잘을 찾고 말미잘은 광대 물고기가 마음대로 자신의 촉수에서 분비되는 점액을 빨아들이게 한다. 광대 물고기의 몸에 점액이 가득 찬 후에는 말미잘의 보호 아래에서 자유자재로 아무런 근심과 걱정 없이 생활하게 된다.

봄이 오고 따뜻해지면 암초에 광대 물고기가 생육하는 계절이 찾아온다. 말미잘과 부모 광대 물고기는 함께 새 생명을 맞이하게 되고 ²말미잘은 엄마 광대 물고기가 수많은 알을 낳도록 보호한다. 이렇게 아무런 욕심 없이 대대로 성실히 일을 하며 막 부화한 광대 물고기를 보호하는 책임을 진다.

당연히 광대 물고기도 은혜를 알고 보답을 한다. ³말미잘이 암초에 있을 때 광대 물고기는 말미잘의 촉수 사이에서 이리저리 움직이면서 자연스럽게 다른 해양 생물을 유인하여 '집주인'에게 먹잇감을 제공한다. 평소에 광대 물고기는 말미잘이 먹고 남긴 먹이를 주워 깨끗이 청소하여 말미잘의 몸에서 진흙과 잡다한 물질과 기생충을 제거하는 일을 맡는다. 말미잘이 천적인 나비고기의 공격을 받을 때 광대 물고기는 용감히 나서서 나비고기를 맹렬하게 공격한다. 둘 사이의 몸집 차이는 크지만 용감함과 완강함으로 광대 물고기는 나비고기를 도망치도록 공격한다.

단어　海葵 hǎikuí 몡 말미잘 | 勇于 yǒngyú 동 용감하게 ~하다 | 充当 chōngdāng 동 담당하다 | 保护神 bǎohùshén 몡 수호신 | 柔弱 róuruò 혱 연약하다 | 身躯 shēnqū 몡 몸, 신체 | 包裹 bāoguǒ 동 싸다, 포장하다 | 脊椎 jǐzhuī 몡 척추 | 循环 xúnhuán 동 순환하다 | 柔软 róuruǎn 혱 부드럽고 연하다 | 囊 náng 몡 주머니, 자루 | 上端 shàngduān 몡 상단, 꼭대기 | 圆盘 yuánpán 몡 원반 | 触手 chùshǒu 몡 촉수 | 奇异 qíyì 혱 기이하다 | 犹如 yóurú 동 마치 ~와 같다 | 绽放 zhànfàng 동 (꽃이) 피다 | 菊花 júhuā 몡 국화 | 体壁 tǐbì 몡 체벽 | 倒刺 dàocì 몡 손거스러미 | 暗藏 àncáng 동 숨기다 | 杀机 shājī 몡 살의, 살기 | 分泌 fēnmì 동 분비하다 | 麻痹 mábì 동 마비되다 | 自卫 zìwèi 동 스스로 지키다 | 摄食 shèshí 음식물을 섭취하다 | 宽容 kuānróng 혱 너그럽다 | 收留 shōuliú 받아들이다 | 双锯鱼 shuāngjùyú 몡 크라운 피시 | 酷似 kùsì 몹시 닮다 | 马戏团 mǎxìtuán 몡 곡예단 | 小丑 xiǎochǒu 몡 어릿광대 | 温顺 wēnshùn 혱 온순하다 | 御敌 yùdí 적을 막다 | 本领 běnlǐng 몡 능력, 솜씨 | 弱势群体 ruòshì qúntǐ 몡 소외계층 | 毒刺 dúcì 몡 독침 | 保护伞 bǎohùsǎn 몡 비호자, 후원자 | 保障 bǎozhàng 동 보장하다 | 无私 wúsī 혱 사심이 없다 | 随波逐流 suíbō zhúliú 솅 물결에 휩쓸리다, 남하는 대로 하다 | 彼此 bǐcǐ 데 피차, 서로 | 误伤友军 wùshāng yǒujūn 아군에게 잘못 상해를 입히다 | 黏液 niányè 몡 점액 | 刺细胞 cìxìbāo 몡 자세포 | 传达 chuándá 동 전달하다 | 指令 zhǐlìng 몡 지령 | 凡 fán 뷔 무릇, 대체로 | 开火 kāihuǒ 동 전투가 시작되다 | 幼鱼 yòuyú 몡 어린 물고기 | 凭借 píngjiè 개 ~에 의거하여, 근거하여 | 嗅觉 xiùjué 몡 후각 | 视觉 shìjué 몡 시각 | 任由 rènyóu 마음대로 하게하다 | 涂 tú 동 바르다 | 自由自在 zìyóu zìzài 솅 자유자재 | 无忧无虑 wúyōu wúlǜ 솅 아무런 근심이 없다 | 春潮 chūncháo 몡 봄날의 조수 | 暗礁 ànjiāo 몡 암초 | 成千上万 chéngqiān shàngwàn 솅 수없이 많다 | 卵 luǎn 몡 알 | 无欲无求 wúyù wúqiú 아무것도 원하거나 쫓지 않다 | 辛勤 xīnqín 혱 부지런하다 | 承担 chéngdān 동 맡다 | 孵化 fūhuà 동 부화하다, 알을 까다 | 责任 zérèn 몡 책임 | 知恩图报 zhī'ēn túbào 은혜를 알고 보답하다 | 丛 cóng 몡 수풀, 덤불 | 游动 yóudòng 동 이리저리 옮기다 | 引诱 yǐnyòu 동 유인하다 | 上钩 shànggōu 동 낚시 바늘에 걸리다, 속임수에 빠지다 | 房东 fángdōng 몡 집주인 | 担负 dānfù 동 부담하다 | 清洁 qīngjié 혱 청결하다 | 除去 chúqù 동 제거하다 | 泥土 nítǔ 몡 진흙 | 杂物 záwù 몡 자질구레한 물건 | 寄生虫 jìshēngchóng 몡 기생충 | 遭遇 zāoyù 동 당하다 | 克星 kèxīng 몡 천적 | 蝶鱼 diéyú 몡 나비고기 | 侵犯 qīnfàn 동 침범하다 | 挺身而出 tǐngshēn érchū 솅 용감하게 나서

다 | 展开 zhǎnkāi 동 펼치다 | 猛烈 měngliè 형 맹렬하다 | 攻击 gōngjī 동 공격하다 | 个头 gètóu 명 몸 | 悬殊 xuánshū 형 차이가 크다 | 顽强 wánqiáng 형 완강하다, 억세다 | 落荒而逃 luòhuāng értáo 성 경황없이 도망치다

1　★☆☆

海葵用什么保护自己?	말미잘은 무엇을 사용해서 자신을 보호하는가?
A 毒刺　　　　B 黏液	A 독소　　　　B 점액
C 气味　　　　D 颜色	C 냄새　　　　D 색깔

해설 세 번째 단락에서 말미잘은 촉수의 독을 품은 손 거스르미를 이용해 자신을 보호한다고 했으므로 정답은 A이다.

정답 A

2　★★☆

根据上文，下列哪项正确?	이 글에 근거하여 다음 중 옳은 것은?
A 小丑鱼会分泌黏液	A 광대 물고기는 점액을 분비할 수 있다
B 小丑鱼比蝶鱼个头大	B 광대 물고기는 나비고기보다 크다
C 海葵会帮助小丑鱼捕食	C 말미잘은 광대 물고기가 먹이를 잡도록 돕는다
D 海葵保护了小丑鱼的卵	D 말미잘은 광대 물고기의 알을 보호했다

해설 여섯 번째 단락에서 말미잘이 광대 물고기의 엄마가 알을 낳도록 보호한다고 했으므로 정답은 D이다.

정답 D

3　★★☆

最后一段中画线词语"房东"指的是:	마지막 단락의 밑줄 친 '房东'이 가리키는 것은:
A 蝶鱼　　　　B 海葵	A 나비고기　　　　B 말미잘
C 双锯鱼　　　D 小丑鱼	C 크라운 피시　　　D 광대 물고기

해설 광대 물고기는 말미잘의 촉수에서 움직인다고 했으므로 말미잘을 집주인에 비유했음을 알 수 있다. 따라서 정답은 B이다.

정답 B

4　★★☆

上文主要介绍了:	이 글이 주로 이야기하는 것은:
A 小丑鱼的生活习性	A 광대 물고기의 생활 습성
B 海葵和小丑鱼的关系	B 말미잘과 광대 물고기의 관계
C 小丑鱼是怎样繁殖的	C 광대 물고기는 어떻게 번식하는가
D 海洋弱小动物的保护神海葵	D 해양의 작고 약한 동물의 수호신 말미잘

해설 이러한 문제는 종합적인 사고 능력이 필요하다. 말미잘이 광대 물고기를 보호하고 광대 물고기도 말미잘에게 보답하는 관계에 대한 이야기이다. 따라서 정답은 B이다.

정답 B

📖 제4부분

● 81–100.
글을 읽고 질문에 알맞은 답을 고르세요.

81–84.

　什么是智力？有人说，智力的涵义包括聪颖、预见、速度，能同时应付很多事件。有人把智力定义为学习、做判断的能力和想象力。在现代文献中，智力常常指的是抽象思维的能力、推理的能力和整理信息的能力。还有人把智力表达得更简洁，说智力是做猜测，是发现一些新的内在秩序的"出色的猜测"。对许多人来说，智力就是你不知怎么办时，无计可施时，惯常的做法不奏效时，所需要的创新能力。

　那么，人的智力是否高于其他动物的智力呢？这取决于脑的发达程度，脑只有外面那一层——大脑皮层——明显地与形成"新的联想"有关。而人的大脑皮层甚至比甜橙皮还薄，大约只有2毫米，仅相当于一枚一角硬币的厚度。人的大脑皮层布满了皱褶，但是如果把它剥离下来并将它展开，它的面积大约相当于4张打印纸。黑猩猩的大脑皮层只有1张打印纸那么大；猴子的大脑皮层像明信片那么大；老鼠的大脑皮层只有邮票那么大。因此，人的智力比动物的智力高很多。

81. 文中对"智力"做了几种解释？

　　A 一种　　　　　　　　　　　　B 三种
　　C 四种　　　　　　　　　　　　D 五种

82. 以下哪一项不是现代文献中智力的定义？

　　A 学习判断的能力　　　　　　　B 抽象思维能力
　　C 推理的能力　　　　　　　　　D 整理信息的能力

83. 人的大脑皮层有多厚？

　　A 和甜橙皮一样厚　　　　　　　B 大于2毫米
　　C 一元硬币的厚度　　　　　　　D 一角硬币的厚度

84. 为什么人的智力比动物的智力高？

　　A 因为人的大脑皮层比较薄　　　B 因为人的大脑比较发达
　　C 因为人的大脑皮层有褶皱　　　D 因为人的大脑皮层面积小

85–88.

　　这天早上，小和尚发现师父得到了六个馒头，大师兄也得到了六个馒头，只有他自己得到了四个馒头。

　　小和尚觉得太不公平了。师父得六个馒头，他没意见，可大师兄也得六个馒头，不是跟师父平起平坐了吗？不行，不行！

　　于是小和尚找到师父，也要六个馒头。师父说："你能吃下六个馒头吗？"小和尚大声说："能！我要六个馒头！"

　　师父看了看小和尚，把自己的馒头分了两个给小和尚。不久，小和尚就将六个馒头吃完了，他吃得很饱很饱。小和尚拍着肚子高兴地对师父说："师父，你看，六个馒头我都吃下去了。我能吃六个馒头，以后每天早上我都像大师兄一样要六个馒头！"师父微笑着看着小和尚，说："你是吃下去了六个馒头，但明天你要不要六个馒头，还是等会儿再说吧！"

　　一会儿，小和尚觉得肚子胀，口也渴，然后就去喝了半碗水。接着，小和尚的肚子比刚才更胀了，而且有点儿发痛。小和尚开始难受起来，根本没法像平时那样挑水扫地念经。

　　这时，师父对小和尚说："平时你吃四个馒头，今天你却吃了六个馒头，你多得到了两个，可是你却没有享受到这两个馒头的好处，相反，它们给你带来了痛苦，得到不一定就是享受。不要把眼光盯着别人，不要与人比，不贪不求，自然知足，自然常乐。"

85. 师父为什么给小和尚四个馒头而给大师兄六个馒头呢？

　　A 因为师父偏爱大师兄

　　B 因为馒头不够了

　　C 因为师父考虑到了小和尚的食量

　　D 因为师父不公平

86. 小和尚多吃的两个馒头给他带来了什么？

　　A 快乐　　　　　　　　　　B 痛苦

　　C 满足　　　　　　　　　　D 好处

87. 这个故事告诉我们，做人要怎样？

　　A 要勇于与别人比较　　　　B 要敢于追求自己想要的东西

　　C 要知足常乐　　　　　　　D 要考虑周全

88. 小和尚以后应该吃几个馒头？

　　A 越少越好　　　　　　　　B 越多越好

　　C 六个　　　　　　　　　　D 四个

89–92.

有一年市射击队到省里参加汇报比赛，所谓的比赛其实就是
供省队挑选人才而组织的比赛。当所有选手都比赛完之后，省队
主教练将所有的靶纸收集起来，一张张地仔细端详。这时他发现
了一张很有意思的靶纸，这张靶成绩并不理想，子弹大多偏离了
靶心，但教练注意到一个有趣的细节：几乎所有的子弹都偏向同

一个方向—— 右上方。这说明这位选手的技术动作肯定有大问题，但同时，非常集中的着弹
点又说明射手的稳定性非常好，而稳定性对于一个射击选手来说是非常重要的。事后，那位
选手出人意料地进入了省队，不久又进入了国家队，并且为中国奥运代表团实现了奥运金牌
"零"的突破，他就是许海峰。

每个人都会有自己的缺陷，缺陷有时也有它的价值，发现一个人的缺陷并不难，但要从
缺陷中发现他的独特的优势可就太难了。在现实生活中，一个优秀的人往往是优点与缺点一
样突出，如果我们只是盯着他的缺陷，人才就会从我们手中溜走。发现人才不仅需要明察秋
毫，更要独具慧眼。

89. 教练发现了一张很有意思的靶纸，"有意思"指的是什么？

　　A 成绩不理想　　　　　　　　　　B 子弹大多偏离了方向
　　C 子弹很集中　　　　　　　　　　D 子弹大多集中地偏向右上方

90. 这张有意思的靶纸说明了这位选手有什么特点？

　　A 射击的成绩不理想
　　B 射击的稳定性不好
　　C 射击的技术动作有问题但是稳定性好
　　D 射击的技术动作很好

91. 什么对于射击选手来说是非常重要的？

　　A 技术动作　　　　　　　　　　　B 稳定性
　　C 准确率　　　　　　　　　　　　D 成绩

92. 这个故事告诉我们一个什么道理？

　　A 要尽量弥补自己的缺陷　　　　　B 每个人都有自己的缺陷
　　C 要善于发现别人的缺陷　　　　　D 要善于发现缺陷中的优势

93–96.

正式的书籍，是在两千多年前春秋战国时代出现的。起先，人们把文字写在竹片或木片上，这些竹片或木片叫作"简"或"牍"。把竹子、木板劈成同样长度和宽度的细条（一般5寸至2尺长），表面削平，在上面用刀子刻字或用漆笔写，每片可以写8到14个字。有的把简牍用麻绳、丝绳或者皮条串编起来，叫作"册"，也写作"策"。这个"册"字，像在几片竹简中间穿上绳索的样子。传说孔子因为勤奋读书，竟把这种穿册的皮条翻断了多次。

这种笨重的书使用起来当然是极不方便的。据说，秦始皇每天批阅的简牍文书有120斤重。西汉的时候，东方朔给汉武帝写了一篇文章，用了3000片竹简。

现在的书，不仅品种多，而且有的越来越小。"缩微胶卷"就是其中的一种。它是用照相机把书或者资料缩拍到胶卷上，一般缩到原书大小的1/48，使用的时候，通过阅读器可以放大到原来大小。其实这种缩微技术，早在19世纪普法战争的时候就使用过，当时法国的谍报人员把一份3000多页的情报缩拍在一张几寸长的胶片上，让信鸽带回了巴黎。

缩微图书保存和使用都很方便，如果把1万种每种15万字的书放在一块，它的总重量大约有5吨，而缩微以后的胶片只有15公斤。

科技在发展，书也在不断演变，它以越来越丰富的营养，哺育着勤奋学习的人们。

93. 什么是"简"或"牍"？

　　A 竹片　　　　　　　　　　　　B 木片
　　C 写了字的竹片或木片　　　　　D 用麻绳穿起来的竹片

94. "册"像几片竹简中间穿上绳索的样子，由此可以推断"册"是什么字？

　　A 形声字　　　　　　　　　　　B 象形字
　　C 指事字　　　　　　　　　　　D 会意字

95. 我们阅读时，缩微胶卷上的字是多大的？

　　A 原书文字的1/48 大　　　　　B 原书的一半大
　　C 放大到原书大小　　　　　　　D 比原书大

96. 法国间谍人员的情报写在了什么上面？

　　A 信纸上　　　　　　　　　　　B 信鸽上
　　C 胶片上　　　　　　　　　　　D 书上

97–100.

　　从前有个悲惨的少年，他10岁时母亲因病去世，父亲是个长途汽车司机，经常不在家，也无法满足少年正常的需求，因此，少年自母亲过世后，就必须自己学会洗衣服、做饭，并照顾自己。然而，命运并没有特别关照他，当他17岁时，他的父亲在工作中不幸因车祸丧生，从此少年再也没有亲人了。

　　可是，噩梦还没有结束，当少年开始独立养活自己时，却在一次工程事故中摔断了左腿。然而，一连串的意外与不幸，反而让少年养成了坚强的性格，他独立面对随之而来的生活的不便，也学会了使用拐杖，即使不小心跌倒，他也不愿请求别人帮忙。

　　最后，他将所有的积蓄算了算，正好足够开一个养殖场，但命运似乎真的存心与他过不去，一场突如其来的大水，将他最后的希望都夺走了。少年终于忍无可忍了，他怒气冲天地责问上帝："你为什么对我这样不公平？"上帝听到责骂，满脸平静地反问道："哦，哪里不公平呢？"少年将他的不幸一五一十地说给上帝听。上帝听了少年的遭遇后说："原来是这样，你的确很凄惨，那么，你干吗还要活下去呢？"少年听到上帝这么嘲笑他，气得颤抖地说："我不会死的，我经历了这么多不幸的事，已经没有什么能让我感到害怕，总有一天我会靠我自己的力量，创造自己的奇迹。"

　　上帝这时转身朝向另一个方向，并温和地说："你看，这个人生前比你幸运得多，他可以说是一路顺风地走到生命的尽头的，不过，他最后一次的遭遇却和你一样，在那场洪水后，他失去了所有的财富，不同的是，他之后便选择了自杀，而你却坚强地活了下来。"

97. 少年在几岁的时候失去了所有的亲人？

　　A 10岁　　　　　　B 17岁　　　　　　C 很小的时候　　　　D 出生的时候

98. 少年为什么忍无可忍了？

　　A 因为他的父母都去世了　　　　　　　B 因为他在工程事故中断了左腿
　　C 因为他不小心跌倒了　　　　　　　　D 因为他最后的希望都被夺走了

99. 少年面对这么多不幸是怎么做的？

　　A 自暴自弃　　　　B 放弃自己　　　　C 坚强地活了下来　　　D 自杀

100. 少年为什么会有坚强的生命力？

　　A 因为他知道结果是美好的　　　　　　B 因为有人一直鼓励他
　　C 因为他的生命经历了磨难　　　　　　D 因为他有信念

》》해설서 110p

실전 연습 2

📖 제4부분

● 81–100.
글을 읽고 질문에 알맞은 답을 고르세요.

81–84.

　　在动物园里，袋鼠是一种非常受欢迎的动物，常常吸引来很多少年朋友。

　　袋鼠是一种比较古老的动物种类，袋鼠只有澳大利亚才有，被澳大利亚人民当作自己国家的象征，它的形象甚至出现在澳大利亚的国徽上。在欧洲人进入澳大利亚大陆之前，那里的袋鼠处处可见。然而，到了半个世纪以前，澳大利亚野生袋鼠的数量开始急剧减少，人们甚至担心这种珍贵的动物会灭绝。幸亏澳大利亚政府及早采取保护措施，情况日渐好转，袋鼠的数量逐年回升。据估计，目前澳大利亚各类袋鼠一共有1200万只，这是个很可观的数字。为了保持生态平衡，政府允许每年杀死200万只袋鼠，这样可以使袋鼠的数量不至于增长得太快。

　　袋鼠生长在澳大利亚大陆，非常适应那里的各种自然条件。有些外来动物，如从欧洲引进的绵羊，虽然在澳大利亚也生活得很好，可在牧场上绵羊仍然竞争不过袋鼠。袋鼠更能适应澳大利亚的气候，抗病能力也比绵羊强。绵羊只挑选可口的草来吃，剩下许多难以消化的带刺的草，这些带刺的草蔓延开来，成为牧场的祸害。而袋鼠却偏偏喜欢吃带刺的草，它们将带刺的草嚼细并消化掉，这样既保护了牧场，袋鼠的数量也开始剧增。据说要使绵羊的数量增加1倍的话，袋鼠的数量就要增加3倍。这就是为了维持生态平衡。

81. 关于袋鼠，正确的是：

　　A 是一种比较古老的动物　　　　B 别的大洲也有袋鼠
　　C 正在慢慢灭绝　　　　　　　　D 没有出现在澳大利亚的国徽上

82. 为什么澳大利亚政府允许每年捕杀一定数量的袋鼠？

　　A 为了保护其他动物　　　　　　B 因为袋鼠的数量太大了
　　C 为了保持生态平衡　　　　　　D 为了让袋鼠更受欢迎

83. 关于绵羊，哪项是不正确的？：

　　A 是从欧洲引进的　　　　　　　B 只挑可口的草吃
　　C 比袋鼠更能适应澳大利亚的气候　　D 抗病能力不如袋鼠强

84. 根据上文，正确的是：

　　A 袋鼠不喜欢吃刺草　　　　　　B 人们不喜欢政府捕杀袋鼠的决定
　　C 刺草为牧场带来食料　　　　　D 袋鼠非常适应澳大利亚的自然条件

85–88.

所谓发烧就是人体温度超过正常范围。人的正常体温在37℃左右浮动。较低的体温一般发生在凌晨，而下午的体温则通常要高一些。

身体不同部位所测得的温度也略有不同。体内温度常常比皮肤温度要高。口腔和腋窝温度基本上与实际体温相符，也更便于测量。

发烧通常与身体免疫系统受到刺激产生反应相关。发烧可以支持免疫系统战胜感染源，如病毒和细菌。这些物质对温度比较敏感，发烧可以使人体条件不利于病毒和细菌的繁殖。但是感染并非发烧的唯一原因，比如滥用安非他明也可以导致体温升高。环境性发烧也时有发生，如与中暑以及有关疾病相联的发烧。

人在发烧时是否要少吃或者不吃东西呢，就像老话所说的"感冒要吃，发烧要饿"那样？是的。原因有三，首先，发烧时，人体的所有器官都是在加剧的生理性紧张状态下发挥功能。这时，吃东西会在交感神经系统已经活跃的基础上进一步刺激副交感神经系统。其次，人体在发烧时可能将从肠胃吸收的物质误认为是过敏原。最后，在罕见的情况下，高烧会引起痉挛、虚脱和神志错乱，而最后一次饮食会加重病情。

发烧能够帮助人体战胜感染，但是有时体温过高会造成对身体的伤害。比如，如果体内温度超过了约41℃，会使蛋白质和身体脂肪直接受到高温的紧张性刺激，这对适应了正常体温变化和不太高的偶尔发烧的蛋白质合成及功能都是一个威胁。持续的高烧有可能引起细胞紧张、梗塞、坏死以及神经错乱。高烧还限制了下丘脑的感受功能。在下丘脑机能失常的罕见情况下，典型的后果是体温下降，而不是升高。

85. 较低的温度一般发生在什么时候？

    A 午夜之前   B 上午10点左右
    C 凌晨   D 傍晚之后

86. 下列哪些与发烧相关？

    A 身体免疫系统受到刺激   B 正确使用安非他明
    C 口腔的温度升高   D 发烧有利于病毒的死亡

87. 发烧为什么不能吃东西？

    A 导致过敏原增多   B 可能会加重病情
    C 可能刺激消化系统   D 不利于食物的消化

88. 下列哪些不属于持续高烧的危害？

    A 细胞紧张   B 神经错乱
    C 限制下丘脑的功能   D 引起胃口不佳

89–92.

　　食物金字塔是由美国农业部创建的，并于1992年首次公布于众。它向人们推荐了为保持健康每人每天每类食物的食用量。

　　但是最近几年，医生和科学家们通过对食物金字塔的研究，对其实际上的有益性和健康性提出了疑问。实际上，美国农业部也正在对食物金字塔进行重新评定。

　　根据食物金字塔，人们每天应该食用6到11份谷类食品。谷类食品包括面包、意大利面食和加工谷类早餐食品。一份谷类食品相当于一片面包或一碗米饭或一份意大利面食。通过大力推荐低脂谷类食品，美国农业部一直在倡导低脂饮食。

　　但是现在许多专家认为低脂饮食含糖量较高（大多数精加工的谷物，如精制白面粉，都含有不同形态的糖类，如葡萄糖和果糖），实际上导致了肥胖症和心脏疾病的增加。

　　有些医生现在认为，高脂饮食，其脂肪来自坚果、奶酪、某些油类（如橄榄油）、禽肉、鸡蛋和瘦肉，较之高糖低脂饮食，使人身材更加匀称，身体更加健康。

　　那么，你该吃些什么呢？五类食物都该吃——谷物、蔬菜、水果、奶制品（牛奶、酸奶和奶酪）以及油脂类。但是当食用谷类食品时，要尽量避免精制白面粉制成的面包和意大利面食，而要食用全谷类食品，如全麦面包、燕麦片以及全麦意大利面食。这些食品含有更多的天然营养成分，而且纤维含量高。纤维有助于降低胆固醇，而且还可能防止某些癌症。

　　尽量少食红肉，如汉堡包和牛排，多吃鱼、坚果和奶酪。食用大量水果和蔬菜是有益无害的。没有人对它们的营养价值产生怀疑。实际上，人们发现很多蔬菜可以降低罹患癌症的风险，而水果富含多种维生素，如维生素C。

　　虽然大多数垃圾食品味道鲜美，它们却少有或根本没有营养价值。汽水中含有大量的糖，几乎没有任何营养成分。许多汽水中还含有咖啡因。蛋糕和饼干中有许多糖和油脂，缺乏维生素和矿物质。炸土豆片脂肪含量很高，口味也很咸。因此，人们应该选择食用健康零食，如水果、坚果和酸奶。

89. 关于食物金字塔，正确的是：

　　A 由食物搭建而成的三角形构造　　　　B 由中国农业部首先提出

　　C 于20世纪80年代公布于众　　　　　D 为保持健康每类食物的食用量

90. 下列哪项不属于谷类食品？

　　A 面包　　　　　　　　　　　　　　　B 意大利面

　　C 加工谷类早餐食品　　　　　　　　　D 牛排等肉制品

91. 根据上文，纤维的作用是什么？

    A 防止肥胖   B 降低胆固醇

    C 提高食欲   D 促进消化

92. 关于上文，正确的是什么？

    A 高脂饮食易导致肥胖   B 拒绝吃油脂类食品

    C 饼干缺乏矿物质   D 炸土豆片属健康食品

93–96.

据有关资料统计，全球不少地区都受到了高温的影响。

2003年，欧洲各地气温连续几个月比往年同期平均值高5℃，而且酷热天气扩大到了整个北半球。气象学家米夏埃尔·克诺贝尔斯多夫说，自有记录以来还没有见过欧洲有如此长时间的干旱天气，令人吃惊的是这种极端天气发生的频率如此之高。意大利国家地球物理研究所首席气象学家安东尼奥·纳瓦拉说，地中海地区的平均气温比往年上升了3-4℃。

中国东北地区近年冬天的平均气温比历史常年同期高出了5℃，气温变暖的表象非常明显。加拿大、美国、俄罗斯部分地区，都创下了当地最高气温记录。在印度的某些地区，最高气温甚至高达45-49℃。

气候变化所导致的湖泊水位下降和面积萎缩，已经在很大范围内显现。中国青海湖水位在1908年到1986年间下降了约11米，湖面缩小了676平方千米。

中国海平面近50年呈明显上升趋势。专家预测，到21世纪末我国沿海海平面上升幅度将达到30-70厘米。这将使我国许多海岸地区遭受洪水泛滥的可能性增大，遭受风暴影响的程度和严重性加大。

气候变化的原因在于生态环境的恶化，这已成为大多数科学家的共识。

全球变暖的现实正不断地向世界各国敲响警钟。应对气候变化，关键在行动。随着"全球化"这一概念不断地被赋予新的含义，扭转全球变暖趋势，给人类子孙后代留下一个可供生存和可持续发展的环境，应成为世界各国的共识。

一些国家和组织已采取了新的措施。欧盟委员会制订了新的排放目标。20年来，特别是最近几年，中国已经通过实施可持续发展战略、提高能源效率、开发利用水电和其他可再生资源等措施，为减缓全球温室气体排放取得了巨大的成就。

尽管不少国家采取了不少措施，但仍然存在不和谐的声音。要真正解决气候变暖的问题，我们还有很长的路要走，但我们没有别的选择。

93. 下列哪项属于文中提到的极端天气？

    A 龙卷风   B 欧洲持续的干旱天气

    C 各地频发的海啸   D 台风

94. 气候变化的原因是什么？

    A 二氧化碳的排放过量   B 太阳系发生的变化

    C 生态环境的恶化   D 南级的冰川融化

95. 下列哪项并不属于新措施？

    A 欧盟制订新的排放标准   B 中国实施可持续发展

    C 寻找污染责任人   D 开发利用水电

96. 关于上文，不正确的是什么？

    A 气候变化导致了湖泊水位下降   B 中国海平面有上升趋势

    C 全球小部分地区受到高温影响   D 极端天气发生的频率变高

97-100.

颜色对情绪有深远的影响，不同的颜色可通过视觉影响人的内分泌系统，从而导致人体荷尔蒙增加或减少，使人的情绪发生变化。研究表明，红色可使人的心理活动活跃，黄色可使人振奋，绿色可缓解人的紧张心理，紫色却能使人感到情绪压抑，灰色使人变得消沉，白色使人明快，咖啡色可减轻人的寂寞感，淡蓝色给人一种凉爽的感觉。

人们在习惯上常把红色和黄色称为暖色，而把蓝色和绿色称为冷色，因为这些颜色能使人产生一种暖或冷的感觉。为什么会产生这样的感觉呢？也许是人大脑的联想能力起了作用，例如红色的火焰给人以热的感觉，而蓝色的天空或海水却给人以冷的感觉。暖色看上去似乎在热情地邀请我们，而冷色却让人感到冷冰冰的，难以接近。因此，暖色使我们感到距离似乎拉近了，而冷色则产生距离变远的感觉。这和人们日常生活中的行为也很相似，日常生活中大家总是愿意接近那些对人比较热心的人，而对于一个冷淡的人，别人总是躲避他，不愿靠近他。

英国伦敦有座桥原来是黑色的，每年都有人到这里投河自杀。后来，有关方面把桥的颜色改为黄色，结果来这儿自杀的人数减少了一半，这件事充分证实了颜色的功能。颜色不仅影响着人的情绪，而且对人起着积极或消极的影响，只要人们善于利用颜色，那么五彩缤纷的颜色不仅可以改善我们的情绪，也会使我们的生活变得更加美好。

人们对颜色的描述常常带有浪漫的色彩，所以人们喜爱的颜色也是各式各样的，而且会随着年龄和季节的变化而改变。一般年幼的人喜欢白色，年长的人喜欢绿色，冬季喜欢暖色，如红、黄等，而到了夏季则更喜欢绿、蓝、白等让人感到凉快的颜色。心理学家发现，红色可以刺激人的神经兴奋；橙色能提高人的食欲和情绪；黄色则使人思维变得活跃，但也会造成情绪不稳定；绿色可以让人放松神经，使血流和呼吸变缓；蓝色可帮助人降低血压；紫色对人的运动神经、心脏脉搏有压抑作用，使人看上去安静、温和。几乎所有的美学家或心理学家都一致承认颜色的神奇作用，它对人的状态有极大的影响。

97. 颜色影响人的内分泌系统后，会：

A 降低人的免疫力 　　　　　　　　B 导致荷尔蒙数量有变化

C 改变人的性格 　　　　　　　　　D 减弱人的消化功能

98. 颜色能使人产生暖或冷的感觉，因为：

A 大脑有联想能力 　　　　　　　　B 人体有感觉细胞

C 暖色能发出热量 　　　　　　　　D 冷色使人感到冷

99. 下面哪句话与文章内容不符？

    A 颜色能影响人的荷尔蒙　　　　　B 颜色可以改善坏情绪

    C 任何颜色都有积极作用　　　　　D 颜色有积极或消极的影响

100. 人们对颜色的喜爱并不是一成不变的，正面哪一项表述正确？

    A 随兴趣的改变而变化　　　　　　B 不同节日喜欢不同的颜色

    C 随着年龄和季节改变　　　　　　D 年老时更喜欢漂亮的颜色

》 해설서 119p

실전 테스트

>> 해설서 130p

第 一 部 分

第51-60题：请选出有语病的一项。

51. A 几位教授最后得出的结论和我们最初的推测是一致的。
    B 你一旦成了科学家，就会发现不可能再找到比做科学家更好的工作。
    C 创业资金问题可以通过实行小额贷款政策、设立创业基金等办法解决。
    D 报纸一般只有一期创刊号，由于它重要然而数量有限，因此最有升值潜力。

52. A 汉字看起来好像很复杂，实际上它们是有规律的，掌握了规律就简单了。
    B 这个孩子的年龄跟我儿子的年龄相仿。
    C 农民生活富裕，精神面貌也有了很大的不同。
    D 他原来是个亿万富翁，可是后来赌博成性，家产很快就被浪费一空了。

53. A 张庆把自己的女朋友形容得像天上的仙女一样漂亮，真是"情人眼里出西施"。
    B 这个学期我的汉语学习已经达到目的了。
    C 可怕的是，很多人至今还没有意识到环保的重要性。
    D 打南到北，他几乎走遍了中国著名的风景地。

54. A 我的朋友第一次来中国，他的感觉很高兴。
    B 每年春节我们都要观看中央电视台的文艺晚会。
    C 她是西方作家中第一个把中国人的生活描写为普通人的正常生活的人。
    D 敬业精神是指一个人抛开杂务专注于本职工作的精神。

55. A 小王在度蜜月时，时时给办公室打几个电话询问公司的情况。
    B 证书制度是衡量一个学生综合素质的集中体现。
    C 这种茶几的颜色似红非红，似黄非黄，一点儿也不好看。
    D 在某种意义上，这确实是一种能让人迅速融入社会、同时也能为对方所接受的方法。

56. A 《晚报》体育版上一度天天出现他的名字。
    B 南开大学今年应该毕业的博士研究生中，将有一半延期毕业。
    C 对他来说，称心如意的生活就是在家做自己喜欢的事而已。
    D 好在你提醒了我，不然我就忘今天要考试了。

57. A 王林因为病请假，没能出席会议。

    B 他怒气上来，不由得连连打了儿子几巴掌。

    C 他们穿着朴素，一望而知属于那种生活不太富裕的阶层。

    D 他必须尽快赶到医院照料他生病的父亲。

58. A 在中国几千年的文明史中，人们不但对诚实守信的美德大加赞赏，而且努力地身体力行。

    B 只有抓紧时间，你就能按时完成任务，像你这样三天打鱼，两天晒网的，工作永远也做不好。

    C 凡符合上海市人才政策，办理了上海市居住证，符合上海市人才引进条件的居民，可以申请办理上海市户籍。

    D 在他们看来，引不进优秀的人才是一种失职，而发现不了员工当中的优秀人才，更是一种严重的渎职。

59. A 深入研究员工与组织间的心理契约，将是解决问题的一个重要而有效的途径。

    B 楹联是题写在楹柱上的对联，有时也泛指对联，是中国的一种独特的文学艺术形式。

    C 确信没有任何危险后，这才小袋鼠探出头来。

    D 现有的教学评估都是针对全校教学工作展开的，缺乏对专业的针对性。

60. A 在实际交际过程中，赞扬的度往往很难把握，一个小小的偏差就可能带来完全不一样的效果。

    B 他不但很会跳舞，况且还很会唱歌。大家都很喜欢他。

    C 每个人都会有机遇，但是只有平时做好了充分准备的人才能把握住机遇，成为令人羡慕的成功者。

    D 街舞最初出现时人们觉得难以接受，可后来渐渐被社会认可了。

第 二 部 分

第 61-70 题：选词填空。

61. 冬天是如何_____过去的，我们浑然不觉，只知道春天来的时候，院子里的苹果树又绽出了新芽，迎着风，轻轻地_____，_____了苹果酿的美好气味。

A 渐渐　　摇曳　　充满　　　　　B 慢慢　　摆动　　飘满
C 逐渐　　摇摆　　充实　　　　　D 缓慢　　招摇　　填满

62. 对品牌有极高依赖度的_____消费品行业正日益重视网络媒体的广告效应，_____，如何借助网络_____消费者对品牌的记忆度和偏好度却是该行业面临的挑战性问题。

A 高速　　然而　　提高　　　　　B 快速　　但是　　提升
C 迅速　　不过　　加强　　　　　D 飞速　　可是　　增加

63. 流行时尚的魅力_____在于短期多变、多姿多彩，但基金排名短期内的频繁变化，恰恰是投资者应当避免过分在意的。基金投资_____的是长期投资布局，长期的业绩表现才是_____基金业绩的重要依据。

A 或许　　着重　　估价　　　　　B 可能　　重视　　评估
C 或者　　看重　　估计　　　　　D 也许　　讲究　　评价

64. 绿色经济是一种_____维护人类生存环境、合理保护资源与能源、有益于人体健康为_____的经济，是种平衡式经济。全球"绿色经济"已经_____，而这场金融海啸将加速潘基文提出的"绿色新政"的_____。

A 为　　　体现　　开始　　实行
B 因　　　表现　　开展　　施行
C 以　　　特征　　萌芽　　实施
D 用　　　特点　　萌发　　试行

65. 椅子的舒适问题，只要设计时考虑人体结构的_____，便可以解决。设计一把椅子而_____了人体的结构，就像设计蛋盒而不顾蛋的_____。

A 特征　　忽略　　形状
B 本质　　忽视　　形态
C 特点　　忘记　　外观
D 构造　　违反　　外貌

66. 作为改革开放后出生的一代，他_____更乐意_____自己作为普通人的逻辑，而_____附加太多的沉重。事实上，这个"80后"的年轻人已经习惯_____消融那些可能夸大自己的色彩。

    A 显然　展示　避免　于　　　　B 明显　展现　避开　在
    C 显然　表现　阻止　自　　　　D 明显　显示　阻滞　与

67. _____的乳业市场，营养丰富的产品_____繁多，消费者不禁陷入_____营养好就能身体好的误区，而_____了一个关键因素，即吸收问题。

    A 如今　种类　摄入　忽略　　　B 当下　类型　吸收　忽视
    C 当前　品种　吸取　省略　　　D 当今　分类　吸入　轻视

68. 帕瓦罗蒂在40多年的歌唱_____中，不仅_____了作为男高音歌唱家和歌剧艺术家的奇迹，_____为古典音乐和歌剧的_____做了杰出的贡献。

    A 生命　产生　也　推广　　　　B 前途　改造　并　发扬
    C 命运　出现　且　传承　　　　D 生涯　创造　还　普及

69. 企业可以_____一种较为隐蔽的策略，刻意_____产品的真实属性，把它乔装打扮成另一种产品，以便让多疑的消费者更加容易接受它。当某类产品存在一些不利因素的时候，采用隐匿战略会十分_____，因为它可以巧妙地将产品推入市场，_____消费者所接受。

    A 使用　掩瞒　不错　让
    B 利用　装饰　妥当　使
    C 采用　掩饰　稳定　被
    D 采取　掩盖　有效　为

70. 冠军看到当时的场面，_____意识到没有人比他更胜任，_____他能潜游到必要的深度，在水下_____方向并_____遇难者。

    A 赶紧　只有　分明　救治
    B 马上　只要　分辨　拯救
    C 立马　唯有　辨别　诊治
    D 立刻　唯独　辨明　营救

第 三 部 分

第71-80题：选词填空。

71–75.

　　从前，有个人种了一棵果树。很快，果树上就长满了绿叶，开出了雪白的小花，(71)＿＿＿＿＿＿＿＿。

　　花谢以后，树上结了几个小果子。小果子好像每天都在长大，那个人每天都非常高兴，每天都要去看几次。

　　有一天，树叶上出现了一些小虫子，(72)＿＿＿＿＿＿＿＿，那些小虫子也越发多起来。

　　一个邻居经过的时候看见了，赶紧对他说："叶子上生虫子了，好在发现得早，还来得及，你赶紧想办法治治，(73)＿＿＿＿＿＿＿＿。"

　　那个人听了邻居的话很生气，他说："有什么大惊小怪的？不就是几条虫子吗？还用得着治？再说了，我要的是果子，又不是虫子。别人看了都没说什么，(74)＿＿＿＿＿＿＿＿，你是不是看我的果子长得好，心里嫉妒呢？"

　　邻居又尴尬又生气，说道："果树生虫子就结不出好果子，(75)＿＿＿＿＿＿＿＿。我只是好心提醒你而已，你不听就算了。"

　　没过几天，叶子上的虫子更多了。小果子逐渐变黄变干，一个一个都落下来了。

　　A　这么浅显的道理你都不懂

　　B　而且随着果子的生长

　　C　唯独你那么紧张

　　D　否则你的果树就不行了

　　E　整棵果树看上去分外美丽

76–80.

数据库营销是要建立全面的客户评价体系，实现客户的差别化定价，增强营销的灵活性，提高市场竞争力。建立健全科学、高效的分级授权体制，(76)＿＿＿＿＿＿，根据客户的综合贡献度、经营状况、资金成本和风险等级等要素，给予客户相适应的利率待遇。利用价格手段，培育核心客户群体，发展优质客户群体，巩固基础客户群体，推动客户结构的优化，(77)＿＿＿＿＿＿。

目前，国内银行对客户的评判只停留在静止、片面、主观水平上，不能对客户做出动态、全面、客观的评价和准确、高效的选择。(78)＿＿＿＿＿＿，由于没有对客户的贡献度的分析，具有最大交易的客户，被视为一般客户来对待，结果造成优秀客户的流失。数据库的建立将结束这一尴尬局面，它使现有的分散的无关联的信息变成集中的有关联的信息，通过数据分析和处理，(79)＿＿＿＿＿＿。

数据库的建立有利于转变传统经营理念，(80)＿＿＿＿＿＿，不断拓展市场，发展业务。

A 提高优质客户的忠诚度和满意度

B 真正做到以客户为中心

C 例如在银行卡业务方面

D 依据客户评价体系

E 可直接用于客户关系管理和市场营销

第 四 部 分

第81-100题：请选出正确答案。

81–84.

汉语是中国汉族使用的语言。汉语历史悠久，在3000多年前就有了相当成熟的文字。

汉语是使用人数最多的语言之一，除中国大陆、台湾和香港、澳门外，新加坡、马来西亚等国也有相当一部分人使用汉语，分布在世界各地的几千万华侨、华裔，也把汉语的各种方言作为自己的母语。

汉语是中国人使用的主要语言，也是联合国的工作语言之一。汉语的标准语言是"普通话"（在台湾被称作"国语"），在新加坡、马来西亚等国被称作"华语"。普通话是现代汉族的共同语，它以北京语音为标准音，以北方话为基础方言，以典范的现代白话文作为语法规范。普通话为中国不同地区、不同民族人们之间的交际提供了方便。

中国地域广阔，人口众多，即使都使用汉语，各地区说的话也不一样，这就是方言。方言俗称地方话，是汉语在不同地域的分支，只通行于一定的地域。汉语目前有七大类方言：北方方言、吴方言、湘方言、赣方言、客家方言、闽方言、粤方言。其中，北方方言是通行地域最广，使用人口最多的方言。客家话、闽语、粤语还在海外的华侨中使用。

汉语方言十分复杂。各方言之间的差异表现在语音、词汇、语法三个方面，其中语音方面的差异最明显。在中国东南沿海地区就有"十里不同音"的说法。如果各地人之间都用方言说话，就会造成交际上的困难。

中国人很早就认识到，社会交际应该使用一种共同语。与"十里不同音"的方言相比，各地人都能听得懂普通话。因为讲普通话有利于各民族、各地区人民之间的文化交流和信息传递，所以中国政府十分重视推广普通话的工作，鼓励大家都学普通话。

81. 关于汉语，正确的是：

    A 汉语是中国各族人民使用的语言　　B 汉语的文字并不成熟

    C 汉语的历史不太长　　　　　　　　D 使用人数最多的语言之一

82. 下列哪些国家也使用汉语？

    A 毛里求斯　　　　　　　　　　　　B 东南亚国家

    C 澳大利亚、新西兰　　　　　　　　D 新加坡、马来西亚

83. 关于七大方言，正确的是：

A 海外华侨还使用吴方言　　　　B 北方方言使用人口最多

C 滇方言也是七大方言之一　　　D 闽方言通行区域最广

84. 为什么推广普通话？

A 普通话最容易学会　　　　　　B 方言之间的差异太小

C 有利于文化交流和信息沟通　　D 东南沿海的经济发达

85–88.

　　英国有超过350万的人打鼾，10个男人中有4个打鼾、10个女人中有3个打鼾。因此，成百万的配偶和邻居晚上睡觉时饱受鼾声的困扰。

　　当你呼吸时，鼻子和喉咙，尤其是软腭部位产生振动，从而形成了鼾声。晚上睡觉时，促使器官张开的肌肉变得松弛，气管由此变窄并增加了振动的频率，使人更有可能打鼾。

　　还有一些因素会使打鼾变得更厉害：

　　喝酒或者服用安眠药，使肌肉更加松弛。

　　体重超重，加重了气管的压力。

　　感冒、过敏、鼻腔息肉可以造成鼻腔堵塞，使你不得不靠嘴呼吸。

　　吸烟。吸烟者打鼾的概率是非吸烟者的两倍，因为他们的气管总是有炎症并发生堵塞。

　　仰睡。

　　打鼾会引起许多问题。首先，你会惹来配偶的"拳打脚踢"，甚至离婚的威胁，邻居们的抱怨也时有发生。此外，你还可能饱受阻塞性睡眠呼吸暂停的困扰。在这种情况下，松弛的喉头肌会在一个晚上上百次地短暂挡住气管，阻碍你的呼吸，造成你肌体缺氧。短期内它会使你白天感到乏力、易怒和焦躁不安，在驾车时容易出车祸。长远来看，它会引起你的血压升高，促使你爆发心脏病和中风。

　　治疗打鼾可以在睡觉时带上牙用夹并使用持续正压呼吸辅助器，使气管始终保持畅通。此外，你要尽量避免深夜喝酒，保持理想的体重，将床头抬高，并采取侧睡姿势。为了防止仰睡，你可以在睡衣顶部后面缝一个球，或者在你的后背放一个枕头。你也可以利用加湿器或吸入蒸汽保湿器保持鼻腔通畅。最后一个办法就是动手术取出鼻腔的息肉，矫正弯曲的鼻孔，并切除松软的颚组织。

85. 鼾声是如何形成的？

　　A 睡眠不足　　　　　　　　　　B 气管变宽

　　C 睡觉时多梦或梦游　　　　　　D 呼吸时软腭部位产生振动

86. 下列哪项不会导致打鼾变得厉害？

　　A 喝酒或者服用安眠药　　　　　B 体重超重

　　C 感冒　　　　　　　　　　　　D 侧睡

87. 打鼾会引起下列哪项问题?

A 可能引起血压降低　　　　　B 引起配偶的过度关爱

C 夜晚睡觉时感到乏力　　　　D 可能爆发心脏病和中风

88. 如何治疗打鼾?

A 采取侧睡姿势　　　　　　　B 增重

C 增厚松软的颚组织　　　　　D 仰睡

89-92.

　　到月亮上去居住，是人类的一个古老的愿望，现在正隐约向我们走来。"阿波罗"载人登月已过去了几十多年，现在关于重返月球的呼声越来越高。原因是随着对月球了解的增多，人们对月球的希望也越来越多。

　　过去，科学家对月球感兴趣，他们认为月球是进行高能物理研究和天文探测的理想场所；现在他们的兴趣要广泛得多，有的科学家甚至认为月球上可以揭开地球生命起源之谜。美国科学家认为，地球、火星、金星等行星，在亿万年前遭遇碰撞时，曾有一些岩石碎片落到月球上，岩石上所带有的生命遗迹可能在那里保存了下来，因为月球上没有火山活动和大气侵蚀。这使月球成为寻找地球、火星上早期生命的最佳场所。除了月球以外，太阳系的早期生命史不可能保存在其他地方。同时，其他一些人也对月球产生了兴趣，原因是在月球上发现了有水存在的痕迹。1994年1月，美法联合研制的"克莱门汀"探测器首先在月球南极获得这种信息。为此，美国于1998年1月发射了"月球勘探者"探测器，绕月球南北极飞行，进一步证实了月球南极和北极永久背阳的陨石坑中有冰冻水存在的迹象。

　　有了水就解决了建立密闭生态循环系统的关键问题，因为月球上有丰富的氧化物可提取氧，在月球上阳光是不成问题的，有水、有氧、有阳光，就可种植植物、饲养动物，解决食物供应问题。月球上有丰富的金属元素，用它们冶炼的结构材料和月球土石建造住室可屏蔽来自太阳的辐射。人若能适应月球表面约1/6的地球重力环境，则人生存的基本问题就全部解决了。剩下的能源问题更好解决，因为在月球上可高效利用太阳能。

　　目前，美国、日本、欧洲航天局等对重返月球和建立月球基地有极高的热情。据信，一些科学家已选定了一个月球基地的地址，它在月球南极沙克尔顿环形山的边缘，那里有较长时间的阳光照射，特别是靠近可能有冰冻水存在的一个陨石坑。商业利益是人们希望开发月球的巨大动力，希尔顿国际公司已提出申请，希望在月球上建造希尔顿饭店，用来接待到月球旅游的游客，其他开发月球的各种商业活动也在进行着。越来越多的人梦想能够到月球上去生活。

89. 科学家对月球感兴趣的原因是：

　　A 适合进行高能物理研究　　　　　B 可以寻找到其他星球的岩石碎片

　　C 可以找到早期生命的遗迹　　　　D 是进行天文探测的理想场所

90. 1994年1月，美法联合研制的探测器：

　　A 在月球南北极找到了冰冻水　　　B 在月球上发现了冰冻水的迹象

　　C 在月球表面找到了大量的水　　　D 在月球上发现了有水存在的痕迹

91. 下列哪项不属于人们在月球上可以住的房子？

    A 月球土石建造的房屋里   B 可挡住阳光辐射的房子里

    C 金属材料制造的房子里   D 来自地球的航空飞船上

92. 希尔顿国际公司对开发月球有什么计划？

    A 建立月球基地   B 建造旅游饭店

    C 开发月球冰冻水   D 建造太空船

93–96.

　　很多人把糖与蛀牙、肥胖联系在一起，可那并非全部真相。我们为什么爱吃糖？最重要的一点：人类对于糖的好感，源自本能。

　　这场追逐甜味的旅程，早在我们还在母亲肚子里时就开始了。科学家们发现，味觉形成后，尽管没有机会直接接触外界的味道，胎儿却已经表现出对甜味的偏好，如果维持生命的羊水糖分高，他就会加倍吸入。而当我们降临到这个世界上，得到的第一份礼物——母亲的乳汁，也是甘甜的。出生仅几个小时的婴儿能明确表示对甜味的喜好和对酸味的厌恶。

　　据研究，口腔中对甜味的感受体，直接连接着大脑中分泌"内啡肽"的区域，内啡肽是一种由脑垂体分泌的类吗啡激素，能起到止痛和产生愉快感的效果。所以，心情不好或者紧张的时候，很多人都用吃糖来缓解。不仅如此，糖还可以马上转化成热量，让你精神起来。学校运动会的耐力项目开始前，我们总会为运动员准备巧克力等糖果。

　　甜味不仅是人之大欲，同样也是"鬼神"的大欲。甘蔗汁被用于祭祀，古人认为鬼神也喜欢甜味。在中国许多地方都有送灶神的传统年俗，其中必不可少的一样供品就是灶糖，人们认为糖可以糊住灶神的嘴，免得他到玉帝面前说世人的坏话。

　　甜美的糖果在西方同样盛行。自中世纪以来，甜不仅代表了美味可口，更成为高雅德行的标志。《格列佛游记》的作者、18世纪英国著名小说家乔纳森·斯威夫特曾这样赞美过甘甜的神圣：追求甜和光明，是人类"最高贵的两件事"。

　　自然界为什么提供了无数天然的甜味食品，很多水果、蔬菜，甚至包括大米、面粉等都具有天然的甜味。甜的食物往往是无毒的，但苦的东西恰好相反。在漫长的进化过程中，人类渐渐对苦涩的味道产生本能的抗拒，因此，婴儿天生就会拒绝具有特殊味道的食物。相对地，爱上甜味也是人类的自然选择。

93. 我们为什么爱吃糖？

　　A 带来幸福感　　　　　　　　　B 源自本能
　　C 甜的味道好闻　　　　　　　　D 美丽的需要

94. 根据上文，内啡肽有什么功能？

　　A 消除苦的味道　　　　　　　　B 振作松弛的精神
　　C 止痛和产生愉快感　　　　　　D 缓解心理的紧张情绪

95. 为什么把灶糖作为供品之一？

　　A 糖可糊住灶神的嘴，免得他乱说话　B 可驱除恶魔
　　C 因为糖是厨房的必备品　　　　　　D 因为以前糖很昂贵

96. 根据上文，正确是的：

　　A 糖果在西方并不盛行　　　　　　B 苦是高雅德行的标志
　　C 苦的东西也是无毒的　　　　　　D 人类对苦味有本能的抗拒

97–100.

大多数所谓的噩梦，只不过是在一些不舒服的梦中产生的极端反应和恐惧。有时候我们会被噩梦惊醒，产生悲伤、生气或者内疚等强烈的情绪，但一般是恐惧和焦虑。

做噩梦可能有几种原因，包括吸食毒品、使用药物、罹患疾病、遭受精神打击，有时也可能没有任何起因。通常人们在白天感到紧张或者生活出现重大变化时会受到噩梦的困扰。

睡梦研究协会指出："摆脱噩梦困扰实际上取决于了解噩梦的起因。如果不是毒品、药物或疾病等因素，建议患者与医生进行交谈。鼓励儿童与他们的父母或其他成人一起讨论他们的噩梦是有益的，但他们通常不需要接受治疗。如果孩子反复受到噩梦的侵扰，或做了非常可怕的噩梦，可能就需要医生的帮助。医生会让孩子将噩梦画出，与梦中出现的恐怖角色交谈，或者对噩梦的情景变化进行一番想象，以帮助孩子树立安全感和减少恐惧感。"

与普通的梦一样，噩梦也给人们提供了机会去研究噩梦在生活中的象征和对生活的再现，从而提高人们的生活质量。在美国的一些学校中，老师给孩子们传授对付噩梦的办法，就是将梦中的魔鬼当作书中的坏蛋。研究人员发现，性格软弱的人，或者敏感、易受他人影响的人比性格坚强的人更容易做噩梦。他们正在教导人们如何对梦加以控制，使梦按照他们的愿望发展而不要成为梦的受害者。

97. 下列哪项不属于噩梦导致的情绪？

A 悲伤　　　　　　　　　　　B 恐惧和焦虑

C 生气或内疚　　　　　　　　D 兴奋

98. 下列哪项不属于引起噩梦的原因？

A 吸食毒品、罹患疾病　　　　B 遭受精神打击

C 白天感到紧张　　　　　　　D 睡前吃烧烤食品

99. 如何摆脱噩梦？

A 进行有氧运动　　　　　　　B 保证睡眠

C 安静地思考　　　　　　　　D 与医生进行交流

100. 下列哪种人更容易做噩梦？

A 容易患得患失的人　　　　　B 经常处于放松状态的人

C 性格软弱的人　　　　　　　D 对孩子严加管教的父母

书写

新HSK 6급 쓰기 알아보기

新HSK 6급 쓰기 영역에서 수험생은 중국어로 된 약 1,000자 내외의 글 한 편을 읽고, 핵심 내용을 이해한 후 35분 이내에 제시된 지문의 내용을 400자 내외로 요약하여 서술해야 한다. 또한 제시된 지문을 머릿속에 '입력'한 후, 자신만의 언어로 '출력'하는 능력이 필요하다. 시험 진행 방식은 다음과 같다.

쓰기 지문 배포 → 10분 동안 독해(*필기 불가) → 쓰기 지문 회수 → 답안지에 요약하여 쓰기

- **기본 사항**
  문제 수: 1문제
  시험 시간 : 약 45분 (답안 작성 시간 포함)

문제 유형	문제 수
지문 읽고 요약하여 쓰기(400자 내외)	1문제(101번)

- **'缩写(요약하여 쓰기)'란?**
  소위 '요약하기'는 중심 사상과 주요 내용을 그대로 반영하여 비교적 긴 글을 압축시켜 짧은 문장으로 만드는 작문 훈련을 말한다. 다시 말해, 특정한 목적과 요구에 따라 작성하는 것이므로 지문의 중심 사상에 충실하며 주제에서 벗어나면 안 된다. 학습자는 요약하기 훈련을 통하여 작문 실력을 배양할 수 있을 뿐 아니라 독해 능력, 분석 능력 등을 포함한 종합 능력을 기를 수 있다. 요약하기의 구체적인 사항은 다음과 같다.

  ① 글의 구조가 잘 갖춰져야 한다.
  ② 주제가 명확해야 한다.
  ③ 언어가 자연스럽고 특히 상하 연결 관계가 적절해야 한다.
  ④ 논리성을 갖춰야 한다.
  ⑤ 원문의 재제는 바꿀 수 없다.
  ⑥ 스토리의 전개 순서를 마음대로 정리해서는 안 된다.

▶▷ 독해 능력이 중요하다!

비록 쓰기 영역이지만, 긴 지문을 읽는 것이 우선이므로 독해 능력을 먼저 갖춰야 한다. 속독 능력뿐 아니라, 짧은 시간 동안 지문의 핵심 내용과 구조, 글의 주제를 파악하는 능력까지 필요하다. 구체적으로 말해서, 지문에서 말하는 사건의 원인, 과정, 결과를 종합적으로 파악해야 하고, 인물의 성격, 언행, 특정 사건, 심리 상태를 파악해야 한다.

▶▷ 순서대로 서술하자!

작문할 때는 지문의 순서에 따라 써야 한다. 순서를 더욱 정확히 기억하기 위해서는 지문을 서론, 본론, 결론으로 나누어 순차적으로 사건의 진행을 이해해야 한다. 내용에 따라 본론은 두세 개로 세분화할 수도 있다. 단락별로 핵심이 되는 시간, 장소, 인물, 사건을 찾아 기억하면, 요약하여 쓸 때도 중요하게 생각했던 부분을 이어서 작성할 수 있으며, 글의 완성도도 높일 수 있다.

▶▷ 생략을 잘해야 한다!

요약할 때는 중요한 내용은 자세하게 서술하고 그렇지 않은 내용은 생략해야 한다. 지문의 주요 내용과 핵심 단어는 남겨 두고, 인물의 대화, 심리 상태 등의 구체적인 묘사는 간접 화법이나 간단한 문장으로 정리한다. 수식어구 및 스토리의 전개와 발전에 영향을 미치지 않는 내용은 간략하게 서술하거나 생략한다. 생략하고 난 후에는 다시 연결하기 쉽지 않으므로 신중하게 결정해야 한다.

쓰기 원고지 작성법

新HSK 6급 쓰기 영역은 기본적인 작문 규칙에 대한 이해도도 평가한다. 우리나라와 원고지 작성 방법이 다르므로 수험생은 중국어의 원고지 작성법을 숙지하고 연습을 통해 감점을 피해야 한다.

1. 원고지 작성의 기본

① 제목은 원고지 첫 행의 앞 네 칸을 띄우고 쓰거나, 중간에 쓴다.

② 각 단락의 첫 번째 문장은 두 칸을 띄우고 시작한다.

③ 숫자는 한 칸에 두 자씩 쓰고, 문장 부호는 한 칸에 한 자씩 쓰는 것을 원칙으로 한다. 그러나 따옴표("")는 앞뒤에 다른 문장 부호가 있을 경우, 그 문장 부호와 함께 한 칸에 쓰고, 줄임표(……)와 줄표(——)는 두 칸에 나누어 쓴다.

④ 문장 부호는 행의 첫 칸에 쓸 수 없다. 행의 마지막 칸에서 문장이 끝났다면, 문장 부호는 다음 행으로 넘기지 않고 마지막 글자와 함께 한 칸에 쓴다.

2. 문장 부호 사용법

마침표(句号)	。	평서문의 끝에서 마침을 나타낼 때 쓴다.
쉼표(逗号)	,	문장 안에서 멈춤을 나타내거나 복문에서 절을 구분할 때 쓴다.
모점(顿号)	、	문장 안에서 병렬 관계의 단어나 구를 나열할 때 쓴다.
물음표(问号)	?	의문문이나 반어문 끝에 쓰여 의문의 어기를 나타낸다.
느낌표(叹号)	!	감탄문, 명령문, 반어문 끝에서 감탄 · 놀람 · 질책 등의 어기를 나타낸다.
쌍점(冒号)	:	내용을 부연 설명거나, 문장을 인용할 때 쓴다.
쌍반점(分号)	;	복문에서 병렬 혹은 대비되는 구나 문장을 나열할 때 쓴다.
따옴표(引号)	" "	사람의 말을 직접 인용하는 대화체에 쓴다.
줄임표(省略号)	……	할 말을 줄이거나 생략할 때 쓴다.
줄표(破折号)	——	구나 문장의 내용을 보충 설명할 때 쓴다.
책 이름표(书名号)	≪≫	책, 잡지, 문장 제목 등의 명칭을 나타낼 때 쓴다.

3. 원고지 답안 작성 예시

　　　　　　父亲的一封信

　　　有位父亲很有钱，他的儿子总是花很多钱，
不知道怎么样工作。突然有一天，父亲破产了，
他家不再有钱了，儿子开始不知所措。
　　　父亲说凭他的关系给儿子找份工作，只要
儿子能吃苦。于是儿子在父亲的朋友林先生那
里找了份工作。工作很辛苦，但儿子一想有钱
时自己的朋友都离开了自己，自己应该通过努
力赢回自己的尊严。
　　　儿子很能干也很聪明，在公司当上了总经
理，并且找到真正爱他的妻子。可是正在他事
业上升的时候，他父亲去世了，留给了他一封
信和一份遗嘱。原来当初父亲没有破产，父亲
就是想通过这种方式来激励他，让他变成一个
真正有用的人。父亲把他所有的财产分成两半，
一半留给林先生，作为报答他培养自己儿子付
出的劳动；另一半，如果儿子成功了就留给他，
如果儿子一事无成就捐给慈善机构。
　　　父亲给儿子的信上写道：亲爱的儿子，当
你看到这封信时，你知道我并没有破产。我用
有价的财产换回了一个无价的儿子。你好好努
力吧，你一定会取得更大的成功。

쓰기 문제 풀이 전략

🔍 전략 01 문장 구조를 파악하라!

新HSK 6급 쓰기 영역은 서사성 글이 출제되며, 이는 서술문에 속한다. 그러므로 이러한 형식의 글이 어떤 구조를 가졌는지 이해하면 글의 맥락과 중심 사상을 더 쉽게 찾아낼 수 있으며, 지문의 구조에 따라 자신만의 요약문을 쓸 수 있다.

서술문은 묘사와 서술을 사용하는 글로, 시간의 흐름에 따른 서술, 장소에 따른 서술, 사건 발생 과정에 따른 서술이 있다. 지문을 독해할 때에는 서술 방식을 파악하고, 그것에 맞게 요약해야 한다.

🔍 전략 02 글의 4대 요소를 기억하라!

지문이 길어서 모든 문장을 다 기억할 수는 없으므로 글의 4대 요소만 기억하면 기본적으로 작문하는데 큰 문제가 없다.

글의 4대 요소는 시간, 장소, 인물, 사건이다.
① 시간은 사건이 언제 발생했는지를 말한다.
② 장소는 사건이 어디서 발생했는지를 말하며, 여러 장소가 등장할 수 있다.
③ 인물은 사건의 주인공으로 한 명일 수도 그 이상일 수도 있다. 어떤 글에서는 주인공이 사람이 아닐 수도 있지만 우리는 통합해서 '인물'이라고 부른다. 인물은 아주 중요하므로 요약할 때 자세하고 구체적으로 써야 한다.
④ 사건은 글에서 가장 중요하며 가장 중점적으로 써야 하는 부분이다. 사건에는 사건의 원인, 과정, 결과가 있으므로 흐름을 정확하게 파악해야 한다.

🔍 전략 03 전략적으로 단어나 문장을 사용하라!

新HSK 6급은 新HSK에서 가장 높은 급수이므로 요구하는 것이 많다.
① 문장의 흐름이 자연스러워야 하며, 사용하는 단어가 적절하고 어법이 정확해야 한다.
② 작문하는 과정에서는 기본적으로 지문에서 사용된 단어와 문장을 쓰되, 모든 문장을 다 재현하는 것은 불가능하므로 학습했던 단어나 문장을 최대한 사용한다.
③ 성어나 속담을 적당히 사용한다.
④ '把자문', '被자문', '겸어문', '연동문', '존현문' 등 중국어적 색채가 강한 문장을 쓴다. 하지만 고급 어휘나 표현은 필요할 경우 사용하고, 억지로 사용하면 오히려 문장이 부자연스러워지므로 주의한다.
⑤ 완전히 이해한 문장이 아닌 경우는 오히려 생략하는 것이 더 정확하게 의미를 전달할 수 있다. 그 어느 것보다도 정확하게 전달하는 것이 가장 중요하다.

🔍 전략 04 전략적으로 제목을 정하라!

쓰기 영역에서는 글의 제목을 써야 하는데, 제목은 지문의 창문이며 눈의 역할을 하므로 아주 중요하다. 제목을 쓸 때는 정확하고 깔끔하게 써야 하며, 화룡점정의 역할을 해야 한다. 제목은 크게 아래와 같은 방법으로 지을 수 있다.

① 지문의 중심 내용에 근거한 제목
② 글의 중심 소재를 활용한 제목
③ 궁금증을 자아내는 제목
④ 주요 인물을 활용한 제목
⑤ 글 전체의 내용을 상징적으로 표현한 제목

🔍 전략 05 한자를 깔끔하게 써라!

한자는 중국어에 있어서 특수한 의미를 지닌다. 쓰기 영역은 한자를 사용하는 수준을 평가하는 것이므로 답안을 작성할 때는 정확하고, 분명히 알아볼 수 있도록 보기 좋게 써야 한다. 사람이 직접 답안지를 보고 채점하는 것이므로 깔끔한 글씨가 좋은 성적을 얻는 관건이 될 수 있다.

쓰기 书写

지문 읽고 요약하여 쓰기

01. 지문 읽고 400자 내외로 요약하기

미리보기

쓰기 영역은 1문제(101번)이며, 1,000자 내외의 글을 10분 동안 읽고, 글의 내용을 35분 동안 400자 내외로 요약하는 것이다. 요약할 때는 지문의 내용을 그대로 써야 하며, 개인의 주관적인 생각이나 의견이 들어가서는 안 된다. 답안 작성 시 지문을 회수해 가므로 내용을 정확하게 기억해야 하며, 제목을 직접 지어야 하므로 핵심 단어나 문장을 보며 제목 짓기를 염두에 두고 읽는다. 지문을 읽을 때는 필기구 사용이 금지되므로 중요한 단어가 있다면 한자를 머릿속으로 외워야 한다.

지문 읽고 400자 내외로 요약하기

➤ 시험장에선 지문을 회수해 가니 다시 볼 수 없어요.

문제 10분 동안 주어진 지문을 읽으세요.

≫ 해설서 154p

三、书写

第101题：缩写。

➤ 10분 동안 아래 지문을 자세히 읽으십시오. 독해 시에 베껴 쓰거나 메모를 하면 안 됩니다.

(1) 仔细阅读下面这篇文章，时间为10分钟，阅读时不能抄写、记录。

(2) 10分钟后，监考会收回阅读材料。请将这篇文章缩写成一篇短文，字数为400左右，时间为
35分钟。 --➤ 10분 후, 감독관은 지문을 회수합니다. 이 문장을 35분간, 400자 내외의 단문으로 간략하게 요약합니다.

(3) 标题自拟。只需要复述文章内容，不需加入自己的观点。

(4) 请把短文直接写在答题卡上。

제목은 자유롭게 붙입니다. 지문의 내용을 자신의 언어로 쓰되, 자신의 관점이 들어가서는 안 됩니다.

➤ 단문은 답안지에 바로 작성하십시오.

　　父亲是个赚钱的高手，儿子是个花钱的高手，父亲一笔生意能赚上百万，儿子一挥手就能用掉近十万。父亲常常劝儿子：“学些本事，不要只顾着吃喝玩乐，万一有一天我破产了，你可怎么办？”儿子从来没有把这句话当回事儿，他如此能干的父亲怎么会破产呢？他想：就算他死了，也会给我留下一大笔遗产。

　　然而造化弄人，父亲真的破产了。儿子的生活一落千丈，曾经的“好朋友”都消失了，儿子受不了这样的打击，呆在房间里准备自杀。这里，父亲破门而入，用力给了儿子一记耳光：“没出息，钱是我赚的，也是我赔的，与你不相干，我都没想死，你凭什么死！”

　　儿子被打醒了，不知所措，问父亲：“现在我该怎么办？”

　　父亲考虑了一会儿说：“凭我的面子，也许还能给你找份工作做，就怕你吃不了这份苦。”

　　“让我试试吧。”儿子说，他下定决心要自立自强。

　　于是他便到了父亲的朋友林先生的公司做了一个小职员。工作很辛苦，开始他也想过辞职，但一想到自己富贵时的朋友不再理他，有钱时的女友也讥讽他时，他坚持了下来。他要用自己的努力换取别人真正的尊重。

　　儿子遗传了父亲聪明的头脑和坚韧的性格，再加上自己的刻苦和林先生的指点，他的工作干得有声有色，职位也一步步提升。几年的工夫，他就当上了公司的总经理，并且娶了一位贤

惠的太太。看着自己的家因为自己的努力变得越来越美满，他感到前所未有的充实。

然而，幸福与不幸总是联系在一起的。正当儿子的事业如日中天的时候，父亲病倒了，儿子想尽一切办法都无法挽回父亲的生命。临终前，父亲拉着儿子的手，满脸微笑，很满足的样子。

儿子不知道这是为什么，直到有一天，一位律师找到他……

律师将一份文件交给他，那是父亲的遗嘱，上面写着将自己的财产分成两半，一半送给林先生，条件是他必须将自己的儿子培养成有用之才；另一半留给能干的儿子，暂由林先生掌管经营。如果儿子依然花天酒地，一事无成，这一半就捐给慈善机构。

原来父亲并未破产。儿子觉得父亲这样做实在令人难以理解。

律师又将一封信交给他：

亲爱的儿子：

当你看到这封信时，我已经不在人世了，你也知道我并非真的破产。

是的，儿子，我没有破产，我只不过用我的全部家当做了我有生以来最大的一笔生意，我成功了。

看着你一天天成长，我觉得我这笔生意做得很值。如果我将我的财产留给你，也许不用几年就会被你败光，而你也会因为无人管教而成为废物。现在我用我有价的财产换来了一个无价的能干的儿子，这怎么能不让我高兴！

儿子，相信你也能理解父亲的苦心，如果不是这样，你怎么会找到一个真正爱你的妻子和一群真正能够患难与共的朋友呢？

好好干！儿子，我相信你一定能超过我，创造更多的财富和价值。

모범 답안 기억한 내용을 35분 동안 요약해서 쓰세요.

三、书写

						父	亲	的	一	封	信								
			有	位	父	亲	很	有	钱	，	他	的	儿	子	总	是	花	很	多	钱，
不	知	道	怎	么	样	工	作	。	突	然	有	一	天	，	父	亲	破	产	了，
他	家	不	再	有	钱	了	，	儿	子	开	始	不	知	所	措	。			
			父	亲	说	凭	他	的	关	系	给	儿	子	找	份	工	作	，	只	要
儿	子	能	吃	苦	。	于	是	儿	子	在	父	亲	的	朋	友	林	先	生	那
里	找	了	份	工	作	。	工	作	很	辛	苦	，	但	儿	子	一	想	有	钱

时自己的朋友都离开了自己，自己应该通过努力赢回自己的尊严。

　　儿子很能干也很聪明，在公司当上了总经理，并且找到真正爱他的妻子。可是正在他事业上升的时候，他父亲去世了，留给了他一封信和一份遗嘱。原来当初父亲没有破产，父亲就是想通过这种方式来激励他，让他变成一个真正有用的人。父亲把他所有的财产分成两半，一半留给林先生，作为报答他培养自己儿子付出的劳动；另一半，如果儿子成功了就留给他，如果儿子一事无成就捐给慈善机构。

　　父亲给儿子的信上写道：亲爱的儿子，当你看到这封信时，你知道我并没有破产。我用有价的财产换回了一个无价的儿子。你好好努力吧，你一定会取得更大的成功。

01. 지문 읽고 400자 내외로 요약하기

지문의 주제와 제재, 구조 등은 지문의 기존 스타일을 유지해서 글을 요약해야 한다. 핵심을 정확하게 파악해야 하고, 언어는 깔끔하게 정리되어야 한다. 지문의 내용을 그대로 기억해서 쓰는 것이 불가능하므로 서론, 본론, 결론으로 나누어 자신만의 문장을 만들어야한다. 이때 문법상의 오류가 없도록 주의한다.

유형 익히기 1

★☆☆

　　"可我要再摔断了胳膊怎么办?"我5岁的女儿问道，她的下唇颤抖着。我蹲下来扶着她的自行车，直视她的眼睛，我知道她太想学骑车了。很多次她的朋友们骑车从我家经过时，她感到被抛弃了。可自从上次她从自行车上摔下来，胳膊摔断了之后，她对自行车便敬而远之。

　　"噢，宝贝儿。"我说，"我相信你不会再把胳膊摔断的。"

　　"但有可能，不是吗?"

　　"是的。"我承认，同时绞尽脑汁地想接下来该怎么说。每到这时，我多希望能有一个人帮我，帮我找出合适的理由来驱逐我女儿心中的恐惧。可经历过一场可怕的婚姻后，尽管艰辛，我却更倾向于当个单身妈妈，还态度坚决地告诉每个要给我介绍朋友的人说，我已经决定终身不再嫁。

　　"我不想学了。"她说着，从自行车上下来。

　　我们走到一边，坐在树下。

　　"难道你不想和朋友们一起骑车了吗?"我问。

　　"而且，我还以为你希望明年骑车去上学呢。"我补充道。

　　"我是希望啊。"她说，声音有点儿颤抖。

　　"知道吗，宝贝。"我说，"做任何事都可能会有危险的。跳绳也有可能摔断胳膊，做体操也有可能摔断胳膊啊。那你想再也不去体育馆了吗?"

　　"不想。"她说。然后她毅然站起，同意再试试。我扶着车尾，直到她鼓足勇气说:"出发!"

　　接下来整个下午，我都在公园里看着一个无比坚强的小女孩是如何克服恐惧的，也恭喜自己成了一个可以独当一面的单身家长。

　　回家时，我们推着自行车走在人行道上，她问起昨天晚上我和我妈妈的谈话，那是她无意中听到的。

　　"昨晚你和姥姥为什么吵架?"

　　很多人想让我再婚，我母亲就是其中一个。很多次我拒绝去和她为我选择的完美男士约会。她坚持认为史蒂文和我合得来。

　　"没什么事儿。"我告诉女儿。

　　她耸耸肩:"姥姥说，她只不过想找个人来爱你。"

"姥姥想再找个人来让我伤心。"我厉声说道，很生气母亲把这件事告诉我女儿。

"可是妈妈……"

"你太小了，不明白。"我对她说。

她沉默了几分钟，然后她抬起头，小声说了句发人深省的话。

"那么我猜爱情和摔断胳膊不是一回事儿了。"

我无言以对，然后我们一路沉默。回到家后，我给母亲打了个电话，责备她不该和我女儿说这件事。接着，我效仿了今天下午我女儿———一个坚强的孩子做的事。我答应和史蒂文见面。

史蒂文是我的合适人选，不到一年我们就结婚了。结果证明，我母亲和女儿是正确的。

1. 단락별 분석하기

[서론] 1단락

"可我要再摔断了胳膊怎么办？"我5岁的女儿问道，她的下唇颤抖着。我蹲下来扶着她的自行车，直视她的眼睛，我知道她太想学骑车了。很多次她的朋友们骑车从我家经过时，她感到被抛弃了。可自从上次她从自行车上摔下来，胳膊摔断了之后，她对自行车便敬而远之。	"하지만 또 넘어져서 팔이 부러지면 어떻게 해요?" 5살짜리 딸아이가 물었다. 아이의 아랫입술이 파르르 떨렸다. 나는 쪼그리고 앉아 그녀의 자전거를 붙잡고 아이의 눈을 똑바로 응시했다. 나는 그녀가 자전거 타는 것을 정말 배우고 싶어 한다는 것을 안다. 친구들이 자전거를 타고 수없이 우리 집을 지날 때, 딸아이는 버림받은 느낌을 받는다. 그러나 지난번 자전거에서 떨어져서 팔이 부러지고 난 후에는 타고 싶어도 무서워서 자전거를 멀리했다.

단어 摔断 shuāiduàn 넘어져 부러지다 | 胳膊 gēbo 명 팔 | 下唇 xiàchún 명 아랫입술 | 颤抖 chàndǒu 통 벌벌 떨다 | 蹲 dūn 통 쪼그리고 앉다 | 扶 fú 통 부축하다 | 直视 zhíshì 통 직시하다, 똑바로 보다 | 抛弃 pāoqì 통 버리다, 포기하다 | 敬而远之 jìng'ér yuǎnzhī 성 공경하되 가까이하지 않는다

해설 **1. 4대 핵심 요소 찾기**

① 시간: 딸이 자전거를 타다 팔이 부러진 이후

② 인물: 나, 딸

③ 사건: 딸이 자전거를 타다 팔이 부러진 이후에 다시 자전거 타기를 무서워하지만 자전거 타는 것을 배우고 싶어함

2. 문장 요약하기

我5岁的女儿从自行车上摔下来，胳膊摔断了之后，不敢骑自行车。可是她太想跟其他朋友一样骑车。

[본론1] 2~12단락

"噢，宝贝儿。"我说，"我相信你不会再把胳膊摔断的。" "但有可能，不是吗？" "是的。"我承认，同时绞尽脑汁地想接下来该怎么说。每到这时，我多希望能有一个人	"오, 아가." 나는 말했다. "나는 네가 다시는 넘어져서 팔이 부러지지 않을 거라고 믿어." "하지만 그럴 수도 있잖아요?" "맞아." 나는 인정했다. 동시에 어떻게 말해야 할지 머리를 짜내고 있었다. 매번 이런 상황이 올 때 나는 정말 나

帮我，帮我找出合适的理由来驱逐我女儿心中的恐惧。可经历过一场可怕的婚姻后，尽管艰辛，我却更倾向于当个单身妈妈，还态度坚决地告诉每个要给我介绍朋友的人说，我已经决定终身不再嫁。

"我不想学了。"她说着，从自行车上下来。我们走到一边，坐在树下。

"难道你不想和朋友们一起骑车了吗？"我问。

"而且，我还以为你希望明年骑车去上学呢。"我补充道。

"我是希望啊。"她说，声音有点儿颤抖。

"知道吗，宝贝。"我说，"做任何事都可能会有危险的。跳绳也有可能摔断胳膊，做体操也有可能摔断胳膊啊。那你想再也不去体育馆了吗？"

"不想。"她说。然后她毅然站起，同意再试试。我扶着车尾，直到她鼓足勇气说："出发！"

接下来整个下午，我都在公园里看着一个无比坚强的小女孩是如何克服恐惧的，也恭喜自己成了一个可以独当一面的单身家长。

를 도와서 딸아이의 마음 속에서 공포심을 몰아내 줄 적절한 이유를 찾아 줄 사람이 있었으면 좋겠다. 그러나 한 차례 끔찍한 결혼 이후, 비록 고되기는 하지만 싱글맘이 되기로 했다. 또 매번 나에게 친구를 소개해 주겠다는 사람에게 나는 평생 다시는 결혼하지 않겠다고 단호하게 이야기했다.

"나 안 배울래요." 딸아이가 말하면서 자전거에서 내려왔다.

우리는 좀 걷다가 나무 아래에 앉았다.

"설마 친구들과 함께 자전거를 타고 싶지 않다는 거니?" 내가 물었다.

"나는 네가 내년에는 자전거를 타고 학교에 가고 싶어 한다고 생각했어." 나는 덧붙여 말했다.

"그러고 싶어요." 그녀가 말했다. 목소리는 조금 떨렸다.

"알고 있니? 아가야." 나는 말했다. "어떤 일이든 다 위험이 있어. 줄넘기를 하다가도 팔이 부러질 수 있고, 체조를 할 때도 팔이 부러질 수 있거든. 그럼 다시 체육관에 가지 않을 거니?"

"아니에요." 딸아이가 말했다. 그리고는 의연하게 일어나 다시 한번 해 보는 것에 동의했다. 나는 자전거 뒷부분을 잡았고 용기를 주며 말했다. "출발!"

이어서 오후 내내 나는 공원에서 아주 씩씩한 여자아이가 어떻게 공포심을 극복하는지를 보고 있었고, 내 자신이 혼자서 역할을 잘 감당하고 있는 한 가정의 가장이 된 것도 축하해 주었다.

단어 绞尽脑汁 jiǎojìn nǎozhī 谜 온갖 지혜를 다 짜내다 | 驱逐 qūzhú 图 몰아내다 | 恐惧 kǒngjù 图 겁먹다, 두려워하다 | 尽管 jǐnguǎn 접 비록 | 艰辛 jiānxīn 형 고생스럽다 | 倾向于 qīngxiàngyú 图 ~하는 경향이 있다 | 单身妈妈 dānshēn māma 명 싱글맘 | 坚决 jiānjué 형 단호하다 | 终身 zhōngshēn 명 평생 | 嫁 jià 图 시집가다 | 难道 nándào 부 설마 ~란 말인가 | 跳绳 tiàoshéng 图 줄넘기하다 | 毅然 yìrán 부 의연하게 | 车尾 chēwěi 명 차 뒷부분 | 鼓足勇气 gǔzú yǒngqì 용기를 북돋우다 | 无比 wúbǐ 형 비할 바가 없다 | 坚强 jiānqiáng 형 굳세다 | 恭喜 gōngxǐ 图 축하하다 | 独当一面 dúdāng yímiàn 谜 혼자서 한 방면을 담당하다

해설 **1. 4대 핵심 요소 찾기**

① 장소: 공원

② 인물: 나, 딸

③ 사건: 1) 딸을 훈육하는데 도움이 필요하나, 이혼 후에 누군가를 만나고 싶지 않음

　　　　　2) 결국 딸을 설득시켜 공포심을 극복하게 하고, 자신에게도 만족함

2. 문장 요약하기

　　我对女儿说她不会再把胳膊摔断，但她还是不相信。我愿意能有一个人帮我驱逐女儿心中的恐惧。可是我离婚后决定不再嫁，当个单身妈妈。我跟女儿说："做什么事都可能遇到危险的。"她同意再试试。整个下午，我的女儿终于克服恐惧了。

[본론2] 13~22단락

回家时，我们推着自行车走在人行道上，她问起昨天晚上我和我妈妈的谈话，那是她无意中听到的。

"昨晚你和姥姥为什么吵架？"

很多人想让我再婚，我母亲就是其中一个。很多次我拒绝去和她为我选择的完美男士约会。她坚持认为史蒂文和我合得来。

"没什么事儿。"我告诉女儿。

她耸耸肩："姥姥说，她只不过想找个人来爱你。"

"姥姥想再找个人来让我伤心。"我厉声说道，很生气母亲把这件事告诉我女儿。

"可是妈妈……"

"你太小了，不明白。"我对她说。

她沉默了几分钟，然后她抬起头，小声说了句发人深省的话。

"那么我猜爱情和摔断胳膊不是一回事儿了。"

집에 돌아올 때 우리는 자전거를 밀며 인도를 걸었다. 딸아이는 어제 저녁에 내가 엄마와 나눈 이야기에 대해 물었다. 무심결에 들은 것이다.

"어제 저녁에 엄마랑 할머니랑 왜 싸웠어요?"

많은 사람들이 내가 재혼하기를 바라고 엄마도 그중 한 사람이다. 나는 엄마가 나를 위해 골라 준 완벽한 남자들과의 데이트를 여러 차례 거절했다. 엄마는 스티븐이 나와 잘 어울린다고 굳게 믿고 있다.

"아무 일 아니야." 나는 딸아이에게 말했다.

그녀는 어깨를 으쓱했다. "할머니가 말했어요. 그냥 엄마를 사랑해 줄 사람을 찾고 싶은 것뿐이라고요."

"할머니는 다시 엄마를 마음 아프게 할 사람을 찾고 싶은 거야." 나는 엄하게 말했고, 엄마가 딸아이에 말한 것에 화가 났다.

"하지만 엄마…"

"너는 너무 어려서 모른단다." 나는 딸아이에게 말했다. 딸아이는 몇 분간 침묵한 후 고개를 들어 작은 목소리로 나를 깊게 반성하게 만드는 말을 했다.

"그럼 사랑이랑 넘어져서 팔이 부러지는 것은 같은 일이 아닌가 봐요."

> **단어** 人行道 rénxíngdào 명 인도, 보도 | 无意中 wúyìzhōng 부 무심결에, 무의식 중에 | 合得来 hédelái 잘 어울리다 | 耸肩 sǒngjiān 동 어깨를 으쓱하다 | 厉声 lìshēng 부 엄하게 | 沉默 chénmò 동 침묵하다 | 发人深省 fārén shēnxǐng 성 사람을 깊이 깨닫게 하다 | 猜 cāi 동 추측하다

> **해설** **1. 4대 핵심 요소 찾기**
>
> ① 시간: 집에 돌아올 때
>
> ② 인물: 나, 딸
>
> ③ 사건: 1) 딸이 엄마에게 들은 말을 함
>
>   2) 딸이 나를 깊이 반성하게 하는 말을 함
>
> **2. 문장 요약하기**
>
>   回家的时候，女儿问："昨晚你和姥姥为什么吵架？"我母亲想让我再婚，可是我多次拒绝了和妈妈给我介绍的男人约会。女儿说："姥姥想找一个人来爱你。"我很生气母亲把这件事告诉我女儿。我女儿说了一句让我深省的话："那么我猜爱情和摔断不是一回事儿了。"

[결론] 23~24단락

我无言以对，然后我们一路沉默。回到家后，我给母亲打了个电话，责备她不该和我女

나는 말을 할 수가 없었고, 우리는 오는 내내 말이 없었다. 집에 돌아오고 나서 나는 엄마에게 전화를 해서 딸아

儿说这件事。接着，我效仿了今天下午我女儿——一个坚强的孩子做的事。我答应和史蒂文见面。

史蒂文是我的合适人选，不到一年我们就结婚了。结果证明，我母亲和女儿是正确的。

이에게 그 얘기를 하지 말았어야 했다고 책망했다. 이어서 나는 오늘 오후의 우리 딸아이를 본받아서 강한 아이가 하는 일을 했다. 스티븐과 만나기로 한 것이다.

스티븐은 나와 참 잘 맞는 사람이었고, 1년도 안되어 우리는 결혼했다. 결과는 엄마와 딸이 옳다는 것을 증명했다.

단어 无言以对 wúyán yǐduì [성] 할 말이 없다 | 责备 zébèi [동] 책망하다 | 效仿 xiàofǎng [동] 본받다

해설 **1. 4대 핵심 요소 찾기**

① 인물: 나, 남자(스티븐)

② 사건: 딸의 말을 듣고 남자를 만나 보기로 결심함

　　　　남자(스티븐)와 결혼했고, 엄마와 딸의 말이 옳음을 알게 됨

2. 문장 요약하기

　　回到家后，我给母亲打了个电话，答应和那个男人见面。不到一年我们就结婚了。我母亲和女儿是正确的。

2. 모범 답안 작성하기

단서 찾기 ① 시간: 딸 아이가 자전거를 타다 팔이 부러진 이후, 집에 돌아오는 중, 집에 돌아온 후

② 장소: 자전거를 타는 곳(공원), 집에 돌아오는 길, 집

③ 인물: 나, 딸, 엄마, 남자(스티븐)

④ 사건: • 원인– 1) 딸이 자전거를 타다 팔이 부러진 이후 다시 자전거 타기를 무서워함

　　　　↓　　2) 자전거를 다시 탈 수 있게 딸을 설득함

　　　　　 • 과정– 1) 이혼 후 혼자 아이를 키우는 것이 쉽지 않지만, 남자를 만나고 싶지는 않음

　　　　↓　　2) 다시 자전거를 타는 딸의 용기를 보고 스티븐을 만나보기로 함

　　　　　 • 결과– 스티븐을 만났고, 그와 결혼함

제목 짓기 예1) 妈妈的角色(엄마의 역할) →지문의 중심 내용에 근거한 제목

예2) 女儿骑自行车(딸 아이의 자전거 타기) → 글의 중심 소재이자 궁금증을 자아내는 제목

예3) 我和女儿(나와 딸) → 등장 인물을 활용한 제목

모범 답안

							妈	妈	的	角	色								
		我	5	岁	的	女	儿	从	自	行	车	上	摔	下	来	，	胳	膊	摔
断	了	之	后	，	不	敢	骑	自	行	车	。	可	是	她	太	想	跟	其	他
朋	友	一	样	骑	车	。													
		我	对	女	儿	说	她	不	会	再	把	胳	膊	摔	断	，	但	她	还
是	不	相	信	。	我	愿	意	能	有	一	个	人	帮	我	驱	逐	女	儿	心
中	的	恐	惧	。	可	是	我	离	婚	后	决	定	不	再	嫁	，	当	个	单
身	妈	妈	。	我	跟	女	儿	说	：	"	做	什	么	事	都	可	能	遇	到	危

100

<table>
险的。"她同意再试试。整个下午，我的女儿终
于克服恐惧了。
　　回家的时候，女儿问："昨晚你和姥姥为什
么吵架？"我母亲想让我再婚，可是我多次拒绝
了和妈妈给我介绍的男人约会。女儿说："姥姥
想找一个人来爱你。"我很生气母亲把这件事告
诉我女儿。我女儿说了一句让我深省的话："那
么我猜爱情和摔断不是一回事儿了。"
　　回到家后，我给母亲打了个电话，答应和
那个男人见面。不到一年我们就结婚了。我母
亲和女儿是正确的。
</table>

200
300
400
500

해석

엄마의 역할

　나의 5살짜리 딸아이는 자전거에서 떨어져서 팔이 부러지고 난 후 감히 자전거를 타지 못했다. 그러나 딸아이는 매우 다른 친구처럼 자전거를 타고 싶어했다.

　나는 딸아이에게 다시는 넘어져 팔이 부러지지 않을 것이라고 했지만 딸아이는 여전히 믿지 않았다. 나는 나를 도와서 딸아이의 마음 속에서 공포심을 몰아내 줄 사람이 있기를 원했다. 그러나 나는 이혼한 후 다시는 결혼하지 않고 싱글맘이 되기로 했다. 나는 딸아이에게 "어떤 일이든 다 위험이 있어."라고 말했다. 딸아이는 다시 한번 해 보는 것에 동의했다. 오후 내내 딸아이는 마침내 공포심을 극복했다.

　집에 돌아올 때 딸아이가 물었다. "어제 저녁에 엄마랑 할머니랑 왜 싸웠어요?" 엄마는 내가 재혼하기를 바라지만, 나는 엄마가 나에게 소개시켜 준 남자와의 데이트를 여러 차례 거절했다. 딸은 말했다. "할머니는 엄마를 사랑해 줄 사람을 찾고 싶대요." 나는 엄마가 이 일을 딸아이에게 말한 것에 화가 났다. 딸아이는 나를 깊게 반성하게 하는 한마디를 했다. "그럼 사랑이랑 넘어져서 팔이 부러지는 것은 같은 일이 아닌가 봐요."

　집에 돌아오고 나서 나는 엄마에게 전화를 했고 그 남자와 만나기로 했다. 1년도 안 되어서 우리는 결혼했다. 엄마와 딸이 옳았다.

● ● **101.**

10분 동안 지문을 읽은 후, 35분 동안 원고지에 400자 내외로 지문을 요약해서 써 보세요.

　　星期六，我和保罗闲来无事去钓鱼。到了垂钓的水域，我环顾周围的钓鱼者，一对父子引起了我的注意。他们在自己的水域一声不响地钓鱼。他们钓到两条足以让我们欢呼雀跃的大鱼，接着又放走了。儿子大概12岁左右，穿着高筒橡胶防水靴站在寒冷的河水里。两次有鱼咬钩，但又都挣扎着逃脱了。突然，男孩的钓竿猛地一沉，差一点儿把他整个人拖倒，卷线轴飞快地转动，一瞬间鱼线被拉出很远。

　　看到那条鱼跳出水面时，我吃惊得张大了嘴巴。"他钓到了一条鲑鱼。个头儿不小。"伙伴保罗悄悄对我说："相当罕见的品种。"

　　男孩冷静地和鱼进行拉锯战，但是强大的水流加上大鱼有力地挣扎，孩子渐渐地被拉到布满旋涡的下游深水区的边缘。我知道一旦鲑鱼到达深水区就可以轻而易举地逃脱了。孩子的父亲虽然早把自己的钓竿放在一旁，但一言不发，只是站在原地关注着儿子的一举一动。

　　一次、两次、三次……男孩试着收线，但每次都不行，鲑鱼猛地向下游窜，显然在尽全力向深水区靠拢。15分钟过去了，孩子开始支撑不住了，即使站在远处，我也可以看到他发抖的双臂正使出最后的力气奋力抓紧钓竿。冰冷的河水马上就要漫过高筒防水靴的边缘。鲑鱼离深水区越来越近了，钓竿不停地左右扭动。突然孩子不见了。

　　一秒钟后，男孩从河里冒出头来，冻得发紫的双手仍然紧紧抓住钓竿不放，他用力甩掉脸上的水，一声不吭又开始收线。保罗抓起渔网向男孩走去。

　　"不要！"男孩的父亲对保罗说，"不要帮他，如果他需要我们的帮助，他会提出要求的。"

　　保罗点点头，站在河岸上，手里拿着渔网。

　　不远的河对岸是一片茂密的灌木丛，树丛的一半没在水中。这时候，鲑鱼突然改变方向，径直窜入那片灌木丛。我们都预备着听到鱼线崩断时刺耳的响声。然而，说时迟那时快，男孩往前一扑，紧追着鲑鱼钻入稠密的灌木丛。

　　我们三个人都呆住了，男孩的父亲高声叫着儿子的名字，但他的声音被淹没在河水的怒吼声中。保罗涉水到达对岸示意我们鲑鱼被逮住了。他把枯树枝拨向一边，男孩紧抱着来之不易的鲑鱼从树丛里倒退着出来，保持着平衡。

　　他瘦小的身体由于寒冷和兴奋而战栗不已，双臂和前胸之间紧紧地夹着一条大约14千克重的大鱼。他走几步停一下，掌握平衡后再往回走几步。就这样走走停停，孩子终于缓慢但安全地回到岸边。

　　男孩的父亲递给儿子一截绳子，等他把鱼绑结实后弯腰把儿子抱上岸。男孩躺在泥地上大口喘着粗气，但目光一刻也没有离开自己的战利品。保罗随身带着便携秤，出于好奇，他问孩子的父亲是否可以让他称称鲑鱼到底有多重。男孩的父亲毫不犹豫地说："请问我儿子吧，这是他的鱼！"

≫ 해설서 156p

실전 테스트

>> 해설서 162p

第101题：缩写。

(1) 仔细阅读下面这篇文章，时间为10分钟，阅读时不能抄写、记录。

(2) 10分钟后，监考会收回阅读材料。请将这篇文章缩写成一篇短文，字数为400左右，时间为35分钟。

(3) 标题自拟。只需要复述文章内容，不需加入自己的观点。

(4) 请把短文直接写在答题卡上。

董事会议结束了，鲍勃站起来时不小心撞到了桌子，把咖啡洒到了笔记本上。

"真丢脸，这把年纪了还毛毛糙糙的。"他不好意思地说。

所有人都哈哈大笑起来，然后我们都开始讲述自己经历的最尴尬的时刻。一圈过来，轮到一直默默坐在那儿听别人讲的弗兰克了。有人说："来吧，弗兰克，给大家讲讲你最难为情的时刻。"

弗兰克讲道："我是在桑派德罗长大的。我爸爸是渔民，他非常热爱大海。他有自己的小船，但是靠在海上捕鱼为生太艰难了。他辛勤地劳动着，一直待在海上，直到捕到的鱼足以养活全家为止。他不仅要养活我们的小家，还要养活爷爷奶奶以及他那还未成年的弟弟妹妹。"弗兰克看着我们，继续说："我真希望你们见过我的爸爸，他身材很高大。因为长期拉网捕鱼，与大海搏斗，他十分强壮。走近他时，你能够闻到他身上散发出来的大海的气息。"

弗兰克的声音低了一点儿："天气不好的时候，爸爸开车送我们去学校。他会把车停在学校正门口，好像每个人都能站在一旁观看。然后，他会弯下身在我的脸上重重地亲上一口，告诉我要做一个好孩子。这让我觉得很难为情。那时我已经12岁了，而爸爸还要俯身给我吻别。"

弗兰克停顿了一下，又继续说道："我还记得那天，我认为自己已经长大，吻别不再适合我了。我们到了学校停了下来，像往常一样爸爸露出了灿烂的笑容，他开始向我俯下身来，然后我挡住了他：'不，爸爸。'那是我第一次那样对他说话，他十分吃惊。我说道：'爸爸，我已经长大了，不再适合吻别了，也不再适合任何的亲吻了。'爸爸盯着我看了好长时间，潸然泪下。我从来未见他哭过。他转过身子说：'没错，你已经是一个大男孩……一个男子汉了。我以后再也不这样亲吻你了'。"

讲到这儿，弗兰克脸上露出了奇怪的表情，泪水开始在他的眼眶里打转。"从那之后没多久，爸爸出海后就再没回来了。"

我看着弗兰克，眼泪正顺着他的脸颊流下来。弗兰克又开口了："伙计们，你们不知道，如果我爸爸能在我脸上亲一下……让我感觉一下他那粗糙的脸……闻一闻他身上海洋的气息……享受他搂着我脖子的感觉，那么我付出什么都愿意。我真希望那时候，我是一个真正的男子汉。如果我是，我绝对不会告诉爸爸我已经长大了，不再适合吻别了。"

所有的人都沉默了，都在想着什么……

国家汉办/孔子学院总部
Hanban/Confucius Institute Headquarters

新 汉 语 水 平 考 试
Chinese Proficiency Test

HSK（六级）成绩报告
HSK (Level 6) Examination Score Report

姓名：＿＿＿＿＿＿＿＿＿＿＿＿＿＿＿＿＿
Name

性别：＿＿＿＿＿ 国籍：＿＿＿＿＿＿＿＿
Gender　　　　　　Nationality

考试时间：＿＿＿＿＿＿＿ 年 ＿＿＿＿＿ 月 ＿＿＿ 日
Examination Date　　　　　Year　　　Month　　　Day

编号：＿＿＿＿＿＿＿＿＿＿＿＿＿＿＿＿＿
No.

	满分（Full Score）	你的分数（Your Score）
听力（Listening）	100	
阅读（Reading）	100	
书写（Writing）	100	
总分（Total Score）	300	

总分180分为合格（Passing Score：180）

主任
Director ＿＿＿＿＿＿＿＿＿

国家汉办
Hanban

中国 • 北京
Beijing • China

汉语水平考试 HSK（六级）答题卡

请填写考生信息

请填写考点信息

按照考试证件上的姓名填写：

1 姓名　　HONG GIL DONG

如果有中文姓名，请填写：

2 中文姓名　　洪 吉 童

3 考生序号

2	[0] [1] [2] [3] [4] [5] [6] [7] [8] [9]
7	[0] [1] [2] [3] [4] [5] [6] [7] [8] [9]
4	[0] [1] [2] [3] [4] [5] [6] [7] [8] [9]
6	[0] [1] [2] [3] [4] [5] [6] [7] [8] [9]
3	[0] [1] [2] [3] [4] [5] [6] [7] [8] [9]

4 考点代码

8	[0] [1] [2] [3] [4] [5] [6] [7] [8] [9]
1	[0] [1] [2] [3] [4] [5] [6] [7] [8] [9]
5	[0] [1] [2] [3] [4] [5] [6] [7] [8] [9]
0	[0] [1] [2] [3] [4] [5] [6] [7] [8] [9]
0	[0] [1] [2] [3] [4] [5] [6] [7] [8] [9]
0	[0] [1] [2] [3] [4] [5] [6] [7] [8] [9]
0	[0] [1] [2] [3] [4] [5] [6] [7] [8] [9]

5 国籍

5	[0] [1] [2] [3] [4] [5] [6] [7] [8] [9]
2	[0] [1] [2] [3] [4] [5] [6] [7] [8] [9]
3	[0] [1] [2] [3] [4] [5] [6] [7] [8] [9]

6 年龄

| 2 | [0] [1] [2] [3] [4] [5] [6] [7] [8] [9] |
| 3 | [0] [1] [2] [3] [4] [5] [6] [7] [8] [9] |

7 性别　　男 [1]　　　女 [2]

8 注意　　请用 2B 铅笔这样写：　■■

9 一、听力

1. [A] [B] [C] [D]　　6. [A] [B] [C] [D]　　11. [A] [B] [C] [D]　　16. [A] [B] [C] [D]　　21. [A] [B] [C] [D]
2. [A] [B] [C] [D]　　7. [A] [B] [C] [D]　　12. [A] [B] [C] [D]　　17. [A] [B] [C] [D]　　22. [A] [B] [C] [D]
3. [A] [B] [C] [D]　　8. [A] [B] [C] [D]　　13. [A] [B] [C] [D]　　18. [A] [B] [C] [D]　　23. [A] [B] [C] [D]
4. [A] [B] [C] [D]　　9. [A] [B] [C] [D]　　14. [A] [B] [C] [D]　　19. [A] [B] [C] [D]　　24. [A] [B] [C] [D]
5. [A] [B] [C] [D]　　10. [A] [B] [C] [D]　　15. [A] [B] [C] [D]　　20. [A] [B] [C] [D]　　25. [A] [B] [C] [D]

26. [A] [B] [C] [D]　　31. [A] [B] [C] [D]　　36. [A] [B] [C] [D]　　41. [A] [B] [C] [D]　　46. [A] [B] [C] [D]
27. [A] [B] [C] [D]　　32. [A] [B] [C] [D]　　37. [A] [B] [C] [D]　　42. [A] [B] [C] [D]　　47. [A] [B] [C] [D]
28. [A] [B] [C] [D]　　33. [A] [B] [C] [D]　　38. [A] [B] [C] [D]　　43. [A] [B] [C] [D]　　48. [A] [B] [C] [D]
29. [A] [B] [C] [D]　　34. [A] [B] [C] [D]　　39. [A] [B] [C] [D]　　44. [A] [B] [C] [D]　　49. [A] [B] [C] [D]
30. [A] [B] [C] [D]　　35. [A] [B] [C] [D]　　40. [A] [B] [C] [D]　　45. [A] [B] [C] [D]　　50. [A] [B] [C] [D]

10 二、阅读

51. [A] [B] [C] [D]　　56. [A] [B] [C] [D]　　61. [A] [B] [C] [D]　　66. [A] [B] [C] [D]　　71. [A] [B] [C] [D] [E]
52. [A] [B] [C] [D]　　57. [A] [B] [C] [D]　　62. [A] [B] [C] [D]　　67. [A] [B] [C] [D]　　72. [A] [B] [C] [D] [E]
53. [A] [B] [C] [D]　　58. [A] [B] [C] [D]　　63. [A] [B] [C] [D]　　68. [A] [B] [C] [D]　　73. [A] [B] [C] [D] [E]
54. [A] [B] [C] [D]　　59. [A] [B] [C] [D]　　64. [A] [B] [C] [D]　　69. [A] [B] [C] [D]　　74. [A] [B] [C] [D] [E]
55. [A] [B] [C] [D]　　60. [A] [B] [C] [D]　　65. [A] [B] [C] [D]　　70. [A] [B] [C] [D]　　75. [A] [B] [C] [D] [E]

76. [A] [B] [C] [D] [E]　　81. [A] [B] [C] [D]　　86. [A] [B] [C] [D]　　91. [A] [B] [C] [D]　　96. [A] [B] [C] [D]
77. [A] [B] [C] [D] [E]　　82. [A] [B] [C] [D]　　87. [A] [B] [C] [D]　　92. [A] [B] [C] [D]　　97. [A] [B] [C] [D]
78. [A] [B] [C] [D] [E]　　83. [A] [B] [C] [D]　　88. [A] [B] [C] [D]　　93. [A] [B] [C] [D]　　98. [A] [B] [C] [D]
79. [A] [B] [C] [D] [E]　　84. [A] [B] [C] [D]　　89. [A] [B] [C] [D]　　94. [A] [B] [C] [D]　　99. [A] [B] [C] [D]
80. [A] [B] [C] [D] [E]　　85. [A] [B] [C] [D]　　90. [A] [B] [C] [D]　　95. [A] [B] [C] [D]　　100. [A] [B] [C] [D]

11 三、书写

101.

				保	护	地	球												
		现	在	，	我	们	的	地	球	压	力	很	大	，	人	越	来	越	多,
车	也	越	来	越	多	，	地	球	环	境	越	来	越	不	好	。	因	此	，
我	们	要	爱	护	环	境	，	节	约	用	水	，	从	身	边	的	小	事	做
起	，	这	样	我	们	的	地	球	才	会	变	得	更	加	美	好	。	我	们

100

不要写到框线以外！　　　　　　　　　　　　　接背面

汉语水平考试 HSK（六级）答题卡

接正面

每个人都有责任保护我们的地球。……

200

300

400

500

不要写到框线以外!

新HSK 6급

정답 및
녹음 스크립트

정답

듣기 听力

제1부분

01
1. C

02
1. A

03
1. B

04
1. D

05
1. D

06
1. C

07
1. B

08
1. C

09
1. C

10
1. D

실전 연습 1

1. D	2. B	3. A	4. C	5. B
6. D	7. C	8. A	9. C	10. C
11. A	12. A	13. C	14. C	15. C

제2부분

01

| 1. D | 2. C | 3. B | 4. D | 5. C |

02

| 1. C | 2. B | 3. D | 4. A | 5. A |

실전 연습 1

| 16. B | 17. C | 18. D | 19. C | 20. B |

| 21. D | 22. A | 23. D | 24. D | 25. C |
| 26. A | 27. D | 28. D | 29. C | 30. B |

제3부분

01

| 1. B | 2. C | 3. D |

02

| 1. A | 2. D | 3. C | 4. D |

03

| 1. B | 2. B | 3. D | 4. A |

실전 연습 1

31. B	32. A	33. C	34. B	35. C
36. C	37. B	38. D	39. B	40. B
41. C	42. B	43. C	44. C	45. B
46. B	47. B	48. C	49. D	50. C

실전 테스트

제1부분

1. A	2. B	3. B	4. C	5. D
6. C	7. C	8. A	9. D	10. D
11. D	12. C	13. B	14. A	15. D

제2부분

16. A	17. D	18. A	19. D	20. C
21. A	22. B	23. D	24. C	25. D
26. B	27. C	28. D	29. A	30. B

제3부분

31. D	32. B	33. C	34. D	35. A
36. D	37. C	38. C	39. B	40. D
41. D	42. D	43. B	44. C	45. D
46. A	47. C	48. C	49. C	50. B

독해 阅读

제1부분

01
1. D

02

1. B

03

1. C

04

1. B

05

1. D

실전 연습 1

| 51. C | 52. B | 53. C | 54. D | 55. D |
| 56. D | 57. B | 58. D | 59. A | 60. C |

실전 연습 2

| 51. A | 52. C | 53. B | 54. A | 55. D |
| 56. B | 57. C | 58. D | 59. A | 60. C |

제2부분

01

1. B

02

1. C

03

1. C

04

1. D

05

1. A

06

1. A

실전 연습 1

| 61. C | 62. B | 63. B | 64. C | 65. A |
| 66. B | 67. C | 68. A | 69. A | 70. A |

실전 연습 2

| 61. A | 62. C | 63. B | 64. C | 65. A |
| 66. D | 67. C | 68. B | 69. A | 70. A |

제3부분

실전 연습 1

| 71. E | 72. A | 73. C | 74. B | 75. D |
| 76. C | 77. B | 78. E | 79. A | 80. D |

실전 연습 2

| 71. E | 72. A | 73. C | 74. B | 75. D |
| 76. B | 77. D | 78. E | 79. A | 80. C |

제4부분

실전 연습 1

81. D	82. A	83. D	84. B	85. C
86. B	87. C	88. D	89. D	90. C
91. B	92. D	93. C	94. B	95. C
96. C	97. B	98. D	99. C	100. C

실전 연습 2

81. A	82. C	83. C	84. D	85. C
86. A	87. B	88. D	89. D	90. D
91. B	92. C	93. B	94. C	95. C
96. C	97. B	98. A	99. C	100. C

실전 테스트

제1부분

| 51. D | 52. D | 53. D | 54. A | 55. A |
| 56. D | 57. A | 58. B | 59. C | 60. B |

제2부분

| 61. B | 62. C | 63. D | 64. C | 65. A |
| 66. A | 67. A | 68. D | 69. D | 70. D |

제3부분

| 71. E | 72. B | 73. D | 74. C | 75. A |
| 76. D | 77. A | 78. C | 79. E | 80. B |

제4부분

81. D	82. D	83. B	84. C	85. D
86. D	87. D	88. A	89. C	90. D
91. D	92. B	93. B	94. C	95. A
96. D	97. D	98. D	99. D	100. C

 书写

101번

실전 연습 1

父亲的教育方式

星期六，我和保罗去钓鱼，在那儿看了一对父子。他们在一声不响地钓鱼。12左右的儿子钓到了相当罕见的大鱼。

从那时起，孩子和大鱼进行拉锯战，男孩冷静地钓鱼，但是大鱼拼命地挣扎，孩子渐渐地被拉到深水区。孩子的父亲一言不发，只是站在原地看着儿子。15钟过去了，孩子突然不见了。

孩子从河里冒出来，又开始钓鱼。保罗向男孩走去帮助的时候，男孩的父亲说：“不要帮他。”这时候，大鱼突然改变方向，男孩紧追着大鱼。

我们三个人呆住了，男孩的父亲喊叫他的名字，可是儿子听不见。

男孩子紧抱着大鱼走出来，保持着平衡，走几步停一下，再走几步，终于回到岸边。保罗问孩子的父亲是否可以让他称称大鱼。男孩的父亲毫不犹豫地说：“请问我儿子吧，这是他的鱼！”

실전 테스트

父亲的亲吻

在董事会结束的时候，有人不小心撞到了桌子，把咖啡洒到笔记本上。所有人都大笑起来，然后我们都说自己经历的最难为情的时刻。

弗兰克说：“我爸爸是渔民，他有小船。为了养活全家，出海捕鱼。他不仅要养活我们，还要养活他的父母、弟弟和妹妹。天气不好的时候，爸爸开车送我们学校，他把车停在学校门口，然后在我的脸上亲吻。这件事让我很尴尬。”

他继续说：“那天，我爸爸在学校门口向我俯下身来，我挡住了爸爸说：‘爸爸，我已经长大了，吻不再适合我了。’爸爸听我的话后，开始流泪了。我从未见他哭过。他说：‘对，你已经是男子汉。我以后再也不亲吻你了’。”

弗兰克说到这儿就流泪了。“从那天后，爸爸出海就再没回来了。如果我能跟爸爸见面的话，我绝不会跟他说我已经长大了，不再适合吻别了。”

大家什么都没说，都在想着什么。

제1부분

01

1. "牵肠挂肚"是形容惦念得放不下心。如果你出门在外，父母会牵肠挂肚，担心你一个人会不会过得好，饭有没有按时吃，天冷了有没有加衣服。作为子女，我们也要多关心父母，让操劳了一辈子的父母享享清福。

02

1. 一对夫妻吵架后好几天都不说话。这一天，丈夫想和妻子说话，可妻子不理他。于是丈夫在家里到处乱翻。妻子最后忍不住了，说道："你到底找什么呀？""谢天谢地，"丈夫高兴地说，"终于找到你的声音了。"

03

1. 叶问，本名叶继问，是广东佛山的富家子弟，从7岁起便拜陈华顺为师，学习咏春拳，并成为其封门弟子。叶问16岁那年，赴港求学，后学武。1950年赴香港，传授咏春拳。其弟子中最出名的是让中国武术闻名世界的武打巨星李小龙。

04

1. 秋季来临，很多北京市民会选择去香山观赏枫叶。"香山红叶文化节"一般在10月中旬举行，并持续到11月。如果不受特殊天气的影响，香山的枫叶将一直"红"至11月中旬。

05

1. 握手也有礼仪的。多人相见时，注意不要交叉握手。而且在任何情况下拒绝对方主动要求握手的举动都是无礼的。但手上有水或不干净时，应谢绝握手，同时必须解释并致歉。

06

1. 国家公务员考试是面向全国进行招考的，而地方公务员考试主要面向当地的居民和在当地就读的大学生以及本省生源的大学生进行招考的，但现在大部分省份已经不再要求考生拥有当地户口，尤其是像江苏、广东、浙江这样的沿海发达地区，对户口不做限制，是面向全国进行招考的。

07

1. 近日，一场暴雨带走了海南连日以来的高温天气。海南省气象台已发布暴雨橙色预警，省内多个市县6小时内降雨量将达100毫米以上。如何应对频发的极端天气，成为摆在政府、社会和民众面前的一道重要难题。

08

1. 雷雨时在户外戴着耳机听音乐，可能会有生命危险。据医生介绍，电子设备虽然不会像大树或电棒那样导电，但是雷电一旦与金属接触，金属就会传导电流，导致雷电烧伤皮肤，扩大伤害的程度。

09

1. 在工业化社会里，没有任何产品离得开材料。许多新产品的开发都依赖于材料的改进，材料是工业的基础。材料专业因此备受重视，地位在不断提高，该专业的毕业生择业面也很广。

10

1. "油米"，是指城市里那些年龄不大，开车四处寻找打折油，并乐此不疲地把信息发布到网上的群体。油客网负责人表示，尽管各加油站对该网站并不感兴趣，但从中受益的网民有几十万，为网站提供加油信息的有200多人。

- -

실전 연습 1

1. 这天早晨，孩子问爸爸："爸爸，为什么今天你做早餐呢？妈妈生病了吗？"爸爸随口答道："亲爱的，今天是母亲节呀!"孩子疑惑地问道："哦，那么其他日子，每天都是父亲节吗?"

2. 播客属于网络通讯类流行语。要想成为播客并不难，只需一台电脑、一个麦克风、一个声音编辑软件，接着将录制好的节目上传发布到相应的网站即可。而听众可以不受时空限制，自主选择所喜欢的播客内容进行欣赏。

3. 完美是人的终极幻想，在宇宙中并不存在。你越追求完美，就越会陷入失望。如果你以非常挑剔审慎的眼光来看待事情，任何事情都可以再改进——每一个人、每一种观念、每一幅画、每一种经验、每一件事。所以，如果你是一个完美主义者，那你就是一个失败者。

4. 喜鹊是人人喜爱的鸟。在民间，各地都有喜鹊报喜的说法，谁家的门前或树上停了喜鹊，不停地叽叽喳喳叫，人们总会说今天可能有喜事儿了，这家人可能要交好运了。

5. "做时间的主人，别让时间做你的主人。"这句话听起来有些玄妙，意思是说，你可以决定什么时间做什么事，而不是让时间来决定你应该做什么事，别让时间掌控你。

6. 卧薪尝胆，原指春秋时期的越国国王勾践励精图治以图复国的故事，后演变成成语，形容人刻苦自励、发愤图强。这个历史故事也会让我们明白"胜不骄，败不馁，才能取得胜利"的道理。

7. 抱怨的人在抱怨之后，非但没轻松，心情反而变得更糟，怀里的石头不但没减少，反而增多了。常言说，放下就是快乐。这包括放下抱怨，因为它是心里很重又无价值的东西。

8. 天热时人的头皮皮脂分泌会增多，这既会助长发丝间细菌滋生，也会使空气中的悬浮物更易黏附在头发上，极易弄脏头发，而且较强的风还会带走头发中的水分，导致头发发质变干，失去光泽，所以我们应注意保持头发的清洁。

9. 一个人的性格是在幼年时期定型的，但成年之后又改变的情况也的确存在，父母的抚育和教育方式以及社会环境的变化对一个人的性格都会产生一定程度的影响。

10. 居里夫人说：生活对于任何一个男女都非易事，我们必须有坚韧不拔的精神，最要紧的还是，我们自己要有信心，更要有坚定的理想和信念，我们要对生活尽全力。

11. 在法国，即使是陌生人见面也会互相道一声"你好"。在进门厅的时候，走在你前面的人会用手挡着门扉等你进来，虽然你们并不认识，也可能你们相距还有10米的距离。当你横穿马路时，每个司机都彬彬有礼，为任何一个异乡人停车让路。

12. 黑鱼属肉食性鱼类，小黑鱼食水生浮游生物，稍大即食小鱼、小虾。黑鱼喜栖于水草茂密的泥底或在水面晒太阳，有的还经常藏在树根、石缝中来偷袭其他鱼。黑鱼肉较粗，不是很好吃，但有营养，还有消炎的作用。

13. 李明考试的时候一直在睡觉，考试快要结束时他才醒了过来，他看了看左右，发现后面同学的卷子做完了还没写名字，于是他顺手拿过来写上自己的名字交了。

14. 丈夫抱回家一台吸尘器，兴奋地对妻子说："我为你买了世界上最好的吸尘器。"说着，他把咖啡末、烟灰等洒在客厅的地毯上，"只要我一按按钮，这些垃圾立即消失得无影无踪，否则，我立刻把它们吃下去。"妻子听了后平静地说："看来你非吃不可了。"丈夫马上说："绝对不会！"妻子说："会的，因为今天停电。"

15. 哈尔滨暴雪持续40多个小时才停止。天空放晴，露出许久不见的蓝天，空气质量也有所好转。孩子和大人们欢快地在雪中嬉戏玩耍，还有一些人则在路边驻足欣赏雪景。

01

1-5.

男：各位听众大家好，今天我们有幸请到了《中国少年报》的"知心姐姐"卢勤，请她谈谈在未成年人教育方面的心得体会。请问您是从什么时候开始从事教育工作的，又是什么让您能够一直在教育工作上探索呢？

女：我到《中国少年报》工作已经有29年了。我从小就想当"知心姐姐"，因为我是从小看着《中国少年报》长大的，当时有一个栏目叫作"知心姐姐"，我就悄悄给"知心姐姐"写了一封信，"知心姐姐"给我回了信，于是我就有了很大的成就感，后来我自己就想当"知心姐姐"了。

男：您特别的幸运，因为您实现了自己的理想。您觉得读懂孩子需要什么？

女：那就是爱孩子，当你从内心里爱这个孩子的时候，你的脸上就有爱的微笑，你的语言里面就有爱的激励，于是孩子就会发现你的这双眼睛爱他，他就会把心交给你。

男：现在5到7岁的孩子中有很多"问题孩子"，这让家长们比较苦恼，在这个特殊阶段该如何教育孩子呢？

女：最重要的就是培养孩子的自信，在这个阶段的孩子都需要家长发现他好的那一面，给予肯定。比如说我自己小的时候就特别喜欢画画，每次给妈妈看，她都说你画得太好了！我姐姐夸我真是画画的天才，所以我就特别热爱画画。后来我上学以后老师把办黑板报的工作交给了我，我从一年级一直画到初中。

男：有些家长越是在人多的时候，越是会和别人说自己的孩子不好，我很困惑，这些家长是什么心理呢？

女：这种情况比较普遍，很多家长愿意当着别人的面说自己孩子的不好，这个时候可能是因为他总对自己的孩子期望值很高，如果这个孩子本身有一点儿毛病，他就会把这个毛病看得比天还大，这就会进入一种恶性循环。

男：看来教育孩子的确有不少学问。我们每一位家长都得好好学习啊。

1. 卢勤为什么想当"知心姐姐"？
2. 卢勤觉得读懂孩子需要什么？
3. 卢勤讲自己画画的经历是为了说明什么？
4. 为什么有些家长当着别人的面批评孩子？
5. 关于卢勤，可以知道什么？

02

1-5.

女：欢迎大家来到今晚的《站长访谈》，今天我们邀请到的嘉宾是谢文。谢文，你好！您认为在当前情况下，中小网站的站长们应该如何保护自己，为自己争取权益？

男：不管你个人是否喜欢，首先必须要遵守已经明确的政策、法规。要想做大事，必须先从细节上认真做起，尤其是网站注册、备案。虽然站长们是草根，但是草根也是在这块土地上生活的，也得遵守法律法规。建议站长们别碰这样的网站内容：盗版、假冒伪劣商品。天道酬勤，不要抱侥幸心理。

女：您是公认的研究互联网行业的学者，能否为我们比较一下中外互联网，尤其是中小网站创业者这方面的情况呢？

男：其实，在美国中小企业成功的几率更低。因为他们的互联网市场更成熟。比较起来，中国商业化落后一些，信息也不通畅，创业反倒更有机会。国外的各种统计相对完善。相对来说，我们缺乏权威、中立、公正的统计机构，不规范的地方太多。另外，我国互联网在技术领域与国外相比也比较薄弱。个人网站方面，我认为中国一方面人口众多，一方面就业难，很多人想依靠一己之力来创业、赚钱。这种行为从商业规律上来讲，是行不通的。因为你要考虑规模效应、专业效应等，不能老想着单打独斗。但是，如果把个人网站作为一种辅助手段，作为一种事业起步的实验，我觉得可以尝试，但期望值不要太高。很少有人能一个人去管理好一个网站公共平台，然后安身立命、赚钱发财。这样很难，我不看好。

女：您是如何评价一个中小网站有无前途、有无价值的呢？

男：针对中小网站来说，我认为有3个指标：第一：特色鲜明，"一招鲜吃遍天"。个人网站最重要的，就是要明确特色在什么地方。不管你是电子商务网站，还是资讯网站，都必须有鲜明的个人特色。第二：学会自信，越小越开放。站长们积累点儿用户不容易，就怕开放，怕用户被"拐"走了，所以对大平台有恐惧感。其实这种想法不可取。在主流环境下，你必须学会自信。中小站长就应该勇敢地、热情地、毫不犹豫地去接受开放。对于互联网行业来说，开放性的产品也是非常重要的。第三，要非常的现实，非常的理性。站长不要自己给自己加上太重的包袱。草根站长都是低成本、业余、半业余地去做网站，不可能有那种一夜暴富的站长。

1. 男的认为中小网站为维护自己的权益，首先应该做什么？

2. 男的建议站长们不要碰哪些网站内容？

3. 哪项不属于国内统计机构的缺点？

4. 哪项不属于评价中小网站有无前途、有无价值的指标？

5. 关于上文，正确的是哪项？

- -

실전 연습 1

16-20.

女：您不说相声10年了，为什么又开始说相声了呢？

男：以前的搭档去日本了，后来相声到了低谷，电视里的相声老是要求弘扬主旋律，相声并不是我脑子里想象的应该是的东西，相声只是我的爱好，所以我也不想说了，没什么意思。郭德纲说的相声就是我脑子里想象的应该是的样子，和他配合后，产生了很多火花，互相之间也比较默契，现在搭档4年了。

女：和他合作感觉最大的不同是什么？

男：郭德纲的相声特别活，他知道的东西也多，这和他的日常积累有很大的关系。他想到哪儿就说到哪儿，而且张嘴就是一套，他有本事把所有这些东西都有机联成一体。上台前他准备得很充分，在台上他又能很随意地发挥。

女：作为他的工作搭档，您怎么看待郭德纲现在比较火这件事儿？

男：他火是正常的。他是个全才，"说、学、逗、唱"这四门功课都非常有功底，而且哪门也不避讳，从来也不忌讳扬这个避那个。他的艺术很值得欣赏，但更可敬的是他的人格、他和观众的这种感情。我觉得观众对他的作品的理解，只是40%。

女：功夫这么全面，他是不是一个"天才"呢？

男：他确实是"天才"，天生就是一个说相声的料，太适合干这个了。他本身有说相声的素质，有幽默感。但关键在于他后天的勤奋，他太用功了。照他这么专业地学习下去，只要身边有一点机遇，他就会把握住，一下子上去。

女：他是怎么用功的？

男：别人可以说他用功，他自己绝对不会说他用功。

因为他就这么一个爱好，演出完了回家，哪儿都不去，上网听录音、看光盘，然后琢磨自己的段子。不觉得苦，也不觉得累，反倒觉得很有意思。

16. 男的和郭德纲搭档几年了？
17. 男的觉得和郭德纲搭档最大的不同是什么？
18. 男的认为观众对郭德纲的相声理解了多少？
19. 为什么说郭德纲是说相声的料？
20. 郭德纲是怎么用功的？

21-25.

女：欢迎大家收看今晚的"文学树"，这位是大家喜欢的阿汀。现在很多的文学网站，都是以玄幻、魔幻、穿越、虐恋为主题来引起读者关注的。对这个现象，你是如何看的呢？

男：时代的存在有着它的必然性，也许这些东西还能暂立足跟，但是最后必将随着时代的变化而销声匿迹。

女：您觉得我们网站的特色主要都表现在哪些方面呢？

男：特色还是实际的内容结构，也就是说是以原创为基准的。所以我是希望我们这里是一个文字爱好者的乐园，也不一定就是专业的基地。

女：是的，对于网络写手来说，水平的高低都是参差不齐的。那么，我们网站以后是不是也会以文章的质量来区分优劣呢？

男：这个肯定是的，文章的好坏还取决于写的人用心与否，写得好的可以说是作者在用心写，当然不能说写得不好的，作者就没有用心，而是作者文字功底的不同。

女：是的。近段时间，也有很多朋友问我，我们网站是不是可以考虑开培训班或者用其他的方法来提高大家的文字功底？

男：当然可以了，我们在近期就会推出这样的方法的，不妨先让大家期待一下，策划已经写出来了。

女：网站在改版的同时，论坛也已经建立了，那么论坛到底可以起到什么样的作用呢？

男：论坛应该主要是个交流的地方，也就是网站的后方力量。论坛上，我们可以以交流的形式来写文章，只要是片段就可以的。

女：创办散文网站，一路走下来，一定不容易，遇到困难的时候，是什么支持你走下去的呢？

男：是我这个人的性格和大家的帮助，还有每个朋友给予的真心支持。

女：您觉得自己是个什么性格的人呢？

男：我的性格也是很重情的，属于感情细腻的吧，做事执着，但不够果断，真心喜欢交朋友。

女：大家的努力，我们都是看见的，你有没有最想感谢的人呢？

男：我想感谢的人太多了，真的，也难以一一列举出来，就不列举了。其实大家都可以看见是哪些人这么劳心劳力的。对于每个认真关心、关注着我们的人，我都要感谢。

21. 哪项不属于当前文学网站吸引读者注意力的主题？
22. 该文学网站的特色主要表现在哪些方面？
23. 男的认为论坛可以起到什么作用？
24. 哪项不属于男的克服困难的因素？
25. 关于男的，不正确的是哪些？

26-30.

男：各位晚上好，同样的节日祝福依然要在五一劳动节假期送给大家，今晚我们很高兴邀请到重庆网站管理员张施娅来到我们的互动空间和我们一起畅谈重庆溜在大半年时间里迅速成为重庆本地生活社区的标杆之秘诀。晚上好，张施娅，很高兴你能在这个忙碌的五一假期抽出时间来到这里和我们互动，首先还是希望你能给我们做个自我介绍。

女：好的，我是1981年出生的，性别女。现在从事重庆溜社区的一些线下活动方面的事吧，就是一打杂的。

男：从网络到现实，从线上到线下，其实我们了解到重庆溜几乎是从最初没有任何基础的情况下做起来的一个社会性网络服务社区，对于线下部分，我们希望你能够和我们具体谈谈，比如线下聚会需要注意些什么、聚会参与方式、具体如何策划等。

女：好的。在活动开始之初，我们会用一段时间在社区里做个调查，让会员自己投票表决，定下时间和地点。然后策划一下活动的具体流程，例如几点集合、签到、吃饭、娱乐等。其中活动的环节可能要多花点心思，可以去找商家拿一些赞助的礼品，在活动环节里组织一些互动游戏，把它们发放出去，让会员们都能满载而归，下次他们参加活动就会更积极一些。活动结束后也要让他们以征文的形式到社区发稿，评出奖项，这样线上线下就可以结合起来，效果也会更好一些。不过组织活动众口难调，有些人喜欢户外运动，有些人喜欢喝酒、唱歌。最怕的就是很多人报了名不来参加，或者来一些"空降"的人。

男：是的，组织活动不容易，每次的互动和分享，相信组织者是最累的了。另外，我们也同时看到你们在重庆溜网站上针对会员所做的一系列限制等，接下来能否详细给我们谈谈重庆溜网上社区对于会员的管理主要有哪些特点呢？

女：其实还是要让注册进来的每个人都能互动起来，他们发的帖，不能出现零回复，网友发的帖如果得不到关注，肯定不会再发。

26. 该访谈发生在什么时候？
27. 女的在重庆溜是做什么的？
28. 活动开始之初要做什么？
29. 活动结束之后如何让线上线下结合起来？
30. 根据上文，正确的是哪项？

01

1-3.

　　曾读到一个故事：某大学餐厅的门经常被踢破，管理员为此伤透了脑筋。门又一次被踢破的这天，他来找校长：这帮小青年控制不住，我看干脆换成铁门！校长笑了笑：放心，我已经订做了最坚固的门。

　　没几天，旧门拆下，新门装上。果真，它没挨过一次踢，学生们走到门口，总是不由自主地放慢脚步，纵然是双手都端着东西，也要用身体慢慢挪开它……这是一道玻璃门。

　　这道门怎能不结实？它用真诚捧出一份足够的信任，把一份易碎的美丽大胆地交到孩子们手中，让他们在被信任中学会珍惜和呵护。

1. 管理员为什么会伤透脑筋？
2. 关于"新门"，下列哪项正确？
3. 这段话主要谈的是什么？

02

1-4.

　　做什么事有了计划就容易取得好结果。学习也是这样，毫无计划的学习是散漫的，松松垮垮的，很容易被外界影响，所以想取得好的学习效果，制订计划是很有必要的。计划分长期计划和短期计划。在一段比较长的时间内，比方说一年或半年，可以制订一个长期计划。由于实际生活中有很多变化无法预测，所以这个长期计划不需要很具体，只要对必须要做的事做到心中有数即可。而更近一点的，比如下一个星期的学习计划，就应该尽量具体些，把大量的任务分配到每一天中去完成，这样长期计划就可以逐步实现。可见，没有长期计划，生活就没有大方向；同样，没有短期安排，目标也很难达到。所以两者缺一不可。制订计划时还应该注意，计划不要订得太满、太"死"，要留出一点空余的时间，使计划有一定的灵活性。毕竟现实不会完美地跟着计划走，给计划留有一定的余地，这样完成计划的可能性就增加了。

1. 要取得好的学习效果，应该怎么样？
2. 长期计划一般指多长时间的计划？
3. 制订一个星期的计划，应该注意什么？
4. 如何增加完成计划的可能性？

03

1-4.

大洋洲没有虎狼等凶猛的野兽，所以，像袋鼠这样的动物只要跳几下就能从敌人面前逃开，而其他大洲的很多动物，生下来就要学会奔跑，以免成为猛兽的口中之物。缺少天敌，使大洋洲动物的生存能力大大降低。当欧洲人来大洋洲之后，为了让大洋洲更像他们的家乡——欧洲，于是引进了许多欧洲大陆的动物。这些动物本来就在危险的环境中经历过生存竞争的考验，大洋洲土生土长的动物简直就不是它们的对手，它们在新的环境中迅速蔓延成患。在大洋洲，狡猾的狐狸和野狗、野猫都能够称王。为了控制野狗，大洋洲人由东向西兴建了长长的拦网，如同中国的长城。就连在其他大陆尚处于劣势的兔子，也能够在大洋洲迅速地蔓延成患，大洋洲政府不得不花大量的钱来设法控制它们。前几年，他们从中国引进一种病毒，兔子们染上了就会死亡。释放了这些病毒之后，兔子数量得到了一些控制，但似乎并没有面临灭绝，说不定哪一天又会蔓延成灾。

1. 关于袋鼠，正确的是哪项？
2. 为什么大洋洲动物的生存能力会降低？
3. 大洋洲人是如何控制野狗的？
4. 关于这段话，正确的是哪项？

실전 연습 1

31-33.

有三个人要被关进监狱三年，监狱长满足了他们三个一人一个要求。

美国人爱抽雪茄，要了三箱雪茄。法国人最浪漫，要一个美丽的女子相伴。而犹太人说，他要一部与外界沟通的电话。

三年过后，第一个冲出来的是美国人，嘴里鼻孔里塞满了雪茄，大喊道："给我火，给我火！"原来他忘了要火了。

接着出来的是法国人。只见他手里抱着一个小孩子，美丽女子手里牵着一个小孩子，肚子里还怀着第三个。

最后出来的是犹太人，他紧紧握住监狱长的手说："这三年来我每天与外界联系，我的生意不但没有停顿，反而增长了百分之二百，为了表示感谢，我送你一辆劳斯莱斯！"

这个故事告诉我们，什么样的选择决定什么样的生活。今天的生活是由三年前我们的选择决定的，而今天我们的抉择将决定我们三年后的生活。我们要选择接触最新的信息，了解最新的趋势，从而更好地创造自己的将来。

31. 美国人提了什么要求？
32. 犹太人为什么要电话？
33. 这个故事告诉我们一个什么道理？

34-36.

狐狸想钻进一个葡萄园，无奈围墙上的洞口太小，它只好先把自己饿瘦，才钻进了园子。在饱尝了鲜美的葡萄后，狐狸却发现自己又胖得钻不出来，只好再饿上几天，才得以离开。因而有人嘲笑狐狸：饿瘦了进去，又饿瘦了出来，什么也没有得到。

其实，这只狐狸吃过了葡萄，也就获得了一种体验，拥有了葡萄香甜滋味的记忆和种种体验。只有经历过，你才能得到最真实的体验，这是无法从别人的传授中获得的。生活中，我们经历的有喜有悲，有成功有失败，但不管结果如何，这些经历都会给予我们一定的启示，都能丰富我们的人生，这是十分可贵的人生体验。

34. 狐狸是怎么钻进园子里去的？

35. 人们为什么嘲笑狐狸？

36. 狐狸得到了什么？

37-39.

　　小李做生意失败了，但是他仍然极力维持原有的排场，唯恐别人看出他的失意。宴会时，他租用私家车去接宾客，并请表妹扮作女佣，把佳肴一道道地端上来。但是当那些心里有数的客人酒足饭饱，告辞时，每一个人都热烈地致谢，并露出同情的眼光，却没有一个人主动提出给予帮助。小李彻底失望了，他百思不得其解，一个人走在街头，突然看见许多工人在扶正被台风吹倒的行道树，工人总是先把树的枝叶锯去，使得重量减轻，再将树推正。

　　小李顿然领悟了，他放弃旧有的排场并改掉死要面子的毛病，重新自小本生意做起，并以低姿态去拜望以前商界的老友，而每个人知道他的小生意时，都尽量给予方便，购买他的东西，并推介给其他的公司。没有几年，他又在生意场上立足了，而他始终记得锯树工人的一句话："倒了的树，如果想维持原有的枝叶，怎么可能扶得动呢？"

37. 小李请谁扮作女佣？

38. 客人告辞的时候做了什么？

39. "倒了的树，如果想维持原有的枝叶，怎么可能
　　扶得动呢"这句话说明了什么？

40-42.

　　有一个6岁的小男孩儿，一天在外面玩耍时，发现了一个鸟巢被风从树上吹落在地，从里面滚出了一只嗷嗷待哺的小麻雀。小男孩儿决定把它带回家喂养。

　　当他托着鸟巢走到家门口的时候，突然想起妈妈不允许他在家里养小动物。于是，他轻轻地把小麻雀放在门口，急忙进屋去请求妈妈。在他的哀求下，妈妈终于破例答应了。

小男孩儿兴奋地跑到门口，不料小麻雀已经不见了，他看见一只黑猫正在意犹未尽地舔着嘴巴。小男孩儿为此伤心了很久。但从此他也记住了一个教训：只要是自己认定的事情，绝不可优柔寡断。

40. 小男孩儿为什么把小麻雀放在门口？

41. 小麻雀为什么不见了？

42. 小男孩儿记住了一个什么教训？

43-46.

　　有位秀才第三次进省城赶考，住在一个经常住的店里。考试前两天他做了两个梦，第一个梦是梦到自己在墙上种白菜，第二个梦是下雨天，他戴了斗笠还打伞。这两个梦似乎有些深意，秀才第二天就赶紧去找算命的解梦。算命的一听，连拍大腿说："你还是回家吧。你想想，高墙上种菜不是白费劲儿吗？戴斗笠打雨伞不是多此一举吗？"秀才一听，心灰意冷，回店收拾包袱准备回家。店老板非常奇怪，问："你不是明天才考试吗，今天怎么就回乡了？"秀才如此这般说了一番，店老板乐了："哟，我也会解梦的。我倒觉得，你这次一定要留下来。你想想，墙上种菜不是高种吗？戴斗笠打伞不是说明你这次有备无患吗？"秀才一听，觉得这种说法更有道理，于是精神振奋地参加考试，居然中了个解元。

　　积极的人，像太阳，照到哪里哪里亮，消极的人，像月亮，初一十五不一样。想法决定我们的生活，有什么样的想法，就有什么样的未来。

43. 秀才第几次进省城赶考？

44. 算命的是怎么解释"在墙上种白菜"这个梦的？

45. 店老板是怎么解释"带了斗笠还打伞"这个梦
　　的？

46. 这个故事说明了什么？

47-50.

　　美国一家铁路公司，有一位调车员叫尼克，他

工作认真负责，不过有一个缺点，就是他对自己的人生很悲观，常以否定的眼光去看世界。有一天，同事们为了赶着去给老板过生日，都提早急急忙忙地走了。不巧的是，尼克不小心被关在了一辆冰柜车里，无法把门打开。于是他在冰柜里拼命地敲打着、叫喊着，可由于除他之外全公司的人都走完了，没有一个人来给他开门。最后他只得绝望地坐在地上喘息。他想，冰柜里的温度在零下20度以下，自己肯定会被冻死的。他愈想愈害怕，最后只好用发抖的手，找来纸和笔，写下了遗书。在遗书里，他写道："我知道在这么冰的冰柜里，我肯定会被冻死的，所以……"当第二天公司职员打开冰柜时，发现了尼克的尸体。同事们感到非常惊讶，因为冰柜里的冷冻开关并没有启动，而这巨大的冰柜里也有足够的氧气，尼克竟然被"冻"死了！

　　他是死于自己心中的冰点。因为他根本不敢相信这辆一向轻易不会停冻的冰柜车，这一天恰巧因要维修而未启动制冷系统。他的不敢相信使他连试一试的念头都没有产生，而坚信自己一定会被冻死。

47. 尼克有什么缺点？

48. 尼克的同事们为什么都不在？

49. 当时冰柜箱的状况是怎样的？

50. 尼克为什么会死？

실전 테스트

1. 经理问小杨："小杨，你早晨上班迟到了，下班又早退，不太合适吧？"小杨说："经理大人，现在的路况不好，总是堵车。我上班迟到了，下班回家就不能再迟到了，否则，我还要被老婆大人批评的。"

2. 市场营销创新有两种截然不同的路径：一种是在某一特定市场内部做调整，另一种是通过对产品做适当改动来产生新用途、新情境、新目标市场，以开创新类别，从而重组市场。

3. 所谓的"M型社会"，指的是在全球化的趋势下，富者的财富快速攀升；而随着资源重新分配，中产阶级因失去竞争力而沦落到中下阶层。整个社会的财富分配，在中间这块儿，忽然有了很大的缺口，跟"M"的字形一样。整个世界分成了三块儿，左边的穷人变多，右边的富人也变多，但是中间这块儿，就逐渐陷下去，然后消失。

4. 洛阳是中华文化的读本。史学考证知，中华文明首萌于此，道学肇始于此，儒学渊源于此，经学兴盛于此，佛学首传于此，玄学形成于此，理学寻源于此。圣贤云集，人文荟萃。洛阳还是姓氏之根、客家之根。

5. 含羞草原产南美洲，为观赏植物，中国各地现均有栽培，分布于华东、华南、西南等地区。全草可药用，能安神镇静、止血止痛；种子能榨油。但其体内的含羞草碱是一种有毒物质，人体过度接触后就会毛发脱落。

6. 伟大的精神导致伟大的劳动，强有力的劳作培养强有力的精神，正如钻石研磨钻石。伟大的作家托尔斯泰，用自己的一生证实：体力劳动是高贵而有益的，轻视体力劳动和手艺，只说明其精神贫弱、思想空虚。

7. 本站天气预报目前可以查询涵盖全国2290个城市、县、地区当天和未来几天的气象趋势预测，主要指标包括每天最高气温、最低气温、天气状况、风向等。

8. 吃的第一大境界是"果腹"，即填饱肚子。它的形式比较原始，只解决人的最基本的生理需要。

这个境界的吃，不需要费心找地儿，两盘菜，一小碗汤，一份主食足矣。一个人，两个人，三五人均可。这个境界的吃千万别麻烦，一麻烦就脱离了本质，吃起来也就十分不爽。

9. 爸爸问小王是不是他推倒了简易厕所。小王承认了，然后说："爸爸，我看过华盛顿砍樱桃树的故事，华盛顿说了真话，就不用受到惩罚。"小王的爸爸说："宝贝，那是因为华盛顿的爸爸当时不在那棵樱桃树上。"

10. 目前世界上总共有大约7000种语言，但许多包含着当地人文历史和风俗习惯的语言正在迅速消失。美国语言学家9月18日警告，世界上有大约一半的语言正在濒临消亡，可能将在本世纪末完全被人类抛弃。事实上，几乎每两个星期就一种语言从世界上消失。

11. 预计5月中旬，长江中下游、华南等地雨水较多，大部分地区降雨量接近往年同期或偏多；而新疆西北部、青藏高原东部、内蒙古东北部、东北地区等，降水量也比往年同期偏多。

12. 全世界究竟有多少种小吃，可能最权威的美食家也无法说清楚。仅以城市中的小吃为例，据说光亚洲就有不下1500种，相比之下欧洲要少一些，不过也在四五百种左右，南美洲和非洲的加起来也要超过500种，其中甜食和咸食各占一半。

13. 当一个人面对劳动所得时，心情是快乐的，劳动所得不仅仅是让他得到了一点儿收入，更重要的是成就感和通过劳动所得到的尊重。一份成就感的来源可能很大也可能很小，但是，它给予的精神意义却是巨大的。

14. 世界卫生组织近日称，旅行乘车4小时以上，腿部静脉血管内形成血栓的几率增加。因此，为了我们的健康，长途旅客应该经常活动脚关节和踝关节。

15. 很多人觉得做直销就是做生意，在生意中就只有利益关系。生意人是没有朋友的，至于感动就更谈不上了。其实有这种想法的人，他不懂得直销究竟是什么。目前，无论是做生意，还是讲文化，最重要的一点就是讲人性。

16-20.

女：各位晚上好！本期访谈的嘉宾是中国美容人才网的首席执行官陈其力先生。陈总，您好。虽然您在美容界大名鼎鼎，但是按照我们的访谈惯例，首先还是请您简单地为大家介绍一下自己和您的中国美容人才网，谢谢。

男：中国美容人才网创办于2005年3月，是中国第一家只专注于美容美发化妆品行业的人才招聘网。5年来，中国美容人才网从1个人的公司变成了现在40多人的公司。简单自我介绍就这样了。

女：其实一直对您的个人经历非常好奇。您在大学是学经济学的，却还能自己写歌、谱曲，后来又自学程序开发等知识，自主开发了中国美容人才网。您是不是有超强的自学能力？这点对您的创业是否帮助很大？

男：可能是我比较喜欢自学吧。说不上超强的自学能力，只是兴趣。对于感兴趣的事情，我会特别的专注，这对创业的帮助当然非常大了。因为创业路上，太多事情不可预见，很多时候都是需要现学现卖的。

女：您的网站是2005年成立的，也刚刚过了5周岁的生日。那么，回忆起来创办初期的情况是怎么样的？坚持了多久开始盈利？目前的盈利情况又如何？

男：创办初期只有我一个人，而且我是利用业余时间做网站的，所以一步一步走过来，挺多辛酸的。我也不是专业的设计师或程序员出身，在此之前，也从未从事过互联网或IT的工作，所以遇到很多技术或运营上的问题，都无从解决，也没有人脉来帮助我解决问题。所以创业初期，我不得不成为"万金油"，一个人身兼数职，然后慢慢建立团队。我们坚持了3年，直到2008年才真正进入盈利阶段。在此之前也说不上亏损，因为投入也很小。2009年开始有了团队规模，我没那么吃力了。今年2010年开始有计划与愿景了。经历了2008年底的经济危机之后，我们现在倒活得比以前好了。目前盈利情况还比较健康。

16. 关于中国美容人才网，正确的是哪项？

17. 关于这位首席执行官，正确的是哪项？

18. 创业初期，男的碰到技术或运营上的问题怎么办？

19. 网站哪一年进入盈利阶段？

20. 根据上文，下列说法哪项正确？

21-25.

女：站长下午好，很感谢你可以在百忙中抽出时间来接受我的采访。

男：谢谢大家，人生很平凡，也不能说是采访，就是交流心得吧。

女：好的。网站现在改版，辛苦吧？

男：不是辛苦，是非常辛苦。

女：可以说具体点吗？因为，很多人都会觉得办网站是一件很轻松的事情。

男：首先要考虑网站的长远发展，得与专业的人士沟通，向他们学习。做平台网站是最辛苦的，大家都可以了解的。第二还得考虑文章的数量和质量。文章要多而好，并且我们现在是争取在最短的时间内审核文章。

女：是真的很辛苦，我经常看到你晚上很晚都还待在网站上。

男：这个是必须的，凌晨1点左右需要对网站进行更

新。虽然是很辛苦，但是有这么多朋友的支持，我感觉还是很开心的。

女：既然创办网站这么辛苦，那么请问下，创办网站的初衷和原因是什么呢？

男：初衷其实是对于文字的爱好，和为热爱文字的朋友提供一个交流的平台，并且挖掘好的作品。只有热爱一件事情，才能彻底把这件事情做好的。

女：现在网站的发展已经初具规模，你有确立网站的发展方向吗？

男：网站的发展方向其实一开始就确定了：把网站建设成一流的网站。有了固定的客户群体后，我们将向实体公司方向发展。这是条很漫长的路，需要大家的通力合作和支持。而且网络也是认识真心朋友的一个平台。

女：是的。那么目前为了我们网站的更好发展，有没有什么具体的措施呢？

男：有的。第一是在技术上加强。第二是多叫大家发质量好的原创文章。特别是群内我们要加强管理，希望群友能为网站发展和自己的水平提高多做贡献。

女：我也发现了这个问题，我们群里的朋友很多，但是参与互动交流的就比较少了。针对这一现象，你有没有什么具体的方法来改变呢？

男：这个得靠大家出谋划策，这个群里的事，我想还是用情来感动大家，既然能走到一起，我想也是为了我们共同的事业，大家只要用心就足够了。我们希望每个人来到这里，都可以感受到回归家园一样的温馨。

21. 办网站首先要考虑的是什么？

22. 晚上几点需要对网站更新？

23. 关于男的创办网站的原因，不正确的是哪一项？

24. 为了网站更好发展的具体措施是什么？

25. 如何改变群里互动交流较少的现状？

26-30.

男：各位网友大家好，欢迎大家来到今天的嘉宾聊天

室，今天的节目为大家邀请到的是重庆邮电大学招生就业处处长黄永宜老师。您好，黄老师！先跟各位网友打个招呼吧。

女：各位网友、学生家长和同学们，大家好！

男：请问当前对报考考生的体检有何要求？

女：对考生身体素质方面的要求，我校执行教育部、卫生部、中国残疾人联合会制定的《普通高等学校招生体检工作指导意见》。此外，对报考艺术类专业的考生还要求：听力正常，无色盲、色弱、夜盲；对报考社会体育专业的考生要求：男生身高168厘米以上，女生身高158厘米以上。

男：在录取中有关加降分及非第一志愿考生的录取原则是什么样的呢？

女：有关对加分或降分投档考生的处理，我校认定各省（自治区、直辖市）招办的相关规定。对非第一志愿考生，我们的录取原则是首先录取第一志愿报考我们学校的学生，在第一志愿录取没有满额的情况下我们才去考虑非第一志愿的考生，而不事先预留计划给非第一志愿考生。

男：对优秀学生，学校有哪些奖学金以及奖励政策？对贫困学生，又有哪些资助措施呢？

女：对于优秀的学生，我校提供了多种奖学金，包括：第一，新生奖学金、优秀新生奖学金；第二，综合奖学金：优秀学生奖学金、校友奖学金；第三，企业奖学金：长飞奖学金、华为奖学金、动感地带奖学金、中塑在线奖学金；第四，单项奖学金：科技创新奖学金、文体艺术奖学金。享受奖学金的学生约占总人数的30%。对于家庭经济困难的学生，我校已建立起"奖勤助贷减免补缓"的综合资助体系，这些同学可以借助生源地信用助学贷款、国家助学贷款、国家励志奖学金、国家助学金、勤工助学金、社会资助金、"绿色通道"入学、学费减免、临时困难补助等渠道完成学业。

男：请您为大家介绍一下学校与企业之间的交流合作情况吧。

女：学校立足信息行业，主动服务地方经济社会发展，不断探索产学研结合新模式，努力构建开放办学大平台，在长期的发展过程中与国内外许多著名院校、企业和科研机构建立了紧密的合作关系。

26. 哪项不是对报考艺术类专业考生的要求？
27. 对报考社会体育专业考生的要求是什么？
28. 哪项不是针对优秀学生的奖学金？
29. 哪项是综合奖学金？
30. 享受奖学金的学生约占总人数的百分比是多少？

31-33.

抛硬币是做决定时普遍使用的一种方法。人们认为这种方法对当事人双方都很公平。因为他们认为钱币落下后正面朝上和反面朝上的概率一样，都是50%。这种看似公平的办法，其实并不公平。

首先，虽然硬币落地时立在地上的可能性非常小，但是这种可能性是存在的。

其次，如果你按常规方法抛硬币，即用大拇指轻弹，开始抛时硬币朝上的一面在落地时仍朝上的可能性大约是51%。

之所以发生上述情况，是因为在用大拇指轻弹时，有时钱币不会发生翻转，它只会像一个颤抖的飞碟那样上升，然后下降。所以下次做决定前，你最好先观察一下准备抛硬币的人把硬币的哪一面朝上，然后再做出选择，这样你猜对的概率要高一些。

31. 文章认为用抛硬币做决定如何？
32. 开始抛时硬币朝上的一面落地时仍朝上的概率是多少？
33. 如何让猜对的概率提高？

34-36.

南阳历史文化悠久，人杰地灵。南召杏花山猿人遗址及多处原始社会遗址出土的化石、器物表明，远在几十万年前，人类祖先已在这块土地上繁衍生息。约七八千年前，先民们以辛勤劳动和聪明智慧在这片土地上创造了灿烂的历史文明。周代天子非常重视这片富庶的土地，曾分封了申、吕、谢、晋、许等诸侯国。春秋时楚设宛邑，到战国秦昭襄王35年初置南阳郡时，才开始使用"南阳"这个名字，至今已有2200多年的历史，虽然朝代屡经更迭，区划不断改变，但南阳这一地名，一直被保留着沿用着。在历史的长河里，越来越丰富了她的涵义，在时代的演进中，充分显示着她坚强的生命力。这块土地养育着广大劳动人民，出现过不少伟大人物，他们对人类社会发展的进步做出了极大的贡献，为社会创造了巨大的财富，从而使南阳成为国内外享有盛誉的名地。

34. 下列哪个遗址属于南阳？
35. 下列哪个不属于周天子分封的诸侯国？
36. 关于南阳，正确的是哪项？

37-39.
　　你可以收藏几乎任何物品。但是正如俗话所说，物以稀为贵，所以你最好收藏那些罕见的、不能再生的物品。当然，许多看似平常的物件，常常包含着我们先辈的智慧或反映了他们的生活方式，它们也可以归入藏品系列。藏品大致可分为自然形态藏品和人文形态藏品两类。自然形态藏品包括宝石、玉石、奇石、化石、标本等。人文形态藏品包括古家具、古瓷、绘画、古钱币、邮票、明信片、烟标、火花、唱片、门票、电影海报、烟斗等。收藏作为一种爱好，是具有吸引力的、有益的和有挑战性的。

37. 下列哪类物品值得收藏？
38. 下列哪项不属于自然形态藏品？
39. 收藏作为一种爱好，有哪些特点？

40-42.
　　体育精神的具体体现首先是尊重规则。进行任

何体育赛事必须要先制订规则，然后大家按照共同的规则去进行比赛，参与竞争。
　　体育精神的实质是公平。参与竞争的任何人，无论地区和民族、无论富贵或贫穷，大家都是站在同一个起跑线上公平竞争的。
　　体育精神的基础是专业精神。任何人想干好一件事，就必须热爱它、专注于它。如果一个运动员没有这种专业精神，就不能想象他可以成为优秀的运动员。
　　体育精神的内容是尊重对手。对手既包括竞争者，又包括不断前进道路上的伙伴，尊重对手就是尊重自己所从事的事业。假如没有对手，我们就失去了竞争的原动力。尊重对手还是和平和爱心在体育精神中的体现。
　　体育精神的最高境界是尊重失败。只要是比赛，只要有竞争，就会有失败，正所谓胜败乃兵家常事！竞争中的胜者自然受到奖励，受到称赞，但是失败者同样令人尊重。如果胜者永远胜利，那么就不会有新的竞争。奥运精神"更高、更快、更强"就是没有止境的追求，今天的胜者，在不久的将来必然会被超过而成为失败者。尊重失败，实际上就是尊重为成功所付出的汗水和努力！

40. 体育精神的实质是什么？
41. 体育精神的内容是什么？
42. 体育精神的最高境界是什么？

43-46.
　　你见过活着的珊瑚吗？它生活在幽深无比的海底。在海水的怀抱里，它是柔软的。可是，如果采珊瑚的人出现了，毫不怜惜地把它带出水面，那么这时珊瑚就会变得无比的坚硬。在远离大海的灿烂的阳光下，珊瑚只是一具惨白僵硬的骨骸。
谁都知道麝香，那是名贵的药材，也是珍贵的香料，而实际上，麝香不过是雄麝脐下的分泌物而已。想要获得麝香，就必须捕杀雄麝。雄麝生活在密林深处，身手矫健，来去如风，如果不是一流的

猎手，根本难以捕捉它的踪迹。而就是找到了雄麝，取得麝香也是极困难的事。有经验的老猎手说："靠近雄麝时，千万要屏息凝神，不能让雄麝感觉到你的存在，否则，它会转过头来，在你射杀它之前，咬破自己的香囊。"

在自然界里，有一些生物比人类还要有尊严。当生命遭到无情地践踏时，它们会用改变、放弃，甚至用死亡捍卫自己的尊严。

43. 采珊瑚的人出现后，珊瑚会变得怎样？

44. 关于雄麝，不正确的是哪项？

45. 要取得麝香应注意什么？

46. 下列哪项不属于一些生物捍卫自己尊严的方式？

47-50.

在手工经济社会，人们对"努力工作"的定义相当明确。在没有机器帮助和各种组织协作的情况下，努力工作就意味着人们要生产出更多的产品。当然，只有生产得够多，你才能养活全家人，才能让你的家人过上更好的生活。那些日子已经一去不复返了。我们当中的大多数人如今都不会再把自己的身体当成机器了，除了在健身房锻炼的时候。在今天，35％的美国人都是坐在办公桌前工作的。是的，我们要在那里坐上很多个小时，而且在这个过程中，我们唯一要做的一项体力活动就是换纯净水。那么，在你看来，如今应该怎样工作才算是"努力"呢？

在以前，我们可以称一称一个人收割了多少斤谷子，或者炼了多少斤钢铁，可如今情况不同了。未来的工作跟时间几乎没有太大关系。在未来，"努力工作"意味着要去做那些真正有难度，并非是耗费时间的工作。它要求我们去做一些必须不断突破我们自身极限才能完成的工作，而不只是一味地跟时间较劲。如果想要得到一份稳定的工作，获得利润，或者想享受更多工作乐趣的话，我们就必须学会去做这种工作。

47. 手工经济时代的"努力工作"是指什么？

48. 今天，百分之几的美国人坐在办公桌前工作？

49. 在未来，"努力工作"意味着什么？

50. 关于这段话，正确的是哪项？

Memo

Memo

新HSK

실전 모의고사

6급

동양북스

정 말
반 드시
합 격한다

정반합
新HSK

6급

실전 모의고사

동양북스

新HSK

6

급

실전 모의고사 1, 2, 3회

주의사항

★ 新HSK 6급 총 시험 시간은 약 140분이다.

　(응시자 개인정보 작성시간 5분 포함)

★ 듣기 영역에 대한 답안은 듣기 시간 종료 후, 정해진 시간(5분) 안에 답안
　지 상에 마킹한다.

★ 독해와 쓰기 영역에 대한 답안은 해당 영역 시간에 직접 답안지에 작성
　한다.

新汉语水平考试
HSK(六级)
全真模拟题 1

注　意

一、 HSK（六级）分三部分：

　　1．听力(50题，约35分钟)

　　2．阅读(50题，50分钟)

　　3．书写(1题，45分钟)

二、 听力结束后，有5分钟填写答题卡。

三、 全部考试约140分钟(含考生填写个人信息时间5分钟)。

中国　北京　　　　　　　　　　　　XXXX/XXXXXX　　编制

一、听 力

第 一 部 分

第1-15题：请选出与所听内容一致的一项。

1. A 小伙子是老板的儿子
   B 招牌裂成两块
   C 老板要开分店
   D 老板听了很生气

2. A "指"是大拇指
   B "弹指"是时光短暂的意思
   C "弹指"是用手指弹别人
   D 佛家用"弹指"比喻时光短暂

3. A 封闭培训为一个月
   B 新员工将出国深造
   C 集团会不定期地让员工学习
   D 集团会送员工到知名企业学习

4. A 客人对饭店的态度不认可
   B 顾客都不满意员工的态度
   C 员工不都对客人有亲切感
   D 顾客认可员工的服务来自内心

5. A 日本的小吃很贵
   B 韩国街头不见小吃踪影
   C 新加坡小吃价格实惠
   D 欧洲国家小吃价廉物美

6. A 该产品采用250V电源
   B 只能安装在户外
   C 该产品携带不方便
   D 该产品操作简便

7. A 企业领导者应深入员工内部
   B 企业领导者应树立权威性
   C 员工应学会反抗
   D 细节营销不容易施行

8. A "财神"在除夕之夜受欢迎
   B "财神"即财神像
   C "财神"中间为印制的神像
   D "财神"中间为吉利话语

9. A 日本政府邀请青少年访问日本
   B 日本政府邀请成年人访问日本
   C 日本20岁人口持续减少
   D 老龄化是日本教育改革重点

10. A "秋冻"不需要条件
    B "秋冻"引发呼吸道疾病
    C 受冻可促进健康
    D 盲目受冻易患心脑血管疾病

11. A 财富是永恒的
    B 快乐是暂时的
    C 生命是永恒的
    D 最富有的国家是有钱人很多

12. A 睡莲是新加坡的国花
    B 莲与佛没有联系
    C 荷花不属于睡莲科
    D 睡莲花语是纯洁

13. A 购物是享受
 B 购物仅仅是消费
 C 购物很辛苦
 D 购物不算是交换

14. A 不存在十拿九稳的事儿
 B 要做有把握的事儿
 C 欣赏别人的成功
 D 风险与收益是成正比的

15. A 杰出的人没遇到过不公正的事儿
 B 平庸的人遇到过很多不公正的事儿
 C 杰出的人遇到不公正也不放弃自己的追求
 D 平庸的人不会成功

第 二 部 分

第16-30题：请选出正确答案。

16. A 私密是因为需要有公开的空间
    B 完成公共的创作
    C 不允许他人使用个人的材料
    D 是不容外人打扰和参与的

17. A 是技术上的问题
    B 是发展上的问题
    C 是交流上的问题
    D 是思想上的问题

18. A 走传统艺术的路
    B 当下的艺术
    C 走西方传统
    D 走中国传统

19. A 艺术需要更新
    B 艺术需要进取
    C 跟着前辈走
    D 在传统中进行新的拓展

20. A 思考人生问题
    B 寻找灵感
    C 画画和生存
    D 和其他艺人交流

21. A 初中
    B 中专
    C 高中
    D 大学本科

22. A 文学创作
    B 从事网络传销
    C 从事网络接单工作
    D 在粤高速上班

23. A 2006年的5月1日
    B 2007年的5月1日
    C 2008年的5月1日
    D 2009年的5月1日

24. A 接外包单
    B 不外包做单
    C 没把握不接
    D 接就一定完成

25. A 维修网站
    B 增加人气
    C 插件定制
    D 病毒防护

26. A 学生就业高
    B 人才培养模式
    C 信息科学技术
    D 本硕连读

27. A 8个
    B 10个
    C 16个
    D 42个

28. A 通信学院
    B 经管学院
    C 计算机学院
    D 自动化学院

29. A 一年级初
    B 二年级初
    C 一年级末
    D 二年级末

30. A 艺术和体育类
    B 外语类
    C 中文系类
    D 技术类

第三部分

第31-50题：请选出正确答案。

31. A 煎茶
    B 斗茶
    C 功夫茶
    D 洗茶

32. A 煎茶
    B 斗茶
    C 品茶
    D 功夫茶

33. A 自煎自品
    B 斗茶
    C 说茶
    D 种茶

34. A 车次信息更新缓慢
    B 信息指导不具体
    C 人群的集体躁动情绪
    D 网站信息不正确

35. A 雪灾并不严重
    B 乘坐长途车很方便
    C 大家出行兴致浓厚
    D 未能及时得到灾情的有效信息

36. A 中国人太多
    B 信息传播欠发达
    C 雪灾导致路段堵塞
    D 相关部门对灾情估计不足

37. A 放进水里
    B 加热加压
    C 捧在手心
    D 随身携带

38. A 保护玉米粒
    B 锁住水蒸气
    C 帮助散发水蒸气
    D 让玉米粒发芽

39. A 本身要有承受压力的坚毅
    B 消除外在的压力
    C 释放生命的热情
    D 努力接受新事物

40. A 因为他反感两者
    B 因为他已经养成了习惯
    C 因为他所处的环境充满了两者
    D 因为他经常想如此做

41. A 无师自通
    B 向他人请教
    C 学习和训练
    D 经常阅读

42. A 用心体会感激之情
    B 经常帮助别人
    C 转移自己的注意力
    D 坚持自己认为对的事情

43. A 为学生着想
    B 提高学校的知名度
    C 充分利用资源
    D 规避终身教授制的弊端

44. A 很难得到续聘
    B 自主权很小
    C 上课出勤率很低
    D 他们只是来打工

45. A 为学生进行课程辅导
    B 参与学校的其他活动
    C 和学生一起进行实践体验
    D 组织教工活动

46. A 兼职教授比终身教授厉害
    B 兼职教授都很受学生欢迎
    C 聘用兼职教授可节约成本
    D 聘用兼职教授可提高教学质量

47. A 新的不去、旧的不来而高兴
    B 可为理想而努力奋斗
    C 沉溺于自己的失败
    D 失去安全感

48. A 言情小说
    B 当地报纸
    C 行业杂志
    D 工商界出版物

49. A 舞蹈行业
    B 冰激凌行业
    C 街头摆地摊
    D 理财行业

50. A 不需要调整自己的心态
    B 从事理财行业
    C 要找个地方娱乐下自己
    D 利用自己的人脉关系

二、阅 读

第 一 部 分

第51-60题：请选出有语病的一项。

51. A 两个品牌各自一个合作伙伴的策略，在车型资源分配上得天独厚。
    B 房间里骤然没有一点儿响声了。
    C 中国的戏曲在经历了漫长的发展过程之后，到元代形成了"元杂剧"。
    D 即使是顾客无理，你也得耐心跟他解释。

52. A 过海关的时候，你要如实申报所携带的物品。
    B 我从来没有去过那座大山，但是听老一辈的人说，那座大山里有野人。
    C 宁肯是谁，都希望拥有高品位、高质量的生活。
    D 看着绿油油的稻田，我不由得想起香喷喷的米饭来。

53. A 自古以来，就流传着很多重义轻财的感人故事。
    B 在科学技术上每天都发生着新变化的今天，需要成千上万的优秀人才。
    C 干涉中国内政，这是中国政府横竖不能接受的。
    D 尽管有些让人难以信服，赛场上的大热门德国队还是晋级参加了第二轮比赛。

54. A 这些天书一样的文字，终究会被语言学家破解的。
    B 世界上的事物往往都有两面性，"近朱者"也不例外。
    C 要是他早一点儿想起回家，也许就不会像现在这样永远回不了家了。
    D 在他的帮助下，使我的汉语听说水平有了极大的提高。

55. A 这座山的悬崖峭壁上，长着大约数百种左右的草药。
    B 他们拽着绳子，顺着落差数十米的瀑布徐徐落到下面的湖里。
    C 这次合作的流产，却引起了当地政府的重视。
    D 母亲完全没有考虑，就把真相说出来了，让众人大感意外。

56. A 他一心想帮忙，没想到却受到处罚，真是吃力不讨好。
    B 只是个玩笑，大家姑且一笑，不必当真。
    C 这块大石头乃至四五个小伙子也搬不动。
    D 梁山在中国山东境内，是《水浒传》中农民起义军聚义山寨的所在地。

57. A 朋友们都来劝我，我自然要给人家一个面子。
    B 他不时不忘自己的妻儿，从不乱花钱，把钱都攒起来寄回家。
    C 靠知识、靠知识品牌、靠软实力，这些是决定企业未来命运的核心。
    D 我们应保持充足的睡眠和良好的精神状态，以增强抗病能力。

58. A 对于沉溺于权力欲之中的人来说，亲情、友情、爱情自然都无足轻重。
    B 时尚潮流日新月异，追求时尚当然要紧跟潮流不断变化，昨日之新潮今日就淘汰也毫不稀奇。
    C 他们谈话的内容很广，自社会历史、经济、文化，以至于风俗、习惯，无所不包。
    D 画家、书法家和医生一样，越老越大名气。因为他们的作品可能是独一无二的，物以稀为贵。

59. A 虽然我的朋友都不以为然，但是思前想后，我最后还是专程带着孩子向那位客人赔了不是。
    B 小林前几天了做了胃切除手术，切掉了1/3的胃，经过一段时间的修养，现在会吃饭了。
    C 未来的汽车企业竞争的重点是综合实力的比拼，体系最优化是跨国集团在中国乃至全球范围内整合各种资源的目的所在。
    D 《青年文摘》和李阳疯狂英语的核心使命也是为了帮助成千上万的中国青年实现梦想。

60. A 我不小心打碎了妈妈心爱的花瓶，我本想为自己辩解的，但妈妈压根儿就没有骂我，弄得我反倒无话可说。
    B 长达15年的官司，使这个女人感到自己除了一颗疲倦的心以外，什么也没有得到。
    C 选基金也是在选基金公司，投资者一定要注意看同一公司基金的整体表现排名。
    D 整部电影镜头干净利落，色调光彩照人，传神的人物、炫目的服装是片中的两大超级亮点。

第 二 部 分

第61-70题：选词填空。

61. 当你_____潜意识这把开启成功之门的金钥匙，并_____向世界第一学习，你就会
_____一个全新的、广阔的世界，与成功的距离就会越来越近。

   A 掌握　　乐观　　开放　　　　　　B 具有　　认真　　开发

   C 把持　　努力　　扩展　　　　　　D 拥有　　积极　　拓展

62. 同样的连锁_____，却有不一样的结果。这主要是因为彼此的目标不同，如果有
_____的目标，就会_____强烈的动机。

   A 影响　　绝对　　引起　　　　　　B 反应　　肯定　　发生

   C 效果　　确切　　引发　　　　　　D 效应　　明确　　产生

63. 与音符相伴的日子里，他取得的_____震惊世界、无人可及，他_____自身的天赋
和勤奋，再加上音乐大师们的_____，迅速在世界歌坛成名。

   A 成功　　利用　　帮助　　　　　　B 成就　　凭借　　提携

   C 成绩　　依据　　协助　　　　　　D 成果　　依靠　　提拔

64. 当子女长大成人，能对自己的_____负责任了；当父母能够从子女的世界剥离开来，
_____一个旁观者的身份超脱地_____他们的得失，并耸耸肩不在乎地说"这是他
们的生活"时，我不知道这对父母来说算不算是一段_____的时光。

   A 行为　　以　　看待　　美妙　　　B 表现　　凭　　对待　　美好

   C 行动　　借　　评论　　奇妙　　　D 表达　　用　　讨论　　良好

65. 为什么我们总是做不对？为什么我们总是犯这样幼稚的错误？也许，我们已经太久
_____于习惯性思考，习惯于_____、看着办、_____和差不多，我们从没有想
到工作就是去做对的事情，做对就是做_____要求的事！

   A 沉溺　　懈怠　　模糊不清　　契合

   B 沉迷　　怠慢　　模棱两可　　符合

   C 沉醉　　懒惰　　浑浑噩噩　　依照

   D 沉睡　　懒散　　雾里看花　　按照

66. 竹林是生长速度快、再生能力强的可再生资源，竹纤维产品的规模化、产业化 _____，对以石油化工原料生产的纤维有一定的 _____ 作用，减少了中国石油等不可再生资源的 _____，顺应社会主义生态文明建设和可持续发展的时代 _____。

A 发展　　替代　　消耗　　要求　　B 生产　　代替　　消费　　需求
C 扩展　　取代　　耗费　　潮流　　D 成长　　代表　　耗竭　　趋势

67. 他走了，一个歌剧天才走进天堂，一个温暖的声音长留世上，留给我们无数的怀念和 _____。让我们在挥手 _____ 天边最后一抹夕阳的时候，_____ 一下传奇歌王那 _____ 的一生。

A 思念　　离开　　回忆　　熠熠生辉
B 留念　　离别　　回味　　光彩照人
C 铭记　　告别　　重温　　光彩夺目
D 纪念　　告白　　回稳　　光鲜亮丽

68. 所谓"平常心"，并不是对名利一点儿也不 _____。真正的"平常心"，是诚实地 _____ 自己，_____ 我们在内心深处是爱名利的，那么就大大方方地去爱，_____ 地去爱。

A 动摇　　面临　　即使　　百折不挠
B 关心　　面对　　不管　　名副其实
C 在意　　招待　　如果　　顺理成章
D 动心　　对待　　既然　　名正言顺

69. 寒冷减小了热量对微生物的 _____，而冰层里水是 _____ 晶体的形式存在，几乎没有流动的水存在，这就减小了化学物质对生物分子的 _____；光，包括紫外线都可以穿过冰层，_____ 当冰层达到几米厚时，光的能量就已经被减小很多了，在几米厚的冰层下就几乎没有光了，因此微生物被 _____ 在深深的完全黑暗的冰层中。

A 毁灭　　以　　腐蚀　　但是　　埋藏
B 损坏　　凭　　侵蚀　　不过　　埋葬
C 毁坏　　用　　腐烂　　可是　　深藏
D 破坏　　自　　霉烂　　然而　　埋掉

70. 喜欢一个人，是让人 _____ 成长的 _____。你会为他着想，为未来考虑，为幸福打算。现在的我们，没有未来。我 _____ 不说，我 _____ 不起爱这个沉重的字眼儿。

A 快速　　途径　　终究　　承受　　B 迅速　　捷径　　始终　　背负
C 飞速　　路径　　一直　　负担　　D 高速　　路途　　从来　　承担

15

第 三 部 分

第71-80题：选词填空。

71–75.

在中国，(71)＿＿＿＿＿＿＿＿，后人把这种文字称为
"甲骨文"。但乌龟壳和兽骨的数量毕竟有限，故仍不能广泛
普及。于是，人们又找到了来源更广泛的竹子或木头，在上
面书写，但又遇到了使用不方便的难题。为此，人们又开始
在丝织品上写字，这样使用起来就方便多了，但丝织品的价
格极其昂贵，(72)＿＿＿＿＿＿＿＿。因此，人们迫切需要一
种使用起来既方便又廉价的书写材料，于是，纸便被发明了。

蔡伦，中国造纸术的发明者，生于湖南桂阳。

(73)＿＿＿＿＿＿＿＿，蔡伦耗尽半生精力，他派人广泛搜集民间流传的造纸方
法，然后翻来覆去进行论证和分析，选取其中合理的工艺，合并其中相同的工序，
(74)＿＿＿＿＿＿＿＿，经过无数次的实验，终于发明了造纸术。

他的方法是将树皮、破布、旧渔网一类的东西加水煮，然后捣烂，再放在水中做成纸
浆，最后将纸浆放在细竹帘子上摊成薄片，漏掉其中的水分，晒干后就变成了纸。蔡伦用
这种方法做成的纸，既平整，又轻薄，而且成本很低，因此深受人们的欢迎，很快得到推
广。(75)＿＿＿＿＿＿＿＿，并利用宫廷作坊的财力、物力进行实验，整理确定了整个造纸
工艺。

A 一般老百姓只能望而却步

B 文字最初是刻在乌龟壳或野兽的骨头上的

C 为了造出物美价廉的纸张

D 设计可行的制作方案

E 蔡伦的最大贡献正是在于他总结了民间造纸的技术

76–80.

懂得感恩的人，往往具有谦逊的品德，是有敬畏之心的人。对待比自己弱小的人，知道要鞠躬行礼，便是属于前者；(76)＿＿＿＿＿＿，便是属于后者。因此，哪怕是比自己再弱小的人给予自己的哪怕是一点一滴的帮助，我们也不敢轻视、不能忘记的。跪拜在教堂里的那些人，望着从教堂彩色的玻璃窗中洒进的阳光，是怀着感恩之情的。

恨多于爱的人，(77)＿＿＿＿＿＿。心里被怨恨胀满的人，就像是被雨水淹没的田园，很难再吸收新的水分，便很难再长出感恩的花朵。

不懂得忏悔的人，一般也容易缺乏感恩之情。道理很简单，这样的人，往往自以为是，一切都是他对，他历来都没有错，对于别人给予他的帮助，特别是指出他的错误、弥补他的过失的帮助，他怎么会在意呢？不仅不会在意，(78)＿＿＿＿＿＿，是当面让他下不来台呢。

财富过大并钻进钱眼里出不来(79)＿＿＿＿＿＿，一般更容易缺乏感恩之情。因为这样的人总觉得他们是施恩于别人的主儿，别人怎么会对他们有恩且需要回报呢？这样的人，目中无人，习惯于昂着头走路，蔑视一切，别说鞠躬或磕头感恩于人了，即使叫他弯下腰、蹲下身来也是不可能的。

虽说大恩不言谢，施恩不图报，(80)＿＿＿＿＿＿，对你需要感谢的人，一定要把感恩之意说出来，把感恩之情表达出来。那不仅是为了表示感谢，更是一种内心的交流。在这样的交流中，我们会感到世界因此而变得格外美好。

A　而且还可能会觉得这样的帮助是多余的

B　但是感恩一定不要仅发于心而止于口

C　感受上苍懂得要抬头仰视

D　一般容易缺乏感恩之情

E　和权力过重并沉溺权力欲出不来的人

第 四 部 分

第81-100题：请选出正确答案。

81–84.

有一个年轻人非常想娶农场主漂亮的女儿为妻。于是，他来到农场主家里求婚。

农场主仔细打量了他一番，说道："我们到农场去。我会连续放出三头公牛，如果你能抓住任何一头公牛的尾巴，你就可以迎娶我的女儿。"

于是，他们来到了农场。年轻人站在那里焦急地等待着农场主放出的第一头公牛。不一会儿，牛栏的门被打开了，一头公牛向年轻人直冲过来。这是他所见过的最大而且最丑陋的公牛了。他想，下一头公牛应该比这一头好吧。于是，他放过了这头公牛。

牛栏的大门再次打开，第二头公牛冲了出来。然而，这头公牛不但形体庞大，而且异常凶猛。"哦，这真是太可怕了。无论下一头公牛是什么样子，总会比这头好吧。"于是，他连忙躲到栅栏的后面，放过了这头公牛。

不一会儿，牛栏的门第三次打开了。当年轻人看到这头公牛的时候，脸上绽开了笑容。这头公牛不但形体短小，而且还非常瘦弱，这正是他想要抓住的那头公牛！当这头公牛向他跑来的时候，他看准时机，猛地一跃，正要抓公牛尾巴的时候，发现——这头公牛竟然没有尾巴！

每个人都拥有机会，但是机会稍纵即逝，别让机会从身边溜走。

81. 农场主提出了什么要求？
    A 年轻人必须带来三头公牛　　　　　B 年轻人能抓住任何一头公牛的尾巴
    C 不给年轻人任何机会　　　　　　　D 让年轻人准备必要的钱财

82. 年轻人见到第一头公牛后：
    A 认为这头公牛非常凶猛　　　　　　B 奋力抓住了公牛的尾巴
    C 认为这头公牛非常帅气　　　　　　D 放过了这头公牛

83. 关于第三头公牛，正确的描述是：
    A 很大很丑陋　　　　B 非常凶猛　　　　C 形体庞大　　　　D 非常瘦弱

84. 根据上文，正确的是：
    A 机不可失，失不再来　　　　　　　B 掌握自己的命运
    C 勇敢为自己的梦想奋斗　　　　　　D 机会垂青有准备的人

85–88.

　　欧美发达国家的小吃在价格上基本都达到了发展中国家正餐的水平，毫无疑问，德国是一个在吃上缺少"进取心"的国家，除了品种繁多的香肠以外，似乎很难再有令人眼前一亮的特色小吃，英国似乎也好不到哪儿去。在吃上的所谓"花样"往往是通过数不清的小吃来体现，看来，要想甩掉西餐单调的帽子，靠德国人和英国人肯定是没戏了。德国的邻国法国却是一个对吃非常痴迷的国家，大餐小吃一应俱全，花上一个下午都让你百吃不厌。看看吧，巴黎街头各种叫不上名字的小吃都会让人垂涎三尺。小吃摊上，泡在大瓶子里的橄榄少说也有十几种，也不知是甜的还是咸的。数不清的花色面包和小点心让人眼花缭乱，种类繁多的果酱光看看瓶签也要半个小时。法国的小吃品种在欧洲各国名列榜首，西班牙和意大利次之。

　　世界各国的餐饮价格差异很大，要知道在丹麦的哥本哈根吃一次麦当劳或在俄罗斯的莫斯科喝一杯热咖啡并不便宜，以这个消费水平，在印度尼西亚的雅加达吃上一顿里面有肉有菜的咖喱饭绝对不成问题，在中国的许多城市，买上十碗酸辣粉都绰绰有余。所以在有的国家，以正餐的价格只能品尝到当地的街头小吃，屋子里的"小吃"可享受不起。而在另一些国家，用点儿零钱已能品尝到当地的大餐，至于物美价廉、种类繁多的街头小吃，只用兜里的零花钱就足以应付。

　　西方国家的小吃品种虽少但比较卫生，吃着让人放心。发展中国家的小吃品种多、价格低，但在卫生上不怎么讲究。天下事没有两头都合适的。说到口味，绝对是东风压倒西风，西方人的长项通常在于甜食，其他地方的小吃可以说是酸甜苦辣无所不包，印度尼西亚的咖喱饭配料也相当丰富，十几种算少的，多的可达几十种，外来人多数叫不出名字，只能"瞎吃"。西方人的热狗，虽然吃来吃去就是香肠加蔬菜，但他们很会在调酱上下工夫，这多少为西方小吃的名声不佳扳回一局。

85. 关于各国小吃，正确的是：

A　德国品种繁多的香肠比较有名　　　　B　英国人的小吃在欧洲有点儿名气

C　各国的餐饮价格差异不大　　　　　　D　西班牙的小吃品种很少

86. 关于法国的小吃，不正确的是：

A　大餐小吃一应俱全　　　　　　　　　B　光泡在瓶子里的橄榄就很多品种

C　有肉有菜的咖喱饭很受欢迎　　　　　D　有种类繁多的果酱

87. 关于小吃价格，正确的是：

A　欧美国家的小吃价格非常实惠　　　　B　丹麦的小吃价格经济到令人咋舌

C　酸辣粉的价格很便宜　　　　　　　　D　印度尼西亚的咖喱饭非常昂贵

88. 关于小吃口味，正确的是：

A　德国的小吃酸甜苦辣无所不包　　　　B　西方人的长项在于甜食

C　口味上，东风未必压倒西风　　　　　D　东方人很会在调酱上下工夫

89–92.

自从"波士顿倾茶事件"之后，茶在美国从来没有像今天这般"风光"过。美国人听说茶对健康大有好处，于是在一年之内就喝掉了五百多亿杯茶。然而，关于茶的抗病功能，研究报告却是语焉不详。是绿茶最好，还是红茶或药草茶最好？茶含不含咖啡因？逐项分析如下。

茶的种类是否重要？多数人喜爱红茶甚于绿茶，这是因各人口味不同，尽可各取所好。二者都含有大致等量的黄酮类化合物，这是一种强有力的抗氧化剂，可能有助于防癌。波士顿塔夫茨大学营养学教授杰佛里·布鲁姆伯格博士表示："很难区别二者哪个更好。实验证明，红茶绿茶都对人体有利。"

另外，研究发现，饮茶族罹患胃癌、食道癌、肝癌的风险都较小。波士顿百翰妇女医院的研究员也发现，一天至少一杯红茶能显著地降低心脏病的发病率。其他研究也表明了红茶有助于防止皮肤癌、胰腺癌及动脉粥样硬化症。

对绿茶的研究成果同样令人鼓舞。饮用绿茶能降低罹患口腔癌、食道癌、类风湿性关节炎和心脏病的风险。唯一的问题是：许多人不喜欢绿茶的口味。解决之道是把绿茶与果汁或药草茶混合饮用。如此则既容易下咽又不至削弱其抗氧化的功效。

而药草茶不含黄酮类化合物，严格说甚至不能算是茶。某些药草茶或许对健康有其独特的益处，但证据尚不够充分。

茶的最佳泡法：越浓越好。把茶袋泡在热水中5分钟就能释放出90%的黄酮类化合物。可加入牛奶或糖减少苦味，又不影响黄酮类化合物的吸收。

冰茶具有和热茶同样的优点。这对美国人来说是个佳音，因为有85%的美国人饮用的茶是冰茶。但茶加了冰以后就稀释了，可能会减少抗氧效果。那么，市面上卖的瓶装茶呢？化验结果显示瓶装茶不含黄酮类化合物。

茶是否含有咖啡因？茶的咖啡因含量只有咖啡的1/3左右。若对咖啡因十分在意，尽可饮用不含咖啡因的茶。虽然脱咖啡因的过程会降低黄酮类化合物的含量，但降低得有限。

一天喝多少合适？一杯就管用，但为达到最佳的效果，研究人员建议一天至少喝五杯，因为黄酮类化合物摄取得越多越有利于健康。所以，不论你用何种方式饮茶，都别忘了为你自己的健康"举杯"。

89. 关于红茶和绿茶，正确的是：

   A 两者都能降低胰腺癌的发病率　　　B 两者都含有黄酮类化合物

   C 两者都有助于防止皮肤癌　　　　　D 两者的味道相同

90. 饮用绿茶的好处有：

   A 有助于防止皮肤癌　　　　　　　　B 减低动脉粥样硬化症的风险

   C 减低罹患口腔癌的风险　　　　　　D 抗病功能不如红茶好

91. 根据上文，一天喝多少杯茶比较好?
　　A　依个人爱好而定　　　　　B　5杯以上为佳
　　C　5~10杯　　　　　　　　D　1~5杯

92. 关于上文，正确的是:
　　A　泡茶时可加入牛奶或糖减少苦味　　B　冰茶和热茶优点不同
　　C　药草茶比绿茶红茶更健康　　　　　D　瓶装茶含少量黄酮类化合物

93–96.

京剧是中国流行最广、影响最大的一个剧种，有近200年的
历史。京剧在形成过程中，吸收了许多地方戏的精华，又受到北
方方言和风俗习惯的影响。京剧虽然诞生在北京，但不是北京的
地方戏，中国各地都有演出京剧的剧团。

京剧是一种唱、念、做、打并重的艺术。唱，指按照一定的
曲调演唱。念，是剧中角色的对话和独白。做，指动作、表情和表演。打，是用舞蹈化的
武术表演的搏斗。

在长期的发展过程中，京剧形成了一套虚拟表演动作。如：一只桨可以代表一艘船；
一条马鞭可以代表一匹马；演员不需要任何道具，能表现出上楼、下楼、开门、关门等动
作。这些动作虽经过了夸张，但是能给观众既真实又优美的感觉。

京剧演员分生、旦、净、丑四个行当。"生"所扮演的是男性人物，根据角色年龄、身
份的不同，又分为老生、小生和武生。著名演员有马连良、周信芳、叶盛兰、盖叫天、李
少春等。"旦"所扮演的都是女性角色，又分青衣、花旦、武旦、老旦。最著名的旦角演员
有20世纪20年代出现的四大名旦——梅兰芳、程砚秋、尚小云、荀慧生。"净"扮演的是性
格豪爽的男性，特征是要在脸上勾画花脸，所以也叫花脸，著名花脸演员有裘盛戎、袁世
海等。"丑"扮演的是幽默机智或阴险狡猾的男性，著名的丑角演员有萧长华、马富禄等。

京剧的化妆也很有特点。"生""旦"的化妆要"描眉""吊眉""画眼圈"；"净""丑"
的化妆要根据京剧的脸谱勾画，比如忠勇的人要画红脸，奸诈的人要画白脸。

京剧的剧目很多，据说有3800出。目前上演的主要有传统剧、新编历史剧和现代戏三
大类。

京剧作为中国民族戏曲的精华，在国内外都有很大的影响。许多外国人专门到中国来
学唱京剧。许多京剧表演艺术家也曾到世界各地访问演出，受到了各国人民的喜爱。

93. 下列哪项不属于京剧的艺术形式？

    A 演　　　　　　B 念　　　　　　C 做　　　　　　D 打

94. 下列哪项属于旦角？

    A 老生　　　　　B 花脸　　　　　C 小旦　　　　　D 青衣

95. 根据上文，下列哪项正确？

    A "旦"所扮演的都是男性角色　　　　B 梅兰芳是著名小生演员

    C 奸诈的人要画黑脸　　　　　　　　D 忠勇的人要画红脸

96. 下列哪项不属于当前的京剧剧目？

    A 传统剧　　　　　　　　　　　　　B 新编历史剧

    C 家庭剧　　　　　　　　　　　　　D 现代戏

97–100.

　　我有一个弟弟，一天他在自己的笔记本上写了爸爸、奶奶、舅舅、妈妈的名字，然后在每个名字后面画上横线。

　　爸爸的横线有5厘米长，舅舅的横线3厘米长，妈妈的横线也有5厘米长，奶奶就与众不同了，奶奶名字后面的横线画到了白纸的尽头，后面还画有虚线。我问弟弟："这是什么意思？"弟弟满脸天真地说："我爱谁多一点儿，谁的名字后面的横线就画长一些。"在一个孩子眼里，爱是多么纯洁、简单啊！在他的眼里，爱就是一条有长度的、能用尺子量出的线。

　　认真地想想，在生活中，爱的体现又何尝不是这样呢？一些人，他们之间本来就只有5厘米长的爱，可他们通过自己的努力把5厘米长的线延长到了10厘米。爱之深，情之切，这是他们用爱心去创造的。

　　可有的人，由于不珍惜，把原有的10厘米长的爱缩短到了5厘米。另外的5厘米被他们之间的猜疑、不信任占据了。他们哪里知道爱究竟有多长呢？

　　有这样一个故事：一位法国妇女，家里十分贫穷，丈夫被迫到遥远的地方赚钱维持生计。一年，家乡洪水泛滥，冲断了丈夫回家的路。这位妇女担心丈夫找不到那条路，于是决定把冲断的路补回来。

　　妇女就从家门口开始铺一条通向丈夫离开的方向的路。她从天明铺到天黑，从平地铺到山丘，无论刮风下雨，无论严寒酷暑，从未停止过。终于在她80岁的那天，一条长长的石子路铺成了，可那位妇女再也起不来了。太阳照着她那银白的头发，闪闪发光。

　　那位妇女用了60年的时光铺成了爱的长度。

97. 在弟弟眼里，属于爸爸的爱的长度有多少？

　　A　5厘米　　　　　　　　　　　B　3厘米

　　C　10厘米　　　　　　　　　　D　白纸的尽头

98. 根据上文，有哪些爱的体现？

　　A　关爱年老的人　　　　　　　　B　给予身边的人多一点儿的爱

　　C　把5厘米长的爱延长到了10厘米　D　把10厘米的爱缩短到5厘米

99. 关于这位妇女，正确的是：

　　A　她是德国人　　　　　　　　　B　家里非常富有

　　C　她的丈夫在遥远的地方赚钱　　D　她丈夫背弃了她

100. 最适合做上文标题的是：

　　A　爱之歌　　　　　　　　　　　B　爱的长度

　　C　关于爱的故事　　　　　　　　D　时光和爱

三、书写

第101题：缩写。

(1) 仔细阅读下面这篇文章，时间为10分钟，阅读时不能抄写、记录。

(2) 10分钟后，监考会收回阅读材料。请将这篇文章缩写成一篇短文，字数为400字左右，时间为35分钟。

(3) 标题自拟。只需复述文章内容，不需加入自己的观点。

(4) 请把短文直接写在答题卡上。

　　仔细观察一个小孩儿，随便哪个小孩儿都行，你会发现，他每天都会发现一两件令他快乐的事情，尽管过一会儿他可能会哭哭啼啼。再看看一个大人，我们中间任何人都行。你会发现，一周复一周，一月又一月，他总是以无可奈何的心情迎接新的一天的到来，以温文尔雅、满不在乎的心情忍受这一天的消逝。确实，大多数人都跟罪人一样苦恼、难受，尽管他们太百无聊赖，连罪都不犯——也许他们的冷漠就是他们的罪孽。真的，他们难得一笑。如果他们偶尔笑了，我们会认不出他们的容貌，他们的脸会扭曲走样，不再是我们习以为常的固定不变的面具。即使在笑的时候，大人也不会像小孩儿那样，小孩儿用眼睛表示笑意，大人只用嘴唇。这实际上不是笑，只是咧咧嘴；表示一种心情，但跟快乐无关。然而，人人都能发现，人到了一定地步（但又有谁能解释这是什么地步呢），成了老人，他又会笑了。

　　看起来，幸福同纯真的赤子之心有关系，幸福是一种能从最简单的事物里，譬如说，核桃——汲取快乐的能力。

　　幸福显然同成功毫不相干，因为亨利·斯图亚特爵士当然是个十分成功的人。20年前，他从伦敦来到我们的村子，买了好几座旧房子，他把旧房子推倒后建了一所大房子，他把这所房子当作度假的场所。

　　我记得，大约10年前，他被任命为王室法律顾问，阿莫斯和我看见他走下从伦敦开来的火车，便上前去表示祝贺。我们高兴地笑着，而他的表情却跟接到判刑通知一样悲惨。他受封当爵士时也是如此，他甚至不屑于在蓝狐狸酒馆请我们大家喝杯酒。他对待成功就像小孩儿吃药一样，任何一项成就都未能使他疲惫的眼睛里露出一丝笑意。

　　他退休以后也常在花园里随便走走，干些轻松的闲活儿。有一天，我问他一个问题：一个人实现了一切雄心壮志是什么滋味？他低头看着玫瑰花，浇他的水。过了一会儿，他说："实现雄心壮志的唯一价值是你发现他们都不值得追求。"他立刻改变话题讨论有实际意义的事情，我们很快谈论起万无一失的天气问题。这是两年前的事。

　　我想起这件事情，因为昨天我经过他的家，把我的大车停在他家花园的院墙外边。我从大路上把车开到他家花园外边是为了给一辆公共汽车让路。我坐在车上装烟斗时忽然听见院墙里面传来一声欣喜若狂的欢呼。

　　我向墙内张望，里面是亨利爵士，他欢蹦乱跳像在跳部落出征的舞蹈，表现出毫无顾忌的真正的快乐。他发现了我在墙头张望的迷惑不解的面孔，他似乎毫不生气，也不感到窘迫，而是大声呼喊叫我爬过墙去。

"快来看，看呀！我终于成功了！我终于成功了！"

他站在那里，手里拿着一小盒土。我发现土里有三棵小芽。

"就只有这三棵！"他眉开眼笑地说。

"三棵什么东西？"我问。

"核桃树。"他回答道："我一直想种核桃树，从小就想，当时我参加晚会后老是把核桃带回家，后来长大成人参加宴会后也这样。我以前常常种核桃树，可是过后就忘了我种在什么地方。现在，我总算成功了。还有，我只有三棵核桃树。你瞧，一棵、两棵、三棵。"他数着说。

亨利爵士跑了起来，叫他的妻子来看他的成功之作——他的单纯又纯朴的成功之作。

新汉语水平考试
HSK(六级)
全真模拟题 2

注　意

一、HSK（六级）分三部分：

　　1．听力(50题，约35分钟)

　　2．阅读(50题，50分钟)

　　3．书写(1题，45分钟)

二、听力结束后，有5分钟填写答题卡。

三、全部考试约140分钟(含考生填写个人信息时间5分钟)。

一、听 力

第 一 部 分

第1-15题：请选出与所听内容一致的一项。

1. A 吉米的爸爸不是好人
    B 吉米向别人索取的少
    C 吉米的爸爸没有座右铭
    D 吉米的爸爸是拳击手

2. A 佩戴饰品不会引发疾病
    B 饰品不含有对人体有害的元素
    C 价格低廉的首饰成分复杂
    D 选购饰品不用很认真

3. A 春游宜去野外等场所
    B 春游会增加疲劳
    C 春游最好独自攀登山林
    D 春游应多摄取阳离子

4. A 患者不害怕做手术
    B 患者不紧张
    C 大夫初次做手术
    D 大夫不紧张

5. A 鱼是有智慧的
    B 鱼只有三十秒钟的记忆力
    C 鱼的智力没有哺乳动物的好
    D 鱼记不起五个月前的事情

6. A 送礼最好送死不掉的东西
    B 吃不掉的东西不适合送礼
    C 收礼的人往往会忘了你送的礼物
    D 合适的礼物让人难以忘怀

7. A 导游会给予游客各种帮助
    B 导游很难解决旅游中出现的问题
    C 中国的导游不用经过资格考试
    D 导游不是引导游览

8. A 将升温
    B 将有阵雨天气
    C 预计降雨将出现在白天
    D 市民外出可不用带伞

9. A 人生不需要压力
    B 减压是为了增强生命的耐力
    C 过分的安逸有利于减压
    D 放松心情可减压

10. A 妻子厨艺不好
    B 丈夫过得很好
    C 丈夫在家里可以喝酒
    D 家里伙食很好

11. A 他从不涉足电影行业
    B 他开创音乐的"中国风"
    C 他是"美洲流行天王"
    D 他是外语流行歌手

12. A 实现目标不需要决心
    B 拦路虎常常出现
    C 我们要有决心和毅力
    D 我们不应该持之以恒

13. A 他们追求物质

B 他们喜欢打的

C 他们落实自己的精神信仰

D 他们乘电梯

14. A 电脑对环境影响不大

B 电脑在废弃后不会成为污染源

C 填埋电脑对土壤会有影响

D 电脑对人类很重要

15. A 桉树也是树

B 桉树种类不多

C 桉树没有经济用途

D 桉树大多在澳洲及其附近

第 二 部 分

第16-30题：请选出正确答案。

16. A 网站页面设计
    B 搜索引擎
    C 网站流量
    D 网站点击率

17. A 积极向上的团队精神
    B 足够的自信心
    C 提升网站知名度
    D 持之以恒，完善自我

18. A 依赖谷歌搜索引擎
    B 靠亲朋点击提升流量
    C 依赖百度搜索引擎
    D 靠广告进行宣传

19. A 参与展会展示自己的产品
    B 利用展会宣传自己
    C 混进展会派发名片或举牌
    D 在展会门口举牌

20. A 设计宣传广告
    B 利用搜索引擎
    C 参加行业展会
    D 网站设计突出行业特点

21. A 做技工
    B 做美工
    C 做后台
    D 做网站

22. A 利用优势解决IT人员就业问题
    B 做国内领先的电脑杂志网
    C 成为资讯类行业的精英
    D 做业内领先的电脑资讯网站

23. A 完善内容
    B 增加点击量
    C 建立传播渠道
    D 加强宣传

24. A 正处于计划中
    B 已有初步结果
    C 已有详细的预算计划
    D 不便公布具体数字

25. A 大力进行广告宣传
    B 跟先辈进行合作
    C 一是内容，二是人气
    D 主要完善网站内容建设

26. A 职业技术类
    B 汉语言文学类和外语类
    C 通信类和工商管理类
    D 国际教育类和思政类

27. A 工商管理
    B 会计学
    C 市场营销
    D 信息工程

28. A 重庆市
    B 上海市
    C 成都市
    D 武汉市

29. A 由外籍教师讲授
    B 由中国优秀教师讲授
    C 定期开展口语培训
    D 定期进行实践培训

30. A 优秀学生证书
    B 本科毕业证书
    C 硕士学位证书
    D 研究生毕业证书

第 三 部 分

第31-50题：请选出正确答案。

31. A 0.000127
    B 0.000121
    C 0.000027
    D 0.000124

32. A 他是澳洲人
    B 他研究蝴蝶
    C 他提出"蝴蝶效应"
    D 他看错了数据

33. A 要注意生活中的细节
    B 蝴蝶拍一下翅膀能引起龙卷风
    C 每个人的成长都是一个奇迹
    D 初期的小差异能引起惊人结果

34. A 老师让我们学习那幅人体图
    B 黑板上的人体图被擦掉了
    C 黑板上多了一幅人体图
    D 考试的题目很多

35. A 老师认真地批改我们的试卷
    B 老师很生气，发火了
    C 老师让我们画人体图
    D 老师把试卷撕掉了

36. A 学习只是别人教给你的东西
    B 学习要注意用功
    C 学习不只是别人教给你的东西
    D 学习要有明确的目标

37. A 很多野兔
    B 草原野火
    C 很多猎人
    D 草原很大

38. A 躺在地上
    B 想办法把火扑灭
    C 快速逃跑
    D 把两人周围的干草和灌木点着

39. A 猎人和朋友遭遇了沙尘暴
    B 猎人巧用火保护了自己和朋友
    C 猎人和朋友找到了水源
    D 猎人抛弃了朋友

40. A 夏至前后
    B 立春前后
    C 立夏前后
    D 小暑前后

41. A 判断鱼群的种类
    B 判断鱼群大小
    C 判断鱼群的密集程度
    D 判断鱼群的深浅

42. A 大黄鱼经济价值很高
    B 大黄鱼药用价值不高
    C 大黄鱼的产量越来越高
    D 人工养殖大黄鱼的基地还没有

43. A 大学附近形成高科技产业群
    B 大学形成了硅谷
    C 大学附近有很多学校
    D 大学周围有很多书店

44. A 人民大学
    B 大学学院区
    C 北京大学
    D 海淀学院区

45. A 有项目经理
    B 有很多书店
    C 有很多娱乐设施
    D 有很多大学

46. A 人们追求高学历
    B 大家经常阅读书刊
    C 人们上班时着装随意
    D 大家相互聚会寻找热闹

47. A 五颜六色
    B 黑白分明
    C 乌黑
    D 雪白

48. A 她主要是牧牛的
    B 她有三个妹妹
    C 她打败了老虎
    D 她舞跳得很好

49. A 身披黑纱
    B 戴着黑帽子
    C 戴着黑袖章
    D 永远身着黑白

50. A 四姑娘山
    B 熊猫为什么身着黑白衣服
    C 熊猫为什么会遭到袭击
    D 熊猫保护神

二、阅 读

第 一 部 分

第51-60题：请选出有语病的一项。

51.　A　他的忽然到来让我们感觉很意外。

　　　B　沈从文的童年生活，是他创作一系列湘西作品的源泉。

　　　C　对别人的意见不能一概否定。

　　　D　我对于中国现代文学很感兴趣。

52.　A　他看起来大约60岁左右。

　　　B　不管是严寒酷暑，还是刮风下雨，他都会坚持去体校练习游泳。

　　　C　只有言之无物的文章，才会没有读者。

　　　D　你这样做不但不能解决问题，反而会影响大家的情绪。

53.　A　一转眼，他已经从书架上拿下来一本书。

　　　B　在大家的帮助下，使我认识到了问题的严重性。

　　　C　尽管事发突然，我们还是在第一时间赶到了事发现场。

　　　D　九寨沟那充满诗情画意的风景让我深深地陶醉了。

54.　A　生活是你采取行动或者不采取行动的结果。

　　　B　论身高，王杰只比我稍微高一点儿。

　　　C　只问耕耘不问收获，是做第一份工作时最重要的心态。

　　　D　我们失败的原因是大家不够团结。

55.　A　倘若说女人是水做的，那么男人应该是血做的。

　　　B　昨晚的事，我确定我看得很清楚。

　　　C　我们单位在这个季度的效益有所提高。

　　　D　思维灵活、办事主动是这位男青年的优点。

56.　A　昆明四季如春，所以又有"春城"之称。

　　　B　每年我们都相约在这一天重逢。

　　　C　他很高高兴兴地去参加朋友的生日聚会了。

　　　D　对于一次不可抗拒的空难，我是迟到的搜救者。

57. A 我国是世界上竹类资源最丰富的国家。

B 三个学校的老师和领导参加了这次的学术研讨会。

C 农民工子女的教育问题，是每个城市都要碰到的问题。

D 本刊数量有限，请抓紧时间订购，售完为止。

58. A 在电影首映式上，他发言了五分钟。但就是这短短的五分钟，却博得了全场观众的热烈掌声。

B 沙尘暴作为中国目前严重的气象和环境灾害之一，往往为人们所深恶痛绝。

C 足疗这门行业将中医学和当下最火的服务行业相结合，是中医现代化的一种突破。

D 矿业循环是循环经济理念应用于矿业系统，是它在矿业系统中的推广和应用。

59. A 当前很多专家开始重视对安乐死的讨论并研究，但一直都未得出令人满意的结论。

B 动物界是一面镜子，反照出人类本性的一面，因此我反而会原谅人类内心的缺陷。

C 为了着手新一代产品的研发以及推广，与多核技术相关的研发人才就成了重金招募的对象。

D 印度作为软件业大国，近些年来其地位早已不容忽视，在美国高等学府计算机相关专业随处可见的印度人身影可为佐证。

60. A 狼的情绪只有在狼的眼神中才能流露出来，狼的血液也只有在狼的身体内才能汹涌澎湃。

B 南京湿气特别重，在盛夏整座城市仿佛一个蒸笼，甚至连空气都流着粘稠的汗液。

C 这是一个地处美国最荒凉的北部、完全与世隔绝的小镇，傍依着一座深幽而绵长的大峡谷，四周全是重峦叠嶂的秃山。

D 中国经济的发展越来越很迅速，因此学习汉语的人越来越多，到中国留学的人成倍增长，也促进了中国经济的发展。

第 二 部 分

第61-70题：选词填空。

61. "晕轮效应"是一种_____存在的心理现象，即对一个人进行_____时，往往会因对他的某一品质特征的强烈、清晰的感知，而_____了他其他方面的品质，甚至是弱点。

A	普通	评估	忽视	B	广泛	估价	形态
C	普遍	评价	掩盖	D	到处	思考	忽略

62. 首先，学风体现在_____行为规范上。其次，良好学风还需要_____到教学的各个环节之中。学风作为一种关于学习的_____与习惯，习惯成自然，习惯了，也就蔚然成风了。

A	平常	贯彻	风俗	B	通常	行动	氛围
C	平时	实施	气氛	D	日常	落实	风气

63. 朋友之间的_____是不需约定的。_____是朋友，就要彼此信任，互相关心。这是不需要多说的了。_____朋友，就是破坏约定。

A	真诚	既然	出卖	B	真心	即使	叛卖
C	诚实	尽管	背叛	D	诚挚	哪怕	出售

64. 冰川融化，微生物从冰川中_____出来，这将是一个非常_____的过程。而这其中，能够有多少_____环境的变化存活，这些微生物中又有多少病毒，有多少能发挥_____，这些都还是未知数。

A	解冻	复杂	适应	作用	B	具有	庞杂	合适	效用
C	具备	杂乱	应变	功能	D	享有	繁复	适合	效果

65. 手机现在成为都市人_____的"新生器官"，而"手机幻听症"则逐渐成为一种普遍现象。手机幻听的_____症状有：担心手机会响，每半小时看一次手机，手机无来电，却能"听"到手机铃声。无论手机放在哪里，都觉得手机在响铃或_____。"特别忙的人"和"特别闲的人"最_____出现手机幻听。

A	如影相随	特殊	震惊	常常
B	形影不离	典型	振动	容易
C	形影相吊	特别	震动	可能
D	形单影只	特点	响动	简单

66. 我们需要＿＿＿＿有关生命、心灵等＿＿＿＿人本身最重要问题的智慧，作为知识和生活的明灯。一个人，＿＿＿＿没有太多的知识，但是由于把握了人生的智慧，往往也能有值得＿＿＿＿的地方。

| A 聚合 | 指示 | 然而 | 欣慰 | B 集中 | 指引 | 无论 | 骄傲 |
| C 聚集 | 引导 | 不管 | 自傲 | D 聚焦 | 指导 | 即使 | 自豪 |

67. 门墩儿艺术是中国＿＿＿＿艺术发展到高峰＿＿＿＿形成的石雕艺术，＿＿＿＿，门墩儿上的石雕制作精美、雕工不俗、题材广泛、比例协调，石料＿＿＿＿，是北京门楼文化中的一朵奇葩。

A 民间　　时期　　一般来说　　考究
B 人文　　时段　　总的来说　　讲究
C 流行　　时间　　总体而言　　精致
D 民俗　　阶段　　一般而言　　考证

68. 中国文化＿＿＿＿，形成了以儒学为＿＿＿＿的整体多元的华夏文明。儒家文化作为一种文化的＿＿＿＿、社会意识的潜流，它的许多合理性内容，具有其独特的魅力，它们渗入社会心理的深层，根植＿＿＿＿社会生活的土壤之中，影响着人们的生活方式、思维模式、价值观念、道德情操、处世态度和风俗习惯。

| A 大千世界 | 主题 | 沉淀 | 到 | B 历史悠久 | 中心 | 积累 | 在 |
| C 源远流长 | 主体 | 积淀 | 于 | D 滔滔不绝 | 观点 | 沉积 | 与 |

69. 希腊人把童年当作一个特别的年龄分类，却很少给它＿＿＿＿。希腊人＿＿＿＿下来的塑像中没有一尊是儿童的，对杀害婴儿的行为也没有任何道德或法律上的＿＿＿＿。他们＿＿＿＿各种各样的学校，但在如何＿＿＿＿未成年人方面并不具备现代人认为是正常的同情心和理解。

A 关心　　留传　　限制　　修建　　对待
B 注意　　留传　　控制　　建立　　教育
C 重视　　流传　　束缚　　建造　　管理
D 关注　　流传　　约束　　建立　　管教

70. 个性化消费时代的＿＿＿＿，催生了一批新人类，他们普遍追求个体的独特性、心理自主和消费过程的自主，＿＿＿＿企业组织为他们提供独特产品与个性化服务，这恰是私人化＿＿＿＿中"个性经济"发展的＿＿＿＿条件。

| A 降临 | 盼望 | 想法 | 需要 | B 来临 | 期望 | 观点 | 必须 |
| C 到来 | 渴望 | 概念 | 必要 | D 到达 | 渴求 | 观念 | 必然 |

第 三 部 分

第71-80题：选词填空。

71–75.

中国各地的古典园林，风景优美，建筑奇特，（71）
_____。

中国古典园林的最大特点是讲究自然天成。古代的园林
设计家在建园时，（72）_____，使人能从中欣赏到
大自然的奇峰、异石、流水、湖面、名花、芳草，感觉就像
在画中游览。

中国古典园林在布局上还有含蓄、变化、曲折的特点，比如园路要"曲径通幽"，讲究
景中有景，一步一景；园中的建筑要与自然景物交融在一起，形状式样变化多样；花草树
木要高低相间，四季争艳……

中国古典园林的另一个特点，（73）_____。如园林建筑上的匾额、楹联、画
栋、雕梁等，形成了中国古典园林艺术的独特风格。

（74）_____。北方的皇家园林往往利用真山真水，并且集中了各地建筑中
的精华。黄色的琉璃瓦，朱红的廊柱、洁白的玉石雕栏，精美的雕梁画栋，色彩华美，
富丽堂皇。保存到现在的著名皇家园林有北京颐和园、北海公园、承德避暑山庄等。
（75）_____，如苏州的拙政园、留园，无锡的寄畅园，扬州的个园等。私家园林
一般面积不大，但经过建筑家的巧妙安排，园中有山有水，景物多变，自然而宁静。

A 巧妙地将大自然的美景融合在人造的园林中

B 南方的私家园林大多建在苏州、南京、杭州和扬州一带

C 是中外游人向往的游览胜地

D 中国的古典园林大致可以分为北方皇家园林和南方私家园林两类

E 是巧妙地将诗画艺术和园林融于一体

76–80.

美国有一个感恩节。那一天要吃火鸡，无论天南地北，再远的孩子也要赶回家。

总有一种遗憾，我们国家的节日很多，唯独缺少一个感恩节。我们可以像他们一样吃火鸡，我们也可以千里万里赶回家，但那一切并不是为了感恩，（76）＿＿＿＿＿＿。

没有阳光，就没有日子的温暖；没有雨露，（77）＿＿＿＿＿＿；没有水，就没有生命的源泉；没有父母，就没有我们自己；没有亲情、友情和爱情，世界将会是一片孤寂和黑暗。这些都是浅显的道理，没有人会不懂，但是，（78）＿＿＿＿＿＿。

"谁言寸草心，报得三春晖。"这是我们小时候就熟悉的诗句，还有中国流传了多少年的古训，像"滴水之恩，涌泉相报"、"衔环结草，以报恩德"，简而言之，讲的就是要感恩。但是，（79）＿＿＿＿＿＿。有时候，我们常常忘记了无论生活还是生命，都需要感恩。

蜜蜂从花丛中采集完蜜，还知道"嗡嗡"地唱着道谢；树叶被清风吹得凉爽舒适，还知道"沙沙"地响着道谢。有时候，（80）＿＿＿＿＿＿。难道我们还不如蜜蜂和树叶？

A　这样的古训并没有渗进我们的血液

B　团聚的热闹总是多于感恩

C　我们却往往容易忘记了需要感恩

D　就没有收获的喜悦

E　我们常常缺少一种感恩的思想和心理

第 四 部 分

第81-100题：请选出正确答案。

81-84.

不是所有的人都喜欢他人赞扬的。赞扬的最好对象是那些颇有几分自负、生来就喜欢把别人的恭维当成客观评价的人，而那些自卑的人则容易把最真诚的赞扬当成挖苦、讽刺。

虽然别人赞扬的话会不时地让我们感到愉快，可是如果我们分不清是真诚的赞美还是别有用心的恭维就高兴过头，糊里糊涂地随便答应给对方好处，日后岂不会给自己带来麻烦？因此，知道了赞扬与恭维的区别之后，本着既不让自己被恭维话迷惑、又不让赞扬自己的人感到尴尬的原则，我们可以用这样一句话把恭维挡回去："您太抬举我了！"这句话能够让恭维你的人明白，你完全清楚他是在恭维你，而不是真心地赞美你。而对方听到这句话也不会生气，至多以后在你面前少说点儿恭维话罢了。还有一种方法可以使我们既能享受别人的赞扬带来的愉快，又不会被恭维所迷惑而给自己带来麻烦，这就是采用间接对话的方式进行交际。这种方法能避免你听到恭维话后一时高兴随便答应对方的要求。比如，对于一个有名的教授来说，他可以更多地采用书面作业而不是当面对话的形式与学生进行交流，这样不但学生对他说的话是真诚的赞美，而且可以避免学生的赞美给他带来消极的影响，使其至多变成一种简单、愉快而对自己没有任何害处的情感表达。

总之，对别人的赞扬如果恰到好处，不光能使对方感到愉快，而且也能够让自己的生活充满欢乐。

81. 关于赞扬的最好对象，下列选项正确的是：

    A 对自己感到自卑的人   B 对赞扬有正确认识的人

    C 有几分自负的人   D 认为赞扬是挖苦讽刺的人

82. 赞扬有几分自负的人时，他觉得：

    A 是需要得到你的帮助   B 真诚地恭维你

    C 可能是真诚的赞美   D 嫉妒你的一切而已

83. 最好用哪种方式进行交际不会带来赞扬的困扰？

    A 直接进行面对面的交流   B 采用书信往来的方式

    C 用间接对话的方式   D 通过网络进行交际

84. 关于上文，正确的是：

    A 所有人都喜欢被赞扬   B 我们应尽可能答应别人的要求

    C 我们要正确认识赞扬和恭维 D 我们要避免给自己带来麻烦

85–88.

奥地利心理学家阿德勒是一名钓鱼爱好者。一次，他发现了一个有趣的现象：鱼儿在咬钩之后，通常因为刺痛而疯狂地挣扎，越挣扎，鱼钩陷得越紧，越难以挣脱。就算咬钩的鱼成功逃脱，那枚鱼钩也不会从鱼嘴里掉出来，因此钓到有两个鱼钩的鱼也不奇怪。在我们嘲笑鱼儿很笨的同时，阿德勒却提出了一个相似的心理概念，叫作"吞钩现象"。

每个人都有一些过失和错误，这些过失和错误有的时候就像人生中的鱼钩，让我们不小心咬上，深深地陷入之后，我们不断地负痛挣扎，却很难摆脱这枚"鱼钩"。也许今后我们又被同样的过失和错误绊倒，而心里面还残留着以前"鱼钩"的遗骸。这样的心理就是"吞钩现象"。

"吞钩现象"使人不能正确而积极地处理失误、自责和企图掩盖失误，从而对人造成难以磨灭和不可避免的重复的伤痕。我们都有过"吞钩现象"，只不过我们自己不愿意承认罢了。

"吞钩现象"是神经高度紧张、情节反复斯磨的结果。每当个人对生活有适应不良的心理困扰时，就会把埋藏在潜意识深层的阴影激活，制造过失。阴影总是通过过失表现出来的，无论出现什么偶然的、突发的过失，从心理学角度讲，都有它的必然性、自发性。

过失、屈辱和失落，对我们来说没办法百分之百地避免，但是我们应该避免这些事情破坏和改变人性，这也是避免心理疾病出现的目的。

85. 关于阿德勒，下列说法不正确的是：

    A 他是奥地利人   B 他是一名心理学家

    C 他提出了"吞钩现象"的心理概念   D 他讨厌钓鱼

86. "吞钩现象"可能造成的后果有：

    A 使我们不能积极处理失误和过失   B 使我们更加积极地对待生活

    C 我们会变得更加坚强   D 我们的神经会高度紧张

87. 关于上文，下列说法不正确的是：

    A 每个人都有自己的过失和错误   B 我们可能会被同样的错误绊倒

    C "吞钩现象"不可避免   D 阴影常常通过过失表现出来

88. 根据上文，下列关于"吞钩现象"说法正确的是：

    A 不是每个人都会遇到"吞钩现象"的，这只是一种偶然

    B 我们每个人都会承认自己遇到的"吞钩现象"以及由此带来的心理阴影

    C 我们要竭力避免发生让自己感到失落的事情

    D "吞钩现象"使我们不能正确积极地处理失误，从而对我们造成一定的伤害

89–92.

青松、翠竹和冬梅这三种植物历来被中国人所喜爱，原因就在于它们即使在寒冷的冬天也显示出生机勃勃的活力，像三位志同道合的朋友一样迎接春天的来临，所以它们被人们誉为"岁寒三友"，象征着中国人所敬慕和追求的高尚情操。

在中国，"岁寒三友"的图案很常见，不管是在器皿、衣料上，还是在建筑上都留下了它们的影子。仁人志士向往它们傲霜斗雪、铮铮铁骨的高尚品格，而老百姓则看重它们长青不老、经冬不凋的旺盛生命力。

松树是一种生命力极强的常青树，即使天寒地冻，它也依然葱茏茂盛。所以人们赋予它意志刚强、坚贞不屈的品格，在中国民间，人们更喜欢它的常青不老，将它作为长寿的代表。

每当寒露降临，很多植物便会逐渐枯萎，而竹子却能凌霜而不凋，坚强地屹立在风雪之中。竹节中空、挺拔，所以被人们赋予坚贞和虚心的品格，有着"君子"的美誉。在中国的民间传统中有用放爆竹来除旧迎新、除邪恶报平安的习俗，所以竹子在中国的装饰画上也被作为平安吉祥的象征。

梅花是中国的传统名花，它清香幽雅、冰肌玉骨，梅花以它的高洁、坚强、谦虚的品格，激励着人们洁身自好、不断奋发向上，所以中国历代文人志士喜欢梅花、歌颂梅花的极多。梅花还常常被民间作为传春报喜的吉祥象征。有关梅花的传说故事、梅的美好寓意在中国流传深远，应用很广。

除了松、竹、梅这"岁寒三友"之外，中国还有很多植物，如菊花、兰花和莲花等，也被人们寄寓了美好的品格，成为中国人所追求的人格操守的象征。

89. 下列哪项不属于"岁寒三友"？

A 雪松   B 翠竹

C 青松   D 冬梅

90. "岁寒三友"有哪些品质？

A 傲霜斗雪、长青不老   B 经得起时间的考验

C 经久不衰、久经沙场   D 冰清玉洁、坚强不屈

91. 下列哪项不属于梅的品格？

A 高洁   B 自傲

C 坚强   D 谦虚

92. 关于上文，不正确的是：

A 梅花是中国的传统名花   B 竹子可作为平安吉祥的象征

C 梅花是传春报喜的吉祥象征   D 竹子是长寿的象征

93–96.

位于可可西里腹地的卓乃湖，是中国藏羚羊的主要产仔地，被称作"天然大产房"。

因为怀孕和到达时间的不同，许多临产的藏羚羊都集中在湖边，而其他还未临产的藏羚羊则主动在外围保卫，因为尾随而来的还有狼、鹰、秃鹫、棕熊等天敌。湖畔的妈妈们一旦喜得贵子，就赶紧领着孩子向外移动，再让其他的准妈妈们安全生产。如此循环，相互照应，直到最后一位妈妈完成大任。因为身处绝对的高原，加上天敌虎视眈眈，藏羚羊整个产仔过程非常短暂。有时在悠闲的漫步中，一个不屈不挠的生命就轻松坠地了，没有一声呻吟。

产床大多是高坡上的沙石地。我有幸目睹了一个高原生命的降临。一只刚刚出生的小藏羚羊，浑身还湿漉漉的，小家伙一动不动地趴在地上，头和脖子死死地贴在地上。它身体的肤色和地面极为相近，只有两只玻璃球一样的大眼睛闪着黑亮的光。看没有危险了，它才开始站立挣扎！它先伸展脖子，让头抬起来；而后开始试着蹬腿，四肢劈开支撑身体；两分钟后它突然用力，两只前腿便跪了起来；三分钟后，小藏羚羊竟然完全站起来了！五分钟后，站起的小藏羚羊已经能蹒跚学步了。

在小藏羚羊落地的瞬间，藏羚羊妈妈便要立刻用舌头不停地舔舐，以舔干净孩子身上的胎液，使其免遭冰冻之苦，也让唾液滋润自己孩子的生命，刺激其新陈代谢。在孩子站立的过程中，妈妈要用嘴巴不停地拱柔弱的孩子，好让它快点儿站立起来，瞬间坚强起来！一旦遇到天敌，藏羚羊母亲就只能先把孩子藏好，而后拖着疲惫不堪的身体朝着相反的方向"仓皇逃跑"，以诱惑劲敌。这样舍己救子的致命举动让很多藏羚羊母亲再也没能回来。而藏起来的小藏羚羊则利用短暂的时间差，依靠自己身体的天然保护色躲过了生命最初的劫难。尽管如此，小藏羚羊的成活率也只有百分之五十。

一个渺小的生命，一个脆弱的生命，一个必须面对艰险和磨难的生命，就这样在离天最近的地方站立起来了！

93. 下列哪项不是藏羚羊的天敌？

    A 狼　　　　　　　B 鹰　　　　　　　C 秃鹫　　　　　　D 黑熊

94. 为什么藏羚羊的产仔过程很短暂？

    A 幼仔的存活率很低　　　　　　　B 身处高原和天敌的存在

    C 高原气候不利于幼仔的生存　　　D 很多藏羚羊等待生产

95. 藏羚羊妈妈为什么牺牲自己？

    A 给孩子寻找食物　　　　　　　　B 让小藏羚羊快速成长

    C 诱惑敌人，保护孩子　　　　　　D 由于生产过程中的疲惫而致死

96. 上文主要介绍了：

    A 小藏羚羊的出生　　　　　　　　B 天敌是如何捕获藏羚羊的

    C 藏羚羊妈妈如何保护孩子　　　　D 藏羚羊的生存地

97–100.

在当今的社会中，肺癌和乳腺癌成为全球范围内死亡的主要原因，因此，早一点儿发现疾病成为众望所归。在最近的一项科学研究中，研究人员提供了令人震惊的新证据，表明人类最好的朋友——狗，或许能为早期癌症的检测做出贡献。

狗的超常嗅觉能够区分健康人与早、晚期肺癌和乳腺癌患者，研究人员向人们展示了这方面的科学依据。狗能够识别出被稀释得低至兆分之几的化学成分，这一点已被其他科学研究所证明。研究人员是从一个病例报告中第一次认识到狗的嗅觉在临床诊断上的作用——一条狗总是嗅主人身上的皮肤损伤处，从而使主人警觉自己患了黑素瘤。随后发表在一些主要医学期刊上的研究成果也证明，经过训练的狗能够发现黑素瘤和膀胱癌。最新的这项研究是对狗能否仅靠癌症患者呼出的气息发现癌症所进行的第一次测试。

在这项研究中，五条家犬在短短的三个星期内接受了训练，通过嗅癌症患者呼出的气息来发现肺癌或乳腺癌。试验由86名癌症患者（其中55人患有肺癌，31人患有乳腺癌）和83名作为对照的健康人组成。所有的癌症患者都是刚刚通过传统的活组织切片检测方法而确诊为癌症的，但尚未接受化疗。研究人员将癌症患者和对照者呼出的气息样本收集在一个特殊的管子里，让狗去嗅。狗受训在识别出癌症患者的气息后坐在或者趴在装有癌症者气息样本的测试台前，而对对照组的气息样本不做任何反应。

研究结果显示，狗能发现88%至97%的乳腺癌和肺癌。另外，该研究还证实，经过训练的狗能够发现早期肺癌和乳腺癌。研究人员由此推断，气息分析可能会成为诊断癌症的一个方法。

97. 为什么要早点儿发现疾病？

    A 人类意识到生命的可贵　　　　B 身体健康是众望所归

    C 狗能觉察到癌症　　　　　　　D 癌症已成为死亡的主要原因

98. 狗能嗅出癌症的科学依据是：

    A 狗天生的超常嗅觉　　　　　　B 能识别被稀释的物理成分

    C 已经经过临床试验　　　　　　D 能仅靠人呼出的气息发现癌症

99. 下列哪项属于研究结果？

    A 经过训练的狗能发现早期肺癌和乳腺癌

    B 狗能发现所有早期癌症

    C 癌症患者可以得到及时的治疗

    D 狗对对照组没有反应

100. 最适合做上文标题的是：

    A 治疗癌症之路　　　　　　　　B 狗能嗅出癌症？

    C 发现你的癌症　　　　　　　　D 健康路漫漫，狗来帮你忙

三、书　写

第101题：缩写。

(1) 仔细阅读下面这篇文章，时间为10分钟，阅读时不能抄写、记录。
(2) 10分钟后，监考收回阅读材料。请将这篇文章缩写成一篇短文，字数为400字左右，时间为35分钟。
(3) 标题自拟。只需复述文章内容，不需加入自己的观点。
(4) 请把作文直接写在答题卡上。

　　在繁华的纽约市，曾发生过这样一件让人称奇的事情。
　　星期五的晚上，一个贫穷的年轻艺人像往常一样站在地铁站口，专心致志地拉着小提琴。伴随着优美动听的琴声，人们步履匆匆，踏上周末回家的路，但还是有很多人情不自禁地放慢了脚步，往年轻艺人跟前的帽子里放些钱。
　　第二天，年轻的艺人又来到地铁站口，很优雅地把帽子摘下来放在地上。与昨天不同的是，他拿出一张大纸，郑重地铺在地上，用石块压上。然后，他调试好小提琴，开始演奏，声音似乎比以往更动听、更悠扬。
　　一会儿，年轻的小提琴手周围围满了人，人们都被铺在地上的那张纸吸引了，上面写着："昨晚，有一位叫乔治·桑的先生错将一份很重要的东西放在我的礼帽里，请您速来认领。"
　　见此情形，人群中一阵骚动，人们纷纷猜想那究竟会是什么东西。大约半个小时，一位中年男子匆匆赶来，他拨开人群直奔小提琴手，一把抱住小提琴手的肩膀语无伦次地说："啊！是您呀，您真的来了，我就知道您是个老实人，您一定会来的。"
　　年轻的小提琴手冷静地问："您是乔治·桑先生吗？"
　　那人连忙点头。小提琴手又问："您丢了什么东西吗？"
　　那位先生说："彩票，彩票。"
　　小提琴手掏出一张彩票，上面醒目地写着乔治·桑，小提琴手拿着彩票问："是这个吗？"
　　乔治·桑迅速地点点头，抢过彩票吻了一下，然后高兴地抱着小提琴手手舞足蹈起来。
　　事情是这样的。乔治·桑是一家公司的小职员，前些日子买了一张银行发行的彩票，昨天开奖后，他居然中了50万美元。下班回家的路上，他心情大好，听到琴声也顿觉美妙异常，于是掏出50美元放进小提琴手的帽子里，可是不小心把彩票也带了进去。小提琴手是艺术学院的学生，本来打算去维也纳深造，机票也已经定好了，时间就在那天上午。可是，他整理东西时看到了这张彩票，想到失主会回来寻找，他便取消了行程，又准时来到这里。
　　后来，有人问小提琴手："你当时正需要一笔钱来支付学费，才不得不每天到地铁站拉提琴，那为什么你不自己去兑奖呢？"

小提琴手说:"虽然我并不富裕,但我很快乐;可是如果没了诚实,我永远也不会快乐。"

　　在人的一生中,我们会得到许多,也会失去许多,但诚实应始终伴随着我们。如果以虚伪、不诚实的方式为人处世,也许能获得暂时的"成功",但从长远来看,我们到最后还是输家。这种人就像山巅之水,刚开始的时候高高在上,但慢慢会一点点地走下坡路,再没有上升的机会。

新汉语水平考试
HSK(六级)
全真模拟题 3

注　意

一、 HSK（六级）分三部分：

    1. 听力(50题，约35分钟)

    2. 阅读(50题，50分钟)

    3. 书写(1题，45分钟)

二、 听力结束后，有5分钟填写答题卡。

三、 全部考试约140分钟(含考生填写个人信息时间5分钟)。

中国　北京　　　　　　　　　　　×××× / ××××××　　编制

一、听 力

第 一 部 分

第1-15题：请选出与所听内容一致的一项。

1. A 小张认真工作
   B 经理不让小张工作了
   C 小张以后不再打瞌睡了
   D 小张还是打瞌睡

2. A "萍水相逢"指朋友相遇
   B "萍"生长在大海里
   C "萍水相逢"指陌生人相遇
   D "萍"是一种动物

3. A 湿地并不重要
   B 湿地创造了不可再生资源
   C 湿地的功能不多
   D 全球湿地在不断减少

4. A 朋友是相互利用的
   B 最好不要交朋友
   C 真诚的朋友间是不图回报的
   D 说甜言蜜语的都不是好朋友

5. A 人生可以没有目标
   B 不断仰望，人生会更平凡
   C 我们喜欢平凡
   D 人生要不断地追求

6. A 幸福是记住美好，遗忘丑恶
   B 幸福是很难追求的
   C 多数人是不幸的
   D 没人知道幸福是什么

7. A 鲸类自杀可能是因为噪音
   B 鲸类经常自杀
   C 鲸类嘴部出血
   D 鲸类自杀的原因不明

8. A "灰狗"车上没有厕所
   B 乘"灰狗"车很贵
   C 乘"灰狗"车的多是穷人
   D 乘"灰狗"车的多是白人

9. A 水是新西兰最重要的资源
   B 新西兰土地十分肥沃
   C 新西兰牛羊总数少于5000万头
   D 新西兰没有出口产品

10. A 莫斯科污染严重
    B 莫斯科绿地面积很小
    C 莫斯科周边有17个森林公园
    D 森林公园宽度都有28千米

11. A 居里夫人发现了铝元素
    B 居里夫人是文学家
    C 居里夫人拥有镭的专利
    D 居里夫人发现了镭元素

12. A 奋斗一辈子就会成功
    B 失败可以换来宝贵的教训
    C 后人都是成功的
    D 发明创造是一代人就能完成的

13. A 植物不需要空气

    B 空气不重要

    C 鱼也需要空气

    D 动物不需要空气

14. A 好孩子也有矛盾

    B 好孩子没有青春

    C 好孩子是天生的

    D 好孩子很少

15. A 该如何对待生命，每个人的回答都
       一样

    B 我们要努力完成自己的使命和理想

    C 人活在世上没有意义

    D 吃饭睡觉是我们的使命

第 二 部 分

第16-30题：请选出正确答案。

16. A 非常感动
    B 很伤心
    C 很高兴
    D 没有感觉

17. A 子女孝顺
    B 子女有出息
    C 子女聪明
    D 子女会感恩

18. A 几乎没有代沟
    B 代沟很小
    C 代沟可以填平
    D 一定有代沟，而且不能填平

19. A 他觉得自己是个好父亲
    B 他觉得自己因为迷恋写作而没有扮演好丈夫、父亲等角色
    C 他觉得自己很完美
    D 他觉得自己是个好孙子

20. A 严格要求
    B 溺爱孩子
    C 从不溺爱
    D 从不关心

21. A 张平在天水出生
    B 张平的父亲在天水教过书
    C 张平的母亲是天水人
    D 张平在天水教过书

22. A 母亲
    B 姐姐
    C 父亲
    D 叔叔

23. A 使他讨厌写作
    B 使他放弃写作
    C 使他开始对作文用心，努力写作
    D 使他开始喜欢文学

24. A 拥护和支持
    B 爱戴和理解
    C 讨厌和排斥
    D 制约和规范

25. A 为百姓
    B 为自己
    C 为国家
    D 为世界

26. A 两三年
    B 五六年
    C 三四年
    D 七八年

27. A 认真肯干的精神
    B 积极进取的心态
    C 微笑面对一切的生活态度
    D 执着钻研的精神

28. A 不退缩
   B 选择放弃
   C 惧怕困难
   D 他没遇到过困难

29. A 自己的兴趣
   B 父母介绍的
   C 自己找到的
   D 同学介绍的

30. A 多说话
   B 少做事
   C 不懂装懂
   D 虚心好学

第 三 部 分

第31-50题：请选出正确答案。

31. A 会减少犯错的机会
    B 会犯更多错
    C 会使孕育新创见的机会大大减少
    D 不会犯错

32. A 会错过许多学习机会
    B 会使我们更成功
    C 会不停地犯错
    D 会害怕成功

33. A 错误可能会毁了你
    B 犯错并不完全是坏事，它使你有学习的机会
    C 我们要追求"正确答案"
    D 我们不能一直犯错

34. A 从书中寻找精神导师
    B 学习新知识
    C 打发时间，消遣
    D 开拓视野

35. A 看电影、电视
    B 读书
    C 看报
    D 写作

36. A 影视更直接，但文本描写更广泛
    B 文本更有冲击性
    C 影视更能表现社会人生的广阔
    D 两者没有区别

37. A 无数种
    B 两种
    C 三种
    D 四种

38. A 给自己留许多后路的人
    B 小心试探的人
    C 破釜沉舟的人
    D 全身投入的人

39. A 畏惧困难的人
    B 小心试探的人
    C 顾虑很多的人
    D 破釜沉舟、全身投入的人

40. A 因为它不喜欢驴
    B 因为它自己驮了很多东西
    C 因为它乐得轻松
    D 因为它太累了

41. A 因为它觉得自己害死了驴
    B 因为驴死了，所有的货物都要马驮了
    C 因为它不想再驮东西了
    D 因为主人对它不好

42. A 不要自以为是
    B 不要太高傲
    C 帮助他人也是在帮助自己
    D 要看清形势

43. A 因为经理不雇佣他
　　B 因为经理不提升他
　　C 因为小张不提升他
　　D 因为经理不提升小张

44. A 经理让他们去市场上买土豆
　　B 经理让他们去市场上买西红柿
　　C 经理让他们去市场上看看有什么卖的
　　D 经理让他们去找一个农民

45. A 一次
　　B 两次
　　C 三次
　　D 四次

46. A 做事要听领导的安排
　　B 做事要灵活、变通
　　C 做事要越快越好
　　D 做事不要着急

47. A 因为老板对他不好
　　B 他想与妻子共享天伦之乐
　　C 他觉得工作太累了
　　D 他不想再造房子了

48. A 他非常用心地建造
　　B 他比以前更用心地建造
　　C 他的心思不在造房子上，出的是粗活
　　D 他有时候用心，有时候马虎

49. A 老板自己
　　B 老木匠
　　C 别的工人
　　D 老板的儿子

50. A 干活的时候不能偷懒
　　B 造房子要花心思
　　C 做事要考虑后果
　　D 生活是自己创造的

二、阅 读

第 一 部 分

第51-60题：请选出有语病的一项。

51. A 许多伟大的人都因为节制自己，集中力量在特定的事物上，而取得了杰出的成就。
    B 中国正在不断地加快高等教育发展的速度和规模。
    C 在他失去视力以后，他的室友每天都会为他读教科书上的内容。
    D 社会心理学认为所有的爱情体验都是有激情、亲密和承诺三大要素所构成的。

52. A 这个厂两次获省级大奖，三次被授予优质产品称号。
    B 中国虽然每年都有大量大学生毕业，但白领仍然严重缺乏。
    C 日本人节能的意识和智慧，还体现在房舍楼宇的建设和管理方面。
    D 政府安排他们参观了当地的学校并和老师、学生进行了互动交流。

53. A 我会以油画展现在教堂里看到的这一幕令人震撼的情景。
    B 青藏高原的荒野上盛开着野花。
    C 能否做好救灾工作，关键是干部作风要好。
    D 研究人员的研究结果也将及时得到开发和利用。

54. A 如果连生命都不能做到坦诚相待，那还能坦诚地对待其他的事物吗？
    B 中国的全面开放会给国内经济发展带来很多实质性的好处。
    C 同学们以敬佩的目光注视着和倾听着这位老师的报告。
    D 茶农较之于中原及北方地区种庄稼的农民，其收入毫无疑问是有了极大提高。

55. A 李想恳求妈妈给他买一台电脑，但遭到妈妈的拒绝。
    B 珠心算不仅是一种计算方法，更是开启儿童智力的一把钥匙。
    C 从个人前途上看，无债一身轻比花钱买个名牌要有利得多。
    D 通过大家批评教育，使我明白了这个道理。

56. A 我们要采取措施防止交通事故不再发生。
    B 人类对自然环境的破坏是这次灾害的罪魁祸首。
    C 美国人从事体育运动是在培养竞争的才能和领袖素质。
    D 好工作要自己去找，不要等着天上掉馅饼。

57. A 在生活中，既要当好演员，也要当好观众。

B 智商既是先天因素，也是后天开发与培养的结果。

C 没有什么比一颗感恩的心更值得尊敬。

D 《消费者权益保护法》深受消费者所欢迎。

58. A 她是一个非常有野心的女人。

B 有时候，生活中的失败能够极大地激励人。

C 难道我们不应该不向雷锋同志学习吗？

D 如果旅行社故意或因过失不履行合同，就应对旅客承担赔偿责任。

59. A 他这个人有不少值得表扬。

B 我喜欢看书和听音乐，运动却非我所好。

C 这对你来说的确很棘手，但你做好了就能为自己赢得荣誉。

D 团圆饭显示了家庭在华人文化里的重要地位。

60. A 许多在几个月前还很陌生的词，现在就耳熟能详了。

B 希望大家都能保持健康的心态，开心地投入到每一天的工作中去。

C 医生还提醒人们要注意改正饭后饮茶和饭后散步的错误习惯。

D 这朴素的话语多么深刻地蕴含着人生哲理啊！

第 二 部 分

第61-70题：选词填空。

61. 某著名经济学家说，市场经济是一种_____经济，中国肯百折不回地争取入世，从_____上讲是国内市场化改革_____的必然抉择。中国许多问题的解决都得靠外力的推动。从更深广的_____来看，世界贸易组织是中国加入的最后一个重要国际组织，这是中国自立于世界民族之林的最后一次重大外交行动，也是中国全面重返国际舞台的显著标志和强烈信号。

A	封闭	基本	使然	角度	B	开放	根本	导致	层面
C	放开	基础	引起	现象	D	放大	本质	引导	状态

62. 今天许多航空公司_____的最大危险也许并不是持枪的恐怖分子，而是公务舱中_____笔记本电脑的乘客。在过去15年里，驾驶员已经_____了100多万起可能有电磁干扰_____的事故。

A	面对	偕同	汇报	引起	B	应对	带着	记录	引发
C	考虑	购买	知道	涉及	D	面临	携带	报告	造成

63. 由于古人视彗星出现为不祥，_____对其非常重视，_____每一次出现都有比较_____的记录。

A	因此	几近	隐晦	B	加之	接近	准确
C	故而	几乎	详细	D	反而	进而	迷信

64. 英国科学家指出，在南极上空，大气层中的散逸层顶在_____40年中下降了大约8千米。在欧洲上空，也得出了_____的观察结论。科学家认为，由于温室效应，大气层可能会_____收缩。

A	过去	类似	继续	B	未来	相反	不再
C	以前	相同	一再	D	以后	一样	一直

65. 孔子学院已成为世界学习汉语言文化、了解当代中国的主要_____，_____海外汉语教学，扩大汉语教学的_____和阵地是孔子学院的重要工作。

A	平台	推动	规模	B	舞台	推翻	规范
C	阵地	鼓动	规则	D	媒介	推向	模式

66. 企业_____适不适合开展连锁经营？能不能开展连锁经营？面对这两个问题，一些企业往往_____，_____发展时机。

A 到底　　无所适从　　贻误　　　　B 非但　　一筹莫展　　痛失

C 终究　　举棋不定　　耽误　　　　D 是否　　优柔寡断　　错过

67. 中国古代数学家对"一次同余论"的研究有_____的独创性和继承性，"大衍求一术"在世界数学史上的_____地位是不容_____的。

A 完全　　高尚　　否定　　　　B 明确　　高明　　忽视

C 绝对　　高雅　　动摇　　　　D 明显　　崇高　　怀疑

68. _____广播电视和报纸等大众传媒进入千家万户，覆盖城乡，其对社会舆论的影响力_____扩大，越来越成为广大群众的主要信息来源，在很大程度上_____社会舆论。

A 随着　　日益　　影响　　　　B 跟着　　逐步　　控制

C 随同　　渐渐　　干扰　　　　D 跟随　　不断　　引领

69. 关于大师们的精神是否能够_____下去的问题，并不是_____，而是一个全球性的问题，就连美国也开始_____发愁。

A 延长　　忧国忧民　　为此　　　　B 继续　　怨天尤人　　因此

C 继承　　七上八下　　因为　　　　D 延续　　杞人忧天　　为之

70. 近现代西方科学与人文两种文化经历了融合、冲突和消解三个时期，_____到教育理念上也相应地经历了科学教育与人文教育的相互_____、越走越远和共同反思三个阶段。考察这一历史发展阶段表明，过分强调科学文化和科学教育，必然导致对人文的_____；而过分强调人文文化和人文教育，也会带来对科学技术的压抑。

A 反响　　渗入　　排挤　　　　B 体现　　结合　　无视

C 反映　　渗透　　轻视　　　　D 表现　　集合　　限制

第 三 部 分

第71-80题：选词填空。

71–75.

日本近代有位一流的剑客，叫宫本。一位叫柳生的年轻人一心想成为一流的剑客，(71)_____。他说："师父，根据我的资质，要练多久才能成为一流的剑客呢？"

宫本答道："最少也要10年。"

柳生说："哇！10年太久了，(72)_____，多久可以成为一流的剑客呢？"

宫本答道："那就要20年了。"

柳生不解地问："师父，为什么我越努力练剑，成为一流剑客的时间反而越长呢？"

宫本答道："要当一流剑客的先决条件，就是必须永远保持一只眼睛注视自己，不断地反省。(73)_____，哪里还有眼睛注视自己呢？"

柳生听了，顿时开悟，以此为道，(74)_____。

人生的成功之道就是不能两眼都紧盯着"成功"的招牌，(75)_____，注视脚下的路。

A 假如我加倍地苦练

B 就慕名前来拜宫本为师学艺

C 你必须保留一只眼睛注视自己

D 现在你两只眼睛都看着剑客的招牌

E 终成一代名剑客

76–80.

英国著名小说家约翰·克里西年轻时有志于文学创作，但他没有大学文凭，也没有得力的亲戚可攀。他向英国所有的出版社和文学报刊投稿，得到的却是743张退稿条。尽管如此，(76)＿＿＿＿＿＿＿＿。他曾对朋友说："不错，我正承受人们难以相信的大量失败的考验，如果我就此罢休，(77)＿＿＿＿＿＿＿＿。但我一旦获得成功，每一张退稿条的价值都要重新计算。"

后来，他的作品终于问世了，(78)＿＿＿＿＿＿＿＿，不可遏止。到他1973年75岁逝世时，(79)＿＿＿＿＿＿＿＿，总计4000多万字。他本人身高1.78米，而他写的书堆叠起来却超过了两米。

成功不是一件轻而易举的事情。要想获得成功，(80)＿＿＿＿＿＿＿＿，要不断向前，千万不可半途而废。

A　就必须做一个不畏不馁的长跑者

B　所有的退稿条都将变的毫无意义

C　他潜在的创作才能如大江奔涌

D　43年间他一共写了564本书

E　他仍然坚持不懈地进行创作

第 四 部 分

第81-100题：请选出正确答案。

81-84.

　　台湾有一位著名的企业家，很小的时候他就明白，一个人的名声是永远的财富。而对一个生意人而言，最好的形象，当然是诚信。

　　一次，他向某银行借了500元，他其实并不需要这笔钱，他之所以借钱，是为了树立声誉。

　　那500元钱，他实际上从未动用过，等催款的通知一来，他就立刻前往银行还钱。

　　他说："我并不需要借钱，但我却需要声誉。"

　　从那以后，银行对他十分信任，再大笔的贷款，他都可以拿到。

　　另有一位成功的推销商，他有一种独特的推销策略。每次登门拜访客户的时候，他总是开门见山地先声明：我只耽误你一分钟时间，他按下手表，计时开始，他拿着一份精心设计的文案，口若悬河地讲一分钟。时间到了，他主动停住，留下材料，然后离去，绝不耽误客户的时间。

　　说用一分钟，就用一分钟，一秒不差。

　　而这带给客户的印象就是"他说到做到"，即"有信誉"。

　　3天后，这位推销员再度来电，在电话中自我介绍，客户一定还记得他，记住那个只讲一分钟的人。而他留下的书面资料呢？大部分客户都会看的。有没有进一步的商机呢？大部分都会有。

81. 企业家为什么要向银行借500元钱？

　　A 因为他的企业缺钱　　　　　　　B 因为他急需用钱

　　C 为了树立声誉　　　　　　　　　D 为了还债

82. 企业家借了500元钱之后按时还了钱，这起到了什么作用？

　　A 银行以后不再借钱给他了　　　　B 取得了银行的信任，方便以后贷款

　　C 可以借很多钱而不用还　　　　　D 借钱可以迟些还

83. 下列与文中"口若悬河"意思差不多的成语是哪一项？

　　A 滔滔不绝　　　　　　　　　　　B 胡说八道

　　C 结结巴巴　　　　　　　　　　　D 天花乱坠

84. 客户为什么会记得这位推销员？

　　A 因为他说了很多话　　　　　　　B 因为他有信誉

　　C 因为他说了一分钟　　　　　　　D 因为他很执着

85–88.

从前，有一老一小两个相依为命的盲人，他们每日里靠弹琴卖艺维持生活。一天老盲人终于支撑不住，病倒了，他自知不久将离开人世，便把小盲人叫到床头，紧紧拉着小盲人的手，吃力地说："孩子，我这里有个秘方，这个秘方可以使你重见光明。我把它藏在琴里面了，但你千万记住，你必须在弹断第1000根琴弦的时候才能把它取出来，否则，你是不会看见光明的。"小盲人流着眼泪答应了师父。老盲人含笑离去。

一天又一天，一年又一年，小盲人用心记着师父的遗嘱，不停地弹啊弹，将一根根弹断的琴弦收藏着，铭记在心。当他弹断第1000根琴弦的时候，当年那个弱不禁风的少年小盲人已到垂暮之年，变成一位饱经沧桑的老者。他按捺不住内心的喜悦，双手颤抖着，慢慢地打开琴盒，取出秘方。

然而，别人告诉他，那是一张白纸，上面什么都没有。泪水滴落在纸上，他笑了。

老盲人为什么骗了小盲人？

这位过去的小盲人如今的老盲人，拿着一张什么都没有的白纸，为什么反倒笑了？

就在拿出"秘方"的那一瞬间，他突然明白了师父的用心，虽然是一张白纸，但却是一个没有写字的秘方，一个难以窃取的秘方。只有他，从小到老弹断1000根琴弦后，才能领悟这无字秘方的真谛。

那秘方是希望之光，是在漫漫无边的黑暗摸索与苦难煎熬中，师父为他点燃的一盏希望的灯。倘若没有它，他或许早就会被黑暗吞没，或许早就在苦难中倒下。就是因为有这么一盏希望的灯的支撑，他才坚持弹断了1000根琴弦。他渴望见到光明，并坚定不移地相信，黑暗不是永远的，只要永不放弃努力，黑暗过去，就会是无限光明……

85. 老盲人和小盲人是以什么为生的？

    A 算命   B 修琴   C 弹琴卖艺   D 说书

86. 老盲人在临死前把秘方放在了哪里？

    A 琴弦上   B 琴里   C 床头   D 抽屉里

87. 老盲人让小盲人什么时候取出秘方？

    A 老了的时候   B 死的时候

    C 弹断第1000根琴弦的时候   D 弹琴的时候

88. 为什么老盲人要给小盲人这样一个"秘方"？

    A 老盲人讨厌小盲人   B 老盲人为了给小盲人活下去的希望

    C 这张白纸真的能使小盲人重见光明   D 没有原因

89–92.

　　一个农夫进城卖驴和山羊。山羊的脖子上系着一个小铃铛。
三个小偷看见了，一个小偷说："我去偷羊，叫农夫发现不了。"
另一个小偷说："我要从农夫手里把驴偷走。"第三个小偷说："这
都不难，我能把农夫身上的衣服全部偷来。"

　　第一个小偷悄悄地走近山羊，把铃铛解了下来，拴到了驴尾
巴上，然后把羊牵走了。农夫在拐弯处四处环顾了一下，发现山羊不见了，就开始寻找。

　　这时第二个小偷走到农夫面前，问他在找什么，农夫说他丢了一只山羊。小偷说："我
见到你的山羊了，刚才有一个人牵着一只山羊向这片树林里走去了，现在还能抓住他。"农
夫恳求小偷帮他牵着驴，自己去追山羊。第二个小偷趁机把驴牵走了。

　　农夫从树林里回来一看，驴子也不见了，就在路上一边走一边哭。走着走着，他看见
池塘边坐着一个人，也在哭。农夫问他发生了什么事。

　　那人说："人家让我把一口袋金子送到城里去，我实在是太累了，在池塘边坐着休息，
睡着了，睡梦中把那个口袋推到水里去了。"农夫问他为什么不下去把口袋捞上来。那人
说："我怕水，因为我不会游泳，谁要把这一口袋金子捞上来，我就送他20锭金子。"

　　农夫大喜，心想："正因为别人偷走了我的山羊和驴子，上帝才赐给我幸福。"于是，他
脱下衣服，潜到水里，可是他无论如何也找不到那一口袋金子。当他从水里爬上来时，发
现衣服不见了。原来是第三个小偷把他的衣服偷走了。

89. 三个小偷要偷的东西哪个难度最大？
　　A　山羊　　　　　　　　　　　　B　驴
　　C　农夫身上的衣服　　　　　　　D　金子

90. 第一个小偷偷走了山羊，这说明农夫怎么样？
　　A　善良　　　　　　　　　　　　B　大意
　　C　大方　　　　　　　　　　　　D　谨慎

91. 第二个小偷能偷走农夫的驴，说明农夫怎么样？
　　A　仔细　　　　　　　　　　　　B　诚信
　　C　轻信　　　　　　　　　　　　D　聪明

92. 第三个小偷偷走了农夫身上的衣服，说明农夫的性格怎么样？
　　A　乐观　　　　　　　　　　　　B　贪婪
　　C　积极　　　　　　　　　　　　D　勤劳

93–96.

　　人类能在地球上生活多久？这既涉及可持续发展战略，涉及地球为人类的生存和发展所提供的资源，也涉及地球的外在环境究竟能在多少年内维持不变。

　　太阳是决定地球外在环境最重要的因素。根据近代天文学家的理论，太阳将持续而稳定地向地球提供光和热，地球绕太阳旋转的平均半径，将长期维持不变，至多只有极小的摆动，这一过程至少还将持续40亿年。过了40亿年后，太阳将逐渐膨胀而演化为红巨星，最后将地球完全吞吃到它的"肚子"里。

　　太阳对地球的影响实在是太大了，太阳为地球持续提供长达4000万年的光和热是没有问题的，因为在4000万年的时间里，所消耗的能量还不到太阳总量的1%！所以，研究人类在地球上持续生存和发展的问题，至少要以人类能在地球上持续生存4000万年为奋斗目标！

　　但是人类面临的真正威胁，却是来自人类自身。如果人们认为400年前伽利略是近代科学之父的话，那么这400年来科学、技术以及工业、农业的发展，就远远超过自有人类历史以来的400万年间的成就。与此同时，近400年来所消耗的地球上的资源，也大大超过了在400万年间人类所消耗的资源总量！如果按照现在消耗不断增长的趋势发展下去，试问4000年后乃至4000万年后的地球将是什么样的面貌？

　　地球上的资源可分为两类：一类是可再生资源，另一类是不可再生资源。虽然人类可以用消耗可再生资源的办法补充一些不可再生资源，但这在数量上毕竟是有限度的。所以，人类的生存和发展问题，归根结底将取决于地球上的资源能在多少年内按照某些资源的消耗标准维持人类的正常生活。

　　其实，4000万年只是一个保守的说法，太阳的光和热，完全可能持续更长一些时间，即使太阳系内出现某些反常事件，如小行星撞击地球，但也不太可能在4000万年内发生，而且人们完全能发射有超强破坏力的导弹，使小行星改变航道；所以，地球上的居民，至少在相当长的一个时期内，是大可不必"杞人无事忧天倾"的！

　　但是，真正值得忧虑的，是人能否控制人类自身！

93. 人类能在地球上生活多久是与以下哪个条件无关的？

　　A　可持续发展战略　　　　　　B　人类自身素质

　　C　地球提供的资源　　　　　　D　地球的外在环境

94. 如果只考虑地球的外在环境，人类至少还能在地球上生活多久？

　　A　40亿年　　　　　　　　　　B　4000万年

　　C　400年　　　　　　　　　　D　400万年

95. 以下哪种说法是正确的?

    A　近400年来的成就超过人类有历史以来400万年间的成就

    B　近400年来消耗的资源少于人类有历史以来400万年间的成就

    C　4000万年后地球上的资源将被消耗光

    D　4000万年后地球上还是会有丰富的资源

96. 人类能在地球上生活多久，最重要的决定因素是什么?

    A　太阳能的多少　　　　　　　　B　科技的发展速度

    C　不可再生资源　　　　　　　　D　地球上的资源

97–100.

　　沙源、强冷空气、冷暖空气的相互作用是沙尘暴形成的基本条件。沙源来自于沙漠，乱垦滥伐、过度放牧所致退化的草地，没有任何植被的秃地以及一些违规操作的施工场地。冷暖空气相互作用产生一种垂直的上升运动，把沙尘吹扬了起来，形成沙尘暴。如果没有沙源这个条件，后两个因素只能造成大风或降水等天气现象。专家通过对河西走廊沙尘暴的"策源地"武威、金昌等地的实地考察发现，强劲持久的大风是形成沙尘暴的驱动力，人为破坏的植被和风化的松散地表、干燥土层等沙源是造成沙尘暴的"罪魁祸首"，沙尘暴是伴随人类活动造成的生态平衡的破坏而产生的。

　　近几十年来，中国由于人口急剧增长，不少地方便以超垦、过牧和滥伐获取必要的生活资料。大片的树林、草原被开垦成了农田。结果粮食没打多少，反而造成了土壤盐碱化和荒废了更多的土地，草原牧场不断地被过度放牧，又不进行补偿性保护种植，大大加重了草场退化。于是导致去年一场场席卷而来的沙尘暴频频袭击了中国北方大部分地区，短短3个月间中国就发生了12次沙尘暴，波及大半个中国，不仅袭击了西北地区、华北部分地区，就连长江以南省份也受到不同程度的影响。

　　事实表明，人们无节制地垦荒开地，无限度地向大自然索取甚至掠夺，而不给其"休养生息"的机会，不断破坏自然生态的平衡，最终一次又一次地招致大自然无情的惩罚。痛定思痛，历史的教训不能忘记，人类应真正行动起来，认真研究如何防治沙尘暴，努力改善地球生态环境，让绿色和生命永存。

97. 以下哪一项不是造成沙尘暴的基本条件？
　　A　沙源　　　　　　　　　　　　B　强冷空气
　　C　冷暖空气相互作用　　　　　　D　乱垦滥伐

98. 沙尘暴和大风、降水天气的主要区别在于什么？
　　A　强冷空气　　　　　　　　　　B　沙源
　　C　冷暖空气相互作用　　　　　　D　上升的气流

99. 造成沙尘暴的驱动力是什么？
　　A　强劲持久的大风　　　　　　　B　人为破坏的植被
　　C　风化的松散地表　　　　　　　D　干燥土层

100. 我们要怎样防止沙尘暴？
　　A　消灭沙源　　　　　　　　　　B　抑制强冷空气
　　C　从人类自身出发，保护环境　　D　防止冷暖空气对流

三、书 写

第101题：缩写。

(1) 仔细阅读下面这篇文章，时间为10分钟，阅读时不能抄写、记录。
(2) 10分钟后，监考会收回阅读材料。请将这篇文章缩写成一篇短文，字数为400字左右，时间为35分钟。
(3) 标题自拟。只需复述文章内容，不需加入自己的观点。
(4) 请把短文直接写在答题卡上。

　　小时候，我是一个顽劣而又调皮捣蛋的坏小子。时时和那群小伙伴在村里横冲直撞，四处搞恶作剧，开着一些令大人们头痛却又无可奈何的玩笑。

　　村口有一位老人陈大爷，是个盲人，常常成为我们戏谑的对象。我惟妙惟肖地学着他用竹竿点地的模样，甚至偷偷往他炒菜的锅里多丢一把盐……一次次引来伙伴们恶意的欢乐。在这种无形的鼓励中，我越发恣意妄为。直到有一天……

　　那天晚上，我在同学家玩了许久，独自回家。刚走到一半路程，手电灯泡突地坏了。夜风森森从身旁刮过，呼啸着吹动一丛丛黑影，在黑暗中宛如狰狞的魔鬼张开了利爪。树叶在风中哗哗作响，就如同无数正在讥笑的幽灵。天色黑得连手指都看不见，恐惧从四面八方紧紧包围了我。自以为胆大的我，其实竟是如此的脆弱。

　　忽地我发现前方不远处有一盏灯火正摇曳着移动。我惊喜地大声叫着，带着哭音喊着："等等我……"高一脚低一脚地向那火光跑去。

　　影像渐渐清晰起来，手中提着一盏马灯的人却是曾让我捉弄过无数次的盲人陈大爷。他侧着脸，细细地聆听着松涛风声中我渐渐跑近的足音。待我跑近，他轻轻咳嗽了一声，竹竿向前一探，佝偻着腰，继续向前一步一步走去。

　　夜色中，风声一阵紧似一阵，我耳中却清晰地听见竹竿"嗒嗒"敲打在地上的脆鸣和脚步细细踩过石粒的轻音。进村口时，陈大爷停了下来："哇，到村口了，估摸着路也能看清了，早点儿回去，别让家里人太担心。"

　　"陈大爷！"我惭愧地低下了头，"我对不起您，那天是我往您锅里丢盐的，还有……"

　　"傻孩子，我不怪你。"陈大爷摸索着抚摸我的头。

　　"可是，大爷，我知道您是盲人，盲人根本不用点灯的，盲人一定是为了别人吧？"

　　"不，孩子，我点灯可是为了我自己呀。"陈大爷长长地吐了一口气。

　　"您骗我，那，那不成了盲人点灯白费蜡。"说了这句话，我倒把自己给逗笑了。

　　"孩子，你还小，太多道理你还不懂。在黑暗中，所有的人都是盲人，我能点上一盏灯，虽然自己无法看清路，但可以去照亮别人，不至于让别人在黑暗中碰撞到我。我何尝不是为了自己而点灯呀！如果你想为自己照亮一条长路，其实有时也需要去照亮别人；当你洒香水予他人时，你自己指缝间也一定会留下一缕清香。太多的人其实都是需要点上这一盏灯呀！"

说完后，陈大爷仍佝偻着腰，竹竿向前探着，"嗒嗒"向自己家中走去。很快融进了无尽夜色之中。

　　那一幕，已在我心中烙成了永恒。

　　无法忘记曾经走在一个漆黑的夜里，一位盲人为我照亮了生命中的一段长路。无法忘怀静夜里远去的那一缕光明，那"嗒嗒"敲破黑暗的清鸣。心中点亮一盏不灭的心灯，为了别人也是为了自己……

新HSK

6

급

정답 및
녹음 스크립트

〈제1회〉 정답

一、听力

第一部分

1. B	2. D	3. D	4. C	5. A
6. D	7. B	8. B	9. A	10. D
11. C	12. D	13. A	14. D	15. C

第二部分

16. D	17. D	18. A	19. C	20. C
21. B	22. D	23. C	24. A	25. C
26. C	27. B	28. D	29. C	30. A

第三部分

31. D	32. B	33. A	34. C	35. D
36. D	37. B	38. B	39. A	40. C
41. C	42. A	43. D	44. B	45. B
46. C	47. D	48. A	49. D	50. D

二、阅读

第一部分

51. B	52. C	53. C	54. D	55. A
56. C	57. B	58. D	59. B	60. B

第二部分

61. D	62. D	63. B	64. A	65. B
66. C	67. C	68. D	69. A	70. B

第三部分

| 71. B | 72. A | 73. C | 74. D | 75. E |
| 76. C | 77. D | 78. A | 79. E | 80. B |

第四部分

81. B	82. D	83. D	84. A	85. A
86. C	87. C	88. B	89. B	90. C
91. B	92. A	93. A	94. D	95. D
96. C	97. A	98. C	99. C	100. B

三、书写

（参考答案）

真正的幸福

小孩儿每天都发现让人快乐的事情。而大人难得一笑，也不会像小孩儿那样表现出真正的快乐。然而成了老人，又会笑了。

看起来，幸福是一种能从最简单的事物里得到快乐的能力。

其实，幸福和成功毫不相干。亨利是十分成功的人。10年前，他被任命为王室法律顾问。我们都很高兴地向他笑着表示祝贺，而他的表情却很悲惨。什么成功都不能使他满面笑容。

他曾经说过："获得成功的唯一价值是你发现它们都不值得追。"他总是讨论有实际意义的事情。

昨天我在他家花园里看了他表现出毫无顾忌的真正的快乐。

他看着三颗核桃树眉开眼笑地说："我从小就一直想种核桃树，我参加晚会后总是把核桃带回家来，长大以后参加宴会后也这样。以前常常种核桃树，可是忘了种在哪儿。现在我总算发现了当时种下的三颗核桃树。"

〈제2회〉정답

一、听力

第一部分

1. D	2. C	3. A	4. C	5. A
6. D	7. A	8. B	9. D	10. A
11. B	12. C	13. C	14. C	15. D

第二部分

16. B	17. D	18. C	19. C	20. A
21. D	22. D	23. B	24. A	25. C
26. C	27. D	28. A	29. A	30. B

第三部分

31. A	32. C	33. D	34. B	35. D
36. C	37. B	38. D	39. B	40. C
41. A	42. A	43. A	44. D	45. C
46. C	47. D	48. B	49. B	50. C

二、阅读

第一部分

51. A	52. A	53. B	54. D	55. B
56. C	57. B	58. A	59. A	60. D

第二部分

61. C	62. D	63. A	64. A	65. B
66. D	67. A	68. C	69. D	70. C

第三部分

71. C	72. A	73. E	74. D	75. B
76. B	77. D	78. E	79. A	80. C

第四部分

81. C	82. C	83. C	84. C	85. D
86. A	87. C	88. D	89. A	90. A
91. B	92. D	93. D	94. B	95. C
96. A	97. D	98. D	99. A	100. B

三、书写

（参考答案）

帽子里的彩票

在纽约市曾发生过一件让人深思的事情。星期五晚上，一个年轻艺人在地铁站口拉着小提琴。听到他的琴声，很多人往年轻艺人的帽子里放一些钱。

第二天，那位小提琴手又来到地铁站口，拿出了一张大纸。那张纸上写着："昨晚，有一位先生将一个重要的东西放在我的帽子里。"大约半个小时，一位中年男生来了。小提琴手问："您丢了什么东西吗?"那位先生说："彩票。"那位先生找回那张彩票后手舞足蹈起来了。

那位先生是一家公司的职员，他买了一张彩票，他居然中了50万美元。下班回家时，他听到小提琴手的演奏后，把50美元放进小提琴手的帽子里，可是把彩票也带了进去。小提琴手本来打算今天去海外留学，机票也已经订好了，可是他取消了行程，又来到地铁站口拉小提琴。

后来，小提琴手说："虽然我很贫穷，可是很快乐，如果没有诚实，我永远也不会快乐。"

我们以不诚实的方式也能获得暂时的成功，然而从长远来看，我们还是输家。

〈제3회〉정답

一、听力

第一部分

1. D	2. C	3. D	4. C	5. D
6. A	7. A	8. C	9. B	10. C
11. D	12. B	13. C	14. A	15. B

第二部分

16. C	17. B	18. D	19. B	20. B
21. B	22. C	23. C	24. D	25. A
26. B	27. C	28. A	29. D	30. D

第三部分

31. C	32. A	33. B	34. C	35. A
36. A	37. C	38. B	39. D	40. C
41. B	42. C	43. B	44. C	45. C
46. B	47. B	48. C	49. B	50. D

二、阅读

第一部分

51. B	52. A	53. C	54. C	55. D
56. A	57. D	58. C	59. A	60. D

第二部分

61. B	62. D	63. C	64. A	65. A
66. A	67. D	68. A	69. D	70. C

第三部分

71. B	72. A	73. D	74. E	75. C
76. E	77. B	78. C	79. D	80. A

第四部分

81. C	82. B	83. D	84. B	85. C
86. B	87. C	88. B	89. C	90. B
91. C	92. B	93. B	94. B	95. A
96. D	97. D	98. B	99. A	100. C

三、书写

（参考答案）

一盏不灭的心灯

　　小时候，我因很淘气而让大人们头痛又无可奈何。村口有一位老人陈大爷，是个盲人。我常常捉弄他，比如偷偷往他炒菜的锅里放了一把盐等等。

　　那天晚上，我一个人回家时，手电灯坏了，漆黑一片，连手指都看不见。我感到莫名其妙的恐惧。以前我觉得自己很大胆，可是这么胆怯。我忽然发现一盏灯火，然后向那火光跑去。手中提着一盏灯的人就是那个盲人陈大爷。

　　我跟着他到了村口。我因以前我戏谑他而对不起，所以向他道歉。我突然想知道他为什么点灯。我觉得盲人不用点灯。他说："在黑暗中，所有人都是盲人。尽管我不能看清道路，然而可以照亮别人，以免别人碰撞到我。如果你想为自己照亮一条长路，也需要去照亮别人。"

　　我无法忘记那天的事情。心中点亮一盏不灭的心灯，是为了别人，也是为了自己。

〈제1회〉 녹음 스크립트

（音乐，30 秒，渐弱）

大家好! 欢迎参加 HSK(六级)考试。

大家好! 欢迎参加 HSK(六级)考试。

大家好! 欢迎参加 HSK(六级)考试。

HSK(六级)听力考试分三部分，共50题。

请大家注意，听力考试现在开始。

第 一 部 分

第1到15题，请选出与所听内容一致的一项。现在开始第1题：

1. 一个小伙子在酒店里当伙计。一天早上，他在店里挂招牌，一不小心，招牌落在地上摔成两半，老板见了很生气地说："你怎么这样粗心，该死!"小伙子急中生智地说道："老板，恭喜你! 你快要开分店了，这是很好的兆头啊!"

2. 形容时光短暂时常用"弹指一挥间"这个比喻。其实这里的"指"就是手指，"弹指"就是捻弹手指发出声音的意思。佛家常用"弹指"来比喻时光的短暂。

3. 每一个刚进入集团的员工，都将接受公司为期一到两周的新人封闭式培训。为了帮助员工尽快成为国际性的管理人才和专业人才，我们集团会定期选送优秀员工出国培训或到相关知名企业工作学习。

4. 虽然客人对饭店的真诚态度基本认可，但还有相当一部分顾客对员工的真诚并不是很肯定，如有近40%的顾客并不十分认可服务人员的服务是发自内心的，近26%的人并不认可服务人员对客人有亲切感。

5. 亚洲国家的小吃物美价廉，但日本、韩国和新加坡的除外，尤其是日本的东京，街头小吃几乎不见踪影，即使有，昂贵的价格也会让人望而却步。

6. 本产品采用220V电源，既能安装于户内，又可安装在户外，还可利用脚手架安装于大型建筑工地。它的主要特点是：携带方便、安装简捷、操作容易。

7. 为了顺利推进细节营销，塑造优秀营销文化，企业领导们必须首先树立自己的权威性、可信性和人格"魅力"，使企业员工对他们产生信任、理解、支持和认同，从而对细节营销形成强有力的领导和诱导作用。

8. 春节，是中国民间最盛大的节日。除夕之夜有一项重要的民俗活动——迎"财神"。"财神"其实是印制的粗糙的财神像，此财神像用红纸印刷而成，中间为线描的神像，两旁再写一些吉利词句。

9. 日本政府将在未来5年内投资350亿日元，邀请多国的青少年访问日本。由于18岁以下人口持续减少，"国际化"成为今后日本大学教育改革的重点之一。

10. 俗话说"春捂秋冻"，不过专家提醒，"秋冻"是讲条件的。"秋冻"可以帮助人体巩固抗御机能，激发机体逐渐适应寒冷的环境，对呼吸道疾病的发生起到积极的预防作用。但中秋过后，冷空气变化频繁，昼夜温差加大，如果盲目受冻，不但对健康无益，还容易患上呼吸道和心脑血管疾病。

11. 财富是转瞬即逝的，只有生命才是永恒的。生命，包括所有的爱、快乐和赞美的力量。如果一个国家养育了无数心地善良且幸福快乐的人，那么这个国家就是最富有的。

12. 睡莲是泰国、埃及、孟加拉的国花。泰国是佛教国家，而莲又与佛有着千丝万缕的联系，它象征着圣洁、庄严与肃穆。信佛之人，必深爱莲花。睡莲与荷花同属睡莲科，在佛教中，通称为莲花。睡莲花语是纯洁、迎着朝气、抛去暮气。

13. 购物既是消费，也是享受。不论是突然想起要买桶牛奶、聊个天，还是去逛书店，与店主谈谈新书；或是去专营手工制品的商业中心里搜寻一件称心的礼品；或者仅仅是溜达一圈，购物是真正意义上的交易——一种交换。

14. 所谓十拿九稳的事情，往往是获得回报最少的事情。要做，就去做那些没把握的事儿——你觉得没把握，别人同样觉得没把握。但是你做了，就有成功的可能；不做，就永远只能看着别人成功。风险与收益向来都是成正比的。

15. 在我们周围，不公正的事儿总是会存在的。那些杰出的人之所以能够走向最后的成功，不是他们没遇到过不公正的事儿，而是那些不公正的事儿没有使他们放弃自己的追求。杰出的人与平庸的人的一个很重要的区别就是他们对待不公正的态度不同。

第 二 部 分

第16到30题，请选出正确答案。现在开始第16到20题：

第16到20题是根据下面一段采访：

女：欢迎大家来到今晚的节目，我们为您邀请到了王黾。王先生，您是如何看待艺术的个人私密性和公共交流之间的关系的？

男：我认为艺术的个人私密性是因为在创作过程中需要有个人空间来完成具有个人符号的创作材料与手段，当然是不容外人打扰和参与的。而公共交流是对创作完成后的作品进行评论与推敲，要找出问题并解决问题，让作品在艺术领域内有一定的学术提升和影响力。所以说我也主张在艺术创作中寻找与自己有着共同的研究的创作者一起进行。中国的艺术需要发展，只有不断进取才能跟上西方。其实我们交流太少，不是技术上的问题，而是思想上的问题。回头看看，中国当下的艺术一直是跟着西方跑的，所以我们需要开放性的交流。

女：您对当下艺术的关注，侧重于哪些方面？

男：我是个比较传统的人，所以我会走传统艺术的路。当然了，我们在坚持传统的同时也需要拓展出新的道路来，不能跟着前辈走，艺术需要更新，需要进取。当下的艺术是当代的，而资深的艺术文化还是传统的，传统文化艺术中有许多东西始终让人回味无穷。不管是西方传统还是中国传统，我们只有在大师走过的路上进行新的拓展，而不是跟着跑，才能塑造新的传统。

女：艺术家来宋庄干什么？这个问题被很多人关注过，从艺术家的视角如何看待这个问题？

男：其实这个问题最简单不过了，您只需要理解什么是艺术就行了。艺术家就是身上有才艺的人，他们会以与众人不同的角度思考问题，但他们又会"72变"，如果变得好就是"家"了，变得不好就只是艺人罢了。因为艺术家需要交流与创作，当然也需要集中在一起，但是也不会朝夕相处，因为每位艺术家各自都有自己的创作。一句话，艺术家来宋庄，就是为了创作和生存。

16. 男的是如何看待艺术的个人私密性的？
17. 男的认为公共交流太少的原因是什么？
18. 男的对当下艺术的关注侧重于哪些方面？
19. 在男的眼中，关于艺术，不正确的是哪项？
20. 艺术家来宋庄干什么？

第21到25题是根据下面一段采访：

女：大家好，这里是《站长网善水访谈专题》，一次无意中浏览网页，让陈学知闯入A5论坛。经过短短的一年，陈学知由一名"菜鸟"站长，成为一年内接单量上百的"接单王"，目前在A5论坛的接单量排行榜上保持第一。陈学知您好，您的年纪貌似不大？

男：A5论坛的站长们，大家好！我是陈学知，今年23岁，中专毕业。毕业后分配到粤高速收费站上班。

女：学知毕业后直接在粤高速收费站上班，又是通过什么途径知晓A5论坛的呢？

男：那是一次偶然的机会，有一天我在上网，突然发现某论坛有一个帖子上说，只要坐在家里就可以月赚3000元以上，但是需要交190元的加盟费，那时被发此帖的人"洗脑"了，就在他的安排下，我汇了190元过去，加盟了他所谓的"网赚"旅途，其实就是网络传销，当时每天都是到处发帖宣传自己的网站，让更多人知道自己的地址和QQ号，再去忽悠别人，让别人加盟，然后再赚提成，但是我做了一下，觉得好累，自己冷静想想，如果自己可以做个网站那不是很赚钱？所以自己就去网站找个程序随便架设了一个网站。有一天我无意中在百度中找到了A5论坛，就这样发现了A5论坛。

女：之后呢？学知目前的总体情况如何？

男：之后有一天我在A5论坛资讯看到有人说，他虽然不是很会经营网站，但是他每天都在A5论坛接单。一个月也能收获2000到3000元。从此我自己也天天在A5论坛接单干活了，目前专职在A5论坛接单，收入还可以。

女：学知是什么时候开始在A5论坛接单的？已经有多久了？至今总共接过多少单

男：2008年5月1日我开始专职在A5论坛接单，到现在也有1年多了。接过的单也上百了，总价值应该也有4万左右。除了电费、网费基本都是净盈利了，成本几乎没有。

女：一年赚4万多，主要是什么内容的单子？都是个人独立完成的吗？没有选择与其他站长合作吗？

男：对，接近4万。全部是自己独立完成的，没有一个单是外包的，我接单的原则就是：不接外包单，不外包做单，没把握不接，接就一定完成。主要接的单都是仿站、采集、插件定制等业务。

21. 男的是什么学历毕业？

22. 男的毕业后的工作是什么？

23. 男的是什么时候开始在A5论坛接单的？

24. 哪项不是男的接单的原则？

25. 哪项属于男的的接单内容？

第26到30题是根据下面一段采访：

男：各位新浪网友大家好，欢迎大家来到今天的新浪嘉宾聊天室，您现在关注的是2017年全国高校招生系列访谈节目，今天的节目里，我们和大家关注的学校是重庆邮电大学，为大家邀请到的是重庆邮电大学招生就业处处长黄永宜老师。黄老师先跟各位网友打个招呼吧。

女：各位新浪网友、学生家长和同学们，大家好！

男：请您简单介绍下本校的优势学科、特色专业。

女：学校以信息科学技术为优势和特色，现有10个省部级重点学科，16个省部级重点实验室、工程研究中心、人文社科基地。学校现有42个本科专业，4个一级学科、20个二级学科硕士学位授权点，并在8个学科领域招收培养工程硕士。应该说我校各专业都具有自己的特色，这也是我校在人才培养过程中不断地积累下来的。我校依托信息技术学科优势，构建"专业＋信息技术"的人才培养模式。既培养优势突出的信息通信类专业人才，也培养具备信息技术背景、适应各行业发展需求的各类专业人才。形成了以IT产业链的上游产品制造至中游网络运营到下游信息内容的策划、制作与传播的完善的信息产业与现代传媒和文化艺术产业交叉融合的人才培养体系。

男：您能否对第二专业开设情况及转专业政策等为大家进行介绍？

女：我校在通信学院、经管学院、计算机学院、外语学院、法学院、软件学院相关专业中开设第二专业，供学有余力的同学修读，学生可在一年级末提出申请。第二专业的学习与主修专业同时进行，修业年限为两年半。学校有转专业的相关规定，符合条件的学生可以向学校申请转专业，具体分为以下情况：1.相同招生批次间专业互转，时间安排在一年级末，学生成绩在本年级本专业排名前30%的可以提出转专业申请，填报两个专业志愿，经接收学院考查后确认录取情况；2.对部分实行大类培养的学院，如通信、光电、计算机、经管、自动化等学院的学生，二年级末进行专业分流，学生可在大类所属专业中自主选择；3.除艺术和体育类专业外，学生在三年级前可自由申请转入我校软件学院所属专业。

26. 该学校的优势和特色是什么？

27. 该学校有几个省部级重点学科？

28. 下列哪个不属于开设第二专业的学院？

29. 转专业的时间安排在哪个年级？

30. 哪类学生不能申请转入软件学院所属专业？

第 三 部 分

第31到50题，请选出正确答案。现在开始第31到33题：

第31到33题是根据下面一段话：

中国茶道的具体表现形式有三种：1.煎茶。把茶末投入壶中和水一块儿煎煮。唐代的煎茶，是茶的最高的艺术品尝形式。2.斗茶。古代文人雅士各自携带茶与水，通过比茶面汤花和品尝鉴赏茶汤以定优劣的一种品茶艺术。斗茶又称为茗战，兴于唐代末，盛于宋代。最先流行于福建建州一带。是古代品茶艺术的最高表现形式。其最终目的是品尝，特别是要吸掉茶面上的汤花，最后斗茶者还要品茶汤，做到色、香、味三者俱佳，才算获得斗茶的最后胜利。3.工夫茶。清代至今某些地区流行的工夫茶是唐、宋以来品茶艺术的流风余韵。清代工夫茶流行于福建的汀州、漳州、泉州和广东的潮州。后来在安徽祁门地区也很盛行。工夫茶讲究品饮工夫。饮功夫茶，有自煎自品和待客两种，特别是待客，更为讲究。

31. 哪项不属于中国茶道的具体表现形式？

32. 古代品茶艺术的最高表现形式是什么？

33. 哪项属于工夫茶？

第34到36题是根据下面一段话：

　　据了解，目前铁路、公路等客运部门大多建立了自己的官方网站，但在大量旅客滞留期间，没有几家网站在网上及时发布信息，车站现场也没有相应的信息指导。滞留旅客无法及时了解自己的车次情况，所以旅客人群的集体急躁情绪，导致突发事件爆发的概率大大增加。

　　另外，一些灾害发生前后的很长一段时间内，气象、灾情等重要信息没有被有效传达，甚至在雪灾预警发出后的一段时间内，灾情扩大等重要信息也没有通过有效的传播渠道及时、准确地传递给政府决策部门和社会各界，导致公众未能及时调整自己的出行计划，使得相关政府和危机管理部门对一些灾情的严重性估计不足，延误了最佳救援时机。

34. 什么会导致突发事件的爆发？

35. 公众为什么不能及时调整自己的出行计划？

36. 为什么会延误最佳救援时机？

第37到39题是根据下面一段话：

　　老师问学生："怎样让一粒玉米开花？"学生说："把玉米粒埋进土里，精心培育，让它生根、发芽、开花。"

　　老师又问："还有什么更直接的方法可以让玉米粒开花呢？"

　　一个学生答道："给玉米粒加热加压，让它变成爆米花。"

　　老师肯定了这个学生的答案，她说："每粒玉米都被一层果皮紧紧包裹着，当玉米粒加热加压后，这层果皮能起到锁住里面水蒸气的作用。然而，有的玉米粒因无法承受压力，内部的水蒸气不断泄露出来，成了不会"开花"的玉米粒；但有的玉米粒却能承受压力的考验，直到最后，才把内部的能量全部释放出来，升华成美丽的爆米花。"

　　所以，要让生命开花，让一粒"玉米"开花，一是要给其压力，二是其本身要有承受压力的韧性和坚毅。

37. 根据这段话，哪项属于让玉米开花的方法？

38. 玉米粒外面的果皮有什么作用？

39. 如何让生命开花？

第40到42题是根据下面一段话：

去感觉生活是一个习惯，如果一个人从小生活的环境中有很多挑剔和抱怨，那么挑剔和抱怨就很可能成为这个人感觉生活的习惯。例如，家里发生了一件好事，家里的大人却说："小事一桩，没什么值得高兴的。"这种感觉生活的方式就是这个家庭的习惯。如果人们不是有意识地去改变它，这个习惯将成为家庭的传统习惯，代代相传。

人的一切生活习惯都可以通过学习和训练来养成，常怀感激之心这个习惯也不例外。从小事做起，让自己的眼睛能看到值得感激之事，也让自己的心能体会到感激之情。人把自己的注意力放到什么事情上，什么事情就会变得既丰满又真实。只要能够坚持做下去，半年或一年后，你一定会发现生活中的好事很多，可以感激的事也很多。当你有了这个发现时，你的生活就会变得充满温情、快乐和令人满意。

40. 为什么挑剔和抱怨会成为一个人感觉生活的习惯？

41. 人的生活习惯可以通过什么来养成？

42. 如何让自己常怀感激之心？

第43到46题是根据下面一段话：

为规避终身教授制的弊端，越来越多的学校正在增加非终身制教授职位，比如合同只签一两年，过期并不进入终身教授评选的教职。另外，兼职教授队伍也日渐壮大。相对于终身教授，他们更像是大学里的打工仔。

一般来说，兼职教授在学校里的地位和终身教授没法比。他们的自主权比较小，每个学期上什么课，给多少人上课，自己往往做不了主。如果系里临时把课程取消，他们也没有什么办法。不过，他们大多更为敬业，因为他们假如教不好的话，接下来的一个学期就有可能不再被续聘。这些兼职教授的地位很尴尬。除了完成一些教学任务之外，很多时候，作为兼职教授，他们还得参与很多学校的其他活动，比如写作指导、毕业生论文指导等。

学校聘用兼职教授，可以节约成本。这对兼职教授并不公平，对学生也不公平。很多兼职教授十分出色，可是学校并不给他们提供任何资源，比如他们没法去参加学术会议等，有的甚至连办公室都没有，又怎么能对学生实施课后指导呢？

43. 为什么学校增加非终身制教授职位？

44. 为什么说兼职教授的地位和终身教授没法比？

45. 下列哪些属于兼职教授的任务？

46. 关于这段话，正确的是哪项？

第47到50题是根据下面一段话：

　　如果你不幸成为2017年数百万中国失业大军中的一员，那你可以用点不同寻常的策略来寻找新工作了。但是，关键的第一步是接受失业这一事实。有些人会因此而恼怒，或失去安全感，这些均属正常反应。不过如果招聘人员察觉到这种情绪，你在求职道路上就可能遭遇挫折。你必须花点儿时间来调整自己的心态。

　　多看看当地报纸、行业杂志和工商界出版物，寻找有招聘意向的用人单位。如果坚持看报纸的话，你就能了解哪些公司仍然运转良好。不要把小公司或目前处于困境行业的公司排除在外，有些公司是逆势而行的。医疗保健、教育等行业的工作岗位仍在增加，会计及理财顾问行业也持续被看好，只不过其增长势头有所减缓而已。另一个找工作的方法就是建立人脉网络，特别是多认识一些猎头。不管手头是否有适合你的职位，他们都能为你提供非常有价值和有深度的意见。许多猎头公司的网站会接收简历，不过如果你主动直接去找猎头本人，成功的概率就会大大提高。猎头通常更倾向于选择那些有人推荐的求职者。研究表明，通过他人推荐找到工作的成功案例很多。

47. 失业后会出现哪些情绪？

48. 哪项不值得去阅读？

49. 根据这段话，哪些行业被继续看好？

50. 说话人有什么建议？

听力考试现在结束。

〈제2회〉 녹음 스크립트

(音乐，30 秒，渐弱)

大家好! 欢迎参加 HSK(六级)考试。
大家好! 欢迎参加 HSK(六级)考试。
大家好! 欢迎参加 HSK(六级)考试。

HSK(六级)听力考试分三部分，共50题。
请大家注意，听力考试现在开始。

第 一 部 分

第1到15题，请选出与所听内容一致的一项。现在开始第1题：

1. 老师对同学们说："记住，一个人如果给予别人的多，而向别人索取的少，他才算是好人呢!"吉米马上说道："是的，先生，我父亲一辈子都把这句话当作座右铭。"老师说："哦，你父亲真是一个好人。那么，他是干什么工作的?"吉米回答道："他是个拳击手。"

2. 佩戴饰品不当，可能引发各种首饰病。一些价格低廉的金属合金制品，成分非常复杂，加工工艺水平低下，常含有一些对人体有害的元素，长期佩戴可能会引发皮肤病。因此，人们在选购饰品时，一定要谨慎。

3. 春游宜在田野、湖畔、公园、林区、山区等场所，以摄取较多的"空气维生素"——负离子，起到健脑驱劳、振奋精神的作用。春游时，人们应尽量避免走陡峻的小路，不要独自攀登山林石壁。

4. 一位躺在手术台上的患者，看到手术前的各种准备，心里非常不安，就说："大夫，对不起，这是我初次动手术，所以非常紧张。"大夫拍拍他的肩膀，安慰道："我也是一样。"

5. 一般人认为鱼没有什么智慧，还有一种说法很流行，认为鱼只有三秒钟记忆力，但科学家指出，其实鱼的智力足以媲美哺乳动物，研究更显示，它们可记起五个月以前的事情。

6. 送礼最好是送"四不掉"的东西，即：吃不掉、用不掉、送不掉、扔不掉。这样的礼物最适合表达心意，也最容易让收礼的人产生愉悦之感，从而对你的感激之情倍增并久久难以忘怀。

7. 导游即引导游览的人，他们让游客感受山水之美，并且在这个过程中给予游客食、宿、行等各方面的帮助，并解决旅游途中可能出现的问题。在中国，导游人员必须经过全国导游人员资格考试以后才能够从业。

8. 今天，北京市的天气依然不错，气象台预报气温为31℃。但3日起，本市气温有所回落。受空中西南暖湿气流和地面低气压天气系统的影响，下午晚些时候，本市将出现阵雨天气。不过，预计主要降雨出现在夜间，提醒市民外出要注意防雨，并注意交通安全。

9. 人要懂得自我减压，懂得放松心情，以养足精力更好地工作和学习。减压是为了蓄足生命的张力。人也要懂得自我加压，过分的安逸会让人变得懈怠，经不起生活的打击。加压是为了增强生命的耐力。

10. 妻子到监狱探望丈夫，妻子温柔地对丈夫说："你在这里过得怎么样？受苦了吧？"丈夫回答道："和在家里差不多，不让出门，不让喝酒，伙食也很差！"

11. 他是台湾华语流行歌手、著名音乐人、音乐创作家、作曲家、作词人、制作人、导演。他有"亚洲流行天王"之称。他可以说是开创华语流行音乐"中国风"的先声，为亚洲流行乐坛翻开了新的一页。近年来，他还涉足电影行业。他就是周杰伦！

12. "破釜沉舟"这个词语的意思是下定决心、不顾一切地干到底。毫无疑问，只要我们下定决心，就没有什么会成为我们实现目标的拦路虎，我们需要的是对目标持之以恒的决心和毅力。

13. 酷抠族是指这样的一些人，他们不打的不血拼，不下馆子不剩饭，家务坚持自己干，上班记得爬楼梯。他们没有把对物质的追求上升到精神信仰的高度，反而把精神信仰落实到物质生活中。

14. 为了维持全球电脑运行，人类每年会向大气层多排放大约3500万吨废气，电脑对环境的影响不亚于飞机。除使用过程外，电脑在报废后也会成为污染源。目前，废弃电脑一般作为垃圾填埋，而填埋处的土壤可能会遭到镉和汞的污染。

15. 桉树不是一种树，而是桉树全部种类的统称。桉树种类繁多，约有808个种类以及137个亚种或变种，共计945个种类，其中具有重要经济用途的树种有100多种，绝大多数桉树都分布于澳大利亚及邻近岛屿。

第 二 部 分

第16到30题，请选出正确答案。现在开始第16到20题：

第16到20题是根据下面一段采访：

女：大家好！欢迎收看本期节目，我们为大家邀请到了著名招聘网站站长董力先生。董先生，晚上好！

男：主持人、各位观众，你们好！

女：你们的网站成功了，是否意味着其他类似招聘的垂直行业都有机会呢？您能不能给其他也想从事类似方向的网站站长一些建议呢？

男：有机会啊。第一是选择对行业，比如有规模的细分行业。当然这个可能一下子不太好找了，毕竟很多网站都被人做了。所以第二是得看竞争对手强不强。这点主要通过搜索引擎看，比如你准备进入的行业的竞争对手网站的百度收录页面多不多，主要关键字排名如何。如果这个垂直行业的某个最好的网站，百度收录页面数在10万以内，说明它的流量不怎么样，你就上吧！第三是要学习行业知识。忘掉互联网吧，想方设法去融入你所在的传统行业，去找客户需求，用你的团队去帮助他们。第四其实也是最重要的，关系到你的网站、你的公司将来能走多远，就是持之以恒地不断完善自我。

女：你们网站在创办初期的推广方法主要有哪些？

男：创办初期我们是没钱的，所以就是依赖百度搜索引擎，每天关注关键词，关注流量提升的轨迹。从推广方法上说也没有什么特别的，有几点跟大家分享吧：一是搜索引擎，二是参加行业展会。我们没钱参展，所以就发明了一个词，叫"蹭展"。就是混进展会现场去派发名片，举举牌。有一定的名气后，就跟展位主办方交换广告。再后来，配合主办单位做展位的专题。把我们的专题做得比展会的官方网站更像官方网站。这时候展会都会主动跟我们交换资源了。三是在网站设计上，要突出行业特点，让人对你的网站过目不忘，有亲和力，同时内容上让人觉得没来错地方，而且下次还愿意来。像我们站这个标识，就是以既有行业特点，又让人过目不忘为原则设计的。另外一些推广方法，像邮件、短信、礼品等，我们一直坚持在做。所以，总结来看，推广上也没什么特别的，只在于坚持。

16. 董先生认为竞争对手强不强从哪里入手？

17. 建设网站最重要的是什么？

18. 董先生的网站在初期的推广方法是什么？

19. "蹭展"是什么意思？

20. 关于这段话中所说的网站的推广方法，下列说法哪项不正确？

第21到25题是根据下面一段采访：

女：大家好，游游今天非常荣幸地邀请到现在非常有名的毛豆。欢迎毛豆！毛豆，您好！

男：您好！

女：首先，我发现一个现象，您并不是做技术的，也不是做美工的。那您怎么解决做网站的瓶颈呢？您也知道，不懂这些，运营网站会遇到不少技术问题。

男：主要是自己一边学，一边利用现成的技术吧，有句话说得好：站在巨人的肩膀上，成长更快。

女：我发现您也善于利用IT的经验来赚钱，比如写稿子这类。好了，言归正传。谈谈您对电脑杂志网的期待吧。您希望电脑杂志网未来实现什么样的目标呢？

男：我期望它能成为业内领先的电脑资讯网站，并成为给从事IT行业的人员提供最新参考信息的资讯类门户。也就是说，希望它能够为IT人员解决实质问题和给IT从业人员提供最新的技术资讯。

女：那么您打算怎么运营呢？如何保持资讯的即时性呢？

男：分三步走：1. 完善内容，让它成为可信任的IT资讯门户网站，在业内进行口碑宣传。2. 建设传播渠道以及内容合作，包括邀请知名IT评论员入驻等。3.

进一步加强宣传，包括建立每周一期的电子期刊和会员管理制度。维持100到150之间的更新速度，提高原创率。

女：都靠您自己吗？您有没有打算未来组建团队来运营网站呢？

男：正在筹备，包括原创团队的筹备。

女：您的资金预算是多少呢？

男：目前还处于计划过程中，包括人员的联络，都正在进一步加强。

女：据说有投资人想投资您的网站，能谈谈具体情况吗？

男：目前有几家媒体也联系了我们，愿意以内容合作方式加入，但都被我们拒绝了。

女：您的网站打算怎么进行推广呢？

男：主要是从两方面着手，一方面是内容，一方面是人气。在内容上，我们正打算跟国内知名的内容提供商展开这方面的合作，包括传统媒体。至于提高人气，我们更倾向于以内容制胜。

21. 毛豆是做什么的？

22. 毛豆的期待是什么？

23. 下列关于毛豆的运营方式，不正确的是哪一项？

24. 毛豆的资金预算是多少？

25. 毛豆打算如何进行网站推广？

第26到30题是根据下面一段采访：

男：各位新浪网友大家好，欢迎大家来到今天的新浪嘉宾聊天室，您现在关注的是2017年全国普通高等学校招生系列访谈节目，今天的节目我们和大家关注的学校是重庆邮电大学，为大家邀请到的是重庆邮电大学招生就业处处长黄永宜老师。黄老师先跟各位网友打个招呼吧。

女：各位新浪网友、学生家长和同学们，大家好！

男：请您为大家简单介绍一下2017年重庆邮电大学招生政策有哪些变化吧。

女：今年我校在招生培养方面有几个重大举措：
一是今年我校将在部分专业实行大类招生，包括通信类和工商管理类。新生入学时不分专业，按大类培养，前两年采用相同的培养方案教学，学生修满规定学分后，遵循一定的程序选定专业；后两年按学生选定专业的培养方案教学。通信类含通信工程、电子信息工程、信息工程、广播电视工程四个本科专业，工商管理类含工商管理、会计学、市场营销三个本科专业。请广大考生填报志愿时务必注意。

二是今年将开展"IT精英培养资助计划"，旨在吸纳优秀学子进行专门培养、实施英才教育，培养当今信息通信领域的杰出人才，这也是我校在校庆60周年之际为回馈社会推出的一项重要举措。这项计划今年将在重庆市试点运行，因此对象是今年第一志愿报考我校并被录取的重庆新生，计划招收100名。我们欢迎有志于信息产业发展的莘莘学子踊跃报名。

三是为了适应国际化软件人才队伍建设的需求，我校今年将在所招收的软件工程专业新生中，选拔部分优质生源实施"外语+软件"专业人才的培养计划。进入该计划的软件工程专业新生，入学后采用两段式培养模式。前两年，学生进入我校国际学院的中外合作办学项目学习，选用国内外优质教材资源，进行英语语言的强化学习，英语语言学习的主要课程由外籍教师讲授，同时进行其他基础课程及软件工程专业基础课学习；两年后，学生进入我校软件学院进行软件工程专业课程学习。修满规定学分并达到相应要求者，将获得重庆邮电大学本科毕业证书和学士学位证书。

26. 实行大类招生的专业是哪些专业？

27. 下列专业中，哪些属于通信类专业？

28. "IT精英培养资助计划"将在哪个城市先进行试点？

29. 下列关于英语语言学习，正确的是哪一项？

30. "外语＋软件"专业的学生毕业后可获得什么证书？

第 三 部 分

第31到50题，请选出正确答案。现在开始第31到33题：

第31到33题是根据下面一段话：

20世纪60年代初，美国著名气象学家爱德华·洛伦兹，在两次计算气象仿真的数据时，因为第二次输入的数据差了0.000127，竟然意外得到一个完全不一样的结果，他因而提交了一篇论文，名叫《一只蝴蝶拍一下翅膀，会不会在德州引起龙卷风》，在论文中，他将系统中因为初期条件的细微差距引起的巨大变化，称为"蝴蝶效应"。它是指一件事情因为初期微小的差异，就会造成后续的连锁反应，呈现始料不及的惊人结果。生命亦是如此，每个人的成长过程，就是一场不可思议的蝴蝶效应。所遇到的每一个人、发生的每一件事、每一次的成功、每一次的失败、每一次的痛苦、每一次的快乐，交织成其独特的自我，及今日成功或者失败的结果。

31. 第二次输入的数据相差了多少？

32. 关于爱德华·洛伦兹，下列说法正确的是哪一项？

33. 这段话主要想告诉我们什么？

第34到36题是根据下面一段话：

自从升入九年级开始上健康课以后，我们教室里的一块黑板上就一直画着一幅人体图。图上标示着人体主要骨骼和肌肉的名称和位置。

在那个学期里，虽然这幅图一直画在黑板上，但老师从来没有提到过它。期末考试的时候，我们发现那块黑板被擦干净了，而试卷上只有一道考题，就是"写下并标示出人体的每一块骨骼和肌肉的名称和位置。"

全班同学一致提出抗议："我们从来没有学过！"

"那不是理由，"老师说。"那些内容在黑板上存在了几个月。"

我们在苦苦煎熬中做着试题。过了一会儿，老师将我们的试卷收了上去，撕碎了。"记住，"他告诉我们，"学习不只是别人教给你的东西。"

我当时就被这句话深深地震撼了。它是我接受的最有意义的一次教育，也是让我至今受用无穷的教育。

34. 期末考试的时候，发生了什么？

35. 老师把我们的试卷收回去之后又发生了什么？

36. 我得到了什么？

第37到39题是根据下面一段话：

一个猎人与朋友到草原上打野兔。其间，猎人突然发现远处的地平线在冒烟，很快他和朋友听到"噼啪噼啪"的声音，他意识到自己遭遇了草原野火。火势在蔓延，火迅速向他们身边推进，根本来不及逃脱。猎人马上从口袋里掏出了火柴，把两人周围的干草和灌木点着。于是，他们就站在一块被烧焦的光秃秃的地上了。大火逼近了，他们用毛巾捂住嘴，紧紧抱在一起。随后，火从四周一掠而过，他们却毫发无损——因为站在烈火烧过的地方不必再惧怕烈火。

37. 猎人和朋友发现了什么？

38. 猎人用什么方法保护了自己？

39. 关于这段话，下列选项中正确的是哪一项？

第40到42题是根据下面一段话：

每年立夏前后，大黄鱼在集群产卵时会发出叫声。雌鱼的叫声较低，同点煤气灯时发出的"哧哧"声相似；雄鱼的叫声较高，像夏夜池塘里的蛙鸣。在大黄鱼生产时，渔民都把耳朵贴在船板上聆听叫声，判断鱼群的大小和密集程度，以及鱼群的深浅，然后进行捕捞。

大黄鱼肉质鲜嫩，营养丰富，有很高的经济价值。可红烧、清炖、生炒、盐渍等，烹调几十种风味各异的菜肴。咸菜大黄鱼是舟山人待客的家常菜。大黄鱼还有很高的药用价值，其耳石有清热去瘀、通淋利尿的作用，鳔有润肺健脾、补气止血等作用，胆有清热解毒的功能。

近年来，由于捕捞强度过大，大黄鱼资源越来越少，产量也随之减少。目前，舟山已建起人工养殖大黄鱼的基地。

40. 大黄鱼什么时候集群产卵？

41. 渔民为什么把耳朵贴在船板上听叫声，下列选项中不正确的是哪一项？

42. 关于大黄鱼，下列选项中正确的是哪一项？

第43到46题是根据下面一段话：

剑桥大学周围形成了高科技产业群，这一现象被称为"剑桥现象"；斯坦福大学成就了举世闻名的硅谷；美国哈佛大学和麻省理工学院两大"巨人"毗邻而居。如果说中国也有这样的地方，那就是海淀学院区了。

这里密密匝匝挤满了大学。多年的浸润，读书的孩子对这片土地产生了感情，许多人毕了业也在周边找工作，租房买房。再加上大学中永不缺少的新鲜血液，渐渐地，这里成了声名赫赫的中国硅谷，也是高学历人群最密集的地方。

在海淀区一带满大街跑的，是月薪上万的小年轻，还有刚毕业没几年的项目经理。他们和学生没什么两样，大多戴着眼镜，穿件松松垮垮的T恤就去上班，周末照旧回大学打球聚餐。母校近在眼前，柔软、随意、自由而快乐的大学生活在他们的生活理念中从未断绝，他们从不觉得自己赚了钱就豪气万丈。而与生活的波西米亚风格相比，学院区的精神生活永远都不缺少精英的品质。这里多的是北京首屈一指的书店，在书店里常见书痴抱书寻觅一处角落席地而坐，一直读到店家打烊。

43. "剑桥现象"是指什么？

44. 中国的硅谷在哪里？

45. 关于中国的硅谷，下列选项中不正确的是哪一项？

46. 关于学院区的精神生活，下列说法中正确的是哪一项？

第47到50题是根据下面一段话：

很久很久以前，熊猫浑身雪白，半点黑色也没有，如白熊一般。一个名叫洛桑的姑娘在山上牧羊，她甜美的声音使熊猫们如痴如醉，熊猫们都来围绕着她且歌且舞。洛桑姑娘手持羊鞭，保护着羊群，也保护着熊猫。一天，熊猫突然遭到豹子的袭击。洛桑姑娘挺身而出，舞动羊鞭朝豹子抽去。熊猫们得救了，但洛桑姑娘却倒在血泊之中。当她的三个妹妹闻讯赶来时，洛桑已经与世长辞了。

熊猫们身披黑纱，戴着黑袖章，一起向洛桑姑娘致哀，泪水汪汪。它们用黑袖章擦眼睛，眼圈被抹黑了…因为悲痛之声惊天动地，它们用黑纱来捂住耳朵，耳朵也被染黑了…突然，天空中闪现出万道霞光，洛桑姑娘出现在云端，笑容可掬地对三个妹妹说："我将要屹立山中，永远保护熊猫！"三个妹妹向她奔去…刹那间，洛桑姑娘和她的三个妹妹一起化为四座巍峨高耸的山峰。

迄今，在卧龙自然保护区西北边缘，有四座海拔6000米以上的高峰日日夜夜在俯视着群山，保护着熊猫。这四座山就叫"四姑娘山"，是熊猫保护神的象征。熊猫们深深铭记着四位姑娘的恩情，永远地以身着黑白衣服表示由衷的悼念。

47. 很久以前熊猫身上是什么颜色？

48. 关于洛桑姑娘，下列选项中正确的说法是哪一项？

49. 下列熊猫悼念洛桑姑娘的方式中，不正确的是哪一项？

50. 这段话中没有提到的是哪一项？

听力考试现在结束。

〈제3회〉 녹음 스크립트

（音乐，30秒，渐弱）

大家好! 欢迎参加 HSK(六级)考试。

大家好! 欢迎参加 HSK(六级)考试。

大家好! 欢迎参加 HSK(六级)考试。

HSK(六级)听力考试分三部分，共50题。

请大家注意，听力考试现在开始。

第 一 部 分

第1到15题，请选出与所听内容一致的一项。现在开始第1题：

1. 小张在服装柜台工作，他整天都是一副睡不醒的样子，经理给他换了三个岗位了，他还是照样打瞌睡。最后，经理想了一个办法，让他去睡衣柜台，在柜台旁立一块广告牌，上面写着：优质睡衣，当场示范。

2. "萍水相逢"这个成语是比喻不相识的人偶然相遇。"萍"是一种在水面上浮生的蕨类植物，随水漂泊，聚散无定。能在茫茫人海中萍水相逢是一种缘分。

3. 21世纪湿地的多种功能被进一步发现：湿地，是生命淡水的主要来源，是可再生资源的主要创造者，是生态环境的忠诚卫士，也是人们休闲娱乐的理想空间。然而，由于种种原因，全球的湿地正不断减少。

4. 小人之间的交往往往是饱暖之际，是为了某种利害关系互相吹捧，彼此利用，甜言蜜语，因而看起来是舒服的、甜蜜的。而真诚的朋友间的交往是真心实意的，不图任何回报，互相勉励，共同进步。

5. 仰望，让人有所敬畏，让人不甘于一般意义上的"平凡"。人生没有追求，那就跟菜肴中没有加盐一样；没有了目标，就没有了人生的道路。我们活着，就是为了不断地仰望，不停地追求。

6. 什么是幸福？答案是丰富多彩的。幸福是那些快乐的片段。幸福是发自内心的微笑。遗忘生活中丑恶的东西，而把美好的东西永远保留在记忆中，这也是一种幸福。

7. 2017年，生物学家对一批冲上海滩集体自杀的鲸类尸体进行了细致的检验，结果发现它们大脑和耳部出血，肝脏和肾脏也受到损伤。这种症状过去在海洋哺乳动物身上从未发生过，于是人们开始怀疑是附近活动的海军舰艇发出噪音造成的。

8. 在美国的交通工具中，长途客运主要有飞机、火车、"灰狗"车三种。"灰狗"车实际上就是一种大巴，不过车上有厕所、空调，座椅可以调至半躺式，以便睡觉。"灰狗"车最经济，乘这种车的黑人、白人几乎各占一半，大多是"穷人"。

9. 土地是新西兰最重要的资源，大部分土壤由火山灰堆积而成，十分肥沃，适宜农作物生长。此外，畜牧业非常发达，是新西兰经济的支柱产业之一，牛羊总数至少在5000万头以上。新西兰的乳制品和羊毛产品是重要的出口产品。

10. 莫斯科是世界上最绿的城市之一，也是世界上空气最新鲜的都市之一，绿地总面积达35100公顷。莫斯科周边有17座森林公园，这些森林公园被誉为"绿色项链"，森林公园的宽度都在10至15千米之间，在莫斯科北部则达到28千米。

11. 居里夫人是伟大的科学家，她一生中最伟大的科学功绩是她对镭元素的发现。这个发现大大推动了现代科学的重大变革。但是，居里夫人却放弃镭的专利，把它无偿贡献给世界。

12. 也许有人奋斗了一辈子，贡献了毕生精力，所得到的只是一连串的失败。这也不奇怪，因为有许多发明创造并非一两代人所能完成。有人用自己的失败换来宝贵的教训，使后人少走弯路，他们的精神、他们的贡献都是可贵的。

13. 一切动物，从眼睛不容易看见的小虫一直到能够创造的伟大人类，都一样。他们的生活条件，第一是空气。就是那些住在水里的鱼，也必须遵守这条规律，它们只能住在含有空气的水里。

14. 好孩子也有青春，好孩子的青春也会绝望。好孩子也有矛盾，好孩子也需要安慰。好孩子不是天生的，默默忍受所有痛苦才能成为好孩子。

15. 该如何对待生命的短暂和空虚？每个人都有不同的回答。每个人活在世上都有自己的使命和意义，我们除了正常的吃饭睡觉，还要努力完成自己的使命和理想，不给生命留下遗憾和叹息。

第 二 部 分

第16到30题，请选出正确答案。现在开始第16到20题：

第16到20题是根据下面一段采访：

女：你女儿在日记中说："你们都不小了，要学会为自己操心。"这句话一般是父母说给孩子听的，而这次却相反。当你看到这句话时是什么感受？

男：呵呵，做父母的总是自我感觉良好，即便自己已经老糊涂了，也觉得自己比孩子聪明。我刚看到的时候并没有觉得非常感动，但是很高兴，这也是做父母糊涂的地方。做父母的的确比孩子自以为是，其实这也很正常，我父母对我也一样。所以有时候想想，可能我们已经和我们的父母一样糊涂了。

女：你觉得做父母的，最大的成功是什么？

男：没有什么成功啊，做父母的还能有什么成功呢？天下的父母都希望自己的子女有出息，但并不意味着子女有出息，父母就成功了。

女：可能很多时候父母的成功体现在与子女的融洽相处上，因为很多父母和子女之间都有代沟，他们很少交流。

男：很多事情，我的孩子也不会告诉我，但她高兴时可能会告诉我。代沟一定是有的，我觉得要填平它其实是不可能的。我们可能对孩子有更多的宽容和忍让，所以她觉得告诉我们这些老家伙也没有什么问题。但这并不意味着没有代沟。

女：可以感觉到，您是一个好父亲。有人曾评价说，您是一个乖巧的孙子、孝顺的儿子、称职的丈夫、慈爱的父亲，就是说您把在家庭中担当的每个角色都扮演的很好。

男：这很难说。举个例子，因为我太迷恋写作了，所以我整天都处于工作状态。有时候做作家的妻子是很无聊的，因为他老是在走神。我没有休息日，我脑子里整天都在想那些东西，你说我很称职吗？做父亲也是，我很溺爱孩子，一个严格的父亲应该会拒绝她的一些要求，但最后我都让步了。我让步不是说我是一个好父亲，而是不负责。

16. 男的看到女儿日记中的那句话有什么感觉？

17. 做父母的最希望子女怎样？

18. 男的是怎么看待父母与子女间的代沟的？

19. 男的是怎么评价自己的？

20. 男的是怎样对待孩子的？

第21到25题是根据下面一段采访：

女：张平先生，听说您与天水还有一点儿渊源。您能说一说吗？

男：是呀，我跟天水还真有渊源。我父亲以前在天水教过书。他大学毕业后就分配到天水了，在他的印象中，天水是个很美的地方。在天水工作的三四年，生活条件也不错，这是父亲记忆中最温馨的一段日子。父亲去世前就一直想回到天水来，但是这个愿望没有达成。我这次来，也算是了却了父亲以及我多年的夙愿。

女：您写了那么多的作品，是一个很受读者欢迎的作家，您最初是怎么走上这条写作之路的呢？

男：我喜欢文学还是有点儿受父亲的影响的。小时候，父亲给我们讲故事，上小学三年级时，我写的第一篇作文就成了范文，老师当堂宣读，还贴在了教室里。实际上那篇范文并不是我写的，是我姐姐的一篇作文，我模仿了一遍，当作自己的作文交了上去。但这篇范文让我一下子就"轰动"了整个年级和学校，老师对我另眼相看，同学们也都把我的作文看了又看，背了又背。从那以后，我对作文也特别上心，每一次作文我都会付出最大的努力，而且几乎我的每一篇作文都成了范文，同时这也促使我在学习上更加努力。

女：您认为一部好的作品、一位受人民欢迎的作家主要得益于什么呢？

男：这些年的创作经历告诉我，一是首先要尊重读者。当自己的读者群越来越大时，他们就开始在无形中制约你、规范你。二是要关注普通百姓、关注生活、关注现实，为大众写作，为平民写作。三是要注重传统写作方法，尊重读者的阅读兴趣、爱好，把握读者的审美能力。还要尊重自己的真情实感，一个作家，一定要放下架子，心甘情愿为老百姓写作。

21. 张平先生与天水有什么渊源？

22. 张平喜欢文学是受了谁的影响？

23. 张平的第一篇作文就成了范文，这给了他怎样的影响？

24. 读者对作家起到什么样的作用？

25. 作家要为谁写作？

第26到30题是根据下面一段采访：

女：您在帅康公司工作几年了？您能为我们介绍一下您在帅康的奋斗历程吗？

男：五六年了吧。我刚来帅康时，在国美长风店工作，三年前被调到了3C店，负责3C店的工作。

女：我非常仰慕您所获得的成就，今天想通过这次采访来了解一下您的奋斗历程和个人生活态度，以此来增强我们对未来方向的把握，学习您成功的经验，少走弯路。您经历过的事情比我们多，我们大学生在学校里同社会的接触太少了，很多事情还得请教您啊。您觉得在工作中最需要的是什么呢？

男：我觉得是一种生活态度，每天微笑着面对一切。生活就好像是一面镜子，你对它怎么样，它就对你怎么样！与其愁容满面地生活，不如给自己一个微笑，快乐地生活，一个好的心情会让你在困境面前更加有拼搏的斗志，看见希望，绝处也可以逢生的。

女：您说的很对，好的生活态度可以改变一个人的命运。相信您在过去也遇到过好多难以想象的困难，您也是依靠着这种乐观的生活态度去面对挫折、战胜挫折的吧？

男：是的。不管做什么事情，都会遇到许多困难的，这就要看你怎么面对它了。面对困难时我也想到过退缩，但最终没退缩，毕竟自己已经努力到了这种程度，很不容易。

女：您当初为什么从事这个行业呢？

男：我从事这个行业也是源自一个非常偶然的机会。我在找工作时遇到了我的一个同学，他把我介绍给这家公司，我从公司最低的小职员做起。想想当初，重要的是当时面临着生计的问题啊。如果没有我当初那位同学的引荐，我不知道我还要走多少的弯路，所以，我非常感谢他!

女：您也是在经历了重重碰壁之后才找到了一个成功的起点，人生真的是难以想象哪! 可见，机会对于一个人来说是多么的重要啊! 那除了机会之外，肯定还有您自身的努力，克服了种种困难，不断地努力拼搏和奋斗才有了今天。那您还有别的建议给我们大学生吗?

男：虚心好学是我所要强调的。不懂就要问，要学会放下身段，多向人请教。少说话，多做事。 踏实做人，精明干事。

26. 男的来帅康公司几年了?

27. 男的认为在工作中最需要的是什么?

28. 男的是怎么对待困难的?

29. 男的当初为什么从事这个行业?

30. 除了机遇，还有什么是很重要的?

第 三 部 分

第31到50题，请选出正确答案。现在开始第31到33题:

第31到33题是根据下面一段话:

错误并不都一样，虽然有些可能毁了你，但大多数错误不致如此严重。相反，过于相信"犯错是坏事"会使你孕育新创见的机会大为减少。如果你只是对"正确答案"感兴趣，那么你可能会误用取得正确答案的法则、方法和过程，可能会忽视了创造性并错过向规则挑战的机会。

这是一个有用的教训，我们一直在犯错误，做错的时候比做对的时候要多得多。有许多人因为害怕失败，而错过了许多学习的机会。

加强你的"冒险"力量，每个人都有这种能力，但必须常常运用，否则就会退化。IBM的创始人汤玛斯·华生说过:"成功之路是使失败率加倍。"

31. 如果过于相信"犯错是坏事"会怎么样?

32. 如果害怕失败会怎么样?

33. 这段话主要讲了什么?

第34到36题是根据下面一段话：

　　读书是19世纪的人们的一种主要消遣方式，人们最初的动机并不是为了从书籍中寻找什么精神导师，纯粹是打发时间，消遣。

　　20世纪以来，我们的读书兴趣已经被匆忙的脚步、生活的负累挤走了，就算有时候想和先哲们对话，也选择了更为直接便当的方式——看电影、电视。文本和影视到底还是有区别的：复杂的心理活动、精妙的文字叙述、社会人生的广阔，这些都是影视所无法企及的。但影视的直观性、冲击性却掌控了受众的每一个细胞。

　　34. 19世纪，人们为什么读书？

　　35. 20世纪，人们用什么直接便当的方式与先哲们对话？

　　36. 文本和影视有什么区别？

第37到39题是根据下面一段话：

　　人们在冷天游泳时，大约有三种适应冷水的方法。有些人先蹲在池边，将水撩到身上，使自己能适应之后，再进入池子游；有些人则可能先站在浅水处，再试着一步步向深处走，或逐渐蹲身进入水中；更有一种人，做完热身运动，便由池边一跃而下。

　　与游泳一样，当人们要进入陌生而困苦的环境时，有些人先小心地探测，以做完全的准备，但许多人就因为知道困难重重，而再三延迟行程，甚至取消原来的计划；又有些人，先一脚踏入那个环境，但仍留许多后路，看着情况不妙，就抽身而返；当然更有些人，心存破釜沉舟之想，打定主意，便全身投入，由于急着应付眼前重重的险阻，反倒能忘记许多痛苦。

　　37. 这段话中说天冷游泳时，有几种适应冷水的方法？

　　38. 游泳时将水撩到身上，使自己适应后再进池子的人与遇到困难时的哪种人对应？

　　39. 哪种人能应对重重险阻，忘记许多痛苦？

第40到42题是根据下面一段话：

一头驮着沉重货物的驴，气喘吁吁地请求只驮了一点儿货物的马："帮我驮一点儿东西吧。对你来说，这不算什么；可对我来说，却可以减轻不少负担。"

马不高兴地回答："你凭什么让我帮你驮东西，我乐得轻松呢。"

不久，驴累死了。主人将驴背上的所有货物全部加在马背上，马懊悔不已。

膨胀的自我使我们忽略了一个基本事实，那就是：我们同在生活这条大船上，别人的好坏与我们休戚相关。别人的不幸不能给我们带来快乐，相反，在帮助别人的时候，其实也是在帮助我们自己。

40. 马为什么不愿意帮驴驮东西？

41. 马为什么懊悔不已？

42. 这个故事告诉我们一个什么道理？

第43到46题是根据下面一段话：

小张和小陈同时受雇于一家超级市场，可小张一再被经理提升，而小陈却还在最底层。小陈埋怨总经理狗眼看人低，总经理说："这样吧，在谈这个问题之前，是不是请你马上到集市上去，看看今天有什么卖的？"

小陈很快从集市上回来了，告诉总经理：只有一个农民拉了一车土豆在卖。总经理问："一车大概有多少袋？"他又跑回去，回来后说有40袋，总经理又问："价格是多少？"他再次跑到集市上去问。

总经理随后又叫来小张，叫他也到集市上看看今天有什么卖的。

小张很快从集市回来了，他说："到现在为止，只有一个农民在卖土豆，有40袋，价格适中，质量很好。"他带回了几个，让总经理看。还说："这个农民过一会儿还有西红柿上市。"他估计这种价格的西红柿总经理会要，所以不仅带回了几个西红柿做样品，而且把那个农民也带来了，农民现在正在外面等总经理回话呢。

43. 小陈为什么埋怨总经理"狗眼看人低"？

44. 总经理给小张和小陈提出了一个什么要求？

45. 小陈一共去了市场几次？

46. 这个故事告诉我们一个什么道理？

第47到50题是根据下面一段话:

有个老木匠准备退休,因为他想回家与妻子共享天伦之乐。

老板舍不得他的好工人走,问他是否能帮忙再建一座房子,老木匠说可以。但是大家后来都看得出来,他的心已经不在工作上了,他用的是软料,出的是粗活。房子建好的时候,老板把大门的钥匙递给他。

"这是你的房子,"他说,"是我送给你的礼物。"

他震惊得目瞪口呆,羞愧得无地自容。如果他早知道是在给自己建房子,他怎么会这样呢?现在他得住在一幢粗制滥造的房子里!

我们又何尝不是这样。我们漫不经心地"建造房子",不是积极行动,而是消极应付,凡事不肯精益求精。等我们发现自己的处境时,早已深困在自己建造的"房子"里了。把你当成那个木匠吧,想想你的房子,每天你敲进去一颗钉,加上去一块板,或者竖起一面墙,用你的智慧好好建造它吧!你的生活是你一生唯一的创造,不能抹平重建,墙上的牌子上写着:"生活是自己创造的。"

47. 老木匠为什么要退休?

48. 老木匠是怎样建造他退休前的最后一座房子的?

49. 老板让老木匠建造的房子是给谁的?

50. 这个故事说明了什么?

听力考试现在结束。

汉语水平考试 HSK（六级）答题卡

一、听力

1. [A] [B] [C] [D]
2. [A] [B] [C] [D]
3. [A] [B] [C] [D]
4. [A] [B] [C] [D]
5. [A] [B] [C] [D]

6. [A] [B] [C] [D]
7. [A] [B] [C] [D]
8. [A] [B] [C] [D]
9. [A] [B] [C] [D]
10. [A] [B] [C] [D]

11. [A] [B] [C] [D]
12. [A] [B] [C] [D]
13. [A] [B] [C] [D]
14. [A] [B] [C] [D]
15. [A] [B] [C] [D]

16. [A] [B] [C] [D]
17. [A] [B] [C] [D]
18. [A] [B] [C] [D]
19. [A] [B] [C] [D]
20. [A] [B] [C] [D]

21. [A] [B] [C] [D]
22. [A] [B] [C] [D]
23. [A] [B] [C] [D]
24. [A] [B] [C] [D]
25. [A] [B] [C] [D]

26. [A] [B] [C] [D]
27. [A] [B] [C] [D]
28. [A] [B] [C] [D]
29. [A] [B] [C] [D]
30. [A] [B] [C] [D]

31. [A] [B] [C] [D]
32. [A] [B] [C] [D]
33. [A] [B] [C] [D]
34. [A] [B] [C] [D]
35. [A] [B] [C] [D]

36. [A] [B] [C] [D]
37. [A] [B] [C] [D]
38. [A] [B] [C] [D]
39. [A] [B] [C] [D]
40. [A] [B] [C] [D]

41. [A] [B] [C] [D]
42. [A] [B] [C] [D]
43. [A] [B] [C] [D]
44. [A] [B] [C] [D]
45. [A] [B] [C] [D]

46. [A] [B] [C] [D]
47. [A] [B] [C] [D]
48. [A] [B] [C] [D]
49. [A] [B] [C] [D]
50. [A] [B] [C] [D]

二、阅读

51. [A] [B] [C] [D]
52. [A] [B] [C] [D]
53. [A] [B] [C] [D]
54. [A] [B] [C] [D]
55. [A] [B] [C] [D]

56. [A] [B] [C] [D]
57. [A] [B] [C] [D]
58. [A] [B] [C] [D]
59. [A] [B] [C] [D]
60. [A] [B] [C] [D]

61. [A] [B] [C] [D]
62. [A] [B] [C] [D]
63. [A] [B] [C] [D]
64. [A] [B] [C] [D]
65. [A] [B] [C] [D]

66. [A] [B] [C] [D]
67. [A] [B] [C] [D]
68. [A] [B] [C] [D]
69. [A] [B] [C] [D]
70. [A] [B] [C] [D]

71. [A] [B] [C] [D] [E]
72. [A] [B] [C] [D] [E]
73. [A] [B] [C] [D] [E]
74. [A] [B] [C] [D] [E]
75. [A] [B] [C] [D] [E]

76. [A] [B] [C] [D] [E]
77. [A] [B] [C] [D] [E]
78. [A] [B] [C] [D] [E]
79. [A] [B] [C] [D] [E]
80. [A] [B] [C] [D] [E]

81. [A] [B] [C] [D]
82. [A] [B] [C] [D]
83. [A] [B] [C] [D]
84. [A] [B] [C] [D]
85. [A] [B] [C] [D]

86. [A] [B] [C] [D]
87. [A] [B] [C] [D]
88. [A] [B] [C] [D]
89. [A] [B] [C] [D]
90. [A] [B] [C] [D]

91. [A] [B] [C] [D]
92. [A] [B] [C] [D]
93. [A] [B] [C] [D]
94. [A] [B] [C] [D]
95. [A] [B] [C] [D]

96. [A] [B] [C] [D]
97. [A] [B] [C] [D]
98. [A] [B] [C] [D]
99. [A] [B] [C] [D]
100. [A] [B] [C] [D]

三、书写

101.

汉 语 水 平 考 试 HSK（六 级）答 题 卡

接正面

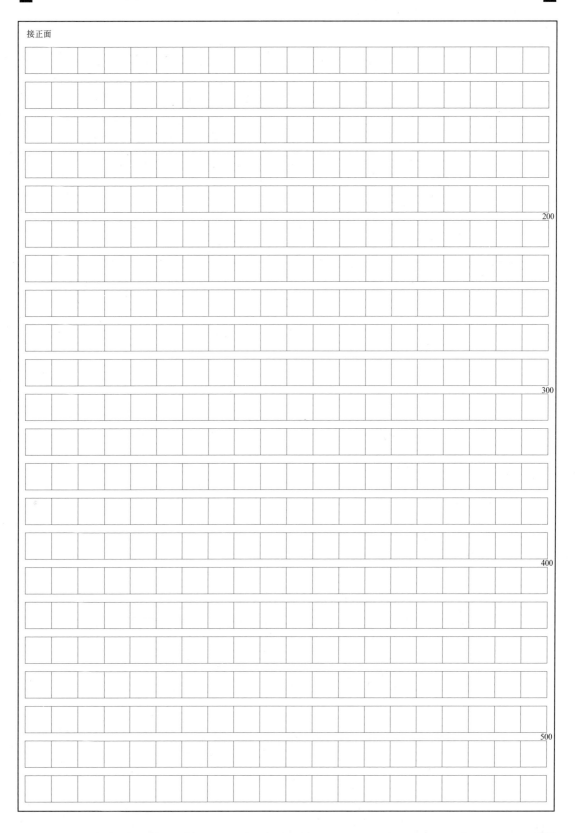

200

300

400

500

汉语水平考试 HSK（六级）答题卡

── 请填写考生信息 ──

按照考试证件上的姓名填写：

| 姓名 | |

如果有中文姓名，请填写：

| 中文姓名 | |

考生序号

[0] [1] [2] [3] [4] [5] [6] [7] [8] [9]
[0] [1] [2] [3] [4] [5] [6] [7] [8] [9]
[0] [1] [2] [3] [4] [5] [6] [7] [8] [9]
[0] [1] [2] [3] [4] [5] [6] [7] [8] [9]
[0] [1] [2] [3] [4] [5] [6] [7] [8] [9]

── 请填写考点信息 ──

考点代码

[0] [1] [2] [3] [4] [5] [6] [7] [8] [9]
[0] [1] [2] [3] [4] [5] [6] [7] [8] [9]
[0] [1] [2] [3] [4] [5] [6] [7] [8] [9]
[0] [1] [2] [3] [4] [5] [6] [7] [8] [9]
[0] [1] [2] [3] [4] [5] [6] [7] [8] [9]
[0] [1] [2] [3] [4] [5] [6] [7] [8] [9]
[0] [1] [2] [3] [4] [5] [6] [7] [8] [9]

国籍

[0] [1] [2] [3] [4] [5] [6] [7] [8] [9]
[0] [1] [2] [3] [4] [5] [6] [7] [8] [9]
[0] [1] [2] [3] [4] [5] [6] [7] [8] [9]

年龄

[0] [1] [2] [3] [4] [5] [6] [7] [8] [9]
[0] [1] [2] [3] [4] [5] [6] [7] [8] [9]

性别   男 [1]   女 [2]

注意 | 请用 2B 铅笔这样写：■

一、听力

1. [A] [B] [C] [D]　　6. [A] [B] [C] [D]　　11. [A] [B] [C] [D]　　16. [A] [B] [C] [D]　　21. [A] [B] [C] [D]
2. [A] [B] [C] [D]　　7. [A] [B] [C] [D]　　12. [A] [B] [C] [D]　　17. [A] [B] [C] [D]　　22. [A] [B] [C] [D]
3. [A] [B] [C] [D]　　8. [A] [B] [C] [D]　　13. [A] [B] [C] [D]　　18. [A] [B] [C] [D]　　23. [A] [B] [C] [D]
4. [A] [B] [C] [D]　　9. [A] [B] [C] [D]　　14. [A] [B] [C] [D]　　19. [A] [B] [C] [D]　　24. [A] [B] [C] [D]
5. [A] [B] [C] [D]　　10. [A] [B] [C] [D]　　15. [A] [B] [C] [D]　　20. [A] [B] [C] [D]　　25. [A] [B] [C] [D]

26. [A] [B] [C] [D]　　31. [A] [B] [C] [D]　　36. [A] [B] [C] [D]　　41. [A] [B] [C] [D]　　46. [A] [B] [C] [D]
27. [A] [B] [C] [D]　　32. [A] [B] [C] [D]　　37. [A] [B] [C] [D]　　42. [A] [B] [C] [D]　　47. [A] [B] [C] [D]
28. [A] [B] [C] [D]　　33. [A] [B] [C] [D]　　38. [A] [B] [C] [D]　　43. [A] [B] [C] [D]　　48. [A] [B] [C] [D]
29. [A] [B] [C] [D]　　34. [A] [B] [C] [D]　　39. [A] [B] [C] [D]　　44. [A] [B] [C] [D]　　49. [A] [B] [C] [D]
30. [A] [B] [C] [D]　　35. [A] [B] [C] [D]　　40. [A] [B] [C] [D]　　45. [A] [B] [C] [D]　　50. [A] [B] [C] [D]

二、阅读

51. [A] [B] [C] [D]　　56. [A] [B] [C] [D]　　61. [A] [B] [C] [D]　　66. [A] [B] [C] [D]　　71. [A] [B] [C] [D] [E]
52. [A] [B] [C] [D]　　57. [A] [B] [C] [D]　　62. [A] [B] [C] [D]　　67. [A] [B] [C] [D]　　72. [A] [B] [C] [D] [E]
53. [A] [B] [C] [D]　　58. [A] [B] [C] [D]　　63. [A] [B] [C] [D]　　68. [A] [B] [C] [D]　　73. [A] [B] [C] [D] [E]
54. [A] [B] [C] [D]　　59. [A] [B] [C] [D]　　64. [A] [B] [C] [D]　　69. [A] [B] [C] [D]　　74. [A] [B] [C] [D] [E]
55. [A] [B] [C] [D]　　60. [A] [B] [C] [D]　　65. [A] [B] [C] [D]　　70. [A] [B] [C] [D]　　75. [A] [B] [C] [D] [E]

76. [A] [B] [C] [D] [E]　　81. [A] [B] [C] [D]　　86. [A] [B] [C] [D]　　91. [A] [B] [C] [D]　　96. [A] [B] [C] [D]
77. [A] [B] [C] [D] [E]　　82. [A] [B] [C] [D]　　87. [A] [B] [C] [D]　　92. [A] [B] [C] [D]　　97. [A] [B] [C] [D]
78. [A] [B] [C] [D] [E]　　83. [A] [B] [C] [D]　　88. [A] [B] [C] [D]　　93. [A] [B] [C] [D]　　98. [A] [B] [C] [D]
79. [A] [B] [C] [D] [E]　　84. [A] [B] [C] [D]　　89. [A] [B] [C] [D]　　94. [A] [B] [C] [D]　　99. [A] [B] [C] [D]
80. [A] [B] [C] [D] [E]　　85. [A] [B] [C] [D]　　90. [A] [B] [C] [D]　　95. [A] [B] [C] [D]　　100. [A] [B] [C] [D]

三、书写

101.

接正面

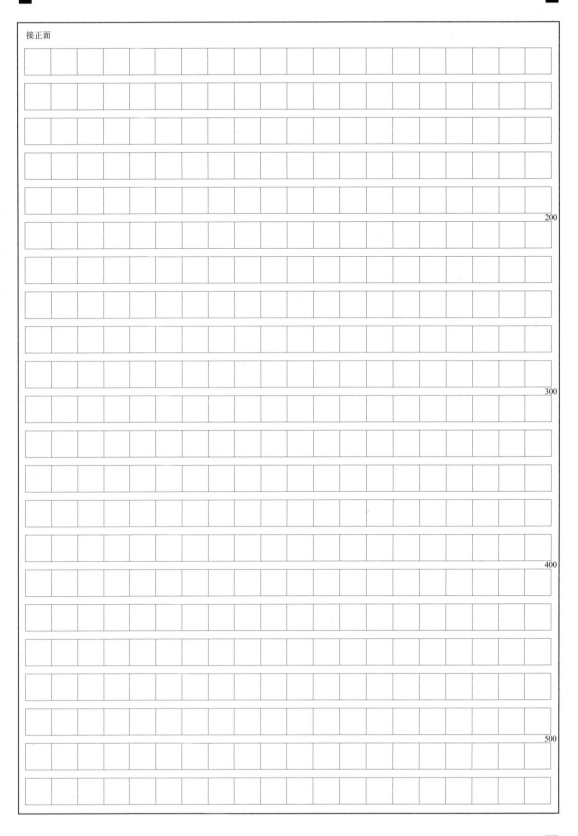

200

300

400

500

汉语水平考试 HSK（六级）答题卡

注意　请用 2B 铅笔这样写：■

一、听力

1. [A] [B] [C] [D]
2. [A] [B] [C] [D]
3. [A] [B] [C] [D]
4. [A] [B] [C] [D]
5. [A] [B] [C] [D]

6. [A] [B] [C] [D]
7. [A] [B] [C] [D]
8. [A] [B] [C] [D]
9. [A] [B] [C] [D]
10. [A] [B] [C] [D]

11. [A] [B] [C] [D]
12. [A] [B] [C] [D]
13. [A] [B] [C] [D]
14. [A] [B] [C] [D]
15. [A] [B] [C] [D]

16. [A] [B] [C] [D]
17. [A] [B] [C] [D]
18. [A] [B] [C] [D]
19. [A] [B] [C] [D]
20. [A] [B] [C] [D]

21. [A] [B] [C] [D]
22. [A] [B] [C] [D]
23. [A] [B] [C] [D]
24. [A] [B] [C] [D]
25. [A] [B] [C] [D]

26. [A] [B] [C] [D]
27. [A] [B] [C] [D]
28. [A] [B] [C] [D]
29. [A] [B] [C] [D]
30. [A] [B] [C] [D]

31. [A] [B] [C] [D]
32. [A] [B] [C] [D]
33. [A] [B] [C] [D]
34. [A] [B] [C] [D]
35. [A] [B] [C] [D]

36. [A] [B] [C] [D]
37. [A] [B] [C] [D]
38. [A] [B] [C] [D]
39. [A] [B] [C] [D]
40. [A] [B] [C] [D]

41. [A] [B] [C] [D]
42. [A] [B] [C] [D]
43. [A] [B] [C] [D]
44. [A] [B] [C] [D]
45. [A] [B] [C] [D]

46. [A] [B] [C] [D]
47. [A] [B] [C] [D]
48. [A] [B] [C] [D]
49. [A] [B] [C] [D]
50. [A] [B] [C] [D]

二、阅读

51. [A] [B] [C] [D]
52. [A] [B] [C] [D]
53. [A] [B] [C] [D]
54. [A] [B] [C] [D]
55. [A] [B] [C] [D]

56. [A] [B] [C] [D]
57. [A] [B] [C] [D]
58. [A] [B] [C] [D]
59. [A] [B] [C] [D]
60. [A] [B] [C] [D]

61. [A] [B] [C] [D]
62. [A] [B] [C] [D]
63. [A] [B] [C] [D]
64. [A] [B] [C] [D]
65. [A] [B] [C] [D]

66. [A] [B] [C] [D]
67. [A] [B] [C] [D]
68. [A] [B] [C] [D]
69. [A] [B] [C] [D]
70. [A] [B] [C] [D]

71. [A] [B] [C] [D] [E]
72. [A] [B] [C] [D] [E]
73. [A] [B] [C] [D] [E]
74. [A] [B] [C] [D] [E]
75. [A] [B] [C] [D] [E]

76. [A] [B] [C] [D] [E]
77. [A] [B] [C] [D] [E]
78. [A] [B] [C] [D] [E]
79. [A] [B] [C] [D] [E]
80. [A] [B] [C] [D] [E]

81. [A] [B] [C] [D]
82. [A] [B] [C] [D]
83. [A] [B] [C] [D]
84. [A] [B] [C] [D]
85. [A] [B] [C] [D]

86. [A] [B] [C] [D]
87. [A] [B] [C] [D]
88. [A] [B] [C] [D]
89. [A] [B] [C] [D]
90. [A] [B] [C] [D]

91. [A] [B] [C] [D]
92. [A] [B] [C] [D]
93. [A] [B] [C] [D]
94. [A] [B] [C] [D]
95. [A] [B] [C] [D]

96. [A] [B] [C] [D]
97. [A] [B] [C] [D]
98. [A] [B] [C] [D]
99. [A] [B] [C] [D]
100. [A] [B] [C] [D]

三、书写

101.

不要写到框线以外！　　　　　　接背面

接正面

200

300

400

500

汉 语 水 平 考 试 HSK（六 级）答 题 卡

—— 请填写考生信息 —— | —— 请填写考点信息 ——

按照考试证件上的姓名填写:

| 姓名 | |

如果有中文姓名,请填写:

| 中文姓名 | |

考生序号		[0] [1] [2] [3] [4] [5] [6] [7] [8] [9]
		[0] [1] [2] [3] [4] [5] [6] [7] [8] [9]
		[0] [1] [2] [3] [4] [5] [6] [7] [8] [9]
		[0] [1] [2] [3] [4] [5] [6] [7] [8] [9]
		[0] [1] [2] [3] [4] [5] [6] [7] [8] [9]

考点代码		[0] [1] [2] [3] [4] [5] [6] [7] [8] [9]
		[0] [1] [2] [3] [4] [5] [6] [7] [8] [9]
		[0] [1] [2] [3] [4] [5] [6] [7] [8] [9]
		[0] [1] [2] [3] [4] [5] [6] [7] [8] [9]
		[0] [1] [2] [3] [4] [5] [6] [7] [8] [9]
		[0] [1] [2] [3] [4] [5] [6] [7] [8] [9]
		[0] [1] [2] [3] [4] [5] [6] [7] [8] [9]

国籍		[0] [1] [2] [3] [4] [5] [6] [7] [8] [9]
		[0] [1] [2] [3] [4] [5] [6] [7] [8] [9]
		[0] [1] [2] [3] [4] [5] [6] [7] [8] [9]

| 年龄 | | [0] [1] [2] [3] [4] [5] [6] [7] [8] [9] |
| | | [0] [1] [2] [3] [4] [5] [6] [7] [8] [9] |

| 性别 | 男 [1]　　　　女 [2] |

| 注意 | 请用 2B 铅笔这样写: ▰ |

一、听力

1. [A] [B] [C] [D]　　6. [A] [B] [C] [D]　　11. [A] [B] [C] [D]　　16. [A] [B] [C] [D]　　21. [A] [B] [C] [D]
2. [A] [B] [C] [D]　　7. [A] [B] [C] [D]　　12. [A] [B] [C] [D]　　17. [A] [B] [C] [D]　　22. [A] [B] [C] [D]
3. [A] [B] [C] [D]　　8. [A] [B] [C] [D]　　13. [A] [B] [C] [D]　　18. [A] [B] [C] [D]　　23. [A] [B] [C] [D]
4. [A] [B] [C] [D]　　9. [A] [B] [C] [D]　　14. [A] [B] [C] [D]　　19. [A] [B] [C] [D]　　24. [A] [B] [C] [D]
5. [A] [B] [C] [D]　　10. [A] [B] [C] [D]　　15. [A] [B] [C] [D]　　20. [A] [B] [C] [D]　　25. [A] [B] [C] [D]

26. [A] [B] [C] [D]　　31. [A] [B] [C] [D]　　36. [A] [B] [C] [D]　　41. [A] [B] [C] [D]　　46. [A] [B] [C] [D]
27. [A] [B] [C] [D]　　32. [A] [B] [C] [D]　　37. [A] [B] [C] [D]　　42. [A] [B] [C] [D]　　47. [A] [B] [C] [D]
28. [A] [B] [C] [D]　　33. [A] [B] [C] [D]　　38. [A] [B] [C] [D]　　43. [A] [B] [C] [D]　　48. [A] [B] [C] [D]
29. [A] [B] [C] [D]　　34. [A] [B] [C] [D]　　39. [A] [B] [C] [D]　　44. [A] [B] [C] [D]　　49. [A] [B] [C] [D]
30. [A] [B] [C] [D]　　35. [A] [B] [C] [D]　　40. [A] [B] [C] [D]　　45. [A] [B] [C] [D]　　50. [A] [B] [C] [D]

二、阅读

51. [A] [B] [C] [D]　　56. [A] [B] [C] [D]　　61. [A] [B] [C] [D]　　66. [A] [B] [C] [D]　　71. [A] [B] [C] [D] [E]
52. [A] [B] [C] [D]　　57. [A] [B] [C] [D]　　62. [A] [B] [C] [D]　　67. [A] [B] [C] [D]　　72. [A] [B] [C] [D] [E]
53. [A] [B] [C] [D]　　58. [A] [B] [C] [D]　　63. [A] [B] [C] [D]　　68. [A] [B] [C] [D]　　73. [A] [B] [C] [D] [E]
54. [A] [B] [C] [D]　　59. [A] [B] [C] [D]　　64. [A] [B] [C] [D]　　69. [A] [B] [C] [D]　　74. [A] [B] [C] [D] [E]
55. [A] [B] [C] [D]　　60. [A] [B] [C] [D]　　65. [A] [B] [C] [D]　　70. [A] [B] [C] [D]　　75. [A] [B] [C] [D] [E]

76. [A] [B] [C] [D] [E]　　81. [A] [B] [C] [D]　　86. [A] [B] [C] [D]　　91. [A] [B] [C] [D]　　96. [A] [B] [C] [D]
77. [A] [B] [C] [D] [E]　　82. [A] [B] [C] [D]　　87. [A] [B] [C] [D]　　92. [A] [B] [C] [D]　　97. [A] [B] [C] [D]
78. [A] [B] [C] [D] [E]　　83. [A] [B] [C] [D]　　88. [A] [B] [C] [D]　　93. [A] [B] [C] [D]　　98. [A] [B] [C] [D]
79. [A] [B] [C] [D] [E]　　84. [A] [B] [C] [D]　　89. [A] [B] [C] [D]　　94. [A] [B] [C] [D]　　99. [A] [B] [C] [D]
80. [A] [B] [C] [D] [E]　　85. [A] [B] [C] [D]　　90. [A] [B] [C] [D]　　95. [A] [B] [C] [D]　　100. [A] [B] [C] [D]

三、书写

101.

不要写到框线以外!

接背面

汉 语 水 平 考 试 HSK（六 级）答 题 卡

接正面

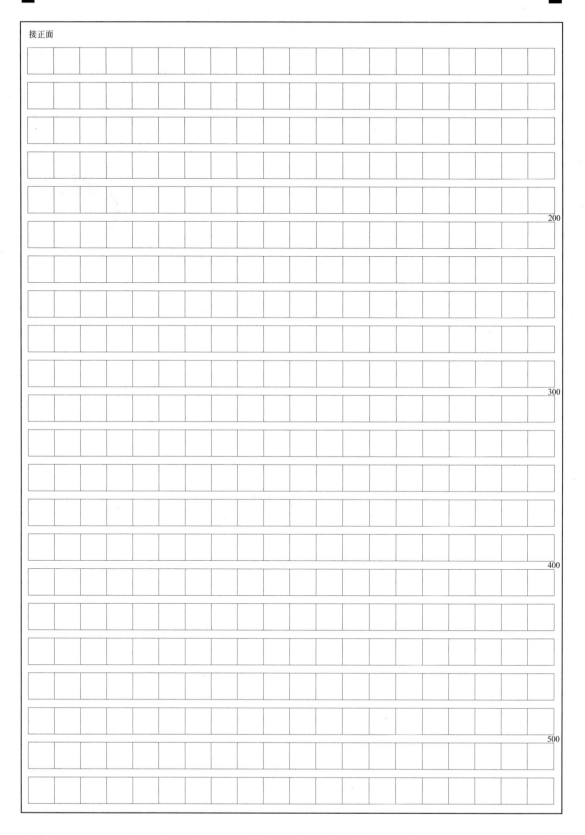

200

300

400

500

不要写到框线以外!

汉 语 水 平 考 试 HSK（六级）答 题 卡

一、听力

1. [A] [B] [C] [D]　　6. [A] [B] [C] [D]　　11. [A] [B] [C] [D]　　16. [A] [B] [C] [D]　　21. [A] [B] [C] [D]
2. [A] [B] [C] [D]　　7. [A] [B] [C] [D]　　12. [A] [B] [C] [D]　　17. [A] [B] [C] [D]　　22. [A] [B] [C] [D]
3. [A] [B] [C] [D]　　8. [A] [B] [C] [D]　　13. [A] [B] [C] [D]　　18. [A] [B] [C] [D]　　23. [A] [B] [C] [D]
4. [A] [B] [C] [D]　　9. [A] [B] [C] [D]　　14. [A] [B] [C] [D]　　19. [A] [B] [C] [D]　　24. [A] [B] [C] [D]
5. [A] [B] [C] [D]　　10. [A] [B] [C] [D]　　15. [A] [B] [C] [D]　　20. [A] [B] [C] [D]　　25. [A] [B] [C] [D]

26. [A] [B] [C] [D]　　31. [A] [B] [C] [D]　　36. [A] [B] [C] [D]　　41. [A] [B] [C] [D]　　46. [A] [B] [C] [D]
27. [A] [B] [C] [D]　　32. [A] [B] [C] [D]　　37. [A] [B] [C] [D]　　42. [A] [B] [C] [D]　　47. [A] [B] [C] [D]
28. [A] [B] [C] [D]　　33. [A] [B] [C] [D]　　38. [A] [B] [C] [D]　　43. [A] [B] [C] [D]　　48. [A] [B] [C] [D]
29. [A] [B] [C] [D]　　34. [A] [B] [C] [D]　　39. [A] [B] [C] [D]　　44. [A] [B] [C] [D]　　49. [A] [B] [C] [D]
30. [A] [B] [C] [D]　　35. [A] [B] [C] [D]　　40. [A] [B] [C] [D]　　45. [A] [B] [C] [D]　　50. [A] [B] [C] [D]

二、阅读

51. [A] [B] [C] [D]　　56. [A] [B] [C] [D]　　61. [A] [B] [C] [D]　　66. [A] [B] [C] [D]　　71. [A] [B] [C] [D] [E]
52. [A] [B] [C] [D]　　57. [A] [B] [C] [D]　　62. [A] [B] [C] [D]　　67. [A] [B] [C] [D]　　72. [A] [B] [C] [D] [E]
53. [A] [B] [C] [D]　　58. [A] [B] [C] [D]　　63. [A] [B] [C] [D]　　68. [A] [B] [C] [D]　　73. [A] [B] [C] [D] [E]
54. [A] [B] [C] [D]　　59. [A] [B] [C] [D]　　64. [A] [B] [C] [D]　　69. [A] [B] [C] [D]　　74. [A] [B] [C] [D] [E]
55. [A] [B] [C] [D]　　60. [A] [B] [C] [D]　　65. [A] [B] [C] [D]　　70. [A] [B] [C] [D]　　75. [A] [B] [C] [D] [E]

76. [A] [B] [C] [D] [E]　　81. [A] [B] [C] [D]　　86. [A] [B] [C] [D]　　91. [A] [B] [C] [D]　　96. [A] [B] [C] [D]
77. [A] [B] [C] [D] [E]　　82. [A] [B] [C] [D]　　87. [A] [B] [C] [D]　　92. [A] [B] [C] [D]　　97. [A] [B] [C] [D]
78. [A] [B] [C] [D] [E]　　83. [A] [B] [C] [D]　　88. [A] [B] [C] [D]　　93. [A] [B] [C] [D]　　98. [A] [B] [C] [D]
79. [A] [B] [C] [D] [E]　　84. [A] [B] [C] [D]　　89. [A] [B] [C] [D]　　94. [A] [B] [C] [D]　　99. [A] [B] [C] [D]
80. [A] [B] [C] [D] [E]　　85. [A] [B] [C] [D]　　90. [A] [B] [C] [D]　　95. [A] [B] [C] [D]　　100. [A] [B] [C] [D]

三、书写

101.

100

接正面

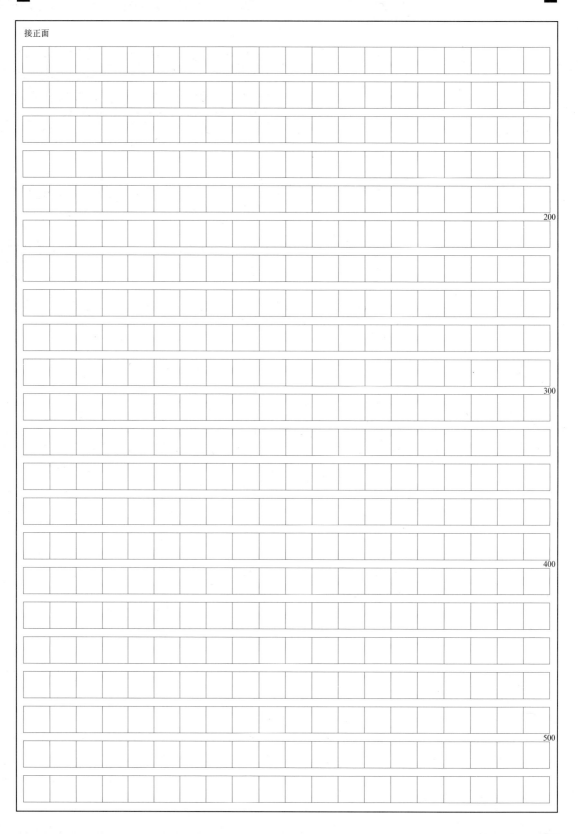

200

300

400

500

新HSK

실전 모의고사

6급

동양북스 분야별 추천 교재

관광

중국어뱅크
관광 중국어 1

중국어뱅크
관광 중국어 2

중국어뱅크
의료관광 중국어

실무

중국어뱅크
판매 중국어

중국어뱅크
호텔 중국어

중국어뱅크
항공 서비스 중국어

중국어뱅크
비즈니스 실무
중국어 (초·중급)

중국어뱅크
비즈니스 실무
중국어 (중·고급)

어법

버전업!
삼위일체 중문법

똑똑한 중국어
문법책

중국어 문법·
작문 업그레이드

北京大學
중국어 어법의 모든 것

한자·어휘

중국어뱅크
중국어 간체자

중국어뱅크
중국어 간체자
1000

가장 쉬운
독학 중국어 단어장

新 버전업
중국어 한자 암기박사

문화

중국어뱅크
버전업 사진으로
보고 배우는
중국문화

중국어뱅크
시사 따라잡는 독해
중국 읽기

📘 동양북스 단계별 추천 교재 시리즈

	한어구어		스마트 중국어(회화)	베이직 중국어
입문과정	중국어뱅크 북경대학 한어구어 1	중국어뱅크 북경대학 12과로 끝내는 한어구어 上	 중국어뱅크 스마트 중국어 STEP 1	중국어뱅크 베이직 중국어 1
초급과정	 중국어뱅크 북경대학 한어구어 2	 중국어뱅크 북경대학 12과로 끝내는 한어구어 下	 중국어뱅크 스마트 중국어 STEP 2	 중국어뱅크 베이직 중국어 2
초중급과정	 중국어뱅크 북경대학 한어구어 3	 중국어뱅크 북경대학 한어구어 4	 중국어뱅크 스마트 중국어 STEP 3	 중국어뱅크 베이직 중국어 3
중고급과정	 중국어뱅크 북경대학 한어구어 5	 중국어뱅크 북경대학한어구어 6	 중국어뱅크 스마트 중국어 STEP 4	

드림 중국어	실력업 중국어	교양 중국어		

중국어뱅크
DREAM 중국어 회화 1

중국어뱅크 실력UP 1
(스피드 중국어 STEP 1 개정판)

중국어뱅크
비주얼 중국어 회화 1

중국어뱅크
THE 중국어 1

중국어뱅크
NEW스타일
중국어 1

중국어뱅크
DREAM 중국어 회화 2

중국어뱅크 실력UP 2
(스피드 중국어 STEP 2 개정판)

중국어뱅크
비주얼 중국어 회화 2

중국어뱅크
THE 중국어 2

중국어뱅크
NEW 스타일
중국어 2

심화 과정

중국어뱅크
DREAM 중국어 회화 3

중국어뱅크 실력UP 3
(스피드 중국어 STEP 3 개정판)

중국어뱅크
스마트 중국어 독해 STEP 1

중국어뱅크
스마트 중국어 듣기 1

중국어뱅크
스마트 중국어 작문 1

중국어뱅크
DREAM 중국어 회화 4

중국어뱅크
스피드 중국어 회화
중급 독해편

중국어뱅크
스마트 중국어 독해 STEP 2

중국어뱅크
스마트 중국어 듣기 2

중국어뱅크
스마트 중국어 작문 2

◆ 📖 동양북스 단계별 추천 수험서 시리즈

新HSK 모의고사

북경대 新HSK
실전 모의고사 6급 / 5급 / 4급 / 3급 / 2급

중국어뱅크 新HSK 이거 하나면 끝!
실전 모의고사 6급 / 5급 / 4급 / 3급

북경대학 新HSK
THE 모의고사 6급 / 5급 / 4급

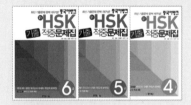

중국어뱅크 新HSK
기출 적중문제집 6급 / 5급 / 4급

新HSK 종합서

버전업! 新HSK
한 권이면 끝 6급 / 5급 / 4급 / 3급

新HSK 어휘

新HSK VOCA 5000
6급 / 5급

버전업! 新HSK
VOCA 2500 6급 / 5급

新HSK 회화

新HSK 한권이면 끝
고급 회화

新HSK 한권이면 끝
중급 회화

新HSK 한권이면 끝
초급 회화

新HSK 영역별

新HSK 합격 쓰기
6급 / 5급

북경대 新HSK
듣기·독해 공략 6급

BCT / TSC

新BCT 실전 모의고사 A형 / B형

TSC 한 권이면 끝

TSC VOCA

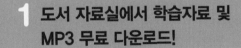

500만 독자가 선택한

가장 쉬운
독학 일본어 첫걸음
14,000원

가장 쉬운
독학 중국어 첫걸음
14,000원

가장 쉬운
프랑스어 첫걸음의 모든 것
17,000원

가장 쉬운
독일어 첫걸음의 모든 것
18,000원

가장 쉬운
스페인어 첫걸음의 모든 것
14,500원

버전업! 가장 쉬운
베트남어 첫걸음
16,000원

버전업! 가장 쉬운
태국어 첫걸음
16,800원

가장 쉬운
러시아어 첫걸음의 모든 것
16,000원

가장 쉬운
이탈리아어 첫걸음의 모든 것
17,500원

첫걸음 베스트 1위!

가장 쉬운
포르투갈어 첫걸음의 모든 것
18,000원

가장 쉬운
터키어 첫걸음의 모든 것
16,500원

버전업! 가장 쉬운
아랍어 첫걸음
18,500원

가장 쉬운
인도네시아어 첫걸음의 모든 것
18,500원

가장 쉬운
영어 첫걸음의 모든 것
16,500원

버전업! 굿모닝
독학 일본어 첫걸음
14,500원

가장 쉬운
중국어 첫걸음의 모든 것
14,500원

동양북스
www.dongyangbooks.com
m.dongyangbooks.com

가장 쉬운 독학 중국어 첫걸음

가장 쉬운 독학 일본어 첫걸음

오늘부터는 팟캐스트로 공부하자!

팟캐스트 무료 음성 강의

▶1
iOS 사용자

Podcast 앱에서
'동양북스' 검색

▶2
안드로이드 사용자

플레이스토어에서 '팟빵' 등
팟캐스트 앱 다운로드,
다운받은 앱에서
'동양북스' 검색

▶3
PC에서

팟빵(www.podbbang.com)에서
'동양북스' 검색
애플 iTunes 프로그램에서
'동양북스' 검색

** 신규 팟캐스트 강의가 계속 추가될 예정입니다.

매일 매일 업데이트 되는 동양북스 SNS!
동양북스의 새로운 소식과 다양한 정보를 만나보세요.

blog.naver.com/dymg98   facebook.com/dybooks
instagram.com/dybooks   twitter.com/dy_books

정 말
반 드시
합 격한다

정반합
新HSK
6급

해설서

동양북스

정반합 新HSK 6급 해설서

초판 1쇄 인쇄 | 2017년 6월 10일
초판 1쇄 발행 | 2017년 6월 20일

지은이 | 刘岩
해 설 | 김은정
발행인 | 김태웅
편집장 | 강석기
책임편집 | 김다정, 정지선
디자인 | 방혜자, 성지현, 이미영, 김효정
마케팅 총괄 | 나재승
마케팅 | 서재욱, 김귀찬, 이종민, 오승수, 조경현
온라인 마케팅 | 김철영, 양윤모
제 작 | 현대순
총 무 | 한경숙, 안서현, 최여진, 강아담
관 리 | 김훈희, 이국희, 김승훈, 이규재

발행처 | (주)동양북스
등 록 | 제 2014-000055호(2014년 2월 7일)
주 소 | 서울시 마포구 동교로22길 12(04030)
전 화 | (02)337-1737
팩 스 | (02)334-6624

http://www.dongyangbooks.com

ISBN   979-11-5768-263-8 14720
ISBN   979-11-5768-233-1 (세트)

刘岩 主编 2015年
本作品是浙江教育出版社出版的《新汉语水平考试教程》。韩文版经由中国・浙江教育出版社授权
DongYang Books于全球独家出版发行，保留一切权利。未经书面许可，任何人不得复制、发行。

이 도서의 국립중앙도서관 출판예정도서목록(CIP)은 서지정보유통지원시스템 홈페이지(http://seoji.nl.go.kr)와
국가자료공동목록시스템(http://www.nl.go.kr/kolisnet)에서 이용하실 수 있습니다.
(CIP제어번호:CIP2017013029)

차례

해설서

미리 보기 해석

제1부분 🎧 MP3-11

>> 전략서 26p

1.

"开卷有益"这个成语的意思是读书就会有所收获。毫无疑问，书是人类最好的朋友、最好的老师，是人类获得知识的重要途径之一。博览群书能使人拥有高深的学问，能言善辩，受人尊重。

A 读书有许多好处
B 老师是最好的朋友
C 父母是最好的老师
D 现代人不喜欢读书

1.

성어 '开卷有益'는 독서는 이로움이 있다는 뜻이다. 의심의 여지 없이, 책은 사람의 가장 좋은 친구이자 가장 좋은 스승이며, 사람이 지식을 얻는 중요한 방법의 하나이다. 많은 책을 폭넓게 읽으면 수준 높은 학문을 가지게 되고 말솜씨가 좋아지며, 존중을 받게 된다.

A 독서는 장점이 많다
B 선생님은 가장 좋은 친구이다
C 부모는 가장 좋은 선생님이다
D 현대인은 독서를 좋아하지 않는다

01. 성어와 속담

유형 확인 문제 🎧 MP3-13

>> 전략서 27p

정답 1 C

1 ★★☆

"牵肠挂肚"是形容惦念得放不下心。如果你出门在外，父母会牵肠挂肚，担心你一个人会不会过得好，饭有没有按时吃，天冷了有没有加衣服。作为子女，我们也要多关心父母，让操劳了一辈子的父母享享清福。

A "牵肠挂肚"是指肚子不舒服
B 一个人出门会过得不好
C 子女出门，父母会牵肠挂肚
D 子女最好不要出门

'牵肠挂肚'는 마음을 놓을 수 없을 만큼 염려하는 것을 의미한다. 만약 당신이 집을 떠나 밖에 있으면 부모는 마음에 걸려 안심하지 못한다. 혼자서 잘 지내고는 있는지, 밥은 제때 먹는지, 날씨가 추우면 옷은 잘 챙겨 입는지 걱정한다. 자녀로서 우리도 부모님께 관심을 가지고 한평생 애쓰신 부모님이 편안한 생활을 누릴 수 있게 해야 한다.

A '牵肠挂肚'는 속이 불편한 것을 의미한다
B 혼자 집을 나가면 잘 못 지낼 것이다
C 자녀가 집을 떠나면 부모는 마음에 걸려 안심하지 못한다
D 자녀는 집을 떠나지 않는 것이 가장 좋다

단어 牵肠挂肚 qiāncháng guàdù 셍 마음에 걸려 안심하지 못하다 | 惦念 diànniàn 동 염려하다 | 操劳 cāoláo 동 애쓰다 | 清福 qīngfú 명 한가롭고 편안한 생활

해설 성어의 뜻을 설명한 내용이다. '牵肠挂肚'라는 성어를 사용하여 부모가 항상 자식을 염려한다고 하였다. 또한 뒤에서 '担心(걱정하다)'이라는 동의어를 보고 성어의 뜻을 유추할 수 있다. 따라서 정답은 C이다.

02. 유머

유형 확인 문제 🎧 MP3-15　　　　　　　　　　　　　　　　》 전략서 28p

정답　1 A

---

1 ★★☆

一对夫妻吵架后好几天都不说话。这一天，丈夫想和妻子说话，可妻子不理他。于是丈夫在家里到处乱翻。妻子最后忍不住了，说道：“你到底找什么呀？”“谢天谢地，”丈夫高兴地说，“终于找到你的声音了。”

A 丈夫很聪明
B 妻子丢了东西
C 夫妻俩最后离婚了
D 丈夫喜欢收拾房间

한 부부가 말다툼하고 며칠 동안이나 말을 하지 않았다. 어느 날 남편은 아내와 말하고 싶었지만, 아내는 그를 신경도 쓰지 않았다. 그래서 남편은 집안 곳곳을 들쑤시고 다녔다. 아내가 결국 참지 못하고 말했다. "도대체 뭐 하는 거예요?" "오, 하나님 감사합니다." 남편이 기쁘게 말했다. "마침내 당신 목소리를 찾았어요."

A 남편은 아주 똑똑하다
B 아내는 물건을 잃어버렸다
C 부부는 결국 이혼했다
D 남편은 방 정리하는 것을 좋아한다

단어　吵架 chǎojià 동 말다툼하다 | 不理 bùlǐ 상대하지 않다 | 乱翻 luànfān 들쑤시다 | 忍不住 rěnbuzhù 견딜 수 없다 | 谢天谢地 xiètiān xièdì 성 오, 하나님 감사합니다! [걱정거리에서 벗어났을 때 다행스러움을 나타냄] | 丢 diū 동 잃어버리다 | 离婚 líhūn 동 이혼하다 | 收拾 shōushi 동 정리하다

해설　유머 요소를 담은 내용이다. 마침내 아내의 목소리를 찾았다고 하는 남편의 말에서 앞의 모든 행동은 아내가 말하게 하기 위함이었음을 알 수 있다. 이를 통해 남편은 똑똑하다고 볼 수 있으므로 정답은 A이다.

---

03. 인물

유형 확인 문제 🎧 MP3-17　　　　　　　　　　　　　　　　》 전략서 29p

정답　1 B

---

1 ★★☆

叶问，本名叶继问，是广东佛山的富家子弟，从7岁起便拜陈华顺为师，学习咏春拳，并成为其封门弟子。叶问16岁那年，赴港求学，后学武。1950年赴香港，传授咏春拳。其弟子中最出名的是让中国武术闻名世界的武打巨星李小龙。

A 叶问是平民子弟
B 叶问是陈华顺最后一个弟子
C 叶问在佛山传授咏春拳
D 李小龙不是叶问的徒弟

엽문의 본명은 엽계문으로, 광둥(广东)푸산(佛山)의 부유한 집안의 자제이다. 7세부터 천화순(陈华顺)을 스승으로 삼아 영춘권을 배웠으며 그의 마지막 제자가 되었다. 엽문은 16세가 되던 해에 홍콩에서 공부했으며 훗날 무술을 배웠다. 1950년에는 홍콩에서 영춘권을 전수했다. 그 제자 중 가장 유명한 사람은 중국 무술로 세계에 이름을 떨친 무술 스타 이소룡이다.

A 엽문은 평민 집안의 자제이다
B 엽문은 천화순의 마지막 제자이다
C 엽문은 푸산에서 영춘권을 전수했다
D 이소룡은 엽문의 제자가 아니다

拜师 bàishī 동 스승으로 모시다 | 封门弟子 fēngmén dìzǐ 명 마지막 제자 | 赴 fù 동 ~로 가다 | 港 gǎng 홍콩 | 求学 qiúxué 동 학문을 탐구하다, 공부하다 | 传授 chuánshòu 동 전수하다

해설 중국의 역사적 인물 엽문에 관한 내용이다. 엽문은 천화순을 스승으로 삼아 영춘권을 배웠고, 그의 마지막 제자가 되었다고 했다. 녹음의 '封门弟子'는 '대문을 봉쇄한 제자', 즉 '마지막 제자'라는 뜻으로 보기에서는 '最后一个弟子'로 쓰였다. 따라서 정답은 B이다.

04. 특산물

유형 확인 문제 🎧 MP3-19 》》전략서 30p

정답 1 D

---

1 ★★☆

秋季来临，很多北京市民会选择去香山观赏枫叶。"香山红叶文化节"一般在10月中旬举行，并持续到11月。如果不受特殊天气的影响，香山的枫叶将一直"红"至11月中旬。	가을이 오면 많은 베이징(北京) 시민들은 향산에 가서 단풍 구경을 한다. '향산 단풍 문화 축제'는 일반적으로 10월 중순에 열리며 11월까지 지속된다. 만약에 특수한 날씨의 영향을 받지 않는다면, 향산의 단풍은 11월 중순까지 '붉게' 물들어 있다.
A 红叶文化节举办一天 B 香山一年四季都有红叶 C 红叶文化节每年11月举行 D 人们喜欢秋天去香山看红叶	A 단풍 문화 축제는 하루 동안 열린다 B 향산은 일 년 사계절 모두 단풍이 진다 C 단풍 문화 축제는 매년 11월에 열린다 D 사람들은 가을에 향산으로 가서 단풍 구경 하는 것을 좋아한다

단어 来临 láilín 동 도래하다 | 观赏 guānshǎng 동 감상하다 | 枫叶 fēngyè 명 단풍 | 特殊 tèshū 형 특수하다 | 中旬 zhōngxún 명 중순 | 举办 jǔbàn 동 개최하다 | 红叶 hóngyè 명 단풍

해설 베이징에서 열리는 '향산 단풍 문화 축제'에 관한 내용이다. 소거법을 이용하면 쉽게 답을 찾을 수 있다. 가을이 오면 많은 베이징 시민들은 향산에 가서 단풍 구경을 한다고 했으므로 정답은 D이다.

05. 예절과 풍습

유형 확인 문제 🎧 MP3-21 》》전략서 31p

정답 1 D

---

1 ★★☆

握手也有礼仪的。多人相见时，注意不要交叉握手。而且在任何情况下拒绝对方主动要求握手的举动都是无礼的。但手上有水或不干净时，<u>应谢绝握手，同时必须解释并致歉</u>。	악수도 예절이 있다. 많은 사람을 만날 때는 다른 사람 손 위로 교차하여 악수하지 않도록 주의한다. 게다가 어떠한 상황에서도 상대가 주동적으로 악수를 요구할 때 거절하는 것은 무례한 행동이다. 그러나 손에 물이나 더러운 것이 묻었을 때는 <u>악수를 사양해야 하고, 동시에 반드시 상황을 설명하고 사과의 뜻을 전해야 한다</u>.

A 握手不必很讲究	A 악수는 너무 신경 쓸 필요 없다
B 多人相见可交叉握手	B 많은 사람을 만날 때는 다른 사람 손 위로 교차하여 악수해도 된다
C 可以拒绝对方的握手	C 상대방의 악수는 거절해도 된다
D 谢绝握手时应致歉	D 악수를 사양할 때는 반드시 사과의 뜻을 전해야 한다

단어 握手 wòshǒu 图 악수하다 | 相见 xiāngjiàn 图 만나다 | 注意 zhùyì 图 주의하다 | 交叉 jiāochā 图 교차하다, 겹치다 | 任何 rènhé 때 어떠한 | 举动 jǔdòng 몡 행동 | 无礼 wúlǐ 무례하다 | 谢绝 xièjué 图 정중히 거절하다 | 必须 bìxū 囝 반드시 | 讲究 jiǎngjiu 图 중요시하다 | 致歉 zhìqiàn 图 사과의 뜻을 표하다

해설 악수의 예절에 관한 내용이다. 보기만 보고도 어느 정도 답을 맞힐 수 있으며, 절대 답이 될 수 없는 것들을 소거한 후 녹음을 들으면 쉽게 풀 수 있다. 악수를 사양할 때는 반드시 상황을 설명하고 사과의 뜻을 전해야 한다고 했으므로 정답은 D이다.

06. 중국의 상황

🎧 유형 확인 문제 MP3-23　　　　　　　　　　　　　　　　　　》》전략서 32p

정답　1 C

1 ★★☆

国家公务员考试是面向全国进行招考的，而地方公务员考试主要面向当地的居民和在当地就读的大学生以及本省生源的大学生进行招考的，<u>但现在大部分省份已经不再要求考生拥有当地户口，尤其是像江苏、广东、浙江这样的沿海发达地区，对户口不做限制，是面向全国进行招考的。</u>	국가 공무원 시험은 전국적으로 응시자를 모집하는데, 지방 공무원 시험은 주로 지역 거주자와 그 지역에서 공부하는 대학생 및 그 곳 출신의 대학생을 대상으로 모집한다. 그러나 현재 대부분의 성은 이미 응시자에게 그 지역의 호적을 보유하는 것을 요구하지 않는다. 특히 장쑤(江苏), 광둥(广东), 저장(浙江)과 같은 연해 발달 지역은 호적에 대해 제한하지 않고 전국적으로 응시자를 모집한다.
A 国家公务员面向当地	A 국가 공무원은 지역적으로 모집한다
B 地方公务员要求严格	B 지방 공무원은 요구 사항이 엄격하다
C 大部分省份对户口不做限制	C 대부분은 성은 호적에 대해 제한하지 않는다
D 公务员非常难考	D 공무원 시험은 아주 어렵다

단어 公务员 gōngwùyuán 몡 공무원 | 面向 miànxiàng 图 ~로 향하다 | 招考 zhāokǎo 图 시험으로 모집하다 | 居民 jūmín 몡 거주민 | 以及 yǐjí 젭 및 | 生源 shēngyuán 몡 학생 자원 | 户口 hùkǒu 몡 호적 | 沿海 yánhǎi 몡 연해 | 限制 xiànzhì 图 제한하다 | 严格 yángé 혱 엄격하다

해설 국가 공무원 모집 상황에 관한 내용이다. 현재 대부분의 성은 호적에 대해 제한하지 않고 전국적으로 모집한다고 했으므로 정답은 C이다.

07. 지리와 기후

유형 확인 문제 🎧 MP3-25 〉〉 전략서 33p

정답 1 B

---

1 ★★☆

近日，一场暴雨带走了海南连日以来的高温天气。<u>海南省气象台已发布暴雨橙色预警</u>，省内多个市县6小时内降雨量将达100毫米以上。如何应对频发的极端天气，成为摆在政府、社会和民众面前的一道重要难题。

A 暴雨带来了高温天气
B 海南发布暴雨橙色预警
C 8小时内降雨达到了200毫米
D 我们暂时不需要应对频发天气

요 며칠 한바탕 쏟아진 폭우가 하이난(海南)에 연일 이어지던 폭염 날씨를 몰아냈다. 하이난 성 기상청은 폭우 주황 경보를 발표했고, 성 안의 많은 도시와 현에서 6시간 동안 100mm이상의 강수량을 보였다. 빈번히 발생하는 극단적인 날씨에 어떻게 대응하는지가 정부, 사회, 국민 앞에 놓인 주요 난제가 되었다.

A 폭우가 고온 날씨를 몰고 왔다
B 하이난은 폭우 주황 경보를 발표했다
C 8시간 동안 200mm의 비가 내렸다
D 우리는 날씨 변화에 잠깐은 대응할 필요가 없다

단어 暴雨 bàoyǔ 명 폭우 | 带走 dàizǒu 가져가다 | 连日 liánrì 명 연일 | 气象台 qìxiàngtái 명 기상청 | 发布 fābù 통 발표하다 | 橙色 chéngsè 명 주황색 | 预警 yùjǐng 통 사전에 경고하다 | 县 xiàn 명 현 | 降雨量 jiàngyǔliàng 명 강수량 | 达 dá 통 ~에 이르다 | 毫米 háomǐ 양 밀리미터(mm) | 应对 yìngduì 통 대응하다 | 频发 pínfā 형 빈번히 발생하다 | 极端 jíduān 형 극단적이다 | 摆 bǎi 통 놓다 | 政府 zhèngfǔ 명 정부 | 民众 mínzhòng 명 국민 | 暂时 zànshí 명 잠시

해설 중국의 기후적 특징을 담은 내용이다. 기후와 관련된 내용은 여러 도시나 여러 날씨에 대한 정보가 많으므로 필기하며 듣도록 한다. 하이난 성 기상청은 폭우 주황 경보를 발표했다고 했으므로 정답은 B이다.

---

08. 생활 및 과학 상식

유형 확인 문제 🎧 MP3-27 〉〉 전략서 34p

정답 1 C

---

1 ★★☆

雷雨时在户外戴着耳机听音乐，可能会有生命危险。据医生介绍，电子设备虽然不会像大树或电棒那样导电，<u>但是雷电一旦与金属接触，金属就会传导电流，导致雷电烧伤皮肤，扩大伤害的程度。</u>

A 雷雨时可以在户外戴耳机听歌
B 电子设备可导电
C 雷电可能会烧伤皮肤
D 雷电时赶紧躲到建筑里

뇌우 시에 야외에서 이어폰을 끼고 음악을 들으면 생명이 위험할 수 있다. 의사의 설명에 따르면 전자 설비는 큰 나무나 손전등처럼 전류가 통하지는 않지만, 천둥·번개가 일단 금속과 접촉하면 금속은 전류를 전도시켜 피부에 화상을 입게 하거나 피해 정도를 높일 수 있다.

A 뇌우 시에 야외에서 이어폰을 끼고 음악을 들어도 된다
B 전자 설비는 전류가 통한다
C 천둥·번개는 피부에 화상을 입힐 수 있다
D 천둥·번개가 치면 재빠르게 건물 안으로 피해야 한다

雷雨 léiyǔ 명 뇌우 | 户外 hùwài 명 야외 | 耳机 ěrjī 명 이어폰 | 设备 shèbèi 명 설비 | 电棒 diànbàng 명 손전등 | 导电 dǎodiàn 동 전류가 통하다 | 雷电 léidiàn 명 천둥과 번개 | 一旦 yídàn 부 일단 ~하면 | 金属 jīnshǔ 명 금속 | 接触 jiēchù 동 접촉하다 | 传导 chuándǎo 동 (열, 전기 등이) 전도되다 | 电流 diànliú 명 전류 | 导致 dǎozhì 야기하다 | 烧伤 shāoshāng 동 화상을 입다 | 扩大 kuòdà 동 확대하다 | 程度 chéngdù 명 정도 | 赶紧 gǎnjǐn 재빨리 | 躲 duǒ 동 피하다 | 建筑 jiànzhù 명 건축물

해설 뇌우와 관련된 내용이다. 천둥·번개가 금속과 접촉하면 금속은 전류를 전도시켜 피부에 화상을 입게 한다고 했으므로 정답은 C이다.

09. 경제 생활

유형 확인 문제 🎧 MP3-29 　　　　　　　　　　　　　　　 》 전략서 35p

정답 　1 C

1 ★★☆

在工业化社会里，没有任何产品离得开材料。许多新产品的开发都依赖于材料的改进，材料是工业的基础。材料专业因此备受重视，地位在不断提高，该专业的毕业生择业面也很广。

산업화 사회에서는 재료와 분리될 수 있는 그 어떠한 제품도 없다. 많은 신상품의 개발은 재료의 개선에 의존하며, 재료는 산업의 기초이다. 이 때문에 재료 관련 전공은 주목을 받고 있으며 그 위상이 점점 높아지고 있다. 이 전공의 졸업생들은 직업을 선택할 수 있는 폭 역시 넓다.

A 商业化社会离不开材料
B 新产品的开发依赖技术的改进
C 材料专业很受重视
D 材料专业的毕业生很难就业

A 상업화 사회는 재료와 떨어질 수 없다
B 신상품의 개발은 기술의 발전에 의존한다
C 재료 관련 전공은 매우 주목을 받는다
D 재료 관련 전공 졸업생은 취업하기 힘들다

단어 工业化 gōngyèhuà 동 산업화하다 | 材料 cáiliào 명 재료 | 依赖于 yīlàiyú ~에 의존하다 | 改进 gǎijìn 동 개선하다 | 基础 jīchǔ 명 기초 | 备受 bèishòu 충분히 받다 | 地位 dìwèi 명 지위 | 该 gāi 대 이(것) | 择业 zéyè 동 직업을 선택하다

해설 산업화 사회에서 제품 재료의 중요성에 관한 내용이다. 재료 관련 전공은 주목을 받고 있다고 했으므로 정답은 C이다.

10. 사회 현상

유형 확인 문제 🎧 MP3-31 　　　　　　　　　　　　　　　 》 전략서 36p

정답 　1 D

1 ★★☆

"油米"，是指城市里那些年龄不大，开车四处寻找打折油，并乐此不疲地把信息发布到网上的群体。油客网负责人表示，尽管各加油站对该网站并不感兴趣，但从中受益的网民有几十万，为网站提供加油信息的有200多人。

'요우미'는 도시에 사는 나이가 많지 않고, 운전해서 곳곳을 돌아다니며 할인하는 기름을 찾아다니며, 정보를 인터넷에 공개하는데 몰두하는 사람들을 말한다. 요우커왕(油客网) 책임자에 따르면 주유소들은 이러한 웹 사이트에 관심이 없지만, 이 사이트를 통해 이익을 얻는 사용자들이 수십만 명이며, 이 사이트에 주유 정보를 제공하는 사람이 200명에 달한다.

A "油米"即油和米粒	A '요우미'는 기름과 쌀알을 말한다
B "油米"的年龄有点大	B '요우미'의 나이는 다소 많다
C 加油站获得了大幅的利润	C 주유소는 큰 이윤을 얻었다
D 加油站对油客网不感兴趣	D 주유소는 '요우커왕'에 관심이 없다

해설 '요우미'라는 신조어에 관한 내용이다. '요우미'는 어디에서 할인하는 기름을 파는지에 관한 정보를 제공하지만, 주유소들은 이러한 웹 사이트에 관심이 없다고 했다. 따라서 정답은 D이다.

실전 연습 1 – 제1부분 🎧 MP3-32

>> 전략서 37p

정답	1 D	2 B	3 A	4 C	5 B
	6 D	7 C	8 A	9 C	10 C
	11 A	12 A	13 C	14 C	15 C

1 ★★★

这天早晨，孩子问爸爸："爸爸，为什么今天你做早餐呢？妈妈生病了吗？"爸爸随口答道："亲爱的，今天是母亲节呀！"孩子疑惑地问道："哦，那么其他日子，每天都是父亲节吗？"

어느 날 아침, 아이가 아빠에게 물었다. "아빠, 왜 오늘 아빠가 아침을 만들어요? 엄마가 아파요?" 아빠는 아무 생각 없이 대답했다. "우리 아들, 오늘은 어머니의 날이야!" 아이가 의아해하며 물었다. "어, 그럼 다른 날은 매일 아버지의 날인 거예요?"

A 今天是父亲节	A 오늘은 아버지의 날이다
B 每天不是妈妈做早餐	B 매일 엄마가 아침을 하는 것은 아니다
C 今天是妈妈做早餐	C 오늘은 엄마가 아침을 한다
D 爸爸从来不做早餐	D 아빠는 여태껏 아침을 하지 않았다

해설 아빠는 오늘이 어머니의 날이라서 아침을 만든다고 했고, 이에 아들은 다른 날은 매일 아버지의 날이냐고 물었으므로 아버지가 평소에는 아침을 하지 않음을 알 수 있다. 따라서 정답은 D이다.

2 ★★☆

播客属于网络通讯类流行语。要想成为播客并不难，只需一台电脑、一个麦克风、一个声音编辑软件，接着将录制好的节目上传发布到相应的网站即可。而听众可以不受时空限制，自主选择所喜欢的播客内容进行欣赏。

팟 캐스트는 인터넷 통신상의 유행어이다. 팟 캐스트를 만드는 것은 결코 어렵지 않다. 단지 컴퓨터 한 대와 마이크, 음성 편집 소프트웨어만 필요하고, 그다음은 녹음한 프로그램을 관련 웹 사이트에 올리기만 하면 된다. 그리고 청취자는 시간과 공간의 제약을 받지 않고 좋아하는 팟 캐스트 내용을 스스로 선택해 감상할 수 있다.

A 播客属于社会类流行语	A 팟 캐스트는 사회의 유행어이다
B 要想成为播客很容易	B 팟 캐스트를 만드는 것은 매우 쉽다
C 听众会受时空的限制	C 청취자는 시간과 공간의 제약을 받는다
D 我们不能自主选择播客内容	D 우리는 팟 캐스트의 내용을 스스로 선택할 수 없다

단어 播客 bōkè 명 팟 캐스트 | 通讯 tōngxùn 명 통신 | 麦克风 màikèfēng 명 마이크 | 编辑 biānjí 명 편집 | 软件 ruǎnjiàn 명 소프트웨어 | 录制 lùzhì 동 녹음하다 | 发布 fābù 동 발표하다 | 相应 xiāngyìng 동 상응하다 | 听众 tīngzhòng 명 청취자 | 限制 xiànzhì 동 제한하다 | 欣赏 xīnshǎng 동 감상하다

해설 팟 캐스트를 만드는 것은 결코 어렵지 않다고 했으며, 녹음의 '并不难'은 보기에서 '很容易'로 쓰였다. 따라서 정답은 B이다.

---

3 ★★☆

完美是人的终极幻想，在宇宙中并不存在。你越追求完美，就越会陷入失望。如果你以非常挑剔审慎的眼光来看待事情，任何事情都可以再改进——每一个人、每一种观念、每一幅画、每一种经验、每一件事。所以，如果你是一个完美主义者，那你就是一个失败者。

완벽함은 사람들의 궁극의 환상이며 우주에서는 결코 존재하지 않는다. 완벽함을 추구하면 할수록 실망에 빠지게 된다. 만약 매우 까다롭고 신중한 안목으로 일을 본다면 어떠한 일이라도 모두 다시 개선해야 할 부분이 있다. 모든 사람, 모든 관념, 모든 그림, 모든 경험, 모든 사건까지 말이다. 그러므로 만약 당신이 완벽주의자라면 당신은 곧 실패자이다.

A 完美是不存在的	A 완벽함은 존재하지 않는 것이다
B 完美给人带来希望	B 완벽함은 사람에게 희망을 가져다 준다
C 要用极度挑剔的眼光看世界	C 지극히 까다로운 안목으로 세계를 봐야 한다
D 失败者就是完美主义者	D 실패자는 곧 완벽주의자다

단어 终极 zhōngjí 궁극의, 최후의 | 幻想 huànxiǎng 명 환상 | 宇宙 yǔzhòu 명 우주 | 陷入 xiànrù 동 (불리한 지경에) 빠지다 | 挑剔 tiāotī 동 까다롭다, 트집잡다 | 审慎 shěnshèn 형 신중하다 | 眼光 yǎnguāng 명 안목, 관점 | 看待 kàndài 동 다루다 | 改进 gǎijìn 동 개선하다 | 观念 guānniàn 명 관념

해설 완벽함은 궁극의 환상이며 우주에서는 결코 존재하지 않는다고 했다. 따라서 정답은 A이다.
D. 완벽주의자가 실패자라고 했지, 실패자가 모두 완벽주의자는 아니다.

---

4 ★★★

喜鹊是人人喜爱的鸟。在民间，各地都有喜鹊报喜的说法，谁家的门前或树上停了喜鹊，不停地叽叽喳喳叫，人们总会说今天可能有喜事儿了，这家人可能要交好运了。

까치는 모든 사람이 좋아하는 새이다. 민간에서는 어느 곳이든 까치가 희소식을 전해 준다는 말이 있다. 누군가의 집 앞에 혹은 나무 위에서 까치가 와서 끊임없이 지지배배 지저귀면 항상 사람들은 오늘 좋은 일이 생길 것이며, 이 집 사람들은 운수가 좋을 것이라고 한다.

A 喜鹊的叫声不好听	A 까치의 울음소리는 듣기가 안 좋다
B 喜鹊叫就一定有喜事	B 까치가 울면 반드시 좋은 일이 생긴다
C 民间有喜鹊报喜的说法	C 민간에서는 까치가 희소식을 전해 준다는 말이 있다
D 人们不喜欢喜鹊	D 사람들은 까치를 싫어한다

단어 喜鹊 xǐque 명 까치 | 报喜 bàoxǐ 동 희소식을 전하다 | 叽叽喳喳 jījī zhāzhā 의성 지지배배, 재잘재잘 | 好运 hǎoyùn 명 행운

해설 민간에서는 어느 곳이든 까치가 희소식을 전해 준다는 말이 있다고 했으므로 정답은 C이다.
B. 까치가 희소식을 전해 준다는 말이 있을 뿐, '반드시' 좋은 일이 생기는지는 알 수 없다.

"做时间的主人，别让时间做你的主人。"这句话听起来有些玄妙，意思是说，你可以决定什么时间做什么事，而不是让时间来决定你应该做什么事，别让时间掌控你。

A 时间不等人
B 我们要做时间的主人
C 要让时间做我们的主人
D 时间可以掌控我们

"시간의 주인이 되어라, 시간이 당신의 주인이 되게 하지 마라." 이 말은 다소 오묘하게 들린다. 이 말은 당신은 언제 무슨 일을 할지 결정할 수 있고, 당신이 무슨 일을 해야 하는지 시간이 결정하게 하는 것이 아니므로, 시간이 당신을 지배하게 하지 말라는 뜻이다.

A 시간은 사람을 기다려 주지 않는다
B 우리는 시간의 주인이 되어야 한다
C 시간이 우리의 주인이 되게 해야 한다
D 시간은 우리를 지배할 수 있다

단어 玄妙 xuánmiào 혱 오묘하다, 현묘하다 | 掌控 zhǎngkòng 동 지배하다

해설 보기를 먼저 보면 시간에 대한 이야기임을 알 수 있다. 주어와 목적어를 정확하게 구분해서 들어야 한다. 우리는 시간의 주인이 되어야 한다고 시작하며, 시간이 당신을 지배하게 하지 말라는 내용으로 강조하며 끝났다. 따라서 정답은 B이다.

6

卧薪尝胆，原指春秋时期的越国国王勾践励精图治以图复国的故事，后演变成成语，形容人刻苦自励、发愤图强。这个历史故事也会让我们明白"胜不骄，败不馁，才能取得胜利"的道理。

A 这是战国时代的故事
B 反映的是吴王勾践的故事
C 胆很苦，但必须学会坚持
D 胜不骄，败不馁，才能取得胜利

와신상담(卧薪尝胆)은 원래 춘추시대의 월나라 국왕 구천(勾践)이 정신을 가다듬고 방법을 강구하여 나라를 되찾는 이야기였다. 이후 성어가 되어 사람이 각고의 노력을 기울여 자신을 독려하고 강해짐을 의미한다. 이 역사 이야기는 또한 우리에게 '이겼다고 자만하지 않고, 졌다고 낙심하지 않아야만 승리를 거둘 수 있다'는 교훈을 일깨워 준다.

A 이것은 전국시대의 이야기이다
B 나타내는 것은 오나라 왕 구천의 이야기이다
C 쓸개는 아주 쓰지만 끈기는 반드시 배워야 한다
D 이겼다고 자만하지 않고, 졌다고 낙심하지 않아야만 승리를 거둘 수 있다

단어 卧薪尝胆 wòxīn chángdǎn 성 와신상담, 원수를 갚기 위해서 괴로움을 견디다 | 励精图治 lìjīng túzhì 성 정신을 가다듬어 나라를 다스릴 방법을 강구하다 | 演变 yǎnbiàn 동 변화하다 | 刻苦 kèkǔ 혱 노력을 아끼지 않다 | 自励 zìlì 동 자신을 독려하다 | 发愤图强 fāfèn túqiáng 성 분발하여 강성해지려고 노력하다 | 胜不骄，败不馁 shèngbùjiāo, bàibùněi 성 이겼다고 자만하지 않고, 졌다고 낙심하지 않다 | 胜利 shènglì 동 승리하다

해설 와신상담과 관련한 이 역사 이야기가 우리에게 주는 교훈을 마지막 문장에서 언급했다. 따라서 정답은 D이다.
C. 언급되지 않은 내용으로 원수를 갚으려고 쓸개를 씹으며 견딘다는 '와신상담'의 뜻으로 미루어 답을 추측해서는 안 된다.

抱怨的人在抱怨之后，非但没轻松，心情反而变得更糟，怀里的石头不但没减少，反而增多了。常言说，放下就是快乐。这包括放下抱怨，因为它是心里很重又无价值的东西。

원망하는 사람들은 원망하고 나면 마음이 가벼워지지 않을 뿐만 아니라 기분이 오히려 더 안 좋아지고, 마음속 돌덩이는 적어지지 않고 오히려 늘어난다. 흔히들 내려놔야 즐겁다고 한다. 이는 원망을 내려놓는 것도 포함된다. 왜냐하면 원망은 무겁지만 쓸데없는 물건이기 때문이다.

A 抱怨之后心情会轻松	A 원망하고 나면 마음이 가벼워진다
B 抱怨后会快乐	B 원망하고 나면 즐거워진다
C 抱怨后心情会更糟	C 원망하고 나면 마음이 더욱 불편하다
D 抱怨是有价值的	D 원망은 가치가 있는 것이다

단어 抱怨 bàoyuàn 통 원망하다 | 糟 zāo 형 나쁘다 | 怀里 huáilǐ 명 마음속

해설 원망하고 나면 마음이 가벼워지지 않을 뿐만 아니라 기분이 오히려 더 안 좋아진다고 했으므로 정답은 C이다.

Tip

非但A 反而B A가 아닐 뿐 아니라 오히려 B하다

예 他非但没道歉，反而还骂了我一顿。그는 사과를 하기는 커녕 오히려 나에게 한바탕 욕을 했다.

---

8 ★★★

天热时人的头皮皮脂分泌会增多，这既会助长发丝间细菌滋生，也会使空气中的悬浮物更易黏附在头发上，极易弄脏头发，而且较强的风还会带走头发中的水分，导致头发发质变干，失去光泽，所以我们应注意保持头发的清洁。

A 头皮皮脂分泌增多，头发易脏
B 空气悬浮物不会附在发丝上
C 风力会保持头发的湿度
D 发质变干会滋生细菌

날씨가 더울 때 사람 두피의 피질 분비가 증가한다. 이것은 모발 사이에 세균이 생기는 것을 조장하고, 공기 중의 부유물이 쉽게 모발에 붙게 해서 모발이 아주 쉽게 더러워진다. 게다가 강한 바람은 모발의 수분을 가져가서 모발 건조를 유발하고 윤기를 잃게 한다. 그러므로 우리는 모발의 청결을 유지하는데 주의해야 한다.

A 두피의 피질 분비가 증가하면 모발이 쉽게 더러워진다
B 공기 중의 부유물은 머리카락에 붙지 않는다
C 바람은 모발의 습도를 유지해준다
D 모발이 건조해지면 세균이 생긴다

단어 皮脂 pízhī 명 피질 | 分泌 fēnmì 통 분비하다 | 助长 zhùzhǎng 통 조장하다 | 发丝 fàsī 명 모발 | 细菌 xìjūn 명 세균 | 滋生 zīshēng 통 일으키다 | 悬浮物 xuánfúwù 명 부유물 | 黏附 niánfù 접착하다, 붙이다 | 光泽 guāngzé 명 윤기 | 清洁 qīngjié 형 깨끗하다

해설 두피의 피질 분비 증가는 모발 사이에 세균이 생기는 것을 조장하고, 공기 중에 떠다니는 부유물이 쉽게 모발에 붙게 해서 모발이 쉽게 더러워진다고 했다. 따라서 정답은 A이다.
D. 모발의 건조함과 세균의 연관성은 언급하지 않았다.

---

9 ★★☆

一个人的性格是在幼年时期定型的，但成年之后又改变的情况也的确存在，父母的抚育和教育方式以及社会环境的变化对一个人的性格都会产生一定程度的影响。

A 性格是成年后才定型的
B 性格形成后不会改变
C 性格是在幼年时定型的
D 父母的教育方式决定孩子性格

한 사람의 성격은 유년기에 정형화된 것이다. 그러나 성인이 되고 나서 또 바뀌는 경우도 분명히 존재한다. 부모의 부양과 교육 방식 및 사회 환경의 변화는 개인의 성격에 어느 정도의 영향을 끼칠 수 있다.

A 성격은 어른이 된 후에야 정형화된 것이다
B 성격이 형성되면 바뀌지 않는다
C 성격은 유년기에 정형화된 것이다
D 부모의 교육 방식은 아이의 성격을 결정한다

단어 幼年 yòunián 명 유년, 어린 나이 | 定型 dìngxíng 통 정형화되다 | 成年 chéngnián 명 성인 | 的确 díquè 튄 확실히 | 抚育 fǔyù 통
부양하다 | 以及 yǐjí 집 및 | 产生 chǎnshēng 통 발생하다 | 程度 chéngdù 명 정도

해설 사람의 성격은 유년기에 정형화된 것이라고 했으므로 정답은 C이다.

---

10 ★★☆

居里夫人说：生活对于任何一个男女都非易事，我们必须有坚韧不拔的精神，最要紧的还是，我们自己要有信心，更要有坚定的理想和信念，<u>我们要对生活尽全力</u>。	퀴리 부인은 생활이 남녀 모두에게 쉽지 않은 일이므로 우리는 반드시 강인한 정신을 가져야 한다고 말했다. 가장 중요한 것은 역시 스스로 믿음을 가져야 하고, 나아가 굳은 이상과 신념을 가지는 것이며, <u>우리는 생활에 최선을 다해야 한다고 했다.</u>
A 生活很容易 B 我们常常没有信心 C 我们要对生活尽全力 D 我们要对别人有信心	A 생활은 아주 쉽다 B 우리는 항상 자신감이 없다 C 우리는 생활에 최선을 다해야 한다 D 우리는 다른 사람에 대하여 자신감을 가져야 한다

단어 居里夫人 Jūlǐ fūrén 명 퀴리 부인 [인명] | 坚韧不拔 jiānrèn bùbá 성 의지가 매우 강인하여 흔들리지 않다 | 要紧 yàojǐn 형 중요하다 | 坚定 jiāndìng 형 결연하다

해설 우리는 생활에 최선을 다해야 한다고 했으므로 정답은 C이다.

---

11 ★★☆

在法国，即使是陌生人见面也会互相道一声"你好"。在进门厅的时候，走在你前面的人会用手挡着门扉等你进来，虽然你们并不认识，也可能你们相距还有10米的距离。<u>当你横穿马路时，每个司机都彬彬有礼，为任何一个异乡人停车让路。</u>	프랑스에서는 설령 낯선 사람을 만날지라도 서로 "안녕하세요"라고 인사한다. 문을 들어설 때도 당신 앞에 가던 사람은 손으로 문을 잡고 당신이 들어갈 때까지 기다려 준다. 당신은 결코 의식하지 못하겠지만, 당신과 그 사람의 사이에 10m의 거리가 있을 것이다. 당신이 <u>길을 건널 때 모든 운전자는 매너가 있어 어떠한 외지인에게도 차를 멈추고 길을 양보한다.</u>
A 法国人很友好 B 在法国，陌生人间不说话 C 法国司机不会停车让路 D 法国人不喜欢异乡人	A 프랑스 사람은 우호적이다 B 프랑스에는 낯선 사람끼리 말하지 않는다 C 프랑스 운전자는 차를 멈춰 길을 양보하지 않는다 D 프랑스 사람은 외지인을 좋아하지 않는다

단어 陌生人 mòshēngrén 명 낯선 사람 | 挡 dǎng 통 가로막다 | 门扉 ménfēi 명 문 | 横穿 héngchuān 가로지르다 | 彬彬有礼 bīnbīn yǒulǐ 성 점잖고 예의 바르다 | 异乡人 yìxiāngrén 명 외지인

해설 보기의 주어가 모두 프랑스 사람이므로 술어에 유의해야 한다. 또한 B, C, D는 모두 부정문이므로 부정부사가 등장하는지도 유의해서 들어야 한다. 낯선 사람과도 인사하고, 문을 잡고 기다려 주고, 길을 건널 때 양보한다는 내용으로 미루어 보아 프랑스 사람은 매우 우호적이라는 것을 알 수 있다. 따라서 정답은 A이다.

12 ★☆☆

黑鱼属肉食性鱼类，小黑鱼食水生浮游生物，稍大即食小鱼、小虾。黑鱼喜栖于水草茂密的泥底或在水面晒太阳，有的还经常藏在树根、石缝中来偷袭其他鱼。黑鱼肉较粗，不是很好吃，但有营养，还有消炎的作用。

A 黑鱼食肉
B 黑鱼不喜袭击
C 黑鱼肉细腻可口
D 黑鱼会使伤口发炎

가물치는 육식성 물고기이다. 새끼 가물치는 물속에 사는 플랑크톤을 먹고, 조금 자라면 작은 물고기나 새우를 먹는다. 가물치는 수초가 무성한 진흙 밑에서 살거나 수면에서 햇볕을 쬐는 것을 좋아한다. 어떤 가물치는 나무뿌리나 바위틈 사이에 숨어 있다가 다른 물고기를 기습한다. 가물치 살은 두꺼워서 맛있지 않으나, 영양가가 있고 소염 작용이 있다.

A 가물치는 육식이다
B 가물치는 습격을 좋아하지 않는다
C 가물치 고기는 부드럽고 맛이 좋다
D 가물치는 상처에 염증을 일으킨다

단어 黑鱼 hēiyú 명 가물치 | 浮游生物 fúyóu shēngwù 명 플랑크톤 | 虾 xiā 명 새우 | 栖 qī 동 서식하다 | 茂密 màomì 형 무성하다 | 泥 ní 명 진흙 | 晒 shài 동 햇볕을 쬐다 | 藏 cáng 동 숨다 | 树根 shùgēn 명 나무 뿌리 | 偷袭 tōuxí 동 기습하다 | 袭击 xíjí 동 습격하다 | 细腻 xìnì 형 부드럽고 매끄럽다 | 消炎 xiāoyán 동 염증을 없애다

해설 가물치는 육식성 물고기라고 했으므로 정답은 A이다.

13 ★★☆

李明考试的时候一直在睡觉，考试快要结束时他才醒了过来，他看了看左右，发现后面同学的卷子做完了还没写名字，于是他顺手拿过来写上自己的名字交了。

A 考试很难
B 李明考试考得很认真
C 李明在考试时睡觉
D 后面的同学也在睡觉

리밍(李明)이 시험을 볼 때 계속 잠을 자다가 시험이 곧 끝나갈 때쯤에야 일어났다. 그는 주위를 둘러보다가 뒤에 앉은 학생의 답안지가 다 풀려 있으나 이름이 적혀 있지 않은 것을 발견했다. 그래서 그는 그것을 가지고 와 자신의 이름을 써서 제출했다.

A 시험은 매우 어렵다
B 리밍은 아주 열심히 시험을 보았다
C 리밍은 시험을 볼 때 잤다
D 뒤에 앉은 학생 역시 잤다

단어 卷子 juànzi 명 시험지 | 顺手 shùnshǒu 부 손이 가는 대로

해설 보기에 사람 이름이 등장하므로 인물을 중심으로 녹음을 들어야 한다. 리밍은 시험을 볼 때 계속 잤다고 했으므로 정답은 C이다.

14 ★★☆

丈夫抱回家一台吸尘器，兴奋地对妻子说："我为你买了世界上最好的吸尘器。"说着，他把咖啡末、烟灰等洒在客厅的地毯上，"只要我一按按钮，这些垃圾立即消失得无影无踪，否则，我立刻把它们吃下去。"妻子听了后平静地说："看来你非吃不可了。"丈夫马上说："绝对不会！"妻子说："会的，因为今天停电。"

A 丈夫买了洗衣机
B 妻子很高兴

남편이 청소기를 하나 안고 집에 와서 흥분하며 아내에게 말했다. "내가 당신을 위해서 세상에서 가장 좋은 청소기를 사 왔어." 말하면서 그는 커피 가루와 담뱃재 등을 거실 카펫 위에 뿌렸다. "버튼만 누르면 이 쓰레기들은 즉시 자취를 감추게 될 거야. 그렇지 않으면 내가 이것들을 바로 다 먹어 치울게." 아내가 듣고는 차분하게 말했다. "보니까 당신이 먹지 않으면 안 되겠는걸." 남편은 곧장 말했다. "절대 아니야!" 아내가 말했다. "그렇게 될 거야. 오늘 정전이거든."

A 남편은 세탁기를 샀다
B 아내는 매우 기뻐했다

| C 今天停电了 | C 오늘은 정전이다 |
| D 丈夫很听妻子的话 | D 남편은 아내의 말을 잘 듣는다 |

단어 吸尘器 xīchénqì 명 청소기 | 烟灰 yānhuī 명 담뱃재 | 洒 sǎ 동 뿌리다 | 地毯 dìtǎn 명 카펫 | 按 àn 동 누르다 | 按钮 ànniǔ 명 버튼 | 无影无踪 wúyǐng wúzōng 성 완전히 사라지다 | 否则 fǒuzé 접 그렇지 않으면 | 平静 píngjìng 형 차분하다 | 停电 tíngdiàn 동 정전되다

해설 남편이 청소기를 사 와서 성능을 자랑하고자 커피 가루와 담뱃재 등을 카펫 위에 뿌렸지만, 아내가 마지막에 오늘은 정전이라고 말했다. 따라서 정답은 C이다.

Tip 非…不可 반드시 ~하지 않으면 안 된다

예 那首歌非听不可. 그 노래는 듣지 않으면 안 된다.

예 这照相机非立刻修理不可. 이 카메라는 즉시 수리하지 않으면 안 된다.

---

15 ★★☆

哈尔滨暴雪持续40多个小时才停止。天空放晴，露出许久不见的蓝天，空气质量也有所好转。孩子和大人们欢快地在雪中嬉戏玩耍，还有一些人则在路边驻足欣赏雪景。

하얼빈에 내린 폭설이 40시간 동안 내리고서야 그쳤다. 하늘이 맑게 개고 오랫동안 보지 못했던 파란 하늘이 모습을 드러냈으며, 공기 상태도 좋아졌다. 아이와 어른들 모두 즐겁게 눈밭에서 놀고, 어떤 이들은 길가에서 걸음을 멈추고 설경을 감상한다.

A 天变阴了	A 하늘이 흐려졌다
B 有些人在屋里看雪	B 어떤 이들은 방 안에서 눈을 보고 있다
C 雪停了	C 눈이 그쳤다
D 大雪引发交通事故	D 대설이 교통사고를 유발했다

단어 停止 tíngzhǐ 동 그치다, 멈추다 | 放晴 fàngqíng 동 날씨가 개다 | 露出 lùchū 동 드러내다 | 好转 hǎozhuǎn 동 좋아지다, 호전되다 | 欢快 huānkuài 형 즐겁고 경쾌하다 | 嬉戏 xīxì 동 장난치다 | 玩耍 wánshuǎ 동 놀다 | 驻足 zhùzú 동 걸음을 멈추다 | 欣赏 xīnshǎng 동 감상하다 | 事故 shìgù 명 사고

해설 폭설이 40시간 동안 내리고서야 그쳤다고 했으므로 정답은 C이다. 녹음의 '停止'이 보기에서 '停'으로 쓰였다.

듣기 听力 제2부분

》》전략서 42p

미리 보기 | 해석

🔔 제2부분 🎧 MP3-33

16 – 20.

女： 朋友们好。现在人们对自己的健康可是越来越关注了，连洗脚都越来越讲究。洗脚是已经"老土"的说法了。时髦的叫法是"足浴"或者"足疗"。专门通过足浴来为顾客提供保健服务的足浴店也像雨后春笋一样，出现在城市的大街小巷。"千子莲"足浴就是这"洗脚大军"中很抢眼的一员，它颇有传奇色彩，因为它的创始者是几个复旦大学毕业的高才生。今天我们就请到了创始人之一徐先生。徐先生您好！从名牌大学的高才生到"洗脚工"您能接受这种身份的转变吗？

男： 我从来也没有觉得自己是个"洗脚工"。我给自己的定位是一个现代企业的管理者，和那些大企业的管理者是一样的，只不过我们经营的是足浴服务。再说了，"洗脚工"也没有什么丢人的，谈不上能不能接受的问题。

女： 您认为"千子莲"吸引大量顾客的关键是什么呢？

男： 放松的感觉。我们的顾客中大部分都是商务人士，平时职场上太累，到了"千子莲"，他们可以放松下来，这种放松是身体和心理上双重的放松。

女： 我觉得"千子莲"这个名字很特别，它是怎么来的呢？

男： 这个名字的灵感来源于敦煌壁画。我曾经到过敦煌，受到了很深的震撼。在敦煌莫高窟第五窟的壁画上，有"鹿女生下莲花，变成一千子孙"的典故，我把"莲花"和"千子"结合在一起，就得到了"千子莲"这个名字。我对这个名字很满意，中国国内大部分连锁品牌的名字取得都很西化，我们的名字比较中国化。

女： 我觉得"千子莲"明亮的店堂和我们传统理解中的足浴店的店堂有点不一样。

男： 是的。在中国人看来，让别人给自己洗脚是一件有些尴尬的事情。我就是想把这种尴尬的事儿变成时尚。其实洗脚和理发没有什么本质的区别，没有什么难为情的。我们的店都有统一的装修风

16 – 20.

여： 안녕하세요. 요즘 사람들은 건강에 대해 점점 관심을 가지고 있는데요. 심지어 발을 씻는 것까지도 중요시하고 있습니다. 발을 씻는다는 말 자체도 이미 '촌스러운' 말이 되어버렸죠. 유행하는 말은 바로 '족욕' 또는 '발 마사지'가 있습니다. 전문적인 발 마사지를 통해서 고객에게 건강 관련 서비스를 제공하고 있는 발 마사지 전문점들이 도시의 거리마다 우후죽순으로 생겨나고 있습니다. '첸즈롄(千子莲)' 발 마사지 전문점은 '발 마사지 업계'의 눈길을 끄는 곳으로 신화적인 의미를 가지고 있죠. '첸즈롄'의 창시자들이 바로 푸단(复旦)대학교를 졸업한 인재들이기 때문입니다. 오늘 우리는 창시자 중 한 분이신 쉬(徐) 선생님을 모시겠습니다. 쉬 선생님, 안녕하세요! 명문대학 수재에서 '발 마사지사'로의 신분 변화를 받아들이시나요?

남： 저는 제가 '발 마사지사'라고 생각해 본 적이 한번도 없어요. 저는 스스로를 현대 기업 관리자라고 정의 내렸어요. 그건 여느 대기업 관리자와 마찬가지예요. 단지 경영하는 것이 족욕 서비스인 것뿐이죠. 다시 말해서, '발 마사지 종사자'는 부끄러운 일도 아니고, 받아들일 수 있는지 없는지의 문제라고 말할 수도 없는 것이죠.

여： 선생님은 '첸즈롄'이 많은 고객을 유치할 수 있는 핵심은 무엇이라고 보시나요?

남： 편안함이죠. 저희 고객들의 대부분은 비즈니스맨이에요. 평소에 직장에서 피곤하지만, '첸즈롄'에 오면 긴장을 풀 수 있죠. 이러한 편안함은 육체와 정신 모두의 편안함입니다.

여： '첸즈롄'이라는 이름이 참 특별한데, 어떻게 만들어진 것인가요?

남： 이 이름은 둔황벽화에서 영감을 얻었어요. 둔황에 간 적이 있었는데 아주 깊은 감동을 받았죠. 둔황막고굴 제5굴의 벽화에 '鹿女生下莲花, 变成一千子孙'이라는 구절에서 '莲花'와 '千子'을 결합 시켜서 '千子莲'이라는 이름을 만들었죠. 저는 이 이름에 매우 만족합니다. 중국 국내 대부분의 프랜차이즈 이름이 서양화되어 있는데 저희 이름은 중국적이니까요.

여： 저는 '첸즈롄'의 환하고 밝은 매장은 우리가 전통적으로 생각하는 발 마사지 전문점과는 다소 다른 듯한 느낌을 받았어요.

남： 맞아요. 중국인에게는 타인이 자신의 발을 씻어주는 것이 난감할 수 있어요. 저는 이런 난감한 일을 하나의 유행으로 바꾸고 싶었죠. 사실 발을 씻는 것과 머리를 자르는 것은 본질적으로 다를 게 없어요. 당황스러운 일이 아니에요. 저희 매장은 통일된 인테리어 스타일과 관리 패턴을 가지고 있어서 고객을 응대할

格和管理模式，迎接顾客该说什么话、多长时间端上热水都是有统一标准的。而且，我们这里的每一位服务人员都有国家颁发的"足部按摩师"证书。

때 어떤 말을 하고, 뜨거운 물은 얼마 만에 들고 나와야 하는지 등에 통일된 기준이 있어요. 게다가 종업원 모두가 국가에서 발급한 '발 안마사' 자격증을 가지고 있어요.

16. 徐先生开"千子莲"足浴店以前做什么？
    A 老师　　　　　　B 大学生
    C 企业家　　　　　D 艺术家

16. 쉬 선생은 '쳰즈롄' 발 마사지 전문점을 열기 전에는 무엇을 했는가?
    A 선생님　　　　　B 대학생
    C 기업가　　　　　D 예술가

17. "千子莲"足浴店主要从事什么服务？
    A 理发　　　　　　B 足疗
    C 美容　　　　　　D 健身

17. '쳰즈롄' 족욕 가게는 주로 어떤 서비스를 제공하는가?
    A 이발　　　　　　B 발 마사지
    C 미용　　　　　　D 헬스

18. 徐先生怎么看待自己？
    A 没什么抱负
    B 有时会很尴尬
    C 接受了身份转变
    D 是一个企业管理者

18. 쉬 선생은 자신을 어떻게 보는가?
    A 어떤 포부도 없다
    B 때때로 난감하다
    C 신분의 변화를 받아들였다
    D 기업 관리자이다

19. "千子莲"这个名字来自什么？
    A 壁画　　　　　　B 植物
    C 动物　　　　　　D 小说

19. '쳰즈롄' 이름은 어디에서 왔는가?
    A 벽화　　　　　　B 식물
    C 동물　　　　　　D 소설

20. 关于"千子莲"足浴店，下列说法哪项正确？
    A 还没有连锁店
    B 服务人员都有证书
    C 顾客对店名不满意
    D 顾客都是商务人士

20. '쳰즈롄' 발 마사지 전문점에 관해서 다음 중 옳은 것은?
    A 아직 체인점이 없다
    B 종업원 모두 자격증을 가지고 있다
    C 고객이 상호명에 불만이 있다
    D 고객은 모두 비즈니스맨이다

01. 인물 인터뷰

유형 확인 문제 🎧 MP3-36　　　　　　　　　　　　　　　　　》 전략서 50p

정답　　1 D　　2 C　　3 B　　4 D　　5 C

1 - 5

男：各位听众大家好，⁵今天我们有幸请到了《中国少年报》的"知心姐姐"卢勤，请她谈谈在未成年人教育方面的心得体会。请问您是从什么时候开始从事教育工作的，又是什么让您能够一直在教育工作上探索呢？

남: 청취자 여러분 안녕하십니까, ⁵오늘은 「중국소년일보」의 '절친 언니'로 불리는 루친(卢勤) 씨를 모시고, 미성년자의 교육 방면에서 직접 체험하고 느낀 점들에 대해 이야기를 나눠보려고 합니다. 루친 씨는 언제부터 교육 방면의 일에 종사하셨으며 또 무엇 때문에 줄곧 교육 쪽 일을 연구하고 계신가요?

女：我到《中国少年报》工作已经有29年了。我从小就想当"知心姐姐"，因为我是从小看着《中国少年报》长大的，当时有一个栏目叫作"知心姐姐"，[1]我就悄悄给"知心姐姐"写了一封信，"知心姐姐"给我回了信，于是我就有了很大的成就感，后来我自己就想当"知心姐姐"了。

男：您特别的幸运，因为您实现了自己的理想。您觉得读懂孩子需要什么？

女：[2]那就是爱孩子，当你从内心里爱这个孩子的时候，你的脸上就有爱的微笑，你的语言里面就有爱的激励，于是孩子就会发现你的这双眼睛爱他，他就会把心交给你。

男：现在5到7岁的孩子中有很多"问题孩子"，这让家长们比较苦恼，在这个特殊阶段该如何教育孩子呢？

女：[3]最重要的就是培养孩子的自信，在这个阶段的孩子都需要家长发现他好的那一面，给予肯定。比如说我自己小的时候就特别喜欢画画，每次给妈妈看，她都说你画得太好了！我姐姐夸我真是画画的天才，所以我就特别热爱画画。后来我上学以后老师也把办黑板报的工作交给了我，我从一年级一直画到初中。

男：有些家长越是在人多的时候，越是会和别人说自己的孩子不好，我很困惑，这些家长是什么心理呢？

女：这种情况比较普遍，很多家长愿意当着别人的面说自己孩子的不好，这个时候可能是[4]因为他总对自己的孩子期望值很高，如果这个孩子本身有一点儿毛病，他就会把这个毛病看得比天还大，这就会进入一种恶性循环。

男：看来教育孩子的确有不少学问。我们每一位家长都得好好学习啊。

여：제가 「중국소년일보」에서 일한 지가 벌써 29년이나 되었습니다. 제가 어려서부터 '절친 언니'가 되고 싶었던 이유는, 저도 어려서부터 「중국소년일보」를 보며 자랐고, 그 당시에 '절친 언니'라는 제목의 칼럼이 있었는데, [1]한번은 제가 몰래 '절친 언니'에게 편지를 썼는데 그 '절친 언니'가 답장을 보내주셨어요. 그래서 저는 그때 큰 성취감을 느꼈죠. 후에 저도 나중에 커서 '절친 언니'가 되고 싶다고 생각했어요.

남：운이 좋으셨네요. 꿈을 이루셨으니까요. 루친 씨는 아이들을 이해하려면 무엇이 필요하다고 생각하시나요？

여：[2]그건 바로 아이를 사랑하는 거예요. 당신이 마음으로부터 그 아이를 사랑할 때, 당신의 얼굴은 사랑스러운 미소를 띠게 되고 당신의 말 속에는 사랑이 담긴 격려가 있게 됩니다. 그래서 아이는 당신의 그런 눈빛에서 당신이 자신을 사랑하고 있음을 알게 되고, 당신에게 마음을 주게 되는 거죠.

남：현재 5세에서 7세까지의 아이들 중에 '문제아'가 많은 것이 부모님들을 괴롭게 만드는데요, 이런 특별한 단계에서는 아이들을 어떻게 교육해야 할까요？

여：[3]가장 중요한 것은 아이의 자신감을 길러 주는 것입니다. 이 단계의 모든 아이들에게는 부모가 아이의 잘하는 부분을 찾아내 인정받게 해 주는 것이 필요합니다. 예를 들어 제가 어렸을 때 그림을 그리는 것을 아주 좋아했는데, 매번 어머니께 제 그림을 보여드리면 어머니는 항상 저에게 그림을 너무 잘 그렸다고 말씀해주셨어요. 제 언니도 제가 그림 그리는 것에 천재라고 칭찬해 줬어요. 그래서 저는 매우 애착을 가지고 그림을 그렸습니다. 후에 학교에 들어가서 선생님께서도 저에게 칠판 벽보를 맡기셨고, 그래서 1학년 때부터 중학교 때까지 내내 그렸어요.

남：일부 부모들은 사람이 많을 때일수록 더 다른 사람들에게 자기 아이의 안 좋은 점을 이야기해서, 제가 참 당혹스러울 때가 있는데요, 이런 부모님들은 어떤 심리인가요？

여：이런 상황은 비교적 흔합니다. 많은 부모들이 다른 사람들 앞에서 아이의 좋지 않은 점을 이야기하는데요, 이때는 [4]아마 그들의 아이에 대한 기대치가 높기 때문일 겁니다. 만약 아이 자신에게 단점이 있다면 그런 부모님들은 그 단점을 세상 어떤 것보다 더 큰 문제로 받아들여, 후에 악순환에 빠지게 됩니다.

남：보아하니 아이를 교육하는 것은 확실히 많은 지식이 필요하네요. 모든 부모님들께서 많이 배우셔야 할 것 같네요.

단어 听众 tīngzhòng 명 청중 | 有幸 yǒuxìng 운이 좋다 | 知心 zhīxīn 형 절친한 | 未成年人 wèi chéngniánrén 명 미성년자 | 心得体会 xīndé tǐhuì 마음과 몸으로 느끼고 체험한 것 | 探索 tànsuǒ 동 탐구하다 | 栏目 lánmù 명 칼럼 | 悄悄 qiāoqiāo 부 몰래 | 回信 huíxìn 동 답장하다 | 成就感 chéngjiùgǎn 명 성취감 | 微笑 wēixiào 미소 | 激励 jīlì 동 격려하다 | 问题孩子 wèntí háizi 명 문제아 | 苦恼 kǔnǎo 형 괴롭다 | 特殊 tèshū 형 특수하다 | 阶段 jiēduàn 명 단계 | 培养 péiyǎng 동 기르다 | 肯定 kěndìng 동 긍정적으로 평가하다 | 夸 kuā 동 칭찬하다 | 天才 tiāncái 명 천재 | 黑板报 hēibǎnbào 명 학습 벽보 | 困惑 kùnhuò 형 곤혹스럽다 | 期望值 qīwàngzhí 명 기대치 | 本身 běnshēn 명 자신 | 恶性循环 èxìng xúnhuán 동 악순환하다 | 的确 díquè 부 확실히 | 学问 xuéwen 명 지식, 학식

卢勤为什么想当"知心姐姐"?	루친은 왜 '절친 언니'가 되고 싶었는가?
A 觉得有意思	A 재미있다고 생각한다
B 社会地位高	B 사회적 지위가 높다
C 擅长教育孩子	C 아이들 교육을 잘한다
D 曾从中得到过鼓励	D 예전에 그로부터 격려를 받은 적이 있다

단어 社会地位 shèhuì dìwèi 몡 사회적 지위 | 擅长 shàncháng 동 잘하다

해설 여자의 첫 번째 말에서 루친은 '절친 언니'에게 편지를 썼다가 답장을 받은 후 큰 성취감을 느꼈고, 그 때문에 '절친 언니'가 되고 싶었다고 했다. 이러한 내용은 보기에서 '鼓励(격려)'로 쓰였다. 따라서 정답은 D이다.

卢勤觉得读懂孩子需要什么?	루친은 아이를 이해하려면 무엇이 필요하다고 생각하는가?
A 有责任心	A 책임감이 있어야 한다
B 和孩子交流	B 아이와 교류해야 한다
C 对孩子有爱心	C 아이에 대해 사랑하는 마음을 가져야 한다
D 平等对待孩子	D 공평하게 아이들을 대해야 한다

단어 责任心 zérènxīn 몡 책임감 | 平等 píngděng 혱 평등하다 | 对待 duìdài 동 다루다

해설 아이를 이해하려면 무엇이 필요하냐는 남자의 두 번째 말에 대한 대답으로 루친은 아이를 사랑하는 것이라고 했다. 따라서 정답은 C이다.

卢勤讲自己画画的经历是为了说明什么?	루친은 무엇을 설명하기 위해 자신이 그림을 그린 경험을 이야기했는가?
A 培养孩子的特长	A 아이의 특기를 길러 준다
B 帮孩子建立自信	B 아이가 자신감을 가지는 것을 도와준다
C 对孩子要严格要求	C 아이에게 엄격하게 요구한다
D 及时发现孩子的问题	D 그때 그때 바로 아이의 문제를 발견한다

단어 特长 tècháng 몡 특기, 장기 | 建立 jiànlì 동 세우다 | 严格 yángé 혱 엄격하다 | 要求 yāoqiú 동 요구하다 | 及时 jíshí 뷔 즉시

해설 여자의 세 번째 말에서 가장 중요한 것은 아이의 자신감을 길러 주는 것이라고 하며, 어린 시절 자신의 그림을 보고 칭찬해 주던 가족과 선생님의 이야기로 이 말을 뒷받침했다. 따라서 정답은 B이다.

为什么有些家长当着别人的面批评孩子?	일부 학부모들은 왜 다른 사람들 앞에서 아이를 꾸짖는가?
A 表示谦虚	A 겸손함을 나타낸다
B 激励孩子	B 아이를 격려한다
C 孩子表现太差	C 아이가 너무 형편없다
D 对孩子期望值太高	D 아이에 대한 기대치가 너무 높다

단어 谦虚 qiānxū 혱 겸손하다

해설 여자의 네 번째 말에서 많은 부모들이 다른 사람들 앞에서 아이의 좋지 않은 점을 이야기하는 것은 아이에 대한 기대치가 높기 때문이라고 했다. 녹음의 '说自己的孩子不好(내 아이가 좋지 않다고 말하다)'가 문제에서는 '批评孩子(아이를 비평하다)'라고 쓰였다. 따라서 정답은 D이다.

5 ★★☆	
关于卢勤，可以知道什么？	루친에 관하여 알 수 있는 것은 무엇인가?
A 是一名作家	A 작가이다
B 初中时开始学画画	B 중학교 때 그림을 배우기 시작했다
C 在《中国少年报》工作	C 「중국소년일보」에서 일한다
D 家里有"问题孩子"	D 가정에 '문제아'가 있다

해설 이 문제는 전반적인 내용을 파악해서 풀어야 한다. 남자의 첫 번째 말에서 루친을 「중국소년일보」의 '절친 언니'라고 소개했다. 따라서 정답은 C이다.

02. 시사 인터뷰

유형 확인 문제 🎧 MP3-38   >> 전략서 54p

정답 1 C 2 B 3 D 4 A 5 A

1-5

女: 欢迎大家来到今晚的《站长访谈》，今天我们邀请到的嘉宾是谢文。谢文，你好！您认为在当前情况下，中小网站的站长们应该如何保护自己，为自己争取权益？

男: 不管你个人是否喜欢，¹首先必须要遵守已经明确的政策、法规。要想做大事，必须先从细节上认真做起，尤其是网站注册、备案。虽然站长们是草根，但是草根也是在这块土地上生活的，也得遵守法律法规。²建议站长们别碰这样的网站内容：盗版、假冒伪劣商品。天道酬勤，不要抱侥幸心理。

女: 您是公认的研究互联网行业的学者，能否为我们比较一下中外互联网，尤其是中小网站创业者这方面的情况呢？

男: 其实，⁵在美国中小企业成功的几率更低。因为他们的互联网市场更成熟。比较起来，中国商业化落后一些，信息也不通畅，创业反倒更有机会。国外的各种统计相对完善。³相对来说，我们缺乏权威、中立、公正的统计机构，不规范的地方太多。另外，我国互联网在技术领域与国外相比也比较薄弱。个人网站方面，我认为中

여: 오늘 저녁의 「운영자 인터뷰」에 오신 여러분 환영합니다. 오늘 우리가 모신 손님은 셰원(谢文)입니다. 셰원, 안녕하세요! 지금 상황에서 중소 웹 사이트의 운영자는 어떻게 자신을 보호하고 권익을 쟁취할 수 있을까요?

남: 당신이 개인이 좋아하는지에 여부와 관계없이 ¹우선 명확한 정책과 법규를 준수해야 합니다. 큰 일을 이루고 싶다면 우선 웹 사이트 등록 및 준비 등 구체적인 일들을 열심히 해야 합니다. 운영자는 풀뿌리지만, 풀뿌리는 이 토지에서 생활하고, 법률과 법규도 준수해야 합니다. ²운영자들은 웹 사이트에서 다음과 같은 콘텐츠를 다루면 안 됩니다. 해적판이나 불법 모조품은 삼가야 합니다. 하늘은 스스로 돕는 자를 돕습니다. 절대 요행 심리를 가지면 안됩니다.

여: 당신은 인터넷 업계를 연구하는 공인된 전문가이신데, 우리를 위해서 중국과 외국의 인터넷에 대해서, 비교해 주실 수 있으신가요? 특히 중소 웹 사이트 창업자들의 상황을 비교해 주실 수 있으신가요?

남: 사실 ⁵미국에서 중소기업이 성공할 확률이 더 낮습니다. 그들의 인터넷 시장은 더욱 성숙하기 때문이죠. 비교해 보자면, 중국 상업화는 조금 뒤쳐져 있고, 정보도 원활하게 소통하지 못해서 창업에는 오히려 더 기회가 있을 수 있어요. 해외는 각종 통계도 상대적으로 완비되어 있습니다. ³상대적으로 볼 때 우리는 권위,

23

国一方面人口众多，一方面就业难，很多人想依靠一己之力来创业、赚钱。这种行为从商业规律上来讲，是行不通的。因为你要考虑规模效应、专业效应等，不能老想着单打独斗。但是，如果把个人网站作为一种辅助手段，作为一种事业起步的实验，我觉得可以尝试，但期望值不要太高。很少有人能一个人去管理好一个网站公共平台，然后安身立命，赚钱发财。这样很难，我不看好。

女：您是如何评价一个中小网站有无前途、有无价值的呢？

男：针对中小网站来说，我认为有3个指标：⁴第一：特色鲜明，"一招鲜吃遍天"。个人网站最重要的，就是要明确特色在什么地方。不管你是电子商务网站，还是资讯网站，都必须有鲜明的个人特色。⁴第二：学会自信，越小越开放。站长们积累点儿用户不容易，就怕开放，怕用户被"拐"走了，所以对大平台有恐惧感。其实这种想法不可取。在主流环境下，你必须学会自信。中小站长就应该勇敢地、热情地、毫不犹豫地去接受开放。对于互联网行业来说，开放性的产品也是非常重要的。⁴第三，要非常的现实，非常的理性。站长不要自己给自己加上太重的包袱。⁵草根站长都是低成本、业余、半业余地去做网站，不可能有那种一夜暴富的站长。

중립, 공정한 통계 기관이 부족하고 규범화되지 않은 부분도 아주 많습니다. 그 밖에도 우리나라 인터넷은 기술 영역에서도 해외에 비해 취약합니다. 개인 웹 사이트 방면에서 중국은 인구가 많고, 취업하기도 어려워서 많은 사람들이 혼자 힘으로 창업하고 돈을 벌기 희망합니다. 이런 종류의 행위는 상업적 규율에서 말하자면 통하지 않습니다. 규모의 효과와 전문적인 효과 등을 고려해야 하기 때문에 일대일로 싸우려고 하면 안됩니다. 그러나 만약에 개인 웹 사이트를 보조 수단으로, 사업의 초기 실험으로 생각한다면 저는 시도해도 된다고 생각합니다. 그러나 기대치는 너무 높으면 안됩니다. 웹 사이트의 공공 플랫폼을 혼자서 잘 관리하고 난 후, 그것에 의탁하여 돈을 잘 버는 사람은 많지 않습니다. 이렇게 하는 것은 어려워서 좋게 보지 않습니다.

여: 당신은 중소 웹 사이트가 미래가 있는지 없는지 가치가 있는지 없는지는 어떻게 평가하십니까?

남: 중소 웹 사이트에 대해서 말하면, 저는 세 가지 지표가 있다고 생각합니다. ⁴첫 번째는 특색이 분명해야 합니다. "특화된 기술이 하나 있으면 어딜 가도 두렵지 않습니다." 개인 웹 사이트에서 가장 중요한 것은 분명한 특색이 어디에 있냐는 것이죠. 전자 상거래 사이트나 정보 사이트나 모두 분명한 특색이 있어야 합니다. ⁴두 번째는 자신감을 배우고, 작을수록 개방합니다. 웹 사이트가 사용자를 모으는 것은 쉽지 않습니다. 오픈되는 것을 두려워하고 사용자가 돌아서는 것을 두려워합니다. 그래서 대형 플랫폼에 대해서는 공포감을 갖게 됩니다. 사실 이런 생각은 필요 없습니다. 주류 환경에서 당신은 자신감을 가져야 합니다. 중소 운영자는 용감하게, 열정적으로, 조금의 망설임도 없이 개방해야 합니다. 인터넷 업계에서 볼 때 개방성이 있는 상품은 매우 중요합니다. ⁴세 번째는 매우 현실적이어야 하고, 이성적이어야 합니다. 운영자는 절대 자신에게 너무 무거운 짐을 지워서는 안됩니다. ⁵풀뿌리 웹 마스터는 자본금이 적고, 아마추어, 반 아마추어로 웹 사이트를 운영하므로 하루 아침에 벼락부자가 되는 운영자는 있을 수 없습니다.

단어 访谈 fǎngtán 명 인터뷰 | 争取 zhēngqǔ 통 쟁취하다 | 权益 quányì 명 권익 | 遵守 zūnshǒu 통 준수하다 | 法规 fǎguī 명 법규 | 细节 xìjié 명 세부 사항 | 注册 zhùcè 통 등록하다 | 备案 bèi'àn 통 준비하다 | 草根 cǎogēn 명 풀뿌리 | 法律 fǎlǜ 명 법률 | 盗版 dàobǎn 명 해적판 | 假冒伪劣 jiǎmào wěiliè 명 모조품 | 天道酬勤 tiāndào chóuqín 성 하늘은 스스로 돕는 자를 돕는다 | 侥幸 jiǎoxìng 형 요행하다, 뜻밖에 운이 좋다 | 公认 gōngrèn 통 공인하다, 모두가 인정하다 | 几率 jīlǜ 명 확률 | 落后 luòhòu 형 낙후되다 | 通畅 tōngchàng 형 원활하다 | 反倒 fǎndào 부 오히려 | 完善 wánshàn 형 완전히 갖추다 | 薄弱 bóruò 형 취약하다 | 一己之力 yìjǐ zhīlì 명 혼자 힘 | 行为 xíngwéi 명 행위 | 效应 xiàoyìng 명 효과와 반응 | 单打独斗 dāndǎ dúdòu 일대일로 싸우다 | 辅助 fǔzhù 통 돕다, 보조하다 | 起步 qǐbù 통 발걸음을 떼다 | 实验 shíyàn 명 실험 | 期望值 qīwàngzhí 명 기대치 | 平台 píngtái 명 플랫폼 | 安身立命 ānshēn lìmìng 성 몸을 의탁하여 살다 | 前途 qiántú 앞길, 전도 | 针对 zhēnduì 통 겨냥하다 | 指标 zhǐbiāo 명 지표 | 鲜明 xiānmíng 형 선명하다 | 电子商务 diànzǐ shāngwù 명 전자 상거래 | 资讯 zīxùn 명 자료와 정보 | 用户 yònghù 명 사용자 | 拐 guǎi 통 방향을 바꾸다 | 恐惧感 kǒngjùgǎn 명 공포감 | 毫不犹豫 háobù yóuyù 성 망설이지 않다 | 包袱 bāofu 명 짐 | 成本 chéngběn 명 자본금 | 业余 yèyú 명 아마추어, 여가 | 半业余 bànyèyú 명 반 아마추어 | 一夜暴富 yíyè bàofù 벼락부자가 되다

---

1 ★★☆

男的认为中小网站为维护自己的权益，首先应该做什么？

A 完善网站内容

B 聘请相关律师

C 遵守已经明确的政策、法规

D 忽视网站注册

남자는 중소 웹 사이트가 자신의 권익을 보호하기 위해서 우선 무엇을 해야 한다고 생각하는가?

A 웹 사이트의 콘텐츠를 완비한다

B 관련 변호사를 초빙한다

C 명확한 정책과 법규를 준수한다

D 웹 사이트 등록은 무시한다

해설 보기를 먼저 파악한 후에 지문을 들으면 관련된 정보를 들을 수 있다. 남자의 첫 번째 말에서 우선 명확한 정책과 법규를 준수해야 한다고 했으므로 정답은 C이다.

---

2 ★☆☆

男的建议站长们不要碰哪些网站内容？

A 国外引进的新潮产品

B 假冒伪劣商品

C 免税产品

D 本地特产

남자는 운영자가 어떤 콘텐츠를 다루면 안 된다고 하는가?

A 해외에서 들여온 최신 유행 상품

B 모조품

C 면세품

D 현지 특산물

해설 남자의 첫 번째 말에서 해적판이나 불법 모조품을 삼가야 한다고 했다. 이것이 보기에서 그대로 언급되었으므로 정답은 B이다.

---

3 ★★★

哪项不属于国内统计机构的缺点？

A 缺乏权威

B 缺乏中立

C 缺乏公正

D 信息不通畅

국내 통계 기관의 단점에 속하지 않는 것은?

A 권위가 부족하다

B 중립성이 부족하다

C 공정성이 부족하다

D 정보가 원활하게 소통하지 않는다

해설 보기의 정보가 모두 언급되므로 보기에 세부 사항을 메모하는 것이 좋다. 남자의 두 번째 말에서 중국 통계 기관의 단점에 관하여 설명했다. D는 중국 웹 사이트의 전반적인 특징에 해당하는 것이므로 정답은 D이다.

Tip 新HSK 문제는 모두 중국에서 출제하므로, 나라에 대한 특별한 언급이 없을경우 화자는 중국인이라고 생각해야 한다. 그러므로 新HSK 지문에 등장하는 '我国(우리나라)'와 '国内(국내)'는 '중국'이라는 것을 염두에 두고 문제를 풀어야 한다.

---

4 ★★☆

哪项不属于评价中小网站有无前途、有无价值的指标？

A 表现传统美德

B 特色鲜明，一招鲜吃遍天

C 学会自信，越小越开放

D 非常现实和理性

중소 웹 사이트가 미래가 있는지 없는지 가치가 있는지 없는지를 평가하는 기준이 아닌 것은?

A 전통적인 미덕을 표현한다

B 특색이 분명하며 특화된 기술이 있어 어딜 가도 두렵지 않다

C 자신감을 배우고, 작을수록 개방한다

D 매우 현실적이고 이성적이다

녹음에서 '第一', '第二', '第三'과 같이 나열하는 부분은 반드시 메모한다. 여자의 마지막 질문에서 중소 웹 사이트의 미래와 가치를 평가하는 기준에 대하여 묻고, 남자가 세 가지 기준을 말했다. 전통적인 미덕은 언급되지 않았으므로 정답은 A이다.

5 ★★☆	
关于上文，正确的是哪项？	이 글에 관하여 다음 중 옳은 것은?
A 美国中小企业成功的几率低	A 미국 중소기업의 성공률은 낮다
B 中国在互联网技术上非常领先	B 중국의 인터넷 기술은 매우 앞섰다
C 草根站长是高成本做网站	C 풀뿌리 운영자는 많은 자본금으로 웹 사이트를 만든다
D 一定有快速致富的站长	D 빠른 속도로 부자가 되는 운영자는 반드시 있다

해설 이 문제는 전반적인 내용을 파악해서 풀어야 한다. 남자의 마지막 말에서 중국의 인터넷 기술은 열악하며, 풀뿌리 운영자는 저 자본금으로 웹 사이트를 만들고, 벼락부자가 되는 운영자는 있을 수 없다고 했다. 또한 남자의 두 번째 말에서 미국 중소기업의 성공 확률이 더 낮다고 직접 언급했으므로 정답은 A이다.

실전 연습 1 – 제2부분 🎧 MP3-39   》전략서 55p

정답	16 B	17 C	18 D	19 C	20 B
	21 D	22 A	23 D	24 D	25 C
	26 A	27 D	28 D	29 C	30 B

16 - 20

女：您不说相声10年了，为什么又开始说相声了呢？

男：以前的搭档去日本了，后来相声到了低谷，电视里的相声老是要求弘扬主旋律，相声并不是我脑子里想象的应该是的东西，相声只是我的爱好，所以我也不想说了，没什么意思。郭德纲说的相声就是我脑子里想象的应该是的样子，和他配合后，产生了很多火花，互相之间也比较默契，¹⁶现在搭档4年了。

女：和他合作感觉最大的不同是什么？

男：¹⁷郭德纲的相声特别活，他知道的东西也多，这和他的日常积累有很大的关系。他想到哪儿就说到哪儿，而且张嘴就是一套，他有本事把所有这些东西都有机联成一体。上台前他准备得很充分，在台上他又能很随意地发挥。

女：作为他的工作搭档，您怎么看待郭德纲现在比较火这件事儿？

男：他火是正常的。他是个全才，"说、学、逗、唱"这四门功课都非常有功底，而且哪门也不避讳。

여: 선생님은 만담을 10년간 하지 않으셨는데 왜 또 만담을 시작하시는 건가요?

남: 예전 파트너가 일본으로 가고 난 뒤 만담이 침체되었고, TV에서의 만담은 항상 주류를 더욱 발전시키는 것에 신경 써야 했어요. 이것은 저의 머리 속에서 상상하던 것이 아니었어요. 만담은 단지 취미였기 때문에 하기 싫어졌고 재미가 없어졌습니다. 궈더강(郭德纲)이 말한 만담이 바로 제가 상상하던 것이었기 때문에 그와 함께 했고, 더 많은 불꽃을 피웠으며, 서로 간에 호흡도 잘 맞아서 ¹⁶현재 파트너가 된 지 4년이 되었죠.

여: 그와 함께 할 때 느끼는 가장 큰 다른 점은 무엇인가요?

남: ¹⁷궈더강의 만담은 활기차고, 그는 아는 것도 많아요. 그가 평소에 쌓아 놓은 것과 관련이 많죠. 하고 싶은 말은 다 하고, 말하는 것도 체계가 있어요. 그는 모든 것을 유기적으로 연결시키는 능력이 있거든요. 무대에 오르기 전에 그는 충분히 준비하고, 무대에 오르고 나서도 마음껏 발휘합니다.

여: 파트너로 선생님은 궈더강이 현재 이 분야에서 인기를 끌고 있는 것에 대해 어떻게 생각하시나요?

남: 그가 인기 있는 것은 정상적인 현상이에요. 그는 다재다능 합니

从来也不忌讳扬这个避那个。他的艺术很值得欣赏，但更可敬的是他的人格、他和观众的这种感情。¹⁸<u>我觉得观众对他的作品的理解，只是40%。</u>

女：功夫这么全面，他是不是一个"天才"呢？

男：他确实是"天才"，天生就是一个说相声的料，太适合干这个了。¹⁹<u>他本身有说相声的素质，有幽默感。但关键在于他后天的勤奋，他太用功了。</u>照他这么专业地学习下去，只要身边有一点机遇，他就会把握住，一下子上去。

女：他是怎么用功的？

男：别人可以说他用功，他自己绝对不会说他用功。因为他就这么一个爱好，演出完了回家，哪儿都不去，上网听录音、²⁰<u>看光盘，然后琢磨自己的段子。</u>不觉得苦，也不觉得累，反倒觉得很有意思。

다. 말, 배움, 유머, 노래 이 4가지 분야에서 모두 매우 능력이 있고, 어느 것도 피하지 않아요. 한번도 이것저것 가리지 않았어요. 그의 예술은 인정 받을 만하지만, 더 존경스러운 것은 그의 인격이고, 관중과의 교감이에요. ¹⁸제 생각에는 관중들이 그의 작품에 대해 이해하는 것은 단지 40%라고 생각해요.

여: 이렇게 다방면에 뛰어나니, 그는 '천재'라고 할 수 있겠죠?

남: 그는 확실히 천재예요. 천성적으로 만담을 할 재목이었고 이 분야에 매우 적합해요. ¹⁹그는 만담에 소질이 있고 유머 감각도 있어요. 하지만 중요한 것은 그의 후천적인 노력이에요. 그는 아주 열심히 일합니다. 이렇게 전문적으로 배워나가면 조금의 기회가 오기만 해도 그는 그것을 잡고 한번에 올라서죠.

여: 그는 어떻게 노력하나요?

남: 다른 사람들은 그가 노력한다고 하지만, 그는 절대로 자신이 노력한다고 말하지 않습니다. 왜냐하면 그는 이렇게 공연을 마치고 집으로 가서 그 어디도 가지 않고 인터넷으로 음악을 듣고, ²⁰CD를 보고 만담의 단락을 생각해요. 자신의 고생한다고 생각지도 않고, 피곤함을 느끼지도 않고 오히려 재미있다고 생각합니다.

단어 相声 xiàngsheng 명 만담 | 搭档 dādàng 명 파트너 | 低谷 dīgǔ 동 낮게 평가하다 | 弘扬 hóngyáng 동 더욱 발전 시키다 | 主旋律 zhǔxuánlǜ 명 주선율, 기조 | 配合 pèihé 동 호흡을 맞추다 | 火花 huǒhuā 명 불꽃 | 默契 mòqì 형 호흡이 맞다 | 积累 jīlěi 동 쌓이다 | 张嘴 zhāngzuǐ 동 입을 벌리다 | 有机 yǒujī 형 유기적인 | 发挥 fāhuī 발휘하다 | 逗 dòu 재미있다 | 功底 gōngdǐ 명 기초, 기본 | 避讳 bìhui 동 삼가다, 피하다 | 忌讳 jìhuì 동 꺼리다 | 扬 yáng 동 높이 들다 | 功夫 gōngfu 명 재주 | 天才 tiāncái 명 천재 | 素质 sùzhì 명 자질 | 勤奋 qínfèn 형 부지런하다 | 用功 yònggōng 동 노력하다 | 机遇 jīyù 명 기회 | 把握 bǎwò 동 잡다 | 光盘 guāngpán 명 CD | 琢磨 zuómo 동 깊이 생각하다, 사색하다 | 段子 duànzi 명 만담의 한 단락 | 反倒 fǎndào 부 반대로, 오히려

---

16 ★☆☆

男的和郭德纲搭档几年了？	남자와 궈더강은 파트너가 된 지 몇 년인가?
A 3年 B 4年	A 3년 B 4년
C 2年 D 5年	C 2년 D 5년

해설 보기가 다 숫자이므로 숫자에 유의하여 들어야 한다. 남자의 첫 번째 말에서 두 사람이 파트너가 된 지 4년이 되었다고 했으므로 정답은 B이다.

---

17 ★★☆

男的觉得和郭德纲搭档最大的不同是什么？	남자는 궈더강과 파트너일 때 가장 큰 다른 점은 무엇이라고 생각하는가?
A 郭德纲很认真	A 궈더강은 매우 열심이다
B 郭德纲的相声很新	B 궈더강의 만담은 새롭다
C 郭德纲的相声很活	C 궈더강의 만담은 활기차다
D 郭德纲很执着	D 궈더강은 끈기가 있다

단어 执着 zhízhuó 형 끈기가 있다

해설 남자의 두 번째 말에서 남자는 궈더강의 만담은 활기차다고 했다. 따라서 정답은 C이다.

18 ★☆☆

男的认为观众对郭德纲的相声理解了多少?	남자는 관중이 궈더강의 만담을 얼마나 이해했다고 생각하는가?
A 全部理解	A 모두 이해한다
B 理解了一半	B 반 정도 이해했다
C 理解了大部分	C 대부분을 이해했다
D 理解了40%	D 40%를 이해했다

해설 남자의 세 번째 말에서 관중들이 그의 작품에 대해 이해하는 것은 단지 40%라고 생각한다고 했다. 따라서 정답은 D이다.

19 ★★☆

为什么说郭德纲是说相声的料?	왜 궈더강을 만담의 재목이라고 하는가?
A 他很聪明	A 그는 매우 똑똑하다
B 他很认真	B 그는 매우 착실하다
C 他有幽默感而且用功	C 그는 유머 감각이 있고 열심이다
D 他有很好的机遇	D 그는 아주 좋은 기회를 가졌다

해설 남자의 네 번째 말에서 궈더강은 만담에 소질이 있고 유머 감각도 있지만, 더욱 중요한 것은 아주 열심히 일한다고 했으므로 정답은 C
이다.

20 ★★★

郭德纲是怎么用功的?	궈더강은 어떻게 열심히 하는가?
A 看很多书	A 많은 책을 읽는다
B 看光盘, 琢磨段子	B CD를 보고 만담의 단락을 생각한다
C 向老师学习	C 선생님께 배운다
D 向很多同行学习	D 동료에게 배운다

해설 남자의 마지막 말에서 궈더강은 인터넷으로 음악을 듣고, CD를 보고, 만담의 단락을 생각하며 노력을 기울인다고 했다. 따라서 정답은
B이다.

21 - 25

| 女: 欢迎大家收看今晚的"文学树", 这位是大家喜欢的阿汀。²¹现在很多的文学网站, 都是以玄幻、魔幻、穿越、虐恋为主题来引起读者关注的。对这个现象, 你是如何看的呢?
男: 时代的存在有着它的必然性, 也许这些东西还能暂立足跟, 但是最后必将随着时代的变化而销声匿迹。
女: 您觉得我们网站的特色主要都表现在哪些方面呢?
男: 特色还是实际的内容结构, ²²也就是说是以原创为基准的。所以我是希望我们这里是一个文字爱好者的乐园, 也不一定就是专业的基地。 | 여: 오늘 저녁 '문학 나무'를 시청해 주시는 여러분 환영합니다. 이 분은 여러분이 좋아하는 아팅(阿汀) 씨입니다. ²¹현재 많은 문학 웹 사이트는 판타지, SF판타지, 타임슬립, 가학성을 주제로 하여 독자들의 관심을 끌고 있습니다. 이 현상에 관해 당신은 어떻게 보시나요?
남: 시대의 존재는 필연성을 지니고 있습니다. 어쩌면 이것들은 금방 자리를 잡을 수 있지만, 최후에는 틀림없이 시대의 변화에 따라 흔적 없이 사라질 것입니다.
여: 당신은 우리 웹 사이트의 특색이 주로 어느 방면에서 표현된다고 생각하시나요?
남: 특색이라면 역시 실제적인 내용 구성이죠. ²²다시 말해서 독창성을 기본으로 하고 있어요. 그래서 저는 이곳이 글쓰기를 좋아하 |

女：是的，对于网络写手来说，水平的高低都是参差不齐的。那么，我们网站以后是不是也会以文章的质量来区分优劣呢？

男：这个肯定是的，文章的好坏还取决于写的人用心与否，写得好的可以说是作者在用心写，当然不能说写得不好的，作者就没有用心，而是作者文字功底的不同。

女：是的。近段时间，也有很多朋友问我，我们网站是不是可以考虑开培训班或者用其他的方法来提高大家的文字功底？

男：当然可以了，我们在近期就会推出这样的方法的，不妨先让大家期待一下，策划已经写出来了。

女：网站在改版的同时，论坛也已经建立了，那么论坛到底可以起到什么样的作用呢？

男：[23]论坛应该主要是个交流的地方，也就是网站的后方力量。论坛上，我们可以以交流的形式来写文章，只要是片段就可以的。

女：创办散文网站，一路走下来，一定不容易，遇到困难的时候，是什么支持你走下去的呢？

男：[24]是我这个人的性格和大家的帮助，还有每个朋友给予的真心支持。

女：您觉得自己是个什么性格的人呢？

男：[25]我的性格也是很重情的，属于感情细腻的吧，做事执着，但不够果断，真心喜欢交朋友。

女：大家的努力，我们都是看见的，你有没有最想感谢的人呢？

男：我想感谢的人太多了，真的，也难以一一列举出来，就不列举了。其实大家都可以看见是哪些人这么劳心劳力的。对于每个认真关心、关注着我们的人，我都要感谢。

는 사람의 낙원이 되기를 희망해요. 꼭 전문적 거점이 아닐 수도 있죠.

여：네, 인터넷에서 글을 쓰는 사람들로 말하자면 수준이 천차만별이죠. 그러면, 우리 웹 사이트도 나중에는 글의 수준으로 우열을 나누게 되는 것 아닌가요?

남：틀림없이 그렇습니다. 글의 좋고 나쁨은 쓰는 사람이 심혈을 기울였는지에 달려있습니다. 글을 잘 썼다는 것은 작가가 심혈을 기울여 썼다는 것을 말합니다. 당연히 잘 못 쓴 것을 작가가 열심히 쓰지 않았다고 할 수는 없지만, 대신 작가의 글쓰기 기본기가 다르다고 봐야죠.

여：그렇습니다. 최근에 많은 친구가 저에게 묻는데, 우리 웹 사이트가 양성반을 개설하거나 혹은 다른 방법으로 글쓰기의 기본기를 높이는 것을 고려해 볼 수 있나요?

남：당연히 그럴 수 있죠. 우리는 가까운 시일 내에 이 방법을 내놓을 거예요. 기대해서도 좋아요. 계획은 이미 나왔어요.

여：웹 사이트가 개편되는 동시에 커뮤니티는 이미 구축되어있어요. 그럼 도대체 커뮤니티는 어떤 역할을 하나요?

남：[23]커뮤니티는 주로 교류하는 곳으로, 다시 말해서 웹 사이트의 후방 역량과 같아요. 커뮤니티에서 우리는 교류의 형식으로 글을 쓰는데, 단지 토막글이면 되죠.

여：산문 웹 사이트를 창설하고 이어가는 것은 분명 쉽지 않을 텐데, 어려움이 있을 때 무엇이 당신이 계속해 나갈 수 있도록 지지해 주나요?

남：[24]바로 저의 성격과 여러분의 도움이죠. 또한, 모든 친구가 주는 진심 어린 지지도요.

여：당신은 어떤 성격의 사람인가요?

남：[25]저는 성격은 정이 많고, 감정이 섬세한 사람이에요. 일하는 것에는 고집이 있지만 결단력이 부족하고, 친구 사귀는 것을 진심으로 좋아해요.

여：많은 사람의 노력은 우리가 다 보았죠. 가장 고마운 사람이 있나요?

남：고마운 사람들은 정말 많죠. 정말이에요. 일일이 열거하기 힘드니깐 열거하지 않을게요. 사실 여러분 모두 어떤 사람들이 정말 힘썼는지 모두가 다 볼 수 있죠. 저희에게 진지하게 관심을 가지고 주시해 주시는 모든 분께 감사드리고 싶어요.

단어 玄幻 xuánhuàn 몡 판타지 | 魔幻 móhuàn 몡 SF판타지 | 穿越 chuānyuè 몡 타임슬립 | 虐恋 nüèliàn 몡 가학, 피학증 | 暂 zàn 뭐 잠깐 | 立 lì 동 서다 | 足跟 zúgēn 몡 발뒤꿈치 | 销声匿迹 xiāoshēng nìjì 솅 소리 없이 종적을 감추다 | 结构 jiégòu 몡 구조 | 原创 yuánchuàng 동 창시하다 | 基准 jīzhǔn 몡 기준 | 乐园 lèyuán 몡 낙원 | 基地 jīdì 몡 기지 | 写手 xiěshǒu 몡 글 쓰기나 문자 편집에 재능이 있는 사람 | 参差不齐 cēncī bùqí 솅 가지런하지 못하다 | 区分 qūfēn 동 구분하다 | 优劣 yōuliè 몡 우열 | 取决于 qǔjuéyú ~에 달려 있다 | 用心 yòngxīn 동 심혈을 기울이다 | 与否 yǔfǒu 몡 여부 | 培训班 péixùnbān 몡 양성반 | 功底 gōngdǐ 몡 기본기 | 推出 tuīchū 동 내놓다 | 不妨 bùfáng 뭐 ~하는 것도 괜찮다 | 策划 cèhuà 동 계획하다 | 片段 piànduàn 몡 토막 | 创办 chuàngbàn 동 창설하다 | 散文 sǎnwén 몡 산문 | 给予 jǐyǔ 동 주다 | 真心 zhēnxīn 몡 진심 | 重情 zhòngqíng 동 정을 중히 여기다 | 属于 shǔyú 동 ~에 속하다 | 细腻 xìnì 혱 섬세하다 | 执着 zhízhuó 혱 고집스럽다 | 果断 guǒduàn 혱 결단력이 있다 | 列举 lièjǔ 동 열거하다 | 关注 guānzhù 동 관심을 갖다

哪项不属于当前文学网站吸引读者注意力的主题?	현재 문학 웹 사이트가 독자들의 관심을 끌기 위해 사용하는 주제가 아닌 것은?
A 玄幻 B 魔幻 C 穿越 D 纯文学	A 판타지 B SF판타지 C 타임슬립 D 순수문학

해설 보기를 먼저 보고 녹음을 들으며 언급한 순서대로 하나씩 지워나가며 풀어야 한다. 여자의 첫 번째 말에서 문학 웹 사이트는 판타지, SF판타지, 타임슬립, 가학성을 주제로 독자들의 관심을 끈다고 했다. 따라서 정답은 D이다.

该文学网站的特色主要表现在哪些方面?	이 문학 웹 사이트의 특색은 주로 어느 방면에서 표현되는가?
A 以原创为基准 B 文学专业的基地 C 转载为上 D 内容多为虚幻类	A 독창성을 기본으로 한다 B 문학의 전문적인 거점이다 C 옮겨 싣는 것을 위주로 한다 D 내용이 대부분 비현실적이다

단어 转载 zhuǎnzǎi 동 옮겨 싣다 | 虚幻 xūhuàn 형 비현실적인 | 类 lèi 명 종류

해설 남자의 두 번째 말에서 웹 사이트의 특색은 독창성을 기본으로 하고 있다고 했다. 따라서 정답은 A이다.

男的认为论坛可以起到什么作用?	남자는 커뮤니티가 어떤 역할을 한다고 생각하는가?
A 沟通写作心得 B 是网站的通信平台 C 修改文章的平台 D 是网站的后方力量	A 글쓰기 소감을 나눈다 B 웹 사이트의 통신 플랫폼이다 C 글을 수정하는 플랫폼이다 D 웹 사이트의 후방 역량이다

단어 平台 píngtái 명 플랫폼

해설 '也就是(다시 말해서)'와 같이 앞의 말을 강조하는 문형의 뒤에 정답이 자주 언급된다. 남자의 다섯 번째 말에서 커뮤니티는 주로 교류하는 곳으로 웹 사이트의 후방 역량과 같다고 했다. 따라서 정답은 D이다.

哪项不属于男的克服困难的因素?	남자가 어려움을 극복하는 요소가 아닌 것은?
A 个人的性格 B 大家给予的帮助 C 用真心支持着的每个朋友 D 来自父母的支持	A 개인의 성격 B 여러분이 주는 도움 C 진심으로 지지해 주는 모든 친구 D 부모님의 지지

해설 남자의 여섯 번째 말에서 어려움이 있을 때 계속해 나갈 수 있도록 지지해 주는 것이 무엇인지 묻는 질문에 대한 대답으로 A, B, C를 모두 언급했으나 부모님에 대해서는 언급하지 않았다. 따라서 정답은 D이다.

25 ★☆☆	
关于男的，不正确的是哪些?	남자에 관하여 다음 중 옳지 않은 것은?
A 感情细腻	A 감정이 섬세하다
B 做事执着	B 일하는 데 고집이 있다
C 做事果断	C 결단력이 있다
D 喜欢交朋友	D 친구 사귀는 것을 좋아한다

해설 남자의 일곱 번째 말에서 자신의 성격을 이야기했다. A, B, C를 모두 언급했으나 결단력이 부족하다고 했으므로 정답은 C이다.

---

26 - 30

男：各位晚上好，²⁶同样的节日祝福依然要在五一劳动节假期送给大家，今晚我们很高兴邀请到重庆网站管理员张施娅来到我们的互动空间和我们一起畅谈³⁰重庆溜在大半年时间里迅速成为重庆本地生活社区的标杆之秘诀。晚上好，张施娅，²⁶很高兴你能在这个忙碌的五一假期抽出时间来到这里和我们互动，首先还是希望你能给我们做个自我介绍。

女：好的，我是1981年出生的，性别女。²⁷现在从事重庆溜社区的一些线下活动方面的事吧，就是一打杂的。

男：从网络到现实，从线上到线下，其实我们了解到重庆溜几乎是从最初没有任何基础的情况下做起来的一个社会性网络服务社区，对于线下部分，我们希望你能够和我们具体谈谈，比如线下聚会需要注意些什么、聚会参与方式、具体如何策划等。

女：好的。²⁸在活动开始之初，我们会用一段时间在社区里做个调查，让会员自己投票表决，定下时间和地点。然后策划一下活动的具体流程，例如几点集合、签到、吃饭、娱乐等。其中活动的环节可能要多花点儿心思，可以去找商家拿一些赞助的礼品，在活动环节里组织一些互动游戏，把它们发放出去，让会员们都能满载而归，下次他们参加活动就会更积极一些。²⁹活动结束后也要让他们以征文的形式到社区发稿，评出奖项，这样线上线下就可以结合起来，效果也会更好一些。不过组织活动众口难调，有些人喜欢户外运动，有些人喜欢喝酒、唱歌。最怕的就是很多人报了名不来参加，或者来一些"空降"的人。

男：是的，组织活动不容易，每次的互动和分享，相信组织者是最累的了。另外，我们也同时看到你在重庆溜网站上针对会员所做的一系列限制等，接下来能否详细给我们谈谈重庆溜网上

남: 여러분, 안녕하세요. ²⁶언제나 같은 명절 축복을 노동절 연휴에 여러분께 드립니다. 오늘은 아주 기쁘게도 충칭(重庆) 웹 사이트 관리자 장스야 (张施娅) 씨를 자리에 모셔 ³⁰충칭류(重庆溜)가 반 년이라는 시간 내에 급속도로 충칭 커뮤니티의 본보기가 된 비결을 허심탄회하게 이야기해보도록 하겠습니다. 안녕하십니까, 장스야 씨. ²⁶이렇게 바쁜 노동절 연휴에도 시간을 내어 와 주셔서 정말 기쁩니다. 우선 자기소개 부탁드립니다.

여: 네, 저는 1981년에 태어났고, 여자입니다. ²⁷현재는 충칭류 커뮤니티의 오프라인 활동과 관련된 일을 하고 있어요. 잡일 같은 것들이죠.

남: 인터넷에서 현실까지, 온라인에서 오프라인까지, 사실 우리는 충칭류가 처음부터 어떠한 기초도 없는 상황에서 만든 소셜 네트워크 서비스 커뮤니티라고 알고 있습니다. 오프라인의 분야에 대해서, 예를 들어 오프라인 모임에서는 무엇을 주의해야 하는지, 모임 참여 방식이나, 구체적으로 어떤 계획인지 등을 말씀해 주십시오.

여: 알겠습니다. ²⁸활동 초기에는 커뮤니티 내에서 일정 시간 동안 조사하고, 회원들에게 투표하게 해서 시간과 장소를 정했어요. 그런 후에는 활동의 구체적인 과정을 기획했는데, 예를 들어 몇 시에 모이는지, 서명, 식사, 오락 활동 등에 관한 것이었죠. 그중에 활동의 순서와 관련된 것은 더욱 심혈을 기울여야 해요. 판매자를 찾아가 협찬 선물을 받아서 활동 중 게임할 때 그것을 배분하여 회원들이 양손 가득 선물을 들고 돌아가게 해요. 그러면 다음 활동에는 좀 더 적극적으로 임하죠. ²⁹활동이 끝나고 나면 공모 형식으로 커뮤니티에 원고를 보내게 하고, 상을 주기도 해요. 이렇게 온라인과 오프라인을 결합하면 효과 역시 더 좋아져요. 하지만 단체 활동이라는 것이 모두를 만족하게 하기는 어려워요. 어떤 사람은 야외 활동을 좋아하고, 어떤 사람은 술 마시고 노래 부르는 것을 좋아하죠. 가장 두려운 것은 등록하고 참여하지 않는 사람이 많거나 혹은 '낙하산'이 오는 거죠.

남: 그렇습니다. 조직 활동이라는 것이 쉽지 않죠. 교류활동을 할 때마다 관리자들이 가장 피곤하고요. 그 밖에도 충칭류 웹 사이트에서 회원을 겨냥해서 만든 일련의 제한들을 봤는데, 계속해서 충칭류 커뮤니티가 회원을 관리하는 데에 주로 어떤 특징들이 있는지 자세히 설명해 줄 수 있을까요?

社区对于会员的管理主要有哪些特点呢？

女：其实还是要让注册进来的每个人都能互动起来，他们发的帖，不能出现零回复，网友发的帖如果得不到关注，肯定不会再发。

여: 사실 가입해서 들어오는 모든 사람이 활동할 수 있도록 해요. 그들의 포스팅에 대해서는 반드시 피드백이 있고요. 만약 그들이 보내는 포스팅이 관심을 받지 못하면 틀림없이 다시는 보내지 않을 테니까요.

단어 节日 jiérì 몡 명절 | 祝福 zhùfú 통 축복하다 | 畅谈 chàngtán 통 마음껏 이야기하다 | 社区 shèqū 몡 커뮤니티 | 标杆 biāogān 몡 본보기 | 秘诀 mìjué 몡 비결 | 忙碌 mánglù 톙 바쁘다 | 抽出 chōuchū 뽑아내다 | 线下 xiànxià 몡 오프라인 | 打杂 dǎzá 통 잡다한 일을 하다 | 线上 xiànshàng 몡 온라인 | 基础 jīchǔ 몡 기초 | 聚会 jùhuì 몡 모임 | 策划 cèhuà 통 기획하다 | 投票 tóupiào 통 투표하다 | 表决 biǎojué 통 표결하다 | 流程 liúchéng 몡 과정 | 集合 jíhé 통 집합하다 | 签到 qiāndào 서명하다 | 娱乐 yúlè 몡 오락 | 环节 huánjié 몡 순서, 순환 | 心思 xīnsi 몡 생각, 염두 | 赞助 zànzhù 통 협찬하다 | 发放 fāfàng 통 배분하다 | 满载而归 mǎnzài érguī 셍 물건을 가득 싣고 돌아오다 | 征文 zhēngwén 통 원고를 공모하다 | 发稿 fāgǎo 원고를 보내다 | 奖项 jiǎngxiàng 몡 상 | 众口难调 zhòngkǒu nántiáo 셍 모든 사람을 만족시키기 어렵다 | 户外 hùwài 몡 야외 | 一系列 yíxiliè 몡 일련의 | 限制 xiànzhì 통 제한하다 | 接下来 jiēxiàlái 이어서 | 详细 xiángxì 톙 상세하다 | 注册 zhùcè 통 등록하다 | 发帖 fātiě 포스팅하다 [인터넷 용어] | 回复 huífù 통 회신하다

---

26 ★☆☆

该访谈发生在什么时候？	이 인터뷰는 언제 발생한 것인가?
A 劳动节假期	A 노동절 연휴
B 端午节假期	B 단오절 연휴
C 国庆节长假	C 국경절 연휴
D 春节期间	D 춘절 기간

단어 端午节 Duānwǔ Jié 몡 단오절

해설 남자의 첫 번째 말에서 노동절 연휴 인사를 하였고, 이후 여자를 소개하면서 바쁜 노동절 연휴에도 시간을 내어 와 주어 기쁘다고 했다. 다른 연휴는 언급되지 않았으므로 정답은 A이다.

---

27 ★★☆

女的在重庆溜是做什么的？	여자는 충칭류에서 무엇을 하는가?
A 组织重庆溜社区活动	A 충칭류 커뮤니티 활동을 조직한다
B 重庆溜社区线上活动的倡导人	B 충칭류 커뮤니티 온라인 활동의 선도자이다
C 重庆溜社区幕后策划	C 충칭류 커뮤니티를 배후에서 기획한다
D 从事重庆溜社区的线下活动	D 충칭류 커뮤니티의 오프라인 활동에 종사한다

단어 倡导 chàngdǎo 통 선도하다 | 幕后 mùhòu 몡 배후

해설 여자의 첫 번째 말에서 자신을 소개하면서 커뮤니티의 오프라인 활동과 관련된 일을 하고 있다고 했으므로 정답은 D이다.

28 ★★☆	
活动开始之初要做什么?	활동 초기에는 무엇을 해야 하는가?
A 决定活动地点	A 활동 장소를 결정한다
B 召开会员大会	B 회원 모임을 개최한다
C 打电话通知会员活动时间	C 전화로 회원에게 활동 시간을 통지한다
D 在社区里做实地调查	D 커뮤니티에서 현지 조사를 한다

해설　여자의 두 번째 말에서 활동 초기에는 커뮤니티 내에서 일정 시간 동안 조사한다고 했으므로 정답은 D이다.

29 ★★☆	
活动结束之后如何让线上线下结合起来?	활동이 끝난 후에 온라인과 오프라인을 어떻게 결합하는가?
A 开展活动心得讨论会	A 활동 체험 토론회를 연다
B 电话联系回馈信息	B 전화로 피드백을 한다
C 以征文的形式到社区发稿	C 공모 형식으로 커뮤니티에 원고를 보낸다
D 开展访谈记录	D 인터뷰 기록을 한다

단어　心得 xīndé 몡 깨달음 | 回馈 huíkuì 몡 피드백

해설　여자의 두 번째 말에서 활동이 끝나고 나면 공모 형식으로 커뮤니티에 원고를 보내게 하고, 상을 주기도 한다고 했으므로 정답은 C이다.

30 ★★★	
根据上文，正确的是哪项?	이 글에 관하여 다음 중 옳은 것은?
A 重庆溜在五一期间有活动	A 충칭류는 노동절 기간에 활동이 있다
B 重庆溜是重庆生活社区的标杆	B 충칭류는 충칭 생활 커뮤니티의 모범이다
C 组织活动非常容易	C 활동을 조직하는 것은 매우 쉽다
D 会员的帖子可能会有零回复	D 회원의 포스팅은 피드백을 못 받을 수도 있다

해설　남자의 첫 번째 말에서 충칭류가 충칭 생활 커뮤니티의 모범이라고 했으므로 정답은 B이다.

미리 보기 | 해석

🔔 제3부분 🎧 MP3-40   》 전략서 60p

---

31 – 33.

　　一群孩子在一位老人家门前玩儿，他们玩儿得很开心，叫喊声很大。一连几天，孩子们都来这儿玩儿，老人难以忍受。于是，他出来给了每个孩子五块钱，然后对他们说："你们让这儿变得很热闹，我觉得自己年轻了不少，这点儿钱表示我对你们的谢意。"

　　孩子们很高兴，第二天又来了，一如既往地大喊大叫，玩儿得非常高兴。老人又出来，给了每个孩子两块钱。他解释说，自己现在没有收入了，只能少给一些。两块钱也还可以吧，孩子们仍然兴高采烈地走了。

　　第三天，老人只给了每个孩子五毛钱。

　　"一天才五毛钱，知不知道我们有多么辛苦！"孩子们生气地对老人说，"我们再也不会为你玩儿了！"

---

31 – 33.

　　한 무리의 아이들이 노인의 문 밖에서 놀고 있었다. 아이들은 신나게 놀면서 크게 소리를 질러 댔다. 아이들은 며칠 동안 계속 와서 놀았고, 노인은 견딜 수가 없었다. 그래서 그는 집에서 나와 모든 아이들에게 5위안씩 주고 "너희들이 이곳을 시끌시끌하게 만들어 주어 내가 많이 젊어진 것 같구나. 이 돈은 너희들에 대한 고마움을 나타낸단다." 라고 말했다.

　　아이들은 아주 기뻐서 그 다음 날도 와서 한결같이 큰 소리를 떠들며 매우 신나게 놀았다. 노인은 또 나와서 아이들에게 모든 아이들에게 2위안씩 주었다. 그는 지금 현재 수입이 없어서 조금밖에 줄 수 없다고 했다. 2위안도 그런대로 괜찮아서 아이들은 여전히 신이 나서 갔다.

　　셋째 날 노인은 아이들에게 각각 5마오씩 주었다.

　　"하루에 고작 5마오라니, 우리가 얼마나 고생하는지 아세요!" 아이들은 화를 내며 노인에게 말했다. "우리는 더 이상 할아버지를 위해서 놀지 않을 거예요!"

---

31. 孩子们在门外玩儿，老人是什么感觉？

　　A 有趣
　　B 感激
　　C 难以忍受
　　D 感到年轻了

31. 아이들이 문 밖에서 놀 때 노인은 어떤 감정이었는가?

　　A 재미있다
　　B 감사하다
　　C 견딜 수 없다
　　D 젊어졌다고 느낀다

32. 关于老人给孩子们的钱，下列哪项正确？

　　A 越来越少
　　B 越来越多
　　C 每次都一样
　　D 有时多有时少

32. 노인이 아이들에게 준 돈에 관하여 다음 중 옳은 것은?

　　A 점점 적어진다
　　B 점점 많아진다
　　C 매번 똑같다
　　D 어떤 때는 많고 어떤 때는 적다

33. 老人这样做的目的最可能是什么？

　　A 逗孩子开心
　　B 给孩子零花钱
　　C 让孩子陪他玩儿
　　D 让孩子不再吵闹

33. 노인이 이렇게 한 목적은 아마도 무엇인가?

　　A 아이들을 달랜다
　　B 아이들에게 용돈을 준다
　　C 아이들에게 그와 함께 놀게 한다
　　D 아이들이 더 이상 소란을 피우지 않게 한다

01. 이야기

유형 확인 문제 🎧 MP3-42 　　　　　　　　　　　　　　　　　　　》 전략서 64p

> 정답 　1 B 　　2 C 　　3 D

1 - 3

曾读到一个故事：¹某大学餐厅的门经常被踢破，管理员为此伤透了脑筋。门又一次被踢破的这天，他来找校长：这帮小青年控制不住，我看干脆换成铁门！校长笑了笑：放心，我已经订做了最坚固的门。

没几天，旧门拆下，新门装上。果真，它没挨过一次踢，学生们走到门口，总是不由自主地放慢脚步，纵然是双手都端着东西，也要用身体慢慢挪开它……²这是一道玻璃门。

这道门怎能不结实？³它用真诚捧出一份足够的信任，把一份易碎的美丽大胆地交到孩子们手中，让他们在被信任中学会珍惜和呵护。

다음과 같은 이야기를 읽은 적이 있다. ¹어느 대학의 식당 문이 항상 발로 차여 부서져서 관리인이 이 때문에 골머리를 앓았다. 문이 한번 힘껏 차인 그날, 그는 교장을 찾아갔다. "이 젊은이들이 통제가 안되니 차라리 철문으로 바꾸겠습니다!" 교장이 웃었다. "안심하십시오. 이미 가장 견고한 문을 주문 제작했습니다."

며칠 후, 낡은 문은 철거하고 새로운 문을 설치했다. 과연 문은 한번도 차이지 않았고 학생들은 문을 들어설 때 항상 저절로 발걸음을 늦췄고, 두 손에 물건을 받치고 있더라도 몸으로 천천히 문을 열었다. ²이것은 바로 유리문이었다.

이 문이 어떻게 견고하지 않을 수 있겠는가? ³이 문은 진심으로 충분한 믿음을 주고, 깨지기 쉬운 아름다움을 대범하게 아이들의 손에 넘겨 주어, 그들이 믿음 속에서 아끼고 보호하는 것을 배우게 만들었다.

단어 　踢破 tīpò 차서 부서지다 | 伤透脑筋 shāngtòu nǎojīn 골머리를 앓다 | 控制 kòngzhì 통 통제하다 | 干脆 gāncuì 부 차라리 | 订做 dìngzuò 통 주문 제작하다 | 拆 chāi 통 떼어내다 | 果真 guǒzhēn 부 과연, 정말로 | 挨 ái 통 ~을 당하다 | 不由自主 bùyóu zìzhǔ 성 자기 뜻대로 되지 않다 | 放慢 fàngmàn 통 (속도를) 늦추다 | 脚步 jiǎobù 명 발걸음 | 纵然 zòngrán 접 설령 ~하더라도 | 端 duān 통 받쳐들다 | 挪 nuó 통 옮기다, 비키다 | 结实 jiēshi 형 견고하다 | 捧 pěng 통 두 손으로 받쳐들다 | 信任 xìnrèn 통 신뢰하다 | 珍惜 zhēnxī 통 아끼다 | 呵护 hēhù 통 애지중지하다

---

1 ★★☆

管理员为什么会伤透脑筋？
A 餐厅的东西经常被偷
B 餐厅的门经常被踢破
C 大家不相信他
D 餐厅的治安不好

관리인은 왜 골머리를 앓았는가?
A 식당의 물건을 항상 도둑맞았다
B 식당 문이 항상 차여 부서졌다
C 모두가 그를 믿지 않는다
D 식당의 치안이 좋지 않다

해설　식당 문이 항상 차여 부서져서 관리원이 골머리를 앓았다고 했으므로 정답은 B이다.

---

2 ★★☆

关于"新门"，下列哪项正确？
A 新门是铁门
B 大家照样踢新门
C 新门是玻璃门
D 新门经常挨踢

'새 문'에 관하여 다음 중 옳은 것은?
A 새 문은 철문이다
B 모두 여전히 새 문을 찬다
C 새 문은 유리문이다
D 새 문은 항상 차인다

단어　照样 zhàoyàng 부 여전히

해설　관리인은 철문을 요구했으나, 교장은 유리문으로 바꾸었고 사람들은 오히려 그것을 차지 않았다고 했으므로 정답은 C이다.

这段话主要谈的是什么?

A　孩子们被信任感动

B　人之间的感情是很奇怪的

C　玻璃门比铁门牢固

D　信任的力量是巨大的

이 글이 주로 이야기하는 것은 무엇인가?

A　아이들은 믿음에 의해 감동받았다

B　사람 간의 감정은 아주 이상한 것이다

C　유리문은 철문보다 견고하다

D　믿음의 힘은 매우 큰 것이다

해설　녹음 후반부에서 글의 주제가 나온다. 믿음을 주고 깨지기 쉬운 아름다움을 주어 학생들이 믿음 속에서 그것을 아끼고 보호하는 것을 배우게 만든다고 했으므로 정답은 D이다.

02. 논설문

유형 확인 문제　🎧 MP3-44　　　　　　　　　　　　　　　　　　　　》 전략서 67p

정답　　1 A　　2 D　　3 C　　4 D

1 – 4

¹做什么事有了计划就容易取得好结果。学习也是这样，毫无计划的学习是散漫的，松松垮垮的，很容易被外界影响，所以想取得好的学习效果，制订计划是很有必要的。计划分长期计划和短期计划。在一段比较长的时间内，²比方说一年或半年，可以制订一个长期计划。由于实际生活中有很多变化无法预测，所以这个长期计划不需要很具体，只要对必须要做的事做到心中有数即可。而更近一点的，³比如下一个星期的学习计划，就应该尽量具体些，把大量的任务分配到每一天中去完成，这样长期计划就可以逐步实现。可见，没有长期计划，生活就没有大方向；同样，没有短期安排，目标也很难达到。所以两者缺一不可。制订计划时还应该注意，⁴计划不要订得太满、太"死"，要留出一点空余的时间，使计划有一定的灵活性。毕竟现实不会完美地跟着计划走，给计划留有一定的余地，这样完成计划的可能性就增加了。

¹어떤 일을 할 때에 계획이 있다면 쉽게 좋은 결과를 얻게 된다. 공부하는 것 역시 마찬가지다. 계획 없이 공부하면 산만하고, 느슨해지며 쉽게 외부 환경의 영향을 받는다. 그러므로 좋은 학습 효과를 얻고 싶다면 계획을 세우는 것이 필수이다. 계획은 단기 계획과 장기 계획으로 나눈다. 비교적 긴 시간, ²예를 들어 1년이나 반년은 장기 계획을 세울 수 있다. 실제 생활 중에는 예측할 수 없는 많은 변화가 있기 때문에 장기 계획은 아주 구체적일 필요는 없다. 해야 할 일을 명확하게 알고 있기만 하면 된다. 그러나 더 가까운, ³예를 들어 일주일의 학습 계획은 최대한 구체적이어야 한다. 많은 임무를 매일 완성하도록 분배해 놓으면 장기 계획도 점차 실현된다. 장기 계획이 없다면 생활은 큰 방향을 잃게 된다. 마찬가지로 단기 계획이 없다면 목표에 도달하기 어렵다. 그래서 두 가지가 하나라도 없어서는 안 된다. 계획을 세울 때는 주의해야 할 것이 있다. ⁴계획은 너무 많아서도 '죽을만큼'이어도 안 되며 작은 여유 시간은 남기고, 어느 정도의 융통성을 가져야 한다. 결국 현실은 완벽하게 계획대로 흘러 갈 수는 없기 때문에 어느 정도의 여지는 남겨 두어야 계획을 완성할 가능성이 커진다.

단어　毫无 háowú 통 조금도 ~이 없다 | 散漫 sǎnmàn 형 산만하다 | 松松垮垮 sōngsong kuǎkuǎ 형 느슨하다, 헐렁하다 | 外界 wàijiè 명 외부 세계 | 效果 xiàoguǒ 명 효과 | 比方 bǐfang 통 예를 들다 | 预测 yùcè 통 예측하다 | 具体 jùtǐ 형 구체적이다 | 心中有数 xīnzhōng yǒushù 성 어떻게 해야 할지 알고 있다 | 即可 jíkě 부 ~만 하면 된다 | 尽量 jǐnliàng 부 가능한 한 | 任务 rènwu 임무 | 分配 fēnpèi 통 분배하다 | 逐步 zhúbù 부 점차 | 可见 kějiàn 접 ~라는 것을 알 수 있다 | 缺一 不可 quēyī bùkě 성 하나라도 없어서는 안 된다 | 空余 kòngyú 형 남아있는 | 灵活性 línghuóxìng 명 융통성 | 毕竟 bìjìng 부 결국 | 完美 wánměi 형 완벽하다 | 余地 yúdì 명 여지 | 可能性 kěnéngxìng 명 가능성

---

1 ★★☆

要取得好的学习效果，应该怎么样？

A 制订计划
B 放松心情
C 充分利用时间
D 选择好的学习方法

좋은 학습 효과를 얻으려면 어떻게 해야 하는가?

A 계획을 세운다
B 마음을 편하게 한다
C 시간을 충분히 이용한다
D 좋은 학습 방법을 선택한다

해설 녹음은 좋은 학습 효과를 얻기 위한 내용이다. 어떤 일을 할 때에 계획이 있다면 쉽게 좋은 결과를 얻는다 했고, 공부하는 것 역시 마찬가지라고 했으므로 정답은 A이다.

---

2 ★★☆

长期计划一般指多长时间的计划？

A 1个月
B 1-3个月
C 3个月
D 半年到一年

장기 계획은 일반적으로 얼마 동안의 계획을 말하는가?

A 1개월
B 1~3개월
C 3개월
D 반년에서 1년

해설 1년이나 반년은 장기 계획을 세울 수 있다고 했으므로 정답은 D이다.

---

3 ★★☆

制订一个星期的计划，应该注意什么？

A 要概括
B 要简单
C 要具体
D 要有个性

일주일 동안의 계획을 세울 때 무엇에 주의해야 하는가?

A 개괄적이어야 한다
B 간단해야 한다
C 구체적이어야 한다
D 개성이 있어야 한다

단어 概括 gàikuò 동 개괄하다 | 个性 gèxìng 명 개성

해설 일주일의 학습 계획은 최대한 구체적이어야 한다고 했으므로 정답은 C이다.

---

4 ★★☆

如何增加完成计划的可能性？

A 追求完美
B 重视短期计划
C 准备多个计划
D 计划要有灵活性

어떻게 해야 계획을 완성할 가능성을 높일 수 있는가?

A 완벽을 추구한다
B 단기 계획을 중시한다
C 여러 계획을 준비한다
D 계획은 융통성이 있어야 한다

해설 계획은 너무 많아서도 안 되며, 여유 시간은 남기고, 융통성이 있어야 완성할 가능성이 커진다고 했으므로 정답은 D이다.

03. 설명문

| 정답 | 1 B | 2 B | 3 D | 4 A |

1 – 4

大洋洲没有虎狼等凶猛的野兽，所以，¹像袋鼠这样的动物只要跳几下就能从敌人面前逃开，而其他大洲的很多动物，生下来就要学会奔跑，以免成为猛兽的口中之物。²缺少天敌，使大洋洲动物的生存能力大大降低。当欧洲人来大洋洲之后，为了让大洋洲更像他们的家乡——欧洲，于是引进了许多欧洲大陆的动物。这些动物本来就在危险的环境中经历过生存竞争的考验，大洋洲土生土长的动物简直就不是它们的对手，它们在新的环境中迅速蔓延成患。在大洋洲，狡猾的狐狸和野狗、野猫都能够称王。³为了控制野狗，大洋洲人由东向西兴建了长长的拦网，如同中国的长城。⁴就连在其他大陆尚处于劣势的兔子，也能够在大洋洲迅速地蔓延成患，大洋洲政府不得不花大量的钱来设法控制它们。前几年，他们从中国引进一种病毒，兔子们染上了就会死亡。释放了这些病毒之后，兔子数量得到了一些控制，但似乎并没有面临灭绝，说不定哪一天又会蔓延成灾。

오세아니아에는 호랑이나 늑대 같은 흉악한 맹수가 없기 때문에 ¹캥거루 같은 동물은 단지 몇 번만 뛰면 적에게서 도망갈 수 있다. 그러나 다른 대륙의 많은 동물은 태어나면서부터 맹수의 먹잇감이 되는 것을 피하기 위해 질주하는 것부터 배운다. ²천적이 적기 때문에 오세아니아 동물의 생존 능력은 크게 떨어진다. 유럽 사람들이 오세아니아에 온 후, 오세아니아를 그들의 고향인 유럽과 비슷하게 만들기 위해서 많은 유럽 대륙의 동물을 들여 왔다. 이 동물들은 원래 위험한 환경에서 생존 경쟁의 시련을 겪었기 때문에 오세아니아에서 태어나고 자란 동물들은 그들의 적수가 되지 못했고, 그들은 새로운 환경에서 빠른 속도로 퍼져 나가 재앙을 만들었다. 오세아니아에서는 교활한 여우와 들개, 들고양이는 왕이라고 불리기에 충분하다. ³들개를 통제하기 위해서 오세아니아는 마치 중국의 만리장성처럼 동쪽에서 서쪽으로 긴 철조망을 세웠다. ⁴다른 대륙에서 열세에 있었던 토끼조차도 오세아니아에서는 빠르게 퍼져 나가 재앙을 만들기 때문에 오세아니아 정부는 어쩔 수 없이 거금을 들여 토끼를 통제했다. 몇 년 전 그들은 토끼가 감염되면 죽게 되는 바이러스를 중국에서 들여 왔다. 이 바이러스를 살포한 후 토끼의 수가 크게 줄었지만 결코 멸종의 정도는 되지 않았기 때문에 언제 또 재앙을 퍼져 나갈지 알 수 없다.

단어 大洋洲 Dàyángzhōu 명 오세아니아 | 凶猛 xiōngměng 형 용맹하고 사납다 | 野兽 yěshòu 명 야수 | 袋鼠 dàishǔ 명 캥거루 | 敌人 dírén 명 적 | 奔跑 bēnpǎo 명 질주하다 | 以免 yǐmiǎn 접 ~하지 않기 위해서 | 天敌 tiāndí 명 천적 | 降低 jiàngdī 동 내려가다 | 引进 yǐnjìn 동 들여오다 | 竞争 jìngzhēng 명 경쟁 | 考验 kǎoyàn 명 시험, 시련 | 迅速 xùnsù 형 신속하다, 빠르다 | 蔓延 mànyán 동 만연하다 | 成患 chénghuàn 화를 만들다 | 狡猾 jiǎohuá 형 교활하다 | 称王 chēngwáng 동 왕으로 자처하다 | 控制 kòngzhì 동 통제하다 | 兴建 xīngjiàn 동 건설하다 | 拦网 lánwǎng 명 철조망 | 大陆 dàlù 명 대륙 | 劣势 lièshì 명 열세 | 兔子 tùzi 명 토끼 | 政府 zhèngfǔ 명 정부 | 病毒 bìngdú 명 바이러스 | 染 rǎn 감염되다 | 释放 shìfàng 동 방출하다 | 面临 miànlín 동 직면하다 | 灭绝 mièjué 동 멸종하다 | 成灾 chéngzāi 재해를 낳다

1 ★★☆

关于袋鼠，正确的是哪项？	캥거루에 관하여 다음 중 옳은 것은?
A 生下来就学会了奔跑	A 태어나자마자 질주하는 것을 배웠다
B 只要跳几下就能从敌人面前逃开	B 몇 번만 뛰면 적에게서 도망칠 수 있다
C 平均寿命非常长	C 평균 수명이 매우 길다
D 靠隐藏躲避天敌	D 숨어서 적을 피한다

단어 隐藏 yǐncáng 동 숨다

해설 캥거루는 몇 번 뛰면 적에게서 도망갈 수 있다고 했으므로 정답은 B이다.
　　　A. 태어나자마자 질주하는 것을 배운 것은 다른 대륙의 동물들이다.

2　★★☆	
为什么大洋洲动物的生存能力会降低?	왜 오세아니아 동물의 생존 능력이 떨어지는가?
A　缺少食物	A　먹을 것이 부족하다
B　缺少天敌	B　천적이 부족하다
C　缺乏水源	C　물이 부족하다
D　欧洲人的到来	D　유럽 사람들이 왔다

해설　오세아니아 동물은 천적이 적기 때문에 생존 능력이 떨어진다고 했으므로 정답은 B이다.

3　★★☆	
大洋洲人是如何控制野狗的?	오세아니아 사람은 어떻게 들개를 통제했는가?
A　大规模捕杀	A　대규모로 잡아 죽였다
B　引进毒药	B　바이러스를 유입하였다
C　修建长城	C　만리장성을 지었다
D　建立拦网	D　철조망을 세웠다

단어　捕杀 bǔshā 동 잡아 죽이다

해설　오세아니아 사람은 들개를 통제하기 위해 철조망을 세웠다고 했으므로 정답은 D이다.

4　★★☆	
关于这段话，正确的是哪项?	이 글에 관하여 다음 중 옳은 것은?
A　兔子在大洋洲能迅速成长	A　토끼는 오세아니아에서 빠르게 번식할 수 있다
B　大洋洲的兔子已经基本灭绝	B　오세아니아의 토끼는 이미 거의 멸종했다
C　袋鼠的生活受到严重干扰	C　캥거루의 생활은 심각한 방해를 받았다
D　大洋洲的动物寿命很短	D　오세아니아 동물의 수명은 짧다

해설　다른 대륙에서 열세에 있던 토끼도 오세아니아에서는 천적이 없어서 빠르게 퍼져 재앙을 만든다고 했으므로 정답은 A이다.

실전 연습 1 - 제3부분　🎧 MP3-47　　　　　》 전략서 71p

정답	31 B	32 A	33 C	34 B	35 C
	36 C	37 B	38 D	39 B	40 B
	41 C	42 B	43 C	44 C	45 B
	46 B	47 B	48 C	49 D	50 C

有三个人要被关进监狱三年，监狱长满足了他们三个一人一个要求。

³¹美国人爱抽雪茄，要了三箱雪茄。

法国人最浪漫，要一个美丽的女子相伴。

³²而犹太人说，他要一部与外界沟通的电话。

三年过后，第一个冲出来的是美国人，嘴里鼻孔里塞满了雪茄，大喊道："给我火，给我火！"原来他忘了要火了。

接着出来的是法国人。只见他手里抱着一个小孩子，美丽女子手里牵着一个小孩子，肚子里还怀着第三个。

最后出来的是犹太人，他紧紧握住监狱长的手说："这三年来我每天与外界联系，我的生意不但没有停顿，反而增长了百分之二百，为了表示感谢，我送你一辆劳斯莱斯！"

这个故事告诉我们，³³什么样的选择决定什么样的生活。今天的生活是由三年前我们的选择决定的，而今天我们的抉择将决定我们三年后的生活。我们要选择接触最新的信息，了解最新的趋势，从而更好地创造自己的将来。

세 사람이 감옥에서 3년을 있게 되었는데, 교도소장이 한 명에 한 가지 요구를 들어주었다.

³¹미국인은 시가 피우는 것을 좋아해 시가 세 상자를 원했다.

프랑스인은 가장 낭만적이어서 함께 할 아름다운 여인을 원했다.

³²그러나 유태인은 외부 세계와 소통할 수 있는 전화기를 원했다.

3년 후에 첫 번째로 출소한 사람은 미국인이었다. 입과 콧구멍에서 시가를 가득 채우고 크게 소리쳤다. "불을 줘, 불을 달라고!" 알고 보니 그는 불을 달라고 하는 것을 잊었던 것이다.

다음에 출소한 사람은 프랑스인이었다. 그는 한 손에는 아이 하나를 안고 있고, 아름다운 여인의 손에도 아이가 하나 안겨 있었으며, 배 속에는 세 번째 아이가 있었다.

마지막에 출소한 사람은 유태인이었다. 그는 교도소장의 손을 꼭 잡고 말했다. "3년 동안 저는 매일 외부 세계와 연락을 해서, 제 사업이 멈추지 않았을 뿐 아니라 오히려 200% 성장했습니다. 감사의 표시로 롤스로이스 한대를 선물하겠습니다!"

이 이야기는 우리에게 알려 주는 것은 ³³어떤 선택을 하는지가 어떤 생활을 하는지를 결정한다는 것이다. 오늘의 생활은 3년 전 우리의 선택으로 결정되는 것이며, 오늘 우리의 선택은 우리의 3년 후 생활을 결정할 것이다. 우리는 최신 정보를 선택해야 하며 최신 추세를 파악해서 자신의 미래를 더 좋게 만들어 가야 한다.

단어 监狱 jiānyù 명 감옥 | 雪茄 xuějiā 명 시가 | 浪漫 làngmàn 형 로맨틱하다 | 相伴 xiāngbàn 동 함께하다 | 鼻孔 bíkǒng 명 콧구멍 | 塞满 sāimǎn 동 가득 채우다 | 喊 hǎn 동 외치다 | 牵 qiān 동 끌다, 잡아당기다 | 怀 huái 동 임신하다 | 握住 wòzhù 꼭 잡다 | 停顿 tíngdùn 동 멈추다 | 劳斯莱斯 Láosī láisī 명 롤스로이스 | 接触 jiēchù 동 접촉하다 | 趋势 qūshì 명 추세

---

31 ★★☆

美国人提了什么要求?

A 要一个美丽的女子

B 要三箱雪茄

C 要一部电话

D 什么都不要

미국인은 어떤 요구를 했는가?

A 아름다운 여자를 원했다

B 시가 세 상자를 원했다

C 전화기 한대를 원했다

D 아무것도 원하지 않았다

해설 보기를 먼저 보고 보기 관련 정보를 메모하며 듣는 것이 필요하다. 미국인은 시가 세 상자를 원했으므로 정답은 B이다.

---

32 ★★☆

犹太人为什么要电话?

A 为了与外界沟通

B 为了打发时间

C 为了抽雪茄

D 为了与美丽女子对话

유태인은 왜 전화기를 원했나?

A 외부 세계와 소통하기 위해서이다

B 시간을 때우기 위해서이다

C 시가를 피우기 위해서이다

D 아름다운 여자와 대화하기 위해서이다

단어 打发 dǎfā 동 (시간을) 때우다

해설 유태인은 외부 세계와 소통할 수 있어서 전화기를 원했으므로 정답은 A이다.

33 ★★☆

这个故事告诉我们一个什么道理?	이 이야기는 우리에게 무엇을 알려 주는가?
A 雪茄是没什么用的	A 시가는 아무 쓸모 없는 것이다
B 犹太人最聪明	B 유태인이 가장 총명하다
C 什么样的选择决定了什么样的生活	C 어떤 선택을 하는지가 어떤 생활을 하는지를 결정한다
D 电话很重要	D 전화는 중요하다

해설 주제는 주로 녹음 내용의 뒷부분에 나온다. 어떤 선택을 하는지가 어떤 생활을 하는지를 결정한다고 했다. 오늘의 생활은 우리가 3년 전에 한 선택으로 결정되고, 오늘의 선택이 3년 후의 생활을 결정한다고 하며 선택의 중요성을 이야기했다. 따라서 정답은 C이다.

---

34 – 36

狐狸想钻进一个葡萄园, 无奈围墙上的洞口太小, ³⁴它只好先把自己饿瘦, 才钻进了园子。在饱尝了鲜美的葡萄后, 狐狸却发现自己又胖得钻不出来, 只好再饿上几天, 才得以离开。因而有人嘲笑狐狸: 饿瘦了进去, 又饿瘦了出来, ³⁵什么也没有得到。

³⁶其实, 这只狐狸吃过了葡萄, 也就获得了一种体验, 拥有了葡萄香甜滋味的记忆和种种体验。只有经历过, 你才能得到最真实的体验, 这是无法从别人的传授中获得的。生活中, 我们经历的有喜有悲, 有成功有失败, 但不管结果如何, 这些经历都会给予我们一定的启示, 都能丰富我们的人生, 这是十分可贵的人生体验。

여우가 포도밭에 들어가고 싶었지만 벽에 난 구멍이 너무 작아서 ³⁴어쩔 수 없이 굶어서 몸을 야위게 한 뒤에야 들어갔다. 맛있는 포도를 배불리 먹은 후에 여우는 자신이 뚱뚱해져서 구멍을 파고들어 갈 수 없다는 것을 알게 되었다. 어쩔 수 없이 다시 며칠을 굶고 나서야 빠져 나갈 수 있었다. 이 까닭에 어떤 사람은 굶어서 들어가고, 다시 굶어서 나왔다며 ³⁵아무것도 얻은 것이 없다고 여우를 비웃었다.

³⁶사실, 이 여우는 포도를 먹었고, 하나의 경험 또한 얻었다. 포도의 달콤한 맛의 기억과 여러 경험을 가지게 된 것이다. 겪어봐야만 비로소 가장 진실한 체험을 얻을 수 있으며, 이것은 다른 사람의 가르침을 통해 얻을 수 있는 것이 아니다. 생활에서 우리가 겪는 기쁜 일과 슬픈 일, 성공과 실패는 결과가 어떠하든 이 경험은 우리에게 교훈을 주고 우리의 인생을 풍부하게 해 준다. 이것은 매우 소중한 인생의 체험이다.

단어 狐狸 húli 몡 여우 | 钻进 zuānjìn 파고들다 | 无奈 wúnài 통 방법이 없다 | 围墙 wéiqiáng 몡 담 | 洞口 dòngkǒu 몡 구멍 입구 | 饿瘦 èshòu 굶어서 마르다 | 鲜美 xiānměi 휑 맛이 좋다 | 嘲笑 cháoxiào 통 비웃다 | 体验 tǐyàn 몡 경험 | 香甜 xiāngtián 휑 달콤하다 | 滋味 zīwèi 몡 맛 | 记忆 jìyì 몡 기억 | 真实 zhēnshí 휑 진실하다 | 传授 chuánshòu 통 전수하다 | 如何 rúhé 떼 어떠한가 | 给予 jǐyǔ 통 주다 | 启示 qǐshì 통 시사하다 | 可贵 kěguì 휑 소중하다

---

34 ★☆☆

狐狸是怎么钻进园子里去的?	여우는 어떻게 포도밭 안으로 들어간 것인가?
A 把洞口弄大	A 구멍을 크게 만들었다
B 把自己饿瘦	B 굶어서 몸을 마르게 했다
C 把自己吃胖	C 먹어서 뚱뚱하게 했다
D 把洞口弄小	D 구멍을 작게 했다

해설 여우는 굶어서 몸을 마르게 한 후에 들어갔으므로 정답은 B이다.

<table>
<tr><td colspan="2">35 ★★☆</td></tr>
<tr>
<td>

人们为什么嘲笑狐狸?

A 因为人们觉得葡萄并不好吃

B 因为人们觉得狐狸的方法很笨

C 因为人们觉得狐狸什么都没得到

D 因为人们觉得狐狸得不偿失

</td>
<td>

사람들은 왜 여우를 비웃었나?

A 포도가 전혀 맛있지 않다고 생각했기 때문이다

B 여우의 방법이 어리석다고 생각했기 때문이다

C 여우가 아무것도 얻은 것이 없다고 생각했기 때문이다

D 여우가 얻은 것보다 잃은 것이 많다고 생각했기 때문이다

</td>
</tr>
</table>

단어 　得不偿失 débù chángshī 〔성〕 얻는 것보다 잃는 것이 많다

해설 　개인의 추측과 판단으로 정답을 고르지 않도록 주의한다. 들어갈 때와 나올 때 모두 굶은 상태였으므로 사람들은 여우가 아무것도 얻은 것이 없다고 여우를 비웃었다. 따라서 정답은 C이다.

<table>
<tr><td colspan="2">36 ★★☆</td></tr>
<tr>
<td>

狐狸得到了什么?

A 什么都没得到

B 很多葡萄

C 吃葡萄的经历和体验

D 挖洞的经历和体验

</td>
<td>

여우는 무엇을 얻었는가?

A 아무것도 얻지 못했다

B 많은 포도

C 포도를 먹은 경험과 체험

D 구멍을 판 경험과 체험

</td>
</tr>
</table>

해설 　여우는 포도를 먹어서 포도의 맛의 기억과 여러 경험을 가지게 된 것이라고 했으므로 정답은 C이다.

<table>
<tr><td colspan="2">37 – 39</td></tr>
<tr>
<td>

　　小李做生意失败了，但是他仍然极力维持原有的排场，唯恐别人看出他的失意。宴会时，他租用私家车去接宾客，并³⁷请表妹扮作女佣，把佳肴一道道地端上来。但是当那些心里有数的客人酒足饭饱，³⁸告辞时，每一个人都热烈地致谢，并露出同情的眼光，却没有一个人主动提出给予帮助。小李彻底失望了，他百思不得其解，一个人走在街头，突然看见许多工人在扶正被台风吹倒的行道树，工人总是先把树的枝叶锯去，使得重量减轻，再将树推正。

　　³⁹小李顿然领悟了，他放弃旧有的排场并改掉死要面子的毛病，重新自小本生意做起，并以低姿态去拜望以前商界的老友，而每个人知道他的小生意时，都尽量给予方便，购买他的东西，并推介给其他的公司。没有几年，他又在生意场上立足了，而他始终记得锯树工人的一句话："倒了的树，如果想维持原有的枝叶，怎么可能扶得动呢?"

</td>
<td>

　　샤오리(小李)는 사업에서 실패했지만 여전히 원래의 허세를 최대한 유지하며 다른 사람이 자신의 실패를 눈치챌까 두려워했다. 연회에서 그는 자가용을 임대하여 손님을 맞이하였고, ³⁷사촌 여동생을 가사 도우미로 변장시켜 훌륭한 음식을 하나씩 내오게 했다. 그러나 이미 다 알고 있는 손님은 배불리 먹은 후, ³⁸작별 인사를 할 때 아주 고마워하면서도 동정의 눈길을 보냈지만, 아무도 주동적으로 나서서 도움을 주지는 않았다. 샤오리는 완전히 실망했고 도무지 이해할 수가 없었다. 그때 한 사람이 길을 지나는데, 갑자기 많은 노동자가 태풍에 쓰러진 가로수를 바로 세우고 있는 모습을 봤다. 노동자들은 나무 가지와 잎을 톱으로 잘라 중량을 줄이고 나서 나무를 다시 밀어서 세웠다.

　　³⁹샤오리는 갑자기 깨달음을 얻었다. 그는 오랜 허세를 버리고 체면치레하는 버릇을 고치고, 다시 적은 자본으로 사업을 하기 시작했으며, 자세를 낮추고 오랜 이전 비즈니스 파트너들을 찾아다녔다. 모든 사람이 그가 작은 사업을 하고 있는 것을 알고 난 후에, 그에게 최대한 편의를 제공하고, 그의 물건을 사주고, 다른 회사에 추천해 주었다. 몇 년이 되지 않아 그는 또 사업에서 자리를 잡았지만 항상 나무를 톱질하던 노동자들의 말을 기억했다. "넘어진 나무가 원래의 가지와 잎을 계속 가지고 있기를 원한다면, 어떻게 다시 일어날 수 있겠는가?"

</td>
</tr>
</table>

단어 维持 wéichí 동 유지하다 | 排场 páichang 명 겉치레, 허식 | 唯恐 wéikǒng 동 다만 ~할까 걱정이다 | 失意 shīyì 형 뜻대로 되지 않다 | 宴会 yànhuì 명 연회 | 租用 zūyòng 동 임대하다 | 私家车 sījiāchē 명 자가용 | 宾客 bīnkè 명 손님 | 表妹 biǎomèi 명 사촌 여동생 | 扮作 bànzuò 동 분장하다 | 女佣 nǚyōng 명 하녀, 가정부 | 佳肴 jiāyáo 명 맛있는 요리 | 端 duān 동 받쳐 들다 | 心里有数 xīnli yǒushù 마음 속에 이미 계산이 있다 | 酒足饭饱 jiǔzú fànbǎo 성 배불리 먹다 | 告辞 gàocí 동 이별을 고하다 | 致谢 zhìxiè 동 감사의 뜻을 나타내다 | 露出 lùchū 동 드러내다, 노출시키다 | 百思不得其解 bǎisī bùdé qíjiě 도무지 이해가 되지 않는다 | 扶正 fúzhèng 동 바로 놓다 | 台风 táifēng 명 태풍 | 吹倒 chuīdǎo 동 불어 쓰러지다 | 行道树 xíngdàoshù 명 가로수 | 工人 gōngrén 명 노동자 | 锯 jù 동 톱질하다 | 减轻 jiǎnqīng 동 경감하다 | 顿然 dùnrán 부 갑자기 | 领悟 lǐngwù 동 깨닫다 | 死要面子 sǐyào miànzi 체면 차리다 | 拜望 bàiwàng 동 찾아 뵙다 | 商界 shāngjiè 명 상업계 | 推介 tuījiè 동 추천하다 | 立足 lìzú 발붙이다, 입각하다 | 扶 fú 동 부축하다

---

37 ★☆☆

小李请谁扮作女佣?	샤오리는 누구를 도우미로 변장시켰는가?
A 女儿	A 딸
B 表妹	B 사촌 여동생
C 妻子	C 아내
D 侄女	D 조카딸

해설 녹음을 듣기 전 보기를 통해 많은 인물이 등장할 것임을 미리 예상할 수 있다. 그러므로 각 인물의 행동에 주의하며 녹음을 들어야 한다. 사촌 여동생을 가사 도우미로 변장시켰다고 했고, 사촌 여동생을 제외하고는 아무도 언급하지 않았으므로 정답은 B이다.

---

38 ★★☆

客人告辞的时候做了什么?	손님은 작별 인사를 할 때 무엇을 했는가?
A 提出要帮助小李	A 샤오리를 도와주려고 했다
B 不同情他的遭遇	B 그의 상황을 동정하지 않았다
C 不感谢他的招待	C 그의 대접에 감사하지 않았다
D 同情他,但没提出要帮助他	D 그를 동정했으나 도와주지는 않았다

해설 작별 인사를 할 때 사람들은 그를 동정했으나 도움을 주지는 않았으므로 정답은 D이다.

---

39 ★★★

"倒了的树,如果想维持原有的枝叶,怎么可能扶得动呢"这句话说明了什么?	'넘어진 나무가 원래의 가지와 잎을 계속 가지고 있기를 원한다면, 어떻게 다시 일어날 수 있겠는가'는 무엇을 설명하는가?
A 失败了是不可能重新站起来的	A 실패하면 다시 일어날 수 없다
B 放低姿态、重新做起才能站起来	B 자세를 낮추고 다시 시작해야 비로소 일어날 수 있다
C 失败以后不能依靠朋友的帮助	C 실패하고 난 후에는 친구의 도움에 의지할 수 없다
D 完全靠自己的努力才能重新站起来	D 전적으로 자신의 노력으로만 다시 일어날 수 있다

해설 이 문장의 나무는 샤오리를, 가지와 잎은 샤오리의 허세와 체면치레를 뜻한다. 샤오리는 다시 일어나기 위해서 허세와 체면치레를 버리고 자세를 낮추어 오랜 이전 비즈니스 파트너들을 찾아다니면서 그들의 도움을 받을 수 있었다. 그 후 다시 자리를 잡게 되었고, 이러한 과정을 빗대어 말한 것으로 정답은 B이다.

有一个6岁的小男孩儿，一天在外面玩耍时，发现了一个鸟巢被风从树上吹落在地，从里面滚出了一只嗷嗷待哺的小麻雀。小男孩儿决定把它带回家喂养。

当他托着鸟巢走到家门口的时候，突然想起妈妈不允许他在家里养小动物。于是，⁴⁰他轻轻地把小麻雀放在门口，急忙进屋去请求妈妈。在他的哀求下，妈妈终于破例答应了。

小男孩儿兴奋地跑到门口，不料小麻雀已经不见了，⁴¹他看见一只黑猫正在意犹未尽地舔着嘴巴。小男孩儿为此伤心了很久。但从此他也记住了一个教训：⁴²只要是自己认定的事情，绝不可优柔寡断。

6살짜리 남자 아이가 하루는 밖에서 놀다가 새 둥지가 바람에 나무 위에서 떨어진 것을 발견했다. 안에서 먹이를 달라고 짹짹거리는 참새 한 마리가 굴러 나왔다. 남자 아이는 그것을 집으로 가져가 기르기로 했다.

그가 새 둥지를 받쳐 들고 집 문 입구에 들어갈 때 갑자기 엄마가 집에서 동물을 키우는 것을 허락하지 않는다는 것이 생각났다. 그래서 ⁴⁰참새를 문 앞에 살포시 놓고 황급히 집에 들어가 엄마에게 허락을 구했다. 그가 애원하여 엄마는 예외적으로 결국 허락을 했다.

아이는 흥분해서 문 입구로 달려갔는데, 생각지도 못하게 참새가 보이지 않았다. ⁴¹그는 검은 고양이 한 마리가 여운이 남는다는 듯이 입을 핥고 있는 것을 봤다. 아이는 이 때문에 아주 오랫동안 상심했다. 그러나 이후로 그는 한 가지 교훈을 기억했다. ⁴²자신이 정한 일은 절대로 망설이면 안 된다는 것을 말이다.

단어 玩耍 wánshuǎ 图 놀다, 장난치다 | 鸟巢 niǎocháo 몡 새 둥지 | 滚 gǔn 图 구르다 | 嗷嗷待哺 áo'áo dàibǔ 씸 새끼 새가 먹이를 달라고 짹짹 울다 | 麻雀 máquè 몡 참새 | 喂养 wèiyǎng 图 기르다 | 托 tuō 图 받치다 | 允许 yǔnxǔ 图 허락하다 | 急忙 jímáng 児 황급히 | 请求 qǐngqiú 요청하다 | 哀求 āiqiú 애원하다 | 破例 pòlì 관례를 깨다 | 不料 búliào 児 뜻밖에, 의외에 | 意犹未尽 yìyóu wèijìn 씸 여운이 남는다 | 舔 tiǎn 图 핥다 | 嘴巴 zuǐba 몡 입 | 优柔 yōuróu 휑 우유부단하다 | 寡断 guǎduàn 휑 우유부단하다

---

40 ★★☆

小男孩儿为什么把小麻雀放在门口？

A 因为他不想带麻雀回家
B 因为他急着进屋求妈妈同意他养麻雀
C 因为妈妈不同意他养麻雀
D 因为忘了带麻雀进去

남자 아이는 왜 참새를 문 입구에 놓았는가?

A 참새를 가지고 집에 가고 싶지 않았기 때문이다
B 급하게 집에 들어가 엄마에게 참새를 기르는 것의 동의를 구하기 위해서이다
C 엄마가 참새 키우는 것을 동의하지 않기 때문이다
D 참새를 데리고 들어가는 것을 잊었기 때문이다

해설 참새를 문 앞에 놓고 황급히 집에 들어가 엄마에게 허락을 구했다고 했으므로 정답은 B이다.

---

41 ★★★

小麻雀为什么不见了？

A 它飞走了
B 它飞进家里去了
C 它被黑猫吃了
D 它被放在鸟巢里了

참새는 왜 사라졌는가?

A 참새가 날아가 버렸다
B 참새가 집 안으로 날아들었다
C 검은 고양이에게 잡아먹혔다
D 둥지 안에 놓여 있었다

해설 들리는 그대로 풀 수 있는 것이 아니라 전, 후 상황으로 미루어 유추를 해야 한다. 고양이가 여운이 남는다는 듯이 입을 핥은 것을 통해서 참새는 고양이에게 잡아먹혔다는 것을 알 수 있다. 정답은 C이다.

42 ★★☆

小男孩儿记住了一个什么教训?	남자 아이는 어떤 교훈을 기억하는가?
A 不要轻易改变主意	A 생각을 쉽게 바꿔어서는 안 된다
B 自己认定的事，不要优柔寡断	B 자신이 정한 일은 절대 망설이면 안 된다
C 不要听妈妈的话	C 엄마의 말을 들으면 안 된다
D 凡事都要自己做决定	D 일은 스스로 결정해야 한다

(해설) 남자 아이가 느낀 교훈이자 녹음 전체의 주제를 묻는 문제이다. 자신이 정한 일은 절대로 망설이면 안 된다는 교훈을 얻었다고 했으므로 정답은 B이다.

---

43 – 46

有位秀才⁴³第三次进省城赶考，住在一个经常住的店里。考试前两天他做了两个梦，第一个梦是梦到自己在墙上种白菜，第二个梦是下雨天，他戴了斗笠还打伞。这两个梦似乎有些深意，秀才第二天就赶紧去找算命的解梦。算命的一听，连拍大腿说："你还是回家吧。你想想，⁴⁴高墙上种菜不是白费劲儿吗？戴斗笠打雨伞不是多此一举吗？"秀才一听，心灰意冷，回店收拾包袱准备回家。店老板非常奇怪，问："你不是明天才考试吗，今天怎么就回乡了？"秀才如此这般说了一番，店老板乐了："哟，我也会解梦。我倒觉得，你这次一定要留下来。你想想，墙上种菜不是高种吗？⁴⁵戴斗笠打伞不是说明你这次有备无患吗？"秀才一听，觉得这种说法更有道理，于是精神振奋地参加考试，居然中了个解元。

⁴⁶积极的人，像太阳，照到哪里哪里亮，消极的人，像月亮，初一十五不一样。想法决定我们的生活，有什么样的想法，就有什么样的未来。

한 선비가 ⁴³세 번째로 도성에 과거 시험을 보러 가서 항상 머물던 주막에 머물렀다. 시험을 보기 이틀 전에 두 가지 꿈을 꿨는데, 첫 번째 꿈은 자신이 벽에 배추를 심고 있는 것이었고, 두 번째 꿈은 비가 오는데 삿갓을 쓰고 또 우산을 쓰는 꿈이었다. 이 두 가지 꿈에 깊은 뜻이 있는 것 같아서, 이튿날 선비는 급히 점쟁이에게 가서 꿈 해몽을 해 달라고 했다. 점쟁이는 듣더니 연신 허벅지를 때리며 말했다. "집으로 돌아가십시오. 생각해 보시오. ⁴⁴높은 벽에 배추를 심다니 헛수고하는 것 아닙니까? 삿갓을 쓰고 우산을 쓰다니 쓸데없는 일 아닙니까?" 선비가 듣고 낙심하여 주막으로 돌아가 짐을 싸고 집으로 돌아갈 준비를 했다. 주막 주인장이 이상히 여겨 물었다. "내일 시험보시는 것 아닙니까, 어째서 오늘 집으로 돌아가시려는 겁니까?" 선비가 자초지종을 설명하자 주막 주인이 웃었다. "아, 저도 꿈 해몽을 합니다. 제 생각에는 이번에는 무조건 남으셔야 합니다. 생각해 보십시오. 벽에 채소를 심는다(高种)는 것은 시험에 합격한다(高中)는 것을 의미하는 것 아닐까요? ⁴⁵삿갓 위에 우산을 썼다는 것은 이번에 준비를 단단히 해서 걱정이 없다는 것을 의미하는 것 아니겠습니까?" 선비가 듣고 그의 말이 더욱 일리가 있다고 여겨 정신을 다시 차리고 시험을 치뤘고, 놀랍게도 장원 급제를 하였다.

⁴⁶긍정적인 사람은 태양과 같아서 어느 곳을 비추어도 환해지고 부정적인 사람은 달빛과 같아서 음력 초하루와 음력 보름의 달빛은 다르다. 생각이 우리의 인생을 결정하며, 생각하는 대로 미래가 만들어진다.

(단어) 秀才 xiùcai 명 선비, 학자 | 赶考 gǎnkǎo 동 과거시험을 보러 가다 | 白菜 báicài 명 배추 | 斗笠 dǒulì 명 삿갓 | 打伞 dǎsǎn 우산을 쓰다 | 深意 shēnyì 명 깊은 뜻 | 算命 suànmìng 동 점치다 | 大腿 dàtuǐ 명 허벅지 | 白费劲儿 báifèijìnr 동 헛수고하다 | 多此一举 duōcǐ yìjǔ 성 불필요한 짓을 하다 | 心灰意冷 xīnhuī yìlěng 성 풀이 죽고 낙담하다 | 包袱 bāofu 명 짐 보따리 | 有备无患 yǒubèi wúhuàn 성 유비무환이다, 사전에 준비하면 재난을 피할 수 있다 | 振奋 zhènfèn 형 분발하다, 진작하다 | 居然 jūrán 부 뜻밖에, 놀랍게도 | 解元 jièyuán 명 장원 급제, 해원[과거 시험 수석 합격자] | 积极 jījí 형 적극적이다, 긍정적이다 | 初一 chūyī 명 음력 초하루 | 十五 shíwǔ 명 음력 보름

43 ★☆☆	
秀才第几次进省城赶考?	선비는 몇 번째로 도성에 과거 시험을 보러 간 것인가?
A 第一次	A 첫 번째
B 第二次	B 두 번째
C 第三次	C 세 번째
D 第四次	D 네 번째

해설 보기가 모두 숫자이므로 이에 유의하여 들으면 어렵지 않게 정답을 고를 수 있다. 선비는 세 번째로 도성에 과거 시험을 보러 갔다고 했으므로 정답은 C이다.

44 ★★★	
算命的是怎么解释 "在墙上种白菜" 这个梦的?	점쟁이는 '벽에 배추를 심는' 꿈을 어떻게 해몽했는가?
A 多此一举	A 쓸데없는 일을 하다
B 高中	B 시험에 합격하다
C 白费劲儿	C 헛수고하다
D 有备无患	D 준비를 단단히 해서 걱정이 없다

해설 점쟁이는 벽에 배추를 심는 꿈을 헛수고하는 것이라고 했으므로 정답은 C이다.

45 ★★★	
店老板是怎么解释 "带了斗笠还打伞" 这个梦的?	주막 주인장은 '삿갓 위에 우산을 쓴' 꿈을 어떻게 해몽했는가?
A 高中	A 시험에 합격하다
B 有备无患	B 준비를 단단히 해서 걱정이 없다
C 多此一举	C 쓸데없는 일을 하다
D 白费劲儿	D 헛수고하다

해설 점쟁이와 주막 주인장의 해몽을 분리해서 기억해야 한다. 주막 주인장은 삿갓 위에 우산을 쓴 것을 준비를 단단히 해서 걱정이 없다는 것을 의미한다고 해몽했으므로 정답은 B이다.

46 ★★☆	
这个故事说明了什么?	이 이야기는 무엇을 설명하는가?
A 要相信自己	A 자신을 믿어야 한다
B 要从积极的方面看事情	B 긍정적인 방면으로 봐야 한다
C 不要听信别人的意见	C 다른 사람을 의견을 쉽게 믿어서는 안 된다
D 要从消极的方面看事情	D 부정적인 방면으로 봐야 한다

해설 보기를 보면서 녹음 후반부를 주의 깊게 들으면 정답을 고를 수 있다. 긍정적인 사람은 어느 곳을 비추어도 환해진다고 하면서 긍정적인 생각의 중요성을 언급했다. 따라서 정답은 B이다.

Tip '高种 gāozhòng(높이 심다)'은 '高中 gāozhòng(과거에 급제하다)'과 발음이 같다. 이렇게 발음이 같지만 다른 의미의 단어를 떠올리는 것을 '해음 현상'이라고 하며, 이는 중국어의 특징 중 하나이다.

47-50

美国一家铁路公司，有一位调车员叫尼克，他工作认真负责，⁴⁷不过有一个缺点，就是他对自己的人生很悲观，常以否定的眼光去看世界。⁴⁸有一天，同事们为了赶着去给老板过生日，都提早急急忙忙地走了。不巧的是，尼克不小心被关在了一辆冰柜车里，无法把门打开。于是他在冰柜里拼命地敲打着、叫喊着，可由于除他之外全公司的人都走完了，没有一个人来给他开门。最后他只得绝望地坐在地上喘息。他想，冰柜里的温度在零下20度以下，自己肯定会被冻死的。他愈想愈害怕，最后只好用发抖的手，找来纸和笔，写下了遗书。在遗书里，他写道："我知道在这么冰的冰柜里，我肯定会被冻死的，所以……"当第二天公司职员打开冰柜时，发现了尼克的尸体。同事们感到非常惊讶，⁴⁹因为冰柜里的冷冻开关并没有启动，而这巨大的冰柜里也有足够的氧气，尼克竟然被"冻"死了！

他是死于自己心中的冰点。因为他根本不敢相信这辆一向轻易不会停冻的冰柜车，这一天恰巧因要维修而未启动制冷系统。⁵⁰他的不敢相信使他连试一试的念头都没有产生，而坚信自己一定会被冻死。

미국의 한 철도 회사에 닉(尼克)이라는 배차원이 있었는데, 그는 성실히 책임을 다해 일을 했지만, ⁴⁷한 가지 단점이 있었다. 바로 자신의 인생에 대해서 너무 비관적이어서 항상 부정적인 시선으로 세상을 봤다. ⁴⁸어느날 동료들이 사장의 생일을 챙기기 위해 모두 바쁘게 가 버렸다. 운이 나쁘게도 닉이 부주의로 냉동차에 갇혀서 문을 열고 나올 수 없게 되었다. 그는 냉동고 안에서 있는 힘껏 문을 두드리고 소리쳐 봤지만, 그를 제외하고 다른 사람들이 모두 가 버려서 문을 열어 줄 사람이 아무도 없었다. 결국 그는 절망하며 바닥에 앉아 숨을 헐떡였다. 그는 냉동고의 온도가 20도 이하라고 생각했고 자신은 틀림없이 얼어 죽을 것이라 생각했다. 그는 생각할수록 두려웠고 부들부들 떨리는 손으로 종이와 펜을 찾아 유서를 썼다. 유서에서 그는 말했다. "나는 냉동고 안에 있으니 분명 얼어 죽을 거야. 그렇기 때문에……." 이튿날 회사 직원이 냉동고를 열었을 때 닉의 시체를 발견했다. 동료는 너무 놀랐다. ⁴⁹왜냐하면 냉동고의 냉동 스위치가 전혀 가동되지 않았고 거대한 냉동고 안에는 충분한 산소도 있었는데, 닉은 놀랍게도 '얼어' 죽은 것이다!

그는 자신의 마음속의 어는점에서 죽은 것이다. 줄곧 쉽게 멈추지 않았던 냉동고가 이 날 공교롭게도 수리하느라 냉동 시스템을 가동하지 않았을 거라고는 감히 생각지 못했던 것이다. ⁵⁰그는 한번 시도해 보자는 생각조차도 하지 않고 자신이 분명히 얼어 죽을 것이라고 굳게 믿었던 것이다.

단어 调车员 diàochēyuán 몡 배차원[차량 운행을 배치하는 사람] | 不巧 bùqiǎo 囝 운이 없게도 | 冰柜车 bīngguìchē 몡 냉동차 | 拼命 pīnmìng 동 죽기살기로 하다 | 敲打 qiāodǎ 동 두드리다 | 叫喊 jiàohǎn 동 외치다 | 喘息 chuǎnxī 동 헐떡거리다 | 冻死 dòngsǐ 얼어 죽다 | 愈 yù 囝 ~할수록 ~하다 | 只好 zhǐhǎo 囝 할 수 없이 | 发抖 fādǒu 동 부르르 떨다 | 遗书 yíshū 몡 유서 | 尸体 shītǐ 몡 시체 | 惊讶 jīngyà 혱 놀라다 | 开关 kāiguān 몡 스위치 | 启动 qǐdòng 동 시동을 걸다 | 氧气 yǎngqì 몡 산소 | 竟然 jìngrán 囝 놀랍게도 | 冰点 bīngdiǎn 몡 어는점 | 恰巧 qiàqiǎo 囝 공교롭게도 | 维修 wéixiū 동 수리하다 | 制冷系统 zhìlěng xìtǒng 몡 냉각 시스템 | 念头 niàntou 몡 생각 | 坚信 jiānxìn 동 굳게 믿다

47 ★★☆

尼克有什么缺点？

A 工作不认真
B 对人生很悲观
C 工作不负责
D 与同事关系不好

닉은 어떤 단점이 있는가？

A 일을 열심히 하지 않는다
B 인생에 비관적이다
C 일을 하는데 책임감이 없다
D 동료와의 관계가 좋지 않다

해설 닉의 한 가지 단점은 자신의 인생에 대해서 너무 비관적인 것이라고 했으므로 정답은 B이다.

尼克的同事们为什么都不在?	닉의 동료는 왜 모두 없었는가?
A 因为过了下班时间	A 퇴근 시간이 지났기 때문이다
B 因为他们要为尼克过生日	B 닉의 생일을 챙겨 주기 위해서이다
C 因为他们要为老板过生日	C 사장의 생일을 챙겨 주기 위해서이다
D 因为他们自己要过生日	D 그들이 생일이었기 때문이다

해설　사장의 생일을 챙기기 위해서 모두 바쁘게 가 버렸으므로 정답은 C이다.

当时冰柜箱的状况是怎样的?	당시 냉동고의 상황은 어떠했는가?
A 冰柜箱里的温度在零下20度以下	A 냉동고의 온도는 영하 20도 이하였다
B 冰柜箱里没有氧气	B 냉동고 안에 산소가 없었다
C 冰柜箱里没有水	C 냉동고 안에 물이 없었다
D 冰柜箱里未启动制冷系统，有足够的氧气	D 냉각 시스템은 가동되지 않았고 산소도 충분했다

해설　냉동고에는 냉동 스위치가 가동되지 않았고 충분한 산소도 있었다고 했으므로 정답은 D이다.

尼克为什么会死?	닉은 왜 죽었는가?
A 因为冰柜箱里没有氧气	A 냉동고 안에 산소가 없었기 때문이다
B 因为冰柜箱里温度太低	B 냉동고의 온도가 너무 낮았기 때문이다
C 因为他太悲观，认为自己一定会冻死	C 그는 너무 비관적이어서 자신이 얼어 죽을 것이라 생각했기 때문이다
D 因为他很乐观	D 그가 너무 낙관적이기 때문이다

해설　냉동고가 가동되지 않았음에도 얼어 죽은 것은 자신이 얼어 죽을 것이라고 굳게 믿었기 때문이므로 정답은 C이다.

听力 실전 테스트 🎧 MP3-48

》 전략서 76p

정답

제1부분				
1 A	2 B	3 B	4 C	5 D
6 C	7 C	8 A	9 D	10 D
11 D	12 C	13 B	14 A	15 D

제2부분				
16 A	17 D	18 A	19 D	20 C
21 A	22 B	23 D	24 C	25 D
26 B	27 C	28 D	29 A	30 B

제3부분				
31 D	32 B	33 C	34 D	35 A
36 D	37 C	38 C	39 B	40 A
41 D	42 D	43 B	44 C	45 D
46 A	47 C	48 C	49 C	50 B

 听力 제1부분

---

1 ★☆☆

经理问小杨：“小杨，<u>你早晨上班迟到了</u>，下班又早退，不太合适吧？”小杨说：“经理大人，现在的路况不好，总是堵车。我上班迟到了，下班回家就不能再迟到了，否则，我还要被老婆大人批评的。”

A 小杨上班迟到
B 小杨最后一个下班
C 路况畅通无阻
D 小杨老婆很漂亮

사장이 샤오양(小杨)에게 물었다. “샤오양, 자네는 출근할 때는 지각하고, 퇴근은 일찍 하는데, 그건 좀 아니지 않나?” 샤오양이 말했다. “사장님, 지금 도로 상황이 좋지 않아서 항상 차가 막힙니다. 제가 출근할 때 지각했지만 퇴근해서 집에 가는 것은 지각하면 안 됩니다. 그렇지 않으면 마누라님한테 혼나거든요.”

A 샤오양은 출근할 때 지각했다
B 샤오양은 가장 마지막에 퇴근한다
C 도로 상황은 소통이 원활하다
D 샤오양의 아내는 아주 예쁘다

단어 路况 lùkuàng 몡 도로 상황

해설 샤오왕이 출근할 때 지각했으므로 정답은 A이다.

2 ★★★

市场营销创新有两种截然不同的路径：一种是在某一特定市场内部做调整，另一种是通过对产品做适当改动来产生新用途、新情境、新目标市场，以开创新类别，从而重组市场。

A 营销创新有多种途径
B 可在特定市场内部做调整、创新
C 发挥产品已有的功效
D 重组市场并不可行

시장 마케팅 혁신에는 두 가지의 확실히 다른 경로가 있다. 하나는 특정 시장 내부에서 조정하는 것이고, 또 다른 하나는 상품을 적절하게 변화시켜 새로운 용도, 새로운 상황, 새로운 목표 시장을 만들어 새로운 유형을 창조하여 시장을 개편하는 것이다.

A 마케팅 혁신은 여러 가지 경로가 있다
B 특정 시장 내부에서 조정과 창조를 할 수 있다
C 제품이 기존에 지닌 기능을 발휘한다
D 시장 개편은 불가능하다

> **단어** 营销 yíngxiāo 통 마케팅하다 | 创新 chuàngxīn 명 혁신, 창의 | 截然不同 jiérán bùtóng 성 분명히 다르다 | 路径 lùjìng 명 경로 | 调整 tiáozhěng 통 조정하다 | 适当 shìdàng 형 적당하다 | 改动 gǎidòng 통 고치다 | 用途 yòngtú 명 용도 | 重组 chóngzǔ 통 개편하다

> **해설** 시장 마케팅 혁신 방법으로 조정과 창조라는 두 가지 방법을 설명하고 있으므로 정답은 B이다.

3 ★★☆

所谓的 "M型社会"，指的是在全球化的趋势下，富者的财富快速攀升；而随着资源重新分配，中产阶级因失去竞争力而沦落到中下阶层。整个社会的财富分配，在中间这块儿，忽然有了很大的缺口，跟 "M" 的字形一样。整个世界分成了三块儿，左边的穷人变多，右边的富人也变多，但是中间这块儿，就逐渐陷下去，然后消失。

A 富者的财富被均等平分
B 中产阶级沦落为中下层阶级
C 财富分配在中间凸起
D 中间这一块儿最后占主导

소위 말하는 'M형 사회'는 세계화 속에서 부자의 재물은 빠른 속도로 늘어나지만, 자원의 재분배에 따라 중산층이 경쟁력을 잃어 중하계층으로 전락하는 것을 말한다. 사회 전체의 부의 분배는 중간 부분에서 크게 결핍이 생겨 'M'자 형태를 띠게 된다. 전세계는 세 부분으로 나뉘어 있는데 왼쪽의 빈곤 계층이 많아지고, 오른쪽의 부자 계층 역시 많아지지만, 중간 부분은 점점 함몰되어 결국 사라진다.

A 부자의 재물은 균등하게 분배된다
B 중산층은 중하계층으로 전락한다
C 재물의 분배는 중간 부분에서 두드러진다
D 중간 부분은 최후에 주도한다

> **단어** 全球化 quánqiúhuà 명 세계화 | 趋势 qūshì 명 추세 | 财富 cáifù 명 부, 재산 | 攀升 pānshēng 통 오르다 | 资源 zīyuán 명 자원 | 重新 chóngxīn 부 다시 | 分配 fēnpèi 통 분배하다 | 中产阶级 zhōngchǎn jiējí 명 중산층 | 沦落 lúnluò 통 전락하다 | 缺口 quēkǒu 명 결함 | 穷人 qióngrén 명 가난한 사람 | 陷 xiàn 통 빠지다 | 消失 xiāoshī 통 사라지다

> **해설** 중산층이 경쟁력을 잃어 중하계층으로 전락한다고 했으므로 정답은 B이다.

4 ★★☆

洛阳是中华文化的读本。史学考证知，中华文明首萌于此，道学肇始于此，儒学渊源于此，经学兴盛于此，佛学首传于此，玄学形成于此，理学寻源于此。圣贤云集，人文荟萃。洛阳还是姓氏之根、客家之根。

뤄양(洛阳)은 중화 문화의 교과서이다. 역사학의 고증에 따르면 중화문명이 이곳에서 싹텄고, 도학도 이곳에서 시작되었고, 유학도 이곳에서 근원했으며, 경학은 이곳에서 성행했다. 불학도 이곳에서 처음으로 전해졌으며, 현학은 이곳에서 형성되었고, 이학은 이곳에서 그 기원을 찾을 수 있다. 현자들이 모여 있고, 인문이 발전했다. 뤄양은 성씨의 근간이고 객가의 근본이다.

A 文明首发于西安
B 道学在山东兴盛
C 佛学首传于洛阳
D 姓氏主根在安阳

A 문명은 시안(西安)에서 시작됐다
B 도학은 산동(山东)에서 성행했다
C 불학은 뤄양에서 처음으로 전해졌다
D 성씨는 안양(安阳)에 뿌리를 둔다

단어 **读本** dúběn 명 교과서 | **考证** kǎozhèng 동 고증하다 | **肇始** zhàoshǐ 동 시작하다 | **儒家** Rújiā 명 유가 | **渊源** yuānyuán 명 근원 | **兴盛** xīngshèng 동 번창하다 | **佛学** fóxué 명 불학 | **玄学** xuánxué 명 현학 | **圣贤** shèngxián 명 성현 | **云集** yúnjí 동 운집하다 | **荟萃** huìcuì 동 (걸출한 인재나 훌륭한 사물이) 한데 모이다 | **姓氏** 명 xìngshì 성씨

해설 여러 학문이 나오므로 메모하며 들어야 한다. 녹음에서 말하는 '이곳'은 모두 뤄양이므로 다른 도시를 언급한 보기는 정답이 아니다. 정답은 C이다.

5 ★★☆

含羞草原产南美洲，为观赏植物，中国各地现均有栽培，分布于华东、华南、西南等地区。全草可药用，能安神镇静、止血止痛；种子能榨油。但其体内的含羞草碱是一种有毒物质，人体过度接触后就会毛发脱落。

함수초는 남아메리카에서 생산되며 관상용 식물이다. 중국 각지에서 고루 재배되며 화동, 화남, 서남 등지에 분포한다. 함수초는 약용으로 쓰이며, 마음을 진정시키고 출혈과 통증을 멈추게 한다. 씨앗은 기름을 짤 수 있다. 그러나 그 속의 함수초 염은 일종의 유독 물질이므로 인체에 과도하게 접촉하면 탈모를 유발할 수 있다.

A 含羞草原产北美洲
B 含羞草不可药用
C 含羞草的叶子能榨油
D 含羞草碱是一种有毒物质

A 함수초는 북아메리카에서 생산된다
B 함수초는 약용으로 사용할 수 없다
C 함수초의 잎은 기름을 짤 수 있다
D 함수초 염은 일종의 유독 물질이다

단어 **含羞草** hánxiūcǎo 명 함수초 | **观赏** guānshǎng 동 관상하다 | **栽培** zāipéi 동 재배하다 | **分布** fēnbù 동 분포하다 | **安神** ānshén 동 안정시키다 | **镇静** zhènjìng 형 차분하다 | **止血** zhǐxuè 지혈하다 | **止痛** zhǐtòng 통증을 멈추게 하다 | **榨油** zhàyóu 기름을 짜다 | **含羞草碱** hánxiūcǎo jiǎn 명 함수초 염 | **脱落** tuōluò 동 벗겨지다

해설 함수초 염은 유독 물질이라고 했으므로 정답은 D이다.

6 ★★☆

伟大的精神导致伟大的劳动，强有力的劳作培养强有力的精神，正如钻石研磨钻石。伟大的作家托尔斯泰，用自己的一生证实：体力劳动是高贵而有益的，轻视体力劳动和手艺，只说明其精神贫弱、思想空虚。

위대한 정신은 위대한 노동을 만들어 내며, 강한 노동은 강한 정신을 만들어 낸다. 이는 마치 금강석이 연마되어 다이아몬드가 되는 것과 같다. 위대한 작가 톨스토이는 자신의 일생을 통해 증명했다. 육체 노동은 고귀하며 유익하고, 육체 노동과 기술을 경시하는 것은 단지 정신적으로 빈곤하고, 사상이 공허한 것을 설명할 뿐이다.

A 伟大的劳动产生伟大的精神
B 体力劳动无益于人
C 体力劳动是高贵的
D 作家应轻视体力劳动

A 위대한 노동은 위대한 정신을 만든다
B 육체 노동은 사람에게 무익하다
C 육체 노동은 고귀한 것이다
D 작가는 육체 노동을 경시해야 한다

단어 **伟大** wěidà 형 위대하다 | **劳动** láodòng 명 노동 | **劳作** láozuò 동 노동하다 | **培养** péiyǎng 동 배양하다 | **钻石** zuànshí 명 금강석, 다이아몬드 | **研磨** yánmó 동 연마하다 | **证实** zhèngshí 동 사실을 증명하다 | **轻视** qīngshì 동 경시하다 | **贫弱** pínruò 형 가난하고 쇠약하다 | **空虚** 형 kōngxū 공허하다

해설 육체 노동은 고귀하다고 했으므로 정답은 C이다.
A. 위대한 정신이 위대한 노동을 만드는 것이다. 주어와 목적어를 정확하게 확인해야 한다.

7

本站天气预报目前可以查询涵盖全国2290个城市、县、地区当天和未来几天的气象趋势预测，主要指标包括每天最高气温、最低气温、天气状况、风向等。

A 该站天气预报可预测全球天气
B 未来的天气预测并不准确
C 最高气温也属于指标之一
D 饮食情况也可查询

본 사이트의 일기 예보는 현재 전국 2,290개의 도시, 현, 지역의 당일 및 이후 며칠간의 기상 상황 예측을 조사할 수 있다. 주요 지표는 매일 최고 기온, 최저 기온, 날씨 상황, 풍향 등을 포함한다.

A 이 사이트의 일기 예보는 전세계의 날씨를 예측할 수 있다
B 향후의 기상 예측은 결코 정확하지 않다
C 최고 기온도 지표 중 하나에 속한다
D 음식 상황 또한 조사할 수 있다

단어 查询 cháxún 통 조사하여 묻다 | 涵盖 hángài 통 포함하다 | 趋势 qūshì 명 추세 | 预测 yùcè 통 예측하다 | 指标 zhǐbiāo 명 지표 | 饮食 yǐnshí 명 음식

해설 최고 기온도 날씨 예측 주요 지표에 포함되므로 정답은 C이다.

8

吃的第一大境界是"果腹"，即填饱肚子。它的形式比较原始，只解决人的最基本的生理需要。这个境界的吃，不需要费心找地儿，两盘菜，一小碗汤，一份主食足矣。一个人，两个人，三五人均可。这个境界的吃千万别麻烦，一麻烦就脱离了本质，吃起来也就十分不爽。

A 吃的第一境界是填饱肚子
B 形式非常有新潮感
C 非常讲究吃的地方
D 不应该怕麻烦

먹는 것의 제일 첫 번째 경지는 '배부르게 먹는 것', 즉 배를 부르게 채우는 것이다. 이 형태는 비교적 원시적이며, 단지 인간의 가장 기본적인 생리 요구를 해결하는 것이다. 이렇게 먹는 것은 신경을 쓰면서 장소를 찾을 필요가 없고, 반찬 두 가지, 국 한 그릇, 주식 한 그릇이면 충분하다. 한 사람, 두 사람, 서너 사람이어도 항상 그렇다. 이렇게 먹는 것은 절대 번거로워서는 안 되는데, 번거로우면 본질에서 벗어나게 되고, 먹을 때 편하지 않다.

A 먹는 것의 제일 첫 번째 경지는 배를 부르게 채우는 것이다
B 형태가 매우 신선하다
C 먹는 장소를 매우 중시한다
D 번거로운 것을 두려워해서는 안 된다

단어 境界 jìngjiè 명 경지 | 果腹 guǒfù 통 배부르다 | 填饱 tiánbǎo 통 배를 채우다 | 原始 yuánshǐ 형 원시의 | 费心 fèixīn 통 신경 쓰다 | 矣 yǐ 조 [감탄의 어기를 나타냄] | 均 jūn 부 모두 | 脱离 tuōlí 통 벗어나다 | 本质 běnzhì 명 본질 | 不爽 bùshuǎng 불편하다

해설 이 문제는 녹음의 전반부에 정답이 나오므로 처음부터 집중해서 들어야 한다. 먹는 것의 제일 첫 번째 경지는 배부르게 먹는 것, 즉 배를 부르게 채우는 것이라고 했으므로 정답은 A이다.

9

爸爸问小王是不是他推倒了简易厕所。小王承认了，然后说："爸爸，我看过华盛顿砍樱桃树的故事，华盛顿说了真话，就不用受到惩罚。"小王的爸爸说："宝贝，那是因为华盛顿的爸爸当时不在那棵樱桃树上。"

A 小王没有推倒简易厕所
B 小王说了假话

아버지는 샤오왕(小王)에게 간이 화장실을 밀어 넘어뜨리지 않았냐고 물었다. 샤오왕이 인정한 후 말했다. "아빠, 저는 워싱턴이 앵두 나무를 벤 이야기를 봤어요. 워싱턴은 솔직하게 말해서 벌을 받지 않았죠." 샤오왕의 아버지가 말했다. "애야, 그건 워싱턴의 아빠가 그 당시 앵두 나무 위에 있지 않았기 때문이야."

A 샤오왕은 간이 화장실을 밀어 넘어뜨리지 않았다
B 샤오왕은 거짓말을 했다

| C 小王的爸爸很高兴 | C 샤오왕의 아버지는 아주 기쁘다 |
| D 小王的爸爸很生气 | D 샤오왕의 아버지는 아주 화가 났다 |

단어 简易厕所 jiǎnyì cèsuǒ 명 간이 화장실 | 承认 chéngrèn 통 인정하다 | 砍 kǎn 통 (도끼 등으로) 찍다 | 樱桃 yīngtáo 명 앵두 | 惩罚 chéngfá 통 징벌하다

해설 유머 이야기는 후반부에 핵심이 나오므로 집중해서 들어야 한다. 아버지의 마지막 말을 통해 샤오왕의 아버지는 샤오왕이 밀어 넘어뜨린 화장실 안에 있었고, 그로 인해 화가 났음을 유추할 수 있다. 따라서 정답은 D이다

---

10 ★★☆

目前世界上总共有大约7000种语言，但许多包含着当地人文历史和风俗习惯的语言正在迅速消失。美国语言学家9月18日警告，世界上有大约一半的语言正在濒临消亡，可能将在本世纪末完全被人类抛弃。事实上，<u>几乎每两个星期就一种语言从世界上消失</u>。	현재 세계에는 7,000여 종류의 언어가 있지만, 현지의 인문 역사와 풍습을 담은 많은 언어들이 빠른 속도로 사라지고 있다. 미국의 언어학자는 9월 18일, 세계에서 대략 절반의 언어가 소멸 위기에 직면해 있으며, 금세기 말에 인류의 의해 완전히 버려지게 될 것이라고 경고했다. 실제로 <u>거의 2주마다 한 종류의 언어가 세상에서 사라진다</u>.
A 许多新兴语言正蓬勃发展	A 많은 새로운 언어가 왕성하게 발전하고 있다
B 英国语言学家发出了警告	B 영국의 언어학자가 경고했다
C 3/4的语言正在濒临消亡	C 3/4의 언어가 소멸 위기에 직면해 있다
D 几乎每两个星期就会有一种语言消失	D 거의 2주마다 한 종류의 언어가 사라진다

단어 风俗习惯 fēngsú xíguàn 명 풍습 | 警告 jǐnggào 통 경고하다 | 濒临 bīnlín 통 직면하다 | 消亡 xiāowáng 통 소멸하다 | 抛弃 pāoqì 통 버리다, 포기하다 | 蓬勃 péngbó 형 왕성하다, 크게 발전하다

해설 보기를 미리 보고 세부 사항을 대조하며 들어야 한다. 거의 2주마다 한 종류의 언어가 사라진다고 했으므로 정답은 D이다.

---

11 ★★☆

预计5月中旬，长江中下游、华南等地雨水较多，大部分地区降雨量接近往年同期或偏多；而新疆西北部、青藏高原东部、内蒙古东北部、<u>东北地区等，降水量也比往年同期偏多</u>。	5월 중순에 장강 중하류, 화남 등지는 강수량이 많고, 대부분 지역의 강수량이 예년 동기와 비슷하거나 조금 많을 것으로 예상된다. 신장(新疆) 서북부, 칭짱(青藏)고원 동부, 내몽고 동북부, <u>동북 지역</u> 등지에서는 강수량이 예년 동기 대비 조금 많을 것으로 예상된다.
A 长江中上游雨水会增多	A 장강 중상류는 강수량이 증가할 것이다
B 大部分地区降雨量偏少	B 대부분의 지역의 강수량이 적은 편이다
C 新疆西北部将持续干旱	C 신장 서북부는 가뭄이 지속될 것이다
D 东北地区降水量比以往同期多	D 동북 지역의 강수량은 이전 예년 동기보다 많다

단어 预计 yùjì 통 예측하다 | 下游 xiàyóu 명 하류 | 降雨量 jiàngyǔliàng 명 강수량 | 接近 jiējìn 통 접근하다 | 往年 wǎngnián 명 예년

해설 동부 지역의 강수량이 예년 동기 대비 조금 많을 것이라고 했으므로 정답은 D이다.

12 ★☆☆

全世界究竟有多少种小吃，可能最权威的美食家也无法说清楚。仅以城市中的小吃为例，据说光亚洲就有不下1500种，相比之下欧洲要少一些，不过也在四五百种左右，南美洲和非洲的加起来也要超过500种，其中甜食和咸食各占一半。

A 小吃大概有1500种
B 亚洲小吃品种不多
C 欧洲小吃品种比亚洲少一些
D 南美洲的小吃品种最多

전세계에 도대체 얼마나 많은 종류의 간식이 있는지는 가장 권위 있는 미식가들도 정확하게 말하기 어려울 것이다.. 도시의 간식으로만 예를 들어도, 아시아의 경우만 1,500종이 넘는다. 이와 비교해서 유럽의 경우는 다소 적지만, 그래도 사오백여 종이다. 남아메리카와 아프리카를 합치면 500종이 넘으며, 그중에는 단 음식과 짠 음식이 각각 절반을 차지한다.

A 간식은 대략 1,500종이다
B 아시아의 간식 종류는 많지 않다
C 유럽의 간식 종류는 아시아에 비해 적다
D 남아메리카의 간식 종류가 가장 많다

단어 究竟 jiūjìng 틧 도대체 | 小吃 xiǎochī 뗑 간식 | 权威 quánwēi 혱 권위있다 | 美食 měishí 뗑 맛있는 음식

해설 아시아와 비교해서 유럽의 경우는 다소 적다고 했으므로 정답은 C이다.

---

13 ★☆☆

当一个人面对劳动所得时，心情是快乐的，劳动所得不仅仅是让他得到了一点儿收入，更重要的是成就感和通过劳动所得到的尊重。一份成就感的来源可能很大也可能很小，但是，它给予的精神意义却是巨大的。

A 面对劳动所得，大家并不开心
B 劳动可获得成就感
C 成就感的来源很大
D 成就感缺乏精神意义

사람은 노동의 소득 앞에서는 마음이 즐겁다. 노동의 소득은 사람에게 어느 정도의 수입을 줄 뿐 아니라, 더 중요한 것은 성취감과 노동을 통해 얻을 수 있는 존중이다. 성취감의 원천은 클 수도 있고, 작을 수도 있지만, 그것이 주는 정신적인 의의는 아주 크다.

A 노동의 소득 앞에서 사람들은 결코 기쁘지 않다
B 노동을 하면 성취감을 얻을 수 있다
C 성취감의 원천은 매우 크다
D 성취감은 정신적인 의의가 부족하다

단어 所得 suǒdé 뗑 소득 | 成就感 chéngjiùgǎn 뗑 성취감 | 尊重 zūnzhòng 동 존중하다 | 来源 láiyuán 뗑 근원, 출처 | 给予 jǐyǔ 동 주다 | 巨大 jùdà 혱 아주 크다

해설 일반적으로 '更重要的是(더 중요한 것은 ~이다)' 뒤에는 핵심 내용이 나올 가능성이 크다. 노동을 통해 성취감을 얻을 수 있다고 했으므로 정답은 B이다.

---

14 ★★☆

世界卫生组织近日称，旅行乘车4小时以上，腿部静脉血管内形成血栓的几率增加。因此，为了我们的健康，长途旅客应该经常活动脚关节和踝关节。

A 乘车过久腿部易形成血栓
B 拒绝长途旅行
C 长途旅行不需要活动脚关节
D 喜欢旅行的人很多

세계보건기구(WHO)의 최근 발표에 따르면, 4시간 이상 차를 타고 여행하면 다리 정맥 혈관 안에 혈전이 생길 가능성이 증가한다. 그렇기 때문에 건강을 위해서 장거리 여행자들은 발 관절과 발목 관절을 자주 움직여야 한다.

A 차를 오래 타면 다리 부분에 쉽게 혈전이 생긴다
B 장거리 여행을 거부한다
C 장거리 여행에서는 발 관절을 움직일 필요가 없다
D 여행을 좋아하는 사람이 많다

단어 世界卫生组织 shìjiè wèishēng zǔzhī 몡 세계보건기구(WHO) | 近日 jìnrì 몡 최근 | 乘车 chéngchē 차를 타다 | 腿部 tuǐbù 몡 다리 | 静脉 jìngmài 몡 정맥 | 血管 xuèguǎn 몡 혈관 | 血栓 xuèshuān 몡 혈전 | 几率 jǐlǜ 몡 확률 | 长途 chángtú 몡 장거리 | 关节 guānjié 몡 관절 | 踝 huái 몡 복사뼈

해설 4시간 이상 차를 타고 여행하면 다리 정맥 혈관에 혈전이 생길 가능성이 증가한다고 했으므로 정답은 A이다.

---

15 ★★★

很多人觉得做直销就是做生意，在生意中就只有利益关系。生意人是没有朋友的，至于感动就更谈不上了。其实有这种想法的人，他不懂得直销究竟是什么。目前，无论是做生意，还是讲文化，最重要的一点就是讲人性。

A 做直销不利于个人成长
B 生意人只讲利益
C 生意人都缺乏感动
D 直销讲人性很重要

많은 사람이 직접 판매를 하는 것은 장사를 하는 것이며 장사 중에는 이익 관계만 있다고 생각한다. 자영업자들은 친구가 없고, 감동은 말할 것도 없다고 생각한다. 사실 이런 종류의 생각을 가진 사람들은 직접 판매가 도대체 무엇인지를 모르는 사람이다. 현재 장사를 하든 문화를 말하든, 가장 중요한 것은 인성이다.

A 직접 판매는 개인의 성장에 불리하다
B 자영업자는 단지 이익만을 말한다
C 자영업자는 모두 감동이 부족하다
D 직접 판매에서는 인성이 아주 중요하다

단어 直销 zhíxiāo 동 직접 판매하다 | 生意 shēngyi 몡 장사 | 谈不上 tánbúshàng ~라고 말할 수 없다

해설 많은 사람은 자영업자가 이익만을 생각하고 감동이 없다고 생각하지만, 이 생각은 잘못된 것이며 가장 중요한 것은 인성이라고 했다. 일반적으로 '最重要的一点(가장 중요한 것)' 뒤에 핵심 내용이 나온다. 따라서 정답은 D이다.

듣기 제2부분

16 – 20

女：各位晚上好！本期访谈的嘉宾是中国美容人才网的首席执行官陈其力先生。陈总，您好。虽然您在美容界大名鼎鼎，但是按照我们的访谈惯例，首先还是请您简单地为大家介绍一下自己和您的中国美容人才网，谢谢。

男：¹⁶中国美容人才网创办于2005年3月，是中国第一家只专注于美容美发化妆品行业的人才招聘网。5年来，中国美容人才网从1个人的公司变成了现在40多人的公司。简单自我介绍就这样了。

女：其实一直对您的个人经历非常好奇。您在大学是学经济学的，却还能自己写歌、谱曲，后来又自学程序开发等知识，¹⁷自主开发了中国美容人才网。您是不是有超强的自学能力？这点对您的创业是否帮助很大？

男：可能是我比较喜欢自学吧。说不上超强的自学能力，只是兴趣。对于感兴趣的事情，我会特

여: 여러분 안녕하세요! 이번에 모실 초대 손님은 중국 뷰티 인재 사이트의 최고경영자이신 천치리(陈其力) 선생님이십니다. 천 대표님, 안녕하세요. 선생님께서는 뷰티 업계에서 이미 유명하시지만, 저희 토크쇼의 관례에 따라 우선 간단하게 자신과 중국 뷰티 인재 사이트를 소개해 주세요. 감사합니다.

남: ¹⁶중국 뷰티 인재 웹 사이트는 2005년 3월에 창립했으며, 중국 최초의 뷰티, 헤어, 화장품 산업에만 집중한 인재 채용 웹 사이트입니다. 5년간 중국 뷰티 인재 웹 사이트는 1인 회사에서 현재 40명으로 구성된 회사가 되었습니다. 간단한 소개는 이 정도만 하겠습니다.

여: 사실 선생님의 개인 경력이 항상 매우 궁금했는데요, 대학에서는 경제학을 공부하셨지만 스스로 작사, 작곡도 하시고, 나중에는 프로그램 개발 등의 지식을 독학하셨고 ¹⁷중국 뷰티 인재 웹 사이트를 직접 개발하셨죠. 뛰어난 독학 능력을 가진 것 아니신가요? 이 점이 선생님의 창업에 큰 도움이 되었나요?

남: 저는 독학을 좋아하는 편인 것 같아요. 뛰어난 독학 능력을 가졌다고 말할 수는 없고, 그냥 흥미가 있는 정도예요. 관심이 있는

别的专注，这对创业的帮助当然非常大了。因为创业路上，太多事情不可预见，很多时候都是需要现学现卖的。

女：您的网站是2005年成立的，也刚刚过了5周岁的生日。那么，回忆起来创办初期的情况是怎么样的？坚持了多久开始盈利？目前的盈利情况又如何？

男：创办初期只有我一个人，而且我是利用业余时间做网站的，所以一步一步走过来，挺多辛酸的。我也不是专业的设计师或程序员出身，在此之前，也从未从事过互联网或IT的工作，[18]所以遇到很多技术或运营上的问题，都无从解决，也没有人脉来帮助我解决问题。所以创业初期，我不得不成为"万金油"，一个人身兼数职，然后慢慢建立团队。[19]我们坚持了3年，直到2008年才真正进入盈利阶段。在此之前也说不上亏损，因为投入也很小。[20]2009年开始有了团队规模，我没那么吃力了。今年2010年开始有计划与愿景了。经历了2008年底的经济危机之后，我们现在倒活得比以前好了。目前盈利情况还比较健康。

일에 대해서 유난히 몰두하죠. 이 점이 창업에 준 도움은 당연히 아주 크죠. 왜냐하면 창업의 과정에서는 예견할 수 없는 일들이 너무 많아서 많은 경우에 배운 것을 바로바로 써먹어야 해요.

여: 선생님의 웹 사이트는 2005년에 만들어졌고 이제 막 5주년이 지났는데요. 창업 초기의 상황은 어떠했나요? 몇 년 후에 이윤이 생기기 시작했나요? 현재 이윤은 어떠한가요?

남: 창업 초기에는 저 혼자였고 게다가 저는 여가 시간을 이용해서 웹 사이트를 만들었어요. 그래서 한 단계, 한 단계가 아주 고됐어요. 저는 전문적인 디자이너나 프로그래머 출신도 아니고, 예전에 인터넷이나 IT 분야에서 일해 본 적도 없어서 [18]기술이나 운영상에서 문제가 발생하면 해결할 방법이 없고, 도와줄 인맥도 없었죠. 그래서 창업 초기에 '만금유'가 될 수밖에 없었어요. 혼자서 여러 일을 겸임하고 이후에 천천히 팀을 꾸려 나갔죠. [19]우리는 3년간 버티고 2008년이 되어서야 제대로 이윤을 창출하는 단계에 들어갔어요. 이 이전에도 손해를 보지는 않았어요. 워낙 투자한 것이 적었기 때문이에요. [20]2009년에 팀이 규모를 갖추기 시작해서 별다른 고생이 없었어요. 2010년부터 계획과 비전이 생겼어요. 2008년 말 경제 위기 이후에 우리는 지금 오히려 예전보다 더 좋아졌어요. 현재 이윤 창출 상황은 좋은 편입니다.

단어 访谈 fǎngtán 图 방문 취재하다 | 嘉宾 jiābīn 圆 손님 | 首席执行官 shǒuxí zhíxíngguān 圆 최고 경영자, CEO | 美容界 měiróngjiè 圆 뷰티업계 | 大名鼎鼎 dàmíng dǐngdǐng 囝 명성이 높다 | 创办 chuàngbàn 图 창립하다 | 专注 zhuānzhù 图 집중하다 | 招聘网 zhāopìnwǎng 圆 채용 사이트 | 谱曲 pǔqǔ 작곡하다 | 自学 zìxué 图 독학하다 | 程序 chéngxù 圆 순서, 절차 | 遇见 yùjiàn 图 마주치다 | 现学现卖 xiànxué xiànmài 배워서 바로 써먹는다 | 盈利 yínglì 圆 이윤 | 业余时间 yèyú shíjiān 圆 여가시간 | 辛酸 xīnsuān 圆 괴롭다 | 程序员 chéngxùyuán 圆 프로그래머 | 运营 yùnyíng 图 운영하다 | 无从 wúcóng 囝 ~할 방법이 없다 | 人脉 rénmài 圆 인맥 | 万金油 wànjīnyóu 圆 만금유[무엇이든 다 할 줄 알지만 어느 것 하나 제대로 하지 못하는 사람을 비유함] | 身兼数职 shēnjiān shùzhí 여러 직책을 겸임하다 | 亏损 kuīsǔn 图 적자 나다 | 规模 guīmó 圆 규모 | 吃力 chīlì 圆 힘들다 | 愿景 yuànjǐng 圆 비전, 전망

16 ★☆☆

关于中国美容人才网，正确的是哪项？

A 创办于2005年3月
B 所有行业的人才招聘网
C 已有六年的历史
D 公司现在大概70人以上

중국 뷰티 인재 웹 사이트에 관하여 다음 중 옳은 것은?

A 2005년 3월에 창립했다
B 모든 업종의 인재 채용 웹 사이트이다
C 이미 6년의 역사를 가진다
D 회사는 현재 70명 이상 근무한다

해설 보기에 숫자가 있으면 관련 정보를 놓치지 않게 유의하여 듣는다. 남자의 첫 번째 말에서 중국 뷰티 인재 웹 사이트는 2005년 3월에 창업했다고 했으므로 정답은 A이다.

---

17 ★★☆

关于这位首席执行官，正确的是哪项？	이 최고경영자에 관하여 다음 중 옳은 것은?
A 大学专业是音乐	A 대학 전공은 음악이다
B 曾替人写歌、谱曲	B 작사, 작곡을 대신해 주었다
C 自学软件开发	C 소프트웨어 개발을 독학했다
D 自主开发中国美容人才网	D 중국 뷰티 인재 웹 사이트를 직접 개발했다

해설 여자의 두 번째 말에서 남자를 소개하며 남자가 중국 뷰티 인재 웹 사이트를 직접 개발했다고 했으므로 정답은 D이다.
B. 작사, 작곡을 할 수 있으나 누군가를 위해 대신해 준 것은 언급되지 않았다.

---

18 ★★★

创业初期，男的碰到技术或运营上的问题怎么办？	창업 초기에 남자는 기술이나 운영상에서의 문제에 봉착했을 때 어떻게 했는가?
A 无从解决	A 해결할 방법이 없다
B 创办初期只有一个人	B 창업 초기에 혼자였다
C 找人来帮助解决问题	C 문제 해결을 도와줄 사람을 찾는다
D 请教专业人员	D 전문가에게 배움을 청했다

해설 남자의 마지막 말에서 창업 초기 그는 혼자였기 때문에 해결할 방법이 없고, 도와줄 인맥도 없었다고 했으므로 정답은 A이다.
B. 언급이 되기는 했지만 문제에 봉착했을 때의 해결 방법을 물었으므로 질문과 맞지 않다.

---

19 ★★☆

网站哪一年进入盈利阶段？	웹 사이트는 언제 이윤 창출의 단계에 들어섰는가?
A 2005年	A 2005년
B 2006年	B 2006년
C 2007年	C 2007년
D 2008年	D 2008년

해설 보기가 모두 연도이므로 녹음 지문을 들을 때 각 연도 옆에 사건을 필기해 두는 것이 좋다. 남자의 마지막 말에서 3년간을 버티고 2008년이 되어서야 제대로 이윤을 창출하는 단계에 들어갔다고 했으므로 정답은 D이다.

---

20 ★★★

根据上文，下列说法哪项正确？	이 글에 관하여 다음 중 옳은 것은?
A 这位首席执行官是专业设计师出身	A 이 대표는 전문 설계사 출신이다
B 这位首席执行官从事过互联网工作	B 이 대표는 인터넷 관련 일을 한 적이 있다
C 网站2009年开始有团队规模	C 웹 사이트는 2009년에 팀의 규모를 갖췄다
D 网站目前陷入经济危机	D 웹 사이트는 현재 재정적인 위기에 처했다

해설 보기가 비교적 길어, 보기를 먼저 읽으며 핵심 내용에 표시한 후 그곳에 집중하여 듣는다. 2009년에 팀이 규모를 갖추기 시작했다고 했으므로 정답은 C이다.

女：站长下午好，很感谢你可以在百忙中抽出时间来接受我的采访。

男：谢谢大家，人生很平凡，也不能说是采访，就是交流心得吧。

女：好的。网站现在改版，辛苦吧？

男：不是辛苦，是非常辛苦。

女：可以说具体点吗？因为，很多人都会觉得办网站是一件很轻松的事情。

男：²¹首先要考虑网站的长远发展，得与专业的人士沟通，向他们学习。做平台网站是最辛苦的，大家都可以了解的。第二还得考虑文章的数量和质量。文章要多而好，并且我们现在是争取在最短的时间内审核文章。

女：是真的很辛苦，我经常看到你晚上很晚都还待在网站上。

男：这个是必须的，²²凌晨1点左右需要对网站进行更新。虽然是很辛苦，但是有这么多朋友的支持，我感觉还是很开心的。

女：既然创办网站这么辛苦，那么请问下，创办网站的初衷和原因是什么呢？

男：²³初衷其实是对于文字的爱好，和为热爱文字的朋友提供一个交流的平台，并且挖掘好的作品。只有热爱一件事情，才能彻底把这件事情做好的。

女：现在网站的发展已经初具规模，你有确立网站的发展方向吗？

男：网站的发展方向其实一开始就确定了：把网站建设成一流的网站。有了固定的客户群体后，我们将向实体公司方向发展。这是条很漫长的路，需要大家的通力合作和支持。而且网络也是认识真心朋友的一个平台。

女：是的。那么目前为了我们网站的更好发展，有没有什么具体的措施呢？

男：有的。²⁴第一是在技术上加强。第二是多叫大家发质量好的原创文章。特别是群内我们要加强管理，希望群友能为网站发展和自己的水平提高多做贡献。

女：我也发现了这个问题，我们群里的朋友很多，但是参与互动交流的就比较少。针对这一现象，你有没有什么具体的方法来改变呢？

男：²⁵这个得靠大家出谋划策，这个群里的事，我想还是用情来感动大家，既然能走到一起，我想也是为了我们共同的事业，大家只要用心就足够了。我们希望每个人来到这里，都可以感受到回归家园一样的温馨。

여: 운영자님, 안녕하세요. 바쁘신데 시간 내서 인터뷰에 응해 주셔서 감사합니다.

남: 감사합니다, 여러분. 제 인생이 너무 평범해서 인터뷰라고 할 수는 없고 그저 제 느낌을 나누려고 해요.

여: 좋아요, 웹 사이트를 지금 개편하고 계신데요, 힘드시죠?

남: 그냥 힘든 것이 아니고, 아주 힘들어요.

여: 더 구체적으로 말씀해 주시겠어요? 많은 분이 웹 사이트를 운영하는 것은 아주 쉬운 일이라고 생각하거든요.

남: ²¹우선 웹 사이트의 장기적인 발전을 생각해야 해요. 전문적인 인력과 소통해야 하고 그들에게 배워야 해요. 웹 사이트 플랫폼을 만드는 것이 가장 힘들어요. 모두 이해하실 거예요. 두 번째로 글의 양과 질을 고려해야 해요. 문장은 많고 좋아야 해요. 게다가 우리는 지금 가장 짧은 시간 안에 문장을 심사하려고 노력하고 있어요.

여: 정말 힘드시겠어요. 저는 선생님이 웹 사이트에 접속해 있는 것을 자주 봤어요.

남: 그건 필수예요. ²²새벽 1시 무렵에 웹 사이트를 갱신해야 하거든요. 매우 힘들지만 이렇게 많은 분의 지지를 받고 있어 매우 기쁩니다.

여: 웹 사이트를 개설하는 것이 이렇게 힘든 것이면 질문 하나 드릴게요. 웹 사이트를 개설한 애초의 의도와 원인은 무엇인가요?

남: ²³처음 의도는 글에 대한 취미였고, 글을 좋아하는 사람들에게 교류의 플랫폼을 만들어 주자는 거였어요. 또 좋은 작품을 발굴하고 싶었죠. 일을 사랑해야만 일을 완전히 잘해 낼 수 있는 거죠.

여: 현재 인터넷의 발전은 기본적인 규모는 이미 갖췄는데요. 웹 사이트의 발전 방향은 확립하셨나요?

남: 웹 사이트의 발전 방향은 사실 처음부터 확실히 정해 놨어요. 웹 사이트를 일류로 만드는 것이에요. 고정적인 사용자 집단이 생기면 우리는 실제 회사로 발전할 거예요. 이 길은 아주 멀고도 모두의 협력과 지지가 필요합니다. 인터넷은 진짜 친구를 사귈 수 있는 플랫폼이니까요.

여: 맞아요. 그럼 현재 웹 사이트의 더 나은 발전을 위해서 어떤 구체적인 대책이 있으신가요?

남: 있어요. ²⁴첫 번째는 기술적인 측면을 강화하는 거예요. 두 번째는 여러분이 좋은 원작을 만들게 하는 거예요. 특히 관리를 강화하여 웹 사이트 발전과 자신의 수준을 높이는 데 공헌하기를 바랍니다.

여: 저도 이 문제를 발견했는데, 우리 구성원은 많은데 상호 교류에 참여하는 사람은 적어요. 이 현상에 대해서 개선할 구체적인 방안이 있나요?

남: ²⁵이것은 모두가 함께 방법을 모색해야 해요. 이런 팀의 일은, 마음을 다해 사람들을 감동하게 해야 한다고 생각해요. 이왕 같이 가게 된 거, 저는 우리의 공동 사업을 위해 모두 마음을 다하기만 하면 된다고 생각해요. 우리는 모든 사람이 여기에 와서 집에 온 것 같은 따뜻함을 느끼기 바랍니다.

百忙 bǎimáng 혱 매우 바쁘다 | 平凡 píngfán 혱 평범하다 | 心得 xīndé 몡 느낌 | 改版 gǎibǎn 동 (신문, 잡지, TV 프로그램 등을) 개판하다 | 争取 zhēngqǔ 동 쟁취하다 | 审核 shěnhé 동 심사하다 | 更新 gēngxīn 동 갱신하다 | 初衷 chūzhōng 몡 최초의 소망 | 平台 píngtái 몡 플랫폼 | 挖掘 wājué 동 발굴하다 | 确立 quèlì 동 확립하다 | 建设 jiànshè 동 세우다 | 固定 gùdìng 혱 고정되다 | 客户 kèhù 몡 거래처 | 群体 qúntǐ 몡 단체, 집단 | 漫长 màncháng 혱 멀다 | 通力合作 tōnglìhézuò 성 모두가 힘을 합쳐 일하다 | 措施 cuòshī 몡 조치, 대책 | 原创 yuánchuàng 동 창시하다 | 参与 cānyù 동 참여하다 | 互动 hùdòng 동 상호 작용을 하다 | 出谋 划策 chūmóu huàcè 성 계책을 생각해내다 | 用情 yòngqíng 마음을 쓰다, 정을 쏟다 | 既然 jìrán 접 ~된 바에야 | 温馨 wēnxīn 혱 온화하고 따스하다

---

21 ★★☆

办网站首先要考虑的是什么?

A 网站的长远发展

B 与专业的人士学习网站知识

C 文章的数量和质量

D 如何在短时间里审核文章

웹 사이트 운영에 우선적으로 고려해야 하는 것은 무엇인가?

A 웹 사이트의 장기적인 발전

B 전문가와 웹 사이트 지식을 배우는 것

C 문장의 양과 질

D 어떻게 단시간에 글을 심사하는가

해설 남자의 세 번째 말에서 우선 웹 사이트의 장기적인 발전을 생각해야 한다고 했으므로 정답은 A이다.

---

22 ★☆☆

晚上几点需要对网站更新?

A 晚上12点左右

B 凌晨1点左右

C 晚上10点左右

D 晚上11点左右

저녁 몇 시에 인터넷을 갱신해야 하는가?

A 밤 12시 무렵

B 새벽 1시 무렵

C 밤 10시 무렵

D 밤 11시 무렵

해설 보기가 모두 시간이므로 시간에 유의하여 녹음 내용을 들어야 한다. 남자의 네 번째 말에서 새벽 1시 무렵에 웹 사이트를 갱신해야 한 다고 했으므로 정답은 B이다.

---

23 ★★★

关于男的创办网站的原因，不正确的是哪一项?

A 对于文字的爱好

B 为文学爱好者提供交流平台

C 挖掘好的作品

D 反映中国当代生活现状

남자가 웹 사이트를 개설한 원인에 관하여 다음 중 옳지 않은 것은?

A 글에 대한 취미

B 문학 애호가에게 교류의 플랫폼을 제공한다

C 좋은 작품을 발굴한다

D 중국의 현재 생활 상황을 반영한다

해설 옳지 않은 것을 고르는 문제이므로 보기 중 녹음에서 언급한 내용을 소거하며 풀어야 한다. 남자의 다섯 번째 말에서 A, B, C에 관한 내용이 동시에 언급되었다. 그러나 D에 관한 내용은 언급되지 않았으므로 정답은 D이다.

为了网站更好发展的具体措施是什么?	웹 사이트의 더 나은 발전을 위한 구체적인 대책은 무엇인가?
A 多转载文章	A 글을 많이 옮겨 싣는다
B 加强互动交流	B 상호 교류를 강화한다
C 在技术上加强	C 기술적인 측면을 강화하다
D 加强群外管理	D 팀 외 관리를 강화한다

단어 **转载** zhuǎnzǎi 동 옮겨 싣다

해설 현재 웹 사이트의 더 나은 발전을 위한 대책을 묻는 여자의 질문에, 남자의 일곱 번째 말에서 첫 번째로 기술적인 측면을 강화하는 것이라고 했으므로 정답은 C이다.

如何改变群里互动交流较少的现状?	팀 내의 상호 교류가 적은 상황을 어떻게 바꿔야 하는가?
A 多组织群内活动	A 팀 내 활동을 더 많이 조직한다
B 提供互利互惠的奖励措施	B 상호 이익이 되는 장려 방안을 제공한다
C 开发群内交流平台	C 팀내 교류 플랫폼을 개발한다
D 得靠大家出谋划策	D 모두 함께 방법을 모색해야 한다

단어 **互利互惠** hùlì hùhuì 성 상호이익과 혜택을 주다 | **奖励** jiǎnglì 동 장려하다

해설 남자의 마지막 말에서 모두가 함께 방법을 모색해야 한다고 했으므로 정답은 D이다.

---

26 – 30

男: 各位网友大家好，欢迎大家来到今天的嘉宾聊天室，今天的节目为大家邀请到的是重庆邮电大学招生就业处处长黄永宜老师。您好，黄老师！先跟各位网友打个招呼吧。

女: 各位网友、学生家长和同学们，大家好！

男: 请问当前对报考考生的体检有何要求?

女: 对考生身体素质方面的要求，我校执行教育部、卫生部、中国残疾人联合会制定的《普通高等学校招生体检工作指导意见》。此外，26对报考艺术类专业的考生还要求: 听力正常，无色盲、色弱、夜盲；对报考社会体育专业的考生要求: 27男生身高168厘米以上，女生身高158厘米以上。

男: 在录取中有关加降分及非第一志愿考生的录取原则是什么样的呢?

女: 有关对加分或降分投档考生的处理，我校认定各省（自治区、直辖市）招办的相关规定。对非第一志愿考生，我们的录取原则是首先录取第一志愿报考我们学校的学生，在第一志愿录取没有满额的情况下我们才去考虑非第一志愿的考生，而不事先预留计划给非第一志愿考生。

남: 네티즌 여러분, 안녕하세요. 오늘의 초대손님 대화방에 오신 것을 환영합니다. 오늘 여러분을 위해서 모신 손님은 충칭 우전(重庆邮电) 대학 신입생 모집 및 취업처 처장이신 황용이(黄永宜) 선생님이십니다. 안녕하세요, 황 선생님! 우선 여러분과 인사하시죠.

여: 네티즌, 학부모, 재학생 여러분, 안녕하십니까!

남: 현재 시험 응시생들의 신체검사는 어떤 것을 요구하고 있나요?

여: 응시생들의 신체 자질 방면의 요구에 대해서 우리 학교는 교육부, 위생부, 중국 장애인 연합회에서 제정한 「일반 대학교 신입생 모집 신체검사 지도 의견」대로 실행하고 있습니다. 그 밖에도 26예술 계통의 전공에 지원한 응시생들은 청력이 정상이어야 하고, 색맹, 색약, 야맹증이 아니어야 합니다. 사회 체육 전공에 지원한 응시생들은 27남학생은 신장이 168cm 이상이어야 하고, 여학생은 신장이 158cm 이상이어야 합니다.

남: 합격생을 선발하는 과정에서 가점과 감점 및 비1지망 지원자들의 선발 원칙은 어떠합니까?

여: 전형 자료 관한 가점과 감점 처리에 관해서 우리 학교는 각 성(자치구, 직할시) 신입생 모집 사무실의 관련 규정을 준수합니다. 비1지망 학생들에 대해서 저희의 합격 원칙은, 우선 1지망으로 저희 학교에 응시한 학생들을 선발하고 1지망에서 정원을 다 채우지 못한 상황이 되면 그제서야 비1지망 학생들을 고려합

男：对优秀学生，学校有哪些奖学金以及奖励政策？对贫困学生，又有哪些资助措施呢？

女：对于优秀的学生，我校提供了多种奖学金，包括：[28, 29]第一，新生奖学金、优秀新生奖学金；第二，综合奖学金：优秀学生奖学金、校友奖学金；第三，企业奖学金：长飞奖学金、华为奖学金、动感地带奖学金、中塑在线奖学金；第四，单项奖学金：科技创新奖学金、文体艺术奖学金。[30]享受奖学金的学生约占总人数的30%。对于家庭经济困难的学生，我校已建立起"奖勤助贷减免补缓"的综合资助体系，这些同学可以借助生源地信用助学贷款、国家助学贷款、国家励志奖学金、国家助学金、勤工助学金、社会资助金、"绿色通道"入学、学费减免、临时困难补助等渠道完成学业。

男：请您为大家介绍一下学校与企业之间的交流合作情况吧。

女：学校立足信息行业，主动服务地方经济社会发展，不断探索产学研结合新模式，努力构建开放办学大平台，在长期的发展过程中与国内外许多著名院校、企业和科研机构建立了紧密的合作关系。

니다. 사전에 비1지망 학생들을 남겨 두지 않습니다.

남: 우수한 학생에 대해서 학교는 어떤 장학금과 장려 정책이 있나요? 또 빈곤 학생에 대해서는 어떤 지원 대책이 있나요?

여: 우수한 학생에 대해서 우리 학교는 여러 가지 장학금을 제공합니다. [28, 29]첫째, 신입생 장학금, 우수 신입생 장학금, 둘째, 종합 장학금인 우수 학생 장학금과 학우 장학금, 셋째, 기업 장학금인 창페이(长飞) 장학금, 화웨이(华为) 장학금, 동감지대 장학금, 중수짜이셴(中塑在线) 장학금이 있습니다. 넷째로, 단일 항목 장학금으로는 과학 기술 혁신 장학금, 체육 예술 장학금이 있습니다. [30]장학금을 받는 학생들은 전체의 30%를 차지합니다. 가정 상황이 빈곤한 학생들에 대해서는 우리 학교는 '근로 보조 대출 감면 보조 지원'의 종합 지원 시스템을 구축하여 이러한 학생들이 학생 신용 대출, 국가 학자금 대출, 국가 장려 대출, 국가 보조금, 근로 보조 장학금, 사회 후원금, '그린로드' 입학, 학비 감면, 임시 재정 지원 등의 방법으로 학업을 마칠 수 있게 도움을 줍니다.

남: 학교와 기업 간의 교류 협력 상황도 소개해 주세요.

여: 학교는 정보 산업에서 입지를 다지고 지방 경제 사회 발전에 능동적으로 봉사하여 산학 연구 결합 신모델을 끊임없이 모색하고, 개방형 플랫폼 구축을 위해 노력하고 있습니다. 장기적인 발전 중에 국내외 많은 유명 대학, 기업, 과학 연구 기관과 긴밀한 협력 관계를 구축하고 있습니다.

단어 邀请 yāoqǐng 图 초청하다 | 招生 zhāoshēng 图 신입생을 모집하다 | 打招呼 dǎ zhāohu 인사하다 | 报考 bàokǎo 图 시험에 응시하다 | 体检 tǐjiǎn 图 신체검사하다 | 执行 zhíxíng 图 집행하다 | 残疾人 cánjírén 명 장애인 | 录取 lùqǔ 图 합격시키다 | 投档 tóudàng 图 응시자의 전형 자료를 담당 부서에 송부하여 선발하다 | 招办 zhāobàn 명 신입생 모집 사무실 | 志愿 zhìyuàn 图 지원하다 | 满额 mǎné 정원이 차다 | 预留 yùliú 미리 남겨두다 | 奖学金 jiǎngxuéjīn 명 장학금 | 奖励 jiǎnglì 图 장려하다 | 贫困 pínkùn 图 빈곤하다 | 资助 zīzhù 재물로 돕다 | 单项 dānxiàng 명 단일 항목 | 科技 kējì 과학 기술 | 创新 chuàngxīn 명 창조 | 借助 jièzhù 图 ~의 도움을 빌리다 | 生源 shēngyuán 명 학생 자원 | 贷款 dàikuǎn 명 대출 | 渠道 qúdào 명 경로 | 立足 lìzú 图 발붙이다, 입지를 다지다 | 探索 tànsuǒ 图 탐색하다 | 构建 gòujiàn 图 수립하다 | 平台 píngtái 명 플랫폼

---

26 ★★☆

哪项不是对报考艺术类专业考生的要求？	예술 계통 전공에 지원한 응시생에게 요구하는 것이 아닌 것은?
A 听力正常	A 정상 청력
B 有身高要求	B 신장에 대한 요구
C 无色盲	C 색맹이 아니다
D 无色弱、夜盲	D 색약과 색맹이 아니다

해설 보기의 모두 항목이 다 언급되므로 차이점을 구별하면서 들어야 한다. 여자의 두 번째 말에서 A, C, D는 예술 전공 학생들에 대한 요구 사항이고, B는 체육 관련 전공 응시자들에 대한 요구 사항이므로 정답은 B이다.

27 ★★☆	
对报考社会体育专业考生的要求是什么?	사회 체육 전공에 지원한 응시생들에 대한 요구는 무엇인가?
A 男生身高158厘米以上	A 남학생 신장 158cm 이상
B 男生身高178厘米以上	B 남학생 신장 178cm 이상
C 女生身高158厘米以上	C 여학생 신장 158cm 이상
D 女生身高168厘米以上	D 여학생 신장 168cm 이상

해설 보기를 보면서 들으면 어렵지 않게 고를 수 있으나 남학생과 여학생을 구분하여 숫자를 정확하게 들어야 한다. 여자의 두 번째 말에서 남학생은 168cm 이상 여학생은 158cm 이상이어야 한다고 했으므로 정답은 C이다.

28 ★★☆	
哪项不是针对优秀学生的奖学金?	다음 중 우수한 학생에게 주는 장학금이 아닌 것은?
A 新生奖学金	A 신입생 장학금
B 校友奖学金	B 학우 장학금
C 企业奖学金	C 기업 장학금
D 国家励志奖学金	D 국가 장려 장학금

해설 보기의 사항이 모두 언급되므로 같은 종류의 정보를 표시해 두는 것이 좋다. 여자의 네 번째 말에서 A, B, C는 모두 우수 학생에게 지급되는 것이라고 했다. 따라서 정답은 D이다.

29 ★★★	
哪项是综合奖学金?	종합 장학금은 어떤 것인가?
A 优秀学生奖学金	A 우수 학생 장학금
B 动感地带奖学金	B 동감지대 장학금
C 科技创新奖学金	C 과학 기술 혁신 장학금
D 文体艺术奖学金	D 체육 예술 장학금

해설 28번과 보기가 비슷하게 보이므로 헷갈리지 않기 위해 집중력을 요하는 문제이다. 여자의 네 번째 말에서 종합 장학금에는 우수 학생 장학금이 있다고 했으므로 정답은 A이다.

30 ★☆☆	
享受奖学金的学生约占总人数的百分比是多少?	장학금을 받는 학생은 전체의 몇 %를 차지하는가?
A 15%	A 15%
B 30%	B 30%
C 45%	C 45%
D 50%	D 50%

해설 여자의 네 번째 말에서 장학금을 받는 학생들은 전체의 30%를 차지한다고 했으므로 정답은 B이다.

31 - 33

抛硬币是做决定时普遍使用的一种方法。人们认为这种方法对当事人双方都很公平。因为他们认为钱币落下后正面朝上和反面朝上的概率一样，都是50%。³¹这种看似公平的办法，其实并不公平。

首先，虽然硬币落地时立在地上的可能性非常小，但是这种可能性是存在的。

其次，如果你按常规方法抛硬币，即用大拇指轻弹，³²开始抛时硬币朝上的一面在落地时仍朝上的可能性大约是51%。

之所以发生上述情况，是因为在用大拇指轻弹时，有时钱币不会发生翻转，它只会像一个颤抖的飞碟那样上升，然后下降。³³所以下次做决定前，你最好先观察一下准备抛硬币的人把硬币的哪一面朝上，然后再做出选择，这样你猜对的概率要高一些。

동전 던지기는 결정을 내릴 때 보편적으로 사용하는 방법이다. 사람들은 이 방법이 당사자 양측에게 모두 공평하다고 생각한다. 왜냐하면 동전이 떨어진 후 앞면이 위로 오는 경우와 뒷면이 위로 오는 경우의 확률이 똑같이 50%라고 생각하기 때문이다. ³¹이런 공평해 보이는 방법은 사실 공평하지 않다.

우선, 동전이 땅에 떨어질 때 바닥 위에 설 가능성이 매우 작기는 하지만 이러한 가능성도 존재한다.

다음으로, 만약에 일반적인 방법으로 동전을 던지는 것, 즉 엄지손가락으로 가볍게 튕기는 경우에는 ³²던지기 시작할 때 동전의 위로 향하는 면이 땅에 떨어질 때도 여전히 위로 향할 가능성은 대략 51%이다.

위에서 말한 상황이 발생하는 것은 엄지손가락으로 가볍게 튕길 때 때때로 동전이 뒤집히지 않고 흔들리는 비행접시처럼 상승했다가 떨어질 수 있기 때문이다. ³³그래서 다음에는 결정을 내리기 전에 우선 동전을 던지는 사람이 동전의 어느 면을 위로 향하고 있는지를 관찰하고 다시 선택하는 것이 가장 좋다. 이렇게 하면 당신이 알아맞히는 확률이 조금 높아질 것이다.

단어 抛 pāo 图 던지다 | 硬币 yìngbì 圆 동전 | 公平 gōngpíng 휑 공평하다 | 钱币 qiánbì 圆 돈, 화폐 | 落下 luòxià 떨어지다 | 概率 gàilǜ 圆 확률 | 看似 kànsì 图 보기에 ~하다 | 常规 chángguī 휑 일반적인 | 大拇指 dàmǔzhǐ 圆 엄지손가락 | 轻弹 qīngtán 가볍게 튕기다 | 翻转 fānzhuǎn 图 뒤집다 | 颤抖 chàndǒu 图 덜덜 떨다 | 飞碟 fēidié 圆 UFO, 비행접시 | 观察 guānchá 图 관찰하다

---

31 ★★☆

文章认为用抛硬币做决定如何?

A 对当事人双方都很公平
B 是特定人士使用的方法
C 哪面朝上的概率相同
D 看似公平的方法并不公平

글에서는 동전 던지기로 결정을 내리는 것이 어떻다고 생각하는가?

A 당사자 두 사람에게 모두 공평하다
B 특정 인사들이 사용하는 방법이다
C 어느 면이든 위로 향하는 확률은 똑같다
D 공평해 보이는 방법이지만 공평하지 않다

해설 일반적으로 사람들이 생각하는 것이 아니라 녹음에서 말한 것을 골라야 한다. 사실은 공평하지 않다고 했으므로 정답은 D이다.

---

32 ★★☆

开始抛时硬币朝上的一面落地时仍朝上的概率是多少?

A 50%
B 51%
C 55%
D 60%

던지기 시작할 때 동전의 위로 향하는 면이 땅에 떨어질 때도 여전히 위로 향할 확률은 얼마인가?

A 50%
B 51%
C 55%
D 60%

해설 던지기 시작할 때 동전의 위로 향하는 면이 땅에 떨어질 때도 여전히 위로 향할 가능성은 51%라고 했으므로 정답은 B이다.

33 ★★☆	
如何让猜对的概率提高?	알아맞히는 확률을 어떻게 높일 수 있는가?
A 用大拇指轻弹	A 엄지손가락으로 가볍게 튕긴다
B 直接扔硬币	B 직접 동전을 던진다
C 观察硬币哪一面朝上	C 동전의 어느 면을 위로 향하고 있는지 관찰한다
D 抛硬币之前做出选择	D 동전을 던지기 전에 선택한다

해설 '最好(~하는 것이 가장 좋다)' 뒤에 중요한 내용이 나올 가능성이 높다. 던지기 전에 위로 향하는 면이 그대로 떨어질 확률이 더 높아서 동전이 어느 면을 위로 향하고 있는지를 관찰하면 알아맞히는 확률이 높아진다고 했다. 따라서 정답은 C이다.

34 – 36

南阳历史文化悠久，人杰地灵。³⁴南召杏花山猿人遗址及多处原始社会遗址出土的化石、器物表明，远在几十万年前，人类祖先已在这块土地上繁衍生息。约七八千年前，先民们以辛勤劳动和聪明智慧在这片土地上创造了灿烂的历史文明。³⁵周代天子非常重视这片富庶的土地，曾分封了申、吕、谢、晋、许等诸侯国。春秋时楚设宛邑，到战国秦昭襄王35年初置南阳郡时，才开始使用"南阳"这个名字，至今已有2200多年的历史，虽然朝代屡经更迭，区划不断改变，但南阳这一地名，一直被保留着沿用着。在历史的长河里，越来越丰富了她的涵义，在时代的演进中，充分显示着她坚强的生命力。这块土地养育着广大劳动人民，出现过不少伟大人物，他们对人类社会发展的进步做出了极大的贡献，为社会创造了巨大的财富，³⁶从而使南阳成为国内外享有盛誉的名地。

난양(南阳)의 역사와 문화는 유구하며 빼어난 곳에서 훌륭한 인물이 많이 나왔다. ³⁴난자오(南召) 싱화(杏花)산 원인 유적지와 많은 원시 사회 유적지에서 출토된 화석, 집기들은 몇십만 년 전에 인류의 조상이 이곳에서 번식했음을 보여 준다. 약 7, 8천여 년 전에 선조들은 성실한 노동과 총명한 지혜로 이곳에서 찬란한 역사 문명을 창조했다. ³⁵주나라 때 황제는 이 풍요로운 땅을 매우 중시했으며, 일찍이 신(申), 여(吕), 사(谢), 진(晋), 허(许) 등을 제후국으로 분봉했다. 춘추시기에 초나라에서 완읍을 세울 때, 전국 진자오샹(秦昭襄) 왕 35년 초에 난양군을 설치할 때 비로소 '난양'이라는 이름을 사용하기 시작해서 지금까지 2,200여 년의 역사를 가진다. 비록 왕조가 수차례 바뀌었고 토지의 구획이 끊임없이 바뀌었지만 난양이라는 이름은 지금까지 유지되어 사용되고 있다. 역사의 흐름에서 점점 그것만의 의미를 가지게 되었고 시대의 변천 속에서 강인한 생명력을 보여 주었다. 이 땅에서는 수많은 노동 인구가 길러졌으며 수많은 위대한 인물이 출현했다. 그들은 인류 사회 발전에 지대한 공헌을 했고, 사회에 거대한 부를 창출해 주었기 때문에 ³⁶난양은 국내외로 큰 명성을 누리는 지역이 되었다.

단어 人杰地灵 rénjié dìlíng 성 빼어난 곳에서 뛰어난 인물이 난다 | 猿人 yuánrén 명 원인[원시적인 형태의 인류] | 遗址 yízhǐ 명 유적지 | 出土 chūtǔ 동 출토하다 | 化石 huàshí 명 화석 | 器物 qìwù 명 집기 | 祖先 zǔxiān 명 선조 | 繁衍 fányǎn 동 번식하다 | 生息 shēngxī 동 인구가 늘다 | 辛勤 xīnqín 형 부지런하다 | 灿烂 cànlàn 형 찬란하다 | 富庶 fùshù 형 풍요롭다 | 分封 fēnfēng 동 분봉하다 | 诸侯国 zhūhóuguó 명 제후국 | 朝代 cháodài 명 왕조의 연대 | 屡 lǚ 부 여러 번 | 更迭 gēngdié 동 교대하다 | 区划 qūhuà 명 구획, 구역 | 保留 bǎoliú 동 보존하다, 남겨두다 | 沿用 yányòng 동 계속해서 사용하다 | 涵义 hányì 명 내포된 의미 | 演进 yǎnjìn 동 진화 발전하다 | 养育 yǎngyù 동 양육하다 | 伟大 wěidà 형 위대하다 | 贡献 gòngxiàn 동 공헌하다 | 财富 cáifù 명 부, 재산 | 享有 xiǎngyǒu 동 누리다 | 盛誉 shèngyù 큰 명성, 큰 영광

34 ★☆☆	
下列哪个遗址属于南阳?	다음 중 난양에 속하는 유적지는?
A 周口店遗址	A 저우커우덴(周口店) 유적지
B 元谋人遗址	B 위안머우(元谋) 원인 유적지
C 半坡遗址	C 반포(半坡) 유적지
D 南召杏花山猿人遗址	D 난자오 싱화산 원인 유적지

해설 보기를 보면서 언급된 내용을 대조하며 듣는다. 유적지로 언급된 것이 난자오 싱화산 원인 유적지밖에 없다. 따라서 정답은 D이다.

35 ★☆☆	다음 중 주나라의 황제가 분봉한 제후국이 아닌 것은?
下列哪个不属于周天子分封的诸侯国?	
A 燕国	A 연나라
B 申国	B 신나라
C 谢国	C 사나라
D 晋国	D 진나라

해설 보기를 보면서 언급된 내용을 대조하며 듣는다. 주나라 황제는 신, 여, 사, 진, 허 등을 제후국으로 분봉했다. 따라서 정답은 A이다.

36 ★★☆	난양에 관하여 다음 중 옳은 것은?
关于南阳, 正确的是哪项?	
A 地名已被更改	A 지명이 이미 변경되었다
B 唐代始用"南阳"	B 당나라 때 '난양'을 사용하기 시작했다
C 伟大人物很少	C 위대한 인물이 적다
D 是享有盛誉的名地	D 큰 명성을 누린 지역이다

해설 난양은 국내외로 큰 명성을 누리는 지역이 되었다고 했으므로 정답은 D이다.

---

37 - 39

你可以收藏几乎任何物品。但是正如俗话所说，物以稀为贵，³⁷所以你最好收藏那些罕见的、不能再生的物品。当然，许多看似平常的物件，常常包含着我们先辈的智慧或反映了他们的生活方式，它们也可以归入藏品系列。藏品大致可分为自然形态藏品和人文形态藏品两类。³⁸自然形态藏品包括宝石、玉石、奇石、化石、标本等。人文形态藏品包括古家具、古瓷、绘画、古钱币、邮票、明信片、烟标、火花、唱片、门票、电影海报、烟斗等。³⁹收藏作为一种爱好，是具有吸引力的、有益的和有挑战性的。

당신은 어떤 물품이든 수집할 수 있다. 그러나 옛말처럼 물건은 적을수록 귀하다. ³⁷그래서 보기 드물고 재생할 수 없는 물건을 수집하는 것이 가장 좋다. 당연히 평범해 보이는 많은 물건이 종종 선조들의 지혜를 담고 있거나 그들의 생활 방식을 반영했다. 이것 역시 수집품에 들어갈 수 있다. 수집품은 대체로 자연 형태의 수집품과 인문 형태의 수집품 두 종류로 나눌 수 있다. ³⁸자연 형태의 수집품은 보석, 옥돌, 기석, 화석, 표본 등이 있고, 인문 형태의 수집품은 고가구, 옛 자기, 그림, 옛날 동전, 우표, 엽서, 담뱃갑 표지, 성냥갑 그림, 레코드, 티켓, 영화 포스터, 담뱃대 등이 있다. ³⁹수집은 하나의 취미로서, 흡인력이 있고, 이로움이 있으며 도전성이 있다.

단어 收藏 shōucáng 동 수집하여 보관하다 | 俗话 súhuà 명 속담 | 物以稀为贵 wù yǐ xī wéiguì 성 물건은 적을수록 귀하다 | 罕见 hǎnjiàn 형 보기 드물다 | 看似 kànsì 동 보기에 ~하다 | 包含 bāohán 동 포함하다 | 先辈 xiānbèi 명 선대 | 反映 fǎnyìng 동 반영하다 | 归入 guīrù 동 ~의 항목에 들다 | 系列 xìliè 명 계열 | 形态 xíngtài 명 형태 | 藏品 cángpǐn 명 소장품 | 宝石 bǎoshí 명 보석 | 玉石 yùshí 명 옥돌 | 奇石 qíshí 명 기석 | 标本 biāoběn 명 표본 | 古瓷 gǔcí 명 옛 자기 | 明信片 míngxìnpiàn 명 엽서 | 烟标 yānbiāo 명 담뱃갑 표지 | 火花 huǒhuā 명 성냥갑 그림 | 唱片 chàngpiàn 명 레코드 | 海报 hǎibào 명 포스터 | 烟斗 yāndǒu 명 담뱃대

65

<table>
<tr><td colspan="2">37 ★☆☆</td></tr>
<tr><td>下列哪类物品值得收藏?</td><td>다음 중 수집할 가치가 있는 물품은?</td></tr>
<tr><td>A 时尚新潮的</td><td>A 유행하는 것</td></tr>
<tr><td>B 黄金含量高的</td><td>B 황금 함량이 높은 것</td></tr>
<tr><td>C 罕见的、不可再生的</td><td>C 보기 드물고 재생할 수 없는 것</td></tr>
<tr><td>D 价格昂贵且可再生的</td><td>D 가격이 비싸고 재생할 수 있는 것</td></tr>
</table>

해설 보기 드물고 재생할 수 없는 물건을 수집하는 것이 가장 좋다고 했으므로 정답은 C이다.

<table>
<tr><td colspan="2">38 ★★☆</td></tr>
<tr><td>下列哪项不属于自然形态藏品?</td><td>다음 중 자연 형태의 수집품이 아닌 것은?</td></tr>
<tr><td>A 宝石、玉石</td><td>A 보석, 옥돌</td></tr>
<tr><td>B 奇石、化石</td><td>B 기석, 화석</td></tr>
<tr><td>C 古瓷</td><td>C 옛 자기</td></tr>
<tr><td>D 标本</td><td>D 표본</td></tr>
</table>

해설 보기를 보고 같은 종류의 것을 분류하며 녹음을 들어야 한다. 보석, 옥돌, 기석, 화석, 표본은 자연 형태 수집품이지만, 옛 자기는 인문 형태의 수집품이므로 정답은 C이다.

<table>
<tr><td colspan="2">39 ★☆☆</td></tr>
<tr><td>收藏作为一种爱好，有哪些特点?</td><td>수집은 취미로서 어떤 특징을 가지는가?</td></tr>
<tr><td>A 富有价值性</td><td>A 가치성을 가진다</td></tr>
<tr><td>B 具有吸引力</td><td>B 흡인력을 가진다</td></tr>
<tr><td>C 满足个人欲望</td><td>C 개인의 욕망을 만족시킨다</td></tr>
<tr><td>D 丰富生活</td><td>D 생활을 풍부하게 한다</td></tr>
</table>

해설 수집은 취미로서 흡인력이 있다고 했으므로 정답은 B이다.

40 – 42

体育精神的具体体现首先是尊重规则。进行任何体育赛事必须要先制订规则，然后大家按照共同的规则去进行比赛，参与竞争。

⁴⁰体育精神的实质是公平。参与竞争的任何人，无论地区和民族、无论富贵或贫穷，大家都是站在同一个起跑线上公平竞争的。

体育精神的基础是专业精神。任何人想干好一件事，就必须热爱它、专注于它。如果一个运动员没有这种专业精神，就不能想象他可以成为优秀的运动员。

스포츠 정신을 구체적으로 실현하는 것은 우선 규칙을 존중하는 것이다. 어떠한 스포츠 경기를 진행하더라도 우선 규칙을 제정한 후에 모두 공동의 규칙에 따라 경기를 진행하고 경쟁에 참여해야 한다.

[40]스포츠 정신의 본질은 공평함이다. 경쟁에 참여하는 어떤 사람이든 지역과 민족을 막론하고, 부유함과 빈곤함을 막론하고 모두 같은 출발선에 서서 공정하게 경쟁한다.

스포츠 정신의 기초는 프로 정신이다. 누구든지 일 하나를 제대로 하려면 반드시 그것을 열광적으로 좋아하고 그것에 집중해야 한다. 만약 운동선수에게 이러한 프로 정신이 없으면 우수한 운동선수가 되는 것은 상상할 수도 없다.

⁴¹体育精神的内容是尊重对手。对手既包括竞争者，又包括不断前进道路上的伙伴，尊重对手就是尊重自己所从事的事业。假如没有对手，我们就失去了竞争的原动力。尊重对手还是和平和爱心在体育精神中的体现。

⁴²体育精神的最高境界是尊重失败。只要是比赛，只要有竞争，就会有失败，正所谓胜败乃兵家常事！竞争中的胜者自然受到奖励，受到称赞，但是失败者同样令人尊重。如果胜者永远胜利，那么就不会有新的竞争。奥运精神"更高、更快、更强"就是没有止境的追求，今天的胜者，在不久的将来必然会被超过而成为失败者。尊重失败，实际上就是尊重为成功所付出的汗水和努力！

⁴¹스포츠 정신의 내용은 상대를 존중하는 것이다. 상대는 경쟁자를 포함하고, 끊임없이 앞으로 나아가는 길에서의 동료도 포함한다. 상대를 존중하는 것은 바로 자신이 종사하는 일을 존중하는 것이다. 만약 상대가 없으면 경쟁의 원동력을 잃게 된다. 상대를 존중하는 것은 평화와 사랑의 마음을 스포츠 정신에서 실현하는 것이다.

⁴²스포츠 정신의 최고 경지는 실패를 존중하는 것이다. 경기를 하고 경쟁을 하면 실패하기 마련이다. 실패는 병가의 상사라고 하지 않던가! 경쟁 중에서의 승자는 자연스럽게 격려를 받고 칭찬을 받지만, 패자도 마찬가지로 사람들에게 존중을 받는다. 만약에 승자가 영원히 승리하면 새로운 경쟁은 있을 수 없다. 올림픽 정신의 '더 높게, 더 빠르게, 더 강하게'는 바로 끝이 없는 추구이다. 오늘의 승자는 머지 않아 추월을 당해 패자가 될 것이다. 실패를 존중하는 것은 사실상 성공을 위해 흘린 땀과 노력을 존중하는 것이다!

단어 体育精神 tǐyù jīngshén 스포츠 정신 | 体现 tǐxiàn 명 구현 | 规则 guīzé 명 규칙 | 制订 zhìdìng 동 제정하다 | 实质 shízhì 명 본질 | 民族 mínzú 명 민족 | 富贵 fùguì 형 부귀하다 | 贫穷 pínqióng 형 빈곤하다 | 起跑线 qǐpǎoxiàn 명 출발선 | 基础 jīchǔ 명 기초 | 专业精神 zhuānyè jīngshén 프로 정신 | 包括 bāokuò 동 포함하다 | 前进 qiánjìn 앞으로 나아가다 | 伙伴 huǒbàn 명 동료 | 从事 cóngshì 동 종사하다 | 假如 jiǎrú 접 만일 | 原动力 yuándònglì 명 원동력 | 爱心 àixīn 명 사랑하는 마음 | 境界 jìngjiè 명 경계, 경지 | 胜败乃兵家常事 shèngbài nǎi bīngjiā chángshì 승패는 병가의 상사이다[실패하는 일은 흔히 있으므로 낙심할 것이 없다는 말] | 胜者 shèngzhě 명 승자 | 奖励 jiǎnglì 동 장려하다 | 称赞 chēngzàn 동 칭찬하다 | 奥运精神 àoyùn jīngshén 올림픽 정신 | 止境 zhǐjìng 명 끝, 한계 | 超过 chāoguò 동 초과하다 | 付出 fùchū 동 지불하다 | 汗水 hànshuǐ 명 땀

40 ★★☆	
体育精神的实质是什么?	스포츠 정신의 본질은 무엇인가?
A 公平	A 공평함
B 竞争	B 경쟁
C 和平	C 평화
D 规则	D 규칙

해설 스포츠 정신의 본질은 공평함이라고 했으므로 정답은 A이다.

41 ★★☆	
体育精神的内容是什么?	스포츠 정신의 내용은 무엇인가?
A 爱好和平	A 평화를 사랑한다
B 尊重规则	B 규칙을 존중한다
C 公平竞争	C 공평하게 경쟁한다
D 尊重对手	D 상대를 존중한다

해설 스포츠 정신의 내용은 상대를 존중하는 것이라고 했으므로 정답은 D이다.

<table>
<tr><td colspan="2">

42 ★★☆

体育精神的最高境界是什么?

A 专业精神

B 比赛第二

C 更高、更快、更强

D 尊重失败

</td><td>

스포츠 정신의 최고 경지는 무엇인가?

A 프로 정신

B 경기에서 2위를 하는 것

C 더 높고, 더 빠르고, 더 강한 것

D 실패를 존중하는 것

</td></tr>
</table>

해설 스포츠 정신의 최고 경지는 실패를 존중하는 것이라고 했으므로 정답은 D이다.

---

43 – 46

你见过活着的珊瑚吗? 它生活在幽深无比的海底。在海水的怀抱里, 它是柔软的。可是, ⁴³如果采珊瑚的人出现了, 毫不怜惜地把它带出水面, 那么这时珊瑚就会变得无比的坚硬。在远离大海的灿烂的阳光下, 珊瑚只是一具惨白僵硬的骨骸。

谁都知道麝香, 那是名贵的药材, 也是珍贵的香料, 而实际上, 麝香不过是雄麝脐下的分泌物而已。想要获得麝香, 就必须捕杀雄麝。⁴⁴雄麝生活在密林深处, 身手矫健, 来去如风, 如果不是一流的猎手, 根本难以捕捉它的踪迹。而就是找到了雄麝, 取得麝香也是极困难的事。有经验的老猎手说: ⁴⁵"靠近雄麝时, 千万要屏息凝神, 不能让雄麝感觉到你的存在, 否则, 它会转过头来, 在你射杀它之前, 咬破自己的香囊。"

在自然界里, 有一些生物比人类还要有尊严。当生命遭到无情地践踏时, ⁴⁶它们会用改变、放弃, 甚至用死亡捍卫自己的尊严。

당신은 살아있는 산호를 본 적이 있는가? 산호는 아주 깊은 해저에서 생활한다. 해수의 품에서 산호는 부드럽고 연하다. 그러나 ⁴³산호를 채집하는 사람이 나타나 인정사정없이 그것을 수면으로 가져오면, 산호는 더할 나위 없이 딱딱하게 변한다. 바다를 멀리 떠나 찬란한 태양 아래에서 산호는 단지 창백하고 딱딱한 뼈에 불과하다.

누구나 사향이 귀한 약재이고, 진귀한 향료임을 안다. 하지만, 사실상 사향은 수컷 사향노루의 배꼽 분비물에 불과하다. 사향을 얻고 싶다면 반드시 수컷 사향노루를 잡아 죽여야 한다. ⁴⁴수컷 사향노루는 밀림의 깊은 곳에서 살며 몸이 건강하고 힘이 있고, 오가는 것이 바람과 같다. 만약에 일류 사냥꾼이 아니면 사향노루의 종적을 포착하기 어렵다. 게다가 수컷 사향노루를 찾더라도 사향을 얻는 것은 아주 어려운 일이다. 연륜이 있는 사냥꾼이 말했다. ⁴⁵"수컷 사향노루에게 다가갈 때는 반드시 숨을 죽이고 정신을 가다듬어 사향노루에게 당신의 존재를 느끼게 해서는 안 됩니다. 그렇지 않으면 노루가 고개를 돌아보고 당신이 사향노루를 쏘아서 죽이기 전에 자신의 사향을 깨물어 뜯어 버립니다."

자연계에서 어떤 생물은 인류보다 더 존엄성이 있다. 생명이 무정하게 짓밟힐 때 ⁴⁶그들은 변화, 포기, 심지어 죽음으로 자신의 존엄성을 지켜 낸다.

단어 珊瑚 shānhú 몡 산호 | 幽深 yōushēn 혱 깊고 그윽하다 | 无比 wúbǐ 혱 비할 바가 없다 | 怀抱 huáibào 동 품다 | 柔软 róuruǎn 혱 부드럽고 연하다 | 毫不 háobù 뵈 조금도 ~않다 | 怜惜 liánxī 동 불쌍히 여기다 | 坚硬 jiānyìng 혱 견고하다 | 远离 yuǎnlí 멀리 떠나다 | 灿烂 cànlàn 혱 찬란하다 | 惨白 cǎnbái 혱 창백하다 | 僵硬 jiāngyìng 혱 경직되다 | 骨骸 gǔhái 멍 뼈 | 麝香 shèxiāng 멍 사향 | 药材 yàocái 멍 약재 | 珍贵 zhēnguì 혱 진귀하다 | 香料 xiāngliào 멍 향료 | 雄麝 xióngshè 수컷 사향노루 | 脐 qí 멍 배꼽 | 分泌物 fēnmìwù 멍 분비물 | 捕杀 bǔshā 동 잡아 죽이다 | 密林 mìlín 멍 밀림 | 矫健 jiǎojiàn 혱 건강하고 힘있다 | 猎手 lièshǒu 멍 사냥꾼 | 捕捉 bǔzhuō 동 붙잡다, 잡다 | 踪迹 zōngjì 멍 종적 | 屏息 bǐngxī 동 숨을 죽이다 | 凝神 níngshén 동 정신을 집중하다 | 射杀 shèshā 쏘아 죽이다 | 咬破 yǎopò 깨물어 부수다 | 无情 wúqíng 혱 인정이 없다 | 践踏 jiàntà 동 짓밟다 | 捍卫 hànwèi 동 지키다, 수호하다

<table>
<tr><td colspan="2">

43 ★★☆

采珊瑚的人出现后, 珊瑚会变得怎样?

A 无比柔软

B 无比坚硬

</td><td>

산호를 채집하는 사람이 나타난 후, 산호는 어떻게 변하는가?

A 더할 나위 없이 부드럽다

B 더할 나위 없이 딱딱하다

</td></tr>
</table>

C 变成黑色

D 变成彩色

C 검은색으로 변한다

D 여러 빛깔로 변한다

해설 산호를 채집하는 사람이 나타나 산호를 수면으로 가져가면 산호는 더할 나위 없이 딱딱하게 변한다고 했으므로 정답은 B이다.

---

44 ★★★

关于雄麝，不正确的是哪项?

A 生活在密林深处

B 身手矫健

C 是名贵的药材

D 来去如风

수컷 사향노루에 관하여 옳지 않은 것은?

A 밀림의 깊은 곳에서 산다

B 몸이 건강하고 힘이 있다

C 진귀한 약재이다

D 오가는 것이 바람과 같다

해설 수컷 사향노루는 밀림 깊은 곳에서 살며 몸이 건강하고 힘이 있고, 오가는 것이 바람과 같다고 했으므로 정답은 C이다.
C. 진귀한 약재는 수컷 사향노루가 아니고 사향이다.

---

45 ★★☆

要取得麝香应注意什么?

A 要毫不犹豫，先下手为强

B 要提醒雄麝自己的存在

C 保持香囊的形状不被破坏

D 靠近雄麝时应屏息凝神

사향을 얻으려면 무엇에 주의해야 하는가?

A 망설이지 말고 먼저 주도권을 잡아야 한다

B 수컷 사향노루에게 자신의 존재를 일깨워야 한다

C 사향의 모양이 망가지지 않게 보호한다

D 수컷 사향노루에게 다가갈 때 숨을 죽이고 정신을 가다듬어야 한다

단어 先下手为强 xiān xiàshǒu wéiqiáng 먼저 주도권을 잡다

해설 사향을 얻기 위해 수컷 사향노루에게 다가갈 때는 숨을 죽이고 정신을 가다듬어 자신의 존재를 느끼게 해서는 안 된다고 했으므로 정답은 D이다.

---

46 ★★★

下列哪项不属于一些生物捍卫自己尊严的方式?

A 完美自己

B 改变自己

C 放弃自己

D 选择死亡

다음 중 생물이 자신의 존엄성을 지키는 방식에 속하지 않은 것은?

A 자신을 완벽하게 한다

B 자신을 바꾼다

C 자신을 포기한다

D 죽음을 선택한다

해설 변화, 포기, 심지어 죽음으로 자신의 존엄을 지켜 낸다고 했다. 산호는 자신의 몸을 딱딱하게 바꾸고, 수컷 사향 노루는 자신을 포기했다. 따라서 정답은 A이다.

⁴⁷在手工经济社会，人们对"努力工作"的定义相当明确。在没有机器帮助和各种组织协作的情况下，努力工作就意味着人们要生产出更多的产品。当然，只有生产得够多，你才能养活全家人，才能让你的家人过上更好的生活。那些日子已经一去不复返了。我们当中的大多数人如今都不会再把自己的身体当成机器了，除了在健身房锻炼的时候。⁴⁸在今天，35%的美国人都是坐在办公桌前工作的。是的，我们要在那里坐上很多个小时，而且在这个过程中，我们唯一要做的一项体力活动就是换纯净水。那么，在你看来，如今应该怎样工作才算是"努力"呢？

在以前，我们可以称一称一个人收割了多少斤谷子，或者炼了多少斤钢铁，可如今情况不同了。未来的工作跟时间几乎没有太大关系。⁴⁹在未来，"努力工作"意味着要去做那些真正有难度，并非是耗费时间的工作。它要求我们去做一些必须不断突破我们自身极限才能完成的工作，而不只是一味地跟时间较劲。如果想要得到一份稳定的工作，获得利润，或者想享受更多工作乐趣的话，⁵⁰我们就必须学会去做这种工作。

⁴⁷수공업 경제 사회에서는 사람들의 '열심히 일하는 것'에 대한 정의가 상당히 명확했다. 기계의 도움과 조직의 협력이 없는 상황에서 열심히 일하는 것은 더 많은 상품을 생산하는 것을 의미한다. 당연히 충분히 생산을 해야만이 온 가족을 먹여 살릴 수 있고 당신의 가족이 더 좋은 생활을 하게 할 수 있다. 그런 시절은 이미 가고 돌아오지 않는다. 오늘날 우리 중 대다수의 사람은 헬스 클럽에서 운동할 때를 제외하고는 자신의 몸을 더 이상 기계로 여기지 않는다. ⁴⁸오늘날 35%의 미국인은 사무용 책상 앞에 앉아서 일한다. 그렇다. 우리는 그곳에서 오랜 시간 동안 앉아 있어야 하고, 게다가 이 과정에서 유일하게 해야 하는 체력 활동은 정수기 물을 바꾸는 것이다. 그렇다면 당신이 보기에 오늘날에는 어떻게 일해야 '열심히' 하는 것일까?

이전에 우리는 한 사람이 몇 근의 조를 거둬들일 수 있는지를 측정하거나 몇 근의 강철을 제련할 수 있는지를 측정했지만 지금은 상황이 달라졌다. 미래의 일은 시간과는 거의 관계가 없다. ⁴⁹미래에 '열심히 일하는 것'은 진정으로 난이도가 있는 일을 하는 것을 의미하지 시간을 소모하는 일이 아니다. 그것은 우리가 자기 자신의 한계를 끊임없이 돌파해야 완성할 수 있는 일을 하는 것을 요구하지 무턱대고 시간과 겨루는 것이 아니다. 만약에 안정적인 일을 하고 이윤을 얻거나 더 많은 일의 즐거움을 누리고 싶다면 ⁵⁰우리는 반드시 이런 종류의 일을 하는 것을 배워야 한다.

단어 手工 shǒugōng 명 수공 | 定义 dìngyì 명 정의 | 协作 xiézuò 동 협력하다 | 意味着 yìwèizhe 동 의미하다 | 生产 shēngchǎn 동 생산하다 | 养活 yǎnghuo 기르다 | 复返 fùfǎn 동 다시 돌아오다 | 如今 rújīn 명 오늘날 | 机器 jīqì 명 기계 | 纯净水 chúnjìngshuǐ 명 정화수 | 收割 shōugē 동 수확하다 | 谷子 gǔzi 명 조 | 炼 liàn 동 달구다 | 钢铁 gāngtiě 명 강철 | 耗费 hàofèi 소모하다 | 突破 tūpò 동 돌파하다 | 极限 jíxiàn 명 한계 | 一味 yíwèi 부 무턱대고 | 较劲 jiàojìn 동 겨루다 | 稳定 wěndìng 형 안정적이다 | 利润 lìrùn 명 이윤

---

47 ★★☆

手工经济时代的"努力工作"是指什么？

A 养活家人
B 过着幸福的生活
C 生产出更多的产品
D 让机器帮忙

수공업 경제 시대에서 '열심히 일하는 것'은 무엇을 가리키는가?

A 가족을 먹여 살린다
B 행복한 생활을 한다
C 더 많은 상품을 생산한다
D 기계의 도움을 받는다

해설 수공업 경제 사회에서 열심히 일하는 것은 더 많은 상품을 생산하는 것을 의미한다고 했으므로 정답은 C이다.

A. 열심히 일하는 목적이 집안 사람들을 먹여 살리는 것이지, 열심히 일하는 것 자체가 집안 사람을 부양하는 것은 아니다.

---

48 ★☆☆

今天，百分之几的美国人坐在办公桌前工作？

A 25%
B 30%

오늘날 몇 %의 미국인이 사무용 책상 앞에 앉아서 일하는가?

A 25%
B 30%

C 35%	C 35%
D 45%	D 45%

해설 보기가 모두 숫자이므로 숫자에 유의하여 녹음을 듣는다. 오늘날 35%의 미국인은 사무용 책상 앞에서 일한다고 했으므로 정답은 C이다.

---

49 ★★☆

在未来，"努力工作"意味着什么？	미래에 '열심히 일하는 것'은 무엇을 의미하는가?
A 做耗费时间的事	A 시간을 소모하는 일을 한다
B 做没有难度的事	B 어렵지 않은 일을 한다
C 做突破自身极限的事	C 자신의 한계를 돌파하는 일을 한다
D 做跟时间没有关系的事	D 시간과 관계없는 일을 한다

해설 미래에 '열심히 일하는 것'은 난이도가 있는 일을 하는 것을 의미하며, 자신의 한계를 돌파해야 완성할 수 있는 일을 하는 것을 요구한다고 했다. 따라서 정답은 C이다.

　　D. 미래의 일이 시간과는 거의 관계가 없다고 했지만, 무턱대고 시간과 겨루는 것이 아님을 의미하는 것이고, 반드시 시간과 관계가 없는 일을 해야 한다는 것이 아니다.

---

50 ★★☆

关于这段话，正确的是哪项？	이 글에 관하여 다음 중 옳은 것은?
A 要把自己的身体当作机器	A 자신의 몸을 기계로 여겨야 한다
B 必须学会做超越自我的工作	B 자신을 초월하는 일을 배워야 한다
C 未来的工作与时间有关	C 미래의 일은 시간과 관계가 있다
D 要跟时间较劲	D 시간과 겨뤄야 한다

해설 옳은 것을 찾는 문제이지만, 전체 내용을 파악하여 풀어야 한다. 자기 자신의 한계를 돌파해야 완성할 수 있는 일을 하는 것을 배워야 한다고 했다. 녹음의 '突破我们自身(자기 자신을 돌파하다)'이 보기에서 '超越自我(자신을 초월하다)'로 쓰였다. 따라서 정답은 B이다.

미리보기 해석

🔔 제1부분   » 전략서 88p

51. A 空中飞鸟对飞机是个很大的威胁，因为飞鸟虽小，却能像子弹一样击穿飞机。 B 不要在打电话的时候查收邮件或者打字，这样做，很容易让对方感觉出你不专心。 C 现代社会要求人们思想敏锐，具有探索精神和创新能力，对自然、社会和人生具有更深刻的思考和认识。 D 长江三峡西起重庆奉节的白帝城，东到湖北宜昌的南津关，是瞿塘峡、巫峡和西陵峡三段峡谷的总称。	51. A 공중의 새는 비행기에게 큰 위협이다. 새는 비록 작지만 총알처럼 비행기에 충돌할 수 있기 때문이다. B 전화를 걸 때 우편물을 보거나 키보드를 치지 말아라. 이렇게 하면 상대에게 당신이 집중하지 않고 있다고 느끼게 할 것이다. C 현대 사회는 사람들에게 예리하게 사고하고, 탐구심과 창의성을 가지고, 자연, 사회, 인생에 깊은 고찰과 인식을 할 수 있는 능력을 갖기를 요구한다. D 창장(长江) 싼샤(三峡)는 서쪽에서는 충칭(重庆) 펑제(奉节)의 백제성에서 시작하여, 동으로는 후베이(湖北) 이창(宜昌)의 남진관까지 이르는 취탕샤(瞿塘峡), 우샤(巫峡), 시링샤(西陵峡) 3개 협곡의 총칭이다.

01. 문장 성분의 위치 오류 파악하기

유형 확인 문제   » 전략서 90p

> 정답   1 D

1 ★★☆ A 附近河流的水源主要来自雨水、冰雪融水和地下水，流量丰富，含沙量小，水质好。 B 他的作品始终如一地关注社会最底层的小人物的命运，文字富有浓郁的理想主义色彩。 C 取得成绩不盲目乐观，遇到困难不失望悲观，这是许多成功人士成就事业后的经验总结。 D 岳飞是中国南宋时期的英雄，他率领岳家军打败敌人屡次。后人为了纪念他，在杭州建了一座岳王庙。	A 근처 하류의 수원은 주로 빗물, 얼음이 녹은 물과 지하수이고, 유입량이 많고 토사 함유량이 적어 수질이 좋다. B 그의 작품은 시종일관 사회 하류 계층의 인물들의 운명에 주목하고 있고, 문자는 짙은 이상주의 색채를 띠고 있다. C 성과를 얻었다고 맹목적으로 낙관하지 말고, 어려움에 봉착했다고 실망하고 비관하지 말아라. 이것은 많은 성공자들의 업적을 이루고 난 후의 경험 총괄이다. D 웨페이(岳飞)는 중국 남송시기의 영웅이고, 웨(岳)집안 사병을 이끌고 적을 여러 차례 물리쳤다. 후손들은 그를 기념하기 위해 항저우(杭州)에 웨왕묘를 세웠다.

 단어 水源 shuǐyuán 몡 수원 | 冰雪 bīngxuě 몡 얼음과 눈 | 融水 róngshuǐ 몡 녹은 물 | 流量 liúliàng 몡 유입량 | 含沙量 hánshāliàng 몡 토사 함유량 | 水质 shuǐzhì 몡 수질 | 始终如一 shǐzhōng rúyī 젱 처음부터 끝까지 한결같다 | 底层 dǐcéng 몡 하층 | 命运 mìngyùn 몡 운명 | 富有 fùyǒu 동 충분히 가지다 | 浓郁 nóngyù 휑 농후하다, 짙다 | 理想主义 lǐxiǎng zhǔyì 몡 이상주의 | 色彩 sècǎi 몡 색채 | 盲目 mángmù 휑 맹목적이다 | 乐观 lèguān 휑 낙관적이다 | 失望 shīwàng 동 실망하다 | 悲观 bēiguān 휑 비관적이다 | 成就 chéngjiù 동 성취하다 | 事业 shìyè 몡 사업 | 总结 zǒngjié 몡 총괄 | 率领 shuàilǐng 동 이끌다 | 屡次 lǚcì 뷔 여러 번

해설 他率领岳家军打败敌人屡次。→ 他率领岳家军屡次打败敌人。

D에서 '屡次'는 부사이므로 술어 앞에 위치해야 한다. 따라서 '屡次打败敌人'으로 수정해야 한다.

02. 문장 성분 및 품사의 호응 오류 파악하기

유형 확인 문제　　　　　　　　　　　　　　　　　　　　　》 전략서 92p

정답　1 B

1 ★★☆	
A 别说下毛毛雨，即使下再大的雨，也改变不了我去听音乐会的决心。	A 보슬비가 내리는 것은 말할 것도 없고 설령 폭우가 내려도 내가 음악회를 가려는 결심은 바꿀 수 없다.
B 为了捍卫好我们的皮肤，夏天去游泳时最好涂上防晒油。	B 우리의 피부를 보호하기 위해서 여름에 수영하러 갈 때는 자외선 차단제를 바르는 것이 가장 좋다.
C 公共部门是以公共权力为基础，依法管理社会公共事务、谋求公共利益最大化的社会组织。	C 공공 부문은 공권력을 기초로 하며, 법에 의거하여 사회 공공 사무를 관리하고 공공의 이익의 극대화를 도모하는 사회 조직이다.
D 尊老爱幼这种传统的美德保证了家庭的和睦和社会的稳定。	D 어른을 공경하고 아이를 돌보는 전통 미덕은 가정의 화목과 사회의 안정을 보장했다.

단어 毛毛雨 máomaoyǔ 몡 보슬비 | 捍卫 hànwèi 됭 지키다 | 皮肤 pífū 몡 피부 | 涂 tú 됭 바르다 | 防晒油 fángshàiyóu 몡 자외선 차단제 | 依法 yīfǎ 법에 의거하다 | 谋求 móuqiú 됭 강구하다, 모색하다 | 尊老爱幼 zūnlǎo àiyòu 솅 연장자를 존중하고 어린이를 사랑하다 | 保证 bǎozhèng 됭 보증한다 | 和睦 hémù 혱 화목하다 | 稳定 wěndìng 혱 안정적이다

해설 为了捍卫好我们的皮肤 → 为了保护好我们的皮肤

B에서 '捍卫'는 국가나 민족 등을 지키고 수호하는 데 사용하는 단어이므로 '皮肤(피부)'와 호응하지 않는다. 그러므로 '保护'로 수정해야 한다.

03. 문장 성분의 부족·잉여 파악하기

유형 확인 문제　　　　　　　　　　　　　　　　　　　　　》 전략서 95p

정답　1 C

1 ★★☆	
A 他不单自己致力于环保事业，还劝说身边的朋友也来关注环保。	A 그는 스스로 환경 보호 사업에 힘썼을 뿐 아니라 주변 친구에게도 환경 보호에 관심을 가져야 한다고 설득했다.
B 纵然领导三番五次来劝我，我仍然不愿意接受这份工作。	B 대표가 여러 차례 나를 설득했지만 나는 여전히 이 일을 받아들이기 원하지 않는다.
C 这位睿智的老人，宁肯过简朴的生活。	C 이 예지력이 있는 노인은 소박한 생활을 한다.
D 石林世界地质公园以其无与伦比的天造奇观吸引了海内外无数游客。	D 스린(石林)의 세계 지질 공원은 그 비할 수 없는 기이한 경관으로 국내외의 수많은 여행객을 끌어당겼다.

不单 bùdān 접 ～뿐만 아니라 | **致力于** zhìlìyú ～에 힘쓰다 | **劝说** quànshuō 동 설득하다 | **关注** guānzhù 동 관심을 갖다 | **纵然** zòngrán 접 설령 ～하더라도 | **领导** lǐngdǎo 명 지도자, 대표 | **三番五次** sānfān wǔcì 명 여러 차례 | **睿智** ruìzhì 형 예지롭다 | **宁肯** nìngkěn 부 차라리 ～할지언정 | **简朴** jiǎnpǔ 형 소박하다 | **无与伦比** wúyǔ lúnbǐ 성 비교가 안 된다, 뛰어나다 | **天造奇观** tiānzào qíguān 명 하늘이 만든 기이한 관경 | **吸引** xīyǐn 동 끌어당기다

해설 这位睿智的老人，宁肯过简朴的生活。→ 这位睿智的老人，过简朴的生活。

불필요한 어휘나 문장 성분이 포함되어 있는 문장이다. C에서 '宁肯'은 '차라리 ～할 지언정'이라는 뜻으로 이 문장에서는 논리적으로 맞지 않으므로 삭제해야 한다.

04. 기타 문장 구조의 오류 파악하기

유형 확인 문제

>> 전략서 96p

정답 | 1 B

1 ★★☆

A 他第一时间就告诉了我这个好消息。	A 그는 바로 나에게 이 기쁜 소식을 알렸다.
B 我们应该尽量避免不犯错误。	B 우리는 최대한 잘못을 저지르지 않아야 한다.
C 未来两天冷空气活动频繁，气温会明显下降。	C 앞으로 2일 동안 차가운 공기의 활동이 빈번하고, 기온이 현저하게 떨어질 것이다.
D 这幅画出自中国现代著名画家徐悲鸿之手，有着很高的收藏价值。	D 이 그림은 중국 현대 저명한 화가 쉬베이홍(徐悲鸿)의 손에서 그려졌으며, 아주 높은 소장 가치를 가지고 있다.

단어 **尽量** jǐnliàng 부 최대한 | **避免** bìmiǎn 동 피하다 | **犯** fàn 동 저지르다 | **错误** cuòwù 명 잘못 | **频繁** pínfán 형 빈번하다 | **明显** míngxiǎn 형 현저하다 | **下降** xiàjiàng 동 하강하다 | **出自** chūzì ～로부터 나오다 | **著名** zhùmíng 형 저명하다 | **收藏** shōucáng 동 소장하다

해설 我们应该尽量避免不犯错误。→ 我们应该尽量不犯错误。

我们应该尽量避免不犯错误。→ 我们应该尽量避免犯错误。

B의 '避免'은 '나쁜 상황을 피하거나 방지하다'의 의미가 있어 뒤에 부정부사와 함께 올 수 없다. 따라서 '避免'을 사용하고 그 뒤의 부정부사를 삭제하거나, '避免'을 삭제하고 뒤의 부정부사를 그대로 쓰는 방식으로 수정해야 한다.

05. 전체적인 맥락 파악하기

유형 확인 문제

>> 전략서 98p

정답 | 1 D

1 ★★☆

A 武汉的夏天特别热，所以武汉又有"火炉"之称。	A 우한(武汉)의 여름은 유독 더워서 '화로'라는 명칭 또한 있다.
B 可以预见，在不久的将来我们定会看到他不凡的成就。	B 머지 않아 우리는 틀림없이 그의 놀라운 성과를 보게 될 것이라고 예견할 수 있다.

C 老人告诉我长寿要两"不可"：不可追名逐利，不可气量狭小。	C 노인은 나에게 장수하기 위한 두 가지의 '하면 안 되는 것'을 알려 줬다. 명예와 이익을 추구해서는 안되고, 도량이 좁아서는 안 된다는 것이다.
D 中国古代地域辽阔，民族众多，历史上形成的传统节日多达到数百个。	D 중국 고대 지역은 넓고, 민족이 많으며, 역사적으로 형성된 전통 명절은 수백 개에 달한다.

단어 火炉 huǒlú 몡 화로 | 预见 yùjiàn 동 예견하다 | 不凡 bùfán 혭 평범하지 않다 | 成就 chéngjiù 몡 성과 | 长寿 chángshòu 혭 장수하다 | 追名逐利 zhuīmíng zhúlì 솅 명예와 이익을 추구하다 | 气量 qìliàng 몡 도량 | 狭小 xiáxiǎo 혭 좁고 작다 | 地域 dìyù 몡 지역 | 辽阔 liáokuò 혭 아득하고 넓다 | 民族 mínzú 몡 민족 | 众多 zhòngduō 혭 아주 많다 | 达到 dádào 동 달성하다

해설 历史上形成的传统节日多达到数百个。→ 历史上形成的传统节日多达数百个。

D의 '达到'는 목적이나 목표에 도달한다는 의미이므로 '数百个'와 호응하지 않는다. 높은 수치에 도달한다는 뜻의 '多达'로 수정해야 한다.

실전 연습 1 – 제1부분　　　　　　　　　　　　　　　　　》 전략서 99p

정답	51 C	52 B	53 C	54 D	55 D
	56 D	57 B	58 D	59 A	60 C

51 ★★☆

A 产品一上市，就受到了众多女性顾客的青睐。	A 상품이 출시되자마자 수많은 여성 고객의 인기를 얻었다.
B 互联网并不像此前的研究说得那样加深了人们彼此间的隔阂。	B 인터넷은 예전의 연구에서 말했던 것처럼 사람들 사이의 틈을 더 깊게 만들지 못했다.
C 我们学校有优秀的有30年教龄的两位老教师。	C 우리 학교에는 두 명의 경력 30년의 우수한 교사가 있다.
D 父亲是个琴棋书画样样精通的教师，却英年早逝。	D 아버지는 각종 문예 특기에 정통한 교사였지만 젊은 나이에 돌아가셨다.

단어 上市 shàngshì 동 출시되다 | 青睐 qīnglài 몡 인기 | 互联网 hùliánwǎng 몡 인터넷 | 加深 jiāshēn 동 깊어지다 | 彼此 bǐcǐ 때 서로 | 隔阂 géhé 몡 사이 | 教龄 jiàolíng 몡 교직 근속 연수 | 琴棋书画 qínqí shūhuà 솅 (거문고·바둑·글·그림 등의) 각종 문예 특기 | 精通 jīngtōng 동 정통하다 | 英年早逝 yīngnián zǎoshì 한창나이에 죽다

해설 我们学校有优秀的有30年教龄的两位老教师。→ 我们学校有两位有30年教龄的优秀的老教师。

C에는 목적어인 '老师'를 꾸며주는 관형어가 4개 있다. 관형어의 어순에 따라 '优秀的'와 '两位'의 위치를 수정해야 한다.

Tip **관형어의 어순**

종속 관계를 나타내는 명사, 대명사
↓
시간명사, 장소명사
↓
지시대명사, 수사, 양사
↓
주술구
↓
동사(구), 개사구
↓
형용사(구)와 기타 수식 성분
↓
的를 사용하지 않는 형용사와 성질을 나타내는 명사

| A 心理社会因素对青少年的心理健康正产生越来越
多的影响。
B 阵风掠过稻田时，恰似滚滚的黄河水，上下起伏。
C 8月底是我的生日，我们决定好好庆祝一下。
D 夏天早就结束了，到处都变得寒冷和单调。 | A 심리 사회 요소는 청소년의 심리 건강에 점점 더 많은 영향을 끼치고 있다.
B 바람이 논을 스치고 지나갈 때 벼의 물결이 마치 넘실거리는 황하 강물처럼 위아래로 움직였다.
C 8월 말은 내 생일이고, 우리는 축하하기로 결정했다.
D 여름은 일찌감치 끝났고 사방이 춥고 단조롭게 변했다. |

단어 因素 yīnsù 뗑 요소 | 掠 lüè 통 스치다 | 稻田 dàotián 뗑 논 | 恰似 qiàsì 통 마치 ~와 같다 | 滚滚 gǔngǔn 혱 출렁이는 모양 | 起伏 qǐfú 통 기복을 이루다 | 庆祝 qìngzhù 통 축하하다 | 单调 dāndiào 혱 단조롭다

해설 阵风掠过稻田时，恰似滚滚的黄河水，上下起伏。 → 阵风掠过稻田时，稻浪恰似滚滚的黄河水，上下起伏。

B의 주어는 '阵风(바람)'인데 뒤 절의 술어인 위아래가 움직인다는 것과 호응하지 않으므로 뒤 절의 주어가 따로 필요하다. 넘실거리는 황하 강물처럼 위아래로 움직이는 것은 바람이 아니라 벼이므로 뒤 절 주어 자리에 '稻浪(벼의 물결)'을 추가해야 한다.

| A 我的父亲有15年没有和我说过一句话了。
B 我收到过一封来自遥远地方的信。
C 7月的内蒙古草原，是一个美丽的季节。
D 学好英语的唯一途径是不要害羞，脸皮足够厚。 | A 나의 아버지는 15년간 나와 한마디도 하지 않았다.
B 나는 먼 곳에서 온 편지 한 통을 받았다.
C 7월의 내몽고 초원은 아름다운 곳이다.
D 영어를 배우는 유일한 방법은 부끄러워하지 않고 낯을 두껍게 하는 것이다. |

단어 遥远 yáoyuǎn 혱 아득히 멀다 | 草原 cǎoyuán 뗑 초원 | 季节 jìjié 뗑 계절 | 唯一 wéiyī 혱 유일한 | 途径 tújìng 뗑 방법 | 害羞 hàixiū 혱 부끄러워하다 | 脸皮 liǎnpí 뗑 낯 | 足够 zúgòu 혱 충분하다

해설 7月的内蒙古草原，是一个美丽的季节。 → 7月的内蒙古草原，是一个美丽的地方。

C에서 주어는 '内蒙古草原(내몽고 초원)'인데 목적어는 '季节(계절)'이므로 주어와 목적어의 호응이 맞지 않다. 따라서 '季节'를 '地方(장소)'으로 수정해야 한다.

| A 许多人都喜欢饭后吃点水果爽口，其实这是一种
错误的生活习惯。
B 看着女儿一副雄心勃勃的模样，他难得地投了个
赞成票。
C 世界各国各地区的礼仪和习俗之间存在着很大的
差异。
D 通过这次活动，使我们开阔了眼界，增长了见识。 | A 많은 사람이 밥을 먹은 후 과일을 먹는 것으로 입을 개운하게 하는 것을 좋아하는데, 사실 이것은 잘못된 생활 습관이다.
B 딸의 야심에 찬 얼굴을 보면서 그는 어렵게 찬성표를 던졌다.
C 세계 각국 각 지역의 예의와 풍속 간에는 큰 차이가 존재한다.
D 이번 활동은 우리를 시야가 넓어지고, 견식이 늘게 했다. |

단어 爽口 shuǎngkǒu 혱 상쾌하다 | 雄心勃勃 xióngxīn bóbó 셍 야심 차다 | 模样 múyàng 뗑 모양 | 赞成票 zànchéngpiào 뗑 찬성표 | 礼仪 lǐyí 뗑 예의 | 习俗 xísú 뗑 풍속 | 差异 chāyì 뗑 차이점 | 开阔 kāikuò 통 넓히다 | 眼界 yǎnjiè 뗑 안목, 시야 | 见识 jiànshi 뗑 견식, 식견

해설 通过这次活动，使我们开阔了眼界，增长了见识。 → 这次活动使我们开阔了眼界，增长了见识。

通过这次活动，使我们开阔了眼界，增长了见识。 → 通过这次活动，我们开阔了眼界，增长了见识。

D에는 주어가 없다. 따라서 개사 '通过'를 삭제하여 '这次活动(이번 활동)'을 주어로 두거나, 뒤 절의 동사 '使'를 삭제하여 앞 절 전체를 부사어로 두고 '我们'을 주어로 쓰는 방식으로 수정해야 한다.

55 ★★☆

A 孩子是不太注意春天的，但每一个快乐的孩子都是春天的使者。	A 아이는 봄을 별로 신경 쓰지 않지만, 모든 즐거운 아이들은 봄의 사자이다.
B 既然天已经黑了，外面又下着大雨，我们干脆吃了饭再去吧。	B 이미 날이 어두워졌고 밖에 비도 많이 내리니 우리 아예 밥을 먹고 다시 출발하자.
C 昨天晚上一家博物馆价值数千万美元的收藏品被人盗走了。	C 어제저녁 어느 박물관에서 수천만 달러에 달하는 소장품을 도난당했다.
D 原先在这栋大厦里的公司都已经搬迁了，整栋大厦显得非常空荡荡的。	D 본래 이 건물 안에 있던 회사가 이미 이전을 해서 건물 전체가 텅 빈 것처럼 보인다.

단어　使者 shǐzhě 閔 사절, 사자 | 既然 jìrán 젭 기왕 ~된 바에야 | 干脆 gāncuì 뤼 아예 | 收藏品 shōucángpǐn 閔 소장품 | 盗 dào 동 훔치다 | 原先 yuánxiān 閔 본래 | 大厦 dàshà 閔 건물 | 搬迁 bānqiān 동 이전하다 | 空荡荡 kōngdàngdàng 閔 텅 비다

해설　整栋大厦显得非常空荡荡的。 → 整栋大厦显得空荡荡的。
　　　D는 정도부사와 정도보어가 함께 쓰였다. '空荡荡'은 형용사의 중첩으로 이미 강조의 의미를 가지고 있으므로 '非常'을 삭제해야 한다.

56 ★★★

A 对于全球华人来说，农历新年无疑是全年中最重要的喜庆节日。	A 전 세계의 화교들에게 음력 설은 틀림 없이 일 년 중 가장 중요한 경사스러운 명절이다.
B 简单地说，我们很有可能赢得培训项目的投标。	B 간단히 말해서 우리는 양성 프로젝트의 경쟁 입찰에서 이길 가능성이 아주 높다.
C 你应该询问旅行社是否已经为你办理了旅游意外保险。	C 당신은 여행사에 여행 상해 보험에 가입했는지 물어봐야 한다.
D 该地区推广用棉籽饼和菜籽饼喂猪。	D 이 지역은 목화씨 깻묵과 유채씨 깻묵을 사용해서 돼지에게 먹이는 방법을 보급했다.

단어　华人 huárén 閔 화교, 거주국의 국적을 가진 중국인 | 农历 nónglì 閔 음력 | 无疑 wúyí 閔 의심할 바 없다 | 喜庆 xǐqìng 동 기쁘게 경축하다 | 节目 jiémù 閔 프로그램 | 赢得 yíngdé 동 얻다 | 培训 péixùn 동 양성하다 | 投标 tóubiāo 閔 경쟁 입찰 | 意外保险 yìwài bǎoxiǎn 閔 상해 보험 | 推广 tuīguǎng 동 널리 보급하다 | 棉籽饼 miánzǐbǐng 閔 목화씨 깻묵 | 菜籽饼 càizǐbǐng 閔 유채씨 깻묵 | 喂 wèi 동 먹이를 주다

해설　该地区推广用棉籽饼和菜籽饼喂猪。 → 该地区推广用棉籽饼和菜籽饼喂猪的方法。
　　　D에서 동사 '推广(보급하다)'에 호응하는 목적어가 결여되어 있다. 따라서 관형어 뒤에서 수식 관계를 나타내주는 '的'와 호응하는 목적어 '方法(방법)'를 추가해야 한다.

57 ★★☆

A 每一年，精英运动员都会被挑选出来组成全明星队。	A 매해에 뛰어난 운동선수는 모두 선발되어 올스타 팀을 구성한다.
B 这所学校里大部分是中青年教师，老教师和女教师只占少数。	B 이 학교는 대부분이 청장년 교사들이고 연로한 교사는 단지 소수를 차지한다.
C 旅游人数不断增加，旅游产业规模也在持续扩大。	C 여행객의 수가 끊임없이 증가함에 따라 관광산업의 규모도 지속적으로 확대되고 있다.
D 加强卫生常识教育和规范日常行为是防止艾滋病感染的主要途径。	D 위생 상식 교육을 강화하고 일상행위 규범화하는 것은 에이즈 감염을 방지하는 중요한 방법이다.

단어　精英 jīngyīng 閔 뛰어난 인물 | 挑选 tiāoxuǎn 동 선발하다 | 组成 zǔchéng 동 구성하다 | 规模 guīmó 閔 규모 | 扩大 kuòdà 동 확대하다 | 加强 jiāqiáng 동 강화하다 | 卫生 wèishēng 閔 위생 | 常识 chángshí 閔 상식 | 规范 guīfàn 동 규범화하다 | 防止 fángzhǐ 동 방지하다 | 艾滋病 àizībìng 閔 에이즈 | 感染 gǎnrǎn 동 감염되다 | 途径 tújìng 閔 방법

这所学校里大部分是中青年教师，老教师和女教师只占少数。→ 这所学校里大部分是中青年教师，老教师只占少数。

B에서 청장년 교사와 대조 되는 것은 연로한 교사이다. 여교사 중의 일부는 청장년 교사에 포함될 수도 있으므로 문맥상 어울리지 않는다. 따라서 '和女教师'를 삭제해야 한다.

---

58 ★★☆

A 改革开放以来，大约每三天就新建或重建一处宗教活动场所。	A 개혁개방 이래로 약 3일마다 종교 활동 장소가 한 곳씩 신축되거나 재건되었다.
B 中国政府和民间对灾区的援助超过了12亿人民币。	B 중국 정부와 민간의 재해 지역에 대한 원조가 12억 위안을 넘었다.
C 紧张是由于缺乏自信或是太在意自己的表现而造成的。	C 긴장감은 자신감 결여나 자신의 행동에 지나치게 신경 쓰는 것에서 야기된다.
D 不仅中草药能与一般抗菌素媲美，而且副作用小，成本也较低。	D 한약재는 일반 항생 물질과 견줄 만할 뿐 아니라 부작용이 적고, 비용도 상대적으로 적다.

단어 **改革开放** gǎigé kāifàng 뗑 개혁개방 | **新建** xīnjiàn 신축하다 | **重建** chóngjiàn 재건하다 | **宗教** zōngjiào 뗑 종교 | **政府** zhèngfǔ 뗑 정부 | **灾区** zāiqū 뗑 재해 지역 | **援助** yuánzhù 동 원조하다 | **在意** zàiyì 동 마음에 두다 | **表现** biǎoxiàn 동 표현하다, 나타내다 | **造成** zàochéng 동 야기하다 | **中草药** zhōngcǎoyào 뗑 한약재 | **抗菌素** kàngjūnsù 뗑 항생 물질 | **媲美** pìměi 동 겨루다, 필적하다 | **副作用** fùzuòyòng 뗑 부작용 | **成本** chéngběn 뗑 원가, 자본금

해설 不仅中草药能与一般抗菌素媲美，而且副作用小，成本也较低。→ 中草药不仅能与一般抗菌素媲美，而且副作用小，成本也较低。

D에서 '中草药(한약재)'가 전체 문장의 주어로, 전체 문장의 주어가 같을 때 주어는 맨 앞에 와야 한다. 따라서 접속사 '不仅'은 주어 뒤에 놓여야 한다.

---

59 ★★★

A 他迈着强壮有力的步伐正向我们走来。	A 그는 힘 있는 발걸음으로 우리에게 걸어온다.
B 纳米技术已经成为很多人日常生活中的一部分。	B 나노 기술은 이미 많은 사람의 일상생활 중 일부분이 되었다.
C 对中国人来说，红色意味着吉祥、喜庆、温暖和热情等。	C 중국인에게 붉은색은 행운, 축하, 따뜻함과 열정 등을 의미한다.
D 他想起捉弄他们的事就忍俊不禁。	D 그는 그들을 골려 먹은 일을 떠올리자 웃음을 참을 수 없었다.

단어 **迈** mài 동 내딛다 | **强壮** qiángzhuàng 형 건장하다 | **步伐** bùfá 뗑 발걸음 | **纳米** nàmǐ 뗑 나노미터 | **意味着** yìwèizhe 동 의미하다 | **吉祥** jíxiáng 형 행운이다 | **喜庆** xǐqìng 동 기쁘게 경축하다 | **捉弄** zhuōnòng 동 놀리다, 조롱하다 | **忍俊不禁** rěnjùn bùjīn 젱 웃음을 참을 수 없다

해설 他迈着强壮有力的步伐正向我们走来。→ 他迈着矫健有力的步伐正向我们走来。

A의 형용사 '强壮(강건하다)'은 사람 등이 건장하고 강하다는 의미로 '步伐(발걸음)'를 수식할 수 없으므로 발걸음이나 몸짓 등이 힘차다는 의미의 '矫健(건강하고 힘 있는)'으로 수정해야 한다.

60 ★★☆

A 2004年底发生的印度洋海啸，使全球陷入了震惊和悲痛。

B 在离中南海最近的地方，有历史较长的西什库教堂。

C 听说学校要成立文学社，他首先第一个报了名。

D 通过这次活动，他学会了怎么理解和帮助别人。

A 2004년 말 발생한 인도양 쓰나미는 전 세계를 충격과 비통에 빠지게 했다.

B 중난하이(中南海)에서 가장 가까운 지역에 역사가 비교적 긴 시스쿠(西什库) 성당이 있다.

C 학교가 문학사를 만들 것이라는 소식을 듣고 그는 가장 먼저 등록했다.

D 이번 활동을 통해 그는 다른 사람을 어떻게 이해하고 돕는지를 배웠다.

단어 海啸 hǎixiào 뗑 쓰나미 | 陷入 xiànrù 동 빠지다 | 震惊 zhènjīng 톙 깜짝 놀라다 | 悲痛 bēitòng 톙 비통하다 | 西什库教堂 Xīshíkù jiàotáng 뗑 시스쿠 성당 | 报名 bàomíng 동 등록하다

해설 听说学校要成立文学社，他首先第一个报了名。→ 听说学校要成立文学社，他首先报了名。

听说学校要成立文学社，他首先第一个报了名。→ 听说学校要成立文学社，他第一个报了名。

C에서 '首先(우선)'과 '第一个(첫 번째)'는 같은 뜻으로 의미가 중복되므로 둘 중 하나를 삭제해야 한다.

실전 연습 2 – 제1부분   >> 전략서 101p

정답	51 A	52 C	53 B	54 A	55 D
	56 B	57 C	58 D	59 A	60 C

---

51 ★★☆

A 学习汉语要先掌握普通话的正确发音。

B 老师诚心诚意地对待学生的无理取闹，叫那位顽皮的学生羞愧得无话可说。

C 看问题要看本质，不要为表面的现象所迷惑。

D 要分辨出哪些是虚伪的奉承，哪些是真心的夸奖确实不容易。

A 중국어를 공부하려면 우선 표준어의 정확한 발음을 숙달해야 한다.

B 선생님은 학생이 말썽부리는 것을 성심성의로 대하며 장난이 심한 학생은 부끄러워 할 말이 없게 만들어야 한다.

C 문제를 볼 때는 본질을 봐야 하며 표면적인 현상에 현혹되면 안 된다.

D 어느 것이 거짓된 아첨이고 어느 것이 진실한 칭찬인지를 분별하는 것은 확실히 어렵다.

단어 掌握 zhǎngwò 동 숙달하다, 장악하다 | 普通话 pǔtōnghuà 뗑 표준 중국어 | 发音 fāyīn 뗑 발음 | 诚心诚意 chéngxīn chéngyì 셩 성심성의 | 对待 duìdài 동 대하다 | 无理取闹 wúlǐ qǔnào 셩 일부러 말썽을 부리다 | 顽皮 wánpí 톙 장난이 심하다 | 羞愧 xiūkuì 톙 부끄럽다 | 无话可说 wúhuà kěshuō 셩 할 말이 없다 | 本质 běnzhì 뗑 본질 | 迷惑 míhuò 톙 현혹되다 | 分辨 fēnbiàn 동 분별하다 | 虚伪 xūwěi 톙 허위의 | 奉承 fèngcheng 동 아첨하다 | 夸奖 kuājiǎng 동 칭찬하다

해설 学习汉语要先掌握普通话的正确发音。→ 学习汉语要先掌握普通话正确的发音。

A의 '普通话的正确发音(표준어의 정확한 발음)'은 한국어로 해석했을 때 전혀 이상하지 않으므로 오류를 찾기가 쉽지 않다. 그러나 '正确'는 관형어의 역할을 할 때 구조조사 '的'가 필요한 형용사이다. 따라서 '正确的发音'으로 수정해야 한다.

52 ★★☆

A 我梦寐以求的计划将要付诸实施。	A 내가 간절히 바라왔던 계획이 실현될 것이다.
B 这次大地震造成无数房屋倒塌，甚至引起了海啸。	B 이번 대지진은 무수한 주택 붕괴를 초래했고 심지어 쓰나미까지 일으켰다.
C 由于做工精细，价廉物美，这种产品被卖得很好。	C 세공이 정교하며, 질이 좋고 저렴해서 이 상품은 아주 잘 팔린다.
D 大家就机器故障的解决方法进行了激烈的讨论。	D 모두 기계 고장의 해결 방법에 관하여 격렬한 토론을 진행했다.

단어 梦寐以求 mèngmèi yǐqiú 〈성〉 간절히 바라다 | 付诸实施 fùzhū shíshī 〈성〉 실천에 옮기다 | 地震 dìzhèn 〈명〉 지진 | 造成 zàochéng 〈동〉 초래하다 | 倒塌 dǎotā 〈동〉 무너지다 | 海啸 hǎixiào 〈명〉 쓰나미 | 由于 yóuyú 〈접〉 ~때문에 | 精细 jīngxì 정교하고 섬세하다 | 价廉物美 jiàlián wùměi 〈성〉 상품의 질도 좋고 저렴하다 | 机器 jīqì 〈명〉 기계 | 故障 gùzhàng 고장 | 激烈 jīliè 〈형〉 치열하다

해설 由于做工精细，价廉物美，这种产品被卖得很好。 → 由于做工精细，价廉物美，这种产品卖得很好。
C에서 굳이 피동 형태로 쓰지 않아도 정도보어에서는 목적어가 술어 앞에 올 수 있으므로 '被'를 삭제해야 한다.

53 ★★☆

A 丈夫在外面打天下，妻子在家里照顾老人、小孩。	A 남편은 밖에서 일하고 아내는 집에서 노인과 아이를 돌본다.
B 你非亲自去一趟才可。	B 당신은 직접 한번 다녀와야만 한다.
C 这次治疗成效显著，病情很快得到了控制。	C 이번 치료 효과는 분명해서 병세가 빠르게 억제되었다.
D 只要是比赛，只要有竞争，就会有失败，此所谓胜败乃兵家常事！	D 경기를 하고 경쟁을 하면 실패하기 마련이다. 이른바 실패는 병가의 상사라고 하지 않던가!

단어 打天下 dǎtiānxià 천하를 평정하다, 사업을 개척하다 | 亲自 qīnzì 〈부〉 직접 | 治疗 zhìliáo 〈동〉 치료하다 | 成效 chéngxiào 〈명〉 효능, 효과 | 显著 xiǎnzhù 〈형〉 뚜렷하다 | 控制 kòngzhì 〈동〉 통제하다 | 竞争 jìngzhēng 〈명〉 경쟁 | 所谓 suǒwèi 〈형〉 소위, 이른바 | 胜败乃兵家常事 shèngbàinǎi bīngjiā chángshì 〈성〉 승패는 병가의 상사이다

해설 你非亲自去一趟才可。 → 你非亲自去一趟不可。
B는 구문의 호응이 잘못되었다. '非…不可'는 '~하지 않으면 안 된다'의 뜻으로 '~해야 한다'와 같은 뜻이다. 따라서 '才'를 '不'로 수정해야 한다.

54 ★★☆

A 陈老师别说平时，就即使双休日都闲不住。	A 천(陈) 선생님은 평소에는 말할 것도 없고 주말에도 한가롭지 못하다.
B 这匹野狼在乡里祸害了很久，最后终于被村民给赶跑了。	B 이 야생 늑대는 시골에서 오랫동안 화를 입혀 왔고 결국 마을 사람들에 의해 쫓겨났다.
C 两家企业互相暗中较劲，互不服气。	C 두 기업은 서로 암암리에 경쟁하며 서로 승복하지 않았다.
D 在追求经济效益的同时，我们还必须照看到弱者的需要。	D 경제 효익을 추구하는 동시에 우리는 약자의 요구를 돌봐야 한다.

단어 双休日 shuāngxiūrì 〈명〉 (5일 근무제에서의) 주말 연휴 | 闲不住 xiánbúzhù 한가롭지 못하다 | 野狼 yěláng 야생 늑대 | 祸害 huòhai 〈명〉 화, 재난 | 村民 cūnmín 마을 주민 | 赶跑 gǎnpǎo 내쫓다 | 暗中 ànzhōng 〈부〉 암암리에 | 较劲 jiàojìn 경쟁하다 | 不服气 bùfúqì 승복하지 않다 | 效益 xiàoyì 효과와 수익 | 照看 zhàokàn 〈동〉 보살피다 | 弱者 ruòzhě 〈명〉 약자

해설 陈老师别说平时，就即使双休日都闲不住。 → 陈老师别说平时，就连双休日都闲不住。
A는 접속사의 호응이 잘못되었다. '即使(설령)'은 문장의 앞 절에 나오며 뒤 절에서 '都'와 호응하여 '설령 ~할지라도'의 의미를 나타낸다. 이 문장에서는 의미상 '别说A, 连B都(A는 말할 것도 없고, 심지어 B도)'로 호응 되어야 하므로 '即使'을 '连'으로 수정해야 한다.

---

55 ★★☆

A 大家要住方便且干净的旅馆。	A 모두 편리하고 깨끗한 여관에 머물고자 한다.
B 假设消防队马上出发，到那里也已经烧得差不多了。	B 가령 소방대가 즉시 출발한다 해도, 그곳에 도착할 때는 이미 거의 다 타버릴 것이다.
C 梁祝的故事诠释了古代男女青年追求真爱的勇气。	C 양축(梁祝) 이야기는 고대 젊은 남녀의 진실한 사랑을 추구하는 용기로 해석된다.
D 他大致是上海人。	D 그는 상하이(上海) 사람이다.

단어 旅馆 lǚguǎn 圆 여관 | 假设 jiǎshè 통 가정하다 | 消防队 xiāofángduì 圆 소방대 | 烧 shāo 통 태우다 | 诠释 quánshì 통 해석하다 | 大致 dàzhì 閉 대체로

해설 他大致是上海人。→ 他是上海人。
D의 '그는 대체로 상하이 사람이다'는 논리적으로 옳지 않으므로 '大致(대체로)'를 삭제해야 한다.

---

56 ★★☆

A 忽略或是忘记了别人的情谊，就可以叫作忘恩负义。	A 다른 사람의 정을 소홀히 하거나 잊어버리는 것을 배은망덕이라고 할 수 있다.
B 他不能去，你取代他去一趟吧。	B 그는 갈 수 없으니 당신이 그를 대신해서 가세요.
C 任何一种改革都是牵一发而动全身，权责发生制改革也不例外。	C 어떤 개혁이라도 사소한 것이 대세에 영향을 미친다. 권리 발생 주의 개혁도 예외는 아니다.
D 绑架者打电话恐吓客商不要报警。	D 납치범은 전화를 걸어 신고하지 말라고 바이어를 협박했다.

단어 忽略 hūlüè 통 소홀히 하다 | 情谊 qíngyì 圆 정 | 忘恩负义 wàng'ēn fùyì 閔 배은망덕하다 | 取代 qǔdài 통 대체하다 | 牵一发而动全身 qiānyífà érdòng quánshēn 閔 사소한 것이 대세에 영향을 미치다 | 权责发生制 quánzé fāshēngzhì 圆 권리 발생주의 | 例外 lìwài 圆 예외 | 绑架者 bǎngjiàzhě 圆 납치범 | 恐吓 kǒnghè 통 위협하다 | 报警 bàojǐng 통 신고하다

해설 他不能去，你取代他去一趟吧。→ 他不能去，你代替他去一趟吧。
B에서 '取代'는 사물을 대체할 때 사용하므로 여기에서는 '代替'로 수정해야 한다.

---

57 ★★★

A 王老师一再向学生强调到海岸边去捉螃蟹要注意的几件事。	A 왕(王) 선생님은 학생들에게 해안가에서 게를 잡는 데 주의해야 할 몇 가지를 거듭 강조했다.
B 整天面对被汽车撞得缺胳膊少腿的受害者，司机就会顿生恻隐之心，痛悔自己的违章行为。	B 자동차에 부딪혀 팔과 다리가 잘려나간 환자를 온종일 마주하면서, 기사는 갑자기 측은한 마음이 들었고 자신의 규정 위반 행위를 가슴 아프게 후회했다.
C 老师问的问题小明都知道，可是他举了很多次手老师都没叫他的名字，最后他实在忍不住，不妨自己站了起来。	C 선생님이 물어본 문제에 대해 샤오밍(小明)은 답을 알고 있었지만 그가 여러 차례 손을 들어도 선생님은 그의 이름을 부르지 않았다. 결국 그는 참지 못해 스스로 일어났다.
D 世界排名第二的餐饮连锁企业汉堡王日前在上海开出了第一家餐厅，企图在快速增长的中国快餐市场分一杯羹。	D 세계 랭킹 2위의 요식업 프랜차이즈 기업 버거킹은 얼마 전 상하이(上海)에서 1호점을 오픈했고, 빠르게 성장하는 중국 패스트푸드 시장에서 이익을 취하고자 한다.

단어 一再 yízài 閉 거듭 | 螃蟹 pángxiè 圆 게 | 受害者 shòuhàizhě 圆 피해자 | 顿 dùn 閉 갑자기 | 恻隐之心 cèyǐn zhīxīn 閔 측은지심 | 痛悔 tònghuǐ 통 몹시 후회하다 | 违章行为 wéizhāng xíngwéi 圆 규정 위반 행위 | 忍不住 rěnbúzhù 견딜 수 없다 | 不妨 bùfáng 閉 ~하는 것도 무방하다 | 排名 páimíng 圆 순위 | 餐饮 cānyǐn 圆 음식과 음료 | 连锁企业 liánsuǒ qǐyè 프랜차이즈 기업 | 汉堡王 Hànbǎowáng 圆 버거킹 | 日前 rìqián 얼마 전 | 企图 qǐtú 통 도모하다 | 分一杯羹 fēn yìbēi gēng 나눠 먹기 하다

最后他实在忍不住，不妨自己站了起来。→ 最后他实在忍不住，自己站了起来。

C에서 '不妨'은 '~해도 무방하다'는 뜻으로 문맥상 어울리지 않는다. 그가 참지 못하고 일어났다는 뜻이므로 '不妨'을 삭제해야 한다.

---

58 ★★☆

A 与中国文化若即若离的文化背景，使得韩国现代在把控消费环境方面游刃有余。	A 중국 문화와 가까우면서도 그렇지 않은 것 같은 문화적 배경 때문에, 한국의 현대기업이 소비 환경을 파악하는 데 여유 있게 일을 처리하게 되었다.
B 不同类型项目的财务分析内容可以不同，这也继续表明了经济评价应按需而取。	B 다른 종류 프로그램의 재무 분석은 내용이 다를 수 있으며, 이것은 경제 평가가 마땅히 필요에 의해 결정되어야 함을 계속해서 보여줬다.
C 产业链金融是传统商业银行资产业务的新模式，在这种融资模式下，银行和企业可以双赢。	C 산업 사슬 금융은 전통적인 상업은행 자산 업무의 새로운 모델이며, 이런 융자 모델 하에 은행과 기업 모두 이익을 얻을 수 있다.
D 今日又逢腊八，感受着异国的冬日，没有家乡的刺骨北风和皑皑白雪，只是空气一些干燥。	D 오늘 또 납팔이 되어 이국적인 겨울을 느끼자니, 고향의 살을 에는 듯한 북풍과 새하얀 눈은 없고 공기만 약간 건조하다.

若即若离 ruòjí ruòlí 젱 가까운 것 같기도 하고 그렇지 않은 것 같기도 하다 | **背景** bèijǐng 명 배경 | **消费** xiāofèi 동 소비하다 | **游刃有余** yóurèn yǒuyú 젱 힘들이지 않고 여유 있게 일을 처리하다 | **财务** cáiwù 명 재무 | **分析** fēnxī 동 분석하다 | **评价** píngjià 동 평가하다 | **产业链** chǎnyèliàn 명 산업 사슬 | **金融** jīnróng 명 금융 | **资产** zīchǎn 명 자산 | **模式** móshì 명 패턴, 모델 | **双赢** shuāngyíng 동 양측 모두 이익을 얻다 | **逢** féng 동 만나다 | **腊八** làbā 명 납팔, 음력 12월 8일 | **异国** yìguó 명 이국 | **刺骨** cìgǔ 형 살을 에다 | **皑皑** ái'ái 형 새하얗고 깨끗하다 | **干燥** gānzào 형 건조하다

只是空气一些干燥。→ 只是空气有点儿干燥。

D의 '一些'는 명사 앞에 사용하는 '조금'이라는 뜻으로, 형용사 '干燥' 앞에서는 '有点儿'로 수정해야 한다.

---

59 ★★★

A 坐车的时候抱孩子在怀里，在许多人心目中，这是最安全的方式。	A 차를 탈 때 아이를 품에 안는 것이 많은 사람이 보기에 가장 안전한 방식이다.
B 幸好他去疗养院看望父亲，没有吃到这种有毒的蘑菇，不然他也要被送进医院抢救了。	B 운 좋게도 그는 요양원에 부모님을 만나러 가느라 이런 독버섯을 먹지 않았다. 그렇지 않았으면 그도 병원으로 이송되어 응급처치를 받아야 했을 것이다.
C 这一观点只是涉及月球形成的现有四种理论假设中的一种。	C 이 관점은 달의 형성에 관한 기존의 네 가지 가설 중 하나일 뿐이다.
D 参观各式建筑往往是旅游中的重头戏，从帝王宫殿到普通民居，从万里长城到亭台楼阁，每一处建筑都有它看不够、道不完的精致与美妙。	D 다양한 건축물을 참관하는 것은 종종 여행 중 가장 중요하면서도 힘든 부분이다. 제왕의 궁전에서 일반 민가까지, 만리장성에서 정자 누각까지 모든 건축물이 다 볼 수도 말할 수도 없는 정교함과 아름다움을 가졌다.

抱 bào 동 안다 | **怀里** huáilǐ 명 품속 | **心目** xīnmù 명 마음 속 | **疗养院** liáoyǎngyuàn 명 요양원 | **看望** kànwàng 동 방문하다 | **蘑菇** mógu 명 버섯 | **不然** bùrán 접 그렇지 않으면 | **抢救** qiǎngjiù 동 응급 처치하다 | **涉及** shèjí 동 관련되다 | **月球** yuèqiú 명 달 | **参观** cānguān 동 참관하다 | **建筑** jiànzhù 명 건축 | **重头戏** zhòngtóuxì 명 가장 중요하고 힘든 부분 | **帝王** dìwáng 명 제왕 | **宫殿** gōngdiàn 명 궁전 | **民居** mínjū 명 민가 | **亭台楼阁** tíngtái lóugé 젱 정자, 누각 | **精致** jīngzhì 형 정교하고 치밀하다 | **美妙** měimiào 형 아름답다

坐车的时候抱孩子在怀里 → 坐车的时候把孩子抱在怀里

A는 특정한 목적어에 대해 어떤 조치를 취해 나타난 결과를 표현하는 '把'자문으로 써야 한다. 따라서 '把'를 추가하고 목적어 '孩子(아이)'를 뒤에 놓아 강조하며, 개사구 '在怀里(품에)'를 보어로 두어야 한다.

60 ★★☆	
A 自从火车站一带治安混乱的报道见诸报端后，公安机关加大警力维持社会秩序。	A 기차역 일대의 치안이 혼란하다는 보도가 기사화되고 난 후, 공안기관은 경찰력을 강화하여 사회 질서를 유지했다.
B 一家人之间尚且会产生矛盾，更何况刚刚认识不久的朋友呢？	B 가족 간에도 갈등이 생기는데 하물며 알게 된 지 얼마 안 된 친구는 어떻겠는가?
C 中国经济的发展越来越很迅速，因此学习汉语的人越来越多，到中国留学的人成倍增长，更促进了中国经济的发展。	C 중국 경제 발전이 점점 빨라지면서 중국어를 공부하는 사람도 점점 늘어나고 중국에서 유학하는 사람도 배로 늘어나서 중국 경제 발전을 더욱 촉진했다.
D 在所有的旅行经验当中，让我无法忘记的是早些年的北戴河之旅，虽然那次的物质条件与以后的旅行无法相比。	D 모든 여행 경험 중에서 내가 잊을 수 없었던 것은 초창기의 베이다이(北戴)강 여행이었다. 비록 그때의 물질적인 조건과 이후의 여행은 비교할 수 없을지라도 말이다.

단어 治安 zhì'ān 몡 치안 | 混乱 hùnluàn 톙 혼란하다 | 见诸 jiànzhū 통 ~에 보이다, ~에 발표되다 | 报端 몡 bàoduān 신문지상 | 加大 jiādà 통 더하다, 확대하다 | 警力 jǐnglì 몡 경찰력 | 维持 wéichí 통 유지하다 | 秩序 zhìxù 몡 질서 | 尚且 shàngqiě 젭 ~조차 ~한데 | 矛盾 máodùn 몡 갈등 | 何况 hékuàng 젭 하물며 | 促进 cùjìn 통 촉진하다 | 相比 xiāngbǐ 통 비교하다

해설 中国经济的发展越来越很迅速 → 中国经济的发展越来越迅速

C에서 '越来越(점점)'와 '很(매우)'은 둘 다 정도부사로 정도부사는 중복하여 사용할 수 없다. 둘 중 하나를 삭제해야 하는데, 뒤 절에 '越来越'가 사용되었으므로 앞 절에도 '越来越'를 사용하는 것이 적절하다. 따라서 '很'을 삭제해야 한다.

미리보기 해석

제2부분

>> 전략서 106p

61. 难道只要一朝当了父母，就会不可救药地终生沦为"担心"的阶下囚吗？难道这种无休无止的"担心"，就像代代相传的火炬，折射出的是人性的脆弱和畏惧吗？

A	只有	无可救药	永无止息	表现
B	只有	无法避免	生生不息	展示
C	只要	不可救药	无休无止	折射
D	只要	不可避免	永无止境	反映

61. 하루아침에 아버지가 되기만 하면 피할 수 없이 '근심'의 포로로 전락하는 것일까? 이러한 끝도 없는 '근심'은 대대손손 전해지는 횃불과도 같아서, 인성의 나약함과 공포를 반영하는 것일까?

A ~해야만이 　　　　방법이 없다
　영원히 멈추지 않는다　표현하다

B ~해야만이 　　　　피할 수 없다
　끊임없이 번성한다　　전시하다

C ~하기만 하면 　　　방법이 없다
　끝이 없다 　　　　　굴절하다

D ~하기만 하면 　　　피할 수 없다
　끝이 없다 　　　　　반영하다

01. 뜻으로 유의어 구분하기

유형 확인 문제

>> 전략서 107p

정답 1 B

---

1 ★★☆

我理解的社会领袖力，是一种务虚的能力。拥有这种能力的人能够看到他人看不到的方向，可以提出别人提不出的方案。

내가 이해하는 사회 리더십은 토론하고 연구하는 능력이다. 이런 능력이 있는 사람은 타인이 볼 수 없는 방향을 볼 수 있고, 다른 사람이 내놓을 수 없는 방안을 제시할 수 있다.

A	认为	可以	可能	意见
B	理解	能够	可以	方案
C	知道	能够	可以	想法
D	了解	可以	可能	提议

A	생각하다	할 수 있다	가능하다	의견
B	이해하다	할 수 있다	할 수 있다	방안
C	알다	할 수 있다	할 수 있다	생각
D	이해하다	할 수 있다	가능하다	제의

단어 领袖力 lǐngxiùlì 뗑 리더십 | 务虚 wùxū 용 토론하고 연구하다 | 拥有 yōngyǒu 용 가지다 | 方案 fāng'àn 뗑 방안 | 理解 lǐjiě 용 이해하다 | 能够 nénggòu 용 ~할 수 있다 | 提议 tíyì 용 제의하다

해설 빈칸1 '理解'는 내포하고 있는 의미나 뜻을, '了解'는 상황을 '이해하다'라는 의미이다. '认为'는 어떤 사실을 알고 생각할 때 사용하며, 일반적으로 명사와 호응하지 않으므로 적절하지 않다. 문맥상 사회 리더십의 의미를 이해하고 있다는 의미이므로 '理解'가 적절하다.

빈칸2 빈칸 뒤의 '타인이 볼 수 없는 방향을 보는 것'은 일종의 능력이므로 '~할 수 있다'는 뜻의 '可以'와 '能够' 모두 적절하다.

빈칸3 '可能'은 가능성을 나타내고, '可以'는 능력을 나타내므로 다른 사람이 내놓을 수 없는 방안을 내놓는 능력에는 '可以'가 적절하다.

빈칸4 빈칸이 있는 절의 동사 '提出(제시하다)'와 호응하는 목적어를 찾아야 한다. 네 가지 모두 문맥상 적절하다.

02. 의미 표현으로 유의어 구분하기

유형 확인 문제

〉〉전략서 109p

> **정답** 1 C

---

1 ★★☆

中国人十分崇拜一些神像，但愿望未能实现时，他们会毫不留情地砸毁这些神像。可很快又会平息下来，再拜其他神像。	중국인은 신상을 매우 숭배하지만, 소망이 실현될 수 없을 때 그들은 가차 없이 이 신상을 부숴 버린다. 그러나 아주 빨리 다시 평정을 찾고 다시 다른 신상에 절한다.
A 崇尚　　毁坏　　安静	A 숭상하다　　파괴하다　　조용하다
B 看重　　砸掉　　平定	B 중시하다　　부수다　　안정되다
C 崇拜　　砸毁　　平息	C 숭배하다　　부수다　　평정하다
D 支持　　破坏　　冷静	D 지지하다　　파괴하다　　냉정하다

단어 神像 shénxiàng 명 신상 | 愿望 yuànwàng 명 소망 | 毫不留情 háobù liúqíng 성 몰인정하다 | 拜 bài 동 절하다 | 崇尚 chóngshàng 동 숭상하다 | 看重 kànzhòng 동 중시하다 | 崇拜 chóngbài 숭배하다 | 毁坏 huǐhuài 동 파괴하다 | 砸掉 zádiào 부수다 | 砸毁 záhuǐ 동 부수다 | 安静 ānjìng 형 조용하다 | 平定 píngdìng 형 안정되다 | 平息 píngxī 동 평정하다 | 冷静 lěngjìng 형 냉정하다

해설 빈칸1 빈칸 뒤의 목적어인 '神像(신상)'과 호응하는 술어를 골라야 한다. 신상은 일반적으로 숭배하는 대상이므로 '崇尚(숭상하다)'과 '崇拜'(숭배하다)'가 적절하다.

빈칸2 빈칸 앞의 '毫不留情地(가차 없이)'와 호응하는 동사를 골라야 하며, 빈칸 앞 절에 나온 내용인 '소망이 실현될 수 없을 때' 발생하는 결과로 이어지는 내용이 와야 한다. 따라서 네 가지 모두 적절하다.

빈칸3 네 가지 모두 조용하고 차분하다는 뜻이지만 '安静'은 외부 환경의 상태를 의미한다. 문맥상 '평정심을 찾고 마음을 가라앉히다'라는 의미의 '平定(안정되다)'과 '平息(평정하다)'가 적절하다.

03. 문법 기능으로 유의어 구분하기

유형 확인 문제

〉〉전략서 111p

> **정답** 1 C

---

1 ★★☆

爱情是一种稀缺资源，并不是每个人都能遇见它。爱情很美好，但如果你生命里没有爱情的定数，你怎么努力它都不会萌芽，你注定只是别人爱情里的观光客。	사랑은 희소 자원이며 모든 사람이 그것을 만날 수 있는 것은 아니다. 사랑은 아름답지만, 만약 당신의 생명 안에 사랑의 운명이 없다면 어떻게 노력을 해도 싹틀 수 없고, 당신은 단지 다른 사람의 사랑 속 관광객으로 운명이 정해진다.

A	见到	假如	开花	生来				
B	偶遇	万一	发芽	天生				
C	遇见	如果	萌芽	注定				
D	见面	假设	结果	永远				

A	만나다	만약에	개화하다	태어날 때부터
B	우연히 만나다	만약에	발아하다	타고난
C	만나다	만약에	싹트다	운명으로 정해지다
D	만나다	가정하다	결과	영원히

단어 爱情 àiqíng 명 사랑 | 稀缺 xīquē 형 희소하다 | 美好 měihǎo 형 아름답다 | 定数 dìngshù 명 운명 | 观光客 guānguāngkè 명 관광객 | 偶遇 ǒuyù 동 우연히 만나다 | 遇见 yùjiàn 동 만나다 | 假如 jiǎrú 접 만약에 | 万一 wànyī 접 만약에 | 如果 rúguǒ 접 만약에 | 假设 jiǎshè 동 가정하다 | 发芽 fāyá 동 발아하다 | 萌芽 méngyá 명 싹트다 | 生来 shēnglái 부 태어날 때부터 | 天生 tiānshēng 형 타고난 | 注定 zhùdìng 동 운명으로 정해지다

해설 **빈칸1** 빈칸 뒤의 '它'는 '爱情(사랑)'을 지칭하는 것으로, 이와 호응하는 동사를 골라야 한다. '见到', '偶遇', '见面'은 사람과 만날 때 사용하며, '遇见'은 상황이나 사건을 우연히 맞닥뜨릴 때 사용한다. 네 개 중에서 유일하게 추상명사를 목적어로 가질 수 있는 '遇见(만나다)'이 가장 적절하다.

빈칸2 보기로 미루어 보아 빈칸 뒤의 문장은 어떠한 사실을 가정한다는 것을 알 수 있다. 빈칸은 문법상 접속사 자리인데 '假设'는 '가정하다'라는 동사, 혹은 '가정'이라는 명사 형태의 단어이므로 적절하지 않다.

빈칸3 빈칸은 동사 자리인데 '结果(결과)'는 명사이므로 적절하지 않다.

빈칸4 빈칸은 동사 자리이므로 '注定'만 가능하다. '天生'은 성질이나 능력을 타고난 것을 의미한다.

04. 호응 관계로 유의어 구분하기

유형 확인 문제
>> 전략서 112p

정답 1 D

1 ★★☆	
司马迁的父亲司马谈临死前嘱咐他，希望他能写出一部无愧祖辈的优秀著作来。司马迁继承了父亲的遗志，终于完成了一部空前的历史巨著《史记》。	사마천(司马迁)의 아버지 사마담(司马谈)은 죽기 전에 조상들에게 부끄럽지 않은 우수한 작품을 쓸 수 있기를 바란다고 그에게 당부했다. 사마천은 아버지의 유지를 이어받아, 마침내 전례 없는 역사 걸작인『사기』를 완성했다.

A	说服	作品	实现	成功	A	설득하다	작품	실현하다	성공적인
B	告诫	文章	接受	大型	B	훈계하다	문장	받아들이다	대형의
C	叮嘱	书籍	担负	伟大	C	당부하다	서적	부담하다	위대한
D	嘱咐	著作	继承	空前	D	당부하다	작품	이어받다	전례 없는

단어 临死 línsǐ 동 죽음에 이르다 | 无愧 wúkuì 동 부끄러움이 없다 | 祖辈 zǔbèi 명 조상 | 优秀 yōuxiù 형 우수하다 | 遗志 yízhì 명 유지 | 巨著 jùzhù 명 걸작 | 说服 shuōfú 설득하다 | 告诫 gàojiè 동 훈계하다 | 叮嘱 dīngzhǔ 동 신신당부하다 | 嘱咐 zhǔfù 동 당부하다 | 书籍 shūjí 명 서적 | 著作 zhùzuò 명 작품 | 担负 dānfù 동 부담하다 | 继承 jìchéng 동 이어받다, 계승하다 | 大型 dàxíng 형 대형의 | 伟大 wěidà 형 위대하다 | 空前 kōngqián 형 전례 없는, 공전의

해설 **빈칸1** 빈칸 뒤에 목적어 '他'가 나오므로 동사 자리이다. 문맥상 네 가지 모두 적절하다.

빈칸2 빈칸 앞의 '写出(쓰다)'라는 동사를 통해 목적어는 '글'과 관련된 것임을 알 수 있다. 그 중에서도 빈칸 앞의 양사 '部'의 수식을 받는 명사를 선택해야 하므로 '作品(작품)'과 '著作(작품)'가 적절하다.

빈칸3 빈칸은 동사 자리이므로 목적어 '遗志(유지)'와 호응해야 한다. '继承'은 '이어받다, 계승하다'의 뜻으로 유지, 재산, 지위, 제도 등의 명사와 호응하므로 가장 적절하다.

빈칸4 빈칸은 뒤의 '《史记》(『사기』)'를 수식하므로 문맥상 '伟大(위대한)'과 '空前(전례 없는)'이 적절하다.

05. 논리 관계로 맥락 파악하기

정답 1 A

---

1 ★★☆

有计划和步骤的目标就像地图，让你明白如何到达自己想去的地方。你必须定期参考地图以确保路径正确。这张地图还能让你知道有哪些别的路同样可以到达目的地，<u>以便</u>你在此路不通时，能有另外的选择。

계획과 순서가 있는 목표는 지도와 같아서 자신이 가고 싶은 곳에 어떻게 도달할 수 있는지 알게 한다. 당신은 길이 올바른지 확인하기 위해 지도를 정기적으로 <u>참고</u>해야 한다. 이 지도는 또한 목적지로 갈 수 있는 또 다른 길은 어떤 것들이 있는지 알게 하여, 당신이 있는 길이 순탄치 않을 때 다른 선택을 <u>하도록</u> 해 준다.

A 计划	如何	参考	以便
B 计算	怎样	回忆	从而
C 设计	怎么	研究	此外
D 体会	多少	了解	否则

A 계획	어떻게	참고하다	~하도록
B 계산하다	어떻게	추억하다	그리하여
C 설계	어떻게	연구하다	이 밖에도
D 체험	얼마나	이해하다	그렇지 않으면

단어 步骤 bùzhòu 몡 순서 | 必须 bìxū 閈 반드시 | 定期 dìngqī 혱 정기적인 | 以 yǐ 젭 ~하기 위하여 | 确保 quèbǎo 동 확실히 보장하다 | 路径 lùjìng 몡 통로, 방법 | 设计 shèjì 몡 설계 | 体会 tǐhuì 몡 체험 | 如何 rúhé 데 어떻게 | 参考 cānkǎo 동 참고하다 | 回忆 huíyì 동 추억하다 | 以便 yǐbiàn 젭 ~하도록 | 从而 cóng'ér 젭 그리하여 | 否则 fǒuzé 젭 그렇지 않으면

해설 빈칸1 빈칸 뒤에 '和'가 있으므로 '步骤(순서)'와 동등하게 이어지는 단어를 골라야 한다. '步骤'는 명사이므로 동사인 '计算'은 적절하지 않고, 전체 지문의 문맥상 '计划(계획)'가 적절하다.

빈칸2 보기로 미루어 보아 빈칸은 자신이 가고 싶어 하는 곳에 어떻게 도달할 수 있는지 방법을 묻고 있으므로 '如何', '怎样', '怎么'가 적절하다.

빈칸3 빈칸 뒤의 '地图(지도)'와 호응하는 동사를 선택해야 한다. 지도는 목적지에 도달하기 위해 참고해야 하는 자료이므로 '参考(참고하다)'가 적절하다.

빈칸4 빈칸이 포함된 문장의 앞 절에서 '목적지로 갈 수 있는 또 다른 길을 알게 한다'고 했고, 빈칸 뒤에는 '당신이 있는 길이 순탄치 않을 때 다른 선택을 하도록 하게 해준다'는 것임을 알 수 있다. 따라서 문맥상 목적이나 인과관계를 나타내는 접속사가 와야 하므로 '以便(~하도록)'과 '从而(그리하여)'이 적절하다.

---

06. 보기의 교집합 사용하기

정답 1 A

---

1 ★★☆

古时候，"城"和"市"是两个不同的概念。"城"往往是统治者及其军队居住和驻扎的地方，<u>四周筑有城墙</u>。"市"是做<u>买卖</u>的地方，这个地方最早是在井边，人们来取水，便带来东西<u>交易</u>，所以有"市井"一词。

옛날에 '성(城)'과 '시(市)'는 두 개의 다른 개념이었다. '성'은 통치자와 그 군대가 거주하고 주둔하는 지역이었으며 사방에 성벽을 쌓았다. '시'는 장사를 하는 곳으로, 이곳은 처음에 우물가에서 시작 되었으나 사람들이 물을 얻기 위해 오는 길에 물건을 가지고 와 거래 해서 '시정(市井)'이라는 단어가 생겼다.

A	概念	四周	买卖	交易	A	개념	사방	장사	거래하다
B	定义	附近	商业	交换	B	정의	근처	상업	교환하다
C	名称	周围	生意	交流	C	명칭	주위	장사	교류하다
D	内容	当地	贸易	交通	D	내용	현지	무역	교통

단어 统治者 tǒngzhìzhě 圆 통치자 | 军队 jūnduì 圆 군대 | 居住 jūzhù 圄 거주하다 | 驻扎 zhùzhā (부대 등이) 주둔하다 | 筑 zhù 圄 건설하다 | 概念 gàiniàn 圆 개념 | 定义 dìngyì 정의 | 四周 sìzhōu 圆 사방, 주위 | 商业 shāngyè 圆 상업, 비즈니스 | 生意 shēngyi 圆 장사

해설 **빈칸1** 빈칸이 있는 문장은 '성'과 '시'를 비교하고 있다. 이 두 글자의 뜻이나 개념에 대한 이야기이므로 문맥상 '概念(개념)', '定义(정의)', '名称(명칭)'이 적절하다.

빈칸2 빈칸 뒤에서 성벽을 쌓는 내용이 나온다. 성벽은 주위를 둘러싸고 세우는 것이므로 의미상 '四周(사방)'와 '周围(주위)'가 적절하다.

빈칸3 네 보기는 모두 '장사', '교역'이라는 뜻이지만, 빈칸 앞의 동사 '做'와 호응하는 목적어를 골라야 한다. 따라서 '买卖'와 '生意'가 적절하다.

빈칸4 빈칸 앞의 내용으로 미루어 보아, 물건을 가지고 와 거래나 교환을 한다는 의미이므로 '交易(거래하다)'나 '交换(교환하다)'이 적절하다.

Tip 첫 번째 빈칸은 A, B, C 모두 가능하고, 두 번째 빈칸은 A, C가 가능하다. 세 번째 빈칸도 A, C가 가능하다. 마지막 빈칸은 A, B가 가능하므로 이 모두의 교집합을 찾으면 정답은 A이다.

실전 연습 1 – 제2부분

정답

61 C	62 B	63 B	64 C	65 A
66 B	67 C	68 A	69 A	70 A

61 ★★☆

对发展中国家的科学家来说，<u>促使</u>他们献身于科学的<u>首先</u>是强国的愿望，因为他们都尝过落后挨打的<u>滋味</u>。但到今天，在世俗化和消费欲望的共同<u>驱使</u>下，这种追求在弱化。

개발도상국의 과학자들에게 있어 그들을 과학에 헌신하게 하는 <u>우선</u>의 것은 강국에 대한 염원이다. 왜냐하면 그들은 모두 낙후의 맛을 봤기 때문이다. 그러나 지금까지 세속화와 소비 욕구가 함께 <u>부추겨</u>져서 이러한 추구는 약화되었다.

A	促进	首要	味道	驱动	A	촉진하다	가장 중요한	맛	추진하다
B	推动	首选	结果	促动	B	추진하다	우선 선택의	결과	발동하다
C	促使	首先	滋味	驱使	C	~하게 하다	우선	맛	부추기다
D	鼓动	首次	下场	催促	D	선동하다	처음	퇴장하다	재촉하다

단어 献身 xiànshēn 圄 헌신하다 | 强国 qiángguó 圆 강국 | 愿望 yuànwàng 圆 영원, 소망 | 落后 luòhòu 圆 낙후되다 | 挨打 áidǎ 얻어맞다 | 世俗化 shìsúhuà 圆 세속화 | 消费 xiāofèi 圄 소비하다 | 欲望 yùwàng 圆 욕망 | 追求 zhuīqiú 圄 추구하다 | 弱化 ruòhuà 圄 약화하다 | 促进 cùjìn 圄 촉진하다 | 推动 tuīdòng 圄 추진하다 | 促使 cùshǐ 圄 ~하게 하다 | 鼓动 gǔdòng 圄 선동하다 | 首选 shǒuxuǎn 圆 우선 선택의 | 滋味 zīwèi 圆 맛 | 下场 xiàchǎng 圄 퇴장하다 | 驱动 qūdòng 圄 추진하다 | 促动 cùdòng 圄 발동하다 | 驱使 qūshǐ 圄 부추기다 | 催促 cuīcù 圄 재촉하다

88 | 정.반.합. 新HSK 6급

해설 **빈칸1** 빈칸 뒤의 '他们'을 목적어로 가질 수 있는 동사는 '促使'와 '鼓动'이다. 그러나 '鼓动'은 안 좋은 일을 하도록 부추기는 것을 말하므로 적절하지 않다.

빈칸2 빈칸은 형용사 자리로 순서를 나타내는 명사인 '首次(처음)'는 적절하지 않다. 과학자들을 과학에 헌신하게 만드는 가장 우선시되는 것을 뜻하므로 '首要(가장 중요한)', '首选(우선 선택의)', '首先(우선)'이 적절하다.

빈칸3 빈칸 앞의 동사 '尝过(맛보다)'와 호응하는 목적어를 골라야 하므로 '맛'이라는 뜻의 '味道'와 '滋味'가 적절하다.

빈칸4 빈칸 앞의 '世俗化(세속화)'와 '消费欲望(소비 욕구)'의 수식을 받는 것이므로 '驱使(부추기다)'와 호응한다.

Tip 빈칸에 동사가 들어갈 경우에는 반드시 목적어를 확인해야 한다.

---

62 ★★☆

中国足协与福拉多的谈判进展顺利，很有可能<u>聘用</u>这位前南斯拉夫国际足球运动员为国家足球队主教练。中国足协的发言人<u>确认</u>谈判正在进行，但是还没有做最后<u>决定</u>。	중국 축구 협회와 블라도(福拉多)의 협상이 순조롭게 진행되어, 유고슬라비아 전 국제 축구 선수가 국가 대표 축구팀 감독으로 초빙될 가능성이 높다. 중국 축구 협회 대변인은 협상이 진행되고 있지만 아직 최종 결정은 내리지 않았다고 확인했다.

A	使用	确定	结果	A	사용하다	확정하다	결과
B	聘用	确认	决定	B	초빙하다	확인하다	결정
C	雇用	确凿	讨论	C	고용하다	확실하다	토론
D	聘请	确定	定论	D	초빙하다	확정하다	정론

단어 **足协** zúxié 명 축구 협회 | **谈判** tánpàn 동 협상하다 | **进展** jìnzhǎn 동 진전하다 | **顺利** shùnlì 형 순조롭다 | **南斯拉夫** Nánsīlāfū 명 유고슬라비아 | **主教练** zhǔjiàoliàn 명 감독 | **发言人** fāyánrén 명 대변인 | **聘用** pìnyòng 동 초빙하여 임용하다 | **雇佣** gùyōng 동 고용하다 | **聘请** pìnqǐng 동 초빙하다 | **确定** quèdìng 동 확정하다 | **确认** quèrèn 동 확인하다 | **确凿** quèzáo 형 확실하다 | **定论** dìnglùn 명 정설, 정론

해설 **빈칸1** 빈칸 뒤의 '运动员(선수)'을 목적어로 하는 동사가 필요하다. '초빙하다'는 뜻의 동사 '聘用'과 '聘请'이 적절하다.

빈칸2 빈칸은 동사 자리다. 빈칸 뒤에 목적어가 있으므로 '确凿'와 같은 형용사는 올 수 없다. 중국 축구 협회 대변인이 사실을 확인한 것이므로 '确认'이 적절하다. 대변인은 협상 진행을 확정하는 것이 아니라 전달하는 사람이므로 '确定'은 적절하지 않다.

빈칸3 의미상 협상이 진행되고 있으므로 아직 최종 결정을 내리지 않은 것이다. 또한 빈칸 앞의 동사 '做'와 결합할 수 있는 것으로 '决定(결정)'이 가장 적절하다.

---

63 ★★☆

在现代社会，竞争力归根到底<u>取决</u>于人口素质。谁的人口素质高、人力资本<u>充足</u>，谁就占据先机，谁就会走在发展的<u>前锋</u>。	현대 사회에서 경쟁력은 결국 국민의 소양에 달려있다. 국민의 소양이 높고 인력과 자본이 <u>충분한</u> 나라여야 바로 기선을 잡고 발전의 <u>선봉</u>에 나설 수 있다.

A	决定	丰富	前面	A	결정하다	풍부하다	앞부분
B	取决	充足	前锋	B	달려있다	충분하다	선봉
C	抉择	强大	前方	C	고르다	강대하다	전방
D	选择	雄厚	前列	D	선택하다	풍부하다	선두

단어 **归根到底** guīgēn dàodǐ 성 결국, 끝내 | **素质** sùzhì 명 소양, 자질 | **人力** rénlì 명 인력 | **资本** zīběn 명 자본 | **占据** zhànjù 동 점거하다 | **先机** xiānjī 명 기선 | **取决** qǔjué 동 달려있다 | **抉择** juézé 동 고르다, 선정하다 | **丰富** fēngfù 형 풍부하다 | **充足** chōngzú 형 충분하다 | **强大** qiángdà 형 강대하다 | **雄厚** xiónghòu 형 풍부하다, 충분하다 | **前面** qiánmian 명 앞부분 | **前锋** qiánfēng 명 선봉 | **前方** qiánfāng 명 전방 | **前列** qiánliè 명 선두

해설　빈칸1　보기 중 빈칸 뒤의 '于'와 호응하는 것은 '取决(결정하다)'로, '取决于'는 '~에 달려있다'는 뜻이다.

　　　빈칸2　빈칸 앞의 인력과 자본은 '充足(충분하다)'와 호응한다. '丰富'는 경험 등이 풍부할 때 사용하며, '强大'는 국력 등이 강대할 때 사용하므로 적절하지 않다.

　　　빈칸3　빈칸 앞의 '发展(발전)'이 수식하는 것은 '前锋(선봉)'이 적절하다.

Tip 유의어 구분하기

充足 〔형〕 구체적인 것이 충분하다
　　圆 睡眠充足(수면이 충분하다) | 阳光充足(햇빛이 충분하다) | 营养充足(영양이 충분하다)

充满 〔동〕 활력이나 자신감 등이 넘치다
　　圆 充满活力(활력이 넘치다) | 充满自信(자신감이 넘치다)

充沛 〔형〕 혈기나 힘 등이 왕성하다
　　圆 精力充沛(정신과 힘이 왕성하다) | 精神充沛(정신이 왕성하다)

充分 〔형〕 이유나 시간 등이 충분하다
　　圆 理由充分(이유가 충분하다) | 充分发挥(충분히 발휘하다)

---

64 ★★☆

水资源显然不是能够无限供给的，可持续发展的思路应当是建立污水回收系统，循环利用。多数城市的污水处理率还较低，污水处理费仅是自来水水费的一半左右，而仅凭直觉我们就能判断，使污水重新进入城市水源循环的费用一定比采集清洁水的费用高得多。

수자원은 분명히 제한 없이 공급될 수 있는 것이 아니지만 지속 가능 발전의 사고는 마땅히 오수 회수 시스템을 세우고 순환 이용하는 것에 있어야 한다. 많은 도시의 오수 처리율은 다소 낮으며, 오수 처리비는 단지 수도세의 절반 정도에 불과하다. 그러나 단지 직관만으로 판단할 수 있는 것은, 오수를 다시 도시 수원으로 유입해 순환하는 비용은 분명 청정수를 모으는 비용보다 훨씬 더 높다는 것이다.

A	自然	供用	目标	想象	A	자연스럽게	공용하다	목표	상상
B	既然	使用	途径	观察	B	기왕 ~된 이상	사용하다	방법	관찰
C	显然	供给	思路	直觉	C	분명하게	공급하다	사고	직관
D	当然	利用	基础	常识	D	당연히	이용하다	기초	상식

단어　无限 wúxiàn 〔형〕 무한하다 | 可持续发展 kě chíxù fāzhǎn 〔명〕 지속 가능한 발전 | 建立 jiànlì 〔동〕 세우다 | 污水 wūshuǐ 〔명〕 오수 | 回收 huíshōu 〔동〕 회수하다 | 系统 xìtǒng 〔명〕 시스템 | 循环 xúnhuán 〔동〕 순환하다 | 凭 píng 〔개〕 ~에 근거하여 | 判断 pànduàn 〔동〕 판단하다 | 重新 chóngxīn 〔부〕 다시, 재차 | 采集 cǎijí 〔동〕 채집하다 | 清洁水 qīngjiéshuǐ 〔명〕 청정수, 깨끗한 물 | 既然 jìrán 〔접〕 기왕 ~된 이상 | 显然 xiǎnrán 〔형〕 분명하다 | 供给 gōngjǐ 〔동〕 공급하다 | 途径 tújìng 〔명〕 방법, 수단 | 思路 sīlù 〔명〕 사고의 맥락 | 基础 jīchǔ 〔명〕 기초 | 观察 guānchá 〔명〕 관찰 | 直觉 zhíjué 〔명〕 직관 | 常识 chángshí 〔명〕 상식

해설　빈칸1　빈칸이 포함된 문장 전체의 문맥으로 미루어 볼 때, 수자원은 제한이 없는 자원이 아닌 것은 명백하거나 당연한 사실이므로 '显然'이나 '当然'이 적절하다. '既然(기왕 ~된 바에)'는 일반적으로 '就'와 호응하므로 적절하지 않다.

　　　빈칸2　수자원은 제한 없이 공급되는 것이 아니므로 문맥상 '供给(공급하다)'가 적절하다.

　　　빈칸3　빈칸 앞의 '持续发展(지속 가능한 발전)'이 수식하는 것과 호응하는 것을 골라야 한다. 지속 가능한 발전은 하나의 생각이므로 '思路(사고)'가 적합하다.

　　　빈칸4　뒤의 내용은 오수처리 비용에 관한 내용이다. 이것은 관찰이나 상상으로 판단할 수 없으므로 '想象'과 '观察'는 적절하지 않다.

Tip 접속사 호응관계

不但A, 而且B : A일 뿐 아니라 게다가 B하다
既然A, 那么B : 기왕 A된 바에, 그러면 B하다
即使A, 也B : 설령 A일지라도 B한다
只要A, 就B : 단지 A하기만 하면 B하다
只有A, 才B : 오직 A해야만 비로소 B하다

---

65 ★★☆

中华民族一直以其强烈的责任意识享誉世界，在建立市场经济的新的历史时期，尤其需要增强人们的责任意识，这既是建设社会主义和谐社会的必然要求，也是时代的呼唤。

중화 민족은 줄곧 그 강렬한 책임 의식으로 세계에서 명성을 떨쳤다. 시장경제를 세우는 새로운 역사의 시기에는 특히 사람들의 책임 의식을 강화해야 한다. 이것은 사회주의의 조화로운 사회를 건설하기 위한 필연적인 요구이자 시대적 외침이다.

A	增强	建设	要求	A 강화하다	건설하다	요구
B	提高	发展	结果	B 높이다	발전하다	결과
C	加强	调节	需要	C 강화하다	조절하다	필요
D	提升	建造	途径	D 승진하다	세우다	경로

단어 中华民族 Zhōnghuá mínzú 명 중화 민족 | 强烈 qiángliè 형 강렬하다 | 责任意识 zérèn yìshí 명 책임 의식 | 享誉 xiǎngyù 명 명성을 누리다 | 和谐 héxié 형 조화롭다 | 必然 bìrán 형 필연적이다 | 呼唤 hūhuàn 동 외치다 | 增强 zēngqiáng 동 강화하다 | 加强 jiāqiáng 동 강화하다 | 提升 tíshēng 동 승진하다 | 建设 jiànshè 동 건설하다 | 调节 tiáojié 동 조절하다 | 建造 jiànzào 동 세우다

해설 빈칸1 빈칸 뒤의 '人们的责任意识(사람들의 책임 의식)'가 목적어이므로 이와 호응할 수 있는 동사를 골라야 한다. '提高'는 수준이나 성적이 오르는 것을 의미하므로 적절하지 않고, '강화하다'는 뜻의 '增强'과 '加强'이 적절하다.

빈칸2 빈칸 뒤의 '社会主义和谐社会(사회주의의 조화로운 사회)'를 목적어로 가질 수 있는 동사를 골라야 한다. 일반적으로 '社会(사회)'는 '建设(건설하다)'와 호응한다.

빈칸3 '必然'과 호응할 수 있는 것은 '要求(요구)'와 '结果(결과)'이다. 지문 중반부에서 책임 의식을 강화하는 것이 필요하다고 했는데, 이는 사회 건설의 '필연적인 요구'라고 하는 것이 문맥상 적절하다.

---

66 ★★☆

对于真正有成就的科学家而言，太多的财富对他们并没有什么意义。放眼古今中外，唯有放弃追求财富的人才能全心全意追求学问，才可能成为大家。

진정으로 성과를 거둔 과학자들에게 있어 너무 많은 재물은 결코 어떠한 의미도 없다. 동서고금에 시야를 넓혀 오직 재물 추구를 버리는 인재야말로 전심을 다해 학문을 추구할 수 있고 대가가 될 수 있다.

A	关于	只有	心心念念	A ~에 관하여	오직	한결같이 생각하다
B	对于	唯有	全心全意	B ~에게	오직	전심을 다하다
C	针对	只是	一心一意	C 겨냥하다	단지	한뜻으로
D	至于	只能	全力以赴	D ~로 말하면	할 수밖에 없다	최선을 다하다

단어 成就 chéngjiù 명 성과 | 财富 cáifù 명 재산 | 放眼 fàngyǎn 동 시야를 넓히다 | 古今中外 gǔjīn zhōngwài 성 동서고금 | 追求 zhuīqiú 동 추구하다 | 学问 xuéwen 명 학문 | 大家 dàjiā 명 대가, 권위자 | 针对 zhēnduì 동 겨냥하다 | 至于 zhìyú 개 ~로 말하면 | 唯有 wéiyǒu 접 다만, 오직 | 只能 zhǐnéng 동 ~할 수밖에 없다 | 心心念念 xīnxīn niànniàn 성 한결같이 생각하다 | 全心全意 quánxīn quányì 성 전심전력 | 一心一意 yìxīn yíyì 성 한뜻으로 | 全力以赴 quánlì yǐfù 성 최선을 다하다

---

67 ★★★

一个在本国文化的熏陶下长大的人，一旦来到异国他乡，往往会遭遇"文化冲击"，有人更生动地称这种现象为"文化休克"。这种不适应所在地文化、怀念故国文化的现象，就是乡愁。为了排遣深深的乡思、尽快适应和融入新的环境，大多数人都采取了入乡随俗的态度。

자신의 나라의 문화적 영향 아래에서 성장한 사람은 일단 다른 나라에 오면 종종 '문화적 충격'을 당한다. 어떤 사람은 이런 현상을 생동감 있게 '컬처 쇼크'라고 부른다. 현지 문화에 적응하지 못하고 고국의 문화를 그리워하는 이러한 현상이 바로 향수이다. 고향에 대한 깊은 그리움을 해소하고 최대한 빠르게 새로운 환경에 적응하고 융합되기 위해서 대다수의 사람은 로마에 가면 로마의 법을 따라야 한다는 태도를 취했다.

A 每次	巧妙	事在人为
B 只要	形象	兼容并蓄
C 一旦	生动	入乡随俗
D 每当	夸张	顺其自然

A 매번	교묘하다	성공의 여부는 노력에 달렸다
B ~하기만 하면	이미지	모든 것을 포용하다
C 일단	생동감 있다	로마에 가면 로마법을 따른다
D ~할 때 마다	과장하다	순리를 따른다

단어 熏陶 xūntáo 图 영향을 끼치다 | 异国他乡 yìguó tāxiāng 圆 이국타향 | 遭遇 zāoyù 图 당하다, 만나다 | 冲击 chōngjī 圆 충격 | 文化休克 wénhuà xiūkè 圆 컬처 쇼크 | 适应 shìyìng 图 적응하다 | 怀念 huáiniàn 图 추억하다 | 古国 gǔguó 圆 고국 | 乡愁 xiāngchóu 圆 향수 | 排遣 páiqiǎn 해소하다, 풀다 | 融入 róngrù 图 융합되어 들어가다 | 采取 cǎiqǔ 图 채택하다, 취하다 | 巧妙 qiǎomiào 图 교묘하다 | 形象 xíngxiàng 圆 형상, 이미지 | 夸张 kuāzhāng 图 과장하다 | 事在人为 shìzài rénwéi 図 성공의 여부는 노력에 달렸다 | 兼容并蓄 jiānróng bìngxù 図 모든 것을 포용하다 | 入乡随俗 rùxiāng suísú 図 로마에 가면 로마 법을 따라야 한다 | 顺其自然 shùnqí zìrán 図 순리를 따르다

---

68 ★★☆

他们的努力既证明了人类理性的伟大和人类认识能力的无限性，同时也证明了上帝的伟大，这与文艺复兴以来高度赞美人的能力与人的求知精神是一致的。

그들의 노력은 인간 이성의 위대함과 인식 능력의 무한함을 증명했을뿐 아니라, 동시에 하나님의 위대함도 증명했다. 이것은 르네상스 이후 사람의 능력과 사람의 지식 탐구 정신을 높이 칭찬하는 것과 일치한다.

A 证明	高度	一致
B 印证	高尚	相同
C 说明	高尚	相反
D 反映	极度	相对

A 증명하다	정도가 높다	일치하다
B 검증하다	고상하다	상통하다
C 설명하다	고상하다	상반되다
D 반영하다	극도로	상대적이다

단어 理性 lǐxìng 圆 이성 | 伟大 wěidà 图 위대하다 | 证明 zhèngmíng 图 증명하다 | 上帝 Shàngdì 圆 하나님 | 文艺复兴 wényì fùxīng 圆 르네상스, 문예 부흥 | 赞美 zànměi 图 찬미하다 | 求知 qiúzhī 지식을 탐구하다 | 精神 jīngshén 圆 정신 | 印证 yìnzhèng 图 검증

하다 | 反映 fǎnyìng 图 반영하다 | 高度 gāodù 图 정도가 높다 | 高尚 gāoshàng 图 고상하다 | 极度 jídù 图 극도로 | 一致 yízhì 图 일치하다 | 相通 xiāngtōng 图 상통하다 | 相对 xiāngduì 图 상대적이다

빈칸1 빈칸 앞의 '既'와 '也'를 발견해야 한다. '既A, 也B'는 'A이기도 하고 B이기도 하다'는 뜻이다. '也'로 이어지는 뒤 절에서 '同时也证明'으로 호응하므로 앞 절에도 '证明'이 가장 적절하다.

빈칸2 빈칸 뒤의 '赞美(칭찬하다)'를 수식하는 부사를 골라야 한다. '高尚'은 형용사이므로 동사를 수식할 수 없다. '高度赞美'는 높이 칭찬하다는 뜻이다.

빈칸3 여기에서는 'A与B'를 통해 A와 B가 연관되어 있음을 알 수 있다. 빈칸을 제외한 문장의 의미를 보면 '사람의 능력과 지식 탐구 정신을 높이 칭찬'하는 것을 일치하는 관점으로 볼 수도 있고, 또한 '하나님의 위대함'을 증명하는 부분에서는 차이점을 보이므로 상반된다고 볼 수도 있다. 따라서 '一致', '相同', '相反'가 적절하다.

---

69 ★★★

疯狂扩散的蓝藻起初并没有使人们感到焦虑。往年正常情况下，它顶多影响太湖的一些景观，不会带来什么骚乱。雨季一来，这些小生物便会被大量的雨水冲刷稀释，人们会渐渐淡忘它，直到第二年的来临。还有一些农民把它们捞起来当肥料，亲切地称之为"海油"。

미친 듯이 확산하고 있는 남조류는 처음에는 결코 사람들을 <u>초조하게</u> 하지 않았다. 예년의 정상적인 상황에서 그것은 기껏해야 타이후(太湖)의 일부 경관에만 영향을 끼치고 어떤 혼란도 가져오지 않았다. 우기가 되면 이 작은 생물은 대량의 물에 씻겨져 희석되고 사람들은 이듬해가 올 때까지 점차 그것을 <u>잊어버렸다</u>. 일부 농부는 그것들을 건져서 비료로 사용하고 <u>친근하게</u> '바다 기름'이라고 부르기도 했다.

A	焦虑	淡忘	亲切	A 초조하다	잊다	친근하다
B	伤心	漠视	形象	B 상심하다	경시하다	이미지
C	淡漠	适应	生动	C 냉담하다	적응하다	생동감 있다
D	高兴	习惯	幽默	D 기쁘다	습관이 되다	유머러스하다

疯狂 fēngkuáng 图 미치다 | 扩散 kuòsàn 图 확산하다 | 蓝藻 lánzǎo 图 남조류 | 起初 qǐchū 图 처음, 최초 | 顶多 dǐngduō 图 기껏해야, 겨우 | 景观 jǐngguān 图 경관 | 骚乱 sāoluàn 图 혼란하다 | 雨季 yǔjì 우기 | 冲刷 chōngshuā 图 침식되다 | 稀释 xīshì 图 희석하다 | 渐渐 jiànjiàn 图 점점 | 来临 láilín 图 이르다, 다가오다 | 捞起 lāoqǐ 건지다 | 肥料 féiliào 图 비료 | 焦虑 jiāolǜ 图 초조하다 | 淡忘 dànwàng 图 냉담하다 | 淡忘 dànwàng 잊다, 기억이 흐려지다 | 漠视 mòshì 图 경시하다 | 亲切 qīnqiè 图 친절하다, 친근하다 | 形象 xíngxiàng 图 이미지, 형상 | 幽默 yōumò 图 유머러스하다

빈칸1 빈칸 앞의 '初期并没有…(처음에는 결코 ~지 않다)'의 내용으로 미루어 보아 이후의 상황과는 반대되는 사람들의 감정이 나와야 한다. 빈칸 뒤의 나머지 지문에서 사람들이 점차 남조류를 잊고, 그것을 비료로 쓰는 등 남조류에 관한 좋은 상황을 언급하므로, 반대의 의미인 '焦虑(초조하다)'와 '淡漠(냉담하다)'가 적절하다.

빈칸2 빈칸 앞의 우기가 되면 물에 씻겨져 희석된다는 내용과 이어져야 하므로, '淡忘(잊다)'과 '漠视(경시하다)'가 적절하다.

빈칸3 빈칸 뒤의 '地'는 형용사의 뒤에 놓여 부사의 형태를 띤다. 따라서 빈칸은 형용사 자리이므로 '形象'은 적절하지 않다. 또한 빈칸 앞의 농민이 그것을 건져 비료로 사용한다는 내용과 이어져야 하는데, 이는 긍정적인 이미지이므로 '亲切(친근하다)'가 적절하다.

---

70 ★★☆

在为学的道路上，一般来说，并不存在可以一蹴而就的"捷径"；但是，我们却应该避免或少走弯路。这就需要有人给初学者指点迷津，告诉他们正确的学习方法和步骤。

학문의 길에서 <u>일반적으로</u> 말해서 <u>단번에 성공할 수 있는</u> '지름길'은 절대 존재하지 않는다. 하지만 우리는 시행착오를 피하거나 덜 <u>해야 한다</u>. 이를 위해서는 초보자에게 잘못된 길을 <u>지적해 주는</u> 사람이 있어야 하며, 그들에게 정확한 학습 방법과 순서를 알려 주어야 한다.

A	一般	一蹴而就	应该	指点	A	일반적이다	단번에 성공하다	해야 한다	지적하다
B	目前	一帆风顺	能够	指出	B	현재	순조롭다	할 수 있다	가리키다
C	主观	平步青云	尽量	画出	C	주관	단번에 오르다	되도록	그리다
D	客观	唾手可得	必须	指明	D	객관	쉽게 얻다	반드시	지시하다

[단어] 为学 wéixué 학문에 힘쓰다 | 捷径 jiéjìng 몡 지름길 | 避免 bìmiǎn 통 피하다 | 走弯路 zǒu wānlù 통 돌아가다, 시행착오를 겪다 | 初学者 chūxuézhě 몡 초보자 | 迷津 míjīn 몡 잘못된 길, 번뇌 | 步骤 bùzhòu 몡 순서, 절차 | 一蹴而就 yícù érjiù 셍 단번에 성공하다 | 一帆风顺 yìfān fēngshùn 셍 일이 순조롭게 진행되다 | 平步青云 píngbù qīngyún 셍 단번에 높은 지위에 오르다 | 唾手可得 tuòshǒu kědé 셍 쉽게 손에 넣을 수 있다 | 指点 zhǐdiǎn 통 지적하다 | 指出 zhǐchū 통 가리키다 | 指明 zhǐmíng 통 분명하게 지시하다

[해설] 빈칸1 빈칸 뒤의 '来说'와 호응하는 어휘를 골라야 한다. '一般来说'는 '일반적으로 말해서'라는 뜻으로 문장 앞에 자주 사용된다.

빈칸2 빈칸 뒤의 '捷径(지름길)'과 호응하는 어휘를 골라야 한다. 빠르게 일을 이룬다는 의미이므로 '一蹴而就(단번에 성공하다)' 또는 '平步青云(단번에 오르다)'이 적절하다.

빈칸3 빈칸의 앞뒤에 주어와 동사가 있으므로 빈칸은 부사어 자리다. 의미상 시행착오를 피해야 한다는 '당위성'이 강조되어야 하는데, '能够'는 당위성의 의미가 없으므로 적절하지 않다. '应该(마땅히 ~해야 한다)', '尽量(되도록)', '必须(되도록)'가 적절하다.

빈칸4 빈칸은 동사 자리이므로 목적어와의 호응에 유의한다. 목적어 '迷津(잘못된 길)'과 어울리는 동사로 '指点(지적하다)'이 적절하다.

실전 연습 2 - 제2부분
>> 전략서 119p

[정답]				
61 A	62 C	63 B	64 C	65 A
66 D	67 C	68 B	69 A	70 A

61 ★☆☆

自信、努力而且专心的人，无论在哪里，无论环境怎样恶劣，最终都可以抵达他们的梦想。

자신감 있고 열심히 노력하며 전념하는 사람은 어느 곳에 있든, 환경이 어떻게 열악하든 관계없이 결국에는 그들의 꿈에 도달할 수 있다.

A	专心	无论	梦想	A	전념하다	~에 관계없이	꿈
B	专注	因为	愿望	B	집중하다	왜냐하면	소망
C	认真	尽管	理想	C	착실하다	비록 ~하더라도	이상
D	专心	尽管	期望	D	전념하다	비록 ~하더라도	기대

[단어] 无论 wúlùn 졥 ~에 관계 없이 | 恶劣 èliè 혱 열악하다 | 抵达 dǐdá 통 도달하다 | 专心 zhuānxīn 혱 전념하다 | 专注 zhuānzhù 통 집중하다 | 尽管 jǐnguǎn 졥 비록 ~하더라도 | 愿望 yuànwàng 몡 소망 | 期望 qīwàng 몡 기대

[해설] 빈칸1 빈칸 앞에 '而且(게다가)'로 연결되어 있으므로 '自信(자신감이 있다)', '努力(노력하다)'와 호응하는 단어가 와야 한다. 네 가지 모두 적절하다.

빈칸2 보기가 모두 접속사이므로 문장 간의 연결관계에 주의해야 한다. 일반적으로 '无论(~에 관계없이)'이 부사 '都'와 호응하므로 적절하다. '尽管'은 단독으로 쓰이거나 '也', '还'와 호응하고 '因为'는 '所以'와 호응하므로 적절하지 않다.

빈칸3 빈칸은 목적어 자리이므로 술어와의 호응에 유의한다. 이 문장의 술어는 '抵达(도달하다)'이며, 자신감이 있고 노력하면 꿈에 도달할 수 있다는 뜻이므로 '梦想(꿈)', '愿望(소망)', '理想(이상)'이 적절하다.

62 ★☆☆

语言影响性格。西班牙语使人更自信、更有主见；英语表达比中文直接，让人更外向；法语表达较随意，多用双关语，让人更幽默；日语的动词往往在句末，让人温和有耐心。

언어는 성격에 영향을 미친다. 스페인어는 사람을 더 자신감 있고 주관 있게 한다. 영어 표현은 중국어보다 직접적이어서 사람을 더 외향적으로 만든다. 프랑스어 표현은 비교적 자유로우며 쌍관어가 많아 사람을 더 유머러스하게 만든다. 일본어의 동사는 종종 문장의 끝에 있어 사람을 온화하게 하고 인내심을 갖게 한다.

A	暗示	说法	亲近	A 암시하다	견해	친근하다
B	决定	表达	亲和	B 결정하다	표현하다	온화하다
C	影响	表达	温和	C 영향을 미치다	표현하다	온화하다
D	表明	说法	温柔	D 표명하다	견해	부드럽다

단어 主见 zhǔjiàn 🈯 주관 | 表达 biǎodá 🖲 표현하다 | 随意 suíyì 🖲 뜻대로 하다 | 双关语 shuāngguānyǔ 🈯 쌍관어[두 가지 의미를 가지는 단어] | 动词 dòngcí 🈯 동사 | 末 mò 🈯 끝 | 耐心 nàixīn 🈯 인내심 | 暗示 ànshì 🖲 암시하다 | 表明 biǎomíng 🖲 표명하다 | 说法 shuōfa 🈯 견해, 의견 | 亲近 qīnjìn 🌑 친근하다 | 亲和 qīnhé 🌑 온화하다 | 温和 wēnhuo 🌑 온화하다 | 温柔 wēnróu 🌑 부드럽다

해설 **빈칸1** 빈칸이 있는 문장의 주어는 '语言(언어)'이고 목적어는 '性格(성격)'이다. 언어는 성격을 결정하거나 영향을 끼칠 수 있으므로 의미상 '决定(결정하다)'과 '影响(영향을 미치다)'이 적절하다.
빈칸2 영어의 표현이 중국어보다 직접적인 것을 뜻하므로 '表达(표현하다)'가 적절하다. '表达'는 생각이나 뜻을 표현하는 것을 의미한다.
빈칸3 빈칸 앞에서 일본어는 동사가 문장의 끝에 있다는 내용과 이어지면서, 빈칸 뒤의 '有耐心(인내심이 있다)'과 비슷한 성향의 형용사를 골라야 한다. '温和'와 '温柔'는 성격이 온순하고 부드러운 것을 의미하므로 적절하다.

---

63 ★★☆

开发旅游对自然生态环境和人类生态环境会有影响，要付出相应的代价，但是做任何事情都要付出代价，如果什么都不开发，破坏还是客观存在的。

여행을 개발하는 것은 자연 생태 환경과 인류 생태 환경에 영향을 미치며 상응하는 대가를 지불해야 한다. 그러나 어떤 일을 하더라도 대가는 지불해야 한다. 만약 아무것도 개발하지 않더라도 파괴는 객관적으로 존재한다.

A	发展	一定	毁坏	A 발전하다	일정한	훼손하다
B	开发	相应	破坏	B 개발하다	상응하다	파괴하다
C	开放	一定	损坏	C 개방하다	일정한	손상하다
D	开拓	相应	伤害	D 개척하다	상응하다	상해하다

단어 生态 shēngtài 몡 생태 | 付出 fùchū 동 지불하다, 치루다 | 代价 dàijià 몡 대가 | 任何 rènhé 때 어떠한 | 开发 kāifā 동 개발하다 | 开拓 kāituò 동 개척하다 | 相应 xiāngyìng 동 상응하다 | 毁坏 huǐhuài 동 훼손하다 | 破坏 pòhuài 동 파괴하다 | 损坏 sǔnhuài 동 손상하다

해설 **빈칸1** 빈칸 뒤의 '旅游(여행)'를 목적어로 하는 동사를 골라야 하므로 '开放(개방하다)'과 '开拓(개척하다)'는 적절하지 않다. 빈칸 뒤에서 이는 자연 생태 환경과 인류 생태 환경에 영향을 끼친다고 했으므로 '开发(개발하다)'가 적절하다.

빈칸2 빈칸은 '的' 뒤에 있는 '代价(대가)'를 수식한다. 자연 생태 환경에 영향을 끼치면 그에 상응하는 대가를 치뤄야 한다는 의미로 '相应(상응하다)'이 적절하다.

빈칸3 모두 파괴하고 훼손한다는 의미지만, '损坏'는 원래의 기능 등을 손상시키는 것으로 물건에 사용하며, '伤害'는 사람의 감정이나 몸에 상해를 입히는 것을 의미하므로 적절하지 않다. 여기서는 생태 환경에 대한 파괴를 의미하므로 '破坏'가 적절하다.

---

64 ★★☆

一定要给挫败事件<u>寻找</u>积极意义，<u>即便</u>发挥一下'阿Q精神'也无所谓。在本子上写下这次失败能够带给你的好处，<u>也许</u>会慢慢收获<u>挫折</u>的财富。

좌절과 실패에 긍정적인 의미를 <u>찾아</u>야 한다. <u>설령</u> '아큐의 정신'을 발휘하더라도 상관없다. 노트에 이번 실패가 당신에게 가져다주는 장점을 써 보면 <u>어쩌면</u> <u>좌절</u>의 재산을 천천히 얻게 될 것이다.

A	找寻	哪怕	所以	失败	A	찾다	설령 ~라 해도	그래서	실패
B	发现	尽管	或许	失败	B	발견하다	~에도 불구하고	아마	실패
C	寻找	即便	也许	挫折	C	찾다	설령 ~하더라도	어쩌면	좌절
D	找到	即使	因为	挫折	D	찾아내다	설령 ~일지라도	왜냐하면	좌절

단어 挫败 cuòbài 몡 좌절과 실패 | 积极 jījí 혱 긍정적이다 | 意义 yìyì 몡 의미, 의의 | 发挥 fāhuī 동 발휘하다 | 无所谓 wúsuǒwèi 상관없다 | 本子 běnzi 몡 노트 | 收获 shōuhuò 동 수확하다 | 财富 cáifù 몡 부, 재산 | 找寻 zhǎoxún 동 찾다 | 寻找 xúnzhǎo 동 찾다 | 哪怕 nǎpà 젭 설령 ~라 해도 | 即便 jíbiàn 젭 설령 ~하더라도 | 即使 jíshǐ 젭 설령 ~하더라도 | 或许 huòxǔ 뷘 아마 | 也许 yěxǔ 뷘 어쩌면 | 挫折 cuòzhé 몡 좌절

해설 **빈칸1** 빈칸은 동사 자리로, 목적어인 '积极意义(긍정적인 의미)'와 호응해야 하므로, '找寻'과 '寻找'가 적절하다. '发现'은 연구 결과와, '找到'는 구체적 사물과 호응한다.

빈칸2 보기가 모두 접속사이므로 문장 간의 연결관계에 주의해야 한다. 일반적으로 접속사 '哪怕', '即便', '即使'는 모두 '설령 ~일지라도'라는 의미를 가지며 부사 '也'와 호응한다.

빈칸3 빈칸 뒤에 추측을 나타내는 '会'가 있으므로 '或许(아마)'와 '也许(어쩌면)'가 적절하다.

빈칸4 지문 전체가 실패와 좌절 속에서 의미를 찾는다는 내용이므로 보기 모두 적절하다.

Tip

접속사 동의어

即使 | 即便 | 哪怕 설령 ~일지라도

如果 | 假如 | 万一 | 倘若 | 若 만약에~

不但 | 不仅 | 不只 | 不光 | 不单 ~일 뿐 아니라

虽然 | 尽管 비록~일지라도

不管 | 无论 | 不论 ~을 막론하고

---

65 ★★☆

重视教育，尊敬师长，在中国有悠久的传统。<u>自古以来</u>，中华民族都把教育放在十分重要的地位。早在2600多年前，管子就说过，考虑一年的事情，要种好庄稼；筹划十年的<u>目标</u>，要种好树木；<u>规划</u>百年大事，就要培养人才。

교육을 중시하고 스승을 존경하는 것은 중국에서 <u>유구한</u> 전통을 가진다. <u>예로부터</u> 중화 민족은 교육을 아주 중요한 위치에 놓았다. 2,600여 년 전에 관자(管子)는 1년의 일을 생각하면 농작물을 심어야 하고, 10년의 <u>목표</u>를 세우려면 나무를 심어야 하며, 100년의 큰 일을 <u>계획</u>하려면 인재를 길러야 한다고 말했다.

A	悠久	自古以来	目标	规划	A	유구하다	예로부터	목표	계획하다
B	古老	有史以来	目的	计划	B	오래되다	유사 이래	목적	계획하다
C	悠久	从古至今	理想	策划	C	유구하다	예부터 지금까지	이상	계획하다
D	悠长	一直以来	愿望	打算	D	길고 오래다	항상	소망	~할 계획이다

해설 빈칸1 빈칸 뒤의 '传统(전통)'과 호응하는 자리이다. 역사나 전통이 오래된 것을 표현하는 것으로 '悠久(유구하다)'가 적절하다.

빈칸2 빈칸 앞에서는 유구한 전통에 대해 언급했고, 보기로 미루어 보아 그것이 예부터 지금까지 이어지는 의미이므로 '自古以来'와 '从古至今'이 적절하다.

빈칸3 빈칸은 '的' 앞 '10년'의 수식을 받으면서 이 문장의 술어인 '筹划(계획하다)'에 호응하는 목적어 자리이다. '目地'는 추상명사로 기한을 10년이라고 구체적으로 한정하고 있으므로 '目标(목표)'가 적절하다.

빈칸4 빈칸 앞에서 1년의 일, 10년의 목표를 세운 것과 같은 맥락이므로 여기서도 100년의 큰 일을 계획한다는 의미가 와야 한다. 일반적으로 '打算'과 '计划'는 '~할 계획이다'라는 의미로 동사가 목적어로 사용되는 경우가 많아서 적절하지 않다. 따라서 '规划'와 '筹划'가 적절하다.

---

66 ★★☆

思茅地区已被辟为国家森林保护区，一条美丽的莱阳河，由东向西横贯保护区全境，孕育出了一片原始神秘的大森林，它与西双版纳的普文镇毗邻，冬无严寒，夏无酷暑，气候宜人，亦属典型的热带雨林景观。

쓰마오(思茅) 지역은 이미 국가 삼림 보호 구역으로 개발되어 아름다운 라이양(莱阳) 강이 동쪽에서 서쪽으로 보호 구역 전역을 가로질러 원시의 신비한 숲을 배양 했다. 그것은 시상반나(西双版纳)의 푸원전(普文镇)과 인접해 있으며, 겨울에는 큰 추위가 없고 여름에는 큰 더위가 없어 기후가 사람 살기에 적합하며, 전형적인 열대 우림 경관에 속한다.

A	贯穿	培育	靠近	典范	A	관통하다	기르다	가까이 가다	본보기
B	横穿	养育	邻近	特殊	B	가로지르다	양육하다	이웃하다	특수하다
C	纵贯	哺育	临近	特别	C	관통하다	양육하다	접근하다	특별하다
D	横贯	孕育	毗邻	典型	D	가로지르다	배양하다	인접하다	전형적이다

해설 빈칸1 '横穿'과 '横贯'은 '가로'로 뚫고 지나가는 것을, '纵贯'은 '위아래'로 뚫고 지나가는 것을 뜻한다. 빈칸 앞의 '由东向西(동쪽에서 서쪽으로)'를 통해 가로로 뚫고 지나가는 것이므로 '横穿'과 '横贯'이 적절하다.

빈칸2 '哺育'는 동물 등을 먹여 기르는 의미이므로 적절하지 않다. 쓰마오 지역에서 원시의 신비한 숲이 생겨난 것을 비유한 것으로 '孕育(배양하다)'가 적절하다.

빈칸3 빈칸 앞의 문장 '它与西双版纳的普文镇(그것은 시상반나의 푸원전과)'를 통해 두 지역의 관계를 설명하고 있음을 알 수 있다. '邻近(이웃하다)', '毗邻(인접하다)'는 두 지역이 인접하고 있음을 의미하므로 적절하다. '靠近'과 '临近'은 가까이 다가가는 의미이므로 고정된 장소나 지역에는 사용할 수 없다.

빈칸4 빈칸은 '的' 뒤에 있는 '景观(경관)'을 수식한다. 열대우림의 일반적인 기후이므로 '特殊'와 '特别'는 적절하지 않고, 의미상 '典型(전형적인)'이 가장 적절하다.

67

曼德拉深知自己是其他人的**榜样**，他的恐惧会很容易影响到身边人，他的无畏会大大鼓舞他人。他说："我不能装作自己勇敢非凡、好像能**打败**全世界的样子。但作为一个领导人，至少，我不能让人们知道我的**恐惧**。"

만델라(曼德拉)는 자신이 다른 사람의 **본보기**라는 것을 깊이 알고 있었다. 그의 두려움은 주변 사람에게 아주 쉽게 영향을 끼치고, 그의 용감함은 다른 사람을 크게 **격려했다**. 그는 말했다. "나는 마치 전 세계를 제패할 수 있는것처럼 용감하고 비범한 척할 수는 없다. 그러나 한 지도자로서 적어도 나는 사람들이 나의 **두려움**을 알게 해서는 안 된다."

A 表率	鼓动	打击	担心
B 楷模	鼓励	打倒	恐惧
C 榜样	鼓舞	打败	恐惧
D 典范	勉励	战胜	担心

A 본보기	선동하다	공격하다	걱정하다
B 본보기	격려하다	타도하다	두려워하다
C 본보기	격려하다	제패하다	두려워하다
D 본보기	격려하다	승리하다	걱정하다

단어 **深知** shēnzhī 깊이 알다 | **恐惧** kǒngjù 동 두려워하다 | **无畏** wúwèi 형 두려움이 없다 | **装作** zhuāngzuò 동 ~한 체하다 | **勇敢** yǒnggǎn 형 용감하다 | **非凡** fēifán 형 뛰어나다, 비범하다 | **作为** zuòwéi 동 ~로서 | **领导人** lǐngdǎorén 명 지도자, 리더 | **表率** biǎoshuài 명 본보기 | **楷模** kǎimó 명 본보기 | **榜样** bǎngyàng 명 본보기 | **典范** diǎnfàn 명 본보기 | **鼓动** gǔdòng 선동하다 | **鼓舞** gǔwǔ 동 격려하다 | **勉励** miǎnlì 동 격려하다 | **打击** dǎjī 동 공격하다 | **打倒** dǎdǎo 동 타도하다 | **打败** dǎbài 동 물리치다, 제패하다 | **战胜** zhànshèng 동 승리하다

해설 **빈칸1** 보기의 단어는 모두 '모범', '본보기'의 뜻을 가져 네 가지 모두 답이 될 수 있지만, 일반적으로 어떤 사람이 타인에게 본보기가 될 때는 '榜样'을 가장 많이 사용한다.
빈칸2 빈칸은 목적어를 '他人(타인)'으로 가지는 동사 자리이다. 이 문장은 그의 대범함이 타인을 격려한다는 의미인데 '鼓动'은 선동하고 부추긴다는 의미이므로 적절하지 않다.
빈칸3 빈칸은 동사 자리이다. 보기의 단어로 미루어 보아 이 문장은 전 세계를 제패한다는 의미가 되어야 한다. '打败全世界(전 세계를 제패하다)'를 하나의 호응관계로 알아두면 좋다.
빈칸4 앞의 내용에 '勇敢(용감하다)'이 나왔으므로 이와 반대되는 '恐惧(두려워하다)'가 더 적절하다.

68

绿色是宫崎骏映画馆的基调和**主题**——关注生命、关注自然、关注人和环境、关注未来和成长。宫崎骏**毫不吝啬**笔下的绿色，几乎每一部电影都是用绿色来铺设全篇，用绿色来**彰显**生命。《幽灵公主》更是将宫崎骏对人与自然的关系的深沉**思考**融入其中。

녹색은 미야자키 하야오(宫崎骏)영화관의 기조이자 **주제**이다. 즉 생명을 중시하고, 자연을 중시하고, 사람과 환경을 중시하며 미래와 성장을 중시하는 것이다. 미야자키 하야오는 그의 글 속에서 녹색에 **조금도 인색하지 않다**. 거의 모든 영화에서 녹색을 이용해 전체를 구성하고 녹색을 사용해 생명을 **드러낸다**. 특히 「원령공주」는 미야자키 하야오의 사람과 자연의 관계에 대한 깊은 **생각**을 그 속에 녹아냈다.

A 主旨	毫不犹豫	反映	沉思
B 主题	毫不吝啬	彰显	思考
C 主体	毫不在乎	显示	考虑
D 宗旨	毫不吝惜	体现	思索

A 요지	조금도 주저하지 않다	반영하다	심사숙고하다
B 주제	조금도 인색하지 않다	드러내다	사고하다
C 주체	조금도 마음에 두지 않다	보여 주다	고려하다
D 취지	조금도 인색하지 않다	구현하다	사색하다

단어 **基调** jīdiào 명 기조 | **关注** guānzhù 동 중시하다 | **笔下** bǐxià 명 글, 문장 | **铺设** pūshè 동 배치하다 | **深沉** shēnchén 형 침착하고 신중하다 | **融入** róngrù 융합되어 들어가다 | **主旨** zhǔzhǐ 명 요지 | **宗旨** zōngzhǐ 명 취지, 목적 | **毫不犹豫** háobù yóuyù 성 조금도 주저하지 않다 | **吝啬** lìnsè 형 인색하다 | **在乎** zàihu 동 마음에 두다 | **吝惜** lìnxī 동 인색하게 굴다 | **反映** fǎnyìng 동 반영하다 | **彰显** zhāngxiǎn 동 잘 드러내다 | **显示** xiǎnshì 동 보여주다 | **体现** tǐxiàn 동 구현하다 | **沉思** chénsī 동 심사숙고하다 | **思考** sīkǎo 동 사고하다 | **思索** sīsuǒ 동 사색하다

해설

빈칸1 일반적으로 '和' 앞과 뒤의 내용은 동등한 관계에 있어야 한다. '和' 앞의 '基调(기조)'와 같은 맥락으로 중심 사상이나 주제의 의미를 가진 '主旨(요지)', '主题(주제)', '宗旨(취지)'가 적절하다.

빈칸2 빈칸과 호응하는 목적어는 '绿色(녹색)'이다. 미야자키 하야오는 녹색을 중시했으므로 '毫不在乎(조금도 신경 쓰지 않는다)'는 적절하지 않다. 녹색을 쓰는 데 인색하지 않다는 뜻의 '毫不吝啬'와 '毫不吝惜'가 적절하다.

빈칸3 미야자키 하야오는 거의 모든 영화에서 녹색을 많이 사용하며 녹색을 통해 생명을 보여 주고 있으므로 '彰显(잘 드러내다)'이 가장 적절하다.

빈칸4 빈칸 앞에 이미 '深沉(깊은)'이 수식하고 있으므로 '깊게 생각하다'라는 뜻의 '沉思'는 적절하지 않다. 의미상 인간과 자연의 관계에 대한 고찰이 어울리므로 '考虑(고려하다)'보다는 '思考(사고하다)'가 더 적절하다.

---

69 ★☆☆

出生顺序影响个性发展。长子多稳重老实，甚至有时承担父母的角色；小儿子自小受家人宠爱，依赖性强；中间的孩子需付出多倍努力才能得到关注，因此爱好竞争挑战。老大对恋爱的态度最实际，排行居中者表现出更多的嫉妒情绪，而老小最浪漫。独生子女有最高的依附之爱。

출생 순서는 개성 발전에 영향을 미친다. 맏이는 신중하고 성실하며 심지어 때때로 부모의 역할을 담당하기도 한다. 막내아들은 어렸을 때부터 가족의 총애를 받아 의존성이 강하다. 중간에 있는 아이는 더 많은 노력을 해야 관심을 받을 수 있기 때문에 경쟁과 도전을 좋아한다. 맏이는 연애 태도가 가장 실제적이고 중간에 있는 자녀는 질투의 감정을 더 많이 드러내며, 막내는 가장 낭만적이다. 외동아들이나 딸은 의존성이 가장 높다.

A 发展	自	因此	态度	情绪
B 成长	从	然后	看法	感受
C 进步	打	从而	观点	感觉
D 成熟	在	反而	想法	情感

A 발전하다	~에서부터	이 때문에	태도	기분
B 성장하다	~에서부터	그 후에	견해	느낌
C 진보하다	~에서부터	그리하여	관점	감각
D 성숙하다	~에	오히려	생각	감정

단어 顺序 shùnxù 몡 순서 | 稳重 wěnzhòng 혱 신중하다 | 老实 lǎoshi 혱 성실하다 | 承担 chéngdān 동 담당하다 | 角色 juésè 몡 역할 | 宠爱 chǒng'ài 동 총애하다 | 依赖性 yīlàixìng 몡 의존성 | 爱好 àihào 동 애호하다 | 竞争 jìngzhēng 동 경쟁하다 | 挑战 tiǎozhàn 동 도전하다 | 恋爱 liàn'ài 동 연애하다 | 实际 shíjì 혱 실제적이다 | 排行 páiháng 몡 형제자매 간 나이에 따른 순서 | 嫉妒 jídù 동 질투하다 | 浪漫 làngmàn 혱 낭만적이다 | 依附 yīfù 동 의지하다 | 打 dǎ 깨 ~에서부터 | 从而 cóng'ér 쩝 그리하여 | 反而 fǎn'ér 쩝 오히려 | 态度 tàidu 몡 태도 | 看法 kànfǎ 몡 견해 | 情绪 qíngxù 몡 기분 | 感受 gǎnshòu 몡 느낌 | 感觉 gǎnjué 몡 감각 | 情感 qínggǎn 몡 감정

해설

빈칸1 빈칸 앞의 '个性(개성)'과 호응하는 동사가 와야 하는데, 의미상 '发展(발전하다)'이 적절하다.

빈칸2 '自'와 '打'는 개사로 사용될 때 '~부터'라는 의미가 있지만 '打'는 뒤에 동작이나 행위를 수반하는 경우가 많다. 여기서는 빈칸 뒤의 '小'와 호응하여 '어렸을 때부터'라는 뜻을 나타내는 '自'와 '从'이 적절하다.

빈칸3 빈칸 앞의 '中间的孩子需付出多倍努力才能得到关注(중간에 있는 아이는 더 많은 노력을 해야 관심을 받을 수 있다)'와 빈칸 뒤의 '爱好竞争挑战(경쟁과 도전을 좋아한다)'은 인과관계가 성립하므로 '因此(이 때문에)'가 적절하다.

빈칸4 빈칸 앞의 '恋爱(연애)'의 수식을 받는 단어를 골라야 한다. 네 가지 모두 적절하다.

빈칸5 빈칸 앞의 '嫉妒(질투)'와 호응하는 것은 감정이나 기분이다. '感觉'은 적절하지 않다.

---

70 ★★☆

有了积极的思维并不能保证事事成功，积极思维肯定会改善一个人的日常生活，但并不能保证他凡事心想事成；可是，相反的态度则必败无疑，拥有消极思维的人并不能成功。

긍정적인 사고를 가졌다고 해서 결코 모든 일에서 성공한다고 보장할 수는 없지만, 긍정적인 사고는 틀림없이 한 사람의 일상생활을 개선할 수 있다. 그러나 결코 모든 일이 간절히 원한다고 이루어지는 것도 아니다. 하지만 이와 상반되는 태도가 반드시 패한다는 것은 의심의 여지가 없다. 부정적인 사고를 가진 사람은 결코 성공할 수 없다.

A	并	改善	可是	消极	A	결코	개선하다	하지만	부정적이다
B	也	改变	但是	积极	B	또한	바꾸다	그러나	긍정적이다
C	还	提高	相反	保守	C	또한	향상시키다	반대의	보수적이다
D	都	提升	只是	惰性	D	모두	승진하다	단지	타성

단어 **保证** bǎozhèng 〔동〕 보장하다 | **凡事** fánshì 〔명〕 모든 일 | **心想事成** xīnxiǎng shìchéng 간절히 원하면 이뤄진다 | **必败** bìbài 반드시 패한다 | **无疑** wúyí 〔형〕 틀림 없다 | **拥有** yōngyǒu 〔동〕 가지다 | **消极** xiāojí 〔형〕 부정적이다 | **保守** bǎoshǒu 〔형〕 보수적이다 | **惰性** duòxìng 〔명〕 타성, 굳어진 버릇

해설 **빈칸1** 빈칸은 부사 자리로, 빈칸이 있는 문장에서는 의미상 어떤 문장을 넣어도 자연스럽다. 이럴 때는 뒤의 문장, 혹은 지문 전체를 읽어 답을 찾아야 한다. 긍정적인 사고를 가졌다고 해서 모든 일에서 성공하는 것은 아니지만, 부정적인 사고를 가지면 결코 성공할 수 없다는 것이 지문의 중심 내용이므로, 문맥상 '并(결코)'이 가장 적절하다. 또한 '并'은 항상 뒤에 부정부사와 호응한다.

빈칸2 빈칸은 목적어 '日常生活(일상생활)'와 호응하는 동사가 와야 한다. '提高(향상시키다)'는 주로 '水平(수준)'이나 '质量(질)'과 호응하므로 적절하지 않고, 의미상 '改善(개선하다)'과 '改变(바꾸다)'이 가장 적절하다.

빈칸3 빈칸 뒤의 '相反的态度'에서 힌트를 얻을 수 있다. 앞의 내용과 상반되는 태도를 이야기하고 있으므로 빈칸은 역접의 접속사가 들어가야 한다. '그러나'라는 뜻의 '可是'와 '但是'가 적절하다.

빈칸4 '积极的思维(긍정적인 사고)'와 상반되는 의미의 단어가 적절하다. '积极(긍정적인)'의 반의어 '消极(부정적인)'가 가장 적절하다.

Tip '积极'는 일반적으로 '적극적이다'로 자주 쓰이지만, 생각이나 태도를 수식할 때는 '긍정적이다'라는 의미로 쓰인다. 마찬가지로 '消极'는 '소극적이다'라는 의미와 함께 '부정적이다'라는 의미가 있다.

제3부분

미리보기 해석

🔔 **제3부분**

》》 전략서 124p

71-75.

　　中华鲟是一种在长江中出生，在大海里成长的神奇鱼类。它们的体型硕大威猛，(71) C 成年中华鲟体长一般在两米以上，体重达几百公斤，最长能活上百年，是淡水鱼类中体型最大、寿命最长的。每年七八月份，(72) E 成群结队的中华鲟会从长江口的浅海海域洄游到长江。在历经了三千多公里的溯流搏击后，它们最终回到自己的"故乡"——金沙江一带产卵繁殖。待幼鱼长到15厘米左右，这些"游子"们又带着儿女们，顺流而下旅居"海外"。它们就这样世世代代在长江上游出生、在大海里生长。(73) A 正是由于这种执着的寻根习性，人们把它们称为"中华鲟"。

　　中华鲟在地球上生存了将近1.4亿年，是地球上现存最古老的脊椎动物之一。(74) D 他们曾和恐龙生活在同一时期，堪称"水中活化石"。中华鲟是研究鱼类演化的重要参照物，在生物进化、地质、地貌、海侵、海退等方面也具有重要的科学研究价值以及难以估量的生态、社会和经济价值。但由于种种原因，这一珍稀物种已濒临灭绝。

　　(75) B 保护和拯救这一珍稀濒危物种，对合理开发利用野生动物资源、维护生态平衡，都具有深远的意义。

A　正是由于这种执着的寻根习性

B　保护和拯救这一珍稀濒危物种

C　成年中华鲟体长一般在两米以上

D　他们曾和恐龙生活在同一时期

E　成群结队的中华鲟会从长江口的浅海海域洄游到长江

71-75.

　　중화 철갑상어는 창장(长江)에서 태어나 바다에서 성장하는 신기한 어류이다. 그들의 체형은 매우 거대하고 용맹스러우며, (71) C 다 자란 중화 철갑상어는 일반적으로 2m 이상이다. 체중은 수백 kg에 달하고 길면 100년 동안 살 수 있으며, 민물고기 중에서 체형이 가장 크고, 수명이 가장 길다. 매년 7, 8월에 (72) E 무리를 이룬 중화 철갑상어는 창장 입구의 얕은 해역에서 창장으로 거슬러 올라간다. 3,000km를 힘차게 거슬러 올라온 후 그들은 마침내 자신의 '고향'인 진사장(金沙江) 일대에 알을 낳고 번식한다. 어린 물고기가 15cm 정도 자라면 이 '나그네'는 또 자녀들을 데리고 물을 따라 내려가 '외국'에 가서 살게 된다. 그들은 이렇게 대대손손 창장에서 태어나고 바다에서 자란다. (73) A 이런 끈질긴 혈통을 찾는 습성 때문에 사람들이 그들을 '중화 철갑상어'라고 부르는 것이다.

　　중화 철갑상어는 지구에서 1억 4,000만 년을 생존했고 지구 상에서 현존하는 가장 오래된 척추동물 중 하나이다. (74) D 그들은 일찍이 공룡과 같은 시대에 살았으며 '물속의 살아있는 화석'이라 불릴만하다. 중화 철갑상어는 어류의 진화를 연구하는 데 중요한 참고 동물이며, 생물의 진화, 지질, 지모, 해침, 해퇴 등 방면에서 매우 중요한 과학 연구 가치 및 헤아리기 어려운 생태, 사회, 경제 가치를 지닌다. 그러나 여러 가지 원인으로 인해 이 진귀한 동물은 멸종의 위기에 처해있다.

　　(75) B 이 진귀한 멸종 위기의 동물을 보호하고 구하는 것은 야생 동물 자원을 합리적으로 개발하고 이용하여 생태 균형을 유지하는 것에 중요한 의미를 가진다.

A　이런 끈질긴 혈통을 찾는 습성 때문에

B　이 진귀한 멸종 위기의 동물을 보호하고 구하는 것은

C　다 자란 중화 철갑상어는 일반적으로 2m 이상이다

D　그들은 일찍이 공룡과 같은 시대에 살았으며

E　무리를 이룬 중화 철갑상어는 창장 입구의 얕은 해역에서 창장으로 거슬러 올라간다

정답	71 E	72 A	73 C	74 B	75 D
	76 C	77 B	78 E	79 A	80 D

71 – 75

爷爷对孙子们说: "(71) E 做人最要紧的学问是分辨好人与坏人。"他用一块黄金做奖品，测验两个孙儿的 "知人之明"。他说: "你们去调查一下邻村的胡麻子是一个好人，还是一个坏人，谁能得出正确的答案，这块黄金就是谁的。"

两个年轻人心里想: 这还不容易？他们轻轻松松地出去，高高兴兴地回来。两人望着爷爷放在桌上的金块，都是一副志在必得的样子。

爷爷闭目静听长孙给出的答案。长孙很有把握地说: "胡麻子是坏人，(72) A 因为邻村的地主说这人很坏很坏，而地主对本村每个人的行为了如指掌。"

"不对，"爷爷摇头，"那地主是个坏人，坏人口中的坏人，说不定是个好人，因为坏人总是党同伐异，排斥君子。"

次孙听了，信心倍增，立刻接过来说: "爷爷，(73) C 我看胡麻子是个好人。我专程去拜访过他们的村长，村长连声说，这个人很好，好人一个。"

爷爷又轻轻摇摇头: "也许，可是未必。那村长一向老实怕事，(74) B 没有褒贬善恶的勇气。他口中的好人，说不定是个坏人。"

两个孙子急了: "到底胡麻子是好人还是坏人呢？"爷爷睁开眼睛，微微一笑，伸手抓起金块，放回箱中。"这要靠你们自己去找答案。(75) D 你们什么时候有了这种能力，黄金就会在你们手中。"

할아버지가 손자들에게 말했다. "(71) E 사람 됨됨이에서 가장 중요한 학문은 좋은 사람과 나쁜 사람을 구분하는 것이다." 그는 황금한 덩이를 상품으로 하여 두 손자의 '사람을 알아보는 안목'을 시험했다. 그는 말했다. "너희는 가서 이웃 마을의 후마즈(胡麻子)가 좋은 사람인지 나쁜 사람인지 알아보거라. 정답을 맞히는 사람이 황금을 갖게 될 것이다."

두 젊은이는 마음속으로 생각했다. '뭐가 어렵겠어?' 그들은 여유있게 나갔다가 신나서 돌아왔다. 두 사람은 할아버지가 책상 위에 놓은 황금을 보면서 반드시 황금을 얻겠다고 생각하는 듯했다.

할아버지는 눈을 감고 조용히 장손의 답을 들었다. 장손은 자신있게 말했다. "후마즈는 나쁜 사람입니다. (72) A 이웃 마을의 지주가 그 사람이 몹시 나쁘다고 말했기 때문이에요. 지주는 그 마을 모든 사람의 행동에 대해 손바닥 보듯 환하거든요."

"틀렸어." 할아버지는 고개를 저었다. "그 지주는 나쁜 사람이야. 나쁜 사람이 말하는 나쁜 사람은 좋은 사람일 수도 있어. 나쁜 사람은 자기편은 보호하고 자기편이 아닌 사람은 배척하기 때문이지."

둘째 손자가 듣고 자신감이 배가되어 즉시 이어 말했다. "할아버지, (73) C 제가 보기에 후마즈는 좋은 사람이에요. 제가 특별히 그 마을 촌장님을 찾아뵀었는데 촌장님이 계속 그 사람이 아주 좋은 사람이라고 했어요."

할아버지는 또 가볍게 고개를 저었다. "어쩌면 꼭 그렇지 않을 수도 있단다. 그 촌장은 언제나 고지식하고 문제가 생기는 것을 두려워하지. (74) B 선악을 제대로 평가할 용기가 없어. 그가 말하는 좋은 사람은 나쁜 사람일 수도 있지."

두 손자가 급해졌다. "도대체 후마즈는 좋은 사람이에요, 나쁜 사람이에요?" 할아버지가 눈을 뜨고 살짝 웃으며 황금에 손을 뻗어 상자에 돌려놓았다. "이것은 너희가 스스로 답을 찾아내야 한단다. (75) D 너희가 언젠가 이런 능력을 갖췄을 때, 황금은 너희 손에 있을 거란다."

단어 孙子 sūnzi 몡 손자 | 要紧 yàojǐn 휑 중요하다 | 学问 xuéwen 몡 학문, 학식 | 分辨 fēnbiàn 동 분별하다 | 奖品 jiǎngpǐn 몡 상품 | 测验 cèyàn 동 시험하다 | 知人之明 zhīrén zhīmíng 뎡 사람의 인품과 재능을 알아보는 안목 | 邻村 líncūn 이웃 마을 | 望 wàng 동 바라보다 | 志在必得 zhìzài bìdé 반드시 하겠다고 다짐하다 | 闭目 bìmù 눈을 감다 | 静听 jìngtīng 조용히 듣다 | 长孙 zhǎngsūn 몡 장손 | 把握 bǎwò 자신감 | 地主 dìzhǔ 몡 지주 | 了如指掌 liǎorú zhǐzhǎng 뎡 자기 손금 보듯 환하다 | 摇头 yáotóu 고개를 가로 젓다 | 说不定 shuōbúdìng 동 단언하기 어렵다 | 党同伐异，排斥君子 dǎngtóng fáyì, páichì jūnzǐ 의견이 같은 사람은 편을 들고 그렇지 않은 사람과 높은·사람은 배척한다 | 倍增 bèizēng 배로 증가하다 | 专程 zhuānchéng 뫄 특별히 | 拜访 bàifǎng 동 방문하다 | 村长 cūnzhǎng 몡 촌장 | 连声 liánshēng 뫄 계속해서 | 也许 yěxǔ 뫄 어쩌면 | 未必 wèibì 뫄 반드시 ～한 것은 아니다 | 一向 yíxiàng 뫄 줄곧 | 老实 lǎoshi 휑 고지식하다 | 怕事 pàshì 시비가 일어나는 것을 두려워하다 | 褒贬 bāobiǎn 동 좋고 나쁨을 평가하다 | 善恶 shàn'è 몡 선악 | 睁开 zhēngkāi 동 (눈을) 뜨다 | 伸手 shēnshǒu 손을 뻗다

71 ★★☆	
E 做人最要紧的学问是分辨好人与坏人	E 사람 됨됨이에서 가장 중요한 학문은 좋은 사람과 나쁜 사람을 구분하는 것이다

해설 빈칸 뒤에서 할아버지는 손자들에게 '사람을 알아보는 안목'을 시험하면서 후마즈가 좋은 사람인지 나쁜 사람을 알아보라고 했다. 따라서 빈칸에는 첫 번째 단락을 총괄하는 내용이 와야 한다.

72 ★☆☆	
A 因为邻村的地主说这人很坏很坏	A 이웃 마을의 지주가 그 사람이 몹시 나쁘다고 말했기 때문이다

해설 빈칸 앞에서 후마즈가 나쁜 사람이라고 말했으므로 뒤에서 그 이유를 언급해 주는 것이 자연스럽다. 또한 빈칸 뒤에서 '而'을 사용하여 앞 절과 이어주었으므로, '而'이 있는 문장에서 언급한 지주가 모든 사람의 행동에 대해 손바닥 보듯 훤하다는 것과 호응이 되는 내용이 와야 한다.

73 ★☆☆	
C 我看胡麻子是个好人	C 내가 보기에 후마즈는 좋은 사람이다

해설 빈칸 뒤에서 촌장이 후마즈가 좋은 사람이라고 이야기했다는 것을 근거로 들었으므로 빈칸에는 후마즈가 좋은 사람이라는 주장이 와야 한다.

74 ★★☆	
B 没有褒贬善恶的勇气	B 선악을 제대로 평가할 용기가 없다

해설 빈칸 앞에서 촌장에 대한 설명이 나오고 빈칸 뒤에서 촌장이 말한 좋은 사람이 나쁜 사람일 수도 있다고 했으므로 촌장은 선과 악을 평가할 용기가 없다는 내용이 와야 한다.

Tip 빈칸의 위치와 보기의 문장 성분을 분석하면 정답을 고르기 쉬워진다. 예를 들어 보기 B는 주어가 없는 문장이므로 주어 뒤에 빈칸이 있는 경우에 정답일 가능성이 높다.

75 ★★☆	
D 你们什么时候有了这种能力	D 너희가 언젠가 이런 능력을 갖췄을 때

해설 빈칸 뒤에서 황금은 너희 손에 있을 것이라고 했으므로 빈칸에는 이에 대한 전제 조건에 대한 내용이 와야 한다.

从前有位善良的富翁，他要盖一栋大房子，他特别要求建造房子的师傅，(76) C 把房子四周的房檐建得加倍的长，使贫苦无家的人，能在下面暂时躲避风雪。房子建成了，果然有许多穷人聚集在房檐下，他们甚至摆摊子做起买卖，并生火煮饭。嘈杂的人声与油烟，使富翁不堪其扰。不悦的家人，也常与在房檐下的人争吵。

冬天，有个老人在房檐下冻死了，大家都骂富翁不仁。

夏天，一场飓风，别人的房子都没事，富翁的房子因为房檐太长，居然被掀了顶。(77) B 人们都说这是恶有恶报。

重修屋顶时，(78) E 富翁要求只建小小的房檐，因为他明白：施人余荫总让受施者有仰人鼻息的自卑感，(79) A 结果自卑变成了敌对。

富翁把钱捐给慈善机构，并盖了一间小房子，所能荫庇的范围远比以前的房檐小，但是四面有墙，是栋正式的房子。许多无家可归的人，(80) D 都在其中获得暂时的庇护。

예전에 선량한 부자가 있었는데 그는 큰 집을 짓고자 했다. 특별히 집을 짓는 장인에게 (76) C 집 사방의 처마를 두 배로 길게 만들어서 집이 없는 가난한 사람이 잠시 바람과 눈을 피할 수 있도록 요구했다. 집이 완성되었고 과연 많은 가난한 사람들이 처마 밑에 모였다. 그들은 심지어 노점상을 차려 장사도 하고 불을 피우고 밥을 지었다. 시끄러운 소리와 기름 연기 때문에 부자는 견딜 수가 없었다. 화가 난 가족들이 처마 밑의 사람들과 자주 말다툼을 했다.

겨울에는 어떤 노인이 처마 밑에서 얼어 죽자 모두 부자가 모진 사람이라고 욕했다.

여름에는 태풍이 불었는데 다른 사람의 집은 모두 아무 일이 없었는데 부자의 집만 처마가 길어서 지붕이 날아갔다. (77) B 사람들은 모두 이것이 인과응보라고 했다.

지붕을 보수할 때 (78) E 부자는 처마를 작게 짓도록 요구했다. 왜냐하면 그는 선의를 베풀면 그것을 받는 사람들이 그것에 의지하며 살아간다는 열등감을 느끼게 되고, (79) A 그 결과 열등감이 적대감으로 바뀌게 된다는 것을 깨달았기 때문이다.

부자는 돈을 자선단체에 기부하여 작은 집을 지었다. 그늘이 생기는 범위는 이전의 처마보다 작았지만 사방에 벽을 만들어 정식적인 집을 지었다. 집이 없는 많은 사람이 (80) D 그곳에서 잠시라도 보호를 받게 되었다.

단어 | **善良** shànliáng 형 선량하다 | **富翁** fùwēng 명 부자 | **盖** gài 동 짓다, 건축하다 | **建造** jiànzào 동 세우다 | **师傅** shīfu 명 기사, 장인 [기능을 가진 사람] | **房檐** fángyán 명 처마 | **贫苦无家** pínkǔ wújiā 빈곤하고 집이 없다 | **暂时** zànshí 명 잠시 | **躲避** duǒbì 동 피하다 | **果然** guǒrán 부 과연 | **穷人** qióngrén 명 가난한 사람 | **聚集** jùjí 동 한데 모이다 | **摆摊子** bǎitānzi 노점상을 차리다 | **噪杂** zàozá 소란하다 | **油烟** yóuyān 명 기름 연기 | **不堪** bùkān 동 견딜 수 없다 | **争吵** zhēngchǎo 동 말다툼하다 | **冻死** dòngsǐ 얼어 죽다 | **骂** mà 동 욕하다 | **不仁** bùrén 형 모질다 | **飓风** jùfēng 명 태풍 | **掀** xiān 동 벗기다 | **恶有恶报** èyǒu èbào 성 인과응보 | **重修** chóngxiū 동 재건하다 | **屋顶** wūdǐng 명 지붕 | **施人余荫** shīrén yúyìn 사람에게 선의를 베풀다 | **仰人鼻息** yǎngrén bíxī 남에게 의지하며 살다 | **自卑感** zìbēigǎn 명 열등감 | **捐** juān 동 기부하다 | **慈善机构** císhàn jīgòu 명 자선단체 | **荫庇** yìnbì 동 그늘지다 | **无家可归** wújiā kěguī 성 돌아갈 집이 없다 | **庇护** bìhù 동 감싸고 보호하다

---

76 ★★☆

C 把房子四周的房檐建得加倍的长	C 집 사방의 처마를 두 배로 길게 만들어서

해설 빈칸 뒤에서 집이 없는 사람이 바람과 눈을 피할 수 있도록 요구했다는 내용을 통해 집 사방의 처마를 길게 만들었다는 내용이 와야 한다.

---

77 ★★☆

B 人们都说这是恶有恶报	B 사람들은 모두 이것이 인과응보라고 했다

해설 빈칸 앞에서 '겨울에 어떤 노인이 처마에서 얼어 죽자 모두 부자를 욕했다'는 내용과 여름에 일어난 일이 같은 구조로 이어져 대구를 이루고 있다. 이미 사람들에게 미움 받고 있는 것을 유추할 수 있는데, 부자의 집만 지붕이 날아가자 사람들이 이것에 대해 비난하는 내용이 와야 한다.

78 ★★☆	
E 富翁要求只建小小的房檐	E 부자는 처마를 작게 짓도록 요구했다

해설 빈칸 앞에서 처음 처마를 크게 만들었을 때 좋은 일을 겪지 못했으므로 이번에는 보수할 때 지붕의 한 부분인 처마를 작게 짓도록 요구하는 내용이 와야 한다.

79 ★★☆	
A 结果自卑变成了敌对	A 그 결과 열등감이 적대감으로 바뀌게 된다

해설 빈칸 앞에서 사람들이 열등감을 느끼게 된다고 했고, 문맥상 그 결과 열등감이 적대감으로 바뀐다는 내용이 와야 한다.

80 ★★☆	
D 都在其中获得暂时的庇护	D 그곳에서 잠시라도 보호를 받게 되었다

해설 빈칸 앞의 '无家可归的人(집 없는 사람)'이 주어이므로 빈칸은 이와 어울리는 술어인 보호받았다는 내용이 와야 한다.

실전 연습 2 – 제3부분

>> 전략서 133p

정답	71 E	72 A	73 C	74 B	75 D
	76 B	77 D	78 E	79 A	80 C

71 – 75

我曾仔细观察过蚂蚁这种神奇的小生物，发现它有一套简单、实用的生存哲学。正是这一套哲学让蚂蚁家族永远繁荣昌盛、生生不息。(71) E 我管这套哲学叫作蚂蚁四重奏。

第一重：永不放弃。如果我们试图挡住一只蚂蚁的去路，它会立刻寻找另一条路：要么翻过或钻过障碍物，要么绕道而行。总之，不达目的不罢休。

第二重：未雨绸缪。(72) A 整个夏天蚂蚁都在为遥远的冬天做准备。刚一入夏，蚂蚁就开始储备冬天的食物。这样在万物凋敝的冬季，蚂蚁同样可以丰衣足食。

第三重：满怀期待。整个冬天蚂蚁都憧憬着夏天。在严冬中，蚂蚁们时刻提醒自己严寒就要过去了，(73) C 温暖舒适的日子很快就会到来。即便是少有的冬日暖阳也会吸引蚂蚁们倾巢而出，在阳光下活动活动筋骨。一旦寒流袭来，它们立刻躲回温暖的巢穴，(74) B 等待下一个艳阳天的召唤。

나는 예전에 개미라는 신기한 작은 생물을 자세히 관찰한 적이 있는데, 개미에게 간단하고 실용적인 생존 철학이 있다는 것을 발견했다. 이 철학 때문에 개미는 영원히 왕성하고 끊임없이 번성할 수 있는 것이다. (71) E 나는 이 철학을 개미의 사중주라고 부른다.

1중주: 영원히 포기하지 않는다. 만약에 우리가 개미의 가는 길을 막으려고 한다면 그 개미는 즉시 다른 길을 찾을 것이다. 장애물을 넘어가거나 파고들고 아니면 돌아간다. 어쨌든 목적지에 도달하지 못하면 포기하지 않는다.

2중주: 미리 대비한다. (72) A 개미는 여름 내내 아득히 먼 겨울을 준비한다. 일단 여름이 되면 개미는 겨울의 식량을 비축하기 시작한다. 이렇게 만물이 다 고된 겨울에 개미는 풍족하게 생활한다.

3중주: 기대감에 차 있다. 겨울 내내 개미는 여름을 동경한다. 추운 겨울에 개미는 추위가 곧 지나가고 (73) C 따스하고 편안한 날이 곧 올 것이라고 시시각각 자신을 일깨운다. 설령 아주 적은 양의 겨울 햇빛일지라도 개미들은 모두 밖으로 나와 햇빛 아래에서 근육과 뼈를 움직이게 한다. 일단 매서운 추위가 오면 개미들은 즉시 따뜻한 개미굴로 피신하여 (74) B 다음 화창한 봄날의 부름을 기다린다.

第四重：竭尽所能。一只蚂蚁能在夏天为冬天做多少准备？答案是全力以赴地工作。

（75）D 小小的蚂蚁用实际行动告诉我们：永不放弃、未雨绸缪、满怀期待、竭尽所能才是成功的关键。

4중주: 할 수 있는 것은 다한다. 개미 한 마리는 여름에 겨울을 위해 얼마만큼 준비할까? 정답은 전력을 다한다는 것이다.

（75）D 작은 개미는 실제적인 행동을 통해 우리에게 알려 준다. 영원히 포기하지 않고, 미리 대비하고, 기대감에 차 있고, 할 수 있는 것을 다하는 것이 성공의 관건이라는 사실을 말이다.

단어　仔细 zǐxì 혱 자세하다｜观察 guānchá 동 관찰하다｜蚂蚁 mǎyǐ 몡 개미｜神奇 shénqí 혱 신기하다｜哲学 zhéxué 몡 철학｜家族 jiāzú 몡 가족｜繁荣昌盛 fánróng chāngshèng 셩 왕성하게 번영하다｜生生不息 shēngshēng bùxī 셩 끊임없이 생장하고 번성하다 ｜四重奏 sìchóngzòu 몡 사중주｜试图 shìtú 동 시도하다｜挡住 dǎngzhù 막다｜寻找 xúnzhǎo 동 찾다｜翻过 fānguò 넘어가다｜钻 zuān 동 파고 들다｜障碍物 zhàng'àiwù 몡 장애물｜绕道 ràodào 길을 우회하다｜罢休 bàxiū 동 손을 놓다, 포기하다｜未雨绸缪 wèiyǔ chóumóu 셩 미리 방비하다｜遥远 yáoyuǎn 혱 아득히 멀다｜储备 chǔbèi 동 비축하다｜凋敝 diāobì 혱 힘들다｜丰衣足食 fēngyī zúshí 셩 생활이 넉넉하다｜满怀 mǎnhuái 동 가슴에 꽉 차다｜期待 qīdài 동 기대하다｜憧憬 chōngjǐng 동 동경하다｜严冬 yándōng 몡 추운 겨울｜时刻 shíkè 뷔 시시각각｜严寒 yánhán 혱 아주 춥다｜温暖舒适 wēnnuǎn shūshì 혱 따스하고 편안하다｜即便 jíbiàn 졉 설령｜吸引 xīyǐn 끌어당기다｜倾巢而出 qīngcháo érchū 셩 총출동하다｜筋骨 jīngǔ 몡 근육과 뼈｜袭来 xílái 엄습하다｜巢穴 cháoxué 몡 소굴｜艳阳天 yànyángtiān 화창한 봄날｜召唤 zhàohuàn 동 부르다｜竭尽所能 jiéjìn suǒnéng 할 수 있는 모든 것을 하다｜全力以赴 quánlì yǐfù 셩 최선을 다하다

Tip

要么A，要么B A하든지, 아니면 B하든지

例 要么坚持到底，要么半途而废，我选择前者。 끝까지 버티든지, 아니면 중도에 그만두든지, 나는 전자를 택했다.

---

71 ★★☆

| E 我管这套哲学叫作蚂蚁四重奏 | E 나는 이 철학을 개미의 사중주라고 부른다 |

해설　빈칸 뒤에서 각 단락마다 1중주부터 4중주를 설명하므로 그것을 다 포괄하는 사중주에 관한 내용이 와야 한다.

---

72 ★☆☆

| A 整个夏天蚂蚁都在为遥远的冬天做准备 | A 개미는 여름 내내 아득히 먼 겨울을 준비한다 |

해설　빈칸 앞에서 앞으로의 일을 미리 대비한다고 했고, 빈칸 뒤에서 여름이 되면 개미는 겨울의 식량을 비축하기 시작한다고 했으므로 '겨울'과 '대비'에 관련된 내용이 와야 한다.

---

73 ★★☆

| C 温暖舒适的日子很快就会到来 | C 따스하고 편안한 날이 곧 올 것이라고 |

해설　빈칸 앞에서 추위가 곧 지나갈 것이라고 생각한다고 했으므로 빈칸에는 따스하고 편안한 날이 곧 올 것이라는 내용이 적절하다.

---

74 ★★☆

| B 等待下一个艳阳天的召唤 | B 다음 화창한 봄날의 부름을 기다린다 |

해설　빈칸 앞에서 매서운 추위가 오면 개미들이 따뜻한 개미굴로 피신한 후 하는 행동과 이어지는 것으로 봄을 기다린다는 내용이 적절하다.

| D 小小的蚂蚁用实际行动告诉我们 | D 작은 개미는 실제적인 행동을 통해 우리에게 알려 준다 |

해설 빈칸 뒤 문장부호 ' : '뒤에서 개미의 4중주를 다시 정리해 주고 있다. 그러므로 빈칸은 개미가 우리에게 주는 교훈과 관련된 내용이 와야 한다.

Tip 독해 지문은 일반적으로 문장의 결론에서 우리에게 주는 인생의 교훈으로 마무리하는 경우가 많다.

76 – 80

我经常埋怨风，埋怨雨，而且理由充分。虽然这不过是很平常的风，很平常的雨，但因为它们给自己的出行带来了不便，甚至在我眼前制造出某种可怕氛围，(76) B 我责怨起来总是底气十足、振振有词。

但有一个雨天，我见到一位气象学家，他对我只因为雨天给我带来小小的不便就如此愤懑很不理解。

他问我："你有没有见过台风？"我摇头。(77) D 摧枯拉朽的台风，我并没有亲历过。"每个人都在诅咒台风给人类带来的破坏。可是，如果没有台风，你知道这个世界会怎样吗？"我还是摇头。"那好，我告诉你。"气象学家说，"如果没有台风，全世界的水荒会更严重。(78) E 台风可以为人类提供大量的淡水资源。如果没有台风，地球上的冷热会更不均衡。日照最多的赤道地区全靠台风来驱散热量，否则，热带会更热，寒带会更冷，而温带将不存在……"

因为无知，因为短视，我只知道风会吹乱我的头发，(79) A 只知道雨天出门要多带一把雨伞，却没想到比这暴虐一千倍的台风却是人类生存的必须！

如同世上没有一条路总是一马平川，(80) C 世上也没有一个人可以随心所欲。尽管台风让人防不胜防，但是，在埋怨之前，一个人只要能够想想"如果没有台风，世界将会怎样？"那么，想过之后，他一定会更心平气和，更接近真理，也更懂得他生活的世界。

나는 항상 바람과 비를 원망하는데 그 이유는 충분하다. 비록 아주 일상적인 바람과 일상적인 비라도 나의 외출 길에 불편을 가져다 주고, 심지어 내 눈앞에서 어떤 두려운 분위기를 만들어내기 때문이다. (76) B 나는 원망하고 탓할 때는 활력 있고 당당하게 한다.

그러나 어느 비가 오는 날, 나는 어떤 기상학자를 만났고 그는 내가 비가 나에게 가져주는 소소한 불편함에 내가 분노하는 것을 이해하지 못했다.

그가 나에게 물었다. "태풍을 본 적이 있나요?" 나는 고개를 저었다. (77) D 마른 풀과 썩은 나무를 꺾는 태풍은 나는 결코 직접 겪어본 적이 없다. "모든 사람이 태풍이 인류에게 가져오는 파괴를 저주하죠. 하지만 만약 태풍이 없다면 이 세상이 어떻게 될지 아십니까?" 나는 또 고개를 저었다. "좋아요. 알려 주죠." 기상학자가 말했다. "만약 태풍이 없으면 전 세계의 물 기근은 훨씬 더 심각해질 거예요. (78) E 태풍은 인류에게 엄청난 담수 자원을 제공할 수 있습니다. 만약 태풍이 없으면 지구상의 추위와 더위의 불균형이 더 심해질 거예요. 일조량이 가장 많은 적도지역은 태풍을 통해 열을 몰아낼 수 있어요. 그렇지 않다면 열대지역은 더 더워지고, 한대지역은 더 추워지게 될 거예요. 온대지역은 존재하지 않을 거고…"

무지함과 좁은 안목 때문에 나는 태풍이 그저 내 머리를 헝클어트리는 것만 알고 (79) A 비가 오는 날 외출할 때 우산을 하나 더 가지고 가야 된다는 것만 알았지 이보다 천 배나 포악한 태풍이 인류가 생존하는 데 필수라는 것은 결코 생각지도 못했다!

세상에는 항상 광활한 평지만 있는 길은 없는것 처럼, (80) C 세상에는 하고 싶은대로 다 하는 사람도 없다. 비록 태풍은 사람이 막을 수 있는 것은 아니지만 원망하기 전에 '태풍이 없으면 세상은 어떻게 될까?'를 한번 생각해보기만 한다면, 생각한 후에는 분명히 마음이 더 편해지고 진리에 더 다가갈 수 있으며, 자신이 살아가는 세계를 좀 더 이해할 수 있을 것이다.

단어 埋怨 mányuàn 图 원망하다 | 制造 zhìzào 图 만들다, 제조하다 | 氛围 fēnwéi 图 분위기 | 责怨 zéyuàn 图 탓하며 원망하다 | 底气十足 dǐqì shízú 활력이 넘치다 | 振振有词 zhènzhèn yǒucí 图 당당하게 말하다 | 愤懑 fènmèn 图 분하고 답답하다 | 摧枯拉朽 cuīkū lāxiǔ 图 마른 풀과 썩은 나무를 꺾다 | 亲历 qīnlì 图 직접 겪다 | 诅咒 zǔzhòu 图 저주하다 | 破坏 pòhuài 图 파괴하다 | 水荒 shuǐhuāng 图 물 기근 | 淡水资源 dànshuǐ zīyuán 图 담수자원 | 均衡 jūnhéng 图 균형이 잡히다 | 日照 rìzhào 图 햇볕이 내리쬐다 | 赤道 chìdào 图 척도 | 驱散 qūsàn 图 몰아내다 | 短视 duǎnshì 图 안목이 좁다 | 吹乱 chuīluàn 흐트러뜨리다 | 暴虐 bàonüè 图 포악하다 | 如同 rútóng 图 마치 ~와 같다 | 一马平川 yìmǎ píngchuān 图 광활한 평원 | 随心所欲 suíxīn suǒyù 图 하고 싶은 대로 하다 | 尽管 jǐnguǎn 图 비록 ~에도 불구하고 | 防不胜防 fángbú shèngfáng 图 막을 수가 없다 | 心平气和 xīnpíng qìhé 图 마음이 편하고 온화하다 | 接近 jiējìn 图 접근하다

76 ★★☆	
B 我责怨起来总是底气十足、振振有词	B 나는 원망하고 탓할 때는 활력 있고 당당하게 한다

해설 빈칸 앞에서 내가 태풍에 대해 원망하는 이유를 구체적으로 언급했으므로 어떻게 원망한다는 내용이 와야 한다.

77 ★★☆	
D 摧枯拉朽的台风	D 마른 풀과 썩은 나무를 꺾는 태풍은

해설 빈칸 앞에서 태풍을 본 적이 있냐는 질문에 아니라고 고개를 저었다. 고개를 저은 것은 빈칸 뒤의 '나는 결코 직접 겪어본 적이 없다'와 호응하므로, 빈칸에는 태풍에 대한 내용이 와야 한다.

78 ★★☆	
E 台风可以为人类提供大量的淡水资源	E 태풍은 인류에게 엄청난 담수 자원을 제공할 수 있다

해설 빈칸 앞에서 태풍이 없으면 물 기근이 훨씬 더 심각해 질 것이라고 했다. 빈칸 앞의 '水荒(물 기근)'과 보기의 '淡水资源(담수 자원)'을 연결 지어 앞 문장을 뒷받침하는 내용이 와야 한다.

Tip

중국어의 문장에서는 문장간의 호응과 대구를 중요시 한다. 앞의 문장과 뒤의 문장이 같은 구조로 호응을 이루는 경우가 많으므로 이점에 유의하면 좀 더 쉽게 정답을 고를 수 있다.

79 ★★☆	
A 只知道雨天出门要多带一把雨伞	A 비가 오는 날 외출할 때 우산을 하나 더 가지고 가야 된다는 것만 알았지

해설 빈칸 앞에서 '只知道'가 나오고, 빈칸 뒤에서 '却没想到'와 역접으로 연결이 된다. 의미상 'A만 알고, B만 알고, C는 전혀 알지 못했다' 가 자연스럽다. 그러므로 보기에서도 역시 '只知道'가 들어간 내용이 와야 자연스럽다.

80 ★★☆	
C 世上也没有一个人可以随心所欲	C 세상에는 하고 싶은대로 다 하는 사람도 없다

해설 보기에 '也'가 있으므로 앞의 문장과 병렬을 이루는 내용이 와야 한다는 것을 알 수 있다. 빈칸 앞의 '世上没有'와 보기의 '世上也没有'가 호응한다.

미리보기 해석

🔔 제4부분 〉〉 전략서 138p

81-84.

　　圆是人类用以表示吉祥好运的最古老的象征符号之一。圆没有起点也没有终点，所以象征着永恒。它是完整、完美和完全的标志。圆的象征意义很可能起源于"天圆地方"的理论，古时候，人们认为太阳围绕地球公转并且按照自东向西的方向运转，因此，我们的祖先很注意顺时针方向移动。至今，很多人相信按顺时针方向转三圈可以摆脱坏运气。

　　后来，人们开始相信邪恶的幽灵无法穿越一个圆圈，因为圆代表着一种比它们更强大的力量——太阳的力量。这一信念给人们带来了许许多多的吉祥象征物，包括各式各样的环形物和圆形图案，更不用说我们圣诞节期间挂在门上的花环。诸如马蹄铁状的吉祥护身符等也同样源自要把邪恶的幽灵诱捕其中的想法。开口处用作其入口有其重要意义，因为巫婆和其他邪恶的幽灵不能从圆圈中逃脱，自然也不能进入圆圈。

　　圆圈能抵挡邪恶幽灵的本领也导致产生了涂口红的习俗。古人认为邪恶幽灵会经过嘴进入人体内部，在嘴唇周围画一个红色圆圈就有可能挡住邪恶幽灵侵入人体。环状的耳饰也渐渐成为同样的吉祥护身符，因为它们的圆形能够保护耳朵眼。

81. 圆象征着什么？
　　A 起点和终点　　　　B 永恒
　　C 事物的终结　　　　D 完美和完全

82. 关于圆的象征意义的起源，正确的是：
　　A 起源于"天圆地方"的理论，古人认为太阳围绕地球运转
　　B 来自月球围绕地球运转的轨道
　　C 来自人们对顺时针的关注
　　D 来自古代人们对圆的奇特偏好

83. 哪些不属于吉祥的象征物？
　　A 各种环形物　　　　B 圣诞节的花环
　　C 各式方形物　　　　D 马蹄铁状的护身符

81-84.

　　원은 인류가 행운을 표현하는데 쓰이는 가장 오래된 상징 기호 중 하나이다. 원은 시작점과 종착점이 없으므로 영구불변을 상징한다. 그것은 온전함, 완벽함 그리고 완전함의 표시이다. 원의 상징적 의미는 '천원지방' 이론에서 기인한다. 옛날에 사람들은 태양이 지구 주위를 돌고, 게다가 동쪽에서 서쪽으로 돈다고 생각했다. 이 때문에 우리의 선조들은 시계 방향으로 이동하는 것을 중시했다. 지금까지 많은 사람이 시계 방향으로 세 바퀴를 돌면 액운에서 벗어날 수 있다고 믿는다.

　　나중에 사람들은 악령이 원을 통과할 수 없다고 믿기 시작했다. 왜냐하면 원은 그 악령보다 더 강력한 힘인 태양의 힘을 상징하기 때문이다. 이러한 신념은 사람들이 수많은 행운의 상징물을 가져다 주었다. 각양각색의 고리 형태의 물건과 원형의 도안을 포함해서, 우리가 크리스마스 시즌에 문에 걸어 놓는 화환은 더 말할 것도 없다. 예를 들어 말굽 모양의 행운의 부적 등도 역시 악령을 그 속으로 유인하려는 생각에서 나왔다. 출구를 입구로 사용하는 것도 중요한 의미를 가진다. 왜냐하면 무당과 기타 사악한 악령은 원 안에서 도망칠 수 없으므로 자연히 원 안으로 들어갈 수도 없다.

　　원의 사악한 악령을 막아낼 수 있는 능력은 립스틱을 바르는 습관 또한 야기했다. 옛날 사람들은 사악한 악령이 입을 통해 몸 안에 들어온다고 생각해서 입술 주변에 붉은색 원을 그리면 사악한 유령이 몸 안으로 들어오는 것을 막을 수 있다고 생각했다. 고리 모양의 귀고리 역시 점점 행운의 부적이 되었다. 왜냐하면 원형이 귓구멍을 보호해 줄 수 있기 때문이다.

81. 원은 무엇을 상징하는가?
　　A 시작점과 종착점　　　B 영구불변
　　C 사물의 마지막　　　　D 완벽함과 완전함

82. 원의 상징적인 의미의 기원에 관하여 옳은 것은:
　　A '천원지방' 이론에 기인하여 옛날 사람은 태양이 지구 주위를 돈다고 생각했다
　　B 달이 지구를 주위를 도는 궤도에서 기인한다
　　C 사람들의 시계 방향에 대한 관심에서 기인한다
　　D 고대 사람들의 원에 대한 기이한 선호에서 기인한다

83. 행운의 상징물에 포함되지 않는 것은?
　　A 각종 고리 형태의 물건　　B 크리스마스 화환
　　C 각종 사각 형태의 물건　　D 말굽 모양의 행운의 부적

84. 根据上文，不正确的是：

　　A 涂口红的习俗与圆的吉祥象征意义有关

　　B 环状的耳环也是吉祥身符

　　C 巫婆和恶魔能够逃脱圆圈的制约

　　D 顺时针方向转三圈有好运

84. 이 글에 근거하여 옳지 않은 것은:

　　A 립스틱을 바르는 습관과 원의 행운의 상징은 관련이 있다

　　B 고리 모양의 귀고리 역시 행운의 부적이다

　　C 무당과 악마는 원의 제약에서 도망칠 수 있다

　　D 시계 방향으로 세 바퀴 돌면 행운이 있다

실전 연습 1 – 제4부분

>> 전략서 156p

정답	81 D	82 A	83 D	84 B	85 C
	86 B	87 C	88 D	89 D	90 C
	91 B	92 D	93 C	94 B	95 C
	96 C	97 B	98 D	99 C	100 C

81 – 84

什么是智力？[81]有人说，智力的涵义包括聪颖、预见、速度，能同时应付很多事件。有人把智力定义为学习、做判断的能力和想象力。[81,82]在现代文献中，智力常常指的是抽象思维的能力、推理的能力和整理信息的能力。还有人把智力表达得更简洁，说智力是做猜测，是发现一些新的内在秩序的"出色的猜测"。对许多人来说，智力就是你不知怎么办时，无计可施时，惯常的做法不奏效时，所需要的创新能力。

　　那么，人的智力是否高于其他动物的智力呢？[84]这取决于脑的发达程度，脑只有外面那一层——大脑皮层——明显地与形成"新的联想"有关。而[83]人的大脑皮层甚至比甜橙皮还薄，大约只有2毫米，仅相当于一枚一角硬币的厚度。[84]人的大脑皮层布满了皱褶，但是如果把它剥离下来并将它展开，它的面积大约相当于4张打印纸。黑猩猩的大脑皮层只有1张打印纸那么大；猴子的大脑皮层像明信片那么大；老鼠的大脑皮层只有邮票那么大。因此，人的智力比动物的智力高很多。

지능은 무엇인가? [81]어떤 사람은 지능의 의미가 총명함, 예견 능력, 속도 등을 포함하여 동시에 여러 가지 일을 처리할 수 있다는 의미라고 말한다. 어떤 사람은 지능을 학습 및 판단하는 능력과 상상력이라고 정의한다. [81,82]현대 문헌에서 지능은 항상 추상적인 사고 능력, 추리 능력, 정보 정리 능력을 가리킨다. 또 어떤 사람은 지능을 더 간결하게 표현하여 지능은 추측하는 것이며 내재하여 있는 새로운 질서를 발견하는 '뛰어난 추측'이라고 했다. 많은 사람에게 지능이란 어떻게 해야 할지를 모를 때, 도저히 방법이 없을 때, 습관처럼 사용하던 방법이 효과가 없을 때 필요한 창의 능력이다.

　　그러면 사람의 지능은 다른 동물의 지능보다 높은가? [84]이것은 뇌의 발달 정도에 달려 있으며 뇌는 단지 바깥의 표면층, 즉 대뇌피질만이 '새로운 연상'을 하는 것과 명백한 관련이 있다. 그런데 [83]사람의 대뇌피질은 심지어 감귤 껍질보다 얇아서 단지 2mm에 불과하여 1쟈오짜리 동전 한 개의 두께와 같다. [84]사람의 대뇌피질은 주름으로 가득하지만 만약 그것을 벗겨 펼치면 면적이 약 프린터 용지 4장에 달한다. 침팬지의 대뇌피질은 단지 프린터 용지 1장 크기이며, 원숭이의 대뇌피질은 엽서만한 크기이다. 쥐의 대뇌피질은 단지 우표 크기이다. 그래서 사람의 지능이 다른 동물보다 훨씬 높다.

단어 智力 zhìlì 명 지능 | 涵义 hányì 명 내포된 뜻 | 聪颖 cōngyǐng 형 총명하다 | 预见 yùjiàn 동 예견하다 | 应付 yìngfu 동 대응하다 | 定义 dìngyì 명 정의 | 抽象 chōuxiàng 형 추상적이다 | 思维 sīwéi 동 사고하다 | 推理 tuīlǐ 동 추리하다 | 简洁 jiǎnjié 형 간결하다 | 猜测 cāicè 동 추측하다 | 秩序 zhìxù 명 질서 | 无计可施 wújì kěshī 성 전혀 방법이 없다 | 惯常 guàncháng 형 습관적인 | 奏效 zòuxiào 동 효과가 있다 | 创新 chuàngxīn 명 창의, 혁신 | 取决于 qǔjuéyú ~에 달려있다 | 大脑皮层 dànǎo pícéng 명 대뇌피질 | 毫米 háomǐ 양 밀리미터(mm) | 相当于 xiāngdāngyú ~와 같다 | 布满 bùmǎn 동 가득 널려 있다 | 皱褶 zhòuzhě 명 주름 | 剥离 bōlí 동 (껍질 등이) 벗겨지다 | 打印纸 dǎyìn zhǐ 명 프린터 용지 | 黑猩猩 hēixīngxing 명 침팬지

81 ★★☆	
文中对"智力"做了几种解释?	이 글에서 '지능'에 대해 몇 가지 해석을 했는가?
A 一种　　　　　　　B 三种	A 한 종류　　　　　　　B 세 종류
C 四种　　　　　　　D 五种	C 네 종류　　　　　　　D 다섯 종류

해설 첫 번째 단락에서 총명함, 예견 능력, 속도 등을 포함하여 동시에 여러 가지 일을 처리할 수 있다고 하는 경우, 학습 및 판단하는 능력과 상상력이라고 정의하는 경우, 현대 문헌에서 지능은 항상 추상적인 사고 능력, 추리 능력, 정보 정리 능력을 가리키는 경우, 지능은 추측하는 것이며 내재되어 있는 새로운 질서를 발견하는 '뛰어난 추측'이라고 한 경우, 어떻게 해야 할지를 모를 때, 도저히 방법이 없을 때, 습관처럼 사용하던 방법이 효과가 없을 때 필요한 창의 능력이라고 하는 경우까지 총 다섯 종류이다.

82 ★★☆	
以下哪一项不是现代文献中智力的定义?	다음 중 현대 문헌에서의 지능의 정의가 아닌 것은?
A 学习判断的能力	A 학습 판단 능력
B 抽象思维能力	B 추상적 사고 능력
C 推理的能力	C 추리 능력
D 整理信息的能力	D 정보를 정리하는 능력

해설 첫 번째 단락에서 현대 문헌에서의 지능은 항상 추상적인 사고 능력, 추리 능력, 정보 정리 능력을 가리킨다고 했으므로 정답은 A이다.

83 ★☆☆	
人的大脑皮层有多厚?	사람의 대뇌피질 두께는 얼마인가?
A 和甜橙皮一样厚	A 감귤 껍질과 같은 두께
B 大于2毫米	B 2mm 이상
C 一元硬币的厚度	C 1위안 동전 두께
D 一角硬币的厚度	D 1쟈오 동전 두께

해설 두 번째 단락에서 사람의 대뇌피질은 감귤 껍질보다 얇아서 단지 2mm에 불과하여 1쟈오 동전 한 개의 두께와 같다고 했으므로 정답은 D이다.

84 ★★★	
为什么人的智力比动物的智力高?	사람의 지능은 왜 동물의 지능보다 높은가?
A 因为人的大脑皮层比较薄	A 사람의 대뇌피질은 비교적 얇기 때문이다
B 因为人的大脑比较发达	B 사람의 대뇌피질이 비교적 발달했기 때문이다
C 因为人的大脑皮层有褶皱	C 사람의 대뇌피질에는 주름이 있기 때문이다
D 因为人的大脑皮层面积小	D 사람의 대뇌피질은 면적이 작기 때문이다

단어 褶皱 zhězhòu 명 주름

해설 두 번째 단락에서 지능의 높고 낮음은 뇌의 발달정도에 달려 있다고 했고, 사람의 대뇌피질은 다른 어떤 동물의 대뇌피질보다도 크기 때문에 다른 동물보다 지능이 높다고 했다. 따라서 정답은 B이다.

这天早上，小和尚发现师父得到了六个馒头，大师兄也得到了六个馒头，只有他自己得到了四个馒头。

小和尚觉得太不公平了。师父得六个馒头，他没意见，可大师兄也得六个馒头，不是跟师父平起平坐了吗？不行，不行！

于是小和尚找到师父，也要六个馒头。师父说："你能吃下六个馒头吗？"小和尚大声说："能！我要六个馒头！"

师父看了看小和尚，把自己的馒头分了两个给小和尚。不久，小和尚就将六个馒头吃完了，他吃得很饱很饱。小和尚拍着肚子高兴地对师父说："师父，你看，六个馒头我都吃下去了。我能吃六个馒头，以后每天早上我都像大师兄一样要六个馒头！"师父微笑着看看小和尚，说："你是吃下去了六个馒头，但明天你要不要六个馒头，还是等会儿再说吧！"

一会儿，[86]小和尚觉得肚子胀，口也渴，然后就去喝了半碗水。接着，小和尚的肚子比刚才更胀了，而且有点儿发痛。小和尚开始难受起来，根本没法像平时那样挑水扫地念经。

这时，师父对小和尚说："[85]平时你吃四个馒头，今天你却吃了六个馒头，你多得到了两个，可是你却没有享受到这两个馒头的好处，相反，它们给你带来了痛苦，得到不一定就是享受。[87]不要把眼光盯着别人，不要与人比，不贪不求，自然知足，自然常乐。"

그날 아침, 작은 승려는 스승이 찐빵 여섯 개를 얻고, 큰 사형도 찐빵 여섯 개를 얻었는데 단지 자신만 찐빵 네 개를 얻은 것을 발견했다.

작은 승려는 불공평하다고 느꼈다. 스승이 여섯 개를 가진 것에는 의견이 없었지만, 큰 사형이 여섯 개를 가진 것은 스승과 동등하다는 것 아닌가? 안 되지, 안돼!

그래서 작은 승려가 스승을 찾아가 찐빵 여섯 개를 원한다고 했다. 스승이 말했다. "너는 찐빵 여섯 개를 다 먹을 수 있겠느냐?" 작은 승려가 큰 소리로 말했다. "먹을 수 있어요! 찐빵 여섯 개를 주세요!"

스승이 작은 승려를 보고 자신의 찐빵에서 두 개를 나눠 작은 승려에게 주었다. 얼마 되지 않아 작은 승려는 찐빵 여섯 개를 다 먹었고, 아주 배가 불렀다. 작은 승려가 배를 두드리며 기쁘게 스승에게 말했다. "스승님, 보세요. 여섯 개를 모두 먹었어요. 앞으로 매일 아침 큰 사형과 같이 찐빵 여섯 개씩 주세요." 스승이 웃으며 작은 승려를 보고 말했다. "네가 여섯 개를 먹었지만, 내일 여섯 개의 찐빵을 원할지는 기다렸다가 얘기해 보자."

잠시 후, [86]작은 승려는 배가 팽창하는 것을 느끼고 입에 갈증이 나서 물 반 그릇을 마셨다. 그러자 작은 승려의 배가 더 불러왔고 조금 아프기도 했다. 작은 승려가 견딜 수 없게 되었고 평소처럼 물을 긷고 바닥을 쓸면서 독경을 할 수가 없었다.

이때 스승이 작은 승려에게 말했다. "[85]평소에 너는 찐빵 네 개를 먹었는데, 오늘은 여섯 개를 먹었으니 두 개를 더 많이 얻은 것이다. 하지만 이 찐빵 두 개의 좋은 점은 누리지 못하고 반대로 너에게 고통만 가져다주었지. 얻는다고 다 누릴 수 있는 것은 아니다. [87]남을 보지 말고 남과 비교하지 말고, 욕심부리거나 바라지 말며, 만족을 알고 즐겨야 한다."

단어 和尚 héshang 몡 승려 | 师父 shīfu 몡 스승 | 馒头 mántou 몡 찐빵 | 师兄 shīxiōng 몡 사형 | 平起平坐 píngqǐ píngzuò 솅 지위나 권력이 동등하다 | 拍 pāi 됭 치다 | 肚子 dùzi 몡 배 | 胀 zhàng 됭 팽창하다 | 渴 kě 웽 목 마르다 | 发痛 fātòng 아프다 | 难受 nánshòu 웽 견딜 수 없다 | 挑水 tiāoshuǐ 물을 긷다 | 扫 sǎo 됭 쓸다 | 念经 niànjīng 됭 독경하다 | 眼光 yǎnguāng 몡 눈길, 안목 | 盯 dīng 됭 주시하다 | 不贪不求 bùtān bùqiú 바라지 않고 욕심 부리지도 않다

---

85 ★★★

师父为什么给小和尚四个馒头而给大师兄六个馒头呢？

A 因为师父偏爱大师兄
B 因为馒头不够了
C 因为师父考虑到了小和尚的食量
D 因为师父不公平

스승은 왜 작은 승려에게 찐빵 네 개를 주고 큰 사형에게는 여섯 개를 주었는가？

A 스승이 큰 사형을 편애하기 때문이다
B 찐빵이 부족하기 때문이다
C 스승이 작은 승려의 식사량을 고려했기 때문이다
D 스승이 불공평하기 때문이다

해설 여섯 번째 단락에서 스승이 평소 너는 찐빵 네 개를 먹었다고 한 것을 통해 작은 승려의 적은 식사량을 고려하여 애초에 찐빵 네 개를 준 것임을 알 수 있으므로 정답은 C이다.

86 ★★☆

小和尚多吃的两个馒头给他带来了什么?	작은 승려가 더 먹은 찐빵 두 개는 그에게 무엇을 가져다 주었는가?
A 快乐 B 痛苦	A 즐거움 B 고통
C 满足 D 好处	C 만족 D 장점

해설 다섯 번째 단락에서 작은 승려는 찐빵 두 개를 더 먹고 갈증이 생기고 조금 아프다고 했으므로 정답은 B이다.

87 ★★★

这个故事告诉我们，做人要怎样?	이 이야기는 우리에게 사람은 어떠해야 한다고 알려 주는가?
A 要勇于与别人比较	A 용감하게 다른 사람과 비교해야 한다
B 要敢于追求自己想要的东西	B 자신이 원하는 것을 용감하게 추구해야 한다
C 要知足常乐	C 만족하여 항상 즐거워 해야 한다
D 要考虑周全	D 주도 면밀하게 고려해야 한다

해설 마지막 단락에서 교훈이 나온다. 작은 승려는 자신이 상황에 맞지 않게 더 많은 찐빵을 원했다가 오히려 고통을 겪었고 이를 보며 스승은 욕심부리지 않고 만족을 아는 것을 강조했다. 따라서 정답은 C이다.

88 ★★☆

小和尚以后应该吃几个馒头?	작은 승려는 이후에 몇 개의 찐빵을 먹었겠는가?
A 越少越好 B 越多越好	A 적을수록 좋다 B 많을수록 좋다
C 六个 D 四个	C 여섯 개 D 네 개

해설 전반적인 내용의 흐름으로 보아 작은 승려가 많은 찐빵을 얻고 좋은 점이 없었으므로 원래 먹던 네 개의 찐빵을 먹었을 것이라고 유추할 수 있다. 따라서 정답은 D이다.

89 - 92

有一年市射击队到省里参加汇报比赛，所谓的比赛其实就是供省队挑选人才而组织的比赛。当所有选手都比赛完之后，省队主教练将所有的靶纸收集起来，一张张地仔细端详。这时他发现了一张很有意思的靶纸，这张靶成绩并不理想，子弹大多偏离了靶心，但教练注意到一个有趣的细节：⁸⁹几乎所有的子弹都偏向同一个方向——右上方。⁹⁰这说明这位选手的技术动作肯定有大问题，但同时，非常集中的着弹点又说明射手的稳定性非常好，⁹¹而稳定性对于一个射击选手来说是非常重要的。事后，那位选手出人意料地进入了省队，不久又进入了国家队，并且为中国奥代代表团实现了奥运金牌"零"的突破，他就是许海峰。

⁹²每个人都会有自己的缺陷，缺陷有时也有它的价值，发现一个人的缺陷并不难，但要从缺陷中发现它的独特的优势可就太难了。在现实生活中，一

어느 해에 시(市) 사격팀이 성(省)에 와서 평가 시합에 참가했다. 시합이라는 것이 사실은 지역팀이 인재를 선발하기 위해서 조직한 시합이다. 모든 선수가 경기를 마치고 난 후에 지역팀 감독이 모든 표적지를 수집하여 한 장씩 자세히 보았다. 이때 그는 아주 흥미로운 표적지를 발견했다. 사격 성적이 결코 좋지 않고 탄두가 대부분 표적에서 빗나갔지만, 감독은 한 가지 흥미로운 사실에 주목했다. ⁸⁹거의 모든 탄두가 한 방향, 바로 오른쪽 위에 치우쳐 있었다. ⁹⁰이것은 이 선수의 기술 동작에 분명히 큰 문제가 있다는 것을 설명하지만, 동시에 탄두 낙하 지점이 매우 집중되어있다는 것은 사수의 안정성이 아주 좋다는 것을 의미한다. ⁹¹안정성은 사격 선수에게 아주 중요한 것이다. 그 일이 있고 난 뒤에 그 선수가 사람들의 예상을 깨고 지역팀에 들어오게 되었고, 얼마 되지 않아 국가 대표팀에 들어갔으며, 중국 올림픽 대표팀의 '노 금메달' 징크스를 깨뜨렸다. 그가 바로 쉬하이펑(许海峰)이다.

⁹²사람은 모두 결함이 있고, 결함은 때로로 그만의 가치가 있다. 사람의 결함을 발견하는 것은 어렵지 않지만, 결함에서 그만의 독특

个优秀的人往往是优点与缺点一样突出，如果我们只是盯着他的缺陷，人才就会从我们手中溜走。发现人才不仅需要明察秋毫，更要独具慧眼。

한 장점을 발견하는 것은 아주 어렵다. 현실 생활에서 우수한 사람은 장점과 단점이 똑같이 두드러진다. 만약에 우리는 그의 단점만 주시한다면 인재는 우리의 손에서 슬그머니 사라질 것이다. 인재를 발견하기 위해서는 예리함이 있어야 하며 더욱이 탁월한 안목이 있어야 한다.

단어 射击队 shèjīduì 명 사격팀 | 汇报比赛 huìbào bǐsài 명 평가 경기 | 供 gōng 통 공급하다 | 挑选 tiāoxuǎn 통 선발하다 | 选手 xuǎnshǒu 명 선수 | 靶纸 bǎzhǐ 명 표적지 | 收集 shōují 통 수집하다 | 仔细端详 zǐxì duānxiáng 자세히 뜯어보다 | 子弹 zǐdàn 명 총알, 탄두 | 偏离 piānlí 통 빗나가다 | 靶心 bǎxīn 명 과녁 중심 | 细节 xìjié 명 사소한 부분 | 偏向 piānxiàng 통 빗나가다 | 射手 shèshǒu 명 사수 | 稳定性 wěndìngxìng 명 안정성 | 出人意料 chūrén yìliào 성 예상 밖이다 | 奥运代表团 àoyùn dàibiǎotuán 명 올림픽 대표팀 | 金牌 jīnpái 명 금메달 | 突破 tūpò 통 돌파하다 | 缺陷 quēxiàn 명 결함 | 优势 yōushì 명 장점 | 优秀 yōuxiù 형 우수하다 | 突出 tūchū 형 돋보이다 | 盯 dīng 통 응시하다 | 溜走 liūzǒu 몰래 달아나다 | 明察秋毫 míngchá qiūháo 성 눈이 예리하여 세세한 것도 놓치지 않다 | 独具慧眼 dújù huìyǎn 성 탁월한 안목을 가지다

---

89 ★★☆

教练发现了一张很有意思的靶纸，"有意思"指的是什么？

감독이 흥미로운 표적지를 발견했는데, '흥미로운' 것이 가리키는 것은 무엇인가?

A 成绩不理想
B 子弹大多偏离了方向
C 子弹很集中
D 子弹大多集中地偏向右上方

A 성적이 좋지 않다
B 탄두 대부분이 방향을 벗어났다
C 탄두가 매우 집중되어 있다
D 탄두 대부분이 오른쪽 위에 집중되어있다

해설 첫 번째 단락에서 '一个有趣的细节(흥미로운 사실)' 뒤에 이어지는 내용을 통해 정답을 고를 수 있다. 거의 모든 탄두가 오른쪽 위에 치우쳐 있었다고 했으므로 정답은 D이다.

---

90 ★★☆

这张有意思的靶纸说明了这位选手有什么特点？

이 흥미로운 표적지는 이 선수가 어떤 특징이 있다는 것을 설명하는가?

A 射击的成绩不理想
B 射击的稳定性不好
C 射击的技术动作有问题但是稳定性好
D 射击的技术动作很好

A 사격 성적이 좋지 않다
B 사격 안정성이 좋지 않다
C 사격 기술 동작에 문제가 있지만 안정성이 좋다
D 사격 기술 동작이 아주 좋다

해설 첫 번째 단락에서 이 표적지는 선수의 기술 동작에 분명히 큰 문제가 있다는 것을 설명하지만, 동시에 탄두 낙하 지점이 매우 집중되어있다는 것은 사수의 안정성이 아주 좋다는 것을 의미한다고 했으므로 정답은 C이다.

---

91 ★☆☆

什么对于射击选手来说是非常重要的？

무엇이 사격 선수에게 아주 중요한 것인가?

A 技术动作　　　　B 稳定性
C 准确率　　　　　D 成绩

A 기술 동작　　　　B 안정성
C 정확도　　　　　D 성적

해설 첫 번째 단락에서 안정성은 사격 선수에게 아주 중요한 것이라고 했으므로 정답은 B이다.

<table>
<tr><td colspan="2">92 ★★★</td></tr>
<tr>
<td>
这个故事告诉我们一个什么道理？
A 要尽量弥补自己的缺陷
B 每个人都有自己的缺陷
C 要善于发现别人的缺陷
D 要善于发现缺陷中的优势
</td>
<td>
이 이야기는 우리에게 어떤 교훈을 알려 주는가?
A 자신의 결함은 최대한 보완해야 한다
B 모든 사람이 자신만의 결함을 가지고 있다
C 다른 사람의 결함을 잘 발견해야 한다
D 결함 속에서 장점을 잘 발견해야 한다
</td>
</tr>
</table>

해설 마지막 단락에서 주제를 직접 언급했다. 또한 지문의 전체 내용 파악을 바탕으로 풀 수도 있는데, 결함 속에서 장점을 발견하여 인재를 양성한 이야기가 주제이므로 정답은 D이다.

---

93 – 96

正式的书籍，是在两千多年前春秋战国时代出现的。[93]起先，人们把文字写在竹片或木片上，这些竹片或木片叫做"简"或"牍"。把竹子、木板劈成同样长度和宽度的细条（一般5寸至2尺长），表面削平，在上面用刀子刻字或用漆笔写，每片可以写8到14个字。有的把简牍用麻绳、丝绳或者皮条串编起来，叫作"册"，也写作"策"。[94]这个"册"字，像在几片竹简中间穿上绳索的样子。传说孔子因为勤奋读书，竟把这种穿册的皮条翻断了多次。

这种笨重的书使用起来当然是极不方便的。据说，秦始皇每天批阅的简牍文书有120斤重。西汉的时候，东方朔给汉武帝写了一篇文章，用了3000片竹简。

现在的书，不仅品种多，而且有的越来越小。"缩微胶卷"就是其中的一种。它是用照相机把书或者资料缩拍到胶卷上，一般缩到原书大小的1/48，[95]使用的时候，通过阅读器可以放大到原来大小。其实这种缩微技术，早在19世纪普法战争的时候就使用过，当时[96]法国的谍报人员把一份3000多页的情报缩拍在一张几寸长的胶片上，让信鸽带回了巴黎。

缩微图书保存和使用都很方便，如果把1万种每种15万字的书放在一块，它的总重量大约有5吨，而缩微以后的胶片只有15公斤。

科技在发展，书也在不断演变，它以越来越丰富的营养，哺育着勤奋学习的人们。

정식적인 서적은 2000여 년 전 춘추전국 시대에 출현했다. [93]처음에 사람들은 문자를 대나무 조각이나 나무 조각에 새겼고, 이 대나무 조각과 나무 조각을 '간(简)' 또는 '독(牍)'이라고 불렀다. 대나무와 목판을 같은 길이와 폭의 가는 조각(일반적으로 5촌에서 2척)으로 쪼개어 표면을 평평하게 하고 그 위에 칼을 사용해 글자를 새기거나 옻나무 붓을 사용했다. 각 조각에는 8자에서 14자를 새길 수 있다. 어떤 것은 삼노끈, 실로 엮은 끈 혹은 가죽끈으로 죽간을 꿰어 엮어서 '책(册)'이라고 부르고 또 '책(策)'이라고 썼다. [94]이 '책(册)'이라는 글자는 죽간 여러 조각 가운데에 끈이 통과하는 모양이다. 전해지는 바에 따르면 공자가 아주 열심히 공부해서 놀랍게도 이런 죽간을 엮은 가죽끈이 여러 번 끊어졌다고 한다.

이런 육중한 책은 사용하기에 당연히 아주 불편했다. 진시황이 매일 읽고 지시했던 죽간 문서는 120근에 달했다. 서한 시기에 동방삭이 한무제(汉武帝)에게 글 한 편을 쓰는데 3000조각의 죽간을 사용했다.

현재의 책은 종류가 다양할 뿐 아니라 어떤 책은 점점 작아지고 있다. "마이크로필름"이 그중 한 종류이다. 그것은 카메라로 책 또는 자료를 마이크로필름으로 복사하는 것으로 일반적으로 원서 크기의 48분의 1로 축소하고, [95]사용할 때는 리더기를 통해서 원래의 크기로 확대할 수 있다. 사실 이러한 종류의 마이크로 기술은 일찍이 19세기 프로이센-프랑스 전쟁 시기에 사용했고, 당시에 [96]프랑스 첩보원이 3,000여 페이지의 정보를 몇 촌 길이의 필름에 복사하여 전서구를 이용해 파리로 보냈다.

마이크로 도서의 보존과 사용은 아주 편리하다. 만약 15만 자의 책 1만 종을 같이 놓으면 무게는 약 5톤이지만 마이크로 복사를 한 후의 필름은 단지 15kg에 불과하다.

과학 기술이 발전하고 책 역시 끊임없이 변화 발전한다. 책은 점점 풍부한 영양도 열심히 공부하는 사람들을 양육한다.

단어 书籍 shūjí 명 서적 | 起先 qǐxiān 명 최초, 시작 | 劈 pī 동 쪼개다 | 长度 chángdù 명 길이 | 宽度 kuāndù 명 폭 | 细条 xìtiáo 형 가늘다 | 寸 cùn 양 촌[약 3.3cm] | 尺 chǐ 양 척[약 33.3cm] | 削平 xuēpíng 동 깎아서 평평하게 하다 | 刀子 dāozi 명 칼 | 刻字 kèzì 글자를 새기다 | 简牍 jiǎndú 명 죽간 | 麻绳 máshéng 명 삼노끈 | 丝绳 sīsheng 명 실로 엮은 끈 | 皮条 pítiáo 명 가죽 끈 | 串编 chuànbiān 엮어서 꿰다 | 绳索 shéngsuǒ 명 밧줄 | 勤奋 qínfèn 형 부지런하다 | 穿 chuān 동 뚫고 지나가다 | 册 cè 명 책자 | 笨重 bènzhòng 형 육중하다 | 批阅 pīyuè 동 읽고 지시하다 | 缩微胶卷 suōwēi jiāojuǎn 명 마이크로필름 | 阅读器 yuèdúqì 명 리더, 판독기 | 缩微 suōwēi 동 마이크로필름으로 복사하다 | 普法战争 pǔfǎ zhànzhēng 프로이센-프랑스 전쟁 | 谍报 diébào 명 첩보 | 情

115

报 qíngbào 몡 정보 | 信鸽 xìngē 몡 전서구, 통신용 비둘기 | 胶片 jiāopiàn 몡 필름 | 演变 yǎnbiàn 图 변화 발전하다 | 哺育 bǔyù
图 먹여 기르다, 양육하다

---

93 ★★☆

什么是"简"或"牍"?	'간(简)' 또는 '독(牍)'은 무엇인가?
A 竹片	A 대나무 조각
B 木片	B 나무 조각
C 写了字的竹片或木片	C 글자를 적은 대나무 조각이나 나무 조각
D 用麻绳穿起来的竹片	D 삼노끈을 사용해 연결한 대나무 조각

해설 첫 번째 단락에서 처음에 사람들은 문자를 대나무나 나무 조각에 글자를 새겼고, 이 대나무 조각과 나무 조각을 '간(简)' 또는 '독(牍)'
이라고 불렀다고 했으므로 정답은 C이다.

---

94 ★★★

"册"像几片竹简中间穿上绳索的样子，由此可以推	'책(册)'은 죽간 여러 조각 가운데에 끈이 통과하는 모양이다. 이로부
断"册"是什么字？	터 '책(册)'은 무슨 글자라고 판단할 수 있는가?

A 形声字	B 象形字	A 형성 문자	B 상형 문자
C 指事字	D 会意字	C 지사 문자	D 회의 문자

해설 첫 번째 단락에서 '책(册)' 글자는 죽간 여러 조각 가운데에 끈이 통과하는 모양이라고 했다. 이를 통해 이 글자가 상형 문자임을 알 수
있으므로 정답은 B이다.

Tip

한자의 구성 원리

한자는 만들어진 원리에 따라 상형, 지사, 회의, 형성, 전주, 가차, 육서 등의 분류법으로 통용된다.

형성 문자(形声字)	의미를 나타내는 한자와 소리를 나타내는 한자를 합쳐 만든 글자
상형 문자(象形字)	실제 사물의 구체적인 모습을 본떠 만든 글자
지사 문자(指事字)	추상적인 개념을 기호로 표현한 글자
회의 문자(会意字)	상형 문자와 지사문자를 합쳐 만든 새로운 의미의 글자

---

95 ★★★

我们阅读时，缩微胶卷上的字是多大的?	우리가 책을 읽을 때 마이크로필름 위의 글자는 얼마나 큰가?
A 原书文字的1/48 大	A 원서 문자의 48분의 1
B 原书的一半大	B 원서의 절반
C 放大到原书大小	C 원서의 크기까지 확대한다
D 比原书大	D 원서보다 크다

해설 세 번째 단락에서 책을 마이크로 필름으로 복사하면 원서의 48분의 1로 축소하지만 사용할 때는 리더기를 통해서 원래의 크기로 확대
할 수 있다고 했다. 우리가 책을 읽을 때의 글자 크기를 물어봤으므로 정답은 C이다.

96 ★★☆		프랑스 첩보원의 정보는 어디에 적었는가?	
法国间谍人员的情报写在了什么上面?			
A 信纸上	B 信鸽上	A 편지지	B 전서구
C 胶片上	D 书上	C 필름	D 책

해설 세 번째 단락에서 프랑스 첩보원이 3,000여 페이지의 정보를 몇 촌 길이의 필름에 복사했다고 했으므로 적는 곳은 필름이다. 따라서 정답은 C이다.

97 – 100

　　从前有个悲惨的少年，他10岁时母亲因病去世，父亲是个长途汽车司机，经常不在家，也无法满足少年正常的需求，因此，少年自母亲过世后，就必须自己学会洗衣服、做饭，并照顾自己。然而，命运并没有特别关照他，⁹⁷当他17岁时，他的父亲在工作中不幸因车祸丧生，从此少年再也没有亲人了。

　　可是，噩梦还没有结束，当少年开始独立养活自己时，却在一次工程事故中摔断了左腿。然而，一连串的意外与不幸，反而让少年养成了坚强的性格，他独立面对随之而来的生活的不便，也学会了使用拐杖，即使不小心跌倒，他也不愿请求别人帮忙。

　　最后，他将所有的积蓄算了算，正好足够开一个养殖场，但命运似乎真的存心与他过不去，⁹⁸一场突如其来的大水，将他最后的希望都夺走了。少年终于忍无可忍了，他怒气冲天地责问上帝："你为什么对我这样不公平？"上帝听到责骂，满脸平静地反问道："哦，哪里不公平呢？"少年将他的不幸一五一十地说给上帝听。上帝听了少年的遭遇后说："原来是这样，你的确很凄惨，那么，你干吗还要活下去呢？"少年听到上帝这么嘲笑他，气得颤抖地说："¹⁰⁰我不会死的，我经历了这么多不幸的事，已经没有什么能让我感到害怕，总有一天我会靠我自己的力量，创造自己的奇迹。"

　　上帝这时转身朝向另一个方向，并温和地说："你看，这个人生前比你幸运得多，他可以说是一路顺风地走到生命的尽头的，不过，他最后一次的遭遇却和你一样，在那场洪水后，他失去了所有的财富，不同的是，他之后便选择了自杀，而⁹⁹你却坚强地活了下来。"

　　예전에 비참한 소년이 있었다. 그가 10살 때 어머니가 병으로 세상을 떠났고, 아버지는 장거리 버스 기사여서 자주 집에 있지 않아서 소년은 일상생활에 필요한 것들을 충족시켜 줄 수 없었다. 그래서 소년은 어머니가 세상을 떠난 후부터 빨래하고, 요리하고, 스스로 챙기는 것을 배워야만 했다. 그러나 운명은 그를 특별히 돌봐 주지 않았다. ⁹⁷그가 17살이 되었을 때 그의 아버지가 교통사고를 당해서 목숨을 잃고 그때부터 소년에게는 더 이상 가족이 없었다.

　　그러나 악몽은 아직 끝나지 않았다. 소년이 스스로 살아가고 있을 때 공사 사고 중에 왼쪽 다리를 잃었다. 그러나 계속되는 예상치 못한 일들과 불행은 소년을 더 강한 성격으로 만들었고, 혼자 살면서 뒤따라오는 생활의 불편함에 스스로 맞서서 지팡이 사용하는 것도 배웠다. 설령 실수로 넘어지더라도 다른 사람의 도움을 받기를 원하지 않았다.

　　나중에는 그가 모은 저축을 계산해 보니 양식장을 열 수 있을 만큼 충분했지만, 그러나 운명은 그에게 관대하지 않았다. ⁹⁸갑자기 닥친 홍수가 그의 마지막 희망을 빼앗아 갔다. 소년은 마침내 참을 수 없어 분노하며 신에게 따져 물었다. "당신은 왜 저에게만 이렇게 불공평하십니까？" 신이 원망의 소리를 듣고 침착하게 반문했다. "오, 어디가 불공평하다는 것이냐？" 소년은 신에게 그의 불행을 낱낱이 말했다. 신이 소년의 불행을 듣고 말했다. "그랬구나. 너는 참으로 불쌍하구나. 그러면 왜 아직도 살려고 하는 것이냐？" 신이 이렇게 비아냥거리자 몸이 떨리도록 화가 나서 말했다. "¹⁰⁰나는 죽지 않을 겁니다. 이렇게 많은 불행을 겪어서 이제 더는 그 어떤 것도 무섭지 않습니다. 언젠가는 내 힘으로 기적을 만들어 낼 겁니다."

　　신이 다른 방향으로 몸을 돌려 온화하게 말했다. "봐라, 이 사람은 생전에 너보다 훨씬 행복했다. 그는 순조롭게 생명의 끝자락까지 왔다고 할 수 있다. 그러나 마지막 한 번의 불행이 너와 같았다. 그때 홍수가 나고 그는 모든 재산을 잃었지. 다른 점이 있다면 그는 바로 자살을 택했고, ⁹⁹너는 굳세게 살아왔다는 것이지."

단어 悲惨 bēicǎn 형 비참하다, 슬프다 | 长途 chángtú 명 장거리 | 过世 guòshì 동 죽다, 세상을 뜨다 | 命运 mìngyùn 명 운명 | 关照 guānzhào 동 돌보다 | 车祸 chēhuò 명 교통사고 | 丧生 sàngshēng 동 목숨을 잃다 | 噩梦 èmèng 명 악몽 | 独立 dúlì 동 혼자의 힘으로하다 | 养活 yǎnghuo 동 부양하다, 먹여 살리다 | 一连串 yìliánchuàn 형 계속 되는 | 意外 yìwài 명 의외의 사고 | 坚强 jiānqiáng 형 굳세다 | 随之而来 suízhī érlái 뒤따르다 | 拐杖 guǎizhàng 명 지팡이 | 跌倒 diēdǎo 넘어지다 | 积蓄 jīxù 동 저축하다, 모으다 | 养殖场 yǎngzhíchǎng 명 양식장 | 存心 cúnxīn 부 일부러, 고의로 | 突如其来 tūrú qílái 성 갑자기 닥쳐오다 | 大水 dàshuǐ 명 홍수 | 夺走 duózǒu 동 빼앗다 | 忍无可忍 rěnwú kěrěn 성 더 이상은 참을 수 없다 | 怒气冲天 nùqì chōngtiān 성 분노가 하늘로 치솟다 | 责问 zéwèn 동 따지다 | 上帝 Shàngdì 명 하나님 | 责骂 zémà 호되게 욕하다 | 满脸平静 mǎnliǎn píngjìng 담담한 얼굴을 하

독해 | 阅读

다 | 一五一十 yīwǔ yīshí 성 하나도 빠짐없이, 낱낱이 | 遭遇 zāoyù 동 당하다 | 凄惨 qīcǎn 형 처참하다 | 嘲笑 cháoxiào 동 빈정거리다, 조롱하다 | 颤抖 chàndǒu 동 부들부들 떨다 | 害怕 hàipà 동 두려워하다 | 创造 chuàngzào 동 창조하다 | 奇迹 qíjì 명 기적 | 转身 zhuǎnshēn 동 몸을 돌리다 | 温和 wēnhé 형 온화하다 | 一路顺风 yílù shùnfēng 성 하는 일이 모두 순조롭다 | 尽头 jìntóu 명 말미, 끝머리

---

97 ★☆☆	
少年在几岁的时候失去了所有的亲人?	소년은 몇 살에 모든 가족을 잃었는가?
A 10岁 B 17岁	A 10살 B 17살
C 很小的时候 D 出生的时候	C 어릴 때 D 태어났을 때

해설 첫 번째 단락에서 소년이 17살이 되었을 때 아버지까지 세상을 떠나 더 이상 가족이 없었다고 했으므로 정답은 B이다.

Tip 보기에 숫자가 있을 때는 본문에서 빠르게 숫자를 찾아 관련 정보를 대조한다.

---

98 ★★☆	
少年为什么忍无可忍了?	소년은 왜 더이상 참을 수 없었는가?
A 因为他的父母都去世了	A 그의 부모가 모두 세상을 떠났기 때문이다
B 因为他在工程事故中断了左腿	B 그가 업무 사고로 왼쪽 다리를 절단했기 때문이다
C 因为他不小心跌倒了	C 부주의로 넘어졌기 때문이다
D 因为他最后的希望都被夺走了	D 그의 마지막 희망을 빼앗겼기 때문이다

해설 세 번째 단락에서 갑자기 닥친 홍수가 그의 마지막 희망을 빼앗아 갔고 소년은 더 이상 참을 수 없었다고 했으므로 정답은 D이다.

---

99 ★★☆	
少年面对这么多不幸是怎么做的?	소년은 이렇게 많은 불행에 맞서 어떻게 했는가?
A 自暴自弃 B 放弃自己	A 자포자기했다 B 자신을 포기했다
C 坚强地活了下来 D 自杀	C 굳세게 살아왔다 D 자살했다

해설 마지막 단락에서 소년은 많은 불행에도 굳세게 살아왔다고 했으므로 정답은 C이다.

---

100 ★★★	
少年为什么会有坚强的生命力?	소년은 왜 강한 생명력을 가지게 되었는가?
A 因为他知道结果是美好的	A 그는 결과가 좋을 걸 알았기 때문이다
B 因为有人一直鼓励他	B 그를 계속해서 격려해 주는 사람이 있기 때문이다
C 因为他的生命经历了磨难	C 그의 생명이 시련을 겪었기 때문이다
D 因为他有信念	D 신념이 있기 때문이다

해설 세 번째 단락에서 소년은 많은 불행을 겪어서 더는 그 어떤 것도 무섭지 않다고 했다. 이를 통해 시련을 겪었기 때문에 강한 생명력을 가지게 되었다는 것을 알 수 있으므로 정답은 C이다.

정답	81 A	82 C	83 C	84 D	85 C
	86 A	87 B	88 D	89 D	90 D
	91 B	92 C	93 B	94 C	95 C
	96 C	97 B	98 A	99 C	100 C

독해 | 阅读

81 - 84

在动物园里，袋鼠是一种非常受欢迎的动物，常常吸引来很多少年朋友。

⁸¹袋鼠是一种比较古老的动物种类，袋鼠只有澳大利亚才有，被澳大利亚人民当作自己国家的象征，它的形象甚至出现在澳大利亚的国徽上。在欧洲人进入澳大利亚大陆之前，那里的袋鼠处处可见。然而，到了半个世纪以前，澳大利亚野生袋鼠的数量开始急剧减少，人们甚至担心这种珍贵的动物会灭绝。幸亏澳大利亚政府及早采取保护措施，情况日渐好转，袋鼠的数量逐年回升。据估计，目前澳大利亚各类袋鼠一共有1200万只，这是个很可观的数字。⁸²为了保持生态平衡，政府允许每年杀死200万只袋鼠，这样可以使袋鼠的数量不至于增长得太快。

⁸⁴袋鼠生长在澳大利亚大陆，非常适应那里的各种自然条件。有些外来动物，如从欧洲引进的绵羊，虽然在澳大利亚也生活得很好，可在牧场上绵羊仍然竞争不过袋鼠。⁸³袋鼠更能适应澳大利亚的气候，抗病能力也比绵羊强。绵羊只挑选可口的草来吃，剩下许多难以消化的带刺的草，这些带刺的草蔓延开来，成为牧场的祸害。而袋鼠却偏偏喜欢吃带刺的草，它们将带刺的草嚼细并消化掉，这样既保护了牧场，袋鼠的数量也开始剧增。据说要使绵羊的数量增加1倍的话，袋鼠的数量就要增加3倍。这就是为了维持生态平衡。

동물원에서 캥거루는 매우 환영 받는 동물이며 항상 많은 어린 친구들을 매료시킨다.

⁸¹캥거루는 비교적 오래된 동물이며 캥거루는 호주에만 있어 호주 사람들에게는 자국의 상징으로 여겨진다. 캥거루의 이미지는 심지어 호주 국가 휘장에서도 볼 수 있다. 유럽인이 호주 대륙에 들어가기 전에 캥거루는 곳곳에서 볼 수 있었다. 그러나 반세기 전부터 호주 야생 캥거루의 수가 급감하기 시작했고, 사람들은 이 진귀한 동물이 멸종할까 걱정했다. 운 좋게도 호주 정부가 일찌감치 보호 조치를 취해 상황이 날이 갈수록 호전되고 있고 캥거루의 수도 매년 반등하고 있다. 현재 호주의 모든 종류의 캥거루는 수는 총 1200만 마리일 것으로 추정되며 이는 엄청난 수치이다. ⁸²생태의 균형을 유지하기 위해서 정부는 매년 200만 마리의 캥거루를 죽이는 것을 허가한다. 이렇게 해야 캥거루의 수가 너무 빨리 증가하는 것을 막을 수 있다.

⁸⁴캥거루는 호주 대륙에서 자라며 그곳의 각종 자연 조건에 아주 잘 적응한다. 유럽에서 들여온 면양 등 일부 외래 동물들도 호주에서 생활을 잘 하지만 목장에서는 캥거루와 경쟁이 안 된다. ⁸³캥거루는 호주의 기후에 훨씬 잘 적응하고 병에 대한 저항 능력도 면양보다 강하다. 면양은 맛있는 풀만 골라서 먹기 때문에 소화가 어려운 가시가 있는 풀들은 남아있고 이런 풀이 널리 퍼져 목장의 화근이 되고 있다. 그런데 캥거루는 오히려 이러한 가시가 있는 풀을 유독 좋아하고 이런 풀을 잘게 씹어 소화시킨다. 이는 목장을 보호할 뿐 아니라 캥거루의 수도 급증하게 된다. 면양의 수가 배로 증가한다면 캥거루의 수는 3배가 증가해야 한다. 이것은 생태 균형을 유지하기 위함이다.

단어 袋鼠 dàishǔ 몡 캥거루 | 澳大利亚 Àodàlìyà 몡 호주 | 象征 xiàngzhēng 몡 상징 | 形象 xíngxiàng 몡 이미지, 형상 | 国徽 guóhuī 몡 국가 휘장 | 急剧 jíjù 뮈 급격하게 | 珍贵 zhēnguì 톙 귀중하다 | 灭绝 mièjué 동 멸종하다 | 幸亏 xìngkuī 뮈 다행히, 운 좋게도 | 征服 zhēngfú 동 정복하다 | 及早 jízǎo 뮈 일찌감치 | 采取 cǎiqǔ 동 취하다, 채택하다 | 措施 cuòshī 몡 조치 | 日渐 rìjiàn 뮈 날이 갈수록 | 好转 hǎozhuǎn 동 호전되다, 좋아지다 | 逐年 zhúnián 뮈 해마다 | 回升 hǎozhuǎn 동 반등하다 | 可观 kěguān 톙 대단하다 | 保持 bǎochí 동 유지하다 | 生态平衡 shēngtài pínghéng 몡 생태계의 균형 | 允许 yǔnxǔ 동 허가하다 | 杀死 shāsǐ 동 죽이다 | 不至于 búzhìyú 동 ～에 까지는 이르지 않는다 | 适应 shìyìng 동 적응하다 | 引进 yǐnjìn 동 도입하다 | 牧场 mùchǎng 몡 목장 | 气候 qìhòu 몡 기후 | 抗病 kàngbìng 동 병에 저항하다 | 挑选 tiāoxuǎn 동 고르다 | 消化 xiāohuà 동 소화하다 | 刺 cì 몡 가시 | 蔓延 mànyán 동 만연하다, 널리 퍼지다 | 祸害 huòhai 몡 재난, 화근 | 偏偏 piānpiān 뮈 하필 | 嚼 jiáo 동 씹다 | 剧增 jùzēng 동 급증하다 | 维持 wéichí 동 유지하다

<table>
<tr><td colspan="2">81 ★☆☆</td></tr>
<tr>
<td>

关于袋鼠，正确的是：

A 是一种比较古老的动物

B 别的大洲也有袋鼠

C 正在慢慢灭绝

D 没有出现在澳大利亚的国徽上

</td>
<td>

캥거루에 관하여 옳은 것은：

A 비교적 오래된 동물이다

B 다른 대륙에도 캥거루가 있다

C 천천히 멸종하고 있다

D 호주의 국가 휘장에 나타나지 않는다

</td>
</tr>
</table>

해설   두 번째 단락에서 캥거루는 비교적 오래된 동물이라고 했으므로 정답은 A이다.

C. 반세기 전부터 캥거루의 수가 급감하기 시작했지만 정부의 보호 조치로 호전되고 캥거루의 수도 매년 반등한다고 했다.

Tip   지문을 읽기 전에 문제를 먼저 읽고 지문을 보는 것이 좋다. 지문을 읽는 중에 문제에서 언급된 키워드가 등장하면 보기를 읽고 세부 정보를 대조하면서 정답을 찾아야 한다.

<table>
<tr><td colspan="2">82 ★★☆</td></tr>
<tr>
<td>

为什么澳大利亚政府允许每年捕杀一定数量的袋鼠？

A 为了保护其他动物

B 因为袋鼠的数量太大了

C 为了保持生态平衡

D 为了让袋鼠更受欢迎

</td>
<td>

왜 호주 정부는 매년 일정 수의 캥거루를 죽이는 것을 허가했는가？

A 다른 동물을 보호하기 위해서이다

B 캥거루의 수가 너무 많기 때문이다

C 생태 균형을 유지하기 위해서이다

D 캥거루가 더 인기를 얻게 하기 위해서이다

</td>
</tr>
</table>

해설   두 번째 단락에서 생태의 균형을 유지하기 위해서 정부는 매년 200만 마리의 캥거루를 죽이는 것을 허가했다고 했으므로 정답은 C이다.

<table>
<tr><td colspan="2">83 ★★☆</td></tr>
<tr>
<td>

关于绵羊，哪项是不正确的？

A 是从欧洲引进的

B 只挑可口的草吃

C 比袋鼠更能适应澳大利亚的气候

D 抗病能力不如袋鼠强

</td>
<td>

면양에 관하여 옳지 않은 것은？

A 유럽에서 들여온 것이다

B 맛있는 풀만 골라서 먹는다

C 캥거루보다 호주의 기후에 아주 잘 적응한다

D 병에 대한 저항 능력이 캥거루보다 강하지 않다

</td>
</tr>
</table>

해설   마지막 단락에서 캥거루가 면양보다 호주의 기후에 훨씬 잘 적응한다고 했으므로 정답은 C이다.

<table>
<tr><td colspan="2">84 ★★☆</td></tr>
<tr>
<td>

根据上文，正确的是：

A 袋鼠不喜欢吃刺草

B 人们不喜欢政府捕杀袋鼠的决定

C 刺草为牧场带来食料

D 袋鼠非常适应澳大利亚的自然条件

</td>
<td>

이 글에 근거하여 옳은 것은：

A 캥거루는 가시가 있는 잎을 먹는 것을 좋아하지 않는다

B 사람들은 정부가 캥거루를 죽이기로한 결정을 좋아하지 않는다

C 가시초는 목장에서 식량으로 쓰인다

D 캥거루는 호주의 자연 조건에 아주 잘 적응한다

</td>
</tr>
</table>

해설   마지막 단락에서 캥거루는 호주 대륙에서 자라며 그곳의 각종 자연 조건에 아주 잘 적응한다고 했으므로 정답은 D이다.

所谓发烧就是人体温度超过正常范围。人的正常体温在37℃左右浮动。[85]较低的体温一般发生在凌晨，而下午的体温则通常要高一些。

身体不同部位所测得的温度也略有不同。体内温度常常比皮肤温度要高。口腔和腋窝温度基本上与实际体温相符，也更便于测量。

[86]发烧通常与身体免疫系统受到刺激产生反应相关。发烧可以支持免疫系统战胜感染源，如病毒和细菌。这些物质对温度比较敏感，发烧可以使人体条件不利于病毒和细菌的繁殖。但是感染并非发烧的唯一原因，比如滥用安非他明也可以导致体温升高。环境性发烧也时有发生，如与中暑以及有关疾病相联的发烧。

[87]人在发烧时是否要少吃或者不吃东西呢，就像老话所说的"感冒要吃，发烧要饿"那样？是的。原因有三，首先，发烧时，人体的所有器官都是在加剧的生理性紧张状态下发挥功能。这时，吃东西会在交感神经系统已经活跃的基础上进一步刺激副交感神经系统。其次，人体在发烧时可能将从肠胃吸收的物质误认为是过敏原。最后，在罕见的情况下，高烧会引起痉挛、虚脱和神志错乱，而[87]最后一次饮食会加重病情。

发烧能够帮助人体战胜感染，但是有时体温过高会造成对身体的伤害。比如，如果体内温度超过了约41℃，会使蛋白质和身体脂肪直接受到高温的紧张性刺激，这对适应了正常体温变化和不太高的偶尔发烧的蛋白质合成及功能都是一个威胁。[88]持续的高烧有可能引起细胞紧张、梗塞、坏死以及神经错乱。高烧还限制了下丘脑的感受功能。在下丘脑机能失常的罕见情况下，典型的后果是体温下降，而不是升高。

열이 난다는 것은 바로 인체 온도가 정상 범위를 넘어선다는 것이다. 사람의 정상 체온은 37도 안팎이다. [85]일반적으로 새벽에는 체온이 비교적 낮고 오후에는 통상적으로 조금 더 높다.

신체에 다양한 부위에서 측정한 온도도 조금씩 다르다. 체내온도는 항상 피부보다 높다. 구강과 겨드랑이는 기본적으로 실제 체온에 부합하여 체온을 측정하기에 편리하다.

[86]발열은 통상적으로 신체 면역 체계가 자극을 받아 일으키는 반응과 관련이 있다. 발열은 면역 체계를 도와 바이러스나 세균 등의 감염원과 싸워 이기게 한다. 이러한 물질은 온도에 비교적 민감하며 열이 나면 인체 상태가 바이러스나 세균이 번식하는 데 불리하게 된다. 그러나 감염이 발열의 유일한 원인은 아니다. 예를 들어 암페타민을 남용하면 체온이 상승할 수 있다. 더위를 먹거나 질병과 관련된 발열처럼 환경성 발열도 때때로 발생한다.

[87]사람은 열이 날 때 적게 먹거나 안 먹는 것이 좋을까? 옛말처럼 '감기에 걸리면 먹어야 하고, 열이 나면 굶어야 한다'일까? 그렇다. 원인은 3가지가 있다. 우선, 열이 날 때는 인체의 모든 기관이 극도의 생리적 긴장 상태에서 기능을 발휘한다. 이때 음식을 먹는 것은 교감신경계가 활발한 상태에서 부교감신경계를 더욱더 자극하게 된다. 그 다음으로는 인체가 발열할 때 위장에서 흡수한 물질을 알레르겐으로 오인한다. 마지막으로, 드문 경우이기는 하지만, 고열은 경련, 허탈, 정신착란 등을 일으키기도 하며 [87]마지막 한 번의 음식이 병세를 가중시킬 수 있다.

발열은 인체가 감염을 이겨낼 수 있도록 도와주지만 때때로 체온이 너무 높으면 신체에 상해를 입힌다. 예를 들어 만약 체온이 41도를 넘으면 단백질과 체내 지방이 고온의 긴장성 자극을 직접적으로 받고, 이것은 정상적인 체온 변화에 적응하고 가끔 발생하는 높지 않은 발열 중의 단백질 합성과 기능에 위협을 미친다. [88]지속되는 고열은 세포 긴장, 경색, 괴사 및 정신 착란을 일으킨다. 고열은 시상하부의 감각 기능도 제한한다. 시상하부 기능이 이상을 일으키는 상황에서 전형적으로 나타나는 결과는 체온이 떨어지는 것이지 상승하는 것이 아니다.

단어 发烧 fāshāo 동 열이 나다 | 浮动 fúdòng 동 떠서 움직이다 | 凌晨 língchén 명 새벽, 이른 아침 | 测 cè 동 측정하다 | 直肠 zhícháng 명 직장[신체 기관] | 皮肤 pífū 명 피부 | 口腔 kǒuqiāng 명 구강 | 腋窝 yèwō 겨드랑이 | 相符 xiāngfú 동 서로 부합하다 | 免疫系统 miǎnyì xìtǒng 면역 체계 | 刺激 cìjī 동 자극하다 | 战胜 zhànshèng 동 승리하다 | 感染源 gǎnrǎnyuán 명 감염원 | 病毒 bìngdú 바이러스 | 细菌 xìjūn 명 세균 | 敏感 mǐngǎn 형 민감하다 | 繁殖 fánzhí 동 번식하다 | 滥用 lànyòng 동 남용하다 | 安非他命 ānfēitāmìng 암페타민 | 中暑 zhòngshǔ 동 더위먹다 | 老话 lǎohuà 명 속담, 옛말 | 器官 qìguān 명 기관 | 发挥 fāhuī 동 발휘하다 | 活跃 huóyuè 형 활기 있다 | 交感神经系统 jiāogǎn shénjīngxìtǒng 명 교감신경계 | 过敏原 guòmǐnyuán 명 알레르겐 | 罕见 hǎnjiàn 형 보기 드물다 | 痉挛 jìngluán 동 경련이 일어나다 | 虚脱 xūtuō 명 허탈 현상[과다 출혈 및 탈수로 심장 및 혈액순환이 쇠약해지는 현상] | 神志错乱 shénzhì cuòluàn 명 정신 착란 | 蛋白质 dànbáizhì 명 단백질 | 脂肪 zhīfáng 명 지방 | 偶尔 ǒu'ěr 부 때때로, 가끔 | 威胁 wēixié 동 위협하다 | 细胞 xìbāo 명 세포 | 梗塞 gěngsè 동 막히다, 경색되다 | 坏死 huàisī 동 괴사하다 | 限制 xiànzhì 동 제한하다 | 下丘脑 xiàqiūnǎo 시상하부 | 典型 diǎnxíng 형 전형적이다 | 后果 hòuguǒ 명 결과

85 ★☆☆	
较低的温度一般发生在什么时候?	비교적 낮은 체온은 일반적으로 언제 발생하는가?
A 午夜之前　　　　B 上午10点左右 C 凌晨　　　　　　D 傍晚之后	A 자정 전　　　　　B 오전 10시 무렵 C 새벽　　　　　　D 저녁 이후

해설 첫 번째 단락에서 일반적으로 새벽에는 체온이 비교적 낮다고 했으므로 정답은 C이다.

86 ★★☆	
下列哪些与发烧相关?	다음 중 발열과 관련이 있는 것은?
A 身体免疫系统受到刺激 B 正确使用安非他明 C 口腔的温度升高 D 发烧有利于病毒的死亡	A 신체 면역 체계가 자극을 받는다 B 암페타민을 올바르게 사용한다 C 구강 온도가 상승한다 D 발열은 바이러스를 죽이는데 유익하다

해설 세 번째 단락에서 발열은 신체 면역 체계가 자극을 받아 일으키는 반응과 관련이 있다고 했으므로 정답은 A이다.

87 ★★☆	
发烧为什么不能吃东西?	열이 나면 왜 음식을 먹으면 안 되는가?
A 导致过敏原增多 B 可能会加重病情 C 可能刺激消化系统 D 不利于食物的消化	A 알레르겐을 증가시킨다 B 병세를 가중시킬 수 있다 C 소화계통을 자극한다 D 음식물 소화에 불리하다

해설 네 번째 단락에서 발열과 먹는 것과의 관계를 이야기하며 굶어야 한다고 했고, 마지막 한 번의 음식이 병세를 가중시킬 수 있다고 했으므로 정답은 B이다.

88 ★★☆	
下列哪些不属于持续高烧的危害?	다음 중 지속되는 고열의 위험성에 속하지 않는 것은?
A 细胞紧张 B 神经错乱 C 限制下丘脑的功能 D 引起胃口不佳	A 세포가 긴장한다 B 정신 착란이 발생한다 C 시상하부 기능이 제한된다 D 입맛이 없어진다

해설 마지막 단락에서 지속되는 고열은 세포 긴장, 경색, 괴사 및 정신 착란을 일으키고, 시상하부의 감각 기능도 제한한다고 했으므로 언급하지 않은 D가 정답이다.

食物金字塔是由美国农业部创建的，并于1992年首次公布于众。[89]它向人们推荐了为保持健康每人每天每类食物的食用量。

但是最近几年，医生和科学家们通过对食物金字塔的研究，对其实际上的有益性和健康性提出了疑问。实际上，美国农业部也正在对食物金字塔进行重新评定。

根据食物金字塔，人们每天应该食用6到11份谷类食品。[90]谷类食品包括面包、意大利面包和加工谷类早餐食品。一份谷类食品相当于一片面包或一碗米饭或一份意大利面食。通过大力推荐低脂谷类食品，美国农业部一直在倡导低脂饮食。

但是现在许多专家认为低脂饮食含糖量较高（大多数精加工的谷物，如精制白面粉，都含有不同形态的糖类，如葡萄糖和果糖），实际上导致了肥胖症和心脏疾病的增加。

有些医生现在认为，高脂饮食，其脂肪来自坚果、奶酪、某些油类（如橄榄油）、禽肉、鸡蛋和瘦肉，较之高糖低脂饮食，使人身材更加匀称，身体更加健康。

那么，你该吃些什么呢？五类食物都该吃——谷物、蔬菜、水果、奶制品（牛奶、酸奶和奶酪）以及油脂类。但是当食用谷类食品时，要尽量避免精制白面粉制成的面包和意大利面食，而要食用全谷类食品，如全麦面包、燕麦片以及全麦意大利面食。这些食品含有更多的天然营养成分，而且纤维含量高。[91]纤维有助于降低胆固醇，而且还可能防止某些癌症。

尽量少食红肉，如汉堡包和牛排，多吃鱼、坚果和奶酪。食用大量水果和蔬菜是有益无害的。没有人对它们的营养价值产生怀疑。实际上，人们发现很多蔬菜可以降低罹患癌症的风险，而水果富含多种维生素，如维生素C。

虽然大多数垃圾食品味道鲜美，它们却少有或根本没有营养价值。汽水中含有大量的糖，几乎没有任何营养成分。许多汽水中还含有咖啡因。[92]蛋糕和饼干中有许多糖和油脂，缺乏维生素和矿物质。炸土豆片脂肪含量很高，口味也很咸。因此，人们应该选择食用健康零食，如水果、坚果和酸奶。

음식 피라미드는 미국 농업부에서 만든 것으로 1992년에 처음 사람들에게 발표가 되었다. [89]음식 피라미드는 건강을 유지하기 위해 모든 사람이 매일 먹는 모든 종류 음식의 섭취량을 소개했다.

그러나 최근 몇 년간 의사와 과학자들은 음식 피라미드에 대한 연구를 통해, 그 실질적 유익성과 건강성에 관한 의문을 제기했다. 실제로 미국 농업부도 음식 피라미드에 대해 다시 평가하고 있다.

음식 피라미드에 따르면 사람들은 매일 6~11가지의 곡류 식품을 먹어야 한다. [90]곡류 식품은 빵, 스파게티, 가공 곡류의 아침 식사 등이다. 1인분의 곡류는 빵 한 개 또는 쌀밥 한 그릇 또는 스파게티 1인분에 해당한다. 저지방 곡물 식품을 대대적으로 권장하여 미국 농업부는 저지방 식단을 선도했다.

그러나 현재 많은 전문가는 저지방 음식의 당 성분 함량이 비교적 높다고 생각하며(대다수의 정밀 가공된 곡류, 예를 들어 정제 밀가루 등은 모두 포도당이나 과당 같은 다양한 형태의 당을 함유하고 있다), 사실상 이것은 비만증이나 심장 질병의 증가를 초래한다.

현재 일부 의사들은 고지방 음식, 즉 견과류, 치즈, 오일(올리브 오일), 가금육, 달걀, 살코기에서 나오는 지방이 당이 높고 지방이 낮은 식품과 비교할 때 인체를 더 균형 있고 더 건강하게 만들어 준다고 생각한다.

그러면 당신은 어떤 것을 먹어야 할까? 곡물, 채소, 과일, 유제품(우유, 요구르트, 치즈)과 유지류까지 5대 음식은 모두 먹어야 한다. 그러나 곡류 식품을 먹을 때 정제된 밀가루로 만든 빵이나 스파게티는 가급적 피하고 보리빵, 오트밀, 통밀 스파게티와 같이 오로지 곡물로만 이루어진 식품을 먹어야 한다. 이러한 식품은 더 많은 천연 영양 성분을 함유하며 섬유질 함유량도 높다. [91]섬유질은 콜레스테롤을 낮추는 데 도움이 되고 암도 예방할 수 있다.

햄버거와 스테이크와 같은 붉은 고기는 최대한 적게 먹고, 생선, 견과류, 치즈를 많이 먹어야 한다. 과일과 채소를 많이 먹는 것은 좋은 점만 있고 해로운 것은 없다. 그것의 영양 가치에 의문을 품는 사람은 없다. 실제로 사람들은 많은 채소가 암에 걸릴 위험을 낮추고, 과일은 비타민C와 같은 여러 종류의 비타민을 함유하고 있다는 것을 발견했다.

비록 많은 정크푸드가 맛이 좋지만 그것은 영양 가치가 적거나 아예 없다. 탄산음료에는 당 성분이 많이 들어있고 영양 성분은 거의 없다. 많은 탄산음료에는 카페인이 함유되어 있다. [92]케이크와 과자에는 당과 유지방이 많고 비타민과 미네랄은 부족하다. 포테이토칩의 지방 함유량은 매우 높고 맛도 아주 짜다. 그래서 사람들은 과일이나, 견과류, 치즈 등의 건강 간식을 선택해야 한다.

독해 | 阅读

단어　食物金字塔 shíwù jīnzìtǎ 몡 음식 피라미드 | 推荐 tuījiàn 동 소개하다 | 提出 tíchū 제출하다 | 疑问 yíwèn 몡 의문 | 重新 chóngxīn 뿐 다시, 재차 | 评定 píngdìng 몡 평가하여 결정하다 | 谷类 gǔlèi 몡 곡류 | 低脂 dīzhī 몡 저지방 | 倡导 chàngdǎo 동 선도하다 | 饮食 yǐnshí 몡 음식 | 精制白面粉 jīngzhì báimiànfěn 몡 정제 밀가루 | 形态 xíngtài 몡 형태 | 葡萄糖 pútáotáng 몡 포도당 | 果糖 guǒtáng 몡 과당 | 肥胖症 féipàngzhèng 몡 비만증 | 心脏疾病 xīnzàng jíbìng 몡 심장질병 | 坚果 jiānguǒ 몡 견과 | 奶酪 nǎilào 몡 치즈 | 橄榄油 gǎnlǎnyóu 몡 올리브 유 | 禽肉 qínròu 몡 가금육 | 瘦肉 shòuròu 몡 살코기 | 均 jūn 뿐 모두 | 酸奶 suānnǎi 몡 요구르트 | 麦面包 màimiànbāo 몡 보리빵 | 燕麦片 yànmàipiàn 몡 오트밀 | 全麦 quánmài 몡 통밀 | 癌症 áizhèng 몡 암 | 红肉

hóngròu 명 붉은 고기 | 汉堡包 hànbǎobāo 명 햄버거 | 牛排 niúpái 명 스테이크 | 怀疑 huáiyí 동 의심하다 | 罹患 líhuàn 동 병이 들다 | 风险 fēngxiǎn 명 위험, 리스크 | 维生素 wéishēngsù 명 비타민 | 垃圾食品 lājī shípǐn 명 정크푸드 | 咖啡因 kāfēiyīn 명 카페인 | 蛋糕 dàngāo 명 케이크 | 饼干 bǐnggān 명 과자 | 油脂 yóuzhī 명 유지방 | 矿物质 kuàngwùzhì 명 미네랄 | 炸土豆片 zhátǔdòupiàn 명 포테이토 칩

---

89 ★☆☆

关于食物金字塔，正确的是：

A 由食物搭建而成的三角形构造
B 由中国农业部首先提出
C 于20世纪80年代公布于众
D 为保持健康每类食物的食用量

음식 피라미드에 관하여 옳은 것은:

A 음식으로 쌓아서 만든 삼각형 구조이다
B 중국 농업부가 처음으로 제시했다
C 20세기 80년대에 사람들에게 발표했다
D 건강을 유지하기 위한 모든 종류 음식의 섭취량

해설 첫 번째 단락에서 음식 피라미드는 건강을 유지하기 위해 모든 사람이 매일 먹는 모든 종류 음식의 섭취량을 소개한 것이라고 했으므로 정답은 D이다.

---

90 ★☆☆

下列哪项不属于谷类食品？

A 面包
B 意大利面
C 加工谷类早餐食品
D 牛排等肉制品

다음 중 곡류 식품에 속하지 않는 것은?

A 빵
B 스파게티
C 가공 곡류의 아침 식사
D 스테이크 등 육류 제품

해설 세 번째 단락에서 곡류 식품은 빵, 스파게티, 가공 곡류의 아침 식사 등이라고 했으므로 이에 속하지 않는 D가 정답이다.

---

91 ★★☆

根据上文，纤维的作用是什么？

A 防止肥胖   B 降低胆固醇
C 提高食欲   D 促进消化

이 글에 근거하여 섬유질의 작용은 무엇인가?

A 비만을 방지한다   B 콜레스테롤을 낮춘다
C 식욕을 높인다   D 소화를 촉진시킨다

해설 여섯 번째 단락에서 섬유질은 콜레스테롤을 낮추는 데 도움이 된다고 했으므로 정답은 B이다.

---

92 ★★☆

关于上文，正确的是什么？

A 高脂饮食易导致肥胖
B 拒绝吃油脂类食品
C 饼干缺乏矿物质
D 炸土豆片属健康食品

이 글에 관하여 옳은 것은 무엇인가?

A 고지방 음식은 비만을 야기한다
B 유지방 식품 먹는 것을 거부한다
C 과자는 미네랄이 부족하다
D 포테이토칩은 건강 식품에 속한다

해설 마지막 단락에서 과자에는 당과 유지방이 많고 비타민과 미네랄은 부족하다고 했으므로 정답은 C이다.

据有关资料统计，⁹⁶全球不少地区都受到了高温的影响。

2003年，欧洲各地气温连续几个月比往年同期平均值高5℃，而且酷热天气扩大到了整个北半球。气象学家米夏埃尔·克诺贝尔斯多夫说，⁹³自有记录以来还没有见过欧洲有如此长时间的干旱天气，令人吃惊的是^{93、96}这种极端天气发生的频率如此之高。意大利国家地球物理研究所首席气象学家安东尼奥·纳瓦拉说，地中海地区的平均气温比往年上升了3-4℃。

中国东北地区近年冬天的平均气温比历史常年同期高出了5℃，气温变暖的表象非常明显。加拿大、美国、俄罗斯部分地区，都创下了当地最高气温记录。在印度的某些地区，最高气温甚至高达45-49℃。

气候变化所导致的湖泊水位下降和面积萎缩，已经在很大范围内显现。中国青海湖水位在1908年到1986年间下降了约11米，湖面缩小了676平方千米。

中国海平面近50年呈明显上升趋势。专家预测，到21世纪末我国沿海海平面上升幅度将达到30-70厘米。这将使我国许多海岸地区遭受洪水泛滥的可能性增大，遭受风暴影响的程度和严重性加大。

⁹⁴气候变化的原因在于生态环境的恶化，这已成为大多数科学家的共识。

全球变暖的现实正不断地向世界各国敲响警钟。应对气候变化，关键在行动。随着"全球化"这一概念不断地被赋予新的含义，扭转全球变暖趋势，给人类子孙后代留下一个可供生存和可持续发展的环境，应成为世界各国的共识。

一些国家和组织已采取了新的措施。⁹⁵欧盟委员会制订了新的温室气体排放目标。20年来，特别是最近几年，中国已经通过实施可持续发展战略、提高能源效率、开发利用水电和其他可再生资源等措施，为减缓全球温室气体排放取得了巨大的成就。

尽管不少国家采取了不少措施，但仍然存在不和谐的声音。要真正解决气候变暖的问题，我们还有很长的路要走，但我们没有别的选择。

扭转 niǔzhuǎn 图 바꾸다, 되돌리다 | 子孙后代 zǐsūnhòudài 명 자손후대 | 可持续发展 kěchíxù fāzhǎn 명 지속가능한 발전 | 采取 cǎiqǔ 图 (방법, 수단 등을) 취하다 | 措施 cuòshī 명 조치, 대책 | 欧盟委员会 Ōuméng wěiyuánhuì 명 유럽 연합, EU | 制订 zhìdìng 명 제정하다 | 排放 páifàng 图 배출하다 | 实施 shíshī 图 실시하다 | 战略 zhànlüè 명 전략 | 能源效率 néngyuán xiàolǜ 명 에너지 효율 | 水电 shuǐdiàn 명 수력에너지 | 可再生资源 kězàishēng zīyuán 명 재생가능자원 | 减缓 jiǎnhuǎn 图 (속도를) 늦추다 | 尽管 jǐnguǎn 접 비록 ~일지라도 | 和谐 héxié 형 잘 어울리다

---

93 ★☆☆

下列哪项属于文中提到的极端天气?	다음 중 이 글에서 극단적인 기후로 언급한 것은 무엇인가?
A 龙卷风	A 토네이도
B 欧洲持续的干旱天气	B 유럽에 지속되는 가뭄
C 各地频发的海啸	C 각지에서 빈번하게 발생하는 쓰나미
D 台风	D 태풍

해설 두 번째 단락에서 유럽에서 장기간 지속된 가뭄에 대해서 언급했고, 이를 극단적인 기후 변화라고 지칭했으므로 정답은 B이다.

---

94 ★☆☆

气候变化的原因是什么?	기후 변화의 원인은 무엇인가?
A 二氧化碳的排放过量	A 이산화탄소의 배출량이 과다하다
B 太阳系发生的变化	B 태양계에서 발생한 변화
C 生态环境的恶化	C 생태 환경의 악화
D 南级的冰川融化	D 남극의 빙하용해

해설 여섯 번째 단락에서 기후 변화의 원인은 생태 환경의 악화에 있다고 했으므로 정답은 C이다.

---

95 ★★☆

下列哪项并不属于新措施?	다음 중 새로운 조치에 속하지 않는 것은?
A 欧盟制订新的排放标准	A 유럽 연합은 새로운 온난 가스 배출 기준을 제정한다
B 中国实施可持续发展	B 중국은 지속 가능한 발전을 실시한다
C 寻找污染责任人	C 오염의 책임자를 찾는다
D 开发利用水电	D 수력 에너지를 개발하고 이용한다

해설 여덟 번째 단락에서 유럽 연합은 새로운 온난 가스 배출 목표를 제정했고, 중국은 지속 가능한 발전 전략 실시와 에너지 효율 제고, 수력 에너지와 기타 재생 자원 개발 및 이용 등의 조치를 통해 온실가스 배출을 줄였다고 했다. 따라서 언급하지 않은 C가 정답이다.

---

96 ★★☆

关于上文, 不正确的是什么?	이 글에 관하여 옳지 않은 것은 무엇인가?
A 气候变化导致了湖泊水位下降	A 기후 변화는 호수의 수위를 낮췄다
B 中国海平面有上升趋势	B 중국 해수면은 상승하고 있다
C 全球小部分地区受到高温影响	C 전 세계 일부 지역은 고온의 영향을 받았다
D 极端天气发生的频率变高	D 극단적인 기후 발생의 빈도수가 높아진다

97 – 100

颜色对情绪有深远的影响，⁹⁷不同的颜色可通过视觉影响人的内分泌系统，从而导致人体荷尔蒙增加或减少，使人的情绪发生变化。研究表明，红色可使人的心理活动活跃，黄色可使人振奋，绿色可缓解人的紧张心理，紫色却能使人感到情绪压抑，灰色使人变得消沉，白色使人明快，咖啡色可减轻人的寂寞感，淡蓝色给人一种凉爽的感觉。

人们在习惯上常把红色和黄色称为暖色，而把蓝色和绿色称为冷色，因为这些颜色能使人产生一种暖或冷的感觉。⁹⁸为什么会产生这样的感觉呢？也许是人大脑的联想能力起了作用，例如红色的火焰给人以热的感觉，而蓝色的天空或海水却给人以冷的感觉。暖色看上去似乎在热情地邀请我们，而冷色却让人感到冷冰冰的，难以接近。因此，暖色使我们感到距离似乎拉近了，而冷色则产生距离变远的感觉。这和人们日常生活中的行为也很相似，日常生活中大家总是愿意接近那些对人比较热心的人，而对于一个冷淡的人，别人总是躲避他，不愿靠近他。

英国伦敦有座桥原来是黑色的，每年都有人到这里投河自杀。后来，有关方面把桥的颜色改为黄色，结果来这儿自杀的人数减少了一半，这件事充分证实了颜色的功能。⁹⁹颜色不仅影响着人的情绪，而且对人起着积极或消极的影响，只要人们善于利用颜色，那么五彩缤纷的颜色不仅可以改善我们的情绪，也会使我们的生活变得更加美好。

人们对颜色的描述常常带有浪漫的色彩，所以人们喜爱的颜色也是各式各样的，¹⁰⁰而且会随着年龄和季节的变化而改变。一般年幼的人喜欢白色，年长的人喜欢绿色，冬季喜欢暖色，如红、黄等，而到了夏季则更喜欢绿、蓝、白等让人感到凉快的颜色。心理学家发现，红色可以刺激人的神经兴奋；橙色能提高人的食欲和情绪；黄色则使人思维变得活跃，但也会造成情绪不稳定；绿色可以让人放松神经，使血流和呼吸变缓；蓝色可帮助人降低血压；紫色对人的运动神经、心脏脉搏有压抑作用，使人看上去安静、温和。几乎所有的美学家或心理学家都一致承认颜色的神奇作用，它对人的状态有极大的影响。

색깔은 기분에 깊은 영향을 미친다. ⁹⁷다양한 색깔은 시각을 통해 사람의 내분비 계통에 영향을 미치기 때문에 인체 호르몬의 증가와 감소를 일으키고, 이로 인해 사람의 기분에 변화가 생긴다. 연구가 밝히기를, 빨간색은 감정을 활발하게 하고, 노란색은 사기를 진작시키며, 녹색은 긴장된 심리 상태를 완화시킨다. 자주색은 감정을 억제시키며, 회색은 의기소침하게 만든다. 흰색은 쾌활하게 하고, 커피색은 외로움을 감소시키고, 하늘색은 시원한 느낌을 준다.

사람은 습관적으로 빨간색과 노란색을 따뜻한 색이라고 부르고, 파란색과 녹색을 차가운 색이라고 한다. 왜냐하면 이러한 색깔은 사람에게 따뜻하거나 차가운 느낌을 주기 때문이다. ⁹⁸이러한 느낌은 왜 생기는 것일까? 사람의 대뇌 연상 능력에 작용을 일으키는 것일 수도 있다. 예를 들어 빨간색의 불꽃은 사람에게 뜨거운 느낌을 주고, 파란색의 하늘이나 바다는 사람에게 차가운 느낌을 줄 수 있다. 따뜻한 색은 열정적으로 우리를 부르는 것 같지만, 차가운 색은 얼음 같은 차가움을 느끼게 해 접근하기 어렵게 만든다. 이 때문에 따뜻한 색은 우리에게 거리감을 좁히는 느낌을 주고, 차가운 색은 거리가 멀어지는 느낌을 준다. 이것은 사람의 일상생활 속의 행위와도 매우 비슷하다. 일상생활에서 사람들은 항상 사람에게 친절히 대하는 사람과 가까이하기를 원하고, 냉담한 사람은 피하고 다가가기를 원하지 않는다.

영국 런던의 한 다리는 원래 검은색이었는데 매년 사람들이 이곳에서 투신자살을 했다. 나중에 관련 기관에서 다리 색을 노란색으로 바꿨는데 그 결과 이곳에 와서 자살하는 사람의 수가 절반으로 줄었다. 이는 색깔의 기능을 충분히 설명한다. ⁹⁹색깔은 사람의 기분에 영향을 줄 뿐 아니라 사람에게 긍정적 또는 부정적 영향 또한 일으킨다. 사람이 색깔을 잘 이용한다면 오색찬란한 색깔은 우리의 기분을 개선해 줄 뿐 아니라 우리의 생활도 더욱 아름답게 변화시킬 것이다.

사람들이 색깔을 묘사하는 것에는 주로 로맨틱한 색채를 띤다. 그래서 사람들이 좋아하는 색깔 역시 각양각색이며, ¹⁰⁰게다가 나이와 계절이 변화함에 따라 변한다. 일반적으로 어린 사람들은 흰색을 좋아하고, 연장자들은 녹색을 좋아한다. 겨울에는 빨간색과 노란색 등 따뜻한 색을 좋아하고, 여름이 오면 녹색, 파란색, 흰색 등 사람에게 시원한 느낌을 주는 색깔을 좋아한다. 심리학자가 발견한 바로는 빨간색은 사람의 신경을 자극하여 흥분시키고, 오렌지 색은 사람의 식욕과 기분을 고조시키며, 노란색은 사람의 사고를 더 활발하게 하지만 기분을 불안정하게 만든다. 녹색은 사람의 신경을 편안하게 해주어 혈류와 호흡을 완만하게 만든다. 파란색은 사람의 혈압을 낮추는데 도움이 되고, 자주색은 사람의 운동 신경과 심장 맥박을 억압하는 작용을 하여 사람을 조용하고 온화하게 보이게 한다. 거의 모든 미학자들 또는 심리학자는 색깔의 신비한 작용과 그것이 사람의 상태에 막대한 영향을 끼친다는 것에 의견을 일치한다.

단어 情绪 qíngxù 몡 정서, 기분 | 视觉 shìjué 몡 시각 | 内分泌系统 nèifēnmì xìtǒng 몡 내분비 계통 | 荷尔蒙 hé'ěrméng 몡 호르몬 | 活跃 huóyuè 혱 활기차다 | 振奋 zhènfèn 동 분발하다, 진작하다 | 缓解 huǎnjiě 동 완화시키다 | 紫色 zǐsè 몡 자주색 | 压抑 yāyì 동 억누르다 | 消沉 xiāochén 혱 풀이 죽다 | 明快 míngkuài 혱 쾌활하다 | 减轻 jiǎnqīng 동 경감하다, 감소하다 | 寂寞感 jìmògǎn 몡 적막감 | 凉爽 liángshuǎng 혱 시원하고 상쾌하다 | 联想 liánxiǎng 동 연상하다 | 火焰 huǒyàn 몡 화염, 불꽃 | 邀请 yāoqǐng 동 초청하다 | 拉近 lājìn 동 가까이 끌어당기다 | 相似 xiāngsì 혱 비슷하다 | 热心 rèxīn 혱 열심이다. 적극적이다 | 冷淡 lěngdàn 혱 냉담하다 | 躲避 duǒbì 동 숨다, 피하다 | 靠近 kàojìn 동 접근하다 | 投河 tóuhé 동 강에 뛰어들다 | 充分 chōngfèn 혱 충분하다 | 证实 zhèngshí 동 실증하다, 사실을 증명하다 | 积极 jījí 혱 적극적이다. 긍정적이다 | 消极 xiāojí 혱 소극적이다. 부정적이다 | 善于 shànyú 동 ~를 잘하다 | 五彩缤纷 wǔcǎibīnfēn 셩 오색찬란하다 | 描述 miáoshù 동 묘사하다 | 浪漫 làngmàn 혱 낭만적이다, 로맨틱하다 | 随着 suízhe 동 ~에 따라 | 年幼 niányòu 혱 어리다 | 刺激 cìjī 동 자극하다 | 神经 shénjīng 몡 신경 | 兴奋 xīngfèn 혱 흥분하다 | 橙色 chéngsè 몡 오렌지 색 | 思维 sīwéi 몡 사유, 사고 | 稳定 wěndìng 혱 안정적이다 | 血流 xuèliú 몡 혈류 | 呼吸 hūxī 동 호흡하다 | 脉搏 màibó 몡 맥박 | 安静 ānjìng 동 조용하다 | 温和 wēnhé 동 온화하다 | 承认 chéngrèn 동 인정하다 | 神奇 shénqí 혱 신기하다

---

97 ★★☆

颜色影响人的内分泌系统后，会：

A 降低人的免疫力
B 导致荷尔蒙数量有变化
C 改变人的性格
D 减弱人的消化功能

색깔은 사람의 내분비 계통에 영향을 끼친 후:

A 사람의 면역력을 낮춘다
B 호르몬의 양에 변화를 일으킨다
C 사람의 성격을 바꾼다
D 사람의 소화 기능을 약화시킨다

해설 첫 번째 단락에서 다양한 색깔은 시각을 통해 사람의 내분비 계통에 영향을 미치기 때문에 인체 호르몬의 증가와 감소를 일으킨다고 했으므로 정답은 B이다.

---

98 ★★☆

颜色能使人产生暖或冷的感觉，因为：

A 大脑有联想能力
B 人体有感觉细胞
C 暖色能发出热量
D 冷色使人感到冷

색깔은 사람에게 따뜻하거나 차가운 느낌을 준다. 왜냐하면:

A 대뇌는 연상 능력이 있기 때문이다
B 인체는 감각 세포가 있기 때문이다
C 따뜻한 색이 열량을 발생시키기 때문이다
D 차가운 색은 사람에게 차가운 느낌을 준다

해설 두 번째 단락에서 따뜻하거나 차가운 느낌에 대해 언급하면서 이는 대뇌 연상 능력에 작용을 일으키는 것일 수도 있다고 했다. 따라서 정답은 A이다.

Tip 질문에서 이유를 물으면 인과관계를 가리키는 접속사를 찾아야 한다.

---

99 ★★☆

下面哪句话与文章内容不符?

A 颜色能影响人的荷尔蒙
B 颜色可以改善坏情绪
C 任何颜色都有积极作用
D 颜色有积极或消极的影响

다음 중 글의 내용과 일치하지 않는 것은?

A 색깔은 사람의 호르몬에 영향을 끼친다
B 색깔은 안 좋은 기분을 개선할 수 있다
C 어떤 색깔이든 모두 긍정적인 작용을 가진다
D 색깔은 긍정적 또는 부정적 영향을 가진다

세 번째 단락에서 색깔은 긍정적 또는 부정적 영향 또한 일으킨다고 했으므로 C가 정답이다.

100 ★☆☆	
人们对颜色的喜爱并不是一成不变的，下面哪一项表述正确？ A 随兴趣的改变而变化 B 不同节日喜欢不同的颜色 C 随着年龄和季节改变 D 年老时更喜欢漂亮的颜色	사람들의 색깔에 대한 선호도는 같지 않은데, 다음 중 옳은 서술은? A 흥미의 변화에 따라 변한다 B 휴일마다 좋아하는 색이 다르다 C 나이와 계절에 따라 변한다 D 나이가 들면 예쁜 색을 좋아한다

네 번째 단락에서 사람들이 좋아하는 색깔은 나이와 계절이 변화함에 따라 변한다고 했으므로 정답은 C이다.

》 전략서 172p

정답

제1부분	51 D	52 D	53 D	54 A	55 A
	56 D	57 A	58 B	59 C	60 B
제2부분	61 B	62 C	63 D	64 C	65 A
	66 A	67 A	68 D	69 D	70 D
제3부분	71 E	72 B	73 D	74 C	75 A
	76 D	77 A	78 C	79 E	80 B
제4부분	81 D	82 D	83 B	84 C	85 D
	86 D	87 D	88 A	89 C	90 D
	91 D	92 B	93 B	94 C	95 A
	96 D	97 D	98 D	99 D	100 C

 제1부분

51 ★★☆

A 几位教授最后得出的结论和我们最初的推测是一致的。	A 몇 명의 교수가 최후에 내놓은 결론과 나의 최초 추론은 일치한다.
B 你一旦成了科学家，就会发现不可能再找到比做科学家更好的工作。	B 당신은 일단 과학자가 되기만 하면, 과학자가 되는 것보다 더 좋은 일을 찾는 것은 불가능하다는 걸 알게 될 것이다.
C 创业资金问题可以通过实行小额贷款政策、设立创业基金等办法解决。	C 창업 자금 문제는 소액 대출 정책을 실행하고, 창업 기금을 설립하는 등의 방법으로 해결할 수 있다.
D 报纸一般只有创刊号，由于它重要然而数量有限，因此最有升值潜力。	D 신문은 일반적으로 창간호만 있는데, 이는 중요하면서 수량이 한정되어 있기 때문에 가치가 오를 가능성이 가장 많다.

단어 结论 jiélùn 뗑 결론 | 推测 tuīcè 图 추측하다 | 一致 yízhì 톙 일치하다 | 创业 chuàngyè 图 창업하다 | 资金 zījīn 뗑 자금 | 贷款 dàikuǎn 图 대출하다 | 政策 zhèngcè 뗑 정책 | 设立 shèlì 图 설립하다 | 报纸 bàozhǐ 뗑 신문 | 创刊号 chuàngkānhào 뗑 창간호 | 由于 yóuyú 젭 ~때문에 | 升值 shēngzhí 图 가치가 오르다 | 潜力 qiánlì 뗑 잠재력

해설 由于它重要然而数量有限，因此最有升值潜力。→ 由于它重要而且数量有限，因此最有升值潜力。

D에서 접속사 然而은 '그러나', '하지만'의 역접을 나타내는 뜻이나, D는 문맥상 점층을 나타내는 순접의 접속사가 와야 한다. 따라서 '而且'로 수정해야 한다.

52 ★★★

A 汉字看起来好像很复杂，实际上它们是有规律的，掌握了规律就简单了。	A 한자는 보기에는 복잡한 것 같지만 사실은 규칙이 있어서 규칙을 익히면 간단하다.
B 这个孩子的年龄跟我儿子的年龄相仿。	B 이 아이의 나이는 내 아들의 나이와 비슷하다.
C 农民生活富裕，精神面貌也有了很大的不同。	C 농민 생활은 부유하고, 정신적인 부분에도 큰 변화가 생겼다.
D 他原来是个亿万富翁，可是后来赌博成性，家产很快就被浪费一空了。	D 그는 원래 억만 장자였지만 도박이 버릇이 되어 재산을 빠르게 탕진했다

단어 规律 guīlǜ 몡 규율 | 年龄 niánlíng 몡 연령 | 相仿 xiāngfǎng 톙 대체로 비슷하다 | 富裕 fùyù 톙 부유하다 | 精神面貌 jīngshén miànmào 몡 정신 상태 | 富翁 fùwēng 몡 부자 | 赌博 dǔbó 동 도박하다 | 成性 chéngxìng 동 습관이 되다 | 浪费 làngfèi 동 낭비하다 | 一空 yīkōng 톙 아무것도 없다

해설 家产很快就被浪费一空了。→ 很快就把家产浪费一空了。

D에서 문장의 전체 주어는 '他'이므로, '재산을 빠르게 탕진했다'라는 뜻의 마지막 절의 주체도 '그'이다. 그러므로 '把'자문을 사용해야 하며, 어순에 맞게 목적어와 동사를 배열하여 '把家产'으로 수정해야 한다.

53 ★★☆

A 张庆把自己的女朋友形容得像天上的仙女一样漂亮，真是"情人眼里出西施"。	A 장칭(张庆)은 자신의 여자친구를 천상의 선녀처럼 아름답다고 한다. 정말 '제 눈에 안경'이다.
B 这个学期我的汉语学习已经达到目的了。	B 이번 학기에 내 중국어 학습은 이미 목적을 달성했다.
C 可怕的是，很多人至今还没有意识到环保的重要性。	C 두려운 것은, 많은 사람이 지금까지 환경보호의 중요성을 의식하지 못한다는 것이다.
D 打南到北，他几乎走遍了中国著名的风景地。	D 남에서 북까지 그는 중국의 풍경이 아름다운 곳을 두루 다녔다.

단어 形容 xíngróng 동 형용하다, 묘사하다 | 仙女 xiānnǚ 몡 선녀 | 情人眼里出西施 qíngrén yǎnli chū Xīshī 사랑하면 서시(미인)으로 보인다, 제 눈에 안경이다 | 意识 yìshí 동 의식하다 | 环保 huánbǎo 몡 환경보호 | 走遍 zǒubiàn 두루 돌아다니다

해설 打南到北，他几乎走遍了中国著名的风景地。→ 从南到北，他几乎走遍了中国著名的风景地。

D에서 '打南到北'의 '打'는 개사로 쓰일 경우에 '~에서부터'라는 뜻을 가져 동작이나 행위의 시작을 가리킬 때 사용하지만, 단순히 방위를 나타날 때는 사용하지 않는다. 따라서 방향을 나타내는 '从A到B(A에서 B까지)'를 사용하여 '从南到北'로 수정해야 한다.

54 ★★☆

A 我的朋友第一次来中国，他的感觉很高兴。	A 내 친구가 처음 중국에 왔을 때 그는 아주 기뻤다.
B 每年春节我们都要观看中央电视台的文艺晚会。	B 매년 춘절에 우리는 CCTV의 문예 축전을 본다.
C 她是西方作家中第一个把中国人的生活描写为普通人的正常生活的人。	C 그녀는 서양 작가 중 처음으로 중국인의 생활을 일반인의 정상 생활로 묘사한 사람이다.
D 敬业精神是指一个人抛开杂务专注于本职工作的精神。	D 임무에 책임을 다하는 정신은 사람이 쓸데없는 일은 버리고 자신의 본업에 몰두하는 정신을 가리킨다.

단어 文艺晚会 wényì wǎnhuì 몡 문예 축전 | 描写 miáoxiě 동 묘사하다 | 普通人 pǔtōngrén 몡 일반인 | 敬业精神 jìngyè jīngshén 몡 맡은 임무에 최선을 다하려는 정신 | 抛开 pāokāi 내버려두고 돌보지 않는다 | 杂务 záwù 몡 잡무 | 专注 zhuānzhù 동 집중하다, 전념하다

해설 我的朋友第一次来中国，他的感觉很高兴。→ 我的朋友第一次来中国，他感觉很高兴。

A는 주어와 술어가 호응하지 않는다. '他的感觉(그의 감각)'이 즐거운 것이 아니라 '그'가 즐거움을 느낀 것이다. 따라서 '他感觉很高兴'으로 수정해야 한다.

55	★★☆	

A 小王在度蜜月时，时时给办公室打几个电话询问公司的情况。

B 证书制度是衡量一个学生综合素质的集中体现。

C 这种茶几的颜色似红非红，似黄非黄，一点儿也不好看。

D 在某种意义上，这确实是一种能让人迅速融入社会、同时也能为对方所接受的方法。

A 샤오왕(小王)은 신혼여행 중에, 자주 사무실에 몇 통의 전화를 걸어 회사 상황을 물었다.

B 증명서 제도는 학생의 종합적 자질을 평가하는 것의 집중적인 구현이다.

C 이 찻상의 색은 붉은 듯 안 붉은 듯, 노란 듯 안 노란 듯하여 조금도 예쁘지 않다.

D 어떤 의미에서 이것은 확실히 사람을 빠르게 사회로 융합시키는 동시에 상대에게 용납되는 방법이다.

단어 蜜月 mìyuè 몡 신혼여행 | 咨询 zīxún 동 자문하다 | 证书 zhèngshū 몡 증명서 | 衡量 héngliáng 동 평가하다 | 综合 zōnghé 종합하다 | 素质 sùzhì 몡 자질 | 体现 tǐxiàn 동 구현하다 | 茶几 chájī 몡 찻상 | 似 sì 믜 마치 ~인 것 같다 | 确实 quèshí 믜 확실히, 정말로 | 迅速 xùnsù 신속하다 | 融入 róngrù 동 융합되어 들어가다

해설 时时给办公室打几个电话询问公司的情况。→ 经常给办公室打几个电话询问公司的情况。

A에서 '时时'은 쉬지 않고 매 시간 마다라는 의미의 '항상'이라는 뜻이다. 따라서 '经常(자주)'으로 수정해야 한다.

56	★★☆	

A 《晚报》体育版上一度天天出现他的名字。

B 南开大学今年应该毕业的博士研究生中，将有一半延期毕业。

C 对他来说，称心如意的生活就是在家做自己喜欢的事而已。

D 好在你提醒了我，不然我就忘今天要考试了。

A 「완빠오」스포츠면에는 한동안 매일매일 그의 이름이 나왔다.

B 난카이(南开) 대학에서 올해 졸업해야 하는 박사 중 절반이 졸업을 연기할 것이다.

C 그에게 있어 가장 바라는 삶은 바로 집에서 자신이 좋아하는 일을 하는 것뿐이다.

D 네가 나에게 알려줘서 망정이지 그렇지 않으면 오늘 시험이 있다는 것을 잊었을 것이다.

단어 体育版 tǐyùbǎn 몡 스포츠면 | 一度 yídù 믜 한동안 | 延期 yánqī 동 연기하다 | 称心如意 chènxīn rúyì 쳉 마음에 꼭 들다 | 提醒 tíxǐng 동 일깨우다 | 不然 bùrán 접 그렇지 않으면

해설 好在你提醒了我，不然我就忘今天要考试了。→ 好在你提醒了我，不然我就忘了今天要考试。

D에서 '了'의 위치가 잘못되었다. 변화의 의미 '了'는 무조건 문장 끝에 놓이는 것이 아니라, 변화가 일어나는 행동 뒤에 놓여야 한다. 따라서 '了'를 '忘'뒤에 놓는 것으로 수정해야 한다.

57	★★☆	

A 王林因为病请假，没能出席会议。

B 他怒气上来，不由得连连打了儿子几巴掌。

C 他们穿着朴素，一望而知属于那种生活不太富裕的阶层。

D 他必须尽快赶到医院照料他生病的父亲。

A 왕린(王林)은 병가를 냈기 때문에 회의에 출석할 수 없었다.

B 그는 화가 나서 자신도 모르게 아들의 빰을 연이어 때렸다.

C 그들의 옷차림은 소박했고, 한번 보면 생활이 그다지 부유하지 않은 계층에 속하는 것을 알 수 있다.

D 그는 최대한 빨리 병원에 가서 병에 걸린 아버지를 돌봐야 한다.

단어 出席 chūxí 동 출석하다 | 怒气 nùqì 몡 화 | 不由得 bùyóude 믜 자신도 모르게 | 打巴掌 dǎbāzhang 빰을 때리다 | 朴素 pǔsù 톙 소박하다 | 一望而知 yíwàng érzhī 쳉 한 번 보면 바로 이해한다 | 属于 shǔyú 동 ~에 속하다 | 阶层 jiēcéng 몡 계층 | 照料 zhàoliào 동 돌보다

해설 王林因为病请假，没能出席会议。→ 王林因病请假，没能出席会议。

'因' 뒤에는 원인으로 단어가 올 수 있지만, '因为' 뒤에는 구나 절이 와야 한다. '因为病请假'는 '병이 휴가를 신청했기 때문'이라고 해석된다. A는 병 때문에 휴가를 신청했다는 의미이므로 '因病请假'로 수정해야 한다.

58 ★★☆

A 在中国几千年的文明史中，人们不但对诚实守信的美德大加赞赏，而且努力地身体力行。

B 只有抓紧时间，你就能按时完成任务，像你这样三天打鱼，两天晒网的，工作永远也做不好。

C 凡符合上海市人才政策，办理了上海市居住证，符合上海市人才引进条件的居民，可以申请办理上海市户籍。

D 在他们看来，引不进优秀的人才是一种失职，而发现不了员工当中的优秀人才，更是一种严重的渎职。

A 중국의 수천 년의 문명사에서 사람들은 성실하게 신의를 지키는 미덕을 높이 평가했을 뿐 아니라 스스로가 실천하려고 노력했다.

B 서둘러야만 시간에 맞춰 임무를 완성할 수 있다. 당신처럼 꾸준히 일을 하지 못하면 영원히 일을 제대로 할 수 없다.

C 상하이(上海)시 인재 정책에 부합하여 상하이시 거류증을 처리한 후, 상하이시 인재 유입 조건에 부합하는 거주자들은 상하이시 호적을 신청할 수 있다.

D 그들이 보기에 우수한 인재를 유입하지 못하는 것은 일종의 직무상 과실이며, 직원 중에 우수한 인재를 발견하지 못하는 것은 더 심각한 직무유기이다.

단어 诚实 chéngshí 匉 성실하다 | 守信 shǒuxìn 신의를 지키다 | 美德 měidé 匉 미덕 | 大加赞赏 dàjiā zànshǎng 图 극찬하다 | 抓紧时间 zhuājǐn shíjiān 图 서두르다 | 三天打鱼，两天晒网 sāntiān dǎyú, liǎngtiān shàiwǎng 젱 공부나 일을 꾸준히 하지 못하다, 작심삼일 | 凡 fán 图 무릇, 대체로 | 符合 fúhé 图 부합하다 | 政策 zhèngcè 匉 정책 | 办理 bànlǐ 图 처리하다 | 居住证 jūzhùzhèng 匉 거류증 | 引进 yǐnjìn 图 도입하다 | 居民 jūmín 거주민 | 申请 shēnqǐng 图 신청하다 | 户籍 hùjí 匉 호적 | 失职 shīzhí 직책을 다하지 못하다 | 渎职 dúzhí 직무유기하다

해설 只有抓紧时间，你**就**能按时完成任务 → 只有抓紧时间，你**才**能按时完成任务
B에서 '只有'는 '才'와 호응하여 '~해야지만 비로소'의 뜻이다. 따라서 '就'를 '才'로 수정해야 한다.

59 ★★☆

A 深入研究员工与组织间的心理契约，将是解决问题的一个重要而有效的途径。

B 楹联是题写在楹柱上的对联，有时也泛指对联，是中国的一种独特的文学艺术形式。

C 确信没有任何危险后，这才小袋鼠探出头来。

D 现有的教学评估都是针对全校教学工作展开的，缺乏对专业的针对性。

A 직원과 조직간의 심리 계약을 깊이 연구하는 것은 문제를 해결하는 중요하면서도 효과적인 방법일 것이다.

B 주련은 기둥 위에 써놓은 대련이고, 때때로 일반적으로 대련을 지칭하며, 중국의 독특한 문학예술 형식이다.

C 어떤 위험도 없다고 확신한 후에야 어린 캥거루는 머리를 내밀었다.

D 현재 교수평가는 모두 학교 전체의 교수 업무를 대상으로한 것이므로 전공별 평가가 부족하다.

단어 契约 qìyuē 匉 계약 | 楹联 yínglián 匉 (대청 앞 기둥에 붙인) 주련 | 题写 tíxiě (표제 등을) 쓰다 | 楹柱 yíngzhù 匉 기둥 | 对联 duìlián 匉 대련 | 泛指 fànzhǐ 图 일반적으로 ~을 가리키다 | 袋鼠 dàishǔ 匉 캥거루 | 探出头来 tànchū tóulái 图 머리를 내밀다 | 评估 pínggū 图 평가하다 | 展开 zhǎnkāi 图 전개하다, 펼치다 | 缺乏 quēfá 图 결핍되다 | 针对性 zhēnduìxìng 匉 맞춤형

해설 确信没有任何危险后，这才小袋鼠探出头来。 → 确信没有任何危险后，这小袋鼠才探出头来。
C에서 부사어의 위치가 잘못되었다. 부사어의 위치는 주어 뒤, 술어 앞이므로 부사 '才'는 주어 '这小袋鼠'와 술어 '探' 사이에 위치해야 한다.

60 ★★☆

A 在实际交际过程中，赞扬的度往往很难把握，一个小小的偏差就可能带来完全不一样的效果。

B 他不但很会跳舞，况且还很会唱歌。大家都很喜欢他。

A 실제적인 교제 과정에서 칭찬의 정도는 맞추기 어렵다. 아주 작은 차이가 완전히 다른 효과를 가져올 수 있다.

B 그는 춤을 아주 잘 출 뿐 아니라 노래도 아주 잘한다. 모두 그를 아주 좋아한다.

133

C	每个人都会有机遇，但是只有平时做好了充分准备的人才能把握住机遇，成为令人羡慕的成功者。	C	모든 사람에게 기회가 있지만, 평상시에 충분한 준비를 한 인재만이 기회를 잡을 수 있고 사람들이 부러워하는 성공자가 될 수 있다.
D	街舞最初出现时人们觉得难以接受，可后来渐渐被社会认可了。	D	힙합이 가장 처음 나타났을 때 사람들은 받아들이기 힘들었지만, 이후 점점 사회에서 인정을 받게 되었다.

단어　赞扬 zànyáng 图 찬양하다, 칭찬하다 | 把握 bǎwò 图 장악하다, 잡다 | 偏差 piānchā 명 편차 | 街舞 jiēwǔ 명 힙합 | 渐渐 jiànjiàn 튄 점점 | 认可 rènkě 图 승낙하다, 인가하다

해설　他不但很会跳舞，况且还很会唱歌。→ 他不但很会跳舞，而且还很会唱歌。
B에서 '不但'은 '而且'와 호응하여 '~뿐만 아니라 ~도'의 뜻이다. 따라서 '况且'를 '而且'로 수정해야 한다.

 독해 阅读 **제2부분**

61 ★★☆

冬天是如何慢慢过去的，我们浑然不觉，只知道春天来的时候，院子里的苹果树又绽出了新芽，迎着风，轻轻地摆动，飘满了苹果酿的美好气味。

A	渐渐	摇曳	充满	
B	慢慢	摆动	飘满	
C	逐渐	摇摆	充实	
D	缓慢	招摇	填满	

겨울이 어떻게 천천히 지나가는지 우리는 전혀 모른다. 단지 봄이 올 때 정원에 사과나무가 다시 새싹을 틔우고 바람을 맞으면서 가볍게 흔들려, 사과가 만들어지는 좋은 향기가 흩날리는 것을 알 뿐이다.

A	점점	흔들어 잡아당기다	충만하다
B	천천히	흔들거리다	흩날리다
C	점점	흔들거리다	충분하다
D	완만하다	과시하다	가득 채우다

단어　浑然不觉 húrán bùjué 전혀 알지 못하다 | 院子 yuànzi 명 정원 | 绽出 zhànchū 터지다 | 迎 yíng 图 맞이하다 | 酿 niàng 图 형성하다 | 美好 měihǎo 图 좋다 | 气味 qìwèi 명 향기 | 渐渐 jiànjiàn 튄 점점 | 逐渐 zhújiàn 튄 점점 | 缓慢 huǎnmàn 톙 완만하다 | 摇拽 yáozhuài 흔들어 잡아당기다 | 摆动 bǎidòng 图 흔들거리다 | 摇摆 yáobǎi 图 흔들거리다 | 招摇 zhāoyáo 图 과시하다 | 飘满 piāomǎn 图 흩날리다 | 充实 chōngshí 톙 충분하다 | 填满 tiánmǎn 图 가득 채우다

해설　빈칸1 '渐渐'과 '逐渐'은 정도나 수량이 점차 증가하거나 감소하는 것을 의미하므로, 시간의 흐름을 나타내는 '慢慢'이 적절하다.
빈칸2 빈칸의 주어는 '苹果树(사과나무)'이다. 사과나무가 잡아당기는 행동을 하는 것이 아니므로 '摇拽(흔들어 잡아당기다)'는 적절하지 않다. 사과 나무가 바람을 맞아 가볍게 흔들리는 것을 의미하므로 '摆动'과 '摇摆'가 적절하다.
빈칸3 빈칸은 동사자리이므로 목적어와의 호응에 유의해야 한다. 이 문장의 목적어는 '美好气味(좋은 향기)'이다. 향기는 '充满(충만하다)'와 '飘满(흩날리다)'이 적절하다.

62 ★★☆

对品牌有极高依赖度的迅速消费品行业正日益重视网络媒体的广告效应，不过，如何借助网络加强消费者对品牌的记忆度和偏好度却是该行业面临的挑战性问题。

A	高速	然而	提高
B	快速	但是	提升

브랜드에 높은 의존도를 가지는 일용소비재 산업은 인터넷 미디어 광고의 효과를 날로 중시하고 있다. 그러나 어떻게 인터넷을 이용해서 소비자의 브랜드에 대한 인지도와 선호도를 강화하는지가 오히려 이 산업이 직면한 도전적인 문제가 되었다.

A	고속의	그러나	향상시키다
B	신속한	그러나	진급하다

C 迅速	不过	加强	C 신속한	그러나	강화하다
D 飞速	可是	增加	D 매우 빠른	그러나	증가하다

品牌 pǐnpái 몡 브랜드 | **依赖度** yīlàidù 몡 의존도 | **迅速消费品** xùnsù xiāofèipǐn 일용소비재 | **行业** hángyè 몡 산업 | **日益** rìyì 믭 날로, 점점 | **网络** wǎngluò 몡 인터넷 | **媒体** méitǐ 몡 매체 | **效应** xiàoyìng 효과와 반응 | **如何** rúhé 때 어떻게 | **借助** jièzhù 동 ~의 도움을 빌리다 | **偏好度** piānhàodù 선호도 | **面临** miànlín 동 직면하다 | **挑战** tiǎozhàn 몡 도전 | **迅速** xùnsù 톙 신속하다 | **飞速** fēisù 톙 매우 빠른 | **然而** rán'ér 젭 그러나 | **提升** tíshēng 동 진급하다 | **加强** jiāqiáng 동 강화하다

빈칸1 '迅速消费品(일용소비재)'는 한 단어이다.
빈칸2 네 가지 모두 역접을 나타내는 '그러나'의 의미를 가지는 접속사로 모두 적절하다.
빈칸3 빈칸의 동사와 호응하는 목적어는 '记忆度(인지도)'와 '偏好度(선호도)'이다. 수준이나 정도가 높아지는 '提高'나, 강화할 때는 '加强'이 적절하다.

> **Tip** 유의어 구분하기
>
> **提高** 동 질적인 측면이 높아지다
> 예 提高质量(질을 높이다) | 提高效率(효율을 높이다)
>
> **加强** 동 정도나 강도를 증가시킨다
> 예 加强锻炼(단련을 강화하다) | 加强管理(관리를 강화하다)
>
> **增加** 동 수량이 많아지다
> 예 数量增加(수량이 증가하다) | 人口增加(인구가 증가하다)

---

63 ★★☆

流行时尚的魅力也许在于短期多变、多姿多彩，但基金排名短期内的频繁变化，恰恰是投资者应当避免过分在意的。基金投资讲究的是长期投资布局，长期的业绩表现才是评价基金业绩的重要依据。

유행 트렌드의 매력은 어쩌면 단기간에 급변하고 다채롭다는 것에 있지만, 펀드 랭킹이 짧은 기간 동안 빈번하게 변하는 것에 대해 투자자들은 지나치게 신경 쓰는 것을 피해야 한다. 펀드 투자가 중시하는 것은 장기간의 투자 구조이며, 장기간의 실적이야말로 펀드 실적을 평가하는 중요한 근거가 된다.

A 或许	着重	估价	A 어쩌면	중시하다	평가하다
B 可能	重视	评估	B 아마도	중시하다	평가하다
C 或者	看重	估计	C 아마도	중시하다	추측하다
D 也许	讲究	评价	D 어쩌면	중시하다	평가하다

流行时尚 liúxíng shíshàng 몡 유행 트렌드 | **魅力** mèilì 몡 매력 | **多姿多彩** duōzī duōcǎi 셩 다채롭다 | **排名** páimíng 몡 순위 | **频繁** pínfán 톙 빈번하다 | **恰恰** qiàqià 믭 바로, 꼭 | **布局** bùjú 몡 구도, 짜임새 | **业绩** yèjì 몡 실적 | **表现** biǎoxiàn 동 나타내다 | **依据** yījù 몡 근거 | **或许** huòxǔ 믭 어쩌면 | **也许** yěxǔ 믭 어쩌면 | **着重** zhuózhòng 동 중시하다 | **看重** kànzhòng 동 중시하다 | **讲究** jiǎngjiu 동 중시하다 | **估价** gūjià 동 평가하다 | **评估** pínggū 동 평가하다 | **估计** gūjì 동 추측하다 | **评价** píngjià 동 평가하다

빈칸1 '也许', '或许', '或者'는 단정을 지을 수 없는 일을 가리킨다. 여기에서는 일반적인 현상에 대한 의견을 제시하는 것이므로 앞으로의 가능성을 나타내는 '可能'은 적절하지 않다.
빈칸2 보기가 모두 '중시하다'라는 뜻을 가진다. 그 중 '讲究'는 연구해 볼 만한 가치가 있고 규칙이 있는 경우에 사용한다. 여기에서는 '基金投资(펀드 투자)'가 주어로, 단순히 신경 쓰는 것을 넘어서 분석하고 주안점을 두는 의미이므로 '讲究'가 적절하다.
빈칸3 빈칸의 동사에 호응하는 목적어는 '基金业绩(펀드 실적)'이다. '估价'은 사물이나 사람의 가치에 대해 평가를 의미하고, '估计'는 '추측하다'라는 의미이므로 적절하지 않다. '评估'와 '评价'는 수준이나 성적 등을 평가할 때 사용하므로 적절하다.

64	★★☆			

绿色经济是一种以<u>维护</u>人类生存环境、合理保护资源与能源、有益于人体健康为<u>特征</u>的经济，是种平衡式经济。全球"绿色经济"已经<u>萌芽</u>，而这场金融海啸将加速潘基文提出的"绿色新政"的<u>实施</u>。

녹색경제는 인류의 생존 환경을 보호하고 자원과 에너지를 합리적으로 보호하며, 인체의 건강에 유익한 것을 <u>특징</u> 으로 하는 경제이자, 균형 경제이다. 전 세계적으로 '녹색경제'는 이미 <u>싹트고</u> 있으며, 이러한 금융 쓰나미는 반기문이 내놓은 '녹색 성장 정책'의 <u>실시</u>를 가속할 것이다.

A	为	体现	开始	实行
B	因	表现	开展	施行
C	以	特征	萌芽	实施
D	用	特点	萌发	试行

A	위해서	구현하다	시작하다	실행하다
B	때문에	표현하다	펼치다	시행하다
C	~로써	특징	싹트다	실시하다
D	~로써	특징	싹트다	시험 삼아 해보다

단어 **绿色经济** lǜsè jīngjì 몡 녹색 경제, 친환경 경제 | **维护** wéihù 동 유지하고 보호하다 | **合理** hélǐ 혱 합리적이다 | **保护** bǎohù 동 보호하다 | **资源** zīyuán 몡 자원 | **能源** néngyuán 몡 에너지 | **有益于** yǒuyìyú ~에 유익하다 | **平衡** pínghéng 혱 균형에 맞다 | **金融** jīnróng 몡 금융 | **海啸** hǎixiào 몡 쓰나미 | **加速** jiāsù 동 가속하다 | **体现** tǐxiàn 동 구현하다 | **特征** tèzhēng 몡 특징 | **开展** kāizhǎn 동 펼치다 | **萌芽** méngyá 동 싹트다 | **萌发** méngfā 동 싹트다 | **实行** shíxíng 동 실행하다 | **施行** shīxíng 동 시행하다 | **实施** shíshī 동 실시하다 | **试行** shìxíng 동 시험 삼아 해보다

해설 **빈칸1** 보기에 개사가 있을 때는 뒤에 호응하는 또 다른 개사가 있는지를 확인하여 정답을 골라야 한다. '以A为B'는 'A를 B로 한다'는 의미이다. 여기에서는 '维护人类生存环境、合理保护资源与能源、有益于人体健康为'의 '为'가 '以'와 호응한다.

빈칸2 인류의 생존 환경을 보호하고 자원과 에너지를 합리적으로 보호하고 인체의 건강에 유익한 것'을 '특징'으로 하는 것이 문맥상 가장 적절하므로 '特征'과 '特点'이 적절하다.

빈칸3 '开展(펼치다)'은 작은 범위에서 큰 범위를 일을 전개하거나 펼치는 것을 의미한다. 여기에서는 녹색 경제가 이미 시작되었음을 말하므로 '开始(시작하다)', '萌芽(싹트다)', '萌发(싹트다)'가 적절하다.

빈칸4 빈칸 앞의 '绿색新政'은 정책을 말하는 것이므로 정책과 호응하는 단어를 골라야 한다. 정책은 실시해야 하는 것이므로 '实行'이나, '实施'가 적절하다.

Tip **유의어 구분하기**

施行 동 법령, 규칙 등을 공포한 후 어느 시점으로부터 시행하거나 집행하다
　　예 施行手术(수술을 실시하다) | 一月一日起施行(1월 1일부터 시행된다)

实施 동 법, 정책, 제도, 주장, 방침 등을 행동으로 실행하거나 실시하다
　　예 实施改革(개혁을 실시하다) | 实施计划(계획을 실시하다) | 实施战略(전략을 시행하다)

65	★★☆		

椅子的舒适问题，只要设计时考虑人体结构的<u>特征</u>，便可以解决。设计一把椅子而<u>忽略</u>了人体的结构，就像设计蛋盒而不顾蛋的<u>形状</u>。

의자의 편안함 문제는 단지 디자인할 때 인체 구조의 <u>특징</u>을 고려하면 해결할 수 있다. 의자를 디자인하는데 인체의 구조를 <u>소홀히 여기는</u> 것은 마치 달걀 상자를 디자인하는데 달걀의 <u>모양</u>을 생각하지 않는 것과 같다.

A	特征	忽略	形状
B	本质	忽视	形态
C	特点	忘记	外观
D	构造	违反	外貌

A	특징	소홀히 여기다	모양
B	본질	소홀히 여기다	형태
C	특징	잊다	외관
D	구조	위반하다	외모

단어 **舒适** shūshì 혱 편안하다 | **设计** shèjì 동 설계하다 | **结构** jiégòu 몡 구조 | **不顾** búgù 동 고려하지 않다 | **特征** tèzhēng 몡 특징 |

本质 běnzhì 명 본질 | 构造 gòuzào 명 구조 | 忽略 hūlüè 동 소홀히 여기다 | 忽视 hūshì 동 소홀히 여기다 | 违反 wéifǎn 동 위반
하다 | 形状 xíngzhuàng 명 모양, 형태 | 形态 xíngtài 명 형태 | 外观 wàiguān 명 외관 | 外貌 wàimào 명 외모

해설 빈칸1 '人体构造(인체 구조)'와 호응하는 명사를 골라야 한다. 빈칸이 있는 문장만으로 정답을 알 수 없다면 지문 전체를 이해한 후 풀
도록 한다. '结构'는 의미가 중복되므로 적절하지 않다.

빈칸2 '人体的结构(인체의 구조)'와 호응하는 동사를 골라야 한다. 의미상 인체의 구조를 '忘记(잊다)'하거나 '违反(위반하다)'하는 것
은 적절하지 않다.

빈칸3 달걀의 외형적인 것을 고려하지 않는다는 말이 자연스럽다. '形态(형태)'는 '观念(관념)', '意识(의식)'과 같은 추상명사와 호응하
여 적절하지 않다. 또한 '外貌(외모)'는 사람의 겉모습을 말하므로 적절하지 않다.

---

66 ★★☆

作为改革开放后出生的一代，他显然更乐意展示自
己作为普通人的逻辑，而避免附加太多的沉重。事实
上，这个"80后"的年轻人已经习惯于消融那些可
能夸大自己的色彩。

A	显然	展示	避免	于
B	明显	展现	避开	在
C	显然	表现	阻止	自
D	明显	显示	阻滞	与

개혁개방 이후에 태어난 세대로서 그는 분명하게 일반인으로서의 자
신의 논리를 기꺼이 드러내며 지나치게 심각한 것은 피한다. 사실상
이러한 '80년대생'의 젊은이는 이미 자신을 과장하는 색채를 없애는
데 습관이 되었다.

A	분명하다	드러내다	피하다	~에
B	뚜렷하다	드러내다	피하다	~에
C	분명하다	표현하다	저지하다	~에서부터
D	뚜렷하다	보여주다	차단되다	~와

단어 改革开放 gǎigé kāifàng 명 개혁개방 | 乐意 lèyì 동 기꺼이 ~하다 | 逻辑 luójí 명 논리 | 附加 fùjiā 동 부가하다 | 沉重 chénzhòng
형 무겁다 | 消融 xiāoróng 동 녹다, 사라지다 | 夸大 kuādà 동 과장하다 | 色彩 sècǎi 명 색채 | 显然 xiǎnrán 형 분명하다 | 明显
míngxiǎn 형 뚜렷하다 | 展示 zhǎnshì 동 드러내다, 전시하다 | 展现 zhǎnxiàn 동 드러내다 | 显示 xiǎnshì 동 보여주다 | 避开 bìkāi
동 피하다 | 阻止 zǔzhǐ 동 저지하다 | 阻滞 zǔzhì 동 차단되다

해설 빈칸1 '显然'은 상황이나 이치가 분명할 때, 강조할 때 사용한다. '明显'은 눈으로 보기에 확연하게 드러날 때 사용한다. 여기서는 자신
의 논리를 기꺼이 드러낸다는 것을 강조하고 있으므로 '显然'이 적절하다.

빈칸2 '展示'은 추상명사를 목적어로 가지며, 주로 능력이나, 재능 등을 드러내 보이는 것을 의미한다.

빈칸3 빈칸 뒤의 '沉重(심각함)'을 목적어로 하는 동사를 골라야 한다. 보기 모두 피하고 막는다는 의미가 있지만, '避开'는 부정적인
대상을 비켜가거나 피하는 것을 의미하고, '阻止'는 저지하고 막는 것을 의미하여, '阻滞'는 차단하는 것을 뜻하므로 적절하지
않다. 단순한 상황을 피하는 의미를 갖고 있는 '避免'이 적절하다.

빈칸4 일반적으로 '习惯'은 개사 '于'와 결합하여 '~에 습관이 되다' 라는 뜻을 가진다.

---

67 ★★☆

如今的乳业市场，营养丰富的产品种类繁多，消费
者不禁陷入摄入营养好就能身体好的误区，而忽略
了一个关键因素，即吸收问题。

A	如今	种类	摄入	忽略
B	当下	类型	吸收	忽视
C	当前	品种	吸取	省略
D	当今	分类	吸入	轻视

지금의 낙농업 시장에서 영양이 풍부한 제품 종류가 많아서, 소비자
들은 자기도 모르게 영양 섭취가 좋으면 몸에 좋다는 잘못된 인식에
빠지게 되어, 중요한 요소, 즉 흡수의 문제를 간과한다.

A	지금	종류	섭취하다	간과하다
B	즉각	유형	흡수하다	홀시하다
C	현재	품종	흡수하다	생략하다
D	지금	분류하다	들이쉬다	경시하다

단어 乳业 rǔyè 명 낙농업 | 营养 yíngyǎng 명 영양 | 繁多 fánduō 형 많다 | 不禁 bùjīn 부 자기도 모르게 | 陷入 xiànrù 동 빠지다 | 误区
wùqū 명 잘못된 인식 | 即 jí 부 즉 | 吸收 xīshōu 동 흡수하다 | 如今 rújīn 명 지금, 이제 | 当下 dāngxià 부 즉각 | 当前 dāngqián

몡 현재 | 当今 dāngjīn 몡 지금 | 类型 lèixíng 몡 유형 | 分类 fēnlèi 됭 분류하다 | 摄入 shèrù 됭 섭취하다 | 吸取 xīqǔ 됭 흡수하다
| 吸入 xīrù 됭 들이쉬다 | 忽略 hūlüè 됭 간과하다 | 忽视 hūshì 됭 홀시하다 | 省略 shěnglüè 됭 생략하다 | 轻视 qīngshì 됭 경시
하다

해설 빈칸1 '如今'은 과거와 대비했을 때의 현재, 즉 오늘날을 의미하고 '当下'은 당장 지금을 의미한다. '当前'은 눈 앞에 닥친 것을 의미하
고 '当今'은 오늘 날, 요즘을 의미한다. 여기서는 현재 낙농업의 추세와 경향을 이야기하고 있으므로 '如今'이 적절하다.

빈칸2 빈칸 뒤의 '繁多'는 종류가 많고 다양할 때 사용하는 형용사이므로 '种类'와 '品种'이 적절하다.

빈칸3 빈칸 뒤의 '营养(영양)'과 호응하는 것은 '摄入(섭취하다)'이다.

빈칸4 빈칸 뒤의 목적어인 '关键因素(중요한 요소)'와 호응하는 동사를 골라야 한다. 중요한 요소를 무시하고 간과한다는 의미이므로
'忽略', '忽视', '轻视' 모두 적절하다.

Tip 유의어 구분하기

吸收 됭 수분, 영양소 등을 흡수하다
　　　예 吸收水分(수분을 흡수하다) | 吸收养分(양분을 흡수하다)

吸取 됭 교훈, 경험을 받아들이다
　　　예 吸取教训(교훈을 받아들이다) | 吸取经验(경험을 받아들이다)

吸引 됭 사람 등을 매료시키다, 끌어당기다
　　　예 吸引人的眼光(사람의 눈길을 끌다) | 吸引游客(여행객을 유인하다)

---

68 ★★☆

帕瓦罗蒂在40多年的歌唱<u>生涯</u>中，不仅<u>创造</u>了作为
男高音歌唱家和歌剧艺术家的奇迹，<u>还</u>为<u>古典音乐</u>
和歌剧的<u>普及</u>做了杰出的贡献。

파바로티(帕瓦罗蒂)는 40여 년 간의 노래 인생 중에서 테너와 오페
라 예술가로서 기적을 <u>창조</u>했을 뿐 아니라, 게다가 클래식 음악과
오페라의 <u>보급</u>에도 큰 공헌을 했다.

A	生命	产生	也	推广	A	생명	발생하다	~도	널리 보급하다
B	前途	改造	并	发扬	B	전망	개조하다	또한	드높이다
C	命运	出现	且	传承	C	운명	출현하다	게다가	계승하다
D	生涯	创造	还	普及	D	인생	창조하다	또한	보급하다

단어 男高音歌唱家 nán gāoyīn gēchàngjiā 몡 테너 | 歌剧 gējù 몡 오페라 | 奇迹 qíjì 몡 기적 | 古典音乐 gǔdiǎn yīnyuè 몡 클래식 | 杰
出 jiéchū 혱 출중한 | 贡献 gòngxiàn 몡 공헌 | 前途 qiántú 몡 전망 | 生涯 shēngyá 몡 인생, 생애 | 改造 gǎizào 됭 개조하다 | 创
造 chuàngzào 됭 창조하다 | 推广 tuīguǎng 됭 널리 보급하다 | 发扬 fāyáng 됭 드높이다 | 传承 chuánchéng 됭 계승하다 | 普及
pǔjí 됭 보급하다

해설 빈칸1 빈칸 앞의 '40多年的歌唱(40여 년 간의 노래)'와 호응하는 단어를 골라야 한다. 의미상 인생과 생애를 뜻하는 '生涯'가 가장 적
절하다.

빈칸2 빈칸은 동사자리이며, 목적어 '奇迹'와 호응해야 한다. '奇迹(기적)'을 만들어 낼 때는 동사 '创造(창조하다)'를 사용한다.

빈칸3 접속사 '不仅'은 부사 '还' 혹은 접속사 '而且'와 호응하여 '~했을 뿐 아니라, ~도 역시'의 뜻을 가진다.

빈칸4 빈칸 앞의 '古典音乐和歌剧(클래식 음악과 오페라)'의 수식을 받는 단어를 골라야 한다. 네 단어 모두 적절하다.

Tip 주요 술어 목적어 호응관계

创造 + 奇迹 기적을 창조하다　　　　　　　　建立 + 关系 관계를 세우다

承担 + 责任 책임을 지다　　　　　　　　　　经得起 + 考验 시련을 감당하다

导致 + 后果 (안 좋은) 결과를 초래하다　　　　吸取 + 教训 교훈을 얻다

69 ★★☆

企业可以采取一种较为隐蔽的策略，刻意掩盖产品的真实属性，把它乔装打扮成另一种产品，以便让多疑的消费者更加容易接受它。当某类产品存在一些不利因素的时候，采用隐匿战略会十分有效，因为它可以巧妙地将产品推入市场，为消费者所接受。

기업은 은폐하는 전략을 채택하여, 고심하며 제품의 진짜 속성을 가리고 그것을 다른 제품으로 변신시켜 의심 많은 소비자가 쉽게 그것을 받아들일 수 있게 한다. 어떤 제품에 불리한 요소가 존재할 때는 은닉 전략을 사용하는 것이 아주 효과적인데, 왜냐하면 그것은 교묘하게 제품을 시장에 밀어 넣어 소비자들에게 받아들여지기 때문이다.

A	使用	掩瞒	不错	让
B	利用	装饰	妥当	使
C	采用	掩饰	稳定	被
D	采取	掩盖	有效	为

A	사용하다	속이다	좋다	~하게 하다
B	이용하다	장식하다	타당하다	~하게 하다
C	채택하다	감추다	안정되다	~에 의해
D	채택하다	가리다	효과적이다	~에 의해

단어 较为 jiàowéi 图 비교적 | 隐蔽 yǐnbì 图 은폐하다 | 策略 cèlüè 图 전략 | 刻意 kèyì 图 고심하여 | 真实 zhēnshí 图 진실한, 실제의 | 属性 shǔxìng 图 속성 | 乔装打扮 qiáozhuāng dǎbàn 변장하여 신분을 숨기다 | 以便 yǐbiàn 웹 ~하기 위하여 | 多疑 duōyí 图 지나치게 의심하다 | 不利因素 búlì yīnsù 불리한 요소 | 采用 cǎiyòng 图 채택하다 | 隐匿 yǐnnì 은닉하다 | 战略 zhànlüè 图 전략 | 巧妙 qiǎomiào 图 교묘하다 | 推入 tuīrù 밀어 넣다 | 采取 cǎiqǔ 图 채택하다, 취하다 | 掩瞒 yǎnmán 图 속이다 | 装饰 zhuāngshì 图 장식하다 | 掩饰 yǎnshì 图 감추다 | 掩盖 yǎngài 图 가리다, 숨기다 | 妥当 tuǒdang 图 타당하다 | 稳定 wěndìng 图 안정되다

해설 **빈칸1** 빈칸은 동사자리이며 목적어 '策略(전략)'과 호응한다. 일반적으로 전략이나 방법을 채택할 때는 동사 '采取'와 '采用'을 사용한다.

빈칸2 빈칸을 포함한 문장은 상품의 진짜 속성은 가리고 다른 제품으로 변신시킨다는 의미이다. '装饰'는 장식하다는 뜻이므로 적절하지 않다. '掩瞒', '掩饰', '掩盖' 모두 결점이나 실수 등을 숨기고 덮어버리는 의미가 있어 적절하다.

빈칸3 빈칸 뒤의 내용에서 시장에 들어가 소비자에게 받아들여진다고 했으므로 전략이 '不错(좋다)'나 '有效(효과가 있다)'하다는 것이 적절하다.

빈칸4 '被A所B'와 '为A所B'는 'A에 의해서 B 당한다'는 의미의 구문이다.

70 ★★☆

冠军看到当时的场面，立刻意识到没有人比他更胜任，唯独他能潜游到必要的深度，在水下辨明方向并营救遇难者。

챔피언은 당시의 장면을 보며 즉시 깨달았다. 그보다 더 잘 감당할 사람이 없고, 오직 그만이 필요한 깊이까지 잠수하여 물 아래에서 방향을 분별하고 조난자를 구조할 수 있다는 것을 말이다.

A	赶紧	只有	分明	救治
B	马上	只要	分辨	拯救
C	立马	唯有	辨别	诊治
D	立刻	唯独	辨明	营救

A	서둘러	~해야만	분명하다	치료하다
B	곧	~하기만 하면	분별하다	구조하다
C	즉시	오직	식별하다	진료하다
D	즉시	오직	분별하다	구조하다

단어 冠军 guànjūn 图 챔피언, 우승 | 意识 yìshí 图 깨닫다 | 胜任 shèngrèn 图 능히 감당하다 | 潜游 qiányóu 잠수하다 | 深度 shēndù 图 깊이 | 遇难者 yùnànzhě 图 조난자 | 赶紧 gǎnjǐn 图 서둘러 | 立马 lìmǎ 图 즉시 | 立刻 lìkè 图 즉시 | 唯有 wéiyǒu 다만, 오직 | 唯独 wéidú 图 오직, 홀로 | 分明 fēnmíng 图 분명하다 | 分辨 fēnbiàn 图 분별하다 | 辨别 biànbié 图 식별하다 | 辨明 biànmíng 图 분별하다 | 救治 jiùzhì 图 치료하다 | 拯救 zhěngjiù 图 구조하다 | 诊治 zhěnzhì 图 진료하다 | 营救 yíngjiù 图 구조하다

해설 **빈칸1** 빈칸 앞의 챔피언이 당시 장면을 보는 것과 짧은 시간으로 연결되어 '意识到(깨달았다)'를 수식하는 부사를 골라야한다. '赶紧'은 서둘러서 어떠한 동작을 한다는 의미이므로 적절하지 않다.

빈칸2 접속사 '只有'와 '唯有'는 부사 '才'와 호응하고 '只要'는 '就'와 호응하는데, 빈칸 뒤에는 이 같은 부사가 존재하지 않는다. '唯独(오직, 홀로)'는 부사로 주어인 명사를 수식할 수 있다. 여기에서는 오직 그만이 잠수할 수 있다는 뜻으로 적절하다.

빈칸3 빈칸 뒤의 '方向'을 목적어로 하는 동사를 찾아야 하므로 형용사인 '分明'은 적절하지 않다.

빈칸4 빈칸 뒤의 '遇难者(조난자)'를 구하는 의미이므로 '拯救(구조하다)'와 '营救(구조하다)'가 적절하다. 챔피언은 잠수를 해서 조난자를 구하는 것이지 치료나 진료를 하는 것이 아니므로 의미상 '救治(치료하다)'와 '诊治(진료하다)'는 적절하지 않다.

71 – 75

从前，有个人种了一棵果树。很快，果树上就长满了绿叶，开出了雪白的小花，(71) E 整棵果树看上去分外美丽。

花谢以后，树上结了几个小果子。小果子好像每天都在长大，那个人每天都非常高兴，每天都要去看几次。

有一天，树叶上出现了一些小虫子，(72) B 而且随着果子的生长，那些小虫子也越发多起来。

一个邻居经过的时候看见了，赶紧对他说："叶子上生虫子了，好在发现得早，还来得及，你赶紧想办法治治，(73) D 否则你的果树就不行了。"

那个人听了邻居的话很生气，他说："有什么大惊小怪的？不就是几条虫子吗？还用得着治？再说了，我要的是果子，又不是虫子。别人看了都没说什么，(74) C 唯独你那么紧张，你是不是看我的果子长得好，心里嫉妒呢？"

邻居又尴尬又生气，说道："果树生虫子就结不出好果子，(75) A 这么浅显的道理你都不懂。我只是好心提醒你而已，你不听就算了。"

没过几天，叶子上的虫子更多了。小果子逐渐变黄变干，一个一个都落下来了。

옛날에 어떤 사람이 과일나무 한 그루를 심었다. 아주 빠르게 과일나무에 푸른 잎이 가득 자랐고 새하얗고 작은 꽃들이 피어서 (71) E 과일나무 전체가 유난히 아름다워 보였다.

꽃이 지고 나무에는 작은 열매 몇 개가 맺혔다. 작은 열매가 매일 자라는 것 같아 그 사람은 매일 아주 기뻤으며 하루에도 몇 번씩 가서 보았다.

어느 날, 나뭇잎에서 작은 벌레들이 나왔다. (72) B 게다가 열매가 자람에 따라 그 벌레들은 점점 많아졌다.

한 이웃이 지나가다 보고 서둘러 그에게 말했다. "잎에 벌레가 생겼는데 다행히 일찍 발견했으니 아직 늦지 않았어요. 빨리 박멸할 방법을 생각해 보세요. (73) D 그렇지 않으면 당신의 과일나무는 큰일 날 거예요."

그 사람은 이웃의 말을 듣고 화를 내며 말했다. "별것 아닌 일에 왜 그리 크게 놀라는 거예요? 고작 벌레 몇 마리 아닌가요? 꼭 박멸할 필요가 있나요? 다시 말하지만 내가 원하는 것은 열매지 벌레가 아니에요. 다른 사람은 보고도 아무 말 안 하는데, (74) C 유독 당신만 이렇게 조바심을 내니, 당신 내 열매가 잘 자라서 질투하는 거 아니에요?"

이웃은 당황하고 화가 나 말했다. "과일나무는 벌레가 생기면 좋은 열매를 맺을 수 없어요. (75) A 이렇게 간단하고 이해하기 쉬운 이치를 당신은 모르다니요. 나는 좋은 마음에 일깨워 주었을 뿐인데 당신이 듣지 않는다면 관둬요."

며칠 지나지 않아 나뭇잎의 벌레는 더 많아졌고, 작은 열매는 점점 노랗게 말라서 하나하나 떨어졌다.

단어 种 zhòng 图 심다 | 果树 guǒshù 명 과일나무 | 长满 zhǎngmǎn 가득 자라다 | 分外 fènwài 閉 유난히 | 谢 xiè 图 (꽃이) 지다 | 结 jié 图 맺다 | 虫子 chóngzi 벌레 | 邻居 línjū 명 이웃 | 赶紧 gǎnjǐn 閉 서둘러 | 治 zhì 图 (해충을) 박멸하다 | 大惊小怪 dàjīng xiǎoguài 성 별것 아닌 일에 크게 놀라다 | 唯独 wéidú 閉 유독 | 嫉妒 jídù 图 질투하다 | 尴尬 gāngà 형 난감하다 | 浅显 qiǎnxiǎn 형 간단하고 이해하기 쉽다 | 提醒 tíxǐng 图 일깨우다 | 逐渐 zhújiàn 閉 점점

71 ★★☆	
E 整棵果树看上去分外美丽	E 과일나무 전체가 유난히 아름다워 보였다

해설 빈칸 앞에서 과일나무를 심은 후 푸른 잎이 자라고 꽃이 피는 순차적인 내용이 왔다. 그 이후에도 과일나무에 대한 긍정적인 상황을 언급했으므로 빈칸에도 과일나무에 대한 긍정적인 내용이 와야 한다.

72 ★★☆	
B 而且随着果子的生长	B 게다가 열매가 자람에 따라

해설 빈칸 앞에서는 벌레가 나왔다고 했고 빈칸 뒤에서는 벌레가 점점 많아졌다고 했으므로, 벌레가 점점 많아지는 것의 원인인 열매가 자란다는 내용이 와야 한다.

Tip 随着 A, 越来越 B A에 따라 점점 B가 발생한다.

'随着'는 '～에 따라'라는 의미의 개사로, 뒤에 동작이 올 때는 변화를 나타내며 이어지는 절에서도 이에 수반되는 변화가 언급된다.

---

73 ★☆☆	
D 否则你的果树就不行了	D 그렇지 않으면 당신의 과일나무는 큰일 날 거예요

해설 보기를 눈으로 훑을 때 '否则(그렇지 않으면)'를 발견했다면 '否则' 기준으로 앞뒤의 내용이 상반되어야 한다는 것을 알 수 있다. 따라서 보기의 내용인 과일나무가 큰일나는 것과 상반되는 내용인, '벌레를 박멸할 방법을 생각하라'의 뒤에 와야 한다.

---

74 ★☆☆	
C 唯独你那么紧张	C 유독 당신만 이렇게 조바심을 내니

해설 이 문장은 전반적으로 다른 사람과 이웃인 '당신'을 비교하고 있다. 빈칸 앞에서 다른 사람은 아무 말도 하지 않는다고 했으므로 다른 사람과 상반되는 태도를 가리키는 내용이 와야 한다.

---

75 ★★☆	
A 这么浅显的道理你都不懂	A 이렇게 간단하고 이해하기 쉬운 이치를 당신은 모르다니요

해설 이웃과 그가 언쟁하고 있으며, 빈칸은 이웃이 빈칸 앞뒤에 이어서 말하는 부분이므로 계속해서 그에게 반박하는 내용이 와야 한다.

---

76 - 80

数据库营销是要建立全面的客户评价体系，实现客户的差别化定价，增强营销的灵活性，提高市场竞争力。建立健全科学、高效的分级授权体制，(76) D 依据客户评价体系，根据客户的综合贡献度、经营状况、资金成本和风险等级等要素，给予客户相适应的利率待遇。利用价格手段，培育核心客户群体，发展优质客户群体，巩固基础客户群体，推动客户结构的优化，(77) A 提高优质客户的忠诚度和满意度。

目前，国内银行对客户的评判只停留在静止、片面、主观水平上，不能对客户做出动态、全面、客观的评价和准确、高效的选择。(78) C 例如在银行卡业务方面，由于没有对客户的贡献度的分析，具有最大交易的客户，被视为一般客户来对待，结果造成优秀客户的流失。数据库的建立将结束这一尴尬局面，它使现有的分散的无关联的信息变成集中的有关联的信息，通过数据分析和处理，(79) E 可直接用于客户关系管理和市场营销。

데이터베이스 마케팅은 종합적인 고객 평가 시스템을 구축하기 위한 것으로 고객의 차별적 가격 책정을 실현하고, 마케팅의 융통성을 강화하여 시장 경쟁력을 높이는 것이다. 완전하고 과학적이며 고효율의 등급별 권한 부여 체계를 구축하고 (76) D 고객 평가 시스템에 근거하여 고객의 종합 기여도, 경영 상황, 자금 코스트와 리스크 등급 등의 요소에 따라 고객에게 상응하는 금리 대우를 제공한다. 가격 측면의 수단을 이용하여 핵심 고객 집단을 길러내고 우수 고객 집단을 발전시키며 기존의 고객 집단을 공고히 하는 등 고객 구조를 최적화시켜 (77) A 우수한 고객의 충성도와 만족도를 높인다.

현재 국내 은행은 고객의 평가에 대해 정적이고, 단편적이며, 주관적인 수준에 머물러 있어, 고객에 대한 동적이고 종합적이며, 객관적인 평가와 정확하고 효과적인 선택을 할 수 없다. (78) C 예를 들어 은행 카드 업무 방면에서는, 고객의 공헌도에 대한 분석이 없어서 가장 큰 거래가 잇는 고객을 일반 고객으로 대우하여 우수한 고객의 유실을 초래한다. 데이터베이스의 구축은 이 난감한 상황을 끝낼 것이며, 기존의 분산되고 연관이 없는 정보를 집중되고, 연관이 있는 정보로 바꿀 수 있고, 데이터 분석과 처리를 통해 (79) E 고객 관계 관리와 시장 마케팅에 직접 사용할 수 있다.

数据库的建立有利于转变传统经营理念，(80) B 真正做到以客户为中心，不断拓展市场，发展业务。	데이터베이스의 구축은 전통 경영 이념을 바꾸는 데 유리하고, (80) B 고객 중심을 진정으로 실현하고 끊임없이 시장을 확장하고 업무를 발전시킬 수 있다.

단어 **数据库** shùjùkù 명 데이터베이스 | **营销** yíngxiāo 동 마케팅하다 | **评价** píngjià 동 평가하다 | **体系** tǐxì 명 시스템 | **定价** dìngjià 동 가격을 매기다 | **增强** zēngqiáng 동 강화하다 | **灵活性** línghuóxìng 명 융통성 | **分级授权体制** fēnjí shòuquán tǐzhì 명 등급별 권한 부여 체계 | **综合** zōnghé 동 종합하다 | **贡献度** gòngxiàndù 명 기여도 | **经营** jīngyíng 동 경영하다 | **状况** zhuàngkuàng 명 상황, 상태 | **资金成本** zījīn chéngběn 명 자금 코스트 | **风险** fēngxiǎn 명 위험, 리스크 | **要素** yàosù 명 요소 | **给予** jǐyǔ 동 주다 | **相适应** xiāng shìyìng 걸맞다 | **利率** lìlǜ 명 이율, 금리 | **待遇** dàiyù 동 대우하다 | **培育** péiyù 동 기르다 | **核心** héxīn 명 핵심 | **群体** qúntǐ 명 단체, 집단 | **优质** yōuzhì 형 우수한 | **巩固** gǒnggù 형 공고히 하다 | **结构** jiégòu 명 구조 | **优化** yōuhuà 동 최적화하다 | **忠诚** zhōngchéng 형 충성하다 | **评判** píngpàn 동 판정하다 | **停留** tíngliú 동 머물다 | **静止** jìngzhǐ 동 정지하다 | **片面** piànmiàn 형 단편적인 | **动态** dòngtài 동 동적인 | **客观** kèguān 형 객관적이다 | **准确** zhǔnquè 형 정확하다 | **高效** gāoxiào 형 고효율의 | **分析** fēnxī 동 분석하다 | **对待** duìdài 동 대하다 | **流失** liúshī 동 유실되다 | **尴尬** gāngà 형 난감하다 | **有利于** yǒulìyú ~에 유리하다 | **转变** zhuǎnbiàn 동 바꾸다 | **拓展** tuòzhǎn 동 확장하다

---

76 ★★★

D 依据客户评价体系	D 고객 평가 시스템에 근거하여

해설 빈칸 뒤에 나오는 고객의 종합 기여도, 경영 상황, 자금 코스트와 리스크 등급 등을 파악하기 위해서는 고객 평가 시스템을 통해야 하므로 이에 대한 내용이 와야 한다.

---

77 ★★☆

A 提高优质客户的忠诚度和满意度	A 우수한 고객의 충성도와 만족도를 높인다

해설 빈칸 앞에서 우수 고객 집단을 발전시키며 기존 고객 집단을 공고히 하는 등 고객 구조를 최적화 시키는 긍정적인 작용을 언급했으므로 빈칸에는 이에 대한 결과와 관련된 내용이 와야 한다.

---

78 ★★☆

C 例如在银行卡业务方面	C 예를 들어 은행 카드 업무 방면에서는

해설 빈칸 앞에서 현재 국내 은행 시스템에 대한 안 좋은 점에 관하여 언급하고, 빈칸 뒤에서 좀 더 구체화 해서 언급했다. 따라서 빈칸에는 빈칸 앞보다는 구체적이고, 빈칸 뒤는 아우를 수 있는 내용이 와야 한다.

---

79 ★★☆

E 可直接用于客户关系管理和市场营销	E 고객 관계 관리와 시장 마케팅에 직접 사용할 수 있다

해설 빈칸 문장의 주어인 '数据库的建立(데이터베이스의 구축)'의 활용에 대해 말하고 있으므로 고객 관계 관리와 시장 마케팅에 직접 사용할 수 있다는 내용이 와야 한다.

80 ★★★	
B 真正做到以客户为中心	B 고객 중심을 진정으로 실현하고

해설 빈칸 앞뒤에서 데이터베이스의 구축이 미치는 긍정적인 효과를 나열하고 있으므로 빈칸에도 이와 관련된 내용이 와야 한다. 그러나 보기 A도 데이터베이스 구축의 좋은 점이라 헷갈릴 수 있으므로, 다른 빈칸을 먼저 채우면서 보기를 지우고 남은 보기를 넣은 후 앞뒤 내용을 근거로 답을 다시 한번 확인하도록 한다.

 독해 阅读 **제4부분**

81 – 84

汉语是中国汉族使用的语言。汉语历史悠久，在3000多年前就有了相当成熟的文字。

[81]汉语是使用人数最多的语言之一，除中国大陆、台湾和香港、澳门外，[82]新加坡、马来西亚等国也有相当一部分人使用汉语，分布在世界各地的几千万华侨、华裔，也把汉语的各种方言作为自己的母语。

汉语是中国人使用的主要语言，也是联合国的工作语言之一。汉语的标准语言是"普通话"（在台湾被称作"国语"），在新加坡、马来西亚等国被称作"华语"。普通话是现代汉族的共同语，它以北京语音为标准音，以北方话为基础方言，以典范的现代白话文作为语法规范。普通话为中国不同地区、不同民族人们之间的交际提供了方便。

中国地域广阔，人口众多，即使都使用汉语，各地区说的话也不一样，这就是方言。方言俗称地方话，是汉语在不同地域的分支，只通行于一定的地域。汉语目前有七大类方言：北方方言、吴方言、湘方言、赣方言、客家方言、闽方言、粤方言。其中，[83]北方方言是通行地域最广，使用人口最多的方言。客家话、闽语、粤语还在海外的华侨中使用。

汉语方言十分复杂。各方言之间的差异表现在语音、词汇、语法三个方面，其中语音方面的差异最明显。在中国东南沿海地区就有"十里不同音"的说法。如果各地人之间都用方言说话，就会造成交际上的困难。

中国人很早就认识到，社会交际应该使用一种共同语。与"十里不同音"的方言相比，各地人都能听得懂普通话。[84]因为讲普通话有利于各民族、各地区人民之间的文化交流和信息传递，所以中国政府十分重视推广普通话的工作，鼓励大家都学普通话。

한어는 중국 한족이 사용하는 언어이다. 한어는 역사가 유구하고, 3,000여 년 전에 이미 상당히 성숙한 문자가 있었다.

[81]한어는 사용하는 사람의 수가 가장 많은 언어 중 하나이다. 중국 대륙, 대만, 홍콩, 마카오 외에도 [82]싱가포르, 말레이시아 등의 국가에서도 상당수의 사람이 한어를 사용하며, 세계 각지의 분포하는 수천 만의 화교, 화교 2세들도 한어의 각종 방언을 모국어로 한다.

한어는 중국인이 사용하는 주요 언어이며 국제 연합의 공용어 중 하나이기도 하다. 한어의 기준 언어는 '보통화'(대만에서는 '국어'라고 불림)이며, 싱가포르, 말레이시아 등 국가에서는 '화어'라고 불린다. 보통화는 현대 한족의 공통 언어로, 북경 억양을 표준음으로 하고, 북방 방언을 기초 방언으로 하며, 표준 현대 백화문을 어법 규범으로 한다. 보통화는 중국의 다양한 지역, 다양한 민족 간의 교류에 편리함을 가져다준다.

중국은 국토가 광활하고 인구가 많아서, 모두 한어를 사용하더라도 지역마다 사용하는 말이 다르다. 이것이 바로 방언이다. 방언은 지방 언어라고 하며 한어가 지역별로 갈라져 나온 것이어서 일정 지역에서만 통용된다. 한어는 현재 북방 방언, 오 방언, 상 방언, 감 방언, 객가 방언, 민 방언, 월 방언의 7대 방언으로 나눌 수 있다. 그중 [83]북방 방언은 통용되는 지역이 가장 넓고 사용하는 인구가 가장 많은 방언이다. 객가어, 민어, 월어는 아직도 해외의 화교들이 사용하고 있다.

한어 방언은 매우 복잡하다. 각 방언 간의 차이는 억양, 어휘, 어법 세 가지 방면에서 나타나는데, 그중 억양의 차이가 가장 뚜렷하다. 중국의 동남 연해 지역은 '십 리마다 말이 다르다'라는 말이 있다. 만약 각 지역 사람들이 모두 방언으로 말한다면 교류하는 데 어려움이 있을 것이다.

중국인은 일찍부터 사회 교제를 할 때는 공통 언어를 사용해야 한다는 것을 깨달았다. '십 리마다 말이 다르다'라는 방언에 비하여 각 지역 사람들은 모두 보통화를 알아듣는다. [84]보통화는 각 민족, 각 지역 인민 간의 문화 교류와 정보의 전달에 유리하므로 중국 정부는 보통화를 널리 보급하는 사업을 매우 중시하며, 모든 사람이 보통화를 배우도록 격려하고 있다.

단어 汉族 Hànzú 명 한족 | 悠久 yōujiǔ 형 유구하다 | 澳门 àomén 명 마카오 | 分布 fēnbù 동 분포하다 | 华侨 huáqiáo 명 화교 | 华

裔 huáyì 몡 화교 2세, 재외 중국인 | 联合国 Liánhéguó 몡 국제 연합, 유엔 | 标准 biāozhǔn 몡 기준 | 语音 yǔyīn 몡 억양 | 方言 fāngyán 몡 방언, 사투리 | 典范 diǎnfàn 몡 모범 | 白话文 báihuàwén 몡 백화문 | 规范 guīfàn 몡 규범 | 地域 dìyù 몡 지역 | 广阔 guǎngkuò 톙 넓다 | 众多 zhòngduō 톙 아주 많다 | 俗称 súchēng 됭 속칭하다 | 分支 fēnzhī 갈라져 나온 것, 분파 | 通行 tōngxíng 됭 통용되다 | 差异 chāyì 몡 차이 | 表现 biǎoxiàn 됭 표현하다 | 词汇 cíhuì 몡 어휘 | 沿海地区 yánhǎi dìqū 몡 연해 지역 | 社会交际 shèhuì jiāojì 몡 사회 교제 | 民族 mínzú 몡 민족 | 传递 chuándì 됭 전달하다 | 推广 tuīguǎng 됭 널리 보급하다

---

81 ★★☆

关于汉语，正确的是：

A 汉语是中国各族人民使用的语言
B 汉语的文字并不成熟
C 汉语的历史不太长
D 使用人数最多的语言之一

한어에 관하여 옳은 것은:

A 한어는 중국 각 민족 인민이 사용하는 언어이다
B 한어의 문자는 성숙하지 않다
C 한어의 역사는 그다지 길지 않다
D 사용하는 사람의 수가 가장 많은 언어 중 하나이다

해설 두 번째 단락에서 한어는 사용하는 사람의 수가 가장 많은 언어 중 하나라고 했으므로 정답은 D이다.

---

82 ★☆☆

下列哪些国家也使用汉语？

A 毛里求斯　　　　B 东南亚国家
C 澳大利亚、新西兰　　D 新加坡、马来西亚

다음 중 어느 나라에서도 한어를 사용하는가?

A 모리셔스　　　　B 동남아 국가
C 호주, 뉴질랜드　　D 싱가포르, 말레이시아

해설 두 번째 단락에서 싱가포르, 말레이시아 등의 국가에서도 한어를 사용한다고 했으므로 정답은 D이다.

---

83 ★★☆

关于七大方言，正确的是：

A 海外华侨还使用吴方言
B 北方方言使用人口最多
C 滇方言也是七大方言之一
D 闽方言通行区域最广

7대 방언에 관하여 옳은 것은:

A 해외의 화교들은 오 방언도 사용한다
B 북방 방언은 사용하는 인구가 가장 많다
C 전 방언도 7대 방언 중 하나이다
D 민 방언이 통용되는 지역이 가장 넓다

해설 네 번째 단락에서 7대 방언 중 북방 방언이 통용되는 지역이 가장 넓고 사용하는 인구가 가장 많다고 했으므로 정답은 B이다.

---

84 ★☆☆

为什么推广普通话？

A 普通话最容易学会
B 方言之间的差异太小
C 有利于文化交流和信息沟通
D 东南沿海的经济发达

왜 보통화를 보급하는가?

A 보통화가 가장 배우기 쉽다
B 방언 간의 차이는 아주 적다
C 문화 교류와 정보 소통에 유리하다
D 동남 연해의 경제가 발달했다

해설 마지막 단락에서 보통화는 각 민족, 지역 인민 간의 문화 교류와 정보의 전달에 유리하다고 했으므로 정답은 C이다.

Tip 이유를 묻는 문제가 나오면 지문에서 인과관계를 나타내는 '因为', '由于', '因此', '所以' 등의 접속사를 찾으면 정답을 빠르게 고를 수 있다.

英国有超过350万的人打鼾，10个男人中有4个打鼾、10个女人中有3个打鼾。因此，成百万的配偶和邻居晚上睡觉时饱受鼾声的困扰。

[85]当你呼吸时，鼻子和喉咙，尤其是软腭部位产生振动，从而形成了鼾声。晚上睡觉时，促使器官张开的肌肉变得松弛，气管由此变窄并增加了振动的频率，使人更有可能打鼾。

还有一些因素会使打鼾变得更厉害：

[86]喝酒或者服用安眠药，使肌肉更加松弛。

[86]体重超重，加重了气管的压力。

[86]感冒、过敏、鼻腔息肉可以造成鼻腔堵塞，使你不得不靠嘴呼吸。

[86]吸烟。吸烟者打鼾的概率是非吸烟者的两倍，因为他们的气管总是有炎症并发生堵塞。

[86]仰睡。

打鼾会引起许多问题。首先，你会惹来配偶的"拳打脚踢"，甚至离婚的威胁，邻居们的抱怨也时有发生。此外，你还可能饱受阻塞性睡眠呼吸暂停的困扰。在这种情况下，松弛的喉头肌会在一个晚上上百次地短暂挡住气管，阻碍你的呼吸，造成你肌体缺氧。短期内它会使你白天感到乏力、易怒和焦躁不安，在驾车时容易出车祸。[87]长远来看，它会引起你的血压升高，促使你爆发心脏病和中风。

治疗打鼾可以在睡觉时带上牙用夹并使用持续正压呼吸辅助器，使气管始终保持畅通。此外，你要尽量避免深夜喝酒，保持理想的体重，将床头抬高，并[88]采取侧睡姿势。为了防止仰睡，你可以在睡衣顶部后面缝一个球，或者在你的后背放一个枕头。你也可以利用加湿器或吸入蒸汽保湿器保持鼻腔通畅。最后一个办法就是动手术取出鼻腔的息肉，矫正弯曲的鼻孔，并切除松软的颚组织。

영국에서는 350만이 넘는 사람이 코를 곤다. 남자 10명 중 4명이 코를 골고, 여자 10명 중 3명이 코를 곤다. 이로 인하여 수많은 배우자와 이웃이 저녁에 잠을 잘 때 코 고는 소리로 고통받는다.

[85]당신이 호흡할 때 코와 목구멍 특히 연구개 부위가 진동하여 코 고는 소리를 만든다. 저녁에 잘 때는 기관을 열게 하는 근육이 이완되는데, 이 때문에 기관지가 좁아지고 진동의 빈도수가 증가하여 사람이 코를 더욱 골게 된다.

또한, 일부 요인들이 코골이를 더욱 악화한다.

[86]음주 또는 수면제 복용은 근육을 더 이완시킨다.

[86]과체중은 기관지에 부담을 가중한다.

[86]감기, 알레르기, 비강 폴립은 비강을 막아 어쩔 수 없이 입으로만 호흡하게 한다.

[86]흡연이다. 흡연자들이 코를 고는 확률은 비흡연자의 두 배이다. 왜냐하면 그들의 기관지는 항상 염증이 있고 막혀있기 때문이다.

[86]똑바로 누워 고개를 젖히고 자는 것이다.

코를 고는 것은 많은 문제를 유발한다. 우선, 배우자에게 '구타'를 당하거나 심지어 이혼의 위협까지도 생기며, 때때로 이웃에게 원망을 듣기도 한다. 그 밖에도 폐쇄성 수면 무호흡증으로 괴로움을 당할 수 있다. 이런 상황에서 이완된 후두 근육이 하룻밤 동안에 100번 넘게 잠깐 기관지를 막으며 당신의 호흡을 방해하여 몸의 산소 부족을 유발할 수 있다. 짧은 기간 안에 당신은 낮에 무기력함을 느끼고, 쉽게 화를 내거나 초조하고 불안하게 되고, 운전할 때 쉽게 사고가 날 수 있다. [87]장기적으로 볼 때 혈압 상승을 유발하여 심장병과 중풍의 발생을 촉진시킨다.

코를 고는 것을 치료하기 위해서는 잠잘 때 치아 부목을 착용하고 지속 양압 호흡 보조기를 사용하여 기관지에 항상 공기가 잘 통하도록 유지해야 한다. 그 밖에도 한밤중에 음주를 최대한 피하여 이상적인 체중을 유지해야 한다. 침대 머리 부분을 높이고 [88]옆으로 누워서 자야 한다. 바로 누워서 자는 것을 방지하기 위해서는 잠옷 뒷부분에 공을 하나 달거나 등 뒤에 베개를 놓을 수도 있다. 당신은 가습기나 증기 흡입 보습기를 이용해 비강에 공기가 통할 수 있게 할 수 있다. 마지막 방법은 바로 수술을 통해 비강의 폴립을 꺼내어 휘어진 콧구멍을 교정하거나 연한 턱 조직을 잘라 내는 것이다.

단어 超过 chāoguò 图 초과하다 | 打鼾 dǎhān 图 코를 골다 | 配偶 pèi'ǒu 명 배우자 | 饱受 bǎoshòu 실컷 겪다 | 呼吸 hūxī 图 호흡하다 | 鼻子 bízi 명 코 | 喉咙 hóulóng 명 인후, 목구멍 | 软腭 ruǎn'è 명 연구개 | 振动 zhèndòng 图 진동하다 | 鼾声 hānshēng 명 코 고는 소리 | 促使 cùshǐ 图 ～하도록 재촉하다 | 器官 qìguān 명 기관 | 张开 zhāngkāi 벌리다, 펼치다 | 肌肉 jīròu 명 근육 | 松弛 sōngchí 형 느슨하다 | 窄 zhǎi 형 좁다 | 频率 pínlǜ 명 빈도수 | 安眠药 ānmiányào 명 수면제 | 超重 chāozhòng 图 중량을 초과하다 | 加重 jiāzhòng 图 가중하다 | 过敏 guòmǐn 图 알레르기 반응을 보이다 | 鼻腔 bíqiāng 명 비강 | 息肉 xīròu 명 폴립, 용종 | 堵塞 dǔsè 图 막히다 | 概率 gàilǜ 명 확률 | 炎症 yánzhèng 명 염증 | 仰睡 yǎngshuì 图 고개를 젖히고 자다 | 惹 rě 图 야기하다 | 拳打脚踢 quándǎ jiǎotī 성 마구 두들겨 패다 | 离婚 líhūn 图 이혼하다 | 威胁 wēixié 图 위협하다 | 抱怨 bàoyuàn 图 원망하다 | 阻塞性 zǔsāixìng 명 폐쇄성 | 暂停 zàntíng 图 일시 정지하다 | 困扰 kùnrǎo 图 괴롭히다 | 喉头肌 hóutóujī 명 후두 근육 | 挡住 dǎngzhù 막다 | 阻碍 zǔ'ài 图 가로막다 | 肌体 jītǐ 명 신체, 몸 | 缺氧 quēyǎng 명 산소 부족 | 乏力 fálì 图 기력이 없다 | 焦躁不安 jiāozào bù'ān 형 초조하고 불안하다 | 驾车 jiàchē 图 차를 몰다 | 车祸 chēhuò 명 교통사고 | 爆发 bàofā 图 폭발하다 | 中风 zhòngfēng 명 중풍 | 牙用夹 yáyòngjiā 명 치아부목 | 畅通 chàngtōng 형 원활하다 | 避免 bìmiǎn 图 피하다 | 床头 chuángtóu 명 침대 머리 | 采取 cǎiqǔ 图 (수단, 방법을) 취하다 | 侧睡姿势 cèshuì zīshì 옆으로 누워 자는 자세 | 防止 fángzhǐ 图 방지하다 | 睡衣 shuìyī 명 잠옷 | 顶部 dǐngbù 명 맨 꼭대기 | 缝 féng 图 꿰매다 | 后背 hòubèi 명 등 | 枕头 zhěntou 명 베개 | 加湿器 jiāshīqì 명 가습기 | 吸入

xīrù 동 흡입하다 | 蒸汽 zhēngqì 명 증기 | 保湿器 bǎoshīqì 명 가습기 | 通畅 tōngchàng 동 막힘이 없다 | 矫正 jiǎozhèng 동 교정하다, 바로잡다 | 弯曲 wānqū 동 휘다 | 鼻孔 bíkǒng 명 콧구멍 | 切除 qiēchú 잘라 내다 | 颚 è 명 턱

---

85 ★★☆

鼾声是如何形成的?	코 고는 소리는 어떻게 만들어지는가?
A 睡眠不足	A 수면이 부족하다
B 气管变宽	B 기관지가 넓어졌다
C 睡觉时多梦或梦游	C 잠잘 때 꿈을 많이 꾸거나 몽유병이 있다
D 呼吸时软腭部位产生振动	D 호흡할 때 연구개에 진동이 발생한다

해설 두 번째 단락에서 호흡할 때 코와 목구멍 특히 연구개 부위가 진동하여 코 고는 소리를 만든다고 했으므로 정답은 D이다.

---

86 ★★☆

下列哪项不会导致打鼾变得厉害?	다음 중 코를 고는 것을 악화시키는 요인이 아닌 것은?
A 喝酒或者服用安眠药　　B 体重超重	A 음주 또는 수면제 복용　　B 과체중
C 感冒　　　　　　　　　D 侧睡	C 감기　　　　　　　　　D 옆으로 자는 것

해설 네 번째 단락부터 코를 고는 것을 악화시키는 요인이 나온다. 음주 또는 수면제 복용, 과체중, 감기, 똑바로 누워 고개를 젖히고 자는 것 등이라고 했으므로 언급하지 않은 D가 정답이다.
　　　D. 옆으로 누워서 자는 것은 코골이의 해결책이다.

---

87 ★★☆

打鼾会引起下列哪项问题?	코를 고는 것은 다음 중 어떤 문제를 일으키는가?
A 可能引起血压降低	A 혈압을 낮출 수 있다
B 引起配偶的过度关爱	B 배우자의 과도한 관심을 일으킨다
C 夜晚睡觉时感到乏力	C 밤에 수면 시 무기력함을 느낀다
D 可能爆发心脏病和中风	D 심장병과 중풍을 유발할 수 있다

해설 여덟 번째 단락에서 코를 고는 것은 혈압 상승을 유발하여 심장병과 중풍의 발생을 촉진시킨다고 했으므로 정답은 D이다. 코 고는 것은 혈압을 높이고, 배우자와의 불화를 일으킬 수 있고, 낮에 무기력을 느낄 수 있다고 했으므로 A, B, C는 정답이 아니다.

---

88 ★☆☆

如何治疗打鼾?	코를 고는 것은 어떻게 치료하는가?
A 采取侧睡姿势	A 옆으로 누워 자는 자세를 취한다
B 增重	B 체중을 늘린다
C 增厚松软的颚组织	C 연한 턱 조직을 두껍게 한다
D 仰睡	D 똑바로 누워 고개를 젖히고 잔다

해설 마지막 단락에서 코를 고는 것의 치료 방법을 언급했다. 옆으로 누워서 자야 한다고 했으므로 정답은 A이다.

89 - 92

독해 | 阅读

　　到月亮上去居住，是人类的一个古老的愿望，现在正隐约向我们走来。"阿波罗"载人登月已过去了几十多年，现在关于重返月球的呼声越来越高。原因是随着对月球了解的增多，人们对月球的希望也越来越多。

　　过去，科学家对月球感兴趣，他们认为月球是进行高能物理研究和天文探测的理想场所；现在他们的兴趣要广泛得多，[89]有的科学家甚至认为月球上可以揭开地球生命起源之谜。美国科学家认为，地球、火星、金星等行星，在亿万年前遭遇碰撞时，曾有一些岩石碎片落到月球上，岩石上所带有的生命遗迹可能在那里保存了下来，因为月球上没有火山活动和大气侵蚀。[89]这使月球成为寻找地球、火星上早期生命的最佳场所。除了月球以外，太阳系的早期生命史不可能保存在其他地方。同时，其他一些人也对月球产生了兴趣，[90]原因是在月球上发现了有水存在的痕迹。1994年1月，美法联合研制的"克莱门汀"探测器首先在月球南极获得这种信息。为此，美国于1998年1月发射了"月球勘探者"探测器，绕月球南北极飞行，进一步证实了月球南极和北极永久背阳的陨石坑中有冰冻水存在的迹象。

　　有了水就解决了建立密闭生态循环系统的关键问题，因为月球上有丰富的氧化物可提取氧，在月球上阳光是不成问题的，有水、有氧、有阳光，就可种植植物、饲养动物，解决食物供应问题。[91]月球上有丰富的金属元素，用它们冶炼的结构材料和月球土石建造住室可屏蔽来自太阳的辐射。人若能适应月球表面约1/6的地球重力环境，则人生存的基本问题就全部解决了。剩下的能源问题更好解决，因为在月球上可高效利用太阳能。

　　目前，美国、日本、欧洲航天局等对重返月球和建立月球基地有极高的热情。据信，一些科学家已选定了一个月球基地的地址，它在月球南极沙克尔顿环形山的边缘，那里有较长时间的阳光照射，特别是靠近可能有冰冻水存在的一个陨石坑。商业利益是人们希望开发月球的巨大动力，希尔顿国际公司已提出申请，[92]希望在月球上建造希尔顿饭店，用来接待到月球旅游的游客，其他开发月球的各种商业活动也在进行着。越来越多的人梦想能够到月球上去生活。

　　달에서 사는 것은 인류의 오래된 소망이며, 현재 희미하게 우리에게 다가오고 있다. '아폴로'가 사람을 싣고 달에 간지 이미 수십 년이 되었고 지금 달에 다시 돌아가자는 목소리가 점점 높아지고 있다. 그 이유는 달에 대한 이해가 증가함에 따라 달에 대한 희망 또한 점점 커지고 있기 때문이다.

　　과거에 과학자들은 달에 관심을 가졌고, 달이 고에너지 물리연구와 천문 관측을 할 수 있는 이상적인 장소라고 생각했다. 지금은 그들의 관심이 훨씬 광범위해졌고, [89]어떤 과학자들은 심지어 달에서 지구 생명의 기원에 관한 수수께끼를 풀 수 있다고 생각한다. 미국 과학자들은 지구, 화성, 금성 등의 행성이 억만년 전에 충돌할 때 암석 파편이 달에 떨어져 암석에 남겨져 있는 생명의 유적이 그곳에 보존되어 왔다고 생각한다. 왜냐하면 달은 화산 활동과 대기 침식이 없기 때문이다. [89]이는 달이 지구, 화성의 초기 생명을 찾을 수 있는 가장 좋은 장소가 되었다. 달을 제외하고 태양계의 초기 생명은 다른 곳에서는 보존될 수 없다. 동시에 다른 사람들도 달에 흥미가 생겼다. [90]왜냐하면 달에서 물이 존재했던 흔적을 발견했기 때문이다. 1994년 1월에 미국, 프랑스 연합이 연구 제작한 '클레멘타인' 탐측기는 처음 달의 남극에서 이러한 정보를 얻었다. 이 때문에 미국은 1998년 1월에 달 탐사선 '루나 프로스펙터'를 발사했다. 달의 남극과 북극을 돌며 비행했고, 더 나아가 달의 남극과 북극에 영구적으로 태양을 등지고 있는 운석공에 물이 얼었던 흔적이 있다는 것을 증명했다.

　　물이 있으면 밀폐 생태 순환 시스템을 세우는 것의 핵심 문제를 해결한 셈이다. 왜냐하면 달에는 산소를 추출할 수 있는 풍부한 산화물이 있어서 달에서 태양 빛은 문제가 되지 않는다. 물, 산소, 햇빛이 있으면 식물을 심고, 동물을 기를 수 있으므로 식량 공급문제를 해결할 수 있다. [91]달에는 풍부한 금속 원소가 있어, 이것을 사용해 제련한 구조 재료와 달 토석에 건물을 지으면 태양 복사를 차단할 수 있다. 사람이 만약 지구 중력의 약 6분의 1에 불과한 달의 표면에 적응할 수 있다면 사람의 생존에 관한 기본 문제는 모두 해결하게 된다. 남아있는 에너지 문제는 더 잘 해결할 수 있다. 왜냐하면 달에서는 태양 에너지를 효율적으로 이용할 수 있기 때문이다.

　　현재 미국, 일본, 유럽 우주국 등에서는 달에 가서 달 기지를 세우는 것에 지대한 열정을 가지고 있다고 한다. 일부 과학자들은 달 기지를 세울 지점을 선정했다. 달 남극 섀클턴 크레이터 가장자리에는 비교적 오랜 시간 동안 태양 광선이 비추고, 특히 얼은 물이 존재했던 운석공에 인접해 있다. 상업적 이익은 사람이 달을 개발하고자 하는 거대한 동력이다. 힐튼 인터내셔널은 이미 신청을 했으며, [92]달에 힐튼 호텔을 세워 달을 여행하는 여행객을 접대하기를 원하며, 기타 상업 활동 개발 역시 진행하고 있다. 점점 더 많은 사람이 달에서 생활하기를 꿈꾸고 있다.

단어 月亮 yuèliang 몡 달 | 居住 jūzhù 동 거주하다 | 隐约 yǐnyuē 혱 희미하다 | 阿波罗 Ābōluó 몡 아폴로 | 载人 zàirén 사람을 태우다 | 重返 chóngfǎn 동 되돌아오다 | 呼声 hūshēng 대중의 목소리 | 高能物理研究 gāonéng wùlǐ yánjiū 몡 고에너지 물리학 연구 | 探测 tàncè 동 탐측하다 | 揭开 jiēkāi 벗기다, 드러내다 | 起源 qǐyuán 몡 기원 | 谜 mí 몡 수수께끼, 미스터리 | 遭遇 zāoyù 동 만나다, 당하다 | 碰撞 pèngzhuàng 충돌하다, 부딪치다 | 岩石 yánshí 몡 암석 | 碎片 suìpiàn 몡 파편 | 遗迹 yíjì 몡 자취, 유적 | 侵蚀 qīnshí 동 침식하다 | 痕迹 hénjì 몡 흔적 | 研制 yánzhì 동 연구 제작하다 | 克莱门汀 kèláiméntīng 클레멘타인 | 绕 rào 동 휘감다, 맴돌다 | 进一步 jìn yíbù 뮈 더 나아가 | 证实 zhèngshí 동 실증하다 | 永久 yǒngjiǔ 혱 영원한 | 陨石坑 yǔnshíkēng 몡 운석공 | 冰冻 bīngdòng 동 얼다 | 密闭 mìbì 동 밀폐하다 | 循环 xúnhuán 동 순환하다 | 关键 guānjiàn 혱 매우 중요한 | 氧化物 yǎnghuàwù 몡 산화물 | 提取 tíqǔ 동 추출하다, 뽑아내다 | 氧 yǎng 몡 산소 | 饲养 sìyǎng 동 먹이다, 기르다 | 供应 gōngyìng 동 공급하다 | 金属元素 jīnshǔ yuánsù 몡 금속 원소 | 冶炼 yěliàn 동 제련하다 | 结构 jiégòu 몡 구조 | 建造 jiànzào 동 건축하다, 세우다 | 屏蔽 píngbì 동 가리다, 차단하다 | 辐射 fúshè 동 복사하다, 방사하다 | 若 ruò 젭 만약에 | 高效 gāoxiào 혱 고효율의 | 航天局 hángtiānjú 몡 우주국 | 基地 jīdì 몡 기지 | 地址 dìzhǐ 몡 주소 | 沙克尔顿 shākè'ěrdùn 섀클턴 | 环形山 huánxíngshān 몡 크레이터, 분화구 | 边缘 biānyuán 몡 가장자리 | 照射 zhàoshè 동 비추다 | 申请 shēnqǐng 동 신청하다 | 接待 jiēdài 동 접대하다

---

89 ★★★

科学家对月球感兴趣的原因是:	과학자가 달에 관심을 가지는 원인은:
A 适合进行高能物理研究	A 고에너지 물리 연구에 적합하다
B 可以寻找到其他星球的岩石碎片	B 다른 행성의 운석 파편을 찾을 수 있다
C 可以找到早期生命的遗迹	C 초기 생명의 자취 찾을 수 있다
D 是进行天文探测的理想场所	D 천문 탐측을 위한 이상적인 장소이다

해설 두 번째 단락에서 과학자들은 달에서 지구 생명 기원에 관한 수수께끼를 풀 수 있다고 생각한다고 했다. 이에 대한 이유로 달은 지구, 화성의 초기 생명을 찾을 수 있는 가장 좋은 장소라고 했으므로 정답은 C이다.

A, D. 달에 관심을 갖는 원인이 아니라 달에 관심을 가진 후에 판단한 것이다.

---

90 ★★☆

1994年1月，美法联合研制的探测器:	1994년 1월, 미국, 프랑스 연합이 연구 제작한 탐측기는:
A 在月球南北极找到了冰冻水	A 달의 남북극에서 얼음물을 찾았다
B 在月球上发现了冰冻水的迹象	B 달에서 물이 얼었던 흔적을 발견했다
C 在月球表面找到了大量的水	C 달 표면에서 대량의 물을 찾았다
D 在月球上发现了有水存在的痕迹	D 달에서 물이 존재했던 흔적을 발견했다

해설 두 번째 단락에서 미국, 프랑스 연합이 달에서 물이 존재했던 흔적을 발견했다고 했는데, 미국, 프랑스 연합이 연구 제작한 탐측기가 얻은 정보라고 했으므로 정답은 D이다.

B. 미국, 프랑스 연합의 탐측기가 1994년 물이 존재한 흔적을 먼저 발견한 후, 1998년 미국이 달 탐사선을 발사하여 물이 얼었던 흔적을 발견했다.

---

91 ★★☆

下列哪项不属于人们在月球上可以住的房子?	다음 중 사람이 달에서 살 수 있는 집이 아닌 것은?
A 月球土石建造的房屋里	A 달의 토석에 세운 집
B 可挡住阳光辐射的房子里	B 태양 복사를 가리는 집
C 金属材料制造的房子里	C 금속 재료로 만든 집
D 来自地球的航空飞船上	D 지구에서 발사한 우주선

해설 세 번째 단락에서 달에는 풍부한 금속 원소가 있어, 이것을 사용해 제련한 구조 재료와 달 토석에 건물을 지으면 태양 복사를 차단할 수 있다고 했다. 금속으로 만든 집, 토석에 세운 집, 태양 복사를 가리는 집에서 살 수 있음을 알 수 있으므로 정답은 D이다.

92 ★☆☆	
希尔顿国际公司对开发月球有什么计划？ A 建立月球基地 B 建造旅游饭店 C 开发月球冰冻水 D 建造太空船	힐튼 인터내셔널은 달 개발에 어떤 계획이 있는가? A 달 기지를 세운다 B 관광 호텔을 세운다 C 달의 얼음물을 개발한다 D 우주선을 만든다

해설 마지막 단락에서 힐튼 인터내셔널은 달에 힐튼 호텔을 세워 여행객을 접대하기를 원한다고 했으므로 정답은 B이다.

93 – 96

很多人把糖与蛀牙、肥胖联系在一起，可那并非全部真相。我们为什么爱吃糖？最重要的一点：[93]人类对于糖的好感，源自本能。

这场追逐甜味的旅程，早在我们还在母亲肚子里时就开始了。科学家们发现，味觉形成后，尽管没有机会直接接触外界的味道，胎儿却已经表现出对甜味的偏好，如果维持生命的羊水糖分高，他就会加倍吸入。而当我们降临到这个世界上，得到的第一份礼物——母亲的乳汁，也是甘甜的。出生仅几个小时的婴儿能明确表示对甜味的喜好和对酸味的厌恶。

据研究，口腔中对甜味的感受体，直接连接着大脑中分泌"内啡肽"的区域，[94]内啡肽是一种由脑垂体分泌的类吗啡激素，能起到止痛和产生愉快感的效果。所以，心情不好或者紧张的时候，很多人都用吃糖来缓解。不仅如此，糖还可以马上转化成热量，让你精神起来。学校运动会的耐力项目开始前，我们总会为运动员准备巧克力等糖果。

甜味不仅是人之大欲，同样也是"鬼神"的大欲。甘蔗汁被用于祭祀，古人认为鬼神也喜欢甜味。在中国许多地方都有送灶神的传统年俗，[95]其中必不可少的一样供品就是灶糖，人们认为糖可以糊住灶神的嘴，免得他到玉帝面前说世人的坏话。

甜美的糖果在西方同样盛行。自中世纪以来，甜不仅代表了美味可口，更成为高雅德行的标志。《格列佛游记》的作者、18世纪英国著名小说家乔纳森·斯威夫特曾这样赞美过甘甜的神圣：追求甜和光明，是人类"最高贵的两件事"。

많은 사람이 당과 충치, 비만을 연관 짓곤 하지만 완전히 사실은 아니다. 우리는 왜 당을 좋아할까? 가장 중요한 것은 [93]인류가 당을 좋아하는 것은 본능에서 비롯된 것이라는 점이다.

단맛을 추구하는 여정은 일찍이 어머니 배 속에 있을 때부터 시작한다. 과학자들은 미각이 형성된 후 직접 외부 세계의 맛에 접촉할 기회는 없지만, 태아는 이미 단맛에 대한 호감을 표현한다는 것을 발견했다. 만약 생명을 유지할 수 있는 양수에 당분이 높다면 태아는 갑절로 흡입할 것이다. 우리가 이 세계에 내려와서 얻는 첫 번째 선물은 어머니의 젖이자, 단것이다. 태어난 지 몇 시간밖에 되지 않은 아이는 단맛은 좋아하고 신맛은 싫다고 분명하게 나타낸다.

연구에 따르면 구강에서 단맛을 느낄 수 있는 부분은 직접 대뇌에서 분비하는 '엔도르핀'의 영역과 연결되어 있고, [94]엔도르핀은 뇌하수체에서 분비하는 모르핀 종류의 호르몬으로, 통증을 억제하고 쾌감을 만들어 내는 효과가 있다. 그래서 기분이 좋지 않거나 긴장할 때 많은 사람이 단것을 먹고 기분을 푼다. 이뿐 아니라 당은 곧바로 열량으로 바뀌어 정신을 맑게 해 준다. 학교 운동회의 지구력 종목 시작 전에 우리는 항상 운동선수에게 초콜릿 등의 단 음식을 준비해 준다.

단맛은 사람의 욕망이기도 하고 '귀신'의 욕망이기도 하다. 사탕수수즙은 제사에 사용되는데, 옛날에 사람들은 귀신도 단맛을 좋아한다고 생각했다. 중국에 많은 지역에서 부뚜막 신에게 보내는 전통 풍습이 있다. [95]그 중에 없어서는 안 되는 제물이 바로 부뚜막 설탕이다. 사람들은 설탕이 부뚜막 신의 입을 붙여 옥황상제 앞에서 인간들에 대해 나쁜 말을 하지 못하게 한다고 생각한다.

달콤한 사탕은 서양에서도 성행했다. 중세 시대 이래로 단것은 좋은 맛을 대표했을 뿐 아니라 우아한 덕행의 상징이 되었다. 『걸리버 여행기』의 작가이자 18세기 영국의 저명한 소설가 조나단 스위프트(乔纳森·斯威夫特)는 단것에 신성함을 다음과 같이 찬미했다. 단것과 광명을 추구하는 것은 인류의 '가장 고귀한 두 가지 일'이다.

自然界为什么提供了无数天然的甜味食品，很多水果、蔬菜，甚至包括大米、面粉等都具有天然的甜味。甜的食物往往是无毒的，但苦的东西恰好相反。⁹⁶在漫长的进化过程中，人类渐渐对苦涩的味道产生本能的抗拒，因此，婴儿天生就会拒绝具有特殊味道的食物。相对地，爱上甜味也是人类的自然选择。

자연계는 왜 무수한 천연의 단 식품을 제공하는 것일까? 많은 과일, 채소, 심지어 쌀, 밀가루 등에도 천연의 단맛이 있다. 단 음식은 독성이 없지만 쓴 음식은 이와는 반대이다. ⁹⁶긴 진화의 과정에서 인류는 점점 쓴맛에 본능적으로 저항했으며, 이 때문에 갓난아기는 천성적으로 특이한 맛의 음식을 거절한다. 상대적으로 단맛을 좋아하는 것은 인간의 자연스러운 선택이다.

단어 糖 táng 몡 당 | 蛀牙 zhùyá 몡 충치 | 肥胖 féipàng 톙 비만하다 | 真相 zhēnxiàng 몡 진상 | 源自 yuánzì ~에서 기인하다 | 追逐 zhuīzhú 동 추구하다 | 旅程 lǚchéng 몡 여정 | 味觉 wèijué 몡 미각 | 尽管 jǐnguǎn 젭 비록 ~라도 | 接触 jiēchù 동 접촉하다 | 胎儿 tāi'ér 몡 태아 | 偏好 piānhào 동 선호하다, 특히 좋아하다 | 羊水 yángshuǐ 몡 양수 | 糖分 tángfèn 몡 당분 | 吸入 xīrù 동 흡입하다 | 降临 jiànglín 동 도래하다, 내려오다 | 乳汁 rǔzhī 몡 젖 | 甘甜 gāntián 톙 달다 | 厌恶 yànwù 톙 혐오하다 | 口腔 kǒuqiāng 몡 구강 | 连接 liánjiē 동 연결하다 | 分泌 fēnmì 동 분비하다 | 内啡肽 nèifēitài 몡 엔도르핀 | 脑垂体 nǎochuítǐ 몡 뇌하수체 | 吗啡 mǎfēi 몡 모르핀 | 激素 jīsù 몡 호르몬 | 止痛 zhǐtòng 통증을 멈추게 하다 | 缓解 huǎnjiě 동 완화하다 | 转化 zhuǎnhuà 동 바꾸다, 전환하다 | 耐力 nàilì 몡 지구력 | 糖果 tángguǒ 몡 사탕 | 欲 yù 몡 욕망 | 鬼神 guǐshén 몡 귀신 | 甘蔗 gānzhe 몡 사탕수수 | 祭祀 jìsì 동 제사하다 | 灶神 zàoshén 몡 조신, 부뚜막 신 | 年俗 niánsú 몡 연중 풍습 | 必不可少 bìbù kěshǎo 셩 필수적이다 | 供品 gòngpǐn 몡 제물 | 糊 hú 동 풀로 붙이다 | 免得 miǎnde 젭 ~하지 않도록 | 玉帝 Yùdì 몡 옥황상제 | 盛行 shèngxíng 동 성행하다 | 高雅 gāoyǎ 톙 우아하다 | 德行 déxíng 몡 덕행 | 标志 biāozhì 몡 상징 | 格列佛游记 Gélièfó yóujì 걸리버 여행기 | 赞美 zànměi 동 찬미하다 | 神圣 shénshèng 톙 신성하다 | 面粉 miànfěn 몡 밀가루 | 无毒 wúdú 톙 독이 없다 | 恰好 qiàhǎo 끰 때마침, 바로 | 漫长 màncháng 톙 멀고 길다 | 苦涩 kǔsè 톙 씁쓸하고 떫다 | 抗拒 kàngjù 동 저항하다 | 婴儿 yīng'ér 몡 갓난아기

---

93 ★☆☆

我们为什么爱吃糖？	우리는 왜 당을 좋아하는가?
A 带来幸福感	A 행복감을 가져온다
B 源自本能	B 본능에서 비롯된 것이다
C 甜的味道好闻	C 단맛이 향기롭다
D 美丽的需要	D 아름다움에 관한 요구이다

해설 첫 번째 단락에서 인류가 당을 좋아하는 것은 본능에서 비롯된 것이라고 했으므로 정답은 B이다.

---

94 ★★☆

根据上文，内啡肽有什么功能？	이 글에 근거하여 엔도르핀은 어떤 기능이 있는가:
A 消除苦的味道	A 쓴맛을 없앤다
B 振作松弛的精神	B 사기를 진작시킨다
C 止痛和产生愉快感	C 통증을 억제하고 쾌감을 만들어 낸다
D 缓解心理的紧张情绪	D 심리적 긴장감을 완화시킨다

단어 振作 zhènzuò 동 진작시키다, 활기를 찾다

해설 단맛의 기능이 아니라 엔도르핀의 기능을 묻는 문제라는 것에 주의해야 한다. 세 번째 단락에서 엔도르핀은 통증을 억제하고 쾌감을 만들어 내는 효과가 있다고 했으므로 정답은 C이다.

95 ★☆☆

为什么把灶糖作为供品之一？

A 糖可糊住灶神的嘴，免得他乱说话

B 可驱除恶魔

C 因为糖是厨房的必备品

D 因为以前糖很昂贵

왜 부뚜막 설탕을 제물 중 하나로 여기는가?

A 설탕이 부뚜막 신의 입을 붙여 함부로 말하지 못하게 한다

B 악귀를 몰아낼 수 있다

C 설탕은 주방의 필수품이기 때문이다

D 이전에 설탕은 매우 비쌌기 때문이다

단어 驱除 qūchú 내쫓다, 없애다

해설 네 번째 단락에서 부뚜막 설탕은 없어서는 안 되는 제물이라고 했고, 그 이유로 사람들은 설탕이 부뚜막 신의 입을 붙여 옥황상제 앞에서 인간들에 대해 나쁜 말을 하지 못하게 한다고 생각했으므로 정답은 A이다.

96 ★☆☆

根据上文，正确是的：

A 糖果在西方并不盛行

B 苦是高雅德行的标志

C 苦的东西也是无毒的

D 人类对苦味有本能的抗拒

이 글에 근거하여 옳은 것은:

A 사탕은 서양에서 성행하지 않는다

B 쓴맛은 우아한 덕행의 상징이다

C 쓴 음식도 독이 없다

D 인간은 쓴맛에 대해 본능적으로 거부한다

해설 여섯 번째 단락에서 인류는 점점 쓴맛에 본능적으로 저항했다고 했으므로 정답은 D이다.

97 – 100

大多数所谓的噩梦，只不过是在一些不舒服的梦中产生的极端反应和恐惧。[97]有时候我们会被噩梦惊醒，产生悲伤、生气或者内疚等强烈的情绪，但一般是恐惧和焦虑。

[98]做噩梦可能有几种原因，包括吸食毒品、使用药物、罹患疾病、遭受精神打击，有时也可能没有任何起因。[98]通常人们在白天感到紧张或者生活出现重大变化时会受到噩梦的困扰。

睡梦研究协会指出：[99]"摆脱噩梦困扰实际上取决于了解噩梦的起因。如果不是毒品、药物或疾病等因素，建议患者与医生进行交谈。鼓励儿童与他们的父母或其他成人一起讨论他们的噩梦是有益的，但他们通常不需要接受治疗。如果孩子反复受到噩梦的侵扰，或做了非常可怕的噩梦，可能就需要医生的帮助。医生会让孩子将噩梦画出，与梦中出现的恐怖角色交谈，或者对噩梦的情景变化进行一番想象，以帮助孩子树立安全感和减少恐惧感。"

与普通的梦一样，噩梦也给人们提供了机会去研究噩梦在生活中的象征和对生活的再现，从而提高人们的生活质量。在美国的一些学校中，老师给孩子们传授对付噩梦的办法，就是将梦中的魔鬼当作书中的坏蛋。[100]研究人员发现，性格软弱的人，或者

소위 말하는 악몽이라는 것은 편치 못한 꿈에서 생기는 극단적인 반응과 공포감에 불과하다. [97]어떤 경우에 우리는 악몽 때문에 놀라서 깨며, 슬픔, 분노 또는 부끄러움 등의 강렬한 감정이 생기기도 하지만 일반적으로는 공포와 초조함이 생긴다.

[98]악몽을 꾸는 것에는 몇 가지 원인이 있다. 마약 흡입, 약물 사용, 질병, 정신적인 충격을 당하는 것 등이 있으며, 어떤 경우에는 특별한 원인이 없다. [98]통상적으로 사람들은 낮에 긴장감을 느끼거나 생활에서 큰 변화를 겪을 때 악몽에 시달리게 된다.

꿈 연구 협회에서 밝혔다. [99]악몽에서 벗어나는 것은 사실상 악몽의 원인을 이해하는 데에 달려있다. 만약에 마약, 약물, 질병 등의 원인이 아니라면 환자들은 의사와 상담하는 것을 제안한다. 아이들에게는 부모 또는 다른 사람과 악몽에 관해 이야기를 나누는 것이 도움 된다고 격려하지만 아이들은 일반적으로 치료를 받을 필요는 없다. 만약에 아이들이 반복적으로 악몽에 시달리거나 아주 무서운 꿈을 꾼다면 의사의 도움이 필요할지도 모른다. 의사는 아이들에게 꿈을 그리게 하고 꿈속에서의 공포의 대상과 대화를 나누게 하거나, 또는 악몽의 상황이 변화한다고 상상하게 하여 아이들이 안정감을 갖고 공포감을 줄이는 것에 도움을 준다."

일반적인 꿈과 마찬가지로 악몽 역시 사람들에게 생활 속에서 악몽의 상징과 생활에 대한 재현을 연구할 기회를 제공하여 사람의 생활 질을 높인다. 미국의 일부 학교에서 선생님은 아이들에게 악몽에 대응하는 방법을 가르친다. 바로 꿈속에서의 악마를 책 속의 악당으

敏感、易受他人影响的人比性格坚强的人更容易做噩梦。他们正在教导人们如何对梦加以控制，使梦按照他们的愿望发展而不要成为梦的受害者。

로 삼는 등의 방법이다. [100]연구원은 성격이 나약하거나 민감하고 타인의 영향을 쉽게 받는 사람들은 성격이 강인한 사람들보다 더 쉽게 악몽을 꾼다는 것을 발견했다. 그들은 사람들에게 어떻게 꿈을 제어하여 그들의 소망에 따라 발전하되 꿈의 피해자가 되지 않는지 가르침을 주고 있다.

단어 噩梦 èmèng 몡 악몽 | 只不过 zhǐbúguò 분 단지 ~일 뿐이다 | 极端 jíduān 몡 극단 | 反应 fǎnyìng 몡 반응 | 恐惧 kǒngjù 동 두려워하다 | 惊醒 jīngxǐng 동 놀라서 깨다 | 悲伤 bēishāng 형 마음이 상하다, 슬퍼하다 | 内疚 nèijiù 형 부끄러워하다 | 焦虑 jiāolǜ 형 초조하다 | 吸食 xīshí 흡입하다 | 毒品 dúpǐn 몡 마약 | 罹患 líhuàn 동 병이 들다 | 遭受 zāoshòu 동 당하다 | 打击 dǎjī 몡 공격하다 | 起因 qǐyīn 몡 발생 원인 | 困扰 kùnrǎo 동 괴롭히다 | 协会 xiéhuì 몡 협회 | 摆脱 bǎituō 벗어나다 | 取决于 qǔjuéyú 동 ~에 달려있다 | 治疗 zhìliáo 동 치료하다 | 侵扰 qīnrǎo 동 침입하여 혼란을 일으키다 | 恐怖 kǒngbù 형 무섭다 | 情景 qíngjǐng 몡 광경 | 树立 shùlì 동 수립하다 | 象征 xiàngzhēng 몡 상징 | 传授 chuánshòu 동 전수하다 | 对付 duìfu 동 대응하다 | 魔鬼 móguǐ 몡 악마 | 当作 dàngzuò 동 ~로 삼다 | 坏蛋 huàidàn 몡 악당 | 软弱 ruǎnruò 형 연약하다 | 敏感 mǐngǎn 형 민감하다 | 坚强 jiānqiáng 형 굳세다 | 教导 jiàodǎo 동 가르치다 | 控制 kòngzhì 동 제어하다 | 受害者 shòuhàizhě 몡 피해자

---

97 ★★☆

下列哪项不属于噩梦导致的情绪?

A 悲伤　　　　　　　B 恐惧和焦虑

C 生气或内疚　　　　D 兴奋

다음 중 악몽이 가져오는 감정이 아닌 것은?

A 슬픔　　　　　　　B 공포와 초조함

C 분노 또는 부끄러움　　D 흥분

해설 첫 번째 단락에서 악몽때문에 슬픔, 분노 또는 부끄러움, 공포와 초조함이 생긴다고 했으므로 언급하지 않은 D가 정답이다.

---

98 ★★☆

下列哪项不属于引起噩梦的原因?

A 吸食毒品、罹患疾病

B 遭受精神打击

C 白天感到紧张

D 睡前吃烧烤食品

다음 중 악몽을 유발하는 원인이 아닌 것은?

A 마약 흡입, 질병

B 정신적 충격을 받는 것

C 낮에 긴장감을 느끼는 것

D 잠 자기 전에 구운 음식을 먹는 것

해설 두 번째 단락에서 악몽의 원인이 마약 흡입, 약물 사용, 질병, 정신적인 충격, 낮에 긴장감을 느끼는 것 등이라고 했으므로 언급되지 않은 D가 정답이다.

---

99 ★★☆

如何摆脱噩梦?

A 进行有氧运动　　　B 保证睡眠

C 安静地思考　　　　D 与医生进行交流

어떻게 악몽에서 벗어날 수 있는가?

A 유산소 운동을 한다　　B 수면을 보장한다

C 조용히 사색한다　　　D 의사와 상담한다

해설 세 번째 단락에서 악몽을 벗어나는 방법 중에 의사와 상담하는 것을 제안했으므로 정답은 D이다.

100 ★☆☆	
下列哪种人更容易做噩梦?	다음 중 어떤 사람이 쉽게 악몽을 꾸는가?
A 容易患得患失的人	A 개인의 이해득실만 따지는 사람
B 经常处于放松状态的人	B 자주 긴장이 풀려 있는 사람
C 性格软弱的人	C 성격이 나약한 사람
D 对孩子严加管教的父母	D 아이에게 엄격하게 하는 부모

단어 **患得患失** huàndé huànshī 생 개인의 이해득실만 따지다

해설 마지막 단락에서 성격이 나약하거나 민감하고 타인의 영향을 쉽게 받는 사람들은 성격이 강인한 사람보다 더 쉽게 악몽을 꾼다는 것을 발견했다고 했으므로 정답은 C이다.

》 전략서 196p

　　　　　　父亲的一封信

　　　有位父亲很有钱，他的儿子总是花很多钱，不知道怎么样工作。突然有一天，父亲破产了，他家不再有钱了，儿子开始不知所措。

　　　父亲说凭他的关系给儿子找份工作，只要儿子能吃苦。于是儿子在父亲的朋友林先生那里找了份工作。工作很辛苦，但儿子一想有钱时自己的朋友都离开了自己，自己应该通过努力赢回自己的尊严。

　　　儿子很能干也很聪明，在公司当上了总经理，并且找到真正爱他的妻子。可是正在他事业上升的时候，他父亲去世了，留给了他一封信和一份遗嘱。原来当初父亲没有破产，父亲就是想通过这种方式来激励他，让他变成一个真正有用的人。父亲把他所有的财产分成两半，一半留给林先生，作为报答他培养自己儿子付出的劳动；另一半，如果儿子成功了就留给他，如果儿子一事无成就捐给慈善机构。

　　　父亲给儿子的信上写道：亲爱的儿子，当你看到这封信时，你知道我并没有破产。我用有价的财产换回了一个无价的儿子。你好好努力吧，你一定会取得更大的成功。

500

아버지의 편지 한 통

한 아버지는 아주 돈이 많았고, 그의 아들은 항상 돈만 많이 쓰고 일할 줄은 몰랐다. 어느 날 갑자기 아버지가 파산하여 그의 집에는 더이상 돈이 없었고, 아들은 어떻게 해야 할지 몰랐다.

아버지는 아들이 고생할 각오만 있다면 인맥으로 일자리를 소개해 주겠다고 했다. 그래서 아들은 아버지의 친구인 린(林)씨의 회사에 취직했다. 일은 아주 힘들었지만 돈이 많던 시절 자신의 친구들이 모두 떠나간 것을 생각하면, 노력을 통해 존엄을 회복해야만 했다.

아들은 유능하고 총명해서 회사의 대표가 되었다. 게다가 그를 진정으로 사랑하는 아내도 만났다. 그러나 그가 사업에서 승승장구할 때 그의 아버지가 세상을 떠났고 그에게 편지 한 통과 유언을 남겼다. 알고 보니 애초 아버지는 파산하지 않았다. 아버지는 바로 이러한 방법으로 아들을 자극하여 아들이 진정 쓸모 있는 사람으로 변하게 하고 싶었던 것이다. 아버지는 그의 전 재산을 반으로 나누어 반을 린 씨에게 아들을 잘 훈련해 준 보답으로 주었다. 나머지 반은 아들이 성공하면 아들에게 주고, 아무것도 이룬 것이 없으면 자선 단체에 기부하기로 했다.

아버지가 아들에게 주는 편지에는 다음과 같이 적혀 있었다. 사랑하는 아들아, 네가 이 편지를 볼 때는 내가 진짜 파산한게 아님을 알았을 것이다. 나는 가치가 있는 재산을 가치를 매길 수 없는 아들로 바꾸었다. 열심히 노력해라. 너는 반드시 더 큰 성공을 이루어낼 것이다.

지문	해석
[서론] 1~2단락 　星期六，我和保罗闲来无事去钓鱼。到了垂钓的水域，我环顾周围的钓鱼者，一对父子引起了我的注意。他们在自己的水域一声不响地钓鱼。他们钓到两条足以让我们欢呼雀跃的大鱼，接着又放走了。儿子大概12岁左右，穿着高筒橡胶防水靴站在寒冷的河水里。两次有鱼咬钩，但又都挣扎着逃脱了。突然，男孩的钓竿猛地一沉，差一点儿把他整个人拖倒，卷线轴飞快地转动，一瞬间鱼线被拉出很远。 　看到那条鱼跳出水面时，我吃惊得张大了嘴巴。"他钓到了一条鲑鱼。个头儿不小。"伙伴保罗悄悄对我说："相当罕见的品种。"	토요일 나는 폴과 한가로이 낚시하러 갔다. 낚시터에 도착한 후 주위의 낚시꾼들을 둘러보았고, 한 부자가 나의 주의를 끌었다. 그들은 자신의 구역에서 말없이 낚시하고 있었다. 그들은 우리가 환호하며 날뛸만한 대어 두 마리를 낚고는 풀어 주었다. 아들은 약 12살 정도 된 것 같았고, 방수 고무장화를 신고 차가운 강물에 서 있었다. 물고기가 두 차례 미끼를 물었지만 모두 발버둥 쳐 달아났다. 그러다 갑자기 남자아이의 낚싯대가 확 가라앉아서 하마터면 아이의 몸이 잡아끌릴 뻔했고, 낚싯대 릴(reel)이 재빠르게 회전하더니 순식간에 낚싯줄이 멀리 당겨졌다. 　그 물고기가 수면 위로 튀어 오르는 것을 보고는 나는 놀라 입이 떡 벌어졌다. "그가 연어를 낚았어. 몸집도 제법 크군." 친구 폴이 조용히 말했다. "꽤 보기 드문 품종이야."
[본론1] 3~4단락 　男孩冷静地和鱼进行拉锯战，但是强大的水流加上大鱼有力地挣扎，孩子渐渐地被拉到布满旋涡的下游深水区的边缘。我知道一旦鲑鱼到达深水区就可以轻而易举地逃脱了。孩子的父亲虽然早把自己的钓竿放在一旁，但一言不发，只是站在原地关注着儿子的一举一动。 　一次、两次、三次……男孩试着收线，但每次都不行，鲑鱼猛地向下游窜，显然在尽全力向深水区靠拢。15分钟过去了，孩子开始支撑不住了，即使站在远处，我也可以看到他发抖的双臂正使出最后的力气奋力抓紧钓竿。冰冷的河水马上就要漫过高筒防水靴的边缘。鲑鱼离深水区越来越近了，钓竿不停地左右扭动。突然孩子不见了。	남자아이는 냉정하게 물고기와 접전을 벌였지만, 거센 물결에 큰 물고기가 세게 발버둥 치고 있어 아이는 점점 소용돌이치는 하류 수심이 깊은 가장자리로 끌려갔다. 나는 연어가 일단 깊은 수역으로 가면 쉽게 달아날 수 있다는 것을 알았다. 아이의 아버지는 진작 자신의 낚싯대를 옆에 내려놓았지만 말 한마디 하지 않고 제자리에서 아들의 행동 하나하나를 보고만 있었다. 　한 번, 두 번, 세 번…… 아이는 낚싯줄을 감으려 했지만, 매번 다 안 되었다. 연어는 맹렬하게 하류로 헤엄쳤고 전력을 다해 깊은 수역으로 가까이 가려 했다. 15분이 지났고, 아이는 버티기 힘들어했다. 멀리 서 있어도 아이의 덜덜 떨리는 양팔이 마지막 힘을 다해 낚싯대를 꽉 잡은 것을 볼 수 있었다. 차가운 강물이 곧 방수 고무장화 가장자리까지 차려 했다. 연어는 깊은 수역에 점점 가까워졌고, 낚싯대는 끊임없이 좌우로 요동쳤다. 그러다 갑자기 아이가 사라졌다.
[본론2] 5~8단락 　一秒钟后，男孩从河里冒出头来，冻得发紫的双手仍然紧紧抓住钓竿不放，他用力甩掉脸上的水，一声不吭又开始收线。保罗抓起渔网向男孩走去。 　"不要!"男孩的父亲对保罗说，"不要帮他，如果他需要我们的帮助，他会提出要求的。" 　保罗点点头，站在河岸上，手里拿着渔网。 　不远的河对岸是一片茂密的灌木丛，树丛的一半没在水中。这时候，鲑鱼突然改变方向，径直窜入那片灌木丛。我们都预备着听到鱼线崩断时刺耳的响声。然而，说时迟那时快，男孩往前一扑，紧追着鲑鱼钻入稠密的灌木丛。	1분 후에 남자아이가 강에서 튀어 올랐고 새파랗게 얼어붙어 양손은 여전히 낚싯대를 꼭 잡고 놓지 않았다. 그는 힘껏 얼굴 위의 물을 닦아내고는 아무 말 없이 다시 낚싯줄을 감았다. 폴은 어망을 잡고 남자아이에게 걸어갔다. 　"안 돼요!" 남자아이의 아버지가 폴에게 말했다. "도와주지 마세요. 만약에 우리의 도움이 필요하면 아이가 요구할 거요." 　폴은 고개를 끄덕이고 강가에 서서 어망을 잡고 있었다. 　멀지 않은 강가는 빽빽한 관목 숲이 있었고 나무숲의 절반 정도는 물에 잠겨 있었다. 이때 연어가 갑자기 방향을 바꿔 곧장 관목 숲으로 뛰어 들었다. 우리는 모두 낚싯줄이 툭 끊어지는 소리가 날 것을 생각하고 있었다. 하지만 남자아이는 앞으로 달려들어 연어를 바짝 쫓아 빽빽한 관목 숲에 파고들었다.

	● 시간: 토요일
	● 장소: 낚시터
	● 인물: 나, 폴, 아버지, 아들
	● 사건: 낚시터에서 아버지와 함께 온 12살 짜리 아이가 낚시 　　　하고 있는 모습을 봄
星期六，我和保罗去钓鱼，在那儿看了一对父子。他们在一声不响地钓鱼。12岁左右的儿子钓到了相当罕见的大鱼。	● 相当: 상당히 　→ '很', '非常' 등을 대신하여 사용하면 가산점을 받을 수 　　있다. 　圆 这个商品相当昂贵。 이 상품은 상당히 비싸다.
	● 인물: 아버지, 아들
	● 사건: 아들은 큰 연어를 낚았지만 힘이 센 연어에게 물가로 　　　끌려가 사라짐
从那时起，孩子和大鱼进行拉锯战，男孩冷静地钓鱼，但是大鱼拼命地挣扎，孩子渐渐地被拉到深水区。孩子的父亲一言不发，只是站在原地看着儿子。15分钟过去了，孩子突然不见了。	● 从…起: ~부터 (시작하여) 　圆 从今天起减肥。 오늘부터 다이어트한다. ● 一言不发: 한마디 말도 하지 않는다 　→ '什么也没说' 를 대신하여 사용하면 가산점을 받을 수 　　있다. 　圆 今天你怎么一言不发? 오늘 왜 한마디도 안하니?
	● 인물: 폴, 아버지, 아들
	● 사건: 아들을 도와주려는 폴에게 아버지는 도와주지 못하게 　　　함
孩子从河里冒出来，又开始钓鱼。保罗向男孩走去帮助的时候，男孩的父亲说："不要帮他。"这时候，大鱼突然改变方向，男孩紧追着大鱼。	

쓰기 | 书写

我们三个人都呆住了，男孩的父亲高声叫着儿子的名字，但他的声音被淹没在河水的怒吼声中。保罗涉水到达对岸示意我们鲑鱼被逮住了。他把枯树枝拨向一边，男孩紧抱着来之不易的鲑鱼从树丛里倒退着出来，保持着平衡。

他瘦小的身体由于寒冷和兴奋而战栗不已，双臂和前胸之间紧紧地夹着一条大约14千克重的大鱼。他走几步停一下，掌握平衡后再往回走几步。就这样走走停停，孩子终于缓慢但安全地回到岸边。

男孩的父亲递给儿子一截绳子，等他把鱼绑结实后弯腰把儿子抱上岸。男孩躺在泥地上大口喘着粗气，但目光一刻也没有离开自己的战利品。保罗随身带着便携秤，出于好奇，他问孩子的父亲是否可以让他称鲑鱼到底有多重。男孩的父亲毫不犹豫地说："请问我儿子吧，这是他的鱼！"

우리 세 사람은 멍하게 서 있었고, 남자아이의 아버지는 높은 소리로 아들의 이름을 불렀지만, 그 소리는 거센 강물 소리에 묻혔다. 폴은 물을 건너 강가로 가 우리에게 연어가 잡혔다는 표시를 했다. 그는 마른 나뭇가지를 한 방향으로 당기고 남자아이는 가까스로 잡은 연어를 꽉 잡고 나무숲에서 뒷걸음질 쳐서 나와 균형을 유지하고 있었다.

그의 왜소한 몸은 추위와 흥분으로 벌벌 떨고 있었고, 양팔과 가슴 사이에 약 14kg 무게의 대어를 끼고 있었다. 그는 몇 걸음 걷고 멈춰서 균형을 잡은 후 다시 몇 걸음 걸었다. 이렇게 걸었다 멈추기를 반복하여 마침내 느리지만 안전하게 강가로 돌아왔다.

남자아이의 아버지는 아들에게 줄을 하나 주었고, 그는 물고기를 꽉 묶은 후 허리를 굽혀 아들을 안아 뭍으로 올렸다. 남자아이는 진흙 위에 누워 입을 벌리고 거친 숨을 몰아쉬었다. 하지만 시선은 자신의 전리품을 잠시도 떠나지 못했다. 폴은 휴대용 저울을 가지고 있었고, 호기심에 아이의 아버지에게 그 연어의 무게가 도대체 얼마인지 측정해 봐도 되겠냐고 물었다. 남자아이의 아버지는 망설이지 않고 말했다. "아들에게 물어보세요. 그의 물고기잖아요!"

단어 闲来无事 xiánlái wúshì 한가로이 할 일이 없다 | 垂钓 chuídiào 동 낚시질하다 | 水域 shuǐyù 명 수역 | 环顾 huángù 동 사방을 둘러보다 | 一声不响 yìshēng bùxiǎng 성 아무 소리도 내지 않다 | 足以 zúyǐ ~하기에 족하다 | 欢呼雀跃 huānhū quèyuè 환호하며 깡충깡충 뛰다 | 高筒橡胶防水靴 gāotǒng xiàngjiāo fángshuǐ xuē 명 방수 고무장화 | 寒冷 hánlěng 형 한랭하다 | 咬钩 yǎogōu 미끼를 물다 | 挣扎 zhēngzhá 동 발버둥치다 | 逃脱 táotuō 달아나다 | 钓竿 diàogān 낚싯대 | 猛 měng 형 확, 냅다 | 差一点儿 chàyìdiǎnr 부 하마터면 | 拖 tuō 동 잡아끌다 | 卷线轴 juǎnxiànzhóu 명 릴(reel) [낚시대에 장치한 줄을 풀었다 감았다 하면서 물고기를 낚는 도구] | 转动 zhuàndòng 동 회전하다 | 一瞬间 yíshùnjiān 명 순식간 | 鱼线 yúxiàn 명 낚싯줄 | 张大 zhāngdà 크게 벌리다 | 嘴巴 zuǐba 명 입 | 鲑鱼 guīyú 명 연어 | 个头儿 gètóur 명 몸집, 체격 | 伙伴 huǒbàn 명 동료, 친구 | 悄悄 qiāoqiāo 부 몰래 | 罕见 hǎnjiàn 형 보기 드물다 | 冷静 lěngjìng 형 냉정하다 | 拉锯战 lājùzhàn 명 접전 | 渐渐 jiànjiàn 부 점점 | 布满 bùmǎn 동 가득하다 | 漩涡 xuánwō 명 소용돌이 | 下游 xiàyóu 명 하류 | 边缘 biānyuán 명 가장자리 | 轻而易举 qīng'ér yìjǔ 성 매우 수월하다 | 一言不发 yìyán bùfā 성 한 마디도 하지 않다 | 一举一动 yìjǔ yídòng 성 모든 행동 | 窜 cuàn 동 달아나다, 날뛰다 | 显然 xiǎnrán 형 분명하다 | 靠拢 kàolǒng 접근하다, 좁히다 | 支撑 zhīchēng 버티다 | 发抖 fādǒu 벌벌 떨다 | 双臂 shuāngbì 명 두 팔 | 奋力 fènlì 있는 힘을 다하다 | 漫 màn 동 범람하다 | 扭动 niǔdòng 흔들다 | 冻 dòng 동 얼다 | 发紫 fāzǐ 새파랗게 되다 | 甩掉 shuǎidiào 내던지다 | 一声不吭 yìshēng bùkēng 한 마디도 말하지 않았다 | 河岸 hé'àn 명 강가 | 茂密 màomì 형 빽빽이 무성하다 | 灌木丛 guànmùcóng 명 관목 숲 | 树丛 shùcóng 명 나무숲 | 径直 jìngzhí 부 곧장 | 窜入 cuànrù 동 날뛰어 들어가다 | 预备 yùbèi 동 ~할 작정이다 | 绷断 bēngduàn 끊어지다, 터지다 | 刺耳 cì'ěr 귀를 찌르다 | 响声 xiǎngshēng 소리 | 说时迟, 那时快 shuōshíchí nàshíkuài 행동이 매우 빠르다 | 钻入 zuānrù 파고 들다 | 稠密 chóumì 형 촘촘하다 | 呆住 dāizhù 꼼짝 않고 멍하다 | 淹没 yānmò 동 잠기다, 침몰되다 | 涉 shè 동 건너다 | 示意 shìyì 동 의사를 나타내다 | 逮住 dǎizhù 붙잡다 | 拨 bō 동 밀다, 젖히다 | 紧抱 jǐnbào 꼭 껴안다 | 倒退 dàotuì 뒷걸음치다 | 平衡 pínghéng 형 균형을 잡다 | 瘦小 shòuxiǎo 형 작고 왜소하다 | 战栗 zhànlì 동 전율하다, 벌벌 떨다 | 前胸 qiánxiōng 명 가슴 | 夹 jiā 동 끼다, 끼우다 | 缓慢 huǎnmàn 형 느리다, 완만하다 | 绳子 shéngzi 명 끈, 밧줄 | 绑 bǎng 동 묶다 | 结实 jiēshi 형 단단하다 | 弯腰 wānyāo 허리를 굽히다 | 喘着粗气 chuǎnzhe cūqì 거친 숨을 몰아 쉬다 | 目光 mùguāng 명 시선 | 战利品 zhànlìpǐn 전리품 | 便携秤 biànxiéchèng 명 이동식 저울, 휴대용 저울 | 毫不犹豫 háobù yóuyù 성 조금도 망설이지 않는다

- 인물: 폴, 아버지, 아들

- 사건: 1) 아들이 연어를 잡음
2) 폴이 물고기의 무게를 측정해 봐도 되는지 아버지에게 묻자 아들의 물고기니 아들에게 물어보라고 함

　我们三个人呆住了，男孩的父亲喊叫他的名字，可是儿子听不见。

　男孩子紧抱着大鱼走出来，保持着平衡，走几步停一下，再走几步，终于回到岸边。保罗问孩子的父亲是否可以让他称称大鱼。男孩的父亲毫不犹豫地说：“请问我儿子吧，这是他的鱼!”

- 保持: 유지하다 (긍정적인 목적어와 호응함)
  - 例 保持健康。건강을 유지하다.
  - 例 保持礼仪。예의를 지키다.

- 毫不犹豫: 조금도 망설이지 않다
  - 例 他毫不犹豫地说出自己的意见。
    그는 조금도 망설임 없이 자신의 의견을 말했다.

해설　우선 10분 동안 빠른 속도로 주어진 지문을 읽으면서 ①시간, ②장소, ③인물, ④사건(원인, 과정, 결과) 이 4대 요소를 최대한 기억해야 한다. 전체 지문의 등장인물은 나, 폴 그리고 낚시터의 아버지와 아들임을 파악한다. 이 지문의 사건은 기, 승, 전, 결로 이루어져 있으므로 이에 따라 단락을 나누고 내용을 요약하는 것이 좋다. 특히 본론 부분은 아이들이 낚시를 하다가 연어와 싸움을 벌이는 것을 시작으로, 구체적으로 그 모습을 묘사하고 아버지가 도와주지 않고 스스로 하게 한 후, 결국 그 아이가 혼자 힘으로 연어를 잡는 내용으로 나누어 파악해야 한다. 또한, 남자아이가 연어를 잡는 과정에서 배경묘사와 행동묘사가 다양하게 표현되었다. 모든 표현을 똑같이 하는 것이 어려우므로 반복적으로 등장하는 단어와 동사 위주로 기억한다.

단서 찾기　① 시간: 토요일

② 장소: 낚시터

③ 인물: 나, 폴, 아버지, 아들

④ 사건: • 원인 – 낚시터에서 낚시하고 있는 아버지와 아들을 봄

　　↓

　　• 과정 – 1) 남자아이가 큰 연어를 낚음

　　　　2) 연어를 잡는 데 어려움이 있었지만 도움을 받지 않고 스스로 연어를 잡음

　　↓

　　• 결과 – 아버지가 혼자 힘으로 연어를 잡은 아이를 인정해 줌

제목 짓기　예1) 儿子钓鲑鱼(아들의 연어 잡기) → 글의 중심 소재를 활용한 제목

예2) 父亲的教育方式(아버지의 교육 방법) → 지문의 중심 내용에 근거한 제목

예3) 父亲和儿子(아버지와 아들) → 주요 인물을 활용한 제목

　　　　　　　父亲的教育方式

　　星期六，我和保罗去钓鱼，在那儿看了一对父子。他们在一声不响地钓鱼。12岁左右的儿子钓到了相当罕见的大鱼。

　　从那时起，孩子和大鱼进行拉锯战，男孩冷静地钓鱼，但是大鱼拼命地挣扎，孩子渐渐地被拉到深水区。孩子的父亲一言不发，只是站在原地看着儿子。15分钟过去了，孩子突然不见了。

　　孩子从河里冒出来，又开始钓鱼。保罗向男孩走去帮助的时候，男孩的父亲说："不要帮他。"这时候，大鱼突然改变方向，男孩紧追着大鱼。

　　我们三个人呆住了，男孩的父亲喊叫他的名字，可是儿子听不见。

　　男孩子紧抱着大鱼走出来，保持着平衡，走几步停一下，再走几步，终于回到岸边。保罗问孩子的父亲是否可以让他称称大鱼。男孩的父亲毫不犹豫地说："请问我儿子吧，这是他的鱼！"

아버지의 교육 방법

토요일 나는 폴과 한가로이 낚시하러 가서 한 아버지와 아들을 보았다. 그들은 말없이 낚시하고 있었다. 12살 정도 된 아들은 상당히 희귀한 물고기를 낚았다.

그때부터 아이는 물고기와 접전을 벌였다. 남자아이는 냉정하게 낚싯줄을 감았지만, 거센 물결에 큰 물고기가 힘있게 발버둥 쳐 아이는 점점 수심이 깊은 곳으로 끌려갔다. 아버지는 말 한마디 하지 않고 제자리에서 아들을 보고만 있었다. 15분이 지났고, 아이가 갑자기 사라졌다.

아이가 강에서 튀어 올랐고 다시 낚싯줄을 감았다. 폴이 아이를 도우러 갈 때, 남자아이의 아버지는 "그를 도와주지 마세요."라고 말했다. 이때 연어가 갑자기 방향을 바꿨고, 남자아이는 연어를 바짝 쫓아갔다.

우리 세 사람은 멍하게 서 있었고, 남자아이의 아버지는 크게 그의 이름을 불렀지만, 아들은 듣지 못했다.

아이는 연어를 꽉 잡고 나와 균형을 유지하고 있었다. 그는 몇 걸음 걷고 멈추고 다시 몇 걸음 걸어 마침내 강가로 돌아왔다. 폴은 아이의 아버지에게 물고기의 무게를 측정해 봐도 되겠냐고 물었다. 남자아이의 아버지는 망설이지 않고 말했다. "아들에게 물어보세요. 그의 물고기잖아요!"

>> 전략서 208p

지문	해석
[서론] 1~3단락 　董事会议结束了，鲍勃站起来时不小心撞到了桌子，把咖啡洒到了笔记本上。 　"真丢脸，这把年纪了还毛毛糙糙的。"他不好意思地说。 　所有人都哈哈大笑起来，然后我们都开始讲述自己经历的最尴尬的时刻。一圈过来，轮到一直默默坐在那儿听别人讲的弗兰克了。有人说："来吧，弗兰克，给大家讲讲你最难为情的时刻。"	이사회가 끝났다. 밥이 일어날 때 실수로 테이블에 부딪혀 커피를 노트북에 엎질렀다. "민망하네요. 이 나이에 이렇게 덜렁대다니요." 그가 부끄러워하며 말했다. 모든 사람이 웃었고 우리는 자신이 경험한 가장 난감했던 순간을 이야기하기 시작했다. 한 바퀴가 돌아 계속 잠자코 앉아서 다른 사람이 이야기하는 것을 듣고 있던 프랭크 차례가 왔다. 어떤 사람이 말했다. "자, 프랭크, 모두에게 가장 난감했던 순간을 이야기해 봐요."
[본론1] 4~5단락 　弗兰克讲道："我是在桑派德罗长大的。我爸爸是渔民，他非常热爱大海。他有自己的小船，但是靠在海上捕鱼为生太艰难了。他辛勤地劳动着，一直待在海上，直到捕到的鱼足以养活全家为止。他不仅要养活我们的小家，还要养活爷爷奶奶以及他那还未成年的弟弟妹妹。"弗兰克看着我们，继续说："我真希望你们见过我的爸爸，他身材很高大。因为长期拉网捕鱼，与大海搏斗，他十分强壮。走近他时，你能够闻到他身上散发出来的大海的气息。" 　弗兰克的声音低了一点儿："天气不好的时候，爸爸开车送我们去学校。他会把车停在学校正门口，好像每个人都能站在一旁观看。然后，他会弯下身在我的脸上重重地亲上一口，告诉我要做一个好孩子。这让我觉得很难为情。那时我已经12岁了，而爸爸还要俯身给我吻别。"	프랭크가 말했다. "저는 상파울루에서 자랐어요. 아버지는 어부였고 바다를 아주 좋아하셨죠. 아버지는 자신의 작은 배를 가지고 있었지만, 바다에서 물고기를 잡는 것으로 생계를 유지하기는 힘들었어요. 아버지는 열심히 일했고, 줄곧 가족을 먹여 살릴 만큼 물고기를 잡을 때까지 바다에 계셨어요. 아버지는 우리를 먹여 살렸을 뿐 아니라 할아버지, 할머니 그리고 미성년자였던 아버지의 남동생과 여동생까지 부양했어요." 프랭크가 우리를 보며 계속 말했다. "나는 정말 여러분이 우리 아버지를 봤으면 좋겠어요. 몸집이 정말 크거든요. 왜냐하면 오랫동안 그물로 물고기를 잡으며 바다와 싸워왔기 때문에 아주 건강하셨어요. 아버지에게 다가가면 아버지의 몸에서 나는 바다 냄새를 느낄 수 있을 거예요." 프랭크의 목소리가 조금 낮아졌다. "날씨가 좋지 않을 때 아버지는 차를 몰고 우리를 학교로 바래다주었어요. 아버지는 차를 학교 정문 앞에 세워서 모든 사람이 볼 수 있었던 것 같아요. 그 다음에 그는 몸을 굽혀 우리 얼굴에 뽀뽀해 주고는 우리에게 좋은 아이가 되어야 한다고 했어요. 참 난감했지요. 당시 저는 이미 12살이었는데 아버지가 허리를 굽혀 뽀뽀해 주니까요."

在董事会结束的时候，有人不小心撞到了桌子，把咖啡洒到笔记本上。所有人都大笑起来，然后我们都说自己经历的最难为情的时刻。

- 시간: 이사회 직후
- 장소: 이사회 회의실
- 인물: 회의실에 있는 사람들, 프랭크
- 사건: 어떤 사람이 테이블에 부딪혀 노트북에 커피를 쏟았고, 각자 난감했던 이야기를 하기 시작함

- 难为情: 난감하다
  - 別让我难为情. 저를 난감하게 하지 마세요.

- 시간: 프랭크가 12살 때
- 인물: 프랭크, 아버지
- 사건: 1) 프랭크의 아버지는 열심히 일하는 어부였음
  2) 프랭크의 아버지가 어렸을 때 학교에 데려다 주면서 뽀뽀했고, 어린 프랭크는 그 행동에 난감했음

弗兰克说："我爸爸是渔民，他有小船。为了养活全家，出海捕鱼。他不仅要养活我们，还要养活他的父母、弟弟和妹妹。天气不好的时候，爸爸开车送我们学校，他把车停在学校门口，然后在我的脸上亲吻。这件事让我很尴尬。"

- 不仅A, 还B: A일뿐 아니라 B이다
  - 这件遗物不仅珍稀，还保存得完好无缺.
    이 유물은 진귀할 뿐 아니라 보존이 잘 되어 있다.

쓰기 | 书写

163

[본론2] 6~7단락

　　弗兰克停顿了一下，又继续说道："我还记得那天，我认为自己已经长大，吻别不再适合我了。我们到了学校停了下来，像往常一样爸爸露出了灿烂的笑容，他开始向我俯下身来，然后我挡住了他：'不，爸爸。'那是我第一次那样对他说话，他十分吃惊。我说道：'爸爸，我已经长大了，不再适合吻别了，也不再适合任何的亲吻了。'爸爸盯着我看了好长时间，潸然泪下。我从来未见他哭过。他转过身子说：'没错，你已经是一个大男孩……一个男子汉了。我以后再也不这样亲吻你了'。"

　　讲到这儿，弗兰克脸上露出了奇怪的表情，泪水开始在他的眼眶里打转。"从那之后没多久，爸爸出海后就再没回来了。"

프랭크가 잠시 멈추고는 다시 계속 말했다. "저는 아직 그날을 기억합니다. 저는 제가 이미 다 컸다고 생각했고, 뽀뽀는 더는 저에게 어울리지 않는다고 생각했어요. 우리는 학교에 도착해서 차를 세웠고, 늘 그랬듯이 아버지는 눈부신 미소를 띠고 허리를 숙이기 시작했는데 저는 그런 아버지를 막았어요. '안 돼요. 아버지.' 저는 처음으로 아버지에게 그렇게 이야기했고, 아버지는 몹시 놀라셨죠. 저는 말했어요. '아버지, 저는 이제 다 컸어요. 더는 헤어질 때 뽀뽀하는 것은 어울리지 않아요. 또, 그 어떤 뽀뽀도 어울리지 않아요.' 아버지가 한참 동안 저를 쳐다보고는 눈물을 흘리셨어요. 저는 한번도 아버지가 우는 것을 본 적이 없었어요. 아버지가 몸을 돌리고 말씀하셨죠. '맞아. 너도 이제 다 큰 사내아이야… 사나이지. 앞으로 너에게 뽀뽀하지 않을게'."

여기까지 말하고, 프랭크의 얼굴에 이상한 표정이 나타났고 눈물이 그의 눈가에 눈물이 맺혔다. "그 후 얼마 되지 않아 아버지는 바다에 나가신 후 다시는 돌아오지 않으셨어요."

[결론] 8~9단락

　　我看着弗兰克，眼泪正顺着他的脸颊流下来。弗兰克又开口了："伙计们，你们不知道，如果我爸爸能在我脸上亲一下……让我感觉一下他那粗糙的脸……闻一闻他身上海洋的气息……享受他搂着我脖子的感觉，那么我付出什么都愿意。我真希望那时候，我是一个真正的男子汉。如果我是，我绝对不会告诉爸爸我已经长大了，不再适合吻别了。"

　　所有的人都沉默了，都在想着什么……

나는 프랭크의 눈물이 뺨으로 흐르는 것을 봤다. 프랭크는 또 입을 열었다. "동료 여러분은 모를 거예요. 만약 제 아버지가 다시 저의 얼굴에 뽀뽀한다면…제가 아버지의 거친 얼굴을 느낄 수 있다면…아버지 몸에서 나는 바다 냄새를 맡을 수 있다면…아버지가 제 목을 껴안는 감정을 느낄 수 있다면 어떤 대가라도 다 치를 수 있어요. 정말 그 당시에 내가 진정한 사나이였더라면 좋겠어요. 만약에 그랬다면 절대 아버지에게 제가 이미 다 커서 더 이상 뽀뽀하는 것과 어울리지 않는다고 하지 않을 거예요."

모든 사람이 침묵했고 모두 무언가 생각하는 듯 했다…….

단어 董事会议 dǒngshì huìyì 몡 이사회 | 撞 zhuàng 동 부딪치다 | 洒 sǎ 동 뿌리다, 흩뜨리다 | 丢脸 diūliǎn 동 체면을 잃다 | 毛毛糙糙 máomao cāocāo 형 부주의하다, 덜렁대다 | 讲述 jiǎngshù 동 이야기하다 | 尴尬 gāngà 형 난감하다 | 轮到 lúndào 차례가 되다 | 默默 mòmò 뵈 묵묵히 | 难为情 nánwéiqíng 형 난감하다 | 渔民 yúmín 몡 어부 | 捕鱼 bǔyú 물고기를 잡다 | 为生 wéishēng 동 생업으로 하다 | 艰难 jiānnán 형 힘들다 | 辛勤 xīnqín 형 부지런하다 | 劳动 láodòng 동 육체 노동을 하다 | 足以 zúyǐ 뵈 ~하기에 충분하다 | 养活 yǎnghuo 부양하다, 기르다 | 为止 wéizhǐ 동 ~까지 하다 | 拉网 lāwǎng 그물을 당기다 | 搏斗 bódòu 격투하다, 싸우다 | 强壮 qiángzhuàng 형 건장하다 | 闻 wén 동 냄새를 맡다 | 散发 sànfā 동 발산하다 | 气息 qìxī 몡 숨결 | 弯下 wānxià 굽히다 | 重重 chóngchóng 형 매우 많다 | 俯身 fǔshēn 몸을 구부리다 | 吻别 wěnbié 동 작별 키스하다 | 停顿 tíngdùn 동 머물다, 멈추다 | 往事 wǎngshì 몡 지난 일 | 露出 lùchū 드러내다 | 灿烂 cànlàn 형 찬란하다 | 笑容 xiàoróng 몡 웃는 얼굴 | 挡住 dǎngzhù 저지하다 | 盯 dīng 동 응시하다 | 潸然泪下 shānrán lèixià 눈물을 줄줄 흘리다 | 透过 tòuguo 투과되다 | 男子汉 nánzǐhàn 몡 사나이, 대장부 | 眼眶 yǎnkuàng 몡 눈 언저리 | 打转 dǎzhuàn 동 회전하다 | 脸颊 liǎnjiá 몡 뺨, 볼 | 伙计 huǒjì 몡 동료 | 粗糙 cūcāo 형 거칠다 | 搂 lōu 동 껴안다 | 脖子 bózi 몡 목

他继续说:"那天,我爸爸在学校门口向我俯下身来,我挡住了爸爸说:'爸爸,我已经长大了,吻不再适合我了。'爸爸听我的话后,开始流泪了。我从未见他哭过。他说:'对,你已经是男子汉。我以后再也不亲吻你了'。"

- 시간: 12년 전의 어느 날

- 장소: 학교 앞

- 인물: 프랭크, 아버지

- 사건: 1) 또 다시 **뽀뽀**하려는 아버지에게 이제 자신은 다 컸으니 더는 **뽀뽀**하지 말라고 함
   2) 그 후 바다로 나간 아버지는 다시 돌아오지 않음

弗兰克说到这儿就流泪了。"从那天后,爸爸出海就再没回来了。如果我能跟爸爸见面的话,我绝不会跟他说我已经长大了,不再适合吻别了。"
大家什么都没说,都在想着什么。

- 인물: 프랭크

- 사건: 얼굴에 **뽀뽀**해 주던 아버지를 그리워 함

- 의문사+**都**/**也**+부정문: (누구/어떤 것/어디…)도 ~아니다
   📖 哪儿都没有。 어디에도 없다.
   📖 谁也没来。 아무도 오지 않았다.

해설 이 지문은 대화 위주로 진행되므로 인용문을 적절하게 사용하는 것이 좋다. 또한 두 사람의 대화가 나오므로 누구의 말인지, 어느 부분이 현실이고 회상하는 부분인지 구분하기 위한 문장 부호를 정확하게 써야 한다. 지문의 처음부분에 노트북에 커피를 쏟은 인물 '밥'이 등장하지만, 사건의 진행에서 중요하지 않은 인물이라면 '有个人(어떤 사람)', '有个男人(어떤 남자)' 등의 지시대명사로 바꾸어 언급해 주어도 무방하다.

단서 찾기 ① 시간: 1) 이사회 직후
　　　　　　 2) 프랭크가 12살 때
② 장소: 1) 이사회 회의실
　　　　　 2) 어린 시절 프랭크의 학교 앞

③ 인물: 프랭크, 아버지
④ 사건: • 원인 – 이사회 직후 난감했던 경험을 서로 이야기 함
　　　　　　　↓
　　　　　 • 과정 – 프랭크가 어릴 때 자신에게 늘 **뽀뽀**해 주던 어부 아버지의 이야기를 함
　　　　　　　↓
　　　　　 • 결과 – 그 당시의 아버지를 그리워 함

제목 짓기 예1) 弗兰克的父亲(프랭크의 아버지) → 주요인물을 활용한 제목
예2) 最难为情的时刻(가장 난처했던 일) → 궁금증을 자아내는 제목
예3) 父亲的亲吻(아버지의 뽀뽀) → 글 전체의 내용을 상징적으로 표현한 제목

　　　　　　　　　父亲的亲吻

　　在董事会结束的时候，有人不小心撞到了桌子，把咖啡洒到笔记本上。所有人都大笑起来，然后我们都说自己经历的最难为情的时刻。

　　弗兰克说："我爸爸是渔民，他有小船。为了养活全家，出海捕鱼。他不仅要养活我们，还要养活他的父母、弟弟和妹妹。天气不好的时候，爸爸开车送我们学校，他把车停在学校门口，然后在我的脸上亲吻。这件事让我很尴尬。"

　　他继续说："那天，我爸爸在学校门口向我俯下身来，我挡住了爸爸说：'爸爸，我已经长大了，吻不再适合我了。'爸爸听我的话后，开始流泪了。我从未见他哭过。他说.'对，你已经是男子汉。我以后再也不亲吻你了'。"

　　弗兰克说到这儿就流泪了。"从那天后，爸爸出海就再没回来了。如果我能跟爸爸见面的话，我绝不会跟他说我已经长大了，不再适合吻别了。"

　　大家什么都没说，都在想着什么。

아버지의 뽀뽀

이사회가 끝난 후 어떤 사람이 일어날 때 실수로 테이블에 부딪혀서 커피를 노트북에 엎질렀다. 모든 사람은 웃었고 우리는 자신이 겪은 가장 난감했던 시기를 이야기하기 시작했다.

프랭크가 말했다. "제 아버지는 어부였고 작은 배도 있었어요. 온 가족을 먹여 살리기 위해서 바다로 나가 물고기를 잡았죠. 그는 우리를 먹여 살렸을 뿐만 아니라 그의 부모님과 남동생, 여동생도 책임졌어요. 날씨가 좋지 않을 때 아버지는 차를 몰고 우리를 학교에 데려다주셨는데, 차를 학교 정문 앞에 세우고 얼굴에 뽀뽀했어요. 참 난감했지요.

그는 계속 말했다. "어느 날, 아버지는 학교 정문에서 저에게 몸을 굽혔는데 저는 그런 아버지를 막고 말했어요. "아버지, 저는 이제 다 컸어요. 더는 뽀뽀가 어울리지 않아요." 아버지가 제 말을 듣고는 눈물을 흘리셨어요. 저는 한번도 아버지가 우는 것을 본 적이 없었어요. 아버지는 "그래, 너는 사나이지. 앞으로 너에게 뽀뽀하지 않을게."라고 말씀하셨어요.

프랭크는 여기까지 말하고 눈물을 흘렸다. "그 후 아버지는 바다에 나가신 후 다시는 돌아오지 않으셨어요. 만약 아버지를 다시 만날 수 있다면, 절대 아버지에게 제가 이미 다 커서 더는 뽀뽀하는 것과 어울리지 않는다고 하지 않을 거예요."

모두 아무말도 하지 않았고 모두 무언가 생각하는 듯했다.

新HSK **6**급

실전 모의고사
1, 2, 3회

정답 및 해설

실전 모의고사 1

>> 모의고사 6p

듣기 听力

제1부분	1 B	2 D	3 D	4 C	5 A
	6 D	7 B	8 B	9 A	10 D
	11 C	12 D	13 A	14 D	15 C

제2부분	16 D	17 D	18 A	19 C	20 C
	21 B	22 D	23 C	24 A	25 C
	26 C	27 B	28 D	29 C	30 A

제3부분	31 D	32 B	33 A	34 C	35 D
	36 D	37 B	38 B	39 A	40 C
	41 C	42 A	43 D	44 B	45 B
	46 C	47 D	48 A	49 D	50 D

독해 阅读

제1부분	51 B	52 C	53 C	54 D	55 A
	56 C	57 B	58 D	59 B	60 B

제2부분	61 D	62 D	63 B	64 A	65 B
	66 C	67 C	68 D	69 A	70 B

제3부분	71 B	72 A	73 C	74 D	75 E
	76 C	77 D	78 A	79 E	80 B

제4부분	81 B	82 D	83 D	84 A	85 A
	86 C	87 C	88 B	89 B	90 C
	91 B	92 A	93 A	94 D	95 D
	96 C	97 A	98 C	99 C	100 B

쓰기 书写

해설 참고

1 ★★★

一个小伙子在酒店里当伙计。一天早上，他在店里挂招牌，一不小心，招牌落在地上摔成两半，老板见了很生气地说："你怎么这样粗心，该死！"小伙子急中生智地说道："老板，恭喜你！你快要开分店了，这是很好的兆头啊！"

A 小伙子是老板的儿子
B 招牌裂成两块
C 老板要开分店
D 老板听了很生气

한 젊은이는 음식점에서 점원으로 일한다. 어느 날 아침, 그가 가게에서 간판을 걸다가 실수로 간판이 땅에 떨어져 두 토막이 났다. 사장이 보고 화내며 말했다. "어째서 이렇게 부주의하니, 빌어먹을!" 젊은이가 다급한 가운데 좋은 생각이 떠오른 듯 말했다. "사장님, 축하합니다! 곧 분점을 내시겠어요. 이건 좋은 징조예요!"

A 젊은이는 사장의 아들이다
B 간판이 두 토막으로 갈라졌다
C 사장은 분점을 낼 것이다
D 사장이 듣고 매우 화가 났다

단어 小伙子 xiǎohuǒzi 몡 젊은이 | 伙计 huǒji 몡 점원 | 招牌 zhāopai 몡 간판 | 摔 shuāi 동 떨어져 부서지다 | 粗心 cūxīn 형 부주의하다 | 该死 gāisǐ 동 빌어먹을[분노·원망 등을 나타내는 말] | 急中生智 jízhōng shēngzhì 성 다급한 가운데 좋은 생각이 떠오르다 | 兆头 zhàotou 몡 징조

해설 유머 이야기는 난이도가 높으므로 추측하기보다는 꼼꼼히 정보를 대조하는 것이 중요하다. 간판이 땅에 떨어져 두 토막이 난 것이므로 정답은 B이다.

2 ★★★

形容时光短暂时常用"弹指一挥间"这个比喻。其实这里的"指"就是手指，"弹指"就是捻弹手指发出声音的意思。佛家常用"弹指"来比喻时光的短暂。

A "指"是大拇指
B "弹指"是时光短暂的意思
C "弹指"是用手指弹别人
D 佛家用"弹指"比喻时光短暂

시간의 짧음을 묘사할 때 '눈 깜짝할 사이'라는 비유를 자주 사용한다. 사실 여기에서 '指'는 손가락이고, '弹指'는 손가락을 비비고 튕겨서 소리를 낸다는 뜻이다. 불교에서는 '弹指'로 시간의 짧음을 비유한다.

A '指'는 엄지손가락이다
B '弹指'는 시간이 짧다는 의미이다
C '弹指'는 손가락을 사용해 다른 사람을 튕기는 것이다
D 불교에서는 '弹指'로 시간의 짧음을 비유한다

단어 形容 xíngróng 동 묘사하다 | 时光 shíguāng 몡 시간 | 短暂 duǎnzàn 형 (시간이) 짧다 | 弹指一挥间 tánzhǐ yìhuījiān 눈 깜짝할 사이, 손가락을 한번 튕기는 시간 | 比喻 bǐyù 동 비유하다 | 捻 niǎn 동 (손가락으로) 비비다 | 弹 tán 동 튕기다 | 佛家 fójiā 몡 불교

해설 주어와 술어를 정확하게 듣는 것이 중요하다. 불교에서는 '弹指'로 시간의 짧음을 비유한다고 했으므로 정답은 D이다.

A. '指'가 손가락이라고 했지만 엄지손가락인지는 알 수 없다.

B. '弹指'는 손가락을 비비고 튕겨서 소리를 낸다는 뜻으로 불교에서 시간의 짧음을 비유할 뿐 단어 자체가 시간이 짧다는 의미는 아니다.

3 ★★☆

每一个刚进入集团的员工，都将接受公司为期一到两周的新人封闭式培训。为了帮助员工尽快成为国际性的管理人才和专业人才，我们集团会定期选送优秀员工出国培训或到相关知名企业工作学习。

그룹에 막 들어온 직원마다 모두 1주에서 2주 정도의 신입 사원 합숙 훈련을 받게 된다. 직원들이 최대한 빨리 국제적인 관리 인재와 전문 인재가 되는 것을 돕기 위해, 우리 그룹은 우수 사원을 해외 연수나 관련 유명 기업에서 일하고 학습하도록 정기적으로 선발하여 파견할 것이다.

A 封闭培训为一个月	A 합숙 훈련은 1개월이다
B 新员工将出国深造	B 신입 사원은 외국에 나가 깊이 연구할 것이다
C 集团会不定期地让员工学习	C 그룹은 비정기적으로 직원에게 학습하게 할 것이다
D 集团会送员工到知名企业学习	D 그룹은 직원을 유명 기업으로 보내 학습하게 할 것이다

단어 集团 jítuán 명 그룹, 기업 | 为期 wéiqī 명 기한 | 封闭式 fēngbìshì 명 폐쇄식 | 培训 péixùn 동 훈련하다 | 定期 dìngqī 형 정기적인 | 选送 xuǎnsòng 동 선발하여 파견하다 | 优秀 yōuxiù 형 우수하다

해설 우리 그룹은 우수 사원을 유명 기업에서 일하고 학습하도록 정기적으로 선발하여 파견할 것이라고 했으므로 정답은 D이다.
B. 해외 연수를 가는 것은 신입 사원이 아닌 우수 사원이다.

---

4 ★★☆

虽然客人对饭店的真诚态度基本认可，但还有相当一部分顾客对员工的真诚并不是很肯定，如有近40%的顾客并不十分认可服务人员的服务是发自内心的，近26%的人并不认可服务人员对客人有亲切感。

손님은 음식점의 진실한 태도에 대해서 대체로 인정하지만, 직원의 진심에 대해서는 긍정적이지만은 않은 손님도 상당수 있다. 거의 40%에 달하는 손님이 직원의 서비스가 마음에서 우러나오는 것이라고 결코 인정하지 않고, 26%에 달하는 사람은 직원이 손님에게 친근감이 있다는 것을 인정하지 않는다.

A 客人对饭店的态度不认可	A 손님은 음식점의 태도에 대해서 인정하지 않는다
B 顾客都不满意员工的态度	B 손님은 모두 직원의 태도에 불만을 가진다
C 员工不都对客人有亲切感	C 직원들 모두 손님에게 친근감을 갖는 것은 아니다
D 顾客认可员工的服务来自内心	D 손님은 직원의 태도가 마음에서 우러나온다고 인정한다

단어 真诚 zhēnchéng 형 진실하다 | 认可 rènkě 동 인정하다 | 肯定 kěndìng 동 긍정하다 | 发自内心 fāzì nèixīn 진심에서 우러나오다 | 亲切感 qīnqiègǎn 명 친근감, 친밀감

해설 부정부사에 유의하여 들어야 한다. 26%에 달하는 사람은 직원이 손님에게 친근감이 있다는 것을 인정하지 않는다고 했고, C의 '不都'는 '모두 그런 것은 아니다'라는 뜻이므로 정답은 C이다.

---

5 ★★☆

亚洲国家的小吃物美价廉，但日本、韩国和新加坡的除外，尤其是日本的东京，街头小吃几乎不见踪影，即使有，昂贵的价格也会让人望而却步。

아시아 국가의 간식거리는 값싸고 품질도 좋지만 일본, 한국, 싱가포르 것은 제외된다. 특히 일본의 도쿄는 길거리 간식을 거의 보기 힘들고, 설령 있더라도 높은 가격 때문에 다가가기 쉽지 않다.

A 日本的小吃很贵	A 일본의 간식거리는 비싸다
B 韩国街头不见小吃踪影	B 한국 길거리에서는 간식을 볼 수 없다
C 新加坡小吃价格实惠	C 싱가포르의 간식거리 가격은 실속이 있다
D 欧洲国家小吃价廉物美	D 유럽 국가의 간식거리는 값싸고 품질도 좋다

단어 物美价廉 wùměi jiàlián 성 상품의 질이 좋고 값도 저렴하다 | 除外 chúwài 동 제외하다 | 街头 jiētóu 명 길거리 | 踪影 zōngyǐng 명 종적, 자취 | 昂贵 ángguì 형 비싸다 | 望而却步 wàng'ér quèbù 성 뒷걸음질치다

해설 일본은 길거리 간식을 거의 보기 힘들고, 높은 가격 때문에 다가가기 쉽지 않다고 했으므로 정답은 A이다.

6 ★☆☆

本产品采用220V电源，既能安装于户内，又可安装在户外，还可利用脚手架安装于大型建筑工地。它的主要特点是：携带方便、安装简捷、操作容易。

이 제품은 220V 전원을 사용하며, 실내에서도 설치 가능할 뿐만 아니라 실외에도 설치할 수 있고, 비계를 사용하여 대형 건물 공사 현장에도 설치할 수 있다. 이 제품의 주요 특징은 휴대가 편하고, 설치가 간편하고 빠르며 조작이 쉽다는 것이다.

A 该产品采用250V电源
B 只能安装在户外
C 该产品携带不方便
D 该产品操作简便

A 이 제품은 250V 전원을 사용한다
B 실외에만 설치할 수 있다
C 이 제품은 휴대가 불편하다
D 이 제품은 조작이 간편하다

단어 安装 ānzhuāng 통 설치하다 | 户内 hùnèi 명 실내 | 户外 hùwài 명 실외 | 脚手架 jiǎoshǒujià 명 비계 [높은 곳에서 공사할 수 있도록 임시로 설치한 가설물] | 建筑 jiànzhù 명 건물 | 工地 gōngdì 명 공사 현장 | 携带 xiédài 통 휴대하다 | 简捷 jiǎnjié 형 간편하고 빠르다 | 操作 cāozuò 통 조작하다

해설 이 제품은 조작이 쉽다고 했고, 녹음의 '容易'가 보기에서 '简便'로 쓰였다. 따라서 정답은 D이다.

7 ★★☆

为了顺利推进细节营销，塑造优秀营销文化，企业领导们必须首先树立自己的权威性、可信性和人格"魅力"，使企业员工对他们产生信任、理解、支持和认同，从而对细节营销形成强有力的领导和诱导作用。

세부적인 마케팅을 순조롭게 추진하기 위해서는 우수한 마케팅 문화를 만들어야 한다. 기업의 리더들은 우선 자신의 권위성, 신뢰감, 인간적인 '매력'을 확립해서 기업의 직원이 그들을 믿고, 이해하고, 지지하고, 인정하여 세부적인 마케팅에 강력한 리더십과 유도 작용을 하게 한다.

A 企业领导者应深入员工内部
B 企业领导者应树立权威性
C 员工应学会反抗
D 细节营销不容易施行

A 기업의 리더는 직원 내부에 깊이 들어가야 한다
B 기업의 리더는 권위성을 확립해야 한다
C 직원은 반항하는 것을 배워야 한다
D 세부 마케팅은 실행하기 쉽지 않다

단어 推进 tuījìn 통 추진하다 | 细节 xìjié 명 세부 | 营销 yíngxiāo 통 마케팅하다 | 塑造 sùzào 통 만들다 | 树立 shùlì 통 확립하다 | 权威 quánwēi 명 권위 | 可信 kěxìn 형 믿을 만하다 | 认同 rèntóng 통 인정하다 | 形成 xíngchéng 통 이루어지다 | 诱导 yòudǎo 통 유도하다

해설 기업의 리더들은 자신의 권위성을 확립해야 한다고 했으므로 정답은 B이다.

8 ★★★

春节，是中国民间最盛大的节日。除夕之夜有一项重要的民俗活动——迎"财神"。"财神"其实是印制的粗糙的财神像，此财神像用红纸印刷而成，中间为线描的神像，两旁再写一些吉利词句。

춘절은 중국 민간의 가장 성대한 명절이다. 섣달 그믐날 밤에는 '재물의 신'을 맞이하는 중요한 민속 행사가 있다. '재물의 신'은 사실 인쇄해서 제작된 조잡한 재물의 신상이다. 이 재물의 신상은 빨간색 종이로 인쇄되어 있고 중간에는 선으로 묘사한 신상이 있고, 양쪽에 행운의 글이 적혀 있다.

A "财神"在除夕之夜受欢迎
B "财神"即财神像
C "财神"中间为印制的神像
D "财神"中间为吉利话语

A '재물의 신'은 섣달 그믐날 밤에 환영을 받는다
B '재물의 신'이 바로 재물의 신상이다
C '재물의 신'의 중간은 인쇄해서 제작된 신상이다
D '재물의 신'의 중간에는 행운의 글이 있다

단어　盛大 shèngdà 휑 성대하다 | 除夕 chúxī 몡 섣달 그믐날 | 民俗 mínsú 몡 민속 | 印制 yìnzhì 동 인쇄 제작하다 | 粗糙 cūcāo 휑 조잡하다, 엉성하다 | 财神像 cáishénxiàng 몡 재물의 신상 | 印刷 yìnshuā 동 인쇄하다 | 线描 xiànmiáo 몡 신묘(가는 선으로 사물의 형상을 묘사하는 기법) | 吉利 jílì 휑 길하다

해설　단어만 들어서는 정답을 고르기 어려우므로 문장의 주어와 술어를 정확하게 들어야 한다. '재물의 신'은 사실 인쇄해서 제작된 조잡한 재물의 신상이라고 했으므로 정답은 B이다.

A. 섣달 그믐날 밤에 재물의 신을 맞이하는 민속 행사를 한다고 했지만 환영을 받는지는 알 수 없다.

9　★☆☆

日本政府将在未来5年内投资350亿日元，邀请多国的青少年访问日本。由于18岁以下人口持续减少，"国际化"成为今后日本大学教育改革的重点之一。

일본 정부는 앞으로 5년 안에 350억 엔을 투자하여 여러 나라의 청소년을 일본에 방문하도록 초청할 것이다. 18세 이하 인구의 지속적인 감소로, '국제화'는 앞으로 일본 대학 교육 개혁의 중점 중 하나가 되었다.

A 日本政府邀请青少年访问日本
B 日本政府邀请成年人访问日本
C 日本20岁人口持续减少
D 老龄化是日本教育改革重点

A 일본 정부는 청소년을 일본에 방문하도록 초청한다
B 일본 정부는 성인들을 일본에 방문하도록 초청한다
C 일본의 20세 인구는 지속적으로 감소한다
D 고령화는 일본 교육 개혁의 핵심이다

단어　投资 tóuzī 동 투자하다 | 邀请 yāoqǐng 동 초청하다 | 访问 fǎngwèn 동 방문하다 | 改革 gǎigé 동 개혁하다

해설　일본 정부는 여러 나라의 청소년을 일본에 방문하도록 초청할 것이라고 했으므로 정답은 A이다.

10　★★★

俗话说"春捂秋冻"，不过专家提醒，"秋冻"是讲条件的。"秋冻"可以帮助人体巩固抗御机能，激发机体逐渐适应寒冷的环境，对呼吸道疾病的发生起到积极的预防作用。但中秋过后，冷空气变化频繁，昼夜温差加大，如果盲目受冻，不但对健康无益，还容易患上呼吸道和心脑血管疾病。

옛말에 '봄에는 두껍게 입고 가을에는 얇게 입어라'라고 했다. 그러나 전문가들은 '가을에 얇게 입는 것'은 조건이 있다고 말한다. '가을에 얇게 입는 것'은 인체의 저항 기능을 강화하는데 도움을 주고 추운 환경에 점차 적응할 수 있게 해 준다. 호흡기 질병의 발생에 적극적인 예방 역할을 한다. 그러나 중추절이 지나면 차가운 공기의 변화가 빈번하고, 낮과 밤의 온도 차이가 커서, 만약 무턱대고 추위를 견디면 건강에 좋지 않을 뿐 아니라 호흡기와 심뇌혈관 질병에 걸리기 쉽다.

A "秋冻"不需要条件
B "秋冻"引发呼吸道疾病
C 受冻可促进健康
D 盲目受冻易患心脑血管疾病

A '가을에 얇게 입는 것'은 조건이 필요 없다
B '가을에 얇게 입는 것'은 호흡기 질병을 유발한다
C 추위를 견디는 것은 건강을 증진시킨다
D 무턱대고 추위를 견디면 심뇌혈관 질병에 걸리기 쉽다

단어　春捂秋冻 chūnwǔ qiūdòng 봄에 두껍게 입고 가을에는 얇게 입어라 | 巩固 gǒnggù 동 공고히 하다 | 抗御 kàngyù 동 저항하다, 맞서다 | 机能 jīnéng 몡 기능 | 激发 jīfā 동 불러일으키다 | 呼吸道 hūxīdào 몡 호흡기 | 积极 jījí 휑 적극적이다 | 预防 yùfáng 동 예방하다 | 频繁 pínfán 휑 빈번하다 | 昼夜 zhòuyè 몡 낮과 밤 | 盲目 mángmù 휑 무작정 | 受冻 shòudòng 동 추위에 떨다 | 患上 huànshàng 동 걸리다, 앓다 | 心脑血管 xīnnǎo xuèguǎn 몡 심뇌혈관

해설　무턱대고 추위를 견디면 호흡기와 심뇌혈관 질병에 걸리기 쉽다고 했으므로 정답은 D이다.

B. '가을에 얇게 입는 것'은 호흡기 질병을 유발하는 것이 아니라 예방 역할을 한다.

11 ★☆☆

财富是转瞬即逝的，只有生命才是永恒的。生命，包括所有的爱、快乐和赞美的力量。如果一个国家养育了无数心地善良且幸福快乐的人，那么这个国家就是最富有的。

A 财富是永恒的
B 快乐是暂时的
C 生命是永恒的
D 最富有的国家是有钱人很多

재물은 한 순간에 사라지는 것이며, 오직 생명만이 영원한 것이다. 생명은 모든 사랑, 기쁨, 찬미의 힘을 포함한다. 만약 한 국가가 마음씨가 착하고 행복하고 즐거운 사람을 많이 길러 낸다면 그 국가가 바로 가장 부유한 나라이다.

A 재물은 영원한 것이다
B 즐거움은 일시적인 것이다
C 생명은 영원한 것이다
D 가장 부유한 국가는 부자가 많은 것이다

단어 **财富** cáifù 몡 재물, 부 | **转瞬即逝** zhuǎnshùn jíshì 눈 깜짝할 사이에 지나가 버리다 | **永恒** yǒnghéng 혱 영원하다 | **赞美** zànměi 동 찬미하다 | **养育** yǎngyù 동 기르다 | **无数** wúshù 혱 매우 많다 | **心地** xīndì 몡 마음씨

해설 주어와 술어를 유의하여 들어야 한다. 오직 생명만이 영원한 것이라고 했으므로 정답은 C이다.

12 ★★☆

睡莲是泰国、埃及、孟加拉的国花。泰国是佛教国家，而莲又与佛有着千丝万缕的联系，它象征着圣洁、庄严与肃穆。信佛之人，必深爱莲花。睡莲与荷花同属睡莲科，在佛教中，通称为莲花。睡莲花语是纯洁、迎着朝气、抛去暮气。

A 睡莲是新加坡的国花
B 莲与佛没有联系
C 荷花不属于睡莲科
D 睡莲花语是纯洁

수련은 태국, 이집트, 방글라데시의 국화이다. 태국은 불교 국가이며, 연꽃은 불교와도 매우 복잡한 관련이 있다. 그것은 성스러움, 장엄함, 엄숙함을 상징한다. 불교 신자는 반드시 연꽃을 좋아한다. 수련과 연꽃은 같은 수련과이며, 불교에서는 연꽃이라 통칭한다. 수련의 꽃말은 순결하다, 아침의 신선한 공기를 맞이한다, 어두운 기운을 몰아낸다는 것이다.

A 수련은 싱가포르의 국화이다
B 연꽃과 불교는 관련이 없다
C 연꽃은 수련과에 속하지 않는다
D 수련의 꽃말은 순결이다

단어 **睡莲** shuìlián 몡 수련 | **泰国** Tàiguó 몡 태국 | **埃及** Āijí 몡 이집트 | **孟加拉** Mèngjiālā 몡 방글라데시 | **佛教** Fójiào 몡 종교 | **莲** lián 몡 연꽃 | **千丝万缕** qiānsīwànlǚ 성 매우 긴밀한 관계를 맺고 있다 | **象征** xiàngzhēng 동 상징하다 | **圣洁** shèngjié 혱 성결하다 | **庄严** zhuāngyán 혱 장엄하다 | **肃穆** sùmù 혱 엄숙하고 공손하다 | **莲花** héhuā 연꽃 | **荷花** héhuā 연꽃 | **纯洁** chúnjié 혱 순결하다 | **朝气** zhāoqì 몡 생기 | **抛** pāo 동 버리다 | **暮气** mùqì 몡 황혼 무렵의 안개

해설 수련의 꽃말은 순결이라고 했으므로 정답은 D이다.

13 ★☆☆

购物既是消费，也是享受。不论是突然想起要买桶牛奶、聊个天，还是去逛书店，与店主谈谈新书；或是去专营手工制品的商业中心里搜寻一件称心的礼品；或者仅仅是溜达一圈，购物是真正意义上的交易——一种交换。

쇼핑은 소비하는 것이자 즐기는 것이다. 갑자기 우유 한 통을 사야 하는 것이 생각나고, 잡담을 하거나, 또는 서점을 돌아다니다가 서점 주인과 신간 도서에 대해서 이야기를 나누거나, 아니면 핸드메이드 제품을 전문적으로 판매하는 쇼핑센터에서 마음에 드는 선물을 고르거나, 아니면 그저 한 바퀴 돌아보는 것이든 상관없이 구매는 진정한 의미의 거래이며, 일종의 교환이다.

A 购物是享受	A 쇼핑은 즐기는 것이다
B 购物仅仅是消费	B 쇼핑은 단지 소비일 뿐이다
C 购物很辛苦	C 쇼핑은 힘들다
D 购物不算是交换	D 쇼핑은 교환이라고 할 수 없다

단어 购物 gòuwù 통 쇼핑하다 | 消费 xiāofèi 통 소비하다 | 享受 xiǎngshòu 통 즐기다 | 专营 zhuānyíng 통 전문적으로 경영하다 | 手工制品 shǒugōngzhìpǐn 핸드메이드 제품 | 商业中心 shāngyè zhōngxīn 쇼핑센터 | 搜寻 sōuxún 통 찾다 | 称心 chènxīn 통 마음에 들다 | 礼品 lǐpǐn 명 선물 | 溜达 liūda 통 돌아다니다 | 交易 jiāoyì 명 거래

해설 쇼핑은 소비하는 것이자 즐기는 것이라고 했으므로 정답은 A이다.

---

14 ★★☆

所谓十拿九稳的事情，往往是获得回报最少的事情。要做，就去做那些没把握的事儿——你觉得没把握，别人同样觉得没把握。但是你做了，就有成功的可能；不做，就永远只能看着别人成功。风险与收益向来都是成正比的。	소위 말하는 십중팔구 틀림없는 일은 흔히 얻는 대가가 가장 적은 일이다. 하려면 자신 없는 일들을 해라. 당신이 자신 없다고 느끼면, 다른 사람도 마찬가지로 자신 없다고 느낀다. 그러나 당신이 하기만 하면 성공의 가능성이 있다. 하지 않으면 영원히 다른 사람의 성공만 바라봐야 한다. 위험과 수익은 항상 모두 정비례하는 것이다.
A 不存在十拿九稳的事儿	A 십중팔구 틀림없는 일은 존재하지 않는다
B 要做有把握的事儿	B 자신 있는 일을 해야 한다
C 欣赏别人的成功	C 다른 사람의 성공을 감상한다
D 风险与收益是成正比的	D 위험과 수익은 정비례하는 것이다

단어 十拿九稳 shíná jiǔwěn 성 십중팔구는 틀림없다 | 回报 huíbào 통 보답하다 | 把握 bǎwò 명 (성공에 대한) 자신 | 风险 fēngxiǎn 명 위험 | 受益 shòuyì 통 이익을 얻다 | 正比 zhèngbǐ 명 정비례

해설 위험과 수익은 항상 모두 정비례하는 것이라고 했으므로 정답은 D이다.

---

15 ★★☆

在我们周围，不公正的事儿总是会存在的。那些杰出的人之所以能够走向最后的成功，不是他们没遇到过不公正的事儿，而是那些不公正的事儿没有使他们放弃自己的追求。杰出的人与平庸的人的一个很重要的区别就是他们对待不公正的态度不同。	우리의 주위에는 불공정한 일들이 항상 존재하곤 한다. 뛰어난 사람들이 최후에 성공을 거둘 수 있는 이유는 그들이 불공정한 일을 당하지 않아서가 아니고, 그 불공정한 일들이 그들 자신의 꿈을 포기하게 하지 못한 것이다. 뛰어난 사람과 평범한 사람의 아주 중요한 차이는 그들이 불공정한 일을 대하는 태도가 다르다는 것이다.
A 杰出的人没遇到过不公正的事儿	A 뛰어난 사람은 불공정한 일을 당한 적이 없다
B 平庸的人遇到过很多不公正的事儿	B 평범한 사람은 불공정한 일을 많이 당했다
C 杰出的人遇到不公正也不放弃自己的追求	C 뛰어난 사람은 불공정한 일을 당해도 자신의 꿈을 포기하지 않는다
D 平庸的人不会成功	D 평범한 사람은 성공할 수 없다

단어 公正 gōngzhèng 형 공정하다 | 杰出 jiéchū 형 남보다 뛰어난, 출중하다 | 之所以 zhīsuǒyǐ 접 ~한 이유는 | 追求 zhuīqiú 통 추구하다 | 平庸 píngyōng 형 평범하다 | 对待 duìdài 통 대하다

해설 보기의 주어가 '뛰어난 사람'과 '평범한 사람' 두 가지이므로 각각의 주어에 유의하여 들어야 한다. 불공정한 일들이 뛰어난 사람의 꿈을 포기하게 하지 못한 것이라고 했다. 이는 뛰어난 사람은 불공정한 일을 당해도 자신의 꿈을 포기하지 않는다는 것이므로 정답은 C이다.

16 – 20

女: 欢迎大家来到今晚的节目，我们为您邀请到了王甮。王先生，您是如何看待艺术的个人私密性和公共交流之间的关系的？

男: ¹⁶我认为艺术的个人私密性是因为在创作过程中需要有个人空间来完成具有个人符号的创作材料与手段，当然是不容外人打扰和参与的。而公共交流是对创作完成后的作品进行评论与推敲，要找出问题并解决问题，让作品在艺术领域内有一定的学术提升和影响力。所以说我也主张在艺术创作中寻找与自己有着共同的研究的创作者一起进行。中国的艺术需要发展，只有不断进取才能跟上西方。¹⁷其实我们交流太少，不是技术上的问题，而是思想上的问题。回头看看，中国当下的艺术一直是跟着西方跑的，所以我们需要开放性的交流。

女: 您对当下艺术的关注，侧重于哪些方面？

男: ¹⁸我是个比较传统的人，所以我会走传统艺术的路。当然了，¹⁹我们在坚持传统的同时也需要拓展出新的道路来，不能跟着前辈走，艺术需要更新，需要进取。当下的艺术是当代的，而资深的艺术文化还是传统的，传统文化艺术中有许多东西始终让人回味无穷。不管是西方传统还是中国传统，我们只有在大师走过的路上进行新的拓展，而不是跟着跑，才能塑造新的传统。

女: 艺术家来宋庄干什么？这个问题被很多人关注过，从艺术家的视角如何看待这个问题？

男: 其实这个问题最简单不过了，您只需要理解什么是艺术就行了。艺术家就是身上有才艺的人，他们会以与众人不同的角度思考问题，但他们又会"72变"，如果变得好就是"家"了，变得不好就只是艺人罢了。因为艺术家需要交流与创作，当然也需要集中在一起，但是也不会朝夕相处，因为每位艺术家各自都有自己的创作。一句话，²⁰艺术家来宋庄，就是为了创作和生存。

여: 오늘 저녁 프로그램에 오신 여러분 환영합니다. 여러분을 위해 왕민(王甮) 선생님을 모셨습니다. 왕 선생님, 선생님께서는 예술의 개인 프라이버시성과 공공 교류 간의 관계를 어떻게 보십니까?

남: ¹⁶저는 예술의 개인 프라이버시성은 창작 과정 중 자신만의 창작 재료와 수단을 사용할 수 있는 개인만의 공간이 필요하기 때문에 당연히 외부인의 방해와 참여를 허용하지 않는 것이라고 생각합니다. 그러나 공공 교류는 창작이 완성되고 난 후 평가와 수정을 하여 문제를 찾고 그 문제를 해결하여 작품을 예술적인 측면에서 어느 정도의 학술적인 향상과 영향력을 갖게 되는 것입니다. 그래서 저는 예술 창작 과정에서 자신과 공동으로 연구할 수 있는 창작자를 찾아 같이해야 한다고 주장합니다. 중국 예술은 발전이 필요하며 끊임없이 앞으로 나아가야만 서양 예술을 따라잡을 수 있습니다. ¹⁷사실 우리의 교류가 너무 적은 것은 기술상의 문제가 아니라 사상적인 측면의 문제입니다. 되돌아 보면 중국의 현재 예술은 줄곧 서양을 따라 뛰어왔기 때문에 개방적인 교류가 필요합니다.

여: 선생님께서는 현재 예술의 관점에서 어느 쪽에 치중하고 계신가요?

남: ¹⁸저는 비교적 전통적인 사람이므로 전통 예술의 길을 따를 것입니다. 당연히 ¹⁹우리는 전통을 고수하는 동시에 새로운 길을 개척해야 합니다. 선배들을 따라가서는 안 됩니다. 예술은 혁신이 필요하고 앞으로 나아가야 합니다. 지금의 예술은 지금 시대의 것입니다. 오래된 예술 문화는 전통적인 것이고, 전통 문화 예술에는 항상 사람을 계속 끌어당기는 것들을 가지고 있습니다. 서양 전통과 중국 전통을 막론하고 우리는 대가들이 걸어온 길을 따라가지 말고 새롭게 개척해야만 새로운 전통을 만들어 낼 수 있습니다.

여: 예술가들이 송장(宋庄)에 와서 무엇을 하나요? 이 문제는 많은 사람이 관심을 가졌었는데, 예술가의 시각에서 이 문제를 어떻게 보시나요?

남: 사실 이 문제는 가장 간단합니다. 무엇이 예술인지만 알면 됩니다. 예술가들은 예술적 재능과 기예가 있는 사람입니다. 그들은 남다른 각도로 문제를 보지만 그들은 '변화무쌍'합니다. 좋게 변하면 '예술가'가 되는 것이고 좋지 않게 변하면 예인에 불과합니다. 예술가는 교류와 창작을 해야 하며, 함께 집중해야 합니다. 하지만 밤낮 붙어있지는 못하죠. 왜냐하면 모든 예술가는 자신만의 창작이 있기 때문이죠. 한 마디로 ²⁰예술가가 송장으로 오는 것은 창작과 생존을 위함입니다.

단어 看待 kàndài 图 대하다 | 私密 sīmì 图 프라이버시 | 符号 fúhào 图 부호 | 打扰 dǎrǎo 图 방해하다 | 创作 chuàngzuò 图 창작하다 | 推敲 tuīqiāo 图 퇴고하다, 수정하고 다듬다 | 提升 tíshēng 图 높아지다, 진급하다 | 主张 zhǔzhāng 图 주장하다 | 寻找 xúnzhǎo 图 찾다, 구하다 | 进取 jìnqǔ 图 진취하다 | 当下 dāngxià 图 즉각, 바로 | 传统 chuántǒng 图 전통 | 拓展 tuòzhǎn 图 개발하다, 넓히다 | 前辈 qiánbèi 图 연장자, 선배 | 更新 gēngxīn 图 갱신하다, 새롭게 바꾸다 | 资深 zīshēn 图 경력이 오랜, 베테랑의 | 回味无穷 huíwèi wúqióng 图 생각할수록 의미심장하다 | 塑造 sùzào 图 빚어서 만들다 | 视角 shìjiǎo 图 시각 | 才艺 cáiyì 图 재능과 기예 | 众人 zhòngrén 图 여러 사람 | 罢了 bàle 图 ~일 뿐이다 | 朝夕相处 zhāoxī xiāngchǔ 图 늘 함께 살다

16 ★★☆	
男的是如何看待艺术的个人私密性的?	남자는 예술의 개인 프라이버시성을 어떻게 보는가?
A 私密是因为需要有公开的空间	A 프라이버시는 공개적인 공간이 필요하기 때문이다
B 完成公共的创作	B 공공 창작을 완성한다
C 不允许他人使用个人的材料	C 타인이 자신의 재료를 사용하는 것을 허락하지 않는다
D 是不容外人打扰和参与的	D 외부인의 방해와 참여를 허락하지 않는다

해설 남자의 첫 번째 말에서 예술의 개인 프라이버시성은 창작 과정 중 개인만의 공간이 필요하기 때문에 외부인의 방해와 참여를 허용하지 않는다고 했으므로 정답은 D이다.

17 ★★☆	
男的认为公共交流太少的原因是什么?	남자는 공공 교류가 너무 적은 이유를 무엇이라고 생각하는가?
A 是技术上的问题	A 기술상의 문제이다
B 是发展上的问题	B 발전상의 문제이다
C 是交流上的问题	C 교류상의 문제이다
D 是思想上的问题	D 사상적인 측면의 문제이다

해설 남자의 첫 번째 말에서 우리의 교류가 너무 적은 것은 기술상의 문제가 아니라 사상적인 측면의 문제라고 했으므로 정답은 D이다. '不是 A 而是 B(A가 아니고 B이다)'는 듣기 지문에서 많이 등장하는 표현이므로 반드시 숙지해야 한다.

18 ★★☆	
男的对当下艺术的关注侧重于哪些方面?	남자는 현재 예술의 관점에서 어느 쪽에 치중하고 있는가?
A 走传统艺术的路	A 전통 예술의 길을 따른다
B 当下的艺术	B 현재의 예술
C 走西方传统	C 서양 전통을 따른다
D 走中国传统	D 중국 전통을 따른다

해설 남자의 두 번째 말에서 전통 예술의 길을 따를 것이라고 했으므로 정답은 A이다.

19 ★★☆

在男的眼中，关于艺术，不正确的是哪项？

A 艺术需要更新

B 艺术需要进取

C 跟着前辈走

D 在传统中进行新的拓展

남자의 시각에서 예술에 관하여 옳지 않은 것은?

A 예술은 혁신이 필요하다

B 예술은 앞으로 나아가야 한다

C 선배를 따라간다

D 전통 속에서 새로운 것을 개척해야 한다

해설 남자의 두 번째 말에서 우리는 전통을 고수하는 동시에 새로운 길을 개척해야 하며, 선배들을 따라가서는 안 된다고 했으므로 정답은 C이다.

---

20 ★★☆

艺术家来宋庄干什么？

A 思考人生问题

B 寻找灵感

C 画画和生存

D 和其他艺人交流

예술가는 송장에 와서 무엇을 하는가?

A 인생의 문제를 생각한다

B 영감을 찾는다

C 그림을 그리고 생존한다

D 다른 예술가들과 교류한다

해설 남자의 세 번째 말에서 예술가가 송장으로 오는 것은 창작과 생존을 위함이라고 했으므로 정답은 C이다.

---

21 ~ 25

女: 大家好，这里是《站长网善水访谈专题》，一次无意中浏览网页，让陈学知闯入A5论坛。经过短短的一年，陈学知由一名"菜鸟"站长，成为一年内接单量上百的"接单王"，目前在A5论坛的接单量排行榜上保持第一。陈学知您好，您的年纪貌似不大？

男: A5论坛的站长们，大家好！我是陈学知，今年23岁，²¹中专毕业。²²毕业后分配到粤高速收费站上班。

女: 学知毕业后直接在粤高速收费站上班，又是通过什么途径知晓A5论坛的呢？

男: 那是一次偶然的机会，有一天我在上网，突然发现某论坛有一个帖子上说，只要坐在家里就可以月赚3000元以上，但是需要交190元的加盟费，那时被发此帖的人"洗脑"了，就在他的安排下，我汇了190元过去，加盟了他所谓的"网赚"旅途，其实就是网络传销，当时每天都是到处发帖宣传自己的网站，让更多人知道自己的地址和QQ号，再去忽悠别人，让别人加盟，然后再赚提成，但是我做了一下，觉得好累，自己冷静想想，如果自己可以做个网站那不是很赚钱？所以自己就去网站找个程序随便架设了一个网站。有一天我无意中在百度中找到了A5论坛，就这样发现了A5论坛。

여: 여러분, 안녕하세요. 여기는 「운영자 사이트 샨수이의 인터뷰 특별 프로그램」입니다. 무심결에 한번 사이트를 돌아본 것이 천쉐즈(陈学知)를 A5 커뮤니티에 들어오게 했어요. 1년이라는 짧은 시간 동안 천쉐즈는 '초보' 운영자에서 연간 수주량 100을 넘는 '수주왕'이 되었는데요. 현재 A5 커뮤니티 수주량 순위에서 1위를 유지하고 있어요. 천쉐즈, 안녕하세요. 나이가 많은 것 같지는 않은데요?

남: A5 커뮤니티의 운영자 여러분 안녕하세요! 저는 천쉐즈이고, 올해 23살로 ²¹중등전문학교를 졸업했어요. ²²졸업 후에는 광동 고속 요금소에서 일하게 되었죠.

여: 쉐즈는 졸업하고 바로 광동 고속 요금소에서 일했는데 어떤 경로로 A5 커뮤니티를 알게 되었나요?

남: 우연한 기회였어요. 하루는 인터넷에서 갑자기 어떤 커뮤니티의 게시글에서 집에 앉아 있기만 하면 한 달에 3000위안 이상을 벌 수 있다고 말하는 것을 발견했어요. 그런데 가맹비 190위안을 내야 했죠. 그때 그걸 올린 사람한테 '세뇌'를 당해서 그의 계획 하에 190위안을 송금하고 그가 말하는 '인터넷으로 돈 벌기' 여정에 가입했는데 알고 보니 인터넷 다단계 판매였어요. 당시에 매일 곳곳에 게시글을 올려 자신의 웹 사이트를 홍보했고, 더 많은 사람들이 저의 주소와 QQ번호를 알게 만들고, 다시 다른 사람들을 꼬드겨서 가입시키고 그 다음에 인센티브를 받았어요. 하지만 저는 한번 해 보니까 너무 힘들어서, 냉정하게 생각을 해 보았죠. 만약에 내가 직접 웹 사이트를 만들면 돈을 잘 벌 수 있지 않을까? 그래서 웹 사이트에 가서 프로그램을 찾아서 마음대

女: 之后呢? 学知目前的总体情况如何?

男: 之后有一天我在A5论坛资讯看到有人说, 他虽然不是很会经营网站, 但是他每天都在A5论坛接单。一个月也能收获2000到3000元。从此我自己也天天在A5论坛接单干活了, 目前专职在A5论坛接单, 收入还可以。

女: 学知是什么时候开始在A5论坛接单的? 已经有多久了? 至今总共接过多少单子? 总共价值多少? 其中个人净盈利有多少?

男: ²³2008年5月1日我开始专职在A5论坛接单, 到现在也有1年多了。接过的单也上百了, 总价值应该也有4万左右。除了电费、网费基本都是净盈利了, 成本几乎没有。

女: 一年赚4万多, 主要是什么内容的单子? 都是个人独立完成的吗? 没有选择与其他站长合作吗?

男: 对, 接近4万。全部是自己独立完成的, ²⁴没有一个单是外包的, 我接单的原则就是: 不接外包单, 不外包做单, 没把握不接, 接就一定完成。²⁵主要接的单都是仿站、采集、插件定制等业务。

로 웹 사이트 하나를 만들었어요. 어느 날 무심결에 바이두(百度)에서 A5 커뮤니티를 찾았고 이렇게 A5 커뮤니티를 발견했습니다.

여: 그 후에는요? 쉐즈의 지금 전반적인 상황은 어떤가요?

남: 그 후 하루는 A5 커뮤니티 자료에서 어떤 사람이 말하는 것을 봤어요. 그 사람은 웹 사이트 경영을 잘하는 게 아닌데 매일 A5 커뮤니티에서 주문을 받는다는 거예요. 한 달에 2,000에서 3,000위안을 번다는 거였어요. 그때부터 저도 매일 A5 커뮤니티에서 주수를 받아 일했고, 지금은 A5 커뮤니티에서 전적으로 수주를 받아요. 수입도 괜찮고요.

여: 쉐즈는 언제부터 A5 커뮤니티에서 수주를 받은 거예요? 오래됐나요? 지금까지 총 얼만큼 수주를 받으셨나요? 총 액수는요? 그중 개인 순수익은 얼마인가요?

남: ²³2008년 5월1일에 전문적으로 A5 커뮤니티에서 수주를 받기 시작했고 지금까지 1년이 좀 넘었네요. 수주 받은 것은 몇백 되고요. 총 가치는 4만 위안 정도 될 거예요. 전기세, 인터넷 사용료를 제외하고 모두 순수익이죠. 비용이 거의 없으니까요.

여: 1년에 4만이면 주로 어떤 내용의 주문인가요? 혼자서 하실 수 있나요? 다른 운영자와 협력하시는 건가요?

남: 네, 거의 4만이네요. 전부 혼자 한 것이에요. ²⁴외주 주문을 하나도 받지 않아요. 저에게 원칙이 있는데 외주 주문을 받지도 않고, 외주를 통해서 일하지도 않는 거예요. 자신이 없으면 수주를 받지 않고, 받으면 반드시 완성해요. ²⁵주요 수주 내용은 웹 사이트 복제, 수집, 플러그인 주문 제작 등의 업무예요.

단어 站长 zhànzhǎng 몡 웹 마스터 | 访谈 fǎngtán 몡 인터뷰 | 专题 zhuāntí 몡 테마 | 无意中 wúyìzhōng 튀 무심결에 | 浏览 iúlǎn 동 둘러보다 | 网页 wǎngyè 몡 인터넷 홈페이지 | 闯入 chuǎngrù 동 뛰어들다 | 菜鸟 càiniǎo 몡 인터넷 초보자 | 接单 jiēdān 동 수주 | 排行榜 páihángbǎng 몡 순위 | 貌似 màosì 동 보기에는 ~인 것 같다 | 中专 zhōngzhuān 몡 중등전문학교 | 分配 fēnpèi 동 배치하다 | 收费站 shōufèizhàn 몡 요금소, 톨게이트 | 途径 tújìng 몡 경로 | 知晓 zhīxiǎo 동 알다 | 帖子 tiězi 몡 게시물 | 加盟 jiāméng 동 가입 (가맹)하다 | 洗脑 xǐnǎo 동 세뇌하다 | 汇 huì 동 (돈을) 송금하다 | 旅途 lǚtú 몡 여정 | 传销 chuánxiāo 몡 다단계 판매 | 忽悠 hūyou 동 꼬드기다, 흔들거리다 | 提成 tíchéng 몡 인센티브 | 冷静 lěngjìng 톙 냉정하다 | 程序 chéngxù 몡 프로그램 | 架设 jiàshè 동 가설하다 | 资讯 zīxùn 몡 정보와 자료 | 净盈利 jìngyínglì 몡 순수익 | 外包 wàibāo 몡 외주 | 仿站 fǎngzhàn 웹 사이트를 복제하다 | 采集 cǎijí 동 수집하다 | 插件 chājiàn 몡 플러그인 | 定制 dìngzhì 동 맞춤 제작하다

---

21 ★★☆

男的是什么学历毕业?		남자의 학력은 어떠한가?	
A 初中	B 中专	A 중학교	B 중등전문학교
C 高中	D 大学本科	C 고등학교	D 대학교 본과

해설 남자의 첫 번째 말에서 남자는 중등전문학교를 졸업했다고 했으므로 정답은 B이다.

22 ★★☆	
男的毕业后的工作是什么?	남자가 졸업 후 한 일은 무엇인가?
A 文学创作	A 문학 창작
B 从事网络传销	B 인터넷 다단계 판매에 종사한다
C 从事网络接单工作	C 인터넷 수주 업무에 종사한다
D 在粤高速上班	D 광동 고속에서 근무한다

해설 남자의 첫 번째 말에서 졸업 후에는 광동 고속 요금소에서 일하게 되었다고 했으므로 정답은 D이다.

23 ★☆☆	
男的是什么时候开始在A5论坛接单的?	남자는 언제부터 A5 커뮤니티에서 수주를 받기 시작한 것인가?
A 2006年的5月1日　　　B 2007年的5月1日	A 2006년의 5월 1일　　　B 2007년의 5월 1일
C 2008年的5月1日　　　D 2009年的5月1日	C 2008년의 5월 1일　　　D 2009년의 5월 1일

해설 보기가 모두 날짜이므로 날짜에 신경 쓰면서 녹음을 듣는다. 남자의 네 번째 말에서 2008년 5월 1일에 A5 커뮤니티에서 수주를 받기 시작했다고 했으므로 정답은 C이다.

24 ★★☆	
哪项不是男的接单的原则?	남자의 수주 원칙에 속하지 않는 것은?
A 接外包单	A 외주 주문을 받는다
B 不外包做单	B 외주를 통해 일하지 않는다
C 没把握不接	C 자신이 없으면 받지 않는다
D 接就一定完成	D 받으면 반드시 완성한다

해설 부정부사에 유의하여 들어야 한다. 남자의 다섯 번째 말에서 외주 주문을 받지도 않고, 외주를 통해서 일하지도 않는다고 했다. 또한, 자신이 없으면 수주를 받지 않고, 받으면 반드시 완성한다고 했으므로 정답은 A이다.

25 ★★☆	
哪项属于男的的接单内容?	남자의 수주 내용에 속하는 것은?
A 维修网站	A 웹 사이트를 고친다
B 增加人气	B 인기를 높인다
C 插件定制	C 플러그인을 제작한다
D 病毒防护	D 바이러스를 막는다

해설 남자의 다섯 번째 말에서 수주 내용은 웹 사이트 복제, 수집, 플러그인 주문 제작 등의 업무라고 했으므로 정답은 C이다.

男: 各位新浪网友大家好，欢迎大家来到今天的新浪嘉宾聊天室，您现在关注的是2017年全国高校招生系列访谈节目，今天的节目里，我们和大家关注的学校是重庆邮电大学，为大家邀请到的是重庆邮电大学招生就业处处长黄永宜老师。黄老师先跟各位网友打个招呼吧。

女: 各位新浪网友、学生家长和同学们，大家好！

男: 请您简单介绍下本校的优势学科、特色专业。

女: ²⁶学校以信息科学技术为优势和特色，²⁷现有10个省部级重点学科，16个省部级重点实验室、工程研究中心、人文社科基地。学校现有42个本科专业，4个一级学科、20个二级学科硕士学位授权点，并在8个学科领域招收培养工程硕士。应该说我校各专业都具有自己的特色，这也是我校在人才培养过程中不断地积累下来的。我校依托信息技术学科优势，构建"专业＋信息技术"的人才培养模式。既培养优势突出的信息通信类专业人才，也培养具备信息技术背景、适应各行业发展需求的各类专业人才。形成了以IT产业链的上游产品制造至中游网络运营到下游信息内容的策划、制作与传播的完善的信息产业与现代传媒和文化艺术产业交叉融合的人才培养体系。

男: 您能否对第二专业开设情况及转专业政策等为大家进行介绍？

女: ²⁸我校在通信学院、经管学院、计算机学院、外语学院、法学院、软件学院相关专业中开设第二专业，供学有余力的同学修读，学生可在一年级末提出申请。第二专业的学习与主修专业同时进行，修业年限为两年半。学校有转专业的相关规定，符合条件的学生可以向学校申请转专业，具体分为以下情况：1. 相同招生批次间²⁹专业互转，时间安排在一年级末，学生成绩在本年级本专业排名前30%的可以提出转专业申请，填报两个专业志愿，经接收学院考查后确认录取情况；2. 对部分实行大类培养的学院，如通信、光电、计算机、经管、自动化等学院的学生，二年级末进行专业分流，学生可在大类所属专业中自主选择；3. ³⁰除艺术和体育类专业外，学生在三年级前可自由申请转入我校软件学院所属专业。

남: 신랑왕(新浪网) 네티즌 여러분, 안녕하세요. 오늘 신랑(新浪) 게스트 대화방에 오신 여러분 환영합니다. 여러분이 관심을 갖고 있는 것은 바로 2017년 전국 대학 응시 시리즈 인터뷰 프로그램일 텐데요. 오늘 프로그램에서 우리 모두가 주목할 학교는 바로 충칭(重庆) 우전(邮电) 대학입니다. 여러분을 위해서 초대한 분은 바로 충칭 우전 대학의 응시 및 취업처 처장이신 황용이(黄永宜) 선생님이십니다. 황 선생님 네티즌 여러분과 인사하시죠.

여: 신랑왕 네티즌 여러분, 학부모, 학생 여러분 안녕하세요!

남: 간단하게 학교의 우세 학과와 특색 있는 전공을 소개해 주세요.

여: ²⁶학교는 정보 과학 기술을 장점과 특색으로 삼고 있고, ²⁷현재 10개의 성부급 중점 학과와 16개의 중점 실험실, 엔지니어 연구 센터, 인문 사회 과학 거점을 가지고 있습니다. 학교는 현재 42개의 본과 전공, 4개의 1급 학과, 20개의 2급 학과 석사 학위 수여 권한을 가진 전공을 가지고 있으며, 또한 8개의 학과 영역에서 엔지니어 석사를 모집 양성하고 있습니다. 학교의 각 전공은 모두 자신만의 특색을 가지고 있으며 이 모든 것은 저희 학교가 인재를 양성하는 과정에서 끊임없이 쌓아온 것입니다. 저희 학교는 정보 기술 학과의 우세를 통해 '전공+정보기술' 인재 양성 모델을 구축하였습니다. 우수하고 뛰어난 정보통신 전공 인재를 양성하고, 또한 정보기술을 바탕으로 각 산업의 발전에 적응할 수 있는 전문 인재를 양성하고 있습니다. IT 산업 체인의 상위 라인 제품 및 중등 라인인 네트워크 운영 및 하위 라인인 정보 콘텐츠 기획, 제작, 전파의 완비된 정보 산업과 현대 매스 미디어, 문화 예술 산업을 결합한 인재 양성 체계를 형성하였습니다.

남: 선생님께서는 제2전공 개설 상황과 전과(전공 교환) 정책 등을 모두에게 소개해 주실 수 있나요?

여: ²⁸저희 학교는 통신 대학, 경영 관리 대학, 컴퓨터 대학, 외국어 대학, 법학 대학, 소프트웨어 대학 관련 전공에서 제2전공을 개설하여 여력이 있는 학생들이 공부할 수 있게 하고 있으며, 학생들은 1학년 말에 신청할 수 있습니다. 제2전공의 학습은 주전공 학습과 동시 진행되며, 수업 연한은 2년 반입니다. 학교에는 전과 관련 규정을 가지고 있으므로 조건에 부합하는 학생은 학교에 전과를 신청할 수 있습니다. 구체적인 상황은 다음과 같습니다. 첫 번째, 우선 같은 모집 차수 간에 ²⁹전공을 바꿀 수 있으며, 시기는 1학년 말입니다. 학생의 성적은 그해 본과 전공 상위 30%이면 전과 신청을 할 수 있으며, 2개의 전공 지원서를 기입하여 보고한 후 대학의 심사를 받은 후 합격 상황을 확인합니다. 두 번째, 다음으로는 통신, 광전기, 컴퓨터, 경영, 자동화 대학 등 일부 대규모 양성을 실시하는 대학의 학생은 2학년 말에 전공을 분류하여 학생은 대학에 소속된 전공에서 스스로 선택할 수 있습니다. 세 번째, ³⁰예술, 체육 관련 전공을 제외하고는 학생들은 3학년 전에 자유롭게 저희 학교 소프트웨어 대학에 속한 전공으로 바꾸는 것을 신청할 수 있습니다.

단어 招生 zhāoshēng 통 신입생을 모집하다 | 基地 jīdì 명 거점, 근거지 | 授权 shòuquán 통 권한을 부여하다 | 招收 zhāoshōu 통 모집하다 | 培养 péiyǎng 통 양성하다 | 工程 gōngchéng 명 공학, 엔지니어링 | 依托 yītuō 통 의지하다, 근거하다 | 构建 gòujiàn 통 구축하

다 | **模式** móshì 명 모델, 양식 | **背景** bèijǐng 명 배경 | **产业链** chǎnyèliàn 명 산업 사슬, 산업 체인 | **运营** yùnyíng 동 운영하다 | **策划** cèhuà 동 기획하다 | **传播** chuánbō 동 전파하다 | **完善** wánshàn 동 완비하다 | **传媒** chuánméi 명 미디어 | **交叉** jiāochā 동 교차하다 | **融合** rónghé 동 융합하다 | **体系** tǐxì 명 체계 | **经管** jīngguǎn 명 경영 관리 | **软件** ruǎnjiàn 명 소프트웨어 | **修读** xiūdú 동 깊이 연구하다 | **主修** zhǔxiū 동 전공하다 | **修业** xiūyè 동 수업하다 | **批次** pīcì 명 차수 | **填报** tiánbào 동 기입하여 보고하다 | **录取** lùqǔ 동 합격시키다 | **光电** guāngdiàn 명 광전기

---

26 ★★☆

该学校的优势和特色是什么?

A 学生就业高　　　　B 人才培养模式

C 信息科学技术　　　D 本硕连读

이 학교의 장점과 특색은 무엇인가?

A 학생 취업률이 높다　　　B 인재 양성 모델

C 정보 과학 기술　　　　　D 학사, 석사 연계

해설 여자의 두 번째 말에서 학교는 정보 과학 기술을 장점과 특색으로 삼고 있다고 했으므로 정답은 C이다.
B. 녹음에서 인재 양성 모델이 언급되었지만 이는 이 학교의 장점과 특색인 정보 기술 학과의 우세를 통해 이룬 결과이다.

---

27 ★★★

该学校有几个省部级重点学科?

A 8个　　　　　　　B 10个

C 16个　　　　　　D 42个

이 학교는 몇 개의 성부급 중점 학과를 가지고 있나?

A 8개　　　　　　　B 10개

C 16개　　　　　　D 42개

해설 보기에 있는 모든 숫자가 녹음에서 언급되므로 관련 정보를 메모하며 들어야 한다. 여자의 두 번째 말에서 10개의 성부급 중점 학과를 가지고 있다고 했으므로 정답은 B이다.

---

28 ★★☆

下列哪个不属于开设第二专业的学院?

A 通信学院　　　　　B 经管学院

C 计算机学院　　　　D 自动化学院

다음 중 제2전공을 개설한 대학이 아닌 것은?

A 통신 대학　　　　　B 경영 관리 대학

C 컴퓨터 대학　　　　D 자동화 대학

해설 여자의 세 번째 말에서 통신 대학, 경영 관리 대학, 컴퓨터 대학, 외국어 대학, 법학 대학, 소프트웨어 대학 관련 전공에서 제2전공을 개설한다고 했다. 제2전공을 개설한 대학에 속하지 않는 것은 자동화 대학이므로 정답은 D이다.

---

29 ★★☆

转专业的时间安排在哪个年级?

A 一年级初　　　　　B 二年级初

C 一年级末　　　　　D 二年级末

전과 시기는 몇 학년 때인가?

A 1학년 초　　　　　B 2학년 초

C 1학년 말　　　　　D 2학년 말

해설 숫자 관련 보기는 녹음을 들을 때 숫자에 유의하여 듣는다. 여자의 세 번째 말에서 전공을 바꿀 수 있는 시기는 1학년 말이라고 했으므로 정답은 C이다.

哪类学生不能申请转入软件学院所属专业?	소프트웨어 대학에 속한 전공을 신청할 수 없는 학생은 누구인가?
A 艺术和体育类　　B 外语类	A 예술과 체육학과　　B 외국어학과
C 中文系类　　D 技术类	C 중문학과　　D 기술학과

해설　보통 문제의 순서대로 정답이 나오므로 마지막 문제는 후반부에 등장한다. 여자의 세 번째 말에서 예술, 체육 관련 전공을 제외하고는 소프트웨어 대학에 속한 전공으로 바꾸는 것을 신청할 수 있다고 했으므로 정답은 A이다.

듣기 제3부분

31 – 33

　　中国茶道的具体表现形式有三种：1. ³¹煎茶。把茶末投入壶中和水一块儿煎煮。唐代的煎茶，是茶的最高的艺术品尝形式。2. ³¹斗茶。古代文人雅士各自携带茶与水，通过比茶面汤花和品尝鉴赏茶汤以定优劣的一种品茶艺术。斗茶又称为茗战，兴于唐代末，盛于宋代。最先流行于福建建州一带。³²斗茶是古代品茶艺术的最高表现形式。其最终目的是品尝，特别是要吸掉茶面上的汤花，最后斗茶者还要品茶汤，做到色、香、味三者俱佳，才算获得斗茶的最后胜利。3. ³¹工夫茶。清代至今某些地区流行的工夫茶是唐、宋以来品茶艺术的流风余韵。清代工夫茶流行于福建的汀州、漳州、泉州和广东的潮州。后来在安徽祁门地区也很盛行。工夫茶讲究品饮工夫。³³饮功夫茶，有自煎自品和待客两种，特别是待客，更为讲究。

　　중국 다도의 구체적인 표현 형식은 세 종류가 있다. 첫 번째, ³¹차를 끓이는 것이다. 가루차를 주전자에 넣고 물과 함께 달이는 것이다. 당나라의 차를 끓이는 것은 차를 예술적으로 맛보는 최고의 형식이다. 두 번째, ³¹차 겨루기이다. 고대 문인과 선비가 차와 물을 가지고 다니면서 차 위에 거품을 겨루고, 찻물을 맛보고 감상하여 우열을 가리는 일종의 차를 음미하는 예술이다. 차 겨루기는 또 명차(차 싸움)라고도 불리며 당나라 말에 부흥하고, 송나라 때 성행했다. 푸젠(福建) 젠저우(建州) 일대에서 가장 먼저 유행했다. ³²차 겨루기는 고대에서 차를 음미하는 예술의 최고 표현 형식이다. 최종 목적은 맛보는 것이며 특히 찻물 위의 거품을 흡입해야 하고, 마지막에 차를 겨루는 사람은 찻물도 음미해야 하며, 색, 향, 맛 모두를 고루 갖춰야만 차 겨루기의 최후 승리를 얻을 수 있다. 세 번째, ³¹궁푸차(工夫茶 : 다도법의 한가지로 일정한 방식과 예의에 따라 차를 마시는 것)이다. 청나라 때부터 지금까지 몇몇 지역에서 유행하던 궁푸차는 당(唐), 송(宋)나라 이래로 차를 음미하는 예술의 오랜 풍습이다. 청(清)나라 때 궁푸차는 푸젠의 팅저우(汀州), 장저우(漳州), 취안저우(泉州)와 광둥(广东)의 차오저우(潮州)에서 유행했다. 나중에 안후이(安徽) 치먼(祁门)지역에서도 매우 성행했다. 궁푸차는 즐기고 마시는 것을 중시한다. ³³궁푸차를 마시는 것은 본인이 직접 끓여서 마시는 것과 손님을 대접하는 두 가지 종류가 있다. 특히 손님을 대접하는 것을 더 중시한다.

단어　茶道 chádào 몡 다도 | 表现 biǎoxiàn 동 표현하다 | 形式 xíngshì 몡 형식 | 煎茶 jiānchá 몡 차를 끓이다, 전차 | 茶末 chámò 몡 가루차 | 投入 tóurù 동 투입하다 | 壶 hú 몡 주전자 | 煎煮 jiānzhǔ 동 달이다 | 品尝 pǐncháng 동 맛보다 | 斗茶 dòuchá 몡 투차(차 겨루기) | 文人雅士 wénrén yǎshì 몡 문인과 선비 | 携带 xiédài 동 휴대하다, 지니다 | 汤花 tānghuā 몡 탕화(차를 우릴 때 나오는 거품) | 鉴赏 jiànshǎng 동 감상하다 | 茶汤 chátāng 몡 찻물 | 优劣 yōuliè 몡 우열 | 茗战 míngzhàn 몡 명차(차 싸움) | 俱佳 jùjiā 혱 고루 갖추다 | 胜利 shènglì 몡 승리 | 工夫茶 gōngfuchá 몡 궁푸차 | 流风余韵 liúfēng yúyùn 솅 예부터 전해오는 풍습 | 盛行 shèngxíng 동 성행하다 | 讲究 jiǎngjiu 동 중요시 하다 | 待客 dàikè 동 손님을 대접하다

---

31 ★☆☆

哪项不属于中国茶道的具体表现形式?

A 煎茶   B 斗茶

C 功夫茶   D 洗茶

중국 다도의 구체적인 표현 형식에 속하지 않는 것은?

A 차를 끓이는 것   B 차 겨루기

C 궁푸차   D 세차

> **해설** 보기를 보면서 언급되지 않는 것을 고른다. 중국 다도의 구체적인 표현 형식의 세 종류는 차를 끓이는 것, 차 겨루기, 궁푸차라고 했으므로 언급되지 않은 D가 정답이다.

---

32 ★★☆

古代品茶艺术的最高表现形式是什么?

A 煎茶   B 斗茶

C 品茶   D 功夫茶

고대에서 차를 음미하는 예술의 최고 표현 형식은 무엇인가?

A 차를 끓이는 것   B 차 겨루기

C 차를 음미하는 것   D 궁푸차

> **해설** 차 겨루기는 고대에서 차를 음미하는 예술의 최고 표현 형식이라고 했으므로 정답은 B이다.

---

33 ★★☆

哪项属于工夫茶?

A 自煎自品

B 斗茶

C 说茶

D 种茶

궁푸차에 속하는 것은?

A 직접 끓이고 직접 음미한다

B 차 겨루기

C 차를 말하다

D 차를 심다

> **해설** 궁푸차를 마시는 것은 본인이 직접 끓여서 마시는 것과 손님을 대접하는 것이 있다고 했으므로 정답은 A이다.

---

34 – 36

据了解,目前铁路、公路等客运部门大多建立了自己的官方网站,但在大量旅客滞留期间,没有几家网站在网上及时发布信息,车站现场也没有相应的信息指导。³⁴滞留旅客无法及时了解自己的车次情况,所以旅客人群的集体急躁情绪,导致突发事件爆发的概率大大增加。

另外,一些灾害发生前后的很长一段时间内,气象、灾情等重要信息没有被有效传达,甚至³⁵在雪灾预警发出后的一段时间内,灾情扩大等重要信息也没有通过有效的传播渠道及时、准确地传递给政府决策部门和社会各界,导致公众未能及时调整自己的出行计划,³⁶使得相关政府和危机管理部门对一些灾情的严重性估计不足,延误了最佳救援时机。

현재 철도, 국도 등의 여객 운송 부서는 대부분 공식 웹 사이트를 개설하였지만 많은 여행객이 머무는 기간에 인터넷에 제때 정보를 발표하는 웹 사이트는 몇 개 없고 터미널 현장 역시 알맞은 정보 안내가 없는 것으로 알려졌다. ³⁴머물고 있는 여행객들은 자신의 열차 운행 상황을 제때 파악할 수 없어서, 여행객들의 집단 조급증으로 인해 돌발 상황이 발생할 확률이 크게 증가했다.

그밖에도, 재해 발생 전후의 상당한 기간 동안에 기상, 재해 상황 등의 중요한 정보가 효과적으로 전달되지 못한다. 심지어 ³⁵눈 피해 예보가 발표된 후 일정 시간 동안에 재해 상황 확대 등의 중요한 정보도 효과적인 전파 경로를 통해 제때에 정확하게 정부 정책 결정 부서와 사회 각계에 전달되지 못한다. 이는 사람들이 자신의 외출 계획을 제때에 조정하지 못하게 되고 ³⁶관련 정부와 위기관리 부서가 재해 상황의 심각성에 대한 예측이 부족하여 최적의 구조 시기를 놓치게 된다.

> **단어** **铁路** tiělù 몡 철도 | **公路** gōnglù 몡 국도, 도로 | **客运** kèyùn 몡 여객 운송 | **部门** bùmén 몡 부서 | **官方** guānfāng 몡 공식 | **网站** wǎngzhàn 몡 웹 사이트 | **滞留** zhìliú 동 ~에 머물다 | **发布** fābù 동 발표하다 | **相应** xiāngyìng 혱 알맞다 | **指导** zhǐdǎo 동 안내하다, 지도하다 | **及时** jíshí 뮈 즉시 | **车次** chēcì 몡 (열차나 장거리 버스의) 운행 순서 | **人群** rénqún 몡 군중 | **集体** jítǐ 몡 집단 | **急躁**

185

jízào 형 조급하다 | 情绪 qíngxù 명 정서, 기분 | 爆发 bàofā 동 돌발하다 | 概率 gàilǜ 명 확률 | 灾害 zāihài 명 재해 | 气象 qìxiàng 명 기상 | 灾情 zāiqíng 명 재해 상황 | 传达 chuándá 동 전달하다 | 雪灾 xuězāi 명 눈 피해 | 预警 yùjǐng 동 조기 경보하다 | 发出 fāchū 발표하다 | 扩大 kuòdà 동 확대하다 | 渠道 qúdào 명 경로 | 准确 zhǔnquè 형 정확하다 | 传递 chuándì 동 전달하다 | 决策 juécè 동 정책 등을 결정하다 | 公众 gōngzhòng 명 대중 | 调整 tiáozhěng 동 조정하다 | 出行 chūxíng 동 외출하다 | 估计 gūjì 동 추측하다 | 延误 yánwù 동 (시기를) 놓치다 | 救援 jiùyuán 동 구조하다 | 时机 shíjī 명 시기

---

34 ★★★

什么会导致突发事件的爆发?	무엇이 돌발 상황을 발생시킬 수 있는가?
A 车次信息更新缓慢	A 열차 운행 상황 업데이트가 느린 것
B 信息指导不具体	B 정보 안내가 구체적이지 못한 것
C 人群的集体躁动情绪	C 사람들의 집단 조급증
D 网站信息不正确	D 웹 사이트의 정보가 정확하지 못한 것

해설 여행객들의 집단 조급증으로 인해 돌발 상황이 발생할 확률이 크게 증가했다고 했으므로 정답은 C이다.
A, B, D. 열차 운행 상황 사이트가 느린 것, 정보 안내가 구체적이지 못한 것, 웹 사이트의 정보가 정확하지 못한 것은 사람들의 집단 조급증을 일으키는 원인이다.

---

35 ★☆☆

公众为什么不能及时调整自己的出行计划?	사람들은 왜 자신의 외출 계획을 제때 조정하지 못하는가?
A 雪灾并不严重	A 눈 피해가 심각하지 않다
B 乘坐长途车很方便	B 장거리 교통수단을 사용하는 것이 편리하다
C 大家出行兴致浓厚	C 모두가 밖에 나가는 것에 흥미가 깊다
D 未能及时得到灾情的有效信息	D 제때 재해 상황의 유용한 정보를 얻지 못한다

단어 兴致 xìngzhì 명 흥미 | 浓厚 nónghòu 형 깊다

해설 재해 상황에 관한 정확한 정보가 전달되지 못해서 사람들이 외출 계획을 제때에 조정하지 못하는 것이므로 정답은 D이다.

---

36 ★★☆

为什么会延误最佳救援时机?	왜 최적의 구조 시기를 놓치는가?
A 中国人太多	A 중국인이 너무 많다
B 信息传播欠发达	B 정보 전파가 발달하지 못했다
C 雪灾导致路段堵塞	C 눈 피해로 인해 도로가 막혔다
D 相关部门对灾情估计不足	D 관련 부서는 재해 상황에 대한 예측이 부족하다

해설 관련 정부와 위기관리 부서는 재해 상황의 심각성에 대한 예측이 부족하여 최적의 구조 시기를 놓치게 된다고 했으므로 정답은 D이다.

37 – 39

老师问学生："怎样让一粒玉米开花？"学生说："把玉米粒埋进土里，精心培育，让它生根、发芽、开花。"

老师又问："还有什么更直接的方法可以让玉米粒开花呢？"

一个学生答道："³⁷给玉米粒加热加压，让它变成爆米花。"

老师肯定了这个学生的答案，她说："每粒玉米都被一层果皮紧紧包裹着，当玉米粒加热加压后，³⁸这层果皮能起到锁住里面水蒸气的作用。然而，有的玉米粒因无法承受压力，内部的水蒸气不断泄露出来，成了不会"开花"的玉米粒；但有的玉米粒却能承受压力的考验，直到最后，才把内部的能量全部释放出来，升华成美丽的爆米花。"

所以，³⁹要让生命开花，让一粒"玉米"开花，一是要给其压力，二是其本身要有承受压力的韧性和坚毅。

선생님이 학생에게 물었다. "어떻게 해야 옥수수 한 알이 꽃피울까?" 학생이 말했다. "옥수수알을 땅에 묻고 정성스럽게 재배하여 뿌리를 내리고 발아해서 꽃을 피우게 합니다."

선생님이 또 물었다. "옥수수알을 꽃피우게 하는 더 직접적인 방법은 무엇이 있을까?"

한 학생이 대답했다. "³⁷옥수수알에 열과 압력을 가하여 팝콘을 만들면 됩니다."

선생님은 이 학생의 대답을 긍정적으로 평가하며 말했다. "모든 옥수수알은 한 층의 껍질로 단단히 싸여 있어서 옥수수알에 열과 압력이 가해지면, ³⁸이 껍질은 안에 있는 수증기를 가두어 두는 작용을 하게 되지. 그러나 어떤 옥수수알은 압력을 감당하지 못하고, 내부의 수증기가 끊임없이 새어 나와서 '꽃피우지' 못하는 옥수수알이 된단다. 하지만 어떤 옥수수알은 압력의 시련을 이겨내서 결국 안에 있는 에너지가 전부 밖으로 나와 아름다운 옥수수 꽃(팝콘)으로 승화된단다."

그래서 ³⁹생명이 꽃피우고, '옥수수' 한 알이 꽃피우려면 우선 압력을 가해야 하고, 다음으로는 그 자체가 압력을 견디는 강인함과 의연함이 있어야 한다.

단어 玉米 yùmǐ 몡 옥수수 | 埋进 máijìn 묻다 | 精心 jīngxīn 혱 정성을 들이다 | 培育 péiyù 동 재배하다 | 生根 shēnggēn 동 뿌리를 내리다 | 发芽 fāyá 동 발아하다 | 加热 jiārè 동 가열하다 | 加压 jiāyā 동 압력을 가하다 | 爆米花 bàomǐhuā 몡 팝콘 | 果皮 guǒpí 몡 열매 껍질 | 包裹 bāoguǒ 동 싸다 | 锁住 suǒzhù 동 가두다 | 水蒸气 shuǐzhēngqì 몡 수증기 | 承受 chéngshòu 동 견디다 | 泄露 xièlòu 동 (비밀, 기밀 등을) 누설하다, 폭로하다 | 考验 kǎoyàn 동 시련을 주다 | 释放 shìfàng 동 방출하다, 내보내다 | 升华 shēnghuá 동 승화하다 | 韧性 rènxìng 몡 강인성 | 坚毅 jiānyì 혱 의연하다

---

37 ★☆☆

根据这段话，哪项属于让玉米开花的方法？

A 放进水里   B 加热加压

C 捧在手心   D 随身携带

이 글에 근거하여 옥수수를 꽃피우게 하는 방법에 속하는 것은?

A 물 속에 넣는다   B 열과 압력을 가한다

C 손바닥으로 움켜쥔다   D 휴대한다

단어 捧 pěng 동 두 손으로 움켜쥐다 | 手心 shǒuxīn 몡 손바닥

해설 옥수수알을 꽃피우게 하는 직접적인 방법을 묻는 질문의 대답으로 옥수수알에 열과 압력을 가하여 팝콘을 만들면 된다고 했다. 따라서 정답은 B이다.

---

38 ★★☆

玉米粒外面的果皮有什么作用？

A 保护玉米粒

B 锁住水蒸气

C 帮助散发水蒸气

D 让玉米粒发芽

옥수수알 표면의 껍질은 어떤 작용을 하는가?

A 옥수수알을 보호한다

B 수증기를 가두어 둔다

C 수증기 발산을 돕는다

D 옥수수알을 발아시킨다

해설 옥수수알의 껍질은 수증기를 가두어 두는 작용을 한다고 했으므로 정답은 B이다.

39 ★★☆	
如何让生命开花?	어떻게 해야 생명이 꽃피우는가?
A 本身要有承受压力的坚毅	A 자체가 압력을 견디는 의연함이 있어야 한다
B 消除外在的压力	B 외부 압력을 없앤다
C 释放生命的热情	C 생명의 열정을 발산한다
D 努力接受新事物	D 새로운 것을 받아들이려 노력한다

해설 생명이 꽃피우려면 압력을 견디는 강인함과 의연함이 있어야 한다고 했으므로 정답은 A이다.

---

40 – 42

去感觉生活是一个习惯，⁴⁰如果一个人从小生活的环境中有很多挑剔和抱怨，那么挑剔和抱怨就很可能成为这个人感觉生活的习惯。例如，家里发生了一件好事，家里的大人却说："小事一桩，没什么值得高兴的。"这种感觉生活的方式就是这个家庭的习惯。如果人们不是有意识地去改变它，这个习惯将成为家庭的传统习惯，代代相传。

⁴¹人的一切生活习惯都可以通过学习和训练来养成，常怀感激之心这个习惯也不例外。⁴²从小事做起，让自己的眼睛能看到值得感激之事，也让自己的心能体会到感激之情。人把自己的注意力放到什么事情上，什么事情就会变得既丰满又真实。只要能够坚持做下去，半年或一年后，你一定会发现生活中的好事很多，可以感激的事也很多。当你有了这个发现时，你的生活就会变得充满温情、快乐和令人满意。

삶을 느끼는 것은 하나의 습관이다. ⁴⁰만약에 한 사람이 어려서부터 살아온 환경에서 까다롭게 구는 것과 원망하는 것이 많으면 까다로움과 원망은 이 사람의 삶을 느끼는 습관이 될 수 있다. 예를 들어 집에 좋은 일이 생기면 집안 어른들은 오히려 이렇게 말한다. "작은 일 하나 가지고 뭘 그리 기뻐하냐." 이렇게 느끼는 방식은 바로 이 가정의 습관이다. 만약 사람이 의식적으로 그것을 바꾸지 않으면 이러한 습관은 가정의 전통 습관이 되어 대대로 전해진다.

⁴¹사람의 모든 생활 습관은 학습과 훈련을 통해 길러질 수 있으며 항상 감사하는 마음을 가지는 이 습관도 예외는 아니다. ⁴²작은 일부터 시작해서, 자신의 눈으로 감사할 만한 일을 볼 수 있으면 자신의 마음도 감사의 마음을 느낄 수 있다. 어떤 일에 관심을 두게 되면 그 일은 풍부하고 진실하게 변한다. 계속 꾸준히 하기만 하면 반년 또는 일 년 후에 생활 속에서 좋은 일들이 많고, 감사할 수 있는 일도 너무 많다는 것을 발견하게 될 것이다. 이것을 발견했을 때 당신의 생활은 따뜻함과 기쁨과 만족이 가득하게 될 것이다.

단어 挑剔 tiāotī 툉 까다롭다 | 抱怨 bàoyuàn 툉 원망하다 | 大人 dàren 뎽 어른 | 小事一桩 xiǎoshì yīzhuāng 하찮은 일 | 代代相传 dàidài xiāngchuán 엥 대대로 전해지다 | 感激 gǎnjī 툉 감사하다 | 例外 lìwài 툉 예외가 되다 | 温情 wēnqíng 뎽 따뜻한 인정

---

40 ★★☆	
为什么挑剔和抱怨会成为一个人感觉生活的习惯?	왜 까다롭게 구는 것과 원망하는 것이 삶을 느끼는 습관이 되는가?
A 因为他反感两者	A 이 두 가지에 대해서 반감을 가지기 때문이다
B 因为他已经养成了习惯	B 이미 습관이 되었기 때문이다
C 因为他所处的环境充满了两者	C 처한 환경에 이 두 가지가 가득하기 때문이다
D 因为他经常想如此做	D 항상 이렇게 한다고 생각했기 때문이다

해설 어려서부터 살아온 환경에서 까다롭게 구는 것과 원망하는 것이 많으면 이것이 삶을 느끼는 습관이 될 수 있다고 했으므로 정답은 C이다.

---

41 ★★☆

人的生活习惯可以通过什么来养成？	사람의 생활 습관은 무엇을 통해 기를 수 있는가?
A 无师自通	A 스승 없이 혼자서 터득한다
B 向他人请教	B 타인에게 가르침을 청한다
C 学习和训练	C 학습하고 훈련한다
D 经常阅读	D 항상 책을 읽는다

단어 无师自通 wúshī zìtōng 솅 스승 없이 혼자서 터득하다

해설 사람의 모든 생활 습관은 학습과 훈련을 통해 길러질 수 있다고 했으므로 정답은 C이다.

---

42 ★★☆

如何让自己常怀感激之心？	어떻게 해야 자신이 항상 감사하는 마음을 가지는가?
A 用心体会感激之情	A 감사하는 마음을 체험하려 애쓴다
B 经常帮助别人	B 항상 타인을 돕는다
C 转移自己的注意力	C 자신의 주의력을 이동시킨다
D 坚持自己认为对的事情	D 스스로 옳다고 생각하는 일을 고수한다

단어 用心 yòngxīn 됭 애쓰다 | 转移 zhuǎnyí 됭 이동하다

해설 감사할 만한 일을 볼 수 있으면 자신의 마음도 감사의 마음을 느낄 수 있다고 했다. 이처럼 생활 속에서 감사의 마음을 가지려고 노력하면 항상 감사하는 마음을 가질 수 있으므로 정답은 A이다.

---

43 - 46

⁴³为规避终身教授制的弊端，越来越多的学校正在增加非终身制教授职位，比如合同只签一两年，过期并不进入终身教授评选的教职。另外，兼职教授队伍也日渐壮大。相对于终身教授，他们更像是大学里的打工仔。

一般来说，⁴⁴兼职教授在学校里的地位和终身教授没法比。他们的自主权比较小，每个学期上什么课，给多少人上课，自己往往做不了主。如果系里临时把课程取消，他们也没有什么办法。不过，他们大多更为敬业，因为他们假如教不好的话，接下来的一个学期就有可能不再被续聘。这些兼职教授的地位很尴尬。⁴⁵除了完成一些教学任务之外，很多时候，作为兼职教授，他们还得参与很多学校的其他活动，比如写作指导、毕业生论文指导等。

⁴⁶学校聘用兼职教授，可以节约成本。这对兼职教授并不公平，对学生也不公平。很多兼职教授十分出色，可是学校并不给他们提供任何资源，比如他们没法去参加学术会议等，有的甚至连办公室都没有，又怎么能对学生实施课后指导呢？

⁴³종신 교수제의 폐단을 피하고자 점점 더 많은 학교가 비종신 교수제 직위를 늘리고 있다. 예를 들어 1, 2년만 계약을 체결하고 기한이 넘어도 종신 교수제 선발 교직에 들어가지 않는다. 그 외에도 겸임 교수 집단이 나날이 증가한다. 종신 교수와 비교하면 이들은 아르바이트생에 가깝다.

일반적으로 ⁴⁴학교 내에서 겸임 교수의 지위는 종신 교수와는 비교할 수 없다. 그들의 자주권은 약하며, 매 학기 어떤 수업을 하고 몇 명에게 강의하는지는 마음대로 결정할 수 없다. 만약 학과에서 수업을 취소하면 그들도 어떻게 할 방법이 없다. 하지만 그들 대다수가 자기 일에 최선을 다한다. 왜냐하면 만약에 제대로 가르치지 못하면 다음 학기에 계속 임용되지 않을 수 있기 때문이다. 이러한 겸임 교수의 지위는 난감하다. ⁴⁵수업 임무들을 제외하고도 많은 경우에 겸임 교수로서 작문 지도, 졸업생 논문지도 등 학교의 많은 기타 활동에 참여해야 한다.

⁴⁶학교에서 겸임 교수를 임용하면 비용을 절약할 수 있다. 이것은 겸임 교수에게도 학생에게도 불공평하다. 많은 겸임 교수들은 아주 뛰어나지만, 학교에서는 그들에게 어떠한 자원도 제공하지 않는다. 예를 들어 그들은 학술회의에 참석할 수도 없고 어떤 사람은 심지어 사무실도 없는데 어떻게 방과 후 지도를 할 수 있겠는가?

단어 规避 guībì 됭 피하다 | 终身教授制 zhōngshēn jiàoshòuzhì 몡 종신 교수제 | 弊端 bìduān 몡 폐단 | 合同 hétong 몡 계약 | 签 qiān

동 체결하다 | **评选** píngxuǎn 동 선발하다 | **教职** jiàozhí 명 교직 | **兼职教授** jiānzhí jiàoshòu 명 겸임 교수 | **队伍** duìwu 명 집단 | **日渐** rìjiàn 튀 나날이 | **壮大** zhuàngdà 동 커지다 | **相对于** xiāngduìyú ~와 비교해서 | **打工仔** dǎgōngzǎi 명 아르바이트생 | **自主权** zizhǔquán 명 자주권 | **敬业** jìngyè 동 맡은 업무에 최선을 다하다 | **假如** jiǎrú 접 만약에 | **续聘** xùpìn 동 계속 임용하다 | **尴尬** gāngà 형 난감하다 | **任务** rènwu 명 임무 | **指导** zhǐdǎo 동 지도하다 | **聘用** pìnyòng 동 임용하다 | **节约** jiéyuē 동 절약하다 | **成本** chéngběn 명 비용 | **公平** gōngpíng 형 공평하다 | **出色** chūsè 형 뛰어나다 | **资源** zīyuán 명 자원 | **实施** shíshī 동 실시하다

---

43 ★★☆

为什么学校增加非终身制教授职位?	학교는 왜 비종신 교수 직위를 늘리는가?
A 为学生着想	A 학생을 위해 생각한다
B 提高学校的知名度	B 학교의 지명도를 높인다
C 充分利用资源	C 자원을 충분히 이용한다
D 规避终身教授制的弊端	D 종신 교수제의 폐단을 피한다

단어 着想 zhuóxiǎng 동 생각하다

해설 종신 교수제의 폐단을 피하고자 점점 더 많은 학교가 비종신 교수제 직위를 늘리고 있다고 했으므로 정답은 D이다.

---

44 ★★☆

为什么说兼职教授的地位和终身教授没法比?	겸임 교수의 지위는 왜 종신 교수와 비교할 수 없는가?
A 很难得到续聘	A 계속 임용되기 어렵다
B 自主权很小	B 자주권이 약하다
C 上课出勤率很低	C 수업 출근율이 낮다
D 他们只是来打工	D 그들은 단지 아르바이트하는 것이다

단어 出勤率 chūqínlǜ 명 출근율

해설 겸임 교수의 지위를 종신 교수와 비교할 수 없는 이유로 겸임 교수의 자주권이 약한 것을 언급했으므로 정답은 B이다.
　　A. 제대로 가르치지 못했을 경우에 다음 학기에 계속 임용되지 않을 수 있는 것이다.
　　D. 실제로 아르바이트하는 것이 아니라 아르바이트생에 비유하는 것이다.

---

45 ★★☆

下列哪些属于兼职教授的任务?	다음 중 겸임 교수의 임무에 속하는 것은?
A 为学生进行课程辅导	A 학생들을 위해 교과 과정 특별 지도를 한다
B 参与学校的其他活动	B 학교의 기타 활동에 참여한다
C 和学生一起进行实践体验	C 학생과 함께 실제적인 체험을 한다
D 组织教工活动	D 교직원 활동을 조직한다

단어 教工 jiàogōng 명 교직원

해설 겸임 교수는 수업 임무들을 제외하고도 학교의 많은 기타 활동에 참여해야 한다고 했으므로 정답은 B이다.

46 ★★☆

关于这段话，正确的是哪项？	이 글에 관하여 옳은 것은?
A 兼职教授比终身教授厉害	A 겸임 교수는 종신 교수보다 대단하다
B 兼职教授都很受学生欢迎	B 겸임 교수는 모두 학생들에게 인기가 있다
C 聘用兼职教授可节约成本	C 겸임 교수를 임용하면 비용을 절약할 수 있다
D 聘用兼职教授可提高教学质量	D 겸임 교수를 임용하면 수업의 질을 높일 수 있다

해설 학교에서 겸임 교수를 임용하면 비용을 절약할 수 있다고 했으므로 정답은 C이다.

---

47 – 50

如果你不幸成为2017年数百万中国失业大军中的一员，那你可以用点不同寻常的策略来寻找新工作了。但是，关键的第一步是接受失业这一事实。⁴⁷有些人会因此而恼怒，或失去安全感，这些均属正常反应。不过如果招聘人员察觉到这种情绪，你在求职道路上就可能遭遇挫折。你必须花点儿时间来调整自己的心态。

⁴⁸多看看当地报纸、行业杂志和工商界出版物，寻找有招聘意向的用人单位。如果坚持看报纸的话，你就能了解哪些公司仍然运转良好。不要把小公司或目前处于困境行业的公司排除在外，有些公司是逆势而行的。医疗保健、教育等行业的工作岗位仍在增加，⁴⁹会计及理财顾问行业也持续被看好，只不过其增长势头有所减缓而已。⁵⁰另一个找工作的方法就是建立人脉网络，特别是多认识一些猎头。不管手头是否有适合你的职位，他们都能为你提供非常有价值和有深度的意见。许多猎头公司的网站会接收简历，不过如果你主动直接去找猎头本人，成功的概率就会大大提高。猎头通常更倾向于选择那些有人推荐的求职者。研究表明，通过他人推荐找到工作的成功案例很多。

만약에 당신이 불행하게도 2017년 수백만 명의 중국 실업 대군 중 한 명이된다면 색다른 전략을 사용해 새로운 일자리를 찾아볼 수 있다. 하지만 중요한 첫발은 우선 실업이라는 사실을 받아들이는 것이다. ⁴⁷어떤 사람들은 이 때문에 분노하거나 안정감을 잃게 될 수 있는데, 이 모든 것이 정상적인 반응에 속한다. 하지만 만약에 채용 담당자들이 이러한 기분을 알아챈다면 당신은 구직 과정에서 좌절을 겪게 될 것이다. 반드시 시간을 들여서 자신의 마음을 가다듬어야 한다.

⁴⁸현지 신문, 업계 잡지, 상공업계 출판물을 많이 보고 채용 의향이 있는 고용 업체를 찾는다. 만약에 신문을 꾸준히 본다면 어떤 회사들이 운영 상태가 좋은지 알 수 있다. 작은 회사나 현재 곤경에 처해 있는 회사를 배제하지 말아라. 어떤 회사들을 다시 일어날 수 있다. 의료 보건, 교육 업계 등의 일자리는 여전히 증가하고 있고, ⁴⁹회계, 자산 관리사 업계도 계속 전망이 좋으며 단지 성장세가 조금 주춤할 뿐이다. ⁵⁰또 다른 취업 방법은 인맥 네트워크를 갖추는 것이다. 특히 헤드헌터를 많이 알아 두어야 한다. 그들 수중에 당신에게 적합한 일자리가 있든 없든 상관없이 그들은 당신에게 매우 가치 있고 심도 있는 의견을 줄 것이다. 많은 헤드헌터 회사의 웹 사이트가 이력서를 받지만 직접 헤드헌터를 찾아간다면 성공 확률은 크게 높아진다. 헤드헌터는 통상적으로 누군가가 추천하는 구직자를 선택하는 경향이 있다. 연구에 따르면 타인의 추천을 통해 취업에 성공한 사례는 아주 많다고 한다.

단어 失业 shīyè 통 실업하다 | 大军 dàjūn 명 대군 | 不同寻常 bùtóng xúncháng 성 일반적이지 않다 | 策略 cèlüè 명 전략 | 恼怒 nǎonù 통 화내다 | 均 jūn 분 모두 | 属 shǔ 통 속하다 | 招聘 zhāopìn 채용하다 | 察觉 chájué 통 알아채다 | 求职 qiúzhí 통 구직하다 | 遭遇 zāoyù 통 당하다 | 挫折 cuòzhé 명 좌절 | 调整 tiáozhěng 통 가다듬다, 조정하다 | 心态 xīntài 명 심리 상태 | 行业 hángyè 명 업종 | 工商界 gōngshāngjiè 명 상공업계 | 出版物 chūbǎnwù 명 출판물 | 意向 yìxiàng 명 의향 | 用人单位 yòngrén dānwèi 명 고용업체 | 运转 yùnzhuǎn 통 운행하다 | 良好 liánghǎo 형 양호하다 | 困境 kùnjìng 명 곤경 | 排除 páichú 통 배제하다 | 逆势 nìshì 통 방향을 거스르다 | 医疗 yīliáo 명 의료 | 保健 bǎojiàn 명 보건 | 工作岗位 gōngzuò gǎngwèi 명 일자리 | 会计 kuàijì 명 회계 | 理财 lǐcái 통 제테크하다 | 顾问 gùwèn 명 고문, 컨설턴트 | 势头 shìtóu 명 추세 | 有所 yǒusuǒ 다소 ~하다 | 减缓 jiǎnhuǎn 통 느려지다 | 人脉 rénmài 명 인맥 | 网络 wǎngluò 명 네트워크 | 猎头 liètóu 명 헤드헌터 | 职位 zhíwèi 명 직위 | 简历 jiǎnlì 명 이력서 | 概率 gàilù 명 확률 | 通常 tōngcháng 형 통상적이다 | 倾向于 qīngxiàngyú 경향이 있다 | 推荐 tuījiàn 통 추천하다 | 案例 ànlì 명 사례

失业后会出现哪些情绪?	실업 후에 어떤 정서가 나타나는가?
A 新的不去、旧的不来而高兴	A 새로운 것이 오지 않고 오래된 것이 가지 않아 기쁘다
B 可为理想而努力奋斗	B 이상을 위해 노력할 수 있다
C 沉溺于自己的失败	C 자신의 실패에 빠져 있다
D 失去安全感	D 안정감을 잃는다

단어 沉溺于 chénnìyú ~에 빠지다

해설 실업 때문에 분노하거나 안정감을 잃게 될 수 있다고 했으므로 정답은 D이다.

哪项不值得去阅读?		읽을 만하지 않은 것은?	
A 言情小说	B 当地报纸	A 연애 소설	B 현지 신문
C 行业杂志	D 工商界出版物	C 업계 잡지	D 상공업계 출판물

단어 言情小说 yánqíng xiǎoshuō 몡 연애 소설

해설 보기를 먼저 보면서 정보를 대조하여 언급되지 않은 것을 고른다. 현지 신문, 업계 잡지, 상공업계 출판물을 많이 봐야 한다고 했으므로 언급되지 않은 A가 정답이다.

根据这段话，哪些行业被继续看好?		이 글에 근거하여 계속 전망이 좋을 업계는?	
A 舞蹈行业	B 冰激凌行业	A 댄스 업계	B 아이스크림 업계
C 街头摆地摊	D 理财行业	C 노점상	D 자산 관리 업계

해설 회계, 자산 관리사 업계는 계속 전망이 좋다고 했으므로 정답은 D이다.

说话人有什么建议?	화자는 무슨 제안을 했는가?
A 不需要调整自己的心态	A 자신의 마음을 가다듬을 필요가 없다
B 从事理财行业	B 자산 관리 업계에 종사한다
C 要找个地方娱乐下自己	C 자신을 즐겁게 할 장소를 찾아야 한다
D 利用自己的人脉关系	D 자신의 인맥 관계를 이용한다

해설 또 다른 취업 방법은 인맥 네트워크를 갖추는 것이라고 했으므로 정답은 D이다.

51 ★★☆

A 两个品牌各自一个合作伙伴的策略，在车型资源分配上得天独厚。	A 두 브랜드가 각자 하나의 협력 파트너를 가지는 전략은 자동차 모델 자원 분배에서 좋은 조건을 가진다.
B 房间里骤然没有一点儿响声了。	B 방안에 갑자기 아무 소리도 나지 않는다.
C 中国的戏曲在经历了漫长的发展过程之后，到元代形成了"元杂剧"。	C 중국 전통극은 길고 긴 발전 과정을 거친 후, 원나라 때 '원잡극'을 형성했다.
D 即使是顾客无理，你也得耐心跟他解释。	D 설령 고객이 억지스러워도, 당신은 인내심 있게 설명해야 한다.

단어 品牌 pǐnpái 몡 브랜드 | 各自 gèzì 데 각자 | 策略 cèlüè 몡 전략 | 车型 chēxíng 몡 자동차 모델 | 资源 zīyuán 몡 자원 | 分配 fēnpèi 동 분배하다 | 得天独厚 détiān dúhòu 솅 우월한 조건을 갖추다 | 骤然 zhòurán 띄 갑자기 | 响声 xiǎngshēng 몡 소리 | 戏曲 xìqǔ 몡 중국 전통극 | 漫长 màncháng 혱 길다 | 耐心 nàixīn 혱 인내심이 강하다 | 解释 jiěshì 동 설명하다

해설 房间里骤然没有一点儿响声了。→ 房间里骤然一点儿响声也没有了。
B는 어순의 오류에 따른 오문에 속한다. '一点儿'이 부정부사 '没(有)'와 함께 완전 부정을 나타낼 때는 '一点儿+명사+也没有'로 써야 한다. 따라서 '没有一点儿响声'을 '一点儿响声也没有'로 수정해야 한다.

52 ★★☆

A 过海关的时候，你要如实申报所携带的物品。	A 세관을 통과할 때, 당신은 휴대하고 있는 물품을 사실대로 신고해야 한다.
B 我从来没有去过那座大山，但是听老一辈的人说，那座大山里有野人。	B 나는 한번도 그 산에 가 본 적이 없지만, 이전 세대들에게서 그 산에 야인이 있다고 들었다.
C 宁肯是谁，都希望拥有高品位、高质量的生活。	C 누구든지 품위 있고 질 높은 삶을 살기를 희망한다.
D 看着绿油油的稻田，我不由得想起香喷喷的米饭来。	D 짙푸른 논밭을 보면서 나는 나도 모르게 구수한 쌀밥을 떠올렸다.

단어 海关 hǎiguān 몡 세관 | 如实 rúshí 띄 사실대로 | 申报 shēnbào 동 신고하다 | 携带 xiédài 동 휴대하다 | 老一辈 lǎoyíbèi 전 세대 | 野人 yěrén 몡 야인 | 品位 pǐnwèi 몡 품위 | 绿油油 lǜyóuyóu 혱 짙푸르다 | 稻田 dàotián 몡 논 | 不由得 bùyóude 띄 저도 모르게 | 香喷喷 xiāngpēnpēn 혱 구수하다

해설 宁肯是谁，都希望拥有高品位、高质量的生活。→ 不管是谁，都希望拥有高品位、高质量的生活。
C는 전체적인 맥락을 봤을 때, '누구든지 질 높은 삶을 살기를 희망한다'라는 조건 복문이다. 문두에 쓰인 '宁肯'은 '차라리 ~할지언정'이라는 뜻의 부사이므로, 이 문장 전체의 의미와 맞지 않는다. 따라서 '宁肯' 대신 접속사 '不管'을 써서 '不管…都…'(~을 막론하고 모두~)'라는 복문을 구성해야 한다.

53 ★★★

A 自古以来，就流传着很多重义轻财的感人故事。	A 예부터 의를 중시하고 재물을 가볍게 여기는 감동적인 이야기가 전해 내려오고 있다.
B 在科学技术上每天都发生着新变化的今天，需要成千上万的优秀人才。	B 과학 기술 분야에서 매일 새로운 변화가 일어나고 있는 오늘날 많은 우수한 인재가 필요하게 되었다.
C 干涉中国内政，这是中国政府横竖不能接受的。	C 중국 내정에 간섭하는 것, 이것은 중국 정부가 절대 받아들일 수 없는 것이다.

<tr><td>D 尽管有些让人难以信服，赛场上的大热门德国队还是晋级参加了第二轮比赛。</td><td>D 사람들이 납득하기 어려운 것이 좀 있기는 하지만, 경기장에서 큰 인기를 끄는 독일 팀이 2라운드 경기에 진출하여 참가했다.</td></tr>

단어 自古以来 zìgǔ yǐlái 예로부터 | 流传 liúchuán 통 전해 내려오다 | 重义轻财 zhòngyì qīngcái 의리를 중시하고 재물은 하찮게 여기다 | 感人 gǎnrén 통 감동시키다 | 成千上万 chéngqiān shàngwàn 성 대단히 많다 | 干涉 gānshè 통 간섭하다 | 内政 nèizhèng 명 내정 | 横竖 héngshù 부 어쨌든 | 尽管 jǐnguǎn 접 비록 ~라 하더라도 | 难以 nányǐ 부 ~하기 어렵다 | 信服 xìnfú 납득하다 | 赛场 sàichǎng 명 경기장 | 热门 rèmén 명 인기있는 것 | 晋级 jìnjí 통 예선에 오르다

해설 干涉中国内政，这是中国政府横竖不能接受的。→ 干涉中国内政，这是中国政府绝对不能接受的。

C의 '横竖'는 '아무튼', '어쨌든'이라는 뜻의 긍정적인 의미를 나타내는 부사이다. 하지만 앞 절의 '干涉(간섭하다)'는 부정적인 의미이므로, 뒤 절의 중국 정부가 받아들이지 못한다는 것 또한 부정적인 부사를 사용해서 수식해야 문맥이 자연스럽다. 따라서 '横竖'를 '绝对(절대로)'로 수정해야 한다.

---

54 ★★☆

<table>
<tr><td>A 这些天书一样的文字，终究会被语言学家破解的。
B 世界上的事物往往都有两面性，"近朱者"也不例外。
C 要是他早一点儿想起回家，也许就不会像现在这样永远回不了家了。
D 在他的帮助下，使我的汉语听说水平有了极大的提高。</td><td>A 이 난해한 문자는 결국은 언어학자에 의해 해독될 것이다.
B 세상의 사물에는 종종 양면성이 있는데, '근주자(좋은 사람)'도 예외가 아니다.
C 만약에 그가 좀 더 일찍 집에 갈 생각을 했다면, 어쩌면 지금처럼 이렇게 영원히 집에 못 가게 되지는 않았을 것이다.
D 그의 도움 하에 나의 중국어 듣기와 말하기 실력은 아주 크게 향상했다.</td></tr>
</table>

단어 天书 tiānshū 명 하늘의 신선이 쓴 책, 난해한 글을 비유하는 말 | 终究 zhōngjiū 부 결국 | 破解 pòjiě 통 풀다, 분석하여 설명하다 | 近朱者 jìnzhūzhě 명 근주자, 좋은 사람을 비유하는 말

해설 在他的帮助下，使我的汉语听说水平有了极大的提高。→ 在他的帮助下，我的汉语听说水平有了极大的提高。

D의 문장 구조를 파악했을 때, 전체 문장의 주어는 '我的汉语听说水平(나의 중국어 듣기와 말하기 실력)' 하나이다. 따라서 '使'를 삭제해야 한다.

---

55 ★★☆

<table>
<tr><td>A 这座山的悬崖峭壁上，长着大约数百种左右的草药。
B 他们拽着绳子，顺着落差数十米的瀑布徐徐落到下面的湖里。
C 这次合作的流产，却引起了当地政府的重视。
D 母亲完全没有考虑，就把真相说出来了，让众人大感意外。</td><td>A 이 산의 가파른 절벽 위에 약 수백 종류의 약초가 자라고 있다.
B 그들이 끈을 잡아당기자, 낙차 수십 미터의 폭포를 따라 서서히 아래의 호수로 떨어졌다.
C 이번 합작이 무산된 것이 오히려 현지 정부의 관심을 끌어냈다.
D 어머니는 전혀 고려하지 않고 진상을 말해 버려서 모두를 깜짝 놀라게 했다.</td></tr>
</table>

단어 悬崖峭壁 xuányá qiàobì 명 깎아지는 듯한 절벽 | 草药 cǎoyào 명 약초 | 拽 zhuài 통 잡아당기다 | 绳子 shéngzi 명 끈, 밧줄 | 落差 luòchā 명 낙차 | 瀑布 pùbù 명 폭포 | 徐徐 xúxú 부 느리게 | 流产 liúchǎn 통 무산되다 | 真相 zhēnxiàng 명 진상

해설 这座山的悬崖峭壁上，长着大约数百种左右的草药。→ 这座山的悬崖峭壁上，长着数百种左右的草药。
→ 这座山的悬崖峭壁上，长着大约数百种的草药。

A에서 '大约(대략)'와 '左右(정도)'는 둘 다 어림수를 뜻하는 것이므로, 둘 중 하나를 삭제해야 한다.

56 ★☆☆

A 他一心想帮忙，没想到却受到处罚，真是吃力不讨好。

B 只是个玩笑，大家姑且一笑，不必当真。

C 这块大石头乃至四五个小伙子也搬不动。

D 梁山在中国山东境内，是《水浒传》中农民起义军聚义山寨的所在地。

A 그는 한마음으로 돕고자 했던 것인데, 오히려 처벌을 받을 줄은 생각지 못했다. 정말 고생만 하고 좋은 소리는 못 듣는다.

B 단지 농담일 뿐이니 모두 잠시 웃고, 진지하게 받아들이지 마세요.

C 이 큰 돌은 심지어 네다섯 명의 젊은이도 옮기지 못한다.

D 량산(梁山)은 중국 산동 안에 있는데,『수호전』에서 농민 봉기군이 의병을 일으켰던 산채의 소재지이다.

단어 一心 yìxīn 휑 한마음의 | 处罚 chǔfá 통 처벌하다 | 吃力不讨好 chīlì bù tǎohǎo 고생했지만 성과가 좋지 않다 | 姑且 gūqiě 분 잠시 | 乃至 nǎizhì 접 더 나아가 | 起义军 qǐyìjūn 명 봉기군 | 聚义 jùyì 통 의병을 일으키다

해설 这块大石头乃至四五个小伙子也搬不动。→ 这块大石头甚至四五个小伙子也搬不动。

C의 '乃至(더 나아가)'는 앞에서 언급한 것의 수량을 더 확장하여 언급할 때 사용한다. 문장에서 '这块大石头(이 큰 돌)'와 '四五个小伙子(네다섯 명의 젊은이)'는 동일 부류의 대상이 아니므로 '乃至'를 '甚至(심지어)'로 수정해야 한다.

57 ★★☆

A 朋友们都来劝我，我自然要给人家一个面子。

B 他不时不忘自己的妻儿，从不乱花钱，把钱都攒起来寄回家。

C 靠知识、靠知识品牌、靠软实力，这些是决定企业未来命运的核心。

D 我们应保持充足的睡眠和良好的精神状态，以增强抗病能力。

A 친구들이 모두 나에게 권해서 나는 당연히 그들의 체면을 세워 줘야 했다.

B 그는 한시도 처자식을 잊지 않고, 지금까지 돈을 함부로 쓰지 않고 돈을 모두 모아 집에 보냈다.

C 지식에 의존하고, 지식 브랜드에 의존하고, 소프트파워에 의존하는 것, 이것들이 기업의 미래 운명을 결정하는 핵심이다.

D 우리는 충분한 수면과 좋은 정신 상태를 유지하여, 질병 저항력을 강화해야 한다.

단어 面子 miànzi 명 체면 | 不时 bùshí 분 늘, 수시로 | 从不 cóngbù 분 지금까지 ~한 적이 없다 | 攒 zǎn 통 모으다 | 软实力 ruǎnshílì 명 소프트파워 | 命运 mìngyùn 명 운명 | 核心 héxīn 명 핵심 | 充足 chōngzú 휑 충분하다 | 抗病 kàngbìng 통 병에 저항하다

해설 他不时不忘自己的妻儿，从不乱花钱，把钱都攒起来寄回家。→ 他念念不忘自己的妻儿，从不乱花钱，把钱都攒起来寄回家。

B의 '不时'는 '늘', '수시로'라는 뜻의 부사로 주로 긍정문에 사용하므로 '不忘(잊지 않다)'과 호응하지 않는다. '마음에 두고 한시도 잊지 않다'라는 뜻의 성어 '念念不忘'을 쓰는 것이 적절하므로 '不时'를 '念念'으로 수정해야 한다.

58 ★★☆

A 对于沉溺于权力欲之中的人来说，亲情、友情、爱情自然都无足轻重。

B 时尚潮流日新月异，追求时尚当然要紧跟潮流不断变化，昨日之新潮今日就淘汰也毫不稀奇。

C 他们谈话的内容很广，自社会历史、经济、文化，以至于风俗、习惯，无所不包。

D 画家、书法家和医生一样，越老越大名气。因为他们的作品可能是独一无二的，物以稀为贵。

A 권력욕에 빠진 사람에게 있어서 혈육의 정, 우정, 사랑은 당연히 대수롭지 않다.

B 트랜드는 나날이 새로워지며, 유행을 따르는 것은 당연히 끊임없이 변화는 경향을 뒤쫓아야 한다. 어제의 새로운 흐름이 오늘이면 도태되는 것은 조금도 신기하지 않다.

C 그들의 대화 내용은 광범위하여 사회역사, 경제, 문화에서 풍속, 습관에 이르기까지 모든 것을 포함한다.

D 화가, 서예가는 의사처럼 나이가 들수록 명성이 높아진다. 그들의 작품은 아마도 유일무이한 것이므로 물건은 적을수록 귀하다.

195

단어 沉溺于 chénnìyú ~에 빠지다 | 权利欲 quánlìyù 명 권력욕 | 亲情 qīnqíng 명 혈육의 정 | 无足轻重 wúzú qīngzhòng 성 대수롭지 않다 | 时尚 shíshàng 명 유행 | 潮流 cháoliú 명 경향 | 日新月异 rìxīn yuèyì 성 나날이 새로워지다 | 紧跟 jǐngēn 동 바싹 뒤따르다 | 淘汰 táotài 동 도태하다 | 稀奇 xīqí 형 드물다 | 风俗 fēngsú 명 풍속 | 无所不包 wúsuǒ bùbāo 성 포함하지 않는 것이 없다 | 独一无二 dúyī wú'èr 성 유일무이하다 | 物以稀为贵 wù yǐxī wéiguì 성 물건은 적을수록 귀하다

해설 画家、书法家和医生一样，越老越大名气。→ 画家、书法家和医生一样，越老名气越大。

D는 문장 구조의 오류에 따른 오문에 속한다. 문장에서 '越'는 형용사나 술어를 수식하는 부사로, '越大名气'에서 '大名气(명성이 높다)'는 명사구이므로 술어로 쓰기에 적합하지 않다. '越A越B'의 A와 B의 주어가 같을 때는 첫 번째 '越' 앞에 주어를 쓰지만, 다를 때는 각각의 '越' 앞에 주어를 쓴다. 의미상 '老'의 주어는 '화가', '서예가'이고, '大'의 주어는 '명성'이므로 '名气'를 두 번째 '越' 앞에 써야 한다.

---

59 ★☆☆

A 虽然我的朋友都不以为然，但是思前想后，我最后还是专程带着孩子向那位客人赔了不是。	A 비록 내 친구들은 모두 그렇게 생각하지 않지만, 심사숙고한 후, 나는 결국 일부러 아이를 데리고 그 손님에게 사과했다.
B 小林前几天了做了胃切除手术，切掉了1/3的胃，经过一段时间的修养，现在会吃饭了。	B 샤오린(小林)은 며칠 전 위 절제 수술을 해서, 위의 3분의 1을 잘라 냈고, 일정 시간의 요양을 거쳐 지금은 식사할 수 있게 되었다.
C 未来的汽车企业竞争的重点是综合实力的比拼，体系最优化是跨国集团在中国乃至全球范围内整合各种资源的目的所在。	C 미래 자동차 기업 경쟁의 중점은 종합 실력을 겨루는 것이다. 체계의 최적화는 다국적 기업이 중국, 나아가 전 세계에서 각종 자원을 통합하는 데 그 목적이 있다.
D 《青年文摘》和李阳疯狂英语的核心使命也是为了帮助成千上万的中国青年实现梦想。	D 『청년 문적』과 리양(李阳)의 미친 영어의 핵심 사명 역시 수많은 중국 청년이 꿈을 실현하도록 도와주기 위함이다.

단어 不以为然 bùyǐ wéirán 성 그렇게 여기지 않다 | 思前想后 sīqián xiǎnghòu 성 이모저모를 고려하다 | 专程 zhuānchéng 부 특별히, 일부러 | 不是 búshì 명 잘못 | 胃切除 wèiqiēchú 위 절제 | 修养 xiūyǎng 동 요양하다 | 比拼 bǐpīn 동 온 힘을 다해 겨루다 | 体系 tǐxì 명 체계 | 最优化 zuìyōuhuà 동 최적화하다 | 跨国集团 kuàguó jítuán 다국적 기업 | 乃至 nǎizhì 접 더 나아가 | 整合 zhěnghé 동 통합하다 | 核心 héxīn 명 핵심 | 使命 shǐmìng 명 사명 | 成千上万 chéngqiān shàngwàn 성 대단히 많다

해설 小林前几天了做了胃切除手术 → 小林前几天做了胃切除手术

B는 문장 성분 잉여에 따른 오문에 속한다. '小林前几天了'에서 '前几天'은 부사이므로 조사 '了'가 올 수 없다. 따라서 '了'를 삭제해야 한다.

---

60 ★★★

A 我不小心打碎了妈妈心爱的花瓶，我本想为自己辩解的，但妈妈压根儿就没有骂我，弄得我反倒无话可说。	A 나는 실수로 엄마가 애지중지하는 꽃병을 깨뜨렸다. 나는 원래 해명하려고 했지만, 엄마는 전혀 나를 혼내지 않아 나를 오히려 할 말이 없게 만들었다.
B 长达15年的官司，使这个女人感到自己除了一颗疲倦的心以外，什么也没有得到。	B 15년에 달하는 소송은 이 여자에게 자기가 지친 마음 외에는 아무것도 남아 있지 않다고 느끼게 했다.
C 选基金也是在选基金公司，投资者一定要注意看同一公司基金的整体表现排名。	C 펀드를 선택하는 것은 펀드 회사도 선택하는 것이다. 투자자는 반드시 그 회사의 전체 펀드 실적 순위를 눈여겨봐야 한다.
D 整部电影镜头干净利落，色调光彩照人，传神的人物、炫目的服装是片中的两大超级亮点。	D 영화 전체의 장면은 깔끔하고, 색조는 사람들의 이목을 끈다. 생동감 있는 인물과 눈부신 의상은 이 영화의 두 가지 최고 하이라이트이다.

단어 打碎 dǎsuì 동 깨지다 | 心爱 xīn'ài 형 애지중지하다 | 辩解 biànjiě 동 해명하다 | 压根儿 yàgēnr 부 전혀 | 反倒 fǎndào 부 오히려 | 无话可说 wúhuà kěshuō 할 말이 없다 | 官司 guānsi 명 소송 | 疲倦 píjuàn 형 지치다 | 基金 jījīn 명 펀드 | 投资者 tóuzīzhě 명 투자자 | 表现 biǎoxiàn 명 표현 | 排名 páimíng 명 순위, 석차 | 镜头 jìngtóu 명 장면 | 干净利落 gānjìng lìluo 형 깔끔하다 | 色调 sèdiào 명 색조 | 光彩照人 guāngcǎi zhàorén 사람의 이목을 끌다 | 传神 chuánshén 형 생동감 있다 | 炫目 xuànmù 형 눈부시다 | 服装 fúzhuāng 명 의상 | 亮点 liàngdiǎn 명 하이라이트, 빼어난 점

해설 什么也没有得到 → 什么也没有留下

B는 호응 관계의 오류에 따른 오문에 속한다. 일반적으로 '得到(얻다)'는 긍정적인 목적어를 취하지만 바로 앞 절은 '除了一颗疲倦的心以外(지친 마음 외에는)'라는 부정적인 내용을 담고 있다. 따라서 '得到'를 '留下(남기다)'로 수정해야 한다.

독해 제2부분

61 ★★☆

当你拥有潜意识这把开启成功之门的金钥匙，并积极向世界第一学习，你就会拓展一个全新的、广阔的世界，与成功的距离就会越来越近。

당신이 잠재의식이라는 성공의 문을 여는 황금열쇠를 가지고 적극적으로 세계 제일을 향해 공부할 때, 당신은 참신하고 광활한 세계를 확장할 수 있고 성공과의 거리는 점점 가까워질 것이다.

A	掌握	乐观	开放
B	具有	认真	开发
C	把持	努力	扩展
D	拥有	积极	拓展

A	장악하다	낙천적이다	개방하다
B	가지다	착실하다	개발하다
C	독차지하다	노력하다	확장하다
D	가지다	적극적이다	확장하다

단어 潜意识 qiányìshí 명 잠재의식 | 开启 kāiqǐ 동 열다 | 全新 quánxīn 형 참신하다 | 广阔 guǎngkuò 형 광활하다 | 距离 jùlí 명 거리 | 掌握 zhǎngwò 동 장악하다, 정통하다 | 具有 jùyǒu 동 가지다 | 把持 bǎchí 동 독차지하다 | 拥有 yōngyǒu 동 가지다 | 乐观 lèguān 형 낙천적이다 | 认真 rènzhēn 형 착실하다, 진지하다 | 积极 jījí 형 적극적이다, 긍정적이다 | 开放 kāifàng 동 개방하다 | 开发 kāifā 동 개발하다 | 扩展 kuòzhǎn 동 확장하다 | 拓展 tuòzhǎn 동 확장하다

해설 **빈칸1** 빈칸은 문장의 목적어인 '金钥匙(황금열쇠)'와 호응하는 동사 자리이다. 사물을 소유한다는 뜻이므로 '拥有(가지다)'가 가장 적절하다. '具有'는 추상적인 목적어와 함께 쓰이므로 적절하지 않다.

빈칸2 세계 제일을 향해 공부하는 것을 수식하는 것으로 의미상 '认真(착실하다)', '努力(노력하다)', '积极(적극적이다)' 모두 가능하다.

빈칸3 빈칸은 문장의 목적어인 '世界(세계)'와 호응해야 하므로 '拓展(확장하다)'이 적절하다. '扩展'은 특정 범위를 확장할 때 사용하므로 적절하지 않다.

Tip

유의어 구분하기

拥有 동 돈, 건강 등을 소유하다
예 拥有金钱(돈을 가지다) | 拥有健康(건강을 가지다)

具有 동 특징, 기능 등을 가지다
예 具有特点(특징이 있다) | 具有功能(기능이 있다)

具备 동 조건, 능력 등을 갖추다
예 具备条件(조건을 갖추다) | 具备能力(능력을 갖추다)

62 ★☆☆

同样的连锁效应，却有不一样的结果。这主要是因为彼此的目标不同，如果有明确的目标，就会产生强烈的动机。

똑같은 연쇄효과라도 오히려 다른 결과를 가진다. 이것은 주로 상호 간의 목표가 다르기 때문이다. 만약에 명확한 목표가 있다면 강렬한 동기가 생긴다.

A	影响	绝对	引起	A 영향	절대로	야기하다
B	反应	肯定	发生	B 반응	틀림없이	발생하다
C	效果	确切	引发	C 효과	확실하다	야기하다
D	效应	明确	产生	D 효과	명확하다	생기다

단어 连锁 liánsuǒ 혱 연쇄적이다 | 彼此 bǐcǐ 떼 상호, 피차 | 强烈 qiángliè 혱 강렬하다 | 动机 dòngjī 몡 동기 | 反应 fǎnyìng 몡 반응 | 效应 xiàoyìng 몡 효과 | 绝对 juéduì 閂 절대로 | 肯定 kěndìng 閂 틀림없이 | 确切 quèqiè 혱 확실하다 | 明确 míngquè 혱 명확하다 | 引起 yǐnqǐ 동 야기하다, 불러일으키다 | 引发 yǐnfā 동 야기하다

해설 빈칸1 '效应(효과)'은 특정한 현상을 지칭하는 말로 '连锁效应(연쇄효과)'은 한 단어이다.
빈칸2 빈칸 뒤의 명사 '目标(목표)'를 수식하는 형용사를 골라야 하므로 부사 '绝对'와 '肯定'은 적절하지 않다. '确切'는 사실, 증거, 해석 등 객관적인 것을 목적어로 가진다. 따라서 '明确(명확하다)'가 가장 적절하다.
빈칸3 빈칸 뒤의 목적어인 '动机(동기)'와 호응하는 동사를 골라야 한다. '引起'와 '引发'는 일반적으로 부정적인 결과를 야기한다는 뜻이며 '发生'은 사건이 발생할 때 사용하므로 적절하지 않다. 따라서 '产生(생기다)'이 가장 적절하다.

63 ★★☆

与音符相伴的日子里，他取得的成就震惊世界、无人可及，他凭借自身的天赋和勤奋，再加上音乐大师们的提携，迅速在世界歌坛成名。

음표와 함께 한 날들 속에서 그가 거둔 성과는 세계를 놀라게 했으며 따라올 수 있는 사람이 없었다. 그는 자신의 천부적인 재능과 노력에 힘입어, 또 음악 거장들의 협력까지 더해져 빠르게 세계 음악계에서 이름을 떨쳤다.

A	成功	利用	帮助	A 성공	이용하다	돕다
B	成就	凭借	提携	B 성과	~에 힘입다	협력하다
C	成绩	依据	协助	C 성적	의거하다	협조하다
D	成果	依靠	提拔	D 성과	의존하다	발탁하다

단어 音符 yīnfú 몡 음표 | 相伴 xiāngbàn 동 함께하다 | 取得 qǔdé 동 거두다 | 震惊 zhènjīng 혱 놀라다 | 天赋 tiānfù 몡 타고난 자질 | 勤奋 qínfèn 혱 부지런하다 | 音乐大师 yīnyuè dàshī 몡 음악의 거장 | 迅速 xùnsù 혱 신속하다 | 歌坛 gētán 몡 음악계 | 成名 chéngmíng 동 명성을 날리다 | 凭借 píngjiè 동 ~에 힘입다, 도움을 얻다 | 依据 yījù 동 의거하다, 근거하다 | 依靠 yīkào 동 의존하다 | 提携 tíxié 동 협력하다 | 协助 xiézhù 동 협조하다 | 提拔 tíbá 동 발탁하다, 등용하다

해설 빈칸1 빈칸 앞의 '取得(거두다)'와 호응하는 명사를 골라야 한다. 네 가지 모두 가능하다.
빈칸2 빈칸에 들어갈 동사는 목적어 '天赋和勤奋(천부적인 재능과 노력)'과 호응해야 한다. 천부적인 재능과 노력에 도움을 얻은 것이므로 '凭借(~에 힘입다)'가 가장 적절하며 '依据'는 사실이나 원칙에 근거하다는 의미이고, '依靠'는 기댄다는 의미가 있으므로 적절하지 않다.
빈칸3 빈칸 앞의 음악 거장들의 협력과 도움을 받은 것이므로 '발탁하다'는 뜻의 '提拔'은 적절하지 않으며, 나머지는 모두 가능하다.

64 ★★☆

当子女长大成人，能对自己的行为负责任了；当父母能够从子女的世界剥离开来，以一个旁观者的身

자녀가 자라서 어른이 되어 자신의 행동에 책임을 질 수 있게 되고, 또 부모가 자녀의 세계에서 떨어져 나와 방관자의 신분으로 자유롭

份超脱地看待他们的得失，并耸耸肩不在乎地说"这是他们的生活"时，我不知道这对父母来说算不算是一段美妙的时光。

A 行为	以	看待	美妙
B 表现	凭	对待	美好
C 行动	借	评论	奇妙
D 表达	用	讨论	良好

게 그들의 득실을 대하고, 어깨를 으쓱하며 대수롭지 않게 "그건 그들의 삶이야."라고 말할 때 나는 이것이 부모 입장에서 아름다운 순간이라고 할 수 있는지 모르겠다.

A 행동	~로써	대하다	아름답다
B 표현	~에 의거하여	대하다	아름답다
C 행동	~에 의지하다	평론하다	기묘하다
D 표현	사용하다	토론하다	양호하다

단어 负责任 fù zérèn 책임을 지다 | 剥离 bōlí 동 벗겨지다 | 旁观者 pángguānzhě 명 방관자 | 超脱 chāotuō 동 벗어나다 | 得失 déshī 명 득실 | 耸耸肩 sǒngsǒng jiān 어깨를 으쓱거리다 | 不在乎 búzàihu 동 마음에 두지 않다 | 算是 suànshì ~로 간주하다 | 时光 shíguāng 명 시간, 시절 | 表现 biǎoxiàn 동 표현하다 | 表达 biǎodá 나타내다 | 以 yǐ 개 ~로써 | 凭 píng 개 ~에 의거하여 | 看待 kàndài 동 대하다, 다루다 | 对待 duìdài 동 대하다, 다루다 | 评论 pínglùn 동 평론하다 | 讨论 tǎolùn 동 토론하다 | 美妙 měimiào 형 아름답다 | 美好 měihǎo 형 아름답다, 좋다 | 奇妙 qímiào 형 기묘하다 | 良好 liánghǎo 형 좋다, 양호하다

해설 빈칸1 '行为'는 말과 행동을 포함한 포괄적인 의미의 행동이고, '行动'은 몸에만 제한되어 있는 행동을 의미한다. 자녀가 자신의 말과 행동을 포함한 전체적인 행동에 책임을 지는 것을 의미하므로 '行为(행동)'가 적절하다.

빈칸2 '以…身份'은 '~의 신분으로'라는 의미로 고정적으로 사용되는 구문이다.

빈칸3 어떤 태도로 무엇을 대한다는 의미인 '看待'와 '对待'가 적절하다.

빈칸4 빈칸 뒤의 '的时光(~하는 시절)'을 수식하는 형용사를 선택해야 한다. 아름다운 시절을 의미하므로 '美妙(아름답다)'와 '美好(아름답다)'가 적절하다.

Tip

유의어 구분하기

일부 개사는 사전상의 의미는 거의 비슷하므로 호응하는 어휘를 기억하는 것이 좋다.

以 개 ~로써
예 以…著称(~로 유명하다) | 以…价格(~의 가격으로) | 以…速度(~의 속도로)

依 개 ~에 의거하여
예 依法律(법률에 따라) | 依制度(제도에 따라)

凭 개 ~에 따라, 의지하여
예 凭能力(능력에 따라) | 凭本事(능력에 따라)

---

65 ★★★

为什么我们总是做不对？为什么我们总是犯这样幼稚的错误？也许，我们已经太久沉迷于习惯性思考，习惯于怠慢、看着办、模棱两可和差不多，我们从没有想到工作就是去做对的事情，做对就是做符合要求的事！

왜 우리는 항상 잘못을 할까? 왜 우리는 항상 유치한 잘못을 저지르는 것일까? 어쩌면 우리는 이미 너무 오랫동안 습관적인 사고에 깊이 빠져있고, 태만하고, 봐 가면서 일을 하고, 애매모호하고, 그만저만 일을 하는 것에 습관이 들어 있다. 우리는 업무가 올바르게 해야하는 일이고, 올바르게 하는 것은 요구에 부합하는 일을 하는 것이라는 사실을 한번도 생각하지 못했다.

A 沉溺	懈怠	模糊不清	契合
B 沉迷	怠慢	模棱两可	符合
C 沉醉	懒惰	浑浑噩噩	依照
D 沉睡	懒散	雾里看花	按照

A 탐닉하다	게으르다	뚜렷하지 않다	부합하다
B 깊이 빠지다	태만하다	애매모호하나	부힙하다
C 심취하다	나태하다	무지몽매하다	~에 따라
D 깊이 잠들다	나태하다	분명치 못하다	~에 따라

犯 fàn 동 저지르다 | 幼稚 yòuzhì 형 유치하다 | 错误 cuòwù 명 잘못 | 也许 yěxǔ 부 어쩌면 | 沉溺 chénnì 동 탐닉하다 | 沉迷 chénmí 동 깊이 빠지다 | 沉醉 chénzuì 동 심취하다 | 沉睡 chénshuì 동 깊이 잠들다 | 懈怠 xièdài 형 게으르다 | 怠慢 dàimàn 동 태만하다 | 懒惰 lǎnduò 형 나태하다, 게으르다 | 懒散 lǎnsǎn 형 나태하고 산만하다 | 模糊不清 móhu bùqīng 형 뚜렷하지 않다 | 模棱两可 móléng liǎngkě 성 애매모호하다 | 浑浑噩噩 húnhún è'è 형 무지몽매하다, 멍청하다 | 雾里看花 wùlǐ kànhuā 성 희미하고 분명치 못하다 | 契合 qìhé 동 부합하다 | 符合 fúhé 동 부합하다 | 依照 yīzhào 개 ~에 따라 | 按照 ànzhào 개 ~에 따라

해설 **빈칸1** 빈칸 뒤의 '习惯性思考(습관적인 사고)'와 호응하는 동사를 골라야 한다. 습관적인 사고에 깊이 빠져있는 것을 의미하므로 '沉迷(깊이 빠지다)'가 적절하다.

빈칸2 일을 성실히 하지 못하는 것을 의미하므로 단순히 게으른 의미가 아니라 소홀히하다는 의미의 '怠慢(태만하다)'이 적절하다.

빈칸3 빈칸 앞뒤의 '看着办(봐 가면서 일을 한다)', '差不多(그만저만 하다)'와 일맥상통하는 성어를 골라야 한다. 옳은지 옳지 않은지 애매한 상황을 나타내는 성어 '模棱两可(애매모호하다)'가 적절하다.

빈칸4 빈칸 뒤의 '要求'와 호응하는 동사는 '符合'이다. '符合要求'는 '요구에 부합하다'는 의미로 자주 사용되는 표현이다.

---

66 ★★☆

竹林是生长速度快、再生能力强的可再生资源，竹纤维产品的规模化、产业化扩展，对以石油化工原料生产的纤维有一定的取代作用，减少了中国石油等不可再生资源的耗费，顺应社会主义生态文明建设和可持续发展的时代潮流。

대나무 숲은 생장 속도가 빠르고 재생 능력이 강한 재생 자원으로, 대나무 섬유 상품의 규모화와 산업화의 확장은 석유화학 공업 원료로 생산한 섬유에 어느 정도 대체하는 작용을 하고 중국의 석유등 재생이 불가능한 자원의 소모를 줄여, 사회주의 생태 문명 건설과 지속 가능한 발전의 시대적인 추세에 순응했다.

A	发展	替代	消耗	要求	A	발전하다	대체하다	소모하다	요구
B	生产	代替	消费	需求	B	생산하다	대신하다	소비하다	필요
C	扩展	取代	耗费	潮流	C	확장하다	대체하다	소모하다	추세
D	成长	代表	耗竭	趋势	D	성장하다	대표하다	다 써버리다	추세

단어 竹林 zhúlín 명 대나무 숲 | 生长 shēngzhǎng 동 생장하다 | 再生 zàishēng 동 재생하다 | 纤维 xiānwéi 명 섬유 | 规模化 guīmóhuà 동 규모화하다 | 产业化 chǎnyèhuà 명 산업화 | 原料 yuánliào 명 원료 | 顺应 shùnyìng 동 순응하다 | 文明 wénmíng 명 문명 | 建设 jiànshè 동 건설하다 | 可持续发展 kě chíxù fāzhǎn 명 지속가능한 발전 | 扩展 kuòzhǎn 동 확장하다 | 替代 tìdài 동 대체하다 | 代替 dàitì 동 대신하다 | 取代 qǔdài 동 대체하다 | 代表 dàibiǎo 동 대표하다 | 消耗 xiāohào 동 소모하다 | 消费 xiāofèi 동 소비하다 | 耗费 hàofèi 동 소모하다 | 耗竭 hàojié 동 다 써버리다 | 需求 xūqiú 명 필요 | 潮流 cháoliú 명 추세, 조류 | 趋势 qūshì 명 추세

해설 **빈칸1** 빈칸 앞의 규모화와 산업화는 생산하거나 성장할 수 있는 것이 아니므로 '发展(발전하다)'와 '扩展(확장하다)'가 적절하다.

빈칸2 '替代'와 '代替'는 일반적으로 사람을 대신할 때 사용한다. 빈칸은 대나무 섬유가 석유화학 공업 원료로 생산한 섬유를 대체할 수 있다는 의미이므로 '取代(대체하다)'가 적절하다.

빈칸3 일반적으로 자원을 소모할 때는 '消耗(소모하다)'와 '耗费(소모하다)'를 사용한다.

빈칸4 이 문장의 술어인 '顺应(순응하다)'과 호응하는 목적어를 선택해야 한다. 일반적으로 '顺应'과 '潮流(추세)'가 호응하여 시대적인 추세에 순응한다는 의미로 자주 사용된다.

---

67 ★★★

他走了，一个歌剧天才走进天堂，一个温暖的声音长留世上，留给我们无数的怀念和铭记。让我们在挥手告别天边最后一抹夕阳的时候，重温一下传奇歌王那光彩夺目的一生。

그는 떠났습니다. 한 명의 오페라 천재가 천국으로 갔고, 따뜻한 목소리는 세상에 남아 우리에게 수많은 그리움과 마음에 새김을 남겼습니다. 손을 흔들며 하늘의 마지막 한 가닥 석양에 작별을 고하면서 전설적인 오페라 왕의 그 환히 빛나는 일생을 되새겨봅시다.

A	思念	离开	回忆	熠熠生辉	A	그리워하다	떠나다
B	留念	离别	回味	光彩照人		회상하다	빛나다
C	铭记	告别	重温	光彩夺目	B	기념으로 남기다	이별하다
D	纪念	告白	回稳	光鲜亮丽		음미하다	이목을 끌다
					C	마음에 새기다	작별을 고하다
						되새기다	환히 빛나다
					D	기념하다	고백하다
						안정되다	밝고 아름답다

단어 歌剧 gējù 몡 오페라 | 天才 tiāncái 몡 천재 | 天堂 tiāntáng 몡 천국 | 温暖 wēnnuǎn 톙 따뜻하다 | 世上 shìshàng 몡 세상 | 怀念 huáiniàn 동 그리워하다 | 挥手 huīshǒu 손을 흔든다 | 一抹夕阳 yìmǒ xīyáng 몡 한 가닥 석양 | 传奇 chuánqí 톙 전설적인 | 歌王 gēwáng 몡 가왕 | 思念 sīniàn 동 그리워하다 | 留念 liúniàn 동 기념으로 남기다 | 铭记 míngjì 동 깊이 새기다 | 纪念 jìniàn 동 기념하다 | 离别 líbié 동 이별하다 | 告别 gàobié 동 작별을 고하다 | 告白 gàobái 동 고백하다 | 回忆 huíyì 동 회상하다 | 回味 huíwèi 동 음미하다 | 重温 chóngwēn 동 되새기다 | 熠熠生辉 yìyì shēnghuī 톙 번쩍번쩍 빛나다 | 光彩照人 guāngcǎi zhàorén 셍 사람의 이목을 끌다 | 光彩夺目 guāngcǎi duómù 셍 환히 빛나다 | 光鲜亮丽 guāngxiān liànglì 밝고 아름답다

해설 **빈칸1** '和'는 두 단어를 동등하게 연결하므로 '怀念(그리움)'과 동등하게 연결될 수 있는 어휘를 골라야 한다. '思念'은 '怀念'과 같은 의미이므로 의미가 중복되어 적절하지 않고, 오페라 가수를 그리워하고 마음에 새긴다는 의미이므로 '铭记(마음에 새기다)'가 적절하다.

빈칸2 빈칸 앞의 손을 흔든다는 동작과 연결되는 어휘를 골라야 한다. 따라서 '告白'는 적절하지 않다.

빈칸3 세상을 떠난 오페라 왕을 다시 추억하고 되새긴다는 내용이므로 의미 있는 것을 다시 되새긴다는 뜻의 '重温(되새기다)'이 적절하다.

빈칸4 빈칸은 빈칸 뒤의 '一生(일생)'을 수식한다. '熠熠生辉'는 물리적으로 번쩍 번쩍 빛나는 것을 뜻하므로 가왕의 일생을 수식하기에 적절하지 않으며, 나머지는 모두 가능하다.

---

68 ★★☆

所谓"平常心",并不是对名利一点儿也不动心。真正的"平常心",是诚实地对待自己，既然我们在内心深处是爱名利的，那么就大大方方地去爱，名正言顺地去爱。

이른바 '평상심'은 명예와 이익에 전혀 마음이 동요되지 않는 것은 결코 아니다. 진정한 '평상심'은 진실하게 자신을 대하는 것이다. 이왕 우리의 내면 깊은 곳에서 명예와 이익을 사랑하는 이상 대범하게 사랑하고 명분 있게 사랑해야 한다.

A	动摇	面临	即使	百折不挠	A	동요하다	직면하다
B	关心	面对	不管	名副其实		설령	좌절에 굴하지 않다
C	在意	招待	如果	顺理成章	B	관심을 갖다	직면하다
D	动心	对待	既然	名正言顺		막론하고	명실상부하다
					C	마음에 두다	접대하다
						만약에	조리정연하다
					D	마음이 동요되다	대하다
						이왕 ~된 바에	명분이 있다

단어 所谓 suǒwèi 톙 이른바 | 平常心 píngchángxīn 몡 평상심 | 名利 mínglì 몡 명예와 이익 | 诚实 chéngshí 톙 진실하다 | 内心深处 nèixīn shēnchù 몡 마음 깊은 곳 | 大大方方 dàdà fāngfāng 톙 시원시원하다 | 动摇 dòngyáo 동 동요하다 | 在意 zàiyì 동 마음에 두다 | 动心 dòngxīn 동 마음이 동요되다 | 面临 miànlín 동 직면하다 | 面对 miànduì 동 직면하다 | 招待 zhāodài 동 접대하다 | 对待 duìdài 동 대하다 | 即使 jíshǐ 젭 설령 ~일지라도 | 不管 bùguǎn 젭 ~을 막론하고 | 既然 jìrán 젭 이왕 ~된 바에 | 百折不挠 bǎizhé bùnáo 셍 수많은 좌절에 굴하지 않다 | 名副其实 míngfù qíshí 셍 명실상부하다 | 顺理成章 shùnlǐ chéngzhāng 셍 조리정연하다 | 名正言顺 míngzhèng yánshùn 셍 명분이 있다

해설 **빈칸1** 명예와 이익에 조금도 신경 쓰지 않는다는 의미이므로 네 가지 모두 가능하다.

201

빈칸2 빈칸 앞의 '诚实地(성실하게)'는 삶의 태도를 묘사하므로 '对待(대하다)'가 가장 적절하다. '面临'과 '面对'는 일반적으로 위기 등의 상황에 봉착했을 때 사용하므로 적절하지 않다.

빈칸3 일반적으로 접속사 '如果(만약)'와 '既然(이왕 ~된 바에)'은 '那么'와 호응한다. 빈칸 뒤의 문장 '我们在内心深处是爱名利的 (우리 마음 깊은 곳에서 명예와 이익을 사랑한다)'는 '是…的' 구문으로 사실을 강조하고 있으므로 가정의 의미는 아니다. 따라서 '如果'보다는 '既然'이 적절하다.

빈칸4 이왕 명예와 이익을 사랑하는 이상 대범하면서도 명분 있게 사랑하라는 의미이므로 '名正言顺(명분이 정당하고 조리가 있다)' 이 적절하다.

Tip 유의어 구분하기

面临 동 부정적인 일 등에 직면하다 (아직 일어나지 않았지만 곧 임박했음을 의미함)

예 面临危机(위기에 직면하다) | 面临挑战(도전에 직면하다)

面对 동 사람이나 일에 직면하다 (이미 일어나서 눈 앞에 놓여있는 것을 의미함)

예 面对现实(현실에 직면하다) | 面对问题(문제에 직면하다)

---

69 ★★★

寒冷减小了热量对微生物的毁灭，而冰层里水是以晶体的形式存在，几乎没有流动的水存在，这就减小了化学物质对生物分子的腐蚀；光，包括紫外线都可以穿过冰层，但是当冰层达到几米厚时，光的能量就已经被减小很多了，在几米厚的冰层下就几乎没有光了，因此微生物被埋藏在深深的完全黑暗的冰层中。

추위는 열량이 미생물을 박멸하는 것을 줄이고, 얼음층 안에 있는 물은 결정의 형태로 존재하여 거의 움직임이 없는 물로 존재하기 때문에 화학 물질이 생물 분자를 부식시키는 것을 줄여 준다. 자외선을 포함한 빛은 얼음층을 뚫고 지나갈 수 있다. 그러나 얼음층이 수 미터 두께가 되면 빛의 에너지가 많이 줄어들고 수 미터 두께의 얼음층 밑에는 빛이 거의 없다. 이 때문에 미생물은 완전히 어두운 깊은 얼음층에 깊숙이 감춰져 있다.

A 毁灭	以	腐蚀	但是	埋藏
B 损坏	凭	侵蚀	不过	埋葬
C 毁坏	用	腐烂	可是	深藏
D 破坏	自	霉烂	然而	埋掉

A 박멸하다	~로	부식하다	그러나	
	감추어 두다			
B 손상시키다	~에 의거하여	침식하다	그러나	
	매장하다			
C 훼손하다	이용하다	부패하다	그러나	
	깊숙이 감추다			
D 파괴하다	~에서부터	곰팡이가 피다	그러나	
	묻어 버리다			

단어 寒冷 hánlěng 형 한랭하다 | 减少 jiǎnshǎo 동 감소하다 | 热量 rèliàng 명 열량 | 微生物 wēishēngwù 명 미생물 | 冰层 bīng céng 명 빙층 | 晶体 jīngtǐ 명 결정체 | 形式 xíngshì 명 형태 | 流动 liúdòng 동 유동하다 | 紫外线 zǐwàixiàn 명 자외선 | 穿过 chuānguò 동 관통하다 | 能量 néngliàng 명 에너지 | 黑暗 hēi'àn 형 어둡다 | 毁灭 huǐmiè 동 박멸하다, 섬멸하다 | 损坏 sǔnhuài 동 손상시키다 | 毁坏 huǐhuài 동 훼손하다 | 破坏 pòhuài 동 파괴하다 | 以 yǐ 개 ~로써 | 凭 píng 개 ~에 의거하여 | 腐蚀 fǔshí 동 부식하다 | 侵蚀 qīnshí 동 침식하다 | 腐烂 fǔlàn 동 부패하다 | 霉烂 méilàn 동 곰팡이가 피다 | 然而 rán'ér 접 그러나 | 埋藏 máicáng 동 감추어 두다 | 埋葬 máizàng 동 (시체를) 매장하다 | 深藏 shēncáng 동 깊숙이 감추다 | 埋掉 máidiào 동 묻어버리다

해설 **빈칸1** 대상이 미생물이므로 '毁灭(박멸하다)'가 가장 적절하다. '损坏'는 기능이나 효과를 손상시키는 의미이고, '毁坏', '破坏'는 기물 등을 파괴하는 것을 의미하므로 적절하지 않다.

빈칸2 '以…形式'는 '~의 형식으로'라는 뜻으로 자주 사용되는 표현이다.

빈칸3 화학 물질은 생물 분자를 부식시킬 수 있으므로 '腐蚀(부식하다)'가 적절하다.

빈칸4 빈칸 앞에서 빛은 얼음층을 뚫고 지나갈 수 있다고 했고, 빈칸 뒤에서는 얼음층이 수 미터 두께가 되면 빛의 에너지가 줄어든다고 했으므로 역접으로 이어져야 한다. 따라서 네 가지 모두 가능하다.

빈칸5 '埋藏(감추어 두다)'과 '深藏(깊숙이 감추다)'은 깊이 숨긴다는 의미로 빈칸 뒤의 깊은 어두움과 호응할 수 있으므로 적절하다. '埋葬'은 시체 등을 묻는다는 뜻이고, '埋掉'는 물건을 묻어버린다는 의미이므로 적합하지 않다.

70 ★★☆

喜欢一个人，是让人迅速成长的捷径。你会为他着想，为未来考虑，为幸福打算。现在的我们，没有未来。我始终不说，我背负不起爱这个沉重的字眼儿。

A	快速	途径	终究	承受
B	迅速	捷径	始终	背负
C	飞速	路径	一直	负担
D	高速	路途	从来	承担

누군가를 좋아하는 것은 사람을 빠르게 성장시키는 지름길이다. 당신이 그를 위해 생각하고, 미래를 생각하고 행복을 위해 계획할 것이다. 현재의 우리는 미래가 없다. 나는 시종일관 내가 이 무거운 글자를 부담할 수 없다고 말하지 않는다.

A	신속한	방법	어쨌든	감당하다
B	빠른	지름길	시종일관	부담하다
C	매우 빠른	경로	줄곧	부담하다
D	고속의	길	지금까지	부담하다

단어 途径 tújìng 몡 방법, 경로 | 捷径 jiéjìng 몡 지름길 | 路径 lùjìng 몡 경로, 방법 | 路途 lùtú 몡 길, 도로 | 终究 zhōngjiū 閉 어쨌든, 결국 | 始终 shǐzhōng 閉 시종일관 | 从来 cónglái 閉 지금까지 | 承受 chéngshòu 됭 감당하다, 견뎌내다 | 背负 bèifù 됭 부담하다 | 负担 fùdān 됭 부담하다 | 承担 chéngdān 됭 부담하다

해설 **빈칸1** 빈칸 앞뒤 어휘와의 호응관계를 보면 사람이 빠르게 성장한다는 뜻이다. '高速(고속의)'는 일반적으로 경제 성장과 호응하므로 적절하지 않다.

빈칸2 빠르게 성장하는 의미인 '捷径(지름길)'이 가장 적절하다.

빈칸3 빈칸 뒤의 '不说'를 수식하는 어휘를 골라야 한다. 시종일관 말하지 않았다는 의미이므로 '终究(어쨌든)'는 적절하지 않으며, 나머지는 모두 가능하다.

빈칸4 '承受'는 시련이나 고난을 견디는 의미이고, '承担'은 책임이나 의무를 지는 의미이다. 문맥상 무거운 부담이나 짐을 지는 의미인 '背负(부담하다)'와 '负担(부담하다)'이 적절하다.

Tip **유의어 구분하기**

承担 됭 책임이나 의무 등을 지다, 부담하다, 맡다
　　예 承担责任(책임을 지다) | 承担任务(임무를 맡다)

承受 됭 어려움이나 고통 등을 감당하다, 이겨 내다, 감수하다
　　예 承受痛苦(고통을 이겨 내다) | 承受风险(위험을 감수하다)

독해 제3부분

71 – 75

　　在中国，(71) B 文字最初是刻在乌龟壳或野兽的骨头上的，后人把这种文字称为"甲骨文"。但乌龟壳和兽骨的数量毕竟有限，故仍不能广泛普及。于是，人们又找到了来源更广泛的竹子或木头，在上面书写，但又遇到了使用不方便的难题。为此，人们又开始在丝织品上写字，这样使用起来就方便多了，但丝织品的价格极其昂贵，(72) A 一般老百姓只能望而却步。因此，人们迫切需要一种使用起来既方便又廉价的书写材料，于是，纸便被发明了。
　　蔡伦，中国造纸术的发明者，生于湖南桂阳。

　　중국에서 (71) B 문자는 가장 처음에 거북이 등껍질이나 짐승의 뼈에 새긴 것이었고, 후대 사람들은 이런 종류의 문자를 '갑골문'이라고 부른다. 그러나 거북이 등껍질과 짐승 뼈의 수는 어쨌든 제한되어 있어서 널리 보급될 수 없었다. 그래서 사람들은 생산지가 더 광범위한 대나무와 나무 토막을 찾아내서 위에 글을 썼지만 사용이 불편하다는 난제에 봉착했다. 이 때문에 사람들은 견직물에 글을 썼고, 이렇게 사용하기 시작하자 훨씬 더 편리해졌다. 그러나 견직물의 가격이 아주 비싸서 (72) A 일반 백성들은 쉽게 다가갈 수 없었다. 이 때문에 사람들은 사용하기에 편리하고 저렴한 필기 재료가 절박하게 필요했다. 그래서 종이가 발명되었다.

(73) C 为了造出物美价廉的纸张，蔡伦耗尽半生精力，他派人广泛搜集民间流传的造纸方法，然后翻来覆去进行论证和分析，选取其中合理的工艺，合并其中相同的工序，(74) D 设计可行的制作方案，经过无数次的实验，终于发明了造纸术。

他的方法是将树皮、破布、旧渔网一类的东西加水煮，然后捣烂，再放在水中做成纸浆，最后将纸浆放在细竹帘子上摊成薄片，漏掉其中的水分，晒干后就变成了纸。蔡伦用这种方法做成的纸，既平整，又轻薄，而且成本很低，因此深受人们的欢迎，很快得到推广。(75) E 蔡伦的最大贡献正是在于他总结了民间造纸的技术，并利用宫廷作坊的财力、物力进行实验，整理确定了整个造纸工艺。

채윤(蔡伦)은 중국 제지술의 발명가이며 후난(湖南) 구이양(桂阳)에서 태어났다.

(73) C 품질 좋고 저렴한 종이를 만들기 위해서 채윤은 반평생의 정신과 힘을 다 썼고, 사람을 보내 민간에서 전해지는 제지 방법을 수집하고 끊임없는 논증과 분석을 거쳐, 그중에서 합리적인 방법을 선택하고 상통하는 제조 공정을 병합하여 (74) D 실행 가능한 제작 방안을 설계했다. 무수한 실험을 거쳐 마침내 제지술을 발명했다.

그의 방법은 나무껍질, 헌 헝겊, 낡은 어망 같은 물건을 물을 넣고 끓여서 으깨고 다시 물에서 펄프로 만들고, 마지막으로 펄프를 가느다란 대나무 발에 얇은 조각으로 늘어놓아 그 안의 수분을 빼서 햇빛에 말리면 종이가 된다. 채윤이 이 방법으로 만든 종이는 평평하게 고르고, 가볍고 얇으며 원가가 낮아서 사람들에게 환영 받았고 빠르게 보급되었다. (75) E 채윤의 최대 공헌은 민간의 제지 기술을 총망라하고, 또한 궁정 작업장의 재력, 물자 등을 이용해 실험을 하고 전제 제지 방법을 정리하고 확립한 것에 있다.

단어 刻 kè 동 새기다 | 乌龟壳 wūguīké 명 거북이 등딱지 | 野兽 yěshòu 명 야수 | 骨头 gǔtou 명 뼈 | 兽骨 shòugǔ 명 짐승 뼈 | 毕竟 bìjìng 부 어쨌든 | 普及 pǔjí 동 보급하다 | 来源 áiyuán 명 생산지 | 竹子 zhúzi 명 대나무 | 遇到 yùdào 동 봉착하다 | 丝织品 sīzhīpǐn 명 견직물 | 昂贵 ángguì 형 비싸다 | 望而却步 wàng'ér quèbù 성 뒷걸음치다 | 迫切 pòqiè 절박하다 | 廉价 liánjià 염가, 싼 값 | 材料 cáiliào 명 재료 | 物美价廉 wùměi jiàliào 성 질이 좋고 싸다 | 耗尽 hàojìn 다 써버리다 | 精力 jīnglì 정신과 체력 | 搜集 sōují 동 수집하다 | 流传 liúchuán 동 대대로 전해 내려오다 | 翻来覆去 fānlái fùqù 성 같은 일을 여러 번 되풀이하다 | 论证 lùnzhèng 명 논증 | 选取 xuǎnqǔ 선택하다 | 工艺 gōngyì 명 공예 | 工序 gōngxù 명 제조 공정 | 设计 shèjì 명 설계, 디자인 | 可行 kěxíng 동 가능하다 | 实验 shíyàn 명 실험 | 树皮 shùpí 명 나무 껍질 | 布 bù 명 헝겊 | 煮 zhǔ 동 끓이다 | 捣烂 dǎolàn 동 으깨다 | 纸浆 zhǐjiāng 명 펄프 | 帘子 liánzi 명 발 | 摊 tān 동 늘어놓다 | 薄片 báopiàn 얇은 조각 | 漏掉 lòudiào 새나가다 | 晒干 shàigān 동 햇볕에 말리다 | 平整 píngzhěng 형 평평하게 고르다 | 薄 báo 형 얇다 | 成本 chéngběn 명 원가 | 贡献 gòngxiàn 동 공헌하다 | 宫廷 gōngtíng 명 궁전 | 作坊 zuōfang 명 작업장 | 财力 cáilì 명 재력 | 整理 zhěnglǐ 명 정리하다

---

71 ★☆☆

| B 文字最初是刻在乌龟壳或野兽的骨头上的 | B 문자는 가장 처음에 거북이 등껍질이나 짐승의 뼈에 새긴 것이었고 |

해설 빈칸 뒤에서 갑골문, 거북이 등껍질과 짐승의 뼈에 대해 언급하므로 빈칸에는 갑골문을 설명하는 내용이 와야 한다.

---

72 ★★☆

| A 一般老百姓只能望而却步 | A 일반 백성들은 쉽게 다가갈 수 없었다 |

해설 빈칸 앞에서 견직물의 가격이 아주 비싸다고 했다. 빈칸에는 이로 인한 결과인 백성들이 견직물을 살 수 없었다는 내용이 와야 한다.

---

73 ★☆☆

| C 为了造出物美价廉的纸张 | C 품질 좋고 저렴한 종이를 만들기 위해서 |

해설 빈칸 뒤에서 채윤의 업적인 종이 제작에 대해 언급하므로 빈칸에는 종이를 만든다는 내용이 와야 한다.

Tip 일반적으로 为了는 '为了+일의 목적, 주어+술어'의 형식으로 쓰인다. 자주 사용되는 중국어 문장의 구조를 숙지하는 것이 좋다.

74 ★★☆	
D 设计可行的制作方案	D 실행 가능한 제작 방안을 설계했다

해설 빈칸 앞뒤에서 채윤이 제지술을 발명하는 과정이 언급되어 있다. 빈칸 앞에서는 공정 과정, 빈칸 뒤에서는 종이의 발명에 대해 언급하므로 빈칸에는 그 중간 과정에 대한 내용이 오는 것이 적절하다.

75 ★★☆	
E 蔡伦的最大贡献正是在于他总结了民间造纸的技术	E 채윤의 최대 공헌은 민간의 제지 기술을 총망라하는 것에 있다

해설 빈칸이 문장의 시작 부분이므로 주어가 등장해야 하며, 뒤에서 채윤의 업적에 대해 언급하므로 빈칸의 주어는 채윤임을 알 수 있다. 따라서 채윤이 주어인 문장이 와야 한다.

76 - 80

懂得感恩的人，往往具有谦逊的品德，是有敬畏之心的人。对待比自己弱小的人，知道要鞠躬行礼，便是属于前者；(76) C 感受上苍懂得要抬头仰视，便是属于后者。因此，哪怕是比自己再弱小的人给予自己的哪怕是一点一滴的帮助，我们也不敢轻视、不能忘记的。跪拜在教堂里的那些人，望着从教堂彩色的玻璃窗中洒进的阳光，是怀着感恩之情的。

恨多于爱的人，(77) D 一般容易缺乏感恩之情。心里被怨恨胀满的人，就像是被雨水淹没的田园，很难再吸收新的水分，便很难再长出感恩的花朵。

不懂得忏悔的人，一般也容易缺乏感恩之情。道理很简单，这样的人，往往自以为是，一切都是他对，他历来都没有错，对于别人给予他的帮助，特别是指出他的错误、弥补他的过失的帮助，他怎么会在意呢？不仅不会在意，(78) A 而且还可能会觉得这样的帮助是多余的，是当面让他下不来台呢。

财富过大并钻进钱眼里出不来(79) E 和权力过重并沉溺权力欲出不来的人，一般更容易缺乏感恩之情。因为这样的人总觉得他们是施恩于别人的主儿，别人怎么会对他们有恩且需要回报呢？这样的人，目中无人，习惯于昂着头走路，蔑视一切，别说鞠躬或磕头感恩于人了，即使叫他弯下腰、蹲下身来也是不可能的。

虽说大恩不言谢，施恩不图报，(80) B 但是感恩一定不要仅发于心而止于口，对你需要感谢的人，一定要把感恩之意说出来，把感恩之情表达出来。那不仅是为了表示感谢，更是一种内心的交流。在这样的交流中，我们会感到世界因此而变得格外美好。

감사할 줄 아는 사람은 흔히 겸손한 품성을 가지고 경외하는 마음을 가진 사람이다. 자신보다 약한 사람을 대할 때 허리를 숙여 인사할 줄 알면 전자에 속하고, (76) C 푸른 하늘을 느끼려면 고개를 들어야 한다는 것을 알면 후자에 속한다. 이 때문에 설령 자신보다 약한 사람이 자신에게 아주 사소한 도움을 주더라도 우리는 가볍게 보면 안되고 잊어서도 안 된다. 예배당에서 무릎을 꿇은 그 사람들이 예배당의 스테인글라스에서 쏟아지는 햇빛을 바라보는 것이 바로 감사하는 마음을 가진 것이다.

원망이 사랑보다 더 많은 사람은 (77) D 일반적으로 감사하는 마음이 부족하기 쉽다. 마음에 증오심이 가득 찬 사람은 마치 빗물에 잠긴 전원처럼 더 이상 새로운 수분을 흡수하기 어렵고 다시 감사의 꽃송이를 자라게 하기 어렵다.

뉘우칠 줄 모르는 사람은 일반적으로 감사하는 마음이 부족하기 쉽다. 이치는 아주 간단하다. 이러한 사람은 흔히 자신만이 옳다고 여기고, 그가 하는 모든 것이 옳고 항상 틀린 것이 없다. 다른 사람이 그에게 베푸는 도움, 특히 그의 잘못을 지적하고 그의 과실을 채워주는 도움을 그가 어떻게 신경 쓰겠는가? 전혀 신경 쓰지 않을 뿐 아니라 (78) A 게다가 이런 도움은 쓸데없다고 느낄 수 있어서, 도와주려는 것은 면전에서 그를 난처하게 할 뿐이다.

재물이 많고 돈에 빠져서 헤어 나오지 못하고 (79) E 권력이 넘쳐 권력욕에서 빠져 나오지 못하는 사람은 일반적으로 감사하는 마음이 부족하기 쉽다. 왜냐하면 이런 사람은 항상 그들이 다른 사람에게 은혜를 베푸는 사람이라고 생각하는데 다른 사람이 어떻게 그에게 은혜를 베풀고 보답을 받을 수 있겠는가? 이런 사람은 안하무인이고 고개를 치켜들고 길을 걷는 것이 습관이 되어있고, 모두를 멸시하는데 허리를 숙이거나 머리를 조려 다른 사람에게 감사할 수 있겠는가? 설령 그에게 허리를 굽히고 꿇어 앉으라고 해도 이는 불가능하다.

비록 큰 은혜에 고맙다고 하지 않고, 은혜를 베풀고 보답을 바라지 않는다고 말하지만 (80) B 그러나 감사는 마음에만 두고 입으로 내뱉지 않으면 절대 안 된다. 당신에게 감사하려는 사람은 반드시

단어 感恩 gǎn'ēn 동 고맙게 여기다 | 谦逊 qiānxùn 형 겸손하다 | 品德 pǐndé 명 품성 | 敬畏 jìngwèi 동 경외하다 | 弱小 ruòxiǎo 형 약소하다 | 鞠躬 jūgōng 동 허리를 굽혀 절하다 | 行礼 xínglǐ 동 인사하다 | 上苍 shàngcāng 푸른 하늘 | 抬头 táitóu 머리를 들다 | 仰视 yǎngshì 동 올려다 보다 | 哪怕 nǎpà 접 설령 ~일지라도 | 给予 jǐyǔ 동 주다 | 一点一滴 yìdiǎn yìdī 성 약간 | 轻视 qīngshì 경시하다 | 跪拜 guìbài 동 무릎을 꿇고 엎드려 절하다 | 教堂 jiàotáng 명 예배당 | 玻璃 bōli 명 유리 | 洒 sǎ 동 뿌리다 | 恨 hèn 형 원망하다 | 怨恨 yuànhèn 명 증오심 | 胀满 zhàngmǎn 그득하다 | 淹没 yānmò 동 물에 잠기다 | 田园 tiányuán 명 전원 | 吸收 xīshōu 동 흡수하다 | 花朵 huāduǒ 명 꽃송이 | 忏悔 chànhuǐ 동 뉘우치다 | 自以为是 zìyǐ wéishì 성 자신만이 옳다고 생각하다 | 历来 lìlái 부 항상 | 弥补 míbǔ 메우다 | 过失 guòshī 명 과실 | 在意 zàiyì 마음에 두다 | 多余 duōyú 형 여분의, 쓸데없는 | 下不来台 xiàbu láitái 난처하다 | 钻进 zuānjìn 동 파고들다 | 钱眼 qiányǎn 명 돈 | 沉溺 chénnì 동 빠지다 | 施恩 shī'ēn 은혜를 베풀다 | 主儿 zhǔr 명 어떤 유형의 사람을 가리킴 | 回报 huíbào 보답하다 | 目中无人 mùzhōng wúrén 성 안하무인이다 | 昂头 ángtóu 고개를 들다 | 蔑视 mièshì 동 멸시하다 | 磕头 kētóu 동 엎드려 머리를 조아리다 | 弯腰 wānyāo 동 허리를 굽히다 | 蹲下 dūnxià 동 쪼그리다 | 施恩不图报 shī'ēn bùtúbào 은혜를 베풀고 보답을 바라지 않다

---

76 ★★☆

C 感受上苍懂得要抬头仰视 | C 푸른 하늘을 느끼려면 고개를 들어야 한다는 것을 알면

해설 빈칸 앞에서 감사할 줄 아는 사람은 겸손한 품성을 가지고 경외하는 마음을 가진 사람이라 했다. 이어서 전자인 겸손한 품성을 가진 사람은 자신보다 약한 사람을 대할 때 허리를 숙여 인사할 줄 안다고 했으므로 빈칸에는 후자인 경외하는 마음을 가진 사람의 행동이 와야 한다.

Tip

일반적으로 독해 제3부분은 문장이 대명사로 연결되는 경우가 많아 대명사에 유의해야 한다. 여기에서는 전자와 후자에 대한 언급이 있으므로 각각의 경우를 명확하게 구분해야 한다.

---

77 ★★☆

D 一般容易缺乏感恩之情 | D 일반적으로 감사하는 마음이 부족하기 쉽다

해설 빈칸 앞에서 원망이 사랑보다 더 많은 사람을 언급했으므로 빈칸에는 부정적인 내용이 와야 한다.

---

78 ★★☆

A 而且还可能会觉得这样的帮助是多余的 | A 게다가 이런 도움은 쓸데없다고 느낄 수 있어서

해설 '不仅 A 而且 B'는 'A뿐만 아니라 게다가 B하다'의 뜻으로, 지문을 읽기 전 보기를 먼저 눈으로 읽을 때 '而且'를 보았으면, 빈칸 앞의 '不仅'과 호응한다는 것을 알고 쉽게 답을 찾을 수 있다.

Tip

시험에 자주 출제되는 호응관계 접속사

不但 A 而且 B A일 뿐 아니라, B이기까지 하다

即使 A 也 B 설령 A일지라도 B하다

因为 A 所以 B 왜냐하면 A 그래서 B하다

虽然 A 但是 B 비록 A이지만, 그러나 B하다

79 ★★☆	
E 和权力过重并沉溺权力欲出不来的人	E 권력이 넘쳐 권력욕에서 빠져 나오지 못하는 사람은

해설 보기 E는 '和'로 시작하므로 '和' 뒤에 있는 내용과 병렬로 동등하게 연결되는 내용을 고르면 된다. '…出不来'로 동일하게 표현했으므로 쉽게 답을 찾을 수 있다.

80 ★★★	
B 但是感恩一定不要仅发于心而止于口	B 그러나 감사는 마음에만 두고 입으로 내뱉지 않으면 절대 안 된다

해설 '虽说 A 但是 B'는 '비록 A일지라도 그러나 B하다'의 뜻으로, 지문을 읽기 전 보기를 먼저 읽을 때 '但是'를 보았으면, 빈칸 앞의 '虽说'와 호응한다는 것을 알고 쉽게 답을 찾을 수 있다.

독해 제4부분

81-84

有一个年轻人非常想娶农场主漂亮的女儿为妻。于是，他来到农场主家里求婚。

农场主仔细打量了他一番，说道："我们到农场去。81我会连续放出三头公牛，如果你能抓住任何一头公牛的尾巴，你就可以迎娶我的女儿。"

于是，他们来到了农场。年轻人站在那里焦急地等待着农场主放出的第一头公牛。不一会儿，牛栏的门被打开了，一头公牛向年轻人直冲过来。这是他所见过的最大而且最丑陋的公牛了。82他想，下一头公牛应该比这一头好吧。于是，他放过了这头公牛。

牛栏的大门再次打开，第二头公牛冲了出来。然而，这头公牛不但形体庞大，而且异常凶猛。"哦，这真是太可怕了。无论下一头公牛是什么样子，总会比这头好吧。"于是，他连忙躲到栅栏的后面，放过了这头公牛。

不一会儿，牛栏的门第三次打开了。当年轻人看到这头公牛的时候，脸上绽开了笑容。83这头公牛不但形体短小，而且还非常瘦弱，这正是他想要抓住的那头公牛！当这头公牛向他跑来的时候，他看准时机，猛地一跃，正要抓公牛尾巴的时候，发现——这头公牛竟然没有尾巴！

84每个人都拥有机会，但是机会稍纵即逝，别让机会从身边溜走。

한 젊은이가 농장 주인의 예쁜 딸을 아내로 맞이하고 싶어 했다. 그래서 그는 농장 주인집에 가서 구혼했다.

농장 주인은 그를 자세하게 한번 훑어보고 말했다. "농장으로 가세. 81내가 연속으로 황소 세 마리를 내보낼 것이니, 만약에 자네가 어떤 황소 한 마리의 꼬리라도 잡을 수 있다면 내 딸을 아내로 맞이해도 된다네."

이리하여 그들은 농장으로 갔다. 젊은이가 그곳에서 초조하게 농장 주인이 첫 번째 황소를 내보내기를 기다리며 서 있었다. 잠시 후에 외양간의 문이 열리고 황소 한 마리가 젊은이에게 돌진해 왔다. 이것이 그가 본 것 중 가장 크고 못생긴 황소였다. 82그는 다음 황소는 이 소보다는 괜찮을 것이라 생각해서 이 황소를 놓아주었다.

외양간의 문이 다시 열리고 두 번째 황소가 돌진해 왔다. 그러나 이 황소는 몸집이 방대할 뿐 아니라 몹시 사나웠다. "아니, 이 황소는 정말 무섭네. 다음 황소가 어떻든지 이번 보다는 괜찮을 거야." 그래서 그는 재빠르게 울타리 뒤로 숨어 이번 소를 놓아주었다.

잠시 후에 외양간의 문이 세 번째로 열렸다. 젊은이가 이 황소를 보았을 때 얼굴에는 웃음꽃이 피었다. 83이 황소는 몸집이 왜소할 뿐만 아니라 매우 여위고 허약했다. 이게 바로 그가 잡고 싶은 그 황소였다! 이 황소가 그에게 달려올 때 그는 기회를 포착하고 맹렬하게 뛰어올랐다. 막 황소의 꼬리를 잡으려고 할 때 이 황소는 놀랍게도 꼬리가 없었다는 것을 발견했다!

84모든 사람들이 다 기회가 있지만 기회는 조금만 늦어도 사라져 버리니 기회가 곁에서 사라지지 않게 해야 한다.

단어 娶 qǔ 통 아내를 얻다 | 求婚 qiúhūn 통 구혼하다 | 仔细 zǐxì 형 자세하다 | 打量 dǎliang 통 훑어보다 | 连续 liánxù 통 연속하다 | 公牛 gōngniú 명 황소 | 抓住 zhuāzhù 붙잡다 | 尾巴 wěiba 명 꼬리 | 焦急 jiāojí 통 초조하다 | 牛栏 niúlán 명 외양간 | 冲

chōng 图 돌진하다 | 丑陋 chǒulòu 형 못생기다 | 形体 xíngtǐ 명 외관 | 庞大 pángdà 형 방대하다 | 异常 yìcháng 부 몹시 | 凶猛 xiōngměng 형 사납다 | 连忙 liánmáng 부 재빨리 | 躲 duǒ 图 숨다 | 栅栏 zhàlan 명 울타리 | 绽开 zhànkāi 图 펴다 | 笑容 xiàoróng 명 웃는 얼굴 | 瘦弱 shòuruò 형 여위고 허약하다 | 猛 měng 형 세차다 | 跃 yuè 图 뛰어오르다 | 竟然 jìngrán 부 뜻밖에도 | 稍纵即逝 shāozòng jíshì 성 조금만 늦어도 사려져 버린다 | 溜走 liūzǒu 图 몰래 달아나다

---

81 ★☆☆

农场主提出了什么要求?

A 年轻人必须带来三头公牛
B 年轻人能抓住任何一头公牛的尾巴
C 不给年轻人任何机会
D 让年轻人准备必要的钱财

농장 주인은 어떤 요구를 제시했는가?

A 젊은이는 반드시 황소 세 마리를 데려와야 한다
B 젊은이는 어떤 황소 한 마리의 꼬리라도 잡을 수 있어야 한다
C 젊은이에게 어떤 기회도 주지 않았다
D 젊은이에게 필요한 돈을 준비하게 했다

해설 두 번째 단락에서 농장 주인은 젊은이에게 어떤 황소 한 마리의 꼬리를 잡을 수 있다면 딸을 아내로 맞이해도 된다고 했다. 따라서 정답은 B이다.

---

82 ★★☆

年轻人见到第一头公牛后:

A 认为这头公牛非常凶猛
B 奋力抓住了公牛的尾巴
C 认为这头公牛非常帅气
D 放过了这头公牛

젊은이가 첫 번째 황소를 보고 난 후:

A 이 황소가 매우 사납다고 생각했다
B 있는 힘을 다해 황소의 꼬리를 잡았다
C 이 황소가 매우 멋지다고 생각했다
D 이 황소를 놓아주었다

해설 세 번째 단락에서 젊은이는 첫 번째 황소보다 다음 소가 더 괜찮을 것이라 생각해서 놓아주었으므로 정답은 D이다.

---

83 ★☆☆

关于第三头公牛,正确的描述是:

A 很大很丑陋   B 非常凶猛
C 形体庞大   D 非常瘦弱

세 번째 황소에 관하여 옳은 묘사는:

A 크고 못생겼다   B 매우 사납다
C 몸집이 방대하다   D 매우 여위고 허약하다

해설 다섯 번째 단락에서 세 번째 황소는 몸집이 왜소할 뿐만 아니라 매우 여위고 허약하다고 했으므로 정답은 D이다.

---

84 ★★☆

根据上文,正确的是:

A 机不可失,失不再来
B 掌握自己的命运
C 勇敢为自己的梦想奋斗
D 机会垂青有准备的人

이 글에 근거하여 옳은 것은:

A 기회는 놓치면 다시 오지 않으니 놓치면 안 된다
B 자신의 운명을 장악해야 한다
C 용감하게 자신의 꿈을 위해 노력해야 한다
D 기회는 준비된 사람을 좋아한다

단어 垂青 chuíqīng 图 특별히 애호하다

해설 마지막 단락에서 기회는 조금만 늦어도 사라져 버리니 기회가 곁에서 사라지지 않게 해야 한다고 했으므로 정답은 A이다.

欧美发达国家的小吃在价格上基本都达到了发展中国家正餐的水平，毫无疑问，[85]德国是一个在吃上缺少"进取心"的国家，除了品种繁多的香肠以外，似乎很难再有令人眼前一亮的特色小吃，英国似乎也好不到哪儿去。在吃上的所谓"花样"往往是通过数不清的小吃来体现，看来，要想甩掉西餐单调的帽子，靠德国人和英国人肯定是没戏了。德国的邻国法国却是一个对吃非常痴迷的国家，大餐小吃一应俱全，花上一个下午都让你百吃不厌。看看吧，巴黎街头各种叫不上名字的小吃都会让人垂涎三尺。小吃摊上，泡在大瓶子里的橄榄少说也有十几种，也不知是甜的还是咸的。数不清的花色面包和小点心让人眼花缭乱，种类繁多的果酱光看看瓶签也要半个小时。法国的小吃品种在欧洲各国名列榜首，西班牙和意大利次之。

世界各国的餐饮价格差异很大，要知道在丹麦的哥本哈根吃一次麦当劳或在俄罗斯的莫斯科喝一杯热咖啡并不便宜，以这个消费水平，[86]在印度尼西亚的雅加达吃上一顿里面有肉有菜的咖喱饭绝对不成问题，[87]在中国的许多城市，买上十碗酸辣粉都绰绰有余。所以在有的国家，以正餐的价格只能品尝到当地的街头小吃，屋子里的"小吃"可享受不起。而在另一些国家，用点儿零钱已能品尝到当地的大餐，至于物美价廉、种类繁多的街头小吃，只用兜里的零花钱就足以应付。

西方国家的小吃品种虽少但比较卫生，吃着让人放心。发展中国家的小吃品种多、价格低，但在卫生上不怎么讲究。天下事没有两头都合适的。说到口味，绝对是东风压倒西风，[88]西方人的长项通常在于甜食，其他地方的小吃可以说是酸甜苦辣无所不包，印度尼西亚的咖喱饭配料也相当丰富，十几种算少的，多的可达几十种，外来人多数叫不出名字，只能"瞎吃"。西方人的热狗，虽然吃来吃去就是香肠加蔬菜，但他们很会在调酱上下工夫，这多少为西方小吃的名声不佳扳回一局。

유럽과 미국 선진국의 간식은 가격 면에서 거의 개발 도상국의 식사 수준에 도달했다. 의심의 여지 없이 [85]독일은 먹는 것에 '진취성'이 부족한 국가이다. 다양한 종류의 소시지 외에는 사람의 눈에 띄는 특별한 간식은 거의 없는 것 같다. 영국 또한 거기서 거기인 것 같다. 먹는 것에서 소위 말하는 '스타일'은 종종 셀 수 없는 간식을 통해 보여지는데, 보아하니 양식은 단조롭다는 꼬리표를 벗어 버리려면 독일인과 영국인에게 의지해서는 틀림없이 가망이 없다. 독일의 이웃 국가인 프랑스는 오히려 먹는 것에 흠뻑 빠져있는 국가이다. 성찬이나 간식 모두 다 잘 갖춰져 있다. 오후 내내 먹어도 질리지 않는다. 한번 보자. 파리 거리의 이름을 다 부를 수 없는 각종 간식은 모두 사람들의 군침을 돌게 만든다. 간식 노점에서 병에 담긴 올리브만 해도 최소 십여 종에 달해 단맛인지 짠맛인지도 모른다. 셀 수 없는 다양한 종류의 빵과 작은 디저트는 사람들의 눈을 현혹시키고, 여러 종류의 과일 잼은 병 라벨만 보는데도 30분이 걸린다. 프랑스의 간식 종류는 유럽 각국에서 손꼽히며, 스페인과 이탈리아가 그 뒤를 잇는다.

세계 각국의 음식 가격은 차이가 크다. 덴마크의 코펜하겐에서 맥도날드를 한 번 먹거나 러시아의 모스크바에서 뜨거운 커피를 한 잔 마시는 것은 결코 저렴하지 않다. 이러한 소비 수준으로 [86]인도네시아의 자카르타에서 고기와 야채가 들어있는 카레라이스 한 끼를 먹는 것은 문제가 되지 않고, [87]중국의 많은 도시에서 쑤완라펀(酸辣粉) 10그릇을 사도 남는다. 그래서 어떤 국가에서는 식사 가격으로 현지 길거리 간식 정도만 맛볼 수 있고, 방 안에서 먹는 간식은 즐길 수도 없다. 그러나 어떤 국가들에서는 약간의 돈을 가지고도 현지의 성찬을 맛볼 수 있다. 품질도 좋고 가격도 저렴한 것과 다양한 종류의 길거리 간식에 대해 말하자면, 주머니의 몇 푼의 돈으로도 충분히 먹을 수 있다.

서양 국가의 간식은 종류가 적지만 위생적이므로 안심하고 먹을 수 있다. 개발 도상국의 간식은 종류가 많고 가격이 싸지만, 위생은 별로 중시하지 않는다. 세상에 두 가지 모두 부합하는 것은 없다. 맛에서는 단연 동풍이 서풍을 압도한다. [88]서양인들의 장점은 단 음식에 있고, 다른 지역의 간식은 신맛, 단맛, 쓴맛, 매운맛이 모두 있다. 인도네시아의 카레라이스는 재료도 상당히 풍부하다. 십여 종은 적다고 할 수 있고 많은 경우에는 수십여 종에 달한다. 외지 사람들은 대다수가 그 이름도 다 알지 못하고 그냥 내키는 대로 먹는다. 서양 사람들의 핫도그는 비록 먹어 보면 소시지와 야채뿐이지만 소스에 공을 들이므로 서양 간식의 명성이 부족한 것을 어느 정도 만회할 수 있다.

단어 欧美 Ōuměi 명 유럽과 미국 | 发达国家 fādá guójiā 명 선진국 | 毫无 háowú 통 조금도 ~이 없다 | 疑问 yíwèn 명 의문 | 进取心 jìnqǔxīn 진취성 | 繁多 fánduō 형 많다 | 香肠 xiāngcháng 명 소시지 | 眼前一亮 yǎnqián yīliàng 눈에 띄다 | 花样 huāyàng 명 스타일, 양식 | 数不清 shǔbuqīng 헤아릴 수 없다 | 体现 tǐxiàn 통 구현하다 | 甩掉 shuǎidiào 던져 버리다 | 单调 dāndiào 형 단조롭다 | 没戏 méixì 통 가망이 없다 | 痴迷 chīmí 통 푹 빠지다 | 大餐 dàcān 정찬 | 一应俱全 yìyìng jùquán 성 모두 갖춰져 있다 | 百吃不厌 bǎichī bùyàn 아무리 먹어도 질리지 않는다 | 垂涎三尺 chuíxián sānchǐ 성 먹고 싶어 침을 흘리다 | 摊 tān 늘어놓다 | 泡 pào 통 담가두다 | 橄榄 gǎnlǎn 명 올리브 | 花色 huāsè 명 종류 | 眼花缭乱 yǎnhuā liáoluàn 성 현란하다 | 果酱 guǒjiàng 명 과일 잼 | 瓶签 píngqiān 병 라벨 | 名列榜首 mínglìe bǎngshǒu 명단에 이름이 맨 윗자리에 오르다 | 西班牙 Xībānyá 명 스페인 | 意大利 Yìdàlì 명 이탈리아 | 次之 cìzhī 통 그 다음 가다 | 丹麦 Dānmài 명 덴마크 | 哥本哈根 Gēběnhāgēn 명 코펜하겐 | 俄罗斯

Éluósī 명 러시아 | 莫斯科 Mòsīkē 명 모스크바 | 消费 xiāofèi 동 소비하다 | 雅加达 Yǎjiādá 명 자카르타 | 咖喱饭 gālífàn 명 카레라이스 | 酸辣粉 suānlàfěn 명 쑤완라펀[중국 음식] | 绰绰有余 chuòchuò yǒuyú 성 매우 넉넉하다 | 正餐 zhèngcān 명 정찬 | 享受 xiǎngshòu 동 즐기다 | 品尝 pǐncháng 동 맛보다 | 物美价廉 wùměi jiàlián 성 품질이 좋고 가격도 싸다 | 兜 dōu 명 호주머니 | 零花钱 línghuāqián 명 사소한 비용 | 足以 zúyǐ 동 충분히 ~하다 | 应对 yìngduì 동 대응하다 | 卫生 wèishēng 형 위생적이다 | 讲究 jiǎngjiu 동 중시하다 | 东风压倒西风 dōngfēng yādǎo xīfēng 성 동풍이 서풍을 압도하다 | 长项 chángxiàng 명 장점 | 甜食 tiánshí 명 단 음식 | 无所不包 wúsuǒ bùbāo 다 포함하다 | 瞎 xiā 동 되는대로 | 热狗 règǒu 명 핫도그 | 调酱 tiáojiàng 명 소스 | 下工夫 xià gōngfū 공을 들이다 | 不佳 bùjiā 형 좋지 않다 | 扳回 bānhuí 동 만회하다

---

85 ★☆☆

关于各国小吃，正确的是：	각국의 간식에 관하여 옳은 것은：
A 德国品种繁多的香肠比较有名	A 독일은 다양한 종류의 소시지가 비교적 유명하다
B 英国人的小吃在欧洲有点儿名气	B 영국인의 간식은 유럽에서 조금 유명하다
C 各国的餐饮价格差异不大	C 각국의 음식 가격 차이는 크지 않다
D 西班牙的小吃品种很少	D 스페인의 간식 종류는 적다

해설 첫 번째 단락에서 독일은 소시지 외에는 눈에 띄는 간식은 없는 것 같다고 했으므로 정답은 A이다.
B. 영국인의 간식도 독일과 마찬가지로 거기서 거기라고 했으므로 유명한 것이 없음을 알 수 있다.
D. 스페인의 간식 종류는 프랑스의 뒤를 잇는다고 했으므로 간식의 종류가 다양함을 알 수 있다.

---

86 ★☆☆

关于法国的小吃，不正确的是：	프랑스의 간식에 관하여 옳지 않은 것은：
A 大餐小吃一应俱全	A 성찬과 간식이 모두 다 잘 갖춰져 있다
B 光泡在瓶子里的橄榄就很多品种	B 병에 담긴 올리브만해도 여러 종류이다
C 有肉有菜的咖喱饭很受欢迎	C 고기와 야채가 있는 카레라이스는 인기가 좋다
D 有种类繁多的果酱	D 과일 잼이 다양하다

해설 두 번째 단락에서 고기와 야채가 있는 카레라이스는 인도네시아 자카르타에서 먹는다고 했다. 질문은 프랑스의 간식에 관해 묻고 있으므로 정답은 C이다.

---

87 ★★☆

关于小吃价格，正确的是：	간식의 가격에 관하여 옳은 것은：
A 欧美国家的小吃价格非常实惠	A 유럽과 미국 국가의 간식 가격은 아주 실속 있다
B 丹麦的小吃价格经济到令人咋舌	B 덴마크의 간식 가격은 말문이 막힐만큼 경제적이다
C 酸辣粉的价格很便宜	C 쑤완라펀의 가격은 저렴하다
D 印度尼西亚的咖喱饭非常昂贵	D 인도네시아의 카레라이스는 아주 비싸다

단어 咋舌 zéshé 동 말문이 막히다

해설 두 번째 단락에서 코펜하겐과 모스크바에서 간식을 사 먹는 가격으로 중국에서는 쑤완라펀 10그릇을 사도 남는다고 했다. 이를 통해 쑤완라펀의 가격이 아주 저렴하다는 것을 알 수 있으므로 정답은 C이다.

88 ★★☆

关于小吃口味，正确的是：

A 德国的小吃酸甜苦辣无所不包
B 西方人的长项在于甜食
C 口味上，东风未必压倒西风
D 东方人很会在调酱上下工夫

간식의 맛에 관하여 옳은 것은:

A 독일의 간식은 신맛, 단맛, 쓴맛, 매운맛 등 모든 맛이 다 있다
B 서양인들의 장점은 단 음식에 있다
C 맛에서 동풍이 서풍을 반드시 압도하는 것은 아니다
D 동양 사람은 소스에 공을 들인다

해설 보기를 확인할 때는 반드시 주어와 술어를 나누고, 해당 주어와 술어가 내용상 호응하는지 지문과 꼼꼼하게 비교하여 확인해야 한다. 마지막 단락에서 서양인들의 장점은 단 음식에 있다고 했으므로 정답은 B이다.

A. 독일은 소시지 외에 특별한 간식이 없다.
C. 맛에서는 단연 동풍이 서풍을 압도한다고 했다.
D. 서양 사람들이 소스에 공을 들인다.

89 – 92

自从"波士顿倾茶事件"之后，茶在美国从来没有像今天这般"风光"过。美国人听说茶对健康大有好处，于是在一年之内就喝掉了五百多亿杯茶。然而，关于茶的抗病功能，研究报告却是语焉不详。是绿茶最好，还是红茶或药草茶最好？茶含不含咖啡因？逐项分析如下。

茶的种类是否重要？多数人喜爱红茶甚于绿茶，这是因各人口味不同，尽可各取所好。[89]二者都含有大致等量的黄酮类化合物，这是一种强有力的抗氧化剂，可能有助于防癌。波士顿塔夫茨大学营养学教授杰佛里·布鲁姆伯格博士表示："很难区别二者哪个更好。实验证明，红茶绿茶都对人体有利。"

另外，研究发现，饮茶族罹患胃癌、食道癌、肝癌的风险都较小。波士顿百翰妇女医院的研究员也发现，一天至少一杯红茶能显著地降低心脏病的发病率。其他研究也表明了[90]红茶有助于防止皮肤癌、胰腺癌及动脉粥样硬化症。

对绿茶的研究成果同样令人鼓舞。[90]饮用绿茶能降低罹患口腔癌、食道癌、类风湿性关节炎和心脏病的风险。唯一的问题是：许多人不喜欢绿茶的口味。解决之道是把绿茶与果汁或药草茶混合饮用。如此则既容易下咽又不至削弱其抗氧化的功效。

而药草茶不含黄酮类化合物，严格说甚至不能算是茶。某些药草茶或许对健康有其独特的益处，但证据尚不够充分。

茶的最佳泡法：越浓越好。把茶袋泡在热水中5分钟就能释放出90%的黄酮类化合物。[92]可加入牛奶或糖减少苦味，又不影响黄酮类化合物的吸收。

冰茶具有和热茶同样的优点。这对美国人来说是个佳音，因为有85%的美国人饮用的茶是冰茶。但茶加了冰以后就稀释了，可能会减少抗氧效果。那么，

'보스턴 차 사건' 이후에 차는 미국에서 오늘처럼 이렇게 '영예로운' 적이 없었다. 미국인들은 차가 건강에 매우 좋다는 것을 알고 1년 안에 500억 잔이 넘는 차를 마셨지만, 차에 대한 병 저항 능력에 관한 연구 보고는 구체적이지 않다. 녹차가 가장 좋은가 아니면 홍차나 약초차가 가장 좋은가? 차는 카페인을 함유하고 있는가? 각 항목을 분석하면 다음과 같다.

차의 종류가 중요한가? 많은 사람이 녹차보다 홍차를 좋아한다. 이것은 각자의 입맛이 다르므로 기호대로 선택하는 것이다. [89]두 종류의 차 모두 동량의 플라보노이드를 함유하고 있으며 이것은 일종의 강력한 항산화제라서 암의 예방에 도움이 될 수 있다. 보스턴 터프츠 대학의 영양학 교수인 제프리 블룸버그 박사는 "두 종류의 차 중 어느 차가 더 좋은지 구분하는 것은 어렵다. 실험에서는 홍차와 녹차 모두 건강에 좋다는 결과가 나왔다."라고 밝혔다.

그 밖에도, 연구는 차를 마시는 사람들이 위암, 식도암, 간암에 걸릴 위험이 비교적 적다는 것을 발견했다. 보스턴 브리검 산부인과의 연구원도 하루에 최소 한 잔의 홍차는 심장병의 발병률을 현저하게 낮출 수 있다는 사실을 발견했다. 기타 연구에서도 [90]홍차가 피부암, 췌장암, 동맥경화를 예방하는 데 도움이 된다고 밝혔다.

녹차에 관한 연구 결과도 고무적이다. [90]녹차를 마시면 구강암, 식도암, 류마티스 관절염과 심장병에 걸릴 위험을 낮출 수 있다. 유일한 문제는 많은 사람이 녹차의 맛을 좋아하지 않는다는 것이다. 해결 방법은 녹차와 과일즙 또는 약초차를 섞어서 마시는 것이다. 이렇게 하면 쉽게 삼킬 수 있고 항산화 기능을 저해하지도 않는다.

약초차는 플라보노이드를 함유하고 있지 않고, 엄격하게 말하면 차라고 할 수도 없다. 일부 약초차는 건강에 특별한 장점이 있지만 증거는 아직 충분하지 못하다.

차를 우려내는 가장 좋은 방법은 진하게 우려내는 것이다. 차 티백을 뜨거운 물에서 5분간 담그면 90%의 플라보노이드가 배출된다. [92]우유나 설탕을 넣어서 쓴맛을 줄일 수 있으며, 이는 플라보노이드의 흡수에도 영향을 미치지 않는다.

차가운 차는 뜨거운 차와 같은 장점이 있다. 이것은 미국인에게

市面上卖的瓶装茶呢？化验结果显示瓶装茶不含黄酮类化合物。

　　茶是否含有咖啡因？茶的咖啡因含量只有咖啡的1/3左右。若对咖啡因十分在意，尽可饮用不含咖啡因的茶。虽然脱咖啡因的过程会降低黄酮类化合物的含量，但降低得有限。

　　一天喝多少合适？ [91]一杯就管用，但为达到最佳的效果，研究人员建议一天至少喝五杯，因为黄酮类化合物摄取得越多越有利于健康。所以，不论你用何种方式饮茶，都别忘了为你自己的健康"举杯"。

좋은 소식이다. 왜냐하면 85%의 미국인이 마시는 차는 차가운 차이기 때문이다. 그러나 차에 얼음을 넣으면 희석되어 항산화 효과가 줄어들 수 있다. 그러면 거리에서 파는 병에 든 차는 어떠한가? 화학 실험 결과에 따르면 병에 들어있는 차는 플라보노이드를 함유하고 있지 않다고 한다.

차는 카페인을 함유하고 있는가? 차의 카페인 함유량은 커피의 3분의 1정도이다. 만약에 카페인이 신경 쓰인다면 카페인이 함유되어 있지 않은 차를 마시면 된다. 카페인을 제거하는 과정에서 플라보노이드의 함량이 줄어들지만 제한적이다.

하루에 얼마나 마시는 것이 적절한가? [91]한 잔도 효과가 있지만 가장 좋은 효과에 도달하려면 연구원은 하루에 적어도 5잔을 마시는 것을 제안하는데, 플라보노이드의 섭취는 많을수록 건강에 좋기 때문이다. 그래서 어떠한 방식으로 차를 마시든지 건강을 위해 '잔을 든다'는 것을 잊지 말아야 한다.

단어 　波士顿 Bōshìdùn 阌 보스턴 | 风光 fēngguāng 阌 영예롭다 | 抗病 kàngbìng 阌 병에 저항하다 | 功能 gōngnéng 阌 기능 | 语焉不详 yǔyān bùxiáng 阌 말을 자세히 하지 않다 | 咖啡因 kāfēiyīn 阌 카페인 | 逐项 zhúxiàng 阌 한 항목씩 | 基于 jīyú 阌 ~에 근거하여 | 尽可 jǐnkě 완전히 ~하다 | 各取所好 gèqǔ suǒhào 각자 좋아하는 것을 고르다 | 等量 děngliàng 阌 수량이 같다 | 黄酮类化合物 huángtónglèihuàhéwù 阌 플라보노이드 | 抗氧化剂 kàngyǎnghuàjì 阌 항산화물질 | 防癌 fáng'ái 암을 예방하다 | 罹患 líhuàn 阌 병이 들다 | 胃癌 wèi'ái 阌 위암 | 食道癌 shídào'ái 阌 식도암 | 肝癌 gān'ái 阌 간암 | 风险 fēngxiǎn 阌 위험 | 显著 xiǎnzhù 阌 현저하다 | 发病率 fābìnglǜ 阌 발병률 | 表明 biǎomíng 阌 표명하다 | 防止 fángzhǐ 阌 방지하다 | 皮肤癌 pífū'ái 阌 피부암 | 胰腺癌 yíxiànái 阌 췌장암 | 动脉粥样硬化 dòngmài zhōuyàng yìnghuà 阌 동맥경화 | 鼓舞 gǔwǔ 阌 격려하다 | 口腔癌 kǒuqiāng'ái 阌 구강암 | 类风险性关节炎 fēngxiǎnxìng guānjiéyán 阌 류마티스 관절염 | 下咽 xiàyàn 阌 삼키다 | 削弱 xuēruò 阌 약화시키다 | 抗氧化 kàngyǎnghuà 阌 항산화 | 功效 gōngxiào 阌 효능 | 严格 yángé 阌 엄격하다 | 或许 huòxǔ 阌 아마도 | 益处 yìchu 阌 장점 | 证据 zhèngjù 阌 증거 | 充分 chōngfèn 阌 충분하다 | 释放 shìfàng 阌 방출하다 | 吸收 xīshōu 阌 흡수하다 | 佳音 jiāyīn 阌 희소식 | 稀释 xīshì 阌 희석하다 | 市面 shìmiàn 阌 길거리 | 化验 huàyàn 阌 화학 실험 | 脱 tuō 阌 벗다 | 含量 hánliàng 阌 함량 | 管用 guǎnyòng 阌 효과적이다 | 摄取 shèqǔ 阌 섭취하다 | 举杯 jǔbēi 잔을 들다

---

89 ★★☆

关于红茶和绿茶，正确的是：

A 两者都能降低胰腺癌的发病率
B 两者都含有黄酮类化合物
C 两者都有助于防止皮肤癌
D 两者的味道相同

홍차와 녹차에 관하여 옳은 것은?

A 둘 다 췌장암의 발병률을 낮춘다
B 둘 다 플라보노이드를 함유하고 있다
C 둘 다 피부암을 예방하는 것에 도움이 된다
D 두 종류의 맛이 같다

해설 　두 번째 단락에서 두 종류의 차 모두 동량의 플라보노이드를 함유하고 있다고 했으므로 정답은 B이다.
　　A. 췌장암과 피부암을 예방하는 것은 홍차이므로 녹차에는 해당이 되지 않는다.

---

90 ★★☆

饮用绿茶的好处有：

A 有助于防止皮肤癌
B 减低动脉粥样硬化症的风险
C 减低罹患口腔癌的风险
D 抗病功能不如红茶好

녹차를 마시는 것의 장점은：

A 피부암을 예방하는 데 도움이 된다
B 동맥경화의 위험을 줄인다
C 구강암에 걸릴 위험을 줄인다
D 병에 저항 기능은 홍차보다 좋지 않다

해설 네 번째 단락에서 녹차를 마시면 구강암에 걸릴 위험을 낮출 수 있다고 했으므로 정답은 C이다.

A. 피부암과 동맥경화를 위험을 줄이는 것은 홍차에 관한 설명이다.

---

91 ★☆☆

根据上文，一天喝多少杯茶比较好？	이 글에 근거하여 하루에 몇 잔의 차를 마시는 것이 좋은가?
A 依个人爱好而定	A 개인의 취향에 따라 정한다
B 5杯以上为佳	B 5잔 이상이 좋다
C 5~10杯	C 5~10잔
D 1~5杯	D 1~5잔

해설 마지막 단락에서 가장 좋은 효과에 도달하려면 하루에 적어도 5잔을 마시는 것을 제안했다. 또한, 플라보노이드의 섭취는 많을수록 건강에 좋다고 한 것을 통해 잔 수의 제한이 없음을 알 수 있으므로 정답은 B이다.

---

92 ★★☆

关于上文，正确的是：	이 글에 관하여 옳은 것은:
A 泡茶时可加入牛奶或糖减少苦味	A 차를 우릴 때 우유와 설탕을 넣으면 쓴맛을 줄일 수 있다
B 冰茶和热茶优点不同	B 차가운 차와 뜨거운 차는 장점이 다르다
C 药草茶比绿茶红茶更健康	C 약초차는 녹차와 홍차보다 건강에 좋다
D 瓶装茶含少量黄酮类化合物	D 병에 담긴 차는 플라보노이드 함량이 적다

해설 여섯 번째 단락에서 우유나 설탕을 넣어서 쓴맛을 줄일 수 있다고 했으므로 정답은 A이다.

---

93 – 96

　　京剧是中国流行最广、影响最大的一个剧种，有近200年的历史。京剧在形成过程中，吸收了许多地方戏的精华，又受到北方方言和风俗习惯的影响。京剧虽然诞生在北京，但不是北京的地方戏，中国各地都有演出京剧的剧团。

　　[93]京剧是一种唱、念、做、打并重的艺术。唱，指按照一定的曲调演唱。念，是剧中角色的对话和独白。做，指动作、表情和表演。打，是用舞蹈化的武术表演的搏斗。

　　在长期的发展过程中，京剧形成了一套虚拟表演动作。如：一只桨可以代表一艘船；一条马鞭可以代表一匹马；演员不需要任何道具，能表现出上楼、下楼、开门、关门等动作。这些动作虽经过了夸张，但是能给观众既真实又优美的感觉。

　　京剧演员分生、旦、净、丑四个行当。"生"所扮演的是男性人物，根据角色年龄、身份的不同，又分为老生、小生和武生。著名演员有马连良、周信芳、叶盛兰、盖叫天、李少春等。[94]"旦"所扮演的都是女性角色，又分青衣、花旦、武旦、老旦。最著

경극은 중국에서 가장 광범위하게 유행하고 영향이 큰 중국 전통극 중 하나이며 200여 년에 가까운 역사를 가진다. 경극은 형성 과정에서 많은 지방극의 정수를 흡수했으며, 북방 방언과 풍습의 영향도 받았다. 경극은 베이징(北京)에서 탄생하기는 했지만, 베이징의 지방극은 아니며 중국 각지에 경극을 공연하는 극단이 있다.

[93]경극은 창(唱), 염(念), 주(做), 타(打)를 모두 중시하는 예술이다. 창은 일정한 곡조에 따라 노래하는 것을 가리킨다. 염은 극 중 역할의 대화와 독백이다. 주는 동작, 표정, 연기를 가리킨다. 타는 무도 형식의 무술 겨루기를 가리킨다.

장기적인 발전 과정 중에 경극은 가상의 공연 동작을 형성했다. 예를 들어 노는 배를 의미하며, 말의 채찍은 말을 상징한다. 배우들은 어떤 도구도 없이 위로 올라가는 것, 아래로 내려가는 것, 문을 여는 것, 문을 닫는 것 등의 동작을 할 수 있다. 이러한 동작은 과장되기는 하지만 관중에게 현실감과 우아하고 아름다운 느낌을 가져다준다.

경극 배우는 생(生), 단(旦), 정(净), 축(丑) 네 개의 배역으로 나뉜다. '생'이 연기하는 것은 남성으로 역할의 연령과 신분에 따라 다시 노생, 소생, 무생으로 나뉜다. 유명한 배우로는 마롄량(马连良), 저우신팡(周信芳), 예성란(叶盛兰), 가이쟈오톈(盖叫天), 리샤오춘(李

名的旦角演员有20世纪20年代出现的四大名旦——梅兰芳、程砚秋、尚小云、荀慧生。"净"扮演的是性格豪爽的男性，特征是要在脸上勾画花脸，所以也叫花脸，著名花脸演员有裘盛戎、袁世海等。"丑"扮演的是幽默机智或阴险狡猾的男性，著名的丑角演员有萧长华、马富禄等。

京剧的化妆也很有特点。"生""旦"的化妆要"描眉""吊眉""画眼圈"；"净""丑"的化妆要根据京剧的脸谱勾画，⁹⁵比如忠勇的人要画红脸，奸诈的人要画白脸。

京剧的剧目很多，据说有3800出。⁹⁶目前上演的主要有传统剧、新编历史剧和现代戏三大类。

京剧作为中国民族戏曲的精华，在国内外都有很大的影响。许多外国人专门到中国来学唱京剧。许多京剧表演艺术家也曾到世界各地访问演出，受到了各国人民的喜爱。

少春) 등이 있다. ⁹⁴'단'이 연기하는 것은 모두 여성 역할이며, 다시 청의, 화단, 무단, 노단으로 나뉜다. '단'으로 가장 유명한 배우는 1920년 대의 4대 여배우인 메이란팡(梅兰芳), 청옌치우(程砚秋), 샹샤오윈(尚小云), 쉰휘셩(荀慧生)이 있다. '정'이 연기하는 것은 성격이 시원한 남성으로 얼굴에 화검을 그리는 것을 특징으로 하기 때문에 화검이라고 부른다. 유명한 화검 배우로는 치우성룽(裘盛戎), 위안스하이(袁世海) 등이 있다. '축'이 연기하는 것은 유머가 있고 재치가 있거나 음흉하고 교활한 남성이다. 유명한 배우로는 수장화(萧长华), 마푸뤼(马富禄) 등이 있다.

경극의 분장도 특징이 있다. '생', '단'의 분장은 '눈썹을 그리는 것', '눈썹을 치켜세우는 것', '눈 주위에 원을 그리는 것'이 있다. '정', '축'의 분장은 경극의 얼굴 분장에 따라 그린다. ⁹⁵예를 들어 충심이 있고 용감한 사람은 홍검(붉은색 얼굴)을 그리고, 간사한 사람은 백검(흰색 얼굴)을 그린다.

경극의 레퍼토리는 3,800개에 달할 정도로 많다. ⁹⁶현재 공연하는 것은 주로 전통극, 새로 각색한 역사극과 현대극 세 종류로 나뉜다.

경극은 중국 민족 희곡의 정수로 국내외에 모두 지대한 영향을 끼쳤다. 많은 외국인이 특별히 중국에 와서 경극을 배운다. 많은 경극 예술가들도 세계 각지에 나가 연기를 하여 각국 사람들의 사랑을 받았다.

단어 吸收 xīshōu 图 흡수하다 | 精华 jīnghuá 명 정수 | 风俗习惯 fēngsú xíguàn 명 풍속과 습관 | 方言 fāngyán 명 방언 | 剧团 jùtuán 명 극단 | 并重 bìngzhòng 图 똑같이 중시하다 | 曲调 qǔdiào 명 곡조 | 演唱 yǎnchàng 图 공연하다 | 独白 dúbái 명 독백 | 表演 biǎoyǎn 图 공연하다, 연기하다 | 舞蹈 wǔdǎo 图 춤추다 | 武术 wǔshù 명 무술 | 搏斗 bódòu 图 격투하다 | 虚拟 xūnǐ 형 가상의 | 桨 jiǎng 명 노 | 艘 sōu 척[배를 세는 단위] | 马鞭 mǎbiān 명 말 채찍 | 道具 dàojù 명 도구 | 夸张 kuāzhāng 图 과장하다 | 优美 yōuměi 형 우아하고 아름답다 | 行当 hángdang 명 배역 종류 | 扮演 bànyǎn 图 역을 맡다 | 名旦 míngdàn 명 중국 전통극의 유명 여배우 | 豪爽 háoshuǎng 형 솔직하고 시원시원하다 | 特征 tèzhēng 명 특징 | 勾画 gōuhuà 图 스케치하다, 묘사하다 | 花脸 huāliǎn 명 화검 [중국 전통극의 남자 배역 중 하나] | 机智 jīzhì 형 기지가 넘치다 | 阴险 yīnxiǎn 형 음흉하다 | 狡猾 jiǎohuá 형 교활하다 | 化妆 huàzhuāng 图 화장하다 | 描眉 miáoméi 图 눈썹을 그리다 | 吊眉 diàoméi 명 치켜 올라간 눈썹 | 眼圈 yǎnquān 명 눈가, 눈언저리 | 脸谱 liǎnpǔ 명 중국 전통극의 얼굴 분장 | 新编 xīnbiān 图 새로 편집하다 | 戏曲 xìqǔ 명 중국 전통극 | 访问 fǎngwèn 图 방문하다

---

93 ★★☆	
下列哪项不属于京剧的艺术形式?	다음 중 경극의 예술 형식에 포함되지 않는 것은?
A 演　　　　　　B 念	A 연　　　　　　B 염
C 做　　　　　　D 打	C 주　　　　　　D 타

해설 두 번째 단락에서 경극은 창, 염, 주, 타를 모두 중시하는 예술이라고 했으므로 언급되지 않은 A가 정답이다.

---

94 ★★☆	
下列哪项属于旦角?	다음 중 '단'에 속하는 것은?
A 老生　　　　　B 花脸	A 노생　　　　　B 화검
C 小旦　　　　　D 青衣	C 소단　　　　　D 청의

해설) 네 번째 단락에서 단은 청의, 화단, 무단, 노단으로 나뉜다고 했으므로 정답은 D이다.

---

95 ★★☆

根据上文，下列哪项正确？	이 글에 근거하여 다음 중 옳은 것은?
A "旦"所扮演的都是男性角色	A '단'이 연기하는 것은 모두 남성 역할이다
B 梅兰芳是著名小生演员	B 메이란팡은 유명한 소생 배우이다
C 奸诈的人要画黑脸	C 간사한 사람은 흑검(검은색 얼굴)을 그린다
D 忠勇的人要画红脸	D 충성심이 있고 용감한 사람은 홍검(붉은색 얼굴)을 그린다

해설) 충심이 있고 용감한 사람은 홍검(붉은색 얼굴)을 그린다고 했으므로 정답은 D이다.

　　A. 단이 연기하는 것은 모두 여성 역할이다.

　　B. 메이란팡은 유명한 단 역할 배우이다.

　　C. 간사한 사람은 백검(흰색 얼굴)을 그린다.

---

96 ★☆☆

下列哪项不属于当前的京剧剧目？		이 글에 따르면 다음 중 현재 경극의 레퍼토리가 아닌 것은?	
A 传统剧	B 新编历史剧	A 전통극	B 새로 각색한 역사극
C 家庭剧	D 现代戏	C 가정극	D 현대극

해설) 여섯 번째 단락에서 현재 공연하는 것은 주로 전통극, 새로 각색한 역사극과 현대극 세 종류로 나뉜다고 했으므로 언급하지 않은 C가 정답이다.

---

97 – 100

　　我有一个弟弟，一天他在自己的笔记本上写了爸爸、奶奶、舅舅、妈妈的名字，然后在每个名字后面画上横线。

　　[97]爸爸的横线有5厘米长，舅舅的横线3厘米长，妈妈的横线也有5厘米长，奶奶就与众不同了，奶奶名字后面的横线画到了白纸的尽头，后面还画有虚线。我问弟弟："这是什么意思？"弟弟满脸天真地说："我爱谁多一点儿，谁的名字后面的横线就画长一些。"在一个孩子眼里，爱是多么纯洁、简单啊！在他的眼里，爱就是一条有长度的、能用尺子量出的线。

　　认真地想想，[98]在生活中，爱的体现又何尝不是这样呢？一些人，他们之间本来就只有5厘米长的爱，可他们通过自己的努力把5厘米长的线延长到了10厘米。爱之深，情之切，这是他们用爱心去创造的。

　　可有的人，由于不珍惜，把原有的10厘米长的爱缩短到了5厘米。另外的5厘米被他们之间的猜疑、不信任占据了。他们哪里知道爱究竟有多长呢？

　　나에게는 남동생이 하나 있는데, 하루는 그가 자신의 노트에 아빠, 할머니, 삼촌, 엄마의 이름을 적고 모든 이름 뒤에 가로선을 그었다.

　　[97]아빠 이름 뒤에 그은 선은 5cm이고, 삼촌은 3cm, 엄마도 5cm인데, 할머니는 달랐다. 할머니의 이름에 있는 줄은 종이의 맨 끝까지 이어있었고 뒷면에는 점선을 그었다. 나는 동생에게 물었다. "이건 무슨 뜻이야?" 동생이 천진함이 가득한 얼굴로 말했다. "내가 좀 더 사랑하는 사람 이름에 있는 선이 좀 더 길어." 이 아이의 눈에는 사랑이 이토록 순결하고, 간단한 것이다! 동생의 눈에는 사랑은 길이가 있고 자로 잴 수 있는 선인 것이다.

　　진지하게 생각해 보자. [98]생활 속에서 사랑의 표현도 이렇지 않겠는가? 어떤 사람들은 그들 사이에 5cm 정도의 사랑이 있었지만 자신의 노력을 통해 5cm를 10cm로 늘릴 수 있다. 사랑의 깊이와 마음의 간절함은 사랑의 마음이 만들어 내는 것이다.

　　그러나 어떤 사람들은 그것을 아끼지 않아서 원래 10cm의 사랑이 5cm로 줄일 수 있다. 또 다른 5cm는 그들 사이의 의심과 불신으로 차지한다. 그들은 사랑이 얼마나 긴지 어떻게 알겠는가?

　　이런 이야기가 있다. 한 프랑스 여자의 집이 아주 가난해서 [99]남편이 먼 곳에서 돈을 벌어 생계를 유지했다. 어느 해에 고향에 홍수가

有这样一个故事：一位法国妇女，家里十分贫穷，[99]丈夫被迫到遥远的地方赚钱维持生计。一年，家乡洪水泛滥，冲断了丈夫回家的路。这位妇女担心丈夫找不到那条路，于是决定把冲断的路补回来。

妇女就从家门口开始铺一条通向丈夫离开的方向的路。她从天明铺到天黑，从平地铺到山丘，无论刮风下雨，无论严寒酷暑，从未停止过。终于在她80岁的那天，一条长长的石子路铺成了，可那位妇女再也起不来了。太阳照着她那银白的头发，闪闪发光。

那位妇女用了60年的时光铺成了爱的长度。

나서 남편이 집에 돌아오는 길이 끊어졌다. 이 여자는 남편이 그 길을 찾지 못할까 걱정해서 끊어진 길을 다시 연결하기로 결심했다.

여자는 집 앞에서부터 남편이 떠났던 방향으로 통하는 길을 깔기 시작했다. 그는 아침부터 해가 질 때까지 길을 만들었고, 평지에서 언덕까지 길을 만들었다. 바람이 불고 비가 오거나 매서운 추위와 무더위가 와도 결코 멈추지 않았다. 마침내 여자가 80세가 되던 때에 길고 긴 돌길이 완성되었지만, 그 여자는 다시는 일어나지 못했다. 태양은 그녀의 은백색의 머리카락을 비추며 반짝반짝 빛났다.

그 여자는 60년이라는 세월 동안 사랑의 길이를 만든 것이다.

---

97 ★☆☆

在弟弟眼里，属于爸爸的爱的长度有多少？

A 5厘米　　　　　　　　B 3厘米

C 10厘米　　　　　　　D 白纸的尽头

남동생의 눈에 아버지의 사랑의 길이는 얼마인가？

A 5cm　　　　　　　　B 3cm

C 10cm　　　　　　　D 종이의 맨 끝

해설 첫 번째 단락에서 아빠 이름 뒤에 그은 선은 5cm라고 했으므로 정답은 A이다.

---

98 ★★☆

根据上文，有哪些爱的体现？

A 关爱年老的人

B 给予身边的人多一点儿的爱

C 把5厘米长的爱延长到了10厘米

D 把10厘米的爱缩短到5厘米

이 글에 근거하여 사랑의 표현에 어떤 것이 있는가？

A 노인을 사랑하는 것

B 곁에 있는 사람에게 좀더 사랑을 주는 것

C 5cm길이의 사랑을 10cm로 연장하는 것

D 10cm 사랑을 5cm로 줄이는 것

해설 세 번째 단락에서 사랑의 표현에 대해 어떤 사람들은 그들 사이에 5cm 정도의 사랑이 있었지만 자신의 노력을 통해 5cm를 10cm로 늘릴 수 있다는 예를 들었다. 따라서 정답은 C이다.

99 ★★☆	
关于这位妇女，正确的是：	이 여자에 관하여 옳은 것은：
A 她是德国人	A 그녀는 독일인이다
B 家里非常富有	B 집이 매우 부유하다
C 她的丈夫在遥远的地方赚钱	C 그녀의 남편이 먼 곳에서 돈을 번다
D 她丈夫背弃了她	D 그녀의 남편이 그녀를 배신했다

해설 다섯 번째 단락에서 여자의 남편이 먼 곳에서 돈을 벌어 생계를 유지했다고 했으므로 정답은 C이다.

100 ★★★			
最适合做上文标题的是：		이 글의 제목으로 가장 적합한 것은：	
A 爱之歌	B 爱的长度	A 사랑의 노래	B 사랑의 길이
C 关于爱的故事	D 时光和爱	C 사랑에 관한 이야기	D 시간과 사랑

해설 이 문제는 지문의 전반적인 내용을 파악하여 풀 수 있다. 동생이 노트에 가족의 이름마다 서로 다른 길이의 줄을 그은 것과 프랑스 여자가 남편을 위해 60년 동안 길을 만들었던 이야기를 통해서 이 글은 사랑을 길이로 표현한 것에 대해서 말하고 있음을 알 수 있다. 따라서 정답은 B이다.

지문	해석

[서론] 1단락

仔细观察一个小孩儿，随便哪个小孩儿都行，你会发现，他每天都会发现一两件令他快乐的事情，尽管过一会儿他可能会哭哭啼啼。再看看一个大人，我们中间任何人都行。你会发现，一周复一周，一月又一月，他总是以无可奈何的心情迎接新的一天的到来，以温文尔雅、满不在乎的心情忍受这一天的消逝。确实，大多数人都跟罪人一样苦恼、难受，尽管他们太百无聊赖，连罪都不犯——也许他们的冷漠就是他们的罪孽。真的，他们难得一笑。如果他们偶尔笑了，我们会认不出他们的容貌，他们的脸会扭曲走样，不再是我们习以为常的固定不变的面具。即使在笑的时候，大人也不会像小孩儿那样，小孩儿用眼睛表示笑意，大人只用嘴唇。这实际上不是笑，只是咧咧嘴；表示一种心情，但跟快乐无关。然而，人人都能发现，人到了一定地步（但又有谁能解释这是什么地步呢），成了老人，他又会笑了。

어떤 아이든 상관없이 어린 아이를 자세히 관찰하면, 당신은 그 아이가 매일 자신을 즐겁게 할 일 한두 가지를 발견한다는 것을 알 수 있을 것이다. 비록 조금만 지나면 울게 되더라도 말이다. 우리 중 어떤 사람이라도 괜찮으니 다시 어른 한 명을 관찰해 보자. 한 주 또 한 주 지나가고, 한 달 또 한 달이 지나가면서, 그는 어쩔 수 없는 마음으로 새로운 하루를 맞이하고, 온화하고 교양 있게, 아무 상관 없는 마음으로 이날이 지나가는 것을 참아낸다. 확실히, 많은 사람이 죄인처럼 고뇌하고 힘들어한다. 그들은 아주 무료해도 죄를 저지르지 않는다. 어쩌면 그들의 냉담함이 그들의 죄일 수 있다. 그들은 정말 한 번 웃는 것도 힘들다. 만약에 가끔씩 웃는다면 우리는 알아보지 못할 것이고, 그들의 표정이 바뀌면 더 이상 우리가 습관처럼 생각하던 고정불변의 가면이 아니다. 설령 웃더라도 어른은 아이와 같을 수는 없다. 아이는 눈으로 웃지만, 어른은 입술로만 웃는다. 사실 이것은 웃음이 아니라 그냥 입을 헤벌쭉하는 것뿐이다. 일종의 감정을 드러내는 것이지 즐거움과는 무관하다. 하지만 사람들은 사람이 어느 정도에 이르면(이것이 어느 정도인지 누가 설명할 수 있겠는가) 노인이 되고 그는 다시 웃게 된다는 사실을 발견할 수 있다.

[본론1] 2~4 단락

看起来，幸福同纯真的赤子之心有关系，幸福是一种能从最简单的事物里，譬如说，核桃——汲取快乐的能力。

幸福显然同成功毫不相干，因为亨利·斯图亚特爵士当然是个十分成功的人。20年前，他从伦敦来到我们的村子，买了好几座旧房子，他把旧房子推倒后建了一所大房子，他把这所房子当作度假的场所。

我记得，大约10年前，他被任命为王室法律顾问，阿莫斯和我看见他走下从伦敦开来的火车，便上前去表示祝贺。我们高兴地笑着，而他的表情却跟接到判刑通知一样悲惨。他受封当爵士时也是如此，他甚至不屑于在蓝狐狸酒馆请我们大家喝杯酒。他对待成功就像小孩儿吃药一样，任何一项成就都未能使他疲惫的眼睛里露出一丝笑意。

보아하니 행복은 순수한 갓난아이의 마음과 관련이 있고, 행복은 일종의 가장 간단한 사물, 예를 들면 호두와 같은 것으로부터 기쁨을 흡수할 수 있는 능력이다.

행복은 분명히 성공과 아무 관련이 없다. 기사 헨리 스튜어트는 당연히 아주 성공한 사람이다. 20년 전에 그는 런던에서 우리 마을로 왔고 낡은 집 몇 채를 샀다. 그는 낡은 집을 허물고 큰 집을 한 채 지었고 그는 이 집을 휴가를 보내는 장소로 삼았다.

내 기억에 약 10년 전에 그는 왕실 법률 고문으로 임명되었고, 아모스와 내가 런던에서 온 기차에서 그가 내리는 것을 보고 가서 축하해 주었다. 우리는 기쁘게 웃었지만, 그의 표정은 오히려 형을 선고받는 것 같이 비참했다. 그는 기사 작위를 받았을 때도 그랬다. 그는 심지어 블루 폭스 술집에서 우리 모두에게 술을 대접할 가치도 없다고 여겼다. 그는 성공을 마치 아이가 약을 먹는 것처럼 여겼고 어떤 성취도 그의 피곤한 눈에 웃음을 띠게 하지 못했다.

요약	4대 요소 & 주요 문형
	● 인물: 아이, 어른 ● 사건: 아이는 웃고 어른은 잘 웃지 않으며 노인이 되면 다시 웃음
小孩儿每天都发现让人快乐的事情。而大人难得一笑，也不会像小孩儿那样表现出真正的快乐。然而成了老人，又会笑了。	● 而은 상반구조에서 대조의 의미를 가지므로 적절하게 사용하면 좋다. 　男人重视女人的外貌，而女人重视男人的能力。 　남자는 여자의 외모를 중시하지만 여자는 남자의 능력을 중시한다.
	● 시간: 10년 전 ● 장소: 우리 마을 ● 인물: 아모스, 나, 헨리 스튜어트 ● 사건: 헨리는 성공을 했음에도 기쁘게 웃거나 행복해하지 않음
看起来，幸福是一种能从最简单的事物里得到快乐的能力。 　其实，幸福和成功毫不相干。亨利是十分成功的人。10年前，他被任命为王室法律顾问。我们都很高兴地向他笑着表示祝贺，而他的表情却很悲惨。什么成功都不能使他满面笑容。	● 譬如说: 예를 들어 　有些问题已经做出决定，譬如说，招多少学生，分多少班，等等。 　예를 들어 학생을 얼마나 모집할지, 몇 개의 반으로 나눌지 등의 일부 문제들은 이미 결정했습니다. ● 毫不…: 조금도 ～하지 않다 　他对身边的人毫不关心。 　그는 주변 사람에게 전혀 관심이 없다.

219

　　他退休以后也常在花园里随便走走，干些轻松的闲活儿。有一天，我问他一个问题：一个人实现了一切雄心壮志是什么滋味？他低头看看玫瑰花，浇他的水。过了一会儿，他说："实现雄心壮志的唯一价值是你发现他们都不值得追求。"他立刻改变话题讨论有实际意义的事情，我们很快谈论起万无一失的天气问题。这是两年前的事。

　　我想起这件事情，因为昨天我经过他的家，把我的大车停在他家花园的院墙外边。我从大路上把车开到他家花园外边是为了给一辆公共汽车让路。我坐在车上装烟斗时忽然听见院墙里面传来一声欣喜若狂的欢呼。

　　我向墙内张望，里面是亨利爵士，他欢蹦乱跳像在跳部落出征的舞蹈，表现出毫无顾忌的真正的快乐。他发现了我在墙头张望的迷惑不解的面孔，他似乎毫不生气，也不感到窘迫，而是大声呼喊叫我爬过墙去。

　　그는 퇴직 후에도 항상 화원에서 마음대로 돌아다니면서 힘들지 않은 일을 하면서 지냈다. 어느 날 내가 그에게 "사람이 큰 뜻을 이루면 어떤 기분일까요?"라고 물었다. 그는 고개를 숙이고 장미꽃을 보면서 물을 주었다. 잠시 후 그는 "큰 뜻을 이루는 것의 유일한 가치는 그 모든 것이 그럴만한 가치가 없다는 것을 아는 것이지."라고 말했다. 그는 즉시 화제를 바꾸어 실제적인 의의가 있는 것들을 토론했고, 우리도 빠르게 결코 틀림이 없는 날씨에 대해 이야기했다. 이것이 2년 전의 일이다.

나는 어제 그의 집을 지나가느라 이 일을 떠올렸고, 차를 그의 집 화원 담장 밖에 세웠다. 내가 차를 큰길에서 그의 집 화원 담장 밖으로 옮긴 것은 버스에 길을 양보하기 위해서였다. 내가 차에 앉아 담뱃대를 채우고 있을 때 갑자기 담장 안에서 흘러가오는 기뻐서 날뛰는 환호성을 들었다.

나는 담장 안을 들여다보았고, 안에는 기사 헨리가 있었다. 그는 출전할 때 춤을 추는 것처럼 기뻐서 깡충깡충 뛰고 있었고 조금의 거리낌도 없는 진정한 즐거움을 드러냈다. 그는 내가 영문을 모르는 얼굴을 하고 들여다보고 있는 것을 발견하자, 그는 화를 내거나 난처해 하지 않고 오히려 큰소리로 나를 불러 담장을 넘어오게 했다.

　　"快来看，看呀！我终于成功了！我终于成功了！"

　　他站在那里，手里拿着一小盒土。我发现土里有三棵小芽。

　　"就只有这三棵！"他眉开眼笑地说。

　　"三棵什么东西？"我问。

　　"核桃树。"他回答道："我一直想种核桃树，从小就想，当时我参加晚会后老是把核桃带回家，后来长大成人参加宴会后也这样。我以前常常种核桃树，可是过后就忘了我种在什么地方。现在，我总算成功了。还有，我只有三棵核桃树。你瞧，一棵、两棵、三棵。"他数着说。

　　亨利爵士跑了起来，叫他的妻子来看他的成功之作——他的单纯又纯朴的成功之作。

　　"빨리 오게, 봐! 내가 드디어 성공했어. 드디어 성공했어!"

그는 흙이 든 작은 상자 하나를 들고 서 있었다. 나는 흙에서 작은 나무 세 그루의 싹이 자라고 있는 것을 발견했다.

"세 그루뿐이야!" 그는 몹시 좋아하며 말했다.

"뭐가 세 그루예요?" 내가 물었다.

"호두나무." 그는 대답했다. "나는 계속 호두나무를 심고 싶었어. 어렸을 때부터 그랬지. 당시에 파티에 가면 항상 호두를 가지고 집에 돌아왔고, 나중에 어른이 되고 나서도 파티에 갔다 오면 항상 그랬어. 예전에는 항상 호두나무를 심었지만, 그 후에는 내가 그것을 어디에 심었었는지 잊어버렸어. 지금 마침내 성공한 거야. 게다가 호두나무 세 그루를 갖게 되었지. 봐. 하나, 둘, 셋." 그는 숫자를 세면서 말했다.

헨리는 뛰어서 그의 아내를 불러 그의 단순하면서도 소박한 성공작을 보여 주었다.

단어 哭哭啼啼 kūkū títí 형 훌쩍훌쩍 울다 | 无可奈何 wúkě nàihé 성 방법이 없다 | 迎接 yíngjiē 동 맞이하다 | 温文尔雅 wēnwén ěryǎ 성 태도가 온화하고 교양이 있다 | 满不在乎 mǎnbú zàihu 성 전혀 개의치 않다 | 忍受 rěnshòu 동 이겨내다 | 消逝 xiāoshì 동 흘러가다 | 罪人 zuìrén 명 죄인 | 苦恼 kǔnǎo 형 고뇌하다 | 百无聊赖 bǎiwú liáolài 성 무척 무료하다 | 冷漠 lěngmò 형 냉담하다 | 罪孽 zuìniè 명 죄업 | 容貌 róngmào 명 용모 | 扭曲 niǔqū 동 왜곡하다 | 走样 zǒuyàng 동 변형되다 | 习以为常 xíyǐ wéicháng 성 습관이 생활이 되다 | 固定不变 gùdìng búbiàn 명 고정불변 | 面具 miànjù 명 가면 | 笑意 xiàoyì 명 웃음기 | 嘴唇 zuǐchún 명 입술 | 咧咧 liēliē 형 웃을 때 입을 벌린 모양, 헤벌쭉하다 | 解释 jiěshì 동 해석하다 | 纯真 chúnzhēn 형 순수하다 | 赤子之心 chìzǐ zhīxīn 명 갓난아기의 마음, 순결한 마음 | 譬如 pìrú 동 예를 들다 | 核桃 hétao 명 호두 | 汲取 jíqǔ 동 흡수하다 | 显然 xiǎnrán 형 명백하다 | 毫不相干 háobù xiānggān 성 조금도 상관이 없다 | 爵士 juéshì 명 기사 | 村子 cūnzi 명 마을 | 推倒 tuīdǎo 밀어서 넘어뜨리다 | 度假 dùjià 동 휴가를 보내다 | 任命 rènmìng 동 임명하다 | 顾问 gùwèn 명 고문 | 祝贺 zhùhè 동 축하하다 | 判刑 pànxíng 동 형을 선고하다 | 悲惨 bēicǎn 형 비참하다 | 不屑于 búxièyú 동 가치가 없다고 여기다 | 疲惫 píbèi 형 피곤하다 | 雄心壮志 xióngxīn zhuàngzhì 큰 뜻,

● 시간: 어느날, 어제

● 장소: 헨리의 정원

● 인물: 나와 헨리

● 사건: 헨리는 실제적인 의의가 있는 것들을 토론함
　　　　나는 헨리가 자기 집 정원에서 뛸 뜻이 기뻐하는 모습을 봄

他曾经说过："获得成功的唯一价值是你发现它们都不值得追求。"他总是讨论有实际意义的事情。

昨天我在他家花园里看了他表现出毫无顾忌的真正的快乐。

● 值得…: ~할 가치가 있다
　例 北京有很多值得一看的名胜。
　　　베이징에는 가 볼 만한 명승지가 많다.

● 毫无顾忌: 기탄없다
　例 做事要毫无顾忌。
　　　일을 할 때는 기탄없이 해야 한다.

● 장소: 헨리의 정원

● 인물: 나와 헨리

● 사건: 헨리가 심은 호두나무가 싹을 틔운 것을 발견하고 기뻐함

他看着三颗核桃树眉开眼笑地说："我从小就一直想种核桃树，我参加晚会后总是把核桃带回家来，长大以后参加宴会后也这样。以前常常种核桃树，可是忘了种在哪儿。现在我总算发现了当时种下的三颗核桃树。"

웅대한 이상과 포부 | **滋味** zīwèi 명 맛, 심정 | **玫瑰花** méiguīhuā 명 장미 | **浇** jiāo 동 (액체를) 뿌리다 | **万无一失** wànwú yìshī 성 만에 하나의 실수도 없다 | **烟斗** yāndǒu 명 담뱃대 | **欣喜若狂** xīnxǐ ruòkuáng 성 미친 듯이 기쁘다 | **欢呼** huānhū 동 환호하다 | **张望** zhāngwàng 동 들여다보다 | **欢蹦乱跳** huānbèng luàntiào 성 기뻐서 깡충깡충 뛰다 | **部落** bùluò 명 부락, 마을 | **出征** chūzhēng 동 출정하다. 나가서 싸우다 | **舞蹈** wǔdǎo 명 춤 | **毫无顾忌** háowú gùjì 거침없다 | **迷惑不解** míhuò bùjiě 어찌된 영문인지 모르다 | **面孔** miànkǒng 명 얼굴 | **窘迫** jiǒngpò 형 매우 난처하다 | **呼喊** hūhǎn 동 외치다 | **小芽** xiǎoyá 명 어린 싹 | **眉开眼笑** méikāi yǎnxiào 성 싱글벙글하다 | **总算** zǒngsuàn 부 겨우, 마침내 | **瞧** qiáo 동 보다 | **单纯** dānchún 형 단순하다 | **纯朴** chúnpǔ 형 소박하고 꾸밈이 없다, 순박하다

해설 이 글은 행복이 성공과 관련이 없고, 오히려 소박한 성공이 사람을 행복하게 할 수 있다는 내용의 글이다. 서론과 이어지는 헨리의 이야기를 통해 작은 성공에서 기쁨을 얻을 수 있다는 주제를 정확하게 파악하여 요약해야 한다. 중간에 해석이 잘 되지 않는 부분이 있어도 전체의 주제에서 벗어나지 않도록 주의해서 정리해야 한다.

① 시간: 10년 전, 2년 전, 어제
② 장소: 헨리의 정원
③ 인물: 나와 헨리
④ 사건: ·원인 – 어른은 잘 웃지 않음
       ↓
    ·과정 – 헨리의 이야기. 헨리는 성공했음에도 기뻐하지 않고, 성공을 가치 없는 것으로 여김
       ↓
    ·결과 – 호두나무가 자란 아주 사소한 일에 뛸 듯이 기뻐하는 헨리를 통해 작은 것에서도 큰 기쁨을 얻을 수 있음을 알 게됨

제목 짓기 예1) **真正的幸福**(진정한 행복) → 지문의 주제에 근거한 제목
예2) **亨利的核桃树**(헨리의 호두나무) → 궁금증을 자아내는 제목
예3) **微笑**(미소) → 글 전체의 내용을 상징적으로 표현한 제목

모범 답안

						真	正	的	幸	福						
		小	孩	儿	每	天	都	发	现	让	人	快	乐	的	事	情	。	而	大
人	难	得	一	笑	，	也	不	会	像	小	孩	儿	那	样	表	现	出	真	正
的	快	乐	。	然	而	成	了	老	人	，	又	会	笑	了	。
		看	起	来	，	幸	福	是	一	种	能	从	最	简	单	的	事	物	里
得	到	快	乐	的	能	力	。
		其	实	，	幸	福	和	成	功	毫	不	相	干	。	亨	利	是	十	分
成	功	的	人	。	10	年	前	，	他	被	任	命	为	王	室	法	律	顾	问	。
我	们	都	很	高	兴	地	向	他	笑	着	表	示	祝	贺	，	而	他	的	表
情	却	很	悲	惨	。	什	么	成	功	都	不	能	使	他	满	面	笑	容	。
		他	曾	经	说	过	：	"	获	得	成	功	的	唯	一	价	值	是	你	发
现	它	们	都	不	值	得	追	求	。	"	他	总	是	讨	论	有	实	际	意	义
的	事	情	。
		昨	天	我	在	他	家	花	园	里	看	了	他	表	现	出	毫	无	顾
忌	的	真	正	的	快	乐	。
		他	看	着	三	颗	核	桃	树	眉	开	眼	笑	地	说	：	"	我	从	小
就	一	直	想	种	核	桃	树	，	我	参	加	晚	会	后	总	是	把	核	桃
带	回	家	来	，	长	大	以	后	参	加	宴	会	后	也	这	样	。	以	前
常	常	种	核	桃	树	，	可	是	忘	了	种	在	哪	儿	。	现	在	我	总

100
200
300

算	发	现	了	当	时	种	下	的	三	颗	核	桃	树	。	"				

400

500

해석

진정한 행복

어린아이는 매일 자신을 즐겁게 할 일을 발견하지만 어른은 한 번 웃는 것도 힘들며 아이와 같이 진정한 즐거움을 표현할 줄도 모른다. 그러나 노인이 되면 다시 웃게 된다.

보아하니 행복은 가장 행복은 일종의 가장 간단한 사물로부터 기쁨을 흡수할 수 있는 능력이다.

사실 행복과 성공은 아무 관련이 없다. 헨리는 아주 성공한 사람이다. 10년 전에 그는 왕실 법률 고문으로 임명되었고, 우리는 매우 기뻐서 그를 축하해 주었지만, 그의 표정은 오히려 매우 비참했다. 어떤 성공도 그를 웃게 하지는 못했다.

예전에 그는 "성공하는 것의 유일한 가치는 그 모든 것이 그럴만한 가치가 없다는 것을 아는 것이지"라고 말했었다. 그는 항상 실제적인 의의가 있는 것들을 토론했다.

어제 나는 그의 집 담장 안에서 그가 조금의 거리낌도 없는 진정한 즐거움을 드러내는 것을 발견했다.

그는 세 그루의 호두나무를 보고 몹시 좋아하며 말했다. "나는 계속 호두나무를 심고 심었어. 파티에 가면 항상 호두를 가지고 집에 돌아왔고, 나중에 어른이 되고 나서도 파티에 갔다 오면 항상 그랬어. 예전에는 항상 호두나무를 심었지만, 그 후에는 내가 그것을 어디에 심었었는지 잊어버렸어. 지금 마침내 그때 심었던 호두나무 세 그루를 발견한 거야."

223

실전 모의고사 2

>> 모의고사 28p

듣기 听力

제1부분	1 D	2 C	3 A	4 C	5 A
	6 D	7 A	8 B	9 D	10 A
	11 B	12 C	13 C	14 C	15 D

제2부분	16 B	17 D	18 C	19 C	20 A
	21 D	22 D	23 B	24 A	25 C
	26 C	27 D	28 A	29 A	30 B

제3부분	31 A	32 C	33 D	34 B	35 D
	36 C	37 B	38 D	39 B	40 C
	41 A	42 A	43 A	44 D	45 C
	46 C	47 D	48 B	49 B	50 C

독해 阅读

| 제1부분 | 51 A | 52 A | 53 B | 54 D | 55 B |
| | 56 C | 57 B | 58 A | 59 A | 60 D |

| 제2부분 | 61 C | 62 D | 63 A | 64 A | 65 B |
| | 66 D | 67 A | 68 C | 69 D | 70 C |

| 제3부분 | 71 C | 72 A | 73 E | 74 D | 75 B |
| | 76 B | 77 D | 78 E | 79 A | 80 C |

제4부분	81 C	82 C	83 C	84 C	85 D
	86 A	87 C	88 D	89 A	90 A
	91 B	92 D	93 D	94 B	95 C
	96 A	97 D	98 D	99 A	100 B

쓰기 书写

해설 참고

---

1 ★★☆

老师对同学们说："记住，一个人如果给予别人的多，而向别人索取的少，他才算是好人呢！"吉米马上说道："是的，先生，我父亲一辈子都把这句话当作座右铭。"老师说："哦，你父亲真是一个好人。那么，他是干什么工作的？"吉米回答道："<u>他是个拳击手</u>。"

A 吉米的爸爸不是好人
B 吉米向别人索取的少
C 吉米的爸爸没有座右铭
D 吉米的爸爸是拳击手

선생님이 학생들에게 말했다. "기억해야 한다. 한 사람이 만약 다른 사람에게 주는 것이 많고 다른 사람에게 받는 것이 적다면 그 사람이야말로 좋은 사람이란다!" 지미(吉米)가 바로 말했다. "맞아요. 선생님. 저희 아버지는 평생 이 말을 좌우명으로 삼으셨어요." 선생님이 말했다. "오, 너희 아버지는 정말 좋은 분이시구나. 그럼 아버지는 무슨 일을 하시니?" 지미가 대답했다. "<u>아버지는 권투 선수예요.</u>"

A 지미의 아버지는 좋은 사람이 아니다
B 지미는 다른 사람에게 받는 것이 적다
C 지미의 아버지는 좌우명이 없다
D 지미의 아버지는 권투 선수이다

단어 给予 jǐyǔ 통 주다 | 索取 suǒqǔ 통 받아 내다, 구하다 | 一辈子 yíbèizi 명 평생 | 座右铭 zuòyòumíng 명 좌우명 | 拳击手 quánjīshǒu 권투 선수

해설 지미의 아버지는 권투 선수라고 했으므로 정답은 D이다.

---

2 ★★☆

佩戴饰品不当，可能引发各种首饰病。<u>一些价格低廉的金属合金制品，成分非常复杂</u>，加工工艺水平低下，常含有一些对人体有害的元素，长期佩戴可能会引发皮肤病。因此，人们在选购饰品时，一定要谨慎。

A 佩戴饰品不会引发疾病
B 饰品不含有对人体有害的元素
C 价格低廉的首饰成分复杂
D 选购饰品不用很认真

액세서리를 잘못 착용하면 각종 액세서리 착용으로 인해 나타나는 병을 일으킬 수 있다. 가격이 저렴한 금속 합금 제품들은 성분이 매우 복잡하고 가공 공예의 수준이 낮아, 흔히 인체에 유해한 원소를 함유하고 있어 장기간 착용하면 피부병을 일으킬 수 있다. 그래서 액세서리를 선택할 때는 반드시 신중히 해야 한다.

A 액세서리를 착용하는 것은 질병을 일으키지 않는다
B 액세서리는 인체에 유해한 원소를 함유하지 않는다
C 가격이 저렴한 액세서리는 성분이 복잡하다
D 액세서리를 선택할 때는 열심히 할 필요가 없다

단어 佩戴 pèidài 통 착용하다 | 饰品 shìpǐn 명 액세서리 | 不当 búdàng 형 적절하지 않다 | 引发 yǐnfā 통 일으키다 | 首饰病 shǒushibìng 명 액세서리 착용으로 인한 각종 질병 | 低廉 dīlián 형 저렴하다 | 金属 jīnshǔ 금속 | 成分 chéngfèn 명 성분 | 工艺 gōngyì 공예 | 含有 hányǒu 통 함유하다 | 元素 yuánsù 명 원소 | 皮肤病 pífūbìng 명 피부병 | 选购 xuǎngòu 골라서 사다 | 谨慎 jǐnshèn 형 신중하다

해설 가격이 저렴한 금속 합금 제품(액세서리)은 성분이 매우 복잡하다고 했으므로 정답은 C이다.

---

3 ★★☆

<u>春游宜在田野、湖畔、公园、林区、山区等场所</u>，以摄取较多的"空气维生素"——负离子，起到健脑驱劳、振奋精神的作用。春游时，人们应尽量避免走陡峻的小路，不要独自攀登山林石壁。

<u>봄나들이는 들판, 호숫가, 공원, 산림 지역, 산간 지역 등의 장소에서 하는 것이 적합하다.</u> 비교적 많은 '공기 비타민'인 음이온을 섭취하는 것은 뇌를 건강하게 하고 피로를 풀며 원기를 왕성하게 하는 작용이 있다. 봄나들이할 때 사람들은 험한 작은 길로 가는 것은 최대한 피해야 하고, 혼자서 산림의 석벽에 올라가서는 안 된다.

A 春游宜去野外等场所	A 봄나들이는 야외 등의 장소로 가는 것이 적합하다
B 春游会增加疲劳	B 봄나들이는 피로를 증가시킨다
C 春游最好独自攀登山林	C 봄나들이는 혼자 산림에 오르는 것이 가장 좋다
D 春游应多摄取阳离子	D 봄나들이는 양이온을 많이 섭취해야 한다

단어 春游 chūnyóu 몡 봄나들이 | 宜 yí 동 ~에 적합하다 | 田野 tiányě 몡 들판 | 湖畔 húpàn 몡 호숫가 | 林区 línqū 몡 숲, 삼림 지구 | 摄取 shèqǔ 동 섭취하다 | 维生素 wéishēngsù 몡 비타민 | 负离子 fùlízǐ 몡 음이온 | 振奋 zhènfèn 혱 진작하다 | 尽量 jǐnliàng 뷔 가능한 한 | 避免 bìmiǎn 동 피하다 | 陡峻 dǒujùn 혱 험준하다 | 攀登 pāndēng 동 등반하다 | 石壁 shíbì 몡 석벽 | 野外 yěwài 몡 야외

해설 봄나들이는 들판, 호숫가, 공원, 산림 지역, 산간 지역 등의 장소에서 하는 것이 적합하다고 했고, 이는 모두 야외 장소이므로 정답은 A이다.

---

4 ★★★

| 一位躺在手术台上的患者，看到手术前的各种准备，心里非常不安，就说："大夫，对不起，这是我初次动手术，所以非常紧张。"大夫拍拍他的肩膀，安慰道："我也是一样。" | 수술대에 누워 있는 한 환자가 수술 전의 각종 준비를 보고 마음이 매우 불안하여 말했다. "의사 선생님, 죄송합니다. 이번이 처음 수술을 받는 것이라 너무 긴장됩니다." 의사가 그의 어깨를 두드리고 위로하며 말했다. "저도 마찬가지예요." |

A 患者不害怕做手术	A 환자는 수술하는 것을 두려워하지 않는다
B 患者不紧张	B 환자는 긴장하지 않는다
C 大夫初次做手术	C 의사는 처음 수술하는 것이다
D 大夫不紧张	D 의사는 긴장하지 않는다

단어 躺 tǎng 동 눕다 | 患者 huànzhě 몡 환자 | 初次 chūcì 몡 처음 | 肩膀 jiānbǎng 어깨 | 安慰 ānwèi 동 위로하다

해설 환자가 처음 수술을 받는다고 한 말에 의사도 마찬가지라고 했으므로 의사도 처음 수술하는 것임을 알 수 있다. 따라서 정답은 C이다.

---

5 ★★★

| 一般人认为鱼没有什么智慧，还有一种说法很流行，认为鱼只有三秒钟记忆力，但科学家指出，其实鱼的智力足以媲美哺乳动物，研究更显示，它们可记起五个月以前的事情。 | 일반적으로 사람들은 물고기는 어떤 지혜도 없다고 생각하며, 물고기 기억력은 3초라는 말이 유행하기도 한다. 그러나 과학자는 사실 물고기의 지능은 포유동물에 견줄 만하다고 밝혔으며, 연구는 또한 물고기가 5개월 전의 일도 기억할 수 있다는 것을 보여 주었다. |

A 鱼是有智慧的	A 물고기는 지혜가 있다
B 鱼只有三十秒钟的记忆力	B 물고기는 30초간의 기억력만 있다
C 鱼的智力没有哺乳动物的好	C 물고기의 지능은 포유동물보다 못하다
D 鱼记不起五个月前的事情	D 물고기는 5개월 전의 일을 기억하지 못한다

단어 智慧 zhìhuì 몡 지혜 | 智力 zhìlì 몡 지능 | 足以 zúyǐ 뷔 충분히 ~할 수 있다 | 媲美 pìměi 동 견줄 만하다 | 哺乳动物 bǔrǔ dòngwù 몡 포유동물

해설 물고기의 지능은 포유동물에 견줄 만하며, 5개월 전의 일도 기억할 수 있다고 했으므로 물고기는 지혜가 있다는 것을 알 수 있다. 따라서 정답은 A이다.

6 ★★☆

送礼最好是送"四不掉"的东西，即：吃不掉、用不掉、送不掉、扔不掉。这样的礼物最适合表达心意，也最容易让收礼的人产生愉悦之感，从而对你的感激之情倍增并久久难以忘怀。

선물할 때에는 '할 수 없는 네 가지'의 물건을 선물하는 것이 가장 좋다. 바로 먹을 수 없고, 사용할 수 없고, 보낼 수 없고, 버릴 수 없는 것이다. 이러한 선물은 마음을 표현하기에 가장 적합하며, 선물을 받는 사람을 가장 쉽게 기쁘게 만들기 때문에 감사한 마음이 배가되고 오래도록 잊기 어렵다.

A 送礼最好送死不掉的东西
B 吃不掉的东西不适合送礼
C 收礼的人往往会忘了你送的礼物
D 合适的礼物让人难以忘怀

A 선물할 때는 죽지 않는 물건을 하는 것이 가장 좋다
B 먹을 수 없는 물건은 선물하기에 적합하지 않다
C 선물을 받는 사람은 종종 당신이 보낸 선물을 잊는다
D 적합한 선물은 잊기 어렵다

단어 收礼 shōulǐ 선물을 받다 | 愉悦 yúyuè 혱 기쁘다 | 感激 gǎnjī 통 감사하다 | 倍增 bèizēng 통 배가하다 | 忘怀 wànghuái 통 잊다

해설 마음을 표현하기에 적합한 선물에 대해 말하며, 적합한 선물은 감사한 마음이 배가되고 오래도록 잊기 어렵다고 했으므로 정답은 D이다.

7 ★★☆

导游即引导游览的人，他们让游客感受山水之美，并且在这个过程中给予游客食、宿、行等各方面的帮助，并解决旅游途中可能出现的问题。在中国，导游人员必须经过全国导游人员资格考试以后才能够从业。

가이드는 관광을 안내하는 사람이다. 그들은 여행객에게 자연의 아름다움을 느끼게 해 주며, 이 과정에서 여행객에게 식사, 숙박, 여정 등 각종 방면의 도움을 주고, 여행 중 발생할 수 있는 문제를 해결한다. 중국에서 가이드는 반드시 전국 가이드 자격시험을 통과해야만 종사할 수 있다.

A 导游会给予游客各种帮助
B 导游很难解决旅游中出现的问题
C 中国的导游不用经过资格考试
D 导游不是引导游览

A 가이드는 여행객에게 각종 도움을 준다
B 가이드는 여행 중 발생하는 문제를 해결하기 어렵다
C 중국의 가이드는 자격시험을 거칠 필요가 없다
D 가이드는 관광을 안내하지 않는다

단어 导游 dǎoyóu 몡 가이드 | 引导 yǐndǎo 통 안내하다 | 游览 yóulǎn 통 유람하다 | 给予 jǐyǔ 통 주다 | 食 shí 통 먹다 | 宿 sù 통 숙박하다 | 行 xíng 몡 여정 | 途中 túzhōng 도중 | 资格 zīgé 몡 자격 | 从业 cóngyè 통 종사하다

해설 가이드는 여행객에게 자연의 아름다움을 느끼게 해 주며, 식사, 숙박, 여정 등 각종 방면의 도움을 준다고 했으므로 정답은 A이다.

8 ★★☆

今天，北京市的天气依然不错，气象台预报气温为31℃。但3日起，本市气温有所回落。受空中西南暖湿气流和地面低气压天气系统的影响，下午晚些时候，本市将出现阵雨天气。不过，预计主要降雨出现在夜间，提醒市民外出要注意防雨，并注意交通安全。

오늘 베이징(北京)시 날씨는 여전히 좋으며, 기상청은 기온이 31도라고 예보했다. 그러나 3일부터 베이징시 기온이 다소 떨어질 것이다. 공기 중의 서남의 온난 습윤한 기류와 지면의 저기압 체계의 영향을 받아 베이징시는 오후 늦게 소나기가 내릴 것이다. 그러나 주로 밤에 소나기가 내릴 것으로 예상되며 시민들은 외출할 때 비에 대비하고 교통안전에 주의해야 한다.

A 将升温
B 将有阵雨天气
C 预计降雨将出现在白天
D 市民外出可不用带伞

A 기온이 상승할 것이다
B 소나기가 올 것이다
C 낮에 소나기가 내릴 것으로 예상한다
D 시민들은 외출할 때 우산을 가지고 갈 필요가 없다

단어 **依然** yīrán 閏 여전히 | **系统** xìtǒng 圀 체계 | **阵雨** zhènyǔ 圀 소나기 | **预计** yùjì 图 예상하다 | **提醒** tíxǐng 图 일깨우다, 상기시키다 | **防雨** fángyǔ 图 비를 막다

해설 오후 늦게 소나기가 내릴 것이라고 했으므로 정답은 B이다.

D. 시민들은 외출할 때 비에 대비해야 한다고 했으므로 우산을 가지고 가야 한다.

9	★★★

人要懂得自我减压，懂得放松心情，以养足精力更好地工作和学习。减压是为了蓄足生命的张力。人也要懂得自我加压，过分的安逸让人变得懈怠，经不起生活的打击。加压是为了增强生命的耐力。	사람은 스스로 스트레스를 줄일 줄 알아야 하고, 마음을 편하게 할 줄 알아서 정신과 체력을 길러 업무와 학업에 힘써야 한다. 스트레스를 줄이는 것은 생명의 장력을 축적하기 위함이다. 사람은 또한 스스로 스트레스를 줄 수도 있어야 한다. 지나치게 편안한 것은 사람을 나태하게 만들고, 생활 속에서의 타격을 견디지 못하게 한다. 스트레스를 주는 것은 생명의 인내력을 강하게 하기 위함이다.
A 人生不需要压力	A 인생에는 스트레스가 필요 없다
B 减压是为了增强生命的耐力	B 스트레스를 줄이는 것은 생명의 인내력을 강하게 하기 위함이다
C 过分的安逸有利于减压	C 지나치게 편안한 것은 스트레스를 줄이는 데 도움이 된다
D 放松心情可减压	D 마음을 편하게 하면 스트레스를 줄일 수 있다

단어 **懂得** dǒngde 图 알다 | **减压** jiǎnyā 图 압력을 낮추다 | **精力** jīnglì 圀 정신과 체력 | **张力** zhānglì 圀 장력 | **加压** jiāyā 图 압력을 가하다 | **安逸** ānyì 圀 편안하다 | **懈怠** xièdài 圀 게으르다 | **经不起** jīng buqǐ 견딜 수 없다 | **打击** dǎjī 图 타격을 주다 | **耐力** nàilì 圀 인내력

해설 녹음 앞부분은 스트레스를 줄이는 것에 대한 부분으로 마음을 편하게 할 줄 알아야 한다고 했다. 이는 스트레스를 줄일 수 있는 방법이므로 정답은 D이다.

A. 스트레스를 줄 수도 있어야 한다고 했으므로 스트레스가 필요 없는 것은 아니다.

10	★★★

妻子到监狱探望丈夫，妻子温柔地对丈夫说："你在这里过得怎么样？受苦了吧？"丈夫回答道："和在家里差不多，不让出门，不让喝酒，伙食也很差！"	아내가 교도소에 가서 남편을 면회했다. 아내는 부드럽게 남편에게 말했다. "여기서 지내는 것은 어때요? 힘들죠?" 남편이 대답했다. "집에 있는 것과 비슷해요. 나갈 수도 없고, 술도 못 마시고, 식사도 형편없어요!"
A 妻子厨艺不好	A 아내는 요리를 못한다
B 丈夫过得很好	B 남편은 잘 지낸다
C 丈夫在家里可以喝酒	C 남편은 집에서 술을 마실 수 있다
D 家里伙食很好	D 집에서 식사하는 것은 아주 좋다

단어 **监狱** jiānyù 圀 감옥 | **探望** tànwàng 图 방문하다 | **温柔** wēnróu 圀 온유하다 | **伙食** huǒshí 圀 식사 | **厨艺** chúyì 圀 요리 솜씨

해설 남편은 교도소에 있는 것이 집에 있는 것과 비슷하다고 했다. 식사도 형편없다고 한 것을 통해 아내는 요리를 못한다는 것을 알 수 있으므로 정답은 A이다.

11 ★★☆

他是台湾华语流行歌手、著名音乐人、音乐创作家、作曲家、作词人、制作人、导演。他有"亚洲流行天王"之称。他可以说是开创华语流行音乐"中国风"的先声，为亚洲流行乐坛翻开了新的一页。近年来，他还涉足电影行业。他就是周杰伦！

A 他从不涉足电影行业
B 他开创音乐的"中国风"
C 他是"美洲流行天王"
D 他是外语流行歌手

그는 대만의 중국어 대중 가수이자 유명한 음악인, 음악 창작가, 작곡가, 작사가, 제작자, 프로듀서이다. 그는 '아시아의 대중 스타'로 불린다. 그는 중국어 대중음악 '중국 스타일'을 일으킨 선두 주자라고 할 수 있으며 아시아 대중 음악계에 새로운 장을 열었다. 최근 그는 영화계까지 발을 들여놓았다. 그는 바로 저우제룬(周杰伦)이다!

A 그는 영화계에 발을 들여놓은 적이 없다
B 그는 음악의 '중국 스타일'을 일으켰다
C 그는 '미국의 대중 스타'이다
D 그는 외국어 대중 가수이다

단어 创作家 chuàngzuòjiā 몡 창작가 | 作曲家 zuòqǔjiā 몡 작곡가 | 导演 dǎoyǎn 몡 감독, 프로듀서 | 开创 kāichuàng 동 일으키다 | 先声 xiānshēng 몡 발단, 전조 | 中国风 zhōngguófēng 몡 중국 스타일 | 亚洲 Yàzhōu 몡 아시아 | 乐坛 yuètán 몡 음악계 | 翻开 fānkāi 펼치다 | 涉足 shèzú 동 발을 들여놓다

해설 그는 중국어 대중음악 '중국 스타일'을 일으킨 선두 주자라고 했으므로 정답은 B이다.

12 ★★☆

"破釜沉舟"这个词语的意思是下定决心、不顾一切地干到底。毫无疑问，只要我们下定决心，就没有什么会成为我们实现目标的拦路虎，我们需要的是对目标持之以恒的决心和毅力。

A 实现目标不需要决心
B 拦路虎常常出现
C 我们要有决心和毅力
D 我们不应该持之以恒

'破釜沉舟'라는 단어는 결심을 내리면 아무것도 신경 쓰지 않고 끝까지 한다는 의미이다. 의심의 여지없이 우리는 결심하기만 하면 그 어떤 것도 목표 달성의 걸림돌이 될 수 없다. 우리에게 필요한 것은 목표를 향해 끈기 있게 계속해 나가는 결심과 끈기이다.

A 목표 달성은 결심이 필요 없다
B 장애물은 항상 나타난다
C 우리는 결심과 끈기를 가져야 한다
D 우리는 끈기 있게 계속할 필요가 없다

단어 破釜沉舟 pòfǔ chénzhōu 젱 결사의 각오로 싸움에 임하다, 승부수를 던지다 | 决心 juéxīn 몡 결심 | 不顾一切 búgù yíqiè 아무것도 따지지 않다 | 毫无 háowú 동 조금도 ~이 없다 | 疑问 yíwèn 몡 의심, 의문 | 拦路虎 lánlùhǔ 몡 걸림돌, 난관 | 持之以恒 chízhī yǐhéng 젱 끈기 있게 계속하다, 오랫동안 견지하다 | 毅力 yìlì 몡 끈기, 굳센 의지

해설 우리에게 필요한 것은 목표를 향해 끈기 있게 계속해 나가는 결심과 끈기라고 했으므로 정답은 C이다.

13 ★★☆

酷抠族是指这样的一些人，他们不打的不血拼，不下馆子不剩饭，家务坚持自己干，上班记得爬楼梯。他们没有把对物质的追求上升到精神信仰的高度，反而把精神信仰落实到物质生活中。

A 他们追求物质
B 他们喜欢打的

쿠커우(酷抠)족은 다음과 같은 사람을 가리킨다. 그들은 택시도 타지 않고 쇼핑도 하지 않는다. 외식도 하지 않고 밥을 남기지도 않는다. 집안일은 스스로 하며, 출근할 때는 계단을 이용한다. 그들은 물질에 대한 추구를 정신적 신념의 높이까지 올리지 않으며, 오히려 정신적 신념을 물질생활에서 실현한다.

A 그들은 물질을 추구한다
B 그들은 택시 타는 것을 좋아한다

C 他们落实自己的精神信仰
D 他们乘电梯

C 그들은 자신의 정신적인 신념을 실현하다
D 그들은 엘리베이터를 탄다

단어 酷抠族 kùkōuzú 뎽 쿠커우족[간단하고 자연스러움을 추구하는 사람들을 말함] | 打的 dǎdī 동 택시를 타다 | 血拼 xuèpīn 쇼핑 [영어 'shopping'의 음역] | 下馆子 xià guǎnzi 외식하다 | 剩饭 shèngfàn 밥을 남기다 | 楼梯 lóutī 뎽 계단 | 反而 fǎn'ér 오히려 | 信仰 xìnyǎng 뎽 신앙, 신념 | 落实 luòshí 동 실현하다

해설 쿠커우족은 정신적 신념을 물질생활에서 실현한다고 했으므로 정답은 C이다.

---

14 ★★☆

为了维持全球电脑运行，人类每年会向大气层多排放大约3500万吨废气，电脑对环境的影响不亚于飞机。除使用过程外，电脑在报废后也会成为污染源。目前，废弃电脑一般作为垃圾填埋，<u>而填埋处的土壤可能会遭到镉和汞的污染</u>。

전 세계 컴퓨터 가동을 유지하기 위해 인류는 매년 대기층에 약 3,500만 톤의 폐기 가스를 배출한다. 컴퓨터가 환경에 미치는 영향은 비행기에 못지않다. 사용하는 과정 외에 컴퓨터는 폐기 후에도 오염원이 될 수 있다. 현재 폐기 컴퓨터는 보통 쓰레기로 분류되어 매립되고, <u>매립지의 토양은 카드뮴과 수은에 의해 오염될 것이다.</u>

A 电脑对环境影响不大
B 电脑在废弃后不会成为污染源
C 填埋电脑对土壤会有影响
D 电脑对人类很重要

A 컴퓨터가 환경에 미치는 영향은 크지 않다
B 컴퓨터는 폐기한 후에 오염원이 되지 않을 것이다
C 컴퓨터를 매립하는 것은 토양에 영향을 끼칠 것이다
D 컴퓨터는 인류에게 아주 중요하다

단어 维持 wéichí 동 유지하다 | 废气 fèiqì 뎽 폐기 가스 | 不亚于 bùyàyú 뎽 ~에 못지 않다 | 报废 bàofèi 동 폐기하다 | 污染源 wūrǎnyuán 뎽 오염원 | 废弃 fèiqì 동 폐기하다 | 垃圾 lājī 뎽 쓰레기 | 填埋 tiánmái 뎽 매립 | 土壤 tǔrǎng 뎽 토양 | 镉 gé 뎽 카드뮴 | 汞 gǒng 뎽 수은

해설 매립지의 토양은 카드뮴과 수은에 의해 오염될 것이라고 했으므로 컴퓨터 매립이 토양에 영향을 끼칠 것임을 알 수 있다. 따라서 정답은 C이다.

---

15 ★★☆

桉树不是一种树，而是桉树全部种类的统称。桉树种类繁多，约有808个种类以及137个亚种或变种，共计945个种类，其中具有重要经济用途的树种有100多种，<u>绝大多数桉树都分布于澳大利亚及邻近岛屿。</u>

유칼립투스는 나무의 한 종류가 아니고, 모든 유칼립투스종의 총칭이다. 유칼립투스는 종류가 많아 약 808종에 달하고, 137종의 아종과 변종까지 합하면 945종에 달한다. 그중 중요한 경제적 용도를 가지는 종은 100여 종에 달하고, <u>절대다수의 유칼립투스는 호주와 인근 섬에 분포한다.</u>

A 桉树也是树
B 桉树种类不多
C 桉树没有经济用途
D 桉树大多在澳洲及其附近

A 유칼립투스도 나무이다
B 유칼립투스는 종류가 많지 않다
C 유칼립투스는 경제적 용도가 없다
D 유칼립투스는 대부분 호주와 그 근처에 있다

단어 桉树 ānshù 유칼립투스 | 统称 tǒngchēng 뎽 총칭 | 用途 yòngtú 뎽 용도 | 邻近 línjìn 뎽 인근 | 岛屿 dǎoyǔ 뎽 섬

해설 절대다수의 유칼립투스는 호주와 인근 섬에 분포한다고 했으므로 정답은 D이다.

16 – 20

女：大家好！欢迎收看本期节目，我们为大家邀请到了著名招聘网站站长董力先生。董先生，晚上好！

男：主持人、各位观众，你们好！

女：你们的网站成功了，是否意味着其他类似招聘的垂直行业都有机会呢？您能不能给其他也想从事类似方向的网站站长一些建议呢？

男：有机会啊。第一是选择对行业，比如有规模的细分行业。当然这个可能一下子不太好找了，毕竟很多网站都被人做了。所以[16]第二是得看竞争对手强不强。这点主要通过搜索引擎看，比如你准备进入的行业的竞争对手网站的百度收录页面多不多，主要关键字排名如何。如果这个垂直行业的某个最好的网站，百度收录页面数在10万以内，说明它的流量不怎么样，你就上吧！第三是要学习行业知识。忘掉互联网吧，想方设法去融入你所在的传统行业，去找客户需求，用你的团队去帮助他们。[17]第四其实也是最重要的，关系到你的网站、你的公司将来能走多远，就是持之以恒地不断完善自我。

女：你们网站在创办初期的推广方法主要有哪些？

男：[18]创办初期我们是没钱的，所以就是依赖百度搜索引擎，每天关注关键词，关注流量提升的轨迹。从推广方法上说也没有什么特别的，有几点跟大家分享吧：一是[20]搜索引擎，二是[20]参加行业展会。我们没钱参展，所以就发明了一个词，[19]叫"蹭展"。就是混进展会现场去派发名片，举举牌。有一定的名气后，就跟展位主办方交换广告。再后来，配合主办单位做展位的专题。把我们的专题做得比展会的官方网站更像官方网站。这时候展会都会主动跟我们交换资源了。三是[20]在网站设计上，要突出行业特点，让人对你的网站过目不忘，有亲和力，同时内容上让人觉得没来错地方，而且下次还愿意来。像我们站这个标识，就是以既有行业特点，又让人过目不忘为原则设计的。另外一些推广方法，像邮件、短信、礼品等，我们一直坚持在做。所以，总结来看，推广上也没什么特别，只在于坚持。

여: 여러분 안녕하십니까! 이번 프로그램을 시청하시는 여러분 환영합니다. 우리는 여러분을 위해 유명한 채용 웹 사이트 운영자 동리(董力) 선생님을 초대했습니다. 동 선생님, 안녕하세요!

남: 사회자, 시청자 여러분 안녕하세요!

여: 선생님의 웹 사이트가 성공한 것은 기타 유사한 채용 관련 업종 모두 기회가 있다는 것을 의미하는 것 아닙니까? 유사한 방향에 몸담으려는 웹 사이트 운영자에게 조언해 주시겠습니까?

남: 기회가 있습니다. 첫 번째는 규모가 있는 세분화된 업종과 같은 맞는 업종을 선택해야 합니다. 당연히 한 번에 찾는 것은 어렵습니다. 어쨌든 많은 웹 사이트가 사람들에 의해 만들어집니다. 그래서 [16]두 번째는 경쟁 상대가 강한지 그렇지 않은지를 봐야 합니다. 이것은 검색 엔진을 통해서 봐야 합니다. 예를 들어 준비하고 있는 업종의 경쟁 상대 웹 사이트가 바이두(百度)에 실리는 페이지가 많은지, 검색어의 순위가 어떠한지를 말이죠. 만약에 이 업종의 가장 좋은 웹 사이트가 바이두에 실리는 페이지 수가 10만 페이지 이하이면 유동량이 그다지 좋지 않다는 것을 뜻하므로 그 업종에 뛰어드십시오! 세 번째는 업종 관련 지식을 공부해야 합니다. 인터넷을 잊어버리십시오. 모든 방법을 동원해 당신이 속해 있는 전통적인 업종에 들어가서 고객의 수요를 찾고 당신의 팀을 이용해 그들을 도와주세요. [17]네 번째가 사실 가장 중요합니다. 당신의 웹 사이트와 당신의 회사가 앞으로 얼마나 갈 수 있는지와 직결되는 것은 바로 꾸준히 끊임없이 자신을 완비시키는 것입니다.

여: 선생님의 웹 사이트 설립 초창기의 홍보 방법에는 어떤 것들이 있었나요?

남: [18]설립 초창기에는 자금이 없어서 바이두의 검색 엔진에 의지했어요. 매일 검색어에 관심을 갖고, 유입량이 상승하는 경로에 관심을 가졌습니다. 홍보 방법은 특별한 것이 없지만 몇 가지를 여러분과 나누어 보겠습니다. 첫 번째는 [20]검색 엔진이고, 두 번째는 [20]업종 박람회에 참가하는 것입니다. 우리는 박람회에 참가할 돈이 없었기 때문에 새로운 단어를 하나 만들었는데, [19]박람회 빌붙기라고 합니다. 바로 박람회 현장에 섞여 들어가 명함을 나누어 주고 피켓을 드는 거예요. 어느 정도 인지도가 생긴 후 박람회 주최 측과 광고를 교환합니다. 그 후에 주최 측과 협력하여 부스 테마를 만듭니다. 우리의 테마를 박람회 공식 웹 사이트보다 더 공식 웹 사이트 같이 만들면, 박람회에서는 능동적으로 우리와 자원을 교환하게 됩니다. 세 번째 [20]웹 사이트를 디자인 할 때 업종의 특징을 돋보이게 하여 사람들이 당신의 웹 사이트를 한번 보면 잊을 수 없게 하고, 친근감을 느끼게 하는 동시에 내용 면에서 잘못된 것이 없어서 다음에 다시 오고 싶다는 느낌이 들게 해야 합니다. 우리 웹 사이트 로고처럼 업종의 특징이 돋보이면서도 사람들에게 잊히지 않는 것을 원칙으로 디자인 해야 합니다. 이 밖에 우편물, 문자 메시지, 선물 등과 같은

홍보 방법들을 계속해서 꾸준히 하고 있습니다. 그러므로 총괄해서 보면 홍보에 특별한 것은 없고 오직 꾸준히 하는 것에 달려 있습니다.

단어 邀请 yāoqǐng 동 초대하다 | 招聘 zhāopìn 동 채용하다 | 站长 zhànzhǎng 명 (웹 페이지) 운영자 | 意味着 yìwèizhe 의미하다 | 垂直 chuízhí 형 수직의 | 行业 hángyè 명 업종 | 从事 cóngshì 동 몸담다, 종사하다 | 类似 lèisì 형 유사하다 | 细分 xìfēn 동 세분화하다 | 毕竟 bìjìng 부 어쨌든, 결국 | 搜索引擎 sōusuǒ yǐnqíng 명 검색 엔진 | 收录 shōulù 동 수록하다, 싣다 | 页面 yèmiàn 명 웹 페이지 | 排名 páimíng 동 순위를 매기다 | 流量 liúliàng 명 유동량 | 融入 róngrù 동 유입되다 | 持之以恒 chízhī yǐhéng 성 꾸준히 하다, 오랫동안 견지하다 | 创办 chuàngbàn 동 창설하다 | 轨迹 guǐjì 명 경로, 궤적 | 推广 tuīguǎng 동 홍보하다, 널리 보급하다 | 分享 fēnxiǎng 동 함께 나누다 | 展会 zhǎnhuì 명 박람회 | 混进 hùnjìn 동 섞여 들어가다 | 派发 pàifā 나누어 주다 | 名片 míngpiàn 명 명함 | 举牌 jǔpái 피켓을 들다 | 展位 zhǎnwèi 명 부스 | 主办方 zhǔbànfāng 명 주최측 | 配合 pèihe 동 협력하다 | 官方 guānfāng 명 공식 | 过目不忘 guòmù búwàng 한번 보면 잊지 않다 | 标识 biāozhì 명 로고 | 邮件 yóujiàn 명 우편물 | 短信 duǎnxìn 명 문자 메시지 | 礼品 lǐpǐn 명 선물

---

16 ★★☆

董先生认为竞争对手强不强从哪里入手?

동 선생은 경쟁 상대가 강한지 그렇지 않은지를 어디에서 입수해야 한다고 생각하는가?

A 网站页面设计	A 웹 사이트 페이지 디자인
B 搜索引擎	B 검색 엔진
C 网站流量	C 웹 사이트 유동량(데이터 양)
D 网站点击率	D 웹 사이트 클릭수

단어 点击 diǎnjī 동 클릭하다

해설 남자의 두 번째 말에서 경쟁 상대가 강한지 그렇지 않은지는 검색 엔진을 통해서 봐야 한다고 했으므로 정답은 B이다.

---

17 ★★☆

建设网站最重要的是什么? 웹 사이트를 만들 때 가장 중요한 것은 무엇인가?

A 积极向上的团队精神	A 적극적이고 진취적인 단체정신
B 足够的自信心	B 충분한 자신감
C 提升网站知名度	C 웹 사이트의 지명도를 높이는 것
D 持之以恒，完善自我	D 꾸준히 자신을 완비하는 것

해설 일반적으로 녹음에 '重要'가 등장하면 중요한 정보가 나오므로 이에 유의해야 한다. 남자의 두 번째 말에서 가장 중요한 것은 네 번째로 꾸준히 끊임없이 자신을 완비시키는 것이라고 했으므로 정답은 D이다.

---

18 ★★☆

董先生的网站在初期的推广方法是什么? 동 선생의 웹 사이트 초창기의 홍보 방법은 무엇인가?

A 依赖谷歌搜索引擎	A 구글 검색 엔진에 의존한다
B 靠亲朋点击提升流量	B 친구들의 클릭수로 유동량을 높인다
C 依赖百度搜索引擎	C 바이두 검색 엔진에 의존한다
D 靠广告进行宣传	D 광고를 통해 홍보한다

단어 谷歌 gǔgē 명 구글

남자의 마지막 말에서 설립 초창기에는 자금이 없어서 바이두의 검색 엔진에 의지했다고 했으므로 정답은 C이다.

---

19 ★★★	
"蹭展"是什么意思?	'박람회 빌붙기'는 무슨 뜻인가?
A　参与展会展示自己的产品	A　박람회에 참가하여 자신의 상품을 전시한다
B　利用展会宣传自己	B　박람회를 이용해서 자신을 홍보한다
C　混进展会派发名片或举牌	C　박람회에 섞여 들어가 명함을 나누어 주고 피켓을 든다
D　在展会门口举牌	D　박람회 입구에서 피켓을 든다

해설 남자의 마지막 말에서 박람회 현장에 섞여 들어가 명함을 나누어 주고 피켓을 들며 홍보하는 것을 '박람회 빌붙기'라고 했으므로 정답은 C이다.

---

20 ★★☆	
关于这段话中所说的网站的推广方法，下列说法哪项不正确?	이 글에서 말한 웹 사이트의 홍보 방법에 관하여 다음 중 옳지 않은 것은?
A　设计宣传广告	A　홍보 광고를 디자인한다
B　利用搜索引擎	B　검색 엔진을 이용한다
C　参加行业展会	C　업종 박람회에 참가한다
D　网站设计突出行业特点	D　웹 사이트 디자인은 업종의 특징을 돋보이게 한다

해설 남자의 마지막 말에서 웹 사이트 홍보 방법에는 검색 엔진, 업종 박람회 참가, 웹 사이트를 디자인할 때 업종의 특징을 돋보이게 하는 것을 언급했으므로 언급하지 않은 A가 정답이다.

---

21 – 25	
女: 大家好，游游今天非常荣幸地邀请到现在非常有名的毛豆。欢迎毛豆! 毛豆，您好!	여: 안녕하십니까, 매우 영광스럽게 오늘 여우여우(游游)에서는 요즘 아주 유명한 마오또우(毛豆)를 모셨습니다. 환영합니다! 마오또우, 안녕하세요!
男: 您好!	남: 안녕하세요!
女: 首先，我发现一个现象，²¹您并不是做技术的，也不是做美工的。那您怎么解决做网站的瓶颈呢? 您也知道，不懂这些，运营网站会遇到不少技术问题。	여: 우선, 제가 하나 발견한 것이 있는데요. ²¹당신은 엔지니어도 아니고, 아트 디자이너도 아닌데, 어떻게 웹 사이트 제작의 병목을 해결하셨나요? 이런 것들에 대해 모르면 웹 사이트를 운영하는 데 수많은 기술상의 문제가 생긴다는 것을 선생님도 아실 텐데요.
男: 主要是自己一边学，一边利用现成的技术吧，有句话说得好: 站在巨人的肩膀上，成长更快。	남: 주로 스스로 공부하면서 기존의 기술을 이용해요. '거인의 어깨에 서 있으면 성장이 더 빠르다.'라는 말이 있죠.
女: 我发现您也善于利用IT的经验来赚钱，比如写稿子这类。好了，言归正传。谈谈您对电脑杂志网的期待吧。您希望电脑杂志网未来实现什么样的目标呢?	여: 당신도 IT의 경험을 이용해서 돈을 버는 것에 능통하다는 것을 알게 되었는데요. 예를 들어 원고를 쓰는 것 같은 기술 말이죠. 좋아요. 그럼 본론으로 돌아가서 컴퓨터 매거진 사이트에 대한 기대에 대해 좀 얘기해 주세요. 컴퓨터 매거진 웹 사이트가 앞으로 어떤 목표를 실현하길 바라시나요?
男: ²²我期望它能成为业内领先的电脑资讯网站，并成为给从事IT行业的人员提供最新参考信息的资讯类门户。也就是说，希望它能够为IT人员解决实质问题和给IT从业人员提供最新的技术	남: ²²저는 그것이 업계 내의 선두에 선 컴퓨터 정보 사이트가 되고,

资讯。

女：那么您打算怎么运营呢？如何保持资讯的即时性呢？

男：分三步走：1. ²³完善内容，让它成为可信任的IT资讯门户网站，在业内进行口碑宣传。2. ²³建设传播渠道以及内容合作，包括邀请知名IT评论员入驻等。3. ²³进一步加强宣传，包括建立每周一期的电子期刊和会员管理制度。维持100到150之间的更新速度，提高原创率。

女：都靠您自己吗？您有没有打算未来组建团队来运营网站呢？

男：正在筹备，包括原创团队的筹备。

女：您的资金预算是多少呢？

男：²⁴目前还处于计划过程中，包括人员的联络，都正在进一步加强。

女：据说有投资人想投资您的网站，能谈谈具体情况吗？

男：目前有几家媒体也联系了我们，愿意以内容合作方式加入，但都被我们拒绝了。

女：您的网站打算怎么进行推广呢？

男：主要是从两方面着手，²⁵一方面是内容，一方面是人气。在内容上，我们正打算跟国内知名的内容提供商展开这方面的合作，包括传统媒体。至于提高人气，我们更倾向于以内容制胜。

IT 업계 종사자들에게 최신 정보를 제공하는 포털 콘텐츠가 되길 바랍니다. 다시 말해서, 그것이 IT 종사자들이 실질적인 문제를 해결할 수 있게 하고, IT 종사자들에게 최신 기술 정보를 제공할 수 있기를 바랍니다.

여: 그럼 당신은 어떻게 운영하실 건가요? 어떻게 정보의 즉시성을 유지하실 건가요?

남: 세 단계로 나누어 진행할 겁니다. 첫 번째, ²³콘텐츠를 완비하여 믿을 수 있는 IT 포털 콘텐츠 웹 사이트로 만들어 업계 내에서 입소문이 나게 할 겁니다. 두 번째, 지명도 있는 IT 평론가를 초빙하는 등 ²³전파 경로를 구축하고 콘텐츠를 결합할 계획입니다. 세 번째, 주간 전자 간행물과 회원 관리 제도를 만드는 등 ²³홍보를 강화할 계획입니다. 100에서 150명 사이의 갱신 속도를 유지하고, 원작률을 높입니다.

여: 혼자서 하시는 겁니까? 팀을 조직하여 웹 사이트를 운영할 계획은 없으신가요?

남: 현재 준비 중입니다. 오리지널 팀 등을 준비 중입니다.

여: 자금 예산은 어느 정도인가요?

남: ²⁴현재 계획 단계에 있습니다. 인원 네트워크 등 모두 한층 더 강화하고 있습니다.

여: 일부 투자자들이 당신의 웹 사이트에 투자하고 싶어 한다고 들었는데, 구체적인 상황을 말씀해 주시겠어요?

남: 현재 몇몇 미디어에서 저희와 연락을 하여 콘텐츠 협력 방식으로 일하고 싶다고 했지만 거절했습니다.

여: 웹 사이트를 어떻게 홍보하실 계획인가요?

남: 주로 두 가지 측면에서 실시할 것입니다. ²⁵하나는 콘텐츠이고, 또 하나는 인기입니다. 콘텐츠에서는 국내의 유명 콘텐츠 공급 업체, 예를 들어 전통적인 미디어와 이 방면에서의 협력을 추진할 계획입니다. 인기를 높이기 위해서는 콘텐츠로 승부를 볼 계획입니다.

단어 荣幸 róngxìng 형 영광스럽다 | 美工 měigōng 명 아트 디자인, 아트 디자이너 | 瓶颈 píngjǐng 명 병목 | 运营 yùnyíng 동 운영하다 | 肩膀 jiānbǎng 명 어깨 | 善于 shànyú 동 ～에 능통하다 | 稿子 gǎozi 명 원고 | 言归正传 yánguī zhèngzhuàn 성 본론으로 돌아가다 | 期待 qīdài 기대하다 | 领先 lǐngxiān 동 선두에 서다 | 资讯 zīxùn 명 자료와 정보 | 即时性 jíshíxìng 명 즉시성 | 口碑 kǒubēi 명 평판, 입소문 | 宣传 xuānchuán 동 홍보하다 | 传播 chuánbō 동 전파하다 | 渠道 qúdào 명 경로, 방법 | 入驻 rùzhù 동 입주하다 | 组建 zǔjiàn 동 조직하다 | 筹备 chóubèi 동 기획하고 준비하다 | 预算 yùsuàn 명 예산 | 联络 liánluò 동 연락하다 | 投资 tóuzī 동 투자하다 | 媒体 méitǐ 명 미디어, 매체 | 着手 zhuóshǒu 동 착수하다 | 供商 gōngshāng 명 공급업체 | 展开 zhǎnkāi 동 펼치다, 전개하다 | 倾向 qīngxiàng 동 기울다, 쏠리다 | 制胜 zhìshèng 동 승리하다, 이기다

---

21 ★★☆

毛豆是做什么的？	마오또우는 무슨 일을 하는가?
A 做技工	A 엔지니어
B 做美工	B 아트 디자이너
C 做后台	C 뒤에서 도움을 준다
D 做网站	D 웹 사이트를 만든다

여자의 두 번째 말에서 마오또우는 엔지니어도 아니고 아트 디자이너도 아니라고 했으므로 A와 B는 정답이 아니다. 어떻게 웹 사이트의 병목을 해결했냐는 질문과 녹음 전체를 통해서 마오또우는 웹 사이트를 만드는 사람임을 알 수 있으므로 정답은 D이다.

---

22 ★★☆

毛豆的期待是什么?	마오또우가 기대하는 것은 무엇인가?
A 利用优势解决IT人员就业问题	A 장점을 이용해 IT 업계의 취업 문제를 해결한다
B 做国内领先的电脑杂志网	B 국내의 선두 컴퓨터 매거진 사이트를 만든다
C 成为资讯类行业的精英	C 정보 통신 업계의 엘리트가 된다
D 做业内领先的电脑资讯网站	D 업계 내의 선두에 선 컴퓨터 정보 웹사이트를 만든나

남자의 세 번째 말에서 그가 만드는 웹 사이트가 업계 내의 선두에 선 컴퓨터 정보 사이트가 되고, IT 업계 종사자들에게 최신 정보를 제공하는 포털 콘텐츠가 되길 바란다고 했으므로 정답은 D이다.

---

23 ★★★

下列关于毛豆的运营方式，不正确的是哪一项?	다음 중 마오또우의 운영 방식에 관하여 옳지 않은 것은?
A 完善内容	A 콘텐츠를 완비한다
B 增加点击量	B 클릭수를 높인다
C 建立传播渠道	C 전파 경로를 구축한다
D 加强宣传	D 홍보를 강화한다

남자의 네 번째 말에서 운영 방식에 대해 언급했다. 콘텐츠 완비, 전파 경로 구축, 홍보 강화를 언급했으므로 언급하지 않은 B가 정답이다.

---

24 ★★☆

毛豆的资金预算是多少?	마오또우의 자금 예산은 어느 정도인가?
A 正处于计划中	A 계획 단계에 있다
B 已有初步结果	B 초보적인 결과는 이미 나왔다
C 已有详细的预算计划	C 상세한 예산 기획은 이미 있다
D 不便公布具体数字	D 구체적인 숫자는 공개하기 어렵다

남자의 여섯 번째 말에서 자금 예산은 현재 계획 단계에 있다고 했으므로 정답은 A이다.

---

25 ★★☆

毛豆打算如何进行网站推广?	마오또우는 웹 사이트를 어떻게 홍보할 계획인가?
A 大力进行广告宣传	A 대대적으로 광고 홍보를 한다
B 跟先辈进行合作	B 선배들과 협력한다
C 一是内容，二是人气	C 하나는 콘텐츠이고, 또 하나는 인기이다
D 主要完善网站内容建设	D 웹 사이트 콘텐츠 구축을 완비한다

남자의 마지막 말에서 웹 사이트 홍보 계획에 대해 언급했으며, 콘텐츠와 인기 두 가지 측면에서 실시한다고 했으므로 정답은 C이다.

男：各位新浪网友大家好，欢迎大家来到今天的新浪嘉宾聊天室，您现在关注的是2017年全国普通高等学校招生系列访谈节目，今天的节目我们和大家关注的学校是重庆邮电大学，为大家邀请到的是重庆邮电大学招生就业处处长黄永宜老师。黄老师先跟各位网友打个招呼吧。

女：各位新浪网友、学生家长和同学们，大家好！

男：请您为大家简单介绍一下2017年重庆邮电大学招生政策有哪些变化吧。

女：今年我校在招生培养方面有几个重大举措：
一是²⁶今年我校将在部分专业实行大类招生，包括通信类和工商管理类。新生入学时不分专业，按大类培养，前两年采用相同的培养方案教学，学生修满规定学分后，遵循一定的程序选定专业；后两年按学生选定专业的培养方案教学。²⁷通信类含通信工程、电子信息工程、信息工程、广播电视工程四个本科专业，工商管理类含工商管理、会计学、市场营销三个本科专业。请广大考生填报志愿时务必注意。
二是今年将开展"²⁸IT精英培养资助计划"，旨在吸纳优秀学子进行专门培养、实施英才教育，培养当今信息通信领域的杰出人才，这也是我校在校庆60周年之际为回馈社会推出的一项重要举措。²⁸这项计划今年将在重庆市试点运行，因此对象是今年第一志愿报考我校并被录取的重庆新生，计划招收100名。我们欢迎有志于信息产业发展的莘莘学子踊跃报名。
三是为了适应国际化软件人才队伍建设的需求，我校今年将在所招收的软件工程专业新生中，选拔部分优质生源实施³⁰"外语+软件"专业人才的培养计划。进入该计划的软件工程专业新生，入学后采用两段式培养模式。前两年，学生进入我校国际学院的中外合作办学项目学习，选用国内外优质教材资源，进行英语语言的强化学习，²⁹英语语言学习的主要课程由外籍教师讲授，同时进行其他基础课程及软件工程专业基础课学习；两年后，学生进入我校软件学院进行软件工程专业课程学习。修满规定学分并达到相应要求者，³⁰将获得重庆邮电大学本科毕业证书和学士学位证书。

남：신랑왕(新浪网) 네티즌 여러분, 안녕하세요. 오늘 우리 신랑(新浪) 게스트 대화방에 오신 여러분 환영합니다. 여러분이 관심을 갖고 있는 것은 바로 2017년 전국 일반 대학 신입생 모집 계열 관련 인터뷰 프로그램일 텐데요. 오늘 프로그램에서 저희가 여러분과 살펴볼 학교는 충칭(重庆)우전(邮电)대학일 겁니다. 여러분을 위해서 초대한 분은 바로 충칭우전대학의 입학 및 취업처 처장이신 황용이(黄永宜) 선생님이십니다. 황 선생님, 네티즌 여러분과 인사하시죠.

여：신랑왕 네티즌 학생, 학부모, 학우 여러분 안녕하세요!

남：여러분에게 2017년 충칭우전대학의 학생 모집 정책에 어떤 변화가 있는지 간단히 소개해 주세요.

여：올해 우리 학교의 학생 모집 육성에는 몇 가지 중요한 정책이 있습니다.
첫 번째, ²⁶올해 우리 학교는 통신 계열, 공상 관리 계열 등 일부 전공에 대해 학부제 모집을 실시할 것입니다. 신입생이 입학할 때는 전공을 분류하지 않고 통합적으로 양성하여, 1, 2학년에는 동일한 양성 교육 과정을 실시하고, 학생이 규정 학점을 채우면 일정한 절차에 따라 전공을 선택합니다. 3, 4학년에는 학생이 선택한 전공 양성 방안에 따라 교육합니다. ²⁷통신 계열에는 통신 공학, 전자 정보 공학, 정보 공학, 방송 언론 공학 네 가지 본과 전공이 포함되며, 공상 관리 계열은 공상 관리, 회계학, 마케팅의 세 가지 학부 전공이 포함됩니다. 수험생들은 지원서를 기재할 때 반드시 유의해 주시길 바랍니다.
두 번째, 올해에는 "²⁸IT 엘리트 육성 지원 계획"을 실시합니다. 우수한 학생을 전문적으로 양성하고 엘리트 교육을 실시하여 현재 정보 통신 관련의 걸출한 인재를 양성하려고 합니다. 이것 역시 우리 학교 개교 60주년에 사회에 환원하기 위해 추진하는 중요 정책입니다. ²⁸이 계획은 올해 충칭시에서 시범적으로 실시할 것입니다. 따라서 대상은 올해 처음으로 우리 학교에 지원 응시하고 합격한 충칭 신입생이며 100명을 모집할 계획입니다. 우리는 정보 산업 발전에 뜻을 둔 수많은 학생의 적극적인 응시를 환영합니다.
세 번째, 글로벌한 소프트웨어 인재 팀을 조직하는 요구에 부응하기 위해 우리 학교에서는 올해 모집하는 소프트웨어 학과 신입생 중 일부 우수한 학생을 선발하여 ³⁰'외국어+소프트웨어' 전문 인재 양성 계획을 실시할 것입니다. 이 계획에 투입된 소프트웨어 공학 전공 신입생이 입학한 후 2단계 양성 모델을 채택합니다. 1, 2학년에 학생은 우리 학교 국제 대학원의 중외 협력 프로그램에 들어가 공부하게 되며, 국내외의 우수한 교육 자원을 선택하여 영어 강화 학습을 진행합니다. ²⁹영어 학습의 주요 교과 과정은 원어민 강사가 수업을 진행하는 동시에 기타 기초 교과 과정과 소프트웨어 전공 기초 과목을 학습하게 됩니다. 규정 학점을 채우거나 상응하는 요구에 부합하는 학생은 ³⁰충칭우전대학 학부 졸업 증서와 학사 학위증을 받게 됩니다.

단어 嘉宾 jiābīn 명 게스트, 손님 | 聊天室 liáotiānshì 명 대화방 | 招生 zhāoshēng 동 신입생을 모집하다 | 系列 xìliè 명 계열 | 访谈

fǎngtán 통 인터뷰하다, 방문 취재하다 | **政策** zhèngcè 명 정책 | **举措** jǔcuò 명 조치 | **修满** xiūmǎn 통 (학점 등을) 채우다 | **学分** xuéfēn 명 학점 | **遵循** zūnxún 통 따르다 | **程序** chéngxù 명 절차 | **选定** xuǎndìng 통 선정하다 | **工程** gōngchéng 공학 | **广播** guǎngbō 통 방송하다 | **本科** běnkē 명 학부 | **会计** kuàijì 명 회계 | **营销** yíngxiāo 통 마케팅하다 | **填报** tiánbào 통 기재하다 | **志愿** zhìyuàn 통 지원하다 | **务必** wùbì 부 반드시, 꼭 | **经营** jīngyíng 통 경영하다 | **资助** zīzhù 통 물질적인 도움을 주다 | **旨在** zhǐzài 통 ~를 목적으로 하다 | **吸纳** xīnà 통 받아들이다 | **实施** shíshī 통 실시하다 | **英才** yīngcái 명 영재 | **领域** lǐngyù 명 영역 | **杰出** jiéchū 형 뛰어나다 | **回馈** huíkuì 명 보답, 답례 | **推出** tuīchū 통 내놓다 | **试点** shìdiǎn 통 시험적으로 시행하다 | **运行** yùnxíng 통 운행하다 | **录取** lùqǔ 통 합격시키다, 채용하다 | **有志于** yǒuzhìyú ~에 뜻을 두다 | **莘莘学子** shēnshēn xuézǐ 명 수많은 학생 | **踊跃** yǒngyuè 형 앞다투다 | **报名** bàomíng 통 신청하다 | **软件** ruǎnjiàn 명 소프트웨어 | **队伍** duìwu 명 집단, 단체 | **招收** zhāoshōu 통 모집하다 | **选拔** xuǎnbá 통 선발하다 | **生源** shēngyuán 명 학생 자원 | **采用** cǎiyòng 통 채택하다 | **培养** péiyǎng 통 양성하다 | **模式** móshì 명 양식, 패턴 | **选用** xuǎnyòng 통 골라서 사용하다 | **外籍** wàijí 명 외국 국적 | **讲授** jiǎngshòu 통 강의하다 | **基础** jīchǔ 명 기초

---

26 ★☆☆

实行大类招生的专业是哪些专业?	학부제 모집을 실시하는 전공은 무엇인가?
A 职业技术类	A 직업 기술 계열
B 汉语言文学类和外语类	B 중어중문학과 외국어 계열
C 通信类和工商管理类	C 통신과 공상 관리 계열
D 国际教育类和思政类	D 국제 교육 및 사상 정치 계열

해설 여자의 두 번째 말에서 통신, 공상 관리 등 일부 전공에 대해 학부제 모집을 실시할 것이라고 했다. 따라서 정답은 C이다.

---

27 ★★☆

下列专业中，哪些属于通信类专业?	다음 전공 중 통신 관련 전공에 속하는 것은?
A 工商管理	A 공상 관리
B 会计学	B 회계학
C 市场营销	C 마케팅
D 信息工程	D 정보 공학

해설 여자의 두 번째 말에서 통신 계열에는 통신 공학, 전자 정보 공학, 정보 공학, 방송 언론 공학 네 가지 본과 전공이 포함된다고 했으므로 정답은 D이다.

---

28 ★☆☆

"IT精英培养资助计划"将在哪个城市先进行试点?	'IT 엘리트 육성 지원 계획'은 어느 도시에서 시범 시행하는가?
A 重庆市	A 충칭시
B 上海市	B 상하이시
C 成都市	C 청두시
D 武汉市	D 우한시

해설 보기가 모두 도시 이름이므로 이에 유의하여 듣는다. 여자의 두 번째 말에서 IT 엘리트 양성 계획은 충칭시에서 시범적으로 실시할 것이라고 했으므로 정답은 A이다.

29 ★★☆	
下列关于英语语言学习，正确的是哪一项？	다음 중 영어 학습에 관하여 옳은 것은？
A 由外籍教师讲授	A 원어민 강사가 수업을 한다
B 由中国优秀教师讲授	B 중국의 우수한 강사가 수업을 한다
C 定期开展口语培训	C 정기적으로 말하기 훈련을 한다
D 定期进行实践培训	D 정기적으로 실천 양성 훈련을 한다

해설 여자의 두 번째 말에서 영어 학습의 주요 교과 과정은 원어민 강사가 진행한다고 했으므로 정답은 A이다.

30 ★☆☆	
"外语＋软件"专业的学生毕业后可获得什么证书？	'외국어＋소프트웨어' 전공 학생은 졸업 후 어떤 증서를 받게 되는가？
A 优秀学生证书	A 우수 학생 증서
B 本科毕业证书	B 학부 졸업 증서
C 硕士学位证书	C 석사 학위 증서
D 研究生毕业证书	D 석사 졸업 증서

해설 여자의 두 번째 말에서 '외국어＋소프트웨어' 전공 학생은 졸업 후 학부 졸업 증서와 학사 학위증을 받게 된다고 했다. 따라서 정답은 B이다.

 듣기 제3부분

31 – 33

20世纪60年代初，美国著名气象学家爱德华·洛伦兹，在两次计算气象仿真的数据时，³¹因为第二次输入的数据差了0.000127，竟然意外得到一个完全不一样的结果，³²他因而提交了一篇论文，名叫《一只蝴蝶拍一下翅膀，会不会在德州引起龙卷风》，在论文中，他将系统中因为初期条件的细微差距引起的巨大变化，称为"蝴蝶效应"。³³它是指一件事情因为初期微小的差异，就会造成后续的连锁反应，呈现始料不及的惊人结果。生命亦是如此，每个人的成长过程，就是一场不可思议的蝴蝶效应。所遇到的每一个人、发生的每一件事、每一次的成功、每一次的失败、每一次的痛苦、每一次的快乐，交织成其独特的自我，及今日成功或者失败的结果。

20세기 60년대 초에 미국의 유명한 기상학자 에드워드 로렌츠는 기상 시뮬레이션 데이터를 두 차례 계산할 때 ³¹두 번째로 입력한 데이터가 0.000127가 모자라서, 생각하지 못했던 완전히 다른 결과를 얻었다. ³²그는 이로 인해 「나비 한 마리가 날갯짓 한 번으로 텍사스 주에 토네이도를 일으킬 수 있는가」라는 논문 한 편을 제출했다. 논문에서 그는 시스템에서 초기 조건의 미세한 차이가 일으키는 거대한 변화를 '나비 효과'라고 불렀다. ³³나비 효과는 어떤 일이 초기의 미세한 차이 때문에 후속적으로 연쇄 반응을 일으켜 상상하지 못했던 놀라운 결과가 나타나는 것을 가리킨다. 생명도 역시 이와 같다. 모든 사람의 성장 과정은 이해할 수 없는 나비 효과이다. 만나는 모든 사람, 발생하는 모든 일, 모든 성공, 모든 실패, 모든 고통, 모든 즐거움이 뒤섞여서 독특한 자아와 오늘날의 성공 및 실패의 결과가 된다.

단어 **仿真** fǎngzhēn 명 시뮬레이션 | **数据** shùjù 명 데이터 | **输入** shūrù 동 입력하다 | **竟然** jìngrán 부 뜻밖에도 | **提交** tíjiāo 동 제출하다 | **蝴蝶** húdié 명 나비 | **翅膀** chìbǎng 명 날개 | **系统** xìtǒng 동 시스템 | **细微** xìwēi 형 미세하다 | **差距** chājù 명 차이 | **效应** xiàoyìng 명 효과와 반응 | **连锁反应** liánsuǒ fǎnyìng 연쇄 반응 | **呈现** chéngxiàn 동 나타나다 | **始料不及** shǐliào bùjí 성 예상 밖이다 | **惊人** jīngrén 형 사람을 놀라게 하다 | **亦** yì 부 역시 | **不可思议** bùkě sīyì 성 이해할 수 없다. 불가사의하다 | **交织** jiāozhī 동 뒤섞이다

31 ★☆☆

第二次输入的数据相差了多少?	두 번째 입력한 데이터는 얼마나 모자랐는가?
A 0.000127　　　　　B 0.000121	A 0.000127　　　　　B 0.000121
C 0.000027　　　　　D 0.000124	C 0.000027　　　　　D 0.000124

> **해설** 보기가 모두 숫자이므로 숫자에 유의하여 듣고 풀어야 한다. 두 번째로 입력한 데이터가 0.000127가 모자랐다고 했으므로 정답은 A이다.

32 ★★☆

关于爱德华·洛伦兹，下列说法正确的是哪一项?	에드워드 로렌츠에 관하여 다음 중 옳은 것은?
A 他是澳洲人	A 그는 호주 사람이다
B 他研究蝴蝶	B 그는 나비를 연구한다
C 他提出"蝴蝶效应"	C 그는 '나비 효과'를 내놓았다
D 他看错了数据	D 그는 데이터를 잘못 보았다

> **해설** 그는 '나비 효과'에 관한 논문을 내놓았으므로 정답은 C이다.

33 ★★☆

这段话主要想告诉我们什么?	이 글이 주로 우리에게 알려주고자 하는 것은 무엇인가?
A 要注意生活中的细节	A 생활 속의 세세한 일들에 주의해야 한다
B 蝴蝶拍一下翅膀能引起龙卷风	B 나비가 날갯짓을 한 번 하면 토네이도를 일으킬 수 있다
C 每个人的成长都是一个奇迹	C 모든 사람의 성장은 기적이다
D 初期的小差异能引起惊人结果	D 초기의 작은 차이가 사람을 놀라게 하는 결과를 만들어 낼 수 있다

> **해설** 일반적으로 주제는 후반부에 나오는 경우가 많으니 이에 유의한다. 이 글이 궁극적으로 말하고자 하는 것은 초기의 미세한 차이가 놀라운 결과를 가져올 수 있다는 것이므로 정답은 D이다.
> B. 나비의 날갯짓으로 토네이도가 일어나는 것은 논문의 제목으로 비유적인 표현일 뿐이다.

34 - 36

自从升入九年级开始上健康课以后，我们教室里的一块黑板上就一直画着一幅人体图。图上标示着人体主要骨骼和肌肉的名称和位置。	9학년에 진학하고 건강 과목을 듣기 시작한 후에, 우리 교실 안의 칠판에는 줄곧 인체도가 그려져 있었다. 그림에는 인체의 주요 골격과 근육의 명칭과 위치가 표시되어 있었다.
在那个学期里，虽然这幅图一直画在黑板上，但老师从来没有提到过它。³⁴期末考试的时候，我们发现那块黑板被擦干净了，而试卷上只有一道考题，就是"写下并标示出人体的每一块骨骼和肌肉的名称和位置。"	그 학기에 이 그림이 줄곧 칠판에 그려져 있었지만, 선생님은 한 번도 그것을 언급한 적이 없다. ³⁴기말 고사를 볼 때 우리는 칠판이 깨끗하게 지워져 있는 것을 발견했고, 시험지에는 단지 한 문제만 있었다. 바로 '인체의 모든 골격과 근육의 명칭과 위치를 쓰고 표시하시오'라는 문제였다.
全班同学一致提出抗议："我们从来没有学过!"	반 전체 학생들이 함께 항의했다. "우리는 한 번도 배운 적이 없어요!"
"那不是理由，"老师说。"那些内容在黑板上存在了几个月。"	"그것은 이유가 되지 않아."라고 선생님이 말했다. "그 내용들은 칠판에 수개월 동안 적혀 있었잖아."
我们在苦苦煎熬中做着试题。³⁵过了一会儿，老师将我们的试卷收了上去，撕碎了。"记住，"他告诉	우리는 아주 고생스럽게 문제를 풀었다. ³⁵잠시 후에 선생님이 우

我们，"³⁶学习不只是别人教给你的东西。"

　　我当时就被这句话深深地震撼了。³⁶它是我接受的最有意义的一次教育，也是让我至今受用无穷的教育。

리의 시험지를 걷은 후 갈기갈기 찢었다. "기억해라." 선생님은 우리에게 말했다. "³⁶학습은 다른 사람이 너희에게 가르쳐 주는 것만이 아니다."

　　당시에 나는 이 말에 깊은 충격을 받았다. ³⁶그것은 내가 받은 가장 의미 있는 교육이었고 나로 하여금 지금까지 끝없는 배움을 하게 만들었다.

단어　升入 shēngrù 图 진학하다 | 黑板 hēibǎn 명 칠판 | 标示 biāoshì 图 표시하다 | 骨骼 gǔgé 명 골격 | 肌肉 jīròu 명 근육 | 擦 cā 图 닦다 | 试卷 shìjuàn 시험지 | 提出 tíchū 꺼내다 | 抗议 kàngyì 图 항의하다 | 苦苦 kǔkǔ 문 고생스럽게 | 煎熬 jiān'áo 图 괴로움을 당하다 | 试题 shìtí 시험 문제 | 撕碎 sīsuì 갈기갈기 찢다 | 震撼 zhènhàn 图 뒤흔들다 | 受用 shòuyòng 누리다 | 无穷 wúqióng 형 끝이 없다

---

34 ★★☆

期末考试的时候，发生了什么？

A 老师让我们学习那幅人体图

B 黑板上的人体图被擦掉了

C 黑板上多了一幅人体图

D 考试的题目很多

기말 고사를 볼 때, 무슨 일이 발생했는가?

A 선생님이 우리에게 그 인체도를 공부하게 했다

B 칠판에 있던 인체도가 지워졌다

C 칠판에 인체도가 하나 더 그려졌다

D 시험 문제가 많았다

해설　기말 고사를 볼 때 칠판이 깨끗하게 지워져 있는 것을 발견했다고 했으므로 정답은 B이다.

---

35 ★★☆

老师把我们的试卷收回去之后又发生了什么？

A 老师认真地批改我们的试卷

B 老师很生气，发火了

C 老师让我们画人体图

D 老师把试卷撕掉了

선생님이 우리의 시험지를 걷어 간 후, 또 어떤 일이 발생했는가?

A 선생님은 진지하게 우리의 시험지를 고쳐 주었다

B 선생님은 화가 나서 화를 냈다

C 선생님은 우리에게 인체도를 그리게 했다

D 선생님은 시험지를 갈기갈기 찢었다

단어　批改 pīgǎi 图 (글, 숙제 등을) 고치다 | 发火 fāhuǒ 图 화를 내다

해설　선생님이 우리의 시험지를 걷은 후 갈기갈기 찢었다고 했으므로 정답은 D이다.

---

36 ★★★

我得到了什么？

A 学习只是别人教给你的东西

B 学习要注意用功

C 学习不只是别人教给你的东西

D 学习要有明确的目标

나는 무엇을 얻었는가?

A 학습은 오직 다른 사람이 당신에게 가르쳐 주는 것이다

B 학습은 노력해야 한다

C 학습은 다른 사람이 당신에게 가르쳐 주는 것만이 아니다

D 학습은 명확한 목표가 있어야 한다

해설　이 문제는 부정부사를 듣는 것이 중요하다. 선생님이 학습은 다른 사람이 너희에게 가르쳐 주는 것만이 아니라고 말했고, 이는 내가 받은 가장 의미있는 교육이라고 했으므로 정답은 C이다.

37 – 39

一个猎人与朋友到草原上打野兔。其间，猎人突然发现远处的地平线在冒烟，很快他和朋友听到"噼啪噼啪"的声音，[37]他意识到自己遭遇了草原野火。火势在蔓延，火迅速向他们身边推进，根本来不及逃脱。[38, 39]猎人马上从口袋里掏出了火柴，把两人周围的干草和灌木点着。于是，他们就站在一块被烧焦的光秃秃的地上了。大火逼近了，他们用毛巾捂住嘴，紧紧抱在一起。随后，火从四周一掠而过，他们却毫发无损——因为站在烈火烧过的地方不必再惧怕烈火。

한 사냥꾼이 친구와 초원에서 산토끼를 잡았다. 그때 [37]사냥꾼이 갑자기 멀리 지평선에서 연기가 피어오르는 것을 발견했고, 오래지 않아 그와 친구는 '탁탁' 소리를 들었다. 그는 초원에 불이 난 것을 알아챘다. 불길은 널리 번져 나갔고, 빠른 속도로 그들을 향해 밀려와서 도망갈 틈이 없었다. [38, 39]사냥꾼은 바로 주머니에서 성냥을 꺼내 두 사람 주위의 건초와 관목에 불을 붙였다. 그래서 그들은 까맣게 다 타버린 벌거벗은 땅에 서 있게 되었다. 불길이 다가왔고 그들은 수건으로 입을 가리고 서로 꼭 끌어안았다. 이어서 불은 사방으로 스쳐 지나갔고 그들은 조금도 다치지 않았다. 이미 맹렬한 불에 탔던 곳에 서 있어서 더는 큰 불길을 두려워할 필요가 없었기 때문이다.

단어 猎人 lièrén 몡 사냥꾼 | 野兔 yětù 몡 산토끼 | 地平线 dìpíngxiàn 몡 지평선 | 冒烟 màoyān 연기가 피어오르다 | 噼啪噼啪 pīpāpīpā 의성 탁탁 | 遭遇 zāoyù 동 당하다 | 野火 yěhuǒ 몡 들불 | 火势 huǒshì 몡 불길 | 蔓延 mànyán 동 만연하다 | 逃脱 táotuō 동 달아나다 | 掏 tāo 동 꺼내다 | 火柴 huǒchái 몡 성냥 | 干草 gāncǎo 몡 건초 | 灌木 guànmù 몡 관목 | 点着 diǎnzháo 동 점화하다 | 烧焦 shāojiāo 동 까맣게 타다 | 光秃秃 guāngtūtū 혱 헐벗다 | 逼近 bījìn 다가오다 | 捂住 wǔzhù 가리다 | 一掠而过 yīlüè érguò 동 스쳐 지나가다 | 毫发无损 háofà wúsǔn 조금의 손상도 없다 | 烈火 lièhuǒ 몡 큰 불 | 惧怕 jùpà 동 두려워하다

---

37 ★★☆

猎人和朋友发现了什么？

A 很多野兔　　　　B 草原野火
C 很多猎人　　　　D 草原很大

사냥꾼과 친구는 무엇을 발견했는가?

A 많은 산토끼　　　　B 초원에 불이 난 것
C 많은 사냥꾼　　　　D 초원이 매우 큰 것

해설 사냥꾼은 연기가 피어오르는 것을 발견했고, 오래지 않아 그와 친구는 '탁탁' 소리를 듣고, 초원에 불이 난 것을 알아챘다고 했으므로 정답은 B이다.

---

38 ★★★

猎人用什么方法保护了自己？

A 躺在地上
B 想办法把火扑灭
C 快速逃跑
D 把两人周围的干草和灌木点着

사냥꾼은 어떤 방법으로 자신을 보호했는가?

A 바닥에 누웠다
B 불을 끌 방법을 생각했다
C 재빠르게 도망갔다
D 두 사람 주변의 건초와 관목에 불을 붙였다

해설 보기가 모두 술어로 시작하므로 술어(행동) 중심으로 들어야 한다. 사냥꾼은 바로 주머니에서 성냥을 꺼내 두 사람 주위의 건초와 관목에 불을 붙였다고 했으므로 정답은 D이다.

---

39 ★★★

关于这段话，下列选项中正确的是哪一项？

A 猎人和朋友遭遇了沙尘暴
B 猎人巧用火保护了自己和朋友
C 猎人和朋友找到了水源
D 猎人抛弃了朋友

이 글에 관하여 다음 중 옳은 것은?

A 사냥꾼과 친구는 황사를 만났다
B 사냥꾼은 불을 교묘하게 이용하여 자신과 친구를 보호했다
C 사냥꾼과 친구는 수원을 찾았다
D 사냥꾼은 친구를 버렸다

해설 사냥꾼은 불을 역이용해서 불로 인한 피해를 면할 수 있었으므로 정답은 B이다.

⁴⁰每年立夏前后，大黄鱼在集群产卵时会发出叫声。雌鱼的叫声较低，同点煤气灯时发出的"哧哧"声相似；雄鱼的叫声较高，像夏夜池塘里的蛙鸣。在大黄鱼生产时，⁴¹渔民都把耳朵贴在船板上聆听叫声，判断鱼群的大小和密集程度，以及鱼群的深浅，然后进行捕捞。

⁴²大黄鱼肉质鲜嫩，营养丰富，有很高的经济价值。可红烧、清炖、生炒、盐渍等，烹调几十种风味各异的菜肴。咸菜大黄鱼是舟山人待客的家常菜。大黄鱼还有很高的药用价值，其耳石有清热去瘀、通淋利尿的作用，鳔有润肺健脾、补气止血等作用，胆有清热解毒的功能。

近年来，由于捕捞强度过大，大黄鱼资源越来越少，产量也随之减少。目前，舟山已建起人工养殖大黄鱼的基地。

⁴⁰매년 입하 전후로 부세는 무리를 이루어 산란할 때 소리를 내곤 한다. 암컷의 소리는 낮아서 가스등을 켤 때 나는 '킥킥' 소리와 비슷하다. 수컷의 소리는 비교적 높아 여름밤 연못 안에 있는 개구리 소리와 비슷하다. 부세가 알을 낳을 때 ⁴¹어민은 귀를 배의 갑판에 대고 우는 소리를 귀 기울여 들어 물고기 떼의 크기, 밀집도, 깊이를 판단한 후 어획한다.

⁴²부세의 육질은 신선하고 연하며, 영양이 풍부해서 높은 경제적 가치를 가진다. 간장 양념으로 볶거나, 푹 삶거나, 그대로 볶거나 소금에 절이는 등 수십 가지의 다른 맛을 가진 요리로 조리할 수 있다. 절인 부세는 저우산(舟山) 사람들이 손님을 대접하는 가정 요리이다. 부세는 높은 약용 가치도 있다. 부세의 이석은 열을 내리고 어혈을 풀어 주며, 통림 이뇨 작용을 한다. 비계는 폐를 윤기 있게 하고 비장을 튼튼하게 하며, 기를 보충해 주고 지혈해 주는 작용이 있다. 쓸개는 열을 내리고 독을 없애는 기능이 있다.

최근 몇 년간 어획을 강도 높게 진행하고 있어, 부세가 점점 줄어들고 산란 양도 이에 따라 감소하고 있다. 현재 저우산에서는 부세를 인공 양식하는 기지가 세워졌다.

단어 立夏 lìxià 명 입하 | 大黄鱼 dàhuángyú 명 부세 | 集群 jíqún 동 무리를 이루다 | 产卵 chǎnluǎn 동 산란하다 | 雌鱼 cíyú 명 암컷 물고기 | 煤气灯 méiqìdēng 명 가스등 | 哧哧 chīchī 의성 킥킥 | 雄鱼 xióngyú 명 수컷 물고기 | 池塘 chítáng 명 연못 | 蛙鸣 wāmíng 명 개구리 울음소리 | 渔民 yúmín 명 어민 | 聆听 língtīng 동 경청하다 | 判断 pànduàn 동 판단하다 | 深浅 shēnqiǎn 명 깊이 | 捕捞 bǔlāo 동 어획하다 | 鲜嫩 xiānnèn 동 연하다 | 红烧 hóngshāo 동 양념을 하여 볶다 | 清炖 qīngdùn 동 푹 삶다 | 盐渍 yánzì 동 소금에 절이다 | 烹调 pēngtiáo 동 요리하다 | 风味 fēngwèi 명 맛 | 各异 gèyì 형 각각 다르다 | 菜肴 càiyáo 명 요리 | 待客 dàikè 동 손님을 대접하다 | 家常菜 jiāchángcài 명 가정 요리 | 清热 qīngrè 동 열을 내리다 | 去瘀 qùyū 어혈을 없애다 | 利尿 lìniào 오줌을 잘 나오게 하다 | 鳔 biào 명 비계 | 润肺 rùnfèi 동 폐를 윤기 있게 하다 | 健脾 jiànpí 비장을 튼튼하게 하다 | 补气 bǔqì 동 원기를 보충하다 | 止血 zhǐxuè 동 지혈하다 | 胆 dǎn 명 담, 쓸개 | 解毒 jiědú 동 독을 없애다 | 养殖 yǎngzhí 동 양식하다 | 基地 jīdì 명 기지

40 ★☆☆

大黄鱼什么时候集群产卵？
A 夏至前后　　　　　B 立春前后
C 立夏前后　　　　　D 小暑前后

부세는 언제 무리를 이루어 산란하는가?
A 하지 전후　　　　　B 입춘 전후
C 입하 전후　　　　　D 소서 전후

해설 보기가 모두 시간이므로 이에 유의하여 녹음을 들으면 어렵지 않게 정답을 고를 수 있다. 매년 입하 전후로 부세는 무리를 이루어 산란한다고 했으므로 정답은 C이다.

41 ★★★

渔民为什么把耳朵贴在船板上听叫声，下列选项中不正确的是哪一项？

어민은 왜 귀를 배의 갑판에 대고 우는 소리를 듣는지에 관하여 다음 중 옳지 않은 것은?

A 判断鱼群的种类	A 물고기 떼의 종류를 판단한다
B 判断鱼群大小	B 물고기 떼의 크기를 판단한다
C 判断鱼群的密集程度	C 물고기 떼의 밀집도를 판단하다
D 判断鱼群的深浅	D 물고기 떼의 깊이를 판단하다

해설 어민은 귀를 배의 갑판에 대고 우는 소리를 귀 기울여 들어 물고기 떼의 크기, 밀집도, 깊이를 판단한다고 했으므로 언급하지 않은 A가 정답이다.

---

42 ★★☆	
关于大黄鱼，下列选项中正确的是哪一项？	부세에 관하여 다음 중 옳은 것은?
A 大黄鱼经济价值很高	A 부세의 경제적 가치는 높다
B 大黄鱼药用价值不高	B 부세는 약용 가치는 높지 않다
C 大黄鱼的产量越来越高	C 부세의 산란양은 점점 많아진다
D 人工养殖大黄鱼的基地还没有	D 부세를 인공 양식하는 기지는 아직 없다

해설 부정부사에 유의하여 들어야 한다. 부세는 높은 경제적 가치를 가진다고 했으므로 A가 정답이다.

---

43 - 46

[42]剑桥大学周围形成了高科技产业群，这一现象被称为"剑桥现象"；斯坦福大学成就了举世闻名的硅谷；美国哈佛大学和麻省理工学院两大"巨人"毗邻而居。[44]如果说中国也有这样的地方，那就是海淀学院区了。

[45]这里密密匝匝挤满了大学。多年的浸润，读书的孩子对这片土地产生了感情，许多人毕了业也在周边找工作，租房买房。再加上大学中永不缺少的新鲜血液，渐渐地，这里成了声名赫赫的中国硅谷，也是高学历人群最密集的地方。

在海淀区一带满大街跑的，是月薪上万的小年轻，[45]还有刚毕业没几年的项目经理。[46]他们和学生没什么两样，大多戴着眼镜，穿件松松垮垮的T恤就去上班，周末照旧回大学打球聚餐。母校近在眼前，柔软、随意、自由而快乐的大学生活在他们的生活理念中从未断绝，他们从不觉得自己赚了钱就豪气万丈。而与生活的波西米亚风格相比，学院区的精神生活永远都不缺少精英的品质。[45]这里多的是北京首屈一指的书店，在书店里常见书痴抱书寻觅一处角落席地而坐，一直读到店家打烊。

[43]케임브리지(剑桥) 대학의 주위에는 테크노폴이 형성되었으며, 이것은 '케임브리지 현상'이라 불린다. 스탠퍼드(斯坦福) 대학은 세계적으로 유명한 실리콘밸리를 이루었으며, 미국 하버드(哈佛) 대학과 매사추세츠(麻省) 공과 대학 양대 '거인'은 인접해 있다. [44]만약에 중국에도 이러한 지역이 있다면 하이뎬(海淀) 대학 지구가 그렇다.

[45]여기에는 대학들이 빽빽하게 들어서 있다. 다년간, 공부한 학생들은 이곳에 정이 들었으며, 많은 사람이 졸업을 해도 주변에서 일자리를 찾고, 집을 빌리거나 구매한다. 게다가 대학에서 끊임없이 새로운 피들이 수혈되고 있으니, 이곳은 점점 유명한 중국의 실리콘밸리가 되어 갔고, 고학력이 가장 밀집한 곳이기도 하다.

하이뎬구 일대의 거리에는 월급이 1만 위안이 넘는 젊은이들이 넘쳐나고 [45]졸업한지 몇 년 되지 않은 프로젝트 매니저들도 있다. [46]그들은 학생과 다를 것이 없으며, 대부분 안경을 쓰고 헐렁한 T셔츠를 입고 출근하고, 주말에는 예전처럼 대학에 와서 공을 치고 모여서 밥을 먹는다. 모교가 눈앞에 있기 때문에 부드럽고, 편하고, 자유로우면서 즐거운 대학 생활이 그들의 생활 속에서도 한 번도 끊어진 적이 없다. 그들은 자신이 돈을 번다고 기고만장하지 않는다. 보헤미안 스타일과 비교해서 학원 지구의 정신 생활은 엘리트적 기질이 영원히 부족하지 않다. [45]이곳에는 베이징에서 제일가는 서점들이 많고, 서점에서는 책벌레가 책을 안고 구석에 앉아서 서점이 문을 닫을 때까지 독서를 하는 모습을 항상 볼 수 있다.

단어 高科技 gāokējì 몡 첨단 기술 | 剑桥 jiànqiáo 몡 케임브리지 | 举世闻名 jǔshì wénmíng 셍 세계적으로 유명하다 | 硅谷 guīgǔ 몡 실리콘밸리 | 毗邻 pílín 됭 인접하다 | 密密匝匝 mìmì zāzā 톙 빽빽하다 | 挤满 jǐmǎn 가득 차다 | 浸润 jìnrùn 됭 스며들다 | 声名赫赫 shēngmíng hèhè 톙 명성이 자자하다 | 密集 mìjí 됭 밀집하다 | 月薪 yuèxīn 몡 월급 | 项目经理 xiàngmù jīnglǐ 몡 프로젝트 매니저 | 松松垮垮 sōngsong kuǎkuǎ 셍 헐렁하다 | 照旧 zhàojiù 됭 예전대로 하다 | 打球 dǎqiú 됭 구기 운동을 하다 | 聚餐 jùcān 됭

회식하다 | **柔软** róuruǎn 웹 부드럽다 | **随意** suíyì 뛴 마음대로 | **豪气** háoqì 명 씩씩한 기개 | **万丈** wànzhàng 웹 아주 높거나 깊다 | **波西米亚** bōxīmǐyà 명 보헤미안 | **首屈一指** shǒuqū yìzhǐ 셍 으뜸가다 | **书痴** shūchī 명 책벌레 | **寻觅** xúnmì 동 찾다 | **角落** jiǎoluò 명 모퉁이 | **席地而坐** xídì érzuò 셍 땅바닥에 앉다 | **打烊** dǎyàng 동 가게 문을 닫다

---

43 ★★☆

"剑桥现象"是指什么?	'케임브리지 현상'은 무엇을 가리키는가?
A 大学附近形成高科技产业群	A 대학 근처에 테크노폴을 형성한다
B 大学形成了硅谷	B 대학이 실리콘밸리를 만들었다
C 大学附近有很多学校	C 대학 근처에 많은 학교가 있다
D 大学周围有很多书店	D 대학 주변에 많은 서점이 있다

해설 케임브리지 대학의 주위에 테크노폴이 형성된 것을 '케임브리지 현상'이라 부른다고 했으므로 정답은 A이다.

---

44 ★★☆

中国的硅谷在哪里?	중국의 실리콘밸리는 어디에 있는가?
A 人民大学　　　　B 大学学院区	A 인민대학　　　　B 대학 지구
C 北京大学　　　　D 海淀学院区	C 베이징대학　　　　D 하이뎬 대학 지구

해설 하이뎬 대학 지구가 중국의 실리콘밸리라고 할 수 있다고 했으므로 정답은 D이다.

---

45 ★★★

关于中国的硅谷，下列选项中不正确的是哪一项?	중국의 실리콘밸리에 관하여 다음 중 옳지 않은 것은?
A 有项目经理	A 프로젝트 매니저가 있다
B 有很多书店	B 많은 서점이 있다
C 有很多娱乐设施	C 많은 오락 시설이 있다
D 有很多大学	D 많은 대학이 있다

해설 중국의 실리콘밸리인 하이뎬 지구에는 대학들이 빽빽하게 들어서 있고, 졸업한지 몇 년 되지 않은 프로젝트 매니저들도 있고, 베이징에서 제일가는 서점들이 많다고 했으므로 언급하지 않은 C가 정답이다.

---

46 ★★☆

关于学院区的精神生活，下列说法中正确的是哪一项?	대학 지구의 정신 생활에 관하여 다음 중 옳은 것은?
A 人们追求高学历	A 사람들은 고학력을 추구한다
B 大家经常阅读书刊	B 모두가 항상 간행물을 읽는다
C 人们上班时着装随意	C 사람들은 출근할 때 편한 복장을 입는다
D 大家相互聚会寻找热闹	D 모두 모여 시끌벅적한 것을 찾는다

단어 **书刊** shūkān 명 간행물 | **着装** zhuózhuāng 명 복장

해설 대학 지구의 사람들은 학생과 다를 것 없이 안경을 쓰고 헐렁한 T셔츠를 입고 출근한다고 했으므로 정답은 C이다.

⁴⁷很久很久以前，熊猫浑身雪白，半点黑色也没有，如白熊一般。一个名叫洛桑的姑娘在山上牧羊，她甜美的声音使熊猫们如痴如醉，熊猫们都来围绕着她且歌且舞。洛桑姑娘手持羊鞭，保护着羊群，也保护着熊猫。一天，熊猫突然遭到豹子的袭击。洛桑姑娘挺身而出，舞动羊鞭朝豹子抽去。熊猫们得救了，但洛桑姑娘却倒在血泊之中。<u>⁴⁸当她的三个妹妹闻讯赶来时，洛桑已经与世长辞了。</u>

⁴⁹熊猫们身披黑纱，戴着黑袖章，一起向洛桑姑娘致哀，泪水汪汪。它们用黑袖章擦眼睛，眼圈被抹黑了…因为悲痛之声惊天动地，它们用黑纱来捂住耳朵，耳朵也被染黑了…突然，天空中闪现出万道霞光，洛桑姑娘出现在云端，笑容可掬地对三个妹妹说："我将要屹立山中，永远保护熊猫！"三个妹妹向她奔去…刹那间，洛桑姑娘和她的三个妹妹一起化为四座巍峨高耸的山峰。

迄今，在卧龙自然保护区西北边缘，有四座海拔6000米以上的高峰日日夜夜在俯视着群山，保护着熊猫。这四座山就叫"四姑娘山"，是熊猫保护神的象征。熊猫们深深铭记着四位姑娘的恩情，⁴⁹永远地以身着黑白衣服表示由衷的悼念。

⁴⁷아주 오래전에 판다는 백곰처럼 온몸이 새하얗고 검은색이라곤 조금도 없었다. 로잔(洛桑)이라고 불리는 아가씨가 산에서 양을 방목하는데, 그녀의 달콤한 목소리에 판다들이 흠뻑 취해서 그녀를 에워싸고 노래하며 춤췄다. 로잔은 손에 양 채찍을 가지고 양 떼를 보호하고, 판다도 보호했다. 하루는 판다가 갑자기 표범의 습격을 받았다. 로잔은 용감하게 나서서 양 채찍을 휘두르며 표범을 향해 갈겼다. 판다들은 구했지만, 로잔은 피바다 속에 쓰러졌다. <u>⁴⁸그녀의 세 여동생이 소식을 듣고 달려왔지만 로잔은 이미 세상을 떠났다.</u>

⁴⁹판다들은 몸에 검은 천을 걸치고, 검은 완장을 차고 함께 로잔에게 애도했고 눈물이 그렁그렁했다. 그들은 검은 완장으로 눈물을 닦았고 눈 주위는 검게 칠해졌다. 슬픔의 소리가 천지를 뒤흔들었기 때문에 검은 천으로 귀를 막아서 귀도 검게 물들었다. 갑자기 하늘에서 수만 갈래의 노을빛이 번쩍거렸고, 로잔이 구름 끝에 나타나 미소를 지으며 세 여동생에게 말했다. "나는 산에 우뚝 서서 영원히 판다를 보호할 거야!" 세 여동생이 그녀를 향해 뛰어갔고, 그 찰나에 로잔과 그녀의 세 여동생은 네 개의 높고 험준한 하늘 높이 우뚝 솟은 산봉우리가 되었다.

지금까지 워롱(卧龙) 자연 보호지역의 서북 끝자락에 해발 6,000m 이상의 네 개의 산봉우리가 밤낮 산을 내려다보며 판다를 보호하고 있다. 이 산들은 '네 아가씨 산'으로 불리며 판다 수호신의 상징이다. 판다들은 네 아가씨의 은혜를 마음 깊이 새기고 ⁴⁹영원히 몸에 흑백 옷을 입는 것으로 마음에서 우러나오는 애도를 표시했다.

단어 浑身 húnshēn 몡 온몸 | 半点 bàndiǎn 혱 아주 조금의 | 牧羊 mùyáng 동 양을 치다 | 甜美 tiánměi 혱 달콤하다 | 如痴如醉 rúchī rúzuì 흠뻑 빠지다 | 围绕 wéirào 동 ~을 둘러싸다 | 且…且… qiě…qiě… 접 ~하면서 ~하다 | 鞭 biān 몡 채찍 | 豹子 bàozi 몡 표범 | 袭击 xíjī 동 습격하다 | 挺身而出 tǐngshēn érchū 동 용감하게 나서다 | 舞动 wǔdòng 동 휘두르다 | 血泊 xuèpō 몡 피바다 | 闻讯 wénxùn 동 소식을 듣다 | 与世长辞 yǔshì chángcí 성 세상을 뜨다 | 披 pī 동 걸치다 | 纱 shā 몡 천 | 袖章 xiùzhāng 몡 완장 | 致哀 zhì'āi 동 애도의 뜻을 표하다 | 泪水汪汪 lèishuǐ wāngwāng 눈물이 그렁그렁하다 | 抹 mǒ 동 닦다 | 悲痛 bēitòng 혱 비통하다 | 惊天动地 jīngtiān dòngdì 성 세상을 놀라게 하다 | 捂住 wǔzhù 가리다 | 闪现 shǎnxiàn 갑자기 나타나다 | 霞光 xiáguāng 몡 노을빛 | 云端 yúnduān 몡 구름 끝 | 笑容可掬 xiàoróng kějū 성 얼굴 가득 웃음을 머금다 | 屹立 yìlì 동 우뚝 솟다 | 巍峨 wēi'é 혱 높다 | 高耸 gāosǒng 동 우뚝 솟다 | 俯视 fǔshì 동 내려다보다 | 铭记 míngjì 동 깊이 새기다 | 恩情 ēnqíng 몡 은혜, 깊은 정 | 由衷 yóuzhōng 혱 마음에서 우러나오다 | 悼念 dàoniàn 동 애도하다

47 ★☆☆

很久以前熊猫身上是什么颜色？	오래전에 판다 몸은 무슨 색이었는가?
A 五颜六色　　　　B 黑白分明	A 색깔이 다양하다　　　B 흑백이 분명하다
C 乌黑　　　　　　D 雪白	C 새까맣다　　　　　　D 새하얗다

단어 五颜六色 wǔyán liùsè 성 색이 다양하다 | 乌黑 wūhēi 혱 새까맣다

해설 보기가 모두 색깔이므로 색에 주의하여 들어야 한다. 아주 오래전에 판다는 백곰처럼 온몸이 새하얗고 검은색이라곤 조금도 없었다고 했으므로 정답은 D이다.

48 ★★☆	
关于洛桑姑娘，下列选项中正确的说法是哪一项？	로잔 아가씨에 관하여 다음 보기 중 옳은 것은?
A 她主要是牧牛的	A 그녀는 주로 소를 방목한다
B 她有三个妹妹	B 그녀는 여동생이 세 명 있다
C 她打败了老虎	C 그녀는 호랑이를 무찔렀다
D 她舞跳得很好	D 그녀는 춤을 아주 잘 춘다

해설 로잔이 쓰러졌을 때 세 여동생이 왔다고 했다. 그 외에도 녹음에서 '三个妹妹(세 여동생)'가 계속 언급된다. 따라서 정답은 B이다.

49 ★★☆	
下列熊猫悼念洛桑姑娘的方式中，不正确的是哪一项？	다음 판다가 로잔 아가씨를 애도하는 방식 중 옳지 않은 것은?
A 身披黑纱	A 몸에 검은 색 천을 걸쳤다
B 戴着黑帽子	B 검은 모자를 썼다
C 戴着黑袖章	C 검은 완장을 찼다
D 永远身着黑白	D 영원히 흑백을 입었다

해설 옳지 않은 것을 고르는 문제이므로 녹음에 언급된 내용을 표시하면서 들어야 한다. 판다들은 검은 천을 걸치고, 검은 완장을 차고, 영원히 흑백 옷을 입는 것으로 애도를 표시했다고 했으므로 언급하지 않은 B가 정답이다.

50 ★★☆	
这段话中没有提到的是哪一项？	이 글에서 언급하지 않은 것은?
A 四姑娘山	A 네 아가씨 산
B 熊猫为什么身着黑白衣服	B 판다는 왜 흑백 옷을 입었는가
C 熊猫为什么会遭到袭击	C 판다는 왜 습격을 받았는가
D 熊猫保护神	D 판다 수호신

해설 판다는 표범의 습격을 받았지만 그 이유는 언급하지 않았으므로 정답은 C이다.
    A, D. 네 아가씨가 산이 되어 판다의 수호신이 되었다.
    B. 판다의 몸 색이 왜 흑백이 되었는지 언급했다.

---

51 ★★☆

A 他的忽然到来让我们感觉很意外。	A 그가 갑자기 와서 나는 의외라고 생각했다.
B 沈从文的童年生活，是他创作一系列湘西作品的源泉。	B 선충원(沈从文)의 어린 시절은 그가 일련의 상시(湘西) 작품을 창작하는 원천이다.
C 对别人的意见不能一概否定。	C 다른 사람의 의견을 전부 부정해서는 안 된다.
D 我对于中国现代文学很感兴趣。	D 나는 중국 현대 문학에 매우 관심이 있다.

단어 童年 tóngnián 몡 어린 시절 | 创作 chuàngzuò 동 창작하다 | 一系列 yíxiliè 혱 일련의 | 源泉 yuánquán 원천 | 一概 yígài 뮈 전부

해설 他的忽然到来让我们感觉很意外。→ 他忽然到来让我们感觉很意外。

A는 성분 잉여의 오류가 있다. 구조조사 '的' 뒤에는 명사가 놓이므로 이 문장의 '忽然'과 호응할 수 없다. 따라서 '的'를 삭제해야 한다.

---

52 ★★☆

A 他看起来大约60岁左右。	A 그는 60세쯤 되어 보인다.
B 不管是严寒酷暑，还是刮风下雨，他都会坚持去体校练习游泳。	B 추위나 더위가 심하든, 바람이 불고 비가 내리든 상관없이 그는 체육 학교에 가서 수영 연습을 한다.
C 只有言之无物的文章，才会没有读者。	C 실질적인 내용이 없는 글이야말로 독자가 없다.
D 你这样做不但不能解决问题，反而会影响大家的情绪。	D 당신이 이렇게 하는 것은 문제를 해결할 수 없을 뿐 아니라, 오히려 모든 사람의 기분에 영향을 미친다.

단어 严寒 yánhán 혱 추위가 심하다 | 酷暑 kùshǔ 혱 더위가 심하다 | 坚持 jiānchí 동 고수하다, 견지하다 | 体校 tǐxiào 몡 체육 학교 | 言之无物 yánzhī wúwù 셍 말에 실질적인 내용이 없다 | 情绪 qíngxù 몡 기분

해설 他看起来大约60岁左右。→ 他看起来60岁左右。

他看起来大约60岁左右。→ 他看起来大约60岁。

A에는 성분 잉여의 오류가 있다. '大约(대략)'와 '左右(쯤)'는 둘 다 어림수를 나타내는 표현이므로 둘 중 하나만 써야 한다. 따라서 '大约'나 '左右' 중 하나를 삭제해야 한다.

---

53 ★★☆

A 一转眼，他已经从书架上拿下来一本书。	A 눈 깜짝할 사이에 그는 이미 책꽂이에서 책 한 권을 꺼냈다.
B 在大家的帮助下，使我认识到了问题的严重性。	B 모든 사람의 도움하에 나는 문제의 심각성을 인식했다.
C 尽管事发突然，我们还是在第一时间赶到了事发现场。	C 사건이 갑작스럽게 발생했지만, 그래도 우리는 바로 사건 현장에 도착했다.
D 九寨沟那充满诗情画意的风景让我深深地陶醉了。	D 주자이거우(九寨沟)의 시적인 정취와 그림 같은 분위기가 가득한 풍경은 나를 깊이 도취시켰다.

단어 转眼 zhuǎnyǎn 동 눈 깜짝하다 | 书架 shūjià 몡 책꽂이 | 严重性 yánzhòngxing 몡 심각성 | 尽管 jǐnguǎn 접 비록 ~일지라도 | 赶到 gǎndào 동 서둘러 가다 | 诗情画意 shīqíng huàyì 셍 시적인 정취와 그림 같은 아름다움 | 陶醉 táozuì 동 도취하다

해설 在大家的帮助下，使我认识到了问题的严重性。→ 在大家的帮助下，我认识到了问题的严重性。

在大家的帮助下，使我认识到了问题的严重性。→ 大家的帮助使我认识到了问题的严重性。

B는 성분 잉여의 오류가 있다. '在大家的帮助下(모든 사람의 도움 하에)'는 부사어이고, '使(~하게 하다)'는 동사이므로, 이 문장에는 주어가 필요하다. '我'를 주어로 삼는 경우 '使'를 삭제해야 하고, '大家的帮助'를 주어로 삼는 경우 '在…下,'를 삭제해야 한다.

54 ★★☆

A 生活是你采取行动或者不采取行动的结果。	A 생활은 당신이 행동을 하거나 혹은 하지 않은 것의 결과이다.
B 论身高，王杰只比我稍微高一点儿。	B 키로 말하자면, 왕지에(王杰)는 단지 나보다 약간 더 크다.
C 只问耕耘不问收获，是做第一份工作时最重要的心态。	C 경작에 대해서만 묻고 수확에 대해서 묻지 않는 것은, 첫 직장에서 일할 때 가장 중요한 마음가짐이다.
D 我们失败的原因是大家不够团结。	D 우리의 실패 원인은 모두가 충분히 단결하지 못해서이다.

단어 采取 cǎiqǔ 图 (조치, 수단 등을) 취하다 | 耕耘 gēngyún 图 경작하다 | 收获 shōuhuò 图 수확하다 | 心态 xīntài 圆 마음가짐 | 团结 tuánjié 图 단결하다

해설 我们失败的原因是大家不够团结。→ 我们失败的原因是大家不够团结的。

D는 호응 관계의 오류에 따른 오문이다. 문장의 주어는 '我们失败的原因(우리의 실패 원인)', 술어는 '是(~이다)', 목적어는 '大家不够团结(모두가 충분히 단결하지 못해서)'으로 주어는 구이고 목적어는 문장이므로 서로 호응하지 않는다. 이때는 '是…的' 구문을 만들면 되므로, 문미에 '的'를 추가해야 한다.

55 ★★☆

A 倘若说女人是水做的，那么男人应该是血做的。	A 만약 여자가 물로 만들어진 것이라고 말한다면, 남자는 피로 만들어진 것이다.
B 昨晚的事，我确定我看得很清楚。	B 어제저녁의 일에 대해서 나는 분명히 봤다고 확신한다.
C 我们单位在这个季度的效益有所提高。	C 우리 회사의 이번 분기 효과와 이익은 다소 향상되었다.
D 思维灵活、办事主动是这位男青年的优点。	D 생각이 유연하고 일 처리가 능동적인 것은 이 청년의 장점이다.

단어 倘若 tǎngruò 囵 만약에 | 单位 dānwèi 圆 직장 | 季度 jìdù 圆 분기 | 效益 xiàoyì 圆 효과와 이익 | 思维 sīwéi 图 생각하다 | 灵活 línghuó 圈 유연하다, 융통성이 있다 | 主动 zhǔdòng 圈 능동적인 | 优点 yōudiǎn 圆 장점

해설 昨晚的事，我确定我看得很清楚。→ 关于昨晚的事，我确定我看得很清楚。

B는 문장 구조의 오류에 따른 오문이다. 문장의 주어가 '昨晚的事(어제 저녁의 일)'와 '我(나)'로 두 개이지만 의미를 파악하면 진짜 주어는 '我'이므로 '昨晚的事'는 개사구로 만들어야 한다. 따라서 '昨晚的事' 앞에 '关于'를 추가해야 한다.

56 ★★★

A 昆明四季如春，所以又有"春城"之称。	A 쿤밍(昆明)은 사계절이 봄과 같아서, 또 '봄의 도시'라고도 부른다.
B 每年我们都相约在这一天重逢。	B 매년 우리는 이날 다시 만나기로 약속했다.
C 他很高高兴兴地去参加朋友的生日聚会了。	C 그는 아주 기쁘게 친구의 생일 파티에 참석했다.
D 对于一次不可抗拒的空难，我是迟到的搜救者。	D 한 번의 불가항력의 비행기 사고에 있어서, 나는 늦게 도착한 구조대원이다.

단어 相约 xiāngyuē 图 약속하다 | 重逢 chóngféng 图 다시 만나다 | 聚会 jùhuì 圆 파티 | 不可抗拒 bùkě kàngjù 囵 불가항력[거절하고 맞설 수 없음을 이르는 말] | 空难 kōngnàn 圆 비행기 사고 | 搜救 sōujiù 图 수색하여 구조하다

해설 他很高高兴兴地去参加朋友的生日聚会了。→ 他高高兴兴地去参加朋友的生日聚会了。

C는 성분 잉여의 오류에 따른 오문이다. '高高兴兴(아주 기쁘게)'은 형용사의 중첩으로 이미 강조의 의미를 가지고 있으므로 정도부사 '很(매우)'이 또 수식할 수 없다. 따라서 '很'을 삭제해야 한다.

57 ★★☆

A 我国是世界上竹类资源最丰富的国家。
B 三个学校的老师和领导参加了这次的学术研讨会。
C 农民工子女的教育问题，是每个城市都要碰到的问题。
D 本刊数量有限，请抓紧时间订购，售完为止。

A 우리나라는 세계에서 대나무 자원이 가장 풍부한 국가이다.
B 학교의 선생님과 지도자 세 분은 이번 학술 세미나에 참석했다.
C 농민공 자녀의 교육 문제는 모든 도시가 직면하는 문제이다.
D 이 간행물의 수량이 한정되어 있으니, 완판되기 전까지 서둘러 구매 예약하십시오.

단어 资源 zīyuán 몡 자원 | 领导 lǐngdǎo 몡 지도자 | 学术 xuéshù 몡 학술 | 研讨会 yántǎohuì 몡 세미나 | 订购 dìnggòu 통 예약하여 구입하다 | 为止 wéizhǐ 통 ~까지 하다

해설 三个学校的老师和领导参加了这次的学术研讨会。→ 学校的三个老师和领导参加了这次的学术研讨会。
→ 来自三所学校的老师和领导参加了这次的学术研讨会。
B는 문장 구조의 오류에 따른 오문이다. 문장에서 '三个'가 가리키는 것이 '学校(학교)'인지, 그 학교에 있는 '老师和领导(선생님과 지도자)'인지 구별하기 어렵다. 따라서 '三个'가 '선생님과 지도자'를 가리키는 경우 '学校的三个'로, '三个'가 '학교'를 가리키는 경우 '来自三所学校的'라고 수정해야 한다.

58 ★★☆

A 在电影首映式上，他发言了五分钟。但就是这短短的五分钟，却博得了全场观众的热烈掌声。
B 沙尘暴作为中国目前严重的气象和环境灾害之一，往往为人们所深恶痛绝。
C 足疗这门行业将中医学和当下最火的服务行业相结合，是中医现代化的一种突破。
D 矿业循环是循环经济理念应用于矿业系统，是它在矿业系统中的推广和应用。

A 영화 시사회에서 그는 5분 동안 발언했다. 하지만 이 짧은 5분이라는 시간 동안 그는 오히려 모든 관중의 열렬한 박수를 받았다.
B 황사는 현재 중국의 심각한 기상 및 환경 재해 중 하나로, 흔히 사람들에게 극도의 미움을 받는다.
C 발 마사지 업계가 중의학과 현재 가장 인기 있는 서비스 업종을 서로 결합하는 것은 중의 현대화의 한 가지 돌파이다.
D 광업 순환은 순환 경제 이념이 광업 시스템에 응용된 것이며 이것이 광업 시스템에서 보급되고 응용되는 것이다.

단어 首映式 shǒuyìngshì 몡 시사회 | 发言 fāyán 통 발언하다 | 博得 bódé 통 받다, 얻다 | 热烈 rèliè 혱 열렬하다 | 掌声 zhǎngshēng 몡 박수 소리 | 沙尘暴 shāchénbào 몡 황사 | 灾害 zāihài 몡 재해 | 深恶痛绝 shēnwù tòngjué 졍 극도로 미워하다 | 足疗 zúliáo 몡 발 마사지 | 行业 hángyè 몡 업계 | 结合 jiéhé 통 결합하다 | 突破 tūpò 통 돌파하다 | 矿业 kuàngyè 몡 광업 | 循环 xúnhuán 통 순환하다 | 应用 yìngyòng 통 응용하다 | 系统 xìtǒng 몡 시스템 | 推广 tuīguǎng 통 널리 보급하다

해설 但就是这短短的五分钟，却博得了全场观众的热烈掌声。→ 但就是在这短短的五分钟里，他却博得了全场观众的热烈掌声。
A는 문장 성분 호응의 오류에 따른 오문이다. '博得了热烈掌声(열렬한 박수를 받았다)'에서 박수를 받은 주체는 '他(그)'이지, '这短短的五分钟(이 짧은 5분)'이 아니다. 주어와 술어가 호응하지 않으므로, '这短短的五分钟'은 '在…里' 구문을 사용하여 개사구로 만들고 뒤 문장에 주어 '他'를 추가해야 한다.

59 ★★★

A 当前很多专家开始重视对安乐死的讨论并研究，但一直都未得出令人满意的结论。
B 动物界是一面镜子，反照出人类本性的一面，因此我反而会原谅人类内心的缺陷。
C 为了着手新一代产品的研发以及推广，与多核技术相关的研发人才就成了重金招募的对象。

A 현재 많은 전문가가 안락사에 대한 토론을 중시하고 연구를 진행하기 시작했지만, 줄곧 만족할 만한 결과를 얻지는 못했다.
B 동물계는 인류 본성적인 부분을 비추는 거울이다. 이 때문에 나는 오히려 인간 내면의 결함을 용서할 수 있다.
C 차세대 상품의 연구 개발 및 보급을 시작하기 위해서, 멀티코어 기술과 관련한 연구 개발 인재들이 거금을 들여 모셔 와야 하는 대상이 되었다.

| D 印度作为软件业大国，近些年来其地位早已不容忽视，在美国高等学府计算机相关专业随处可见的印度人身影可为佐证。 | D 인도는 소프트웨어계의 대국으로 최근 몇 년간 그 지위는 이미 무시할 수 없게 되었다. 미국 대학의 컴퓨터 관련 학과에서 흔히 볼 수 있는 인도인의 그림자가 증거가 될 수 있다. |

단어 安乐死 ānlèsǐ 圆 안락사 | 未 wèi 凰 아직 ~하지 않다 | 得出 déchū 圄 얻어내다 | 结论 jiélùn 圆 결론 | 镜子 jìngzi 圆 거울 | 反照 fǎnzhào 圄 비추다 | 原谅 yuánliàng 圄 용서하다 | 缺陷 quēxiàn 圆 결함 | 着手 zhuóshǒu 圄 시작하다, 착수하다 | 研发 yánfā 圄 연구 개발하다 | 推广 tuīguǎng 圄 널리 보급하다 | 多核技术 duōhé jìshù 圆 멀티코어 기술 | 重金 zhòngjīn 圆 거금 | 招募 zhāomù 圄 모집하다 | 对象 duìxiàng 圆 대상 | 软件 ruǎnjiàn 圆 소프트웨어 | 忽视 hūshì 圄 경시하다 | 学府 xuéfǔ 圄 학교 | 计算机 jìsuànjī 圆 컴퓨터 | 身影 shēnyǐng 圆 그림자 | 佐证 zuǒzhèng 圆 증거

해설 当前很多专家开始重视对安乐死的讨论并研究 → 当前很多专家开始重视对安乐死的讨论并进行研究

A는 문장 성분 부족의 오류에 따른 오문이다. 목적어 '研究'에 대한 술어가 없으므로 '研究' 앞에 동사 '进行(진행하다)'을 추가해야 한다.

60 ★★☆

A 狼的情绪只有在狼的眼神中才能流露出来，狼的血液也只有在狼的身体内才能汹涌澎湃。	A 늑대의 기분은 단지 늑대의 눈빛에서만 드러나고, 늑대의 혈액도 늑대의 몸속에서만 용솟음친다.
B 南京湿气特别重，在盛夏整座城市仿佛一个蒸笼，甚至连空气都流着粘稠的汗液。	B 난징(南京)은 습기가 유난히 많아서, 한여름에는 도시 전체가 찜통 같고 심지어 공기도 진득진득한 땀을 흘린다.
C 这是一个地处美国最荒凉的北部、完全与世隔绝的小镇，傍依着一座深幽而绵长的大峡谷，四周全是重峦叠嶂的秃山。	C 여기는 미국에서 가장 황량한 북부에 위치하고 완전히 세상과 격리된 작은 도시로, 깊고 고요하며 끊임없는 대협곡에 기대어 있고, 사방은 전부 겹겹이 산봉우리가 둘러싸인 벌거숭이 산이다.
D 中国经济的发展越来越很迅速，因此学习汉语的人越来越多，到中国留学的人成倍增长，也促进了中国经济的发展。	D 중국 경제 발전은 점점 빠른 속도로 진행되어, 이 때문에 중국어를 배우는 사람들이 점점 많아지고 중국에서 유학하는 사람이 배로 증가하여, 중국 경제 발전도 촉진하였다.

단어 狼 láng 圆 늑대 | 情绪 qíngxù 圆 기분, 정서 | 眼神 yǎnshén 圆 눈빛 | 流露 liúlù 圄 무심코 드러내다 | 血液 xuèyè 圆 혈액 | 汹涌澎湃 xiōngyǒng péngpài 圀 물결이 세차게 출렁이다 | 湿气 shīqì 圆 습기 | 盛夏 shèngxià 圆 한여름 | 仿佛 fǎngfú 凰 마치 ~인 것 같다 | 蒸笼 zhēnglóng 圆 찜통 | 粘稠 niánchóu 圀 진득하다 | 汗液 hànyè 圆 땀 | 荒凉 huāngliáng 圀 황량하다 | 与世隔绝 yǔshì géjué 圀 세상과 담을 쌓고 살다 | 傍依 bàngyī 圄 기대다 | 深幽 shēnyōu 圀 깊고 고요하다 | 绵长 miáncháng 圀 길다, 끊임없다 | 峡谷 xiágǔ 圆 협곡 | 重峦叠嶂 chóngluán diézhàng 圀 겹겹이 둘러싸인 산봉우리 | 秃山 tūshān 圆 벌거숭이 산 | 迅速 xùnsù 圀 신속하다, 재빠르다

해설 中国经济的发展越来越很迅速 → 中国经济的发展越来越迅速

D는 성분 잉여의 오류에 따른 오문이다. 부사 '越来越(점점 ~하다)'와 정도부사 '很(매우)'은 함께 사용할 수 없으므로 '很'을 삭제해야 한다.

독해 제2부분

61 ★★☆

| "晕轮效应"是一种普遍存在的心理现象，即对一个人进行评价时，往往会因对他的某一品质特征的强烈、清晰的感知，而掩盖了他其他方面的品质，甚至是弱点。 | '후광 효과'는 일종의 보편적으로 존재하는 심리 현상이다. 즉, 어떤 사람에 대해 평가할 때, 그의 어떤 성품 특징의 강렬하고 분명한 어떤 느낌 때문에 그의 다른 방면의 성품 심지어 약점까지 덮어 버린다. |

A	普通	评估	忽视
B	广泛	估价	形态
C	普遍	评价	掩盖
D	到处	思考	忽略

A	보통이다	평가하다	소홀히 하다
B	광범위하다	평가하다	형태
C	보편적이다	평가하다	덮어 가리다
D	도처에	사고하다	소홀히 하다

단어 晕轮效应 yūnlún xiàoyìng 명 후광 효과 | 清晰 qīngxī 형 또렷하다 | 感知 gǎnzhī 명 느낌 | 弱点 ruòdiǎn 명 약점 | 广泛 guǎngfàn 형 광범위하다 | 普遍 pǔbiàn 형 보편적인 | 评估 pínggū 동 (질, 수준 등을) 평가하다 | 估价 gūjià 동 (사물, 사람을) 평가하다 | 评价 píngjià 동 평가하다 | 思考 sīkǎo 동 사고하다 | 忽视 hūshì 동 소홀히 하다 | 形态 xíngtài 명 형태 | 掩盖 yǎngài 동 덮어 가리다 | 忽略 hūlüè 동 소홀히 하다

해설 빈칸1 문장의 주어는 '晕轮效应(후광 효과)'으로, '效应'은 일반적인 현상을 말한다. 따라서 '普遍(보편적)'이 적절하다.

빈칸2 특정 사람에 대해 일반적으로 평가하는 것은 '评价(평가하다)'가 적절하다. '评估'는 질, 수준을 평가할 때 사용하므로 적절하지 않다.

빈칸3 빈칸은 술어 자리로 목적어와의 호응 관계를 유의해야 한다. 여기에서는 '品质(성품)'와 '弱点(약점)'이 목적어로 후광 효과는 어떤 상품의 강렬한 느낌 때문에 다른 성품이나 약점이 보이지 않는 것을 뜻하므로 '掩盖(덮어 가리다)'가 적절하다.

62 ★★☆

首先，学风体现在日常行为规范上。其次，良好学风还需要落实到教学的各个环节之中。学风作为一种关于学习的风气与习惯，习惯成自然，习惯了，也就蔚然成风了。

우선, 학풍은 일상 행위 규범에서 드러난다. 그다음으로 좋은 학풍은 교육의 각 부분에서 실현되어야 한다. 학풍은 학습에 관한 풍조와 습관으로서, 습관이 천성이 되어버리면 사회적인 기풍이 된다.

A	平常	贯彻	风俗
B	通常	行动	氛围
C	平时	实施	气氛
D	日常	落实	风气

A	평소	관철하다	풍속
B	통상	움직이다	분위기
C	평소	실시하다	분위기
D	일상의	실현되다	풍조

단어 学风 xuéfēng 명 학풍 | 规范 guīfàn 명 규범 | 教学 jiàoxué 명 교육 | 环节 huánjié 명 부분 | 蔚然成风 wèirán chéngfēng 성 사회적 기풍이 되다 | 通常 tōngcháng 명 통상 | 日常 rìcháng 형 일상의 | 贯彻 guànchè 관철시키다 | 实施 shíshī 동 실시하다 | 落实 luòshí 동 실현되다 | 风俗 fēngsú 명 풍속 | 氛围 fēnwéi 명 분위기 | 气氛 qìfēn 명 분위기 | 风气 fēngqì 명 풍조

해설 빈칸1 빈칸 뒤의 '行为规范(행위 규범)'과 호응하는 단어를 골라야 한다. 빈칸은 일상적인 행위 규범을 의미하므로 '日常(일상의)'이 적절하다.

빈칸2 빈칸은 문맥상 좋은 학풍이 실제적인 교육에서 실현된다는 의미이므로, 추상적인 개념이나 생각들이 구체적인 상황에서 실현된다는 의미인 '落实(실현되다)'가 적절하다. '实施'는 제도나 정책을 실시한다는 의미이므로 적절하지 않다.

빈칸3 빈칸 앞의 '学习的'의 수식을 받으면서 빈칸 뒤의 '习惯(습관)'와 동등하게 연결되는 단어를 골라야 한다. 이 문장은 좋은 학풍에 대한 이야기이므로 '风俗'는 적절하지 않고, '学风'과 유사한 '风气(풍조)'가 적절하다.

63 ★★☆

朋友之间的真诚是不需约定的。既然是朋友，就要彼此信任，互相关心。这是不需要多说的了。出卖朋友，就是破坏约定。

친구 간의 진실함은 약속할 필요가 없는 것이다. 기왕 친구가 되었으니 서로 믿어주고 관심을 가져야 한다. 이것은 많은 말이 필요 없는 것이다. 친구를 배신하는 것은 약속을 깨는 것이다.

| A | 真诚 | 既然 | 出卖 |
| B | 真心 | 即使 | 叛卖 |

| A | 진실하다 | 기왕 ~된 바에 | 배신하다 |
| B | 진심 | 설령 | 배반하다 |

251

| C | 诚实 | 尽管 | 背叛 | | C | 진실하다 | 비록 | 배반하다 |
| D | 诚挚 | 哪怕 | 出售 | | D | 성실하다 | 설령 | 매각하다 |

단어 约定 yuēdìng 통 약속하다 | 彼此 bǐcǐ 때 피차, 서로 | 破坏 pòhuài 통 파괴하다 | 真诚 zhēnchéng 형 진실하다 | 真心 zhēnxīn 명 진심 | 诚实 chéngshí 형 진실하다 | 诚挚 chéngzhì 형 성실하다 | 既然 jìrán 접 기왕 ~된 바에 | 即使 jíshǐ 접 설령 | 尽管 jǐnguǎn 접 비록 | 哪怕 nǎpà 접 설령 | 出卖 chūmài 통 배신하다 | 叛卖 pànmài 통 배반하다 | 背叛 bèipàn 통 배반하다 | 出售 chūshòu 통 매각하다

해설 빈칸1 의미상 네 가지 모두 '朋友之间的(친구 간의)'의 수식을 받을 수 있다.

빈칸2 보기가 모두 접속사이므로 접속사의 호응 관계에 유의해야 한다. '既然'은 '就' 또는 '那么'와 호응하고, '即使'와 '哪怕'는 '也'와 호응하며, '尽管'은 '但是'와 호응한다. 따라서 '既然(기왕 ~된 바에)'이 적절하다.

빈칸3 빈칸 뒤의 '朋友(친구)'를 목적어로 가질 수 있는 동사는 '出卖(배신하다)'와 '背叛(배반하다)'이 적절하다. '出售'는 물건을 판다는 의미이고, '叛卖'는 조국이나 혁명 등을 배반한다는 의미이므로 적절하지 않다.

---

64 ★★☆

冰川融化, 微生物从冰川中解冻出来, 这将是一个非常复杂的过程。而这其中, 能够有多少适应环境的变化存活, 这些微生物中又有多少病毒, 有多少能发挥作用, 这些都还是未知数。

빙하가 녹으면 미생물이 빙하 속에서 해동되어 나오는데, 이것은 아주 복잡한 과정이다. 그러나 그중에서 얼마나 환경의 변화에 적응해서 살아남는지, 이런 미생물 중에서 또 바이러스는 얼마나 되는지, 얼마나 작용을 일으키는지, 이는 모두 미지수이다.

A	解冻	复杂	适应	作用		A	해동하다	복잡하다	적응하다	작용
B	具有	庞杂	合适	效用		B	가지다	번잡하다	적절하다	효용
C	具备	杂乱	应变	功能		C	갖추다	어수선하다	변화에 대응하다	기능
D	享有	繁复	适合	效果		D	누리다	번잡하다	적합하다	효과

단어 冰川 bīngchuān 명 빙하 | 融化 rónghuà 통 녹다 | 微生物 wēishēngwù 명 미생물 | 病毒 bìngdú 명 바이러스 | 发挥 fāhuī 통 발휘하다 | 未知数 wèizhīshù 명 미지수 | 解冻 jiědòng 통 해동하다 | 享有 xiǎngyǒu 통 누리다 | 庞杂 pángzá 형 번잡하다 | 杂乱 záluàn 형 난잡하다, 어수선하다 | 繁复 fánfù 번잡하다 | 应变 yìngbiàn 통 변화에 대응하다 | 效用 xiàoyòng 명 쓸모, 효용

해설 빈칸1 빙하가 녹으면 얼었던 미생물도 녹으므로 '解冻(해동하다)'이 적절하다.

빈칸2 보기 모두 '복잡하다', '난잡하다'라는 의미의 형용사이다. 빈칸은 빈칸 뒤의 목적어 '过程(과정)'과 호응해야 하므로 과정이 복잡함을 나타내는 '复杂(복잡하다)'를 사용해야 한다.

빈칸3 빈칸에 들어가는 동사는 빈칸 뒤의 목적어인 '环境的变化(환경의 변화)'와 호응해야 한다. 일반적으로 환경의 변화에는 '适应(적응하다)'이 적절하다. '应变'은 이미 변화되는 목적어를 가지고 있는 동사이므로, 빈칸 뒤의 목적어인 '变化'와 호응할 수 없다.

빈칸4 빈칸 앞의 동사 '发挥(발휘하다)'와 호응하는 목적어는 '作用(작용)'이다.

---

65 ★★☆

手机现在成为都市人形影不离的 "新生器官", 而 "手机幻听症" 则逐渐成为一种普遍现象。手机幻听的典型症状有: 担心手机会响, 每半小时看一次手机, 手机无来电, 却能 "听" 到手机铃声。无论手机放在哪里, 都觉得手机在响铃或振动。"特别忙的人" 和 "特别闲的人" 最容易出现手机幻听。

휴대 전화는 현재 도시 사람과 언제나 함께 있는 '신생 기관'이 되었지만, '휴대 전화 환청'은 점점 보편적인 현상이 되어가고 있다. 휴대 전화 환청의 전형적인 증상은 다음과 같다. 휴대 전화가 울릴지 몰라 30분마다 휴대 전화를 보고, 휴대 전화의 전원이 꺼져있는데도 휴대 전화 벨소리가 '들린다'. 휴대 전화가 어디에 있든지 간에 휴대 전화가 울리거나 진동한다고 느낀다. '아주 바쁜 사람'과 아주 한가한 사람'에게 휴대 전화 환청 현상이 가장 쉽게 나타난다.

A	如影相随	特殊	震惊	常常
B	形影不离	典型	振动	容易
C	形影相吊	特别	震动	可能
D	形单影只	特点	响动	简单

A	그림자처럼 따라다닌다	특수하다
	놀라게 하다	항상
B	언제나 함께 있다	전형적이다
	진동하다	쉽게
C	의지할 데 없이 고독하다	특별하다
	진동하다	아마도
D	고독하고 외롭다	특징
	소리	간단하다

단어 新生 xīnshēng 혱 갓 태어난 | 器官 qìguān 몡 기관 | 幻听 huàntīng 몡 환청 | 逐渐 zhújiàn 囝 점점 | 普遍 pǔbiàn 혱 보편적인 | 症状 zhèngzhuàng 몡 증상 | 铃声 língshēng 몡 벨소리 | 响铃 xiǎnglíng 동 (벨이) 울리다 | 闲 xián 혱 한가하다 | 如影相随 rúyǐng xiāngsuí 그림자처럼 따라다니다 | 形影不离 xíngyǐngbùlí 셍 언제나 함께 있다 | 形影相吊 xíngyǐng xiāngdiào 셍 의지할 데 없이 고독하다 | 形单影只 xíngdān yǐngzhī 셍 고독하고 외롭다 | 典型 diǎnxíng 혱 전형적인 | 震惊 zhènjīng 동 깜짝 놀라게 하다 | 振动 zhèndòng 동 (물리적으로) 진동하다 | 震动 zhèndòng 동 진동하다, 반향을 불러일으키다 | 响动 xiǎngdong 몡 소리

해설 **빈칸1** 이 지문은 휴대 전화가 우리 생활에서 늘 함께하는 존재가 되었다는 것을 말하므로 '如影相随(그림자처럼 늘 따라다니다)'와 '形影不离(언제나 함께 있다)'가 적절하다.

빈칸2 휴대 전화 환청에서 일반적으로 볼 수 있는 증상을 설명하고 있으므로 '典型(전형적인)'이 적절하다.

빈칸3 휴대 전화에 관련된 글이므로 빈칸 앞의 '响铃(벨소리)'과 대등하게 호응하는 '振动(진동)'과 '震动(진동)'이 적절하다.

빈칸4 빈칸 앞 '最'의 수식을 받을 수 있는 것은 '容易(쉽게)'와 '简单(간단하다)'이다. 문맥상 휴대 전화 환청이 쉽게 나타난다는 의미이므로 '容易(쉽게)'가 적절하다.

---

66 ★★☆

我们需要聚焦有关生命、心灵等指导人本身最重要问题的智慧，作为知识和生活的明灯。一个人，即使没有太多的知识，但是由于把握了人生的智慧，往往也能有值得自豪的地方。

우리는 생명, 심령 등과 관련된 사람 자체의 가장 중요한 문제를 지도하는 지혜를 모아야 하고, 지식과 생활의 등불로 여겨야 한다. 어떤 사람은 설령 많은 지식을 가지고 있지는 않더라도, 인생의 지혜를 알고 있기 때문에 자랑스러워할 만한 부분을 가질 수 있다.

A	聚合	指示	然而	欣慰
B	集中	指引	无论	骄傲
C	聚集	引导	不管	自傲
D	聚焦	指导	即使	自豪

A	집합하다	지시하다	그러나	기쁘고 안심이 되다
B	집중하다	지도하다	막론하고	자랑스럽다
C	한데 모이다	인도하다	막론하고	거만하다
D	모으다	지도하다	설령	자랑스러워하다

단어 心灵 xīnlíng 몡 영혼 | 智慧 zhìhuì 몡 지혜 | 明灯 míngdēng 몡 등불 | 聚合 jùhé 동 집합하다 | 聚集 jùjí 동 한데 모이다 | 聚焦 jùjiāo 동 모으다 | 指示 zhǐshì 동 가리키다, 지시하다 | 指引 zhǐyǐn 동 지도하다 | 引导 yǐndǎo 동 인도하다, 인솔하다 | 指导 zhǐdǎo 동 지도하다 | 无论 wúlùn 젭 ~을 막론하고 | 即使 jíshǐ 젭 설령 | 欣慰 xīnwèi 동 기쁘고 안심이 되다 | 骄傲 jiāo'ào 혱 오만하다 | 自傲 zì'ào 혱 거만하다 | 自豪 zìháo 혱 자랑스러워하다

해설 **빈칸1** 빈칸은 술어 자리로 이 문장 전체의 목적어인 '智慧(지혜)'와 호응해야 한다. 지혜를 한데 모으고 집중시킨다는 의미이므로 '聚焦(모으다)'가 적절하다. '聚合', '聚集'는 사람 등이 모이는 것을 의미하므로 적절하지 않다.

빈칸2 문맥상 빈칸 뒤의 '人本身最重要问题(사람 자체의 가장 중요한 문제)'를 지도하는 것이 적절하므로 '지도하다'라는 뜻의 '指引'과 '指导'가 적절하다. '引导'는 사람을 인도하는 것이고, '指示'는 가리키고 지시한다는 의미이므로 적절하지 않다.

빈칸3 접속사는 호응 관계에 유의해야 한다. '无论'과 '不管'은 都와 호응하며, '即使'는 也와 호응한다. 이 문장의 뒤에 이어지는 절에 '也'가 있으므로 '即使(설령)'가 적절하다.

빈칸4 빈칸 앞의 '인생의 지혜를 알고 있는 것'과 '~할 만한 가치가 있는 일'이라는 문장과 문맥상 연결되는 긍정적인 의미의 단어가 와야 한다. '自傲'는 '거만하다'라는 부정적 의미를 가지므로 적절하지 않다.

253

67 ★★★

门墩儿艺术是中国民间艺术发展到高峰时期形成的石雕艺术，<u>一般来说</u>，门墩儿上的石雕制作精美、雕工不俗、题材广泛、比例协调，石料<u>考究</u>，是北京门楼文化中的一朵奇葩。

문둔테 예술은 중국 <u>민간</u> 예술이 최고조로 발전한 <u>시기</u>에 형성된 석조 예술이며, 일반적으로 말해서 문둔테 위의 석조는 제작이 정교하며, 조각 공예가 고상하고, 소재가 광범위하며, 비율이 조화롭고 석재료가 정미하여 베이징(北京) 문루 문화의 걸작이다.

A	民间	时期	一般来说	考究
B	人文	时段	总的来说	讲究
C	流行	时间	总体而言	精致
D	民俗	阶段	一般而言	考证

A	민간	시기	일반적으로 말해서	정미하다
B	인문	시간대	전반적으로 말해서	중시하다
C	유행	시간	전체적으로 말해서	정교하고 치밀하다
D	민속	단계	일반적으로 말해서	고증하다

단어 门墩儿 méndūn'ér 몡 문둔테(문을 끼우는 구멍이 있는 나무) | 高峰 gāofēng 몡 최고조 | 石雕 shídiāo 몡 석조 | 精美 jīngměi 혱 정교하다 | 不俗 bùsú 혱 상스럽지 않다, 고상하다 | 题材 tícái 몡 제재, 소재 | 广泛 guǎngfàn 혱 광범위하다 | 比例 bǐlì 몡 비율 | 协调 xiétiáo 동 어울리게 하다 | 石料 shíliào 몡 석재 | 门楼 ménlóu 몡 문루[성문 위에 지은 다락집] | 奇葩 qípā 몡 걸작 | 时段 shíduàn 몡 시간대 | 阶段 jiēduàn 몡 단계 | 总的来说 zǒngde láishuō 전반적으로 말해서 | 总体而言 zǒngtǐ éryán 전체적으로 말해서 | 一般而言 yībān éryán 일반적으로 말해서 | 考究 kǎojiu 혱 정미하다 | 讲究 jiǎngjiu 중시하다 | 精致 jīngzhì 혱 정교하고 치밀하다 | 考证 kǎozhèng 동 고증하다

해설 빈칸1 이 지문은 중국 건축 예술 중 하나인 문둔테에 관한 글이다. 중국 민간 예술 발전에 관한 이야기이므로 '民间(민간)'이 적절하다.
빈칸2 빈칸 앞의 '艺术发展到高峰(예술이 최고조로 발전한)'과 이어지므로 '时期(시기)'가 적절하다. '时段'은 비교적 짧은 시간대를 의미하므로 적절하지 않다.
빈칸3 빈칸 뒤에서 문둔테의 일반적인 특징을 언급하고 있으므로 '一般来说(일반적으로 말해서)'와 '一般而言(일반적으로 말해서)'이 적절하다.
빈칸4 빈칸 앞의 '制作精美、雕工不俗、题材广泛、比例协调'이 모두 '명사＋형용사'의 형태로 문둔테를 설명하고 있으므로 빈칸 역시 '石料＋형용사'의 형태를 가져야 한다. '讲究(중시하다)'와 '考证(고증하다)'는 동사이므로 적절하지 않다.

68 ★★★

中国文化源远流长，形成了以儒学为主体的整体多元的华夏文明。儒家文化作为一种文化的积淀、社会意识的潜流，它的许多合理性内容，具有其独特的魅力，它们渗入社会心理的深层，根植于社会生活的土壤之中，影响着人们的生活方式、思维模式、价值观念、道德情操、处世态度和风俗习惯。

중국 문화는 역사가 유구하며, 유학을 주체로 하는 총체적인 다원화된 화하(华夏) 문명을 형성했다. 유가 문화는 일종의 문화의 누적이자 사회의식의 깊은 감정이다. 그것의 많은 합리적인 내용은 독특한 매력을 가지고 사회심리 깊은 곳으로 스며들었으며, 사회생활이라는 토양에 뿌리를 내려 사람들의 생활방식, 사고패턴, 가치관, 도덕적 지조, 처세 태도와 풍속 습관에 영향을 끼치고 있다.

A	大千世界	主题	沉淀	到
B	历史悠久	中心	积累	在
C	源远流长	主体	积淀	于
D	滔滔不绝	观点	沉积	与

A	광활한 세계	주제	침전물	~까지
B	역사가 유구하다	핵심	축적	~에서
C	역사가 유구하다	주체	누적	~에
D	끊임없이 계속되다	관점	퇴적물	~와

단어 儒学 rúxué 몡 유학 | 整体 zhěngtǐ 몡 전체 | 儒家 Rújiā 유가 | 潜流 qiánliú 몡 마음 깊은 속의 감정 | 渗入 shènrù 스며들다, 침투하다 | 深层 shēncéng 몡 심층 | 根植 gēnzhí 뿌리를 내리다 | 土壤 tǔrǎng 몡 토양 | 思维模式 sīwéi móshì 사고 패턴 | 道德情操 dàodé qíngcāo 몡 도덕적인 지조 | 处事 chǔshì 동 일을 처리하다 | 风俗习惯 fēngsú xíguàn 몡 풍속과 습관 | 源远流长 yuányuǎn liúcháng 셩 역사가 유구하다, 매우 길다 | 滔滔不绝 tāotāo bùjué 셩 끊임없이 계속되다 | 沉淀 chéndiàn 동 침전물 | 积累 jīlěi 동 축적 | 积淀 jīdiàn 동 누적된 사상·문화 | 沉积 chénjī 몡 퇴적물

해설 빈칸1 빈칸 앞의 주어가 중국 문화이므로 역사가 유구하다는 의미의 '源远流长'이 가장 적절하다. 끊임없이 계속된다는 뜻의 '滔滔不绝'는 말이 많다는 것을 의미하므로 적절하지 않다.

빈칸2 빈칸 앞의 '以 A 为 B(A를 B로 한다)'와 맥락상 호응하는 것을 선택해야 한다. 유학과 호응할 수 있는 것으로 '主題(주제)', '中心 (핵심)', '主体(주체)' 모두 적절하다.

빈칸3 '沉淀'은 가라앉는 것을 말하고, '积累'는 경험 등이 쌓일 때 사용하며, '沉积'은 지리적인 의미에서 퇴적된 것을 말한다. 빈칸은 '文化(문화)'의 수식을 받고 있으므로 주로 사상이나 문화가 축적된다는 의미의 '积积(누적)'이 적절하다.

빈칸4 빈칸 앞의 '根植'는 일반적으로 '于'(~에)와 같이 쓰여 '~에 뿌리를 내린다는 뜻'을 가리킨다.

---

69 ★★☆

希腊人把童年当作一个特别的年龄分类，却很少给它关注。希腊人流传下来的塑像中没有一尊是儿童的，对杀害婴儿的行为也没有任何道德或法律上的约束。他们建立各种各样的学校，但在如何管教未成年人方面并不具备现代人认为是正常的同情心和理解。

그리스 사람은 어린 시절을 특별한 연령대로 분류하면서도 관심을 가지는 경우는 적다. 그리스 사람에게 대대로 전해지는 조각상에서 아이 조각상은 하나도 없으며, 갓난아기를 살해하는 행위에 대해서도 어떤 도덕 혹은 법률상의 속박이 없다. 그들은 다양한 학교를 세우지만 어떻게 미성년자를 교육하는지에 관한 부분에서는 결코 현대인들이 생각하는 정상적인 동정심이나 이해를 갖추지 못한다.

A 关心	留传	限制	修建	对待
B 注意	留传	控制	建立	教育
C 重视	流传	束缚	建造	管理
D 关注	流传	约束	建立	管教

A 관심을 갖다　후세에 전해지다　제한하다
　건설하다　대하다

B 주의하다　후세에 전해지다　제어하다
　세우다　교육하다

C 중시하다　대대로 전해지다　속박하다
　건축하다　관리하다

D 관심을 갖다　대대로 전해지다　속박하다
　세우다　교육시키다

단어 希腊 Xīlà 명 그리스 | 童年 tóngnián 명 어린 시절 | 塑像 sùxiàng 명 조각상 | 杀害 shāhài 동 살해하다 | 婴儿 yīng'ér 명 갓난아기 | 未成年人 wèi chéngniánrén 명 미성년자 | 具备 jùbèi 동 갖추다 | 留传 liúchuán 동 후세에 전해지다 | 流传 liúchuán 동 대대로 전해지다 | 限制 xiànzhì 동 제한하다 | 控制 kòngzhì 동 제어하다, 통제하다 | 束缚 shùfù 동 속박하다 | 约束 yuēshù 동 속박하다 | 修建 xiūjiàn 동 건설하다 | 建造 jiànzào 동 건축하다 | 对待 duìdài 동 대하다 | 管教 guǎnjiào 동 교육시키다

해설 **빈칸1** 빈칸 앞의 '给它(그것에게 ~주다)'와 호응하는 동사를 골라야 한다. 의미상으로는 모두 가능하지만 '~에게 ~을 주다'와 호응하는 것은 '关心(관심을 갖다)'과 '关注(관심을 갖다)'가 적절하다.

빈칸2 그리스 사람들이 후손에게 대대로 전해 준다는 의미이므로 보기 모두 적절하다.

빈칸3 빈칸 앞의 '任何道德或法律上的(어떤 도덕 혹은 법률상의)'와 호응하는 것을 골라야 한다. '束缚(속박하다)'와 '约束(속박하다)'가 제도나 관습 등으로 옭아매고 제한하는 의미가 있으므로 적절하다. '限制'는 범위 등을 제어하는 뜻이고, '控制'는 제어하고 조절하는 의미이므로 적절하지 않다.

빈칸4 빈칸에 들어갈 동사와 호응하는 목적어는 '学校(학교)'이다. 학교를 세운다는 의미로 네 가지 모두 적절하다.

빈칸5 보기 모두 빈칸 뒤의 '未成年人(미성년자)'와 호응할 수 있으나, 빈칸 앞 학교를 세우는 내용과 이어지므로 교육하는 것과 관련된 단어가 적절하다.

---

70 ★★☆

个性化消费时代的到来，催生了一批新人类，他们普遍追求个体的独特性、心理自主和消费过程的自主，渴望企业组织为他们提供独特产品与个性化服务，这恰是私人化概念中"个性经济"发展的必要条件。

개성화 소비시대의 도래는 신인류를 탄생하게 했다. 그들은 개인의 개성, 심리적 자주와 소비 과정의 자주를 보편적으로 추구하고, 기업 조직이 그들에게 독특한 상품과 개성화된 서비스를 제공하길 간절히 바란다. 이것이 바로 개인화 개념에서 '개성경제' 발전의 필요 조건이다.

A	降临	盼望	想法	需要
B	来临	期望	观点	必须
C	到来	渴望	概念	必要
D	到达	渴求	观念	必然

A	도래하다	간절히 바라다	생각	필요하다
B	도래하다	기대하다	관점	반드시 ~해야 한다
C	도래하다	간절히 바라다	개념	필요로 하다
D	도착하다	갈구하다	관념	필연적이다

단어 催生 cuīshēng 图 사물의 발생이나 형성을 촉진하다 | 追求 zhuīqiú 图 추구하다 | 企业 qǐyè 图 기업 | 组织 zǔzhī 图 조직 | 私人化 sīrénhuà 개인화 | 降临 jiànglín 图 도래하다 | 来临 láilín 图 도래하다 | 到来 dàolái 图 도래하다 | 到达 dàodá 图 도착하다 | 盼望 pànwàng 图 간절히 바라다 | 期望 qīwàng 图 기대하다 | 渴望 kěwàng 图 간절히 바라다 | 渴求 kěqiú 图 갈구하다 | 概念 gàiniàn 图 개념 | 需要 xūyào 图 필요하다 | 必须 bìxū 분 반드시 ~해야 한다 | 必要 bìyào 图 필요로 하다 | 必然 bìrán 图 필연적이다

해설 **빈칸1** 빈칸 앞의 '时代(시대)'와 호응하는 것으로 '到来(도래하다)'와 '来临(도래하다)'이 적절하다. '到达(도착하다)'와 '降临'은 시간과 호응하지 않으므로 적절하지 않다.

빈칸2 빈칸 뒤는 문장 전체의 목적어가 된다. 기업이 소비자에게 독특한 상품과 개성화된 서비스를 제공하기를 바란다는 의미이므로 보기 모두 적절하다.

빈칸3 빈칸 앞의 '私人化(개인화)'는 일종의 개념이므로 '概念(개념)'이 적절하다. '想法', '观点', '观念'은 모두 생각과 관점에 주로 사용하여 일반적인 현상에 대한 개념을 의미하지 않으므로 적절하지 않다.

빈칸4 빈칸 뒤의 명사인 '条件(조건)'을 수식할 수 있는 형용사를 선택해야 한다. 형용사 '必然(필연적이다)'과 '必要'(필요로 하다) 중 의미상 '必要'가 적절하다.

독해 阅读 제3부분

71 – 75

中国各地的古典园林，风景优美，建筑奇特，(71) C 是中外游人向往的游览胜地。

中国古典园林的最大特点是讲究自然天成。古代的园林设计家在建园时，(72) A 巧妙地将大自然的美景融合在人造的园林中，使人能从中欣赏到大自然的奇峰、异石、流水、湖面、名花、芳草，感觉就像在画中游览。

中国古典园林在布局上还有含蓄、变化、曲折的特点，比如园路要"曲径通幽"，讲究景中有景，一步一景；园中的建筑要与自然景物交融在一起，形状式样变化多样；花草树木要高低相间，四季争艳……

中国古典园林的另一个特点，(73) E 是巧妙地将诗画艺术和园林融于一体。如园林建筑上的匾额、楹联、画栋、雕梁等，形成了中国古典园林艺术的独特风格。

(74) D 中国的古典园林大致可以分为北方皇家园林和南方私家园林两类。北方的皇家园林往往利用真山真水，并且集中了各地建筑中的精华。黄色的琉璃瓦，朱红的廊柱、洁白的玉石雕栏，精美的雕梁画栋，色彩华美，富丽堂皇。保存到现在的著名

중국 각지의 고전 원림은 풍경이 아름답고, 건축이 독특하여 (71) C 중국과 외국 여행객들이 가고 싶어하는 관광 명소이다.

중국 고전 원림의 가장 큰 특징은 자연을 중시한다는 것이다. 고대의 원림 설계자들이 원림을 건축할 때, (72) A 대자연의 아름다운 풍경을 인공 원림에 교묘하게 융합시켜서 사람들이 그 속에서 자연의 특이한 봉우리, 기이한 돌, 흐르는 물, 호수의 수면, 진귀한 꽃, 향초를 감상하며 마치 그림 속을 유람하는 것 같은 느낌이 들게 한다.

중국 고전 원림은 구도상에서 함축, 변화, 굴절의 특징을 가진다. 예를 들어 원림의 길은 '구불구불한 길이 풍경이 아름다운 곳으로 나 있으며', 풍경 속에 또 다른 풍경이 있고, 변화무쌍한 풍경을 중시한다. 원림 속의 건축은 자연 풍경과 섞여 있어야 하고, 형태와 형식이 다양하게 변화한다. 꽃, 풀, 나무는 높고 낮음이 간격이 있고, 사계절이 다투어 아름다움을 뽐낸다……

중국 고전 원림의 또 다른 특징은 (73) E 시화 예술과 원림을 교묘하게 하나로 융합시킨 것이다. 예를 들어 원림 건축에서의 현판, 대련, 채색한 마룻대, 조각하여 꾸민 들보 등 중국 고전 원림 예술의 독특한 스타일을 형성했다.

(74) D 중국 고전 원림은 크게 북방 황제 원림과 남방 개인 원림 두 종류로 나눌 수 있다. 북방의 황제 원림은 종종 실제 산과 물을 이용하고 각지 건축에서의 정수를 집중시켰다. 노란색의 유리 기와, 주홍색의 복도 기둥, 새하얀 옥석으로 만든 난간, 정교한 대들보와

皇家园林有北京颐和园、北海公园、承德避暑山庄等。(75) B 南方的私家园林大多建在苏州、南京、杭州和扬州一带，如苏州的拙政园、留园，无锡的寄畅园，扬州的个园等。私家园林一般面积不大，但经过建筑家的巧妙安排，园中有山有水，景物多变，自然而宁静。

기둥은 색채가 아름답고 웅장하고 화려하다. 현재까지 보존되고 있는 유명한 황제 원림은 베이징(北京) 이화원, 베이하이(北海) 공원, 청더(承德) 피서 산장 등이 있다. (75) B 남방의 개인 원림 대다수는 쑤저우(苏州), 난징(南京), 항저우(杭州)와 양저우(扬州) 일대에 세워졌다. 예를 들어 쑤저우의 졸정원, 유원, 우시(无锡)의 기창원, 양저우의 개원 등이 있다. 개인 원림은 일반적으로 면적이 크지 않지만 건축가의 교묘한 배치를 통해 원림 속에 산과 물이 있고 경치 다 변화하여 자연적이고 평온하다.

단어 古典 gǔdiǎn 형 고전적 | 园林 yuánlín 명 원림 | 优美 yōuměi 형 우아하고 아름답다 | 奇特 qítè 형 독특하다 | 讲究 jiǎngjiu 동 중시하다 | 设计家 shèjìjiā 설계사 | 巧妙 qiǎomiào 형 교묘하다 | 美景 měijǐng 명 아름다운 풍경 | 融合 rónghé 동 융합하다 | 欣赏 xīnshǎng 동 감상하다 | 奇峰 qífēng 기이한 봉우리 | 流水 liúshuǐ 흐르는 물 | 湖面 húmiàn 호수의 수면 | 芳草 fāngcǎo 명 향초 | 布局 bùjú 명 구도 | 含蓄 hánxù 동 함축하다 | 曲折 qūzhé 구불구불하다 | 曲径通幽 qūjìng tōngyōu 성 구불구불한 길이 풍경이 아름다운 곳으로 나있다 | 交融 jiāoróng 동 한데 어우러지다 | 形状 xíngzhuàng 명 형상, 모양 | 式样 shìyàng 명 스타일 | 相间 xiāngjiàn 떨어져있다 | 争艳 zhēngyàn 동 다투어 아름다움을 뽐내다 | 匾额 biǎn'é 명 나무 액자, 현판 | 楹联 yínglián 명 (대청 앞 기둥에 써 붙인) 대련 | 画栋 huàdòng 동 기둥을 화려하게 장식하다 | 雕梁 diāoliáng 대들보를 화려하게 장식하다 | 精华 jīnghuá 명 정화, 정수 | 廊柱 lángzhù 복도 기둥 | 玉石雕栏 yùshí diāolán 옥석으로 만든 난간 | 富丽堂皇 fùlìtáng huáng 성 웅장하고 화려하다 | 私家 sījiā 명 개인 | 宁静 níngjìng 형 평온하다

---

71 ★★☆

| C 是中外游人向往的游览胜地 | C 중국과 외국 여행객들이 가고 싶어하는 관광 명소이다 |

해설 빈칸 문장의 주어는 고전 원림으로 이와 호응하는 술어가 필요하다. 빈칸 앞에서 풍경이 아름답고 건축이 특이하다고 한 것과 의미상 이어지기 위해서는 중국과 외국 여행객들이 찾아오는 관광 명소라는 내용이 와야 한다.

---

72 ★★☆

| A 巧妙地将大自然的美景融合在人造的园林中 | A 대자연의 아름다운 풍경을 인공 원림에 교묘하게 융합시켜서 |

해설 빈칸 앞에서 자연을 중시하는 것이 특징이라고 했으므로 대자연의 아름다운 풍경에 대한 내용이 와야 한다.

---

73 ★★☆

| E 是巧妙地将诗画艺术和园林融于一体 | E 시화 예술과 원림을 교묘하게 하나로 융합시킨 것이다 |

해설 빈칸에서 문장이 끝나고 빈칸 앞에는 '中国古典园林的另一个特点(중국 고전 원림의 또 다른 특징)'이 주어 역할을 하므로 이와 호응하는 술어가 필요하다. 또한 빈칸 뒤에서 '匾额(현판)', 楹联(대련)', '画栋(채색한 마룻대)', '雕梁(조각하여 꾸민 들보)'의 예를 들어 빈칸의 내용을 뒷받침하므로 빈칸에는 이를 아우르는 내용이 와야 한다.

---

74 ★★☆

| D 中国的古典园林大致可以分为北方皇家园林和南方私家园林两类 | D 중국 고전 원림은 북방 황제 원림과 남방 개인 원림 두 종류로 나눌 수 있다 |

빈칸 뒤에 황제 원림과 개인 원림에 관한 설명이 있으므로 빈칸에는 중국 고전 원림은 황제 원림과 개인 원림 두 종류로 나눠진다는 내용이 와야 한다.

75 ★★☆	
B 南方的私家园林大多建在苏州、南京、杭州和扬州一带	B 남방의 개인 원림 대다수는 쑤저우, 난징, 항저우와 양저우 일대에 세워졌다

빈칸 뒤에서 쑤저우를 비롯한 여러 지역의 원림을 언급하고 있으므로 빈칸에는 개인 원림이 세워진 지역들을 언급한 내용이 와야 한다.

76 – 80

美国有一个感恩节。那一天要吃火鸡，无论天南地北，再远的孩子也要赶回家。

总有一种遗憾，我们国家的节日很多，唯独缺少一个感恩节。我们可以像他们一样吃火鸡，我们也可以千里万里赶回家，但那一切并不是为了感恩，(76) B 团聚的热闹总是多于感恩。

没有阳光，就没有日子的温暖；没有雨露，(77) D 就没有收获的喜悦；没有水，就没有生命的源泉；没有父母，就没有我们自己；没有亲情、友情和爱情，世界将会是一片孤寂和黑暗。这些都是浅显的道理，没有人会不懂，但是，(78) E 我们常常缺少一种感恩的思想和心理。

"谁言寸草心，报得三春晖。"这是我们小时候就熟悉的诗句，还有中国流传了多少年的古训，像"滴水之恩，涌泉相报"、"衔环结草，以报恩德"，简而言之，讲的就是要感恩。但是，(79) A 这样的古训并没有渗进我们的血液。有时候，我们常常忘记了无论生活还是生命，都需要感恩。

蜜蜂从花丛中采集完蜜，还知道"嗡嗡"地唱着道谢；树叶被清风吹得凉爽舒适，还知道"沙沙"地响着道谢。有时候，(80) C 我们却往往容易忘记了需要感恩。难道我们还不如蜜蜂和树叶？

미국에는 추수감사절이 있다. 그날에는 칠면조를 먹고, 아무리 전국 곳곳에 떨어져 있더라도, 또는 그보다 더 멀리 있는 아이들일지라도 모두 집으로 돌아온다.

항상 유감스러운 것은 우리나라의 명절은 아주 많은데 추수감사절만 없다는 것이다. 우리는 그들처럼 칠면조를 먹을 수 있고, 천리만리 떨어진 곳에서 집으로 돌아오지만, 그 모든 것이 감사하기 위함이 아니며, (76) B 다 같이 모인 왁자지껄함이 항상 감사하는 것보다 많다.

태양이 없으면 생활의 따뜻함도 없다. 비와 이슬이 없으면 (77) D 수확의 기쁨도 없다. 물이 없으면 생명의 원천도 없다. 부모님이 없으면 우리 자신도 없다. 혈육의 정, 우정, 사랑이 없으면 세상은 고독과 암흑뿐일 것이다. 이것은 간단하고 이해하기 쉬운 이치로 모르는 사람이 없지만 (78) E 우리는 항상 감사하는 마음과 심리가 부족하다.

'누구든 짧은 말로 적은 마음으로라도 부모의 마음에 보답해야 한다.' 이것은 우리가 어릴 적 익숙했던 시구이고, 중국에서 오랜 시간 동안 전해져 내려온 옛 교훈도 있다. 마치 '물 한 방울의 은혜라도 넘치는 샘물로 보답하라'와 '은혜를 잊지 않고 보답하다'와 같은 것이다. 간단히 말해서 말하고자 하는 것은 바로 감사해야 한다는 것이다. 그러나 (79) A 이러한 옛 교훈은 우리의 혈액으로 스며들지 않았다. 때때로 우리는 생활이든 생명이든 감사해야 함을 잊는다.

꿀벌은 꽃밭에서 꿀을 채집하고 '윙윙' 노래하며 감사할 줄 안다. 나뭇잎은 선선한 바람에 시원하고 편안하게 날리고 '쏴쏴' 소리를 내며 감사할 줄 안다. 때때로 (80) C 우리는 오히려 종종 감사해야 함을 쉽게 잊는다. 설마 우리는 꿀벌이나 나뭇잎보다 못한 것일까?

感恩节 Gǎn'ēn jié 몡 추수감사절 | 火鸡 huǒjī 몡 칠면조 | 天南地北 tiānnán dìběi 솅 멀리 떨어져 있다 | 遗憾 yíhàn 됭 유감이다 | 节日 jiérì 몡 명절 | 唯独 wéidú 뮈 오직 | 缺少 quēshǎo 됭 부족하다 | 团聚 tuánjù 됭 한 자리에 모이다 | 雨露 yǔlù 몡 비와 이슬 | 喜悦 xǐyuè 됑 기쁘다 | 源泉 yuánquán 몡 원천 | 亲情 qīnqíng 몡 혈육 간의 정 | 孤寂 gūjì 됑 외롭다 | 浅显 qiǎnxiǎn 됑 간단하고 이해하기 쉽다 | 诗句 shījù 몡 시구 | 流传 liúchuán 됭 대대로 전해지다 | 古训 gǔxùn 몡 옛 교훈 | 简而言之 jiǎn'ér yánzhī 간단히 말하면 | 渗进 shènjìn 스며들다 | 血液 xuèyè 몡 혈액 | 蜜蜂 mìfēng 몡 꿀벌 | 花丛 huācóng 몡 꽃밭 | 采集 cǎijí 됭 채집하다 | 蜜 mì 몡 꿀 | 嗡嗡 wēngwēng 의성 윙윙 | 舒适 shūshì 됑 편안하다, 쾌적하다 | 沙沙 shāshā 의성 쏴쏴

76 ★★☆	
B 团聚的热闹总是多于感恩	B 다 같이 모인 와자지껄함이 항상 감사하는 것보다 많다

해설 빈칸 앞에서 식구들이 멀리에서 다 같이 모이지만, 이 모든 것이 감사하기 위함이 아니라고 했다. 이와 호응하는 와자지껄함이 감사하는 것보다 더 많다는 내용이 와야 한다.

77 ★★☆	
D 就没有收获的喜悦	D 수확의 기쁨도 없다

해설 빈칸 앞뒤가 모두 '没有…, 就没有…(~가 없으면, ~도 없다)'로 호응하고 있으므로 같은 구조인 D가 와야 한다.

78 ★★☆	
E 我们常常缺少一种感恩的思想和心理	E 우리는 항상 감사하는 마음과 심리가 부족하다

해설 빈칸 앞은 역접인 '但是'로 이어지므로 빈칸에는 감사하는 마음과 심리가 부족하다는 내용이 와야 한다.

79 ★★☆	
A 这样的古训并没有渗进我们的血液	A 이러한 옛 교훈은 우리의 혈액으로 스며들지 않았다

해설 빈칸 앞 문장에서 '古训(옛 교훈)'을 언급했으며, 빈칸 바로 앞에 '但是'가 있으므로 빈칸에는 교훈이 스며들지 않았다는 내용이 와야 한다.

80 ★★☆	
C 我们却往往容易忘记了需要感恩	C 우리는 오히려 종종 감사해야 함을 쉽게 잊는다

해설 네 번째 단락에서 '有时候，我们常常忘记了，无论生活还是生命，都需要感恩(때때로 우리는 생활이든 생명이든 감사해야 함을 잊는다)'으로 마무리가 되었는데, 다섯 번째 단락 빈칸 앞이 '有时候'로 시작하므로 같은 의미로 호응을 이루는 것이 자연스럽다. 따라서 빈칸에는 감사해야 함은 잊는다는 내용이 와야 한다.

Tip 지문의 '我们国家(우리나라)'는 중국을 가리키며, 이처럼 자기 나라를 지칭하는 또 다른 표현으로는 '我国'가 있다.

81 – 84

不是所有的人都喜欢他人赞扬的。[81, 82]赞扬的最好对象是那些颇有几分自负、生来就喜欢把别人的恭维当成客观评价的人，而那些自卑的人则容易把最真诚的赞扬当成挖苦、讽刺。

[84]虽然别人赞扬的话会不时地让我们感到愉快，可是如果我们分不清是真诚的赞美还是别有用心的恭维就高兴过头，糊里糊涂地随便答应给对方好处，日后岂不会给自己带来麻烦？因此，知道了赞扬与恭维的区别之后，本着既不让自己被恭维话迷惑、又不让赞扬自己的人感到尴尬的原则，我们可以用这样一句话把恭维挡回去："您太抬举我了！"这句话能够让恭维你的人明白，你完全清楚他是在恭维你，而不是真心地赞美你。而对方听到这句话也不会生气，至多以后在你面前少说点儿恭维话罢了。还有一种方法可以使我们既能享受别人的赞扬带来的愉快，又不会被恭维所迷惑而给自己带来麻烦，[83]这就是采用间接对话的方式进行交际。这种方法能避免你听到恭维话后一时高兴随便答应对方的要求。比如，对于一个有名的教授来说，他可以更多地采用书面作业而不是当面对话的形式与学生进行交流，这样不但学生对他说的话是真诚的赞美，而且可以避免学生的赞美给他带来消极的影响，使其至多变成一种简单、愉快而对自己没有任何害处的情感表达。

总之，对别人的赞扬如果恰到好处，不光能使对方感到愉快，而且也能够让自己的生活充满欢乐。

단어 赞扬 zànyáng 图 칭찬하다 | 颇有 pōyǒu 图 흔히 있다 | 自负 zìfù 图 스스로를 대단하게 여기다 | 恭维 gōngwei 图 아첨하다 | 自卑 zìbēi 图 열등감을 느끼다 | 真诚 zhēnchéng 图 진실하다 | 挖苦 wāku 图 빈정대다, 비웃다 | 讽刺 fěngcì 图 비꼬다, 풍자하다 | 别有用心 biéyǒu yòngxīn 図 다른 꿍꿍이가 있다 | 糊里糊涂 húli hútú 图 흐리멍텅하다 | 岂不 qǐbù 图 어찌 ~이 아닌가 | 本着 běnzhe 团 ~에 근거하여 | 迷惑 míhuò 图 미혹되다 | 尴尬 gāngà 图 난처하다 | 挡 dǎng 图 막다 | 抬举 táiju 图 치켜세우다 | 至多 zhìduō 图 기껏해야 | 罢了 bàle 图 단지 ~일 뿐이다 | 采用 cǎiyòng 图 채택하다 | 间接 jiànjiē 图 간접적이다 | 消极 xiāojí 图 부정적이다 | 害处 hàichu 图 해, 나쁜 점 | 恰到好处 qiàdào hǎochù 図 아주 적절하다 | 不光 bùguāng 図 ~일 뿐만 아니라

81 ★★☆

关于赞扬的最好对象，下列选项正确的是：

A 对自己感到自卑的人
B 对赞扬有正确认识的人
C 有几分自负的人
D 认为赞扬是挖苦讽刺的人

해설 첫 번째 단락에서 '赞扬的最好对象(칭찬하기 가장 좋은 대상)'을 찾아 대조하며 문제를 풀어야 한다. 칭찬하기 가장 좋은 대상은 자부심이 꽤 있는 사람이라고 했으므로 정답은 C이다.

---

82 ★★★

赞扬有几分自负的人时，他觉得：	자부심이 꽤 있는 사람을 칭찬할 때 그가 느끼는 것은：
A 是需要得到你的帮助	A 당신의 도움이 필요하다
B 真诚地恭维你	B 진정으로 당신에게 아첨한다
C 可能是真诚的赞美	C 진실한 칭찬일 수도 있다
D 嫉妒你的一切而已	D 당신의 모든 것을 질투할 뿐이다

단어 嫉妒 jídù 图 질투하다

해설 첫 번째 단락에서 자부심이 꽤 있는 사람은 아첨을 다른 사람의 객관적인 평가라고 생각한다고 했다. 즉 진실한 칭찬이라고 생각할 수도 있으므로 정답은 C이다. A, B, D에 대한 언급은 하지 않았다.

---

83 ★★★

最好用哪种方式进行交际不会带来赞扬的困扰？	어떤 방식으로 교제해야 칭찬으로 인한 곤란함을 피할 수 있는가？
A 直接进行面对面的交流	A 직접 대면하고 교제하는 것
B 采用书信往来的方式	B 서면으로 왕래하는 방식을 채택하는 것
C 用间接对话的方式	C 간접적인 대화 방식을 사용하는 것
D 通过网络进行交际	D 인터넷을 통해 교제하는 것

해설 두 번째 단락에서 칭찬으로 인한 번거로운 일을 피하는 방법 중 간접적인 대화의 방식으로 교제하는 것을 말했다. 따라서 정답은 C이다. B. 간접적인 대화 방식의 예이다.

---

84 ★★☆

关于上文，正确的是：	이 글에 관하여 옳은 것은：
A 所有人都喜欢被赞扬	A 모든 사람이 칭찬받는 것을 좋아한다
B 我们应尽可能答应别人的要求	B 우리는 최대한 다른 사람의 요구를 들어줘야 한다
C 我们要正确认识赞扬和恭维	C 우리는 칭찬과 아첨을 정확하게 인식해야 한다
D 我们要避免给自己带来麻烦	D 우리는 번거로운 일이 생기는 것을 피해야 한다

해설 이 글은 전반적으로 칭찬과 아첨을 구분하고, 적절하게 칭찬해야 한다고 말하고 있다. 특히 두 번째 단락에서 칭찬과 아첨의 차이를 알면 아첨하는 것을 막을 수 있다는 것을 통해 그 두 가지를 정확하게 인식해야 한다는 것을 알 수 있다. 따라서 정답은 C이다.

---

85 – 88

[85]奥地利心理学家阿德勒是一名钓鱼爱好者。一次，他发现了一个有趣的现象：鱼儿在咬钩之后，通常因为刺痛而疯狂地挣扎，越挣扎，鱼钩陷得越紧，越难以挣脱。就算咬钩的鱼成功逃脱，那枚鱼钩也不会从鱼嘴里掉出来，因此钓到有两个鱼钩的

[85]오스트리아 심리학자 아들러는 낚시 애호가이다. 한번은 그는 흥미로운 현상을 발견했다. 물고기가 미끼를 물면 통상적으로 찌르는 것 같은 아픔 때문에 미친 듯이 발버둥을 친다. 발버둥을 칠수록 낚시 바늘이 조여오고 벗어나기 어렵다. 설령 미끼를 문 물고기가 성공적으로 달아나도 그 낚시 바늘은 입에서 떨어지지 않는다. 이

鱼也不奇怪。在我们嘲笑鱼儿很笨的同时，阿德勒却提出了一个相似的心理概念，叫作"吞钩现象"。

[87]每个人都有一些过失和错误，这些过失和错误有的时候就像人生中的鱼钩，让我们不小心咬上，深深地陷入之后，我们不断地负痛挣扎，却很难摆脱这枚"鱼钩"。[87]也许今后我们又被同样的过失和错误绊倒，而心里面还残留着以前"鱼钩"的遗骸。这样的心理就是"吞钩现象"。

[86, 88]"吞钩现象"使人不能正确而积极地处理失误、自责和企图掩盖失误，从而对人造成难以磨灭和不可避免的重复的伤痕。我们都有过"吞钩现象"，只不过我们自己不愿意承认罢了。

"吞钩现象"是神经高度紧张、情节反复厮磨的结果。每当个人对生活有适应不良的心理困扰时，就会把埋藏在潜意识深层的阴影激活，制造过失。[87]阴影总是通过过失表现出来的，无论出现什么偶然的、突发的过失，从心理学角度讲，都有它的必然性、自发性。

[87]过失、屈辱和失落，对我们来说没办法百分之百地避免，但是我们应该避免这些事情破坏和改变人性，这也是避免心理疾病出现的目的。

때문에 낚시 바늘 두 개를 가지고 있는 물고기를 낚아도 이상할 것이 없다. 우리가 물고기가 멍청하다고 비웃을 때, 아들러는 '낚시 바늘 삼키기 현상'이라는 일종의 유사한 심리 개념을 제시했다.

[87]모든 사람이 실수와 잘못을 한다. 이러한 실수와 잘못은 때때로 인생의 낚시 바늘 같아서, 우리가 실수로 그것을 물고 깊게 빠진 후에 끊임없이 고통 받고 발버둥치지만 이 '낚시 바늘'에서 벗어나기는 힘들다. [87]앞으로 우리는 어쩌면 똑같은 실수와 잘못에 걸려 넘어지고, 마음 속에는 여전히 이전의 '낚시 바늘'의 잔해가 남아 있을 것이다. 이러한 심리가 바로 '낚시 바늘 삼키기 현상'이다.

[86, 88]'낚시 바늘 삼키기 현상'은 사람들이 정확하고 적극적으로 실수와 자책, 잘못을 덮으려는 것을 처리할 수 없게 한다. 그래서 사람에게 사라지기 어렵고 피할 수 없는 반복되는 상처를 남긴다. 우리는 모두 '낚시 바늘 삼키기 현상'을 겪은 적이 있지만, 단지 스스로가 인정하고 싶지 않을 뿐이다.

'낚시 바늘 삼키기 현상'은 신경이 극도로 긴장되거나, 일이 계속 꼬인 것의 결과이다. 사람이 생활에 적응을 잘 하지 못하는 심리적 어려움이 있을 때, 잠재 의식 깊은 곳에 숨어있는 어둔 그림자를 활성화시켜 실수를 하게 만든다. [87]그림자는 항상 실수를 통해 드러나며, 우연히 또는 돌발적으로 발생하는 과실이라도 심리학적 관점에서 말하면, 모두 필연성과 자발성을 가진다.

[87]과실, 굴욕, 낙심을 우리가 100% 피할 수 있는 방법은 없지만, 이러한 일들이 인성을 망치고 바꾸는 것은 막아야 한다. 이것은 심리적 질병을 막아야 하는 목적이기도 하다.

단어 奧地利 Àodìlì 명 오스트리아 | 咬钩 yǎogōu 미끼를 물다 | 刺痛 cìtòng 명 찌르는 듯한 아픔 | 疯狂 fēngkuáng 형 미치다 | 挣扎 zhēngzhá 동 발버둥치다 | 鱼钩 yúgōu 명 낚시 바늘 | 陷 xiàn 동 빠지다 | 挣脱 zhèngtuō 힘껏 벗어나다 | 逃脱 táotuō 동 달아나다 | 嘲笑 cháoxiào 동 비웃다 | 笨 bèn 형 멍청하다 | 摆脱 bǎituō 벗어나다 | 绊倒 bàndǎo 걸려 넘어지다 | 残留 cánliú 남아 있다 | 遗骸 yíhái 명 잔해 | 情节 qíngjié 명 사건 | 反复 fǎnfù 동 거듭하다 | 厮磨 sīmó 서로 문지르다 | 困扰 kùnrǎo 동 괴롭히다 | 埋藏 máicáng 동 숨기다 | 潜意识 qiányìshí 명 잠재 의식 | 阴影 yīnyǐng 명 그림자 | 激活 jīhuó 동 활성화하다 | 偶然 ǒurán 부 우연히 | 突发 tūfā 갑자기 발생하다 | 屈辱 qūrǔ 명 굴욕 | 失落 shīluò 낙담하다 | 避免 bìmiǎn 동 피하다

---

85 ★☆☆

关于阿德勒，下列说法不正确的是：	아들러에 관하여 다음 중 옳지 않은 것은:
A 他是奥地利人	A 그는 오스트리아 사람이다
B 他是一名心理学家	B 그는 심리학자이다
C 他提出了"吞钩现象"的心理概念	C 그는 '낚시 바늘 삼키기 현상'을 제시했다
D 他讨厌钓鱼	D 그는 낚시를 싫어한다

해설 옳지 않은 내용을 고르는 문제임을 인지해야 한다. 첫 번째 단락에서 아들러는 낚시 애호가라고 했으므로 정답은 D이다.

---

86 ★★☆

"吞钩现象"可能造成的后果有：	'낚시 바늘 삼키기 현상'이 초래할 수 있는 결과는:
A 使我们不能积极处理失误和过失	A 실수와 잘못을 적극적으로 처리하지 못하게 한다
B 使我们更加积极地对待生活	B 삶을 더 적극적으로 대하게 한다

C 我们会变得更加坚强

D 我们的神经会高度紧张

C 우리는 더욱 강하게 변한다

D 우리의 신경이 극도로 긴장될 것이다

단어 对待 duìdài 图 대하다

해설 세 번째 단락에서 낚시 바늘 삼키기 현상은 사람들이 정확하고 적극적으로 실수와 자책, 잘못을 덮으려는 것을 처리하지 못하게 한다고 했다. 따라서 정답은 A이다.

---

87 ★★★

关于上文，下列说法不正确的是：

A 每个人都有自己的过失和错误

B 我们可能会被同样的错误绊倒

C "吞钩现象"不可避免

D 阴影常常通过过失表现出来

이 글에 관하여 다음 중 옳지 않은 것은:

A 모든 사람은 저마다 실수와 잘못을 한다

B 우리는 똑같은 잘못에 걸려 넘어질 것이다

C '낚시 바늘 삼키기 현상'은 피할 수 없다

D 그림자는 항상 실수를 통해 드러난다

단어 坚强 jiānqiáng 阌 굳고 강하다

해설 마지막 단락에서 과실, 굴욕, 낙심을 100% 피할 수 있는 방법은 없지만, 이러한 일들이 인성을 망치고 바꾸는 것은 막아야 한다고 했으므로 '낚시 바늘 삼키기 현상'을 피할 수 없다고 단정할 수는 없다. 따라서 정답은 C이다.

---

88 ★★★

根据上文，下列关于"吞钩现象"说法正确的是：

A 不是每个人都会遇到"吞钩现象"的，这只是一种偶然

B 我们每个人都会承认自己遇到的"吞钩现象"以及由此带来的心理阴影

C 我们要竭力避免发生让自己感到失落的事情

D "吞钩现象"使我们不能正确积极地处理失误，从而对我们造成一定的伤害

이 글에 근거하여 다음 '낚시 바늘 삼키기 현상'에 관하여 옳은 것은:

A 모든 사람이 '낚시 바늘 삼키기 현상'을 만나는 것은 아니고, 이것은 단지 우연일 뿐이다

B 우리 모두는 자신이 만나는 '낚시 바늘 삼키기 현상'과 이로 인해 나타나는 심리적 그림자를 인정한다

C 우리는 자신을 낙담하게 만드는 일이 발생하는 것을 피하기 위해 노력해야 한다

D '낚시 바늘 삼키기 현상'은 우리가 정확하고 적극적으로 실수를 처리할 수 없게 하고, 이 때문에 우리에게 어느 정도 상처를 입힌다

단어 竭力 jiélì 图 전력을 다하다

해설 보기의 주어와 술어를 정확하게 분별하여 구체적인 정보를 대조해야 한다. 세 번째 단락에서 '낚시 바늘 삼키기 현상'은 사람들이 정확하고 적극적으로 실수와 자책을 처리할 수 없게 하고, 상처를 남긴다고 했으므로 정답은 D이다.

---

89 - 92

⁸⁹青松、翠竹和冬梅这三种植物历来被中国人所喜爱，原因就在于它们即使在寒冷的冬天也显示出生机勃勃的活力，像三位志同道合的朋友一样迎接春天的来临，所以⁸⁹它们被人们誉为"岁寒三友"，象征着中国人所敬慕和追求的高尚情操。

在中国，"岁寒三友"的图案很常见，不管是在器皿、衣料上，还是在建筑上都留下了它们的影子。

⁸⁹푸른 소나무, 푸른 대나무, 겨울 매화 이 세 종류의 식물은 예로부터 중국인의 사랑을 받았다. 이유는 그것들이 추운 겨울에도 생기가 넘치는 활력을 보여 주고, 마음이 잘 맞는 세 명의 친구처럼 봄날을 맞이하는 것에 있다. 그래서 ⁸⁹사람들로부터 '기개가 있어 본받을 만한 친구'라고 칭송되며, 중국인들이 존경하고 추구하는 고상한 지조를 상징한다.

중국에서 '기개가 있어 본받을 만한 친구'에 관한 그림은 흔히 볼

仁人志士向往它们⁹⁰傲霜斗雪、铮铮铁骨的高尚品格，而老百姓则看重它们⁹⁰长青不老、经冬不凋的旺盛生命力。

松树是一种生命力极强的常青树，即使天寒地冻，它也依然葱茏茂盛。所以人们赋予它意志刚强、坚贞不屈的品格，在中国民间，⁹²人们更喜欢它的常青不老，将它作为长寿的代表。

每当寒露降临，很多植物便会逐渐枯萎，而竹子却能凌霜而不凋，坚强地屹立在风雪之中。竹节中空、挺拔，所以被人们赋予坚贞和虚心的品格，有着"君子"的美誉。在中国的民间传统中有用放爆竹来除旧迎新、除邪恶报平安的习俗，⁹²所以竹子在中国的装饰画上也被作为平安吉祥的象征。

⁹²梅花是中国的传统名花，它清香幽雅、冰肌玉骨，⁹¹梅花以它的高洁、坚强、谦虚的品格，激励着人们洁身自好、不断奋发向上，所以中国历代文人志士喜欢梅花、歌颂梅花的极多。⁹²梅花还常常被民间作为传春报喜的吉祥象征。有关梅花的传说故事、梅的美好寓意在中国流传深远，应用很广。

除了松、竹、梅这"岁寒三友"之外，中国还有很多植物，如菊花、兰花和莲花等，也被人们寄寓了美好的品格，成为中国人所追求的人格操守的象征。

수 있다. 그릇이나 옷감 또는 건축에서도 모두 그것들의 그림자가 남아 있다. 어질고 지조가 있는 사람은 그것의 ⁹⁰지조를 굽히지 않고 강인함을 무장하는 고상한 품성을 동경하지만, 백성은 오히려 ⁹⁰항상 푸르고 변함없으며, 겨울을 지나도 시들지 않는 왕성한 생명력을 중요시한다.

소나무는 생명력이 아주 강한 상록수로, 혹한에도 여전히 푸르고 무성하다. 그래서 사람들은 그것에 의지가 강하고 굽힐 줄 모른다는 품격을 부여한다. 중국 민간에서 ⁹²사람들은 소나무의 항상 푸르고 변함이 없는 것을 더 좋아해서 소나무를 장수의 상징으로 여긴다.

찬 이슬이 내릴 때마다 많은 식물이 점점 시들어 가지만, 대나무는 서리에도 시들지 않고, 눈보라 속에서도 굳세게 우뚝 솟아 있다. 대나무 마디 중심은 비어 있고, 곧아서 사람들은 절개가 굳고 겸허한 품성을 그것에 부여하여, '군자'의 명성이 있다. 중국 민간 전통 중에는 폭죽을 터뜨려 묵은 해를 보내고 새해를 맞이하며 사악한 기운을 몰아내고 평안을 기원하는 풍습이 있다. ⁹²그래서 대나무는 중국 장식화에서도 평안과 행운의 상징으로 여겨진다.

⁹²매화는 중국의 전통 명화로 맑은 향기가 그윽하고, 살결이 희고 곱다. ⁹¹매화는 그것의 고결하고, 강인하고, 겸허한 품성으로 사람들에게 세상에 물들지 않고 순결하게 살고 분발하여 더 좋은 방향으로 갈 수 있도록 힘을 준다. 그래서 중국 역대 문인들은 매화를 좋아하고 매화를 칭송했다. ⁹²매화는 민간에서 봄의 기쁜 소식을 전해 주는 행운의 상징으로 여겨졌다. 매화와 관련된 전설이나 매화의 좋은 의미는 중국에서 널리 전해지고 응용되었다.

소나무, 대나무, 매화 이 '기개가 있어 본받을 만한 친구' 외에도 중국에는 국화, 난초, 연꽃 등 많은 식물들이 있고 사람들에게 아름다운 품성의 상징을 부여 받아 중국인들이 추구하는 인격과 자질의 상징이 되었다.

단어 青松 qīngsōng 圀 푸른 소나무 | 翠竹 cuìzhú 圀 푸른 대나무 | 冬梅 dōngméi 圀 겨울 매화 | 显示 xiǎnshì 禹 보여 주다 | 生机勃勃 shēngjī bóbó 閤 생기발랄하다 | 志同道合 zhìtóng dàohé 閤 뜻이 같고 생각이 일치하다 | 迎接 yíngjiē 禹 맞이하다 | 来临 láilín 禹 도래하다 | 誉为 yùwéi 禹 ~라고 칭송되다 | 岁寒三友 suìhán sānyǒu 閤 기개가 있어 본받을 만한 친구 | 象征 xiàngzhēng 禹 상징하다 | 敬慕 jìngmù 禹 존경하고 사모하다 | 高尚 gāoshàng 閤 고상하다 | 情操 qíngcāo 圀 지조 | 图案 tú'àn 圀 도안 | 常见 chángjiàn 흔히 보이다 | 器皿 qìmǐn 圀 그릇 | 衣料 yīliào 圀 옷감 | 影子 yǐngzi 圀 그림자 | 仁人志士 rénrén zhìshì 어질고 지조가 있는 사람 | 向往 xiàngwǎng 禹 동경하다 | 傲霜斗雪 àoshuāng dòuxuě 지조를 굽히지 않다 | 铮铮铁骨 zhēngzhēng tiěgǔ 圀 무쇠 골격 | 长青 chángqīng 항상 푸르다 | 凋 diāo 시들다 | 旺盛 wàngshèng 閤 왕성하다 | 常青树 chángqīngshù 圀 상록수 | 葱茏 cōnglóng 푸르고 무성하다 | 茂盛 màoshèng 閤 우거지다 | 赋予 fùyǔ 禹 부여하다 | 坚贞不屈 jiānzhēn bùqū 閤 의지가 강하여 굽힐 줄 모른다 | 寒露 hánlù 圀 찬 이슬 | 降临 jiànglín 禹 내려오다, 다가오다 | 枯萎 kūwěi 禹 시들다 | 屹立 yìlì 禹 우뚝 솟아 있다 | 风雪 fēngxuě 圀 눈보라 | 挺拔 tǐngbá 閤 곧게 치솟다 | 坚贞 jiānzhēn 閤 절개가 굳다 | 虚心 xūxīn 閤 겸손하다 | 美誉 měiyù 圀 명예, 명성 | 爆竹 bàozhú 圀 폭죽 | 除旧迎新 chújiù yíngxīn 閤 묵은 해를 보내고 새해를 맞다 | 邪恶 xié'è 閤 사악하다 | 吉祥 jíxiáng 閤 상서롭다 | 清香 qīngxiāng 圀 맑은 향기 | 幽雅 yōuyǎ 閤 그윽하다 | 冰肌玉骨 bīngjī yùgǔ 閤 살결이 희고 곱다 | 高洁 gāojié 閤 고결하다 | 坚强 jiānqiáng 閤 굳세고 강하다 | 谦虚 qiānxū 閤 겸손하다 | 激励 jīlì 禹 격려하다 | 洁身自好 jiéshēn zìhào 閤 세속에 물들지 않고 순결을 지키다 | 奋发向上 fènfā xiàngshàng 분발하여 더 나은 방향으로 나간다 | 寓意 yùyì 圀 함축된 의미 | 菊花 júhuā 圀 국화 | 兰花 lánhuā 圀 난초 | 莲花 liánhuā 圀 연꽃 | 寄寓 jìyù 禹 기거하다 | 人格 réngé 圀 인격 | 操守 cāoshǒu 圀 자질, 품격

89 ★☆☆			
下列哪项不属于"岁寒三友"？		다음 중 '기개가 있어 본받을 만한 친구'에 속하지 않는 것은?	
A 雪松	B 翠竹	A 눈 내린 소나무	B 푸른 대나무
C 青松	D 冬梅	C 푸른 소나무	D 겨울 매화

해설 첫 번째 단락에서 푸른 소나무, 푸른 대나무, 겨울 매화가 '기개가 있어 본받을 만한 친구'라고 칭송된다고 했으므로 언급되지 않은 A 가 정답이다.

90 ★★☆			
"岁寒三友"有哪些品质？		'기개가 있어 본받을 만한 친구'는 어떤 품성들이 있는가?	
A 傲霜斗雪、长青不老		A 지조를 굽히지 않고 항상 푸르고 변함없다	
B 经得起时间的考验		B 시간의 시련을 견딜 수 있다	
C 经久不衰、久经沙场		C 오랫동안 쇠약해지지 않고, 풍부한 실전 경험을 지니고 있다	
D 冰清玉洁、坚强不屈		D 고상하고 순결하며, 의지가 강하여 굽힐 줄 모른다	

단어 经得起 jīngdeqǐ 견딜 수 있다 | 经久不衰 jīngjiǔ bùshuāi 오랫동안 시들지 않다 | 久经沙场 jiǔjīng shāchǎng 오랜 기간 동안 전쟁터를 누빈다 | 冰清玉洁 bīngqīng yùjié 고상하고 결하다 | 坚强不屈 jiānqiáng bùqū 의지가 강하여 굽힐 줄 모르다

해설 두 번째 단락에서 '기개가 있어 본받을 만한 친구'는 지조를 굽히지 않고, 항상 푸르고 변함없는 품성이 있다고 했으므로 정답은 A이다.

91 ★☆☆			
下列哪项不属于梅的品格？		다음 중 매화의 품성에 속하지 않은 것은?	
A 高洁	B 自傲	A 고결하다	B 거만하다
C 坚强	D 谦虚	C 강인하다	D 겸손하다

해설 다섯 번째 단락에서 매화는 고결하고, 강인하고, 겸허한 품성이라고 했으므로 언급하지 않은 B가 정답이다.

92 ★★☆	
关于上文，不正确的是：	이 글에 관하여 옳지 않은 것은:
A 梅花是中国的传统名花	A 매화는 중국의 전통 명화이다
B 竹子可作为平安吉祥的象征	B 대나무는 평안과 행운의 상징이 될 수 있다
C 梅花是传春报喜的吉祥象征	C 매화는 봄의 기쁜 소식을 전해 주는 행운의 상징이다
D 竹子是长寿的象征	D 대나무는 장수의 상징이다

해설 대나무와 매화의 특징을 중심으로 정보를 대조한다. 세 번째 단락에서 소나무를 장수의 상징으로 여긴다고 했으므로 정답은 D이다.

93 - 96	
位于可可西里腹地的卓乃湖，是中国藏羚羊的主要产仔地，被称作"天然大产房"。	커커시리 오지에 위치한 쥐나이(卓乃) 호수는 중국 티베트 영양의 주요 산지이며, '천연 분만실'로 불린다.

因为怀孕和到达时间的不同，许多临产的藏羚羊都集中在湖边，而其他还未临产的藏羚羊则主动在外围保卫，因为[93]尾随而来的还有狼、鹰、秃鹫、棕熊等天敌。湖畔的妈妈们一旦喜得贵子，就赶紧领着孩子向外移动，再让其他的准妈妈们安全生产。如此循环，相互照应，直到最后一位妈妈完成大任。[94]因为身处绝对的高原，加上天敌虎视眈眈，藏羚羊整个产仔过程非常短暂。有时在悠闲的漫步中，一个不屈不挠的生命就轻松坠地了，没有一声呻吟。

产床大多是高坡上的沙石地。我有幸目睹了一个高原生命的降临。一只刚刚出生的小藏羚羊，浑身还湿漉漉的，小家伙一动不动地趴在地上，头和脖子死死地贴在地上。它身体的肤色和地面极为相近，只有两只玻璃球一样的大眼睛闪着黑亮的光。看没有危险了，它才开始站立挣扎！它先伸展脖子，让头抬起来；而后开始试着蹬腿，四肢劈开支撑身体；两分钟后它突然用力，两只前腿便跪了起来；三分钟后，小藏羚羊竟然完全站起来了！五分钟后，站起的小藏羚羊已经能蹒跚学步了。

在小藏羚羊落地的瞬间，藏羚羊妈妈便要立刻用舌头不停地舐舔，以舐干净孩子身上的胎液，使其免遭冰冻之苦，也让唾液滋润自己孩子的生命，刺激其新陈代谢。在孩子站立的过程中，妈妈要用嘴巴不停地拱柔弱的孩子，好让它快点儿站立起来，瞬间坚强起来！[95]一旦遇到天敌，藏羚羊母亲就只能先把孩子藏好，而后拖着疲惫不堪的身体朝着相反的方向"仓皇逃跑"，以诱导劲敌。这样舍己救子的致命举动让很多藏羚羊母亲再也没能回来。而藏起来的小藏羚羊则利用短暂的时间差，依靠自己身体的天然保护色躲过了生命最初的劫难。尽管如此，小藏羚羊的成活率也只有百分之五十。

一个渺小的生命，一个脆弱的生命，一个必须面对艰险和磨难的生命，就这样在离天最近的地方站立起来了！

임신하는 시기와 이곳에 도착하는 시기가 달라 새끼를 낳을 때가 임박한 티베트 영양은 호숫가에 집중되어 있고, 아직 새끼를 낳을 때가 되지 않은 티베트 영양은 오히려 스스로 주변을 지킨다. 왜냐하면 [93]늑대, 매, 대머리 독수리, 불곰 등 천적들도 따라오기 때문이다. 호숫가에 있는 엄마들이 일단 귀한 아이를 얻으면 재빨리 아이를 데리고 밖으로 이동하여, 다른 예비 엄마들이 안전하게 출산할 수 있게 한다. 이와 같이 마지막 엄마가 큰 임무를 완수할 때까지 순환하고 서로 협력한다. [94]고원에 머무르고 있고, 게다가 천적들이 호시탐탐 노리고 있어서 티베트 영양의 출산 과정은 아주 짧다. 때로는 한가롭게 거니는 중에 강인한 한 생명이 수월하게 탄생하고 신음 소리도 내지 않는다.

분만대는 대체로 가파른 언덕의 모래 자갈 밭이다. 나는 운 좋게도 고원의 생명이 탄생하는 것을 목격했다. 막 태어난 어린 티베트 영양은 온몸이 축축해서 요동도 하지 않고 땅에 엎드려 머리와 목이 땅에 꼭 붙어 있다. 몸의 피부색과 땅바닥의 색이 아주 비슷했고, 단지 두 개의 유리구슬 같은 큰 눈이 까맣고 반짝이는 빛을 내고 있었다. 위험이 없는 걸 알고 난 뒤에야 일어나서 발버둥치기 시작했다! 우선 목을 뻗어 고개를 들고 나서 발을 뻗어 사지를 뻗어 몸을 지탱하기 시작했다. 2분 후에 갑자기 힘을 쓰더니 두 앞다리로 무릎을 꿇기 시작했다. 3분 후에 어린 티베트 영양은 놀랍게도 완전히 일어섰다! 5분 뒤에는 일어난 어린 티베트 영양이 비틀비틀 걸음마를 할 수 있게 되었다.

어린 티베트 영양이 출생하는 순간 어미 티베트 영양은 즉시 혀로 계속 핥아 몸에 있는 태액을 깨끗이 핥아내어 몸이 어는 고통을 당하지 않게 한다. 또한 침으로 새끼의 생명에 윤기를 주고 신진대사를 자극한다. 새끼가 일어서는 과정에 어미는 입으로 끊임없이 연약한 아이를 들어올려 빨리 일어서도록 했다. 눈 깜짝할 사이에 강해졌다. [95]일단 천적을 만나면 어미 티베트 영양은 먼저 새끼를 잘 숨기고, 몹시 지친 몸을 끌며 반대 방향으로 '황급히 달아나' 적을 유인한다. 이렇게 자신을 버려 아이를 구하는 치명적인 행동으로 인해 많은 어미 티베트 영양이 다시는 돌아오지 못한다. 숨은 새끼 티베트 영양은 짧은 시간차를 이용해 자신의 천연 보호색으로 생명 최초의 화를 피했다. 그럼에도 새끼 티베트 영양의 생존율은 50%에 불과하다.

아주 작은 한 생명, 연약한 한 생명, 위험과 고난에 반드시 맞서야 하는 한 생명이 하늘과 가장 가까운 곳에서 이렇게 일어났다!

단어 | 可可西里 Kěkěxīlǐ 몡 커커시리 | 腹地 fùdì 몡 오지 | 藏羚羊 zànglíngyáng 몡 티베트 영양 | 产仔 chǎnzǎi 새끼를 낳다 | 产房 chǎnfáng 몡 분만실 | 怀孕 huáiyùn 동 임신하다 | 临产 línchǎn 동 아이를 낳을 때가 임박하다 | 保卫 bǎowèi 동 지키다, 보위하다 | 尾随 wěisuí 동 뒤를 따르다 | 鹰 yīng 몡 매 | 秃鹫 tūjiù 몡 대머리 독수리 | 棕熊 zōngxióng 몡 불곰 | 天敌 tiāndí 몡 천적 | 湖畔 húpàn 몡 호숫가 | 喜得贵子 xǐde guìzǐ 귀한 아들을 얻다 | 准妈妈 zhǔn māma 예비 엄마 | 循环 xúnhuán 동 순환하다 | 照应 zhàoyìng 동 협력하다 | 虎视眈眈 hǔshì dāndān 솅 호시탐탐 기회를 노리다 | 短暂 duǎnzàn 형 (시간이) 짧다 | 漫步 mànbù 한가롭게 거닐다 | 不屈不挠 bùqū bùnáo 흔들리거나 굽힘이 없다 | 坠地 zhuìdì 동 아이가 태어나다 | 呻吟 shēnyín 동 신음하다 | 产床 chǎnchuáng 몡 분만대 | 高坡 gāopō 몡 가파른 언덕 | 沙石地 shāshídì 몡 모래 자갈 밭 | 目睹 mùdǔ 동 목격하다 | 浑身 húnshēn 몡 온몸 | 湿漉漉 shīlùlù 축축하다 | 一动不动 yídòng búdòng 솅 꼼짝하지 않다 | 趴 pā 동 엎드리다 | 挣扎 zhēngzhá 동 발버둥치다 | 伸展 shēnzhǎn 동 뻗다 | 蹬腿 dēngtuǐ 동 (발을) 뻗다 | 四肢 sìzhī 몡 사지 | 劈开 pīkāi 동 쪼개다, 가르다 | 支撑 zhīchēng 동 지탱하다 | 跪 guì 동 무릎을 꿇다 | 蹒跚 pánshān 형 비틀비틀 하다 | 舌头 shétou 몡 혀 | 舐舔 tiǎnshì 동 핥다 | 胎液 tāiyè 몡 양수 | 冰冻 bīngdòng 동 얼다, 냉동시키다 | 唾液 tuòyè 몡 타액, 침 | 滋润 zīrùn 형 촉촉하다 | 刺激 cìjī 동 자극하다

| 新陈代谢 xīnchén dàixiè 圆 신진대사 | 拱 gǒng 동 에워 싸다 | 柔弱 róuruò 형 유약하다 | 藏 cáng 동 숨기다 | 疲惫不堪 píbèi bùkān 견디지 못할 정도로 피곤하다 | 仓皇逃跑 cānghuáng táopǎo 허겁지겁 도망가다 | 诱惑 yòuhuò 동 유혹하다 | 劲敌 jìngdí 圆 강적 | 舍己 shějǐ 동 자신의 목숨을 돌보지 않다 | 躲 duǒ 동 피하다 | 劫难 jiénàn 圆 화 | 成活率 chénghuólǜ 圆 생존율 | 渺小 miǎoxiǎo 형 매우 작다, 보잘 것 없다 | 脆弱 cuìruò 형 연약하다 | 艰险 jiānxiǎn 圆 곤란과 위험 | 磨难 mónàn 圆 고난

---

93 ★★☆

下列哪项不是藏羚羊的天敌?	다음 중 티베트 영양의 천적이 아닌 것은?
A 狼　　　　　B 鹰	A 늑대　　　　B 매
C 秃鹫　　　　D 黑熊	C 대머리 독수리　　D 흑곰

해설 두 번째 단락에서 늑대, 매, 대머리 독수리, 불곰 등이 티베트 영양의 천적이라고 했으므로 언급하지 않은 D가 정답이다.

---

94 ★★☆

为什么藏羚羊的产仔过程很短暂?	티베트 영양의 출산 과정은 왜 짧은가?
A 幼仔的存活率很低	A 새끼의 생존율이 낮다
B 身处高原和天敌的存在	B 고원에 위치하고 천적이 존재한다
C 高原气候不利于幼仔的生存	C 고원의 기후가 새끼의 생존에 불리하다
D 很多藏羚羊等待生产	D 많은 영양이 출산을 기다리고 있다

단어 幼仔 yòuzǎi 圆 새끼

해설 두 번째 단락에서 고원에 머무르고 있고, 게다가 천적들이 호시탐탐 노리고 있어서 티베트 영양의 출산 과정은 아주 짧다고 했다. 따라서 정답은 B이다.

---

95 ★★☆

藏羚羊妈妈为什么牺牲自己?	어미 티베트 영양은 왜 자신을 희생하는가?
A 给孩子寻找食物	A 새끼에게 먹이를 찾아 준다
B 让小藏羚羊快速成长	B 어린 티베트 영양이 빠르게 자랄 수 있게 한다
C 诱惑敌人, 保护孩子	C 적을 유인하여 새끼를 보호한다
D 由于生产过程中的疲惫而致死	D 출산 과정 중 너무 피로하여 사망에 이른다

해설 네 번째 단락에서 어미 티베트 영양은 적을 유인하는 방법으로 새끼를 보호한다고 했으므로 정답은 C이다.

---

96 ★★★

上文主要介绍了:	이 글이 주로 소개하는 것은:
A 小藏羚羊的出生	A 어린 티베트 영양의 출생
B 天敌是如何捕获藏羚羊的	B 천적은 어떻게 티베트 영양을 잡는가
C 藏羚羊妈如何保护孩子	C 어미 티베트 영양은 어떻게 새끼를 보호하는가
D 藏羚羊的生存地	D 티베트 영양의 생존지

해설 이 글은 어린 티베트 영양의 출생 과정을 소개하고 있으므로 정답은 A이다.
　　　　C. 어미 티베트 영양이 어떻게 새끼를 보호하는지 언급했지만, 이는 출생하고 살아남는 과정의 일부로, 주제를 뒷받침하는 것이다.

⁹⁷在当今的社会中，肺癌和乳腺癌成为全球范围内死亡的主要原因，因此，早一点儿发现疾病成为众望所归。在最近的一项科学研究中，研究人员提供了令人震惊的新证据，表明人类最好的朋友——狗，或许能为早期癌症的检测做出贡献。

狗的超常嗅觉能够区分健康人与早、晚期肺癌和乳腺癌患者，研究人员向人们展示了这方面的科学依据。狗能够识别出被稀释得低至兆分之几的化学成分，这一点已被其他科学研究所证明。研究人员是从一个病例报告中第一次认识到狗的嗅觉在临床诊断上的作用——一条狗总是嗅主人身上的皮肤损伤处，从而使主人警觉自己患了黑素瘤。随后发表在一些主要医学期刊上的研究成果也证明，经过训练的狗能够发现黑素瘤和膀胱癌。⁹⁸最新的这项研究是对狗能否仅靠癌症患者呼出的气息发现癌症所进行的第一次测试。

在这项研究中，五条家犬在短短的三个星期内接受了训练，通过嗅癌症患者呼出的气息来发现肺癌或乳腺癌。试验由86名癌症患者（其中55人患有肺癌，31人患有乳腺癌）和83名作为对照的健康人组成。所有的癌症患者都是刚刚通过传统的活组织切片检测方法而确诊为癌症的，但尚未接受化疗。研究人员将癌症患者和对照者呼出的气息样本收集在一个特殊的管子里，让狗去嗅。狗受训在识别出癌症患者的气息后坐在或者趴在装有癌症者气息样本的测试台前，而对对照组的气息样本不做任何反应。

研究结果显示，狗能发现88%至97%的乳腺癌和肺癌。另外，⁹⁹该研究还证实，经过训练的狗能够发现早期肺癌和乳腺癌。研究人员由此推断，气息分析可能会成为诊断癌症的一个方法。

⁹⁷현재 사회에서 폐암과 유선암은 전 세계 사망의 주요 원인이 되었다. 이 때문에 질병을 일찍 발견하는 것은 모두의 바람이 되었다. 최근 과학 연구에서 연구원들은 놀라운 새 증거를 내놓았다. 바로 사람의 가장 좋은 친구인 개가 어쩌면 암의 조기 검사에 공헌할 수 있다는 것이다.

개의 뛰어난 후각은 건강한 사람과 폐암과 유선암의 초기, 말기 환자를 구별할 수 있다. 연구원들은 사람들에게 이에 대한 과학적 근거를 내놓았다. 개는 피코(1조분의 1단위)까지 희석된 화학 성분을 식별해 낼 수 있고, 이것은 이미 다른 과학 연구에 의해 증명되었다. 연구원은 질병 사례 보고 중 처음으로 임상 진단에서의 개의 후각 작용을 인식했다. 어떤 개는 항상 주인 몸의 피부 손상 부위의 냄새를 맡아 주인이 악성 흑색종을 앓고 있는 것을 깨닫게 했다. 이후에 주요 의학 간행물에 발표된 연구 성과 역시 훈련된 개가 악성 흑색종과 방광암을 발견할 수 있다는 것을 증명했다. ⁹⁸최근의 이 연구는 개가 암 환자가 내쉬는 숨만으로 암의 진행을 발견할 수 있는지에 대한 첫 번째 실험이다.

이 연구에서 다섯 마리의 개가 3주라는 짧은 시간 동안 훈련을 받고 암 환자가 내쉬는 숨의 냄새를 맡아서 폐암과 유선암을 발견했다. 실험은 86명의 암 환자(그중 55명은 폐암 환자이고, 31명은 유선암 환자이다)와 83명의 건강한 사람들을 대상으로 구성되었다. 모든 암 환자가 전통적인 조직검사를 통해 암을 확진했지만, 아직 화학 치료는 진행되지 않은 상태였다. 연구원은 암 환자와 비교 대상자의 숨 샘플을 특수한 관에 모아서 개에게 냄새를 맡게 했다. 개는 훈련을 받고 암 환자의 숨을 식별해 낸 후 암 환자 숨이 들어 있는 샘플의 실험대 앞에 앉거나 엎드렸지만 비교 대상 그룹의 숨 샘플에는 어떤 반응도 보이지 않았다.

연구 결과에 의하면 개는 88~97%의 유선암과 폐암을 발견할 수 있다고 한다. 그 밖에도 ⁹⁹이 연구는 훈련을 거친 개가 초기 폐암과 유선암을 발견할 수 있다는 사실도 증명했다. 연구원은 숨을 분석하는 것이 암을 진단하는 방법이 될 수 있다고 추정했다.

단어 肺癌 fèi'ái 몡 폐암 | 乳腺癌 rǔxiàn'ái 몡 유선암 | 众望所归 zhòngwàng suǒguī 졩 대중의 뜻에 부합하다 | 震惊 zhènjīng 툉 놀라게 하다 | 证据 zhèngjù 몡 증거 | 检测 jiǎncè 툉 검사하다 | 贡献 gòngxiàn 툉 공헌하다 | 超常 chāocháng 혱 뛰어나다 | 嗅觉 xiùjué 몡 후각 | 稀释 xīshì 툉 희석하다 | 临床诊断 línchuáng zhěnduàn 몡 임상 진단 | 黑素瘤 hēisùliú 몡 악성 흑색종 | 膀胱癌 pángguāngái 몡 방광암 | 测试 cèshì 툉 테스트하다 | 切片 qiēpiàn 몡 생물체 조직을 얇게 자른 조각 | 确诊 quèzhěn 툉 확진하다 | 尚未 shàngwèi 틧 아직 ~하지 않다 | 化疗 huàliáo 툉 화학 약물로 치료하다 | 管子 guǎnzi 몡 관 | 气息 qìxī 몡 숨 | 测试台 cèshìtái 몡 실험대 | 证实 zhèngshí 툉 증명하다 | 推断 tuīduàn 툉 추정하다

---

97 ★★☆

为什么要早点儿发现疾病？	왜 질병을 일찍 발견해야 하는가?
A 人类意识到生命的可贵	A 사람은 생명의 귀중함을 의식했다
B 身体健康是众望所归	B 신체 건강은 모두의 바람이다
C 狗能觉察到癌症	C 개가 암을 알아챌 수 있다
D 癌症已成为死亡的主要原因	D 암은 이미 주요 사망 원인이 되었다

---

98 ★★★

狗能嗅出癌症的科学依据是:	개가 암의 냄새를 맡아 내는 것의 과학적 근거는:
A 狗天生的超常嗅觉	A 개의 선천적인 뛰어난 후각
B 能识别被稀释的物理成分	B 희석된 물리 성분을 식별할 수 있다
C 已经经过临床试验	C 이미 임상 실험을 거쳤다
D 能仅靠人呼出的气息发现癌症	D 사람이 내쉬는 숨만으로 암을 발견할 수 있다

해설 두 번째 단락에서 개는 암 환자가 내쉬는 숨만으로 암의 진행을 발견한다는 실험의 결과를 언급했다. 따라서 정답은 D이다.
A. 개의 후각 자체가 과학적인 근거는 아니다.

99 ★★★

下列哪项属于研究结果?	다음 중 연구 결과에 속하는 것은?
A 经过训练的狗能发现早期肺癌和乳腺癌	A 훈련을 거친 개는 초기 폐암과 유선암을 발견할 수 있다
B 狗能发现所有早期癌症	B 개는 모든 초기 암을 발견할 수 있다
C 癌症患者可以得到及时的治疗	C 암 환자는 제때 치료를 받을 수 있다
D 狗对对照组没有反应	D 개는 비교 대상 그룹에 아무 반응을 하지 않았다.

해설 마지막 단락에서 연구는 훈련을 거친 개가 초기 폐암과 유선암을 발견할 수 있다는 사실도 증명했다고 했으므로 정답은 A이다.
D. 개는 비교 대상 그룹에 아무 반응도 보이지 않았지만 이것이 연구 결과는 아니다.

100 ★★★

最适合做上文标题的是:	이 글의 제목으로 가장 적절한 것은 :
A 治疗癌症之路	A 암 치료의 길
B 狗能嗅出癌症?	B 개는 암의 냄새를 맡아 낼 수 있는가?
C 发现你的癌症	C 당신의 암 발견하기
D 健康路漫漫，狗来帮你忙	D 건강의 길은 길고 개는 당신을 돕는다

해설 이 글은 전체적으로 개의 후각으로 암을 진단할 수 있다는 연구 결과를 소개하고 있으므로 정답은 B이다.

지문	해석
[서론] 1~2단락 　　在繁华的纽约市，曾发生过这样一件让人称奇的事情。 　　星期五的晚上，一个贫穷的年轻艺人像往常一样站在地铁站口，专心致志地拉着小提琴。伴随着优美动听的琴声，人们步履匆匆，踏上周末回家的路，但还是有很多人情不自禁地放慢了脚步，往年轻艺人跟前的帽子里放些钱。	번화한 뉴욕시에서 신기한 일이 발생한 적이 있다. 금요일 저녁, 한 가난한 젊은 예술가가 늘 그랬던 것처럼 지하철역 입구에 서서 정성을 다해 바이올린을 연주하고 있었다. 아름다운 바이올린 소리에 따라서 사람들은 바쁘게 걸으며 주말에 집으로 가는 길에 들어섰지만 많은 사람은 여전히 자기도 모르게 발걸음을 늦춰서 젊은 예술가 앞에 있는 모자에 돈을 넣었다.
[본론1] 3~10단락 　　第二天，年轻的艺人又来到地铁站口，很优雅地把帽子摘下来放在地上。与昨天不同的是，他拿出一张大纸，郑重地铺在地上，用石块压上。然后，他调试好小提琴，开始演奏，声音似乎比以往更动听、更悠扬。 　　一会儿，年轻的小提琴手周围围满了人，人们都被铺在地上的那张纸吸引了，上面写着："昨晚，有一位叫乔治·桑的先生错将一份很重要的东西放在我的礼帽里，请您速来认领。" 　　见此情形，人群中一阵骚动，人们纷纷猜想那究竟会是什么东西。大约半个小时，一位中年男子匆匆赶来，他拨开人群直奔小提琴手，一把抱住小提琴手的肩膀语无伦次地说："啊，是您呀，您真的来了，我就知道您是个老实人，您一定会来的。" 　　年轻的小提琴手冷静地问："您是乔治·桑先生吗？" 　　那人连忙点头。小提琴手又问："您丢了什么东西吗？" 　　那位先生说："彩票，彩票。" 　　小提琴手掏出一张彩票，上面醒目地写着乔治·桑，小提琴手拿着彩票问："是这个吗？" 　　乔治·桑迅速地点点头，抢过彩票吻了一下，然后高兴地抱着小提琴手手舞足蹈起来。	이튿날 젊은 예술가가 또 지하철역 입구에 와서 우아하게 모자를 벗어 바닥에 놓았다. 어제와 다른 것은 그가 큰 종이를 꺼내서 정중하게 바닥에 깔고 돌멩이로 눌러놓았다는 것이다. 그리고는 바이올린을 조율하고 연주를 시작했고 바이올린 소리는 이전보다 더 아름답고 멜로디가 조화로운 것 같았다. 잠시 후에 젊은 바이올리니스트 주변에 사람들이 모여들었다. 사람들은 바닥에 깔린 그 종이에 끌려들었다. 그 종이에는 이렇게 쓰여 있었다. '어제저녁에 조지 샌드 선생님이 아주 중요한 물건을 저의 모자 안에 넣었습니다. 속히 찾아가십시오.' 이 상황을 보고 사람들이 한바탕 술렁거렸고 연이어 그것이 도대체 무슨 물건인지 추측했다. 약 30분 정도 흐르고, 한 중년 남자가 급히 달려왔다. 그는 인파를 헤치고 곧장 바이올리니스트에게 달려와서 바이올리니스트의 어깨를 끌어안으며 두서없이 말했다. "아, 당신이군요. 당신이 정말 왔군요. 나는 당신이 진실된 사람이라는 것을 알았어요. 당신이 꼭 오리라는 것을 알았어요." 젊은 바이올리니스트는 침착하게 물었다. "조지 샌드 선생님이신가요?" 그 사람이 재빨리 고개를 끄덕였다. 바이올리니스트는 다시 물었다. "어떤 물건을 잃어버리셨나요?" 그 선생이 말했다. "복권, 복권이요." 바이올리니스트는 복권을 꺼냈고, 그 위에는 눈에 뜨이게 조지 샌드라고 적혀있었다. 바이올리니스트가 복권을 들고 물었다. "이것인가요?" 조지 샌드는 빠르게 고개를 끄덕이고는 복권을 빼앗아 입을 맞췄다. 그다음 바이올리니스트를 껴안고 기뻐서 날뛰었다.

요약	4대 요소 & 주요 문형
在纽约市曾发生过一件让人深思的事情。星期五晚上，一个年轻艺人在地铁站口拉着小提琴。听到他的琴声，很多人往年轻艺人的帽子里放一些钱。	• 시간: 금요일 저녁 • 장소: 뉴욕시 지하철역 입구 • 인물: 젊은 바이올리니스트, 사람들 • 사건: 젊은 바이올리니스트가 지하철역 입구에서 연주하고 사람들은 그의 모자에 돈을 넣음
	• 시간: 이튿날 • 장소: 지하철역 입구 • 인물: 젊은 바이올리니스트, 조지 샌드 • 사건: 젊은 바이올리니스트가 전날 모자에 잘못 들어간 복권을 다시 가지고 와 주인을 찾아줌
第二天，那位小提琴手又来到地铁站口，拿出了一张大纸。那张纸上写着："昨晚，有一位先生将一个重要的东西放在我的帽子里。"大约半个小时，一位中年男生来了。小提琴手问："您丢了什么东西吗？"那位先生说："彩票。"那位先生找回那张彩票后手舞足蹈起来了。	• 将…放在…: ~을 ~에 놓다 　囫 将茄子和油放在平底锅里加热。 　　프라이팬에 가지와 기름을 넣고 가열하세요. • 手舞足蹈: 기뻐 어쩔 줄 모르다. 　囫 他们高兴得手舞足蹈。 　　그들은 기뻐서 날뛰었다.

事情是这样的。乔治·桑是一家公司的小职员，前些日子买了一张银行发行的彩票，昨天开奖后，他居然中了50万美元。下班回家的路上，他心情大好，听到琴声也顿觉美妙异常，于是掏出50美元放进小提琴手的帽子里，可是不小心把彩票也带了进去。小提琴手是艺术学院的学生，本来打算去维也纳深造，机票也已经定好了，时间就在那天上午。可是，他整理东西时看到了这张彩票，想到失主会回来寻找，他便取消了行程，又准时来到这里。

사실은 이랬다. 조지 샌드는 회사의 말단 사원인데 며칠 전에 은행에서 발행한 복권을 한 장 샀다. 어제 추첨 후에 그는 놀랍게도 50만 달러에 당첨이 되었다. 퇴근하고 집에 가는 길에 그는 기분이 너무 좋았고 바이올린 소리를 듣고 아름답다고 여겨 50달러를 꺼내 바이올리니스트의 모자에 넣었는데, 실수로 복권도 딸려 간 것이다. 바이올리니스트는 원래 예술 학교 학생으로 빈에 가서 공부할 계획이어서 비행기 표도 이미 예매했고, 시간은 그날 오전이었다. 하지만 그가 물건을 정리하다가 이 복권을 보고 주인이 찾으러 올 것이라고 생각해서 일정을 취소하고 시간에 맞춰 이곳에 온 것이다.

后来，有人问小提琴手："你当时正需要一笔钱来支付学费，才不得不每天到地铁站拉提琴，那为什么你不自己去兑奖呢？"

小提琴手说："虽然我并不富裕，但我很快乐；可是如果没了诚实，我永远也不会快乐。"

在人的一生中，我们会得到许多，也会失去许多，但诚实应始终伴随着我们。如果以虚伪、不诚实的方式为人处世，也许能获得暂时的"成功"，但从长远来看，我们到最后还是输家。这种人就像山巅之水，刚开始的时候高高在上，但慢慢会一点点地走下坡路，再没有上升的机会。

나중에 어떤 사람이 바이올리니스트에게 물었다. "당신은 그때 학비를 내기 위해 큰돈이 필요해서 어쩔 수 없이 매일 지하철역에서 바이올린을 연주했는데, 왜 그 복권을 당첨금으로 바꾸지 않았나요?"

바이올리니스트가 말했다. "저는 부유하지는 않지만, 매우 즐겁습니다. 그러나 진실함이 없으면 영원히 즐겁지 않을 것입니다."

일생에서 우리는 많은 것을 얻고, 많은 것을 잃는다. 하지만 진실함은 항상 우리와 함께 있어야 한다. 만약 거짓되고 진실하지 않은 방식으로 세상을 살아간다면 일시적인 '성공'은 거둘 수 있지만, 장기적으로 볼 때는 결국 패배자이다. 이런 사람들은 산꼭대기의 물과 같아서 처음에는 아주 높은 곳에 있지만, 천천히 조금씩 비탈길을 걸어 다시는 올라설 기회를 얻지 못한다.

단어 繁华 fánhuá 휑 번화하다 | 称奇 chēngqí 동 기이하게 여기다 | 贫穷 pínqióng 휑 가난하다 | 艺人 yìrén 몡 예술가 | 专心致志 zhuānxīn zhìzhì 솅 온 마음을 다 기울이다 | 小提琴 xiǎotíqín 몡 바이올린 | 伴随 bànsuí 동 따라가다 | 优美 yōuměi 휑 우아하고 아름답다 | 动听 dòngtīng 듣기 좋다 | 步履 bùlǚ 몡 걸음걸이 | 匆匆 cōngcōng 휑 매우 바쁘다 | 踏上 tàshàng 동 (길에) 오르다 | 情不自禁 qíngbú zìjīn 솅 감정을 억제하기 힘들다 | 放慢 fàngmàn 동 (속도를) 늦추다 | 脚步 jiǎobù 몡 걸음걸이 | 优雅 yōuyǎ 휑 우아하다 | 摘 zhāi 동 벗다 | 郑重 zhèngzhòng 휑 정중하다 | 铺 pū 동 깔다, 펴다 | 调试 tiáoshì 동 조율하다 | 悠扬 yōuyáng 휑 멜로디가 조화롭다 | 认领 rènlǐng 동 찾아가다 | 情形 qíngxing 몡 정황, 상황 | 骚动 sāodòng 동 떠들썩하다, 술렁거리다 | 拨开 bōkāi 밀어 젖히다 | 直奔 zhíbèn 곧장 달려가다 | 语无伦次 yǔwú lúncì 솅 말에 조리가 없다 | 老实 lǎoshi 휑 솔직하다, 정직하다 | 冷静 lěngjìng 휑 침착하다 | 彩票 cǎipiào 몡 복권 | 掏出 tāochū 꺼내다 | 醒目 xǐngmù 눈에 띄다 | 抢 qiǎng 동 빼앗다 | 吻 wěn 동 입맞춤하다 | 手舞足蹈 shǒuwǔ zúdǎo 솅 뛸 듯이 기뻐하다 | 顿觉 dùnjué 동 문득 느끼다 | 美妙 měimiào 휑 아름답다 | 异常 yìcháng 흿 매우 | 维也纳 Wéiyěnà 몡 빈 | 深造 shēnzào 동 깊이 연구하다 | 行程 xíngchéng 몡 여정 | 支付 zhīfù 동 지불하다 | 兑奖 duìjiǎng 동 복권을 상금으로 바꾸다 | 富裕 fùyù 휑 부유하다 | 诚实 chéngshí 휑 진실되다 | 始终 shǐzhōng 흿 시종일관 | 虚伪 xūwěi 휑 허위의, 거짓의 | 为人处世 wéirén chǔshì 동 처세하다 | 暂时 zànshí 몡 일시 | 输家 shūjiā 몡 패배자 | 山巅 shāndiān 몡 산꼭대기 | 坡路 pōlù 몡 비탈길 | 上升 shàngshēng 동 오르다

那位先生是一家公司的职员，他买了一张彩票，他居然中了50万美元。下班回家时，他听到小提琴手的演奏后，把50美元放进小提琴手的帽子里，可是把彩票也带了进去。小提琴手本来打算今天去海外留学，机票也已经订好了，可是他取消了行程，又来到地铁站口拉小提琴。

- 인물: 회사원 조지 샌드, 젊은 바이올리니스트
- 사건: 1) 조지 샌드는 50만 달러에 당첨된 복권을 바이올리니스트 모자에 잘못 넣었음
  2) 복권을 주인에게 찾아 주기 위해 바이올리니스트는 자신의 오늘 일정을 취소했음

- 居然: 놀랍게도
  🔁 我真没想到她居然会做出这种事来。
  나는 그녀가 이런 일을 할 줄 정말 생각조차 못 했다.

后来，小提琴手说：“虽然我很贫穷，可是很快乐，如果没有诚实，我永远也不会快乐。”
我们以不诚实的方式也能获得暂时的成功，然而从长远来看，我们还是输家。

- 시간: 사건이 발생한 뒤에
- 인물: 젊은 바이올리니스트
- 사건: 1) 바이올리니스트는 스스로 가난하지만 진실함이 있어 행복하다고 말함
  2) 진실하지 않은 방식으로도 일시적인 성공은 얻을 수 있지만 장기적으로는 패배자라는 교훈을 줌

- 以…获得成功: ~로 성공을 얻다
  🔁 他以独特的方式获得成功。
  그는 독특한 방식으로 성공했다.

해설 우선 10분 동안 빠른 속도로 주어진 지문을 읽으면서 시간, 장소, 인물, 사건(원인, 과정, 결과) 이 4대 요소를 최대한 기억해야 한다. 등장인물의 이름이 조지 샌드처럼 외우기 어려운 외국 이름일 경우 이름이나 성 하나만 써도 무방하며, 사건의 진행에서 중요하지 않은 '维也纳(빈)'와 같은 장소는 '海外(해외)'로 바꾸어 언급해도 무방하다. 이 지문은 대화 위주로 진행되므로 인용문을 적절하게 사용하는 것이 좋다. 또한, 글의 마지막에 이야기를 통해 얻을 수 있는 언급한 인생의 교훈까지 정확하게 기억해서 써야 한다.

단서 찾기 ① 시간: 금요일 저녁, 이튿날, 그 후
② 장소: 지하철역 앞
③ 인물: 젊은 바이올리니스트, 회사원 조지 샌드
④ 사건: • 원인 - 바이올리니스트가 지하철역 입구에서 연주하고 모자에 돈을 받음
　　　　↓
　　　• 과정 - 조지가 50만 달러가 당첨된 복권을 모자에 잘못 넣었고, 바이올리니스트가 그것을 돌려줌
　　　　↓
　　　• 결과 - 진실함이 있어야 진정한 성공을 얻을 수 있음

제목 짓기 예1) 诚实(진실함) → 지문의 중심 내용에 근거한 제목
예2) 一位年轻小提琴手(젊은 바이올리니스트) → 주요 인물을 활용한 제목
예3) 帽子里的彩票(모자 속의 복권) → 글의 중심 소재를 활용한 제목

　　　　　　　　帽子里的彩票

　　　在纽约市曾发生过一件让人深思的事情。星期五晚上，一个年轻艺人在地铁站口拉着小提琴。听到他的琴声，很多人往年轻艺人的帽子里放一些钱。

　　　第二天，那位小提琴手又来到地铁站口，拿出了一张大纸。那张纸上写着："昨晚，有一位先生将一个重要的东西放在我的帽子里。"大约半个小时，一位中年男生来了。小提琴手问："您丢了什么东西吗?"那位先生说:"彩票。"那位先生找回那张彩票后手舞足蹈起来了。

　　　那位先生是一家公司的职员，他买了一张彩票，他居然中了50万美元。下班回家时，他听到小提琴手的演奏后，把50美元放进小提琴手的帽子里，可是把彩票也带了进去。小提琴手本来打算今天去海外留学，机票也已经订好了，可是他取消了行程，又来到地铁站口拉小提琴。

　　　后来，小提琴手说："虽然我很贫穷，可是很快乐，如果没有诚实，我永远也不会快乐。"

　　　我们以不诚实的方式也能获得暂时的成功，然而从长远来看，我们还是输家。

모자 속의 복권

뉴욕시에서 신기한 일이 발생한 적이 있다. 금요일 저녁에 한 젊은 예술가가 지하철역 입구에서 바이올린을 연주하고 있었다. 그의 바이올린 소리를 듣고 많은 사람들이 예술가의 모자에 돈을 넣었다.

이튿날 그 바이올리니스트는 또 지하철역 입구에 왔고 큰 종이를 꺼내 놓았다. 그 종이에는 '어제저녁에 어떤 분이 중요한 물건을 제 모자 안에 넣었습니다.'라고 쓰여져 있었다. 약 30분 정도 흐르자 한 중년 남성이 왔고, 바이올리니스트는 물었다. "어떤 물건을 잃어버리셨나요?" 그 사람은 말했다. "복권이요." 그 선생은 그 복권을 찾고는 기뻐서 날뛰었다.

그 선생은 한 회사의 직원으로 복권을 샀는데 놀랍게도 50만 달러에 당첨이 되었다. 퇴근하고 집에 가는 길에 그는 바이올린 연주 소리를 듣고 50달러를 바이올리니스트의 모자에 넣었는데, 복권도 딸려 간 것이었다. 바이올리니스트는 원래 오늘 해외에 가서 공부할 계획이었고 비행기 표도 이미 예매를 했지만, 일정을 취소하고 지하철역 입구에 와 바이올린을 연주했다.

나중에 바이올리니스트는 "저는 부유하지는 않지만, 매우 즐겁습니다. 그러나 진실함이 없으면 영원히 즐겁지 않을 것입니다"라고 말했다. 우리는 거짓되고 진실하지 않은 방식으로도 일시적인 성공은 거둘 수 있지만, 장기적으로 볼 때는 결국 패배자이다.

실전 모의고사 3

>> 모의고사 48p

듣기 听力

제1부분				
1 D	2 C	3 D	4 C	5 D
6 A	7 A	8 C	9 B	10 C
11 D	12 B	13 C	14 A	15 B

제2부분				
16 C	17 B	18 D	19 B	20 B
21 B	22 C	23 C	24 D	25 A
26 B	27 C	28 A	29 D	30 D

제3부분				
31 C	32 A	33 B	34 C	35 A
36 A	37 C	38 B	39 D	40 C
41 B	42 C	43 B	44 C	45 C
46 B	47 B	48 C	49 B	50 D

독해 阅读

제1부분				
51 B	52 A	53 C	54 C	55 D
56 A	57 D	58 C	59 A	60 D

제2부분				
61 B	62 D	63 C	64 A	65 A
66 A	67 D	68 A	69 D	70 C

제3부분				
71 B	72 A	73 D	74 E	75 C
76 E	77 B	78 C	79 D	80 A

제4부분				
81 C	82 B	83 D	84 B	85 C
86 B	87 C	88 B	89 C	90 B
91 C	92 B	93 B	94 B	95 A
96 D	97 D	98 B	99 A	100 C

쓰기 书写

해설 참고

---

1 ★★★

小张在服装柜台工作，他整天都是一副睡不醒的样子，经理给他换了三个岗位了，他还是照样打瞌睡。最后，经理想了一个办法，让他去睡衣柜台，在柜台旁立一块广告牌，上面写着：优质睡衣，当场示范。

A 小张认真工作
B 经理不让小张工作了
C 小张以后不再打瞌睡了
D 小张还是打瞌睡

샤오장(小张)은 의류 매장에서 일하는데 종일 잠에서 깨어나지 못하는 모습이었다. 사장이 그의 근무처를 세 번이나 바꿨지만, 그는 여전히 졸았다. 결국, 사장이 방법을 생각해 냈다. 그에게 잠옷 매장에서 일하게 하고 매장 옆에 광고판을 세웠다. 광고판에는 '우수한 품질의 잠옷, 현장에서 시현하고 있습니다.'라고 적혀 있었다.

A 샤오장은 열심히 일한다
B 사장은 샤오장에게 일을 시키지 않았다
C 샤오장은 이후에 더 이상 졸지 않았다
D 샤오장은 여전히 존다

단어 服装 fúzhuāng 몡 의류 | 柜台 guìtái 몡 매장 | 岗位 gǎngwèi 몡 근무처 | 照样 zhàoyàng 뷔 여전히 | 打瞌睡 dǎ kēshuì 동 졸다 | 睡衣 shuìyī 몡 잠옷 | 广告牌 guǎnggàopái 몡 광고판 | 当场 dāngchǎng 현장 | 示范 shìfàn 동 시범을 보이다, 시현하다

해설 샤오장은 여전히 졸아서 사장이 샤오장을 잠옷 매장에서 일하게 한 것이므로 정답은 D이다.

---

2 ★★☆

"萍水相逢"这个成语是比喻不相识的人偶然相遇。"萍"是一种在水面上浮生的蕨类植物，随水漂泊，聚散无定。能在茫茫人海中萍水相逢是一种缘分。

A "萍水相逢"指朋友相遇
B "萍"生长在大海里
C "萍水相逢"指陌生人相遇
D "萍"是一种动物

성어 '萍水相逢'은 서로 알지 못하는 사람이 우연히 만나는 것을 의미한다. '부평초'는 수면 위에 떠서 자라는 양치식물이며, 물결을 따라 흘러다니며 모였다가 흩어지고 정착해서 살지 않는다. 망망한 바다에서 부평초가 서로 만나는 것은 인연이다.

A '萍水相逢'은 친구가 서로 만나는 것을 의미한다
B '부평초'는 바다에서 생장한다
C '萍水相逢'은 모르는 사람이 서로 만나는 것을 의미한다
D '부평초'는 동물이다

단어 萍水相逢 píngshuǐ xiāngféng 셩 우연히 만나다 | 成语 chéngyǔ 몡 성어 | 比喻 bǐyù 동 비유하다 | 相识 xiāngshí 동 서로 알다 | 偶然 ǒurán 뷔 우연히 | 相遇 xiāngyù 동 서로 만나다 | 浮生 fúshēng 동 물 위에 떠서 자라다 | 蕨类植物 juélèi zhíwù 몡 양치식물 | 漂泊 piāobó 동 물결을 따라 흐르다 | 缘分 yuánfèn 몡 인연

해설 '萍水相逢'이 서로 알지 못하는 사람이 우연히 만나는 것을 의미한다고 했고, 녹음의 '不相识的人(서로 알지 못하는 사람)'과 C의 '陌生人(낯선 사람)'은 같은 의미이므로 정답은 C이다.

---

3 ★★☆

21世纪湿地的多种功能被进一步发现：湿地，是生命淡水的主要来源，是可再生资源的主要创造者，是生态环境的忠诚卫士，也是人们休闲娱乐的理想空间。然而，由于种种原因，全球的湿地正不断减少。

21세기 습지의 다양한 기능이 더 발견되었다. 습지는 생명과 담수의 주요 원천이며 재생 가능 자원의 주요 창조자이다. 또한, 생태 환경의 충성스러운 수호자이자 휴식과 오락을 즐길 수 있는 이상적인 공간이다. 그러나 각종 원인으로 인해 전 세계의 습지는 계속해서 줄어들고 있다.

A 湿地并不重要	A 습지는 결코 중요하지 않다
B 湿地创造了不可再生资源	B 습지는 재생이 불가능한 자원을 창조했다
C 湿地的功能不多	C 습지의 기능은 많지 않다
D 全球湿地在不断减少	D 전 세계 습지는 계속해서 줄어들고 있다

단어　湿地 shīdì 몡 습지 | 淡水 dànshuǐ 몡 담수 | 来源 láiyuán 몡 원천, 근원 | 可再生资源 kězàishēng zīyuán 몡 재생 가능 자원 | 创造者 chuàngzàozhě 몡 창조자 | 忠诚 zhōngchéng 혱 충성하다 | 卫士 wèishì 몡 수호자 | 休闲娱乐 xiūxián yúlè 몡 휴식과 오락

해설　각종 원인으로 인해 전 세계의 습지는 계속해서 줄어들고 있다고 했고, 녹음의 '正'과 D의 '在(~하고 있다)'는 같은 의미이므로 정답은 D이다.

4　★★☆

小人之间的交往往往是饱暖之际，是为了某种利害关系互相吹捧，彼此利用，甜言蜜语，因而看起来是舒服的、甜蜜的。而真诚的朋友间的交往是真心实意的，不图任何回报，互相勉励，共同进步。	소인배들 간의 사귐은 항상 생활이 여유로울 때 이루어지고 모종의 이해관계를 위해 서로 치켜세우고, 서로 이용하고 감언이설을 해서 보기에 편안하고 달콤해 보인다. 그러나 진정한 친구 간의 사귐은 진심이 있고 어떤 보답도 바라지 않으며, 서로 격려하고 함께 진보한다.
A 朋友是相互利用的	A 친구는 서로 이용하는 것이다
B 最好不要交朋友	B 친구를 사귀지 않는 것이 가장 좋다
C 真诚的朋友间是不图回报的	C 진정한 친구 간에는 보답을 바라지 않는다
D 说甜言蜜语的都不是好朋友	D 감언이설을 하는 사람은 모두 좋은 친구가 아니다

단어　饱暖 bǎonuǎn 혱 생활이 여유 있다 | 利害 lìhài 몡 이해(이익과 손해) | 吹捧 chuīpěng 동 치켜세우다 | 彼此 bǐcǐ 몡 서로 | 甜言蜜语 tiányán mìyǔ 솅 감언이설, 달콤한 말 | 真诚 zhēnchéng 혱 진실하다 | 真心实意 zhēnxīn shíyì 솅 진심, 성심성의 | 不图 bùtú 동 추구하지 않다 | 回报 huíbào 동 보답하다 | 勉励 miǎnlì 동 격려하다

해설　진정한 친구 간의 사귐은 어떤 보답도 바라지 않는다고 했으므로 정답은 C이다.

5　★★☆

仰望，让人有所敬畏，让人不甘于一般意义上的"平凡"。人生没有追求，那就跟菜肴中没有加盐一样；没有了目标，就没有了人生的道路。我们活着，就是为了不断地仰望，不停地追求。	고개를 들어 바라보는 것은 경외감을 들게 하며, 일반적인 의미의 '평범함'을 원하지 하게 된다. 인생에서 추구하는 것이 없으면 음식에 소금을 넣지 않은 것과 같다. 목표가 없어지면 인생의 길이 없어진다. 우리가 살아 있는 것은 끊임없이 바라보고 끊임없이 추구하기 위해서이다.
A 人生可以没有目标	A 인생에는 목표가 없어도 된다
B 不断仰望，人生会更平凡	B 끊임없이 위를 바라보면 인생은 더 평범해진다
C 我们喜欢平凡	C 우리는 평범한 것을 좋아한다
D 人生要不断地追求	D 인생은 끊임없이 추구해야 한다

단어　仰望 yǎngwàng 동 고개를 들어 바라보다, 바라다 | 有所 yǒusuǒ 동 어느 정도 ~하다 | 敬畏 jìngwèi 동 경외하다 | 不甘于 bùgānyú 달갑지 않다 | 平凡 píngfán 혱 평범하다 | 菜肴 càiyáo 몡 음식

해설　우리가 살아 있는 것은 끊임없이 추구하기 위해서라고 했으므로 정답은 D이다.

6 ★★☆

什么是幸福？答案是丰富多彩的。幸福是那些快乐的片段。幸福是发自内心的微笑。遗忘生活中丑恶的东西，而把美好的东西永远保留在记忆中，这也是一种幸福。

행복은 무엇인가? 정답은 다양하다. 행복은 즐거움의 단편들이다. 행복은 내면에서 우러나오는 미소이다. 생활 속의 추악한 것은 잊고 아름다운 것은 영원히 기억 속에 남기는 이것 역시 행복이다.

A 幸福是记住美好，遗忘丑恶
B 幸福是很难追求的
C 多数人是不幸的
D 没人知道幸福是什么

A 행복은 아름다운 것은 기억하고 추악한 것은 잊는 것이다
B 행복은 추구하기 어려운 것이다
C 많은 사람이 불행하다
D 행복이 무엇인지 아는 사람은 없다

단어 丰富多彩 fēngfù duōcǎi 형 풍부하고 다채롭다 | 片段 piànduàn 명 토막, 부분 | 遗忘 yíwàng 동 잊다 | 丑恶 chǒu'è 형 추악하다 | 保留 bǎoliú 동 남겨 두다

해설 생활 속의 추악한 것은 잊고 아름다운 것은 영원히 기억 속에 남기는 것 역시 행복이라고 했으므로 정답은 A이다.

7 ★★☆

2017年，生物学家对一批冲上海滩集体自杀的鲸类尸体进行了细致的检验，结果发现它们大脑和耳部出血，肝脏和肾脏也受到损伤。这种症状过去在海洋哺乳动物身上从未发生过，于是人们开始怀疑是附近活动的海军舰艇发出噪音造成的。

2017년, 생물학자는 모래사장으로 뛰어들어 집단 자살한 고래류의 시체를 자세하게 조사한 결과, 대뇌와 귀에 출혈이 있고 간장과 신장도 손상을 입은 것을 발견했다. 이러한 증상은 과거에 해양 포유동물에게 한 번도 발생한 적이 없는 것으로, 사람들은 근처에서 활동하는 해군 함정이 내보내는 소음이 야기한 것으로 의심하기 시작했다.

A 鲸类自杀可能是因为噪音
B 鲸类经常自杀
C 鲸类嘴部出血
D 鲸类自杀的原因不明

A 고래류의 자살은 소음 때문일 것이다
B 고래류는 자주 자살한다
C 고래류의 입에 출혈이 있었다
D 고래류의 자살 원인은 분명하지 않다

단어 冲上 chōngshàng 동 뛰어들다 | 海滩 hǎitān 명 모래사장 | 集体 jítǐ 명 집단 | 自杀 zìshā 동 자살하다 | 鲸类 jīnglèi 명 고래류 | 尸体 shītǐ 명 시체 | 细致 xìzhì 형 세밀하다 | 检验 jiǎnyàn 동 검증하다 | 出血 chūxiě 동 출혈하다 | 肝脏 gānzàng 명 간장 | 肾脏 shènzàng 명 신장 | 损伤 sǔnshāng 동 손상되다 | 症状 zhèngzhuàng 명 증상 | 哺乳动物 bǔrǔ dòngwù 명 포유동물 | 怀疑 huáiyí 동 의심하다 | 舰艇 jiàntǐng 명 함정 | 噪音 zàoyīn 명 소음

해설 사람들은 고래류의 자살을 해군 함정이 내보내는 소음이 야기한 것으로 의심하기 시작했다고 했으므로 정답은 A이다.

8 ★★☆

在美国的交通工具中，长途客运主要有飞机、火车、"灰狗"车三种。"灰狗"车实际上就是一种大巴，不过车上有厕所、空调，座椅可以调至半躺式，以便睡觉。"灰狗"车最经济，乘这种车的黑人、白人几乎各占一半，大多是"穷人"。

미국의 교통수단 중 장거리 여객 운수는 주로 비행기, 기차, '그레이하운드' 세 가지이다. '그레이하운드'는 사실 버스의 일종이기는 하지만 차 안에는 화장실, 에어컨이 있고, 의자는 잠을 잘 수 있도록 뒤로 젖힐 수 있다. '그레이하운드' 버스는 가장 경제적이어서, 이러한 차를 타는 흑인, 백인은 절반씩이며 대다수가 가난한 사람이다.

A "灰狗"车上没有厕所
B 乘"灰狗"车很贵
C 乘"灰狗"车的多是穷人
D 乘"灰狗"车的多是白人

A '그레이하운드' 버스에는 화장실이 없다
B '그레이하운드' 버스를 타는 것은 비싸다
C '그레이하운드' 버스를 타는 사람은 가난한 사람이다
D '그레이하운드' 버스를 타는 사람은 대다수가 백인이다

단어 长途 chángtú 圆 장거리 | 客运 kèyùn 圆 여객 운수 | 灰狗 huīgǒu 圆 그레이하운드 | 大巴 dàbā 圆 대형 버스 | 厕所 cèsuǒ 圆 화장실 | 座椅 zuòyǐ 圆 의자 | 以便 yǐbiàn 쩹 ~하도록 | 乘 chéng 圄 타다, 탑승하다 | 穷人 qióngrén 圆 가난한 사람

해설 그레이하운드 버스를 타는 대다수가 가난한 사람이라고 했으므로 정답은 C이다.

---

9 ★★☆

土地是新西兰最重要的资源，大部分土壤由火山灰堆积而成，十分肥沃，适宜农作物生长。此外，畜牧业非常发达，是新西兰经济的支柱产业之一，牛羊总数至少在5000万头以上。新西兰的乳制品和羊毛产品是重要的出口产品。	토지는 뉴질랜드의 가장 중요한 자원으로 대부분 토양은 화산재가 쌓여 이루어진 것이고, 매우 비옥하여 농작물의 생장에 적합하다. 이 밖에도 축산업이 매우 발달하여 뉴질랜드 경제의 주산업 중 하나이고, 소와 양의 총수는 적어도 5,000만 마리 이상이다. 뉴질랜드의 유제품과 양모 제품은 중요한 수출 상품이다.
A 水是新西兰最重要的资源 B 新西兰土地十分肥沃 C 新西兰牛羊总数少于5000万头 D 新西兰没有出口产品	A 물은 뉴질랜드의 가장 중요한 자원이다 B 뉴질랜드의 토지는 매우 비옥하다 C 뉴질랜드의 소와 양의 총수는 5,000만 마리 미만이다 D 뉴질랜드는 수출 상품이 없다

단어 新西兰 Xīnxīlán 圆 뉴질랜드 | 资源 zīyuán 圆 자원 | 土壤 tǔrǎng 圆 토양 | 火山灰 huǒshānhuī 圆 화산재 | 堆积 duījī 圄 쌓이다 | 肥沃 féiwò 圐 비옥하다 | 适宜 shìyí 圐 알맞다 | 畜牧业 xùmùyè 圆 목축업 | 支柱产业 zhīzhù chǎnyè 圆 주산업 | 乳制品 rǔzhìpǐn 圆 유제품 | 出口 chūkǒu 圄 수출하다

해설 뉴질랜드의 토지는 매우 비옥하여 농작물의 생장에 적합하다고 했으므로 정답은 B이다.

---

10 ★★☆

莫斯科是世界上最绿的城市之一，也是世界上空气最新鲜的都市之一，绿地总面积达35100公顷。莫斯科周边有17座森林公园，这些森林公园被誉为"绿色项链"，森林公园的宽度都在10至15千米之间，在莫斯科北部则达到28千米。	모스크바는 세계에서 가장 푸른 도시 중 하나이며, 세계에서 공기가 가장 신선한 도시 중 하나이기도 하다. 녹지 총면적은 35,100헥타르에 이른다. 모스크바 주변에는 17개의 삼림 공원이 있고, 이 삼림 공원은 '녹색 목걸이'라고 칭송된다. 삼림 공원의 폭은 10km에서 15km 사이이고, 모스크바 북부의 경우는 28km에 이른다.
A 莫斯科污染严重 B 莫斯科绿地面积很小 C 莫斯科周边有17个森林公园 D 森林公园宽度都有28千米	A 모스크바는 오염이 심각하다 B 모스크바의 녹지 면적은 작다 C 모스크바 주변에는 17개의 삼림 공원이 있다 D 삼림 공원의 폭은 28km이다

단어 莫斯科 Mòsīkē 圆 모스크바 | 绿地 lǜdì 圆 녹지 | 公顷 gōngqǐng 圆 헥타르 | 森林 sēnlín 圆 숲 | 被誉为 bèiyùwéi ~라고 칭송되다 | 项链 xiàngliàn 圆 목걸이 | 宽度 kuāndù 圆 폭

해설 보기의 주어와 술어를 나누어 구체적인 내용을 꼼꼼하게 대조하여 문제를 풀어야 한다. 모스크바 주변에는 17개의 삼림 공원이 있다고 했으므로 정답은 C이다.

11 ★★☆

居里夫人是伟大的科学家，<u>她一生中最伟大的科学功绩是她对镭元素的发现</u>。这个发现大大推动了现代科学的重大变革。但是，居里夫人却放弃镭的专利，把它无偿贡献给世界。

퀴리 부인은 위대한 과학자이다. <u>그녀의 일생 중 가장 위대한 과학적 업적은 라듐 원소에 대한 발견이다.</u> 이 발견은 현대 과학의 중대한 변혁을 대대적으로 추진했다. 그러나 퀴리 부인은 라듐의 특허권을 포기하고 그것을 무상으로 세계에 바쳤다.

A 居里夫人发现了铝元素
B 居里夫人是文学家
C 居里夫人拥有镭的专利
D 居里夫人发现了镭元素

A 퀴리 부인은 알루미늄 원소를 발견했다
B 퀴리 부인은 문학가이다
C 퀴리 부인은 라듐의 특허권을 가지고 있다
D 퀴리 부인은 라듐 원소를 발견했다

단어 居里夫人 Jūlǐ fūrén 몡 퀴리 부인 | 伟大 wěidà 혱 위대하다 | 功绩 gōngjì 몡 공로 | 镭 léi 몡 라듐 | 元素 yuánsù 몡 원소 | 推动 tuīdòng 동 추진하다 | 变革 biàngé 동 변혁하다 | 专利 zhuānlì 몡 특허권 | 无偿 wúcháng 혱 무상의 | 贡献 gòngxiàn 동 공헌하다

해설 퀴리 부인의 가장 위대한 과학적 업적은 라듐 원소에 대한 발견이라고 했으므로 정답은 D이다.

12 ★★☆

也许有人奋斗了一辈子，贡献了毕生精力，所得到的只是一连串的失败。这也不奇怪，因为有许多发明创造并非一两代人所能完成。<u>有人用自己的失败换来宝贵的教训</u>，使后人少走弯路，他们的精神、他们的贡献都是可贵的。

어떤 사람이 평생을 분투하고, 평생의 정신과 힘을 바쳐서 얻는 것은 어쩌면 계속되는 실패일 수 있다. 이것은 이상한 것도 아니다. 왜냐하면 많은 발명과 창조는 한두 세대에서 완성할 수 있는 것이 아니다. <u>어떤 사람이 자신의 실패로 바꿔 온 진귀한 교훈은</u> 후세 사람에게 시행착오를 적게 겪도록 한다. 그들의 정신과 그들의 공헌은 모두 귀중한 것이다.

A 奋斗一辈子就会成功
B 失败可以换来宝贵的教训
C 后人都是成功的
D 发明创造是一代人就能完成的

A 평생을 분투하면 성공할 것이다
B 실패는 진귀한 교훈으로 바꿔 올 수 있다
C 후세 사람은 성공한다
D 발명 창조는 한 세대에서 완성할 수 있다

단어 奋斗 fèndòu 동 분투하다 | 一辈子 yíbèizi 몡 한평생 | 贡献 gòngxiàn 동 공헌하다, 바치다 | 毕生 bìshēng 몡 평생 | 精力 jīnglì 몡 정신과 체력 | 一连串 yìliánchuàn 혱 계속되는, 일련의 | 发明 fāmíng 발명하다 | 创造 chuàngzào 동 창조하다 | 宝贵 bǎoguì 혱 진귀하다 | 教训 jiàoxùn 몡 교훈 | 走弯路 zǒu wānlù 동 시행착오를 하다, 길을 돌아가다 | 可贵 kěguì 혱 귀중하다

해설 어떤 사람은 자신의 실패를 진귀한 교훈으로 바꿔 왔다고 했으므로 정답은 B이다.

13 ★★★

一切动物，从眼睛不容易看见的小虫一直到能够创造的伟大人类，都一样。他们的生活条件，第一是空气。就是那些住在水里的鱼，也必须遵守这条规律，<u>它们只能住在含有空气的水里</u>。

눈으로 쉽게 볼 수 없는 작은 곤충부터 창조할 수 있는 위대한 인류까지 모든 동물은 다 같다. 그들의 첫 번째 삶의 조건은 공기이다. 물에서 사는 물고기들도 이 규칙을 준수해야 한다. <u>물고기들은 공기를 함유한 물 안에서만 살 수 있다.</u>

A 植物不需要空气
B 空气不重要
C 鱼也需要空气
D 动物不需要空气

A 식물은 공기가 필요 없다
B 공기는 중요하지 않다
C 물고기도 공기가 필요하다
D 동물은 공기가 필요 없다

---

14 ★★☆

好孩子也有青春，好孩子的青春也会绝望。好孩子也有矛盾，好孩子也需要安慰。好孩子不是天生的，默默忍受所有痛苦才能成为好孩子。	착한 아이도 아름다운 시절이 있고, 착한 아이의 아름다운 시절에도 절망할 수 있다. 착한 아이도 갈등이 있고, 착한 아이도 위로가 필요하다. 착한 아이는 타고난 것이 아니며, 묵묵히 모든 고통을 참아내야만 착한 아이가 될 수 있다.
A 好孩子也有矛盾	A 착한 아이도 갈등이 있다
B 好孩子没有青春	B 착한 아이는 아름다운 시절이 없다
C 好孩子是天生的	C 착한 아이는 타고난 것이다
D 好孩子很少	D 착한 아이는 아주 적다

단어 青春 qīngchūn 몡 아름다운 시절, 청춘 | 绝望 juéwàng 툉 절망하다 | 矛盾 máodùn 몡 갈등 | 安慰 ānwèi 툉 위로하다 | 天生 tiānshēng 혱 타고난 | 默默 mòmò 뷔 묵묵히 | 忍受 rěnshòu 툉 참다

해설 보기의 주어가 모두 같으므로 술어에 유의하여 들어야 한다. 착한 아이도 갈등이 있다고 했으므로 정답은 A이다.

---

15 ★★☆

该如何对待生命的短暂和空虚？每个人都有不同的回答。每个人活在世上都有自己的使命和意义，我们除了正常的吃饭睡觉，还要努力完成自己的使命和理想，不给生命留下遗憾和叹息。	생명의 짧음과 공허함을 어떻게 대해야 하는가? 사람마다 다른 대답을 할 것이다. 모든 사람이 세상에서 사는 것은 저마다 자신의 사명과 의미가 있다. 우리는 정상적으로 먹고 자는 것 외에도 자신의 사명과 이상을 노력해서 완성해야 하며, 생명에 유감이나 탄식을 남기지 말아야 한다.
A 该如何对待生命，每个人的回答都一样	A 생명을 어떻게 대해야 하는지에 대한 모든 사람의 대답은 같다
B 我们要努力完成自己的使命和理想	B 우리는 자신의 사명과 이상을 노력해서 완성해야 한다
C 人活在世上没有意义	C 사람이 세상에 사는 것은 의미가 없다
D 吃饭睡觉是我们的使命	D 먹고 자는 것은 우리의 사명이다

단어 对待 duìdài 툉 대하다 | 短暂 duǎnzàn 혱 짧다 | 空虚 kōngxū 혱 공허하다 | 使命 shǐmìng 몡 사명 | 意义 yìyì 몡 의미 | 遗憾 yíhàn 혱 유감이다 | 叹息 tànxī 툉 탄식하다

해설 자신의 사명과 이상을 노력해서 완성해야 한다고 했으므로 정답은 B이다.

16 - 20

女: 你女儿在日记中说:"你们都不小了, 要学会为自己操心。"这句话一般是父母说给孩子听的, 而这次却相反。当你看到这句话时是什么感受?

男: 呵呵, 做父母的总是自我感觉良好, 即便自己已经老糊涂了, 也觉得自己比孩子聪明。[16]我刚看到的时候并没有觉得非常感动, 但是很高兴, 这也是做父母糊涂的地方。做父母的的确比孩子自以为是, 其实这也很正常, 我父母对我也一样。所以有时候想想, 可能我们已经和我们的父母一样糊涂了。

女: 你觉得做父母的, 最大的成功是什么?

男: 没有什么成功啊, 做父母的还能有什么成功呢? [17]天下的父母都希望自己的子女有出息, 但并不意味着子女有出息, 父母就成功了。

女: 可能很多时候父母的成功体现在与子女的融洽相处上, 因为很多父母和子女之间都有代沟, 他们很少交流。

男: 很多事情, 我的孩子也不会告诉我, 但她高兴时可能会告诉我。[18]代沟一定是有的, 我觉得要填平它其实是不可能的。我们可能对孩子有更多的宽容和忍让, 所以她觉得告诉我们这些老家伙也没有什么问题。但这并不意味着没有代沟。

女: 可以感觉到, 您是一个好父亲。有人曾评价说, 您是一个乖巧的孙子、孝顺的儿子、称职的丈夫、慈爱的父亲, 就是说您把在家庭中担当的每个角色都扮演的很好。

男: [19]这很难说。举个例子, [19]因为我太迷恋写作了, 所以我整天都处于工作状态。有时候做作家的妻子是很无聊的, 因为他老是在走神。我没有休息日, 我脑子里整天都在想那些东西, 你说我很称职吗? [20]做父亲也是, 我很溺爱孩子, 一个严格的父亲应该会拒绝她的一些要求, 但最后我都让步了。我让步不是说我是一个好父亲, 而是不负责。

여: 선생님 따님이 일기에서 "나이가 적지 않으니 자신을 걱정하고 신경 쓸 줄 알아야 한다."라고 했는데요. 이런 말은 일반적으로 부모가 아이에게 하는 말이죠. 그런데 이번에는 정반대였습니다. 이 글을 보셨을 때 어떤 느낌이 드셨나요?

남: 허허, 부모는 항상 스스로 괜찮다고 생각하죠. 설령 나이가 들어 노망들어도 자식보다는 똑똑하다고 생각합니다. [16]제가 처음 봤을 때는 매우 감동적이지는 않았지만 기뻤어요. 이것도 부모가 영리하지 못해서죠. 부모는 확실히 자식보다는 자신이 옳다고 생각해요. 사실 이것도 정상이에요. 제 부모님도 저한테 그러셨어요. 그래서 때때로 우리도 이제 우리 부모처럼 영리하지 못하게 되었다는 생각이 들어요.

여: 선생님은 부모로서 가장 크게 성공하신 것은 무엇인가요?

남: 성공한 것은 없는데요. 부모가 무슨 성공이 있겠어요? [17]세상의 부모는 모두 자녀가 출세하길 바라지만 자녀가 출세했다고 부모가 성공한 것을 의미하지는 않아요.

여: 많은 경우에 부모의 성공은 아이와 화합하고 잘 지내는 것에 있는데요, 이는 많은 부모와 자식들 사이에 세대 차이가 있고 소통이 적기 때문입니다.

남: 제 아이도 많은 일을 저에게 말하지 않지만 기쁠 때는 말해 줄 것입니다. [18]세대 차이는 분명히 있습니다. 그 차이를 메우는 것은 사실 불가능하다고 생각합니다. 우리는 아이를 좀 더 포용하고 참고 양보할 것이므로 제 아이도 우리 같은 늙은이에게 얘기해도 별문제 없다고 생각하는 것 같아요. 그러나 그렇다고 세대 차이가 없음을 의미하지는 않습니다.

여: 선생님은 좋은 아버지라는 것을 느낄 수 있어요. 어떤 사람이 선생님은 귀여운 손자이고, 효심이 깊은 아들이며, 적합한 남편이자, 자애로운 아버지라고 평가했어요. 즉 선생님께서 가정에서 담당하는 모든 역할을 잘 해내고 계신다고 했어요.

남: [19]그렇게 말하기는 어려워요. 예를 들어 볼게요. [19]저는 글 쓰는 것에 빠져 있어서 종일 일하고 있죠. 어떤 때는 작가의 아내는 무료해요. 왜냐하면 남편이 항상 다른 곳에 정신이 팔려 있으니까요. 저는 휴일도 없고, 머릿속으로 항상 무엇인가를 생각하고 있어요. 제가 적합하다고요? [20]부모로서 저는 아이를 지나치게 사랑해요. 엄한 아버지는 아이의 어떤 요구들은 거절해야 해요. 하지만 결국 저는 양보합니다. 제가 양보하는 것은 제가 좋은 아버지임을 의미하는 것이 아니고 책임을 지지 않는다는 거죠.

단어 操心 cāoxīn 동 걱정하다, 애를 태우다 | 糊涂 hútu 형 멍청하다, 흐릿하다 | 自以为是 zì yǐwéishì 성 자신만이 옳다고 여기다 | 出息 chūxi 명 장래성, 전도 | 融洽相处 róngqià xiāngchǔ 서로 사이좋게 지내다 | 代沟 dàigōu 명 세대 차이 | 宽容 kuānróng 형 포용력이 있다 | 忍让 rěnràng 동 참고 양보하다 | 乖巧 guāiqiǎo 형 영리하다, 귀엽다 | 孝顺 xiàoshùn 동 효도하다 | 称职 chènzhí 형 적합하다 | 慈爱 cí'ài 형 자애롭다 | 担当 dāndāng 동 담당하다 | 扮演 bànyǎn 동 ~역할을 맡다 | 迷恋 míliàn 동 미련을 두다, 연연해하다 | 走神 zǒushén 주의력이 분산되다 | 溺爱 nì'ài 동 지나치게 아끼다 | 让步 ràngbù 동 양보하다 | 负责 fùzé 동 책임을 지다

16 ★☆☆	
男的看到女儿日记中的那句话有什么感觉?	남자는 딸의 일기 속 그 말을 보고 어떤 느낌이었는가?
A 非常感动　　　　B 很伤心	A 매우 감동적이다　　　　B 상심했다
C 很高兴　　　　　D 没有感觉	C 기쁘다　　　　　　　　D 별 감정이 없다

해설　남자의 첫 번째 말에서 딸의 일기를 보고 매우 감동적이지는 않았지만 기뻤다고 했으므로 정답은 C이다.

17 ★★☆	
做父母的最希望子女怎样?	부모는 자녀가 어떠하길 가장 바라는가?
A 子女孝顺　　　　B 子女有出息	A 자녀가 효도한다　　　　B 자녀가 출세한다
C 子女聪明　　　　D 子女会感恩	C 자녀가 똑똑하다　　　　D 자녀가 은혜에 감사한다

해설　남자의 두 번째 말에서 세상의 부모는 모두 자녀가 출세하길 바란다고 했으므로 정답은 B이다.

18 ★★☆	
男的是怎么看待父母与子女间的代沟的?	남자는 부모와 자녀간의 세대 차이를 어떻게 보는가?
A 几乎没有代沟	A 세대 차이가 거의 없다
B 代沟很小	B 세대 차이가 작다
C 代沟可以填平	C 세대 차이는 메울 수 있다
D 一定有代沟，而且不能填平	D 세대 차이는 분명히 있으며 메울 수 없다

해설　남자의 세 번째 말에서 세대 차이는 분명히 있으며, 그 차이를 메우는 것은 사실 불가능하다고 했으므로 정답은 D이다.

19 ★★☆	
男的是怎么评价自己的?	남자는 어떻게 자신을 평가하는가?
A 他觉得自己是个好父亲	A 그는 자신이 좋은 아버지라고 생각한다
B 他觉得自己因为迷恋写作而没有扮演好丈夫、父亲等角色	B 그는 글 쓰는 것에 너무 빠져 있어서 좋은 남편, 아버지의 역할을 하지 않는다고 생각한다
C 他觉得自己很完美	C 그는 자신이 완벽하다고 생각한다
D 他觉得自己是个好孙子	D 그는 자신이 좋은 손자라고 생각한다

해설　남자의 네 번째 말에서 남자는 가정에서 담당하는 모든 역할을 잘 해내고 있다는 여자의 말에 그렇게 말하기는 어렵다고 부정했고, 그 이유로 글 쓰는 것에 빠져 있어서 종일 일하고 있다고 했으므로 정답은 B이다.

20 ★★☆	
男的是怎样对待孩子的?	남자는 어떻게 아이를 대하는가?
A 严格要求	A 엄격하게 요구한다
B 溺爱孩子	B 아이를 지나치게 사랑한다
C 从不溺爱	C 한번도 아이를 지나치게 사랑한 적이 없다
D 从不关心	D 한번도 관심을 갖지 않는다

해설　남자의 마지막 말에서 부모로서 아이를 지나치게 사랑한다고 했으므로 정답은 B이다.

女: 张平先生，听说您与天水还有一点儿渊源。您能说一说吗?

男: 是呀，我跟天水还真有渊源。21我父亲以前在天水教过书。他大学毕业后就分配到天水了，在他的印象中，天水是个很美的地方。在天水工作的三四年，生活条件也不错，这是父亲记忆中最温馨的一段日子。父亲去世前就一直想回到天水来，但是这个愿望没有达成。我这次来，也算是了却了父亲以及我多年的夙愿。

女: 您写了那么多的作品，是一个很受读者欢迎的作家，您最初是怎么走上这条写作之路的呢?

男: 22我喜欢文学还是有点儿受父亲的影响的。小时候，父亲给我们讲故事，上小学三年级时，我写的第一篇作文就成了范文，老师当堂宣读，还贴在了教室里。实际上那篇范文并不是我写的，是我姐姐的一篇作文，我模仿了一遍，当作自己的作文交了上去。但这篇范文让我一下子就"轰动"了整个年级和学校，老师对我另眼相看，同学们也都把我的作文看了又看，背了又背。23从那以后，我对作文也特别上心，每一次作文我都会付出最大的努力，而且几乎我的每一篇作文都成了范文，同时这也促使我在学习上更加努力。

女: 您认为一部好的作品、一位受人民欢迎的作家主要得益于什么呢?

男: 这些年的创作经历告诉我，一是首先要尊重读者。24当自己的读者群越来越大时，他们就开始在无形中制约你、规范你。二是要关注普通百姓、关注生活、关注现实，25为大众写作，为平民写作。三是要注重传统写作方法，尊重读者的阅读兴趣、爱好，把握读者的审美能力。还要尊重自己的真情实感，一个作家，一定要放下架子，心甘情愿为老百姓写作。

여: 장핑(张平) 선생님, 선생님께서 톈쉐이(天水)와 인연이 있다고 들었는데요. 말씀 좀 해 주실 수 있나요?

남: 네, 저는 톈쉐이와 정말 인연이 있어요. 21아버지께서 예전에 톈쉐이에서 학생을 가르치신 적이 있어요. 대학을 졸업하시고 톈쉐이로 발령을 받으셨죠. 아버지의 인상 속에서 톈쉐이는 아름다운 곳이었어요. 톈쉐이에서 일한 3, 4년간의 생활 환경도 아주 좋았고, 이는 아버지의 기억 속에서 가장 따뜻한 시절이었어요. 아버지가 돌아가시기 전에 계속 톈쉐이에 오고 싶어 하셨지만 이 소망은 이루어지지 못했어요. 제가 이번에 온 것도 아버지와 저의 오랜 숙원을 푼 것이에요.

여: 선생님은 아주 많은 작품을 쓰셨고 독자들의 사랑을 받는 작가이신데요. 가장 처음에 어떻게 이 작가의 길을 걷게 되신 건가요?

남: 22제가 문학을 좋아하는 것도 아버지의 영향을 조금 받았어요. 어릴 때 아버지가 저희에게 이야기를 들려주었고, 초등학교 3학년 때 제가 쓴 첫 번째 글이 모범 글이 되었고, 선생님께서 그 자리에서 낭독하고 교실에 붙여 놓으셨죠. 사실 그 모범 글은 제가 쓴 것이 아니라 제 누나가 쓴 글이었어요. 저는 그것을 모방해서 제가 쓴 것처럼 제출했죠. 하지만 이 모범 글은 순식간에 전 학년과 학교 전체에 '센세이션'을 불러일으켜, 선생님은 저를 또 달리 보게 되었고, 친구들도 제 글을 보고 또 보고 암기하고 또 암기했어요. 23그때 이후에 저는 글 쓰는 것에 특별히 몰두하게 됐죠. 매번 작문할 때마다 최선의 노력을 다했고, 게다가 제 글은 거의 매번 모범 글로 뽑혔으며 이는 학업에서도 더 노력하게 만들었죠.

여: 선생님은 좋은 작품, 대중들의 사랑을 받는 작가는 주로 무엇 때문이라고 생각하시나요?

남: 최근 몇 년간의 창작 경험은 저에게 우선 독자를 존중해야 한다는 것을 알려 주었어요. 24자신의 독자층이 점점 많아질 때 그들은 모르는 사이에 당신을 제약하고, 규범화하기 시작해요. 두 번째는 일반 대중에게 관심을 가져야 하고, 생활에 관심을 가져야 하고, 현실에 관심을 가져야 하고, 25대중을 위해 글을 쓰고 일반 사람들을 위해 글을 써야 한다는 거예요. 세 번째는 전통적인 작문 방법을 중시해야 하며, 독자의 독서 흥미와 기호를 존중해야 하고, 독자들의 심미 능력을 파악해야 합니다. 또한 자신의 진실한 감정을 존중해야 합니다. 작가는 거만한 태도를 내려놓고 기꺼이 대중들을 위해 글을 써야 합니다.

단어 渊源 yuānyuán 몡 깊은 인연 | 分配 fēnpèi 동 배치하다 | 温馨 wēnxīn 혱 따스하다 | 愿望 yuànwàng 몡 소망 | 夙愿 sùyuàn 몡 숙원 | 范文 fànwén 몡 모범 글 | 当堂 dāngtáng 그 자리에서 | 宣读 xuāndú 동 대중 앞에서 낭독하다 | 模仿 mófǎng 동 모방하다 | 轰动 hōngdòng 동 센세이션을 일으키다 | 另眼相看 lìngyǎn xiāngkàn 셩 다른 눈으로 바라보다 | 促使 cùshǐ 동 ~하도록 재촉하다 | 得益于 déyìyú 동 ~덕분이다 | 经历 jīnglì 동 겪다, 체험하다 | 无形 wúxíng 뷔 모르는 사이에 | 制约 zhìyuē 동 제약하다 | 规范 guīfàn 동 규범화하다 | 阅读 yuèdú 동 읽다 | 把握 bǎwò 동 파악하다 | 审美 shěnměi 혱 심미적이다 | 真情实感 zhēnqíng shígǎn 몡 진실한 감정 | 架子 jiàzi 몡 거만한 태도, 허세 | 心甘情愿 xīngān qíngyuàn 셩 기꺼이 하다

21 ★★☆	
张平先生与天水有什么渊源?	장핑 선생님과 톈쉐이는 어떤 인연이 있는가?
A 张平在天水出生	A 장핑은 톈쉐이에서 태어났다
B 张平的父亲在天水教过书	B 장핑의 아버지는 톈쉐이에서 학생을 가르친 적이 있다
C 张平的母亲是天水人	C 장핑의 어머니는 톈쉐이 사람이다
D 张平在天水教过书	D 장핑은 톈쉐이에서 글을 가르친 적이 있다

해설 남자의 첫 번째 말에서 아버지가 톈쉐이에서 학생을 가르치신 적이 있다고 했으므로 정답은 B이다.

22 ★☆☆			
张平喜欢文学是受了谁的影响?		장핑이 문학을 좋아하는 것은 누구의 영향을 받은 것인가?	
A 母亲	B 姐姐	A 어머니	B 누나
C 父亲	D 叔叔	C 아버지	D 삼촌

해설 남자의 두 번째 말에서 장핑이 문학을 좋아하는 것도 아버지의 영향을 조금 받은 것이라고 했으므로 정답은 C이다.

23 ★★☆	
张平的第一篇作文就成了范文, 这给了他怎样的影响?	장핑의 첫 번째 글이 모범 글이 되었는데 이것은 그에게 어떤 영향을 미쳤는가?
A 使他讨厌写作	A 글 쓰는 것을 싫어하게 만들었다
B 使他放弃写作	B 글 쓰는 것을 포기하게 했다
C 使他开始对作文用心, 努力写作	C 글 쓰는 것에 심혈을 기울이고 열심히 글을 쓰게 했다
D 使他开始喜欢文学	D 문학을 좋아하게 만들었다

해설 남자의 두 번째 말에서 자신이 쓴 글이 모범 글로 선택된 이후에 글 쓰는 것에 특별히 몰두하고 최선의 노력을 다했다고 했으므로 정답은 C이다.

24 ★★☆			
读者对作家起到什么样的作用?		독자는 작가에게 있어 어떤 역할을 하는가?	
A 拥护和支持	B 爱戴和理解	A 옹호하고 지지한다	B 우러러 모시고 이해한다
C 讨厌和排斥	D 制约和规范	C 싫어하고 배척한다	D 제약하고 규범화한다

단어 爱戴 àidài 통 우러러 섬기다 | 排斥 páichì 통 배척하다

해설 태도와 감정에 관한 어휘에 유의하여 듣는다. 남자의 마지막 말에서 독자들은 작가를 제약하고 규범화한다고 했으므로 정답은 D이다.

25 ★☆☆			
作家要为谁写作?		작가는 누구를 위해 글을 써야 하는가?	
A 为百姓	B 为自己	A 서민을 위해	B 자신을 위해
C 为国家	D 为世界	C 국가를 위해	D 세계를 위해

해설 남자의 마지막 말에서 작가는 대중을 위해 글을 쓰고 일반 사람들을 위해 글을 써야 한다고 했으므로 정답은 A이다.

女: 您在帅康公司工作几年了？您能为我们介绍一下您在帅康的奋斗历程吗？

男: ²⁶五六年了吧。我刚来帅康时，在国美长风店工作，三年前被调到了3C店，负责3C店的工作。

女: 我非常仰慕您所获得的成就，今天想通过这次采访来了解一下您的奋斗历程和个人生活态度，以此来增强我们对未来方向的把握，学习您成功的经验，少走弯路。您经历过的事情比我们多，我们大学生在学校里同社会的接触太少了，很多事情还得请教您啊。您觉得在工作中最需要的是什么呢？

男: ²⁷我觉得是一种生活态度，每天微笑着面对一切。生活就好像是一面镜子，你对它怎么样，它就对你怎么样！与其愁容满面地生活，不如给自己一个微笑，快乐地生活，一个好的心情会让你在困境面前更加有拼搏的斗志，看见希望，绝处也可以逢生的。

女: 您说的很对，好的生活态度可以改变一个人的命运。相信您在过去也遇到过好多难以想象的困难，您也是依靠着这种乐观的生活态度去面对挫折、战胜挫折的吧？

男: 是的。不管做什么事情，都会遇到许多困难的，这就要看你怎么面对它。²⁸面对困难时我也想到过退缩，但最终没退缩，毕竟自己已经努力到了这种程度，很不容易。

女: 您当初为什么从事这个行业呢？

男: 我从事这个行业也是源自一个非常偶然的机会。²⁹我在找工作时遇到了我的一个同学，他把我介绍给这家公司，我从公司最低的小职员做起。想想当初，重要的是当时面临着生计的问题啊。如果没有我当初那位同学的引荐，我不知道我还要走多少的弯路，所以，我非常感谢他！

女: 您也是在经历了重重碰壁之后才找到了一个成功的起点，人生真的是难以想象哪！可见，机会对于一个人来说是多么的重要啊！那除了机会之外，肯定还有您自身的努力，克服了种种困难，不断地努力拼搏和奋斗才有了今天。那您还有别的建议给我们大学生吗？

男: ³⁰虚心好学是我所要强调的。不懂就要问，要学会放下身段，多向人请教。少说话，多做事。踏实做人，精明干事。

여: 선생님은 세콘(帅康) 회사에서 몇 년간 일하셨나요? 저희에게 세콘에서 분투한 과정을 소개해 주시겠어요?

남: ²⁶5, 6년쯤 되었어요. 제가 막 세콘에 왔을 때 궤메이(国美) 창핑(长风)점에서 일했고, 3년 전에 3C점으로 이동해서 3C점 업무를 맡고 있어요.

여: 저는 선생님께서 이루신 성과를 우러러보고 있습니다. 오늘 이번 인터뷰를 통해서 선생님의 분투 과정과 인생의 태도를 이해하고 싶어요. 이것으로 미래의 방향에 대한 확신을 강화하고, 선생님의 성공 경험을 배워서 시행착오를 줄이고 싶습니다. 선생님이 겪으신 것은 저희보다 훨씬 많고, 저희 대학생은 학교 안에서 사회와의 접촉이 너무 적어서 많은 것들을 선생님에게 가르침을 구해야 합니다. 선생님은 일하는 중에 가장 필요한 것이 무엇이라고 생각하시나요?

남: ²⁷저는 생활 태도라고 생각해요. 매일 웃으면서 모든 것을 대해야 해요. 생활은 마치 거울과 같아서 당신이 그것을 어떻게 대하는지에 따라서 그것도 당신을 그렇게 대해요. 근심이 가득한 얼굴로 생활하는 것보다는 스스로 웃고 즐겁게 생활하는 것이 더 좋아요. 기분이 좋으면 어려움을 당했을 때 최선을 다할 수 있는 투지를 갖게 돼요. 희망을 보면 죽을 고비에서 다시 살아날 수 있어요.

여: 선생님께서 말씀하신 것이 맞습니다. 좋은 생활 태도는 사람의 운명을 바꿀 수 있어요. 선생님께서는 과거에 상상할 수 없는 많은 어려움을 당하셨을 텐데요. 선생님도 이러한 낙천적인 생활 태도로 좌절에 맞서고 좌절을 이겨내셨죠?

남: 맞아요. 어떤 일을 하든지 수많은 어려움을 만나게 되는데, 이때 당신이 어떻게 그것을 대면하는지 봐야 합니다. ²⁸어려움에 직면할 때 저도 뒷걸음질 치고 싶었지만 결국 그렇게 하지 않았습니다. 이 정도까지 노력한 것도 아주 어려웠어요.

여: 선생님은 처음에 왜 이 업종에 종사하게 되었나요?

남: 제가 이 업종에 종사하게 된 것은 아주 우연한 기회였어요. ²⁹제가 일을 찾고 있을 때 한 친구를 만났고, 그 친구가 이 회사를 소개해 줬어요. 저는 회사의 가장 낮은 직원부터 시작했어요. 처음을 생각해 보면, 중요한 것은 생계 문제였어요. 만약 그 친구의 추천이 없었다면 저는 얼마나 많은 시행착오를 했을지 모르겠어요. 그래서 그 친구에게 아주 고마워요!

여: 선생님도 수많은 벽에 부딪히고 나서야 비로소 성공의 출발점을 찾으셨네요. 인생은 정말 상상하기 어렵네요! 기회가 사람에게 얼마나 중요한지요! 기회 외에도 분명히 선생님의 노력으로 많은 어려움을 극복하셨고, 끊임없이 노력하고 최선을 다하셨기 때문에 오늘이 있는 것 같습니다. 그럼 선생님은 저희 대학생들에게 또 다른 충고는 없으신가요?

남: ³⁰겸허하고 배우기를 좋아하라는 것이 제가 강조하고 싶은 것입니다. 모르면 물어봐야 하고, 자존심을 내려놓는 것을 배워야 하고 사람에게 많이 가르침을 청해야 합니다. 말은 적게 하고 일은 많이 하세요. 착실한 사람이 되어야 하고 영리하게 일해야 합니다.

단어 奋斗 fèndòu 图 분투하다 | 历程 lìchéng 명 과정 | 负责 fùzé 图 책임지다 | 仰慕 yǎngmù 图 우러러보다 | 采访 cǎifǎng 图 인터뷰하다 | 走弯路 zǒu wānlù 图 시행착오하다, 길을 돌아가다 | 接触 jiēchù 图 접촉하다 | 微笑 wēixiào 图 미소 짓다 | 与其 yǔqí 젭 ~하기 보다는 | 不如 bùrú 젭 ~하는 것이 낫다 | 困境 kùnjìng 명 곤경 | 拼搏 pīnbó 图 전력을 다하다 | 斗志 dòuzhì 명 투지 | 绝处逢生 juéchù féngshēng 성 죽을 고비에서 다시 살아나다 | 命运 mìngyùn 명 운명 | 依靠 yīkào 图 의지하다 | 挫折 cuòzhé 명 좌절 | 战胜 zhànshèng 图 이기다, 승리하다 | 退缩 tuìsuō 图 뒷걸음질 치다 | 源自 yuánzì 图 ~에서 나오다, 유래하다 | 偶然 ǒurán 문 우연히 | 面临 miànlín 图 직면하다 | 生计 shēngjì 명 생계 | 引荐 yǐnjiàn 图 추천하다 | 碰壁 pèngbì 图 벽에 부딪치다, 난관에 봉착하다 | 起点 qǐdiǎn 명 시작점, 출발점 | 克服 kèfú 图 극복하다 | 虚心 xūxīn 혱 겸손하다 | 踏实 tāshi 혱 착실하다 | 做人 zuòrén 图 인간이 되다, 처신하다 | 精明 jīngmíng 혱 영리하다

---

26 ★☆☆

男的来帅康公司几年了?

A 两三年　　　　B 五六年
C 三四年　　　　D 七八年

남자는 세콘 회사에 온지 몇 년이 되었는가?

A 2, 3년　　　　B 5, 6년
C 3, 4년　　　　D 7, 8년

해설 보기가 모두 숫자이므로 숫자에 유의하여 듣는다. 남자의 첫 번째 말에서 남자는 세콘에서 일한지 5, 6년쯤 되었다고 했으므로 정답은 B이다.

---

27 ★★☆

男的认为在工作中最需要的是什么?

A 认真肯干的精神
B 积极进取的心态
C 微笑面对一切的生活态度
D 执着钻研的精神

남자는 일하는 중에 가장 필요한 것이 무엇이라고 생각하는가?

A 진지하고 주동적인 정신
B 적극적이고 진취적인 마음가짐
C 웃으며 모든 것을 대하는 생활 태도
D 끈기 있게 몰두하는 정신

단어 执着 zhízhuó 혱 끈기 있다 | 钻研 zuānyán 图 몰두한다

해설 남자의 두 번째 말에서 일하는 중에 가장 필요한 것은 생활 태도라고 생각하며, 매일 웃으면서 모든 것을 대해야 한다고 했으므로 정답은 C이다.

---

28 ★★☆

男的是怎么对待困难的?

A 不退缩　　　　B 选择放弃
C 惧怕困难　　　D 他没遇到过困难

남자는 어떻게 어려움을 대하는가?

A 뒷걸음질 치지 않는다　　　B 포기를 선택한다
C 어려움을 두려워한다　　　D 어려움을 당한 적이 없다

해설 남자의 세 번째 말에서 어려움에 직면할 때 뒷걸음질 치고 싶었지만 그렇게 하지 않았다고 했으므로 정답은 A이다.

29 ★☆☆	
男的当初为什么从事这个行业?	남자는 처음에 왜 이 업종에 종사하게 되었는가?
A 自己的兴趣	A 개인적인 흥미
B 父母介绍的	B 부모님이 소개해 준 것이다
C 自己找到的	C 스스로 찾은 것이다
D 同学介绍的	D 친구가 소개해 준 것이다

 해설 남자의 네 번째 말에서 일을 찾고 있을 때 만난 친구가 회사를 소개해 줬다고 했으므로 정답은 D이다.

30 ★★☆	
除了机遇，还有什么是很重要的?	기회 외에도 또 무엇이 중요한 것인가?
A 多说话	A 말을 많이 한다
B 少做事	B 일을 적게 한다
C 不懂装懂	C 몰라도 아는 척 한다
D 虚心好学	D 겸허하고 배우기를 좋아한다

해설 남자의 마지막 말에서 겸허하고 배우기를 좋아하라는 것이 그가 강조하고 싶은 것이라고 했으므로 정답은 D이다.

듣기 제3부분

31 – 33

　　错误并不都一样，虽然有些可能毁了你，但大多数错误不致如此严重。相反，³¹过于相信"犯错是坏事"会使你孕育新创见的机会大为减少。如果你只是对"正确答案"感兴趣，那么你可能会误用取得正确答案的法则、方法和过程，可能会忽视了创造性并错过向规则挑战的机会。

　　这是一个有用的教训，我们一直在犯错误，做错的时候比做对的时候要多得多。³²有许多人因为害怕失败，而错过了许多学习的机会。

　　加强你的"冒险"力量，每个人都有这种能力，但必须常常运用，否则就会退化。IBM的创始人汤玛斯·华生说过："成功之路是使失败率加倍。"

　　잘못이라고 모두 다 같은 것은 아니다. 비록 어떤 잘못은 당신을 파멸시키지만, 대다수의 잘못은 이렇게까지 심각하지 않다. 반대로 ³¹잘못을 저지르는 것이 나쁜 일'이라고 지나치게 믿으면 당신이 새롭고 독창적인 견해를 기를 기회는 크게 줄어들 것이다. 만약 당신이 '정확한 답'에만 관심을 가진다면 정확한 답안을 얻는 법칙, 방법, 과정을 잘못 사용할 수 있고, 창조성을 무시하고 규칙에 도전하는 기회를 놓치게 될 수도 있다.

　　이것은 유용한 교훈이다. 우리는 줄곧 잘못을 저지르고 있고, 잘못할 때가 잘할 때보다 훨씬 많다. ³²많은 사람은 실패를 두려워해서 수많은 배움의 기회를 놓친다.

　　당신의 '모험'의 힘을 강화해라. 모든 사람이 이러한 능력을 가지고 있지만 자주 사용하지 않으면 퇴화한다. IBM 창시자인 토머스 왓슨은 말했었다. "성공하고 싶으면 실패 확률을 배로 만들라."

단어 毁 huǐ 图 파괴하다 | 不致 búzhì 图 (어떤 결과를) 일으키지 않다 | 相反 xiāngfǎn 졩 상반되다 | 犯错 fàncuò 图 잘못을 저지르다 | 孕育 yùnyù 图 배양하다 | 创见 chuàngjiàn 圀 독창적인 견해 | 误用 wùyòng 图 잘못 사용하다 | 法则 fǎzé 圀 법칙 | 忽视 hūshì 图 소홀히 하다 | 错过 cuòguò 图 놓치다 | 害怕 hàipà 图 두려워하다 | 冒险 màoxiǎn 图 모험하다 | 否则 fǒuzé 쥅 그렇지 않으면 | 退化 tuìhuà 图 퇴화하다 | 加倍 jiābèi 图 배가하다

31 ★★☆	
如果过于相信"犯错是坏事"会怎么样?	'잘못을 저지르는 것이 나쁜 일'이라고 지나치게 믿으면 어떻게 되는가?
A 会减少犯错的机会	A 잘못을 저지르는 기회가 줄어들 것이다
B 会犯更多错	B 더 많은 잘못을 저지를 것이다
C 会使孕育新创见的机会大大减少	C 새롭고 독창적인 견해를 기를 기회가 크게 줄어들 것이다
D 不会犯错	D 잘못을 저지를 리 없다

해설 '잘못을 저지르는 것이 나쁜 일'이라고 지나치게 믿으면 새롭고 독창적인 견해를 기를 기회는 크게 줄어들 것이라고 했으므로 정답은 C이다.

32 ★★☆	
如果害怕失败会怎么样?	실패를 두려워하면 어떻게 되는가?
A 会错过许多学习机会	A 많은 배움의 기회를 놓칠 것이다
B 会使我们更成功	B 우리가 더 성공하게 할 것이다
C 会不停地犯错	C 끊임 없이 잘못을 저지를 것이다
D 会害怕成功	D 성공을 두려워 할 것이다

해설 많은 사람은 실패를 두려워해서 수많은 배움의 기회를 놓친다고 했으므로 정답은 A이다.

33 ★★★	
这段话主要讲了什么?	이 글이 주로 말하는 것은 무엇인가?
A 错误可能会毁了你	A 잘못은 당신을 파멸시킬 수 있다
B 犯错并不完全是坏事, 它使你有学习的机会	B 잘못을 저지르는 것은 꼭 나쁜 일은 아니며 당신에게 배움의 기회를 준다
C 我们要追求"正确答案"	C 우리는 '정확한 답'을 추구해야 한다
D 我们不能一直犯错	D 우리는 계속 잘못을 저지르면 안 된다

해설 앞의 두 문제를 풀면서 글의 맥락을 잘 파악하면 정답을 고를 수 있다. 녹음 전체에서 잘못을 저지르는 것이 꼭 나쁜 것만은 아니며 배울 수 있는 기회가 된다고 말하고 있으므로 정답은 B이다.

34 – 36	
³⁴读书是19世纪的人们的一种主要消遣方式，人们最初的动机并不是为了从书籍中寻找什么精神导师，纯粹是打发时间，消遣。 ³⁵20世纪以来，我们的读书兴趣已经被匆忙的脚步、生活的负累挤走了，³⁵就算有时候想和先哲们对话，也选择了更为直接便当的方式——看电影、电视。文本和影视到底还是有区别的：³⁶复杂的心理活动、精妙的文字叙述、社会人生的广阔，这些都是影视所无法企及的。但影视的直观性、冲击性却掌控了受众的每一个细胞。	³⁴독서는 19세기 사람들의 주요한 심심풀이 방식이다. 사람들이 처음에 책을 읽은 동기는, 결코 책에서 어떤 정신적 스승을 찾으려고 한 것이 아니고, 순전히 시간을 보내고 심심풀이하기 위해서였다. ³⁵20세기 이후로 우리의 독서 흥미는 바쁜 걸음, 생활의 부담으로 인해 밀려났고, ³⁵설령 때때로 선현들과 대화를 하고 싶더라도 더 직접적이고 편리한 방식인 영화나 텔레비전 보는 것을 선택한다. 글과 영상은 그래도 역시 차이가 있다. ³⁶복잡한 심리 활동, 정교한 문자 서술, 사회 인생의 광활함 모두 영상으로는 따라잡을 수 없다. 그러나 영상의 직관성, 자극성은 오히려 시청자들의 모든 세포를 조종한다.

消遣 xiāoqiǎn 圄 심심풀이하다 | 动机 dòngjī 圀 동기 | 书籍 shūjí 圀 책 | 导师 dǎoshī 圀 스승 | 纯粹 chúncuì 畱 순전히 | 打发 dǎfā 圄 (시간을) 때우다 | 匆忙 cōngmáng 圀 매우 바쁘다 | 负累 fùlěi 圀 부담 | 挤走 jǐzǒu 몰아내다 | 就算 jiùsuàn 圝 설령 ~하더라도 | 先哲 xiānzhé 圀 선현 | 影视 yǐngshì 圀 영화와 텔레비전 | 区别 qūbié 圀 구별, 차이 | 精妙 jīngmiào 圀 정교하다 | 叙述 xùshù 圄 서술하다 | 广阔 guǎngkuò 圀 광활하다 | 企及 qǐjí 圄 따라잡기를 소망하다 | 冲击性 chōngjīxìng 圀 자극성, 충격성 | 掌控 zhǎngkòng 圄 조종하다 | 受众 shòuzhòng 圀 시청자 | 细胞 xìbāo 圀 세포

---

34 ★★☆

19世纪，人们为什么读书?	19세기에 사람은 왜 독서를 했는가?
A 从书中寻找精神导师	A 책에서 정신적인 스승을 찾는다
B 学习新知识	B 새로운 지식을 배운다
C 打发时间，消遣	C 시간을 보내고 심심풀이한다
D 开拓视野	D 시야를 넓힌다

독서는 19세기 사람들의 주요한 심심풀이 방식이라고 했으므로 정답은 C이다.

---

35 ★★☆

20世纪，人们用什么直接便当的方式与先哲们对话?	20세기에 사람은 어떤 직접적이고 편리한 방식으로 선현들과 대화를 하는가?
A 看电影、电视	A 영화와 텔레비전을 본다
B 读书	B 독서한다
C 看报	C 신문을 본다
D 写作	D 글을 쓴다

20세기 이후로 사람들은 선현들과 대화를 하고 싶더라도 직접적이고 편리한 방식인 영화나 텔레비전 보는 것을 선택한다고 했으므로 정답은 A이다.

---

36 ★★☆

文本和影视有什么区别?	글과 영상은 어떤 차이가 있는가?
A 影视更直接，但文本描写更广泛	A 영상은 더 직접적이지만 글은 더 넓게 묘사한다
B 文本更有冲击性	B 글은 더 자극성이 있다
C 影视更能表现社会人生的广阔	C 영상은 사회 인생의 광활함을 더 잘 보여 준다
D 两者没有区别	D 둘은 차이가 없다

글과 영상의 차이를 설명하면서 복잡한 심리 활동, 정교한 문자 서술, 사회 인생의 광활함은 영상으로는 따라잡을 수 없지만, 영상의 직관성, 자극성은 시청자들의 모든 세포를 조종한다고 했다. 이를 통해 글은 넓게 묘사하고 영상은 직접적임을 알 수 있으므로 정답은 A이다.

³⁷人们在冷天游泳时，大约有三种适应冷水的方法。有些人先蹲在池边，将水撩到身上，使自己能适应之后，再进入池子游；有些人则可能先站在浅水处，再试着一步步向深处走，或逐渐蹲身进入水中；更有一种人，做完热身运动，便由池边一跃而下。

与游泳一样，当人们要进入陌生而困苦的环境时，³⁸有些人先小心地探测，以做完全的准备，但许多人就因为知道困难重重，而再三延迟行程，甚至取消原来的计划；又有些人，先一脚踏入那个环境，但仍留许多后路，看着情况不妙，就抽身而返；³⁹当然更有些人，心存破釜沉舟之想，打定主意，便全身投入，由于急着应付眼前重重的险阻，反倒能忘记许多痛苦。

³⁷사람이 추운 날 수영할 때 차가운 물에 적응하는 방법은 대략 세 가지가 있다. 어떤 사람들은 우선 물가에서 쪼그리고 앉아 물을 몸에 뿌리고 적응한 후에 물에 들어가서 수영을 한다. 어떤 사람들은 오히려 우선 얕은 물에 서서 점점 깊은 곳으로 가거나, 점점 몸을 수그리고 물속으로 들어갈 것이다. 또 어떤 사람은 준비 운동을 마치고 바로 물가에서 단번에 뛰어든다.

수영과 마찬가지로 사람이 낯설고 어려운 환경에 진입할 때, ³⁸어떤 사람은 우선 조심스럽게 헤아려 보고 만반의 준비를 하지만, 많은 사람은 어려움이 많음을 알고 차일피일 미루고 심지어 원래의 계획을 취소하기도 한다. 또 어떤 사람들은 우선 그 환경에 한 발을 들여놓지만 많은 퇴로를 남기고, 상황이 여의치 않으면 몸을 빼고 돌아선다. ³⁹당연히 어떤 사람들은 결사의 각오로 싸움에 임하겠다는 생각을 마음에 품고 결정을 내려 바로 온몸을 던지는데, 눈앞의 거듭된 위험을 급하게 대처하므로 오히려 많은 고통을 잊을 수 있다.

단어 蹲 dūn 통 쪼그리고 앉다 | 撩 liāo 통 손으로 물을 뿌리다 | 池子 chízi 명 수영장, 욕조 | 浅 qiǎn 형 얕다 | 逐渐 zhújiàn 부 점점 | 热身 rèshēn 명 준비 운동 | 一跃 yīyuè 부 일약, 단번에 | 陌生 mòshēng 형 낯설다 | 困苦 kùnkǔ 형 어렵고 고통스럽다 | 探测 tàncè 통 헤아리다 | 困难重重 kùnnán chóngchóng 산 넘어 산이다, 첩첩산중이다 | 再三 zàisān 부 여러 번 | 延迟 yánchí 통 늦추다 | 行程 xíngchéng 명 노정, 과정 | 踏入 tàrù 발을 들여 놓다 | 后路 hòulù 명 퇴로 | 不妙 búmiào 형 좋지 않다 | 抽身 chōushēn 통 빠져 나오다 | 破釜沉舟 pòfǔ chénzhōu 성 결사의 각오로 싸움에 임하다 | 打定 dǎdìng 통 결정을 내리다 | 投入 tóurù 통 뛰어들다 | 应付 yìngfu 통 대응하다 | 险阻 xiǎnzǔ 명 위험과 어려움, 장애 | 反倒 fǎndào 부 오히려

---

37 ★☆☆

这段话中说天冷游泳时，有几种适应冷水的方法？

이 글에서 말한 추운 날 수영할 때 차가운 물에 적응하는 방법에는 몇 가지가 있는가?

A 无数种	B 两种
C 三种	D 四种

A 여러 가지	B 두 가지
C 세 가지	D 네 가지

해설 보기가 모두 숫자이므로 숫자에 유의하여 들으면 쉽게 정답을 고를 수 있다. 추운 날 수영할 때 차가운 물에 적응하는 방법에는 대략 세 가지가 있다고 했으므로 정답은 C이다.

---

38 ★★★

游泳时将水撩到身上，使自己适应后再进池子的人与遇到困难时的哪种人对应？

수영할 때 물을 몸에 뿌리고 적응한 후에 다시 물에 들어가는 사람은 어려움에 봉착했을 때의 어떤 사람과 일치하는가?

A 给自己留许多后路的人
B 小心试探的人
C 破釜沉舟的人
D 全身投入的人

A 자신에게 많은 퇴로를 남기는 사람
B 조심스럽게 알아보는 사람
C 결사의 각오로 싸움에 임하는 사람
D 온몸을 던지는 사람

단어 试探 shìtan 통 알아보다, 떠보다

해설 보기의 모든 내용이 녹음에서 언급되므로 해당 보기에 관련 내용을 메모하면서 들어야 한다. 먼저 물을 몸에 뿌리고 적응한 후 물에 들어가는 사람은 첫 번째 유형의 사람으로 낯설고 어려운 환경에 진입할 때 우선 조심스럽게 헤아려 본다고 했으므로 정답은 B이다.

39 ★★★	
哪种人能应对重重险阻，忘记许多痛苦？	어떤 사람이 거듭된 위험에 대응할 수 있고 많은 고통을 잊는가?
A 畏惧困难的人	A 어려움을 두려워하는 사람
B 小心试探的人	B 조심스럽게 알아보는 사람
C 顾虑很多的人	C 염려가 많은 사람
D 破釜沉舟、全身投入的人	D 결사의 각오로 싸움에 임하고 온몸을 던지는 사람

단어 畏惧 wèijù 통 두려워하다 | 顾虑 gùlǜ 명 염려, 근심

해설 결사의 각오로 싸움에 임하겠다는 생각을 마음에 품고 바로 온몸을 던지는 사람이 오히려 많은 고통을 잊을 수 있다고 했으므로 정답은 D이다.

---

40 – 42

一头驮着沉重货物的驴，气喘吁吁地请求只驮了一点儿货物的马："帮我驮一点儿东西吧。对你来说，这不算什么；可对我来说，却可以减轻不少负担。"	무거운 짐을 싣고 가는 당나귀 한 마리가 숨을 헐떡이며 물건을 조금 싣고 있는 말에게 도움을 청했다. "나를 도와 짐 좀 실어 줘. 너에게는 별거 아니지만, 나에게는 큰 부담을 줄일 수 있어."
马不高兴地回答："⁴⁰你凭什么让我帮你驮东西，我乐得轻松呢。"	말이 기분이 나빠서 대답했다. "⁴⁰너는 무슨 근거로 나에게 너의 짐을 실어 달라고 하는 거야. 나는 가벼운 게 좋은데."
不久，驴累死了。⁴¹主人将驴背上的所有货物全部加在马背上，马懊悔不已。	얼마 되지 않아, 당나귀는 지쳐서 죽어 버렸다. ⁴¹주인은 당나귀의 등에 있는 모든 짐을 말의 등에 합쳤고, 말은 후회해 마지않았다.
膨胀的自我使我们忽略了一个基本事实，那就是：我们同在生活这条大船上，别人的好坏与我们休戚相关。别人的不幸不能给我们带来快乐，相反，⁴²在帮助别人的时候，其实也是在帮助我们自己。	커진 자아는 우리를 기본적인 사실도 소홀히 하게 한다. 그것은 바로 우리는 이 커다란 배에서 같이 생활하고 있어 다른 사람의 좋고 나쁨이 우리와 밀접한 관계가 있다는 것이다. 다른 사람의 불행은 우리에게 즐거움을 줄 수 없고, 반대로 ⁴²다른 사람을 도울 때 사실은 우리 자신을 돕는 것이기도 한 것이다.

단어 驮 tuó 통 (짐을) 싣다 | 沉重 chénzhòng 형 무겁다 | 货物 huòwù 명 물품 | 驴 lǘ 명 당나귀 | 气喘吁吁 qìchuǎn xūxū 형 숨이 가빠서 식식거리는 모양 | 请求 qǐngqiú 통 요청하다, 부탁하다 | 减轻 jiǎnqīng 통 덜다 | 负担 fùdān 명 부담 | 凭 píng 개 ~에 의거하여 | 乐得 lède ~하는 것이 마음에 꼭 맞다 | 懊悔 àohuǐ 통 후회하다 | 不已 bùyǐ 통 ~해 마지않다 | 膨胀 péngzhàng 통 부풀다, 팽창하다 | 忽略 hūlüè 통 소홀히 하다 | 休戚相关 xiūqī xiāngguān 성 관계가 밀접하여 이해가 일치하다

---

40 ★★☆	
马为什么不愿意帮驴驮东西？	말은 왜 당나귀를 도와 물건을 실어 주지 않나?
A 因为它不喜欢驴	A 말은 당나귀를 싫어하기 때문이다
B 因为它自己驮了很多东西	B 말은 자신이 많은 물건을 싣고 있기 때문이다
C 因为它乐得轻松	C 말은 가벼운 게 좋기 때문이다
D 因为它太累了	D 말은 너무 피곤하기 때문이다

해설 녹음을 들을 때 당나귀와 말의 상황을 정확하게 분별하여 듣는 것이 중요하다. 말은 가벼운 게 좋다고 하고 당나귀를 도와 물건을 실어 주지 않았으므로 정답은 C이다.

41 ★★☆

马为什么懊悔不已？	말은 왜 후회해 마지않았나?
A 因为它觉得自己害死了驴	A 말은 자신이 당나귀를 죽인 것 같았기 때문이다
B 因为驴死了，所有的货物都要马驮了	B 당나귀가 죽어서 모든 짐을 말이 싣게 되었기 때문이다
C 因为它不想再驮东西了	C 말은 더 이상 물건을 싣기 싫기 때문이다
D 因为主人对它不好	D 주인이 말에게 잘 대해 주지 않기 때문이다

해설 당나귀가 지쳐서 죽어 버리자 주인은 당나귀 짐을 말의 등에 합쳐서 말이 후회한 것이므로 정답은 B이다.

42 ★★☆

这个故事告诉我们一个什么道理？	이 이야기는 우리에게 어떤 교훈을 알려 주는가?
A 不要自以为是	A 자신만이 옳다고 여기면 안 된다
B 不要太高傲	B 너무 자만하면 안 된다
C 帮助他人也是在帮助自己	C 다른 사람을 돕는 것은 나 자신을 돕는 것이기도 하다
D 要看清形势	D 상황을 정확하게 봐야 한다

해설 보기를 먼저 보면 주제와 관련된 문제임을 알 수 있으며, 일반적으로 이야기 형식의 글은 주제가 후반부에 나온다. 다른 사람을 도울 때 사실은 우리 자신을 돕는 것이기도 하다고 했으므로 정답은 C이다.

43 – 46

小张和小陈同时受雇于一家超级市场，可小张一再被经理提升，43而小陈却还在最底层。小陈埋怨总经理狗眼看人低，总经理说："这样吧，在谈这个问题之前，是不是请44你马上到集市上去，看看今天有什么卖的？"

45小陈很快从集市上回来了，告诉总经理：只有一个农民拉了一车土豆在卖。总经理问："一车大概有多少袋？"他又跑回去，回来后说有40袋，总经理又问："价格是多少？"他再次跑到集市上去问。

44总经理随后又叫来小张，叫他也到集市上看看今天有什么卖的。

小张很快从集市回来了，他说："46到现在为止，只有一个农民在卖土豆，有40袋，价格适中，质量很好。"他带回了几个，让总经理看。还说："这个农民过一会儿还有西红柿上市。"他估计这种价格的西红柿总经理会要，所以不仅带回了几个西红柿做样品，而且把那个农民也带来了，农民现在正在外面等总经理回话呢。

샤오장(小张)과 샤오천(小陈)은 동시에 한 마트에 고용되었다. 샤오장은 계속해서 사장이 승진시켰지만, 43샤오천은 여전히 가장 낮은 직급에 있었다. 샤오천은 사장이 사람을 깔본다고 불평했고, 사장은 말했다. "이렇게 하지. 이 문제를 이야기하기 전에 자네는 어서 44재래시장에 가서 오늘 무엇을 파는지 보고 오겠나?"

45샤오천은 재빠르게 재래시장에서 돌아와서 사장에게 말했다. 농민 하나가 감자 한 수레를 가져와서 팔고 있습니다. 사장이 물었다. 수레 하나에 대략 몇 자루인가?" 그는 또 뛰어갔다 와서 40자루라고 말했다. 사장이 또 물었다. "가격은 얼마인가?" 그는 다시 재래시장에 가서 물어봤다.

44사장이 이어서 샤오장을 불러 재래시장에 가서 오늘 무엇을 파는지를 보고 오라고 했다.

샤오장은 재빠르게 재래시장에 다녀와서 말했다. "46지금까지 농민 한 명만 감자를 팔고 있고, 40자루이고 가격도 적당하고 품질도 좋습니다." 그는 몇 개를 가져와서 사장에게 보여 주고 말했다. "이 농민은 잠시 후에 토마토도 시장에 내놓을 겁니다." 샤오장은 이 가격의 토마토라면 사장도 원할 거라고 예상해서 토마토 몇 개를 샘플로 가져왔을 뿐만 아니라, 농민도 데려와서 농민은 밖에서 사장님의 대답을 기다리고 있는 중이었다.

단어 受雇于 shòugùyú ～에 고용되다 | 提升 tíshēng 통 승진하다 | 埋怨 mányuàn 통 불평하다, 원망하다 | 狗眼看人低 gǒuyǎn kànrén dī 사람을 깔보다 | 集市 jíshì 명 재래시장 | 袋 dài 자루, 주머니 | 样品 yàngpǐn 명 샘플 | 回话 huíhuà 통 대답하다

43 ★★☆	
小陈为什么埋怨总经理"狗眼看人低"？	샤오천은 왜 사장이 '사람을 깔본다'라고 불평했는가?
A 因为经理不雇佣他	A 사장이 그를 고용하지 않았기 때문이다
B 因为经理不提升他	B 사장이 그를 승진시키지 않았기 때문이다
C 因为小张不提升他	C 샤오장이 그를 승진시키지 않았기 때문이다
D 因为经理不提升小张	D 사장이 샤오장을 승진시키지 않았기 때문이다

해설 보기를 보고 주어와 목적어를 정확하게 파악한 후 들어야 한다. 샤오천은 여전히 가장 낮은 직급에 있었기 때문에 사장이 자신을 승진시키지 않아서 사람을 깔본다고 불평했으므로 정답은 B이다.

44 ★★☆	
总经理给小张和小陈提出了一个什么要求？	사장은 샤오장과 샤오천에게 어떤 요구를 제시했는가?
A 经理让他们去市场上买土豆	A 사장은 그들에게 시장에 가서 감자를 사라고 했다
B 经理让他们去市场上买西红柿	B 사장은 그들에게 시장에 가서 토마토를 사라고 했다
C 经理让他们去市场上看看有什么卖的	C 사장은 그들에게 시장에 가서 무엇을 파는지를 보라고 했다
D 经理让他们去找一个农民	D 사장은 그들에게 농민을 찾아가라고 했다

해설 사장은 샤오장과 샤오천 모두에게 재래시장에 가서 무엇을 파는지를 보고 오라고 했으므로 정답은 C이다.

45 ★★★			
小陈一共去了市场几次？		샤오천은 시장에 모두 몇 번 다녀왔는가?	
A 一次	B 两次	A 한 번	B 두 번
C 三次	D 四次	C 세 번	D 네 번

해설 보기가 모두 숫자이지만 숫자가 직접적으로 언급되지 않고, 녹음을 들으면서 횟수를 파악해야 하므로 난이도가 높다. 샤오천은 무엇을 파는지, 몇 자루를 파는지, 가격은 얼마인지를 알아보러 모두 세 번 시장에 다녀왔으므로 정답은 C이다.

46 ★★★	
这个故事告诉我们一个什么道理？	이 이야기는 우리에게 어떤 교훈을 알려 주는가?
A 做事要听领导的安排	A 일은 지도자의 계획에 따라야 한다
B 做事要灵活、变通	B 일은 민첩하고 융통성 있게 해야 한다
C 做事要越快越好	C 일은 빠르게 할수록 좋다
D 做事不要着急	D 일은 조급하게 하지 마라

해설 샤오천의 행동과 샤오장의 행동을 비교해 보면 일은 민첩하고 융통성 있게 해야 한다는 것을 알 수 있으므로 정답은 B이다.

有个老木匠准备退休，⁴⁷因为他想回家与妻子共享天伦之乐。

老板舍不得他的好工人走，问他是否能帮忙再建一座房子，老木匠说可以。但是大家后来都看得出来，⁴⁸他的心已经不在工作上了，他用的是软料，出的是粗活。房子建好的时候，老板把大门的钥匙递给他。

"⁴⁹这是你的房子，"他说，"是我送给你的礼物。"

他震惊得目瞪口呆，羞愧得无地自容。如果他早知道是在给自己建房子，他怎么会这样呢？现在他得住在一幢粗制滥造的房子里！

我们又何尝不是这样。我们漫不经心地"建造房子"，不是积极行动，而是消极应付，凡事不肯精益求精。等我们发现自己的处境时，早已深困在自己建造的"房子"里了。把你当成那个木匠吧，想想你的房子，每天你敲进去一颗钉，加上去一块板，或者竖起一面墙，用你的智慧好好建造它吧！你的生活是你一生唯一的创造，不能抹平重建，墙上的牌子上写着："⁵⁰生活是自己创造的。"

나이 든 목수가 은퇴를 준비했다. ⁴⁷왜냐하면 그는 집에 돌아가서 아내와 가족의 단란함을 누리고 싶었기 때문이다.

사장은 그처럼 좋은 직원을 보내기가 아쉬워서 자신을 도와 집을 하나 건축할 수 없겠냐고 물었다. 목수는 할 수 있다고 말했다. 하지만 나중에 사람들은 ⁴⁸그가 이미 일하는 것에서 마음이 떠나서 약한 재료를 사용해 대충 일하는 것을 알 수 있었다. 집이 다 지어졌을 때 사장은 대문 열쇠를 그에게 주었다.

"⁴⁹이것은 자네 집이야." 그가 말했다. "내가 자네에게 주는 선물이지."

그는 너무 놀라서 멍해졌고, 부끄러워서 얼굴을 들 수가 없었다. 만약 진작에 자신의 집인 것을 알았으면 어떻게 이렇게 했겠는가? 이제 그는 아주 엉성하게 지은 집에서 살아야만 한다!

우리도 결코 이렇지 않다고 할 수 없다. 우리가 아무렇지 않게 '집을 짓는 것'은 적극적으로 행동하는 것이 아니라 소극적인 대응이다. 모든 일에 더욱더 완벽을 추구하려고 하지 않는다. 우리가 자신의 처지를 발견했을 때 이미 자신이 만든 '집'에 깊이 갇히게 된다. 당신이 이 목수라고 생각해 보자. 당신의 집이라고 생각하고 매일 못을 박고 판을 더하거나 벽을 세워 당신의 지혜로 집을 잘 지어보자! 당신의 생활은 당신이 평생 창조하는 유일한 것이므로 허물고 다시 지을 수 없다. 벽 위의 팻말에는 이렇게 적혀 있다. "⁵⁰생활은 스스로 창조하는 것이다."

단어 木匠 mùjiang 몡 목수 | 共享 gòngxiǎng 동 함께 누리다 | 天伦之乐 tiānlún zhīlè 솅 가족의 단란함 | 舍不得 shěbude 동 아쉽다 | 工人 gōngrén 몡 노동자 | 粗活 cūhuó 몡 막노동 | 钥匙 yàoshi 몡 열쇠 | 递给 dìgěi 건네주다 | 震惊 zhènjīng 동 놀라게 하다 | 目瞪口呆 mùdèng kǒudāi 솅 어안이 벙벙하다 | 羞愧 xiūkuì 휑 부끄럽다 | 无地自容 wúdì zìróng 솅 부끄러워 얼굴을 들 수 없다 | 粗制滥造 cūzhì lànzào 솅 엉성하게 하다 | 何尝 hécháng 틧 언제 ~한 적이 있나, 결코 ~이 아니다 | 漫不经心 mànbù jīngxīn 솅 전혀 신경 쓰지 않다 | 消极 xiāojí 휑 소극적이다, 부정적이다 | 应付 yìngfu 동 대응하다 | 精益求精 jīngyì qiújīng 솅 이미 훌륭하지만 더 완벽을 추구하다 | 处境 chǔjìng 몡 처지, 상황 | 建造 jiànzào 동 건축하다, 세우다 | 钉 ding 몡 못 | 竖起 shùqǐ 동 (수직으로) 세우다 | 智慧 zhìhuì 몡 지혜 | 重建 chóngjiàn 동 재건하다, 중건하다 | 牌子 páizi 동 팻말

---

47 ★★☆

老木匠为什么要退休？

A 因为老板对他不好
B 他想与妻子共享天伦之乐
C 他觉得工作太累了
D 他不想再造房子了

나이든 목수는 왜 은퇴하려고 하는가?

A 사장이 잘해주지 않기 때문이다
B 그는 아내와 가족의 단란함을 누리고 싶다
C 그는 일이 너무 힘들다고 느꼈다
D 그는 더 이상 집을 짓고 싶지 않다

해설 나이 든 목수는 아내와 가족의 단란함을 누리고 싶어서 은퇴를 준비했다고 했으므로 정답은 B이다.

48 ★★☆	
老木匠是怎样建造他退休前的最后一座房子的?	목수는 은퇴 전 마지막 집을 어떻게 지었는가?
A 他非常用心地建造	A 그는 아주 열심히 집을 지었다
B 他比以前更用心地建造	B 그는 이전보다 더 열심히 집을 지었다
C 他的心思不在造房子上，出的是粗活	C 그의 마음은 집을 짓는 것에 있지 않아 대충 일했다
D 他有时候用心，有时候马虎	D 그는 열심히 하기도 하고 대충하기도 했다

해설 그는 이미 일하는 것에서 마음이 떠나서 집을 지을 때 대충 일했으므로 정답은 C이다.

49 ★★☆	
老板让老木匠建造的房子是给谁的?	사장이 목수에게 지으라고 한 집은 누구에게 주는 것인가?
A 老板自己　　　　　B 老木匠	A 사장 자신　　　　　B 목수
C 别的工人　　　　　D 老板的儿子	C 다른 노동자　　　　D 사장의 아들

해설 사장은 목수가 지은 집을 목수에게 선물로 주었으므로 정답은 B이다.

50 ★★☆	
这个故事说明了什么?	이 이야기는 무엇을 설명했는가?
A 干活的时候不能偷懒	A 일할 때는 게으름을 피우면 안 된다
B 造房子要花心思	B 집을 지을 때는 애써야 한다
C 做事要考虑后果	C 일할 때는 뒷일을 생각해야 한다
D 生活是自己创造的	D 생활은 스스로 창조하는 것이다

단어 偷懒 tōulǎn 형 게으름을 피우다 | 后果 hòuguǒ 명 (주로 안 좋은) 결과

해설 녹음 후반부에서 이 글의 교훈이 언급된다. 생활은 스스로 창조하는 것이라고 했으므로 정답은 D이다.

51 ★★☆

A 许多伟大的人都因为节制自己，集中力量在特定的事物上，而取得了杰出的成就。	A 많은 위대한 사람들은 모두 자신을 절제하고 역량을 특정한 사물에 집중하므로 출중한 성과를 얻었다.
B 中国正在不断地加快高等教育发展的速度和规模。	B 중국은 고등교육의 발전 속도를 끊임없이 빠르게 하고 규모를 확대하고 있다.
C 在他失去视力以后，他的室友每天都会为他读教科书上的内容。	C 그가 시력을 잃은 후에, 그의 룸메이트는 매일 그에게 교과서의 내용을 읽어 준다.
D 社会心理学认为所有的爱情体验都是有激情、亲密和承诺三大要素所构成的。	D 사회 심리학에서는 모든 사랑의 체험은 열정, 친밀, 승낙의 3대 요소 구성된다고 생각한다.

단어 伟大 wěidà 웽 위대하다 | 节制 jiézhì 통 절제하다 | 集中 jízhōng 통 집중하다 | 力量 lìliàng 웽 역량 | 杰出 jiéchū 웽 출중한 | 加快 jiākuài 통 빠르게 하다 | 规模 guīmó 웽 규모 | 失去 shīqù 통 잃다 | 视力 shìlì 웽 시력 | 室友 shìyǒu 웽 룸메이트 | 教科书 jiàokēshū 웽 교과서 | 体验 tǐyàn 웽 체험 | 激情 jīqíng 웽 격정, 열정 | 亲密 qīnmì 웽 친밀하다 | 承诺 chéngnuò 웽 승낙하다 | 要素 yàosù 웽 요소 | 构成 gòuchéng 통 구성하다

해설 中国正在不断地加快高等教育发展的速度和规模。→ 中国正在不断地加快高等教育发展的速度和扩大了规模。

B는 호응 관계의 오류에 따른 오문이다. 술어 '加快(빠르게 하다)'와 목적어 '速度(속도)'는 호응 관계에 있지만, 두번째 목적어인 '规模'와는 호응하지 않는다. 속도를 빠르게 할 수 있지만 규모는 빠르게 할 수 없으므로, '规模(규모)'와 호응하는 술어 '扩大(확대하다)'를 추가해야 한다.

52 ★★★

A 这个厂两次获省级大奖，三次被授予优质产品称号。	A 이 공장의 상품은 두 차례 성(省)급 대상을 받았고, 세 차례 우수 상품 칭호를 받았다.
B 中国虽然每年都有大量大学生毕业，但白领仍然严重缺乏。	B 중국은 매년 많은 대학생이 졸업하지만 화이트칼라는 여전히 심각하게 부족하다.
C 日本人节能的意识和智慧，还体现在房舍楼宇的建设和管理方面。	C 일본인의 에너지 절약 의식과 지혜는 집, 빌딩 건설과 관리 방면에서도 드러난다.
D 政府安排他们参观了当地的学校并和老师、学生进行了互动交流。	D 정부는 그들에게 현지 학교를 참관하고 선생님, 학생들과 상호 교류하도록 계획했다.

단어 省级 shěngjí 웽 성급 | 大奖 dàjiǎng 웽 대상 | 授予 shòuyǔ 통 수여하다 | 优质 yōuzhì 웽 우수하다 | 称号 chēnghào 웽 칭호 | 白领 báilǐng 웽 화이트칼라 | 缺乏 quēfá 통 부족하다, 결핍되다 | 节能 jiénéng 통 에너지를 절약하다 | 意识 yìshí 웽 의식 | 智慧 zhìhuì 웽 지혜 | 体现 tǐxiàn 통 구체적으로 드러나다 | 房舍 fángshè 웽 집 | 楼宇 lóuyǔ 웽 빌딩

해설 这个厂两次获省级大奖，三次被授予优质产品称号。→ 这个工厂的产品两次获省级大奖，三次被授予优质产品称号。

A에서 주어는 '这个厂 (이 공장)'인데 뒤 절에서 '优质产品称号(우수 상품의 칭호)'를 받은 것과 호응하지 않는다. 우수 상품의 칭호를 받는 것은 상품이지 공장이 아니므로 주어를 '这个工厂的产品(이 공장의 상품)'으로 수정해야 한다.

53 ★★☆

A 我会以油画展现在教堂里看到的这一幕令人震撼的情景。	A 나는 교회에서 보았던 한 편의 감동적인 장면을 유화로 표현하려고 한다.
B 青藏高原的荒野上盛开着野花。	B 칭짱(青藏) 고원의 황야에는 야생화가 활짝 피어 있다.

C 能否做好救灾工作，关键是干部作风要好。 D 研究人员的研究结果也将及时得到开发和利用。	C 구조 작업을 잘하기 위해서 중요한 것은 간부의 일 처리 방식이 좋아야 한다는 것이다. D 연구원의 연구 결과도 제때에 개발과 이용이 이루어질 것이다.

단어 展现 zhǎnxiàn 통 드러내다｜教堂 jiàotáng 명 교회｜震撼 zhènhàn 통 감동시키다｜情景 qíngjǐng 명 정경, 광경｜荒野 huāngyě 명 황야｜盛开 shèngkāi 통 활짝 피다｜野花 yěhuā 명 야생화｜救灾 jiùzāi 통 이재민을 구제하다, 재난에서 구하다｜关键 guānjiàn 명 관건｜作风 zuòfēng 명 (일·사상 등의 일관된) 태도, 기풍｜即时 jíshí 부 즉시

해설 能否做好救灾工作，关键是干部作风要好。→ 做好救灾工作，关键是干部作风要好。

C의 앞 절 '能否做好救灾工作(재해 구조 작업을 잘 할 수 있는지 없는지)'와 뒤에 이어지는 절의 '干部作风要好(간부의 일 처리 방식이 좋아야 한다)'와 호응하지 않는다. 앞 절에서는 잘할 수 있을 때와 없을 때를 모두 포함하지만, 뒤 절에서는 잘할 수 있을 때의 것만 언급하고 있어 앞뒤 호응이 맞지 않으므로 '能否'를 삭제해야 한다.

---

54 ★★☆

A 如果连生命都不能做到坦诚相待，那还能坦诚地对待其他的事物吗？ B 中国的全面开放会给国内经济发展带来很多实质性的好处。 C 同学们以敬佩的目光注视着和倾听着这位老师的报告。 D 茶农较之于中原及北方地区种庄稼的农民，其收入毫无疑问是有了极大提高。	A 만약에 생명조차도 솔직하고 성실하게 대할 수 없다면 다른 사물은 허심탄회하게 대할 수 있을까? B 중국의 전면적인 개방은 국내 경제 발전에 많은 실질적인 이점을 가져올 것이다. C 학생들은 감탄의 눈길로 이 선생님을 주시하며 그의 보고를 경청하고 있다. D 차 재배농은 중원과 북방지역에서 농작물을 경작하는 농민과 비교해서 그 수입이 의심의 여지 없이 크게 늘어났다.

단어 坦诚相待 tǎnchéng xiāngdài 성 솔직하고 성실하게 대하다｜全面 quánmiàn 형 전면적이다｜敬佩 jìngpèi 통 탄복하다｜目光 mùguāng 명 눈빛｜注视 zhùshì 통 주시하다｜倾听 qīngtīng 통 경청하다｜茶农 chánóng 명 차 재배농｜庄稼 zhuāngjia 명 농작물｜毫无 háowú 통 조금도 ~없다

해설 同学们以敬佩的目光注视着和倾听着这位老师的报告。→ 同学们以敬佩的目光注视着这位老师并倾听着这位老师的报告。

C의 술어는 '注视(주시하다)'와 '倾听(경청하다)'으로 목적어 '这位老师的报告(이 선생님의 보고)'는 '倾听'과 호응하지만 '注视'와는 호응하지 않는다. 선생님을 주시하고, 보고를 경청해서 듣는다고 표현해야 하므로 '这位老师(이 선생님)'를 '注视'의 목적어로 추가하고, 접속사 '并'으로 뒤 절과 연결해야 한다.

---

55 ★★☆

A 李想恳求妈妈给他买一台电脑，但遭到妈妈的拒绝。 B 珠心算不仅是一种计算方法，更是开启儿童智力的一把钥匙。 C 从个人前途上看，无债一身轻比花钱买个名牌要有利得多。 D 通过大家批评教育，使我明白了这个道理。	A 리샹(李想)은 엄마에게 컴퓨터 한 대를 사달라고 간청했지만 거절당했다. B 수판셈은 일종의 계산 방법일 뿐만 아니라, 어린이의 지능을 열어 주는 열쇠이기도 하다. C 개인의 미래를 보면 빚 없이 마음이 편한 것이 돈을 써서 명품 사는 것보다 훨씬 더 이롭다. D 모두의 비판 교육을 통해서 우리는 이 이치를 깨달았다.

단어 恳求 kěnqiú 통 간청하다｜遭到 zāodào 통 당하다｜拒绝 jùjué 통 거절하다｜珠心算 zhūxīnsuàn 명 수판셈, 주산｜开启 kāiqǐ 통 열다, 시작하다｜智力 zhìlì 명 지능｜前途 qiántú 명 미래, 전도｜无债一身轻 wúzhài yìshēn qīng 빚이 없으면 마음이 편하다｜名牌 míngpái 명 명품｜批评 pīpíng 통 비판하다｜道理 dàolǐ 명 이치, 일리

通过大家批评教育，使我明白了这个道理。 → 通过大家批评教育，我明白了这个道理。

通过大家批评教育，使我明白了这个道理。 → 大家批评教育，使我明白了这个道理。

D는 문장 성분 부족에 따른 오문이다. '通过'가 이끄는 것은 개사구이고, '使(~하게 하다)'는 동사이므로 이 문장에는 주어가 필요하다. '使'를 삭제하고 뒤 절의 '我'를 주어로 삼거나 '通过'를 삭제하고 '大家批评教育(모두의 비판 교육)'를 주어로 삼아야 한다.

---

56 ★★☆

A 我们要采取措施防止交通事故不再发生。 B 人类对自然环境的破坏是这次灾害的罪魁祸首。 C 美国人从事体育运动是在培养竞争的才能和领袖素质。 D 好工作要自己去找，不要等着天上掉馅饼。	A 우리는 조치를 취해서 교통사고가 다시 발생하는 것을 방지해야 한다. B 인류가 자연환경을 파괴하는 것이 이번 재해의 주범이다. C 미국인이 스포츠에 종사하는 것은 경쟁하는 능력과 지도자 자질을 기르는 것이다. D 좋은 일은 스스로 찾아야 하지 하늘에서 행운이 떨어지기를 기다려서는 안 된다.

단어 采取 cǎiqǔ ⑧ 취하다 | 措施 cuòshī ⑲ 조치 | 防止 fángzhǐ ⑧ 방지하다 | 破坏 pòhuài ⑧ 파괴하다 | 灾害 zāihài ⑲ 재해 | 罪魁祸首 zuìkuí huòshǒu ⑳ 재난의 주요 원인 | 天上掉馅饼 tiānshàng diàoxiànbǐng 굴러 들어온 호박, 하늘에서 떨어진 행운

해설 我们要采取措施防止交通事故不再发生。 → 我们要采取措施防止交通事故再发生。

A의 의미는 '우리는 조치를 취해서 교통사고가 다시 발생하지 않는 것을 막아야 한다'이므로 교통사고가 발생하기를 바란다는 의미이다. '교통사고의 발생을 막아야 한다'는 의미가 되어야 하므로 '不'를 삭제해야 한다.

---

57 ★★☆

A 在生活中，既要当好演员，也要当好观众。 B 智商既是先天因素，也是后天开发与培养的结果。 C 没有什么比一颗感恩的心更值得尊敬。 D 《消费者权益保护法》深受消费者所欢迎。	A 생활에서 좋은 배우도 되어야 하고, 좋은 관중도 되어야 한다. B 지능 지수는 선천적인 요소이기도 하고, 후천적으로 개발하고 배양한 결과이기도 하다. C 은혜에 감사하는 마음보다 존경받을 만한 것은 없다. D 「소비자 권익 보호법」은 소비자들의 큰 환영을 받았다.

단어 演员 yǎnyuán ⑲ 배우 | 智商 zhìshāng ⑲ 지능 지수 | 先天 xiāntiān ⑲ 선천적이다 | 因素 yīnsù ⑲ 요소 | 培养 péiyǎng ⑧ 배양하다 | 感恩 gǎnēn ⑧ 은혜에 감사하다 | 尊敬 zūnjìng ⑧ 존경하다 | 消费者 xiāofèizhě ⑲ 소비자 | 权益 quányì ⑲ 권익

해설 《消费者权益保护法》深受消费者所欢迎。 → 《消费者权益保护法》深受消费者的欢迎。

D의 술어는 '深受(깊이 받다)'이고 목적어는 '欢迎(환영)'이다. 의미상 '소비자들의 환영을 받았다'가 적절하므로 '所'를 '的'로 수정해야 한다.

---

58 ★★★

A 她是一个非常有野心的女人。 B 有时候，生活中的失败能够极大地激励人。 C 难道我们不应该不向雷锋同志学习吗？ D 如果旅行社故意或因过失不履行合同，就应对旅客承担赔偿责任。	A 그녀는 매우 야심이 있는 여자다. B 때로는 생활 속의 실패가 사람을 크게 격려할 수 있다. C 설마 우리가 레이펑(雷锋) 동지에게 배우지 말아야 하겠는가? D 만약 여행사에서 고의나 실수로 인해 계약을 이행하지 않으면 여행객에게 배상의 책임을 져야 한다.

단어 野心 yěxīn 몡 야심 | 激励 jīlì 동 격려하다 | 难道 nándào 凰 설마 ~란 말인가 | 故意 gùyì 凰 고의로 | 过失 guòshī 몡 잘못, 실수 | 履行 lǚxíng 동 이행하다 | 合同 hétong 몡 계약 | 承担 chéngdān 동 책임지다, 부담하다 | 赔偿 péicháng 동 배상하다 | 责任 zérèn 몡 책임

해설 难道我们不应该不向雷锋同志学习吗? → 难道我们不应该向雷锋同志学习吗?

C에서 '难道'는 '설마 ~겠는가'라는 의미인 반어문에 사용되는 부사로 '~라고 말할 수 없다'라는 의미이다. 이 문장은 레이펑 동지에 배워야 한다는 의미가 되어야 하는데, 부정부사가 이중으로 쓰여 의미가 중복되므로 부정부사 하나를 삭제해야 한다. 조동사가 있는 문장은 조동사에 부정을 해 줘야 하므로 두 부정부사 중에서 '应该' 앞의 '不'를 남겨 두고 '应该' 뒤의 '不'를 삭제해야 한다.

---

59 ★★☆	
A 他这个人有不少值得表扬。	A 그 사람은 칭찬할 만한 점이 많다.
B 我喜欢看书和听音乐，运动却非我所好。	B 나는 책을 읽고 음악을 듣는 것을 좋아하지만 운동은 좋아하지 않는다.
C 这对你来说的确很棘手，但你做好了就能为自己赢得荣誉。	C 이것은 당신에게는 확실히 까다롭지만 잘 해내면 명예를 얻을 수 있다.
D 团圆饭显示了家庭在华人文化里的重要地位。	D 명절에 온 가족이 같이 모여서 먹는 식사는 가정이 중국인 문화에서 중요한 위치에 있다는 것을 보여 준다.

단어 值得 zhíde 동 ~할 만한 가치가 있다 | 表扬 biǎoyáng 동 칭찬하다 | 棘手 jíshǒu 형 까다롭다 | 赢得 yíngdé 동 얻다 | 荣誉 róngyù 몡 영예, 명예 | 团圆饭 tuányuánfàn 몡 명절에 함께 모여 먹는 밥 | 华人 huárén 몡 중국인

해설 他这个人有不少值得表扬。 → 他这个人有不少值得表扬的地方。

A는 술어 '有(있다)'에 호응하는 목적어가 없다. '值得表扬(칭찬할 만하다)'도 술어이므로 '有'와 호응하지 않는다. 따라서 '有'에 호응하는 목적어 '地方(점)'을 추가해야 한다.

---

60 ★★★	
A 许多在几个月前还很陌生的词，现在就耳熟能详了。	A 몇 개월 전까지만 해도 생소했던 많은 단어가 지금은 익숙해졌다.
B 希望大家都能保持健康的心态，开心地投入到每一天的工作中去。	B 모두 건강한 마음 상태를 유지하고, 기쁘게 그날그날의 일에 몰두하기를 바란다.
C 医生还提醒人们要注意改正饭后饮茶和饭后散步的错误习惯。	C 의사는 사람들에게 식후에 차를 마시거나 산책하는 잘못된 습관을 고치는 데 주의해야 한다고 일깨워 준다.
D 这朴素的话语多么深刻地蕴含着人生哲理啊!	D 이 소박한 말에 얼마나 깊은 인생의 이치가 내포되어 있는가!

단어 陌生 mòshēng 형 낯설다 | 耳熟能详 ěrshú néngxiáng 셩 많이 들어서 귀에 익숙하다 | 保持 bǎochí 동 유지하다 | 心态 xīntài 몡 심리 상태 | 投入 tóurù 동 투입하다 | 提醒 tíxǐng 동 일깨우다 | 改正 gǎizhèng 동 (잘못을) 시정하다 | 朴素 pǔsù 형 소박하다 | 蕴含 yùnhán 동 내포하다 | 哲理 zhélǐ 몡 이치, 철리

해설 这朴素的话语多么深刻地蕴含着人生哲理啊! → 这朴素的话语蕴含着多么深刻的人生哲理啊!

D에서 형용사 '深刻(깊다)'는 일반적으로 구조조사 '的'와 함께 쓰여 명사를 수식한다. 따라서 '多么深刻地蕴含着'를 '蕴含着多么深刻的'로 수정해야 한다.

301

61 ★★☆

某著名经济学家说，市场经济是一种<u>开放</u>经济，中国肯百折不回地争取入世，从<u>根本</u>上讲是国内市场化改革<u>导致</u>的必然抉择。中国许多问题的解决都得靠外力的推动。从更深广的<u>层面</u>来看，世界贸易组织是中国加入的最后一个重要国际组织，这是中国自立于世界民族之林的最后一次重大外交行动，也是中国全面重返国际舞台的显著标志和强烈信号。

저명한 경제학자가 말했다. 시장경제는 일종의 <u>개방</u> 경제로 중국은 불굴의 의지로 세계무역기구에 가입하게 되었으며, <u>근본적으로</u> 말해서 국내 시장화 개혁이 <u>야기한</u> 필연적인 선택이었다. 중국의 많은 문제의 해결은 외부의 힘에 의지해야 한다. 더 깊고 넓은 <u>층면</u>에서 볼 때, 세계무역기구는 중국이 가입한 마지막 중요한 국가 조직이다. 이것은 중국이 세계 민족의 숲에서 자립하는 마지막 중대 외교 활동이며, 중국이 전면적으로 국제 무대에 돌아온 분명한 상징이며 강력한 신호이기도 하다.

A	封闭	基本	使然	角度	A 폐쇄하다	기본	때문이다	각도
B	开放	根本	导致	层面	B 개방하다	근본	야기하다	층면
C	放开	基础	引起	现象	C 완화하다	기초	야기하다	현상
D	放大	本质	引导	状态	D 확대하다	본질	인도하다	상태

단어 著名 zhùmíng 웹 저명하다 | 肯 kěn 웹 기꺼이 하다 | 百折不回 bǎizhé bùhuí 뎅 의지가 매우 강인하다 | 争取 zhēngqǔ 뎅 쟁취하다 | 入世 rùshì 뎅 세계무역기구에 가입하다 | 市场化 shìchǎnghuà 뎅 시장화 | 改革 gǎigé 뎅 개혁 | 必然 bìrán 웹 필연적이다 | 抉择 juézé 뎅 선택하다 | 推动 tuīdòng 뎅 추진하다 | 深广 shēnguǎng 뎅 깊고 넓다 | 国际组织 guójì zǔzhī 뎅 국제조직 | 重返 chóngfǎn 뎅 되돌아오다 | 国际舞台 guójì wǔtái 뎅 국제 무대 | 显著 xiǎnzhù 뎅 현저하다, 뚜렷하다 | 标志 biāozhì 뎅 상징 | 封闭 fēngbì 뎅 폐쇄하다 | 放开 fàngkāi 뎅 완화하다 | 放大 fàngdà 뎅 확대하다 | 根本 gēnběn 뎅 근본 | 使然 shǐrán 뎅 그렇게 되게 하다, 때문이다 | 导致 dǎozhì 뎅 야기하다 | 引起 yǐnqǐ 뎅 야기하다 | 引导 yǐndǎo 뎅 인도하다 | 角度 jiǎodù 뎅 각도 | 层面 céngmiàn 뎅 범위, 층면 | 状态 zhuàngtài 뎅 상태

해설 빈칸1 빈칸 앞에서 시장경제가 언급되었으므로 의미상 '开放(개방) 경제'가 적절하다.

빈칸2 빈칸 앞과 뒤 '从…上讲'과 호응하는 단어를 골라야 한다. 세계무역기구 가입이 국내 시장화 개혁을 야기한 필연적인 선택이었다는 내용이므로 문맥상 '从根本上讲(근본적으로 말해서)', 혹은 '从本质上讲(본질적으로 말해서)'이 적절하다.

빈칸3 빈칸 앞의 '国内市场化改革(국내 시장화 개혁)'가 '抉择(선택)'를 야기하는 것이므로 '导致(야기하다)'가 적절하다. '引起(야기하다)'는 질병이나 전쟁 등을 일으킬 때 사용하므로 적절하지 않다.

빈칸4 구조조사 '的' 앞의 '深广(깊고 넓은)'의 수식을 받으면서 의미상 가장 적절한 것은 '层面(층면)'이다.

62 ★★☆

今天许多航空公司<u>面临</u>的最大危险也许并不是持枪的恐怖分子，而是公务舱中<u>携带</u>笔记本电脑的乘客。在过去15年里，驾驶员已经<u>报告</u>了100多万起可能有电磁干扰<u>造成</u>的事故。

오늘날 많은 항공사가 <u>직면한</u> 최대 위험은 아마도 총기를 소지한 테러리스트가 아니라, 비즈니스석의 노트북을 휴대한 승객일 것이다. 과거 15년 동안 조종사는 이미 100만 여 건의 전자파 방해로 <u>야기</u>된 사고를 보고했다.

A	面对	偕同	汇报	引起	A 직면하다	동반하다	상부에 보고하다	야기하다
B	应对	带着	记录	引发	B 대응하다	가지고 있다	기록하다	야기하다
C	考虑	购买	知道	涉及	C 고려하다	구매하다	알다	관련되다
D	面临	携带	报告	造成	D 직면하다	휴대하다	보고하다	야기하다

단어 航空 hángkōng 뎅 항공 | 危险 wēixiǎn 뎅 위험 | 也许 yěxǔ 뭔 어쩌면 | 持枪 chíqiāng 뎅 총을 소지하다 | 恐怖分子 kǒngbù fènzǐ 뎅 테러리스트 | 公务舱 gōngwùcāng 뎅 비즈니스석 | 乘客 chéngkè 뎅 승객 | 驾驶员 jiàshǐyuán 뎅 조종사 | 电磁干扰 diàncí gānrǎo 뎅 전자파 방해 | 面对 miànduì 뎅 직면하다 | 应对 yìngduì 뎅 대응하다 | 面临 miànlín 뎅 직면하다 | 偕同 xiétóng 뎅 동반

하다 | **携带** xiédài 图 휴대하다 | **汇报** huìbào 图 상부에 보고하다 | **引起** yǐnqǐ 图 야기하다 | **引发** yǐnfā 图 야기하다 | **涉及** shèjí 图 미치다, 관련되다 | **造成** zàochéng 图 야기하다, 초래하다

해설 **빈칸1** 빈칸 뒤의 '最大危险(최대 위험)'과 호응하는 단어를 골라야 한다. 위험을 직면하고 대응하는 것이 적절하므로 '考虑(고려하다)'를 제외하고는 모두 적절하다.

빈칸2 빈칸 뒤의 '笔记本电脑(노트북)'와 호응하는 것으로 휴대한다는 의미의 '带着(가지고 있다)'와 '携带(휴대하다)'가 적절하다. '偕同'은 사람과 동행하는 것이므로 적절하지 않고, 비행기를 탈 때 컴퓨터를 휴대하는 내용이므로 '购买(구매하다)'도 적절하지 않다.

빈칸3 빈칸 뒤의 '事故(사고)'와 호응하는 단어를 골라야 한다. '보고하다'라는 의미의 '汇报'와 '报告'가 적절하다.

빈칸4 '电磁干扰(전자파 방해)'로 인한 사고를 의미하므로 '涉及(관련되다)'를 제외하고는 모두 적절하다.

---

63 ★☆☆

由于古人视彗星出现为不祥，故而对其非常重视，几乎每一次出现都有比较详细的记录。

옛날 사람들은 혜성이 나타나는 것을 보는 것을 불길하다고 여겼기 때문에 그러므로 그것을 매우 중시했으며, 거의 매번 출현할 때마다 비교적 상세한 기록이 있다.

A	因此	几近	隐晦	A 이 때문에	거의 ~에 이르다	의미가 명확하지 않다
B	加之	接近	准确	B 게다가	접근하다	정확하다
C	故而	几乎	详细	C 그러므로	거의	상세하다
D	反而	进而	迷信	D 오히려	나아가	미신

단어 **由于** yóuyú 圈 ~때문에 | **彗星** huìxīng 图 혜성 | **不祥** bùxiáng 图 상서롭지 않다 | **加之** jiāzhī 圈 게다가 | **故而** gù'ér 圈 그러므로 | **反而** fǎn'ér 圈 오히려 | **几近** jǐjìn 圈 거의 ~에 이르다 | **进而** jìn'ér 圈 더 나아가 | **隐晦** yǐnhuì 图 의미가 명확하지 않다 | **准确** zhǔnquè 图 정확하다 | **详细** xiángxì 图 상세하다 | **迷信** míxìn 图 미신

해설 **빈칸1** 보기가 모두 접속사이므로 접속사의 호응 관계에 유의해야 한다. 빈칸 앞 문장이 '由于(~때문에)'로 시작하므로 인과 관계로 호응해야 한다. 따라서 '因此(이 때문에)'와 '故而(그러므로)'이 적절하다.

빈칸2 빈칸 뒤의 '每次'와 호응하는 것은 '几乎(거의)'이다. '几乎每次(거의 매번 ~할 때 마다)'는 자주 사용되는 표현이다.

빈칸3 문맥상 비교적 자세한 기록이 있다는 의미가 되어야 한다. '准确(정확하다)'는 어떠한 기준에 부합하여 옳고 정확함을 나타내므로 적절하지 않고, 혜성에 관한 '记录(기록)'와 호응하는 것으로는 '详细(상세하다)'가 적절하다.

---

64 ★★☆

英国科学家指出，在南极上空，大气层中的散逸层顶在过去40年中下降了大约8千米。在欧洲上空，也得出了类似的观察结论。科学家认为，由于温室效应，大气层可能会继续收缩。

영국의 과학자는 남극 상공에서 대기층의 외기권 꼭대기가 과거 40년 동안 대략 8,000m가 하강했다고 말했다. 유럽의 상공에서도 유사한 관찰 결과를 얻었고, 과학자는 온실 효과로 인해 대기층이 계속 축소할 것으로 생각한다.

A	过去	类似	继续	A 과거	유사하다	계속
B	未来	相反	不再	B 미래	상반되다	더 이상 ~않다
C	以前	相同	一再	C 이전	상통하다	거듭
D	以后	一样	一直	D 이후	같다	줄곧

단어 **大气层** dàqìcéng 图 대기층 | **散逸层** sànyìcéng 图 외기권 | **下降** xiàjiàng 图 하강하다, 내리다 | **观察** guānchá 图 관찰하다 | **温室效应** wēnshì xiàoyìng 图 온실효과 | **收缩** shōusuō 图 수축하다 | **类似** lèisì 图 유사하다 | **相反** xiāngfǎn 图 상반되다 | **相通** xiāngtōng 图 상통하다 | **不再** búzài 图 더 이상 ~않다 | **一再** yízài 튀 거듭

해설 **빈칸1** 보기 중 '以前'과 '以后'는 숫자 뒤에 놓이므로 적절하지 않다. 빈칸 뒤에 이어지는 문장의 '了'를 통해 이미 발생한 일임을 알수 있으므로 '过去(과거)'가 적절하다.

빈칸2 빈칸 앞의 '也'를 통해 앞에서 언급한 내용과 비슷한 내용임을 알 수 있으므로 '相反(상반되다)'은 적절하지 않다.

빈칸3 이 글 전반부에서 과거 40년 동안 발생한 현상을 말했고, 유럽의 상공에서도 유사한 관찰 결과를 얻었으므로 이 현상이 앞으로도 지속될 것임을 알 수 있다. 따라서 '继续(계속)'가 가장 적절하다.

---

65 ★★☆

孔子学院已成为世界学习汉语言文化、了解当代中国的主要平台，推动海外汉语教学，扩大汉语教学的规模和阵地是孔子学院的重要工作。	공자 학원은 이미 세계 중국 언어문화 학습과 현재 중국을 이해할 수 있는 중요한 플랫폼이 되었다. 외국의 중국어 교육을 추진하고 중국어 교육의 규모와 진영을 확대하는 것은 공자 학원의 중요 업무이다.

A	平台	推动	规模	A	플랫폼	추진하다	규모
B	舞台	推翻	规范	B	무대	뒤엎다	규범
C	阵地	鼓动	规则	C	진영	선동하다	규칙
D	媒介	推向	模式	D	매개	~방향으로 추진하다	패턴

단어 **教学** jiàoxué 몡 교육 | **扩大** kuòdà 동 확대하다 | **阵地** zhèndì 몡 진영, 진지 | **平台** píngtái 몡 플랫폼 | **媒介** méijiè 몡 매개 | **推动** tuīdòng 동 추진하다 | **推翻** tuīfān 동 뒤엎다 | **鼓动** gǔdòng 동 선동하다 | **推向** tuīxiàng 동 ~방향으로 추진하다 | **规模** guīmó 몡 규모 | **规范** guīfàn 몡 규범 | **规则** guīzé 몡 규칙 | **模式** móshì 몡 패턴, 모델

해설 **빈칸1** 주어는 공자 학원이며, 중국어 학습과 중국 문화 이해의 플랫폼과 무대를 제공하는 의미이므로 네 가지 모두 적절하다.

빈칸2 빈칸 뒤의 목적어인 '海外汉语教学(외국의 중국어 교육)'와 호응해야 한다. '推翻(뒤엎다)'은 이 글이 중국어 교육 발전을 추진하는 내용이므로 전체 맥락과 호응하지 않는다. '鼓动(선동하다)'은 사람을 목적어로 하고, '推向(~방향으로 추진하다)'은 방향을 목적어로 하므로 '推动(추진하다)'이 가장 적절하다.

빈칸3 빈칸 앞의 동사 '扩大(확대하다)'와 호응하는 것으로 가장 적절한 것은 '规模(규모)'이다.

---

66 ★★☆

企业到底适不适合开展连锁经营？能不能开展连锁经营？面对这两个问题，一些企业往往无所适从，贻误发展时机。	기업은 도대체 프랜차이즈 경영을 하는 것이 적합한가? 프랜차이즈 경영은 전개할 수 있는 것인가? 이 두 가지 문제에 직면해서, 일부 기업은 종종 어쩔 줄 모르다가 발전 시기를 놓친다.

A	到底	无所适从	贻误	A	도대체	어쩔 줄 모른다	시기를 놓치다
B	非但	一筹莫展	痛失	B	비단 ~일 뿐 아니라	속수무책이다	아쉽게 놓치다
C	终究	举棋不定	耽误	C	결국	우물쭈물하다	시기를 놓치다
D	是否	优柔寡断	错过	D	~인지 아닌지	망설이다	놓치다

단어 **开展** kāizhǎn 동 펼치다 | **连锁经营** liánsuǒ jīngyíng 몡 프랜차이즈 경영 | **到底** dàodǐ 뮈 도대체 | **非但** fēidàn 젭 비단 ~뿐 아니라 | **终究** zhōngjiū 뮈 결국 | **是否** shìfǒu 뮈 ~인지 아닌지 | **无所适从** wúsuǒ shìcóng 솅 어쩔 줄 모른다 | **一筹莫展** yìchóu mòzhǎn 솅 속수무책이다 | **举棋不定** jǔqí búdìng 솅 우물쭈물하다 | **优柔寡断** yōuróu guǎduàn 솅 망설이다 | **贻误** yíwù 동 일을 그르치다 | **痛失** tòngshī 동 아쉽게 놓치다 | **耽误** dānwu 동 시기를 놓치다 | **错过** cuòguò 동 놓치다

해설 **빈칸1** 이 문장은 의문이므로 '到底(도대체)'와 '是否(인지 아닌지)'가 적절하지만, 빈칸 뒤에서 이미 '适不适合'라는 정반의문문이 있으므로 '到底'가 적절하다.

빈칸2 빈칸 앞뒤의 맥락을 보면 망설이다가 발전 시기를 놓친다는 의미로 연결되므로 '无所适从(어쩔 줄 모른다)', '举棋不定(우물쭈물하다)', '优柔寡断(망설이다)' 모두 적절하다.

---

67 ★★★

中国古代数学家对"一次同余论"的研究有<u>明显</u>的独创性和继承性,"大衍求一术"在世界数学史上的<u>崇高</u>地位是不容<u>怀疑</u>的。	중국 고대 수학자들의 '일차합동 이론'에 관한 연구가 <u>분명한</u> 독창성과 계승성이 있으며, '중국의 나머지 정리'가 세계 수학사에서 <u>숭고</u>한 지위를 차지하는 것은 <u>의심할</u> 수 없는 것이다.

A	完全	高尚	否定	A	완전히	고상하다	부정하다
B	明确	高明	忽视	B	명확하다	고명하다	무시하다
C	绝对	高雅	动摇	C	절대적이다	고상하고 우아하다	동요하다
D	明显	崇高	怀疑	D	분명하다	숭고하다	의심하다

단어 独创性 dúchuàngxìng 명 독창성 | 继承性 jìchéngxìng 명 계승성 | 不容 bùróng 동 허락하지 않다 | 明确 míngquè 형 명확하다 | 明显 míngxiǎn 형 분명하다 | 高尚 gāoshàng 형 고상하다 | 高明 gāomíng 형 고명하다, 빼어나다 | 高雅 gāoyǎ 형 고상하고 우아하다 | 崇高 chónggāo 형 숭고하다 | 否定 fǒudìng 동 부정하다 | 忽视 hūshì 동 무시하다, 소홀히 하다 | 动摇 dòngyáo 동 동요하다 | 怀疑 huáiyí 동 의심하다

해설 빈칸1 빈칸 뒤의 '独创性(독창성)'과 '继承性(계승성)'을 수식할 수 있는 형용사를 골라야 한다. 절대적이고 완전한 것은 지나친 표현일 수 있으므로 '明确(명확하다)'와 '明显(분명하다)'이 적절하다.

빈칸2 빈칸 앞 뒤를 통해서 나머지 정리가 세계 수학사에서 차지하는 지위를 말하고 있으므로 '崇高(숭고하다)'가 가장 적절하다.

빈칸3 나머지 정리가 세계 수학사에서 차지하는 지위에 대한 확신을 이야기하므로 의미상 '怀疑(의심하다)'가 적절하다.

---

68 ★★☆

随着广播电视和报纸等大众传媒进入千家万户,覆盖城乡,其对社会舆论的影响力<u>日益</u>扩大,越来越成为广大群众的主要信息来源,在很大程度上<u>影响</u>社会舆论。	텔레비전 방송과 신문 등의 대중 매체가 수많은 가구에 진입함에 <u>따</u>라, 도시와 농촌을 아우르고, 사회 여론의 영향력이 <u>나날이</u> 확대되고 있으며, 점점 대중들의 주요 정보원이 되어, 사회 여론에 큰 <u>영향</u>을 주고 있다.

A	随着	日益	影响	A	~에 따라	나날이	영향을 주다
B	跟着	逐步	控制	B	따라가다	점차	제어하다
C	随同	渐渐	干扰	C	동반하다	점점	방해하다
D	跟随	不断	引领	D	따르다	끊임없이	이끌다

단어 广播电视 guǎngbō diànshì 명 텔레비전 방송 | 大众传媒 dàzhòng chuánméi 명 대중 매체 | 千家万户 qiānjiā wànhù 성 수많은 가구 | 覆盖 fùgài 동 덮다 | 城乡 chéngxiāng 명 도시와 농촌 | 舆论 yúlùn 명 여론 | 扩大 kuòdà 동 확대하다 | 群众 qúnzhòng 명 대중, 군중 | 信息来源 xìnxī láiyuán 명 정보원 | 随着 suízhe 개 ~에 따라서 | 跟着 gēnzhe 동 따라가다 | 随同 suítóng 동 동반하다, 수행하다 | 跟随 gēnsuí 동 따르다 | 日益 rìyì 부 나날이 | 逐步 zhúbù 부 점차 | 渐渐 jiànjiàn 부 점점 | 控制 kòngzhì 동 제어하다 | 干扰 gānrǎo 동 방해하다 | 引领 yǐnlǐng 동 이끌다

해설 빈칸1 일반적으로 '随着(~에 따라)'는 특정 상황의 변화에 따라 이에 상응하는 변화가 발생할 때 사용한다. 이 글에서는 TV와 신문의 대중 매체가 보급되면서 발생하는 변화를 말하고 있으므로 '随着(~에 따라)'가 적절하다.

빈칸2 TV와 신문 등의 대중 매체가 보급되면서 발생하는 변화를 말하고 있으므로 빈칸에는 점차적으로 변화하는 의미의 단어 네 가지 모두 적절하다. 빈칸의 '随着'와 빈칸2 보기의 단어는 자주 호응하는 형태이므로 함께 기억하는 것이 좋다.

빈칸3 빈칸 뒤의 '社会舆论(사회 여론)'과 호응하는 동사를 골라야 한다. 이 문장에서는 긍정이나 부정의 의미가 아니라 일반적으로 미치는 영향을 말하므로 '影响(영향을 주다)'이 가장 적절하다. '引领(이끌다)'은 좋은 방향으로 인도한다는 의미이고, '控制(제어하다)'와 '干扰(방해하다)'는 제어하고 막는다는 의미이므로 적절하지 않다.

실전 모의고사 | 3회

关于大师们的精神是否能够<u>延续</u>下去的问题，并不是<u>杞人忧天</u>，而是一个全球性的问题，就连美国也开始<u>为之</u>发愁。

대가들의 정신을 <u>이어나갈</u> 수 있는지 없는지에 관한 문제는 결코 <u>괜한 걱정</u>이 아니고, 전 세계적인 문제이다. 미국조차도 <u>이 때문에</u> 근심하기 시작했다.

A	延长	忧国忧民	为此	A 연장하다	국가와 백성의 운명을 걱정하다	이 때문에
B	继续	怨天尤人	因此	B 계속하다	매사에 남을 탓하다	이 때문에
C	继承	七上八下	因为	C 계승하다	초조하고 불안하다	왜냐하면
D	延续	杞人忧天	为之	D 연속하다	괜한 걱정을 하다	이 때문에

단어 大师 dàshī 명 대가 | 精神 jīngshén 명 정신 | 发愁 fāchóu 동 근심하다 | 延长 yáncháng 동 연장하다 | 继承 jìchéng 동 계승하다 | 延续 yánxù 동 연속하다 | 忧国忧民 yōuguó yōumín 성 국가와 백성의 운명을 걱정하다 | 怨天尤人 yuàntiān yóurén 성 매사에 남을 탓하다 | 七上八下 qīshàng bāxià 성 초조하고 불안하다 | 杞人忧天 qǐrén yōutiān 성 괜한 걱정을 하다 | 为此 wèicǐ 접 이 때문에, 이를 위해서 | 为之 wéizhī 접 이 때문에, 이를 위해

해설 빈칸1 대가들의 정신을 계속 이어나가는 의미이므로 시간이나 거리를 길게 늘린다는 뜻의 '延长(연장하다)'을 제외하고 모두 적절하다.

빈칸2 '不是 A 而是 B(A가 아니라 B이다)'로 문장이 연결된다. '而是' 뒤에서 전 세계적인 문제라고 했으므로 상반되는 의미인 '杞人忧天(괜한 걱정을 하다)'이 적절하다.

빈칸3 '因此'와 '因为'는 문장 앞에서 절과 절을 연결하므로 빈칸의 위치상 적절하지 않고 '为此'와 '为之'가 적절하다.

70

近现代西方科学与人文两种文化经历了融合、冲突和消解三个时期，<u>反映</u>到教育理念上也相应地经历了科学教育与人文教育的相互<u>渗透</u>、越走越远和共同反思三个阶段。考察这一历史发展阶段表明，过分强调科学文化和科学教育，必然导致对人文的<u>轻视</u>；而过分强调人文文化和人文教育，也会带来对科学技术的压抑。

근현대 서양 과학과 인문 두 종류의 문화는 융합, 충돌, 해소의 세 가지 시기를 겪었다. 교육 이념에 <u>반영되는</u> 것도 그에 맞게 과학 교육과 인문 교육은 서로 <u>스며들고</u>, 점점 멀어지고, 공동으로 반성하는 세 단계를 겪었다. 이러한 역사 발전 단계를 보면, 과학 문화와 과학 교육을 지나치게 강조하면 반드시 인문에 대한 <u>경시</u>를 야기하고, 반대로 인문 문화와 인문 교육을 지나치게 강조하는 것도 과학 기술에 대한 억압을 초래할 수 있다.

A	反响	渗入	排挤	A 반향	스며들다	배척하다
B	体现	结合	无视	B 구현하다	결합하다	무시하다
C	反映	渗透	轻视	C 반영하다	스며들다	경시하다
D	表现	集合	限制	D 나타내다	집합하다	제한하다

단어 经历 jīnglì 동 겪다 | 融合 rónghé 동 융합하다 | 冲突 chōngtū 동 충돌하다 | 消解 xiāojiě 동 해소하다 | 理念 lǐniàn 명 이념 | 相应 xiāngyìng 동 상응하다 | 反思 fǎnsī 동 반성하다 | 阶段 jiēduàn 명 단계 | 考察 kǎochá 동 고찰하다 | 表明 biǎomíng 동 분명하게 밝히다 | 过分 guòfèn 동 지나치다 | 强调 qiángdiào 동 강조하다 | 必然 bìrán 부 반드시 | 导致 dǎozhì 동 초래하다 | 压抑 yāyì 동 억압하다 | 反响 fǎnxiǎng 명 반향 | 体现 tǐxiàn 동 구현하다 | 表现 biǎoxiàn 동 표현하다 | 渗入 shènrù 동 스며들다 | 结合 jiéhé 동 결합하다 | 渗透 shèntòu 동 스며들다 | 集合 jíhé 명 집합하다 | 排挤 páijǐ 동 배척하다 | 无视 wúshì 동 무시하다 | 轻视 qīngshì 동 경시하다 | 限制 xiànzhì 동 제한하다

해설 빈칸1 빈칸 앞에서는 과학과 인문 문화가 교육 이념에 반영된다는 의미이므로 '反映(반영되다)'이 적절하다.

빈칸2 과학 교육과 인문 교육은 스며들고 결합할 수 있으므로 '渗入(스며들다)', '渗透(스며들다)', '结合(결합하다)' 모두 적절하다. '集合(집합하다)'는 흩어졌던 것이 모이는 의미이므로 적절하지 않다.

빈칸3 과학 문화와 과학 교육을 지나치게 강조하면 야기할 수 있는 것으로는 '限制'를 제외하고 모두 적절하다.

日本近代有位一流的剑客，叫宫本。一位叫柳生的年轻人一心想成为一流的剑客，(71) B 就慕名前来拜宫本为师学艺。他说："师父，根据我的资质，要练多久才能成为一流的剑客呢？"

宫本答道："最少也要10年。"

柳生说："哇！10年太久了，(72) A 假如我加倍地苦练，多久可以成为一流的剑客呢？"

宫本答道："那就要20年了。"

柳生不解地问："师父，为什么我越努力练剑，成为一流剑客的时间反而越长呢？"

宫本答道："要当一流剑客的先决条件，就是必须永远保持一只眼睛注视自己，不断地反省。(73) D 现在你两只眼睛都看着剑客的招牌，哪里还有眼睛注视自己呢？"

柳生听了，顿时开悟，以此为道，(74) E 终成一代名剑客。

人生的成功之道就是不能两眼都紧盯着"成功"的招牌，(75) C 你必须保留一只眼睛注视自己，注视脚下的路。

일본 근대에 미야모토(宫本)라는 일류 검객이 있었다. 야규(柳生)라는 한 젊은이는 전심으로 일류 검객이 되고 싶어, (71) B 명성을 듣고 와서 미야모토를 스승으로 모시고 기예를 배웠다. 그는 말했다. "사부님, 저의 자질이면 얼마나 수련해야 비로소 일류 검객이 될 수 있습니까?"

미야모토가 대답했다. "적어도 10년이 걸릴 것이다."

야규가 말했다. "와! 10년은 너무 깁니다. (72) A 만약에 제가 배로 열심히 수련한다면, 얼마나 수련해야 일류 검객이 될 수 있습니까?"

미야모토가 말했다. "그럼 20년이 걸릴 것이다."

야규가 이해가 되지 않는 듯 물었다. "사부님, 왜 검술을 열심히 수련할수록 일류 검객이 되는 시간은 오히려 길어지는 겁니까?"

미야모토가 대답했다. "일류 검객이 되는 선결 조건은 반드시 자신을 주시하는 한쪽 눈을 영원히 유지해야 한다는 것이다. (73) D 현재 너의 두 눈은 모두 검객이라는 간판만 보고 있는데, 자신을 주시하는 눈이 어디 있겠는가?"

야규가 듣고 갑자기 깨달음을 얻어 이를 도리로 삼아 (74) E 결국 당대 저명한 검객이 되었다.

인생의 성공의 길은 두 눈 모두 '성공'이라는 간판만 주시하고 있으면 안 된다. (75) C 당신은 반드시 한쪽 눈을 남겨 두어 자신을 주시하고 발밑의 길을 주시해야 한다.

단어 一流 yīliú 몡 일류 | 剑客 jiànkè 몡 검객 | 慕名 mùmíng 동 명성을 흠모하다 | 拜…为师 bài…wéishī ~를 스승으로 삼다 | 学艺 xuéyì 동 기예를 배우다 | 资质 zīzhì 몡 자질 | 假如 jiǎrú 젭 만약에 | 加倍 jiābèi 동 배가하다 | 苦练 kǔliàn 열심히 연습하다 | 先决 xiānjué 혱 선결적인 | 注视 zhùshì 주시하다 | 反省 fǎnxǐng 동 반성하다 | 招牌 zhāopai 몡 간판 | 顿时 dùnshí 뮈 갑자기, 문득 | 开悟 kāiwù 동 깨닫다 | 盯 dīng 동 주시하다

---

71 ★★☆

| B 就慕名前来拜宫本为师学艺 | B 명성을 듣고 와서 미야모토를 스승으로 모시고 기예를 배웠다 |

해설 빈칸 앞에서 미야모토는 일류 검객이고 야규라는 젊은이는 일류 검객이 되고 싶다고 했다. 빈칸 뒤에서 사부인 미야모토에게 질문을 하므로 빈칸에는 미야모토를 스승으로 모시고 배웠다는 내용이 와야 한다.

---

72 ★☆☆

| A 假如我加倍地苦练 | A 만약에 제가 배로 열심히 수련한다면 |

해설 보기 A의 '我'와 빈칸 위치를 통해 빈칸은 야규의 말을 직접 인용하고 있는 것임을 알 수 있다. 또한 빈칸 뒤에서 '얼마나 수련해야 일류 검객이 될 수 있냐'라고 또 다시 질문했으므로, 이번에는 다른 조건을 제시한 내용이 와야 한다.

73 ★★☆	
D 现在你两只眼睛都看着剑客的招牌	D 현재 너의 두 눈은 모두 검객이라는 간판만 보고 있는데

해설 빈칸 앞에서 자신을 주시하는 한쪽 눈을 유지해야 한다고 했고, 빈칸 뒤에서는 자신을 주시하는 눈이 어디 있겠냐며 반문했으므로 빈칸에는 두 눈이 자신을 주시하지 않는다는 내용이 나와야 한다.

74 ★★☆	
E 终成一代名剑客	E 결국 당대 저명한 검객이 되었다

해설 빈칸 앞에서 야규가 듣고 깨달음을 얻은 내용이 언급되었으므로 그에 대한 결과인 저명한 검객이 되었다는 내용이 와야 한다.

75 ★★☆	
C 你必须保留一只眼睛注视自己	C 당신은 반드시 한쪽 눈을 남겨 두어 자신을 주시해야 한다

해설 마지막 단락에서 인생의 성공의 길에 대한 교훈이 언급되고 있으므로 빈칸에는 이 글의 주제인 한쪽 눈은 자신을 주시해야 한다는 내용이 와야 한다.

---

76 - 80

英国著名小说家约翰·克里西年轻时有志于文学创作，但他没有大学文凭，也没有得力的亲戚可攀。他向英国所有的出版社和文学报刊投稿，得到的却是743张退稿条。尽管如此，(76) E 他仍然坚持不懈地进行创作。他曾对朋友说："不错，我正承受人们难以相信的大量失败的考验，如果我就此罢休，(77) B 所有的退稿条都将变的毫无意义。但我一旦获得成功，每一张退稿条的价值都要重新计算。"

后来，他的作品终于问世了，(78) C 他潜在的创作才能如大江奔涌，不可遏止。到他1973年75岁逝世时，(79) D 43年间他一共写了564本书，总计4000多万字。他本人身高1.78米，而他写的书堆叠起来却超过了两米。

成功不是一件轻而易举的事情。要想获得成功，(80) A 就必须做一个不畏不馁的长跑者，要不断向前，千万不可半途而废。

영국의 유명 소설가 존 크리시(约翰·克里西)는 젊은 시절에 문학 창작에 뜻을 두었지만 대학 졸업장이 없었고, 빌붙을 만한 유능한 친인척도 없었다. 그는 영국 모든 출판사와 문학 간행물에 투고하였지만 얻은 것은 오히려 743장의 거절서였다. 비록 이러했지만 (76) E 그는 변함없이 꾸준히 창작했다. 그는 친구에게 이렇게 이야기한 적이 있다. "맞아, 나는 사람들이 상상하기 어려운 엄청난 실패의 시련을 감당하고 있어. 만약 내가 여기서 포기한다면 (77) B 모든 거절서가 아무 의미 없게 될 거야. 그러나 내가 일단 성공을 거두기만 하면 모든 거절서의 가치는 다시 계산될 거야."

나중에 그의 작품은 결국 세상에 나오게 되었고, (78) C 그의 잠재된 창작 재능은 큰 강이 세차게 넘실거리는 것처럼 억제할 수 없었다. 그는 1973년 75세에 세상을 떠날 때까지 (79) D 43년간 총 564권의 책을 썼고, 모두 4,000만 자에 달한다. 그의 키는 178cm인 반면 그가 쓴 책을 쌓으면 2m가 넘었다.

성공은 쉽게 얻을 수 있는 것이 아니다. 성공하고 싶으면, (80) A 두려움과 낙심이 없는 장거리 선수가 되어야 한다. 끊임없이 앞을 향해 가야 하고 절대 중도에 포기해서는 안 된다.

단어 有志于 yǒuzhìyú ~에 뜻이 있다, 포부가 있다 | 创作 chuàngzuò 통 창작하다 | 文凭 wénpíng 명 졸업장 | 得力 délì 형 유능하다 | 亲戚 qīnqi 명 친척 | 攀 pān 통 자기보다 지위가 높은 사람과 친분 관계를 맺다 | 投稿 tóugǎo 통 투고하다 | 坚持 jiānchí 통 견지하다 | 不懈 búxiè 통 꾸준하다 | 承受 chéngshòu 통 감당하다, 견뎌내다 | 考验 kǎoyàn 통 시련을 주다 | 罢休 bàxiū 통 포기하다, 그만두다 | 毫无意义 háowú yìyì 아무런 의미가 없다 | 重新 chóngxīn 부 다시 | 问世 wènshì 통 세상에 나오다 | 潜在 qiánzài 통 잠재하다 | 奔涌 bēnyǒng 통 세차게 흐르다 | 遏制 èzhì 통 억제하다 | 逝世 shìshì 통 세상을 떠나다 | 堆叠 duīdié 통 겹겹이 쌓다 | 轻而易举 qīng'ér yìjǔ 성 아주 쉽다 | 畏 wèi 통 두려워하다 | 馁 něi 통 용기를 잃다 | 半途而废 bàntú érfèi 성 중도에 포기하다

76 ★★☆	
E 他仍然坚持不懈地进行创作	E 그는 변함없이 꾸준히 창작했다

해설 빈칸 앞에서 존 크리시가 743장의 거절서를 받은 내용이 언급되었고, 빈칸과 '尽管如此(비록 이러하더라도)'로 이어지므로 빈칸에는 앞과 상반되는 포기하지 않고 끊임없이 창작했다는 내용이 와야 한다.

77 ★★☆	
B 所有的退稿条都将变的毫无意义	B 모든 거절서가 아무 의미 없게 될 것이다

해설 빈칸 앞에서 '如果我就此罢休(만약에 내가 여기에서 포기한다면)'로 가정하고 있으므로 빈칸에는 가정의 결과가 와야 한다.

78 ★★★	
C 他潜在的创作才能如大江奔涌	C 그의 잠재된 창작 재능은 큰 강이 세차게 넘실거리는 것처럼

해설 빈칸 뒤에서 '不可遏止(억제할 수 없다)'라고 했으므로 빈칸의 주어로 그의 잠재된 창작 재능이 적절하다.

79 ★☆☆	
D 43年间他一共写了564本书	D 43년간 총 564권의 책을 썼다

해설 빈칸에는 빈칸 앞의 '1973년 75세에 세상을 떠날 때까지'와 빈칸 뒤의 '4,000만 자'와 호응하는 43년간 총 564권의 책을 썼다는 내용이 와야 한다.

80 ★★☆	
A 就必须做一个不畏不馁的长跑者	A 두려움과 낙심이 없는 장거리 선수가 되어야 한다

해설 마지막 단락에서 내용을 총정리하고 교훈으로 마무리했다. 빈칸 앞에서 '要想获得成功(성공하고 싶으면)'으로 가정하고 있으므로 빈칸에는 성공하기 위한 조건이 와야 한다.

 독해 제4부분

81 – 84

　　台湾有一位著名的企业家，很小的时候他就明白，一个人的名声是永远的财富。而对一个生意人而言，最好的形象，当然是诚信。

　　一次，他向某银行借了500元，他其实并不需要这笔钱，[81]他之所以借钱，是为了树立声誉。

대만에 유명한 기업가가 있는데, 그는 명성이 영원한 자산이라는 것을 어려서부터 알았다. 사업가에게 가장 좋은 이미지는 당연히 신용이다.

한번은 그가 어느 은행에서 500위안을 빌렸는데, 사실 이 돈이 필요한 것은 아니었다. [81]그가 돈을 빌린 것은 명성을 쌓기 위해서였다.

那500元钱，他实际上从未动用过，等催款的通知一来，他就立刻前往银行还钱。

他说："我并不需要借钱，但我却需要声誉。"

⁸²从那以后，银行对他十分信任，再大笔的贷款，他都可以拿到。

另有一位成功的推销商，他有一种独特的推销策略。每次登门拜访客户的时候，他总是开门见山地先声明：我只耽误你一分钟时间，他按下手表，计时开始，⁸³他拿着一份精心设计的文案，口若悬河地讲一分钟。时间到了，他主动停住，留下材料，然后离去，绝不耽误客户的时间。

说用一分钟，就用一分钟，一秒不差。

⁸⁴而这带给客户的印象就是"他说到做到"，即"有信誉"。

3天后，这位推销员再度来电，在电话中自我介绍，客户一定还记得他，记住那个只讲一分钟的人。而他留下的书面资料呢？大部分客户都会看的。有没有进一步的商机呢？大部分都会有。

그 500위안은 사실 쓰지 않았고, 돈을 갚으라고 독촉하는 통지가 오자 즉시 은행에 가서 돈을 갚았다.

그는 말했다. "저는 돈을 빌릴 필요가 없었지만 명성이 필요했어요."

⁸²그때 이후로 은행은 그를 매우 신임했고 아무리 큰 금액도 대출받을 수 있었다.

또 다른 성공한 세일즈맨은 독특한 판매 전략이 있었다. 매번 고객을 찾아서 방문할 때마다 그는 항상 단도직입적으로 말했다. "제가 1분만 시간을 뺏을게요." 그는 시계를 누르고 시간을 계산하기 시작했고, ⁸³정성을 다해 작성한 문서를 들고 1분 동안 청산유수처럼 말했다. 시간이 다 되면 그는 알아서 멈추고 자료를 주고 떠나고, 절대 고객의 시간을 뺏지 않았다.

1분을 쓰겠다고 했으면 1분만 쓰고, 1초도 어긋나지 않았다.

⁸⁴이것이 고객에게 준 인상은 바로 '그는 말하는 대로 한다', 즉 '신용이 있다'는 것이었다.

3일 후에 이 세일즈맨이 다시 전화를 걸어 자신을 소개했고, 고객은 반드시 1분만 말한 그 사람을 기억했다. 그가 남긴 서면 자료는? 대부분의 고객이 볼 것이다. 더 좋은 비즈니스 기회는 있을까? 대부분 있을 것이다.

단어 财富 cáifù 圀 자산 | 形象 xíngxiàng 圀 이미지 | 诚信 chéngxìn 圀 신용을 지키다 | 树立 shùlì 图 수립하다 | 声誉 shēngyù 圀 명성, 명예 | 从未 cóngwèi 凰 지금까지 ~한 적이 없다 | 动用 dòngyòng 图 사용하다 | 催款 cuīkuǎn 图 (돈을) 독촉하다 | 贷款 dàikuǎn 图 대출하다 | 推销商 tuīxiāoshāng 圀 세일즈맨 | 策略 cèlüè 圀 전략 | 登门 dēngmén 图 방문하다 | 拜访 bàifǎng 图 방문하다 | 开门见山 kāimén jiànshān 圀 단도직입적으로 말하다 | 耽误 dānwu 图 일을 그르치다 | 精心 jīngxīn 圀 정성을 다하다 | 口若悬河 kǒuruò xuánhé 圀 청산유수처럼 말하다 | 商机 shāngjī 비즈니스 기회

---

81 ★★☆

企业家为什么要向银行借500元钱？

A 因为他的企业缺钱
B 因为他急需用钱
C 为了树立声誉
D 为了还债

기업가는 왜 은행에서 500위안을 빌렸는가?

A 그의 기업에 돈이 부족하기 때문이다
B 그가 급하게 돈이 필요하기 때문이다
C 명성을 쌓기 위해서이다
D 채무를 갚기 위해서이다

단어 还债 huánzhài 빚을 갚다

해설 두 번째 단락에서 기업가는 명성을 쌓기 위해서 돈을 빌렸다고 했으므로 정답은 C이다.

---

82 ★★☆

企业家借了500元钱之后按时还了钱，这起到了什么作用？

A 银行以后不再借钱给他了
B 取得了银行的信任，方便以后贷款
C 可以借很多钱而不用还
D 借钱可以迟些还

기업가는 500위안을 빌리고 난 후 제때에 돈을 갚았는데, 이것은 어떤 작용을 했는가?

A 은행은 이후에 더 이상 그에게 돈을 빌려주지 않는다
B 은행의 신임을 얻어서 후에 대출을 받기가 쉽다
C 많은 돈을 빌릴 수 있지만 갚지 않아도 된다
D 돈을 빌리고 늦게 갚아도 된다

다섯 번째 단락에서 은행은 그를 매우 신임해서 아무리 큰 금액도 대출 받을 수 있었다고 했으므로 정답은 B이다.

---

83 ★★★

下列与文中"口若悬河"意思差不多的成语是哪一项?	다음 중 글의 '口若悬河'와 의미가 비슷한 성어는 무엇인가?
A 滔滔不绝　　　　B 胡说八道	A 끊임없이 말하다　　　　B 허튼소리를 하다
C 结结巴巴　　　　D 天花乱坠	C 말을 더듬다　　　　D 입담이 좋다

단어 滔滔不绝 tāotāo bùjué ｜성｜ 끊임없이 말하다 ｜ 胡说八道 húshuō bādào ｜성｜ 허튼소리를 하다 ｜ 结结巴巴 jiējie bābā ｜형｜ 말을 더듬다 ｜ 天花乱坠 tiānhuā luànzhuì ｜성｜ 입담이 좋다

해설 보기는 모두 말하는 것과 관련이 있다. '口若悬河'의 의미를 몰라도 앞 문장에서 그가 정성껏 작성한 문서를 들고 '口若悬河'한 후에 좋은 결과를 얻은 것을 통해 입담이 좋을 것이라고 추측할 수 있다. 따라서 정답은 D이다.

---

84 ★★☆

客户为什么会记得这位推销员?	고객은 왜 이 세일즈맨을 기억할 수 있었는가?
A 因为他说了很多话	A 그가 많은 말을 했기 때문이다
B 因为他有信誉	B 그가 신용이 있기 때문이다
C 因为他说了一分钟	C 그가 1분 동안 말했기 때문이다
D 因为他很执着	D 그가 너무 끈질기기 때문이다

단어 执着 zhízhuó ｜형｜ 집착하다, 끈기 있다

해설 여덟 번째 단락에서 세일즈맨은 고객에게 신용이 있다는 인상을 주었다고 했고, 이 때문에 고객들이 그를 기억한 것이므로 정답은 B이다. C. 1분 동안 말한 것은 사실이지만 단순히 1분 동안 말해서 그를 기억한 것은 아니다.

---

85 - 88

[85]从前，有一老一小两个相依为命的盲人，他们每日里靠弹琴卖艺维持生活。一天老盲人终于支撑不住，病倒了，他自知不久将离开人世，便把小盲人叫到床头，紧紧拉着小盲人的手，吃力地说："孩子，我这里有个秘方，这个秘方可以使你重见光明。[86]我把它藏在琴里面了，但你千万记住，[87]你必须在弹断第1000根琴弦的时候才能把它取出来，否则，你是不会看见光明的。"小盲人流着眼泪答应了师父。老盲人含笑离去。

一天又一天，一年又一年，小盲人用心记着师父的遗嘱，不停地弹啊弹，将一根根弹断的琴弦收藏着，铭记在心。当他弹断第1000根琴弦的时候，当年那个弱不禁风的少年小盲人已到垂暮之年，变成一位饱经沧桑的老者。他按捺不住内心的喜悦，双手颤抖着，慢慢地打开琴盒，取出秘方。

然而，别人告诉他，那是一张白纸，上面什么都

[85]예전에 서로 의지하며 살아가는 늙은 맹인과 어린 맹인이 있었다. 그들은 매일 거문고를 연주하면서 재주를 팔아 생계를 유지했다. 하루는 늙은 맹인이 버티지 못하고 병이 나서 쓰러졌다. 그는 자신이 얼마 후 세상을 떠날 것을 알아서 어린 맹인을 침상으로 불러 그의 손을 꼭 잡고 힘겹게 말했다. "애야, 나한테 비방이 하나 있는데, 이 비방은 너의 시력을 되찾게 할 수 있단다. [86]내가 그것을 거문고 안에 숨겨 놓았어. 하지만 반드시 기억해야 해. [87]1,000번째 거문고 줄이 끊어질 때 그것을 꺼내야 한다. 그렇지 않으면 광명을 찾을 수 없을 거야." 어린 맹인은 눈물을 흘리며 사부의 요구에 응했고, 늙은 맹인은 미소를 지으며 세상을 떠났다.

하루 또 하루, 일 년 또 일 년이 지나고, 어린 맹인은 사부의 유언을 마음에 새기고 끊임없이 연주하고 연주했고, 끊어진 거문고 줄을 하나하나 모으면서 마음에 새겼다. 1,000번째 거문고 줄이 끊어졌을 때, 쓰러질 것 같이 유약했던 소년 맹인은 이미 노년이 되었고 세상의 모든 변화를 다 겪은 노인이 되었다. 그는 마음속의 기쁨을 억누르지 못했고, 두 손이 떨렸으며, 천천히 거문고 상자를 열어 비방

没有。泪水滴落在纸上，他笑了。

老盲人为什么骗了小盲人？

这位过去的小盲人如今的老盲人，拿着一张什么都没有的白纸，为什么反倒笑了？

就在拿出"秘方"的那一瞬间，他突然明白了师父的用心，虽然是一张白纸，但却是一个没有写字的秘方，一个难以窃取的秘方。只有他，从小到老弹断1000根琴弦后，才能领悟这无字秘方的真谛。

[88]那秘方是希望之光，是在漫漫无边的黑暗摸索与苦难煎熬中，师父为他点燃的一盏希望的灯。倘若没有它，他或许早就会被黑暗吞没，或许早就在苦难中倒下。就是因为有这么一盏希望的灯的支撑，他才坚持弹断了1000根琴弦。他渴望见到光明，并坚定不移地相信，黑暗不是永远的，只要永不放弃努力，黑暗过去，就会是无限光明……

을 찾았다.

그러나 다른 사람이 그에게 그것이 아무것도 쓰여 있지 않은 백지라는 것을 알려 주었다. 눈물이 종이에 떨어졌고, 그는 웃었다.

늙은 맹인은 왜 어린 맹인을 속였을까?

과거에 어린 맹인이었던 지금의 늙은 맹인은 아무것도 쓰여 있지 않은 백지를 들고 왜 오히려 웃었을까?

'비방'을 꺼내는 그 순간 그는 갑자기 사부의 마음을 알게 되었다. 비록 백지였지만 글씨가 없는 비방이었고, 훔치기 힘든 비방이었다. 그만이 어릴 때부터 노인이 되어 1,000개의 거문고 줄이 끊어지고 나서야 글자가 없는 비방의 진리를 깨달을 수 있었다.

[88]그 비방은 희망의 빛이고, 끝이 없는 어둠 속의 탐색과 고난의 괴로움 속에서 사부가 그를 위해 켜 준 희망의 등이었다. 만약 그것이 없었다면 그는 어쩌면 진작에 어둠 속에 의해 잠식되었거나 고난 중에 쓰러졌을 것이다. 이 희망의 등불에 의지했기 때문에 그는 1,000개의 거문고 줄을 끊을 수 있었던 것이다. 그는 시력을 되찾기를 갈망했고 확고하게 믿었다. 어둠은 영원하지 않으며, 영원히 포기하지 않고 노력하고 어둠이 지나가기만 하면 곧 영원한 광명이 올 것이다……

단어 相依为命 xiāngyī wéimìng 셍 서로 굳게 의지하며 살다 | 盲人 mángrén 몡 맹인 | 弹琴 dànqín 됭 거문고나 가야금을 타다 | 卖艺 màiyì 됭 기예를 팔아 생활하다 | 支撑 zhīchēng 됭 지탱하다 | 秘方 mìfāng 몡 비방, 비법 | 琴弦 qínxián 몡 거문고 줄 | 遗嘱 yízhǔ 몡 유언 | 铭记在心 míngjì zàixīn 마음에 새기다 | 弱不禁风 ruòbù jīnfēng 셍 몸이 약해서 바람에도 쓰러질 것 같다 | 垂暮之年 chuímù zhīnián 셍 노년 | 饱经沧桑 bǎojīng cāngsāng 셍 세상만사 변화를 실컷 경험하다 | 按捺 ànnà 됭 억누르다 | 颤抖 chàndǒu 됭 벌벌 떨다 | 滴落 dīluò 됭 (한 방울씩) 떨어지다 | 反倒 fǎndào 졉 오히려 | 窃取 qièqǔ 됭 훔치다 | 领悟 lǐngwù 됭 깨닫다 | 真谛 zhēndì 몡 진리 | 无边 wúbiān 끝없다 | 黑暗 hēi'àn 셍 어둡다 | 摸索 mōsuǒ 됭 모색하다 | 苦难 kǔnàn 몡 고난 | 煎熬 jiān'áo 됭 괴로움을 당하다 | 点燃 diǎnrán 됭 점화하다 | 吞没 tūnmò 됭 물에 잠기다

---

85 ★☆☆

老盲人和小盲人是以什么为生的？	늙은 맹인과 어린 맹인은 무엇을 생계로 삼았는가?
A 算命	A 점을 쳤다
B 修琴	B 거문고를 수리했다
C 弹琴卖艺	C 거문고를 연주해서 재주를 팔았다
D 说书	D 이야기를 들려준다

단어 说书 shuōshū 됭 떠돌면서 이야기를 들려주다

해설 보기에 숫자가 있을 때는 본문에서 빠르게 숫자를 찾아 관련 정보를 대조하는 것이 좋다. 첫 번째 단락에서 늙은 맹인과 어린 맹인은 거문고를 연주하면서 재주를 팔아 생계를 유지했다고 했으므로 정답은 C이다.

---

86 ★★☆

老盲人在临死前把秘方放在了哪里？		늙은 맹인은 죽기 전에 비방을 어디에 놓았는가?	
A 琴弦上	B 琴里	A 거문고 줄 위에	B 거문고 안
C 床头	D 抽屉里	C 침대 머리맡	D 서랍 안

해설 첫 번째 단락에서 늙은 맹인은 비방을 거문고 안에 숨겨 놓았다고 했으므로 정답은 B이다.

87 ★★☆

老盲人让小盲人什么时候取出秘方？	늙은 맹인은 어린 맹인에서 언제 비방을 꺼내라고 했는가?
A 老了的时候	A 늙었을 때
B 死的时候	B 죽을 때
C 弹断第1000根琴弦的时候	C 1,000번째 거문고 줄이 끊어질 때
D 弹琴的时候	D 거문고를 연주할 때

해설 첫 번째 단락에서 늙은 맹인이 어린 맹인에게 1,000번째 거문고 줄이 끊어질 때 비방을 꺼내야 한다고 했으므로 정답은 C이다.

88 ★★☆

为什么老盲人要给小盲人这样一个"秘方"？	늙은 맹인은 왜 어린 맹인에게 이러한 '비방'을 주었는가?
A 老盲人讨厌小盲人	A 늙은 맹인은 어린 맹인을 싫어한다
B 老盲人为了给小盲人活下去的希望	B 늙은 맹인이 어린 맹인에게 살아갈 희망을 주기 위해서이다
C 这张白纸真的能使小盲人重见光明	C 이 백지는 정말 어린 맹인이 시력을 되찾게 해 줄 수 있다
D 没有原因	D 이유가 없다

해설 마지막 단락에서 그 비방은 그를 위해 준 희망임을 알 수 있다. 이 비방 덕분에 어린 맹인은 시력을 되찾을 수 있다는 희망을 가지고 살아왔으므로 정답은 B이다.

89 – 92

一个农夫进城卖驴和山羊。山羊的脖子上系着一个小铃铛。三个小偷看见了，一个小偷说："我去偷羊，叫农夫发现不了。"另一个小偷说："我要从农夫手里把驴偷走。"第三个小偷说："[89]这都不难，我能把农夫身上的衣服全部偷来。"

[90]第一个小偷悄悄地走近山羊，把铃铛解了下来，拴到了驴尾巴上，然后把羊牵走了。农夫在拐弯处四处环顾了一下，发现山羊不见了，就开始寻找。

这时第二个小偷走到农夫面前，问他在找什么，农夫说他丢了一只山羊。小偷说："[91]我见到了你的山羊了，刚才有一个人牵着一只山羊向这片树林里走去了，现在还能抓住他。"农夫恳求小偷帮他牵着驴，自己去追山羊。第二个小偷趁机把驴牵走了。

农夫从树林里回来一看，驴子也不见了，就在路上一边走一边哭。走着走着，他看见池塘边坐着一个人，也在哭。农夫问他发生了什么事。

那人说："人家让我把一口袋金子送到城里去，我实在是太累了，在池塘边坐着休息，睡着了，睡梦中把那个口袋推到水里去了。"农夫问他为什么不下去把口袋捞上来。那人说："[92]我怕水，因为我不会游泳，谁要把这一口袋金子捞上来，我就送他20锭金子。"

农夫大喜，心想："[92]正因为别人偷走了我的山

한 농부가 도시에 가서 당나귀와 산양을 팔았다. 산양의 목에는 작은 방울이 묶여 있었다. 좀도둑 세 명이 이것을 봤고, 한 도둑이 말했다. "나는 농부가 눈치채지 못하게 양을 훔칠 거야." 다른 도둑이 말했다. "나는 농부 손에서 당나귀를 훔칠 거야." 세 번째 도둑이 말했다. "[89]그건 다 어렵지 않잖아. 나는 농부가 입은 옷 전부를 훔쳐 올 수 있어."

[90]첫 번째 도둑은 몰래 산양에게 다가가 방울을 풀어 당나귀 꼬리에 묶고 양을 끌고 가 버렸다. 농부는 모퉁이에서 사방을 둘러보고 산양이 없는 것을 발견하고는 찾기 시작했다.

이때 두 번째 도둑이 농부 앞에 가서 그에게 무엇을 찾고 있는지 물었고, 농부는 산양을 잃어버렸다고 했다. 도둑이 말했다. "[91]내가 당신의 산양을 봤는데, 방금 어떤 사람이 산양을 끌고 이 숲으로 갔어요. 지금은 아직 잡을 수 있을 거예요." 농부는 도둑에게 당나귀를 끌고 있으라고 부탁하고, 자신은 산양을 쫓아갔다. 두 번째 도둑은 이 기회를 틈타 당나귀를 끌고 가 버렸다.

농부가 숲에서 돌아와 보니 당나귀도 보이지 않자 길을 걸으면서 울었다. 걷고 또 걷다가, 그는 연못가에 한 사람이 앉아 울고 있는 것을 보았다. 농부가 그에게 무슨 일이 있냐고 물었다.

그 사람이 말했다. "어떤 사람이 나에게 금 한 자루를 도시로 보내라고 했는데, 너무 힘이 들어서 연못가에 앉아서 쉬다가 잠이 들었어요. 근데 잠결에 그 자루를 물속으로 밀어뜨렸어요." 농부가 왜 물에 들어가 자루를 건지지 않았냐고 물었다. 그 사람이 말했다. "[92]제가 수영을 못해서 물을 무서워해요. 이 금 한 자루를 건져 주는 사람에게 금 스무 덩이를 줄 거예요."

羊和驴子，上帝才赐给我幸福。"于是，他脱下衣服，潜到水里，可是他无论如何也找不到那一口袋金子。当他从水里爬上来时，发现衣服不见了。原来是第三个小偷把他的衣服偷走了。

농부가 기뻐서 속으로 생각했다. "[92]다른 사람이 내 산양과 당나귀를 훔쳐가서 하나님이 나에게 행운을 주시는구나." 그래서 그는 옷을 벗고 물속으로 들어갔다. 하지만 아무리 찾아도 그 금 한 자루를 찾을 수 없었다. 그가 물에서 나왔을 때 옷이 없어진 것을 발견했다. 알고 보니 세 번째 도둑이 그의 옷을 훔쳐간 것이었다.

단어 驴 lǘ 몝 당나귀 | 山羊 shānyáng 몝 산양 | 系 jì 동 묶다, 매다 | 铃铛 língdang 몝 방울 | 偷看 tōukàn 훔쳐보다 | 悄悄 qiāoqiāo 뷘 몰래 | 拴 shuān 동 묶다 | 尾巴 wěiba 몝 꼬리 | 牵 qiān 동 끌다 | 拐弯 guǎiwān 동 방향을 돌다 | 环顾 huángù 동 사방을 둘러보다 | 树林 shùlín 몝 숲 | 恳求 kěnqiú 동 간청하다 | 趁机 chènjī 뷘 기회를 틈타 | 池塘 chítáng 몝 연못 | 口袋 kǒudai 몝 주머니 | 金子 jīnzi 몝 금 | 捞 lāo 동 건지다 | 锭 dìng 몝 (금속의) 덩어리 | 上帝 Shàngdì 몝 하나님 | 赐给 cìgěi 하사하다 | 潜 qián 동 잠수하다, 물 속으로 깊이 들어가다 | 无论如何 wúlùn rúhé 어쨌든

---

89 ★★☆

三个小偷要偷的东西哪个难度最大？	세 명의 도둑이 훔치려는 물건 중 어느 것의 난이도가 가장 높은가?
A 山羊　　　　　B 驴	A 산양　　　　　B 당나귀
C 农夫身上的衣服　D 金子	C 농부가 입은 옷　D 금

해설 첫 번째 단락에서 두 명의 도둑이 각각 산양과 당나귀를 훔친다고 했을 때, 세 번째 도둑이 그건 다 어렵지 않으니 자신은 농부가 입은 옷을 훔쳐 올 수 있다고 했다. 이를 통해 농부의 옷이 가장 훔치기 어렵다는 것을 알 수 있으므로 정답은 C이다.

---

90 ★★☆

第一个小偷偷走了山羊，这说明农夫怎么样？	첫 번째 도둑이 산양을 훔친 것은 농부가 어떠하다는 것을 설명하는가?
A 善良　　　　　B 大意	A 선량하다　　　　B 부주의하다
C 大方　　　　　D 谨慎	C 대범하다　　　　D 신중하다

단어 善良 shànliáng 형 선량하다 | 大意 dàyi 형 부주의하다 | 谨慎 jǐnshèn 형 신중하다

해설 두 번째 단락에서 농부는 첫 번째 도둑이 산양을 훔치는 것도 눈치채지 못했다. 이를 통해 농부가 부주의하다는 것을 알 수 있으므로 정답은 B이다.

---

91 ★★☆

第二个小偷能偷走农夫的驴，说明农夫怎么样？	두 번째 도둑이 농부의 당나귀를 훔쳐 간 것은 농부가 어떠하다는 것을 설명하는가?
A 仔细　　　　　B 诚信	A 세심하다　　　　B 성실하다
C 轻信　　　　　D 聪明	C 쉽게 믿다　　　　D 똑똑하다

단어 诚信 chéngxìn 형 성실하다 | 轻信 qīngxìn 동 쉽게 믿다

해설 세 번째 단락에서 농부는 두 번째 도둑의 말에 속아서 당나귀를 도둑맞았다. 이를 통해 농부가 다른 사람을 쉽게 믿는다는 것을 알 수 있으므로 정답은 C이다.

<table>
<tr>
<td>

92   ★★★

第三个小偷偷走了农夫身上的衣服，说明农夫的性格
怎么样？

A 乐观   B 贪婪

C 积极   D 勤劳

</td>
<td>

세 번째 도둑이 농부의 옷을 훔쳐 간 것은 농부의 성격이 어떠하다는
것을 설명하는가?

A 낙천적이다   B 탐욕스럽다

C 긍정적이다   D 열심히 일하다

</td>
</tr>
</table>

단어   贪婪 tānlán 🔲 탐욕스럽다 | 勤劳 qínláo 🔲 열심히 일하다

해설   다섯 번째 단락에서 농부는 세 번째 도둑이 금 한 자루를 물에서 건져 주면 금 스무 덩이를 주겠다고 해서 옷을 벗고 물속으로 들어갔다. 이를 통해 농부가 금에 욕심을 부린 것을 알 수 있으므로 정답은 B이다.

---

93 - 96

[93]人类能在地球上生活多久？这既涉及可持续发展战略，涉及地球为人类的生存和发展所提供的资源，也涉及地球的外在环境究竟能在多少年内维持不变。

太阳是决定地球外在环境最重要的因素。根据近代天文学家的理论，太阳将持续而稳定地向地球提供光和热，地球绕太阳旋转的平均半径，将长期维持不变，至多只有极小的摆动，这一过程至少还将持续40亿年。过了40亿年后，太阳将逐渐膨胀而演化为红巨星，最后将地球完全吞吃到它的"肚子"里。

太阳对地球的影响实在是太大了，[94]太阳为地球持续提供长达4000万年的光和热是没有问题的，因为在4000万年的时间里，所消耗的能量还不到太阳总量的1%！[94]所以，研究人类在地球上持续生存和发展的问题，至少要以人类能在地球上持续生存4000万年为奋斗目标！

但是人类面临的真正威胁，却是来自人类自身。如果人们认为400年前伽利略是近代科学之父的话，那么[95]这400年来科学、技术以及工业、农业的发展，就远远超过自有人类历史以来的400万年间的成就。与此同时，近400年来所消耗的地球上的资源，也大大超过了在400万年间人类所消耗的资源总量！如果按照现在消耗不断增长的趋势发展下去，试问4000年后乃至4000万年后的地球将是什么样的面貌？

地球上的资源可分为两类：一类是可再生资源，另一类是不可再生资源。虽然人类可以用消耗可再生资源的办法补充一些不可再生资源，但这在数量上毕竟是有限的。[96]所以，人类的生存和发展问题，归根结底将取决于地球上的资源能在多少年内按照某些资源的消耗标准维持人类的正常生活。

[93]인류는 지구에서 얼마나 오래 살 수 있을까? 이것은 지속 가능한 발전 전략과 관계가 있고, 지구가 인류 생존과 발전을 위해 제공하는 자원과 관계가 있으며, 지구의 외부 환경이 도대체 얼마나 변하지 않고 유지될 수 있는지와도 관계가 있다.

태양은 지구 외부 환경을 결정하는 가장 중요한 요소이다. 근대 천문학자의 이론에 근거하면, 태양은 지속적이고 안정적으로 지구에 빛과 열을 제공할 것이며, 지구가 태양 주위를 도는 평균 반경이 장기간 유지되고 변하지 않을 것이다. 기껏해야 아주 작은 흔들림만 있을 것이며 이 과정은 40억 년간 지속될 것이다. 40억 년이 지난 후에 태양은 점점 팽창하여 적색 거성으로 변하고, 결국 지구를 자기 '배'로 삼켜 버릴 것이다.

태양이 지구에 미치는 영향은 사실 아주 엄청나다. [94]태양이 지구에게 4,000만 년간 계속 제공하는 빛과 열에는 문제가 없다. 4,000만 년간 소모하는 에너지는 태양 총량의 1%에도 미치지 못하기 때문이다! [94]그래서 인류가 지구에서 계속 생존하고 발전하는 문제를 연구하는 것은 최소 인류가 지구에서 4,000만 년간 계속 생존하는 것을 분투 목표로 해야 한다!

그러나 인류가 직면한 진정한 위협은 오히려 인류 자신에게서 오는 것이다. 만약 사람이 400년 전의 갈릴레이가 근대 과학의 아버지라고 생각한다면, [95]이 400년간의 과학, 기술 및 공업, 농업의 발전은 인류 유사 이래의 400만 년간의 성과를 월등히 넘어선다. 이와 동시에 근 400년간 소모한 지구상의 자원도 400만 년간 인류가 소모한 자원의 총량을 크게 넘어선다! 만약에 현재 소모량이 끊임없이 증가하는 추세에 따라 발전해 나간다면, 4,000년 후 내지는 4,000만 년 후의 지구가 어떤 모습이겠는가?

지구상의 자원은 두 가지로 분류된다. 하나는 재생 가능한 자원이고, 또 다른 하나는 재생 불가능한 자원이다. 비록 인류가 재생 가능한 자원을 소모하는 방법으로 재생 불가능한 자원을 보충할 수 있더라도 수량에서는 결국 제한적이다. [96]그래서 인류의 생존과 발전 문제는 결국 지구상의 자원이 어떤 자원 소모의 기준에 따라 얼마나 오랫동안 인류의 정상 생활을 유지하게 할 수 있느냐에 달린 것이다.

其实，4000万年只是一个保守的说法，太阳的光和热，完全可能持续更长一些时间，即使太阳系内出现某些反常事件，如小行星撞击地球，但也不太可能在4000万年内发生，而且人们完全能发射有超强破坏力的导弹，使小行星改变航道；所以，地球上的居民，至少在相当长的一个时期内，是大可不必"杞人无事忧天倾"的！

但是，真正值得忧虑的，是人能否控制人类自身！

사실, 4,000만 년은 단지 보수적인 이야기이다. 태양의 빛과 열은 더 긴 시간 동안 지속될 수 있다. 설령 태양계에서 소행성이 지구에 충돌하는 것과 같은 비정상적인 일이 생기더라도 4,000만 년 안에 발생할 가능성은 아주 적을 뿐 아니라, 인간은 엄청난 파괴력을 가진 미사일을 발사하여 소행성의 항로를 바꾸게 할 수 있다. 그러므로 지구상의 사는 사람들은 상당 기간 '괜한 걱정을 할' 필요가 없다!

그러나 진짜 걱정해야 할 것은 인류 자신을 통제할 수 있을지 없을지이다!

단어 涉及 shèjí 图 미치다, 관계되다 | 可持续发展 kěchíxù fāzhǎn 명 지속 가능한 발전 | **战略** zhànlüè 명 전략 | **资源** zīyuán 명 자원 | **究竟** jiūjìng 閠 도대체 | **稳定** wěndìng 톙 안정적이다 | **绕** rào 图 두르다, 돌다 | **旋转** xuánzhuǎn 图 회전하다, 선회하다 | **半径** bànjìng 명 반경, 반지름 | **摆动** bǎidòng 图 흔들다 | **膨胀** péngzhàng 图 팽창하다 | **演化** yǎnhuà 图 발전 변화하다 | **红巨星** hóngjùxīng 명 적색 거성 | **吞吃** tūnchī 图 통째로 집어 삼키다 | **消耗** xiāohào 图 소모하다 | **能量** néngliàng 명 에너지 | **奋斗** fèndòu 图 분투하다 | **面临** miànlín 图 직면하다 | **威胁** wēixié 명 위협 | **伽利略** Jiālìlüè 명 갈릴레이 | **超过** chāoguò 图 초과하다 | **趋势** qūshì 명 추세 | **面貌** miànmào 명 면모, 용모 | **补充** bǔchōng 图 보충하다 | **毕竟** bìjìng 閠 결국, 끝내 | **限度** xiàndù 명 한도, 한계 | **归根结底** guīgēn jiédǐ 씬 결국에 가서는 | **取决于** qǔjuéyú ~에 달려 있다 | **标准** biāozhǔn 명 기준 | **保守** bǎoshǒu 톙 보수적이다 | **反常** fǎncháng 톙 이상하다, 비정상적이다 | **撞击** zhuàngjī 图 부딪치다, 충돌하다 | **发射** fāshè 图 발사하다 | **超强** chāoqiáng 톙 매우 뛰어나다 | **破坏力** pòhuàilì 명 파괴력 | **导弹** dǎodàn 명 미사일 | **小行星** xiǎoxíngxīng 명 소행성 | **航道** hángdào 명 항로 | **居民** jūmín 명 주민 | **杞人无事忧天倾** qǐrén wúshì yōutiānqīng 기나라에 살던 한 사람이 하늘이 무너질까 봐 걱정한다, 쓸데없는 걱정을 한다 | **值得** zhídé 图 ~할만하다 | **忧虑** yōulǜ 图 걱정하다 | **控制** kòngzhì 图 통제하다, 제어하다

---

93 ★★☆

人类能在地球上生活多久是与以下哪个条件无关的?	인류가 지구에서 얼마나 오래 살 수 있을지는 다음 중 어떤 조건과 관련이 없는가?
A 可持续发展战略　　B 人类自身素质 C 地球提供的资源　　D 地球的外在环境	A 지속 가능한 발전 전략　　B 인류 자신의 자질 C 지구가 제공하는 자원　　D 지구의 외부 환경

단어 素质 sùzhì 명 자질, 소양

해설 첫 번째 단락에서 인류가 지구에서 얼마나 오래 살 수 있을지는 지속 가능한 발전 전략, 지구가 제공하는 자원, 지구의 외부 환경과 관계가 있다고 했으므로 언급하지 않은 B가 정답이다.

---

94 ★★☆

如果只考虑地球的外在环境，人类至少还能在地球上生活多久?	만약 지구의 외부 환경만 고려한다면, 인류는 최소 지구에서 얼마나 오래 살 수 있을까?
A 40亿年　　　　　　B 4000万年 C 400年　　　　　　D 400万年	A 40억 년　　　　　　B 4,000만 년 C 400년　　　　　　D 400만 년

해설 세 번째 단락에서 지구 외부 환경을 결정하는 가장 중요한 요소인 태양은 지구에 4,000만 년간 제공하는 빛과 열에는 문제가 없다고 했다. 또한, 인류가 지구에서 생존하는 문제를 연구할 때 최소 4,000만 년간 계속 생존하는 것을 목표로 해야 한다고 했다. 이를 통해 외부 환경만 고려한다면 인류는 지구에서 최소 4,000만 년을 살 수 있다는 것을 알 수 있으므로 정답은 B이다.

95 ★★☆	
以下哪种说法是正确的?	다음 중 어떤 설명이 옳은 것인가?
A 近400年来的成就超过人类有历史以来400万年间的成就	A 근 400년간의 성과는 인류 유사 이래 400만 년간의 성과를 넘어선다
B 近400年来消耗的资源少于人类有历史以来400万年间的成就	B 근 400년간 소모한 자원은 인류 유사 이래 400만 년간의 성과보다 적다
C 4000万年后地球上的资源将被消耗光	C 4,000만 년 후 지구상의 자원은 다 소모될 것이다
D 4000万年后地球上还是会有丰富的资源	D 4,000만 년 후 지구상에는 여전히 풍부한 자원이 있을 것이다

해설 네 번째 단락에서 근 400년간의 발전은 인류 유사 이래 400만 년간의 성과를 월등히 넘어선다고 했으므로 정답은 A이다.

96 ★★★	
人类能在地球上生活多久，最重要的决定因素是什么?	인류가 지구상에서 얼마나 오래 살 수 있는가의 가장 중요한 결정 요소는 무엇인가?
A 太阳能的多少 B 科技的发展速度	A 태양 에너지의 양 B 과학 기술의 발전 속도
C 不可再生资源 D 地球上的资源	C 재생 불가능한 자원 D 지구상의 자원

해설 다섯 번째 단락에서 인류의 생존과 발전 문제는 결국 지구상의 자원이 얼마나 오랫동안 인류의 정상 생활을 유지하게 할 수 있느냐에 달린 것이라고 했으므로 정답은 D이다.

97-100

[97]沙源、强冷空气、冷暖空气的相互作用是沙尘暴形成的基本条件。沙源来自于沙漠，乱垦滥伐、过度放牧所致退化的草地，没有任何植被的秃地以及一些违规操作的施工场地。冷暖空气相互作用产生一种垂直的上升运动，把沙尘吹扬了起来，形成沙尘暴。[98]如果没有沙源这个条件，后两个因素只能造成大风或降水等天气现象。专家通过对河西走廊沙尘暴的"策源地"武威、金昌等地的实地考察发现，[99]强劲持久的大风是形成沙尘暴的驱动力，人为破坏的植被和风化的松散地表、干燥土层等沙源是造成沙尘暴的"罪魁祸首"，沙尘暴是伴随人类活动造成的生态平衡的破坏而产生的。

近几十年来，中国由于人口急剧增长，不少地方便以超垦、过牧和滥伐获取必要的生活资料。大片的树林、草原被开垦成了农田。结果粮食没打多少，反而造成了土壤盐碱化和荒废了更多的土地，草原牧场不断地被过度放牧，又不进行补偿性保护种植，大大加重了草场退化。于是导致去年一场场席卷而来的沙尘暴频频袭击了中国北方大部分地区，短短3个月间中国就发生了12次沙尘暴，波及大半个中国，不仅袭击了西北地区、华北部分地区，就连长江以南省份也受到不同程度的影响。

事实表明，人们无节制地垦荒开地，无限度地向

[97]모래, 매우 차가운 공기, 차갑고 따뜻한 공기의 상호 작용은 황사 형성의 기본 조건이다. 모래는 사막, 그리고 무분별한 개간과 벌목, 과도한 방목으로 인해 퇴화한 초지와 어떤 식생도 없는 황무지와 규정을 어기고 작업하는 공사 현장에서 온다. 차갑고 따뜻한 공기의 상호 작용은 수직 상승 운동을 일으켜 모래 먼지를 날리게 하여 황사를 형성한다. [98]만약 모래라는 조건이 없다면, 뒤의 두 가지 요소는 단지 강풍이나 강수 등의 기상 현상만을 일으킬 수 있다. 전문가들은 허시(河西) 회랑 황사의 '근원지'인 우웨이(武威), 진창(金昌) 등지에서 실질적인 고찰을 통해 [99]강력하게 오래 지속되는 강풍은 황사를 형성하는 구동력이며, 인위적으로 파괴하는 식생과 풍화로 헐거워진 지표, 건조한 토양층 등의 모래가 황사를 일으키는 '원흉'이고, 황사는 인류 활동이 야기한 생태계 균형의 파괴로 인해 만들어진 것임을 발견했다.

최근 수십 년간 중국은 인구의 급격한 증가로 인하여 많은 지역이 과도한 개간과 방목, 벌목으로 필요한 생활 자원을 얻었다. 대규모의 숲, 초원이 농지로 개간되었다. 그 결과 식량을 신경 쓰지 않아도 되지만 오히려 토양의 알칼리화를 야기하고 더 많은 토지를 황폐화했으며, 초원의 목장은 계속해서 과도하게 방목하고 보상적 보호 재배를 하지 않아 초원의 퇴화를 가중시켰다. 이로 인해 작년에는 기습적으로 불어온 황사가 빈번하게 중국 북방 대부분 지역을 습격했고, 짧은 3개월간 중국은 12번의 황사가 발생하여, 중국 대부분에 파급되었다. 서북 지역, 화북 일부 지역을 습격했을 뿐만 아니라 창장(长江) 이남의 성 역시 다른 정도의 영향을 받게 되었다.

大自然索取甚至掠夺，而不给其"休养生息"的机会，不断破坏自然生态的平衡，最终一次又一次地招致大自然无情的惩罚。痛定思痛，历史的教训不能忘记，<u>100人类应真正行动起来，认真研究如何防治沙尘暴，努力改善地球生态环境，让绿色和生命永存</u>。

사람이 무절제하게 황무지를 개간하고, 무제한적으로 대자연에서 얻어내고 심지어 약탈하고는, '휴식하면서 회복할 수 있는' 기회를 주지 않고 끊임없이 자연 생태계의 균형을 파괴하여, 결국 대자연의 무정한 징벌을 받게 된 것을 보여 주었다. 실패를 교훈으로 삼고, 역사의 교훈을 잊어서는 안 된다. 100인류는 진정으로 행동해야 하며, 어떻게 황사를 예방할지 진지하게 연구하고, 힘써 생태 환경을 개선하여 녹색과 생명을 영원히 유지해야 한다.

단어 沙尘暴 shāchénbào 圀 황사, 모래 폭풍 | 垦 kěn 동 개간하다 | 滥伐 lànfá 동 무분별하게 나무를 베다 | 过度 guòdù 형 과도하다 | 放牧 fàngmù 동 방목하다 | 退化 tuìhuà 동 퇴화하다 | 植被 zhíbèi 圀 식생 | 秃地 tūdì 圀 황무지, 벌거숭이 땅 | 违规 wéiguī 동 규정을 어기다 | 操作 cāozuò 동 작업하다, 일하다 | 施工场地 shīgōng chǎngdì 圀 공사 현장 | 垂直 chuízhí 형 수직의 | 吹扬 chuīyáng 동 바람이 불어 날리다 | 降水 jiàngshuǐ 圀 강수, 비가 내리다 | 河西走廊 Héxī Zǒuláng 圀 허시 회랑 | 策源地 cèyuándì 圀 근원지, 발상지 | 考察 kǎochá 동 고찰하다 | 强劲 qiángjìng 형 세다 | 驱动力 qūdònglì 圀 구동력 | 松散 sōngsǎn 형 느슨하다 | 地标 dìbiāo 圀 지표 | 干燥 gānzào 형 건조하다 | 罪魁祸首 zuìkuí huòshǒu 圀 원흉, 장본인 | 伴随 bànsuí 동 동행하다 | 生态平衡 shēngtài pínghéng 圀 생태계의 균형 | 急剧 jíjù 図 급격하게 | 开垦 kāikěn 동 개간하다 | 土壤 tǔrǎng 圀 토양 | 盐碱化 yánjiǎnhuà 圀 알칼리화 | 荒废 huāngfèi 동 경작하지 않다 | 牧场 mùchǎng 圀 목장 | 放牧 fàngmù 동 방목하다 | 种植 zhòngzhí 圀 재배하다 | 导致 dǎozhì 동 야기하다, 초래하다 | 席卷 xíjuǎn 동 석권하다 | 频频 pínpín 図 빈번하게 | 袭击 xíjī 동 습격하다 | 无节制 wújiézhì 형 무절제하다 | 垦荒 kěnhuāng 동 황무지를 개간하다 | 无限度 wúxiàndù 圀 무한도 | 索取 suǒqǔ 동 얻어내다 | 掠夺 lüèduó 동 약탈하다 | 休养生息 xiūyǎng shēngxī 圀 휴식하면서 회복한다 | 招致 zhāozhì 동 초래하다 | 惩罚 chéngfá 동 징벌하다 | 痛定思痛 tòngdìng sītòng 圀 실패를 교훈으로 삼는다 | 教训 jiàoxùn 圀 교훈 | 防治 fángzhì 동 예방 치료하다 | 改善 gǎishàn 동 개선하다 | 永存 yǒngcún 동 영원히 존재하다

---

97 ★★☆

以下哪一项不是造成沙尘暴的基本条件?	다음 중 황사를 일으키는 기본 조건이 아닌 것은?
A 沙源	A 모래
B 强冷空气	B 매우 차가운 공기
C 冷暖空气相互作用	C 차갑고 따뜻한 공기의 상호 작용
D 乱垦滥伐	D 무분별한 개간과 벌목

해설 첫 번째 단락에서 황사 형성의 기본 조건은 모래, 매우 차가운 공기, 차갑고 따뜻한 공기의 상호 작용이라고 했으므로 언급하지 않은 D가 정답이다.

---

98 ★★☆

沙尘暴和大风、降水天气的主要区别在于什么?	황사와 강풍 및 강수 날씨의 주요 차이점은 어디에 있는가?
A 强冷空气	A 매우 차가운 공기
B 沙源	B 모래
C 冷暖空气相互作用	C 차갑고 따뜻한 공기의 상호 작용
D 上升的气流	D 상승하는 기류

해설 첫 번째 단락에서 만약 모래라는 조건이 없다면 매우 차가운 공기와 차갑고 따뜻한 공기의 상호 작용은 단지 바람이나 강수 등의 기상 현상만을 일으킬 수 있다고 했으므로 정답은 B이다.

造成沙尘暴的驱动力是什么?	황사를 일으키는 구동력은 무엇인가?
A 强劲持久的大风	A 강력하고 오래 지속되는 강풍
B 人为破坏的植被	B 인위적으로 파괴하는 식생
C 风化的松散地表	C 풍화로 헐거워진 지표
D 干燥土层	D 건조한 토양층

해설 질문의 '驱动力(구동력)'를 지문에서 빠르게 찾는다. 첫 번째 단락에서 강력하게 오래 지속되는 강풍은 황사를 형성하는 구동력이라고 했으므로 정답은 A이다.

100	★★☆

我们要怎样防止沙尘暴?	우리는 어떻게 황사를 방지해야 하는가?
A 消灭沙源	A 모래를 소멸한다
B 抑制强冷空气	B 매우 차가운 공기를 억제한다
C 从人类自身出发，保护环境	C 인류 스스로가 환경을 보호해야 한다
D 防止冷暖空气对流	D 차갑고 따뜻한 공기의 대류를 방지한다

단어 消灭 xiāomiè 동 소멸하다 | 抑制 yìzhì 동 억제하다 | 对流 duìliú 동 대류하다

해설 마지막 단락에서 인류는 어떻게 황사를 막을지 연구하고, 생태 환경을 개선하여 녹색과 생명을 영원히 유지해야 한다고 했다. 이를 통해 인류 스스로가 환경을 보호하는 것이 황사를 방지하는 것임을 알 수 있으므로 정답은 C이다.

지문	해석
[서론] 1~2단락 小时候，我是一个顽劣而又调皮捣蛋的坏小子。时时和那群小伙伴在村里横冲直撞，四处搞恶作剧，开着一些令大人们头痛却又无可奈何的玩笑。 村口有一位老人陈大爷，是个盲人，常常成为我们戏谑的对象。我惟妙惟肖地学着他用竹竿点地的模样，甚至偷偷往他炒菜的锅里多丢一把盐……一次次引来伙伴们恶意的欢乐。在这种无形的鼓励中，我越发恣意妄为。直到有一天……	어릴 때 나는 짓궂고 말썽만 피우는 나쁜 녀석이었다. 항상 친구들과 무리를 지어서 마을을 휘젓고 다니며 못된 장난을 치고, 어른들을 골치 아프게 하면서도 어쩔 도리가 없는 장난을 치고 다녔다. 마을에는 천(陈) 씨 할아버지가 있었는데 맹인이었고 항상 우리의 놀림감이 되었다. 나는 그가 대나무 지팡이로 땅을 짚고 다니는 모양을 똑같이 따라 했고, 심지어 그가 요리하고 있는 냄비에 몰래 소금 한 줌을 넣기도 했다. 매번 친구들의 악의적인 즐거움을 불러일으켰다. 이러한 친구들의 보이지 않는 격려 속에서 나는 점점 더 제멋대로 행동했다. 그날 전까지는…….
[본론1] 3~5단락 那天晚上，我在同学家玩了许久，独自回家。刚走到一半路程，手电灯泡突地坏了。夜风森森从身旁刮过，呼啸着吹动一丛丛黑影，在黑暗中宛如狰狞的魔鬼张开了利爪。树叶在风中哗哗作响，就如同无数正在讥笑的幽灵。天色黑得连手指都看不见，恐惧从四面八方紧紧包围了我。自以为胆大的我，其实竟是如此的脆弱。 忽地我发现前方不远处有一盏灯火正摇曳着移动。我惊喜地大声叫着，带着哭音喊着：“等等我……”高一脚低一脚地向那火光跑去。 影像渐渐清晰起来，手中提着一盏马灯的人却是曾让我捉弄过无数次的盲人陈大爷。他侧着脸，细细地聆听着松涛风声中我渐渐跑近的足音。待我跑近，他轻轻咳嗽了一声，竹竿向前一探，佝偻着腰，继续向前一步一步走去。	그날 저녁, 나는 친구 집에서 오랫동안 놀다가 혼자 집에 돌아갔다. 반 정도쯤 갔을 때 손전등의 전구가 갑자기 고장이 났다. 밤바람이 으스스하게 몸을 스쳐 지나가고 어두운 그림자가 바람 소리를 내며 흔들려 어둠 속에서 흉악한 악마가 날카로운 발톱을 꺼내는 것 같았다. 나뭇잎은 바람 속에서 씽씽 소리를 냈고 마치 비웃고 있는 수많은 유령 같았다. 하늘은 손가락도 볼 수 없을 만큼 캄캄했고 공포가 사방에서 나를 바싹 조여왔다. 스스로 대담하다고 생각했던 내가, 사실은 놀랍게도 이토록 연약했던 것이다. 순간 나는 앞에 멀지 않은 곳에 등불이 흔들리며 이동하고 있는 것을 발견했다. 나는 너무 기뻐서 큰 소리로 불렀고, 울먹이며 외쳤다. “기다려요…” 절룩거리며 그 불빛을 따라 뛰어갔다. 형상은 점점 또렷해졌고, 손에 바람막이 램프를 들고 있는 사람은 다름 아닌 내가 무수하게 괴롭혔던 맹인 천 씨 할아버지였다. 그는 얼굴을 기울이고는 솔바람 소리 가운데 점점 가깝게 뛰어오는 나의 발소리를 경청하고 있었다. 내가 가까운 곳까지 뛰어오자, 그는 가볍게 기침을 하고는 대나무 지팡이로 앞으로 향하게 하여, 허리를 구부리고 계속 한 걸음씩 걸어갔다.

요약	4대 요소 & 주요 문형
	● 시간: 어릴 때
	● 인물: 나, 맹인 할아버지
	● 사건: 장난꾸러기였던 나는 맹인 할아버지를 괴롭히며 말썽을 부리고 다님
小时候，我因很淘气而让大人们头痛又无可奈何。村口有一位老人陈大爷，是个盲人。我常常捉弄他，比如偷偷往他炒菜的锅里放了一把盐等等。	● 因…而…: ~때문에 ~하다 예 他因过劳而得病了。 　　그는 과로 때문에 병이 났다.
	● 시간: 그날 저녁
	● 장소: 집에 돌아가는 길
	● 인물: 나, 맹인 할아버지
	● 사건: 밤에 어둠 속에 공포에 떨며 집으로 돌아가는 길에 맹인 할아버지를 만남
那天晚上，我一个人回家时，手电灯坏了，漆黑一片，连手指都看不见。我感到莫名其妙的恐惧。以前我觉得自己很大胆，可是这么胆怯。我忽然发现一盏灯火，然后向那火光跑去。手中提着一盏灯的人就是那个盲人陈大爷。	● 连…都: 심지어 ~조차도 예 连吃饭的时间都没有。 　　밥 먹을 시간 조차 없다. ● 莫名其妙: 영문을 알 수 없다 예 他的态度让我莫名其妙。 　　그의 태도는 정말 이해할 수 없다.

[본론2] 6~13단락

夜色中，风声一阵紧似一阵，我耳中却清晰地听见竹竿"嗒嗒"敲打在地上的脆鸣和脚步细细踩过石粒的轻音。进村口时，陈大爷停了下来："哇，到村口了，估摸着路也能看清了，早点儿回去，别让家里人太担心。"

"陈大爷！"我惭愧地低下了头，"我对不起您，那天是我往您锅里丢盐的，还有……"

"傻孩子，我不怪你。"陈大爷摸索着抚摸我的头。

"可是，大爷，我知道您是盲人，盲人根本不用点灯的，盲人一定是为了别人吧？"

"不，孩子，我点灯可是为了我自己呀。"陈大爷长长地吐了一口气。

"您骗我，那，那不成了盲人点灯白费蜡。"说了这句话，我倒把自己给逗笑了。

"孩子，你还小，太多道理你还不懂。在黑暗中，所有的人都是盲人，我能点上一盏灯，虽然自己无法看清路，但可以去照亮别人，不至于让别人在黑暗中碰撞到我。我何尝不是为了自己而点灯呀！如果你想为自己照亮一条长路，其实有时也需要去照亮别人；当你洒香水予他人时，你自己指缝间也一定会留下一缕清香。太多的人其实都是需要点上这一盏灯呀！"

说完后，陈大爷仍佝偻着腰，竹竿向前探着，"嗒嗒"向自己家中走去。很快融进了无尽夜色之中。

[결론] 14~15단락

那一幕，已在我心中烙成了永恒。

无法忘记曾经走在一个漆黑的夜里，一位盲人为我照亮了生命中的一段长路。无法忘怀静夜里远去的那一缕光明，那"嗒嗒"敲破黑暗的清鸣。心中点亮一盏不灭的心灯，为了别人也是为了自己……

밤 중에 바람 소리가 한 번씩 지나가는데, 내 귀에는 오히려 대나무 지팡이가 '탁탁' 땅을 치는 소리와 발로 자갈을 밟는 가벼운 소리가 또렷하게 들렸다. 마을 입구에 들어서자 천 씨 할아버지가 멈췄다. "와, 마을 입구에 도착했네. 길을 어림 잡아도 알아볼 수 있으니까 식구들이 걱정하지 않게 어서 돌아가렴."

"천 씨 할아버지!" 나는 부끄러워서 고개를 숙였다. "죄송해요, 할아버지. 그날 제가 할아버지 냄비에 소금을 넣은 거예요. 그리고……."

"애야, 나는 네 탓을 하지 않는다." 천 씨 할아버지가 더듬거리며 내 머리를 쓰다듬었다.

"하지만, 할아버지, 저는 할아버지가 맹인인 걸 아는데, 맹인은 등불을 켤 필요가 없잖아요. 다른 사람들을 위해서인가요?"

"아니다, 애야, 나는 나 자신을 위해서 등불을 켜는 거야." 천 씨 할아버지가 길게 숨을 내쉬었다.

"저를 속이시네요. 맹인이 등불을 켜는 건 헛수고하는 거잖아요." 이 말을 하고 나는 오히려 나 자신이 웃었다.

"애야, 너는 아직 어려서 이해할 수 없는 것들이 아주 많단다. 어둠 속에서는 모든 사람이 맹인이야. 내가 등불을 켜는 것은, 비록 나는 길을 볼 수 없지만 다른 사람이 어둠 속에서 나와 충돌하지 않게 빛을 비출 수는 있지. 어찌 내 자신을 위해서 불을 켜는 것이 아니겠니! 만약에 네가 너 자신을 위해서 길을 밝히고 싶다면, 사실은 이따금 다른 사람을 비춰주기도 해야 한단다. 네가 다른 사람에게 향수를 뿌려줄 때 너의 손가락 사이에도 분명 한 자락의 향기가 남게 되잖아. 많은 사람은 사실 모두 이러한 등에 불을 켤 필요가 있단다!"

말을 마치고는 천 씨 할아버지는 허리를 구부리고 대나무 지팡이로 앞길을 찾으며 '탁탁' 소리를 내면서 자신의 집으로 걸어갔고, 끝없는 어둠 속으로 아주 빠르게 사라졌다.

그 장면은 이미 내 마음속에 영원히 새겨졌다.

예전에 칠흑같이 어두운 밤길을 걸을 때, 맹인이 생명의 길을 비춰주었던 것을 잊을 수가 없다. 어두운 밤에 멀어지는 한 줄기 빛과 어둠을 부수는 '탁탁'거리는 맑은 소리를 잊을 수가 없다. 마음에 꺼지지 않는 등불을 켜라. 다른 사람을 위해서, 또 나 자신을 위해서…….

단어 顽劣 wánliè 웹 짓궂다 | 调皮捣蛋 tiáopí dǎodàn 图 말을 잘 듣지 않고 말썽을 피우다 | 坏小子 huàixiǎozi 웹 나쁜 녀석 | 伙伴 huǒbàn 웹 친구 | 横冲直撞 héngchōng zhízhuàng 図 종횡무진하다 | 搞恶作剧 gǎo èzuòjù 못된 장난을 치다 | 无可奈何 wúkě nàihé 図 어찌할 방법이 없다 | 戏谑 xìxuè 图 우스갯소리를 하다 | 惟妙惟肖 wéimiào wéixiào 図 진짜처럼 모방하다 | 竹竿 zhúgān 웹 대나무 장대 | 偷偷 tōutōu 몰래 | 锅 guō 웹 냄비 | 引来 yǐnlái 图 일으키다 | 无形 wúxíng 웹 보이지 않는 | 恣意妄为 zìyì wàngwéi 제 멋대로 날뛰다 | 电灯泡 diàndēngpào 웹 전구 | 突地 tūdì 图 갑자기 | 森森 sēnsēn 음산하다 | 으스스하다 | 呼啸 hūxiào 图 바람 소리를 내다 | 宛如 wǎnrú 图 마치 ~와 같다 | 狰狞 zhēngníng 웹 흉악하다 | 魔鬼 móguǐ 웹 악마 | 张开 zhāngkāi 图 벌리다 | 利爪 lìzhǎo 날카로운 발톱 | 哗哗 huāhuā 의성 와와 | 作响 zuòxiǎng 图 소리를 내다 | 如同 rútóng 图 마치 ~와 같다 | 讥笑 jīxiào 图 비웃다 | 幽灵 yōulíng 웹 유령 | 恐惧 kǒngjù 图 두려워하다 | 四面八方 sìmiàn bāfāng 웹 사방팔방 | 脆弱 cuìruò 웹 연약하다 | 灯火 dēnghuǒ 웹 등불 | 移动 yídòng 图 이동하다 | 惊喜 jīngxǐ 웹 놀랍고 기쁘다 | 渐渐 jiànjiàn 图 점점 |

- 시간: 마을 입구에 도착했을 때

- 장소: 마을 입구

- 인물: 나, 맹인 할아버지

- 사건: 맹인 할아버지 덕분에 무사히 마을 입구에 도착함
  맹인 할아버지는 다른 사람을 위해 등불을 켬

我跟着他到了村口。我因以前我戏谑他而对不起，所以向他道歉。我突然想知道他为什么点灯。我觉得盲人不用点灯。他说："在黑暗中，所有人都是盲人。尽管我不能看清道路，然而可以照亮别人，以免别人碰撞到我。如果你想为自己照亮一条长路，也需要去照亮别人。"

- 尽管…，然而…: 비록 ~하지만, 그러나 ~하다
  예 尽管她身材纤瘦，然而精神的力量却很强。
  그녀는 비록 몸이 가냘프지만, 정신력은 매우 강하다.

- 인물: 나, 맹인 할아버지

- 사건: 나와 다른 사람을 위해 마음에 꺼지지 않은 등불을 켜야 함

我无法忘记那天的事情。心中点亮一盏不灭的心灯，是为了别人，也是为了自己。

清晰 qīngxī 휑 또렷하다 | 马灯 mǎdēng 명 바람막이 램프 | 捉弄 zhuōnòng 동 골리다, 희롱하다 | 侧 cè 동 기울다, 치우치다 | 聆听 língtīng 동 경청하다 | 松涛 sōngtāo 명 소나무가 바람에 흔들리는 소리 | 咳嗽 késou 동 기침하다 | 探 tàn 동 찾아가다, 알아보다 | 佝偻 gōulóu 동 구부리다 | 嗒嗒 dādā 탁탁 | 敲打 qiāodǎ 동 두드리다, 치다 | 脆鸣 cuìmíng 명 사각사각 소리 | 脚步 jiǎobù 명 발걸음 | 踩 cǎi 동 밟다 | 估摸 gūmo 동 추측하다, 헤아리다 | 惭愧 cánkuì 휑 부끄럽다 | 傻 shǎ 휑 멍청하다 | 摸索 mōsuǒ 동 더듬다 | 抚摸 fǔmō 동 쓰다듬다, 어루만지다 | 吐一口气 tǔ yìkǒuqì 한 숨을 내뱉다 | 骗 piàn 동 속이다 | 白费蜡 báifèilà 동 헛수고 하다 | 倒 dǎo 부 오히려 | 逗笑 dòuxiào 동 웃기다 | 碰撞 pèngzhuàng 동 충돌하다, 부딪치다 | 何尝 hécháng 부 언제 ~한적 있는가 | 照亮 zhàoliàng 동 밝게 비추다 | 洒 sǎ 동 뿌리다 | 香水 xiāngshuǐ 명 향수 | 指缝间 zhǐjiànfèng 명 손가락 사이 | 一缕 yìlǚ 명 한 줄기 | 清香 qīngxiāng 명 맑은 향기 | 融进 róngjìn 녹아 들어가다 | 永恒 yǒnghéng 휑 영원하다 | 漆黑 qīhēi 휑 칠흑같이 어둡다 | 忘怀 wànghuái 동 잊어버리다 | 敲破 qiāopò 두드려 부수다

우선 10분 동안 빠른 속도로 주어진 지문을 읽으면서 시간, 장소, 인물, 사건(원인, 과정, 결과) 이 4대 요소를 최대한 기억해야 한다. 등장인물은 나와 맹인 천 씨 할아버지이다. 이 글의 전체 줄거리는 간단하지만 장면의 묘사가 아주 자세하고 철학적인 의미를 파악하기 어려우므로, 이해하기 어려운 부분은 과감하게 생략하고 명확한 사실과 핵심 내용을 파악하는데 주력해야 한다. 특히 맹인이 어두운 밤 등불을 켜는 이유를 확실하게 파악하고 교훈을 정확하게 마무리해야 한다.

단서 찾기

① 시간: 어릴 때, 어느 날 밤

② 장소: 집으로 돌아가는 길

③ 인물: 나, 맹인 할아버지

④ 사건: • 원인 – 어릴 때 장난꾸러기여서 동네 맹인 할아버지를 놀리고 다님
  ↓
  • 과정 – 늦은 밤 혼자 집에 돌아오는 길에 맹인 할아버지가 불을 비춰 주어 무사히 귀가함
  ↓
  • 결과 – 할아버지를 통해 다른 사람을 위해 꺼지지 않는 불을 켜야 한다는 교훈을 얻게 됨

제목 짓기

예1) 一盏不灭的心灯(꺼지지 않는 마음의 등불) → 글 전체의 내용을 상징적으로 표현한 제목

예2) 我和盲人陈大爷(나와 맹인 천 할아버지) → 주요 인물을 활용한 제목

예3) 盲人的灯火(장님의 등불) → 지문의 중심 소재를 활용한 제목

모범 답안

							一	盏	不	灭	的	心	灯						
		小	时	候	，	我	因	很	淘	气	而	让	大	人	们	头	痛	又	无
可	奈	何	。	村	口	有	一	位	老	人	陈	大	爷	，	是	个	盲	人	。
我	常	常	捉	弄	他	，	比	如	偷	偷	往	他	炒	菜	的	锅	里	放	了
一	把	盐	等	等	。														
		那	天	晚	上	，	我	一	个	人	回	家	时	，	手	电	灯	坏	了，
漆	黑	一	片	，	连	手	指	都	看	不	见	。	我	感	到	莫	名	其	妙
的	恐	惧	。	以	前	我	觉	得	自	己	很	大	胆	，	可	是	这	么	胆
怯	。	我	忽	然	发	现	一	盏	灯	火	，	然	后	向	那	火	光	跑	去。
手	中	提	着	一	盏	灯	的	人	就	是	那	个	盲	人	陈	大	爷	。	
		我	跟	着	他	到	了	村	口	。	我	因	以	前	我	戏	谑	他	而
对	不	起	，	所	以	向	他	道	歉	。	我	突	然	想	知	道	他	为	什
么	点	灯	。	我	觉	得	盲	人	不	用	点	灯	。	他	说	："	在	黑	暗
中	，	所	有	人	都	是	盲	人	。	尽	管	我	不	能	看	清	道	路	，
然	而	可	以	照	亮	别	人	，	以	免	别	人	碰	撞	到	我	。	如	果
你	想	为	自	己	照	亮	一	条	长	路	，	也	需	要	去	照	亮	别	人。"
		我	无	法	忘	记	那	天	的	事	情	。	心	中	点	亮	一	盏	不

100 (우측 표기)
200 (우측 표기)
300 (우측 표기)

| 灭 | 的 | 心 | 灯 | ， | 是 | 为 | 了 | 别 | 人 | ， | 也 | 是 | 为 | 了 | 自 | 己 | 。 | | |

(empty grid rows through 400 and 500)

해석

꺼지지 않는 마음의 등불

어릴 때 나는 말썽을 피워서 어른들을 골치 아프게 하면서도 어쩔 도리가 없게 했다. 마을에는 천 씨 할아버지가 있었는데 맹인이었다. 나는 그가 요리하고 있는 냄비에 몰래 소금 한 줌을 넣는 등 항상 그를 놀렸다.

그날 저녁, 내가 혼자 집에 돌아갈 때 손전등의 전구가 고장이 났다. 어둠은 손가락도 볼 수 없을 만큼 캄캄했다. 나는 알 수 없는 공포를 느꼈다. 이전에 나는 내가 대담하다고 생각했지만 이토록 겁이 많았던 것이다. 순간 나는 등불을 발견했고 그 불빛을 따라 뛰어갔다. 손에 등불을 들고 있는 사람은 바로 맹인 천 씨 할아버지였다.

나는 그를 따라 마을 입구에 도착했다. 나는 예전에 그를 놀려 너무 죄송해서 그에게 사과했다. 나는 갑자기 그가 왜 등불을 켜는지 궁금했다. 맹인은 등불을 켤 필요가 없다고 생각했기 때문이다. 그가 말했다. "어둠 속에서는 모든 사람이 맹인이야. 비록 나는 길을 볼 수 없지만, 다른 사람이 나와 충돌하지 않게 빛을 비출 수는 있는 것이지. 만약에 네가 너 자신을 위해서 길을 밝히고 싶다면, 다른 사람을 비춰 주기도 해야 한단다."

나는 그날의 일을 잊을 수가 없다. 마음에 꺼지지 않는 등불을 켜라. 다른 사람을 위해서, 또 내 자신을 위해서…….

325

Memo

관광

중국어뱅크
관광 중국어 1

중국어뱅크
관광 중국어 2

중국어뱅크
의료관광 중국어

실무

중국어뱅크
판매 중국어

중국어뱅크
호텔 중국어

중국어뱅크
항공 서비스 중국어

중국어뱅크
비즈니스 실무
중국어 (초·중급)

중국어뱅크
비즈니스 실무
중국어 (중·고급)

어법

버전업!
삼위일체 중문법

똑똑한 중국어
문법책

중국어 문법·
작문 업그레이드

北京大学
중국어 어법의 모든 것

한자·어휘

중국어뱅크
중국어 간체자

중국어뱅크
중국어 간체자
1000

가장 쉬운
독학 중국어 단어장

新 버전업
중국어 한자 암기박사

문화

중국어뱅크
버전업 사진으로
보고 배우는
중국문화

중국어뱅크
시사 따라잡는 독해
중국 읽기

💠 📖 동양북스 단계별 추천 교재 시리즈

	한어구어		스마트 중국어(회화)	베이직 중국어
입문과정	 중국어뱅크 북경대학 한어구어 1	 중국어뱅크 북경대학 12과로 끝내는 한어구어 上	 중국어뱅크 스마트 중국어 STEP 1	 중국어뱅크 베이직 중국어 1
초급과정	 중국어뱅크 북경대학 한어구어 2	 중국어뱅크 북경대학 12과로 끝내는 한어구어 下	 중국어뱅크 스마트 중국어 STEP 2	 중국어뱅크 베이직 중국어 2
초중급과정	 중국어뱅크 북경대학 한어구어 3	 중국어뱅크 북경대학 한어구어 4	 중국어뱅크 스마트 중국어 STEP 3	 중국어뱅크 베이직 중국어 3
중고급과정	 중국어뱅크 북경대학 한어구어 5	 중국어뱅크 북경대학한어구어 6	 중국어뱅크 스마트 중국어 STEP 4	

드림 중국어	실력업 중국어	교양 중국어		

중국어뱅크
DREAM 중국어 회화 1

중국어뱅크 실력UP 1
(스피드 중국어 STEP 1 개정판)

중국어뱅크
비주얼 중국어 회화 1

중국어뱅크
THE 중국어 1

중국어뱅크
NEW스타일
중국어 1

중국어뱅크
DREAM 중국어 회화 2

중국어뱅크 실력UP 2
(스피드 중국어 STEP 2 개정판)

중국어뱅크
비주얼 중국어 회화 2

중국어뱅크
THE 중국어 2

중국어뱅크
NEW 스타일
중국어 2

심화 과정

중국어뱅크
DREAM 중국어 회화 3

중국어뱅크 실력UP 3
(스피드 중국어 STEP 3 개정판)

중국어뱅크
스마트 중국어 독해 STEP 1

중국어뱅크
스마트 중국어 듣기 1

중국어뱅크
스마트 중국어 작문 1

중국어뱅크
DREAM 중국어 회화 4

중국어뱅크
스피드 중국어 회화
중급 독해편

중국어뱅크
스마트 중국어 독해 STEP 2

중국어뱅크
스마트 중국어 듣기 2

중국어뱅크
스마트 중국어 작문 2

동양북스 단계별 추천 수험서 시리즈

新HSK 모의고사

북경대 新HSK
실전 모의고사 6급 / 5급 / 4급 / 3급 / 2급

중국어뱅크 新HSK 이거 하나면 끝!
실전 모의고사 6급 / 5급 / 4급 / 3급

북경대학 新HSK
THE 모의고사 6급 / 5급 / 4급

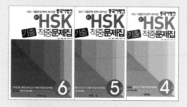

중국어뱅크 新HSK
기출 적중문제집 6급 / 5급 / 4급

新HSK 종합서

버전업! 新HSK
한 권이면 끝 6급 / 5급 / 4급 / 3급

新HSK 어휘

新HSK VOCA 5000
6급 / 5급

버전업! 新HSK
VOCA 2500 6급 / 5급

新HSK 회화

新HSK 한권이면 끝
고급 회화

新HSK 한권이면 끝
중급 회화

新HSK 한권이면 끝
초급 회화

新HSK 영역별

新HSK 합격 쓰기
6급 / 5급

북경대 新HSK
듣기·독해 공략 6급

BCT / TSC

新BCT 실전 모의고사 A형 / B형

TSC 한 권이면 끝

TSC VOCA